Nationsbildung und Aussenpolitik im Osten Europas

EINZELVERÖFFENTLICHUNGEN DES
DEUTSCHEN HISTORISCHEN INSTITUTS WARSCHAU

41

Nationsbildung und Außenpolitik im Osten Europas

Nationsbildungsprozesse, Konstruktionen nationaler Identität und außenpolitische Positionierungen im 20. und 21. Jahrhundert

Herausgegeben von

Bianka Pietrow-Ennker

fibre

Coverabbildung:

Lászlo Moholy-Nagy: Komposition Z VIII, 1924

Leimfarbe auf Leinwand, 114 × 132 cm
Staatliche Museen zu Berlin, Nationalgalerie

picture alliance / akg-images | akg-images

ISBN 978-3-944870-72-4
www.fibre-verlag.de

Redaktion des Bandes:
Josephine Schwark, Jos Stübner, Annika Wienert
Reihen- und Umschlaggestaltung: Ingo Schneider, www.isio-design.de
Herstellung: Druckerei Hubert & Co, Göttingen

Printed in Germany 2022

Im Gedenken an den polnischen Historiker
Włodzimierz Borodziej,
der sich nicht mehr an diesem Band beteiligen konnte,
mit großem Dank für sein mutiges Engagement
für eine Geschichtswissenschaft
im Zeichen von Aufklärung und internationalem Dialog

INHALT

III. Transformationszeit seit 1989: Zwischen postsozialistischer Nationalstaatsbildung und Supranationalität

Vorwort

Im vorliegenden Band werden Nationsbildungsprozesse im Osten Europas unter dem Gesichtspunkt behandelt, wie sich Konstruktionen von nationaler Identität und einer darauf basierenden Innenpolitik mit außenpolitischen Vorstellungen, Konzepten und Praktiken verbinden. Dieser Fokus, der auf einem breiten Osteuropabegriff beruht und Nations- und Staatsbildungen nach dem Zerfall der Imperien als Folge des Ersten Weltkrieges bis weit in die Transformationszeit der Gegenwart hinein zum Thema hat, stellte bisher ein allgemeines Forschungsdesiderat dar.

Eine Gruppe von 31 ausgewiesenen Wissenschaftlerinnen und Wissenschaftlern konnte gewonnen werden, um dieses Projekt zu gestalten. Im Verlauf der Vorbereitungen für den Band führten eine Konferenz und ein Workshop dazu, Problemstellungen und Leitfragen zu entwickeln, die der Kohärenz der Arbeit am Projekt dienen sollten. Zum Vorverständnis der Gruppe gehörte, an den Begriffen der Nation und Nationsbildung festzuhalten. Dabei wird methodisch vorausgesetzt, dass diese Begriffe ebenso wie derjenige der Außenpolitik nicht als essentialistisch gesetzt zu betrachten sind, sondern dass sie prinzipiell diskursiv ausgehandelt werden. Dabei interessieren die Kontexte ebenso wie die sozialen Trägergruppen der Diskurse. Nation wird als ein offenes, nie abgeschlossenes Konstrukt verstanden, das kontinuierlich die internationale Politik – vor allem durch Homogenisierungs- und Abgrenzungsbestrebungen nationalstaatlicher Eliten – prägt.[1]

Ebenso konzeptionell offen wird der Begriff der kollektiven bzw. nationalen Identität betrachtet. Während personale Identität an die Handlungsfähigkeit des Einzelnen einschließlich seiner Vorstellungskraft gebunden ist, um kultur- und gesellschaftsgebundene Subjektivität herauszubilden, ist kollektive / nationale Identität stark durch das Bild bestimmt, das eine Gruppe von sich konstruiert und mit dem sich deren Mitglieder identifizieren. Symbolpolitiken ermöglichen den Gruppenmitgliedern

---

[1] Zur gegenwärtigen Aufwertung der Nation, zur Bedeutung historischer Narrative für nationale Identitätsbildung und Integration vgl. ALEIDA ASSMANN, Die Wiederfindung der Nation. Warum wir sie fürchten und warum wir sie brauchen, München 2020.

Verständigung über sich selbst, ihre eigenen Merkmale und Besonderheiten. Allerdings beschränken sich kulturelle Codierungen kollektiver bzw. nationaler Identität nicht nur auf Selbstbeschreibungen von Gemeinschaft, sondern führen zu praktischem, interessengeleitetem Handeln, das sich im Spannungsfeld von Inklusionen und Exklusionen bewegt.[2]

Für die empirische Analyse erscheint es wissenschaftlich relevant, die Phasen der staatlichen Neuordnung, die Europa im 20. Jahrhundert in drei Zeitabschnitten - der Zwischenkriegszeit, der Zeit der Ost-West-Teilung nach dem Zweiten Weltkrieg und der postsozialistischen Ära - durchlebt hat, systematisch und mit vergleichendem Blick zu betrachten. Dabei ist zu fragen, wie sich die Prozesse kollektiver bzw. nationaler Identitätsfindung in neu bzw. wieder gegründeten osteuropäischen Staaten, die in der Regel multiethnisch besiedelt waren oder es noch sind, gestaltet haben, welche Rolle das imperiale Erbe spielte und wie das territoriale Ordnungsdenken sowie die Außen- und Sicherheitspolitik dadurch geprägt wurden. Waren diese Prozesse nach Ländern, Räumen und Zeiten vergleichbar?

Neben dem Desiderat der historischen Erforschung ergibt sich das allgemeine Interesse an der Thematik auch durch ihre aktuelle Dimension: Die Entwicklung der internationalen Politik in Europa hat gezeigt, dass einige der osteuropäischen EU-Mitglieder im Begriff sind, ihre außenpolitischen Orientierungen zu verändern. So lässt sich seit einiger Zeit beobachten, wie die anfängliche nationale Begeisterung nach dem Zusammenbruch der staatssozialistischen Ordnungen, sich vom „Osten" (bzw. der Sowjetunion) abzuwenden und wieder zum „Westen", zu „Europa" und seinen Bündnissystemen gehören zu wollen, graduell erodiert und einem Euroskeptizismus Platz macht. Nationale Souveränität wird auf unterschiedliche Weise formuliert: als befreiende Herauslösung aus ehemals hegemonialen Strukturen, als Konstituierung von maximaler staatlicher Unabhängigkeit oder als Konzeption relativer Souveränität, um in internationalen föderativen Zusammenhängen gesicherte Bedingungen für innere Modernisierung und äußere Stabilität zu erlangen. Solche Gewichtungen werden sowohl von parteipolitischen Konstellationen im Inneren als auch von bündnispolitischen Anreizen in der internationalen Politik beeinflusst.

---

[2] BIANKA PIETROW-ENNKER, Voraussetzungen und Formen des Perspektivwechsels, in: Kultur in der Geschichte Russlands. Räume, Medien, Identitäten, Lebenswelten, hg. v. DERS., Göttingen 2007, S. 11–42, hier S. 18 f. mit weiterführender Literatur.

Nimmt man kulturwissenschaftliche Ansätze in die historische und politikwissenschaftliche Forschung auf, so liegt es methodisch nahe, die zeitgenössischen Diskurse zu betrachten, in denen kollektive Identitätsbildungen über so bedeutende Konstruktionen wie etwa Volk, Nation, Staat und Raum erfolgten. Es fragt sich, wie prägend dabei u. a. das Argument der Geschichte war, d. h. mit welchen traditionsorientierten Geschichtsbildern solcherart Konstrukte ausgefüllt wurden, um politischen Vorstellungen maximale Glaubwürdigkeit und Wirkung zu verleihen. Auch ist von Bedeutung, wie sich dadurch die Selbst- und Fremdwahrnehmung einer Nation gestaltete, welche sozialen Großgruppen mit welchen Begründungen Inklusion und welche Exklusion erfuhren. Zudem stellt sich die Frage, wie sich das Verhältnis von Staatsnation und Minderheiten im Zuge der Ethnisierung des *nation-building* entwickelte und wie sich die Minderheitenfrage seit dem Ende des Ersten Weltkriegs auf die Außenbeziehungen auswirkte, insbesondere auch dann, wenn Teile der staatstragenden Ethnie außerhalb der Grenzen siedelten.

Der Bedarf der untersuchten Nationen und Staaten Osteuropas an innerer und äußerer Konsolidierung kann in jedem der drei gewählten Zeitfenster als grundlegend bezeichnet werden. Er wurde gesellschaftlich umfassend verhandelt, wobei unterschiedliche Konzepte der Nation miteinander konkurrierten: das der ethnischen mit dem der politischen Nation. Entsprechend unterschiedlich gestalteten sich die politischen Formen des Nationalismus. Einem liberal-integrativen stand der autoritär-exklusive, integrale Typus des Nationalismus gegenüber. In der Forschung wird zudem ein dritter Typus, der der imperialen Nation, unterschieden, der weder staatsbürgerlich noch ethnisch definiert ist.[3]

Die Konstruktionen nationaler Identität variieren entsprechend. Gemeinsam ist im Prozess des *nation-building* der Bezug auf Traditionen unter besonderer Berücksichtigung von Sprache und Religion, allerdings je nach politischer Richtung des Nationalismus mit unterschiedlichen Gewichtungen und Konsequenzen für die soziale Integration innerhalb eines Staatswesens. Die Arbeit am Gedächtnis findet ihren Ausdruck in einer intensiven, aber gleichzeitig heterogenen, politisch umkämpften Produktion von Geschichtsmythen, sodass sich das *nation-building* auch auf symbolischer Ebene als ein höchst umstrittener Prozess darstellt. Dabei wird das nationale „Eigene“ stets in starker Kontrastierung zu einem Anderen, dem Fremden umrissen, wodurch das Profil des „Eigenen“ seine Schärfung erfährt.

---

[3] Vgl. dazu Andreas Kappeler in diesem Band.

Im Kontext der Untersuchung von Nationsbildung muss es auch um die Konstruktion von Außenpolitik gehen, denn die jeweilige Staatsnation hat sich international zu verorten, abzusichern und zugleich als Akteur zu positionieren, der auf internationaler Arena Erfolg im Sinne von Integration in das internationale System und von Machterhalt bzw. -erweiterung zu erzielen trachtet. Besonders in Umbruchphasen, die zu neuen Grenzziehungen, Abgrenzungen und internationalen Verbindungen von Staaten führen, ist der Nationsbildungsprozess mit dem Diskurs über außenpolitische Konzeptualisierung auf das Engste verknüpft. Und auch in diesem Fall ist es höchst aufschlussreich, auf die Elemente und Facetten dieses Diskurses zu schauen. Zu differenzieren ist zudem nach Konstanten und Variablen, die die außenpolitischen Positionierungen der osteuropäischen Staaten über die drei hier gewählten Zeitfenster hinweg kennzeichnen – bei unterschiedlichen machtpolitischen Konstellationen des internationalen Systems: seien es in der Zwischenkriegszeit die Versailler Ordnung, der Völkerbund oder das Sowjetreich, nach 1945 die sowjetische Hegemonie in Osteuropa im Kontext des Ost-West-Konfliktes oder seit 1989 in der Transformationsperiode die Ausstrahlung von internationalen Zusammenschlüssen wie der NATO, der Europäischen Union oder der GUS und ihrer Varianten auf die neue Phase der Nations- und Staatsbildungen.

Wie unsere Diskussionen ergaben, scheint die Untersuchung von national bestimmten Positionen, die außenpolitisches Verhalten konfigurieren, methodisch vielfach einen konstruktivistischen Ansatz nahezulegen. Dadurch können die Erkenntnisse, die klassische Theorien der internationalen Beziehungen hervorbringen – etwa aus dem Bereich der Schule des Realismus – um kulturwissenschaftliche Aspekte erweitert werden. Jene gehen u. a. davon aus, dass Staaten als „rationale Akteure“ „nationale Interessen“ aufgrund der ihnen zur Verfügung stehenden Ressourcen – seien es ökonomische, politische, militärische oder kulturelle – in Konkurrenz zu anderen Staaten durchzusetzen versuchen. Außenpolitische Positionierung erscheint nach diesen Ansätzen als Resultat geopolitisch ausgerichteter Machtkämpfe. Über solcherart Forschungskonzeptionen hinaus soll uns die soziale Strukturierung von Außenpolitik interessieren. Damit rückt in den Vordergrund des Erkenntnisinteresses, auf welche Weise sich konkrete Akteure diskursiv auf die genannten Ressourcen beziehen, wie sie materielle Gegebenheiten deuten und wie diese Deutungen zu verbindlichen außenpolitischen Konzepten geformt werden.

In diesem Zusammenhang stellen sich Fragen nach Werten, Normen, Kulturen, Identitäten und anderen ideellen Konstrukten, die dem außenpolitischen Handeln der Akteure das Vorverständnis, seine Begründungen und Richtungen geben. Daraus folgt für uns die leitende Forschungsfrage: Inwieweit bestimmen oder befördern nationale Identitätskonstruktionen im Kontext des *nation-building* Außenpolitik, ja sind sie die Voraussetzung für Außenpolitik? Diese Frage stellt sich entgegen wissenschaftlicher Ansätze, die von der Logik bzw. den Zwängen des internationalen Systems ausgehen und wenig nationalen Handlungsspielraum zugestehen, der vorwiegend als nationalstaatlicher verstanden wird.[4]

In beiden Fällen, je nach Erkenntnisinteresse, geht es um Integration. Doch diese wäre zu bestimmen: Ist sie in erster Linie nach innen gerichtet, von inneren Deutungshorizonten geprägt, zum Zweck der Stabilisierung der Nation – so fragt es sich, welche Folgen sich daraus für das außenpolitische Handeln ergeben. Wird außenpolitische Desintegration zugunsten der Kohärenz der Nation in Kauf genommen? Sind internationale Konflikte im Osten Europas bereits durch spezifische Prozesse der Nationsbildung im frühen 20. Jahrhundert sowie die damit verbundenen kollektiven Identitätskonstruktionen, ideellen Vereinnahmungen von Minderheiten und Territorien sowie Abgrenzungen und Feindbildern dauerhaft angelegt? Falls ja, wäre nach den sozialen und politischen Voraussetzungen zu fragen. Und lassen sich diesbezüglich Systematisierungen finden – etwa durch das Beispiel von Verlierer- bzw. Gewinnerstaaten nach den Weltkriegen und ihren jeweiligen nationalen Opfer- und Heldennarrativen, aus denen Ansprüche an die internationale Politik abgeleitet werden?

Reiz und Herausforderung des Projektes bestehen darin, dass exemplarisch ausgewählte Staaten im Osten Europas über einen ausgedehnten Zeitraum untersucht werden. Durch dieses Vorgehen soll sowohl innerhalb der gewählten Zeitfenster zu komparativen Überlegungen angeregt werden als auch im Vergleich der Zeitfenster miteinander. Als Prinzip wird eine bestimmte Auswahl von Staaten durchgängig analysiert, in Exkursen werden weitere Länderbeispiele zugeordnet, die die Gesichtspunkte der Varianz verstärken und den Vergleich bereichern sollen. Das Programm und die Länderauswahl spiegeln grundsätzlich die Problematik des östlichen Europas im 20./21. Jahrhundert wider, die das politische System Russlands bzw. der Sowjetunion als föderatives mit verfassungsmäßig integrierten nationalen Konzepten hervorbrachte, dabei aber seine hegemoniale bzw. imperiale Politik auf Dauer nicht in Frage stellte.

---

[4] Grundlegend FRANK SCHIMMELFENNIG, Internationale Politik, Paderborn [5]2017, besonders S. 66–88 und S. 160–188 mit einem Überblick über den Forschungsstand.

Auf der Gegenseite emanzipierten sich vielfach Nationalbewegungen zu Staatsnationen und waren herausgefordert, ihre Souveränität über außenpolitische Strategien zu sichern. Aber auch in diesem Fall verbanden sich z. T. nationale mit hegemonialen Interessen, die zeitgenössisch mit der Geschichte und Tradition des jeweiligen *nation-building* begründet wurden. Zudem stehen die Staaten im Osten Europas in jedem der drei Zeitfenster in einem starken Spannungsverhältnis von innerer und äußerer Integration, das spezifische Lösungen mit außenpolitischen Konsequenzen hervorbringt. Der Blick auf diese Entwicklungen in den Zeitfenstern und über sie hinweg kann zeigen, wo Kontinuitäten wirken, wo Brüche zu verzeichnen sind, was sie hervorruft und inwieweit Problemlösungen systematisiert werden können.

Der Aufbau des Bandes ist darauf angelegt, in einem Einführungsteil eine weite, über Osteuropa hinausgehende Perspektive auf die historische Forschung zur Nationsbildung im 20. und beginnenden 21. Jahrhundert zu eröffnen und dabei die Problematik der außenpolitischen Positionierung einzubeziehen. In den drei folgenden Kapiteln, die den gewählten Zeitrahmen entsprechen, stellen die Autorinnen und Autoren ihre aktuellen Forschungen vor. Die Auswahl der behandelten Staaten folgt keinem enzyklopädischen Prinzip, vielmehr wird mit ihr bezweckt, durch Vielfalt Typisierungen zu ermöglichen und zugleich Sonderentwicklungen zu beleuchten. Begrenzungen der Auswahl bedeuten keineswegs Auf- oder Abwertungen von Nationalbewegungen, Nationen oder Staaten. Sie sind vielmehr das Ergebnis von Arbeitszusammenhängen, aus denen sich das Autorenteam und dessen Schwerpunktsetzungen ergeben haben.

Die Spannweite reicht thematisch von multiethnischen Großstaaten wie der Sowjetunion und Jugoslawien über Staaten wie Polen und Rumänien, die sich nach dem Ersten Weltkrieg geopolitisch profilieren oder wie die Tschechoslowakei zu einem Verbund zweier Nationen finden konnten. Mit Litauen, Ungarn und der Ukraine fällt der Blick auf Verliererstaaten, deren Vorstellungen von Nationsbildung durch die Friedensschlüsse nach dem Ersten Weltkrieg konterkariert wurden. Für die Zeit der sowjetischen Hegemonialrolle in Osteuropa nach dem Zweiten Weltkrieg stellt sich die Frage, wie stark das *nation-building* in den exemplarisch behandelten Staaten in der Vergangenheit vorangeschritten war und welche Auswirkungen dies auf Konzepte und Formen der Sowjetisierung hatte. Dabei lassen sich Varianten von nationalem „Eigensinn“ zu unterschiedlichen Zeiten aufzeigen, die in Zusammenhang mit den Phasen politischer Herrschaft in der Sowjetunion, aber auch mit der Entwicklung des Ost-West-Konfliktes zu sehen sind.

Für die Transformationszeit stellt sich insbesondere die Frage, auf welche Traditionen sich die Nationen und Staaten beriefen, die zu einer neuen politischen Ordnung fanden. Sind es diejenigen aus der Gründerzeit nach dem Ersten Weltkrieg? Wurden sie durch sozialistische überschrieben oder bildeten sich spezifische Amalgame heraus? Welche Formen der außenpolitischen Orientierung ergeben sich aus den neuen nationalen Identitätskonstruktionen und wie lassen sich für diese Staaten Vorstellungen von äußerer Stabilität und Integration verwirklichen, ohne den Anspruch auf Souveränität zu schmälern, die der „Augapfel“ aller nationalen Bestrebungen ist?

Wieder soll betont werden, dass der Band keine umfassenden Antworten anbieten kann, keinen Anspruch auf Vollständigkeit erhebt. Das Autorenteam war sich darin einig, ein neues Forschungsfeld zu betreten, indem Nationsbildungsprozesse, Konstruktionen von nationaler Identität und außenpolitische Positionierungen zusammengedacht werden. Im Ergebnis haben die Autorinnen und Autoren die gewählten Themen aus dem Kontext ihrer eigenen Forschung heraus entwickelt. Das heißt zugleich, dass jede Person ihren eigenen Akzent setzte, sei es thematisch oder methodisch. Allen war es nicht möglich, die vorgegebene Themenbreite wissenschaftlich auszuschöpfen, schon weil der Forschungsstand es vielfach nicht zuließ. So bietet der Band zugleich auch Einblicke in unterschiedliche Forschungskonzepte und -traditionen, die durchaus auch Prozesse von *nation-building* abbilden.

Vorgestellt werden kann der Leserschaft auf jeden Fall ein anregender Methodenpluralismus, häufig durch kulturwissenschaftlich ausgerichtete Fragestellungen geleitet, etwa nach Diskursen, die Entscheidungsfindungsprozesse regeln, nach der Rolle von Symbolpolitiken und Medien innerhalb der nationalen und außenpolitischen Strategien, nach der Wirkmächtigkeit konstruierter Feindbilder für die außenpolitische Orientierung, nach der Funktion der Erinnerungskultur bei der Konstruktion von Raum und Grenzen u. a. m. Dabei spiegeln sich in den Beiträgen auch durchaus unterschiedliche nationale Wissenskulturen wider, die bis zum differierenden Gebrauch des Begriffes „Osteuropa“ reichen. In solchen Fällen, gerade auch bei der geografischen Kartierung, fanden keine redaktionellen Angleichungen statt, um den Sichtweisen der Autorinnen und Autoren, die ebenfalls auf Konstruktionen von nationaler Identität hinweisen, ihren Raum zu lassen.

Da der vorliegende Band mit seiner Thematik einen Weg weisen möchte, wäre es wünschenswert, durch ihn künftig weitere Forschungen anzustoßen, um die Beispiele von Nationen und Staaten zu mehren und auch einen weiträumigeren Vergleich, über Osteuropa hinaus, zu ermöglichen.

* * *

Abschließend möchte ich den Mitautoren und Mitautorinnen meinen großen Dank für die Bereitschaft zur länderübergreifenden Teamarbeit an einem Projekt aussprechen, das herausforderte. Besonderer Dank sei an das Deutsche Historische Institut Warschau und seinen Direktor, Prof. Dr. Miloš Řezník, für dessen großzügige Unterstützung sowie für die Aufnahme des Bandes in die Institutsreihe gerichtet, zugleich auch an den fibre Verlag. Zudem sei all denjenigen Personen an der Universität Konstanz und am DHIW gedankt, die an der organisatorischen und technischen Betreuung des Projektes sowie am Lektorat beteiligt gewesen sind, hier besonders Jos Stübner, Josephine Schwark und Annika Wienert.

Das Projekt der Herausgeberin steht in engem Zusammenhang mit ihrer wissenschaftlichen Förderung durch die VolkswagenStiftung im Rahmen des Opus magnum-Programms, für die ich ebenfalls sehr danke.

Konstanz, im Mai 2021

Bianka Pietrow-Ennker

EINFÜHRUNG IN DEN FORSCHUNGSSTAND

Karte 1: Ostmittel-, Ost- und Südosteuropa nach dem Ersten Weltkrieg

Karte 2: Ostmittel-, Ost- und Südosteuropa nach dem Zweiten Weltkrieg

Karte 3: Ostmittel-, Ost- und Südosteuropa nach 1989/1991.

Karten 1–3: Marc Friede, Herder-Institut für historische Ostmitteleuropaforschung, Marburg

Dieter Langewiesche

Internationale Politik, Staatsbildung und Nationsbildung in Europa seit dem 19. Jahrhundert

1. Konzepte und Fragen

Mit Nationsbildung meint man einen Entwicklungsprozess, in dem die Idee „Nation“ als Leitwert die Gesellschaft durchdringt und die Politik bestimmt. Abgeschlossen ist diese Entwicklung nie, denn neue politische Herausforderungen fordern auch neue Antworten im komplexen Prozess der Nationsbildung. So auch in der Gegenwart. In welche Richtung soll sich die Europäische Union entwickeln, wie will man auf die Migrationsströme reagieren? Beides, Integration in eine suprastaatliche Ordnung und Öffnung für fremdnationale Zuwanderung, ist in den traditionellen Vorstellungen von Nationsbildung nicht vorgesehen. Das wird in den folgenden Abschnitten eingehender erörtert. Zunächst sei nur festgehalten: Nationsbildung ist ein offener Prozess, in dem sich die Nation als eine Ressourcengemeinschaft formiert und auf immer weitere Bereiche der Lebensgestaltung ausgreift. Dieser Prozess geschieht auf unterschiedlichen Ebenen.[1] Drei lassen sich grob unterscheiden.

Erstens die wirtschaftliche Ebene. In etlichen der heutigen Nationalstaaten ging die wirtschaftliche Verklammerung der staatlichen Einheit voraus. Etwa in Deutschland oder in der Schweiz. Eine Automatik von

[1] Immer noch vorzüglich dazu Karl W. Deutsch, Nationenbildung – Nationalstaat – Integration, Düsseldorf 1972; englisch: Nationalism and Social Communication. An Inquiry into the Foundations of Nationality, New York 1953. Vgl. John Breuilly, Nationalism and the State, Manchester 1993; Dieter Langewiesche, Nation als Ressourcengemeinschaft. Ein generalisierender Vergleich, in: Ders., Reich, Nation, Föderation. Deutschland und Europa, München 2008, S. 36–51; englisch: The Nation as a Developing Resource Community: A Generalizing Comparison, in: Comparative and Transnational History. Central European Approaches and New Perspectives, hg. v. Heinz-Gerhard Haupt / Jürgen Kocka, New York / Oxford 2009, S. 133–148.

der staatenübergreifenden Wirtschaftseinheit zum gemeinsamen Nationalstaat gab es in der Vergangenheit nicht. Auch im heutigen Europa scheint das nicht der Fall zu sein. Eine zweite Ebene umfasst das Soziokulturelle. Es geht um ein Bündel von Entwicklungen, die zur Nationalisierung von Lebenswelten und Lebenserfahrungen führten. Und schließlich als dritte Ebene von Nationsbildung: die politische. Sie konnte sich innerhalb bestehender Staaten ereignen, wenn aus überkommenen Fürstenstaaten Nationalstaaten wurden; etwa in Frankreich. Nationalstaaten entstanden aber auch aus Fusion und Sezession bestehender Staaten oder sie lösten sich aus Imperien. Sezession war die Normalität in den meisten Regionen Europas. Wie waren solche Entwicklungen mit Außenpolitik oder internationaler Politik verbunden? Darüber nachzudenken ist die Aufgabe dieses Textes.

Nationsbildung hat immer zwei Stoßrichtungen. Nach innen zielt sie auf gesellschaftliche Homogenisierung, nach außen auf Abgrenzung. Die Außenseite ist unmittelbar mit der internationalen Politik verbunden. Doch auch die Homogenisierung im Innern kann eine Außenseite aufweisen. Dies gilt insbesondere in Zeiten des Krieges.[2] Auf sie konzentriert sich dieser Beitrag aus zwei Gründen:

Erstens, Kriege sind Zeiten nationaler Erregung und deshalb Phasen intensiver Nationsbildung. Und Staatsbildung ging fast immer aus Kriegen hervor. Zweitens, von den drei Zeitfenstern im Konzept dieses Buches beziehen sich zwei auf Kriege; nur das dritte, die Transformation des Sowjetimperiums, ist nicht durch Kriege geprägt, wenngleich es auch hier, regional begrenzt auf das ehemalige Jugoslawien und auf die Ukraine, eine Wiederkehr des Krieges in den Prozessen von Nationsbildung und der Formierung von Nationalstaaten gibt.

Gefragt wird im Folgenden nach den Zusammenhängen von Staatsbildung und Nationsbildung, und welche Bedeutung dabei der internationalen Politik zukam. Der zeitliche Schwerpunkt liegt auf dem 20. Jahrhundert, aber mit Rückblicken ins 19., um Kontinuität und Diskontinuität einschätzen zu können. Räumlicher Schwerpunkt ist Südost- und Ostmitteleuropa. In diesen Regionen gingen die Nationalstaaten seit dem 19. Jahrhundert aus der Sezession von Imperien und schließlich aus deren Zerstörung hervor. Das unterscheidet diesen Raum vom übrigen Europa. Dieser Kontrast soll als erstes mit wenigen Strichen umrissen werden.

---

[2] Dazu ausführlich und mit der Spezialliteratur, auf die hier generell verwiesen wird, DIETER LANGEWIESCHE, Der gewaltsame Lehrer. Europas Kriege in der Moderne, München 2019.

2. West-, Mittel- und Nordeuropa – Ostmittel- und Südosteuropa: Kontraste in Staats- und Nationsbildung

Wo im 19. und frühen 20. Jahrhundert im westlichen und nördlichen Europa Nationalstaaten aus territorialen Sezessionen entstanden, wurden keine Imperien zerstört. So als Belgien zum Staat wurde. Die Niederlande besaßen damals zwar weiterhin ein Kolonialimperium, auf das die belgische Trennung jedoch keinen Einfluss ausübte. Als Dänemark 1814 die Union mit Norwegen auflösen musste und als es 1864 die drei Herzogtümer Schleswig, Holstein und Lauenburg an Preußen und Österreich verlor, war es längst auf dem Weg, von einem europäischen Imperium mit Übersee-Kolonien zum Nationalstaat zu schrumpfen. Die Gebietsverluste des 19. Jahrhunderts beschleunigten diese Entwicklung, aber sie zerstörten kein Imperium. Auch als Norwegen sich 1905 von Schweden trennte, wurde kein Imperium aufgelöst. Wohl aber endete nun definitiv die Geschichte der schwedischen Großmacht im Norden. In allen diesen Fällen stimmten Staatsbildung und Nationsbildung in etwa überein.[3]

Komplizierter war es im deutschen Mitteleuropa und in Italien.[4] Hier griffen staatliche Fusion und Sezession ineinander. Für den entstehenden deutschen Nationalstaat führte beides, Fusion wie Sezession, zur Auflösung des Deutschen Bundes und damit zum staatlichen Ende dessen, was vom Heiligen Römischen Reich deutscher Nation an staatsübergreifenden Bundesstrukturen übrig geblieben war. Wichtig ist zu beachten: Es ging um das staatliche Ende, denn Deutschösterreich wurde zwar kein Teil des deutschen Nationalstaats, doch es schied nicht aus der deutschen Kulturnation aus. Die staatliche Sezession führte also (noch) nicht in eine getrennte Nationsbildung. An diese kulturnationale Gemeinsamkeit suchte man in Österreich nach dem Ersten Weltkrieg anzuknüpfen, weil viele meinten, die kleine Republik sei nicht überlebensfähig. Ihre Verfassung sah die Vereinigung mit der deutschen Republik vor. Die alliierten Sieger verboten jedoch den staatlichen Zusammenschluss. 1938 konnten sie das nicht mehr, als Hitler die kulturnationale Bindung, die fortbestand, nutzte, um den sogenannten Anschluss unter großer Zustimmung in der

---

[3] In Belgien blieben die Beziehungen zwischen dem wallonischen und dem flämischen Teil bis heute spannungsreich. In Nordschleswig fand 1920 eine Volksabstimmung statt, nach der die Region zwischen Dänemark und Deutschland geteilt wurde. 1955 trafen beide Staaten Vereinbarungen zugunsten der jeweiligen Minderheit.

[4] Auch hierzu wird auf LANGEWIESCHE, Europas Kriege, und die dort genannte Literatur verwiesen.

Bevölkerung Deutschlands wie Österreichs militärisch zu erzwingen. Die deutsche Nationsbildung setzte sich fort. Doch das Ergebnis war schließlich die Entstehung einer österreichischen Nation. Sie wird von manchen in Österreich bis heute bezweifelt.

Als der deutsche und der italienische Nationalstaat entstanden, kostete die deutsche Einigung die Habsburgermonarchie kein Staatsgebiet, wohl aber die italienische. Die Habsburgermonarchie schrumpfte territorial, überlebte jedoch als ein großes multiethnisches, multinationales Reich, das sich gen Südosten als annexionsfähig erwies (Bosnien, Herzegowina). Doch ihre Verluste an die italienische Nationalbewegung – Lombardei, Venetien, die Sekundogenituren in der Toskana und Modena – und ihr staatliches Ausscheiden aus Deutschland führten nicht nur zum Machtgewinn Ungarns innerhalb der Habsburgermonarchie, sondern stärkten auch die Forderung anderer Nationen nach Autonomie. Autonomie zu verlangen, bedeutete aber bis zum Ersten Weltkrieg in aller Regel noch nicht, staatliche Sezession von Österreich-Ungarn zu fordern.[5]

Nationsbildung ohne Staatsbildung unterschied das habsburgische Mitteleuropa bis zum Ersten Weltkrieg scharf von den osmanischen Gebieten in Südosteuropa. Hier zielten die Prozesse der Nationsbildung im 19. Jahrhundert von vornherein auf den eigenen Staat, also auf Sezession.[6] Und nach dem Ersten Weltkrieg wurde dies auch zur Leitlinie im ehemals habsburgischen Mitteleuropa. Gemeinsam war allen diesen Entwicklungen im Habsburgischen und im Osmanischen Reich, dass die Nationen auf ihren Wegen zum eigenen Nationalstaat auf Hilfe aus der internationalen Politik angewiesen blieben. Kriege zerstörten die Imperien. Die Friedensschlüsse entschieden, welche Staaten aus den Imperien hervorgingen. Diese territoriale Neuordnung war ein Werk der internationalen Politik. Das soll nun genauer betrachtet werden.

3. Staats- und Nationsbildung in Südosteuropa und im habsburgischen Mitteleuropa – Paradox der Gegenläufigkeit und seine Folgen

Bis in den Ersten Weltkrieg hinein, also bis zu Beginn des ersten Zeitfensters, war die Nationsbildung in Südost- und Ostmitteleuropa paradox

---

[5] Vgl. insbes. PIETER JUDSON, The Habsburg Empire. A New History, Cambridge MA 2016.

[6] Vgl. MARIE-JANINE CALIC, Südosteuropa. Weltgeschichte einer Region, München 2016.

gegenläufig vorangeschritten. Wo die Nationsbildung noch im Fluss war, im Südosten, gab es bereits souveräne Staaten, die sich als Nationalstaaten verstanden, nicht aber dort, wo die Nationen historisch gefestigt waren, im habsburgischen Mitteleuropa. Eine gewisse Ausnahme bildete Ungarn. Nationsbildung und Staatsbildung verliefen also nicht synchron. Um es zuzuspitzen: In Südosteuropa ging die Staatsbildung der Nationsbildung voraus, im gesamten Mitteleuropa war es umgekehrt. Betrachten wir zunächst Südosteuropa und fragen nach Grundlinien im Zusammenspiel von Nations- und Staatsbildung mit der internationalen Politik.

Was hier als Paradox gekennzeichnet wird, führte dazu, dass internationale Politik in Südosteuropa weitaus stärker als in allen anderen Regionen Europas die Nationsbildung beeinflusste. Gemeinsam war allen Staaten, die in Südosteuropa bis zum Vorabend des Ersten Weltkriegs ihre Souveränität erlangt hatten, Hilfe von außen. Unterstützung aus der internationalen Politik war eine notwendige Voraussetzung für die Entstehung von Staaten, mit denen die Nationsbildungen, deren Anfänge weiter zurückreichten, in ein neues Stadium traten. Erst jetzt konnten Ethnonationen ohne eigenen Staat zu Staatsnationen werden. Staatsbildung und Nationsbildung sind im südöstlichen Europa also nicht von internationaler Politik zu trennen.[7]

Unterstützung durch die internationale Politik bedeutete hier in erster Linie Kriegshilfe. Militärisch und auch diplomatisch waren die europäischen Großmächte an der Staats- und Nationsbildung in Südosteuropa unmittelbar beteiligt. Zunächst Russland, Großbritannien, die Habsburgermonarchie und Frankreich, dann kamen nach den Nationalstaatsgründungen in Deutschland und Italien auch diese Staaten hinzu. Sie alle hofften auf Machtgewinn und die meisten auch auf Beuteanteile im Zerfallsprozess des Osmanischen Reichs.[8] In dessen europäischen Gebieten konnten sich die europäischen Mächte jedoch in ihrer Politik nicht über den Willen der dortigen Nationen zum eigenen Staat hinwegsetzen. Von dieser Regel – Bildung neuer Nationalstaaten durch kriegerische Sezession vom Osmanischen Reich – gab es nur wenige Ausnahmen in Form von Annexionen seitens der Habsburgermonarchie und Russlands: Bosnien, Herzegowina, Bessarabien.

[7] Dazu ausführlich ebd. und LANGEWIESCHE, Europas Kriege.

[8] Vgl. mit der Spezialliteratur MAURUS REINKOWSKI, Die Dinge der Ordnung. Eine vergleichende Untersuchung über die osmanische Reformpolitik im 19. Jahrhundert, München 2005.

Das Verhältnis von internationaler Politik zu Staats- und Nationsbildung lässt sich mithin in Südosteuropa bis zum Ersten Weltkrieg so bestimmen: Ohne Hilfe von außen entstand kein souveräner Staat in der „europäischen Türkei", doch die europäischen Mächte akzeptierten meist den nationalen Willen zum eigenen Staat, sofern sich eine Nation fähig zum Krieg zeigte. In der internationalen Politik fungierte die Fähigkeit zum Krieg wie ein Machtexamen für die Nationen. „Die Balkanstaaten haben durch ihr siegreiches Bündnis ihre große Einbürgerung in der Völkergesellschaft erworben", verkündete die französische Zeitung „Le Temps" am 27. Oktober 1912.[9] Mit „Einbürgerung in die Völkergesellschaft" Europas umschrieb die Zeitung die Anerkennung des neuen Staates in der internationalen Politik.

Kriege entschieden über die Staatsbildung durch Sezession vom Osmanischen Reich, und sie trieben die Nationsbildung voran. Der Erste Weltkrieg setzte dies fort – man hat ihn mit Blick auf Südosteuropa den dritten Balkankrieg genannt[10] –, und sein Ende erweiterte mit der Zerstörung des Osmanischen und des Habsburgischen Reichs die nationalpolitischen Handlungsmöglichkeiten. Was bedeutete dies für Südost- und Ostmitteleuropa, wenn wir nach den Zusammenhängen von Staats- und Nationsbildung mit der internationalen Politik suchen?[11] Gefragt wird zunächst nach den Grundlinien der Staatsbildungen, dann nach denen der Nationsbildung.

4. Grundlinien der Staats- und Nationsbildungen in Südost- und Mittelosteuropa und die Rolle der internationalen Politik

Staatsbildung in den Territorien der Habsburgermonarchie und des Osmanischen Reichs zielte auf die Zerstörung dieser Reiche. Ohne erfolgreichen Krieg kein neuer Staat. Das 19. Jahrhundert war auf dem Balkan von solchen Kriegen durchzogen, der Erste Weltkrieg bildete darin einen

---

[9] Zitiert nach ANTJE WEBER, Die Balkankriege 1912–1913 und das Ende der „Türkei in Europa", Diss. Tübingen 2011, S. 98, online: http://hdl.handle.net/10900/59811 (Zugriff: 09.07.2020): „Les Etats balkaniques, par leur alliance victorieuse, ont conquis leur grande naturalisation la société des nations."

[10] JOACHIM REMAK, 1914 – The Third Balkan War: Origins Reconsidered, in: The Journal of Modern History 43 (1971), 3, S. 353–366.

[11] Ich verweise generell auf CALIC, Südosteuropa; JOACHIM VON PUTTKAMER, Ostmitteleuropa im 19. und 20. Jahrhundert, München 2010, und ERIC J. ZÜRCHER, Turkey. A Modern History, London 2017. Dort Informationen zum Forschungsstand.

vorläufigen Schlusspunkt. Die internationale Politik, die oft den Kriegsverlauf und stets das Kriegsergebnis mitbestimmte, gab also den Ausschlag. Dies gilt ebenfalls für Ostmitteleuropa. Ob dort ohne die habsburgische Niederlage im Ersten Weltkrieg Nationalstaaten entstanden wären oder ob es gelungen wäre, Österreich-Ungarn in einen Nationalitätenstaat zu transformieren und er die nationalen Autonomiewünsche befriedigt hätte, können wir nicht wissen. Auch hier entschied die internationale Politik. Sie war es, die das Ende der Habsburgermonarchie erzwang, nicht deren Nationen.

Erst seit dem Ende des Ersten Weltkriegs war Europa ein Kontinent von Nationalstaaten geworden[12] – ein Geschöpf der internationalen Politik, die es ermöglichte, dass Nationsbildung in Staatsbildung überging. Die internationale Politik bestimmte auch die territoriale Gestalt der neuen Nationalstaaten. Das gilt allerdings nur für das habsburgische Gebiet und für jene europäischen Regionen des Osmanischen Reichs, in denen bereits bis zum Vorabend des Weltkriegs souveräne Staaten entstanden waren. Staaten, die weitere Gebiete des untergegangenen Osmanischen Reichs beanspruchten – Griechenland und Italien – oder territoriale Forderungen gegen das Russische Reich hatten – Polen – mussten versuchen, diese Gebiete aus eigener Kraft militärisch zu erobern. Deshalb ging der Erste Weltkrieg in eine Phase der Regionalkriege über.[13] Diese Nachkriegskriege konnten durch die Großmächte nicht mehr gesteuert werden. Hier funktionierten sie nur noch als Beobachter – so im polnisch-russischen Krieg mit dem Frieden von Riga 1921 – oder als Notare, welche die Ergebnisse der Kriege um das künftige Territorium der Türkei auf der Friedenskonferenz von Lausanne 1923 völkerrechtlich beglaubigten.

Mit diesem internationalen Friedensvertrag endete die nationalstaatliche Neugestaltung Europas – ein vorläufiges Ende, denn es hinterließ einen nationalpolitisch unbefriedeten Kontinent.[14] Die Verliererstaaten und die meisten der neuen Staaten suchten nach Möglichkeiten zur territorialen Revision, denn Nationsbildung und Staatsbildung waren trotz der

---

[12] Einen gelungenen Überblick bietet LUTZ RAPHAEL, Imperiale Gewalt und mobilisierte Nation. Europa 1914–1945, München 2011.

[13] Als Überblick JÖRN LEONHARD, Die Büchse der Pandora. Geschichte des Ersten Weltkriegs, München 2014, Kap. VII–VIII. Zu den Nachkriegskriegen in der Türkei STEFAN PLAGGENBORG, Viel Krieg, keine Nation. Die Entstehung der modernen Türkei, in: Revolution, Krieg und die Geburt von Staat und Nation, hg. v. EWALD FRIE / UTE PLANERT, Tübingen 2016, S. 149–167.

[14] Territorial Revisionism and the Allies of Germany in the Second World War. Goals, Expectations, Practices, hg. v. MARINA CATTARUZZA u. a., New York 2013.

Zerstörung von zwei Imperien nicht deckungsgleich geworden. Die meisten der neuen Staaten waren mehrnationale Staaten, die sich aber nicht als Nationalitätenstaaten verstanden, sondern als Nationalstaaten. Alle umfassten fremdnationale Minderheiten, und etliche sahen sich als unvollständige Nationalstaaten, da ein Teil ihrer Nationsgenossen anderen Staaten angehörten. Deshalb entwickelten diese Staaten einen „chronischen Revisionismus“ und ihre Nationen einen ebenso chronischen Irredentismus.[15]

Daraus ging eine Fülle bilateraler Territorialkonflikte hervor, die im Zweiten Weltkrieg eine ungeahnte Dynamik entwickelten. Die internationale Politik bestimmte also weiterhin die Bedingungen für Staats- und Nationsbildung. Dies soll nun auf der Ebene der Nationsbildung betrachtet werden, indem eine zweite Grundlinie im Zusammenspiel von Staat, Nation und internationaler Politik untersucht wird: Nationsbildung und Minderheiten.

5. Nationsbildung zu Lasten der Minderheiten und die internationale Politik

Wo Nationen oder Ethnien räumlich zusammenlebten, setzte sich die Multiethnizität bzw. Multinationalität der Imperien in den Nationalstaaten fort, die aus ihnen entstanden.[16] Doch was im Imperium normal war, galt im Nationalstaat als anormal und unerwünscht. Wo zum Zeitpunkt der Staatsbildung bereits feste Nationen existierten, waren in den Außenbeziehungen der neuen Staaten und jener Staaten, die sich vergrößern konnten (Rumänien) oder erhebliche Gebiete verloren (Ungarn, Österreich, Bulgarien), staatlicher Revisionismus und nationaler Irredentismus

[15] Die Formulierung „chronischer Revisionismus“ nach: CALIC, Südosteuropa, S. 439.

[16] Ich folge dem Begriff „Ethnie“ und der Abgrenzung zu Nation wie sie Georg Elwert vorgenommen hat (GEORG ELWERT, Nationalismus und Ethnizität. Über die Bildung von Wir-Gruppen, in: Kölner Zeitschrift für Soziologie und Sozialpsychologie 41 [1989], 3, S. 440–464): „Ethnische Gruppen/Ethnien sind familienübergreifende und familienerfassende Gruppen, die sich selbst eine (u. U. auch exklusive) kollektive Identität zusprechen. Dabei sind die Zuschreibungskriterien, die Außengrenzen setzen, wandelbar. Sie beanspruchen jedoch Dominanz gegenüber anderen Zuordnungskriterien. Der Begriff der Ethnie [...] ist weiter als der der Nation. Es fehlen der Bezug zu einer Zentralinstanz und das Element exklusiver ‚Staatsbürgerschaft‘.“ (S. 447) Im Begriff „Ethnonation“ wird der Staatsbezug hergestellt. Insofern verengt er sowohl den Begriff der Ethnie wie auch den der Nation. „Ethnonation“ ethnisiert die Kollektivgruppe „Nation“ und nationalisiert das Kollektiv „Ethnie“.

geradezu vorprogrammiert.[17] Mit Blick auf dieses politisch explosive Gemisch von enttäuschten Hoffnungen und gegensätzlichen Zukunftserwartungen in dem staatlich neugeordneten Teil Europas – er erstreckte sich von Deutschland bis an die Grenzen der Sowjetunion und der türkischen Republik – wird nun ausschließlich danach gefragt, was Nationsbildung für Minderheiten bedeutet hat und wie die internationale Politik daran beteiligt war. Es geht darum, Entwicklungslinien seit dem 19. Jahrhundert sichtbar zu machen, die durch die beiden Weltkriege verstärkt wurden und bis in unsere Gegenwart führen.

Als im osmanischen Südosteuropa im 19. Jahrhundert Staaten entstanden, sahen sich viele Menschen gezwungen, sich für die Zugehörigkeit zu einer bestimmten Nation zu entscheiden, auch wenn sie nicht bzw. noch nicht in nationalen Kategorien dachten. Die wechselseitige Erzeugung nationaler Identitäten, wie man das genannt hat,[18] wurde durch die zahlreichen Kriege auf dem Balkan vorangetrieben. Dass in allen diesen Kriegen nicht versucht wurde, die Zivilbevölkerung von den Kämpfen zu verschonen, steigerte für die Menschen den Zwang zur nationalpolitischen Entscheidung. Krieg und Nationsbildung formten ein Zwangsgehäuse, dem kaum jemand entgehen konnte. Die Religion wirkte dabei als ein Unterscheidungsmerkmal. Sie wurde nationalisiert. Das beschränkte die individuelle Entscheidungsmöglichkeit im Prozess der Nationalisierung. Die Medien machten diese Ereignisse zu einem Thema der internationalen Politik. Dazu ein Beispiel aus den Kriegen, die zur Gründung des griechischen Sezessionsstaates führten.

Als 1822 osmanische Truppen bei der Rückeroberung der Insel Chios ein Massaker unter den Bewohnern verübten und viele als Sklaven verschleppten, berichteten Zeitungen in vielen Staaten, und das Londoner Parlament diskutierte über Möglichkeiten zu intervenieren. Ein Abgeordneter sprach von einer „Nation von Barbaren", die man als „unverbesserliche Feinde der Christenheit und der Freiheit nach Asien" zurücktreiben müsse.[19] Wenige Jahre später legte der russische Botschafter in London ein Dokument über das (vermeintliche) osmanische „Barbarisie-

---

[17] Territorial Revisionism und die Beiträge in diesem Band.

[18] KEITH BROWN, „Wiping out the Bulgarian Race". Hatred Duty, and National Self-Fashioning in the Second Balkan War, in: Shatterzone of Empires. Coexistence and Violence in the German, Habsburg, Russian, and Ottoman Borderlands, hg. v. OMER BARTOV / ERIC D. WEITZ, Bloomington 2013, S. 298–316.

[19] Zitiert nach DAVIDE RODOGNO, Against Massacre. Humanitarian Interventions in the Ottoman Empire, 1815–1914, Princeton 2012, S. 63. Zum Folgenden mit der Fachliteratur LANGEWIESCHE, Europas Kriege, Kap. IV, 2b.

rungsprojekt" vor: Die gesamte griechische Bevölkerung sei zu versklaven und durch Muslime zu ersetzen. Obwohl die Hohe Pforte ein solches Vorhaben bestritt, wurde der Verdacht ein wirksames Argument für ein vereintes Vorgehen Russlands, Großbritanniens und Frankreichs gegen die osmanische Herrschaft auf dem Balkan. Heute würde man von *Fake News* sprechen. Die Massaker auf beiden Seiten hingegen waren real, und ebenso das, was wir heute „ethnische Säuberung" nennen: die nationale Homogenisierung eines Territoriums, indem Menschen, die als fremdnationale Minderheit gelten, hier noch gesteigert durch die kulturell fremde Religion, das Land verlassen müssen. In welcher Form, das war situativ unterschiedlich. Die Spannweite reichte von international geregeltem Bevölkerungsaustausch über ungeregelte Vertreibung bis zur systematischen Vernichtung. Das ist inzwischen dicht erforscht.[20] Im Folgenden wird ausschließlich nach den Zusammenhängen zwischen Nationsbildung und internationaler Politik im ehemals osmanischen und habsburgischen Europa gefragt.

Als erstes gilt es festzuhalten, dass die Politik der ethnonationalen Homogenisierung keine Erfindung des 20. Jahrhunderts ist. Die Staatsbildungen in Südosteuropa wurden bereits im 19. Jahrhundert zu einem Testfeld unter internationaler Beteiligung. Das Beispiel Griechenland wurde schon erwähnt. Ein anderes bieten die sogenannten „bulgarischen Greuel". Als 1876 die Presse darüber berichtete, forderte William E. Gladstone, Oppositionsführer und mehrfacher britischer Premierminister, die Türken müssten mit „Sack und Pack, mit Kind und Kegel" Bulgarien verlassen. Das wäre die einzig angemessene Reaktion der Europäer im Angesicht der „Leichenberge", der geschändeten Frauen und Kinder, der „beleidigten und beschämten Kultur".[21] Um sich Gewissheit zu verschaffen, setzte der Berliner Kongress (1878) eine Untersuchungskommission ein, eine Vorläuferin der berühmten Carnegie-Kommission, die 1913 die beiden Balkankriege untersuchte.

In den Kriegen auf dem Balkan wurden nirgendwo die Minderheiten völlig vertrieben. Doch auf allen Seiten, auch unter den Großmächten, setzte sich die Überzeugung durch, ein vertraglich geregelter „Bevölkerungsaustausch" sei die beste Lösung des Minderheitenproblems. Diese Politik der ethnisch-nationalen Entmischung zwang im Zeitraum von den

---

[20] Den besten Zugang bietet PHILIPP THER, Die dunkle Seite der Nationalstaaten. „Ethnische Säuberungen" im modernen Europa, Göttingen 2011.

[21] W. E. GLADSTONE, The Turco-Servian War. Bulgarian Horrors and the Question of the East, New York / Montreal 1876, S. 38.

Balkankriegen 1912/13 bis zu den Regelungen am Ende des Ersten Weltkriegs mindestens 2,8 Millionen Menschen dazu, ihren Wohnort zu verlassen. Die Mehrzahl von ihnen lebte in Südosteuropa. Es begann eine „Eigendynamik ethnischer Säuberungen", wie es Philipp Ther genannt hat.[22] Ihre Verrechtlichung durch internationale Verträge erhöhte die Bereitschaft, nationalethnische Einheitlichkeit von Staaten als normal anzusehen. Regelungen zum Schutz von Minderheiten kamen hinzu, doch das Ideal des homogenen Nationalstaates erwies sich als stärker. Wer nicht als Nationsgenosse anerkannt wurde, war einem enormen Druck ausgesetzt. Im Krieg entfielen regelmäßig alle Hemmungen. Der Krieg wurde zum Gewaltmotor auf dem Wege zum Nationalstaat möglichst ohne Minderheiten.

Das europäische Ideal „Eine Nation - Ein Nationalstaat" wirkte in national-ethnisch gemischten Gebieten verheerend. Doch es versprach jedem, der als zugehörig anerkannt war, Schutz durch diesen Staat. Der Nationalstaat zerstörte für Millionen von Menschen die überkommenen Lebensräume, indem er sie nationalisierte. Doch zugleich bündelten sich in ihm die Hoffnungen auf ein gesichertes Leben derer, die dazu gehörten. Die internationale Politik unterstützte diese Einstellung, obwohl ihre europäischen Hauptmächte - Großbritannien, Russland, die Habsburgermonarchie, Frankreich - multinationale Imperien waren. Mit ihrer territorialen Beute erreichten die Sieger-Imperien Großbritannien und Frankreich (in ihrem Schatten auch Italien und Griechenland) nach dem Ersten Weltkrieg ihre größte Ausdehnung.

Nationsbildung zu Lasten der Minderheiten, so lässt sich diese international gebilligte und geförderte Entwicklungslinie in Südost- und in Mittelosteuropa charakterisieren. Das blieb auch so nach dem Ersten Weltkrieg, d. h. im ersten Zeitfenster der Konzeption, die diesem Buch zugrunde liegt. Ob die Minderheitenregelungen, die auf Druck der Siegerstaaten in die Verfassungen der neuen Staaten im ostmitteleuropäischen Raum aufgenommen wurden, langfristig das konfliktträchtige Verhältnis zwischen Mehrheits- und Minderheitsnationen in den Nationalstaaten, die keine waren, entspannt hätte, können wir nicht wissen. Als das nationalsozialistische Deutschland Europa mit Krieg überzog, entstand eine neue Situation. Für die Minderheiten hatte sie katastrophale Folgen. Sie werden nun betrachtet.

---

[22] THER, Die dunkle Seite, Zahl und Zitat S. 69 f.

6. Zur Radikalisierung der Politik „ethnischer Säuberung“ – Ethnonationalisierung und die internationale Politik

Philipp Ther unterscheidet im Europa des 20. Jahrhunderts vier Phasen „ethnischer Säuberungen“. Er definiert sie als „Mittel der internationalen Politik“[23]. Sie waren ebenso Mittel zur ethnonationalen Homogenisierung von Gesellschaften und ihren Staaten. Die erste Phase lässt er mit den beiden Balkankriegen 1912/13 beginnen – ich datiere sie ins 19. Jahrhundert zurück – und mit dem Vertrag von Lausanne 1923 enden. Auf der einen Seite haben die internationalen Akteure versucht, die Gewalt in den Bevölkerungsverschiebungen zu bremsen, andererseits haben sie die Erfassung von Minderheiten gesteigert. In Lausanne wurde zwischen Griechen und Türken (im Vertrag: Christen und Muslime)[24] ein kompletter Bevölkerungsaustausch vereinbart. Die betroffenen Menschen wurden nicht gefragt. Optionen gemäß individueller Selbstbestimmung waren nicht vorgesehen. Die Nation war zu einer Zwangsgemeinschaft geworden, über die in internationalen Verträgen verfügt wurde.

Die zweite Phase datiert Ther vom Münchner Abkommen 1938 bis 1944, das heißt der Zeitraum, in dem die deutsche Kriegspolitik die Bedingungen für Minderheitenpolitik grundlegend veränderte, wenngleich die Politik einvernehmlicher zwischenstaatlicher Vereinbarung ebenfalls fortlief. Für diese Kriegsphase werden hier nur wenige Grundlinien festgehalten:[25] Alle Staaten, die damals in der Lage waren, eigenständig zu handeln, suchten die Möglichkeiten, die der Krieg bot, zu nutzen, um sich ihrer Minderheiten zu entledigen. Die Zeit des Minderheitenschutzes war vorbei, überall triumphierte als Zukunftsmodell, das man so schnell wie möglich erreichen wollte: der nationalethnisch homogene Staat. Nur für

---

[23] Ebd., S. 70.

[24] In der Konvention zum Bevölkerungsaustausch von Lausanne wurde vereinbart: „a compulsory exchange of Turkish nationals of the Greek Orthodox religion established in Turkish territory, and of Greek nationals of the Moslem religion established in Greek territory“. Die Konvention ist einzusehen: http://mbarchives.blogspot.de/2005/11/convention-concerning-exchange-of.html (Zugriff: 09.07.2020).

[25] Zu den Entwicklungen insbesondere THER, Die dunkle Seite; Lexikon der Vertreibungen. Deportation, Zwangsaussiedlung und ethnische Säuberung im Europa des 20. Jahrhunderts, hg. v. DETLEF BRANDES u. a., Wien 2010; MICHAEL SCHWARTZ, Ethnische „Säuberungen“ in der Moderne. Globale Wechselwirkungen nationalistischer und rassistischer Gewaltpolitik im 19. und 20. Jahrhundert, München 2013; ISTVÁN DEÁK, Kollaboration, Widerstand und Vergeltung im Europa des Zweiten Weltkrieges, Wien 2017; Territorial Revisionism.

die Sowjetunion galt das nicht. Sie blieb ein multinationaler Staat, doch auch hier kam es zu Massendeportationen, die ethnische und auch soziale Homogenisierung von Regionen erzwingen sollten. Im Krieg traf es vor allem alle Nationalitäten, deren Mehrheit außerhalb der Sowjetunion in einem Nationalstaat lebte. In ihnen sah die sowjetische Führung potentielle Helfer für den Feind. Diese Politik war im Prinzip nicht neu. Auch das zaristische Russland und das Osmanische Reich hatten in Kriegszeiten Minderheiten aus den Grenzregionen deportiert. Im Ersten Weltkrieg führte die Deportation von Armeniern innerhalb des Osmanischen Reichs in den Genozid.[26]

Dem Leitbild „Nationsbildung gegen die Minderheiten" stand im Krieg ein Instrumentarium zur Verfügung, dessen Spannweite von den traditionellen Formen wie Zwang zur Assimilierung und Bevölkerungsaustausch bis zu organisiertem Massenmord und schließlich dem Genozid reichte. Der europäische Genozid an den Juden wurde vom nationalsozialistischen Deutschland in Gang gesetzt und organisiert, doch ohne die Mitwirkung der verbündeten Staaten wäre er nicht möglich gewesen. István Deák hat dies kürzlich mit Blick auf Kollaboration, Widerstand und Vergeltung gesamteuropäisch überzeugend dargelegt. Juden verfügten (ebenso wie die Roma)[27] über keinen Nationalstaat als mögliches Aufnahmeland. Für sie wurde deshalb das europäische Handlungsmodell „Nationalstaat ohne Minderheiten" zu einem Vernichtungsprogramm, wenn der Weg in ein fremdnationales Aufnahmeland außerhalb des nationalsozialistischen Reiches verschlossen war.

Das quantitative Ausmaß der „Nationalisierung von Nationalstaaten", um sie ethnisch homogen zu machen, also die Minderheiten zu assimilieren oder auszustoßen, übertraf im nationalsozialistischen Europa alles, was man in Südosteuropa seit dem 19. Jahrhundert kannte. Dies gilt auch für die Zwangsgewalt und den Vernichtungswillen der Staaten, die an der nationalen Homogenisierung ihrer Bevölkerung beteiligt waren. Dennoch muss man feststellen: Die Entwicklungslinie, die auf den Nationalstaat ohne fremdnationale Minderheiten zielte, war älter. Sie wurde fortgesetzt. Mit der Zerstörung der multinationalen Reiche der Habsburger und der Osmanen in den Friedensschlüssen des Ersten Weltkriegs wurde sie zur

---

[26] Vgl. TANER AKÇAM, The Young Turks' Crime Against Humanity. The Armenian Genocide and Ethnic Cleansing in the Ottoman Empire, Princeton 2012.

[27] Als knappes Resümee PETER STEINBACH, Der NS-Völkermord an den Sinti und Roma, in: Tribüne, März 2013. Ausführlich MICHAEL ZIMMERMANN, Rassenutopie und Genozid. Die nationalsozialistische „Lösung der Zigeunerfrage", Hamburg 1996.

Richtlinie der internationalen Politik in Europa. Dies setzte sich in der dritten Phase fort, die Ther von 1944 bis 1948 datiert. In ihr wurde die europäische Nachkriegsordnung geplant und durchgesetzt. Sie wird hier nicht thematisiert, denn dazu bieten spezielle Beiträge in diesem Buch Einblicke. Es sei nur festgehalten: Die Politik der „ethnischen Säuberung" wurde fortgeführt, war jedoch „in ihrem Umfang präzedenzlos".[28] Betroffen waren fast 16 Millionen Menschen in Europa (s. Tabelle 1).

Die damaligen Nationalstaatsbildungen in Südostasien (Indien – Pakistan) und im Nahen Osten (Israel) verursachten ebenfalls enorme Bevölkerungsverschiebungen (s. Tabelle 1). Es war ein internationaler Prozess, der mit der Auflösung von Imperien in Nationalstaaten einherging.[29] In der Dekolonisierung Asiens und Afrikas hat er sich fortgesetzt. Die Entstehung von Nationalstaaten und der Prozess der Nationsbildung verliefen in multiethnischen Regionen nahezu überall gewaltsam. Am wenigsten gewaltsam gelang die Auflösung des multinationalen Sowjetimperiums, während die Zerstörung Jugoslawiens, des letzten multinationalen, multiethnischen Nachfolgerstaates im ehemals habsburgisch-osmanischen Europa, mehr als die Hälfte der Vorkriegsbevölkerung zwang, ihre Heimat zu verlassen.[30] In dieser vierten Phase „ethnischer Säuberungen" änderte die internationale Politik jedoch ihren Kurs. Sie verhinderte nicht die Sezession Jugoslawiens in mehrere Staaten, doch ihr Rückkehrprogramm zielte darauf ab, die Multinationalität bzw. Multiethnizität zu bewahren oder wiederherzustellen. Anders gesagt: Die Staatsbildung, die

---

[28] THER, Die dunkle Seite, S. 233.

[29] In der Literatur wird vereinzelt von „imperialer Nation" gesprochen. Meist wird damit aber lediglich darauf verwiesen, dass der Nationalstaat, der sich ein Imperium zugelegt hat, aus mehreren Nationen bestand oder die Formierung des Nationalstaats analog zur Imperiumsbildung verlief, also nicht auf Freiwilligkeit beruhend, sondern durch Zwang und Gewalt. Verwiesen wird dann auf die Entwicklung im Vereinigten Königreich, Großbritannien und Nordirland sowie auf Russland und die USA. Vgl. etwa KRISHAN KUMAR, Nation and Empire. English and British National Identity in Comparative Perspective, in: Theory and Society 29 (2000), S. 575–608; GABRIEL WINANT, Birth of an Imperial Nation. A new history of 19th-century America captures how the United States was always an empire, in: The Nation, 05.01.2017, https://thenation.com/article/ birth-of-an-imperial-nation/ (Zugriff: 09.07.2020); GEOFFREY HOSKING, Russischer Nationalismus vor 1914 und heute. Die Spannnung zwischen imperialem und ethnischem Bewußtsein, in: Die Russen. Nationalbewußtsein in Geschichte und Gegenwart, hg. v. ANDREAS KAPPELER, Köln 1990, S. 169–183; BYUNG HO LEE, Forging the Imperial Nation. Imperialism, Nationalism, and Ethnic Boundaries in China's Longue Durée, PD University of Michigan 2011, https://deepblue.lib.umich.edu/handle/2027.42/89783 (Zugriff: 09.07.2020).

[30] Auch hierzu und zu den Konflikten im Kaukasus THER, Die dunkle Seite, Zahlen Kap. 3.4.

man als gewaltsames *fait accompli* völkerrechtlich akzeptierte, sollte nicht durch eine Nationsbildung gegen die angestammten Minderheiten ergänzt werden.

Tabelle 1: „Ethnische Säuberungen" (chronologisch)[31]

Bevölkerungsgruppen, Gebiete, Zeiträume	Personen
Finnen 1940/44	420.000
Polen aus der Sowjetunion 1940–1941, 1944–1946	2.100.000
Ukrainer aus Polen und innerhalb Polens	650.000
Deutsche aus Ostmitteleuropa 1945–1948	12.000.000
Ungarn aus Jugoslawien, Serben und Kroaten aus Ungarn 1944–1946	80.000
Ungarn aus der Slowakei und innerhalb der Tschechoslowakei 1945–1947	145.000
Slowaken aus Ungarn 1946–1947	70.000
Italiener aus der nordöstlichen Adriaregion 1945–1948	250.000
Europa	15.715.000
Inder 1947–1950	12.000.000
Arabische Palästinenser 1948–1949	800.000
Gesamt Einschließlich derer, die bei „Säuberungen" ums Leben kamen	28.515.000 über 30 Millionen

7. Die Europäische Union als Gegenprogramm zum Europa der Ethnonationen? Europäische Migrationspolitik als Gefahr für den Nationalstaat?

Abschließend ein Blick in unsere Gegenwart. Seit dem Zweiten Weltkrieg sind die Staaten Europas national homogener als sie es zuvor jemals waren. In Südosteuropa wurde dies mit der Zerstörung des multinationalen Jugoslawiens „nachgeholt". Damit scheint der lange leidvolle Weg des Europas der Nationalstaaten zu einem Europa der Ethnonationen abge-

[31] Ebd., S. 233 f.

schlossen zu sein.[32] Seit dem Ende des Habsburgischen und des Osmanischen Reichs hatte sich dieser Ethnisierungsprozess der Nation und des Nationalstaats verstärkt und radikalisiert, da er nun in die multinationalen Räume Mittelost- und Südosteuropas ausgriff und dort eine nationalethnische Vereinheitlichung von Territorien erzwang. Die Europäische Union kann man als ein Gegenprogramm verstehen. Sie öffnet die Nationalstaaten innerhalb des europäischen Raums, macht ihre Grenzen für Waren und Menschen durchlässig und ordnet diese neue Offenheit rechtlich und politisch. Innerhalb der EU hat also ein Entwicklungsprozess eingesetzt, der gegenläufig zur Ethnonationalisierung Europas im 20. Jahrhundert verläuft.

Diese innereuropäische Öffnung des Nationalstaats ist politisch gewollt. Jeder Staat, der in die EU eintritt, bekundet sein Einverständnis. Die großen Migrationsströme von außerhalb der EU, die ebenfalls der Ethnonationalität in Europa entgegenwirken, sind hingegen politisch nicht gewollt. Ein europäisches Programm, mit ihnen umzugehen, gibt es nicht. Als angesichts der ungewöhnlich hohen Flüchtlingszahlen in den Jahren 2015 und 2016 (s. Tabelle 2) die Grenzen kurzzeitig geöffnet wurden, ohne diesen humanitären Akt in der EU politisch abgestimmt zu haben, verschärften sich die Konflikte unter den EU-Staaten. Die Einstellungen zur Migration wurden nun innerhalb der Mitgliedsstaaten und zwischen ihnen offen politisiert. Überall in Europa belegen die Wahlen eine erhebliche Verunsicherung in der Bevölkerung über eine Zuwanderung aus nichteuropäischen Räumen, die als kulturell bedrohlich empfunden wird.

Am stärksten ist diese Verunsicherung verständlicherweise in jenen Staaten Europas, die aus multinationalen bzw. multiethnischen Imperien hervorgegangen sind. Ihre nationale Homogenität ist seit der Mitte des 20. Jahrhunderts in außerordentlich gewaltsamen Prozessen erzwungen worden. An ihnen haben diese Staaten mitgewirkt, doch die großen Entscheidungen fielen in der internationalen Politik. Initiiert und in ihrer Radikalität ermöglicht wurden die Entwicklungen von außen. Verschärfend kommt in der Wahrnehmung vieler hinzu, dass im Zweiten Weltkrieg und heute erneut die deutsche Regierung den Nachbarn ihre Politik aufzwang. Damals als rassistischer Gewaltmotor zur nationalethnischen Homogenisierung, heute als kurzfristiger Öffner der europäischen Grenzen im Dienst der Humanität. Mit letzterem werde, so befürchten offensichtlich viele Menschen, in der europäischen Politik ein Programm

[32] Zur Abgrenzung von Nation und Ethnie ELWERT, Nationalismus und Ethnizität.

aufgelegt, das die leidvoll erreichte Homogenität des Nationalstaats gefährde. Ein Programm, das den Betroffenen mit Mehrheitsentscheidungen in der EU aufgenötigt werde, sogar gegen den Willen der nationalstaatlichen Regierungen und Parlamentsmehrheiten. Also erneut auferlegt von außen; diesmal nicht aus der internationalen Politik, sondern aus der europäischen.

Tabelle 2: Asyl-Erstanträge in ausgewählten EU-Mitgliedsstaaten 2015–16[33]

Staaten	Personen	Prozent
EU 28 Staaten insgesamt	2.463.150	100,0
Deutschland	1.164.065	47,3
Italien	204.430	8,3
Ungarn	202.650	8,2
Frankreich	147.360	5,9
Griechenland	61.245	2,5
Bulgarien	39.155	1,6
Finnland	37.425	1,5
Polen	20.035	0,8
Rumänien	3.080	0,13
Tschechische Republik	2.435	0,10
Kroatien	2.290	0,09
Slowenien	1.525	0,06
Litauen	690	0,03
Lettland	675	0,03
Estland	375	0,02
Slowakei	370	0,02

Auch wenn die Zahl der Migranten, die in den ostmittel- und südosteuropäischen EU-Staaten Asylanträge stellen, noch gering ist (s. Tabelle 2), wird es politisch nicht hilfreich sein, die in der historischen Erfahrung der Katastrophengeschichte des 20. Jahrhunderts verwurzelten Befürch-

[33] MARCUS ENGLER, Viel Bewegung in der Krise, aber wenig Fortschritt? Europäische Flüchtlingspolitik seit 2015, in: Bundeszentrale für Politische Bildung, http://bpb.de/system/files/dokument_pdf/Engler_EU-Fluechtlingspolitik_2018.pdf (Zugriff: 09.07.2020).

tungen, kulturell überfremdet zu werden, als unbegründet beiseite zu schieben, indem man sie als populistisch uneinsichtig abwertet und zu delegitimieren sucht.

Die Ethnonationalisierung europäischer Staaten ist das Ergebnis einer Geschichte, die von der internationalen Politik über alle politischen Zäsuren hinweg maßgeblich geprägt worden ist. Nirgendwo hat sie die Lebenswelt der Menschen so massiv verändert wie in den Nachfolgerstaaten von Imperien in Ostmittel- und Südosteuropa, nirgendwo hat sie so viele Opfer gekostet. Dass dort dieses Geschichtserbe am stärksten verteidigt wird, kann nicht überraschen. Doch nicht nur in diesen Regionen, sondern im gesamten Raum der EU gilt – die Nationsbildung ist wieder offen. Wie sie verlaufen sollte, ist innerhalb der EU und in den Mitgliedsstaaten umstritten. Konflikte zwischen innen und außen sind vorprogrammiert.

ANDREAS KAPPELER

PROZESSE DER NATIONSBILDUNG IM OSTEN EUROPAS

Als ich vor fast einem halben Jahrhundert begann, mich mit Fragen der Nation zu beschäftigen, blies mir der Wind ins Gesicht. Im wissenschaftlichen und politischen Diskurs herrschte damals die Ansicht vor, dass mit dem Ende des Nationalsozialismus und des Zweiten Weltkriegs das Zeitalter der Nation und des Nationalstaats zu Ende gegangen sei. Ein vereintes Europa bzw. eine sozialistische Weltordnung machten die Nation überflüssig. Die Nationalitätenfrage in der Sowjetunion und in Jugoslawien war, so schien es, endgültig gelöst. Wer sich mit Nationen beschäftigte, wurde nicht selten des Nationalismus verdächtigt. Dazu kam, dass Geschichte vorab als historische Sozialwissenschaft betrieben wurde, die sich für sozioökonomische Strukturen und Klassen, nicht aber für Nationen interessierte.

Gerade zu dieser Zeit zeigte der junge Miroslav Hroch in seinem Buch „Die Vorkämpfer der nationalen Bewegung bei den kleinen Völkern Europas“ einen Weg auf, Nationsbildung als sozialhistorisches Phänomen zu begreifen und in einen gesamteuropäischen Kontext zu stellen. Es folgten 1985 eine überarbeitete englische Ausgabe des Werks und schließlich 2005 der souveräne Gesamtüberblick „Das Europa der Nationen“.[1] Die Frage nach den Trägergruppen und Aktivisten der Nationalbewegung erwies sich als fruchtbarer Ansatz, der in der Folge vielfach erfolgreich angewandt wurde. Vorausgegangen war Hroch schon 1953 der amerikanische Politikwissenschaftler Karl W. Deutsch mit seinem bahnbrechenden Werk „Nationalism and Social Communication“, das die Nation als

[1] MIROSLAV HROCH, Die Vorkämpfer der nationalen Bewegung bei den kleinen Völkern Europas. Eine vergleichende Analyse zur gesellschaftlichen Entwicklung der patriotischen Gruppen, Praha 1968; DERS., Social Preconditions of National Revival in Europe. A Comparative Analysis of the Social Composition of Patriotic Groups among the Smaller European Nations, Cambridge 1985; DERS., Das Europa der Nationen. Die moderne Nationsbildung im europäischen Vergleich, Göttingen 2005.

Kommunikationsgemeinschaft begriff.[2] Deutsch stammte wie Hroch aus Prag, ebenso wie der amerikanische Sozialanthropologe Ernest Gellner.[3] Mit dessen Buch „Nations and Nationalism“ und den zufällig im selben Jahr 1983 publizierten Arbeiten von Benedict Anderson und Eric Hobsbawm setzte sich die Auffassung von der Nation als Konstrukt oder als Erfindung durch.[4] Sie erteilte den hergebrachten primordialen, essentialistischen Interpretationen, welche die Nation als feste unveränderliche Einheit, die es immer schon gab und die es immer geben wird, eine Absage.

So notwendig und fruchtbar dieser Durchbruch war, der auch die Nationsforschung wieder salonfähig machte: Mit der These von der voluntaristischen Erfindung der Nation macht man es sich zu leicht. Die Konstruktion, die Imagination der Nationen erfolgt nicht willkürlich und beliebig, sondern ihre Architekten, die meist aus den Reihen der Intellektuellen kommen, greifen auf schon vorhandene Bausteine wie Territorium, Herkunft, Sprache oder Konfession zurück.

Die Prozesse der Nationsbildung sind außerdem an soziale, politische und kulturelle Voraussetzungen und Rahmenbedingungen gebunden. So herrscht weitgehende Übereinstimmung darüber, dass die moderne Nation als Solidargemeinschaft und politische Willensgemeinschaft mit der sozialen und politischen Mobilisierung infolge der Französischen Revolution entstand. Prozesse der Nationsbildung waren verknüpft mit der Überwindung der ständischen Ordnung und der Modernisierung der Gesellschaften und setzten einen gewissen Grad an sozialer Kommunikation voraus. Diese Auffassung von dem grundsätzlich neuen Charakter der modernen Nation ist zu differenzieren, worauf Anthony Smith in seinen Arbeiten hingewiesen hat.[5]

---

2 KARL W. DEUTSCH, Nationalism and Social Communication. An Inquiry into the Foundations of Nationality, New York 1953; deutsch: Nationenbildung – Nationalstaat – Integration, hg. v. ABRAHAM ASHKENAZI / PETER W. SCHULZE, Düsseldorf 1972.

3 ERNEST GELLNER, Nations and Nationalism, Ithaca 1983; deutsch: Nationalismus und Moderne, Berlin 1991.

4 BENEDICT ANDERSON, Imagined Communities. Reflections on the Origin and Spread of Nationalism, London 1983; deutsch: Die Erfindung der Nation. Zur Karriere eines folgenreichen Konzepts, Frankfurt am Main / New York 1988; The Invention of Tradition, hg. v. ERIC HOBSBAWM / TERENCE RANGER, Cambridge 1983. Vgl. auch ERIC HOBSBAWM, Nations and Nationalism since 1780. Programme, Myth, Reality, Cambridge 1991; deutsch: Nationen und Nationalismus. Mythos und Realität seit 1780, Frankfurt am Main 1991.

5 ANTHONY D. SMITH, The Ethnic Origins of Nations, Oxford 1986; DERS., National Identity, Reno 1993. Vgl. auch schon: Nationalismus in vorindustrieller Zeit, hg. v. OTTO DANN, München 1986.

Heute werden Prozesse der Nationsbildung in der Frühen Neuzeit weithin als wichtige Voraussetzungen der modernen Nation betrachtet. Weil die meisten neueren Arbeiten zur Nationsforschung aus dem angelsächsischen Raum stammten, übernahm die deutschsprachige Forschung deren Begrifflichkeit. So wird der Begriff „Nationalismus" oft wertfrei verwendet, was zu Missverständnissen führt, da er im Deutschen und in anderen Sprachen gemeinhin negativ besetzt ist und eine übersteigerte aggressive Ideologie bezeichnet. Ich folge der Empfehlung Hrochs und verwende den Begriff nur in dieser eingeschränkten Bedeutung.

In den letzten Jahren hat sich der Begriff „Nationsbildung" (*nation-building)* durchgesetzt, so auch in diesem Band. Dabei ist nicht immer klar, ob damit, wie in der westeuropäischen Tradition, die Staatsbildung gemeint ist, oder ob man Staats- und Nationsbildung trennt, wie in Mittel- und Osteuropa üblich. Die Verwendung des Begriffs „Nationsbildung" birgt die Gefahr in sich, das Entstehen von Nationen als einen linearen Prozess zu verstehen, der in grauer Vorzeit begann und trotz Hindernissen und vorübergehenden Baupausen zwangsläufig zum Gebäude der modernen Nation und des Nationalstaats führen musste. Im Gegensatz dazu verstehe ich den Begriff im Sinne eines Bauprojekts, das nicht vorherbestimmt ist und nie abgeschlossen wird.

Ich werde im Folgenden einige mir wichtig erscheinende Fragen des Problemkomplexes „Nationsbildung im Osten Europas" aufgreifen und kurz erörtern. Dies geschieht nicht systematisch und schon gar nicht erschöpfend, sondern im Sinne von Denkanstößen. Dabei konzentriere ich mich auf die Zeit vom 19. Jahrhundert bis zum Zweiten Weltkrieg und klammere die Außenpolitik aus, die in den anderen Beiträgen des Bandes behandelt wird. Zunächst stelle ich die Frage, ob sich die Prozesse der Nationsbildung im östlichen Europa grundsätzlich von denen im übrigen Europa unterschieden. Studien, die die Nationsbildung im östlichen und westlichen Europa vergleichen, sind rar. Auch hier hat Hroch Pionierarbeit geleistet, und sein „Das Europa der Nationen" ist der bisher umfassendste Versuch einer gesamteuropäischen Synthese. Das im Titel eines von Ulrike von Hirschhausen und Jörn Leonhard herausgegebenen Sammelbandes „Nationalismen in Europa. West- und Osteuropa im Vergleich"[6] gegebene Versprechen wird nicht voll eingelöst, da die meisten Beiträge Fallstudien zu einzelnen Nationen sind. In der ausführlichen Einleitung arbeiten Herausgeberin und Herausgeber aber Fragestellungen

[6] Nationalismen in Europa. West- und Osteuropa im Vergleich, hg. v. ULRIKE VON HIRSCHHAUSEN / JÖRG LEONHARD, Göttingen 2001.

und Thesen für einen Vergleich zwischen West- und Osteuropa heraus und zeigen Forschungsperspektiven auf.[7] Die meisten der wenigen anderen vergleichenden Studien beziehen nur das westliche Europa ein. Dieses Manko mag auf die mindestens im deutschen Sprachraum bestehende institutionelle Trennung von „Osteuropäischer Geschichte" und „Allgemeiner Geschichte" zurückzuführen sein.

Es gibt eine wirkungsmächtige Tradition der Unterscheidung zwischen einem „guten" demokratischen, fortschrittlichen westlichen und einem „bösen" autoritären, reaktionären östlichen Nationalismus, wobei der zweite Typ oft auch Deutschland mit umfasst. Sie wurde im einflussreichen Werk Hans Kohns „The Idea of Nationalism" verbreitet, das unter dem Eindruck des Nationalsozialismus geschrieben worden war.[8] Auch Kohn stammte übrigens wie Deutsch, Gellner und Hroch aus Prag, drei von ihnen waren jüdischer Herkunft. Offensichtlich regte die multiethnische Stadt zu Gedanken über das Phänomen der Nation an.

In dieser Tradition steht die von Theodor Schieder im Jahr 1966 vorgeschlagene Typologie der Bildung der Nationalstaaten in Europa. In einer ersten Phase war der Nationalstaat integrierend (Frankreich), in einer zweiten unifizierend (Deutschland, Italien) und in einer dritten sezessionistisch (Osteuropa). Dabei gab es auch Mischformen wie Italien, Polen und Rumänien, wo sich der unifizierende und sezessionistische Typ vermengten.[9] Seither gilt das östliche Europa als Tummelfeld eines aggressiven Nationalismus, der sich oft mit Xenophobie und Antisemitismus paart, während man annimmt, dass der Nationalismus im demokratischen Westeuropa gezähmt worden sei, wie sich immer wieder zeigt, zu Unrecht.[10] Diese Ausgrenzung folgt der Gegenüberstellung des rück-

---

[7] Nationalismen in Europa. West- und Osteuropa im Vergleich, hg. v. ULRIKE VON HIRSCHHAUSEN / JÖRN LEONHARD, Göttingen 2001, darin DIES., Europäische Nationalismen im West-Ost-Vergleich: Von der Typologie zur Differenzbestimmung, S. 11–45. Vgl. auch die theoretisch ausgerichtete Darstellung von ROGERS BRUBAKER, die das östliche Europa mit einbezieht (Nationalism Reframed. Nationhood and the National Question in the New Europe, Cambridge 1996), sowie den Versuch einer vergleichenden Betrachtung der Formierung nationaler Eliten in Europa in: The Formation of National Elites, hg. v. ANDREAS KAPPELER u. a., Aldershot / New York 1992.

[8] HANS KOHN, The Idea of Nationalism. A Study in its Origins and Background, New York 1944; deutsch: Die Idee des Nationalismus, Heidelberg 1950.

[9] THEODOR SCHIEDER, Typologie und Erscheinungsformen des Nationalstaats in Europa, in: Historische Zeitschrift 202 (1966), S. 58–81.

[10] In dieser Tradition steht auch die Studie von Liah Greenfield, die einen Ost-West-Vergleich unternimmt, wobei für das östliche Europa allein Russland herangezogen wird: LIAH GREENFIELD, Five Roads to Modernity, Cambridge, MA 1992.

ständigen, barbarischen, hässlichen Osteuropa und des aufgeklärten fortschrittlichen Westeuropa, wie sie seit der „Erfindung“ Osteuropas im späten 18. und frühen 19. Jahrhundert im Westen vorherrscht.[11]

Mit der West-Ost Polarisierung eng verbunden ist die verbreitete Unterscheidung zweier Typen der Nation. Auf der einen Seite die politische Nation oder Staatsbürgernation (*civic nation*), die dem westlichen Europa zugeordnet wird, auf der anderen die Kulturnation oder ethnische Nation, die in Mittel- und Osteuropa vorherrscht. Die Staatsbürgernation beruft sich auf den Staat und die Menschen- und Bürgerrechte, wie sie in der Amerikanischen und der Französischen Revolution verkündet worden waren, die Kulturnation in der Nachfolge Johann Gottfried Herders und der Romantik auf das Ethnos, das Volk. Die Unterscheidung in *civic nation* und *ethnic nation* ist nützlich als methodisches Instrument und als politische Leitlinie. Es handelt sich aber um Idealtypen, die oft nicht im Gegensatz zueinander stehen, sondern sich ergänzen und vermischen. Sie können nicht eindeutig dem westlichen bzw. dem östlichen Europa zugeordnet werden. So zeigte die klassische französische Staatsbürgernation von Anfang an ethnische Elemente, und der Idealtyp der Kulturnation ist nicht auf Deutschland und das östliche Europa beschränkt. Man denke etwa an vorwiegend ethnisch oder ethno-religiös definierte Nationen wie die Basken, Iren und Katalanen.

Umgekehrt trat die Staatsbürgernation als Projekt auch im östlichen Europa auf, etwa im ständischen Patriotismus der Polen und Ungarn. Ein dritter Idealtyp ist die imperiale Nation, die primär weder staatsbürgerlich noch ethnisch definiert ist, in Osteuropa vertreten durch die Projekte der russländischen und der osmanischen Nation. Kurz, wie schon Hroch sowie Hirschhausen und Leonhard festgestellt haben: Es gibt keine osteuropäische und keine westeuropäische Nation und Nationsbildung.

Dennoch wies die Nationsbildung im östlichen Europa Besonderheiten auf. Ich greife zwei von ihnen heraus, das Erbe der Vielvölkerreiche und die Sowjetherrschaft.

---

[11] Vgl. HANS LEMBERG, Zur Entstehung des Osteuropabegriffs im 19. Jahrhundert. Vom „Norden“ zum „Osten“ Europas, in: Jahrbücher für Geschichte Osteuropas 33 (1985), S. 48–91; LARRY WOLFF, Inventing Eastern Europe. The Map of Civilization on the Mind of the Enlightenment, Stanford 1994.

Das Erbe der Imperien

Von besonderer Bedeutung ist das lange Fortbestehen der dynastischen Vielvölkerreiche, der Imperien der Habsburger, Osmanen, Romanovs und Hohenzollern, die sich erst während und nach dem Ersten Weltkrieg auflösten, wenn man die Sowjetunion als wiedererrichtetes Imperium betrachtet, sogar erst am Ende des 20. Jahrhunderts. Der Zerfall des Osmanischen Reichs begann früher und vollzog sich über einen langen Zeitraum hinweg.

Auch hier stellt sich die Frage, ob ein qualitativer Unterschied zu den Vielvölkerstaaten Westeuropas, zu Frankreich, Großbritannien oder Spanien bestand. Im Gegensatz zu den transnationalen Imperien schafften diese es zwar, die meisten ethnischen Minderheiten weitgehend zu integrieren und zu akkulturieren. Dies gelang aber nicht durchgehend und diese Prozesse waren reversibel, wie die Nationalbewegungen der Basken, Katalanen und Schotten im 20. und 21. Jahrhundert zeigen. Dass die westeuropäischen Nationalbewegungen früher als Regionalbewegungen bezeichnet wurden, kann in der Annahme begründet sein, das nationale Zeitalter in Westeuropa sei überwunden.[12] Dennoch ist das imperiale Erbe für Prozesse der Nationsbildung im östlichen Europa besonders relevant.

Die Mehrheit der Nationen des östlichen Europas waren keine sogenannten Staatsnationen wie die Franzosen, Briten oder Portugiesen. Allerdings gab es in den supra-ethnischen kontinentaleuropäischen Imperien staatstragende dominante Nationen (*core nations)* oder imperiale Nationen, die Russen, Türken, Deutschen bzw. Deutschösterreicher und (ab 1867) die Ungarn. Die Unterscheidung in dominante und nichtdominante Nationen, oder wie Vladimir I. Lenin sie bezeichnete, in unterdrückende und unterdrückte Völker, ist für ein Verständnis der Prozesse der Nationsbildung wichtig.

Die Nationsbildungen im östlichen Europa waren gegenüber weiten Teilen Westeuropas verspätet. Nationalbewegungen, nationsbildende Prozesse und das Entstehen von Nationalstaaten vollzogen sich im östlichen Europa mit Phasenverschiebungen gegenüber Westeuropa und innerhalb Osteuropas. Dies hing damit zusammen, dass Voraussetzungen wie der moderne Staat, die Urbanisierung, Alphabetisierung und Industrialisierung, die Bauernbefreiung und soziale Mobilisierung, die soziale Kommunikation und die Herausbildung einer Öffentlichkeit im östlichen Europa

---

[12] Vgl. Handbuch der europäischen Regionalbewegungen, hg. v. JOCHEN BLASCHKE, Frankfurt am Main 1980.

in der Regel verzögert auftraten. Im Falle nichtdominanter Nationen förderte die Modernisierung die Nationsbildung allerdings nicht automatisch, sondern behinderte sie, wenn sie von Homogenisierung und Akkulturierung begleitet war.

In den meisten Ländern des östlichen Europa blieben die alten adligen Oberschichten, die über eine Mehrheit von Bauern geboten, länger tonangebend als im Westen, während bürgerliche Mittelschichten später und schwächer in Erscheinung traten. Allerdings waren Bürgerschichten und die bürgerliche Intelligenz nicht notwendige Träger der Nationalbewegungen, sondern ihre Rolle konnte von Adligen (etwa bei den Polen und Ungarn) und von Bauern (so bei den baltischen Völkern und Slowenen) übernommen werden. Jedenfalls vollzogen sich die nationsbildenden Prozesse im östlichen Europa grundsätzlich nach den gleichen Mustern wie im Westen, wie die vergleichenden Studien Hrochs zeigen.

Die nichtdominanten ethnischen Gruppen entdeckten in der Regel zunächst ihre kulturellen Wurzeln (Geschichte, Sprache, Folklore) und erhoben dann Ansprüche auf kulturelle Autonomie und politische Mitbestimmung im Rahmen der Imperien. Gleichzeitig wandelten sich die Nationalbewegungen von einer auf wenige Intellektuelle beschränkten ersten Phase über eine von nationalen Aktivisten getragene zweite Phase zur Massenbewegung, wobei diese dritte Phase nicht bei allen Gruppen erreicht wurde.[13] Das Ziel eines unabhängigen Nationalstaats stand dagegen für die meisten Nationalbewegungen nicht im Vordergrund und kam erst im Gefolge des Ersten Weltkriegs und der Russischen Revolution auf die Tagesordnung. Ausnahmen waren nichtdominante Nationen im Osmanischen Reich, die Albaner, Bulgaren, Griechen, Serben und Rumänen, die sich schon vor dem Ersten Weltkrieg vom Osmanischen Reich abspalteten und Nationalstaaten gründeten. Dieser Prozess war begleitet von „ethnischen Säuberungen" großen Ausmaßes, von denen sowohl die ethnischen Minderheiten wie auch die imperiale Nation der Osmanen betroffen waren.

Seit 1917 lösten sich die meisten Nationen Ostmittel- und Osteuropas aus dem Verband der Vielvölkerreiche und begründeten Nationalstaaten. Während die Finnen, Polen, Tschechen und Slowaken, die Ungarn, die Südslawen Jugoslawiens, die Albaner, Bulgaren, Griechen und Rumänen ihre Unabhängigkeit behaupten konnten, wurden andere wie die Mehrheit der Ukrainer und Belarussen sowie die Georgier und Armenier bis

---

[13] Dieser Ablauf entspricht den Phasen A, B und C, die Hroch als heuristisches Konzept eingeführt hat und die oft als Erklärungsmodell missverstanden worden sind.

1921, die drei baltischen Staaten im Zweiten Weltkrieg, wieder Bestandteile eines neuen, des sowjetischen Imperiums. Erst mit dessen Zusammenbruch erlangten die 15 Sowjetrepubliken – unter ihnen Russland, die Ukraine, Belarus, Moldau, die baltischen Staaten, Armenien und Georgien – die Unabhängigkeit. Wie den meisten ethnischen Gruppen Westeuropas blieb einer ganzen Anzahl ethnischer Gruppen im Osten Europas der Nationalstaat bis in die Gegenwart verwehrt, die Mehrzahl von ihnen sind ehemalige sowjetische Nationalitäten wie die Krimtataren, Tschetschenen, Tschuwaschen und Wolgatataren.

Als Zwischentypen dominanter und nichtdominanter Nationen kann man Polen und Ungarn (vor 1867) bezeichnen, die sich auf eine staatliche Tradition beriefen und im Rahmen der Vielvölkerreiche über eigene Eliten verfügten, die mindestens zeitweise an der Herrschaft beteiligt waren und als Adlige über andere nichtdominante ethnische Gruppen geboten. Sie waren also gleichzeitig „Unterdrückte" und „Unterdrücker".

Das imperiale Erbe ist ein wichtiger Faktor der Innen- und Außenpolitik im östlichen Europa des 20. und 21. Jahrhunderts. Die Grenzen der neuen Nationalstaaten sollten im Sinne des Wilson'schen und Lenin'schen Konzepts des Selbstbestimmungsrechts der Völker den Siedlungsgebieten der ethnischen Gruppen entsprechen. Die territoriale Kongruenz von Staat und ethnischer Gruppe, laut Gellner das wichtigste Ziel der Nationalbewegungen, war angesichts der von den Imperien vererbten ethnischen Gemengelage ein Ding der Unmöglichkeit. Die Folge waren Ansprüche der neuen Nationalstaaten auf Gebiete außerhalb ihrer Grenzen, die ganz oder teilweise von Vertretern ihrer namengebenden ethnischen Gruppe besiedelt waren. Besonders die imperialen Nationen, die Russen, Deutschen, Ungarn und Türken, die zu den Verlierern des Ersten Weltkriegs gehörten, fanden sich nicht damit ab, dass ihr Territorium weitgehend auf die von Vertretern ihrer eigenen Ethnie bewohnten Gebiete zurückgestutzt wurde und dass zahlreiche von ihnen nun in den von den ehemaligen nichtdominanten Nationen begründeten Staaten lebten. Man hat diese Ansprüche plakativ mit den Orten der Friedenskonferenzen bezeichnet: Brest-Litovsk, Versailles, St. Germain, Trianon, Neuilly, Sèvres, Riga.

Dies führte zu einem Revisionismus (Deutschlands, Bulgariens, Ungarns, der Türkei und der Sowjetunion) und spiegelbildlich einem Irredentismus von Minderheiten, die beide die Zwischenkriegszeit im Osten Europas prägten. Sie verloren infolge der gewaltsamen Umsiedlungen und Vertreibungen während und nach dem Zweiten Weltkrieg an Bedeutung. Sie lebten aber nach dem Zusammenbruch der Sowjetherrschaft wieder auf in hegemonialen Ansprüchen der ehemals dominanten Nationen Russland (mit den Ideen der „russischen Welt" und des Eurasismus), Ungarn (Trianon-Syndrom) und Türkei (Neo-Osmanismus).

Die nach dem Ersten Weltkrieg mit Verspätung gegenüber Mittel- und Westeuropa entstandenen Nationalstaaten wurden zu Motoren der Nationsbildung und der Homogenisierung. Aus nicht-dominanten ethnischen Minderheiten wurden dominante Nationen, die ihrerseits über ethnische Minderheiten herrschten. Dieser Funktionswandel vollzog sich in unterschiedlicher Form und mündete in verschiedenen Varianten der Minderheitenpolitik, von einer grundsätzlich demokratischen Minderheitenpolitik in Estland, Finnland und der Tschechoslowakei, bis hin zur mehr oder weniger offenen Diskriminierung nichtdominanter Nationalitäten in Polen und Rumänien. Dieser Funktionswandel macht die Janusköpfigkeit der Nationsbildung und des Nationalbewusstseins deutlich. Auf der einen Seite der Idealtyp der emanzipatorisch-demokratisch-integrativen Nation, auf der anderen Seite derjenige der exklusiv-aggressiv-xenophoben Nation, die in unterschiedlichen Mischungen auftraten.

Sonderfälle der Nationsbildung des 20. Jahrhunderts waren die bi- oder tri-ethnischen Projekte der tschechoslowakischen Nation und der südslawischen Nation aus Serben, Kroaten und Slowenen sowie das supranationale Projekt der Sowjetunion. Nach dem Zweiten Weltkrieg wurden die transnationalen Staaten in sozialistischem Gewand wiederbelebt und in der Folge föderalistisch organisiert. Der jugoslawische Föderalismus, der ursprünglich dem sowjetischen Modell folgte, es dann aber modifizierte, schien die nationsbildenden Prozesse zu neutralisieren und galt vielen Zeitgenossen als Modell für die Lösung der sogenannten nationalen Frage.

Alle drei Föderationen zerbrachen noch vor dem Ende des 20. Jahrhunderts. Nur in Russland wurde das föderalistische Modell wiederbelebt, wobei der Zentralismus und ein ethno-imperialer russischer Nationalismus ständig an Boden gewinnen. Ob das Modell des Föderalismus, wie es in Deutschland und der Schweiz verwirklicht ist, im östlichen Europa eine Zukunft hat, ist offen. In Frage dafür kämen etwa Makedonien, Rumänien und die Ukraine. Die Erfahrungen mit der bosnisch-herzegowinischen Föderation stimmen allerdings nicht optimistisch.

Teil des imperialen Erbes war auch die unterschiedliche soziopolitische Ordnung in den alten Imperien, die die Nationsbildung und die Entwicklung in den Nachfolgestaaten bis heute mitprägt. Auf der einen Seite steht das habsburgische Österreich, wo sich seit 1867 Demokratie, Parlamentarismus und Rechtsstaat herausbildeten. Die Gleichberechtigung der nationalen Minderheiten hatte hier eine Ethnisierung der Politik zur Folge, welche die Prozesse der Nationsbildung beschleunigte und interethnische Konflikte förderte. Auf der anderen Seite steht das Russländische Reich, wo trotz gewisser Konzessionen im Gefolge der Revolution von 1905 die Autokratie fortdauerte und die ethnischen Minderheiten grundsätzlich nicht anerkannt wurden. Dazwischen standen Ungarn und das Deutsche Reich, die demokratische und rechtsstaatliche Institutionen besaßen, den ethnischen Minderheiten aber nur wenige Rechte einräumten. Die Prägung der einzelnen Regionen durch zwei oder drei Imperien stellte die Nationalstaaten vor das Problem ihrer Integration und Homogenisierung. In Ländern wie Rumänien, Serbien und der Ukraine sind diese Unterschiede noch heute erkennbar, während sie in Polen durch Massenumsiedlungen und „ethnische Säuberungen" verwischt worden sind.

Die Sprecher der nichtdominanten ethnischen Gruppen haben die Imperien oft als kolonial angeprangert, die gegen die Imperien gerichteten Bewegungen als antikolonial und ihre Situation nach deren Zusammenbruch als postkolonial bezeichnet.[14] Ob man die kontinentaleuropäischen Imperien als kolonial verstehen und ob der Zugang der *post-colonial studies* der postimperialen Situation im östlichen Europa angemessen ist, erscheint mir als zweifelhaft. Im Gegenteil sieht man heute die Imperien nicht mehr so sehr als Völkergefängnisse, die die Nationsbildung behinderten, sondern nicht selten als über lange Zeit erfolgreiche Projekte des mehr oder weniger friedlichen Zusammenlebens der einzelnen ethnischen Gruppen, als supranationale Ordnungen, die ethnische Antagonismen im Zaum hielten und mitunter sogar als Vorbilder für die Europäische Union gehandelt werden. Das gilt vor allem für die Habsburgermonarchie, die nicht nur in Wien eine Renaissance erlebt.[15]

Sowjetische Herrschaft

Eine zweite grundlegende Besonderheit der Nationenbildung im östlichen Europa des 20. Jahrhunderts ist die Sowjetherrschaft. Wenn man die

---

[14] Vgl. Habsburg postcolonial. Machtstrukturen und kollektives Gedächtnis, hg. v. JOHANNES FEICHTINGER u. a., Innsbruck 2003; ALEKSANDR ĖTKIND, Internal Colonization: Russia's Imperial Experience, Cambridge u. a. 2011; GERHARD SIMON, Waren die Republiken der Sowjetunion Kolonien?, in: Imperienvergleich. Beispiele und Ansätze aus osteuropäischer Perspektive, hg. v. GUIDO HAUSMANN / ANGELA RUSTEMEYER, Wiesbaden 2009, S. 105–122.

[15] Vgl. PIETER M. JUDSON, The Habsburg Empire. A New History, Cambridge MA 2016; deutsch: Habsburg. Geschichte eines Imperiums, München 2017.

Sowjetunion als Imperium begreift, kann man auch sie unter dem Begriff „Erbe der Imperien“ fassen. Die sowjetische Herrschaft dauerte in den östlichen Regionen in direkter Form vom Ende des Ersten Weltkriegs und den ihm folgenden Bürgerkriegen bis 1991, in den meisten übrigen Staaten in indirekter Form und in unterschiedlicher Intensität vom Zweiten Weltkrieg bis 1989. Jugoslawien und Albanien schlugen einen eigenen Weg zum Sozialismus ein, der sich aber ebenfalls stark von den Ländern Westeuropas unterschied. Diese Besonderheit liegt auch dem lange dominierenden Osteuropa-Begriff zugrunde, der die Länder des ehemaligen sogenannten Ostblocks umfasst und trotz heftiger Kritik bis heute weiterlebt.[16]

Der Sozialismus setzte sich das Ziel, die bürgerlichen Nationen zu überwinden und durch einen proletarischen Internationalismus zu ersetzen. Karl Marx hatte die Nation an den Kapitalismus und die bürgerliche Gesellschaft gebunden. Mit der Revolution und dem Sozialismus würde sie automatisch verschwinden. Lenin, der meinte, dass die Nationen die bürgerlich-nationale Phase durchlaufen müssten, propagierte das Selbstbestimmungsrecht der Völker und lancierte das Projekt einer Nationsbildung von oben. In den 1920er Jahren wurden die sowjetischen Nationen und Nationalitäten samt ihrer (zum Teil eigens erfundenen) Sprachen anerkannt, und alle ethnischen Gruppen erhielten ein nationales Territorium und eine vorwiegend kulturelle Autonomie im Rahmen der formal föderalistischen Sowjetunion.[17]

Als die Nationen nicht verschwanden, sondern die Nationsbildung im Gegenteil voranschritt und sich nationalkommunistische Tendenzen regten, wurden diese gewaltsam unterdrückt und die Politik der positiven Diskriminierung der nichtrussischen Nationalitäten beendet. Was blieb, waren die ethnisch definierten Sowjetrepubliken und die Essentialisierung der Nation, die mit der Einführung der Rechtskategorie „Nationalität“ und ihrer Fixierung im Inlandspass im Jahr 1932 einen Höhepunkt erreichte. Die ethno-nationale Ausrichtung blieb bis zum Ende der Sowjetunion erhalten, als vierte Integrationsideologie neben dem proletarischen Internationalismus, der imperialen Tradition und dem Mythos vom

---

[16] Wohin steuert die Osteuropaforschung? Eine Diskussion, hg. v. STEFAN CREUZBERGER u. a., Köln 2000.

[17] TERRY MARTIN, The Affirmative Action Empire. Nations and Nationalism in the Soviet Union, 1923–1939, Ithaca / London 2001; GERHARD SIMON, Nationalismus und Nationalitätenpolitik in der Sowjetunion. Von der totalitären Diktatur zur nachstalinschen Gesellschaft, Baden-Baden 1986.

Großen Vaterländischen Krieg. Mit der Abkehr von der aktiven Förderung der Nationsbildung ging ein Aufleben des russischen Nationalismus einher, der am Ende des Zweiten Weltkriegs einen ersten Höhepunkt erlebte.[18] Infolge der Rhetorik des sozialistischen Internationalismus hat man die nationale Dimension des Sowjetregimes lange unterschätzt oder gar nicht wahrgenommen.

Gleichzeitig unternahmen Iosif Stalin und seine Nachfolger den Versuch, ein transnationales Sowjetvolk zu schaffen, das durch die Ideologie des Sowjetpatriotismus zu einer „neuen historischen Gemeinschaft" integriert werden sollte. Dieses alternative Bauprojekt hatte ebenfalls Erfolge, und noch heute bekennen sich zahlreiche Menschen in den postsowjetischen Staaten zu einer primär sowjetischen Identifikation.

Im Zweiten Weltkrieg verstärkte sich der Vielvölkercharakter der Sowjetunion, indem mit den drei baltischen Staaten und der Westukraine neue Territorien annektiert wurden, die schon intensive Prozesse der Nationsbildung durchgemacht hatten. Nachdem das nationalsozialistische Deutschland mit der Vernichtung der Juden und groß angelegten Zwangsumsiedlungen die ethnische Homogenisierung gewaltsam vorangetrieben hatte, initiierte auch die Sowjetunion „ethnische Säuberungen". In den Jahren 1943 und 1944 wurden alle Krimtataren, Kalmücken, Tschetschenen und andere kaukasische Nationalitäten gewaltsam in die asiatischen Gebiete der Sowjetunion deportiert. Sie wurden der Kollaboration mit den deutschen Besatzern beschuldigt und dafür pauschal „bestraft". Nach Kriegsende wurden die Zwangsumsiedlungen in der Sowjetunion und den sowjetisch beherrschten Ländern fortgesetzt, mit dem Ziel einer ethnischen Homogenisierung der Nationalstaaten im Osten Europas, das in den Fällen Polen und Ungarn weitgehend erreicht wurde.[19]

Nur knappe Bemerkungen zur mit dem Ende des Zweiten Weltkriegs einsetzenden Periode: Die Sowjetisierung behinderte zunächst die nationsbildenden Prozesse im östlichen Europa, indem sie nationale Organisationen und zivilgesellschaftliche Strukturen gewaltsam zerschlug, soweit sie nach dem Krieg überhaupt noch oder wieder existierten. Wie schon im eigenen Land verfolgte die Sowjetführung eine Doppelstrategie. Sie verkündete den proletarischen Internationalismus und förderte gleichzeitig

---

[18] DAVID BRANDENBERGER, National Bolshevism. Stalinist Mass Culture and the Formation of Modern Russian National Identity, Cambridge MA u. a. 2002.

[19] NORMAN NAIMARK, Flammender Haß. Ethnische Säuberungen im 20. Jahrhundert, München 2004; PHILIPP THER, Die dunkle Seite der Nationalstaaten. „Ethnische Säuberungen" im modernen Europa, Göttingen 2011.

die Bildung sozialistischer Nationen. Wie in der Sowjetunion der 1920er Jahre löste dies in den meisten Ländern einen Nationalkommunismus und teilweise auch einen Nationalismus aus, so etwa in Polen und Rumänien. Dieser wurde dann bekämpft, wenn er Kernbereiche der Ideologie und die sowjetische Hegemonie in Frage stellte.

Mit der Revolution von 1989/91 wurde die sowjetische Hegemonie über Ostmittel- und Teile Südosteuropas beseitigt, und die Sowjetunion zerfiel in 15 Staaten, die mit den ethno-national definierten Sowjetrepubliken zusammenfielen. Der Marxismus-Leninismus dankte ab und das entstehende ideologische Vakuum wurde mit nationalen Inhalten gefüllt. Das war umso leichter, als man nicht nur auf die Nationalstaaten der Zwischenkriegszeit zurückgreifen, sondern auch an die ethno-nationalen Elemente im Sowjetsystem anknüpfen konnte. In den unabhängigen Nationalstaaten stellte sich die Frage nach dem Primat der ethnischen Nation oder der Staatsbürgernation bzw. ihres Mischungsverhältnisses, so aktuell in der Ukraine. In Russland, Ungarn und der Türkei wurde die imperiale Nation wiedererweckt und mit ethnischen Inhalten angereichert.[20]

Weitere Faktoren der Nationsbildung

Zum Schluss gehe ich sehr knapp auf einige allgemeine Faktoren der Nationsbildung im 20. Jahrhundert ein. Sie sind nicht spezifisch für das östliche Europa, sondern betreffen den ganzen Kontinent.

1.

Kriege und Revolutionen machen Nationen. „Der Nationalstaat war eine Kriegsgeburt“, so Dieter Langewiesche, zu dessen 70. Geburtstag eine Konferenz zu diesem Thema stattfand, deren Referate 2016 publiziert worden sind. Der Band versammelt Fallstudien zu West- und Osteuropa und wird durch einen Beitrag Langewiesches „Dreiklang Revolution, Krieg und Nation? Annäherungen“ abgeschlossen.[21] Kriege und Revolu-

---

[20] Zu Russland vgl. The New Russian Nationalism. Imperialism, Ethnicity and Authoritarianism 2000–2015, hg. v. PÅL KOLSTØ / HELGE BLAKKISRUD, Edinburgh 2016.

[21] DIETER LANGEWIESCHE, Reich, Nation, Föderation. Deutschland und Europa, München 2008, S. 18; Revolution, Krieg und die Geburt von Staat und Nation. Staatsbildung in Europa und den Amerikas 1770–1930, hg. v. EWALD FRIE / UTE PLANERT, Tübingen 2016.

tionen waren Katalysatoren der Nationsbildung. Sie schwächten oder zerstörten bestehende Staaten und Imperien und mobilisierten und nationalisierten die Gesellschaften. Mobilisierend wirkten nicht nur der Militärdienst und die Abwehr eines gemeinsamen Feindes, sondern auch die Erfahrung einer Besatzungsherrschaft. Das begann mit der Französischen Revolution und den Napoleonischen Kriegen, setzte sich fort in den Befreiungskriegen in Südosteuropa, in der Revolution von 1848/49, dem Krimkrieg und der Russischen Revolution von 1905. Besonders wichtig waren der Erste Weltkrieg und die mit ihm verknüpften Revolutionen in Russland, der Ukraine, Ungarn, Finnland, dem Baltikum und anderen Ländern, mit den ihnen folgenden Bürgerkriegen und zwischenstaatlichen Auseinandersetzungen. Krieg und Revolution beschleunigten in ganz Europa die Nationsbildung und ermöglichten erst die Etablierung von neuen Nationalstaaten.

Der Zweite Weltkrieg war im Gegensatz zum Ersten nicht mit Revolutionen verbunden, es sei denn, man versteht die Sowjetisierung und die damit verbundenen politischen und sozialen Umwälzungen als Revolutionen von oben. Der Zweite Weltkrieg brachte einen Schub der russischen Nationsbildung mit sich, nachdem die russische Nation in der Zwischenkriegszeit im Zaume gehalten worden war. Der „Große Vaterländische Krieg“ löste die Oktoberrevolution als zentralen Faktor der Legitimation und Identifikation ab und ist es in Russland bis heute geblieben. Der Widerstand gegen das nationalsozialistische Deutschland stärkte die Nationsbildung auch in anderen Staaten Osteuropas.

Die Revolutionen von 1989/91 waren mit Ausnahme Jugoslawiens dagegen Revolutionen ohne Krieg. Das Sowjetimperium kollabierte weitgehend gewaltlos, ohne militärisch angegriffen zu werden und ohne sich seinem Zerfall militärisch zu widersetzen. Die Revolutionen waren mindestens teilweise national orientiert und verstärkten in der Regel Prozesse der Nationsbildung. Das jüngste Beispiel der Verbindung von Revolution und Krieg ist der Euro-Majdan und der folgende russisch-ukrainische Krieg, die eine nationale Mobilisierung zunächst in der Ukraine und dann in Russland auslösten.

So können Kriege und/ oder Revolutionen in allen drei bzw. vier Zeitfenstern als Beschleuniger der Nationsbildung gelten, die auch die Außenpolitik wesentlich beeinflussten. Krieg und Revolution eignen sich so als Sonden für synchrone wie diachrone Vergleiche.

2.

Verbreitet ist ein Zugang zu Prozessen der Nationsbildung, der ihre inhaltlichen Elemente untersucht und vergleicht. Man hat immer wieder versucht, einen Katalog von objektiven Kriterien der Nation zu erstellen, am prominentesten war die Definition Stalins. Demgegenüber ist festzuhalten, dass es kein festes Set an solchen Faktoren gibt. Ihre Auswahl ist selektiv, sie können unterschiedlich kombiniert werden und werden, wie generell die nationalen Ideologien, immer wieder neu verhandelt und definiert. Hroch spricht davon, „dass die Nation vor allem durch die Beziehungen zwischen ihren Angehörigen (also nicht durch abstrakte ‚Merkmale') bestimmt ist und diese Beziehungen gegenseitig austauschbar sind."[22]

Die folgenden sechs Elemente werden besonders häufig zur Integration der Nation herangezogen.

a) Als vielleicht wichtigstes Element kann die Berufung auf die gemeinsame Herkunft gelten. Die *invention of tradition*, die Konstruktion von Herkunftsmythen und einer Nationalgeschichte sind unabdingbar für nationale Integrationsideologien. Sie konkurrieren oft mit Traditionen und Mythen anderer Nationen, was sich auch auf die Außenpolitik auswirkt. Beispiele sind die konkurrierenden Herkunftsmythen der Ungarn und Rumänen, der Serben und Albaner und der Russen und Ukrainer. Nicht umsonst gehörten und gehören Historiker und Historikerinnen zu den wichtigsten Architekten der Nationsbildung und Ideologen des Nationalismus, die die Geschichtspolitik mitbestimmen.

b) Fast alle Nationen berufen sich auf ein gemeinsames Territorium, ein *national homeland*, das nicht mit den Nationalstaaten identisch sein muss, sondern gelegentlich auf dem Gebiet eines anderen Staates liegt. Sonderfälle waren im östlichen Europa die Nationsbildungen der Diasporagruppen der Juden und der Armenier. Umgekehrt kann die Bindung an eine Region, ein sub- oder supranationaler Regionalismus, als Konkurrenz der Nationsbildung auftreten.

c) Konstitutiv für die Nationsbildung und nationale Ideologien war und ist die Abgrenzung gegenüber einem oder mehreren „anderen". Feindbilder, Bedrohungsszenarien, Verschwörungstheorien oder auch Leidensgeschichten unter einer Fremdherrschaft dienen der Integration der Nation in Abgrenzung von anderen Nationen. Fremdenhass ist bis heute ein erfolgreiches Instrument nationalistischer Mobilisierung. Dabei

---

[22] HROCH, Europa der Nationen, S. 20.

grenzt man sich nicht immer von demselben „Anderen“ ab, sondern wechselt ihn nach Bedarf aus.

d) Sehr oft dient die gemeinsame Sprache als Baustein der Nationsbildung. Die normierte Sprache wird konstruiert, verdrängt konkurrierende Idiome und wird von anderen Sprachen abgegrenzt. Dabei spielen Schule und Massenmedien eine wichtige Rolle. Für die Nation als Diskursgemeinschaft oder als sozial komplementäre Kommunikationsgemeinschaft kommt der gemeinsamen Sprache zentrale Bedeutung zu. Die Auseinandersetzungen um Amts- und Schulsprachen ziehen sich durch das ganze 19., 20. und beginnende 21. Jahrhundert. Dennoch ist die Sprache kein notwendiges Kriterium der Nationsbildung, wie auf der einen Seite die Beispiele Schweiz und de facto auch Irland und Schottland, auf der anderen Seite Bosnien, Kroatien, Montenegro und Serbien sowie Deutschland und Österreich zeigen. Es gibt mehrsprachige Nationen, und dieselbe Sprache kann der Integration mehrerer getrennter Nationen dienen.

e) Nicht selten wird die Konfession zur Nationsbildung herangezogen, obwohl Religionen fast immer transnational ausgerichtet sind. Die Ausnahme sind die Armenier, bei denen Nation, Sprache und Konfession zusammenfallen. Die Konfession substituiert teilweise die Sprache wie bei den Iren und bei den Serben, Kroaten und Bosniaken. Die gemeinsame Konfession erweist sich als besonders wirkungsmächtig für die emotionale Zuwendung zur eigenen und die Abgrenzung von anderen Nationen. Die Existenz mehrerer Religionen kann andererseits in multikonfessionellen Staaten wie Albanien, Bosnien-Herzegowina, Rumänien, der Ukraine und Ungarn die Nationsbildung erschweren.

f) Hroch ortet als zentralen Faktor der Nationsbildung soziale und nationale Interessenskonflikte. Die nationale Ideologie legitimiert und instrumentalisiert politische, soziale und wirtschaftliche Interessen. Das Zusammenfallen von sozialen und nationalen Antagonismen mobilisiert die Massen besonders effektiv. Dies trifft für die meisten nichtdominanten Nationen zu, in deren Programmen sich oft nationale mit sozialistischen Elementen vermischen.

3.

Eine weitere Frage, die die Geschichtswissenschaft beschäftigt, ist die nach den Bedingungen, unter welchen es zur Herausbildung eines integralen militanten Nationalismus kam, der sich oft mit einem virulenten Antisemitismus und Antiziganismus verband. Diese Phänomene traten schon vor dem Ersten Weltkrieg auf und verstärkten sich in der Zwischenkriegszeit. Sie lassen sich in fast allen Staaten Europas beobachten, häufiger und intensiver in Mittel- und Osteuropa als in Westeuropa. Der extreme Nationalismus wurde durch den Einfluss von Faschismus und Nationalsozialismus weiter radikalisiert, und im Zweiten Weltkrieg beteiligten sich Vertreter der Nationen Osteuropas in mehr oder weniger starkem Ausmaß an den Massenverbrechen der deutschen Besatzer. Die Brandmarkung und Ausgrenzung der Juden als Ausbeuter, als Kommunisten und als kosmopolitisches anti-nationales Volk ohne Vaterland waren erfolgreiche Instrumente der nationalen Massenmobilisierung. Sie blieben auch nach dem Zweiten Weltkrieg, als die meisten Juden des östlichen Europa ermordet oder vertrieben worden waren, virulent, wie antisemitische „Säuberungen“ in mehreren kommunistischen Ländern zeigten.

4.

Als letzten Punkt nenne ich die Rolle von Panbewegungen. Sie konnten die Nationsbildung fördern, wie im Fall des Panslawismus bzw. Panorthodoxismus, des Pangermanismus, des Pantürkismus und des Eurasismus. In dieser Form sind Panideologien heute wieder aktuell geworden, besonders in Russland und der Türkei. Transnationale Ziele verfolgte die Paneuropabewegung. Sie stand und steht im Widerstreit mit nationalen Kräften, wie sich heute wieder deutlich zeigt. Bei Panbewegungen ist der Bezug zur Außenpolitik offensichtlich. Nationalistische Parteien treten naturgemäß gegen eine Stärkung europäischer Institutionen auf. Nachdem im östlichen Europa zunächst die „Rückkehr nach Europa“ propagiert wurde, greifen in letzter Zeit Enttäuschung und Europaskeptizismus um sich. Gleichzeitig erleben die Nationen eine Renaissance und nationalistische Strömungen verstärken sich, nicht nur im Osten Europas. Das Thema Nationsbildung bleibt also aktuell.

I. Nation-building und aussenpolitische Weichenstellungen aus dem Zerfall der Imperien nach dem Ersten Weltkrieg

Boris Barth

Einführung: Nationsbildung nach dem Grossen Krieg

Das folgende Kapitel befasst sich schwerpunktmäßig mit der Nationsbildung nach dem Zusammenbruch der Imperien seit dem Ende des Ersten Weltkrieges. Hierbei wird eine große Zahl von unterschiedlichen Aspekten behandelt. Die Beiträge gehen vom Nationalstaat aus, der sich gegen Ende des Krieges zu bilden begann, und sie beschäftigen sich mit Sowjetrussland, der Ukraine, Polen, Litauen, der Tschechoslowakei, Ungarn, Rumänien und dem Königreich der Serben, Kroaten und Slowenen (SHS-Königreich). In unterschiedlicher Intensität gehen sie auf grundlegende Probleme der Staats- und Nationsbildung ein, wobei die außenpolitische Dimension eine wichtige Rolle spielt.

Einmal mehr wird in dieser vergleichenden Perspektive deutlich, dass die Pariser Friedenskonferenzen nur einen begrenzten Einfluss auf die Staatsbildungen und Grenzziehungen in Ostmittel- und Osteuropa sowie auf dem Balkan hatten. Am Kriegsende verfügten die Westmächte nur über vage Vorstellungen, die die neue Gestaltung des Donauraumes betrafen. Häufig hielten sich die neuen Regierungen, die oft noch keineswegs fest im Sattel saßen, lokale Gruppierungen und *Warlords* oder auch einzelne charismatische Führer überhaupt nicht an die Vorgaben, die ihnen von Paris aus gemacht wurden. Stattdessen versuchten sie, so schnell wie möglich Fakten zu schaffen. Dies gelang häufig, sodass die Staatsmänner und Fachleute in Paris permanent vor vollendete Tatsachen gestellt wurden. Sehr häufig haben sie diese dann akzeptiert oder im Nachhinein abgesegnet, weil ihnen das Interesse oder die Machtmittel fehlten, ihren eigenen Willen durchzusetzen. Auch hatten die Westmächte kaum eine Möglichkeit, ernsthaft militärisch zu drohen, denn nach dem Ende des Großen Krieges wäre die Entsendung eigener Truppen beispielsweise auf den Balkan den jeweiligen Öffentlichkeiten kaum vermittelbar gewesen.

Mehrere Beiträge gehen auf die enorme Welle von Nachkriegsgewalt ein, die in der Zeit von 1918 bis etwa 1922 nahezu alltäglich war. Oft entschied die Verfügungsgewalt von Truppen über die Zukunft einer Region.[1] Deutlich sichtbar wird dies am litauisch-polnischen, am ukrainisch-russischen oder am rumänisch-ungarischen Beispiel. Beliebig könnte hier das gesamte Baltikum, die italienisch-slowenische Grenzregion oder vor allem der Fall Griechenland-Türkei ergänzt werden. 1919 fanden weit über 20 militärische Konflikte allein in Europa statt. Diese trugen dazu bei, dass die Nachkriegsgesellschaften oft in sehr hohem Maße militarisiert waren bzw. dass auch nach dem Ende der offenen Kampfhandlungen die mentale Demobilisierung der Völker nur unzureichend gelang. Eine weitere Folge dieser Nachkriegskämpfe bestand darin, dass die Entstehung zivilgesellschaftlicher und demokratischer Strukturen erheblich erschwert wurde.

Die Beiträge bestätigen die ältere These, dass neue Nationalstaaten fast immer aus einem Krieg hervorgehen.[2] Im Europa des 19. Jahrhunderts gab es nur die Ausnahme der norwegischen Unabhängigkeit von 1905. Die Entstehung der neuen Staaten nach 1918 wäre in dieser Form ohne die Weichenstellungen, die im Ersten Weltkrieg und kurz nach seinem Ende getroffen worden waren, undenkbar gewesen. Die Gründe hierfür sind vielschichtig. Vor allem in Serbien und Rumänien bestanden bereits vor dem Ersten Weltkrieg Staaten, an die sich die jeweiligen Unabhängigkeitsbewegungen innerhalb Österreich-Ungarns anlehnen konnten. Vor dem Krieg war die tschechische Nationalbewegung schwach, und abgesehen von einigen Intellektuellen dachte kaum jemand ernsthaft an einen eigenen Staat. Sehr wohl wurde aber eine größere Autonomie innerhalb des Imperiums angestrebt, vergleichbar etwa mit dem Fall Ungarns. Erst seit der Mitte des Krieges erstarkten die Nationalbewegungen, doch wurden allzu offene Forderungen nach Unabhängigkeit durch die Kriegszensur unterbunden. Auch dies erklärt, warum die meisten Nationalbewegungen 1918 weitgehend unvorbereitet waren und – wie auch die Regierenden – hochgradig improvisieren mussten. 1918/19 war die Situation wahrscheinlich sehr viel offener als dies späteren Betrachtern erschien.

Eine enorme, heute kaum noch nachvollziehbare Rolle spielte bereits direkt nach dem Ende des Ersten Weltkrieges die Kategorie der Ethnie,

---

[1] Hierzu weiterführend: Krieg im Frieden. Paramilitärische Gewalt in Europa nach dem Ersten Weltkrieg, hg. v. ROBERT GERWARTH, Göttingen 2013; ROBERT GERWARTH, The Vanquished. Why the First World War Failed to End, 1917–1923, London 2017; Shatterzone of Empires. Coexistence and Violence in the German, Habsburg, Russian, and Ottoman Borderlands, hg. v. OMAR BARTOV / ERIC WEITZ, Bloomington 2013.

[2] Hierzu neuerdings DIETER LANGEWIESCHE, Der gewaltsame Lehrer. Europas Kriege in der Moderne, München 2019.

bzw. die Ethnisierungen großer Bevölkerungsgruppen. „Ethnie" ist als objektive wissenschaftlich-historische Kategorie unbrauchbar, es ist historisch unmöglich festzustellen, wer ein „ethnischer" Pole, Deutscher oder Bulgare war und ist. Die unreflektierte Benutzung des Begriffes der Ethnie führt fast zwangsläufig in die analytische Falle einer rassischen Begrifflichkeit. Unübersehbar spielte „Ethnie" bzw. die ethnische Herkunft von Personen oder Gruppen aber für sehr viele Zeitgenossen gerade in der Zwischenkriegszeit eine zentrale Rolle. Gelegentlich wurde die Zuordnung zu einer ethnischen Gruppe zu einer Frage von Leben und Tod. Dieses Faktum muss der Historiker wiederum ernst nehmen. Ethnisierung als Kategorie der Selbst- oder Fremdzuweisung fand ständig und selbstverständlich statt. Diese Klassifizierungen waren deshalb so gefährlich, weil unterstellt wurde, dass die Mitglieder des häufig imaginären Kollektives auch stets im Sinne dieser Gruppe handeln würden. Eine weithin offene Frage, die in den folgenden Beiträgen jeweils mit unterschiedlicher Intensität diskutiert wird, besteht darin, warum diese Kategorie derart weitgehende Folgen hatte und von den Zeitgenossen mit einer derartigen Selbstverständlichkeit als Realität angenommen wurde. Ein stark pseudowissenschaftlich geprägter Sozialdarwinismus trug zudem dazu bei, dass Völker als handelnde Subjekte angesehen wurden, die in einem permanenten Konkurrenzkampf gegeneinander stehen.

Offensichtlich waren und sind für die Bildung von Identitäten auch noch andere Kriterien als das der Ethnie entscheidend. In erster Linie ist hier sicherlich die Sprache zu nennen, die zur Einordnung von Menschen führte. Allerdings ist Sprache allein keine Kategorie, die ausschließlich über die Zugehörigkeit zu einer Nation entschied. Ohnehin war Mehrsprachigkeit gerade in den imperialen Grenzregionen weit verbreitet. In einigen Regionen Osteuropas und auf dem Balkan war Religion ebenso wichtig. „Religiöse" Konflikte wurden zwar nur selten mit Waffengewalt ausgetragen, im Hintergrund konnten sie aber eine enorme Rolle für vordergründig „nationale" Zuordnungen spielen. In mehreren Beiträgen wird deutlich, wie nationale Vorstellungen mit religiösen Terminologien aufgeladen, geradezu sakralisiert wurden. Die orthodoxe wie auch die katholische Kirche spielten eine wichtige Rolle bei der Konstruktion von Nationen. Hinzu kamen weitere Faktoren, die für die individuelle Zuordnung von Menschen wichtig sein konnten. Hierzu gehörten – ohne Anspruch auf Vollständigkeit – regionsspezifische oder kulturelle Traditionen, historische Zuschreibungen und die Zugehörigkeit zu eher lokal geprägten Gemeinschaften.

Zwar würde es zu weit gehen, die großen Imperien vor 1914 als national indifferent anzusehen. Dennoch bestand ihre Stärke darin, dass sie – oft über Jahrhunderte – in der Lage gewesen waren, ganz unterschiedliche Völker, die verschiedene Sprachen hatten und Religionen verehrten, in irgendeiner Weise in ein politisches System zu integrieren. Dies erfolgte häufig gewaltsam, aber Gewalt allein ist nicht in der Lage, die enorme Stabilität dieser imperialen Gebilde zu erklären. Immerhin traten auch in der ersten Hälfte des Ersten Weltkrieges kaum nationale Konflikte auf, die den inneren Zusammenhalt bedroht hätten. Erst seit der zweiten Hälfte erodierte die Integrationskraft, aber auch am Ende des Krieges waren viele der nationalen Bewegungen noch schwach und untereinander zerstritten bzw. verfügten über keine wirklich tragfähigen politischen Konzeptionen. Die Reformbemühungen im zaristischen Russland und in Österreich-Ungarn kamen dann allerdings viel zu spät.

In mehreren Beiträgen dieses Bandes wird hervorgehoben, dass sich die einfache Bevölkerung in vielen Regionen gar nicht wirklich für die raumgreifenden nationalen Visionen interessierte, sondern dass andere drängende Probleme viel wichtiger erschienen. Hierzu gehörte etwa bei vielen Bauern die Forderung nach einer Landreform oder nach dem scheinbar endlosen Krieg der Wunsch nach Frieden. Vielen Führern der Nationalbewegungen war aber klar, dass mit dem Zusammenbruch der Mittelmächte und des Russischen Reiches ein einmaliger historischer Moment gekommen war, der – aus ihrer Sicht – maximal genutzt werden musste. Aktivisten begannen oft hektisch zu handeln, ohne aber über klare Zielsetzungen bzw. realistische politische oder militärische Konzepte zu verfügen. Dies begünstigte die Formulierung von maximalen territorialen Zielsetzungen.

Hieraus ergab sich eine weitere, aus heutiger Perspektive nahezu paradox erscheinende Situation. Einerseits galt es jetzt, so schnell wie möglich neue Nationalstaaten zu schaffen, andererseits war die Schaffung national bzw. „ethnisch" reiner Staaten in den sprachlichen Mischgebieten der ehemaligen Imperien aber gar nicht möglich. Ausnahmen stellen hier Ungarn und Bulgarien dar, weil diese Länder durch die weitreichenden Landabtretungen nun sprachlich weitgehend homogen waren. Alternative föderative Konzepte, die etwa vom amerikanischen Präsidenten Woodrow Wilson noch kurz vor dem Ende des Krieges erwogen worden waren, blieben in der Realität der unmittelbaren Nachkriegszeit aber chancenlos. Häufig ist in der Literatur beschrieben worden, wie der Zwang zur ethnischen bzw. sprachlichen Eindeutigkeit, die die neuen Nationalstaaten von ihren Untertanen verlangten, viele Menschen überforderte, weil sie selbst national indifferent waren. Bewusst versuchten sie, eine eindeutige nationale Klassifizierung zu vermeiden und stattdessen zwischen mehreren Optionen zu lavieren.[3] Besonders schwierig stellte sich die Lage der Juden dar, weil sie keinen Staat hatten, an den sie sich im Konfliktfall anlehnen konnten.

Ein weiterer Gesichtspunkt, der in den folgenden Beiträgen häufig direkt und indirekt angesprochen wird, besteht darin, den unzweifelhaft existierenden Gegensatz von Imperien und Nationalstaaten nicht überzubetonen. Selbstverständlich bestanden Kontinuitäten etwa im Bereich der regionalen Verwaltungen, die erklären, warum die neuen Staaten zumindest teilweise von Beginn an funktionsfähig waren. Lokale Institutionen waren in unterschiedlichem Maße in der Lage, die alltäglichen Lebensabläufe der Bevölkerung zumindest rudimentär zu gewährleisten. Dies betraf vor allem Fragen der Sicherheit (Polizei, Milizen und Gerichtsbarkeit) oder der Lebensmittelversorgung. Regionen, die gar nicht oder nur wenig von revolutionären Unruhen oder Kriegen betroffen waren, konnten den Übergang deshalb meist relativ konfliktfrei organisieren. Auch dieser Umstand erklärt beispielsweise die Stabilität der Tschechoslowakei, wo auf der administrativen Ebene die Transformation vom Imperium zum neuen „Nationalstaat“ schnell gelang.

Die Wirkung von Wilsons 14 Punkten auf die sich formierenden Nationalbewegungen schon vor dem Ende des Krieges kann kaum überschätzt werden. Auch in den hier behandelten europäischen Regionen ist die Formulierung vom „Wilsonian Moment“ angemessen.[4] Gerade weil einige von Wilsons Formulierungen unbestimmt und wenig präzise waren, boten sie reichhaltige Möglichkeiten der Interpretation. Der Terminus „Selbstbestimmung“ konnte auf unterschiedliche Weise gedeutet werden. Allerdings war der „Wille“ der Völker in Ost- und Ostmitteleuropa in der Praxis nur außerordentlich schwer festzustellen, gerade weil es so wenige sprachlich homogene Siedlungsgebiete gab. Auch hier lag es für zahlreiche regionale nationalistische Führer nahe, zunächst einmal Fakten zu schaffen, die dann als „Wille“ eines Volkes interpretiert werden konnten. Entscheidend war häufig, wem es gelang, die Deutungshoheit

---

[3] Vgl. hierzu aus der reichhaltigen Literatur: Auf dem Weg zum ethnisch reinen Nationalstaat? Europa in Geschichte und Gegenwart, hg. v. MATHIAS BEER, Tübingen 2004; JAMES E. BJORK, Neither German nor Pole. Catholizism and National Indifference in a Central European Borderland, Ann Arbor 2008; JOACHIM VON PUTTKAMER, Ostmitteleuropa im 19. und 20. Jahrhundert, München 2010; JEREMY KING, Budweisers into Czechs and Germans. A Local History of Bohemian Politics 1848–1948, Princeton 2005.

[4] Vgl. EREZ MANELA, The Wilsonian Moment. Self-Determination and the International Origins of Anticolonial Nationalism, Oxford 2007.

über die zahlreichen Konflikte zu gewinnen. Die extrem hohen Erwartungen, die von vielen unterschiedlichen Seiten an Wilson geknüpft wurden, waren in der realen Politik kaum zu erfüllen.

Die neuen Staaten waren mit den Ausnahmen von Ungarn und Bulgarien keine Nationalstaaten. Im SHS-Staat (dem späteren Jugoslawien), Polen oder auch in der Tschechoslowakei bestand eine sprachliche und teilweise auch religiöse Vielfalt, die der untergegangenen Habsburgermonarchie durchaus vergleichbar war. Der entscheidende Unterschied bestand allerdings darin, dass diejenigen Gruppen, die nicht zum Staatsvolk gezählt wurden, nun als „Minderheiten" definiert wurden. Dieser Begriff war im imperialen Kontext unüblich gewesen, bürgerte sich aber sehr schnell ein. Im Völkerrecht vor 1914 war der Begriff der Minderheit nicht bekannt gewesen, wurde nach 1918/19 aber zu einem zentralen Konfliktfeld in den internationalen Beziehungen. Probleme mit „Minderheiten" waren eine Standardgröße der Politik in den 1920er und 1930er Jahren. Der Umgang mit ihnen variierte erheblich, aber Vertreibungen gehörten fast zum Standardrepertoire mehrerer Regierungen. Geschätzt wird, dass in den 1920er Jahren ungefähr zehn Millionen Menschen vertrieben worden waren oder sich auf der Flucht befanden. Der berüchtigte Vertrag von Lausanne wurde auch von den Westmächten mitinitiiert, weil sie glaubten, auf diese Weise ein friedlicheres Europa schaffen zu können.[5]

Kennzeichnend für die Zeit nach dem Ersten Weltkrieg war ferner, dass die neuen Staaten auch neue integrative Konzepte benötigten. Polnische, slowakische und tschechische Soldaten hatten beispielsweise auf der Seite der Mittelmächte gekämpft und somit eigentlich den Krieg verloren. 1918/19 fanden sie sich plötzlich auf der Seite der Sieger wieder. Deshalb war es notwendig, für diese Veteranen integrative Mythen und Symbole bereitzustellen, mit denen sie sich identifizieren konnten. Der nationale Rahmen war wiederum in der Lage, entsprechende Narrative zu liefern.

Ein weiteres Grundproblem der europäischen Politik, das direkt oder indirekt in einigen Beiträgen angesprochen wird, stellt der Revisionismus dar. Zumindest bis 1924 bzw. 1926, als die Konturen eines neuen und kollektiven Sicherheitssystems erkennbar wurden, war dieser Revisio-

---

[5] Vgl. MICHAEL MANN, The Dark Side of Democracy. Ethnic cleansing in twentieth-century Europe, Boston 2002; NORMAN NAIMARK, Fires of Hatred. Explaining Ethnic Cleansing, Cambridge 2004; MICHAEL SCHWARTZ, Ethnische „Säuberungen" in der Moderne. Globale Wechselwirkungen nationalistischer und rassistischer Gewaltpolitik im 19. und 20. Jahrhundert, München 2013.

nismus eine entscheidende Größe im internationalen System. Die Pariser Nachkriegsregelungen ließen sich mit den massiv aufgeputschten Erwartungen in den jeweiligen Öffentlichkeiten kaum in Einklang bringen. In nahezu allen Staaten bestanden nach 1919 Tendenzen, die darauf abzielten, die in Paris getroffenen Regelungen doch noch zum eigenen Vorteil zu revidieren oder zumindest die Nachkriegsordnung zu unterminieren. Dies galt zunächst für fast alle Verliererstaaten: Die Traumata von Versailles und Trianon sind in der Forschung gut bekannt. Nur in Österreich bestand schon früh die Einsicht, dass jede Restitution des vergangenen Imperiums definitiv unmöglich war. Aber auch in einigen der Siegerstaaten herrschte Unzufriedenheit, sodass die Kategorien von Sieg und Niederlage verschwammen. Der neue und oft aggressive Nationalismus, der mit der Nationsbildung untrennbar verbunden war, trug erheblich zur Destabilisierung des internationalen Systems bei.

Mit der Ausnahme der Tschechoslowakei kollabierten innerhalb weniger Jahre alle neuen Demokratien in Mittel- und Osteuropa sowie auf dem Balkan. Autoritäre, offen anti-demokratische Regierungen, Diktaturen verschiedener Provenienz und Königsdiktaturen ersetzten die komplexen parlamentarischen Willensbildungsprozesse. Oft orientierten sich die jeweiligen Herrscher an dem Vorbild des italienischen Faschismus, auch wenn – mit der Ausnahme Rumäniens – faschistische Massenbewegungen die Ausnahme bildeten. Offensichtlich war es nicht gelungen, demokratische Verhaltensweisen in ausreichendem Maße in den jeweiligen Eliten und auch in der breiten Masse der Bevölkerung zu verankern.[6] Viele dieser Diktaturen waren aber bei weitem nicht so stabil, wie ihre Protagonisten dies behaupteten. Der nahezu widerstandslose Zusammenbruch Jugoslawiens beim Einmarsch der Achsenmächte 1941 zeigt, dass es nicht gelungen war, einen gesellschaftlichen Konsens zu schaffen, der auch in einer schweren außenpolitischen Krise bzw. einer militärischen Auseinandersetzung belastbar gewesen wäre.

Zeitweise galt Außenpolitik in einigen historischen Seminaren als antiquierte Disziplin. Diese wurde lange in rankeanischer oder neorankeanischer Tradition betrieben, d. h. Staaten wurden als handelnde Akteure angesehen. Diese Sektion geht einen anderen Weg und versteht das internationale System als eine soziale Konstruktion, in der kollektive Identitäten, Gemeinschaftsbildungen, Wertekonflikte und Ideale von Staatsbildung zentral sind. Für das Verständnis der frühen europäischen Zwischen-

---

[6] Vgl. weiterführend: BORIS BARTH, Europa nach dem Großen Krieg. Die Krise der Demokratie in der Zwischenkriegszeit, Frankfurt am Main 2016.

kriegszeit kann nicht darauf verzichtet werden, den Zusammenhang zwischen nationalen Bewegungen und außenpolitischen Entwicklungen genau zu studieren. Viele der folgenden Beiträge gehen explizit und implizit auf diesen Zusammenhang ein; so wird u. a. untersucht, wie außenpolitische Erfolge und Misserfolge der Bevölkerung vermittelt wurden. Deshalb steht diese Sektion in einer modernen Tradition, die Außenpolitik und Nationalstaatsbildung mit weiteren methodisch innovativen Aspekten der Geschichtsschreibung des 20. Jahrhunderts verbindet. Fragen der Mentalitäten, der Kultur oder der Ethnisierungen werden in den jeweiligen Beiträgen problembewusst mit Konzepten der außenpolitischen Geschichtsschreibung verknüpft.

Die Autorinnen und Autoren dieses Bandes sind sich ferner weitgehend darüber einig, dass die Ost-West-Dichotomie zumindest fragwürdig ist, wenn die Frage der Nationsbildung erörtert wird. Zwar beschäftigen sich die hiesigen Beiträge schwerpunktmäßig mit dem Balkan sowie mit Ost- und Ostmitteleuropa, aber häufig werden Querverbindungen zu ähnlichen Entwicklungen in West- oder Südeuropa gezogen. Ein Ziel kommender Forschungen dürfte sicherlich darin bestehen, sowohl Unterschiede als auch Gemeinsamkeiten zwischen „Ost" und „West" stärker als bisher herauszuarbeiten. Hier bieten sich etwa Spanien, Griechenland oder Italien als Vergleichsgrößen zu Ost- und Mitteleuropa an.

Iskander Gilyazov

Sowjetrussland im Spannungsverhältnis zwischen Nationsbildung und Aussenpolitik

Das Beispiel Tatarstan

In der gegenwärtigen Russländischen Föderation gibt es ethnopolitische Gebietseinheiten mit unterschiedlichem Status. Einzelne Ethnien, die in Russland angesiedelt sind, haben unterschiedliche historische und politische Erfahrungen in ihrem „Gepäck". Genauso unterschiedlich sind auch ihre kulturellen Interessen und Ziele in diesem großen Land. Wohl gerade deshalb wäre es wichtig, den Erfahrungen, die sich mit der bolschewistischen Nationalitätenpolitik der 1920er Jahre verbinden, mehr Aufmerksamkeit zu widmen. Ich bin der Meinung, dass hinsichtlich dieser Erfahrungen eben der Einfluss der Nationalitätenpolitik des sowjetischen Staates auf die Entwicklung ethnischer Gruppen von besonderem Interesse ist. Es gilt zu untersuchen, wie und auf welche Art und Weise der Prozess der Nationsbildung in der UdSSR vom Staat „unterstützt" wurde und wie dieser Prozess zur damals durchgeführten Zentralisierung passte.

Die Jahre 1917 bis 1920 waren in vielerlei Hinsicht schicksalhaft für viele Länder und Völker Europas, darunter auch für Russland: Infolge des Ersten Weltkrieges wurde das Imperium zerstört, das Land erlebte Revolutionen und einen Bürgerkrieg. Auf der Weltkarte erschien das sowjetische Russland. Die an die Macht gekommenen *Bol'ševiki* hatten ihre eigenen Vorstellungen über den Staatsaufbau und die Entwicklung der Wirtschaft, über den Platz der Religion und Kultur in der neuen Gesellschaft. Sie haben faktisch die im Laufe der Jahrhunderte gewachsenen Lebensweisen aus den Angeln gehoben. Wenn wir bedenken, dass Russland ein multinationales Imperium war, wird klar, dass die *Bol'ševiki* auch über die Lösung der Nationalitätenfrage, darunter über die Zukunft der Nationen und deren Integration in die Struktur des nun sowjetischen Imperiums, ihre eigenen Vorstellungen hatten. Die Nationalitätenpolitik des Sowjetstaates hat auch das Schicksal und die Weiterentwicklung ethnischer Gruppen beeinflusst, wobei der Staat den Prozess der Nationsbildung spezifisch „unterstützte“, indem dieser mit der damals betriebenen Politik der Zentralisierung verbunden wurde. Den *Bol'ševiki* erschien die Nationalitätenfrage als ein temporäres und nicht sehr akutes Problem. Ihr Hauptanliegen war die Errichtung eines zentralisierten Staates. Zunächst boten die im Laufe der Revolution entstandenen nationalstaatlichen Formationen keinen Anlass für Konflikte. Später aber, besonders nach dem Ende des Bürgerkrieges in Sowjetrussland, begannen die *Bol'ševiki*, diese wegen ihres „bürgerlichen“ Charakters zu bekämpfen, indem sie die nationalstaatlichen Einrichtungen durch vergleichbare, aber sowjetisierte Einrichtungen ersetzten.

Der amerikanische Forscher Jurij L'vovič Slëzkine hat festgestellt, dass es im vorrevolutionären Russland nominelle Nationalitäten, nationalistische Parteien und „nationale Fragen“ gab, aber keine offizielle Aussage darüber, wie Nationalität zu definieren sei.[1] Das einzige formelle Charakteristikum aller Staatsangehörigen Russlands war die Religionszugehörigkeit. Nicht einmal die „Muttersprache“ galt damals als eine vollwertige ethnische Kategorie. Diejenigen, die nicht dem orthodoxen Glauben angehörten, durften zwar Untertanen des russischen Zaren sein, besaßen aber nicht dieselben Rechte wie die Russen. Die nationalen Minderheiten wurden diskriminiert: Sie wurden wegen ihrer Sprache, Religion und Kultur verfolgt, ihre Teilnahme am politischen Leben des Landes wurde begrenzt u. a. m. Vor der Februarrevolution wurde diese Diskriminierung zu einer der Hauptvoraussetzungen für den Beginn der Herausbildung nichtrussischer Nationen im Zarenreich.[2]

---

[1] JURIJ SLËZKINE, SSSR kak kommunal'naja kvartira, ili kakim obrazom socialističeskoe gosudarstvo pooščrualo ėtničeskuju obosoblennost' [Die UdSSR als kommunale Wohnung, oder wie hat der sozialistische Staat ethnische Absonderung gefördert], in: Amerikanskaja rusistika. Vechi istoriografij poslednich let, Samara 2001, S. 329–374.

[2] Siehe dazu: VALENTIN D'JAKIN, Nacional'yj vopros vo vnutrennej politike carizma (XIX–vnačale XX vv.) [Die nationale Frage in der Innenpolitik des russischen Zarismus (XIX.–Anfang des XX. Jhs.)], Sankt-Peterburg 1998; Nacional'naja politika v Rossii: istorija i sovremennost' [Die Nationalitätenpolitik in Russland: Geschichte und Gegenwart], Moskva 1997; PERECHANUM RAGIMOVA, Nacional'naja politika rossijskogo pravitel'stva v konce XIX–do načala XX vv. [Die Nationalitätenpolitik der russischen Regierung am Ende des XIX.–Anfang des XX. Jhs.], in: Vestnik Samarskovo gosudarstvennogo universiteta 79 (2010), H. 5, S. 92–101; DIES., Osobennosti nacional'noj politiki Rossijskoj imperii v konce XIX – do načala XX vv. [Die Besonderheiten der Nationalitätenpolitik des Russischen Reiches am Ende des XIX.–Anfang des XX. Jhs.], in: Srednerusskij vestnik obščestvennych nauk 35 (2014), H. 5, S.134–141.

Gemäß der kommunistischen Ideologie waren die Nationalkulturen ein Produkt des bürgerlich-nationalistischen Einflusses, und nur die sozialistische Kultur allein galt als eine progressive Kultur, der sich alle „rückständigen" Völker anschließen sollten. Der Sozialismus hatte zum Ziel, die Werktätigen aller Nationalitäten beim Aufbau der Gesellschaft eines neuen Typs unter der Leitung des Proletariats und der kommunistischen Partei zu vereinigen. Die nationale Frage galt als ein vom Kapitalismus hervorgebrachtes Klassenproblem, das mit der Überwindung und Abschaffung der kapitalistischen Überreste zum Absterben verurteilt war.[3] Gleichzeitig wurde der Aufbau neuer nationaler Formen der sozialistischen Kultur geplant. Dazu war es notwendig, alle sozialistischen Nationen auf ein bestimmtes Niveau zu bringen, ihnen eine neue gemeinsame Kultur mit alternativen Werten zu vermitteln und die hergebrachten Werte zu tilgen. Als Grundlage der neuen sozialistischen Kultur wählte der Staat die russische Kultur. Neben den anderen Kulturen erlebte auch die russische Nationalkultur gewisse Veränderungen, aber nicht in dem Maße wie andere Kulturen. In der Sowjetunion wurde offiziell anerkannt, dass die russische Sprache einer der stärksten Faktoren für die Beschleunigung des sozialistischen Aufbaus unter den Nationalitäten des Landes sei und zur Überwindung der faktischen Ungleichheit der Völker beitragen könne.[4]

Auf der Konferenz der *Bol'ševiki* in Poronino (1913) wurde eine besondere Resolution zur Nationalitätenfrage verabschiedet[5] – das zeigt deutlich: Die *Bol'ševiki* verstanden, dass Agitation mit einer nationalen Rhetorik größeren Einfluss auf die multinationale Bevölkerung des Landes versprach als die Propagierung der reinen kommunistischen Lehre. Benedict Anderson hat diesbezüglich geschrieben, dass „der Nationalismus sich als unbequeme Anomalie für die marxistische Theorie erwiesen habe und sie ihm aus diesem Grund eher auswich als ihn auf irgendeine Weise zu bewältigen".[6] In der Tat berührten die Menschen die Fragen der

---

[3] Dazu: PJOTR ŠASTITKO, Obrečennye dogmy: Bol'ševizm i nacional'nyj vopros [Verurteilte Dogmen: Bolschewismus und die Nationalitätenfrage], Moskva 2002.

[4] ALEKSANDR VDOVIN, Russkie v XX veke. Tragedii i triumfy velikogo naroda [Die Russen im XX. Jh. Tragödien und Triumphe eines großen Volkes], Moskva 2013, S. 5–12.

[5] KPSS v rezolucijach s-ezdov, konferencij i plenumov CK. 1898-1917 [Die KPdSU in den Resolutionen der Kongresse, Konferenzen und Plenen des Zentralkomitees. 1898–1917], Bd. 1, Moskva 1970, S. 388 f.

[6] BENEDIKT ANDERSON, Voobražaemye soobščestva. Razmyšlenija ob istokach i rasprostranenii nacionalizma [Imaginäre Gemeinschaften. Gedanken über die Ursprünge und Verbreitung des Nationalismus], Moskva 2001, S. 23.

nationalen Rechte emotional stärker als abstrakte Vorstellungen über eine kommunistische Zukunft.

Die bolschewistische Theorie der Nation passte die marxistische an die Bedingungen Russlands an. Dabei waren gerade die Frage der Autonomie und das Selbstbestimmungsrecht der Nationen der entscheidende Punkt, in dem die *Bol'ševiki* von den westeuropäischen Marxisten abwichen. Die *Bol'ševiki* bestanden auf einem engeren Verständnis des Selbstbestimmungsrechts der Nationen und betonten, dass die Anerkennung der Selbstbestimmung nicht mit der Anerkennung der Föderation als Prinzip gleichzusetzen sei. Sie betrachteten den Föderalismus als einen notwendigen, aber zeitlich begrenzten Weg zum demokratischen Zentralismus. Das Selbstbestimmungsrecht der Nationen wurde von den *Bol'ševiki* ursprünglich ausschließlich als das Recht auf eine gewisse Autonomie im politischen Sinne verstanden und nicht als Recht auf Abtrennung und auf Bildung souveräner Staaten. Nach Vladimir Lenin sollte dieses Recht nur als „folgerichtiger Ausdruck für den Kampf gegen jegliche nationale Unterjochung" verstanden werden.[7] Er meinte, je mehr die demokratische Organisation des Staates bis hin zur vollständigen Freiheit der Abtrennung ausgestaltet sei, desto seltener und schwächer werde in der Praxis das Bestreben nach Abtrennung werden, denn die Vorteile der großen Staaten stünden sowohl vom Standpunkt des ökonomischen Fortschritts als auch von demjenigen der Interessen der Massen außer Frage.[8] Tatsächlich hatten die *Bol'ševiki* von Anfang an das Ziel verfolgt, einen zentralisierten Einheitsstaat zu errichten, waren aber aufgrund der gesellschaftspolitischen Lage im Land gezwungen, sich für die Form der Föderation als ein Übergangsstadium zu entscheiden. Daraus folgt, dass die bolschewistische Losung der Nationalitätenfrage von der Staatsform abhängig war.

Weder Lenin noch Stalin fassten die national-kulturelle Autonomie als eine notwendige Bedingung zur Realisierung der nationalen Rechte der Völker Russlands auf. Stalin war der Meinung, dass die nationale und kulturelle Autonomie die nationale Frage nicht lösen könne: „[U]ntauglich für die Gegenwart, ist die nationale Autonomie noch untauglicher für die zukünftige, die sozialistische Gesellschaft."[9] Bei Stalin lesen wir ferner:

---

[7] VLADIMIR LENIN, Socialističeskaja revoljucija i pravo nacij na samoopredelenie [Die sozialistische Revolution und das Recht der Nationen auf Selbstbestimmung], in: DERS., Polnoe sobranie sočinenij [Gesamtausgabe], Bd. 27, Moskva 1969, S. 256.

[8] Ebd.

[9] IOSIF STALIN, Marksizm i nacional'nyj vopros [Marxismus und die Nationalitätenfrage], in: DERS., Sočinenija [Werke], Bd. 2, Moskva 1946, S. 329.

> „Sie bereitet den Boden nicht nur für die Absonderung der Nationen, sondern auch für die Zersplitterung der einheitlichen Arbeiterbewegung. Die Idee der nationalen Autonomie schafft die psychologischen Voraussetzungen für die Trennung der einheitlichen Arbeiterpartei in einzelne, nach Nationalitäten aufgebaute Parteien. Ebenso wie die Partei zersplittern sich die Gewerkschaften, und es tritt eine vollständige Absonderung ein. So wird die einheitliche Klassenbewegung in einzelne nationale Bächlein zerteilt.“[10]

Zur Lösung der nationalen Frage schlug Stalin anstelle der national-kulturellen Autonomie die territoriale Autonomie (Gebietsautonomie) vor, die seiner Meinung nach die nationalen Trennwände abschaffen und die Bevölkerung vereinigen würde, um so den Weg zur sozialen Gliederung nach Klassen frei zu machen.[11] Dabei war eine mehrstufige sowjetische Autonomie vorgesehen, die sich in einzelne Typen untergliedern sollte, solche wie etwa: die administrative Autonomie (für Wolgadeutsche, Tschuwaschen, Karelen), die politische Autonomie (für Baschkiren, Tataren des Wolga-Gebiets, Kirgisen), die politische Autonomie in ihrer erweiterten Form (für die Ukraine und Turkestan) sowie die höchste Form der Autonomie, die vertraglich festgelegt werden sollte. Die jeweilige sowjetische Autonomie wurde „elastisch“ in Abhängigkeit vom Niveau der kulturellen und wirtschaftlichen Entwicklung derjenigen Gemeinschaften definiert, die eine Autonomie beanspruchten.[12]

Dabei trat Stalin vehement dafür ein, dass alle unabhängigen Republiken sich der Russischen Sozialistischen Föderativen Sowjetrepublik (RSFSR) anschlossen, ebenso wie die schon bestehenden autonomen Republiken, etwa die Baschkirische und die Tatarische. Er begründete dies mit der wechselseitigen Abhängigkeit der Republiken und Zentralrusslands.[13] Geschickt das Schlagwort vom „Selbstbestimmungsrecht“ einsetzend steuerte die Parteileitung des Landes die republikanischen Regierungen in eine Sackgasse. Einerseits gewährte der Staat den Republiken das Recht auf die volle staatliche Loslösung, andererseits aber betonte er die volle Abhängigkeit der kommunistischen Parteien der Republiken –

[10] Ebd., S. 329–331.

[11] Ebd., S. 362.

[12] DERS., Politika Sovestkoj vlasti po nacional'nomy voprosu („Pravda“, 226, 10. oktjabrja 1920 g.) [Die Politik der Sowjetmacht in der nationalen Frage], in: DERS., Sočinenija [Werke], Bd. 4, Moskva 1947, S. 351-363, hier S. 354 f.

[13] DERS., Doklad ob očerednych zadačach partii i nacional'nom voprose [Bericht über die nächsten Aufgaben der Partei und die nationale Frage], in: DERS., Sočinenija [Werke], Bd. 5, Moskva 1947, S. 181–194.

und dementsprechend also auch ihrer Tätigkeit innerhalb der Republiken – von den zentralen Machtorganen des Staates.

Wir sehen also, dass die *Bol'ševiki* im Zuge des Ausbaus ihrer Machtposition ihre Einstellung zur nationalen Frage klar und deutlich formulierten. „Das Prinzip der Selbstbestimmung soll ein Mittel im Kampf für den Sozialismus und den Prinzipien des Sozialismus untergeordnet sein", betonte Stalin.[14] Die Hervorhebung der Sonderrolle des Proletariats bei der Lösung der Frage der Selbstbestimmung jedweder Nation sollte es gestatten, im Klassenkampf die Bourgeoisie als den Hauptfeind der Sowjetmacht zu vernichten. Der Sowjetstaat setzte die Erstrangigkeit der sozialökonomischen Probleme vor den nationalen voraus. Stalin meinte, dass die „nationale Frage eine untergeordnete Frage ist", dass sie „auf einer ganz anderen Ebene" liege und nicht die „nationale, sondern die Agrarfrage für den Fortschritt in Russland entscheidend" sei.[15] Tatsächlich gingen die *Bol'ševiki* bei der nationalen Frage davon aus, dass dieses Problem einen zeitweiligen Charakter habe. Seit sie an die Macht gekommen waren, sahen sie ihre Hauptaufgabe in der Stärkung ihrer Machtposition und nicht in der Realisierung ihrer früheren Versprechen, darunter auch das der nationalen Selbstbestimmung.

Nach Stalin bestand das Wesen der nationalen Frage in Sowjetrussland darin,

> „die faktische, von der Vergangenheit geerbte Rückständigkeit (wirtschaftliche, politische und kulturelle) einiger Nationen zu überwinden, um den rückständigen Völkern die Möglichkeit zu geben, Zentralrussland sowohl in staatlicher und kultureller als auch in wirtschaftlicher Hinsicht einzuholen."[16]

„Einzuholen" waren die Russen, und das in erster Linie mittels Aneignung der russischen Sprache, weil Russisch die Sprache der interethnischen Kommunikation sei, die Sprache, deren Kenntnis allen anderen Nationen den Zugang zur Hochschulbildung und im Weiteren auch den Zugang zu allen materiellen Werten geben könne, welche die russische Bevölkerung des Landes besitze. Die „Unterstützung" bei der Einbeziehung in die

---

[14] DERS., Doklad po nacional'nomu voprosu na III Vcerossijskom s-ezde Sovetov 15 janvar' 1918 g. [Bericht über die Nationalitätenfrage auf dem 3. Allrussischen Sowjetkongress am 15. Januar 1918], in: DERS., Sočinenija [Werke], Bd. 4, Moskva 1947, S. 32.

[15] DERS.., Marksizm i nacional'nyj vopros [Marxismus und die Nationalitätenfrage], in: DERS., Sočinenija [Werke], Bd. 2, Moskva 1946, S. 319.

[16] Desjat'yj s-ezd Rossijskoj kommunističeskoj partii. Stenografičeskij otčet [Der zehnte Kongress der Russischen kommunistischen Partei. Stenografischer Bericht], Moskva 1921, S. 39.

„höhere“ Kultur wurde von der Abschaffung der Überreste „feudal-patriarchalischer“ Beziehungen begleitet, die Besonderheiten der Kultur und die Lebensweise einzelner Nationalitäten blieben dabei jedoch keineswegs geschützt. Im Gegenteil – bedenkenlos wurden kulturell lebenswichtige Grundlagen der Nationen zerstört: die Religion, das Alphabet, traditionelle Bildungseinrichtungen, die Nationalgeschichte und vieles andere.

Man geht in der Forschung davon aus, dass die Herausbildung einer Staatsnation Russlands wegen des russozentristischen Reichsnationalismus und des unterentwickelten politischen Systems im Zarenreich am Ende des 19./Anfang des 20. Jahrhunderts nur langsam vorangehen konnte.[17] Zum Zeitpunkt der Gründung der UdSSR hatte das zur Folge, dass gewisse Ethnien, die bereits ihre nationale Selbstbestimmung anstrebten, es nun nicht mehr für notwendig hielten, zu einem einheitlichen Imperium zu gehören, sodass die neue Regierung den ethnischen Eliten, die die Ausweitung ihrer nationalen Rechte forderten, vorübergehend entgegenkommen musste.

Gleichzeitig versuchte die bolschewistische Partei, die Konflikte um die nationalen Probleme durch eine ideologische Hervorhebung der Spaltung der Gesellschaft in zwei Klassen zu neutralisieren, wobei der Nationalismus ausschließlich der bürgerlichen Klasse zugeschrieben wurde. Um nichtrussische Ethnien dem Einfluss von nationalen politischen Parteien zu entziehen, zog die Sowjetregierung die Bauern dieser Ethnien auf ihre Seite, indem sie versprach, ihnen politische und ökonomische Zugeständnisse zu machen.

Der tschechische Historiker František Silnický betrachtet die Gründung der formal von der zentralen Macht der RSFSR unabhängigen nationalen Randrepubliken als einen Kern der bolschewistischen Nationalitätenpolitik. Gleichzeitig behauptet er, dass unabhängige Staaten vor allem für die *Bol'ševiki* eine Art Schutzwall darstellten, der die vereinten Kräfte der Weißgardisten und ausländische Armeen zurückhalten sollte.[18] In Wirklichkeit hatten diese Staaten keine volle Unabhängigkeit erlangt. Die *Bol'ševiki* hatten zunächst versucht, einen von der russischen Regierung geführten Zentralstaat zu gründen. Das Sowjetregime war bestrebt, den Großstaat mit den wirtschaftlichen Ressourcen des gesamten ehemaligen Reichs zu versorgen und seine militärische und politische

---

[17] Im Überblick JURI GRANIN, Stanet li Rossija „nacional'nym gosudarstvom“? [Wird Russland ein „Nationalstaat“?], in: Voprosy filosofii 1 (2011), S. 15–26.

[18] FRANTIŠEK SILNICKIJ, Nacional'naja politika KPSS v period s 1917 po 1922 god [Die nationale Politik der KPdSU zwischen 1917 und 1922], München 1981, S. 196 f.

Macht abzusichern.[19] Das Leitprinzip der Nationalitätenpolitik der *Bol'ševiki* während der Gründungsphase der UdSSR blieb die Idee eines einheitlichen Staates, in dem die Föderation als ein Mittel zur Erlangung der vollständigen Einheit fungierte. Die Parole vom „Selbstbestimmungsrecht der Nationen" beschränkte sich darauf, dieses Recht nur dem Proletariat zu gewähren. Dies zeigte sich am deutlichsten im Zuge der Umsetzung der Nationalitätenpolitik innerhalb der RSFSR in Bezug auf die administrativ-territoriale Aufteilung.

Bis 1917 hatte in Russland das administrativ-territoriale Prinzip der Teilung des Landes geherrscht, welches die Besonderheiten der ethnisch-kulturellen Siedlungslagen ignorierte. Einige Ethnografen nannten es „Schneideprinzip", welches die ethnischen Grenzen nicht berücksichtigte. Das Zusammenfallen von ethnischen, nationalen und administrativen Grenzen war selten und wurde oftmals durch natürliche Faktoren hervorgerufen. In einigen Fällen aber wurden die Gebiete, in denen bestimmte Ethnien kompakt ansässig waren, mit politischer Absicht durch Verwaltungsgrenzen geteilt.[20] Man kann sicher davon ausgehen, dass dies mit dem Ziel der politischen Schwächung der betroffenen Ethnien verbunden war.

Nach den Idealvorstellungen der *Bol'ševiki* sollte der Aufbau der sowjetischen administrativ-territorialen Struktur auf folgenden Prinzipien fußen:

> „vollständige Berücksichtigung der natürlichen Ressourcen und ökonomischen Produktionsbedingungen zur maximalen Steigerung der Produktivkräfte und der wirtschaftlichen Verwaltung; umfassende Berücksichtigung der nationalen Zusammensetzung und Lebensweise der Bevölkerung zur weiteren Stärkung der Freundschaft zwischen den Völkern des sowjetischen sozialistischen Einheitsstaats; Stärkung des Staatsapparats; Schaffung von Bedingungen für die Entfaltung lokaler Initiativen und für massenhaftes Engagement; Stärkung der Leitung der Gesellschaft durch die Einbeziehung der Arbeiterklasse."[21]

---

[19] Ebd.

[20] OL'GA SUCHOVA / OL'GA FILENKOVA, Nacional'nyj vopros i rajonirovanie v RSFSR v 1920 – v načale 1930 godov: upravlenčeskie strategii i ich realizacija [Nationalitätenfrage und Regionalisierung in der RSFSR in den 1920er bis frühen 1930er Jahren: Verwaltungsstrategien und ihre Umsetzung], in: Novejšaja istorija Rossii 1 (2017), S. 62–77.

[21] RAFAËL PAVLOVSKIJ / MARK ŠAFIR, Administrativno-territorial'noe ustrojstvo Sovetskogo gosudarstva [Administrativer und territorialer Aufbau des Sowjetstaates], Moskva 1961, S. 11.

Die Umsetzung dieser recht vagen, aber dennoch pragmatischen Vorstellungen der *Bol'ševiki* über die Lösung der nationalen Frage soll im Folgenden am Beispiel der Wolgatataren veranschaulicht werden.

Nachdem die *Bol'ševiki* an die Macht gekommen waren, wollten sie jene politischen Kräfte neutralisieren, die eine Gefahr für diese neue Macht und die territoriale Integrität des Landes sein konnten. Ohne jeden Zweifel gehörten zu diesen als gefährlich betrachteten politischen Kräften auf dem Territorium des ehemaligen Imperiums die Turkvölker, die sich durch ihre Religion, Kultur und die Verwandtschaft ihrer Sprachen nahestanden. Die Religion war für die Turkvölker die Grundlage ihrer Verbundenheit, aber in gewissem Maße auch ihrer ethnischen Identität.

Ende des 19. Jahrhunderts passten sich die Muslime des Russischen Reiches, deren nationales Bewusstsein damals gerade einen starken Aufschwung erfuhr, als erste in der islamischen Welt an geistige Werte des Westens an und sie modernisierten auf dieser Grundlage ihr Sozialleben.[22] Die führende Rolle in diesem Prozess der nationalen und religiösen Entwicklung spielten die Tataren. Diese hatten bis zum 20. Jahrhundert einen langen historischen Weg zurückgelegt. In ihrer Geschichte gab es solche staatlichen Gebilde wie das Reich der Wolgabulgaren (9.–Anfang des 13. Jahrhunderts), das der Goldenen Horde (13.–15. Jahrhundert) und das Kazaner Chanat (15.–16. Jahrhundert). Diese Staatsformen prägten die Kultur und nationale Identität der Tataren nachhaltig.[23] 1552 wurde das Kazaner Chanat von Zar Ivan IV. erobert und dem russischen Staat angeschlossen.[24] Somit hatten die Tataren Anfang des 20. Jahrhunderts über 350 Jahre währende, z. T. äußerst bittere Erfahrungen auf dem Gebiet der Koexistenz mit der vorwiegend orthodoxen und slawischen Mehrheit innerhalb des Russischen Reiches gesammelt.

Schon im 19. Jahrhundert beteiligten sich Wissenschaftler intensiv an der Konstruktion der nationalen Identität der Turkvölker des Russischen Reiches.[25] Was die künftigen Entwicklungswege der Turkvölker betraf, so gingen die Meinungen auseinander. Während der krimtatarische Politiker

---

[22] DAMIR IŠAKOV, Problemy stanovlenija i transformacii tatarskoj nacii [Probleme der Bildung und Transformation der tatarischen Nation], Kazan' 1997.

[23] ANDREAS KAPPELER, Rußlands erste Nationalitäten. Das Zarenreich und die Völker der Mittleren Wolga vom 16. bis 19. Jahrhundert, Köln / Wien 1982, S. 22–39.

[24] DERS., Rußland als Vielvölkerreich. Entstehung. Geschichte. Zerfall, München 1992, S. 29–36.

[25] Dazu: ABRAR KARIMULLIN, Tatary: etnos i etnonim [Tataren: Ethnos und Etnonym], Kazan' 1989.

und Aufklärer Ismail Gasprinskij für die Einheit von Sprache, Literatur und Nation der Turkvölker allgemein eintrat,[26] sprach sich der tatarische Historiker, Theologe und Aufklärer Šichabaddin Mardžani für eine Wiederherstellung der tatarischen Nationalgeschichte aus.[27] Im 19. Jahrhundert gab es jedoch keine „richtige" tatarische Nationalgeschichte: In Abwesenheit einer Eigenstaatlichkeit fehlten dafür konstante soziale Bedingungen. Unter den Tataren gab es auch Anhänger des sogenannten „Bulgarismus", welcher eng mit der religiösen Weltanschauung verbunden war. Bulgarismus war eine eher konservative Ideologie, die einige der prominenten muslimischen Geistlichen vertraten, die in der „glorifizierten" Geschichte des Reiches der Wolgabulgaren ein kulturelles und religiöses Muster sahen.[28]

Im Großen und Ganzen ging der Konstruktionsprozess der nationalen Identität der Wolgatataren schon vor der Gründung der Tatarischen Autonomen Sozialistischen Sowjetrepublik (TASSR) im Jahr 1920 vonstatten. Neben den genannten Grundlagen für die Herausbildung der nationalen Identität, die in der wissenschaftlichen Literatur als „Tatarismus" bezeichnet werden, gab es auch andere Strömungen, und zwar den „Turkismus" und „Islamismus". Sogenannte „Tataristen" nahmen sich einen Teil der mittelalterlichen Geschichte der Turkvölker als Muster und betrachteten das Ethnonym „Tatar" als das am besten historisch geeignete für die turksprachige Bevölkerung des Wolga-Ural-Gebietes. Die „Turkisten" dagegen befürworteten eine breitere Verwendung des Ethnonyms „Turk", das ihrer Meinung nach die Angehörigen aller türkischen Völker von Russland nicht nur ethnisch, sondern auch politisch und kulturell vereinen sollte. Der Großteil des muslimischen Klerus hielt sich an die Idee der muslimischen Einheit und befürwortete die Anwendung des

---

[26] Zur Person und Tätigkeit von Ismail Gasprinskij: VIKTOR GANKEVIČ, Na službe pravdy i prosveščenija. Kratkij biografičeskij očerk Ismaila Gasprinskogo [Im Dienst der Wahrheit und Aufklärung. Kurze biografische Skizze von Ismail Gasprinskij (1851- 1914)], Simferopol' 2000; EDVARD LAZZERINI, Ismail Bey Gasprinskii (Gaspirali). The Discourse of Modernism and the Russians. Tatars of the Crimea. Their Struggle, Durham / London 1988.

[27] Zur Person und Tätigkeit von Šihābaddīn al-Marǧānī: MICHAEL KEMPER, Sufis und Gelehrte in Tatarien und Baschkirien, 1789–1889: Der islamische Diskurs unter russischer Herrschaft, Berlin 1998, S. 429–465; DERS., Šihābaddīn al-Marǧānī als Religionsgelehrter, in: Muslim Culture in Russia and Central Asia from the 18th to the Early 20th Centuries, Bd. 1, Berlin 1996, S. 129–165.

[28] Weiterführend: ALLEN J. FRANK, Islamic Historiography and „Bulghar" Identity Among the Tatars and Bashkirs of Russia, Leiden 1998.

Begriffs „Muslim“ als Ethnonym. Sie vertraten daher die Ideen des „Islamismus“. Die Diskussionen zu diesem Problemkreis wurden in den Kreisen der tatarischen Intellektuellen bis zu Beginn des 20. Jahrhunderts nicht beendet, stattdessen nahmen sie während der Revolution von 1905 bis 1907 einen noch lebhafteren Charakter an.[29] Aus historischen Gründen und infolge seiner Integrationskraft setzte sich die Idee des Tatarismus durch, und die Konstruktion der nationalen Identität erfolgte unter Führung solcher nationalen Führer wie Šichabaddin Mardžani, Kajum Nasyri, Rizaaddin Fahreddin, Josyf Akčura, Hadi Atlasi, Gaziz Gubajdullin u. a.

Einige der tatarischen Persönlichkeiten des öffentlichen und politischen Lebens, die in Europa studiert hatten, waren mit den Konzepten des Nationalismus vertraut und verbreiteten erfolgreich ihre Kenntnisse unter dem tatarischen Bürgertum und den Intellektuellen. Die tatarischen Intellektuellen suchten Anfang des 20. Jahrhunderts nach Modellen für die weitere nationale Entwicklung und versuchten bis zur Machtübernahme durch die *Bol'ševiki*, verschiedene Varianten zur Ausweitung ihrer nationalen Rechte im Russischen Reich zu erarbeiten.[30] Es sei betont, dass die Tataren vor der Februarrevolution eine eher gemäßigte Position bei der Lösung der nationalen Frage einnahmen und sich als Subjekt der russischen Staatsordnung betrachteten, so dass sie liberale politische Reformen anstrebten, wobei Autonomie im weiteren Sinne als das wichtigste Ziel galt.

Ein wichtiger Bestandteil im Werdegang der tatarischen Nation war der Jadidismus, eine ideell-politische Bewegung, deren tragende Komponenten Reformismus und Aufklärung waren und die mit den Großen Reformen in der zweiten Hälfte des 19. Jahrhunderts in Russland ihren Anfang nahm.[31] Der Jadidismus konzentrierte sich keineswegs nur auf die Reformen im Bildungswesen, wie einige Historiker behaupten. Durch die Reform des Bildungssystems hofften die Anhänger des Jadidismus, eine breite Transformation im politischen und kulturellen Leben der Tataren und anderer Turkvölker des Reiches herbeizuführen.[32]

---

[29] Weiterführend: AJDAR CHBUTDINOV, Formirovanie nacii i osnovnye napravlenija razvitij tatarskogo obščestva v konce XVIII – načala XX vv. [Die Bildung der Nation und die Hauptrichtungen der Entwicklung der tatarischen Gesellschaft am Ende des 18. bis Anfang des 20. Jhs.], Kazan' 2001.

[30] IŠAKOV, Problemy, S. 83–97, 116–139.

[31] CHRISTIAN NOACK, Muslimischer Nationalismus im Russischen Reich. Nationsbildung und Nationalbewegung bei Tataren und Baschkiren 1861–1917, Stuttgart 2000.

[32] EDVARD J. LAZZERINI, Ethnicity and the Uses of History. The Case of the Volga Tatars and Jadidism, in: Central Asian Survey 1 (1982), H. 2/3, S. 61–69.

Infolge der rasanten Entwicklung des Kapitalismus im Russischen Reich, der Herausbildung der multiethnischen bürgerlichen Schichten, der Modernisierung des Bildungswesens und der Reformierung des Islam nahm das nationale Bewusstsein der Kazaner Tataren deutlich zu. Dazu trug auch die Herausbildung einer Schicht von gebildeten Intellektuellen bei, ebenso wie die Liberalisierung des öffentlichen Lebens nach 1905, als die Tataren begannen, in der Politik mitzuwirken und Kongresse zu organisieren, an denen Muslime aus dem ganzen Russischen Reich teilnahmen. Ende des 19. / Anfang des 20. Jahrhunderts trat die tatarische soziale Bewegung ausgeprägt national und politisch auf. Der entscheidende Umbruch erfolgte 1905. Dabei übte die russische Revolution sicherlich einen stark aktivierenden Einfluss auf die Bewegung aus. Im August versammelte sich in Nižnij Novgorod der Erste Kongress der Muslime aller Stände aus den verschiedenen Gouvernements und Gebieten des Imperiums.[33] Die Delegierten forderten die rechtliche Gleichstellung aller Muslime des Russischen Reiches mit anderen Staatsangehörigen sowie die Schul-, Presse- und Glaubensfreiheit. Damit nahm zu Beginn des 20. Jahrhunderts eine politische Bewegung unter den Tataren ihren Anfang: Sie gründeten ihre ersten politischen Parteien, es wurden die ersten Abgeordneten für das russische Parlament, die Staatsduma, gewählt.[34]

Anfang 1917 war die tatarische politische Bewegung vielgestaltig. Es gab u. a. eine bürgerliche Richtung, die der russischen Partei der Konstitutionellen Demokraten nahestand, und auch eine linke Strömung, die den *Bol'ševiki* zugeneigt war. Die Hauptfrage in den politischen Diskussionen der tatarischen (und auch im Ganzen der muslimischen) Intellektuellen war diejenige nach der politischen und staatlichen Zukunft. Während des Ersten Allrussischen Kongresses der Muslime im Mai 1917 in Moskau kam es zu Auseinandersetzungen zwischen den Zentralisten (den Befürwortern einer national-kulturellen Autonomie im Rahmen eines zentralisierten Staates) und den Föderalisten (den Befürwortern einer territorialen und politischen Autonomie im Rahmen eines föderativen Staates). Die Debatten endeten mit einem Sieg der Föderalisten.[35]

Nach ihrem Sieg 1917 änderten die *Bol'ševiki*, bis dahin Anhänger der Idee der politischen Selbstbestimmung der Nationen, ihre Position in der Frage der politischen und staatlichen Zukunft der Völker Russlands, darunter der Völker des Wolga-Ural-Gebiets. Zunächst wurden einige

[33] Christian Noack, Muslimischer Nationalismus, S. 227–236.

[34] Ebd., S. 244–248.

[35] Ebd., S. 499–523.

Projekte bezüglich der staatlichen Organisationsform diskutiert: Am 3. Januar 1918 unterbreitete der tatarische Politiker Galymžan Šaraf Pläne zur Schaffung einer staatlichen Autonomie in der Wolga-Ural-Region – eines Idel'-Ural-Staates (Idel' ist ein tatarischer Begriff für Wolga). Er erklärte, alle Experten für Staatsrecht wüssten, dass all diejenigen Nationen, die es auf der Erde gebe, in ebenso viele Staaten aufgeteilt werden müssten.[36]

Šaraf unterstrich, dass die Angehörigen der Nation, die in verschiedenen Provinzen zerstreut seien, einen selbständigen Staat bilden sollten. Der Staat müsse die Territorien der gesamten Gouvernements Kazan' und Ufa, Teile der Gouvernements Orenburg, Samara, Perm, Simbirsk und Vjatka umfassen und nicht nur von Tataren, sondern auch von Tschuwaschen, Maris, Mordwinen und Udmurten besiedelt sein. Vom Zweiten Allrussischen Kongress der Muslime Anfang Januar 1918 wurde das nationale Parlament Milli Mežlis als das höchste gesetzgebende Organ proklamiert. Am 6. Januar 1918 verkündete Milli Mežlis die Geburt des Idel'-Ural-Staates als juristisches Subjekt und beschloss ein Verfahren, das zur Staatsgründung führen sollte. Das Grundprinzip dieser Autonomie war die Gleichheit aller Völker im Staat unter Beachtung ihrer national-kulturellen Autonomie.

Der Idel'-Ural-Staat wurde als eines der Subjekte eines föderativen Staates betrachtet – das war also keinesfalls ein separatistisches Projekt. Die Sowjetmacht sah jedoch im Milli Mežlis eine feindliche Kraft und potentielle Gefahr. Solch eine Entwicklung passte nicht in ihr Konzept. Direkt vor der offiziellen Verkündigung von „Idel'-Ural", die für den 1. März 1918 geplant war, wurden die Organe der künftigen Republik in Kazan' und Ufa aufgelöst und alle Führer von „Idel'-Ural" festgenommen.[37]

Die Initiative zur Lösung des Problems der Staatlichkeit im Wolga-Ural-Gebiet fiel damit an die *Bol'ševiki*. Im März 1918 stellten sie ihr Projekt der Tatarisch-Baschkirischen Republik vor, das sich im All-

---

[36] AJDAR CHABUTDINOV, Projekt Idel'-Ural: istorija i sovremennost' [Projekt Idel'-Ural: Geschichte und Gegenwart], in: Konflikt – Dialog – Sotrudničestvo 8 (2010), S. 54.

[37] INDUS TAGIROV, Istorija nacional'noj gosudarstvennosti tatarskogo naroda i Tatarstana [Die Geschichte der nationalen Staatlichkeit des tatarischen Volkes und Tatarstans], Kazan' 2008, S. 134–155; RAFAĖL' IŠAKOV, Istoričeskij proobraz federal'nogo okruga. K istoriju Štata Idel'-Ural [Das historische Urbild des föderalen Bezirks. Zur Geschichte des Staates Idel'-Ural], in: Ojkumena. Regionovedčeskie issledovanija 4 (2010), S. 83–90. Siehe auch Karte 1.

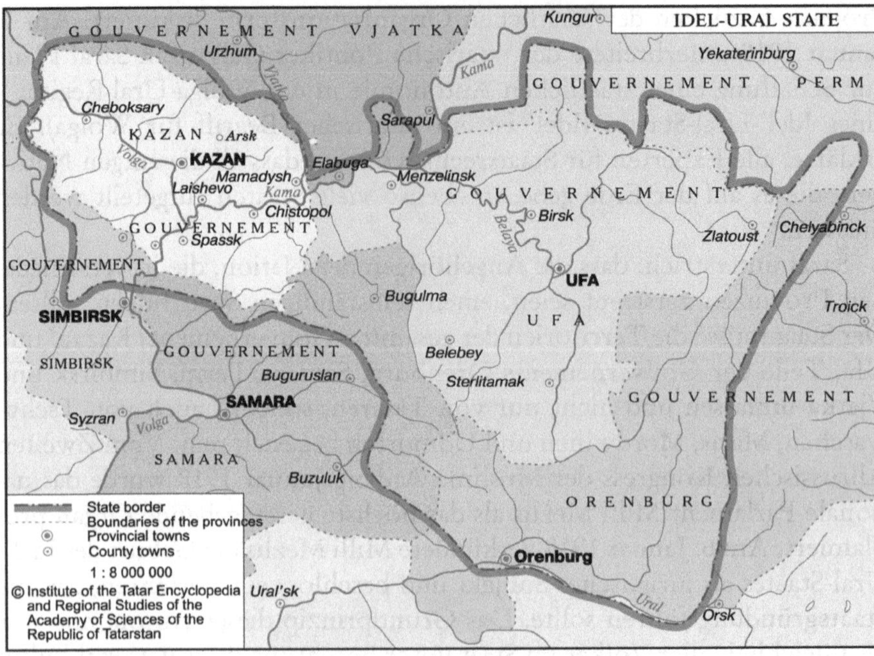

Karte 1: Die Grenzen des vorgesehenen Staates Idel'-Ural

gemeinen nicht vom Projekt „Idel'-Ural" unterschied, aber eine klare politische Führung durch die *Bol'ševiki* vorsah. Dieses Projekt wurde aufgrund des Ausbruchs des Bürgerkriegs jedoch nicht realisiert.[38] In der Folgezeit gründeten die *Bol'ševiki* im Rahmen des sowjetischen Staatssystems eigene nationale Republiken – im März 1919 die Baschkirische Republik, im Mai 1920 die Tatarische Republik, im Juni 1920 die Autonome Region Čuvaš, im November 1920 die Autonome Region Mari und im Februar 1921 schließlich die Autonome Region Votskaja (Udmurtien).

Vom Standpunkt der *Bol'ševiki* aus war die nationale Frage nur ein Übergangsphänomen, wenn auch ein sehr unbequemes. Ihre erstrangige Aufgabe sahen sie in der Errichtung eines zentralisierten Staates, ohne allerdings mit den während der Revolutionsereignisse entstandenen staatlich-nationalen Gebilden in Konflikt geraten zu wollen. Nach dem Ende des Bürgerkrieges, schon Anfang der 1920er Jahre, gingen die *Bol'ševiki* dazu über, diese wegen ihres angeblich „bürgerlichen" Charakters zu

---

[38] ZAVDAT MINNULLIN, Tatarskij narod v XIX – načala XX veka [Das tatarische Volk am 19.–Anfang des 20. Jhs], in: Respublika Tatarstan: istorija i sovremennost' [Republik Tatarstan: Geschichte und Gegenwart], Kazan' 2018, S. 163 f.

bekämpfen und sie durch analoge, aber sowjetisierte Einrichtungen zu ersetzen. Es gelang ihnen, die in vielerlei Hinsicht einigen Turkvölker, in unserem Fall Tataren und Baschkiren, durch eine geschickte Politik des „divide et impera" zu entzweien, indem sie künstlich territorial voneinander getrennt und persönliche Ambitionen tatarischer und baschkirischer Politiker gegeneinander ausgespielt wurden.

Anfangs glaubten die nationalen Kommunisten, auch die tatarischen, die ihre lokalen kommunistischen Parteiorganisationen faktisch selbständig und nicht auf Anordnung des Zentrums organisieren konnten, tatsächlich, dass die kommunistische Ideologie mit nationalen Interessen zu vereinbaren sei. Mit der Zeit aber begriffen sie, dass sie sich getäuscht hatten.

Am 26. Januar 1920 traf das Politbüro des ZK der Kommunistischen Partei Russlands in Moskau die Entscheidung über die Gründung der Tatarischen Republik und am 27. Mai 1920 wurde das Dekret über die Gründung der Tatarischen Autonomen Sozialistischen Sowjetrepublik veröffentlicht. Das Territorium der neu gegründeten Republik hatte eine Größe von 55.987 km², die Einwohnerzahl betrug 3.276.000. Von diesen waren 1.644.000 Tataren und 1.322.000 Russen.[39]

Nach Meinung des tatarischen emigrierten Historikers Tamurbek Davletšin war nach Gründung der TASSR die Politik der bolschewistischen Arbeiter- und Bauernpartei (RKP(b)) von Misstrauen gegenüber den tatarischen Intellektuellen geprägt und die Tätigkeit der Organe der neu gegründeten Republik unter penible Kontrolle gestellt.[40] Dieser Ansicht kann man weitgehend zustimmen, zumal der nachfolgende Verlauf der Ereignisse zeigte, dass die politischen Repressionen der 1920er und 1930er Jahre besonders grausam gegenüber den tatarischen Intellektuellen ausfielen.

Die *Bol'ševiki* erinnerten sich gut daran, dass die Tataren bis 1917 politische Parteien, unabhängige Denker und maßgebliche politische Führer hatten, sodass sie eine potenzielle Bedrohung im neuen Staat im Sinne des Separatismus darstellen konnten. Tatsächlich wurde es der nationalen Elite der Republik verwehrt, selbständige Entscheidungen über ihre staatliche und nationale Entwicklung zu treffen. Bis 1936 hatte die

---

[39] IVAN KLIMOV, Obrazovanie i razvitie Tatarskoj ASSR [Bildung und Entwicklung der Tatarischen ASSR], Kazan' 1960, S. 34. Siehe Karte 2.

[40] TAMURBEK DAVLETŠIN, Sovetskij Tatarstan: teorija i praktika leninskoj nacional'noj politiki [Das sowjetische Tatarstan: Theorie und Praxis der Leninschen Nationalitätenpolitik], Kazan' 2005, S. 228–230.

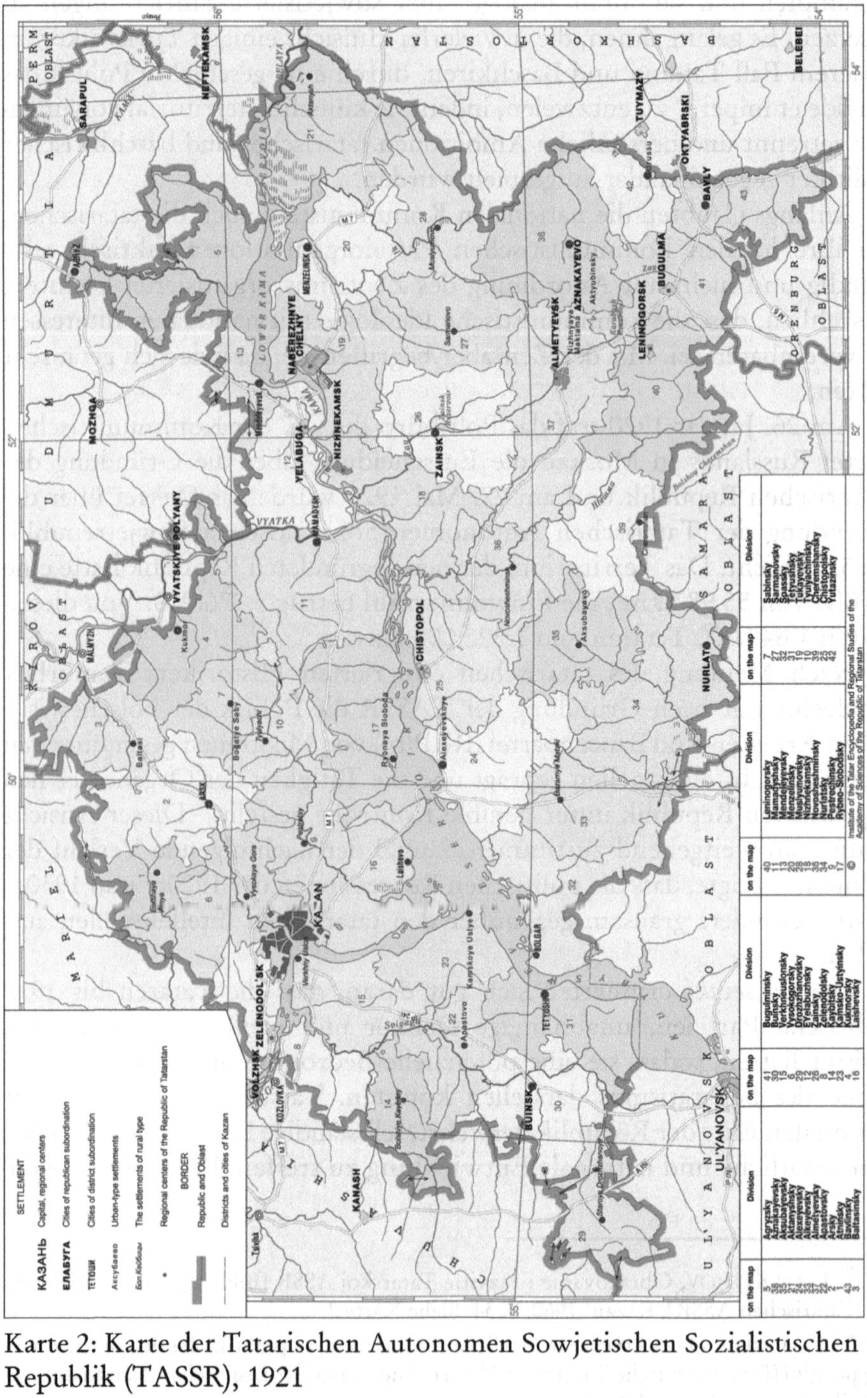

Karte 2: Karte der Tatarischen Autonomen Sowjetischen Sozialistischen Republik (TASSR), 1921

TASSR keine eigene Verfassung, weil der 1926 vorgelegte Entwurf nicht gebilligt wurde und somit auch nicht verabschiedet werden konnte.[41]

Die Sowjetregierung engte die neu gegründeten Republiken in ihrer Selbständigkeit immer weiter ein. Das betraf auch die administrative und territoriale Gliederung. So wurde zum Beispiel unter Teilnahme der hochrangigen tatarischen Kommunisten Galymžan Ibragimov, Mirsäyet Xäydär ulı Soltanğäliev, Sahibgirey Said Galie und ihrem baschkirischen Opponenten Achmet-Zaki Validov am Anfang der 1920er Jahre die Frage diskutiert, ob die Stadt Ufa und die Uezdy (Kreise) Birskij und Belebeevskij oder aber das ganze Gouvernement Ufa in die Tatarische Republik eingegliedert werden sollten. Die Diskussion hatte jedoch keine administrativen Folgen – die genannten Territorien mit vorwiegend tatarischer Bevölkerung blieben Bestandteile der Baschkirischen Republik.[42]

Der territoriale Aspekt der Nationsbildung war auch für Gesamtrussland wichtig. Das betraf in erster Linie diejenigen Tataren, die außerhalb der TASSR geblieben waren. So ist ein an Iosif Stalin adressierter Bericht vom 8. Oktober 1921 erhalten geblieben, an das ZK der KPR (b) verfasst und gerichtet von Galymžan Ibragimov, einem Mitglied des Kollegiums des Volkskommissariats für Nationalitätenfragen.[43]

In diesem Bericht geht es um die Arbeit, die unter den außerhalb der Tatarischen Republik lebenden Tataren durchgeführt wurde. Aus dem Bericht folgt, dass mit der Verkündung der Tatarischen Autonomen Republik 1920 mehr als 5 Millionen Tataren außerhalb der Grenzen dieser Republik geblieben waren gegenüber knapp 1.700.000 Tataren in der TASSR. Viele tatarische Intellektuelle drückten ihre Unzufriedenheit über die Lösung der territorialen Frage aus. Da es der bolschewistischen Partei aber zu Beginn des Jahres 1920 gelungen war, ihre Machtposition zu festigen, schränkten die Führer der tatarischen Nationalbewegung ihre Aktivitäten ein, zumal die Gegner des sowjetischen Regimes so stark unter Druck gesetzt wurden, dass ihnen nur die Alternative blieb, aus ihrer Heimat zu fliehen oder mit der neuen Macht zu kollaborieren.

---

[41] Gosudarstvennye i municipal'nye simvoly Respubliki Tatarstan [Staatliche und munizipale Symbole der Republik Tatarstan], Kazan' 2017, S. 11–21.

[42] LJAJSAN CHALILOVA, Vnutrennee administrativnoe ustrojstvo TASSR v 1920-e gody: ėtnonacional'nyj aspekt [Die interne Verwaltungseinrichtung der TASSR in den 1920er Jahren: ethnonationaler Aspekt], in: Klio, 10 (2016), S. 83–91.

[43] CK RKP (b) – VKP (b) i nacinal'nyj vopros. Kniga 1. 1918–1933 gg. [Zentralkomitee KPR (b) und VKP (b) und die Nationalitätenfrage. Band 1, 1918–1933], Moskva 2005, S. 53–55.

Nicht alle nationalen Kommunisten waren bereit, die Ideologie der *Bol'ševiki* widerspruchslos zu akzeptieren. Manche versuchten, diese Ideologie an die spezifischen Bedingungen des „Orients" anzupassen. Zu ihnen gehörte auch Mirsäyet Xäydär ulı Soltanğäliev [russische und allgemein gebräuchliche Umschrift: Mirsaid Chajdargalievič Sultan-Galiev], der durch seinen entschiedenen Kampf gegen die Diktatur der bolschewistischen Partei prominent wurde. Im Unterschied zu den *Bol'ševiki* zählte er neben dem Bauerntum und dem Proletariat auch die nationalen Intellektuellen und das Kleinbürgertum zu den treibenden Kräften des Befreiungskampfes in den Kolonien und Halbkolonien. Sein Argument war, dass alle muslimischen Kolonialvölker proletarische Völker seien, weil beinahe alle Klassen der muslimischen Gesellschaft von Imperialisten unterdrückt worden seien. Also hätten alle Klassen der muslimischen Gesellschaften das Recht, sich als „Proletarier" zu bezeichnen. All das ließ ihn behaupten, dass die nationale Befreiungsbewegung in muslimischen Ländern den Charakter einer sozialistischen Revolution habe. Er propagierte vollkommen selbständige Ideen und trat für die Gründung eines „Sozialistischen Turans" ein. (Am Anfang des 20. Jahrhunderts bedeutete der Begriff Turan geografisch das mit Turkvölkern besiedelte Territorium nördlich des Iran, aber im übertragenen Sinn ein Traumland der Turkvölker.) Seiner Meinung nach sollten die muslimischen Völker in einem selbstständigen, aber föderativ mit Sowjetrussland verbundenen Staatenbund unter der Führung einer *unabhängigen* muslimischen kommunistischen Partei vereint werden. Eine derart selbständige Meinungsäußerung hatte in der Sowjetunion jedoch keine Perspektive: Mirsäyet Xäydär ulı Soltanğäliev kann als erstes prominentes Opfer von Stalins Repressionen gegen bolschewistische Funktionäre gesehen werden.[44]

Da er sich gegen Stalins „Autonomisierungsplan" – bei Unterordnung der autonomen unter die vollberechtigten Sowjet-Republiken – stellte und zudem für eine selbständige Kommunistische Partei der Muslime eintrat, wurde er aus der bolschewistischen Partei ausgeschlossen, verhaftet und zur Zielscheibe einer „Entlarvungskampagne" Stalins gemacht: Die An-

---

44 ALEXANDRE BENNIGSEN / CHANTAL QUELQUEJAY, Sultan Galiev, le père de la révolution tiers-mondiste, Paris 1986; ALEXANDRE BENNIGSEN / S. ENDERS WIMBUSH, Muslim National Communism in the Soviet Union, Chicago 1979; GABRIELE BUCHER-DINC, Die mittlere Wolga im Widerstreit sowjetischer und nationaler Ideologien. Eine Untersuchung anhand autobiographischer und publizistischer Schriften des Wolgatataren Mirsaid Sultan-Galiev, Wiesbaden 1997; Mirsaid Sultan-Galiev: Stat'i, vstuplenija, dokumenty [Mirsaid Sultan-Galiev: Beiträge, Vorträge, Dokumente], hg. v. IL'DUS GIZZATULLIN / DAMIR ŠARAFUTDINOV, Kazan' 1992.

klage lautete nicht nur auf Abweichung von der Linie in der Nationalitäten-Politik, sondern vor allem – aufgrund gefälschter GPU-Dossiers – auf „Verrat" und den Versuch, ein Bündnis mit den „konterrevolutionären Kräften in der Türkei und Persien" herzustellen.[45]

Für die bolschewistische Führung fand die Auseinandersetzung zum einen vor dem außenpolitischen Hintergrund der heftigen Rivalität mit dem Kemalismus der Türkei statt, von dem sie sich in Aserbaidschan und anderen muslimischen Gebieten bedroht sah. Zum anderen kollidierten die nationalen Selbständigkeitsbestrebungen der verschiedenen Völker in dieser historischen Situation besonders heftig mit den von Stalin bei den Verfassungsverhandlungen vorgebrachten Zentralisierungsabsichten. Nicht zuletzt hatte sich Sultan-Galiev mit seinen Ideen und Projekten jenem „Pan-Islamismus" angenähert, dem die Kommunistische Internationale gerade ihr größtes Misstrauen ausgesprochen hatte.[46]

Zudem sahen sich die muslimischen Kommunisten, deren weltweite Ambitionen eben noch durch den von der Komintern organisierten „Kongress der Völker des Orients" (1920) befeuert worden waren, durch das Umschwenken der sowjetischen Außenpolitik auf eine pragmatische Strategie der wirtschaftlichen Kooperation mit den großen kapitalistischen Mächten enttäuscht: Sie fürchteten, dass dadurch der Orient – und damit ein Schlüssel zur Weltrevolution – für die versuchte Annäherung an die Westmächte aufgegeben worden sei, wie dies der islamische Kommunist Nariman Narimanov ausdrückte.[47] An diesen Zusammenhängen wird offensichtlich, wie die Interessen nationaler Identitätsbildung kleiner Völker der Sowjetunion die weltpolitischen Strategien dieses Imperiums tangierten. Auch die administrativ-territoriale Teilung des Landes im Gründungsprozess autonomer Republiken und Unionsrepubliken beeinflusste also die Aktivität muslimischer Kommunisten. Mit dem Aufbau

---

[45] DAVLETŠIN, Sovetskij Tatarstan, S. 233.

[46] IV. Kongress der Kommunistischen Internationale (November 1922): Leitsätze zur Orientfrage, in: Thesen und Resolutionen des IV. Weltkongresses der Kommunistischen Internationale. (Moskau, vom 5. November bis 5. Dezember 1922), Hamburg 1923, S. 42–52. Der II. Kongress hatte 1920 in seinen „Leitsätzen über die Nationalitäten- und Kolonialfrage" dem Pan-Islamismus unverhohlen den Kampf angesagt: W. I. LENIN, Ursprünglicher Entwurf der Thesen zur nationalen und kolonialen Frage. (Für den Zweiten Kongress der Kommunistischen Internationale), in: DERS., Über die nationale und koloniale Frage, Berlin [West] 1974, S. 613–621.

[47] JÖRG BABEROWSKI, Der Feind ist überall. Stalinismus im Kaukasus, München 2003, S. 230. Zu dieser Annäherung kam es in Genua allerdings nicht, sondern zum Vertrag von Rapallo mit dem Deutschen Reich.

neuer Staatseinrichtungen wurde in erster Linie das Ziel verfolgt, den Konsens der Turkvölker zu hintertreiben und ihre Vereinigung durch die Gründung einer kommunistischen Partei der Muslime zu verhindern. Territorial unterschied sich die TASSR tatsächlich nur wenig vom früheren Kazaner Gouvernement. Die Tatarische Republik verfügte über keine tatsächliche Autonomie, jede Eigeninitiative der Regierung muslimischer Kommunisten wurde recht schnell unterbunden. Bald mussten sich die aktivsten Befürworter von Autonomierechten vor den sowjetischen Sicherheitsorganen verantworten. 1923 wurde der Fall Mirsäyet Xäydär ulı Soltanğäliev politisch inszeniert; die muslimischen Kommunisten wurden der Angehörigkeit zum „Sultangalievismus" beschuldigt oder es wurde ihnen zumindest vorgeworfen, nicht dagegen gekämpft zu haben.[48]

Die Nationalitätenpolitik, die die kommunistische Partei bei den administrativen Reformen und der Gliederung der Territorien durchführte, wurde zum wirksamen Instrument für die Zentralisierung der politischen Macht und die ökonomische Integration. Besonders stark fand dieser Prozess seinen Ausdruck in der territorial-administrativen Gliederung der RSFSR. Zu Beginn der Gestaltung des Staates hatte sich die Sowjetmacht für eine föderative Form entschieden; so sollte die RSFSR aus russischen Gouvernements und autonomen Gebieten bestehen, die nach dem territorialen und nationalen Prinzip gebildet würden. Den späteren Umbildungen wurde vorwiegend das ökonomische Prinzip zugrunde gelegt. Da ökonomische Faktoren den Vorrang hatten, gestaltete sich die Bevölkerung der gegründeten nationalen Republiken heterogen und eine Vielzahl von Angehörigen der alteingesessenen ethnischen Gemeinschaften verblieb oftmals außerhalb dieser Republiken. Das betraf allen voran die Tataren: Nur ein Viertel all derer, die sich als Tataren bezeichneten, lebte in der Tatarischen Republik.[49]

Zu einem der Hauptaspekte der sowjetischen Nationsbildung zählte neben Modernisierung, Industrialisierung und Urbanisierung der vom Staat kontrollierte Transformationsprozess der Kulturen von Ethnonationen und ethnischen Gruppen, dessen Ziel es war, diese Kulturen mit sozialistischem Inhalt zu füllen, und das vorwiegend mit dem Mittel der Sprachpolitik. Die die Sprachen betreffenden Reformen, auch die Latinisierung der tatarischen Schriftsprache, wurden in der UdSSR von 1920 bis 1930 als eine Voraussetzung für die Gestaltung der Sowjetgesellschaft durchgesetzt. In der sprachlichen Sphäre fanden große Veränderungen

---

48 ROBERT LANDA, Mirsaid Sultan-Galiev, in: Voprosy istorii 8 (1999), S. 53–70.

49 TAGIROV, Istorija, S. 184–205.

statt: der Wechsel des Alphabets, die Zunahme russischer Wörter sowie Fremdwörter in der Lexik der Sprachen der Völker der UdSSR, auch in dem tatarischen, nun ideologisch ausgerichteten Inhalt der Lehrbücher.[50]

All das näherte die Tataren kontinuierlich der sowjetrussischen Kultur an, indem die Elemente der tatarischen Kultur durch wesentliche Elemente dieser neuen Kultur ersetzt wurden, wie schließlich durch die Einführung der kyrillischen Schriftsprache. Der Staat hatte es sich nach seinem Selbstverständnis zur Aufgabe gemacht, Religion und Nationalismus durch die kommunistische Ideologie zu ersetzen, und Reformen wie die der Sprache ermöglichten es, diese Aufgabe leichter zu erfüllen. Eine wesentliche Rolle spielten bei der Realisierung der genannten Reformen die repressiven Maßnahmen der Staatsmacht denjenigen Menschen gegenüber, die mit den Entscheidungen der kommunistischen Partei nicht einverstanden waren. Die Staatsmacht entlarvte alle, die als unerwünschte „nationalistische" Elemente galten. Das Strafsystem war eine der wirksamsten Methoden zur Zerstörung der ethnonationalen Gemeinschaft von innen heraus. Ideologische Konstruktionen des Staates und ihr Einwirken auf die nationale Entwicklung der Tataren - einhergehend mit ideologischem Druck und Repressalien - führten zur Schwächung ihres politischen und kulturellen Potenzials.

Die Ergebnisse dieser Politik hatten eine Langzeitwirkung in Bezug auf den zahlenmäßigen Rückgang der nationalen Schulen, die funktionale Einschränkung der Nationalsprachen sowie die Zurückdrängung von nationalen Kulturtraditionen. Beträchtliche Elemente der nationalen Identität von Ethnonationen gingen auf diese Weise verloren.[51] Einen zentralen Aspekt der Einwirkung auf die nationale und kulturelle Entwicklung der Völker der UdSSR bildeten - wie schon erwähnt - die Sprachreformen, wobei die wichtigste von diesen in der Latinisierung der Schriftsprache der Turkvölker der UdSSR bestand. Im Rahmen staatlicher Programme wurde das arabische Schriftbild - eine der Grundlagen der muslimischen religiösen Identität - durch das lateinische ersetzt. Ohne Rücksicht darauf, dass im Laufe eines halben Jahrhunderts tatarische Wissenschaftler und Persönlichkeiten des öffentlichen Lebens viel für die

---

[50] TAMURBEK DAVLETŠIN, Sovetskij Tatarstan, S. 351–370; LJAJSAN JUSUPOVA, K voprosu ogosudarstvlenija tatarskogo jazyka v TASSR v 1920-e gody [Zur Verwirklichung der tatarischen Sprache als Staatssprache in der TASSR in den 1920er Jahren], in: Filologija i kul'tura 29 (2012), H. 3, S. 234–236.

[51] Siehe dazu: INGEBORG BALDAUF, Schriftreform und Schriftwechsel bei den muslimischen Russland- und Sowjettürken (1850–1937): ein Symptom ideengeschichtlicher und kulturpolitischer Entwicklungen, Budapest 1993.

Ausarbeitung einer leichteren Fassung des arabischen Schriftbildes geleistet hatten, und dass die tatarischen Intellektuellen mit der eiligen Politik der Latinisierung der tatarischen Schriftsprache nicht einverstanden waren, wurde 1927 das lateinische Schriftbild offiziell zum Alphabet der tatarischen Sprache erklärt. Die Staatsmacht schenkte den im Zusammenhang mit der Sprachpolitik entstandenen Problemen im Bildungsbereich kaum Beachtung. Vielmehr wurde die Latinisierung auch als Mittel benutzt, um die tatarische Gesellschaft zu entsolidarisieren und Opponenten aufzuspüren. Im Laufe der Sprachreformen entlarvte die Staatsmacht die restlichen „Feinde der sozialistischen Gesellschaftsordnung", „Nationalisten" sowie Kritiker der Parteilinie.[52]

Im Prozess der sowjetischen Nationsbildung strebte der Staat nach der Homogenisierung der Gesellschaft und der Vereinheitlichung der Kulturen. Deshalb leitete man in den 1930er Jahren den Übergang zum kyrillischen Schriftbildsystem ein. Intellektuelle als Vertreter der sowjetischen Nationalitäten waren dagegen und warfen der Partei vor, sie wolle die Muttersprachen durch die russische ersetzen. Dennoch ließ man die Völker der UdSSR Russisch als Haupt- und Staatssprache lernen. Im Ergebnis blieb die Sprachpolitik der UdSSR allerdings heterogen. Es erfolgte in den 1920er und 1930er Jahren die Bekämpfung des Analphabetismus in der Bevölkerung, aber damit verbunden eine Annäherung ethnischer Kulturen an die russische; die nationalen Kulturen wurden einer Zwangstransformation unterzogen.[53]

Die Umwandlung der tatarischen Ethnonation vom bürgerlichen zum sowjetischen Typ erfolgte durch die Einschränkung der nationalen Entwicklung im Rahmen der Autonomen Republik. Die Entwicklung der nationalen Kultur und des Bildungs-wesens unterlag strengster Kontrolle seitens der Staatsorgane. Die Sprachpolitik hatte unter anderem auch die Unterwanderung der Religion zum Ziel, einen Wertewandel in der Gesell-

---

[52] MAGOMED ISAEV, Jazykovoe stroitel'stvo v SSSR. Processy sozdanija pis'mennosti narodov SSSR [Sprachgestaltung in der UdSSR. Prozesse der Schaffung von Schriftlichkeit bei den Völkern der UdSSR], Moskva 1979, S. 93–97; ALSU MUDARISOVA, Reformirovanie tatarskogo alfavita v 1920–1930-e gody [Die Reform des tatarischen Alphabets in den 1920er und 1930er Jahren], Kazan' 2001.

[53] Weiter dazu: ZOJA KIRILLOVA, Osnovnye ėtapy processa realizacii tatarskogo jazyka 1920–1930 godov [Die wichtigsten Phasen des Implementierungsprozesses der tatarischen Sprache in den 1920er–1930er Jahren], in: Filologičeskie nauki. Voprosy teorii i praktiki 40 (2014), H. 10, S. 78–80; LJAJSAN JUSUPOVA, K voprosu ob ogosudarstvlenii tatarskogo jazyka v TASSR v 1920-e gody [Zur Frage der Verstaatlichung der tatarischen Sprache in TASSR in den 1920er Jahren], in: Filologija i kul'tura 29 (2012), H. 3, S. 234–236.

schaft sowie in gewisser Hinsicht die Spaltung der turksprachigen Ethnien.

Mit Hilfe der Verwaltungs- und Sprachreformen gelang es den *Bol'ševiki* tatsächlich, die tatarische Ethnie zu spalten, denn die Tataren waren seither in verschiedenen Territorialeinheiten ansässig. Einzelne Völker, so die Tataren und Baschkiren, wurden in einen Gegensatz zueinander gebracht und unter dem Vorwand der Kulturreformen wurden die Tataren ihrer Kulturtradition entfremdet. Somit konnten die *Bol'ševiki* durch die sowjetische Nationsbildung ihre Macht festigen und eine potenzielle politische Gefahr seitens der Tataren für die Errichtung ihres kommunistischen Herrschaftssystems minimieren.

Abschließend einige Worte über den internationalen Aspekt des Problems der Entwicklung des tatarischen Ethnos im sowjetischen Staat der 1920er Jahre: Bis 1917 entwickelte sich die politische Kultur der Tataren, wie auch das ganze kulturelle Leben, ausschließlich im Rahmen des Russischen Reiches. Die Kontakte mit anderen Ländern und Kulturen waren episodisch und sehr schwierig, wobei es sich nur um Kontakte mit muslimischen Ländern und Völkern handelte – etwa um den Handel mit Zentralasien, den *Hadsch* nach Mekka, die Bekanntschaft mit den Werken muslimischer Autoren als wichtigste Beispiele für die Kommunikation der Tataren des Wolga-Ural-Gebietes mit anderen Ländern. Während der Revolution 1905–1907 – der Zeit des „Erwachens" des tatarischen Nationalbewusstseins – stand die Frage nach dem historischen Ort und der Rolle des tatarischen Volkes im politischen und kulturellen Leben Russlands im Mittelpunkt, und die tatarischen Intellektuellen riefen ihre Landsleute vor allem dazu auf, die russische Kultur zu studieren und zu verstehen.

Die Errungenschaften der westeuropäischen Kultur traten demgegenüber in den Hintergrund, und selbst zu Beginn des 20. Jahrhunderts war in der tatarischen Gesellschaft nur wenig über diese bekannt. Allerdings kann man in den ersten Jahrzehnten des 20. Jahrhunderts von einer gewissen Zunahme des Interesses an der westeuropäischen Kultur bei den Tataren des Russischen Reiches sprechen: Studenten gingen zum Studium an europäische Universitäten. Auf Tatarisch wurden die Werke vieler europäischer Schriftsteller in großen Auflagen veröffentlicht (obwohl sie nicht direkt, sondern aus dem Russischen übersetzt wurden). Es wurden politische Texte publiziert und zudem wirtschaftliche Beziehungen mit Westeuropa hergestellt. Und dennoch können solche Kontakte als episodisch, als schwach bezeichnet werden. Sie hatten zu Beginn des 20. Jahrhunderts keinen wesentlichen Einfluss auf die Bildung der politischen

Kultur der Tataren.[54] Dieser Zustand blieb auch nach den Ereignissen von 1917 bis 1920, nach der Bildung der Tatarischen ASSR, bestehen. Denn die Politik der *Bol'ševiki* schloss andere Möglichkeiten praktisch aus; Kontakte von tatarischen Politikern mit dem Ausland wurden in den 1920er und 1930er Jahren schließlich gänzlich unmöglich. Unter Verdacht auf solche Kontakte wurden sogar gegenüber einem großen Teil der tatarischen *Bol'ševiki* schwere Vorwürfe einer angeblichen Zugehörigkeit zu einer konterrevolutionären pantürkistischen Organisation erhoben, was in Verfolgung und Repressionen mündete.[55] Nur jene tatarischen Politiker, die aus verschiedenen Gründen in der Emigration lebten, hegten weiterhin die Hoffnung auf einen externen Druck von Seiten europäischer Länder auf die UdSSR, wandten sich an die Regierungen ihrer Exilstaaten, bildeten politische Organisationen, veröffentlichten Zeitungen und Zeitschriften. Aber alle ihre Bemühungen blieben ohne reale Folgen. Sie waren nicht in der Lage, die Grenzziehungen der UdSSR zu verändern und Einfluss auf die Entwicklung der Politik in der Tatarischen ASSR zu nehmen.[56]

Abbildungsnachweis

Karte 1: Institut für tatarische Enzyklopädie und regionale Studien der Akademie der Wissenschaften der Republik Tatarstan, https://disk.yandex.ru/d/HOKOURdAPFCUNQ (Zugriff: 25.01.2021).

Karte 2: Institut für tatarische Enzyklopädie und regionale Studien der Akademie der Wissenschaften der Republik Tatarstan, https://disk.yandex.ru/i/GjmkIzYCg8IMvw (Zugriff: 25.01. 2021).

[54] Weiter dazu: ISKANDER GILYAZOV, Die Wolgatataren und Deutschland im ersten Drittel des 20. Jhs, in: Muslim Culture in Russia and Central Asia from the 18th to the Early 20th Centuries. Vol. 2: Inter-Regional and Inter-Ethnic Relations, hg. v. ANKE VON KÜGELGEN u. a., Berlin 1998, S. 335–341.

[55] BULAT SULTANBEKOV / RAŠIT CHAKIMZJANOV, Političeskie repressii v Tatarstane. Zakony, ispolniteli, reabilitacija žertv [Die politischen Repressionen in Tatarstan. Gesetze, Vollstrecker, Rehabilitation der Opfer], Kazan' 2002; BULAT SULTANBEKOV / SVETLANA MAL'YŠEVA, Tragičeskie sud'by [Tragische Schicksale], Kazan' 1996.

[56] RUSTEM GAJNETDINOV, Tjurko-tatarskaja političeskaja ėmigracija: načalo XX veka – 1930-e gody [Die turk-tatarische politische Emigration: Anfang des 20.Jhs – 1930er Jahre], Naberežnye Čelny 1997.

Christoph Mick

Von der Schwierigkeit, einen Staat zu gründen

Die Ukraine 1917–1921

Einführung

Die Nationsbildung war noch nicht abgeschlossen, als sich der ukrainischen Nationalbewegung die Gelegenheit bot, einen Staat zu gründen. Die Staatsgründung war nicht von langer Hand vorbereitet, sondern aus der Not geboren. Bis ins Jahr 1918 hinein strebten ukrainophile[1] Intellektuelle und Politiker Autonomie im Rahmen Österreich-Ungarns oder eines reformierten Russischen Reiches an. Ereignisse außerhalb ihrer Kontrolle – in der Zentral- und Ostukraine die beiden russischen Revolutionen und in der Westukraine der Zusammenbruch Österreich-Ungarns – zwangen die ukrainischen Aktivisten zum Handeln. Nachdem die Unabhängigkeit proklamiert worden war, gab es kein Zurück mehr. Autonomie innerhalb eines Reiches, einer Föderation oder als Minderheit eines Nationalstaates war nun keine attraktive Option mehr.

Die ukrainische Nations- und Staatsbildung war kein notwendiges Resultat historischer Entwicklungen. Moderne Nationen und Nationalstaaten waren Antworten auf die Herausforderung von Modernisierung und Industrialisierung, aber jede einzelne Nationsbildung wie auch jede Staatsbildung ist kontingent.[2] Schon gar nicht vorbestimmt war, welche Territorien und Gruppen der jeweilige Nationalstaat umfassen würde.

---

[1] Unter „Ukrainophilen“ verstehe ich die Anhänger und Propagandisten der Idee, dass die griechisch-katholische und griechisch-orthodoxe ukrainischsprachige Bevölkerung Österreich-Ungarns und die russisch-orthodoxe, ukrainischsprachige Bevölkerung des Russischen Reiches Teile einer distinkten ukrainischen Nation waren.

[2] Ich folge hier der Argumentationslinie von Ernest Gellner, Nations and Nationalism, Ithaca 1983, S. 6 f.

Diese Kontingenz gilt für die deutsche, französische und spanische Nations- und Staatsbildung ebenso wie für die ukrainische, polnische oder russische. John-Paul Himka hat gezeigt, welche nationalen Optionen allein den Ruthenen[3] in Österreich-Ungarn zur Verfügung standen. Manche Ruthenen betrachteten sich als Russen (Russophile), andere als Polen, wiederum andere nur als Ruthenen oder waren national indifferent. 1914 war die ukrainische Identifizierung am stärksten verbreitet, d.h. die Mehrheit der griechisch-katholischen Ruthenen sah sich als Teil eines ukrainischen Volkes.

Es gab in den vier Jahren zwischen der Russischen Februarrevolution im März 1917 und dem Frieden von Riga zwischen Polen und Sowjetrussland vier Jahre später mindestens vier Versuche, einen unabhängigen ukrainischen Staat zu gründen, drei davon in den ukrainischen Provinzen des Russischen Reiches und einen in Ostgalizien, der östlichen Hälfte des österreichischen Kronlandes Galizien und Lodomerien.[4] Letztlich scheiterten alle Versuche. In der Zentral- und Ostukraine schafften es die *Bol'ševiki* im dritten Anlauf, einen Großteil der Provinzen mit ukrainischer Bevölkerungsmehrheit unter Kontrolle zu bekommen. Diese wurden als Ukrainische Sozialistische Sowjetrepublik am 30. Dezember 1922 mit der Russischen Sozialistischen Föderativen Sowjetrepublik, der Transkaukasischen Sozialistischen Föderativen Sowjetrepublik und der Belarussischen Sozialistischen Sowjetrepublik zur Union der Sozialistischen Sowjetrepubliken vereint. Ostgalizien und die westlichen Teile Podoliens und Wolhyniens wurden Teil der Zweiten Polnischen Republik. Die Karpatho-Ukraine wurde in die Tschechoslowakische Republik und die Bukowina in Rumänien eingegliedert.

Das Scheitern der Staatsbildungsversuche traumatisierte die Aktivisten der ukrainischen Nationalbewegung. Sie suchte nach den Gründen der Niederlage. Für den Ideologen des ukrainischen integralen Nationalismus Dmytro Doncov war die Sache klar: Er machte das Festhalten der alten liberalen ukrainischen Politikergeneration an humanistischen Idealen und den Mangel an Leidenschaft für die nationale Sache für das Scheitern verantwortlich. Er wollte aus der Niederlage lernen: Der unbedingte Wille zum Sieg und zur Macht sollte der Ukraine zur Unabhängigkeit

3 Ruthenen und Ruthenisch waren die offiziellen Namen für die ukrainischsprachige, griechisch-katholische oder orthodoxe Bevölkerung in Österreich-Ungarn.

4 Dazu kommen Versuche mit regionaler Begrenzung in der Karpatho-Ukraine und in der Bukowina sowie die Proklamierung einer ukrainischen Sowjetrepublik in Char'kiv.

verhelfen.[5] Mit seiner Kritik an der Führung der Nationalbewegung und am Mangel an nationaler Leidenschaft der ukrainischen Bauern war Doncov nicht allein. Die wichtigste ukrainische Tageszeitung in Polen, „Dilo" (Die Tat), schrieb 1923 über die westukrainische Staatsbildung, die Ukrainer hätten im November 1918 über eine Armee, reale Macht und über die Initiative verfügt. Doch waren die Führer vom großen Moment überrascht worden, hätten ratlos reagiert und nicht die günstige Konstellation ausgenutzt.[6]

Zehn Jahre später legte die Zeitung nach: Die militärischen Führer hätten Fehler gemacht, Politiker seien unentschlossen, der Organisationsgrad zu niedrig und die Volksmassen nicht auf eine Revolution vorbereitet gewesen. Dann nannte die Zeitung einige Gründe, die außerhalb ukrainischen Einflusses lagen, wie die unvorteilhafte internationale Konstellation und die militärische Überlegenheit des Gegners. Den wichtigsten Grund für die Niederlage sah „Dilo" aber in den sozialpsychologischen Unterschieden. So habe „beispielsweise jeder Pole vom kleinsten Kindesalter an und vom Straßenjungen bis zum größten Herrn" gekämpft. Auf ukrainischer Seite sei die *levée en masse* dagegen ausgeblieben. Es fehlte damit auch das heroische Aufbäumen gegen die drohende Niederlage.[7] Damit spricht das „Dilo" die Gründe an, die auch in der Forschung als Ursachen der Niederlage genannt werden.[8]

---

[5] DMYTRO DONCOV, Nacionalizm, in: Ukrajins'ka suspilno-polityčna duma v 20 stolitti [Das ukrainische sozial-politische Denken im 20. Jahrhundert], New York 1983 (auszugsweise englische Übersetzung in: Towards an Intellectual History of Ukraine. An Anthology of Ukrainian Thought from 1710 to 1995, hg. v. RALPH LINDHEIM / GEORGE S. N. LUCKYJ, Toronto u. a. 1995, S. 260–268.

[6] Dilo, 01.11.1923 (teilweise zensiert); Dilo, 02.11.1932.

[7] Dilo, 01.11.1933; Dilo, 01.11.1934.

[8] V. F. SOLDATENKO, Graždanskaja vojna v Ukraine (1917–1920 gg.) [Der Bürgerkrieg in der Ukraine, 1917–1920], Moskva 2012; V.F. VERSTIUK, Ukrajins'ka Central'na Rada i ukrainizacija vijs'kovych častyn rossijs'koji armiji [Der Ukrainische Zentralrat und die Ukrainisierung der Militäreinheiten der russländischen Armee], in: Ukrajins'kij istorični žurnal (2012), H. 3, S. 4–27; JAROSLAV HRYCAK, Ukrajins'ka Revoljucija, 1914–1923: novi interpretaciji [Die Ukrainische Revolution, 1914–1923: neue Interpretationen], in: Ukrajina Moderna (1999), H. 2–3, S. 254–269; MARK VON HAGEN, The Dilemmas of Ukrainian Independence and Statehood, in: The Harriman Institute Forum 7 (1994), S. 7–11; JOHN-PAUL HIMKA, The National and the Social in the Ukrainian Revolution of 1917–20, in: Archiv für Sozialgeschichte 34 (1994), S. 95–110; The Ukraine, 1917–1921: A Study in Revolution, hg. v. TARAS HUNCZAK, Cambridge, MA 1977; JOHN RESHETAR, The Ukrainian Revolution, 1917–1920. A Study in Nationalism, Princeton 1952. Siehe auch die Sondernummer des Journal of Ukrainian Studies 24 (Summer 1999).

Die „ukrainische Revolution“ schlug fehl,

- weil die ukrainischen Massen nicht genügend national mobilisiert waren und die Priorität der Agrarfrage die Autonomie oder Unabhängigkeit der Ukraine zum Mittel und nicht zum Zweck machten. Gründe dafür waren die verzögerte ukrainische Nationsbildung in der Zentral- und Ostukraine, die vorwiegend auf die repressive Politik des Russischen Reiches zurückzuführen ist, und starke sozialrevolutionäre Tendenzen, die vom Landhunger der Bauern gespeist wurden.[9]
- weil der internationale Kontext ungünstig war. Spätestens seit der russischen Oktoberrevolution unterstützten die Entente und die Vereinigten Staaten die polnische Staatsbildung als Gegengewicht gegen Deutschland und später gegen Sowjetrussland. Dies ging zu Lasten der ukrainischen Staatsbildungsversuche.
- weil die Interessen von Ost- und Zentralukraine auf der einen und der Westukraine auf der anderen Seite unvereinbar waren: In der Ost- und Zentralukraine stand Sowjetrussland der Staatsbildung im Wege, in der Westukraine mussten vor allem polnische Ansprüche abgewehrt werden. Dies schloss effektive gegenseitige Hilfe aus und führte schließlich dazu, dass sich die feindliche Übermacht durchsetzte.
- weil die nationalen Führer in entscheidenden Momenten Fehler machten, unentschlossen waren oder den falschen Verbündeten wählten.

Bestand jemals die Aussicht, am Ende des Weltkrieges einen ukrainischen Staat auf Dauer zu etablieren? Ich werde versuchen, zu zeigen, dass das Scheitern zum Teil mit dem Grad nationaler Mobilisierung, aber mehr noch mit Faktoren zusammenhing, auf die die ukrainischen Staatsbilder nur wenig Einfluss hatten. Die unerwartet schnelle Niederlage der Mittelmachte an der Westfront, das Wiedererstarken (Sowjet-)Russlands, die territorialen Ambitionen des polnischen Staates und das Desinteresse der Siegermächte an der „ukrainischen Frage“ unterminierten die Staatsbildungsversuche.

Autonomie oder Unabhängigkeit?

Die ukrainische Nationsbildung fand gegen den Widerstand der russischen Regierung und der polnischen Eliten statt. Die russische Regierung teilte

[9] Zum Zusammenhang von Revolution, Nation und Staatsbildung siehe GEOFF ELEY, Remapping the Nation. War, Revolutionary Upheaval and State Formation in Eastern Europe, 1914–1923, in: Ukrainian-Jewish Relations in Historical Perspective, hg. v. HOWARD ASTER / PETER J. POTICHNY, Edmonton 1990, S. 205–246.

die Meinung russischer Nationalisten, dass die ukrainische Nationalbewegung eine existenzielle Bedrohung für den Bestand des Russischen Reiches darstellte. Die ukrainischsprachige Bevölkerung wurde nicht Ukrainer, sondern Kleinrussen genannt und als Teil des russischen Volkes betrachtet, das mit Belarussen und Großrussen durch die gemeinsame orthodoxe Tradition, Kirchensprache und die frühere Zugehörigkeit zur Kiever Rus verbunden war. Als sich im Laufe des 19. Jahrhunderts eine ukrainische Nationalbewegung zu entwickeln und nach einer kulturellen Phase zu politisieren begann, reagierten die russischen Behörden schnell. 1863 und 1876 wurden Publikationen und Aufführungen in ukrainischer Sprache eingeschränkt und schließlich verboten. Ukrainische Bildungsvereine wurden geschlossen, Aktivisten der Nationalbewegung verhaftet.

Die Restriktionen wurden nach der Revolution von 1905 zwar gelockert, aber der Kampf gegen die ukrainische Nationalbewegung wurde 1914 mit neuer Kraft wieder aufgenommen. Dies machte es den ukrainischen Aktivisten im Russischen Reich schwer, die nationale Botschaft in der Bauernschaft zu verbreiten.[10] In den Städten dominierten russische Sprache und Kultur, an der sich die meisten Bewohner - ob orthodox oder jüdisch - orientierten. Nur in Poltava gab es eine ukrainischsprachige Bevölkerungsmehrheit.[11]

In der russischen Ukraine fielen soziale und nationale Demarkationslinien zusammen. Die Bauern waren ukrainisch, die Gutsbesitzer russisch, russifiziert oder polnisch, aber Russen und Ukrainer teilten die russisch-orthodoxe Konfession. Im östlichen Teil des österreichischen Kronlandes Galizien und Lodomerien (Ostgalizien) gab es nicht nur eine doppelte, sondern eine dreifache Differenz. Die meisten Gutsbesitzer waren polnisch, die meisten Bauern ukrainisch. Die Polen waren gewöhnlich römisch-katholisch, die Ukrainer griechisch-katholisch. Während im

---

[10] ALEKSEI MILLER, The Ukrainian Question. The Russian Empire and Nationalism in the Nineteenth Century, Budapest / New York 2009; ANDREAS KAPPELER, Ein „kleines Volk" von 25 Millionen. Die Ukrainer um 1900, in: DERS., Der schwierige Weg zur Nation. Beiträge zur neueren Geschichte der Ukraine, Wien u. a. 2003, S. 21–35; DAVID B. SAUNDERS, Russia and Ukraine under Alexander II. The Valuev Edict of 1863, in: International History Review 17 (February 1995), S. 23–51; ANDREAS KAPPELER, Russland als Vielvölkerreich. Entstehung - Geschichte - Zerfall, München 1992, S. 210 f.

[11] GEORGE O. LIBER, Total Wars and the Making of Modern Ukraine, 1914–1954, Toronto 2016, S. 58. STEPHEN L. GUTHIER, Ukrainian Cities During the Revolution and the Inter-war Era, in Rethinking Ukrainian History, hg. v. IVAN L. RUDNYTSKY, Edmonton 1981, S. 57; PATRICIA HERLIHY, Ukrainian Cities in the Nineteenth Century, in: Ebd., S. 151.

westlichen Teil des Kronlandes römisch-katholische Polen die überwältigende Mehrheit der Bevölkerung ausmachten, sah die Situation im östlichen Teil anders aus. Im Jahr 1910 waren 61,68 Prozent der etwa 7,5 Millionen Einwohner griechisch-katholisch (meist Ruthenen), 25,3 Prozent waren römisch-katholisch (meist Polen) und 12,36 Prozent jüdisch. Nur ein kleiner Teil der jüdischen Elite identifizierte sich mit der polnischen Nation. Wie in den ukrainischen Provinzen des Russischen Reiches waren Ukrainer in fast allen Städten in der Minderheit.[12] In den Jahren vor dem Ersten Weltkrieg nahmen die Spannungen zwischen der polnischen und der ukrainischen Nationalbewegung zu. Die polnischen Eliten betrachteten Ostgalizien als polnisches Land. Dagegen verlangten ukrainophile Politiker schon lange die Teilung des Kronlandes in einen ukrainischen und einen polnischen Teil und die Vereinigung des östlichen Teils mit der Bukowina und der ungarischen Karpatho-Ukraine zu einem ukrainischen Kronland.[13]

Die k.u.k. Regierung unterstützte die ukrainische Nationsbildung in Ostgalizien als Gegengewicht gegen die polnischen Eliten, die das Kronland dominierten. Ein dichtes Netzwerk ukrainischer Bildungs- und Sportklubs, von Genossenschaften und Vereinen aller Art überzog das Land. Ukrainische Kinder gingen in ukrainischsprachige Volksschulen. Gegen den anhaltenden Widerstand von Teilen der polnischen Eliten waren auch einige ukrainische Gymnasien gegründet wurden, und es gab ukrainischsprachige Lehrstühle an der Lemberger Universität. Ukrainische Parteien beteiligten sich an der lokalen, regionalen und nationalen Politik und schickten Abgeordnete in den Landtag in Lemberg und den Reichsrat in Wien. Die Unterstützung der Regierung für die ukrainische Sache war aber begrenzt. Die Regierung wollte die polnischen Eliten nicht entfremden, auf deren Loyalität und Bereitschaft zur Zusammenarbeit die österreichische Verwaltung im Kronland beruhte.[14]

Bei Kriegsausbruch formierte sich ein Ukrainischer Nationalrat, der die Interessen der ukrainischen Bevölkerung Österreich-Ungarns vertrat, sowie ein aus Emigranten aus dem Russischen Reich bestehender Rat zur

---

[12] RUDOLF A. MARK, Galizien unter österreichischer Herrschaft. Verwaltung – Kirche – Bevölkerung, Marburg 1994, S. 85.

[13] JÓZEF BUSZKO, Polacy w Parlamencie Wiedeńskim 1848–1918 [Polen im Wiener Parlament], Warszawa 1996; HARALD BINDER, Galizien in Wien. Parteien, Fraktionen und Abgeordnete im Übergang zur Massenpolitik, Wien 2005.

[14] CHRISTOPH MICK, Kriegserfahrungen in einer multiethnischen Stadt: Lemberg 1914–1947, Wiesbaden 2010, S. 63.

Befreiung der Ukraine, die die österreichisch-ungarische Regierung nutzen wollte, um die ukrainische Bevölkerung des Russischen Reiches für sich zu gewinnen. Eine Option war die Vereinigung der Ukraine und die Anbindung an Österreich-Ungarn. Für eine solche Machterweiterung Österreich-Ungarns war der militärische Sieg ebenso notwendig wie die Zustimmung des übermächtigen deutschen Bündnispartners, der eigene Pläne in der Ukraine verfolgte. Doch auch der griechisch-katholische Erzbischof Andrij Šeptyc'kyj träumte von einer – wenigstens spirituellen – Vereinigung aller ukrainischen Territorien. Für ihn war es die Ausweitung der Kirchenunion nach Osten, die ihn die österreichische Seite unterstützen ließ. Die Niederlagen der k.u.k. Truppen gegen die russische Armee machten diese Hoffnungen allerdings zunächst zunichte. Lemberg (L'viv) wurde am 3. September 1914 von russischen Truppen besetzt.[15]

In der ersten Phase des Weltkrieges verhielten sich die Minderheiten im Russischen Reich wie in Österreich-Ungarn loyal. Dies war wenigstens im Falle der Ukrainer durchaus nicht selbstverständlich. Die k. u. k. Militärbehörden verdächtigten Ukrainer pauschal der Russophilie und machten sie zu Sündenböcken der Niederlagen. In den ersten Monaten des Krieges wurden zehntausende Ruthenen als Russophile interniert, viele starben in Lagern, hunderte wenn nicht gar tausende wurden standrechtlich erschossen oder aufgehängt.[16] Im Russischen Reich schloss die Regierung zahlreiche ukrainische Organisationen, die nach 1905 entstanden waren. Sie versuchte weiterhin mit allen Mitteln, die ukrainische Nationsbildung zu verhindern. Die Annexion Ostgaliziens mit ihrer ukrainischen Bevölkerungsmehrheit war ein zentrales russisches Kriegsziel.[17] Nach der Besetzung Ostgaliziens unterdrückte die russische Besatzungsverwaltung die ukrainische Nationalbewegung auch hier und protegierte die galizischen Russophilen, eine Minderheit in der ruthenischen Bevölkerung.[18] Dies ließ die ukrainophilen Eliten noch stärker auf die Habsburger Linie einschwenken.

Eine neue Lage entstand durch die beiden russischen Revolutionen im März und November 1917 und den Kriegseintritt der Vereinigten Staaten von Amerika im April 1917. Als Folge dieser epochalen Ereignisse

---

[15] Ebd., S. 70 f.

[16] Ebd., S. 72–77.

[17] KLAUS BACHMANN, Ein Herd der Feindschaft gegen Russland. Galizien als Krisenherd in den Beziehungen der Donaumonarchie mit Russland (1907–1914), Wien 2001.

[18] Zu den Russophilen siehe ANNA VERONIKA WENDLAND, Die Russophilen in Galizien. Ukrainische Konservative zwischen Österreich und Russland 1848–1915, Wien 2001.

schwenkten die meisten Nationalbewegungen in Mittel- und Osteuropa auf den Pfad zur staatlichen Unabhängigkeit ein.

Die Februarrevolution überraschte die Führer der ukrainischen Nationalbewegung. In Kiev konstituierten ukrainische Intellektuelle einen Ukrainischen Zentralrat (*Zentralrada*) mit dem Anspruch, die ukrainischen Interessen in neun westlichen Provinzen[19] des Russischen Reiches zu vertreten, und wählten den Historiker Mychailo Hruševs'kyj zum Vorsitzenden. Hruševs'kyj erklärte, dass die *Rada* die Rechte der Minderheiten respektiere, diese aber das Selbstbestimmungsrecht der ukrainischen Mehrheit anerkennen müssten.[20]

Nach einigem Zögern erkannte die neue Provisorische Regierung in Petrograd die *Rada* als Repräsentantin der ukrainischen Provinzen an, aber erst nachdem Minderheitenvertreter in die *Zentralrada* aufgenommen worden waren. Ursprünglich hatte sich die Provisorische Regierung geweigert, den ukrainischen Provinzen Autonomie zu gewähren, auch um nicht der Entscheidung einer russischen verfassungsgebenden Versammlung vorzugreifen. Die *Zentralrada* verkündete in ihrem ersten Universal (Dekret) vom 23. Juni 1917 die Autonomie der ukrainischen Provinzen in einem reformierten Russland. Die gewählten Soldaten- und Bauernräte und die stärkste Partei, die Ukrainische Sozialrevolutionäre Partei, unterstützten die *Zentralrada* und erhöhten damit ihre Legitimität. Die ukrainischen Bauern waren durchaus für das nationale Projekt zu haben, wenn es mit ihren primären Interessen – Land und Kontrolle über die Erträge – kompatibel war.

Zu diesem Zeitpunkt strebte die *Rada* keine staatliche Unabhängigkeit, sondern Autonomie in einem reformierten, demokratischen und föderalen Russland an. Die *Rada* unterstellte sich die russischen Verwaltungsstrukturen und schaffte es, dass 300.000 ukrainische Soldaten der russischen Armee ihre Loyalität erklärten. Diese blieben aber in die bestehenden militärischen Strukturen der russischen Armee eingegliedert. Gleichzeitig konnten alte ukrainische Organisationen wie die Bildungsgesellschaft *Prosvita* ihre Tätigkeit im ganzen Land wieder aufnehmen. Am 1. April demonstrierten in Kiev 100.000 Menschen für die Autonomie der Ukraine. Dies zeigt das Ausmaß nationaler und sozialer Mobilisierung,

---

[19] Kiev, Podolien, Wolhynien, Char'kov, Poltava, Chernigov, Ekaterinoslav, Cherson und Tauridien. Die Provisorische Regierung wollte den Zuständigkeitsbereich der *Rada* im Juli 1917 jedoch auf die fünf Provinzen Kiev, Poltava, Podolien und Chernigov beschränken.

[20] LIBER, Total Wars, S. 57 f.

war aber nicht gleichbedeutend mit politischer Unterstützung für die *Zentralrada*.[21] Am 3. Juli 1917 versprach der zweite Universal, dass das Generalsekretariat (Ministerrat) der *Zentralrada* die Interessen aller Bewohner der Ukraine vertrete und nicht nur die Interessen der ethnischen Ukrainer.[22] Anfang November 1917 hatte die *Zentralrada* 848 Mitglieder, davon waren 636 Ukrainer, 212 vertraten Minderheiten.[23]

Nach der gescheiterten russischen Frühjahrsoffensive kehrten viele Soldaten in ihre Dörfer zurück, um bei der Landverteilung nicht zu kurz zu kommen. Obwohl es zu Kompetenzstreitigkeiten mit der Provisorischen Regierung kam, unter anderem, weil die *Rada* die Landreform schneller vorantreiben wollte und auf Friedensverhandlungen drängte, ging sie nicht den Schritt, die vollständige Unabhängigkeit zu erklären. Selbst die Oktoberrevolution änderte daran zunächst nichts. Die Ukrainophilen in der Zentral- und Ostukraine glaubten weiterhin, die ukrainischen nationalen Interessen mit der Zugehörigkeit zu einem reformierten föderalen Russland vereinbaren zu können. Die *Zentralrada* tat zwar viel, um die kulturelle Ukrainisierung des Landes voranzutreiben, es gelang ihr aber nicht, die alte imperiale Verwaltung durch Staatsdiener zu ersetzen, die gleichzeitig ihre Politik unterstützten und kompetent waren. Die ukrainischen Aktivisten, auf die sich die *Zentralrada* in der Provinz zunehmend stützte, waren jung und unerfahren. Der Aufbau einer schlagkräftigen Armee scheiterte ebenfalls, da die meisten ukrainischen Soldaten der alten imperialen Armee jetzt in ihre Dörfer zurückkehrten und sich nur noch schwer für nationale Belange mobilisieren ließen. Die Verhältnisse destabilisierten sich schnell, doch auch jetzt scheute die *Rada* noch davor zurück, sich vollständig von Russland zu lösen. Im dritten Universal vom 22. November 1917, bereits nach der Oktoberrevolution, proklamierte die *Rada* eine Ukrainische Volksrepublik, die aber mit Russland föderiert sein sollte.

Die ukrainischen Politiker in Österreich-Ungarn verfolgten diese Entwicklung aufmerksam und mit wachsender Begeisterung. Während für die *Zentralrada* die entscheidende Frage das Verhältnis zu Russland und zur neuen revolutionären russischen Regierung war, diskutierten die ukrainischen Politiker in Ostgalizien über das Verhältnis zu Österreich-

[21] Diesen Punkt macht V. F. SOLDATENKO, Ukrajins'ka Revoljucija. Istoryčni narys, Kyjiv 1999, S. 292. Siehe auch SERHY YEKELCHYK, Ukraine. Birth of a Modern Nation, Oxford 2007, S. 69.

[22] LIBER, Total Wars, S. 59 f.

[23] Ebd., S. 61.

Ungarn. Einig waren sie sich alle über das Verhältnis zu den polnischen Eliten: Unter keinen Umständen sollte die Region Teil eines polnischen Staates werden oder Teil einer polnisch dominierten Provinz bleiben.[24]

Am 22. November 1917 fand in Lemberg eine Versammlung des Allgemeinen Ukrainischen Nationalrats, der Reichsratsabgeordneten und von etwa 30 Vertrauensleuten aus der Provinz statt. Sie wandten sich gegen eine mögliche Vereinigung Ostgaliziens mit dem Königreich Polen, gegen „die Unterjochung unseres Volkes in unserem Lande". Die Polen seien der „Erbfeind" der Ukrainer, welche die polnische Herrschaft nie anerkannt hätten: „Wir verlangen die Verwirklichung des Selbstbestimmungsrechts, wir verlangen eine freie, unabhängige Ukraine."[25] Ein ukrainischer Abgeordneter erklärte im österreichischen Reichsrat: „Der Weg zu einer Angliederung an Polen führt nur über unsere Leichen."[26]

Der Präsident der Ukrainischen Parlamentarischen Vertretung Jevhen Petruševyč erklärte, dass das langfristige Ziel der ukrainischen Politik die Vereinigung Ostgaliziens mit der Ukrainischen Volksrepublik sei. Die Mehrheit meinte jedoch, dass man zwar die Verbindungen zur Zentral- und Ostukraine aufrechterhalten solle, ohne dabei aber die Verbindung zur k. u. k. Regierung zu lösen.[27] Ähnlich wie in der Zentral- und Ostukraine glaubten ukrainische Politiker, dass die ukrainischen Nationalinteressen mit einer Verbindung zum alten imperialen Zentrum vereinbar waren.

Der Fortbestand Österreich-Ungarns war jedoch im Falle eines Sieges der Entente fraglich geworden, gleichzeitig wurde die Unabhängigkeit Polens ein alliiertes Kriegsziel. Am 8. Januar 1918 präsentierte der amerikanische Präsident Woodrow Wilson in einer programmatischen Rede im US-Kongress vierzehn Punkte, auf der er die Nachkriegsordnung aufzubauen gedachte. In Punkt 13 erklärte er die Wiederherstellung eines unabhängigen polnischen Staates mit Zugang zum Meer als eines der Ziele seiner Politik. In Punkt 10 räumte er den Völkern Österreich-Ungarns

---

[24] MICK, Kriegserfahrungen, S. 166.

[25] Der Polizeidirektor von Lemberg, Józef Reinlender, an das (österreichische) Ministerium des Innern (MdI), 11.01.1918, Central'nyj Deržavnyj Istoryčnyj Archiv Ukrajiny, L'viv [Zentrales Staatliches Historisches Archiv der Ukraine, Lemberg], künftig: CDIAL, f. 146, op. 4, spr. 197, S. 1 f. Gegen eine Vereinigung mit Polen, in: Ukrainische Korrespondenz 4 (28.11.1917), H. 42/43, S. 1–3.

[26] Die Debatte im Abgeordnetenhaus, in: Ukrainische Korrespondenz 4 (28.11.1917), H. 42/43, S. 4–10.

[27] Polizeidirektor Reinlender an MdI, 28.12.1917, CDIAL, f. 146, op. 6, spr. 1395, S. 12–17.

freies nationales Selbstbestimmungsrecht ein, während er in Punkt 6 Russland (er dachte dabei nicht an ein bolschewistisch regiertes Russland) selbst die Regelung seiner inneren Angelegenheiten überlassen wollte. Dies war ein schwerer Schlag für die Polenpolitik der Mittelmächte. Die Hoffnungen der polnischen Bevölkerung auf eine „Wiedergeburt" Polens verbanden sich nun mit einem Sieg der Entente. Die ukrainischen Politiker erkannten die Gefahr, die eine Wiederherstellung Polens für ihre Ambitionen bedeutete, und setzten weiterhin auf einen Sieg der Mittelmächte.

Brest-Litovsk und das Hetmanat

Anders als die Entente hatten die Mittelmächte das Angebot des Rates der Volkskommissare (der neuen sowjetrussischen Regierung), einen Waffenstillstand abzuschließen und Friedensverhandlungen aufzunehmen, angenommen. Seit dem 22. Dezember 1917 verhandelten Vertreter der Mittelmächte mit Abgesandten der sowjetrussischen Regierung in Brest-Litovsk über einen Sonderfrieden. Während die sowjetrussische Delegation beanspruchte, alle Gebiete des Russischen Reiches zu repräsentieren, wollte die *Zentralrada* die ukrainischen Interessen direkt vertreten. Die Mittelmächte waren zwar bereit, mit der ukrainischen Delegation über einen Friedensvertrag zu verhandeln, aber nur, wenn sie als Vertretung eines unabhängigen Staates auftrat.

In gewisser Weise veranlassten so Österreich-Ungarn und das Deutsche Reich die Proklamation der Unabhängigkeit der Ukrainischen Volksrepublik im vierten Universal vom 25. Januar 1918.[28] Die *Zentralrada*, die von den ukrainischen Sozialrevolutionären dominiert wurde, schloss die Zugehörigkeit zu einem föderalen demokratischen Russland nicht grundsätzlich aus, lehnte aber die Anlehnung an ein bolschewistisch regiertes Russland ab.[29] Der Bruch wurde endgültig, als die *Bol'ševiki* eine ukrainische Gegenregierung in Char'kiv gründeten. Dies war kein rein (sowjet)russisches Unternehmen. Die Machtübernahme in Kiev wenig später war das Resultat des Zusammenwirkens von russischen Rotgardisten

---

[28] Der Universal wurde zwar am 25. Januar verabschiedet, aber auf den 22. Januar rückdatiert. Zu Brest-Litovsk BRONISLAV CHERNEV, Twilight of Empire. The Brest-Litovsk Conference and the Remaking of East Central Europe, 1917–1918, Toronto 2017, S. 120–157, hier S. 126–133.

[29] V. F. SOLDATENKO, Graždanskaja vojna, Moskva 2012, S. 96.

einerseits und lokalen probolschewistischen Kräften andererseits.[30] Die Vertreter der nationalen Minderheiten waren mit Ausnahme der Polen nicht mit der Deklaration der Unabhängigkeit einverstanden. Ihre Vertreter hatten sich bei der Abstimmung entweder enthalten oder dagegen gestimmt.[31]

Gegen den Willen der sowjetrussischen Regierung erkannten die Mittelmächte daraufhin die Ukrainische Volksrepublik (*Ukrajins'ka Narodna Respublika*, UNR) an und nahmen Friedensverhandlungen mit den Emissären der *Zentralrada* auf. Die UNR war aber kein reiner Spielball deutscher und österreichisch-ungarischer Interessen. Sie hatte durchaus Handlungsspielraum und setzte einige Forderungen durch. Insbesondere Österreich-Ungarn stand am Abgrund und war nach den schweren Januarstreiks kompromissbereit. Die österreichische Regierung setzte große Hoffnungen auf Nahrungsmittellieferungen aus der Ukraine, um die Armee und die Bevölkerung wieder ausreichend mit Lebensmitteln versorgen zu können.[32] Die ukrainischen Abgesandten brachten den österreichischen Ministerpräsidenten Ottokar Czernin dazu, in einem geheimen Zusatzabkommen der Bildung eines ukrainischen Kronlandes, bestehend aus Ostgalizien und der Bukowina, zuzustimmen. Diese Verpflichtung erfolgte ohne Festlegung eines Zeitplans und sollte geheim bleiben, um die polnische Bevölkerung nicht gegen die Regierung aufzubringen.[33]

Der Vertrag zwischen der Ukrainischen Volksrepublik und den Mittelmächten wurde am 9. Februar 1918 unterzeichnet, einen Tag nach der Besetzung Kievs durch die Roten Garden. Die Mittelmächte waren bereit, militärische Unterstützung zu leisten, wollten aber als Gegenleistung umfangreiche Weizenlieferungen haben. Das Deutsche Reich und Österreich-Ungarn teilten die Ukraine in zwei Zonen auf und besetzten das Land mit etwa 450.000 Mann. Die Roten Garden wurden zum Rückzug gezwungen.

Die territorialen Vereinbarungen mit der ukrainischen Regierung riefen in der polnischen Bevölkerung einen Sturm der Entrüstung hervor. Denn Podlasie, das Cholmer Gebiet und Wolhynien wurden der Ukrai-

---

[30] CHERNEV, Twilight of Empire, S. 123 f.

[31] HENRY ABRAMSON, A Prayer for the Government. Ukrainians and Jews in Revolutionary Times, 1917–1920, Cambridge, MA 1999, S. 65.

[32] CHERNEV, Twilight of Empire, S. 123.

[33] Der k.u.k. Statthalter für Galizien und Lodomerien, Karl Huyn an MdI, 04.03.1918, Allgemeines Verwaltungsarchiv, Wien (AVA), MdI, Präsidiale, Allgemeine Abteilung 22/2118. CHERNEV, Twilight of Empire, S. 132–135.

Karte 1: Von der Ukrainischen Volksrepublik im Februar 1918 beanspruchte Gebiete

nischen Volksrepublik zugeschlagen. In allen polnischen Gebieten kam es daraufhin zu Protestkundgebungen. Die Schärfe des Protestes überraschte die Regierung in Wien. Sie kam schließlich den polnischen Wünschen entgegen und nutzte das Ausbleiben von versprochenen Getreidelieferungen durch die Ukrainische Volksrepublik dazu, das Cholmer Gebiet nicht zu übergeben. In einem Zusatzprotokoll zum Vertrag von Brest-Litovsk wurde das Cholmer Gebiet wieder aus dem Bestand der Ukraine herausgelöst.[34]

Im Unterschied zur polnischen Bevölkerung waren die Ukrainer in Ostgalizien mit den ursprünglichen Bestimmungen des Friedensvertrages zufrieden und organisierten Dankeskundgebungen.[35] Vielerorts gab es Demonstrationen mit mehreren Tausend Teilnehmern. Die Popularität dieser Kundgebungen zeigt, in welch großem Ausmaß die nationale Mobilisierung inzwischen auch das Dorf erfasst hatte.[36]

Am 3. März 1918 wurde schließlich auch der Friedensvertrag zwischen den Mittelmächten und Sowjetrussland unterzeichnet. Die sowjetrussische Regierung musste dabei auf die Westgebiete des Russischen Reiches verzichten, in denen Russen in der Minderheit waren. Die historische Forschung zu Brest-Litovsk konzentriert sich gewöhnlich auf drei Aspekte dieses Vertrages: seine Bedeutung für den Status Russlands als Großmacht, als Beispiel für das Spannungsverhältnis zwischen Staatsinteressen und revolutionärer Ideologie in Sowjetrussland, als Beleg für das Ausmaß deutscher Kriegsziele und für die Kontinuität zwischen den Raumvorstellungen der deutschen Militärs im Umkreis des Oberbefehlshabers der gesamten Deutschen Streitkräfte im Osten, kurz Ober Ost, und dem nationalsozialistischen Generalplan Ost. Historiker des Ersten Weltkrieges, des deutschen Imperialismus oder der russischen Revolution fragen selten danach, was der Friedensvertrag von Brest-Litovsk für die betroffenen Völker und Nationalbewegungen bedeutete.

Die Niederlage des Russischen Reiches war die Voraussetzung für die Unabhängigkeit Estlands, Litauens, Lettlands, Polens und Finnlands und ermöglichte Staatsgründungsversuche in der Ukraine, Belarus und im Transkaukasus. Sowjetrussland verlor Gebiete, in denen die Mehrheit der Bevölkerung nicht in einem Staatsverband mit einem bolschewistischen Russland bleiben wollte. Zwar hegte insbesondere die dritte Oberste Heeresleitung um Feldmarschall Paul von Hindenburg und General Erich Ludendorff Ostraumphantasien, und manche träumten von einer deutschen Kolonisierung der Ukraine, aber während des Krieges eröffnete die

---

[34] MICK, Kriegserfahrungen, S. 179; CHERNEV, Twilight of Empire, S. 133–135. Siehe Karte 1.

[35] Militärkommando in Przemyśl an Statthalterei, 19.02.1918, CDIAL, f. 146, op. 6, spr. 1396, S. 315–324.

[36] Aufzeichnung in der Statthalterei über den Verlauf ukrainischer Kundgebungen (Telefonische Mitteilung der Bezirkshauptleute), 23.02.1918, CDIAL, f. 146, op. 4, spr. 7159, S. 121. Dazu auch MICK, Kriegserfahrungen, S. 177–179.

deutsche und österreichisch-ungarische Besatzung der Westgebiete des Russischen Reiches der dortigen Mehrheitsbevölkerung neue Möglichkeiten der Selbstorganisation. 1918 waren die Nationalbewegungen nicht länger mit Autonomie zufrieden, sondern verlangten Unabhängigkeit. Die Mittelmächte tolerierten das Entstehen nationaler Institutionen im besetzten Polen, Kurland, Livland, Litauen und Estland, die Besatzungsbehörden versuchten sie allerdings unter strikter Kontrolle zu halten.[37] Es war noch unklar, was mit diesen Gebieten nach dem Krieg geschehen sollte. Die deutsche Politik in der Region war improvisiert und reagierte ad hoc auf Lageänderungen. Nach einem deutschen Sieg waren Annexion und eine direkte deutsche Herrschaft ebenso möglich wie formelle Unabhängigkeit mit Anlehnung an das Reich.[38]

Nach der deutschen Niederlage an der Westfront ergriffen die nationalen Institutionen entweder selbst die Macht oder transferierten sie zu neuen nationalen Regierungen. Aus der Perspektive dieser nationalen Eliten hatte der Friedensvertrag von Brest-Litovsk deshalb eine gute Seite[39] oder wie Bronislav Chernev jüngst formulierte: „The treaty [of Brest Litovsk, C. M.] was better than its reputation."[40] In der Ukraine schuf die deutsche und österreichisch-ungarische Besatzung einen Rahmen, in der die Ukrainisierungspolitik der wechselnden ukrainischen Regierungen vonstatten gehen konnte. Allerdings konnten die Bauern mit der Ukrainisierung allein nicht gewonnen werden. Regionalstudien belegen, dass diesen die Ukrainisierung kein zentrales Anliegen war. Wer die Unterstützung der Bauern gewinnen wollte, musste deren Landhunger befriedigen, die Rückkehr der Großgrundbesitzer verhindern und ihnen

---

[37] VEJAS GABRIEL LIULEVICIUS, War Land on the Eastern Front. Culture, National Identity and German Occupation in World War I, Cambridge 2000, besonders S. 176–182; ABBA STRAZHAS, Deutsche Ostpolitik im Ersten Weltkrieg. Der Fall Ober Ost 1915–1917, Wiesbaden 1993; HANS-ERICH VOLKMANN, Die deutsche Baltikumspolitik zwischen Brest-Litovsk und Compiègne. Ein Beitrag zur „Kriegszieldiskussion", Köln / Wien 1970.

[38] Zur deutschen Ukrainepolitik im Ersten Weltkrieg siehe FRANK GRELKA, Die Ukrainische Nationalbewegung unter deutscher Besatzungsherrschaft 1918 und 1941/42, Wiesbaden 2005, S. 47–116, und die klassische Studie zu Brest-Litovsk von WINFRIED BAUMGART, Deutsche Ostpolitik 1918. Von Brest-Litowsk bis zum Ende des Ersten Weltkriegs, Wien 1966.

[39] In der Exil- und postsowjetischen ukrainischen Geschichtsschreibung wird Brest-Litovsk nicht derart negativ beurteilt wie in der russischen, sowjetischen, deutschen oder anglo-amerikanischen Geschichtsschreibung. Zum Beispiel OREST SUBTELNY, Ukraine. A History. 3rd edition, Toronto u. a. 2000, 350-352.

[40] CHERNEV, Twilight of Empire, S. 136.

weitgehend die Kontrolle über ihre Produkte überlassen.[41] Für die internationale Position des ukrainischen Staates hatte der Vertrag gravierende Folgen. Die Annäherung an die Mittelmächte war notwendig, da von deren militärischer Unterstützung die Existenz des Staates abhing. Gleichzeitig untergrub der ukrainische Kriegsaustritt aber die Beziehungen zur Entente.[42]

Der Einmarsch der Roten Armee in Kiev einen Tag nach Unterzeichnung des Friedensvertrages zwischen den Mittelmächten und der Ukrainischen Volksrepublik hatte gezeigt, über wie wenig Macht die *Zentralrada* verfügte. Deutsche und österreichisch-ungarische Waffenhilfe waren Teil des Vertrags und Truppen der Mittelmächte besetzten wie abgesprochen die Gebiete der UNR. Die ukrainische Regierung (das Generalsekretariat der *Zentralrada*) war aber weiterhin kein willfähriges Werkzeug und setzte die Nahrungsmittelforderung der Mittelmächte nicht konsequent um, auch um nicht noch den letzten Rückhalt in der Bauernschaft zu verlieren. Schließlich ließ Ober Ost die machtlose *Zentralrada* samt Regierung fallen.[43]

Am 28. April 1918 intervenierte Ober Ost in die ukrainische Innenpolitik und unterstützte einen Staatsstreich gegen die *Zentralrada.* Zehn Tage zuvor hatte die Vereinigung der Landbesitzer den russifizierten Gutsbesitzer Pavlo Skoropads'kyj zum Hetman der Ukraine gewählt. Skoropads'kyjs Herrschaft hing von deutscher und österreichisch-ungarischer militärischer Unterstützung ab. Die tatsächliche Macht in der Ukraine lag bei Ober Ost. Skoropads'kyj hatte – wenigstens anfangs – die Unterstützung der alten imperialen Eliten und konnte sich auf die Selbstverwaltungsorgane und Überreste staatlicher Strukturen des Russischen Reiches stützen.[44] Obwohl selbst ein russifizierter Großgrundbesitzer, verfolgte er eine Ukrainisierungspolitik. Das Hetman-Regime förderte die ukrainische Sprache, gründete ukrainische Gymnasien und legte den

---

[41] Ebd., S. 140 f.; ARTHUR ADAMS, The Great Ukrainian Jacquerie, in: The Ukraine, 1917–1921. A Study in Revolution, hg. v. TARAS HUNCZAK, Cambridge, MA 1977, S. 247–270; MARK BAKER, Beyond the National: Peasants, Power, and Revolution in Ukraine, in: Journal of Ukrainian Studies 24 (1999), S. 39–67.

[42] CHERNEV, Twilight of Empire, S. 137; CAROLINE MILOW, Die ukrainische Frage 1917–1923 im Spannungsfeld der europäischen Diplomatie, Wiesbaden 2002, S. 113–116.

[43] CHERNEV, Twilight of Empire, S. 130 f. Zu den Schwierigkeiten mit der Getreideaufbringung siehe MILOW, Die ukrainische Frage, S. 115–160.

[44] Die russischen Beamten waren zwar erfahren, aber wegen ihrer fragwürdigen Loyalität nur eingeschränkt für den Aufbau eines ukrainischen Staates zu gebrauchen. CHERNEV, Twilight of Empire, S. 138 f. YEKELCHYK, Ukraine, S. 74 f.

Grundstein zu einer ukrainischen Akademie der Wissenschaften. Skoropads'kyj war aber auch akzeptabel für die ethnischen Minderheiten. Sein sozialpolitisch konservatives und auf Restitution des Großgrundbesitzes ausgerichtetes Agrarprogramm entfremdete ihn allerdings von den Bauern. Für die multiethnische Bevölkerung der Ukraine (Ukrainer, Russen, Juden, Polen und andere) brachten das Hetman-Regime und die militärische Besatzung zwiespältige Erfahrungen. Zunächst stellte die Besatzung wieder Ordnung her und schützte das Land gegen die Rote Armee und die Gefahr eines bolschewistischen Umsturzes. Die Bevölkerung hatte die deutschen und österreichisch-ungarischen Soldaten zunächst abwartend bis freundlich empfangen, war aber bald desillusioniert. Den Rückhalt im Land verlor Skoropads'kyj vor allem dadurch, dass er mitverantwortlich gemacht wurde für die rücksichtlose Ausbeutungspolitik, die Requirierung von Agrarprodukten durch die Besatzungsmächte. Dies führte zu Bauernaufständen, die von deutschen und österreichischen Truppen niedergeschlagen wurden.[45] Mark Baker kritisiert zu Recht, dass die Forschung zur „ukrainischen Revolution" sich auf die „Nationsbilder" konzentriert, die eine „amorphe Masse" zu nationalisieren suchten. Baker unterstreicht die *agency* der Bauern, die ihre eigenen Interessen verfolgten, die sich nicht mit dem nationalen Paradigma fassen lassen.[46]

Bereits in den letzten Monaten der Besatzung kämpften in vielen Regionen Kontingente bewaffneter Bauern gegen die Besatzungsmacht. Nur die Anwesenheit deutscher Truppen hielt Skoropads'kyj an der Macht. Als die deutsche Niederlage im Westen besiegelt war, waren auch die Tage des Hetmanats gezählt. Ein letzter verzweifelter Versuch, sich den Siegermächten anzudienen, scheiterte. Sie ignorierten Skoropads'kyjs Vorschlag, sich an der Wiederherstellung des Russischen Reiches zu beteiligen und eine autonome Ukraine in den – nachbolschewistischen – Reichsverband zurückzuführen. Die UNR wurde daraufhin erneuert, war aber instabil. In dem fünfköpfigen Direktorat spielte zunächst Volodymyr Vynnyčenko und später Symon Petljura die Hauptrolle. Die UNR musste sich gegen die überlegene Rote Armee und anfangs auch gegen polnische Einheiten verteidigen.

---

[45] Zur deutschen und österreichisch-ungarischen Besetzung der Ukraine WŁODZIMIERZ MĘDRZECKI, Niemiecka interwencja militarna na Ukrainie w 1918 roku [Die deutsche militärische Intervention in der Ukraine im Jahre 1918], Warszawa 2000; GRELKA, Die ukrainische Nationalbewegung unter deutscher Besatzung, S. 84–116; TIMOTHY SNYDER, The Red Prince. The Secret Lives of a Habsburg Archduke, New York 2008, S. 99–120; FRANK GOLCZEWSKI, Deutsche und Ukrainer, 1914–1939, Paderborn 2010, S. 258–343.

[46] BAKER, Beyond the National, S. 39–67.

Von der Gründung der Westukrainischen Volksrepublik zum polnisch-sowjetrussischen Krieg

In Ostgalizien dauerte es länger als in der russischen Ukraine, bis sich die ukrainischen Eliten dazu durchringen konnten, sich vollständig vom Reich zu lösen. Kaiser Karl hatte am 16. Oktober 1918 versucht, durch das Versprechen einer Föderalisierung und Demokratisierung der österreichischen Reichshälfte das Reich zu retten. Das Manifest kam zu spät, fast überall hatten sich die Nationalbewegungen inzwischen auf einen unabhängigen Staat festgelegt. Nur die ukrainischen Politiker setzten weiterhin auf eine Föderation mit Österreich.[47]

Als der Zusammenbruch der Habsburgermonarchie schließlich nicht mehr abzuwenden war und sich für den 1. November 1918 in Lemberg eine Delegation des polnischen Liquidationskomitees ankündigte, um Stadt und Region für Polen zu reklamieren, besetzten ukrainische Soldaten in der Nacht zum 1. November Schlüsselpositionen in der Stadt. Das ukrainische Nationalkomitee proklamierte noch am selben Tag einen ukrainischen Staat, die Westukrainische Volksrepublik (ukrainische Abkürzung: ZUNR), mit Lemberg (L'viv) als Hauptstadt. Die geheimen polnischen Militärorganisationen riefen zum Widerstand auf, und ein Teil der polnischen Bevölkerung, darunter viele Jugendliche, beteiligten sich am Widerstand.[48]

Polnische wie ukrainische Politiker handelten schnell, um der jeweils anderen Seite zuvorzukommen. Diese Aktivitäten hatten auch eine internationale Dimension. Den Siegermächten sollte demonstriert werden, dass die Region ukrainisch respektive polnisch war. Der Anspruch sollte durch die Machtübernahme untermauert werden. Da die ukrainische Seite zuerst handelte, bestritt der polnische Widerstand dagegen den ukrainischen Anspruch auf Stadt und Region.

Für drei Wochen kämpften Truppen der Westukrainischen Volksrepublik und polnische Einheiten um die Kontrolle in der Stadt. Eine eilends durch die jüdische Gemeinde (*Kahal*) gebildete jüdische Miliz schützte deren Viertel vor Übergriffen. Der Konflikt begann als Bürgerkrieg und entwickelte sich zu einem Krieg zwischen der Westukrainischen

---

[47] TORSTEN WEHRHAHN, Die Westukrainische Volksrepublik. Zu den polnisch-ukrainischen Beziehungen und dem Problem der ukrainischen Staatlichkeit in den Jahren 1918 bis 1923, Berlin 2004, S. 102–125; MICK, Kriegserfahrungen, S. 206 .

[48] Zum Folgenden MICK, Kriegserfahrungen, S. 196–211.

Volksrepublik und dem neuen polnischen Staat, der am 11. November 1918 in Warschau proklamiert worden war.

Abb. 1: Polnisches Oberkommando der Verteidigung Lembergs, 1918

Am 22. November 1918 erreichten polnische Ersatztruppen Lemberg und die ukrainischen Truppen verließen die Stadt. Die westukrainische Staatsbildung machte aber in anderen Teilen Ostgaliziens Fortschritte. Im Dezember 1918 hatten die ukrainischen Truppen mit Ausnahme Lembergs ganz Ostgalizien unter ihre Kontrolle gebracht. Sie beherrschten damit den größten Teil des Landes, das zuvor als Territorium der Westukrainischen Volksrepublik definiert worden war.[49]

Die polnische Bevölkerung setzte sich nur an wenigen Orten bewaffnet gegen die ukrainische Machtübernahme zur Wehr. Die ZUNR umfasste etwa vier Millionen Menschen, davon drei Millionen Ukrainer. Die polnische Bevölkerung boykottierte die Wahlen zum Ukrainischen Nationalrat, die vom 22. bis zum 26. November stattfanden. Auch die jüdische und galiziendeutsche Bevölkerung nahm an den Wahlen nicht teil, um nicht in die Auseinandersetzungen hineingezogen zu werden. So

---

[49] Zum Aufbau der westukrainischen Verwaltung WEHRHAHN, Die Westukrainische Volksrepublik, S. 118–120, 134–140, 200–207. Siehe auch B. TYŠČYK / O. VIVČARENKO, Zachidnoukrajins'ka Narodna Respublika 1918–1923 rr. (Do 75-riččja utvorennja i dijal'nosti) [Die Westukrainische Volksrepublik 1918–1923 (Zum 75. Jahrestag der Schaffung und Tätigkeit)], Kolomyja 1993; M. LYTVYN / K. NAUMENKO, Istorija ZUNR [Geschichte der ZUNR], L'viv 1995; M. SEN'KIV / I. DUMYNEC', Zachidnoukrajins'ka Narodna Respublika 1918–1919 rr. [Die Westukrainische Volksrepublik 1918–1919], Drohobyč 1996.

bestand der 150-köpfige Rat (Parlament) fast ausschließlich aus Ukrainern. Der Ukrainische Nationalrat wählte den Rechtsanwalt und ehemaligen Reichsratsabgeordneten Jevhen Petruševyč zum Vorsitzenden und damit gleichzeitig zum Präsidenten der Republik. Provisorische Hauptstadt war Stanislau (Stanislaviv).[50]

Schon am 1. Dezember 1918 hatten die Regierungen von UNR und ZUNR einen Vertrag über die Vereinigung beider Staaten abgeschlossen. Doch erst am 22. Januar 1919, dem ersten Jahrestag der Unabhängigkeitserklärung der Ukrainischen Volksrepublik, wurde die Vereinigung auf dem Platz vor der Sophien-Kathedrale in Kiev feierlich ausgerufen. Die Westukrainische Volksrepublik erhielt den Status eines autonomen Gebiets der Ukrainischen Volksrepublik. Ihr neuer Name lautete nun Westliches Gebiet der Ukrainischen Volksrepublik (ukrainische Abkürzung: ZOUNR). Die Unterordnung unter Kiev hatte wenig praktische Bedeutung, die Führung des ZOUNR agierte weiterhin autonom. Zwar gab es einen gewissen personellen Austausch, doch war das ZOUNR bei seinem Kampf gegen Polen auf sich allein gestellt.[51]

Nach anfänglichem Chaos begannen die ukrainischen Eliten damit, eine durchgegliederte Verwaltung aufzubauen. Die Voraussetzungen dafür waren weitaus besser als in der Zentral- und Ostukraine. Die westukrainischen Staatsbilder konnten sich auf die alten österreichischen Verwaltungsstrukturen stützen, besetzten die führenden Posten aber mit Ukrainern. Die Stellen der Stadt- und Kreishauptleute wurden durchweg von ukrainischen Kommissaren übernommen. Die polnischen Fachbeamten durften zwar bleiben, doch verweigerten sich viele Polen dem neuen Staat. Da das alte Verwaltungspersonal unzuverlässig war oder gar nicht mehr zur Arbeit erschien, mussten die lokalen ukrainischen Eliten improvisieren, konnten dabei aber auf die Expertise ukrainischer Beamter und auf das Netzwerk ukrainischer Organisationen zurückgreifen. Mancherorts wurden Fachverwaltungen geschaffen, anderswo richtete der jeweilige Nationalrat Sektionen ein und an einigen Orten bildeten sich Arbeiterräte.[52] Bei all ihrer Unvollkommenheit bedeutete der Aufbau einer ukraini-

---

[50] SUBTELNY, Ukraine, S. 368; WASYL KUTSCHABSKY, Die Westukraine im Kampfe mit Polen und dem Bolschewismus in den Jahren 1918–1923, Berlin 1934, S. 66–72.

[51] KUTSCHABSKY, Die Westukraine, S. 90–95. Zu Petljura und zur UNR vgl. RUDOLF A. MARK, Symon Petljura und die UNR. Vom Sturz des Hetman Skoropads'kyj bis zum Exil in Polen, Wiesbaden 1988.

[52] OLEH PAVLYŠYN, Formuvannja ta dijal'nist' predstavnyc'kych orhaniv vlady ZUNR-ZOUNR [Die Formierung und Tätigkeit der repräsentativen Machtorgane der

schen Verwaltung einen enormen Sprung im Nationalisierungsprozess der Westukrainer. Die ukrainischen Bauern sahen zum ersten Mal eine ukrainische Obrigkeit. Die vorgestellte Gemeinschaft der Nation wurde greifbar in den Verwaltungsstellen der Westukrainischen Volksrepublik und in der schlagkräftigen Ukrainischen Galizischen Armee (*Ukrajins'ka Halyc'ka Armija*, UHA), die die Rolle einer „Schule der Nation" übernommen hatte.[53]

Die Verfassungsprinzipien und die Gesetzgebung der ZUNR waren – wie die der Ukrainischen Volksrepublik – liberal und demokratisch. Der Nationalrat reservierte 30 Prozent der Sitze im künftigen Parlament für die nationalen Minderheiten, denen spezielle Rechte eingeräumt wurden. Der Wahlboykott der polnischen, jüdischen und galiziendeutschen Bevölkerung führte jedoch dazu, dass keine Minderheiten im ersten gewählten Nationalrat vertreten waren.[54] In der Ukrainischen Volksrepublik hatten sich dagegen Minderheitenvertreter zur Mitarbeit in der *Zentralrada* bereit gefunden.

Die westukrainischen Politiker setzten nach dem Zusammenbruch der Mittelmächte ihre Hoffnungen auf die Entente und deren Willen, dem Selbstbestimmungsrecht der Völker zum Durchbruch zu verhelfen. Die Entente versuchte seit Dezember 1918, einen Ausgleich zu vermitteln und ukrainische und polnische Gebiete voneinander abzugrenzen. Einer französischen Delegation angeführt von General Joseph Barthélemy gelang es immerhin in Lemberg eine Waffenruhe zwischen Polen und Ukrainern zu vermitteln. Die französische Regierung war daran interessiert, diesen Konflikt beizulegen, um alle Kräfte im Kampf gegen die *Bol'ševiki* bündeln zu können. Barthélemys Sympathien lagen bei den Polen. Der vermittelte Waffenstillstand nutzte schließlich nur den Polen, die eine Atempause erhielten und neue Kräfte in Lemberg zusammenziehen konnten. Beide Seiten hofften im März 1919 noch, den Krieg für sich entscheiden und ihre territorialen Forderungen ungeschmälert durchsetzen zu können.[55]

ZUNR-ZOUNR]. Avtoreferat [Zusammenfassung der Dissertation], L'viv 2001, S. 15; WEHRHAHN, Die Westukrainische Volksrepublik, S. 172–176.

[53] Zur Ukrainischen Galizischen Armee LEV ŠANKOVS'KYJ, Ukrajins'ka Halyc'ka Armija [Die Ukrainische Galizische Armee], L'viv 1999.

[54] PAVLYŠIN, Formuvannja, S. 18 f.

[55] WEHRHAHN, Die Westukrainische Volksrepublik, S. 184–199. MICHAŁ KLIMECKI, Polsko-ukraińska wojna o Lwów i Galicję Wschodnią 1918–1919 [Der polnisch-ukrainische Krieg um Lemberg und Ostgalizien 1918–1919], Warszawa 2000, S. 169–177.

Auch die Verhandlungen in Paris im April/Mai 1919 brachten kein Ergebnis. Die ukrainischen Vertreter standen im Schatten der polnischen Repräsentanten, die seit Jahren Verbindungen zur Entente aufgebaut hatten. Die Politiker der Entente hatten nur sehr unklare Vorstellungen von der Situation vor Ort. Für sie war die „ukrainische Frage“ ein Problem, das sie nur als Teil ihrer Russland- und Polenpolitik wahrnahmen und dieser unterordneten.[56] Daran änderten auch die zahlreichen Memoranden nichts, in denen ukrainische Komitees ihre Forderungen vorbrachten. Die britische und französische Regierung wurde 1919/20 sowohl von polnischen wie ukrainischen Denkschriften eingedeckt, in denen sich beide Seiten gegenseitig Kriegsverbrechen bezichtigten und gleichzeitig historische und politische Argumente vorbrachten, um ihren Anspruch auf Ostgalizien zu rechtfertigen.[57] Eine Kommission der *Entente* schlug eine Teilung Ostgaliziens vor, die Lemberg bei Polen belassen hätte. Die Ukrainer akzeptierten den Vorschlag, die polnischen Verhandlungsführer in Paris, Roman Dmowski und Ignacy Paderewski, lehnten ihn mit der Begründung ab, die Verwaltung der Westukrainischen Volksrepublik habe sich als unfähig erwiesen und verübe Grausamkeiten an der polnischen Bevölkerung. Nachdem lange die Ukrainische Galizische Armee die Oberhand hatte, wandte sich das Blatt im Frühling und Sommer 1919. Denn nun griff die so genannte Haller-Armee in die Kämpfe ein, die in Frankreich aus polnischen Kriegsgefangenen geformt worden war und in der auch französische Offiziere tätig waren. Ursprünglich hatte die Entente nur erlaubt, diese 60.000 Mann starke Einheit gegen „die Bolschewisten“ einzusetzen. Doch die polnische Regierung setzte sich darüber hinweg, versuchte aber dadurch den Schein zu wahren, dass sie die Westukrainer in die Nähe des Bolschewismus rückte. Die Verstärkungen brachten der polnischen Seite das entscheidende Übergewicht.[58]

Durch die Verweigerungshaltung der Polen mangelte es in der Westukraine eklatant an Ärzten. Typhus und Spanische Grippe verbreiteten sich in der Region. Die Disziplin der Soldaten ließ nach und es kam zu Massendesertionen und zu einem Autoritätsverfall der Regierung. Am

---

[56] WEHRHAHN, Die Westukrainische Volksrepublik, S. 218–223; MARGARET MACMILLAN, The Peacemakers. Six Months that Changed the World, London 2002, S. 235–237.

[57] MILOW, Die ukrainische Frage, S. 359–373; Solche Memoranden finden sich in den Akten zu Galizien der Britischen Delegation auf der Friedenskonferenz in Paris: The National Archives, Kew, FO 608/64.

[58] KLIMECKI, Polsko-ukraińska wojna, S. 208–243; VASYL' VERYHA, Vyzvol'ni zmahannja v Ukrajini 1914–1923 rr. [Die Freiheitsbestrebungen in der Ukraine 1914–1923], Bd. 1, L'viv 1998, S. 471–480; SUBTELNY, Ukraine, S. 369 f.

14./15. April 1919 billigte der Ukrainische Nationalrat eine Agrarreform, die eine Verteilung des Großgrundbesitzes unter den Bauern vorsah. Dies stieß jedoch auf heftigen Widerstand ukrainischer Politiker und der griechisch-katholischen Kirche, die selbst über Landbesitz verfügte. Der Nationalrat gab nach und verschob die Entscheidung über die Agrarreform auf den künftigen Landtag. Diese halbherzigen Reformen stellten die Bauern nicht zufrieden.

Am 30. und 31. Mai 1919 tagte in Stanislau der erste Kongress der Ukrainischen Arbeiter- und Bauernunion, die unter bolschewistischem Einfluss stand. Der Kongress forderte eine enge Zusammenarbeit mit der sowjetukrainischen Regierung und die Fortsetzung des Krieges gegen Polen. Ein Aufstand ukrainischer Soldaten gegen ihre Offiziere in Drohobyč konnte der Nationalrat mit Hilfe loyaler Einheiten der Ukrainischen Galizischen Armee niederschlagen und damit das Entstehen einer inneren Front verhindern. 1200 Aufständische wurden verhaftet.[59]

Die Westukrainische Volksrepublik scheiterte jedoch letztlich nicht an innerer Schwäche, sondern an der militärischen Überlegenheit des polnischen Gegners. Im Frühjahr durchbrachen polnische Einheiten den Belagerungsring um Lemberg. Die Ukrainische Galizische Armee musste sich Richtung Zbrucz zurückziehen, wo sie sich neuformierte. Von dort aus startete der neue Oberbefehlshaber General Oleksander Grekov im Juni 1919 eine Offensive Richtung Lemberg, die zunächst erfolgreich verlief, dann aber wegen Munitionsmangel und neu eingetroffenen polnischen Verstärkungen abgebrochen werden musste.

Die ukrainische Bevölkerung begrüßte ihre Truppen mit Begeisterung und bildete in einigen Gegenden Partisaneneinheiten. Doch es half alles nichts. Mitte Juli war der größte Teil Ostgaliziens schließlich in polnischer Hand. Ein Teil der Ukrainischen Galizischen Armee zerstreute sich, aber etwa 21.000 Mann wechselten auf das Gebiet der Ukrainischen Volksrepublik über und stellten sich dem Direktorat unter Symon Petljura zur Verfügung. Petruševyč hatte sich kurz zuvor zum Diktator der Westukraine erklärt und sich mit einem Teil seiner Verwaltung ebenfalls nach Kam'janec'-Podil's'k begeben. Etwa 100.000 Ukrainer wechselten in die Ostukraine. Der Krieg um Ostgalizien hatte die Ukrainer etwa 15.000 und die Polen über 10.000 Menschenleben gekostet.[60]

---

[59] VERYHA, Vyzvol'ni zmahannja, Bd. 1, S. 466–467; JANUSZ SZCZEPAŃSKI, Społeczeństwo Polski w walce z najazdem bolszewickim 1920 roku [Die Gesellschaft Polens im Kampf mit dem bolschewistischen Angriff des Jahres 1920], Warszawa / Połtusk 2000, S. 80.

[60] SUBTELNY, Ukraine, S. 369 f.; KLIMECKI, Polsko-ukraińska wojna, S. 198–241.

Während des polnisch-ukrainischen Krieges war das Gebiet der Ukrainischen Volksrepublik zu einem Hauptschlachtfeld des Russischen Bürgerkrieges geworden. Auf ihrem Territorium operierten Bauernarmeen, nationalukrainische Einheiten des Direktorats, die Rote Armee und Einheiten der konterrevolutionären weißen Armeen. Der Krieg verhinderte den Aufbau ukrainischer Verwaltungsstrukturen. Der Hauptfeind der UNR war Sowjetrussland und die gegenrevolutionären weißen Armeen, die eine Wiederherstellung des Russischen Reiches anstrebten, der Hauptfeind der Westukraine Polen. Sich gegen beide gleichzeitig zu behaupten, war so gut wie ausgeschlossen. Als klar wurde, dass Polen den Krieg in Ostgalizien gewonnen hatte und auch von den Friedensverhandlungen in Paris nichts zu erwarten war, unterstützte Petljura die galizischen Ukrainer nicht länger, sondern suchte einen Ausgleich mit der polnischen Regierung.

Am 16. Juni 1919 kam es zu einem polnisch-ukrainischen Waffenstillstand, am 25. Juni stimmte der Rat der alliierten Außenminister zu, dass polnische Truppen ganz Ostgalizien besetzten und am 2. Dezember erkannte die Delegation der UNR in Warschau den Zbrucz als Grenze zwischen Polen und der Ukraine an. Die galizischen Mitglieder verließen daraufhin aus Protest die diplomatische Mission der Ukraine. Am 21. Apri 1920 verzichtete die UNR als Preis für das Bündnis mit dem polnischen Staatschef Józef Piłsudski auch formell auf Ostgalizien.[61]

Dieser letzte Versuch, in Anlehnung an Polen einen unabhängigen ukrainischen Staat zu gründen, endete jedoch mit einem spektakulären Fehlschlag. Zwar erzielten die polnischen Truppen mit ihrem ukrainischen Verbündeten große Anfangserfolge und konnten Kiev besetzen. Die ukrainische Bevölkerung ließ sich jedoch nicht gegen die *Bol'ševiki* mobilisieren. Mit der Rückkehr der Polen verbanden die Bauern eine Restitution des Großgrundbesitzes. Mitte Mai 1920 ging die Rote Armee in die Offensive. Ein sowjetrussischer Sieg schien unmittelbar bevorzustehen, als die Rote Armee schließlich vor Warschau im sogenannten „Wunder an der Weichsel" gestoppt wurde. Der Krieg endete ohne schlüssiges Ergebnis und Piłsudski ließ seinen ukrainischen Bündnispartner fallen. Am 18. März 1921 wurden im Frieden von Riga die polnischen und sowjetrussischen Einflusssphären abgegrenzt. Der Großteil der Ukraine mit Kiev blieb unter bolschewistischer Kontrolle.

Die *Bol'ševiki* setzten sich in der Ukraine auch deswegen durch, weil sie aus ihren Fehlern gelernt hatten. Lenin erkannte, dass es gefährlich

---

[61] KLIMECKI, Polsko-ukraińska wojna, S. 235; SZCZEPAŃSKI, Społeczeństwo, S. 86 f.

war, den ukrainischen Nationalismus und seine Attraktivität für die Bauern zu unterschätzen. Die *Bol'ševiki* erkannten die Existenz einer ukrainischen Nation an und richteten ihre Politik danach aus. Die Schaffung einer Ukrainischen Sozialistischen Sowjetrepublik und die auf kulturelle und personelle Ukrainisierung angelegte Nationalitätenpolitik beruhigten für eine Weile die ukrainische Frage.[62]

Fazit

Die ukrainische Nationalbewegung wartete länger als andere Nationalbewegungen in Osteuropa damit, den Pfad zu einem unabhängigen Staat zu beschreiten. Ukrainophile Politiker in Russland und Österreich-Ungarn strebten bis 1918 nicht nach vollständiger Unabhängigkeit, sondern nach Autonomie, entweder im bestehenden Reichszusammenhang oder in Anlehnung an das frühere imperiale Zentrum. Die Gründe dafür waren unterschiedlich. Die Ukrainophilen in Ostgalizien wussten, dass die polnischen Eliten das Gebiet als ihr Land ansahen und für einen künftigen polnischen Nationalstaat beanspruchten. Um sich gegen diese Ansprüche behaupten zu können, war die Unterstützung Wiens unabdingbar.

In der Zentral- und Ostukraine waren die Beziehungen zwischen ukrainischer Mehrheitsbevölkerung und russischer Minderheit weniger gespannt als die zwischen Polen und Ukrainern in Ostgalizien. Nach der Februarrevolution hofften ukrainische Politiker und Intellektuelle, Autonomie in einem demokratischen und föderalen Russland erreichen zu können. Die *Zentralrada* in Kiev und die Provisorische Regierung in Petrograd hatten keine Interessen, die sich grundsätzlich ausschlossen. Ein föderaler Umbau des Russischen Reiches auf demokratischer Basis war eine Grundlage, auf der sich beide Regierungen treffen konnten. Formell Teil Russlands zu bleiben, hatte viele Vorteile, darunter auch denjenigen, dass damit das Problem reduziert worden wäre, dass die meisten Städte eine russischsprachige Bevölkerungsmehrheit hatten. Streitpunkt war aber, wie weit diese Autonomie reichen sollte. Ein anderer wichtiger Faktor war die Haltung zur Agrarfrage. Eine Landreform war unerlässlich, um die Bauern zufriedenzustellen.

Die besten Chancen hatten die ukrainischen Staatsbildungsversuche, wenn sie sich auf bestehende Staatsstrukturen und Netzwerke stützen

---

[62] TERRY MARTIN, The Affirmative Action Empire. Nations and Nationalism in the Soviet Union 1923–1929, Ithaca / London 2001, S. 75–124.

konnten. Die *Zentralrada* konnte sich zunächst auf die Strukturen des Russischen Reiches stützen, solange sie nicht in offenem Konflikt mit der Provisorischen Regierung stand. Während dieser Zeit wurde der Krieg gegen die Mittelmächte fortgesetzt. Es gelang der *Zentralrada* aber nicht, in dieser Zeit ein Netzwerk ukrainischer nationaler Strukturen aufzubauen. Selbst nach Machtübernahme der *Bol'ševiki* in Petrograd zögerte die *Zentralrada* noch, alle Verbindungen zu Russland zu kappen. Erst als die *Bol'ševiki* versuchten, die Ukraine gewaltsam unter Kontrolle zu bekommen, erklärte die *Zentralrada* die vollständige Unabhängigkeit der Ukrainischen Volksrepublik, schloss einen Friedensvertrag mit den Mittelmächten und bat um deren militärische Unterstützung.

Als sich die Regierung der Ukrainischen Volksrepublik als schwach und nicht willfährig genug zeigte, ließen die Mittelmächte sie fallen und protegierten Hetman Pavlo Skoropads'kyj, der die Unterstützung der (russischen) Großgrundbesitzer hatte. Das Hetman-Regime fand trotz seiner kulturellen Ukrainisierungspolitik Rückhalt in den noch existierenden Institutionen des Russischen Reiches. Seine konservative Politik verschaffte Skoropads'kyj zwar diese Unterstützung, machte es ihm aber unmöglich, die ukrainischen Bauern für sich zu gewinnen.

Land und die Verfügung über die Nahrungsmittel waren für die Bauern in der Zentral- und Ostukraine wichtiger als die nationale Frage. Sie ließen sich zwar für ukrainische Staatsbildungsprojekte mobilisieren, wandten sich aber ab, wenn ihre sozialen Forderungen nicht erfüllt wurden. Je chaotischer die Verhältnisse wurden, desto mehr traten lokale Interessen in den Vordergrund. Die Voraussetzungen ukrainischer Staatsbildung waren daher in der Westukraine eher gegeben als in der Zentral- und Ostukraine. Die nationale Mobilisierung der ukrainischen Bauern war hier weiter fortgeschritten als in der russischen Ukraine. Als Resultat der liberalen österreichischen Nationalitätenpolitik konnte die ukrainische Nationalbewegung in Ostgalizien auch auf ein dichtes Netzwerk ukrainischer Organisationen zurückgreifen. Hinzu kam, dass Ukrainer in österreichischen Behörden tätig gewesen waren, die sich jetzt der Westukrainischen Volksrepublik zur Verfügung stellten.

Es waren jedoch weniger die Schwäche der ukrainischen Nationalbewegung und der begrenzte nationale Mobilisierungsgrad der ukrainischen Bevölkerung in der Zentral- und Ostukraine als vielmehr der russische Bürgerkrieg und die militärische Übermacht der Roten Armee und der polnischen Armee, die zum Fehlschlag der Staatsbildungsversuche führten. Auf internationaler Ebene hatte zwar die Anlehnung an die Mittelmächte vorübergehend die Chance auf eine ukrainische Staatlichkeit erhöht, dies war aber auf Kosten der Beziehungen zur Entente gegangen.

Nach der deutschen Niederlage und dem Kollaps Österreich-Ungarns wurde die Zusammenarbeit mit den Mittelmächten zur Belastung. Die Prioritäten der Entente in Mittel- und Osteuropa lagen im Kampf gegen revolutionäre Bestrebungen, der Zerstörung oder wenigstens Eindämmung Sowjetrusslands, der Entmachtung Deutschlands und der Stärkung Polens und Rumäniens. Nur wenig Wirkung hatten ukrainische Appelle, das Selbstbestimmungsrecht der Völker auch auf die Territorien mit ukrainischer Mehrheitsbevölkerung anzuwenden. Das Schicksal der ukrainischen Staatsbildungsversuche wurde militärisch entschieden.

Abbildungsnachweis

Karte 1: New York Times, 17. Februar 1918, https://upload.wikimedia.org/wikipedia/commons/f/fd/Dismembered_Russia_—_Some_Fragments_%28NYT_article%2C_Feb._17%2C_1918%29.png (Zugriff: 17.03.2020).

Abb. 1: https://commons.wikimedia.org/wiki/File:Polish_Supreme_Command_of_Lw%C3%B3w_defence_in_1918.PNG (Zugriff: 08.07.2022).

BIANKA PIETROW-ENNKER

IDENTITÄT UND AUSSENPOLITIK AUS GESCHICHTSMYTHEN?

DIE ZWEITE POLNISCHE REPUBLIK

Der folgende Beitrag beschäftigt sich am Beispiel Polen mit der Verbindung von Nationalstaatsbildung und Erinnerungskultur nach dem Ersten Weltkrieg und daraus erwachsenen Implikationen für außenpolitische Konzepte. Ein besonderer Akzent soll auf der Herausbildung einer Zivilisierungsmission liegen. Diese entstand aus der Mythisierung der Geschichte, um der Nations- und Staatsbildung im europäischen Maßstab Gewicht zu verleihen und ein Territorium zu beanspruchen, das ökonomisch und politisch einen besonderen Machtstatus versprach. Der Begriff der Zivilisierungsmission verbindet sich am Fallbeispiel Polen mit normbasierten Vorstellungen, die innerhalb der vielgestaltigen polnischen Nationalbewegung gegenüber den östlichen Nachbarvölkern, den Litauern, Belarussen und Ukrainern, formuliert wurden und Eingang in die politische Praxis der Grenzziehungen nach dem Ersten Weltkrieg fanden.

Den historischen Kontext bildete zum einen der Zerfall der drei Imperien, des Deutschen Reiches, des Habsburgerreiches und des Russischen Reiches, die zugleich die drei Teilungsmächte Polens gewesen waren. Zum anderen ergab sich der Kontext durch die Neuordnung Europas, die von den Versailler Vertragsmächten ausging und an der Polen von Beginn an beteiligt war. Insofern steht der Gebrauch des Begriffes Zivilisierungsmission zugleich im Zusammenhang mit seiner Deutung als Weltordnungsvorstellung und ist wissenschaftsanalytisch als Aspekt der modernen Ideen- und Ideologiegeschichte zu betrachten. Der Begriff ist zudem eng mit Imperiumstheorien und der Imperialgeschichte verbunden.[1] In impe-

[1] Zivilisierungsmissionen. Imperiale Weltverbesserung seit dem 18. Jahrhundert, hg. v. BORIS BARTH / JÜRGEN OSTERHAMMEL, Konstanz 2005, einführend in die Begrifflichkeit: Vorwort, S. 7–11; JÜRGEN OSTERHAMMEL, Die Verwandlung der Welt. Eine Geschichte

rialen Zusammenhängen gilt die Zivilisierungsmission als eine typische Integrationsstrategie. Im Fall der Nationalstaatsbildung am Beispiel Polens verweist sie auf das Spezifikum, Konzepte der politischen und der ethnischen Nation miteinander zu vermischen. Die Zivilisierungsmission, die in den ersten Jahren der Zweiten Republik im Einklang von Politik und Militär in die Praxis umgesetzt wurde, prägte die Nachkriegsordnung nachhaltig und lieferte Sprengstoff für das politische System Polens wie auch für die internationale Ordnung, in der Polen mit dem politischen Beistand der Siegermächte, aber ohne Akzeptanz der Nachbarstaaten seinen Platz gefunden hatte.[2]

Der Umstand, dass sich der polnische Nationsbildungsprozess im frühen 20. Jahrhundert, als es um die Grenzfestlegungen der wiederentstehenden Republik aus der imperialen Konkursmasse ging, bereits mit Vorstellungen eines Kulturträgertums und damit einhergehend einer Expansionspolitik verband, ist auf die besondere Entwicklung der polnischen Geschichte als Teil des polnisch-litauischen Großreichs zurückzuführen, das zeitweise im Osten über Kiev hinausreichte. Zu nennen ist ferner die Herausbildung einer einzigartigen Adelsrepublik und Elitenkultur sowie eine über hundertjährige Teilungsgeschichte, während derer sich eine vielgestaltige Nationalbewegung entwickelte.[3]

Diese konnte sich 1918 endgültig zu einem Ganzen verbinden und noch im selben Jahr den demokratischen Nationalstaat Polen begründen. Der Zusammenschluss und das Ergebnis der Staatsgründung wären ohne eine überaus starke, Teilungsgebiete wie Zentren der Emigration verbin-

---

des 19. Jahrhunderts, München 2009, S. 1172–1188; im Überblick: KARL HAMMER, Weltmission und Kolonialismus. Sendungsideen des 19. Jahrhunderts im Konflikt, München 1981.

[2] Weitere Ausführungen in BIANKA PIETROW-ENNKER, Nationbuilding, Concepts of Space and Civilizing Mission in the Early Second Republic of Poland, in: Civilizing Missions in the 20th Century, hg. v. BORIS BARTH / ROLF HOBSON, Leiden 2020, S. 57–89.

[3] Aus der Vielzahl der Publikationen siehe u. a. NORMAN DAVIES, God's Playground. A History of Poland, 2 Bde., Oxford 1981; JÖRG K. HOENSCH, Geschichte Polens, Stuttgart [2]1990; MICHAŁ TYMOWSKI u. a., Historia Polski [Geschichte Polens], Paris [2]1987; MAGDALENA MICIŃSKA, At the Crossroads 1865–1918. A History of the Polish Intelligentsia, Bd. 3, Frankfurt am Main u. a. 2014, S. 163–169, 192–206; ANDRZEJ CHWALBA, Historia Polski 1795–1918 [Geschichte Polens 1795–1918], Kraków 2000; HANS VON ROOS, Der Adel in der Polnischen Republik im vorrevolutionären Europa, in: Der Adel vor der Revolution. Zur sozialen und politischen Funktion des Adels im vorrevolutionären Europa, hg. v. RUDOLPH VIEHRHAUS, Göttingen 1971, S. 41–76; JANUSZ TAZBIR, Polish National Consciousness in the 16th–18th Centuries, in: Acta Poloniae Historica 46 (1982), S. 47–72.

dende polnische Erinnerungskultur undenkbar gewesen. Diese spezifische Erinnerungskultur mit ihren Mythen, Symbolen und Ritualen war ein tragendes Element der Entwicklung eines Nationalbewusstseins, das die Teilungsgebiete überformte.[4]

Theorien der Nation haben zu der Erkenntnis geführt, dass das Bewusstsein einer sozialen Großgruppe - eine Nation sein zu wollen - konstitutiv für Nation ist. Nation ist also eine gedachte Ordnung, wobei die Kriterien, die sie stützen, etwa Raum, Sprache, Religion, Geschichte, variieren oder von unterschiedlicher Gewichtung sein können. In der Forschung werden seit Ernest Renan zwei Prinzipien des geistigen Konstruktes Nation betont, wobei das eine in die Vergangenheit weist und Gemeinschaftsbildung über das „inventing of tradition" (Eric Hobsbawm) bewirkt. Dabei geht es nicht nur um reine Imagination, sondern auch um Wiederentdecken und Wiederbeleben alter Traditionen.

Das zweite Prinzip liegt in der Gegenwart und bezeichnet die Übereinstimmung, auf eine spezifische Weise zu leben. In diesem Zusammenhang erweist sich der Begriff „imagined community" (Benedict Anderson) als besonders geeignet, die vorgestellte Gemeinschaft zu definieren, insofern als die Nation als sozial gleich, räumlich abgegrenzt (von imperialen Herrschaftsverbänden) und politisch souverän konstruiert wird. Nationale Mythen befördern die ideelle Vereinheitlichung, wenn eine breite soziale Grundlage gegeben ist, wobei für alle Nationalbewegungen die Freiheit in Form eines Ursprungsmythos den Ausgangspunkt bildet, die häufig in historisch nicht verifizierbare Urzeiten verlegt wird.[5]

---

[4] GOTTHOLD ROHDE, Die Situation im polnischen Geschichtsbild und Geschichtsbewusstsein, in: Geschichtsbewusstsein in Ostmitteleuropa, hg. v. ERNST BIRKE / EUGEN LEMBERG, Marburg 1961, S. 46–61; ZBIGNIEW WILKIEWICZ, Die großen nationalen Mythen Polens, in: Politische Mythen und Rituale in Deutschland, Frankreich und Polen, hg. v. YVES BIZEUL, Berlin 2000, S. 15–42; WITOLD MOLIK, „Noch ist Polen nicht verloren", in: Mythen der Nationen. Ein historisches Panorama, hg. v. MONIKA FLACKE, München 1998, S. 295–320; grundlegend zur Forschung über die polnische Erinnerungskultur: Deutsch-polnische Erinnerungsorte, hg. v. HANS HENNING HAHN / ROBERT TRABA, 5 Bde., Paderborn 2012-2105, hier insbes. HEIDI HEIN-KIRCHER, Zur „mythischen Lesart der Wirklichkeit". Wirklichkeitskonstruktionen, Funktionen und Verflochtenheit politischer Mythen in der Erinnerungskultur, ebd. Bd. 4 (2013), S. 133–144.

[5] ERNEST RENAN, Qu'est-ce qu'une nation? Was ist eine Nation?, in: Nationalismus gestern und heute. Texte und Dokumente, hg. v. HANNAH VOGT, Opladen 1967, S. 137–143; ERIC HOBSBAWM, Das Erfinden von Traditionen, in: Kultur und Geschichte. Neue Einblicke in eine alte Beziehung, hg. v. CHRISTOPH CONRAD / MARTINA KESSEL, Stuttgart 1998, S. 97–118, insbes. S. 97; BENEDICT ANDERSON, Imagined Communities. Reflections on the Origin and Spread of Nationalism, London / New York [11]2002, insbes. S. 5–7, S. 195–199; PETER ALTER, Nationalismus, Frankfurt am Main 1985, S. 10–28;

Im Falle der polnischen Nationsbildung konnte das „inventing of tradition" auf eine alte Nation, d. h. eine Adelsnation, die Staatsform der Republik und ein ausgedehntes, multiethnisches Territorium Bezug nehmen; durch die Teilungen Polens Ende des 18. Jahrhunderts verschwand diese polnisch-litauische Adelsrepublik von der Landkarte Europas. In der Folge erhielt der nationale Mythos für die Nationalbewegung eine dreifache Strahlkraft, von der eine starke Wirkung ausging. Der Mythos von der Adelsrepublik und damit verbunden einer exklusiven Freiheit und Gleichheit als Bekräftigungsmythos wurde durch einen Opfermythos ergänzt, der auf das Engste mit der verlorenen Nation und ihren tragischen Helden verbunden wurde, die – alle Schichten umfassend und damit die moderne Nation antizipierend – in blutigen Aufständen gegen die Teilungspolitik und die Machtambitionen der drei imperialen Nachbarn aufbegehrt hatten.

Die polnische Literatur und Kunst trugen wesentlich dazu bei, den nationalen Mythos zu gestalten, zu sakralisieren und im Zuge vielfältiger polnischer Bildungsinitiativen zu verbreiten, die sich teils offiziell, teils konspirativ in Abhängigkeit von den politischen Handlungsspielräumen in den drei Teilungsgebieten im Sinne einer patriotischen Erziehung entfalteten: So stilisierte der Dichter Adam Mickiewicz Polen nach der blutigen Niederschlagung des Novemberaufstands von 1830 durch russische Truppen in seinem Werk zum Christus der Völker und wurde damit zum Mitbegründer des politischen Messianismus. Diese Metapher enthielt nicht nur den Opfertod, sondern auch eine Freiheitsvision: Die Auferstehung des gekreuzigten Polens würde auch die Freiheit aller anderen Nationen verbürgen. Die polnische Historienmalerei entwarf grandiose Bilder von der Vergangenheit, verband Martyrium mit Heldentum und prophezeite die Freiheit der Nation.[6]

In den polnischen Erinnerungskonstruktionen des 19. Jahrhunderts wurde die Reichsvergangenheit häufig als Potenzial und Imperativ für die

SIEGFRIED WEICHLEIN, Nationalbewegungen und Nationalismus in Europa, Darmstadt 2006, S. 124-137.

[6] ANDREAS LAWATY, Zur romantischen Konzeption des Politischen. Polen und Deutsche unter fremder Herrschaft, in: Romantik und Geschichte. Polnisches Paradigma, europäischer Kontext, deutsch-polnische Perspektive, hg. v. ALFRED GALL u. a., Wiesbaden 2007, S. 23–59, insbes. S. 30; HEINRICH OLSCHOWSKY, Sarmatismus, Messianismus, Exil, Freiheit – typisch polnisch?, in: Deutsche und Polen. Geschichte, Kultur, Politik, hg. v. ANDREAS LAWATY u. a., München [2]2006, S. 279–287, hier S. 280 f.; EWA KOBYLIŃSKA, Sterben für das Vaterland. Polnische Figuren in Literatur und Malerei, in: Ansichten. Jahrbuch des Deutschen Polen-Instituts 7 (1996), S. 71–97.

künftige Gestaltung von Macht und Herrschaft thematisiert. Hinzu kam, dass die *Rzeczpospolita*, die ja durch den Zusammenschluss Polens und Litauens zustande gekommen war, mit der Zeit im Kontext des polnischen *nation-building* „nationalisiert" wurde. Das bedeutete, dass im Diskurs der Eliten die Nation nun in der Tendenz exklusiv als polnische Abstammungs- und Sprachgemeinschaft konstruiert wurde und auch der Begriff der *Rzeczpospolita* selbst, der ja über drei Jahrhunderte die polnisch-litauische Staatlichkeit bezeichnet hatte, zugunsten von „Polen" in den Hintergrund trat. Damit war einerseits eine symbolische Überhöhung verbunden, andererseits eine Abwertung anderer sozialer Großverbände wie des litauischen, belarussischen oder ukrainischen, die im 19. Jahrhundert ebenfalls moderne Nationsbildungsbildungsprozesse zu durchlaufen begannen.[7] Der Messianismus blieb in unterschiedlichen Ausgestaltungen bis ins 20. Jahrhundert identitätsstiftend, denn der Mythos des auserwählten Volkes kompensierte durch die ihm immanente symbolische Überhöhung Niederlagen und Unfreiheit.

Hinzu kamen öffentliche Rituale der Erinnerung in allen drei Teilungsgebieten, durch die die Nation imaginiert und in Formen von Massensolidarität mit prägenden Symbolen quasi belebt wurde. Von großer Reichweite waren dabei historische Gedenktage an besondere Ereignisse in der Geschichte der polnisch-litauischen Adelsnation, z.B. Jubiläen wie das der Schlacht von Tannenberg 1410, das der Mai-Verfassung von 1791 als erste Verfassung Europas oder Erinnerungen an herausragende politische und kulturelle Repräsentanten Polens und Litauens wie etwa an den Führer des ersten Aufstands von 1794 Tadeusz Kościuszko, an den Dichter Adam Mickiewicz oder den Komponisten Frédéric Chopin. Damit zusammenhängende Gedenktage wurden abhängig von den jeweiligen politischen Handlungsspielräumen in den Teilungsgebieten als Akte polnischen Patriotismus pompös in Szene gesetzt und waren teilweise auch von regierungsfeindlichen Manifestationen gerade der studentischen Jugend begleitet.

So schuf eine spezifische Erinnerungskultur ein Band, das die Polen im Namen der verlorenen und einer neu erträumten Nation in aller Welt zusammenfügte. Zum Zusammenhalt trugen auch wesentlich der katholische Glauben und dessen Traditionen bei. Die polnische katholische Kirche entwickelte sich zum integralen Teil des Widerstands gegen die

---

[7] HANS-JÜRGEN BÖMELBURG, Altes Reich und Rzeczpospolita (Polnisch-Litauische Adelsrepublik). Hymne auf die Vielfalt und Geschichte eines Niedergangs, in: Deutsch-polnische Erinnerungsorte, Bd. 3, S. 21–37, insbes. S. 28.

Fremdherrschaft und förderte die Sakralisierung der Nation und Nationalisierung der Religion. Im Bild der *Matka-Polka* – der polnischen Nation als Frau und Mutter – spiegelte sich auch der Marienkult der katholischen Kirche.[8]

Allerdings war durch die Kraft des Mythos noch nicht konsensual der Raum bestimmt, in dem die neue, die „Zweite Polnische Republik" liegen sollte. Und auch die Definition von Nation variierte in den Vorstellungen der einzelnen Richtungen der Nationalbewegung. Neue diesbezügliche Impulse gingen am Ende des 19. Jahrhunderts von den politischen Bewegungen aus, die in Zukunft Massencharakter annehmen sollten. Der Disput um die Definition von Nation und Raum entbrannte insbesondere zwischen den Sozialisten und der neuen Rechten in Gestalt der Nationaldemokratischen Partei.

Entsprechend kristallisierten sich zwei einflussreiche antagonistische Konzepte heraus, das der Föderation und das der Inkorporation. Deren politische Repräsentanten waren Exponenten der polnischen *Inteligencja* und ihrer Traditionen, wenn auch in ganz verschiedener Hinsicht, wobei der Unterschied eng mit der geografischen Herkunft verbunden war und damit typisch für die Multiethnizität des Raumes der ehemaligen polnisch-litauischen *Rzeczpospolita*.

Józef Piłsudski als in Litauen geborener Sohn eines verarmten Hochadeligen stand ganz in der politischen Tradition der polnisch-litauischen Republik und ihrer Multiethnizität, aber repräsentierte zugleich die polonisierten Oberschichten Litauens und war Vertreter eines flammenden

[8] JERZY TOPOLSKI, Die generellen Linien der Entwicklung der polnischen neuzeitlichen Nation (16.–19. Jahrhundert), in: Mittelalterliche Nationes – neuzeitliche Nationen. Probleme der Nationenbildung in Europa, hg. v. ALMUT BUES / REX REXHEUSER, Wiesbaden 1995, S. 145–195, insbes. S. 156 ff.; Polen. Jubiläen und Debatten. Beiträge zur Erinnerungskultur, hg. v. PETER OLIVER LOEW / CHRISTIAN PRUNITSCH, Wiesbaden 2012; PATRICE M. DABROWSKI, Commemorations and the Shaping of Modern Poland, Bloomington, IN 2004, zum Beispiel der Hundertjahrersfeier der Mai-Verfassung S. 101–132; HANNA DYLĄGOWA, Kościół katolicki i państwo w XIX–XX w. na ziemiach rzeczypospolitej [Die katholische Kirche und der Staat im 19.–20. Jh. in den Ländern der Rzeczpospolita], in: Społeczeństwo w dobie przemian: wiek XIX i XX [Die Gesellschaft im Zeitalter des Wandels: das 19. und 20. Jh.], hg. v. MARIA NIETYKSZA u. a., Warszawa 2003, S. 425–432; STEFAN ROHDEWALD, Mother Bulgaria, Mother Russia and their Sisters. Female Allegories between Nation and Religion as Historie Croisée?, in: The Gender of Memory. Cultures of Remembrance in Nineteeth- and Twentieth-Century Europe, hg. v. SYLVIA PALETSCHEK / SYLVIA SCHRAUT, Frankfurt am Main / New York 2008, S. 91–124; BIANKA PIETROW-ENNKER, Frau und Nation im geteilten Polen, in: Frauen und Nationalismus in Osteuropa im 19. Jahrhundert, hg. v. SOPHIA KEMLEIN, Osnabrück 2000, S. 125–143.

Patriotismus, der sich mit dem Diktum der politischen Souveränität der *Rzeczpospolita* verband. Am 20. April 1922 sagte er in seiner Tischrede in Vilnius (poln. Wilno), auf die noch zurückgekommen wird:

> „Erlauben Sie mir, meine Herren, noch eine Erinnerung an jene schweren Zeiten heraufzubeschwören, mit der ich persönlich am stärksten verbunden bin. Als ich hier unweit von Wilno geboren wurde und die Mutter über der Wiege des Sohns Tränen der Trauer vergoß, da klang noch der Widerhall vom Knarren der [russischen, B. P.-E.] Galgen mit. [...] Ich kann nicht umhin, vor dem gemeinsam vergossenen [polnischen und litauischen, B. P.-E.] Blut tief meine Stirn zu neigen."[9]

Abb. 1: Józef Piłsudski (1920)

Piłsudski war seit den 1890er Jahren daran beteiligt, der Polnischen Sozialistischen Partei (PPS) ein spezifisches Profil zu geben: Soziale Gleichheit und Demokratie in Form einer Republik seien erst möglich, wenn die nationale Unabhängigkeit erkämpft worden sei; das hieß, dass die Freiheit

[9] JOSEF PIŁSUDSKI, Ansprache in Wilno, 20. April 1922, in: DERS., Erinnerungen und Dokumente. Persönlich autorisierte deutsche Gesamtausgabe, Bd. 4, Essen 1936, S. 82–89, hier S. 86.

vor der sozialen Gerechtigkeit stand. In diesem Sinne prägte er und vor ihm sozialistische Vordenker (etwa Bolesław Limanowski) einen nationalen Sozialismus, dessen Kern ein Patriotismus war, der die Gesellschaft zusammenband, der zugleich aber in den Zusammenhang mit allgemeinen Solidaritäts- und Selbstbestimmungsbewegungen der Völker Europas gestellt wurde. Hauptgegner unter den Teilungsmächten war das Zarenreich, das als das am meisten reaktionäre und kulturell europaferne Regime betrachtet wurde. Piłsudski und die PPS standen zugleich für eine föderative Neuordnung in Ostmitteleuropa. In ihrem sogenannten Jagiellonischen Konzept, am Königsgeschlecht der Jagiellonen und ihrem polnisch-litauischen Großreich orientiert, berücksichtigten sie die modernen Nationsbildungsprozesse unter den Litauern, Belarussen und Ukrainern durchaus als Grundlage einer künftigen multinationalen Föderation, die das Russische Reich von einem neuen Europa abgrenzen sollte.[10]

Roman Dmowski als Führer der Polnischen Nationaldemokratie und seine Anhänger waren die stärksten Gegenspieler der Föderalisten: Dmowski entstammte dem polnischen Kleinadel aus der Warschauer Umgebung, seine Familie war bereits im Warschauer Kleinbürgertum aufgegangen, das während der Industrialisierung in Russisch-Polen in wachsende Konkurrenz zum jüdischen und deutschen Kleinbürgertum geraten war. Er studierte an der russifizierten Warschauer Universität Biologie und Zoologie, Fächer, die ihn in enge Verbindung mit dem Sozialdarwinismus brachten.

Als einflussreicher Publizist und Theoretiker der neuen Rechten wandte er sich von der polnisch-litauischen Adelsrepublik und den Aufstandstraditionen als schädliche, das Volk schwächende Entwicklungen im Namen eines rassisch definierten Nationsbegriffs ab. Dmowski und andere Theoretiker (so etwa Zygmunt Balicki) traten für das Prinzip der Stärke im Überlebenskampf ein, das auch die Beziehungen zwischen den Nationen und ihre Grenzen regeln sollte. Für den idealen Staatstyp hielten sie einen integralen Nationalstaat, der eine konsequente Assimilierungspolitik hinsichtlich seiner ethnischen Minderheiten betreiben, dabei

---

[10] Dazu grundlegend: MARIAN KAMIL DZIEWANOWSKI, Joseph Piłsudski. A European Federalist, 1918–1922, Stanford, CA 1969; JANUSZ FARYS, Piłsudski i Piłsudczycy. Z dziejów koncepcji polityczno-ustrojowej (1918–1939) [Piłsudski und seine Anhänger. Zur Geschichte der systempolitischen Konzeption (1918–1939)], Szczecin 1991; MAREK KORNAT, Die Wiedergeburt Polens als multinationaler Staat in den Konzeptionen Józef Piłsudskis (Ideen und Wirklichkeit), in: Loyalität, Legitimität, Legalität. Zerfalls-, Separations- und Souveränitätsprozesse in Ostmittel- und Osteuropa 1914–1921, hg. v. HARALD EISFELD / KONRAD MAIER, Wiesbaden 2014, S. 63–74.

aber Juden als fremdvölkisches, die Nation zersetzendes Element aussondern sollte.[11]

Abb. 2: Roman Dmowski (1919)

In Abgrenzung zum Jagiellonenreich erweckte Dmowski die Erinnerung an das erste polnische mittelalterliche Staatswesen unter dem Königsgeschlecht der Piasten neu. Sein geografischer Blickwinkel nach Westen, auf das preußische Teilungsgebiet Polens als Kernland des piastischen Polens ließ für ihn das Deutsche Reich zum äußeren Hauptfeind werden. Das weitreichende piastische Raumkonzept, das die polnische Delegation unter Dmowskis Führung auf der Versailler Friedenskonferenz im Februar 1919 in Bezug auf die Festlegung der polnischen Westgrenzen vor-

[11] Grundlegend: KURT GEORG HAUSMANN, Die politischen Ideen Roman Dmowskis. Ein Beitrag zur Geschichte des Nationalismus in Ostmitteleuropa vor dem Ersten Weltkrieg, Habilitationsschrift Kiel 1968; ROMAN DMOWSKI, Niemcy, Rosja i kwestia polska [Deutschland, Russland und die polnische Frage], Warszawa 1991 [1908]; ZYGMUNT BALICKI, Egoizm narodowy wobec etiki [Nationaler Egoismus im Verhältnis zur Ethik], Lwów 1914 [Lemberg 1892]; ROMAN WAPIŃSKI, Roman Dmowski, Lublin 1989, insbes. S. 317–321.

stellen sollte, umfasste neben dem Raum Russisch-Polens die Provinzen Posen und Westpreußen (ohne einige rein deutsch besiedelte Grenzstreifen), Oberschlesien, Teile Mittelschlesiens, Ostteile Pommerns, Danzig, die litauisch besiedelte Memel-Niederung, das Ermland und Masuren; Rest-Ostpreußen sollte mit einem politischen Sonderstatus dem Völkerbund unterstellt werden. Mit dieser Konzeption wollte Dmowski den territorialen Zugang Polens zur Ostsee gesichert sehen und einen „Korridor" zwischen deutschem und polnischem Staatsgebiet vermeiden. Die östlichen Gebiete in den Grenzen der alten Adelsrepublik sollten nur insoweit einem neuen Polen angegliedert werden, als ihre Bevölkerung assimilierbar war.[12]

Die Forschung ist sich einig, dass es ohne den Zusammenbruch der drei Imperien am Ende des Ersten Weltkrieges kein neues Polen gegeben hätte. Neuere Untersuchungen zeigen, wie weit die drei Teilungsgebiete sich zu Beginn des 20. Jahrhunderts bereits auseinanderentwickelt hatten. Davon waren auch gerade Adel und Intelligenz betroffen, die in den unterschiedlichen Teilungsgebieten von sozialen und politischen Integrationsprozessen erfasst worden waren. Und so kann es nicht verwundern, dass politische Freiheit vorwiegend als Autonomie innerhalb eines der drei Imperien gedacht wurde, die mit unterschiedlichen Integrationskonzepten die polnischen Teilungsgebiete beherrschten. Symptomatisch dafür war, dass sich die polnischen Soldaten bei Kriegsausbruch in den Heeren der jeweiligen Teilungsmächte sammelten und somit gegeneinander antraten. Auch der Marsch der ersten, von Józef Piłsudski in der Tradition des Aufstands von 1861 aufgestellten polnischen Legion im österreichischen Teilungsgebiet Galizien gegen das Zarenreich am 6. August 1914 löste nicht das von ihm erhoffte Signal zum allgemeinen Aufstand der Polen aus. Im Gegenteil: selbst die lokale Bevölkerung

[12] Roman Dmowski 28.2.1919 r.: Nota delegacji polskiej do przewodniczącego Komisji Spraw Polskich: zachodnie granice Polski [Note der polnischen Delegation an den Vorsitzenden der Kommission für Polnische Angelegenheiten: Die Westgrenzen Polens], in: Expertyzy i materiały delegacij polskiej na konferencję wersalską 1919 roku [Expertisen und Materialien der polnischen Delegation auf der Versailler Konferenz], hg. v. Polski Instytut Spraw Międzynarodowych, bearb. v. MARTA PRZYŁUSKA-BRZOSTEK, Warszawa 2009, S. 15–20; BENJAMIN CONRAD, Umkämpfte Grenzen, umkämpfte Bevölkerung. Die Entstehung der Staatsgrenzen der Zweiten Polnischen Republik 1918–1923, Stuttgart 2014, S. 127–143; HANS ROOS / MANFRED ALEXANDER, Geschichte der polnischen Nation 1918–1985. Von der Staatsgründung im Ersten Weltkrieg bis zur Gegenwart, Stuttgart u. a. [4]1986, S. 56–58. Zur Pariser Friedenskonferenz und der Haltung Dmowskis WŁODZIMIERZ BORODZIEJ / MACIEJ GÓRNY, Der vergessene Weltkrieg. Bd. II: Nationen 1917–1923, Darmstadt 2018, S. 438–447.

reagierte mit Indifferenz.[13] Der erste wirksame Schritt zu einer neuen Staatlichkeit Polens wurde durch den Sieg der Mittelmächte über das Zarenreich möglich. Sie gestalteten den besetzten Raum, indem sie am 5. November 1916 ein „Königreich Polen" ohne festgelegte Grenzen in engster Anbindung an das Deutsche Reich und Österreich-Ungarn proklamierten. Auf alliierter Seite bemühten sich zu dieser Zeit bereits prominente Exilpolen - zunächst in der Schweiz, dann in London, Paris und in den USA - die polnische Frage mit den zeitgenössischen Diskussionen über eine Neuordnung Europas zu verbinden. Dazu zählte etwa der berühmte Musiker Ignacy Paderewski, der seine persönliche Bekanntschaft zum amerikanischen Präsidenten dafür nutzte sowie die amerikanische und internationale Öffentlichkeit in diesem Sinne beeinflusste.

Roman Dmowski war maßgeblich an der Gründung des Nationalkomitees Polens (NKP) mit Sitz in Paris beteiligt, dessen wichtigster Repräsentant in den USA Paderewski wurde. Die Alliierten betrachteten bald das NKP als den Nukleus der Regierung eines neu entstehenden Polen, zumal der amerikanische Präsident Woodrow Wilson in seinem 14-Punkte-Programm vom 8. Januar 1918 für die Schaffung einer europäischen Nachkriegsordnung die Unabhängigkeit Polens explizit aufgenommen hatte.[14]

Durch die Oktoberrevolution 1917 und das von der Sowjetregierung gewährte Recht der Völker Russlands auf Selbstbestimmung stand der Unabhängigkeit eines künftigen polnischen Staatswesens auch von russischer Seite zunächst nichts im Wege, bevor nicht die *Bol'ševiki* dazu

---

[13] Vgl. WŁODZIMIERZ BORODZIEJ, Geschichte Polens im 20. Jahrhundert, München 2010, S. 46 f., 75–79, passim. Borodziej betont, wie stark sich die Teilungsgebiete auseinanderentwickelt hatten und wie mühsam es war, zu übergreifenden nationalen Aktionen zu kommen. Vgl. auch DAVID STEFANCIC, Pilsudski's Polish Legions. The Formation of a National Army without a Nation State, in: Armies in Exile, hg. v. DEMS., New York 2005, S. 103–117.

[14] DAVIES, God's Playground, Bd. 2, S. 279–290; BORODZIEJ, Geschichte Polens, S. 85–90; MICIŃSKA, Crossroads, S. 194–205; ROMAN WAPIŃSKI, Ignacy Paderewski, Wrocław 1999, S 79–92; MARIAN LECZYK, Komitet Narodowy Polski a ententa i Stany Zjednoczone 1917–1919 [Das Polnische Nationalkomitee, die Entente und die Vereinigten Staaten], Warszawa 1966, insbes. S. 171–253. 13. Punkt: „An independent Polish state should be erected which should include the territories inhabited by indisputably Polish populations, which should be assured a free and secure access to the sea, and whose political and economic independence and territorial integrity should be guaranteed by international covenant." Zit. nach: A speech delivered by President Woodrow Wilson of the United States to a joint session of the United States Congress on January 8, 1918, in: https://en.wikisource.org/wiki/Fourteen_Points_Speech (Zugriff: 07.04.2018).

übergingen, ihr Konzept der internationalen proletarischen Revolution mit der Waffengewalt der Roten Armee umzusetzen und nach Westen vorzustoßen. Dadurch sollte es zu einem militärischen Ringen um die ehemaligen Ostgebiete der *Rzeczpospolita* kommen, den sogenannten Randgebieten oder *Kresy*.[15]

Der allgemeine Freudentaumel verdeckte aber nur für einen kurzen historischen Augenblick die Gegensätze der führenden politischen Kräfte. Bei der Konstruktion des nationalen Zusammenhalts herrschte allgemeine Einmütigkeit bzgl. der freiheitlich-demokratischen Verfasstheit der Republik, allerdings spalteten sich die Auffassungen hinsichtlich der Frage scharf, ob sich Polen zu einer politischen oder ethnischen Nation entwickeln solle. Das Problem der Territorialität und der Rolle Polens in Europa lieferte die denkbar vielfältigsten und heftigsten Auseinandersetzungen. Die Dynamik des Raumgedankens, verbunden mit den Visionen von der Staatswerdung der Nation, stand dabei in direktem Verhältnis zum Verlauf der politischen und militärischen Konflikte, die sich um die territoriale Gestaltung Polens in den Jahren 1918 bis 1923 ergaben. Durch die militärischen Vorstöße und Siege der polnischen Truppen im Osten und Norden gewannen Raummythen, Zivilisationskonzepte und Europavorstellungen rasch an bis dahin ungekannter Faszination.[16]

Es verbanden sich zugleich die Formierung von Innen- und Außenpolitik auf komplizierte Weise, denn Staatschef Piłsudski hatte das Polnische Nationalkomitee in Paris mit seinem Repräsentanten Dmowski zu integrieren, um mit gebündelten Kräften für die künftige territoriale

---

[15] Deklaration der Rechte der Völker Rußlands, 2. (15.) November 1917, in: 100(0) Schlüsseldokumente zur russischen und sowjetischen Geschichte, hg. v. HELMUT ALTRICHTER, http://1000dokumente.de/index.html?c=dokument_ru&dokument=0002_vol&object=facsimile&l=de (mit historischer Einleitung und Kommentar, Zugriff: 10.04.2018). Zum Begriff *Kresy* und der zeitgenössischen polnischen Politik WERNER BENECKE, Die Ostgebiete der Zweiten Polnischen Republik. Staatsmacht und öffentliche Ordnung in einer Minderheitenregion 1918–1939, Köln u. a. 1999, S. 1–4, S. 7–26.

[16] Vgl. ROMAN WAPIŃSKI, Polska i małe ojczyzny Polaków. Z dziejów kształtowania się świadomości narodowej w XIX i XX wieku po wybuchu II wojny światowej [Polen und die kleinen Vaterländer der Polen. Zur Geschichte der Herausbildung des Nationalbewusstseins im 19. und 20. Jh. bis nach dem Ausbruch des Zweiten Weltkriegs], Wrocław u. a. 1994, insbes. S. 274–312; JERZY JUCHNOWSKI / JAN RYSZARD SIELEZIN, The Concept of State in Polish Political Thought in the Period 1918–1939, Toruń 2013, S. 39–54; STEPHANIE ZLOCH, Polnischer Nationalismus. Politik und Gesellschaft zwischen den beiden Weltkriegen, Köln 2010, S. 111–128; DIES., Polnische Europa-Ideen und Europa-Pläne zwischen den beiden Weltkriegen. Europa-Debatten im Zeitalter des Nationalismus, in: Europas Platz in Polen. Polnische Europa-Konzeptionen vom Mittelalter bis zum EU-Beitritt, hg. v. CLAUDIA KRAFT / KATRIN STEFFEN, Osnabrück 2007, S. 157–180.

Abb. 3: Die Brigade der Legionäre, Mai 1916. Besuch des Bischofs Władysław Bandurski (5. von rechts) im Schützengraben an der Ostfront am Fluss Styr. Zu sehen ist u. a. auch Józef Piłsudski (1. von rechts).

Gestalt Polens gegenüber den Alliierten auf der Versailler Friedenskonferenz auftreten zu können, die im Januar 1919 begann. Das war auch deshalb notwendig, weil das Nationalkomitee noch vor Kriegsende die Gunst der Alliierten als Nukleus einer neuen polnischen Staatlichkeit gewonnen hatte, Piłsudski mit seinen Legionen dagegen Verbündeter der Mittelmächte gewesen war. Der Druck auf Piłsudski stieg, als die französische Regierung das Nationalkomitee im Dezember als polnische Regierung anerkannte und bald darauf zwei Vertreter des NKP zur Versailler Friedenskonferenz zuließ. Hinzu kam nach den ersten Sejmwahlen ebenfalls im Januar 1919, dass die rechtsgerichteten Kräfte die Mehrheit erlangten. Piłsudski als Staatschef musste umso stärker um einen politischen Ausgleich bemüht sein. Daher bildete er die Regierung von einer linksgerichteten in eine gemäßigte um und akzeptierte Dmowski als Leiter der polnischen Delegation für die Versailler Friedenskonferenz.

Es sollte zum Dilemma der polnischen Außenpolitik werden, dass zwei antagonistische Konzepte von Raum und Staat, ein föderalistisches und ein inkorporatives, in der Zeit der territorialen Arrondierung Polens zu einem politischen Kompromiss verschmolzen, d. h., dass sowohl die sogenannte piastische als auch die jagiellonische Idee in die Politik Eingang fanden. Aufgrund der Mehrheitsverhältnisse im Polnischen Nationalkomitee und im Sejm konnten sich die Vorstellungen der vereinigten Rechten durchsetzen, die Westgrenze des neuen polnischen Staates weit nach Westen vorzuschieben.

Geschichtspolitische, „piastische" Argumente und entsprechende nationale Visionen, wie sie Dmowski vertrat, kamen vor allem dem französischen Sicherheitsdenken entgegen, das ebenfalls vom Interesse an einer grundlegenden Schwächung Deutschlands gekennzeichnet war. Großbritannien und die USA hingegen plädierten für politische Mäßigung, um die Neuordnung Ostmitteleuropas vor Instabilität zu bewahren. Diese beiden Mächte versuchten, dem Prinzip der nationalen Selbstbestimmung Geltung zu verschaffen. Die Friedensregelungen mit den Alliierten führten schließlich zur erbitterten Reaktion der Nationaldemokraten dahingehend, die von ihnen beanspruchten, aber Deutschland zuerkannten Territorien künftig polnisch unterwandern zu wollen; in Opposition zum abgeschlossenen Minderheitenschutzvertrag bedrohten sie die deutsche Minderheit in Polen mit Assimilation, ihre Feindschaft zu Deutschland erhielt eine neue Qualität.[17]

Da die selbstgesteckten Ziele im Westen nicht erreicht wurden, schienen den Nationaldemokraten Erfolge bei der territorialen Gestaltung im Osten umso wichtiger. Die Voraussetzungen waren denkbar ungünstig, weil nach dem Rückzug der deutschen Heeresgruppe Ober-Ost aus den ehemals zarischen Westprovinzen in einem Machtvakuum zwischen Bug und Dnjepr sowjetrussische, polnische, litauische und ukrainische militärische Verbände um die Territorien kämpften und die *Bol'ševiki* dazu übergingen, die Revolution nach außen zu tragen.[18]

---

[17] JANUSZ PAJEWSKI, Odbudowa Państwa Polskiego 1914–1918 [Der Wiederaufbau des polnischen Staates 1914–1918], Poznań [4]2005, S. 271–293; ROLAND GEHRKE, Der polnische Westgedanke bis zur Wiedererrichtung des polnischen Staates nach Ende des Ersten Weltkrieges. Genese und Begründung polnischer Gebietsansprüche gegenüber Deutschland im Zeitalter des europäischen Nationalismus, Marburg 2001, insbes. S. 322–344; BENJAMIN CONRAD, Umkämpfte Grenzen, umkämpfte Bevölkerung. Die Entstehung der Staatsgrenzen der Zweiten Polnischen Republik 1918–1923, Stuttgart 2014, S. 93–97, zu genauen Grenzfestlegungen im Westen vgl. S. 136–190, zu Dmowskis Reaktion S. 141 f.

[18] TITUS KOMARNICKI, Rebirth of the Polish Republic. A Study in the Diplomatic History of Europe 1914–1920, Melbourne u. a. 1957, S. 397–450; PIOTR ŁOSSOWSKI, Kształtowanie się państwa polskiego i walka o granice (listopad 1918–czerwiec 1921) [Die Herausbildung des polnischen Staates und der Kampf um die Grenze (November 1918–Juni 1921)], in: DERS., Historia dyplomacji polskiej [Geschichte der polnischen Diplomatie], Bd. 4 (1918–1939), Warszawa 1995, S. 79–177, hier insbes. S. 85–115.

Schon die erste Sitzung des Gesetzgebenden Sejms am 10. Februar 1919 war ein Zeugnis dafür, dass die Gestaltung des genannten östlichen Raumes und damit die bewusste Mitgestaltung Europas ein grundlegendes Anliegen aller dort vertretenen politischen Parteien war, wobei man allgemein von den Grenzen Polen-Litauens vor 1772, also vor den Teilungen, ausging.[19] Piłsudskis Position einer Föderation entsprach zunächst derjenigen der national orientierten Linken, auf der Grundlage der nationalen Selbstbestimmung einen dezentralen Bundesstaat mit den auf dem ehemaligen östlichen Gebiet der Adelsrepublik entstandenen jungen Nationalstaaten zu begründen. Als eines der Modelle galt etwa die Schweiz. Sie bewegten sich dabei auf der Linie des liberalen *Risorgimento*-Nationalismus. Allerdings wurden selbst innerhalb der sozialistischen Bewegung Vorstellungen von politischer Dominanz geäußert, die dem Gleichheitsideal widersprachen und den Boden für eine hegemoniale Politik bereiteten, die eine zivilisatorische Mission einschloss.

So wirkte der enge Berater Piłsudskis, der erste Außenminister der Zweiten Republik und Ostexperte Leon Wasilewski, prägend auf das föderalistische Denken. Dabei ging er von einer Kulturgrenze im Osten zwischen der polnisch-katholischen und der russisch-orthodoxen Welt und einem starken kulturschaffenden Einfluss Polens auf die Litauer, Belarussen und Ukrainer aus, die er für eine eigenständige Nationsbildung noch nicht reif hielt. Indem Polen Russland weit zurückdränge, kämpfe es nicht nur für die eigenen Interessen, sondern auch für diejenigen dieser drei Völker, die unter polnischem Schutz die günstigsten Bedingungen für ihre Entwicklung erhalten würden. Der Sozialist Kazimierz Kelles-Krauz brachte die Vorstellung von einer natürlichen Führungsrolle Polens in Bezug auf die territoriale Neugestaltung Europas in die Diskussion ein, die Piłsudski teilte. Dabei schien er vom politischen Messianismus inspiriert: Polen falle diese Rolle durch die Geschichte seiner Teilungen und Aufstandstraditionen zu.[20]

---

[19] 1 posiedzenia Sejmu Ustawodawczego z dnia 10. lutego 1919 [1. Sitzung des Verfassunggebenden Sejms vom 10. Februar 1919], in: Sprawozdanie stenograficzne z posiedzeń Sejmu. Archivum Sejma Rzeczpospolitej Polski [Stenografischer Bericht der Sitzungen des Sejms. Archiv des Sejms der Republik Polen], Spalte 2 f. https://bs.sejm.gov.pl/F?func=direct&doc_number=000010743 (Zugriff: 10.05.2018).

[20] LEON WASILEWSKI, Die Ostprovinzen des alten Polenreichs (Lithauen und Weissruthenien, die Landschaft Chełm, Ostgalizien, die Ukraina), Krakau 1916. In dieser Abhandlung belegt er den polnischen kulturellen Einfluss in diesen Gebieten historisch; BENECKE, Ostgebiete, S. 14–17; WIESLAW BOJKADO, Polnische Konzepte einer europäischen Föderation. Zwischen den „Vereinigten Staaten von Europa“ und dem konföderalen

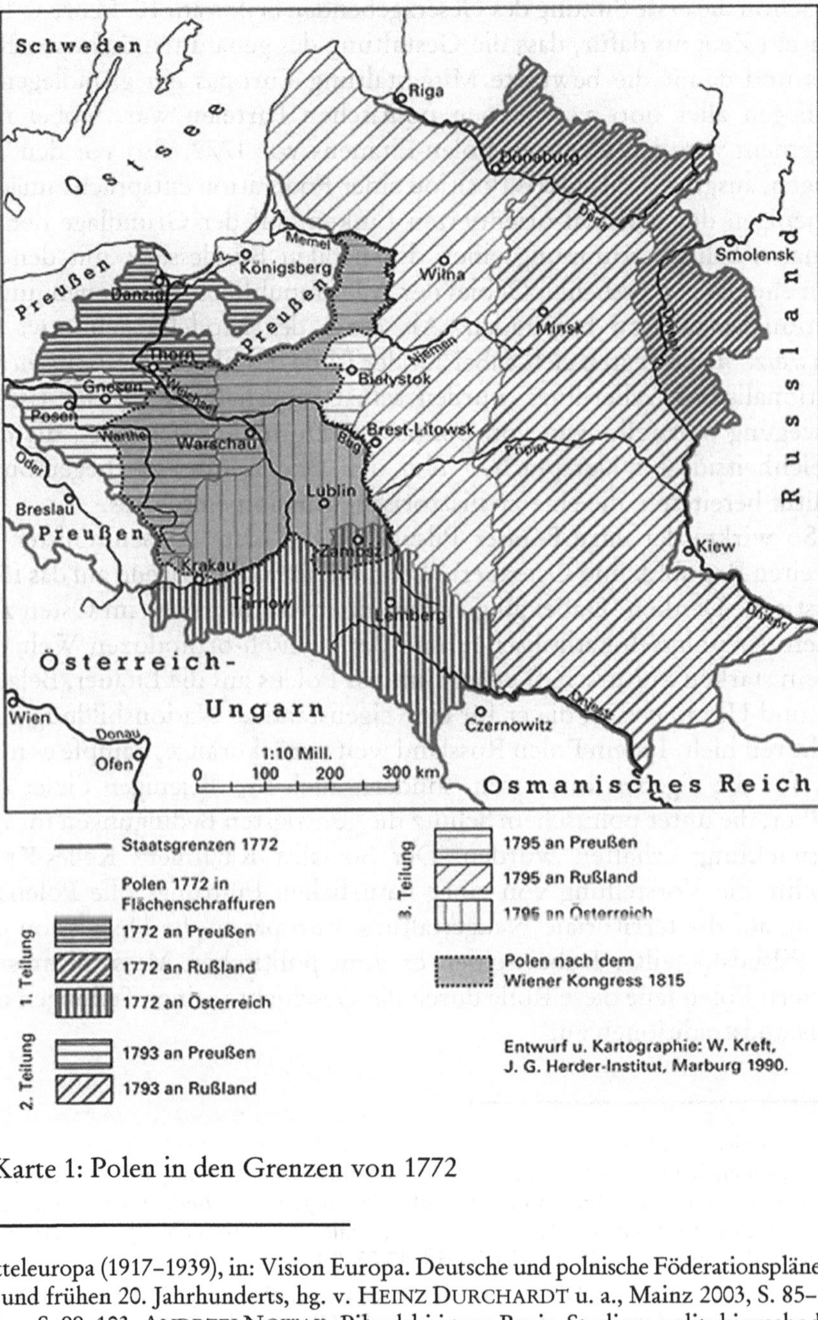

Karte 1: Polen in den Grenzen von 1772

Mitteleuropa (1917–1939), in: Vision Europa. Deutsche und polnische Föderationspläne des 19. und frühen 20. Jahrhunderts, hg. v. HEINZ DURCHARDT u. a., Mainz 2003, S. 85–116, insbes. S. 99–103; ANDRZEJ NOWAK, Piłsudski i trzy Rosje. Studium polityki wschodniej Józefa Piłsudskiego (do kwietnia 1920 roku) [Piłsudski und drei russische Staaten. Eine Studie der Ostpolitik Józef Piłsudskis (bis April 1920)], Kraków 2015, zu Kelles-Krauz S. 24–26.

Zum Denken in den Kategorien einer kulturellen Überlegenheit und historisch begründeten Dominanz fand auch Piłsudski, der darauf hoffte, die jungen nationalen Regierungen der östlichen Nachbarstaaten auf seine Position verpflichten zu können. Dazu gehörte die Protektoren-Rolle, die Polen zum Schutz gegen die bolschewistische Gefahr aus Russland anbot. Seine Argumentation hatte insgesamt drei Komponenten: 1. die der kulturellen Führungsrolle Polens, 2. damit sozial verbunden das Wissen um die polnischen und polonisierten Eliten in den ehemaligen östlichen Gebieten der Ersten Polnischen Republik und politisch gesehen ihr Interesse an einem Erhalt ihrer Führungsrolle sowie 3. die Komponente der militärischen Schutzfunktion Polens aufgrund seines vergleichsweise starken Militärpotenzials. Sein Integrationskonzept ergänzte Piłsudski durch die Vorstellung der auch territorial gesehen weitestgehenden Zurückdrängung Russlands als einer durch notorischen Expansionismus gekennzeichneten Macht unter dem Deckmantel unterschiedlicher Staats- und Ideologieformen. Dabei stand der Staatschef ganz im Bann des jahrhundertealten Mythos von Polen als *antemurale christianitatis*, den er auch geschichtspolitisch nutzte.[21]

Im Selbstbild und in der öffentlichen Rhetorik Piłsudskis und seines engsten Kreises von Mitarbeitern blieb seine Ostpolitik in die Tradition der europäischen Befreiungsbewegungen eingebunden und hatte nichts mit imperialen Ambitionen zu schaffen. Ganz im Gegenteil verstanden

---

[21] Przemówienie wygłoszone na obiedzie wydanym przez prezydenta Rzeczypospolitej Francuzkiej Millerand'a [Rede, gehalten anlässlich des vom Präsidenten der Republik Frankreich Millerand ausgerichteten Abendessens] (03.02.1921), in: JÓZEF PIŁSUDSKI, Pisma zbiorowe [Gesammelte Werke], Warszawa 1937, Bd. 5, S. 184–187, hier S. 186: „Polska świadoma jest swego pokojowego i *cywilizacyjnego posłannictwa*, które jej przypadło na wschodzie Europy [...]". [„Polen ist sich seiner friedensstiftenden und *zivilisatorischen Mission* bewusst, die ihm im Osten Europas zugefallen ist [...]". [Hervorhebungen B. P.-E]. Der schriftliche Nachlass von Piłsudski belegt seit seinen ersten politischen Schriften die rigorose Gegnerschaft zum Russischen Reich, vgl. z. B. Rosja [Russland], in: DERS., ebd., Bd. 1, S. 79–91, insbes. S. 79; Z Rosji [Aus Russland], ebd., S. 109–116; Centralny komitet Robotnicy, Odezwa na przyjazd cara Mikołaja II do Warszawy [Zentrales Arbeiterkomitee. Aufruf zur Ankunft von Zar Nikolaus II. in Warschau], ebd., S. 177–179; O patriotiźmie [Über den Patriotismus], in: DERS., ebd., Bd. 2, S. 22–27; vgl. auch MAREK DROZDOWSKI, Józef Piłsudski. Naczelnik Państwo Polskiego (14.XI.1918–14.XII.1922) [Das Staatsoberhaupt Polens (14.XI.1918–14.XII.1922)], Warszawa 2008, S. 84–88 und 95–172; siehe auch KORNAT, Die Wiedergeburt Polens, S. 67–73; DERS., Bolszewizm i sowiecka polityka zagraniczna w interpretacji Józefa Piłsudskiego [Der Bolschewismus und die sowjetische Außenpolitik in den Interpretationen Józef Piłsudskis], in: Józef Piłsudski. Wyobraźnia i dzieło polityczne [Józef Piłsudski. Vorstellungen und politisches Werk], hg. v. JAN MACHNIK / ANDRZEJ NOWAK, Kraków 2006, S. 25–45.

die Föderalisten Polen als Teil der Neuordnung eines freien, selbstbestimmten Europas. Wie auch immer sie argumentierten, es ging in ihrem Diskurs letztlich stets um die Exklusion Sowjetrusslands aus Ostmitteleuropa und um partizipatorische Formen von transnationaler Integration. Nach Piłsudski sollte sein osteuropäischer Bundesstaat durch Allianzen mit den übrigen Randvölkern des ehemaligen Russischen Reiches, also Finnen, Esten, Letten, Krimtataren und Kaukasusvölkern abgesichert werden. Insofern reichte das Konzept von der Ostsee bis zum Schwarzen Meer.[22]

Diametral andere Akzente setzte Roman Dmowski für die Nationaldemokraten und hatte sein Konzept der Ostgrenze bereits auf der Versailler Friedenskonferenz in einer Note vom 3. März 1919 präsentiert: Beansprucht wurde nur der Teil als Staatsterritorium mit litauischer, ukrainischer und belarussischer Bevölkerung, den man für assimilierbar im entworfenen Nationalstaat Polen hielt. Das waren mit Ausnahme rein lettisch oder belarussisch besiedelter Gebiete fast das gesamte Territorium des ehemaligen Großfürstentums Litauen im Norden und Osten (einschl. Minsk) und im Südosten erhebliche Teile Wolhyniens und Podoliens. Hinzu kamen u. a. mit Vilnius und Lemberg (L'viv) Städte als Zentren polnischer Kultur. Die Zivilisierungsmission hatte hierbei eine so ungeschönte, nationalistische Wucht, dass die Gegner Dmowski imperialistisches Denken vorwarfen.[23]

Die Liste der Beispiele für Raumvisionen und *mental mapping* ließen sich beliebig verlängern, wenn man den polnischen öffentlichen Diskurs in seiner Breite darstellen wollte. Es seien nur die Dimensionen skizziert,

---

[22] WŁODZIMIERZ BORODZIEJ u. a., Polnische Europa-Pläne des 19. und 20. Jahrhunderts, in: Option Europa. Deutsche, polnische und ungarische Europapläne des 19. und 20. Jahrhunderts, hg. v. DERS., Bd. 1, Göttingen 2005, S. 43–134, insbes. S. 82–92; KRZYSZTOF GRYGAJTIS, Polskie idee federacyjne i ich realizacja w XIX i XX w. [Polnische föderative Ideen und ihre Realisierung im 19. und 20. Jh.], Częstochowa 2001, insbes. S. 131–136 und S. 249–252; weiterführend PIOTR OKULEWICZ, Koncepcja „międzymorza" w myśli i praktyce politycznej obozu Józefa Piłsudskiego w latach 1918–1939 [Die Konzeption des „Intermare" im Denken und der politischen Praxis des Lagers von Józef Piłsudski in den Jahren 1918–1939], Poznań 2001.

[23] Roman Dmowski 3.3.1919 r.: Nota delegacji polskiej do przewodniczącego Komisji Spraw Polskich: wschodnie granice Polski [Note der polnischen Delegation an den Vorsitzenden der Kommission für polnische Angelegenheiten: Die Ostgrenzen Polens], in: Expertyzy i materiały, S. 21–23, Zitat S. 21; KORNAT, Die Wiedergeburt Polens, S. 64 f.; ROOS / ALEXANDER, Geschichte der polnischen Nation, S. 62 f.; EWA MAJ, National Democracy, in: More than Independence. Polish Political Thought 1918–1939, hg. v. JAN JACHYMEK / WALDEMAR PARUCH, Lublin 2003, S. 125–166, insbes. S. 156.

die das Denken in Kategorien von Zivilisierungsmissionen annahm: Dem konservativen Publizisten Stanisław Cat-Markiewicz schwebte eine Sammlung der slavischen Völker unter polnischer Hegemonie vor, und er spekulierte darüber, ob Polen nicht gar Erbe der russischen Kolonien in Asien werden könnte. Eine andere Art von Messianismus vertrat der Erzbischof von Lemberg Józef Bilczewski: Das neue Polen solle die Aufgabe des göttlichen Apostels erfüllen, der den Brudervölkern im Osten das helle Licht der reinen Lehre Christi bringe. Damit schien er einen Missionsanspruch gegenüber den russisch-orthodoxen und den griechisch-katholischen Gläubigen zu formulieren. Die Anhängerschaft der „jagiellonischen Idee" des Großreichs reichte schließlich in alle politischen Spektren, als der Diskurs die Kämpfe der polnischen Truppen seit November 1918 im Osten begleitete.[24]

Im Hinblick auf eine Europa-Politik schwankte der Diskurs maßgeblich zwischen einer Abstimmung mit den westlichen Alliierten und der Vision einer Nachkriegsordnung im Osten in Komplementarität zum Versailler System, wobei letzteres Konzept insbesondere von den Sozialisten und dem Kreis um Piłsudski vertreten wurde. Der Anspruch, zugleich einen größtmöglichen Handlungsspielraum Polens innerhalb der neuen ost(mittel)europäischen Ordnung zu erlangen und dabei auch Souveränität gegenüber den Westalliierten zu beanspruchen, wurde zur weithin geteilten Position.[25]

Die politische Zielsetzung Polens, die östlichen Nachbarvölker an Polen zu binden, scheiterte allerdings kläglich. Denn die Politik wurde von Beginn an von Waffengewalt begleitet. Die Kriegführung Polens im Osten zur Festlegung der Grenzen bildete ein Instrument der Außenpolitik und schuf Fakten, die zur dynamischen Entfaltung der Raumkonzepte in dem eben dargestellten „jagiellonischen" Sinn führten. Es zeigte sich in diesem Prozess, dass Zivilisierungsvorstellungen durch die militärischen Erfolge

---

[24] ZLOCH, Polnische Europa-Ideen, S. 162–170; JÓZEF BILCZEWSKI, O miłości Ojczyzny. List pasterki na Wielki Post 1923 [Über die Liebe des Vaterlandes. Hirtenbrief zur Passionszeit 1923], Lwów 1923, S. 26 f., zit. nach ZLOCH, Polnische Europa-Ideen, S. 163. Weitere Beispiele mit ähnlicher Tendenz in Metropolia Warszawska a narodziny II Rzeczpospolitej. Antalogia tekstów historycznych i literackich w 80-tą rocznic odzyskania niepodległości [Die Warschauer Metropolie und die Anfänge der Zweiten Republik. Eine Anthologie historischer und literarischer Texte zum 80. Jahrestag der Erlangung der Unabhängigkeit], hg. v. MARIAN DROZDOWSKI, Warszawa 1998; BORODZIEJ u. a., Polnische Europa-Pläne, insbes. S. 84 f.

[25] Vgl. ZLOCH, Polnische Europa-Ideen, mit Beispielen, S. 165–168; zu den Friktionen Polens mit den Alliierten CONRAD, Umkämpfte Grenzen, insbes. S. 229–232.

der polnischen Streitkräfte starken Auftrieb erhielten. Die föderativ gesinnten Teile der nationalen Linken, die am Ideal der Gleichheit und Brüderlichkeit der Völker festhielten, konnten angesichts der Kriegserfolge und der politischen Verarbeitung dieser Siege im Sinne einer hegemonialen Machtpolitik letztendlich nur die Moral des liberalen Nationalismus hochhalten und nichts darüber hinaus.[26]

Zur Triebkraft der polnischen Politik und Kriegsführung im Osten wurde es, den Einfluss Sowjetrusslands so weit wie möglich zurückzudrängen und Polen als territorial restituierte Macht zu etablieren. Die Bedrohung durch Russland, die für Piłsudski schon immer eine Obsession gewesen war, erhielt für ihn als Oberbefehlshaber der polnischen Streitkräfte nach dem Zusammenbruch der Mittelmächte und dem unverzüglichen Vormarsch der Sowjettruppen nach Westen neue Aktualität und Schärfe. Dadurch ergaben sich für Polen in kurzer Zeit mehrere Kriegsschauplätze auf den Territorien der neu entstandenen Nationalstaaten in den *Kresy*, in die die Rote Armee eindrang, um dort die Gründung von Sowjetrepubliken zu unterstützen, die Sowjetrussland angegliedert werden sollten. Später sollte Polen selbst für kurze Zeit von dieserart Revolutionsexport betroffen sein. Die Sowjetregierung hatte bereits am 13. November 1918, also zwei Tage nach der Kapitulation des Deutschen Reiches, den deutsch-sowjetrussischen Vertrag von Brest-Litovsk aufgekündigt, der neben weiten Gebietsverlusten für Sowjetrussland zur Abtrennung der Ukraine geführt hatte.[27] Der anschließende Vormarsch der bolschewistischen Streitkräfte nach Westen bestimmte die politischen und militärischen Neuordnungsversuche im Raum der *Kresy* durch wiederholt wechselnde Fronten, Grenzziehungen und Herrschaftsbereiche.[28]

In Litauen und der Ukraine konstituierten sich Ende 1918/Anfang 1919 nationale Regierungen, die die militärisch vordringenden *Bol'ševiki* in kürzester Zeit absetzten, um die Staatsform der Sowjetrepublik auszurufen. Gegen alle Arten von russischer Expansion glaubte Piłsudski mit historischer Rechtmäßigkeit vorgehen zu müssen. Er hatte inzwischen als Oberbefehlshaber aus allen im Ersten Weltkrieg verstreuten polnischen

---

[26] BORODZIEJ u. a., Polnische Europa-Pläne, insbes. S. 82–89; STANISŁAW MICHAŁOWSKI, Polish Socialists, in: Independence, S. 254–298, insbes. S. 258–281.

[27] Friedensvertrag zwischen Deutschland, Österreich-Ungarn, Bulgarien und der Türkei einerseits und Rußland andererseits [Der Friedensvertrag von Brest-Litovsk], 3. März 1918, in: http://1000dokumente.de/index.html?c=dokument_de&dokument=0011_bre&object=pdf&st=&l=de (Zugriff: 30.09.2018).

[28] Zusammenfassend CONRAD, Umkämpfte Grenzen, S. 191–290; NOWAK, Piłsudski i trzy Rosje, S. 305–322.

Verbänden schlagkräftige Streitkräfte aufgestellt. Polnische Truppen eroberten bis Mitte 1919 den größten Teil der sogenannten Litauisch-Belarussischen Sowjetrepublik. Entgegen dem Willen des Obersten Rates der Entente[29] und dessen Politik der ethnischen Homogenisierung von Nationalstaaten expandierte Polen weiter nach Osten, indem es im April 1920 Sowjetrussland präventiv angriff und Kiev eroberte. Die folgende Großoffensive der Roten Armee konnte Piłsudski im August 1920 an der Weichsel abwenden und seinerseits zum Vormarsch übergehen. Im sowjetisch-polnischen Rigaer Frieden vom März 1921 wurde die Grenze Polens nach Osten verschoben, aber sie befand sich dennoch weit westlich der Grenzen von 1772.[30]

Für Föderationspläne, wie sie Piłsudski und andere Föderalisten vertraten, fehlte damit die territoriale Grundlage. Es fehlte aber vor allem auch die politische, weil Polen im Gebiet von Vilnius den scheinbar selbständigen Staat Mittellitauen gründete und damit Litauen seiner Hauptstadt beraubte.[31] Auch Ostgalizien annektierte Polen. Das Angebot einer Wojewodschaftsautonomie, das die Interalliierte Botschafterkonferenz akzeptierte und damit auch die Grenzfestlegung, konnte die Ukrainer nicht besänftigen.[32] Seit dem 15. März 1923 lagen die Ostgrenzen Polens, die der Völkerbund bestätigte, endgültig fest – und damit die Eroberungen in diesem Raum. Sie überschritten im Osten das polnische

---

[29] Bestehend aus den Regierungschefs Frankreichs, Großbritanniens, Italiens, Japans und Belgiens.

[30] http://irekw.internetdsl.pl/traktakryski.html (Zugriff: 03.09.2018). Zur Außen- und Militärpolitik Sowjetrusslands FRITZ T. EPSTEIN, Außenpolitik in Revolution und Bürgerkrieg, 1917–1920, in: Osteuropa-Handbuch Sowjetunion. Außenpolitik 1917–1953, hg. v. DIETRICH GEYER, Köln / Wien 1972, S. 86–149, insbes. S. 132–135; MICHAIŁ NARINSKI, Wojna sowiecko-polska a pokój ryski 1921 roku [Der sowjetisch-polnische Krieg und der Rigaer Frieden 1921], in: Zapomniany pokój. Traktak Ryski. Interpretacje i kontrowersje 90 lat później [Der vergessene Frieden. Der Rigaer Vertrag. Interpretationen und Kontroversen 90 Jahre später], hg. v. SŁAWOMIR DĘBSKI, Warszawa 2013, S. 33–58; MAREK KORNAT, Traktat ryski a podstawy polskiej polityki zagranicznej (1921–1939) [Der Rigaer Vertrag und die Grundlagen der polnischen Außenpolitik (1921–1939)], in: Ebd., S. 365–408; STEPHAN LEHNSTAEDT, Der vergessene Sieg. Der Polnisch-Sowjetische Krieg 1919–1921 und die Entstehung des modernen Osteuropa, München 2019.

[31] Zur Gesamtproblematik: PIOTR ŁOSSOWSKI, Konflikt polsko-litewski 1918–1920 [Der polnisch-litauische Konflikt 1918–1920], Warszawa 1996; MANFRED HELLMANN, Grundzüge der Geschichte Litauens, Darmstadt 1966, S. 14–146. Zu den Auswirkungen auf das polnisch-litauisches Verhältnis siehe Malte Rolf in diesem Band.

[32] ANDREAS KAPPELER, Kleine Geschichte der Ukraine, München [4]2014, S. 173–176; MARIAN KAMIL DZIEWANOWSKI, Joseph Piłsudski. A European Federalist, 1918–1922, Stanford, CA 1969, S. 217–243; siehe auch Christoph Mick in diesem Band.

Karte 2: Polens Grenzen in der Zwischenkriegszeit

Staatsgebiet weit über 200 km, das die Alliierten 1920 entlang des Flusses Bug und vorwiegend auf ein ethnisches Polen hatten begrenzt wissen wollen (d. h. auf die sogenannte „Curzon-Linie“). Das neu entstandene, multiethnische Polen umfasste über 388.000 km^2 und 27 Millionen Einwohner, von denen sich knapp 19 Millionen oder rund 70 Prozent zur polnischen Nationalität bekannten.[33]

Im Resümee spiegelte sich die Suche der polnischen Gesellschaft nach nationalem Sinn und nationaler Kohärenz in der Debattenvielfalt um den Raum der Zweiten Polnischen Republik wider, in integrativ wirkenden, normbildenden Geschichtsdeutungen zur Legitimierung der zeitgenössischen Politik und auch im Spannungsfeld der Konzepte von politischer versus ethnischer Nation. Die diskursive Konstruktion von nationaler Identität erwies sich in der Frühphase des wiederentstandenen Polen durch die Multiethnizität seines Raumes und die dynamischen Nationsbildungsprozesse als hochgradig problembeladen: Hier sei erneut aus der erwähnten Tischrede Piłsudskis in Vilnius 1922 zitiert, die er nämlich anlässlich des dritten Jahrestages der Eroberung der Stadt durch polnische Truppen hielt:

> „Geehrte Herren! Ich werde zu Ihnen als Chef des polnischen Staates und zugleich als Wilnoer sprechen. Diese meine beiden Funktionen sind für mich so unzertrennlich, dass ich in Wilno nicht anders das Wort ergreifen kann.“[34]

Auf erobertem litauischen Gebiet bezeichnete sich Piłsudski, der Repräsentant des polnischen Staates, also als Litauer, um für die Einheit des polnischen mit dem litauischen Volk zu werben. Mit seinem Bekenntnis bestätigte er jedoch die stärksten Ressentiments der litauischen Nationalbewegung, die die litauischen, polonisierten Eliten als Volksverräter und den polnischen Staat als Hegemon bewertete.

Die aus der Geschichte gewonnene Vision führender polnischer Politiker, Polen als Großmacht in Ostmitteleuropa wiedererstehen zu lassen, schuf faktisch nur die Illusion einer glanzvollen Nation. Innere, durch die Minderheitenprobleme verursachte Spannungen trugen langfristig das Element der Erosion in sich. Das galt auch für die auf Revisionismus angelegte Politik der Nachbarstaaten, für die die jeweilige Minderheitenfrage eine willkommene Brücke zur Einmischung bieten sollte.

---

[33] GOTTHOLD RHODE, Geschichte Polens. Ein Überblick, Darmstadt 1966, S. 464 ff., insbes. S. 474 f.

[34] PIŁSUDSKI, Ansprache, S. 82.

Die politische Vision war durch die prägende Kraft der tradierten Geschichtsmythen von Nation und Raum in ein prekäres Verhältnis zu den pragmatischen Erfordernissen der inneren und äußeren Integration Polens geraten. Es sollte längerfristig nicht die Zivilisierungsmission der Polen gegenüber den angegliederten Territorien siegen, sondern der Revanchismus der Nachbarstaaten Deutschland und der Sowjetunion über die Staatlichkeit Polens.

Abbildungsnachweis

Abb. 1: Library of Congress Prints and Photographs Division Washington, D.C., Call Number: LC-F82-4428, https://lccn.loc.gov/2016852055 (Zugriff: 24.09.2020).

Abb. 2: Foto: Harris & Ewing, Library of Congress Prints and Photographs Division Washington, D. C., Call Number: BIOG FILE – Dmowski, Roman, https://www.loc.gov/pictures/item/2005676877 (Zugriff: 16.10. 2020).

Abb. 3: Narodowe Archiwum Cyfrowe, Sign. 1-H-182, https://audiovis.nac.gov.pl/obraz/57863/dbf108dc72ddbc3f1e794ff5e3ebfa35/ (Zugriff: 24.09. 2020).

Karte 1 und Karte 2: Kartensammlung des Herder-Instituts für historische Ostmitteleuropaforschung, Marburg. Autor: Wolfgang Kreft.

Malte Rolf

Eiserne Wölfe versus polnischer Pan

Zum Antipolonismus in der litauischen Innen- und Aussenpolitik der Zwischenkriegszeit

Oft ist Außenpolitik ein Spiegel innenpolitischer Auseinandersetzungen und Profilierungsambitionen konkurrierender Regierungen. Manchmal aber drücken außenpolitische Konstellationen dem innergesellschaftlichen Diskurs derartig nachhaltig ihren Stempel auf, dass ein deutliches Impuls-Reaktions-Muster vorzuliegen scheint. Für die Zwischenkriegszeit gilt das vor allem für jene „Verlierernationen" von Versailles und Trianon, deren folgende revanchistische Bemühungen maßgeblich die politische Kultur des jeweiligen Landes prägten. Für den jungen litauischen Staat und seine in mehrfacher Weise prekäre Nationalstaatsbildung war die formative Wirkung einer – ungünstigen – außenpolitischen Konstellation aber noch ungleich größer. Denn hier fielen die Gründungsstunde eines souveränen Staates, der Beginn gezielter *nation-building*-Politiken und eine verheerende außenpolitische Niederlage nicht nur zeitlich zusammen. Vielmehr hatte letztere eine enorme Prägekraft auf die sich entwickelnden Vorstellungen von Nation und Staatszugehörigkeit.

Der Verlust der antizipierten Hauptstadt Vilnius mit dem umliegenden Gebiet an den polnischen Rivalen im Oktober 1920 war eine traumatische Erfahrung für die jungen litauischen Eliten. Er sollte die Debatten um nationale Selbst- und Feindbilder in den 20er und 30er Jahren dominieren. Diese Niederlage führte dazu, dass ein aggressiver Antipolonismus zum gesellschaftlichen Grundkonsens wurde und sich eine Verständigung über litauische Nationskonzepte nur in Abgrenzung zum polnischen Konkurrenten vollziehen konnte. Dies wiederum hatte erhebliche Auswirkungen auf den außenpolitischen Spielraum der litauischen Republik. Das Beharren auf den Gebietsanspruch über „Mittellitauen" mündete in einer weitgehenden internationalen Isolation, die eine litauische Bedrohungswahrnehmung gegenüber Polen nur noch verstärkte. Insofern lässt sich am litauischen Beispiel fast paradigmatisch das Zusammenspiel von Außenpolitik, Nationsvorstellungen und *nation-building*-Strategien in einer Situation prekärer Nationalstaatsbildung aufzeigen.

Im folgenden Beitrag liegt der Fokus allerdings nicht auf der Außenpolitik im engeren Sinne. Vielmehr geht es mir darum, die innergesellschaftlichen Entwicklungen Litauens nachzuvollziehen, die durch die schwierige außenpolitische Konstellation angestoßen wurden und die wiederum auf die internationale Handlungsfähigkeit der Republik zurückwirkten. Es wird dabei die Prägewirkung des litauisch-polnischen Konflikts beim Wandel von Nationsvorstellungen im Litauen der Zwischenkriegszeit diskutiert und damit zugleich die Bedeutung eines weit verbreiteten Antipolonismus herausgearbeitet. Im abschließenden Teil wird zudem auf die Langzeitwirkungen dieser Form des *nation-building* verwiesen und auf Nationspolitiken unter sowjet-litauischer Ägide nach 1944 eingegangen. Sie zeugen davon, wie stark sich die Verflechtung von Außen- und Innenpolitik im litauischen Fall auch nach dem Zweiten Weltkrieg fortsetzte und die nachbarschaftlichen Beziehungen zwischen Litauen und Polen bis heute belastet.

Wem gehört Vilnius? Ein Abriss der historischen Situation und der außenpolitischen Verwicklungen zwischen 1917 und 1940

Der polnisch-litauische Konflikt der Zwischenkriegszeit reicht in die Periode russischer Oberherrschaft zurück. Bereits für die frühe litauische Nationalbewegung im 19. Jahrhundert hatte die Abgrenzung zur polnischen Kultur eine große Bedeutung gespielt. Immer wieder war es zu Sprachkonflikten in gemischten Gemeinden gekommen. Dennoch lässt sich ein Antipolonismus noch kaum als Grundzug der litauischen Nationalaktivitäten vor 1917 erkennen. Zu dominant waren die Auseinandersetzungen mit der Zarenmacht und deren diskriminierenden Zensur-Bestimmungen.[1]

---

[1] TOMAS BALKELIS, The Making of Modern Lithuania, London 2009, Kap. 2; ARVYDAS PACEVICIUS / AUŠRA NAVICKIENE, Repressive Censorship, Underground Publishing and Distribution of Lithuanian Books in the „North West Region" of the Russian Empire (1795–1904), in: Underground Publishing and the Public Sphere. Transnational Perspectives, hg. v. JAN C. BEHRENDS / THOMAS LINDENBERGER, Wien 2014, S. 75–95; WITOLD RODKIEWICZ, Russian Nationality Policy in the Western Provinces of the Empire (1863–1905), Lublin 1998, S. 172–191; DARIUS STALIUNAS, Making Russians. Meaning and Practices of Russification in Lithuania and Belarus after 1863, Amsterdam 2007, insbes.

Für die Aktivisten der litauischen Nationalbewegung stand aber schon früh fest, dass Vilnius das Zentrum einer wie auch immer gestalteten litauischen Provinz bzw. Staates sein müsse. Ganz ungeachtet der Tatsache, dass nur ein kleiner Prozentsatz der Stadtbewohner ethnische Litauer waren - die Volkszählungen um die Jahrhundertwende dokumentieren zwei bis drei Prozent -, wurde ein historisch legitimierter Anspruch auf die alte Hauptstadt des litauischen Großfürstentums erhoben.[2] Entsprechend organisierten litauische Nationalbewegte während der Revolution von 1905 eine erste Volksversammlung in Vilnius und luden 1917 hier zu einer Konferenz, die die litauische Unabhängigkeit vorbereiten sollte.[3]

Auch in den Wirren der Folgekriege hielten die Regierungen und der 1919 zum Präsidenten gewählte Antanas Semtona an diesem Glaubenssatz fest. Tatsächlich gelang es ihnen, dieses Selbstverständnis im polnisch-litauischen Friedensvertrag vom 7. Oktober 1920 schriftlich fixieren zu lassen. Der in Anwesenheit von Beobachtern des Völkerbundes ausgehandelte „Vertrag von Suwałki“ glich einem Waffenstillstandsabkommen und sah die Einhaltung einer Demarkationslinie vor, bis ein zukünftiger Vertrag alle Gebietskonflikte abschließend klären würde. Der Status von Vilnius wurde in den Gesprächen ausgeklammert, wobei die litauischen

---

Kap. IV; DERS., Between Russification and Divide and Rule. Russian Nationality Policy in the Western Borderlands in the mid-19th Century, in: Jahrbücher für Geschichte Osteuropas 55 (2007), H. 3, S. 357–373; THEODORE R. WEEKS, Nation and State in Late Imperial Russia. Nationalism and Russification on the Western Frontier, 1863–1914, DeKalb 1996, S. 110–130.

[2] BALKELIS, The Making of Modern Lithuania, Kap. 3 und 4; DERS., War, Revolution, and Nation-Making in Lithuania, 1914–1923, Oxford 2018, Kap. 2 und 3; VYTAUTAS PETRONIS, Constructing Lithuania. Ethnic Mapping in Tsarist Russia, ca. 1800–1914, Stockholm 2007, S. 222–269; STEVEN J. SEEGEL, Mapping Europe's Borderlands. Russian Cartography in the Age of Empire, Chicago 2012, S. 211–241; Spatial Concepts of Lithuania in the Long Nineteenth Century, hg. v. DARIUS STALIŪNAS, Brighton MA 2016. Zur Volkszählung von 1897: Die Nationalitäten des Russischen Reiches in der Volkszählung von 1897, hg. v. HENNING BAUER u. a., Stuttgart 1991.

[3] TOMAS BALKELIS, In Search of the People. The Lithuanian Intelligentsia and the Emergence of Mass Politics in the 1905 Revolution, in: Revolution in Nordosteuropa, hg. v. DETLEF HENNING, Wiesbaden 2011, S. 105–125; EGIDIJUS MOTIEKA, The Great Assembly of Vilnius, 1905, in: Lithuanian Historical Studies 1 (1996), S. 84–96; DARIUS STALIŪNAS, Making a National Capital out of a Multiethnic City. Lithuanians and Vilnius in Late Imperial Russia, in: Ab Imperio 1 (2014), S. 157–175; DERS., Wilno czy Kowno? Problem centrum narodowego Litwinów na poczatku XX wieku [Wilno oder Kowno? Das Problem des nationalen Zentrums der Litauer zu Beginn des XX. Jahrhunderts], in: Nacjonalizm a tożsamość narodowa w Europie Środkowo-Wschodniej w XIX i XX w. [Nationalismus und nationale Identität in Ostmitteleuropa im 19. und 20. Jahrhundert], hg. v. BERNARD LINEK / KAI STRUVE, Opole / Marburg 2000, S. 259–267.

Delegierten davon ausgingen, dass Vilnius dem litauischen Staat zugeschlagen werden würde, – während andererseits der eigene Anspruch auf die polnisch kontrollierten Städte Sejny, Suwałki und Augustów aufgegeben wurde. Diese Gewissheit sollte sich als Trugschluss erweisen. Es war für die litauischen Akteure ein tiefer Schock, als nur zwei Tage nach der Vertragsunterzeichnung polnische Truppen unter General Lucjan Żeligowski Vilnius und Umgebung besetzten und den Separatistenstaat „Mittellitauen" ausriefen.[4] Alle litauischen Bemühungen zur Rückgewinnung des Gebietes scheiterten und 1922 wurde das Territorium von Polen annektiert. Wenngleich die deutliche Mehrheit der Bevölkerung in „Mittellitauen" polnischsprachig war, gaben weder die demokratischen Regierungen in Kaunas noch der seit 1926 autoritär herrschende Antanas Smetona den Anspruch auf Vilnius und das Gebiet auf.[5]

Der schwelende Konflikt mit dem Nachbarstaat Polen zeitigte gravierende Folgen für die außenpolitische Situation Litauens. Da der Kriegszustand nicht beendet wurde, bestanden keine diplomatischen Beziehungen zu Polen und blieben die Grenzen zwischen den beiden Staaten geschlossen. Damit waren beinahe 50 Prozent des gesamten Grenzverlaufs Litauens blockiert. Dieser Zustand sollte 18 Jahre andauern, bis 1938

---

[4] LAIMONAS BRIEDIS, Vilnius. City of Strangers, Budapest 2008, S. 195 f.; HEIDI HEIN, Der Piłsudski-Kult und seine Bedeutung für den polnischen Staat 1926–1935, Marburg 2002, S. 64; JÜRGEN PAGEL, Der polnisch-litauische Streit um Wilna und die Haltung der Sowjetunion 1918–1938, in: Jahrbücher für Geschichte Osteuropas 40 (1992), H. 1, S. 41–75; ANNA VERONIKA WENDLAND, Region ohne Nationalität, Kapitale ohne Volk. Das Wilna-Gebiet als Gegenstand polnischer und litauischer nationaler Integrationsprojekte (1900–1940), in: „Arbeit am nationalen Raum". Deutsche und polnische Rand- und Grenzregionen im Nationalisierungsprozess, hg. v. PETER HASLINGER / DANIEL MOLLENHAUER, Leipzig 2005, S. 77–100. Zur Entwicklung Wilnas nach 1922 siehe u. a. THEODORE R. WEEKS, Creating Polish Wilno, 1919–1939, in: Races to Modernity. Metropolitan Aspirations in Eastern Europe, 1890–1940, hg. v. JAN C. BEHRENDS / MARTIN KOHLRAUSCH, Budapest 2014, S. 73–100; CZESŁAW MIŁOSZ, Die Straßen von Wilna, München 1997; TOMAS VENCLOVA, Vilnius. A Personal History, Riverdale 2009, S. 171–181.

[5] Siehe die Karte „Polens Grenzen in der Zwischenkriegszeit" im Beitrag von Bianka Pietrow-Ennker in diesem Band, S. 146. Vgl. auch: Lithuanian Nationalism and the Vilnius Question, 1883–1940, hg. v. DANGIRAS MAČIULIS / DARIUS STALIŪNAS, Marburg 2015, S. 92–170. Zum Staatsstreich vgl. ebenso JÖRG K. HOENSCH, Demokratie und autoritäre Systeme in Ostmitteleuropa, in: Ostmitteleuropa zwischen den beiden Weltkriegen (1918–1939). Stärke und Schwäche der neuen Staaten, nationale Minderheiten, hg. v. HANS LEMBERG, Marburg 1997, S. 53–72; Autoritäre Regime in Ostmittel- und Südosteuropa 1919–1944, hg. v. ERWIN OBERLÄNDER, Paderborn 2001; RAIMUNDAS LOPATA, Die Entstehung des autoritären Regimes in Litauen 1926. Umstände, Legitimierung, Konzeption, in: Autoritäre Regime, S. 95–142; ERWIN OBERLÄNDER, Die Präsidialdiktaturen in Ostmitteleuropa – „Gelenkte Demokratie"?, in: Autoritäre Regime, S. 3–18.

Polen per Ultimatum die Aufnahme von diplomatischen Beziehungen erzwang.[6] Aus diesem Dauerkonflikt resultierte eine weitgehende internationale Isolation Litauens, vor allem nachdem die Regierung in Kaunas eine Resolution des Völkerbundes zur Aufhebung des Kriegszustands ignorierte. Sogar zum Vatikan war die Verbindung belastet, da Rom sich entschied, die Region Vilnius als polnische Diözese zu verwalten.[7] All dies trug erheblich dazu bei, dass die Nationalstaatsbildung im litauischen Fall lange Zeit prekär blieb. Die litauischen Regierungen bemühten sich im Folgenden um eine außenpolitische Neuorientierung. Einerseits gab es Bestrebungen, das Verhältnis zum Deutschen Reich zu verbessern, was sich aber wegen der unterschiedlichen Interessen im Memelland schwierig gestaltete.[8]

Andererseits führte die Isolation dazu, dass Kaunas engen Kontakt zur Sowjetunion suchte. Damit wurde Litauen im Kreis der neugegründeten ostmitteleuropäischen Staaten zu dem Land, das die besten Beziehungen zur jungen Sowjetmacht pflegte. Daran änderte auch der strikte innenpolitische Antikommunismus des autoritären Smetona-Regimes wenig. Die gemeinsame Feindschaft zu Polen ermöglichte einen intensiven diplomatischen und zwischenzeitlich sogar auch kulturdiplomatischen Austausch zwischen der UdSSR und Litauen. Die Sowjetunion zumindest erkannte bereits 1920 Litauen als Staat an und – was für die Litauer besonders wichtig war – unterstützte diesen auch in seinem Anspruch auf

---

[6] VOLKER BLOMEIER, Litauen in der Zwischenkriegszeit. Skizze eines Modernisierungskonflikts, Münster 1998, S. 144–158; KLAUS RICHTER, Fragmentation in East Central Europe. Poland and the Baltics, 1915–1929, Oxford 2020, Kap. 4; ZIGMANTAS KIAUPA, The History of Lithuania, Vilnius 2005, S. 258–270; KLAUS RICHTER, Displacement without Moving. Secession, Border Changes and Practices of Population Politics in Lithuania, 1916–1923, in: Population Displacement in Lithuania in the Twentieth Century. Experiences, Identities, Legacies, hg. v. TOMAS BALKELIS / VIOLETA DAVOLIŪTĖ, Leiden 2016, S. 62–89.

[7] Lithuanian Nationalism, S. 94 f.

[8] BLOMEIER, Litauen in der Zwischenkriegszeit, S. 212 f.; MATTHIAS DORNFELDT/ ENRICO SEEWALD, Hundert Jahre deutsch-litauische Beziehungen, Husum 2017, S. 105–114, 120–128; PIOTR ŁOSSOWSKI, Kłajpeda kontra Memel. Problem Kłajpedy w latach 1918 - 1939 - 1945 [Klaipeda gegen Memel. Das Problem Klaipedas in den Jahren 1918 - 1939 - 1945], Warszawa 2007; Die deutsche Volksgruppe in Litauen und im Memelland während der Zwischenkriegszeit und aktuelle Fragen des deutsch-litauischen Verhältnisses, hg. v. BORIS MEISSNER, Tallinn 1998; Zwischen Staatsnation und Minderheit. Litauen, das Memelland und das Wilnagebiet in der Zwischenkriegszeit, hg. v. JOACHIM TAUBER, Lüneburg 1993; VYTAUTAS ŽALYS, Ringen um Identität. Warum Litauen zwischen 1923 und 1939 im Memelgebiet keinen Erfolg hatte [Kova dėl identiteto. Kodėl Lietuvai nesisekė Klaipėdoje tarp 1923–1939 m.], Lüneburg 1993.

das Wilnaer Gebiet.[9] Knapp 20 Jahre später sollte sich zeigen, dass die UdSSR kein verlässlicher außenpolitischer Partner war. Nachdem die Rote Armee 1939 die östlichen Gebiete Polens und damit auch Vilnius besetzt hatte, übergaben die sowjetischen Autoritäten Vilnius zwar zunächst den Litauern. Aber schon den Zeitgenossen war klar, dass es sich hier um ein vergiftetes Geschenk handelte. Und tatsächlich folgte der Wiedergewinnung der Stadt der Verlust staatlicher Souveränität fast unmittelbar: Bereits im Sommer 1940 wurde Litauen zusammen mit den anderen baltischen Staaten in die UdSSR zwangsweise eingegliedert.[10]

Im Folgenden wird es darum gehen, den Einfluss des schwelenden polnisch-litauischen Konflikts der Zwischenkriegszeit und der sich daraus ergebenden außenpolitischen Konstellation auf den Prozess der litauischen Nationsbildung herauszuarbeiten.

Außenpolitik und *nation-building* in Litauen 1918–1940

Die außenpolitische Konfrontation prägte nicht nur die innenpolitischen Debatten des jungen litauischen Staates, sie hatte ebenso tiefgreifende Auswirkungen auf die verhandelten Konzepte nationaler Identität. Außenpolitik war hier nicht einfach nur Spiegelbild von internen Prozessen des *nation-building*. Sie war vielmehr ein formativer Faktor, der das nationale Selbstbild der litauischen Eliten maßgeblich beeinflusste. Die „Vilnius-Frage", also der Anspruch auf Rückgewinnung der „alten Hauptstadt", machte einen scharfen Antipolonismus zum Grundkonsens im politischen Diskurs Litauens. Nationale Selbstentwürfe konnten daher nur in klarer Abgrenzung zum polnischen Nachbarn artikuliert werden. Dies hatte erhebliche Folgen für das litauische *nation-building* der Zwi-

---

[9] BLOMEIER, Litauen in der Zwischenkriegszeit, S. 212 f.; ALFONSAS EIDINTAS, Lithuania in European Politics. The Years of the First Republic, 1918–1940, New York 1998; Lithuanian Nationalism, S. 95 f.

[10] KIAUPA, History of Lithuania, S. 276–284; PIOTR ŁOSSOWSKI, Litwa a sprawy polskie 1939–1949 [Litauen und die polnische Frage 1939–1949], Warszawa 1982; ŠARŪNAS LIEKIS, 1939. The Year that Changed Everything in Lithuania's History, Amsterdam 2010; Die Sowjetunion, die baltischen Staaten und das Völkerrecht, hg. v. BORIS MEISSNER, Köln 1956; ALFRED ERICH SENN, Lithuania 1940. Revolution from Above, Amsterdam 2007; THEODORE R. WEEKS, Repopulating Vilnius, 1939–1949, in: Population Displacement in Lithuania in the Twentieth Century. Experiences, Identities, Legacies, hg. v. BALKELIS / DAVOLIŪTĖ, S. 133–159; ELENA ZUBKOVA, The Baltic Political Elite of the „Stalin Generation". Background, Identity, and Practices of Governance, in: The Baltic States under Stalinist Rule, hg. v. OLAF MERTELSMANN, Köln 2016, S. 47–71.

schenkriegszeit und darüber hinaus.[11] Besonders deutlich wird dies, wenn man das Zusammenspiel von Geschichts- und Nationsbildern betrachtet. Zugleich offenbaren sich hier die Deutungskämpfe konkurrierender politischer Akteure. Die Rückeroberung von Vilnius war eines der dominierenden Themen der innenpolitischen Debatten der Zwischenkriegszeit. Jede Regierung und auch noch das autoritäre Smetona-Regime musste sich daran messen lassen, inwieweit ihre außen- und innenpolitischen Aktivitäten zum Wiedererlangen der verlorenen Stadt beitrugen. Nicht ohne Grund legitimierten Smetona und die *Tautininkai*, die Litauische Nationale Union, den Staatsstreich von 1926 mit der „Vilnius-Frage", als sie dem amtierenden Präsidenten Kazys Grinius zu große Nachgiebigkeit gegenüber Polen vorwarfen.[12]

Aber bereits vor 1926 entwickelte eine breite, parteienübergreifende revanchistische Bewegung zahlreiche symbolische Formen des Gedenkens an die okkupierten Gebiete und hielt die Forderung nach „Wiedervereinigung" präsent. So startete beispielsweise 1925 die Litauische Schützenunion (*Lietuvos šaulių sąjunga*) – eine paramilitärische Organisation, die von der Regierung in Kaunas seit 1919 als „dritte Säule" der Landesverteidigung aufgebaut wurde – eine landesweite Spendensammlung unter der Losung „Lasst uns Vilnius befreien!".[13] Als wichtigste Institution bündelte hier der 1925 gegründete Bund für die Befreiung von Vilnius (*Vilniui vaduoti sąjunga*) derartige Aktivitäten. Dass diese Vereinigung eine ausgesprochen sichtbare Erinnerungspolitik betreiben konnte, lag auch daran, dass sich der Bund höchster staatlicher Patronage erfreute.[14]

---

[11] REGINA ŽEPKAITĖ, Die fehlende Hauptstadt. Litauens Politik im Zeichen der Wilnafrage, in: Nordost-Archiv II (1993), H. 2, S. 299–316.

[12] Lithuanian Nationalism, S. 106 f.; MICHAEL H. KOHRS, Die Litauische Nationale Union. Porträt einer (Staats-)Partei. Die Litauische Nationale Union (LTS) und ihre Bedeutung für das autoritäre Regime der Zwischenkriegszeit in Litauen 1924 bis 1940, Frankfurt am Main 2012; VYTAUTAS PETRONIS, The Emergence of the Lithuanian Radical Right Movement, 1922–1927, in: Journal of Baltic Studies 46 (2015), H. 1, S. 77–95; WENDLAND, Das Wilna-Gebiet; ŽEPKAITĖ, Die fehlende Hauptstadt.

[13] Siehe auch Abb. 1.

[14] Vgl. bspw. Smetonas Ausführungen zur Bedeutung einer Befreiung Vilnius für Litauen, zitiert in: KLAUS RICHTER, Kurzbiografie von Antanas Smetona, in: Dokumente und Materialien zur ostmitteleuropäischen Geschichte. hg. v. Herder-Institut, Themenmodul „Litauen in der Zwischenkriegszeit", bearb. v. KLAUS RICHTER, https://herder-institut.tut.de/resolve/qid/147.html (Zugriff: 20.02.2020). Der „Bund für die Befreiung von Vilnius" hatte in den 1930er Jahren fast 30.000 Mitglieder und umfasste mehr als 600 Ortsvereine. Vgl. Lithuanian Nationalism, S. 92–104, 112–160.

Abb. 1: „Lasst uns Vilnius befreien!“ Plakat zur Spendensammelaktion der Litauischen Schützenunion 1925

Symbolisch verdichtete sich diese Politik in der Ausrufung von Kaunas als „temporäre Hauptstadt“. Wenngleich in den Ausbau von Kaunas zum Regierungssitz erhebliche staatliche Ressourcen investiert wurden und sich in der avantgardistischen Architektur der Anspruch auf eine zwar junge, aber moderne Nation repräsentierte, so blieb dies im litauischen Selbstverständnis doch nur ein Provisorium. Etliche Denkmäler oder Museen in Kaunas und im westlichen Grenzgebiet sollten an den Verlust von Vilnius und die Härten des polnisch-litauischen Kriegs erinnern (siehe Abb. 2).

Abb. 2: Gefallenendenkmal der Litauischen Unabhängigkeitskämpfer in Kaunas, Postkarte vor 1945

Die Verfassung von 1928 proklamierte explizit, dass Vilnius die alleinige litauische Hauptstadt sei und gegenwärtig nur „zwischenzeitlich" an einen anderen Ort „verlegt" worden wäre.[15] Ein solches Opfer- und Verlustnarrativ hatte zugleich erhebliche Auswirkungen auf das nationale Geschichtsbild, das von den demokratischen Regierungen und nach 1926 im

[15] ANDREAS FÜLBERTH, Tallinn – Riga – Kaunas. Ihr Ausbau zu modernen Hauptstädten (1920–1940), Köln 2004, S. 287–305, 316–347.

Zeichen des Autoritarismus unter Smetona propagiert wurde. Der antipolnische Grundkonsens bedingte, dass sich eine litauische Geschichtspolitik auf die Zeit *vor* der Lubliner Realunion von 1569 konzentrieren musste. Die 1920er und 1930er Jahre erlebten dementsprechend einen regelrechten Boom der Geschichtsschreibung zur litauischen Großfürsten-Periode. Der Geschichtskult um die Großfürsten Gediminas, Mindaugas und Vytautas schlug sich hier nicht nur in Geschichtsbüchern und Erinnerungspraktiken nieder, er fand auch seinen Wiederhall in der familiären Namensgebung. Vor allem Algirdas wurde zu einem der beliebtesten Vornamen der Zwischenkriegszeit.[16] In Kontrast zur vermeintlich heroischen Zeit „reiner" litauischer Großmacht erschien die Periode nach dem Ende der Jagiellonen-Dynastie nur noch als Niedergangsgeschichte. Der Topos vom „polnischen Pan" als einerseits politisch und kulturell degeneriert, andererseits als Akteur einer zwanghaften Polonisierung der litauisch-belarussischen Bevölkerung leitete die Erzählungen zur Phase *nach* der Lubliner Union an.[17] Der Antipolonismus färbte selbst Darstellungen zur litauischen Nationalbewegung im 19. Jahrhundert.

Neben der zarischen Zensur und dem zwischenzeitlichen Verbot von litauischen Publikationen in lateinischer Schrift war es die polnische Kulturdominanz, die als drückende Last beschrieben wurde. Das Litauisch-Werden zahlreicher Aktivisten der Nationalbewegung wurde hier als Selbstreinigung, als ein Zu-Sich-Selber-Kommen und als Befreiung vom Joch polnischer Hegemonie beschrieben. So dominierten zum Beispiel in den für die 1920er Jahre typischen Ovationen an den Komponisten und Maler Mikalojus Čiurlionis derartige Bilder einer „Auto-Purifizierung", ungeachtet der Tatsache, dass Čiurlionis selber nie seine litauisch-polnische Doppelidentität in Frage gestellt hatte.[18] Derartige Geschichtsbilder

---

[16] Algirdas hieß der ab 1345 amtierende litauische Großfürst.

[17] GIEDRĖ JANKEVIČIŪTĖ, Imperial National Identity. The Image of the Medieval Grand Duchy of Lithuania in Lithuanian Art from the 1920s to the 1990s, in: Central Europe 8 (2010), H. 2, S. 158–180; DARIUS STALIŪNAS, Die litauische Nationalidentität und die polnischsprachige Literatur, in: Literatur und nationale Identität II. Themen des literarischen Nationalismus und der nationalen Literatur im Ostseeraum, hg. v. YRJÖ VARPIO / MARDIA ZADENCKA, Tampere 1999, S. 201–216; DERS., Imperskij režim v Litve v XIX veke (Po litovskim učebnikam istorii) [Das imperiale Regime in Litauen im 19. Jahrhundert (nach litauischen Geschichtslehrbüchern)], in: Ab Imperio 4 (2002), S. 365–390.

[18] RÜDIGER RITTER, Musik und Musikleben in Warschau und Wilna vor und nach dem Ersten Weltkrieg, in: Stadt und Öffentlichkeit in Ostmitteleuropa 1900–1939, hg. v. ANDREAS R. HOFMANN / ANNA VERONIKA WENDLAND, Stuttgart 2002, S. 133–148; DERS., Čiurlionis and Lithuanian Identity, Kaunas 2006; DERS., Wem gehört Musik? Warschau und Wilna im Widerstreit nationaler und städtischer Musikkulturen vor 1939,

hatten erheblichen Einfluss auf die zeitgenössischen Konzepte von nationaler Zugehörigkeit. Vor allem unter dem autoritären Regime Smetonas wurde ein ethnisch-konfessionell verengtes Bild litauischer Nationalität zur Maxime erhoben. Hatte es im Kontext der Nationalbewegung vor dem Krieg und auch in den zwanziger Jahren durchaus noch Stimmen gegeben, die für eine eher staatsbürgerliche Vorstellung von Litauisch-Sein im Sinne einer Zugehörigkeit zu einem multiethnischen und -konfessionellen Großstaat plädiert hatten, so wurde unter Smetona der Kampfruf „Litauen den Litauern" Bestandteil der offiziellen Rhetorik. So definierte der einflussreiche litauische Sozialphilosoph Antanas Maceina ein völkisches Konzept von Staat, in dem die kultur-ethnisch zu bestimmenden Litauer allen anderen Nationalitäten gegenüber privilegiert sein müssten.[19]

Das führte einerseits zur gesellschaftlichen Ausgrenzung und partiell auch zur rechtlichen Diskriminierung der polnischen und jüdischen Bevölkerungsgruppen. Andererseits mündete dies in Politiken der forcierten Lituanisierung gegenüber jenen Bevölkerungsteilen, die als „litauisch" klassifiziert, aber von vermeintlichen kulturellen Fremdprägungen zu „reinigen" waren. Dies betraf vor allem die Memelländer, bei denen deutsche sprachlich-kulturelle Einflüsse ebenso irritierten, wie ihre mehrheitliche Zugehörigkeit zum Protestantismus. Letztlich scheiterten die Kaunaser Bemühungen, die Memelländer zu lituanisieren, an eben dieser konfessionellen Differenz. Aber allein das Bestreben einer „Purifizierung" zeugt davon, wie stark in den 1930er Jahren ethnische Nationsvorstellungen und ein auf Abstammung fixiertes Denken die innenpolitischen Leitlinien des Smetona-Regimes prägten.[20]

Stuttgart 2004; DERS., M. K. Čiurlionis and Lithuanian Identity, in: Čiurlionio amžius. Mokslinės konferencijos, skirtos 130osioms Mikalojaus Konstantino Čiurlionio gimimo metinėms, medžiaga, hg. v. RAIMONDA NORKUTĖ / GIEDRĖ STANKEVIČIŪTĖ, Kaunas 2006, S. 154–163.

[19] BLOMEIER, Litauen in der Zwischenkriegszeit, S. 45–55; Lithuanian Nationalism, S. 104–112; KOHRS, Die Litauische Nationale Union; LOPATA, Die Entstehung des autoritären Regimes. Zu ähnlichen Entwicklungen im autoritären Ulmanis-Regime in Lettland vgl. ILGVAR BUTULIS, Ideologie und Praxis des Ulmanis-Regimes in Lettland, in: Autoritäre Regime, S. 249–298; INESIS FELDMANIS, Umgestaltungsprozesse im Rahmen des Ulmanis-Regimes in Lettland 1934–1940, in: Autoritäre Regime, S. 215–248; DENISS HANOVS / VALDIS TERAUDKALNS, Ultimate freedom – no choice. The culture of authoritarianism in Latvia, 1934–1940, Leiden 2013, Kap. 4.

[20] ŽALYS, Ringen um Identität. Allgemein zur Problematik von ethnischen Minderheiten in den neuen Nationalstaaten Ostmitteleuropas: WOLFGANG KESSLER, Die gescheiterte Integration. Die Minderheitenfrage in Ostmitteleuropa 1919–1939, in: Ostmitteleuropa

Zweifellos hatte auch schon bei den Akteuren der Nationalbewegung im 19. Jahrhundert die Rezeption zentraleuropäischer Strömungen von völkischen und integralen Nationalismen eine wichtige Rolle gespielt. Aber es war eben doch erst der Schock des Verlustes von Vilnius und die außenpolitische Konfliktsituation nach dem polnisch-litauischen Krieg, die derartige Nationsverstellungen zur Staatsmaxime erhoben. Der Antipolonismus erwuchs damit zum dominanten Motiv sowohl einer litauischen Außenpolitik wie auch des inneren *nation-building*. Die litauischen Eliten hatten sich, wie es Dangiras Mačiulis und Darius Staliūnas einmal formuliert haben, in eine Form der selbstverschuldeten Geiselhaft begeben: Mit der Fixierung auf die Rückereroberung von Vilnius forcierten sie innergesellschaftlich einen ethnischen Nationalismus, der sie außenpolitisch weitgehend ihrer Handlungsfähigkeit beraubte. Außenpolitik und Innenpolitik bedingten sich hier in der Tat gegenseitig.[21]

Dabei stellte der Antipolonismus zwar einen gesellschaftlichen Grundkonsens dar, seine jeweilige Ausdeutung und die daraus abgeleiteten Handlungsdirektiven waren jedoch Gegenstand erheblicher innerer politischer Konflikte. Um diese Deutungskämpfe und die konkurrierenden Vorstellungen zu *nation-building*-Politiken soll es im Folgenden gehen. Es geht darum, ein Profil der an diesen Debatten beteiligten radikalen nationalistischen Akteure zu erstellen. Denn sie trugen einerseits erheblich zur Etablierung von Smetonas Präsidialherrschaft bei.

Andererseits prägten sie mit ihren extremistischen Vorstellungen den politischen Diskurs Litauens der Zwischenkriegszeit. Entscheidend war hier die Organisation „Eiserne Wölfe" (*Geležinis Vilkas*) um Augustinas Voldemaras. Schon der Name des ursprünglich als Sportverein konstituierten Kampfverbands war Programm, bezog er sich doch auf die Sage zur Stadtgründung Vilnius. Der Legende nach war dem Großfürsten Gediminas am späteren Burgberg ein eiserner Wolf im Traum erschienen, woraufhin Gediminas die Errichtung einer neuen Hauptstadt an dieser Stelle

zwischen den beiden Weltkriegen, S. 161–188; HANS LEMBERG, Kulturautonomie, Minderheitenrechte, Assimilation. Nationalstaaten und Minderheiten zwischen den beiden Weltkriegen in Ostmitteleuropa, in: Auf dem Weg zum ethnisch reinen Nationalstaat? Europa in Geschichte und Gesellschaft, hg. v. MATHIAS BEER, Tübingen 2004, S. 91–118; DIETRICH A. LOEBER, Die Minderheitenschutzverträge – Entstehung, Inhalt und Wirkung, in: Ostmitteleuropa zwischen den beiden Weltkriegen, S. 189–200; MARTIN SCHEUERMANN, Minderheitenschutz contra Konfliktverhütung? Die Minderheitenpolitik des Völkerbundes in den zwanziger Jahren, Marburg 2000.

[21] Lithuanian Nationalism, S. 99.

veranlasste.[22] Vilnius als Bezugspunkt prägte aber nicht nur namentlich die Organisation, auch ein Großteil ihrer symbolischen Handlungen beschäftigten sich mit dem Verlust der „alten Hauptstadt" und – untrennbar damit verknüpft – mit dem Kampf gegen den polnischen Erzfeind. Die radikal antipolnische und antisemitische Orientierung äußerte sich in den späten zwanziger Jahren in zahlreichen Übergriffen gegenüber jüdischen und polnischen Staatsbürgern.

Voldemaras war zu diesem Zeitpunkt bereits Premierminister unter dem Präsidenten Smetona, den er beim Militärputsch von 1926 tatkräftig unterstützt hatte. Mit der zwischenzeitlichen Rückendeckung durch die Regierung machten sich die „Eisernen Wölfe" daran, ihre Kampforganisation auf breiterer Massenbasis aufzustellen, wobei vor allem Mussolinis Schwarzhemden als Vorbild dienten. Überhaupt galten der italienische Faschismus und sein autoritärer Korporatismus als Modell für den angestrebten gesellschaftlichen Umbau. Allerdings sollte dieser selbstverständlich eine klare Privilegierung ethnischer Litauer mit sich bringen. Anders als im italienischen *Squadrismo* spielte die Verfolgung politischer Gegner eine eher untergeordnete Rolle. Vielmehr terrorisierten die Schlägertrupps der „Wölfe" ethnische und konfessionelle Minderheiten.[23]

Der Antipolonismus wurde hier ins Extrem gesteigert. Zugleich wurden die außenpolitische Konstellation und nationale Träume des Verlustes von Vilnius genutzt, um innergesellschaftlich eine völkisch definierte Hierarchisierung der Gesellschaft voranzutreiben. Dass die „Eisernen Wölfe" bereits 1929 aufgelöst wurden, hatte dann auch wenig mit ihrer politischen Radikalität zu tun. Vielmehr hatte sich die Organisation in dem sich zuspitzenden Machtkampf zwischen dem Präsidenten Smetona

---

22 ALAN OLIVER GÖTZ, The Iron Wolf. Lithuanian Fascism (1927–1941), in: Journal of the International Students of History Association X (2003), H. 40–41, S. 12–15; KIAUPA, History of Lithuania, S. 264–266; ROMUALD MISIUNAS, Fascist Tendencies in Lithuania, in: The Slavonic and East European Review 110 (1970), S. 88–109, insbes. S. 100 f.; STANLEY G. PAYNE, A History of Fascism 1914–1945, London 2001, S. 341; PETRONIS, The Emergence of the Lithuanian Radical Right Movement; V. STANLEY VARDYS, Die Entwicklung der Republik Litauen, in: Die baltischen Nationen. Estland, Lettland, Litauen, hg. v. BORIS MEISSNER, Köln 1991, S. 75–86.

23 GÖTZ, The Iron Wolf, S. 13; LOPATA, Die Entstehung des autoritären Regimes, S. 131–138; PETER HASLINGER / VYTAUTAS PETRONIS, Erster Weltkrieg, Systemkonsolidierung und kollektive Gewalt in Ostmitteleuropa. Litauen und der „Eiserne Wolf", in: Gewaltgemeinschaften. Von der Spätantike bis ins 20. Jahrhundert, hg. v. WINFRIED SPEITKAMP, Göttingen 2013, S. 343–369, insbes. S. 356–369; PETRONIS, The Emergence. Zum italienischen Squadrismo: SVEN REICHARDT, Faschistische Kampfbünde. Gewalt und Gemeinschaft im italienischen Squadrismo und in der deutschen SA, Köln 2002.

und seinem Premierminister Voldemaras auf Voldemaras Seite gestellt und war für Smetona zu einer gefährlichen Kraft geworden.[24]

Wie nachhaltig prägend aber die extremen Vorstellungen der „Eisernen Wölfe" auf den allgemeinen Diskurs dennoch waren, lässt sich an der nationalistischen Wende Smetonas in den 1930er Jahren deutlich zeigen. Gerade als es darum ging, seine Widersacher am rechten Rand zu marginalisieren, intensivierte das Smetona-Regime die nationalistische und antipolnische Rhetorik. Zugleich setzte es, um die Leerstelle der „Eisernen Wölfe" zu füllen, verstärkt auf die Militarisierung der Jugend mithilfe von Wehrkraftübungen und paramilitärischen Sportvereinigungen. Und nicht zuletzt erlebte die Inszenierung der Vilnius-Frage als Schicksalsfrage der litauischen Nation in den dreißiger Jahren ihren Höhepunkt.[25]

Der Druck von rechts trieb Smetona auch nach der politischen Entmachtung Voldemaras vor sich her. Der durch die außenpolitische Konstellation stabilisierte nationalistische und revanchistische Diskurs bewegte auch einen eher konservativen Politiker wie Smetona dazu, sich an einer breiteren gesellschaftlichen Mobilisierung zu versuchen. Mochten dem autoritären Staatschef derartige Formen der Massenaktivierung suspekt bleiben – angesichts des permanenten Zwangs, den Einsatz für die Rückgewinnung der verlorenen Gebiete überzeugend unter Beweis zu stellen, übernahm auch Smetona Methoden der extremistischen Bewegungen.

Die extremistischen Kräfte konnten dann kurz nach dem Beginn des Zweiten Weltkriegs und dem erzwungenen Anschluss Litauens an die UdSSR auch fast nahtlos an ihre Tätigkeiten in den 20er Jahren anknüpfen. Ehemalige Mitglieder der „Eisernen Wölfe" engagierten sich nach 1940 sowohl in dem „Bund litauischer Aktivisten" (*Lietuvių aktyvistų sąjunga*) wie auch der heterogenen „Litauischen Aktivistenfront" (*Lietuvos Aktyvistų Frontas*). Programmatisch setzten sie hier auf Antipolonismus und Antisemitismus als Instrumente, um einen anti-sowjetischen Untergrund zu mobilisieren. Im Kontext des Juni-Aufstands 1941 und der folgenden nationalsozialistischen Besatzung wurden viele von ihnen zu Tätern oder aktiven Gehilfen bei der Ermordung der litauischen Juden.[26]

---

[24] BLOMEIER, Litauen in der Zwischenkriegszeit, S. 45–55; KIAUPA, History of Lithuania, S. 264–267; LOPATA, Die Entstehung, S. 129–131.

[25] Lithuanian Nationalism, S. 127–149.

[26] CHRISTOPH DIECKMANN, Deutsche Besatzungspolitik in Litauen 1941–1944, Göttingen 2011, Bd. 2. S. 1505–1509; ALFONSAS EIDINTAS, Jews, Lithuanians and the Holocaust, Vilnius 2003, S. 164–312.

Zusammenfassend lässt sich also festhalten, dass das Smetona-Regime vor allem in den 1930er Jahren eine nationalistische Integrationsstrategie mit antipolnischer Ausrichtung betrieb. Eine solche programmatische Orientierung versperrte auf dem internationalen Parkett jedoch alle Verhandlungsoptionen und verlängerte den Zustand prekärer Nationalstaatsbildung bis in die 1930er Jahre hinein. Eine Aufnahme der diplomatischen Beziehungen zu Polen war angesichts der revanchistischen Grundnote eines litauischen Nationalverständnisses unmöglich. Die fortdauernde internationale Isolation war der Preis, den die politische Elite in Kaunas für ihr *nation-building* durch Antipolonismus bezahlte. Bewegung kam in die Konstellation nur von außen.

Nachdem Warschau im März 1938 ultimativ die Aufnahme diplomatischer Beziehungen sowie damit indirekt auch die Anerkennung der polnisch-litauischen Grenzen von 1923 gefordert und diesem Ansinnen mit propagandistischem Säbelrasseln und einer Mobilisierung des polnischen Schützenverbandes Nachdruck verliehen hatte, sah sich die Regierung in Kaunas zum Nachgeben genötigt. Das gegenseitige Misstrauen saß aber weiterhin tief, zumal aus litauischer Sicht der eigene Anspruch auf Vilnius keinesfalls aufgegeben war. Zu einer weiterreichenden Kooperation und einer gemeinsamen Position gegenüber den aggressiven Hegemonialmächten Deutschland und der Sowjetunion konnten sich die Erzrivalen so nicht durchringen.[27]

Im Gegenteil, die litauischen Eliten sahen der militärischen Niederwerfung des Nachbarn eher wohlwollend zu. Und sie nutzten die vermeintliche Gunst der Stunde, als Vilnius nach der Besetzung durch die Rote Armee für eine kurze Zeitspanne den litauischen Autoritäten übergeben wurde, um eine scharfe Lituanisierungs- und De-Polonisierungspolitik im Wilnaer Gebiet zu forcieren. Unter anderem wurde die zu diesem Zeitpunkt letzte aktive polnische Stefan-Batory-Universität in Vilnius lituanisiert, das Litauische als Amtssprache durchgesetzt und zahlreiche litauische Beamte aus Kaunas importiert.[28] Dieser Triumph über den polnischen Gegner war bekanntlich nur von kurzer Dauer. Bereits im Folgejahr besetzte die Sowjetunion das gesamte litauische Territorium. Das über zwei Jahrzehnte betriebene *nation-building* durch Antipolonismus hatte jedoch tiefe Spuren hinterlassen. Seine Langzeitwirkungen in der

---

[27] Lithuanian Nationalism, S. 160–170; SEPPO MYLLYNIEMI, Die baltische Krise 1938–1941, Stuttgart 1979; PAGEL, Der polnisch-litauische Streit, S. 54–75.

[28] Lithuanian Nationalism, S. 171–199; THEODORE R. WEEKS, Vilnius between Nations, 1795–2000, DeKalb 2015, S. 159–162.

Nachkriegsperiode und seine Bedeutung für eine nun sowjetisch geformte Nationspolitik sollen im Folgenden thematisiert werden.

Die Langzeitwirkungen des Antipolonismus: Nationale Identitätspolitik in Sowjetlitauen

Bereits in den ersten Jahren der sowjetischen Okkupation 1940/41 und dann vollends nach der Rückkehr der Roten Armee 1944 wurde die neu geschaffene Litauische Sowjetrepublik nach sowjetischen Vorgaben ausgerichtet: Auf dem üblichen hohen Gewaltniveau des Stalinismus kam es zu Zwangsverstaatlichung und -kollektivierung, Massendeportationen und politischem Terror, dem Import von Stalinkult und Sozialistischem Realismus.[29] Zugleich aber betrieben Akteure wie der langjährige Erste Sekretär der litauischen Kommunistischen Partei Antanas Sniečkus oder der Kulturfunktionär Antanas Venclova ein sowjet-litauisches *nation-building*. Es ging ihnen um die Förderung einer litauischen Nation nach sowjetischem Zuschnitt. Dabei spielte der alte Antipolonismus eine wichtige Rolle. Sei es als Legitimationsstrategie, sei es aus antipolnischen Affekten: Die Errichtung sowjet-litauischer Herrschaft wurde in der Tradition einer „Befreiung" von polnischer Dominanz und vor allem der Rückgewinnung von Vilnius inszeniert.[30]

Die Rückkehr der Litauer nach Vilnius erfolgte dabei durch eine Verdrängung der noch präsenten polnischen Stadtbevölkerung und einer Tilgung der Erinnerung an die polnische (und jüdische) Vergangenheit.[31]

---

[29] Schätzungen gehen davon aus, dass in der litauischen Unionsrepublik allein im Zeitraum 1944–1951 ungefähr 128.000 Menschen und damit circa 5 Prozent der Bevölkerung zum Opfer der Massendeportation wurden. Die Zahl der insgesamt von der Repression des stalinistischen Terrorapparates betroffenen Litauer wird auf über 350.000 Menschen geschätzt, was ungefähr 13 Prozent der damaligen Bevölkerung der Litauischen Sozialistischen Sowjetrepublik (LSSR) entspricht. Vgl. JOACHIM TAUBER / RALPH TUCHTENHAGEN, Vilnius. Eine kleine Geschichte der Stadt, Köln 2008, S. 220; KIAUPA, History of Lithuania, S. 308 f.

[30] TIMOTHY SNYDER, The Reconstruction of Nations. Poland, Ukraine, Lithuania, Belarus, 1569–1999, New Haven 2003, Kap. 5; WEEKS, Vilnius between Nations, S. 176–188; ZUBKOVA, The Baltic Political Elite of the „Stalin Generation".

[31] Vgl. VIOLETA DAVOLIŪTĖ, Postwar Reconstruction and the Imperial Sublime in Vilnius during Late Stalinism, in: Ab Imperio 1 (2014), S. 176–203; DIES., The Making and Breaking of Soviet Lithuania, London 2013, S. 56–72; TAUBER / TUCHTENHAGEN, Vilnius, S. 28–219; JAN AREND u. a., „Jerusalem des Nordens". Das jüdische Vilnius in Geschichte und Erinnerung, in: Vilnius. Geschichte und Gedächtnis einer Stadt zwischen den

Der Großteil der verbliebenen polnischen Bevölkerung wurde während der sogenannten „Repatriierungs"-Kampagnen der Jahre 1944 bis 1946 nach Polen ausgesiedelt. Diese ethnische Säuberung, wie sie auch in der Ukraine und Belarus stattfand, wurde von Moskau initiiert. Aber die konkrete Organisation und das Aushandeln der „Repatriierungs"-Kontingente oblagen den lokalen Amtsträgern. Es waren hier die litauischen Kommunisten, die die polnische Bevölkerung besonders energisch aus der Stadt drängten.[32]

Gleichzeitig knüpfte die neue Herrschaft an das alte Narrativ von der Rückeroberung von Vilnius an. Die offizielle Rhetorik betonte, dass es erst die Sowjetmacht gewesen sei, die den Litauern ihre „angestammte Hauptstadt" „zurückgegeben" habe. Implizit wurde damit die Verdrängung der Polen als historische Notwendigkeit dargestellt. In die gleiche Richtung stieß die parteistaatlich propagierte Nationalgeschichte. Die kommunistischen Kader wurden nicht müde, die Sowjetrepublik mit der litauischen Staatlichkeit *vor* der Lubliner Union zu verknüpfen. Ähnlich wie in der Zwischenkriegszeit galt die Frühphase als positiv konnotierte Periode, während die folgende „Polonisierung" zu Feudalismus und Verfall geführt habe.[33]

Kulturen, hg. v. IRENE GÖTZ u. a., Frankfurt am Main 2010, S. 74–114, hier S. 103–105; WEEKS, Vilnius between Nations, S. 179–185.

[32] Insgesamt wurden 1945/46 und 1955–1958 circa 200.000 Polen aus der LSSR „repatriiert". 1959 stellten dann Litauer 79,3 Prozent, Polen nur noch 8,5 Prozent und Russen 8,5 Prozent der Gesamtbevölkerung der LSSR. Zur „Repatriierung" im Detail JERZY KOCHANOWSKI, Die Aussiedlung der Polen aus den östlichen Woiwodschaften der II. Republik (1944–1946), in: Forum für osteuropäische Ideen- und Zeitgeschichte 3 (1999), H. 1, S. 169–197; DERS., Eine andere Schuldrechnung. Die polnischen Umsiedler und ihr Kampf um Entschädigungen, in: Zeitschrift für Geschichtswissenschaft 51 (2003), H. 1, S. 65–73; DERS., Repatrianten oder Expatrianten? Die Umsiedlung polnischer Bürger aus den ehemaligen Ostgebieten der Republik Polen (Kresy) 1944–1946, in: Zwangsmigrationen im mittleren und östlichen Europa, hg. v. RALPH MELVILLE u. a., Mainz 2007, S. 421–429; SNYDER, The Reconstruction of Nations, S. 90–94; VITALIJA STRAVINSKIENĖ, Between Poland and Lithuania. Repatriation of Poles from Lithuania, 1944–1947, in: Population Displacement in Lithuania in the Twentieth Century. Experiences, Identities, Legacies, hg. v. TOMAS BALKELIS / VIOLETA DAVOLIŪTĖ, Leiden 2016, S. 160–178; THEODORE R. WEEKS, A Multi-ethnic City in Transition. Vilnius's Stormy Decade, 1939–1949, in: Eurasian Geography and Economics 46 (2005), H. 10, S. 504–525; THEODORE R. WEEKS, Population Politics in Vilnius 1944–1947. A Case Study of State-Sponsored Ethnic Cleansing, in: Post-Soviet Affairs 23 (2007), H. 1, S. 76–95.

[33] CATHERINE GOUSSEFF, Vilnius – die „Anderen" im Gedächtnis der litauischen Hauptstadt, in: Nordost-Archiv XV (2006), S. 160–174; DIES., Wilno, Vilné, Vilnius, capitale de Lituanie, in: A l'Est, le mémoire retrouvée, hg. v. ALAIN BROSSAT / SONIA COMBE, Paris 1990, S. 489–520.

Einige Vorzeigeprojekte parteistaatlicher Geschichtspolitik sollten diese Verbindung unterstreichen. So restaurierten die litauischen Parteifunktionäre beispielsweise den Gediminas-Turm auf dem Schlossberg in Vilnius bereits in den 1940er Jahren. Der Turm erinnerte an den mythischen Stadtgründer. Nur fünf Jahre nach dem Krieg konnten die Vilniuser sich dort in einem Staatsmuseum über die vermeintlich ur-litauische Geschichte der Stadt informieren. Die Autoritäten vergaßen dabei nicht, zu betonen, dass der Turm unter polnischer „Fremdherrschaft" weitgehend verfallen war und ihm erst die litauischen Kommunisten zum alten Glanz verholfen hätten. Ähnlichen Zwecken diente der Wiederaufbau der Großfürsten-Burg in Trakai, den die litauische KP in den 1950er Jahren anordnete. Auch hier wurde ein litauisches Geschichtsnarrativ, das sich auf die heroische Phase des Großfürstentums bezog, mit stark antipolnischen Bezügen und dem Topos der „Wiedergewinnung" des Wilnaer Lands verwoben.[34]

Die Liste der Beispiele geschichtspolitischer und zugleich antipolnischer Maßnahmen der litauischen Kommunisten ließe sich beliebig fortsetzen. Besonders eindrucksvoll zeigte sich dies auch im Bildungssektor und bei der systematischen Benachteiligung polnischsprachiger Schulen. Nicht zuletzt führte auch die von den neuen sowjet-litauischen Autoritäten betriebene Stadtplanung zu einer ethnisch konnotierten sozialräumlichen Differenzierung, bei der die verbliebene polnische Bevölkerung benachteiligt wurde.[35]

Auch erfolgte mit der von parteilich-staatlichen Kulturfunktionären direkt nach dem Krieg forcierten „Folklorisierung" des öffentlichen städtischen Raums eine symbolische Lituanisierung der Stadt und damit zugleich eine Verdrangung ihrer historischen polnischen Bezüge. So unterstrichen Inszenierungen wie das erste Sängerfest von 1946 oder auch das Republikliederfest von 1955 ebenso wie die Konzerte des „Volksensembles für Lieder und Tänze" unter der Leitung von Jonas Švedas mit ihrer Präsenz litauischer Trachten und Volkslieder den litauischen „Charakter" der Stadt. Zudem sollten Festakte an der Vilniuser Universität, bei denen ethnisch-nationalisierte Folklore zur Aufführung kam, der alten polnisch

---

[34] Vgl. DAVOLIŪTĖ, Postwar Reconstruction, S. 189–201; EGLĖ RINDZEVIČIŪTĖ, Imagining the Grand Duchy of Lithuania. The Politics and Economics of the Rebuilding of Trakai Castle and the „Palace of Sovereigns" in Vilnius, in: Central Europe 8 (2010), H. 2, S. 181–203; STALJUNAS, Imperskij režim v Litve v XIX veke, S. 374–380.

[35] Vgl. JOLITA LENKEVIČIŪTE, Vilnius im Wandel. Wohnsegregation in einer ostmitteleuropäischen Hauptstadt, Berlin 2006, S. 140–156, 228–235.

geprägten Hochschule einen litauischen Anstrich geben.[36] Hier wie in anderen Bereichen auch bedeutete die sowjetische Transformation also zugleich eine kulturelle Nationalisierung, die das Litauische gegenüber allen polnischen Verbindungslinien privilegierte. Dies war zweifellos keine Selbstermächtigung litauischer Nationalkommunisten, die eine von Moskau verordnete Sowjetisierung zu unterlaufen versuchten, sondern eine Fortsetzung der sowjetischen „Einwurzelungspolitik" der Vorkriegsperiode.[37] Aber in ihrer konkreten Ausgestaltung durch die neuen sowjet-

---

[36] ODETA MIKSTAITE, Der „Singende Stalinismus". Zur Entstehung der Massenkultur auf dem Gebiet der Folklore in der Litauischen SSR, in: Forschungen zur baltischen Geschichte 8 (2013), S. 192–213; DIES., Sowjetische Karriere für nationale Kultur? Zum Verhältnis von Sowjetisierung und Konstituierung nationaler Kultur am Beispiel des Wirkens herausragender Kulturfunktionäre der Stalin- und Chruščev-Ära in der litauischen SSR, in: Studia Maritima XXV (2012), S. 239–255; MALTE ROLF, Die Nationalisierung der Sowjetunion. Indigenisierungspolitik, nationale Kader und die Entstehung von Dissens in der Litauischen Sowjetrepublik der Ära Brežnev, in: Goldenes Zeitalter der Stagnation? Perspektiven auf die sowjetische Ordnung der Breznev-Ära, hg. v. BORIS BELGE / MARTIN DEUERLEIN, Tübingen 2014, S. 203–230; ODETA RUDLING, The Cult of the Balts. Mythological Impulses and Neo-Pagan Practices in the Touristic Clubs of the Lithuanian SSR of the 1960s and 1970s, in: Region. Regional Studies of Russia, Eastern Europe, and Central Asia 6 (2017), H. 1, S. 87–108; DIES., Folklore as a Visual Medium of Socialism and National Identity. The Case of the Lithuanian SSR, in: Ästhetiken des Sozialismus / Socialist Aesthetics. Populäre Bildmedien im späten Sozialismus / Visual Cultures of Late Socialism, hg. v. ALEXANDRA KÖHRING / MONICA RÜTHERS, Wien 2018, S. 189–211; DIES., Der *rustic turn* in der Litauischen SSR. Nationaler Konservatismus, ländlicher Raum und die Volkstümlichkeit der litauischen Kultur im Spätsozialismus 1956–1990, in: Forschungen zur baltischen Geschichte 14 (2019), S. 157–188.

[37] Vgl. auch DAVID FEEST, *Neo-korenizacija* in den baltischen Sowjetrepubliken? Die Kommunistische Partei Estlands nach dem Zweiten Weltkrieg, in: Zeitschrift für Geschichtswissenschaft 54 (2006), H. 3, S. 263–280; VILIUS IVANAUSKAS, Lithuanian Nomenclatura in Bureaucratic System. Between Stagnation and Dynamics (1970–1988), Vilnius 2008; ROLF, Die Nationalisierung der Sowjetunion; SNYDER, The Reconstruction of Nations, S. 93–95; ELENA ZUBKOVA, Pribaltika i Kreml', Moskva 2008, S. 300–319. Zur Tradition der *korenizacija* vgl. u. a. JÖRG BABEROWSKI, Stalinismus und Nation. Die Sowjetunion als Vielvölkerreich 1917–1953, in: Zeitschrift für Geschichtswissenschaft 54 (2006), H. 3, S. 199–213; DERS., Representations of the National on the Fringes of Europe, in: Representations on the Margins of Europe. Politics and Identities in the Baltic and South Caucasian States, hg. v. TSYPYLMA DARIEVA / WOLFGANG KASCHUBA, Frankfurt am Main 2007, S. 337–344; TERRY MARTIN, Modernization or Neo-Traditionalism? Ascribed Nationality and Soviet Primordialism, in: Stalinism. New Directions, hg. v. SHEILA FITZPATRICK, London 2000, S. 348–367; TERRY MARTIN, The Affirmative Action Empire. Nations and Nationalism in the Soviet Union, 1923–1939, Ithaca 2001; MALTE ROLF, Nationalizing an Empire. The Bolsheviks, the Nationality Question, and Policies of Indigenization in the Soviet Union, in: The First World War and Nationality Question in Europe. Global Impact and Local Dynamics, hg. v. XOSÉ M. NÚÑEZ SEIXAS, Santiago de

litauischen Eliten schrieb sie doch jene antipolnische Ausrichtung fort, die das litauische Selbstbild schon in der Zwischenkriegszeit geprägt hatte. Langfristig trug dies dazu bei, dass der litauisch-polnische Gegensatz, der aus der außenpolitischen Konstellation nach dem Ersten Weltkrieg erwachsen war, in die Periode nach 1945 transferiert und ständig reaktualisiert wurde. Er hat sich weitgehend ungebrochen bis heute erhalten.[38]

Abbildungsnachweis

Abb. 1: Plakat aus den Beständen des Regionalmuseums Kaunas [*Kauno rajono muziejus*], Inventarnummer KRM BKMM GEK 1016. Copyright Kauno rajono muziejus.

Abb. 2: Postkarte (vor 1945) aus dem Bildarchiv des Herder-Instituts für historische Ostmitteleuropaforschung, Marburg. Inventarnummer 187009. Copyright Herder-Institut.

Compostela 2021, S. 65–86; YURI SLEZKINE, The USSR as a Communal Apartment, or How a Socialist State Promoted Ethnic Particularism, in: Slavic Review 52 (1994), H. 2, S. 414–452; YURI SLEZKINE, Imperialism as the Highest Stage of Socialism, in: Russian Review 59 (2000), S. 227–234; JEREMY R. SMITH, The Bolsheviks and the National Question, 1917–1923, Houndmills 1999; RONALD GRIGOR SUNY, The Revenge of the Past. Nationalism, Revolution, and the Collapse of the Soviet Union, Stanford 1993; A State of Nations. Empire and Nation-Making in the Age of Lenin and Stalin, hg. v. RONALD GRIGOR SUNY / TERRY MARTIN, Oxford 2001; DIES., The Empire Strikes Out. Imperial Russia, „National" Identity, and Theories of Empire, in: A State of Nations. Empire and Nation-Making in the Age of Lenin and Stalin, hg. v. DENS., Oxford 2001, S. 23–66.

[38] RÜDIGER RITTER, Das Imperium entlässt seine Kinder. Identitätsbildung durch Geschichte in Belarus, Polen und Litauen nach 1989, in: Imperienvergleich. Beispiele und Ansätze aus osteuropäischer Perspektive, hg. von GUIDO HAUSMANN / ANGELA RUSTENMEYER, Wiesbaden 2009, S. 183–208; TOMAS VENCLOVA, Ich ersticke. Litauen auf nationalistischen Irrwegen, in: Osteuropa 61 (2011), H. 1, S. 97–109.

Ota Konrád

Der verratene Liebling

Tschechoslowakische Aussenpolitik 1918–1938 zwischen Realität und Illusion

Einführung

Am 30. September 1938 wurde in München das bekannte Abkommen zwischen den Vertretern von Großbritannien, Frankreich, Deutschland und Italien unterschrieben, in dessen Folge die Tschechoslowakei umfangreiche Gebiete an das Dritte Reich abtreten musste.[1] Der frühere „Liebling der Entente" fühlte sich von seinen westlichen Verbündeten verraten. Der Rest des Staates, die sogenannte Zweite Republik, entwickelte sich schnell zu einem undemokratischen, autoritären Staat, dessen Existenz nach weniger als sechs Monaten beendet wurde. Obwohl die Erste Republik dem extremen Druck von außen unterlag, wurde das autoritäre Regime der Zweiten Republik maßgeblich von den gleichen Politikern durchgesetzt, die zuvor tatkräftig an der Demokratie der Ersten Republik mitgewirkt hatten.

Es gibt zwei unterschiedliche Deutungen, die versuchen, die Stabilität der tschechoslowakischen Demokratie bis September 1938 – immerhin eine Ausnahme in Mitteleuropa zu dieser Zeit – und zugleich die schnelle Hinwendung zum autoritären Gedankengut und zur autoritären Praxis nach dem September 1938 zu erklären. Die erste, welche in einem Teil der tschechischen Historiographie und in der breiten Öffentlichkeit tief verwurzelt ist, übernimmt die staatstragende Mythologie der Ersten Republik: Die Tschechen seien durch ihre geschichtlichen Erfahrungen bzw. ihre soziale Zusammensetzung von Natur aus demokratisch einge-

[1] Aus einer schon unübersehbaren Fülle der Literatur zum Münchner Abkommen vgl. Das Münchener Abkommen von 1938 in europäischer Perspektive, hg. v. Jürgen Zarusky / Martin Zückert, München 2013. Dort auch weitere Literatur.

stellt. Den autoritären Zug des Regimes nach dem September 1938 erklärte man durch den unerwarteten „Verrat des Westens“ in München, der einen tiefen Schock und Verunsicherung im tschechischen Volk hervorgerufen habe. Die zweite Deutung hebt dagegen starke Kontinuitäten zwischen der Ersten und der Zweiten Republik hervor. Politische Entscheidungen seien bereits lange vor 1938 weitgehend selbstständig durch die Exekutive, ohne Rücksichtnahme auf das Parlament, getroffen worden. Auch die Zusammenarbeit der mitte-rechts und mitte-links stehenden Parteien müsse man kritisch sehen: Sie habe sich als eine Diktatur der kleinen Gruppe der Parteivorsitzenden entpuppt, die hinter verschlossenen Türen die ganze Politik bestimmt hätte. Die Stabilität der Ersten Republik sei durch eine undemokratische politische Praxis de facto erkauft worden und in der Situation nach dem September 1938 wären diese undemokratischen Tendenzen und Einstellungen nur noch deutlicher zum Vorschein gekommen. Falsch sei demnach die Annahme eines absoluten Bruchs zwischen Erster und Zweiter Republik.[2]

In diesem Text werde ich noch auf einen anderen Aspekt hinweisen, dem in diesen beiden Deutungsmustern wenig Aufmerksamkeit gewidmet wird. Die Gründe sowohl für die Stabilität des Regimes der Ersten Republik als auch für die Abwendung von der Demokratie in der Zweiten Republik werden hier nämlich vor allem in internen Faktoren gesucht: in den kollektiv-psychologischen Einstellungen der tragenden Nation bzw. in der spezifischen politischen Kultur des Staates. Dagegen ist jedoch festzuhalten, dass die Tschechoslowakei keine Insel in Europa war. Sie war maßgeblich auch von externen Faktoren beeinflusst, wie nicht zuletzt das Ende der Ersten Republik in München in den letzten Septembertagen des Jahres 1938 zeigt.

Diese Verflochtenheit mit den gesamteuropäischen Entwicklungen ließ sich schon am Anfang der Zeit der Ersten Republik erkennen. Die Tschechoslowakei hatte mit ähnlichen Problemen wie andere neu gegründete bzw. wieder errichtete Staaten in Mittel- und Ostmitteleuropa unmittelbar nach dem Ende des Krieges zu kämpfen: mit den sozialen, demographischen und ökonomischen Folgen des Krieges, mit den unsicheren Grenzen, mit einer Welle der Nachkriegsgewalt, mit der radikalen Lin-

[2] Vgl. PETER BUGGE, Czech Democracy 1918–1938: Paragon or Parody?, in: Bohemia. Zeitschrift für Geschichte und Kultur der böhmischen Länder 47 (2006/2007), H. 1, S. 3–28. Eine Gegenposition findet sich bei: PHILIP J. HOWE u. a., The Creation of the Conditions for Consociational Democracy and its Development in Interwar Czechoslovakia, in: Bohemia. Zeitschrift für Geschichte und Kultur der böhmischen Länder 56 (2016), H. 2, S. 362–380.

ken, die die bestehende gesellschaftliche Ordnung herausforderte, mit der faktischen Multiethnizität der neuen Staaten sowie ihrer Zusammensetzung aus Gebieten, die früher noch zu verschiedenen Staaten gehört hatten.[3] Was sich jedoch unterschied, war das Ausmaß dieser Probleme. In dieser Hinsicht hatte die Tschechoslowakei im Vergleich zu Polen, Jugoslawien, Rumänien sowie zu Österreich bessere Karten. In jedem Fall war die Stabilität des neuen Staates stark von der Situation in Europa abhängig. Der Außenpolitik fiel daher eine besondere Bedeutung zu, da sie nicht nur partielle Interessen des Staates im Ausland durchsetzen musste, sondern auch für die Stabilität und letztlich für die Existenz der Tschechoslowakei verantwortlich war.

Diese essenzielle Bedeutung der Außenpolitik drückt sich auch in der politischen Langlebigkeit ihres wichtigsten Vertreters aus: Edvard Beneš hatte bis zu seiner Wahl zum Präsidenten im Jahre 1935 in allen Regierungen das Amt des Außenministers inne. Dies ist umso bemerkenswerter, da die Regierungen in den 1920er und 1930er Jahren in der Tschechoslowakei stets wechselten. Auch nachdem er zum Präsidenten gewählt worden war, beteiligte er sich entscheidend an der Ausformulierung der Hauptlinien der Außenpolitik, in der Krise im Sommer 1938 übernahm er de facto wieder die Leitung der Außenpolitik.

Aber nicht nur diese personelle Kontinuität, sondern auch die spezifische Deutung der Außenpolitik machten die einzigartige Stellung von Beneš und seinen Diplomaten in der tschechoslowakischen Politik aus. Aus einer Reihe von Beneš' Äußerungen geht die Überzeugung hervor, dass sein Denken und sein Handeln in tiefstem Einklang mit dem Fortgang der Welt, mit dem Lauf der Geschichte und der natürlichen Entwicklung stehen. Beneš berief sich oft auf die wissenschaftlichen Grundlagen seiner Politik, wobei die Politik sogar eine angewandte praktische Wissenschaft sei.[4] Den Hintergrund seines Vertrauens darauf, im Einklang mit der natürlichen und notwendigen Entwicklung vorzugehen, bildeten die moralischen und geschichtspolitischen Erwägungen, die vom ersten Präsidenten des Staates, Tomáš Garrigue Masaryk, und dessen Umfeld entwickelt worden waren.[5] Masaryk versuchte, eine Konzeption der

---

[3] Vgl. BORIS BARTH, Europa nach dem Großen Krieg. Die Krise der Demokratie in der Zwischenkriegszeit 1918–1938, Frankfurt / New York 2015.

[4] Dazu vgl. EDVARD BENEŠ, Zahraniční politika a demokracie [Außenpolitik und Demokratie], Praha 1923.

[5] Vgl. BRUCE R. BERGLUND, Castle and Cathedral in Modern Prague. Longing for the Sacred in a Sceptical Agerague Cathedral, New York 2016.

moralischen Größe des (tschechischen) Volkes zu entwickeln, die es ermöglichte, sie nicht nur aus reinen machtpolitischen Gesichtspunkten (Bevölkerungszahl, ökonomische oder militärische Stärke des Staates), sondern auch aus der Perspektive einer anderen, einer „ethischen" Größe zu entwickeln. In diesem Sinne musste die Zukunft eines (kleinen) Volkes nicht unbedingt in der Anlehnung an eines der Machtzentren im herkömmlichen Sinn bestehen, wie in der austroslawistischen Konzeption an Wien oder in den panslawistischen Träumen an Moskau, sondern in der Errichtung eines eigenen Zentrums, dessen „Macht" nicht zwangsläufig in einer quantitativen Größe zu sehen ist, sondern in einer moralischen, also qualitativen.[6] Ein Zeugnis für die geistige Welt, in der sich Beneš sein ganzes Leben lang bewegte, legte auch ein kurzer Brief von Masaryks Tochter, Alice Masaryková, an Beneš anlässlich des Todestages ihrer Mutter, Charlotta Masaryková, zusammengefasst offen:

> „Lieber Edek [=Edvard Beneš], heute ist es schon acht Jahre her. Möglicherweise hast Du in Genf manchmal angespannte und schwere Augenblicke. Vergiss aber nicht, dass Deine Arbeit leicht ist, denn Gott gibt immer Kraft, wenn er eine Aufgabe gibt. Deine Aufgabe kommt von Gott. Vergiss nicht, dass nicht Du sprichst, sondern durch Dich ein großes und edles Volk [...]."[7]

Das von Beneš oft betonte Vertrauen in die Kenntnis der geschichtlichen Entwicklung und seine vermeintliche Kenntnis der Prinzipien der gegenwärtigen Welt gingen inhaltlich von der Konzeption des Volkes als grundlegendem demokratischen Handlungsträger aus, der ein natürliches Existenzrecht habe. Diese in vollem Maß vom tschechischen Volk verkörperten Eigenschaften garantierten nicht nur seine Eigenständigkeit und Freiheit, sondern ermöglichten auch ein Vertrauen in seine Zukunft. Wenn es seine moralische Größe erhalte, bleibe ihm auch eine ihm angemessene reale Macht. Die Zeit nach 1918, die aus Beneš' Sicht eine Zeit der „Befreiung" der bislang „unterdrückten" kleinen Völker war, war eine Zeit, die für Beneš voll die Berechtigung dieses optimistischen Zukunftsglaubens bestätigte.

---

[6] VRATISLAV DOUBEK, Ideal „centra" v češskoj i slovackoj politike pervoj poloviny XX v. Meždu centrum i periferijej [Ideal des „Zentrums" in der tschechischen und slowakischen Politik der ersten Hälfte des 20. Jahrhunderts. Zwischen Zentrum und Peripherie], in: Centry i periferiji jevropejskogo miroustrojstva [Zentren und Peripherien der europäischen Weltordnung], Moskva 2014, S. 357–372.

[7] Alice Masaryková an Edvard Beneš, Prag, 13.05.1931, Archiv des Außenministeriums, Prag [im Folgenden: AMZV], Ministerkabinett, Kart. 44.

Was passierte jedoch, kann man fragen, als die internationale Lage der Tschechoslowakei nicht in die Karten spielte, und die Entwicklung in Europa diesen staatstragenden Mythos zu widerlegen drohte? Wie wurden diese Entwicklungen nach innen kommuniziert und erklärt? Diese Frage zu beantworten bedeutet, dass im Folgenden die tschechoslowakische Außenpolitik nicht per se untersucht wird, d. h. Gegenstand des Interesses sind nicht die – im Übrigen schon hinreichend erforschten – Erfolge wie auch Misserfolge von Beneš und seinen Diplomaten in Europa und in der Welt in den 1920er und 1930er Jahren. Es geht vielmehr um die Vermittlung der internationalen Politik nach innen, um den Beitrag der Außenpolitik zur inneren Stabilisierung des Staates. Dieser eher essayistisch gestaltete Beitrag kann lediglich erste Ansätze zu diesem Thema anbieten.[8]

Ausgehend von dieser Fragestellung werde ich mich im Folgenden vier ausgewählten außenpolitischen Ereignissen nähern und dabei der Art und Weise, wie sie von der tschechoslowakischen Außenpolitik nach innen dargestellt wurden. Sie erstrecken sich über die ganzen 1920er und 1930er Jahre und werden chronologisch behandelt. Die Analyse beginnt zunächst mit den Ergebnissen der Pariser Friedenskonferenz, widmet sich im nächsten Schritt dem wichtigsten Ereignis der europäischen Politik Mitte der 1920er Jahre, der Konferenz in Locarno, behandelt darüber hinaus den Plan der deutsch-österreichischen Zollunion, der die Verhältnisse in Mitteleuropa am Anfang der 1930er Jahre grundlegend zu ändern drohte, und endet abschließend mit dem Anschluss Österreichs, der den Prager Politikern die Bedrohung seitens NS-Deutschlands und das finale Versagen des Versailler Systems direkt vor Augen führte.

Von der Marginalisierung zur Politik der Illusionen

Für die Tschechoslowakei endete die Pariser Konferenz zweifellos mit einem positiven Ergebnis. Vor allem die territorialen Bestimmungen entsprachen fast allen Vorstellungen der tschechischen Politik. Edvard Beneš, der am 30. September 1919 die Nationalversammlung über den Vertrag von Saint-Germain informierte, wurde mit stürmischem Applaus

---

[8] Die Textstellen über die Konferenz in Locarno und über den deutsch-österreichischen Zollunionsplan stützen sich auf die in Vorbereitung befindliche deutsche Übersetzung meines Buches über die tschechoslowakisch-österreichischen Beziehungen: OTA KONRÁD, Nevyvážené vztahy. Československo a Rakousko 1918–1933 [Unausgewogene Beziehungen. Die Tschechoslowakei und Österreich 1918–1938], Praha 2012.

empfangen und mehrfach durch Hurra-Rufe und weiteren Applaus unterbrochen.[9] Doch ein Aspekt der Pariser Verträge, die finanziellen Bestimmungen, fiel für die Tschechoslowakei nicht besonders günstig aus. Obwohl die Tschechoslowakei als einer der Siegerstaaten wahrgenommen wurde und sich selbst als solcher verstand, musste die neue Republik auch einen Teil der Schulden der alten Monarchie übernehmen und vor allem den sogenannten Liberalisierungsbeitrag, de facto die Reparationen an die Entente-Staaten, bezahlen. Hier wog nicht nur der symbolische Aspekt, sondern auch die Höhe von ca. 4,95 Milliarden tschechoslowakischen Kronen schwer.[10]

Die Leiter der tschechoslowakischen Delegation in Paris, der schon aus „österreichischen" Zeiten erfahrene Politiker und erste tschechoslowakische Premierminister Karel Kramář und der um eine ganze Generation jüngere politische Neuling Edvard Beneš, verschwiegen diese Tatsache zwar nicht ganz, jedoch spielte sie in ihren Reden im tschechoslowakischen Parlament nur eine geringe Rolle: So widmete Beneš den finanziellen Fragen in seiner Rede am 30. September 1919 nur ein paar wenige Sätze. Etwas ausführlicher war Kramář, der direkt über den wirtschaftlichen und finanziellen Aspekt der Friedensverträge sprach, doch auch er behandelte den Liberalisierungsbeitrag nur am Rande. Das größte Interesse unmittelbar nach der Unterzeichnung des Vertrages von Saint-Germain galt den Erfolgen, hier vor allem den neuen Grenzen des neuen Staates. In diesem Rahmen erschienen die finanziellen Belastungen als unangenehme, im Zusammenhang mit der aus der Gründung des eigenen Staates resultierenden Euphorie jedoch als marginale und letztlich auch „berechtigte", wie sich Kramář äußerte, Bestimmungen der Friedensverträge.[11]

---

[9] Die Rede von Edvard Beneš in der Sitzung der Revolutionären Nationalversammlung betreffend die Friedenskonferenz, 30.09.1919, in: EDVARD BENEŠ, Němci a Německo. Edice dokumentů. Sv. II/1 [Edvard Beneš, die Deutschen und Deutschland. Edition von Dokumenten. Bd. II/1], hg. v. EVA HAJDINOVÁ u. a., Praha 2015, Dok. 1.

[10] Zur Höhe des Liberalisierungsbeitrages vgl. EDVARD BENEŠ, Likvidace světové války. Haagské a pařížské smlouvy. Přednesno v poslanecké sněmovně a senátu [Die Liquidierung des Weltkrieges. Haager und Pariser Verträge. Vorgetragen in der Abgeordnetenkammer und im Senat], 20.05.1930, in: DERS., Boj o mír a bezpečnost státu. Československá zahraniční politika v projevech ministra dra Edvarda Beneše 1924–1933 [Der Kampf um Frieden und Sicherheit des Staates. Tschechoslowakische Außenpolitik in den Reden des Ministers Dr. Edvard Beneš 1924–1933], Praha 1934, S. 491–528, hier S. 518.

[11] Vgl. die Rede von Karel Kramář in der Nationalversammlung am 30.09.1919, in: Společná česko-slovenská digitální parlamentní knihovna [Gemeinsame Tschecho-Slowaki-

Das ganze Thema war lange Zeit kein Gegenstand öffentlicher Diskussion, wozu zweifellos auch die Unübersichtlichkeit und Komplexität der Reparationsfrage in der damaligen europäischen Politik beitrug. Erst im Jahre 1924 informierte Beneš wieder die Nationalversammlung, diesmal die beiden Außenausschüsse, über konkrete Zahlen. Die Reaktionen ließen nicht lange auf sich warten. Die Kommunisten sprachen über das „Diktat der Imperialisten über ihre Lakaien", die tschechoslowakischen Politiker,[12] und das Presseorgan der Agrarpartei, die Zeitung „Venkov", betitelte seinen Bericht über den Liberalisierungsbeitrag mit den Worten „Gegen den gesunden Verstand".[13] Die beginnende Affäre wurde jedoch bald von anderen innenpolitischen Konflikten überdeckt. Öffentliche Beachtung fand das Thema erst wieder 1930, zugleich war das auch das letzte Mal, dass es in der Debatte vorkam. Beneš informierte damals das Parlament ausführlich über die Ergebnisse der Haager Konferenz. In seinem langen, detaillierten Vortrag versuchte er der Kritik an der tschechoslowakischen Politik in Haag entgegenzusteuern. Sie war, seiner Meinung nach, erfolgreich, vor allem, weil sie endlich einen Schlussstrich unter die finanziellen Folgen des Krieges zog. Sowohl in diesem Kontext als auch angesichts dessen, wie viel der Krieg die „großen" Sieger, insbesondere Frankreich gekostet hatte, erschien die endgültige Festlegung der Höhe des Liberalisierungsbeitrages als ein Erfolg, welcher der tschechoslowakischen Außenpolitik zugutekam:

> „Erst heute können wir uns sowohl vom finanziellen als auch vom politischen Gesichtspunkt her [...] frei und ruhig fühlen [...]. Diese Freiheit wird jedoch nichts an den Richtlinien unserer Politik ändern. Unsere Außenpolitik muss sich weiterhin organisch entwickeln – im Einklang mit der allgemeinen europäischen Entwicklung und in den gleichen Bahnen wie bisher."[14]

Der unangenehme – weil letztlich den Status eines Siegerstaates und eines „Lieblings der Entente" gefährdende – Liberalisierungsbeitrag wurde zwar nicht verschwiegen, aber in jedem Fall marginalisiert. Im Jahre 1919 gingen die – spärlichen – Informationen in einer allgemeinen tschechi-

---

sche digitale Parlamentsbibliothek], https://www.psp.cz/eknih/1918ns/ps/stenprot/077schuz/s077006.htm (Zugriff: 21.07.2020).

12 Antonín Klimek, Velké dějiny zemí Koruny české [Die große Geschichte der Länder der Böhmischen Krone], Bd. XIII: 1918–1929, Praha / Litomyšl 2000, S. 444.

13 Ladislav Dvořák, Proti zdravému rozumu! Příspěvek k našim závazkům mírovým [Gegen den gesunden Verstand! Ein Beitrag zu unseren Friedensverpflichtungen], in: Venkov, 22.02.1924, S. 1.

14 Beneš, Likvidace, S. 489.

schen Euphorie unter, 1924 wurde der sich abzeichnende Skandal durch andere innenpolitische Streitigkeiten erstickt und 1930 wurde das Thema letztmalig, erst am Ende eines mehrstündigen, detaillierten Vortrags, der eine Gesamtschau über die europäische Politik der letzten zehn Jahre bot, erwähnt.

Das zweite Fallbeispiel, der Rheingarantiepakt,[15] stellte einen epochalen Schnitt in den internationalen Beziehungen dar und wurde zur Voraussetzung für eine Rückkehr Deutschlands als bedeutender Faktor der Europa- und Weltpolitik. Die Verhandlungen über den Garantiepakt waren auch für die Nachbarn Deutschlands außerordentlich wichtig, insbesondere für die Tschechoslowakei und Polen. Dies umso mehr, als der Garantiepakt letztendlich den westlichen und östlichen deutschen Nachbarn im Sicherheitsbereich unterschiedliche Stellungen zuwies.

Die unmittelbare Vorgeschichte des Rheinlandpaktes begann mit dem Misserfolg des Genfer Protokolls. Dies war auch für Deutschland unvorteilhaft – die versprochene Räumung der ersten (Kölner) Zone, die bereits 1925 erfolgen sollte, wurde ebenso wie der bereits seit Herbst 1924 verhandelte Beitritt Deutschlands zum Völkerbund verschoben. Deutschland reagierte auf diese Probleme am 20. Januar 1925 mit einem Memorandum, in dem es Großbritannien und Frankreich den Abschluss eines Sicherheitspaktes am Rhein vorschlug.

Im Frühjahr und Sommer 1925 fanden die Verhandlungen über das deutsche Angebot statt. Eines der verhandelten Themen waren auch die Schiedsverträge, die Deutschland seinen östlichen Nachbarn in Aussicht stellte. Die Tschechoslowakei bemühte sich, über Frankreich so viele Sicherheitsgarantien Deutschlands wie möglich gegenüber seinen östlichen Nachbarn durchzusetzen. Internationales Aufsehen erregte in diesem Zusammenhang auch der Besuch von Beneš in Warschau im April 1925. Beneš bemühte sich allerdings gleichzeitig darum, dass die Tschechoslowakei nicht zu sehr mit Polen in Verbindung gebracht wurde, dessen Position in der Grenzfrage in vielerlei Hinsicht weitaus komplizierter zu sein schien.

Prag hatte jedoch letztendlich mit einer Reihe seiner ursprünglichen Vorstellungen keinen Erfolg. Die Verträge von Locarno stabilisierten im Rheingarantiepakt die Westgrenze Deutschlands. Umgekehrt waren die östlichen Nachbarn Deutschlands, die Tschechoslowakei und Polen, nur

---

15 Vgl. JON JACOBSON, Locarno Diplomacy. Germany and the West, 1925–1929, Princeton 1972, und zur Tschechoslowakei RADKO BŘACH, Die Tschechoslowakei und Locarno. Europäische Variationen, München 2011.

von den Schiedsverträgen betroffen. Sie regelten zwar die friedliche Beilegung der Streitigkeiten zwischen Deutschland und seinen östlichen Nachbarn, waren jedoch kein Teil des Rheingarantiepakts, d. h. sie wurden nicht von Großbritannien, Italien und Belgien garantiert. Nur Frankreich ergänzte seine vorherigen Bündnisverträge mit der Tschechoslowakei und Polen durch Garantieverträge mit seinen östlichen Alliierten.

Die Planung der Verhandlungen und die tschechoslowakische Beteiligung an ihnen spiegelten die komplizierte tschechoslowakische Stellung in der damaligen europäischen Politik und das Bemühen Prags wider, unter den gegebenen Bedingungen möglichst viel zu erreichen. Beneš kam zwar bereits am Abend des 7. Oktobers nach Locarno, also nur zwei Tage nach Eröffnung der Konferenz (der polnische Außenminister Aleksander Skrzyński traf erst einen Tag später ein), mit einer Beteiligung von Beneš oder Skrzyński an den eigentlichen Verhandlungen wurde jedoch nicht gerechnet. Beide wurden erst am vorletzten Verhandlungstag, am 15. Oktober 1925, hinzugeholt, als eben die Schiedsverträge mit den östlichen Nachbarn Deutschlands auf der Tagesordnung standen. Beneš selbst bewertete einerseits die Verhandlungen über das Garantieprotokoll pragmatisch,[16] manchmal auch mit unverhohlenen Befürchtungen. Noch vor Beginn der Verhandlungen in Locarno sandte er zum Beispiel einen langen Brief an Philippe Berthelot, in dem er sich der französischen Unterstützung und der gemeinsamen Taktik bei den Verhandlungen auf der Konferenz versicherte.[17]

Andererseits nahm, vor allem im Nachgang der Konferenz von Locarno, das Bemühen um eine positive Interpretation derselben gegenüber der Öffentlichkeit zu. Dies war umso wichtiger, als sich auch die Kritiker meldeten. Unter dem Titel „Von den Träumen zur Realität" äußerte der „Venkov" am 17. September 1925 auf der ersten Seite eine kurze, aber für damalige Verhältnisse überraschend harte Kritik an der bisherigen tschechoslowakischen Politik. Sie sollte, wie der Autor andeutete, den Träumen über die eigene Wichtigkeit eine Absage erteilen und stattdessen die Realität anerkennen, d. h., dass die „Großen wieder die Führung in Europa übernehmen und die Kleinen in die Ecke geschickt werden". Da es in

---

[16] Erklärung von Edvard Beneš vor Journalisten über das Schicksal des Genfer Protokolls und des deutschen Vorschlags in dieser Frage, Prag, 21.03.1925, in: BENEŠ, Němci a Německo, Dok. 73, S. 167.

[17] Beneš' Brief an den Chef der politischen Abteilung des französischen Außenministeriums, Philippe Berthelot, über das gemeinsame französisch-tschechoslowakische Vorgehen bei den Verhandlungen über den Rheinpakt, Genf, 20.09.1925, in: Ebd., Dok. 82, S. 187 f.

Locarno vor allem um die deutsche westliche Grenze gehe, während die östlichen vielleicht gar nicht behandelt werden würden, solle die Tschechoslowakei, resümierte der Venkov, eine Lehre daraus ziehen und in Zukunft nicht mehr „die Rolle eines Zuschauers spielen, welcher in die Tafelhalle des Westens hereinschaut".[18]

Beneš reagierte auf diesen kurzen Artikel mit einigen längeren Texten, in welchen er seine Außenpolitik verteidigte.[19] In einem offiziellen Telegramm aus Locarno, das an Masaryk adressiert war und umgehend in der Presse veröffentlicht wurde, schrieb Beneš über die Ergebnisse der Konferenz klar:

> „Nach der heutigen Unterzeichnung der vereinbarten Akte teile ich Ihnen mit Freuden mit, dass während der gesamten hiesigen Verhandlungen unsere Interessen und Garantien voll verteidigt wurden, dass wir in den allgemeinen Vereinbarungen neue wichtige Garantien für die Zukunft erhielten und dass hier zweifelsohne ein großer Fortschritt für den Frieden bei uns und in allen hier beteiligten Staaten erreicht wurde."[20]

In dieser Interpretation hatte die Tschechoslowakei in Locarno einen eindeutigen Erfolg erlangt, ihre internationale Stellung wurde gestärkt. Der Schiedsvertrag mit Deutschland bedeutete also im Kontext aller Verträge von Locarno keine Schwächung ihrer Position, sondern im Gegenteil eine Stärkung. Das ursprüngliche Genfer Protokoll, an dessen Formulierung sich Beneš intensiv beteiligt hatte, wäre zwar nach Beneš eine noch bessere Lösung gewesen, in der vorliegenden internationalen politischen Situation war Locarno jedoch ein ausreichendes Ergebnis, und dies nicht zuletzt auch dank des „Geistes von Locarno", also der Atmosphäre des Vertrauens und der Friedfertigkeit unter den europäischen Politikern. Es wird sich kaum ein Dokument von Beneš aus dem Herbst 1925 finden lassen, das von dieser Bewertung abweicht.[21] Gerade dieser

---

[18] „Od snů ke skutečnosti!" [Von den Träumen zur Realität!], in: Venkov, 17.09.1925, S. 1.

[19] BENEŠ, Němci a Německo, Dok. 83 und 84.

[20] Telegramm von Edvard Beneš an den Präsidenten der Republik Tomáš G. Masaryk nach Topoľčianky über die Ergebnisse der Konferenz von Locarno, Locarno, 16.10.1925, in: Ebd., Dok. 88, S. 202.

[21] Beneš bewertete Locarno mit ebenso positiven Worten sowohl in öffentlichen Äußerungen (vgl. insbesondere seine ausführliche Parlamentsrede, EDVARD BENEŠ, Locarnské smlouvy a Společnost národů, 30.10.1925. Předneseno ve Stálém výboru Národního shromáždění [Die Locarno-Verträge und der Volksbund, 30.10.1925. Vorgetragen im Ständigen Ausschuss der Nationalversammlung], in: DERS., Boj o mír, S. 340–361) als auch in den Gesprächen mit Diplomaten wie zum Beispiel mit dem österreichischen Botschafter

Eindruck sollte durch eine Fotografie von der Konferenz gestärkt und verbreitet werden, auf der Beneš mit den europäischen Staatsmännern an einem Tisch als Gleicher unter Gleichen sitzt und den Verhandlungen der Großmächte nicht etwa nur zuschaut, wie der „Venkov“ meinte.

Abb. 1: Konferenz von Locarno, Abschlusssitzung der Delegierten im Oktober 1925. Zu sehen sind u. a.: Edvard Beneš (1), Aristide Briand (3), Arthur Neville Chamberlain (7), Benito Mussolini (9), Hans Luther (12), Gustav Stresemann (13), Émile Vandervelde (18), Aleksander Skrzyński (19), Kamil Krofta (23).

Die Bemühungen um eine neue Sicherheitsarchitektur in Europa nach Locarno, die ihren Höhepunkt mit dem Briand-Plan und einer neuen Lösung der deutschen Reparationszahlungen und der Räumung des Rheinlands zu haben schienen, verliefen jedoch im Sande. Die in Genf eingerichtete Kommission für die Untersuchung einer potentiellen Euro-

Ferdinand Marek am 7. November 1925. Vgl. Marek an Herrn Bundesminister für die auswärtigen Angelegenheiten, Dr. Heinrich Mataja. Unterredung mit Minister Dr. Beneš über verschiedene aktuelle Fragen, Prag, 07.11.1925, Österreichisches Staatsarchiv, Bestand AdR, NPA, Kart. 693.

päischen Union stellte zwar eine detaillierte Forschung vor allem der wirtschaftlichen Möglichkeiten einer europäischen Vereinigung an, erreichte aber keine bedeutenderen realen Erfolge. In diesem Kontext wirkte der Plan einer deutsch-österreichischen Union, welcher hier als ein drittes Fallbeispiel behandelt wird, wie eine Sensation. Ursprünglich wollten Deutschland und Österreich ihr Projekt offiziell erst im Mai 1931 veröffentlichen, durch eine Indiskretion gelangte es aber schon Mitte März an die Öffentlichkeit.[22] Nach Bekanntwerden der deutsch-österreichischen Vereinbarung soll Beneš erklärt haben:

> „Curtius ist ein Gaffeur. Er hat Scheuklappen auf den Augen und sieht die politische Situation Europas nicht. Deutschland hat nichts dazugelernt, es hat immer noch die Vorkriegskonzeption von Naumanns Mitteleuropa. Regionale Verträge können nur kleine Staaten mit kleinen abschließen, nicht eine Großmacht eines 60-Millionen-Staats mit einem 7-Millionenstaat."[23]

Damit legte Beneš kurz und bündig die Grundzüge seiner Kritik der deutsch-österreichischen Verhandlungen dar, die er in den folgenden Wochen und Monaten nur noch präzisierte. Für Beneš bedeutete die Nachricht von dem deutsch-österreichischen Abkommen vor allem eine Bestätigung seiner Befürchtungen eines deutschen Mitteleuropas und einer Rückkehr zur alten Außenpolitik.

Von einer „Konzeption eines Vorkriegsmitteleuropas" und einer „Einkreisung der Tschechoslowakei", die zu einem Anschluss „gezwungen" werden solle, schrieb Beneš auch in seinem Zirkularbericht bereits am 21. März 1931. In den am nachfolgenden Tag versandten Instruktionen für die Gesandtschaften in Belgrad und Bukarest formulierte Beneš die Gefahr, dass die Tschechoslowakei

> „in einen Block gerät, der wirtschaftlich und damit auch politisch dem deutsch-ungarischen Einfluss unterliegt. Für die Zukunft wäre uns dadurch eine politische Bewegungsfreiheit unmöglich gemacht."

[22] WALTER GOLDINGER, Das Projekt einer deutsch-österreichischen Zollunion von 1931, in: Österreich und Europa. Festgabe für Hugo Hantsch zum 70. Geburtstag, hg. v. Institut für österreichische Geschichtsforschung und der Wiener Katholischen Akademie, Wien 1965, S. 527–546, hier S. 534.

[23] Zoll- und Wirtschaftsverhandlungen zwischen Deutschland und Österreich. Protokoll des Kabinetts. Geheim, o. D. [24.03.1931], AMZV, Tresorakten.

Die Instruktion schloss er lapidar ab: „In einem einheitlichen Europa mit Frankreich, Belgien und Polen können wir sein, aber nicht ohne sie in Mitteleuropa."[24]

Erstmalig öffentlich äußerte sich Beneš zum deutsch-österreichischen Plan bereits am 26. März 1931 in seiner Rede vor dem Außenausschuss des Abgeordnetenhauses. Sein Auftritt war jedoch nur kurz und informativ.[25] Bei weitem genauer widmete er sich der ganzen Frage in seiner umfangreichen Rede vor den Außenausschüssen der Abgeordnetenkammer und des Senats Ende April 1931.[26] Dieser Auftritt von Beneš bildet gemeinsam mit einigen weiteren von tschechoslowakischen Diplomaten veröffentlichten Texten die Hauptquelle für die Untersuchung der offiziellen tschechoslowakischen Stellung zum deutsch-österreichischen Projekt einer Zollunion.[27]

Das Kernargument dieser Texte bewegte sich eher auf einer allgemeinen, gesamteuropäischen Ebene. Beneš lehnte es ab, dass eine Zollunion zwischen Deutschland und Österreich den Gedanken einer europäischen Zusammenarbeit entsprechen oder, wie offiziell von Deutschland und Österreich behauptet, eine Fortsetzung und Realisierung von Briands Gedanken darstellen würde. Umgekehrt würde nach Beneš' Meinung das Projekt einer Zollunion Europa in den internationalen Beziehungen auf den Stand vor 1914 zurückwerfen, also zur Bildung feindlicher Staatenblöcke führen, die sich um die einzelnen Großmächten gruppierten, deren Feindschaft das Kriegsrisiko erhöhen würde.[28] Der Plan bedrohte, wollte man fast sagen, nicht nur die Tschechoslowakei, er drohte, ganz Europa aus seiner neuesten Entwicklung zurück in die Zeit vor dem Epochenein-

---

[24] Instruktion für die tschechoslowakischen Gesandtschaften in Belgrad und Bukarest, 22.03.1931, AMZV, Tresorakten.

[25] EDVARD BENEŠ, Československo a celní dohoda německo-rakouská, 26.03.1931 [Die Tschechoslowakei und die deutsch-österreichische Zollunion], in: DERS., Boj o mír, S. 551–553. Zu Beneš' Auftritt fand auf seinen Antrag hin keine Debatte statt, da er in einer Debatte „antworten und dieses oder jenes widerlegen müsste. Ich betrachte dies jedoch in diesem Verhandlungsstadium als noch nicht reif für eine Debatte." Stenografisches Protokoll von der Sitzung des Außenausschusses 26.03.1931, Archiv der Abgeordnetenkammer des Parlaments der Tschechischen Republik, Poslanecká sněmovna [Abgeordnetenkammer] 3, Zahraniční výbor [Außenausschuss], Kart. 105.

[26] EDVARD BENEŠ, Anšlus nebo nová Evropa? [Anschluss oder ein neues Europa?], 23.04.1931, in: DERS., Boj o mír, S. 554–600.

[27] Vgl. vor allem: JAROSLAV PAPOUŠEK, Politischer Hintergrund der deutsch-österreichischen Zollunion, Prag 1931.

[28] BENEŠ, Anšlus, S. 572.

schnitt des Ersten Weltkrieges zu befördern. Somit wurde er von Prag stets stark angegriffen und in Frage gestellt.

Das deutsch-österreichische Projekt scheiterte bekanntermaßen vor allem an der österreichischen Abhängigkeit von einer Finanzhilfe aus Frankreich, die nach dem Bankrott der Creditanstalt erneut nötig wurde.[29] Die französische Seite konnte die entstandene Situation ausnutzen, und dem österreichischen Bundeskanzler Johann Schober blieb nichts anderes übrig, als im September 1931 zu erklären, dass Österreich den Plan nicht weiter verfolgen werde. Danach lief noch ein Verfahren vor dem Haager Gerichtshof, dem die Frage der Vereinbarkeit des Projekts einer Zollunion mit den Friedensverträgen und den Genfer Protokollen vorgelegt wurde. Das Gericht entschied zwei Tage nach Schobers Erklärung, wenn auch mit knapper Mehrheit, zu Ungunsten der deutsch-österreichischen Zollunion.

Die bisher stärkste Bedrohung für die Tschechoslowakei stellte, viertens, die österreichische Krise im Winter 1938 dar. Unmittelbar nach dem Anschluss Österreichs an Deutschland am 12. März 1938 herrschte in Prag Ratlosigkeit. Den Erinnerungen des Eisenbahnministers Rudolf Bechyně zufolge wurden die Minister „an diesem kritischen Abend" zu einer außerordentlichen Sitzung der Regierung einberufen, die sich „bis in die Nacht verlängerte". „Den Ministern", fuhr Bechyně fort,

> „wurden die Nachrichten mitgeteilt, die aus Österreich und aus den europäischen Hauptstädten kamen. Man sprach nicht viel. Alle waren sich der Last der Verantwortung bewusst."[30]

Auch die offizielle Reaktion der Tschechoslowakei war zurückhaltend. Laut des tschechoslowakischen Außenministers Kamil Krofta käme „bei einer praktischen Untätigkeit des Westens etwaiges Einschreiten unsererseits natürlich gar nicht in Frage".[31]

Die deutsche Seite versuchte auf außenpolitischer Ebene gleich nach dem Anschluss, Prag zu beruhigen: Schon im Laufe des Anschlusses und in den nächsten Stunden und Tagen erklärte der deutsche Botschafter dem

---

[29] Vgl. DIETER STIEFEL, Finanzdiplomatie und Weltwirtschaftskrise. Die Krise der Credit-Anstalt für Handel und Gewerbe 1931, Frankfurt am Main 1989.

[30] Zit. nach KLIMEK, Velké dějiny, Bd. XIV: 1918–1929, Praha / Litomyšl 2002, S. 519.

[31] Zit. nach JINDŘICH DEJMEK, Edvard Beneš. Politická biografie českého demokrata. Část druhá: Prezident republiky a vůdce národního odboje (1935–1948) [Edvard Beneš. Politische Biografie des tschechischen Demokraten. Zweiter Teil: Präsident der Republik und Führer des nationalen Widerstandes (1935–1948)], Praha 2008, S. 100.

tschechoslowakischen Partner, dass es sich nur um eine „innerdeutsche“ Angelegenheit handle. Über die Respektierung der tschechoslowakischen Grenze sprach mit dem tschechoslowakischen Botschafter in Berlin zweimal auch Göring.[32] Die Politiker in Prag verschlossen jedoch die Augen vor der auf einmal drastisch verschlechterten Sicherheitslage der Tschechoslowakei nicht gänzlich. Am 18. März äußerte Krofta gegenüber den tschechischen Journalisten, dass man solchen deutschen Beteuerungen nicht ganz vertrauen könne: „Nach außen stellen wir es so dar, als ob wir alles geglaubt hätten [...], doch niemand kann uns daran hindern, im Inneren Zweifel zu hegen.“[33]

Zugleich jedoch wollte man diesen Zusicherungen Glauben schenken, entsprachen sie doch dem Unterton der internen Gedankengänge als auch der nach außen präsentierten Position Prags. Noch vor dem Anschluss, unmittelbar nach dem Treffen Schuschniggs mit Hitler in Berchtesgaden, beteuerte Beneš den tschechoslowakischen Diplomaten in einem Zirkulartelegramm:

> „Wir sind standfest und Deutschland wird sich nichts Ähnliches gegen uns leisten. Berlin selbst respektiert den fundamentalen Unterschied zwischen uns und Österreich. Österreich ist für Deutschland [...] eine ‚Familienangelegenheit‘, die Tschechoslowakei dagegen ein fremder Staat, ähnlich wie Polen oder Jugoslawien. Dies wird von Berlin ausdrücklich anerkannt und als eine bloße Tatsache angesehen. Deshalb wird es keine ähnlichen Versuche gegen die ČSR geben.“[34]

Es überrascht daher nicht, dass die Leiter der tschechoslowakischen Außenpolitik nach dem Anschluss versuchten, etwas Ermutigendes an der ganzen Situation zu finden.

In dem schon erwähnten Gespräch mit den Journalisten unmittelbar nach dem Anschluss deutete Krofta darauf hin, dass die Tschechoslowakei doch ein anderer Fall sei: So wäre der Anschluss indirekt auch dank der konfliktreichen Tradition der inneren österreichischen Politik ermöglicht worden und die Zustimmung eines Teiles der österreichischen Politiker und der Bevölkerung zu dem Anschluss habe den westlichen Kräften eine willkommene Gelegenheit, ihre Nichteinmischung zu begründen, gebo-

---

[32] KLIMEK, Velké dějiny, Bd. XIV, S. 520.

[33] Archiv des T. G. Masaryk-Instituts [im Folgenden: AÚTGM], Bestand Krofta, Kart. 13, Výklad pana ministra Dr. Krofty. Záznam tiskové besedy [Vortrag Minister Dr. Krofta. Protokoll der Pressekonferenz], 18.03.1938.

[34] AÚTGM, Bestand EB 1, Kart. 218, Cirkulárka pana presidenta [Zirkularbericht des Präsidenten], 18.02.1938.

ten.[35] Der Anschluss stärkte daher zumindest nach außen die Vorstellung, dass die Tschechoslowakei kein Österreich wäre,[36] und Beneš versicherte gegenüber den westlichen Partnern, die Qualität und Einsatzbereitschaft der tschechoslowakischen Armee sei gegeben.[37]

Zusammenfassung

Die Außenpolitik der Ersten Tschechoslowakischen Republik war nicht nur ein Instrument der Durchsetzung der tschechoslowakischen „nationalen" Interessen in der Welt. Sie spielte auch im Inneren eine wichtige Rolle, wo sie versuchte, den jungen Staat zu stabilisieren. Die Deutung, nach welcher die Existenz der Tschechoslowakei im Einklang mit den wissenschaftlich festgestellten historischen Gegebenheiten stand, setzte jedoch einen ziemlich engen Rahmen für die innere Darstellung und Behandlung der Außenpolitik. Der außenpolitische Diskurs versuchte stets, die „große" Politik für das heimische Publikum in diesem Rahmen zu übersetzen. Man benutzte mehrere Strategien, um die internationalen Entwicklungen, die im Gegensatz zum tschechoslowakischen Narrativ standen, doch zu entschärfen. Im Falle der Diskussion über den Liberalisierungsbeitrag war es die Strategie der Marginalisierung. Obwohl diese faktischen Reparationen die Konzeption der Tschechoslowakei als eines Siegerstaates hätten in Frage stellen können, wurden sie als eine vergleichsweise kleine und berechtigte Forderung der westlichen „Freunde" dargestellt. Die Ergebnisse der Locarno-Konferenz wurden anders behandelt. Beneš präsentierte sie vielmehr als einen Erfolg, der ganz im Einklang mit den Prämissen der tschechoslowakischen Außenpolitik stünde.

Im Falle des deutsch-österreichischen Planes einer Zollunion wählte die tschechoslowakische Außenpolitik eine offensivere Strategie. Der Plan scheiterte letztlich an der beginnenden Wirtschaftskrise und an dem erfolgreichen französischen Druck. Dem letzten hier behandelten Fall, dem Anschluss Österreichs an Deutschland, begegnet man mit einer Mischung aus Ratlosigkeit, Ignoranz und letztlich der Überzeugung, dass Österreich und die Tschechoslowakei nicht miteinander zu vergleichen seien. Der unendlich schwierige Versuch, die Entwicklungen der interna-

---

35 AÚTGM, Bestand Krofta, Kart. 13 (wie Anm. 33).

36 KLIMEK, Velké dějiny, Bd. XIV, S. 519.

37 DEJMEK, Edvard Beneš, S. 102.

tionalen Politik mit dem *raison d'être* des eigenen Staates in Einklang zu bringen, gipfelte nach dem März 1938 letztlich in einer Politik der Illusionen.

Diese Erwägungen sind in keinem Falle moralisch abwertend gemeint. Eine Politik der Illusionen hatte eine wichtige stabilisierende Funktion im Inneren. Die großen Erzählungen von Beneš und seinen Mitarbeitern waren der Versuch, in den bewegten 1920er und 1930er Jahren Rationalität und Stabilität zu vermitteln und stärkten daher die Zuversicht in den neuen Staat. Von diesem Gesichtspunkt her war es erst das Münchener Abkommen, das die gesamte tschechoslowakische Staatsidee in Frage stellte. Das Abkommen konnte nicht mehr in das tschechoslowakische Narrativ integriert werden, welches viel an Legitimität und Überzeugungskraft eingebüßt hatte. So lassen sich auch die radikale Distanzierung vieler ehemaliger Demokraten von diesem Staat nach dem September 1938 und die heftigen Angriffe gegen die Erste Republik in einem Teil der Presse der Zweiten Republik erklären.

Aus dem „Liebling der Entente" wurde ein verratener und vergessener Staat am Rande Europas. Diese Schlussfolgerung hat die Außen- wie auch die Innenpolitik nicht nur der kurzlebigen Zweiten Republik, sondern auch der Tschechoslowakei nach 1945 mitgeprägt und das staatstragende Narrativ der Jahre 1918 bis 1938 wurde nie wieder vollständig rekonstruiert.

Abbildungsnachweis

Abb. 1: http://vademecum.mua.cas.cz/vademecum/permalink?xid=196501D124EF11E7825A4437E66A1E83 (Zugriff 15.04.2021).

JULIA RICHERS

TRIANON UND DIE AUSSENPOLITISCHE POSITIONIERUNG UNGARNS IN DER ZWISCHENKRIEGSZEIT

Ungarns alles beherrschendes Thema in der Innen- und Außenpolitik der Zwischenkriegszeit war der Friedensvertrag von Trianon. *Vor* Trianon (1918–1920) ging es um das Abwenden der sich abzeichnenden Gebietsverluste, so auch *während* der Friedensverhandlungen. Und *nach* der Unterzeichnung und Ratifizierung des Vertrags dominierte Ungarns Außenpolitik im Wesentlichen auch nur ein Thema: Trianon und der Wunsch nach Grenzrevision.[1] Gerade die territoriale Zersetzung des alten Königreichs Ungarn hatte das Land Ende des Ersten Weltkriegs in eine innen- und außenpolitische Krisensituation katapultiert, die eine funktionierende Außenpolitik phasenweise kaum noch möglich machte.

Im Folgenden sollen die außenpolitischen Bemühungen unter den drei sich grundlegend unterscheidenden Regierungen – der demokratisch-bürgerlichen Károlyi-Regierung (1918/19), der kommunistischen Räterepublik (1919) sowie der autoritär-konservativen Horthy-Regierung (1920–1944) – genauer in den Blick genommen werden. Der Schwerpunkt

[1] Auch heute noch gilt „Trianon" als geschichtspolitische Chiffre und Gegenstand intensiver geschichtswissenschaftlicher Auseinandersetzungen. Im Hinblick auf den 100. Jahrestag des Friedensvertrages wurde im November 2016 eine Forschergruppe der Ungarischen Akademie der Wissenschaften eingerichtet, die über ihre Website (www.trianon100.hu) umfassend über die ungarische Trianon-Forschung informiert. Zum vermeintlich weiterhin nachhallenden „Trauma" siehe ÉVA KOVÁCS, Trianon, avagy „traumatikus fordulat" a magyar történetírásban [Trianon oder die „traumatische Wende" in der ungarischen Historiografie], in: Korall 59 (2015), S. 82–107; DIES., Jeder Nachkrieg ist ein Vorkrieg. On the Traumatic Memory of Trianon, in: Forum Geschichtskulturen, Hungary (20.05.2011), http://cultures-of-history.uni-jena.de/fileadmin/editorial/articles/Laczo-The_Trianon_Debate/PDF/Jeder_Nachkrieg_ist_ein_Vorkrieg.pdf (Zugriff: 31.07.2020); ORSOLYA PUTZ, Metaphor and National Identity. Alternative Conceptualization of the Treaty of Trianon, Amsterdam 2019.

der Untersuchung wird überwiegend auf den unmittelbaren Nachkriegswirren, der Suche nach einer eigenen Außenpolitik nach dem vollständigen Zusammenbruch der Habsburgermonarchie sowie auf Ungarns Lobbyarbeit während der Pariser Friedensverhandlungen und den ersten Jahren danach liegen. Die instabile Situation, in der sich Ungarn in der Zeit zwischen Kriegsende und den frühen 1920er Jahren außenpolitisch befand, zeigte sich nicht zuletzt auch an der hohen Fluktuation ungarischer Außenminister: zwanzig Mal wechselte der Amtsinhaber allein in den sechs Jahren zwischen 1918 und 1924.[2]

Der vorliegende Beitrag beschränkt sich jedoch nicht auf die Amtshandlungen der ungarischen Außenminister und Protagonisten der ungarischen Friedensdelegation um Graf Albert Apponyi (1846–1933), sondern thematisiert auch die Akteure im Hintergrund, darunter zwei bislang wenig berücksichtigte Frauen, die den Auftrag hatten, die Meinung im Ausland zu Gunsten Ungarns zu beeinflussen. Das Augenmerk wird auf den unterschiedlichen Strategien, auf Kontinuitäten und Richtungswechseln der Trägergruppen und Akteure der Außenpolitik sowie auf den zeitgenössischen ungarischen Diskursen über Nation, Raum, Staat und Geschichte liegen.

Neben geheimen diplomatischen Verhandlungen und publizistischen Propagandaschriften nahmen in der außenpolitischen Strategie Ungarns auch Bildmedien eine herausragende Stellung ein. Die visuellen Medienkanäle, die die ungarische Seite intensiv nutzte, blieben bislang allerdings nahezu vollständig unbeachtet. Neben Plakaten, die meist nur an ein inländisches Publikum gerichtet und in der Herstellung teuer waren, ist hier insbesondere das Medium Bildpostkarte zu nennen, das sich gerade seit dem Ersten Weltkrieg als handliches Kommunikationsmittel europaweit ganz besonderer Beliebtheit und Verbreitung erfreute.[3] In der Schweizerischen Osteuropabibliothek an der Universität Bern befindet

---

[2] Für eine Übersicht über die lange Liste an Außenministern in den Jahren 1918 bis 1924 siehe die Tabelle Magyarország külügyminiszterei [Außenminister Ungarns], in: RÓBERT GYŐRI SZABÓ, A magyar külpolitika története: 1848-tol napjainkig [Die Geschichte der ungarischen Außenpolitik: von 1848 bis heute], Budapest 2011, S. 397–400.

[3] Zur Bedeutung des Mediums Bildpostkarte in der Zeit des Ersten Weltkriegs und danach siehe Format Postkarte: illustrierte Korrespondenzen, 1900 bis 1936, hg. v. EVA TROPPER u. a., Wien 2014; ANETT HOLZHEID, Das Medium Postkarte. Eine sprachwissenschaftliche und mediengeschichtliche Studie, Berlin 2011; Postcards: Ephemeral Histories of Modernity, hg. v. DAVID PROCHASKA / JORDANA MENDELSON, University Park, PA 2010; KARIN WALTER, Postkarte und Fotografie. Studien zur Massenbild-Produktion, Würzburg 1995.

sich eine seltene Sammlung ungarischer Propagandapostkarten aus den Jahren 1918–1920, die die außenpolitischen Bestrebungen der unterschiedlichen ungarischen Regierungen eindrücklich visualisiert.[4] Sie stammt von einem Schweizer Arzt und Sammler, der Ungarn zwischen 1919 und 1922 regelmäßig bereiste.[5]

Flächendeckend in Europa verteilt, sollten Bildpostkarten die europäische Öffentlichkeit über die als ungerecht empfundene Zerstückelung Ungarns informieren. Eine genauere Recherche zu den Herausgebern offenbart, dass sich ein ganzes Netzwerk an Lobbyisten für die ungarische Sache zusammengetan hatte. Hinter der Postkartenproduktion stand eine Reihe sogenannter „Revisionsligen“, die direkt nach Kriegsende in Ungarn als patriotische Vereinigungen mit der Absicht gegründet worden waren, einerseits die kriegsmüde Gesellschaft für die Verteidigung der Heimat zu mobilisieren und andererseits im Ausland die öffentliche Meinung zu beeinflussen. Eine besonders wichtige Rolle fiel diesen Organisationen in jenen Monaten zu, in denen die traditionellen außenpolitischen und diplomatischen Mittel offenkundig versagten.

Asternrevolution, Republikgründung und Mihály Károlyis erfolglose außenpolitische Strategie

Das Ende der gemeinsamen k.u.k. Außenpolitik der österreichisch-ungarischen Doppelmonarchie, personifiziert durch einen einzigen gemeinsamen Minister des Äußeren,[6] und den Beginn einer eigenständigen Au-

---

[4] Schweizerische Osteuropabibliothek [im Folgenden: SOB], Nachlass Kurt Lüps, Ungarn-Postkartenalbum, Signatur SOB ArSOB DOK A 2:3.

[5] Die Sammlung wurde der Schweizerischen Osteuropabibliothek vor einigen Jahren von Peter Lüps übergeben. Sie stammte von seinem Vater, Kurt Lüps (1892–1957), einem 1900 in die Schweiz eingebürgerten Arzt. Nach Ungarn kam Kurt Lüps erstmals 1919 als Transportarzt und Oberleutnant mit dem sogenannten 11. Rumänenzug, einer schweizerischen militärischen Handelseskorte nach Bukarest, die von November 1919 bis Februar 1920 aktiv war. Eine Vielzahl der Postkarten in seiner Sammlung stammt aus dieser Zeit. Nach Abschluss seines ordentlichen Medizinstudiums 1921 war Lüps 1922 in einem Krankenhaus in Budapest tätig, kehrte danach wahrscheinlich aber für den Rest seines Lebens nie mehr nach Ungarn zurück.

[6] Von 1867 bis 1918 existierte in der Doppelmonarchie ein gemeinsamer Minister des kaiserlichen und königlichen Hauses und des Äußern, der Mitglied des gemeinsamen Ministerrats für Gemeinsame Angelegenheiten der Österreichisch-Ungarischen Monarchie war. Während des Ersten Weltkriegs waren die letzten k.u.k. Minister des Äußern: Graf Leopold von Berchtold 1912–1915, Stephan Burián von Rajecz 1915–1916, Graf Ottokar

ßenpolitik Ungarns markierte ein ereignisreiches Datum: der 31. Oktober 1918. An jenem Tag fanden Dutzende umwälzender Ereignisse quasi gleichzeitig statt: Nachdem am 24. Oktober in Budapest ein Nationalrat ins Leben gerufen und nach anhaltenden Demonstrationen am 30. Oktober die sogenannte Asternrevolution ausgebrochen war, besetzte am 31. Oktober der revolutionäre Soldatenrat strategische Punkte der ungarischen Hauptstadt. Kaiser Karl I. – Ungarns König Karl IV. – setzte in der Folge den amtierenden Ministerpräsidenten István Tisza ab, ernannte für 48 Stunden Graf János Hadik und schließlich am 31. Oktober den „roten Grafen" Mihály Károlyi zum neuen Ministerpräsidenten. Um fünf Uhr nachmittags drangen revolutionäre Soldaten in die Villa des abgesetzten Ministerpräsidenten Tisza ein und erschossen ihn als einen der großen Kriegstreiber. Am selben Tag vollzog Ungarn den Austritt aus der Realunion mit Österreich. Nach der Eidesentbindung durch Karl IV. rief Ungarn seine Truppen von der italienischen Front zurück. Dies bedeutete das faktische Ende der Doppelmonarchie.[7] Die künftige Staatsform sollte durch eine verfassunggebende Versammlung bestimmt werden.

Von nun an musste sich Ungarn außenpolitisch allein verantworten.[8] Der letzte, nur für wenige Tage bis zum 31. Oktober respektive 2. November 1918 amtierende k. u. k. Minister des Äußeren war Gyula Andrássy jr. (1860–1929) gewesen, der die Allianz mit Deutschland für beendet erklärte und am 28. Oktober 1918 der Entente erfolglos einen Sonderfrieden anbot.[9] Andrássy war nicht nur Repräsentant der alten Garde,

---

Czernin 1916–1918, Stephan Burián von Rajecz 1918, Gyula Andrássy jr. 1918, Ludwig von Flotow, liquidierend, 2.–11. November 1918.

[7] Für jüngere Forschung zum raschen Zusammenbruch der Habsburgermonarchie: MANFRIED RAUCHENSTEINER, Der Erste Weltkrieg und das Ende der Habsburgermonarchie 1914–1918, Wien 2013; WALTER RAUSCHER, Das Scheitern Mitteleuropas 1918–1939, Wien 2016; HANNES LEIDINGER, Der Untergang der Habsburgermonarchie, Innsbruck 2017.

[8] Im allgemeinen Chaos erließ die junge Károlyi-Regierung erst sechs Wochen nach der Ausrufung der Republik, am 15. Dezember 1918, das Volksgesetz über die selbstständige Außenpolitik Ungarns. Paragraph 1 des Gesetzes lautete: „Die Volksrepublik Ungarn erledigt alle äußeren Angelegenheiten selbstständig." Vgl. 1918. évi V. néptörvény az önálló magyar külügyi igazgatásról [Fünftes Volksgesetz des Jahres 1918 über die selbstständige Außenpolitik Ungarns], in: Magyar Törvénytár. 1918. évi törvénycikkek és néptörvények, hg. v. GYULA TÉRFI, Budapest 1919, S. 204 f., hier S. 204.

[9] Dazu JULIUS [GYULA] ANDRÁSSY, Diplomatie und Weltkrieg, Berlin 1920. Seine Aufzeichnungen erschienen erst ein Jahr später auch in ungarischer Sprache, GYULA ANDRÁSSY, Diplomácia és világháboru [Diplomatie und Weltkrieg], Budapest 1921. Zu seiner

sondern gleichzeitig Onkel und Stiefvater von Katinka Károlyi, der Gattin des neuen Ministerpräsidenten Mihály Károlyi, die selbst politisch und gesellschaftlich tätig war. In ihren Memoiren berichtet sie ausführlich über die unüberbrückbaren Differenzen, die zwischen ihrem Onkel, dem k. u. k. Außenminister, und ihrem Ehemann Károlyi hinsichtlich der künftigen Ausgestaltung der Innen- und Außenpolitik Ungarns bestanden.[10]

Károlyi brach vollständig mit der bisherigen Außenpolitik der Monarchie. Bereits vor Ausbruch der Asternrevolution verkündete er in einer vielbeachteten Rede vom 17. Oktober 1918, dass Ungarn sich auf den Boden von Woodrow Wilsons 14-Punkte-Programm stellen und somit der gesamten Außenpolitik eine grundsätzlich andere Richtung geben werde.[11] Seine allseits bekannte pazifistische und Entente-freundliche Haltung sollte sich günstig auf die anstehenden Friedensverhandlungen auswirken – so die Hoffnung.

Einen neuen Außenminister gab es jedoch bezeichnenderweise in den ersten Tagen der neuen Károlyi-Regierung noch gar nicht, wie ein Plakat zur Bekanntmachung des Kabinetts belegt: Alle Ministerposten waren benannt, nur ein Außenminister kam nicht vor.[12] Der chaotische Zusammenbruch der Monarchie und die Umgestaltung in eine Republik hatten eine Situation unterschiedlicher Temporalitäten geschaffen: Während die junge Károlyi-Regierung *ad hoc* auf die sich dramatisch überstürzenden, tagesaktuellen Ereignisse reagieren musste, ließen sich die alten Strukturen des Wiener Machtapparates nur schwerfällig auflösen. So amtete Andrássy sogar noch nach Károlyis Amtsantritt zwei Tage lang als k. u. k. Minister des Äußeren weiter. Auf ihn folgte schließlich Ludwig von Flotow, der vom 2. bis 11. November 1918 die Funktion des Liquidierungskommissars des k. u. k. Ministeriums übernahm.

Person siehe auch ISTVÁN DIÓSZEGI, Hungarians in the Ballhausplatz. Studies on the Austro-Hungarian common Foreign Policy, Budapest 1983.

[10] Vgl. KATHARINA [KATINKA] KÁROLYI, Aufbruch ohne Wiederkehr. Die Lebenserinnerungen einer ungewöhnlichen Frau, Oldenburg / Hamburg 1967.

[11] Pesti Hírlap, 18.10.1918, S. 4; Népszava, 18.10.1918, S. 6. Auch zwei Monate später hielt er an dieser außenpolitischen Maxime fest und betonte in einer Parteirede: „Ich lege unserer Außenpolitik die Wilson'schen Grundsätze zugrunde. Wir haben nur eine Maxime: Wilson, Wilson und drittens nochmals Wilson ...“. Pesti Hírlap, 31.12.1918, S. 2.

[12] Plakat publiziert in Érdekes Újság, 14.11.1918. Die ebenfalls weit verbreitete Vasárnapi Újság erwähnte erstmals in ihrer Ausgabe vom 10. November, dass Ministerpräsident Károlyi das Amt des Außenministers übernehmen werde.

Im Chaos sich überlappender Ordnungsstrukturen war die Suche nach einem neuen Außenminister für Ungarn nicht einfach.[13] Dieser anfängliche Makel sollte sich zu einem Wesensmerkmal der außenpolitischen Positionierung der Károlyi-Regierung verfestigen. Zu sehr war die junge bürgerlich-demokratische Regierung, die am 16. November 1918 offiziell die Volksrepublik Ungarn ausrief, mit brennenden innenpolitischen Problemen beschäftigt, wie der rasant fortschreitenden Radikalisierung der extrem polarisierten politischen Lager, dem unzeitgemäßen Wahlrecht, der vernachlässigten Bodenreform, den sozialen Missständen infolge des verlorenen Krieges, einer galoppierenden Inflation, einer desolaten Lebensmittelversorgung, den Flüchtlingsströmen aus den Kriegsgebieten und den fortschreitenden Unabhängigkeitsbestrebungen der nationalen Minderheiten.

Um außenpolitische Tätigkeiten aufnehmen zu können, musste zuerst das komplett zusammengebrochene Netzwerk an Diplomaten und Gesandtschaften wiederaufgebaut werden. Dies war kein leichtes Unterfangen, wie sich Imre Csáky (1882–1961), einer der prominentesten Diplomaten der k.u.k. Zeit, in seinen Memoiren erinnert:

> „Eines Tages erschien in Wien [...] Dr. Franz Harrer als ungarischer Gesandter und forderte alle im (gemeinsamen) auswärtigen Dienst stehenden ungarischen Staatsangehörigen auf, sich in Budapest zur Dienstleistung bei der dortigen neuen republikanischen Regierung zu melden. [...] Ich entschloss mich daher, mit einigen meiner ungarischen Kollegen der Aufforderung Dr. Harrers Folge zu leisten [...].“[14]

---

[13] In seinen Erinnerungen erwähnt der Spitzendiplomat und damalige österreichisch-ungarische Botschafter in Athen und Konstantinopel, Gyula Szilassy (1870–1935), dass ihn Karl IV. in Gesprächen mit Károlyi als künftigen Außenminister vorgeschlagen hätte; Károlyi übernahm schließlich selbst das Amt und bot Szilassy stattdessen Ende Dezember 1918 den vermeintlich einflussreichen Posten des bevollmächtigten Vertreters Ungarns in der Schweiz an: JULIUS VON SZILASSY, Der Untergang der Donau-Monarchie. Diplomatische Erinnerungen, Berlin 1921, S. 312, 329, 333.

[14] EMERICH [IMRE] CSÁKY, Vom Geachteten zum Geächteten. Erinnerungen des k.u.k. Diplomaten und k. ungarischen Außenministers Emerich Csáky, 1882–1961, hg. v. EVA-MARIE CSÁKY, Wien 1992, S. 253–254. Bei Franz [Ferenc] Harrer (1874–1969) handelte es sich um den ehemaligen Vizebürgermeister von Budapest, der Ende Oktober 1918 dem Nationalrat beitrat und unter Károlyi im November 1918 erster Gesandter in Wien wurde. Im Kabinett von Dénes Berinkey (1871–1944) amtete er vom 24. Januar bis 21. März 1919 als Ungarns Außenminister. Vgl. Art. „Harrer Ferenc“, in: Magyar Életjazi Lexikon [Ungarisches Biografisches Lexikon], http://mek.oszk.hu/00300/00355/html/ABC05727/06003.htm (Zugriff: 31.07.2020).

Auf die Expertise des alten diplomatischen Corps konnte man auch in der Republik nicht vollständig verzichten und schuf damit personelle Kontinuitäten, die bis in die Horthy-Ära reichen sollten. Gleichzeitig galten viele ehemalige Vertreter der Doppelmonarchie bei der Entente als rotes Tuch, wie die zahlreichen erfolglosen Versuche Andrássys, in der neutralen Schweiz Kontakt mit der Entente aufzunehmen, belegen. Gleichzeitig drängte die Zeit, da Ungarns Nachbarn – die junge Tschechoslowakei, Rumänien und Jugoslawien – schon längst ihren Austausch über die Neugestaltung Ostmitteleuropas mit der Entente intensiviert hatten.

Zwei erste Gesandtschaften, in Wien und in Bern, sollten so rasch wie möglich ihre Tätigkeit aufnehmen. Károlyi beschritt für die internationale politische Drehscheibe Schweiz[15] einen für damals außergewöhnlichen Weg, indem er die international bekannte ungarische Frauenrechtlerin und Feministin Rózsa Bédy-Schwimmer (1877–1948) als Mittelsfrau einsetzte.[16] Sie sollte in der Schweiz das grundlegend neue, demokratische Gesicht der jungen Republik repräsentieren und mit ihrem übernationalen Renommee positiv auf die Entente einwirken.[17] Viele Repräsentanten der alten Garde, darunter auch Andrássy und der Diplomat Gyula Szilassy (1870–1935), echauffierten sich über Károlyis Wahl einer weiblichen Gesandten. Andrássy bezeichnete Károlyis Entscheidung kurzerhand als „beispiellose Blamage" und „neubackene exzentrische Diplomatie".[18]

---

[15] Zur Schweiz und insbesondere Bern als Drehscheibe internationaler Diplomatie im und nach dem Ersten Weltkrieg: JULIA RICHERS, Bern als Zentrum von Geheimdiplomatie, Spionage und Konferenzen, in: Zimmerwald und Kiental. Weltgeschichte auf dem Dorfe, hg. v. BERNARD DEGEN / JULIA RICHERS, Zürich 2015, S. 61–74.

[16] Zu Rózsa Bédy-Schwimmer (auch Rosika Schwimmer) und ihrer politischen Arbeit während und nach dem Ersten Weltkrieg: DAGMAR WERNITZNIG, Between Front Lines. The Militant Pacifist Rosika Schwimmer (1877–1948) and Her Total Peace Effort, in: Reconsidering Peace and Patriotism During the First World War, hg. v. JUSTIN QUINN OLMSTEAD, Cham 2017, S. 91–114; TIBOR GLANT, Against All Odds. Vira B. Whitehouse and Rosika Schwimmer in Switzerland, 1918, in: American Studies International 40 (2002), H. 1, S. 34–51; JUDITH SZAPOR, Feministák és „radikális asszonyok". Női politikusok az 1918-os demokratikus forradalomban [Feministinnen und „radikale Frauen". Politikerinnen in der demokratischen Revolution von 1918], in: Nők a moderizálódó magyar társadalomban, hg. v. GÁBOR GYÁNI / BEÁTA NAGY, Debrecen 2001, S. 254–277.

[17] Die „außenpolitische Delegation" wurde am 5. November 1918 in die Schweiz entsandt. Siehe Berichterstattung in Az Ujság vom 6. November 1918 sowie Az Est vom 6. November 1918. Nach ihrer Rückkehr berichtete Bédy-Schwimmer über ihre Begegnungen in Bern und über die diffusen Kenntnisse des Auslands über Ungarns politische Situation. Bédy-Schwimmers Bericht erschien unter dem Titel „A külföld és a magyar köztársaság" [Das Ausland und die ungarische Republik], in: Pesti Hírlap, 13.11.1918.

[18] ANDRÁSSY, Diplomatie und Weltkrieg, S. 328.

Bédy-Schwimmers Wahl war in der Tat revolutionär, nicht zuletzt, weil sie eine der ersten außenpolitisch tätigen Frauen der Welt war.[19] Ihre Mission in Bern scheiterte jedoch, da weder die Entente noch die Eidgenossenschaft sie als Repräsentantin Ungarns akzeptierten.[20] Die offizielle Schweiz unterließ es nicht, ihre misogyne Haltung in einer Note zum Ausdruck zu bringen und festzuhalten, „dass die schweizerische Regierung einstweilen keine Damen als Gesandte zu empfangen gedenkt".[21] Nach dem gescheiterten Experiment, erstmals eine Frau mit außenpolitischen Aufgaben zu betrauen, folgte auf Bédy-Schwimmer Gyula Szilassy, der am 17. Januar 1919 von der Schweiz zwar nicht als Gesandter, aber zumindest als „bevollmächtigter Vertreter" Ungarns in Bern anerkannt wurde.[22]

In der Zwischenzeit bauten sich in Ungarn unaufhaltsam gewaltige außenpolitische Probleme auf. Im Gegensatz zu weiten Teilen Europas, in denen der Krieg tatsächlich zu einem Ende gekommen war, marschierten im Herbst 1918 immer noch zahlreiche fremde Truppen in ungarisches Gebiet ein. Denn der Waffenstillstand von Padua vom 3. November und die Belgrader Militärkonvention vom 13. November 1918 wurden durch tschechoslowakische, rumänische, serbische und französische Truppen nicht eingehalten. Rumänische Truppen drangen kontinuierlich nach Westen vor und hatten unter anderem Siebenbürgen an Rumänien angeschlossen, tschechoslowakische Truppen besetzten das damalige Oberungarn sowie Teile der Ostkarpaten, das Banat kam unter serbische Kontrolle.

Ungarn sah sich außenpolitisch vollständig isoliert. In Ermangelung potentieller Allianz- und Bündnispartner blieb einzig der Weg über eine intensive Propagandaarbeit im Ausland. Bereits im November 1918 war das sogenannte Landeskomitee für Propaganda (*Országos Propaganda Bizottság*, OPB) vom ungarischen Nationalrat unter der Leitung des So-

---

[19] Neben Bédy-Schwimmer sind in diesem Zusammenhang noch Anastasija A. Bicenko (1875–1938) zu erwähnen, die als einzige Frau 1918 Mitglied der sowjetischen Delegation in Brest-Litovsk war, sowie Aleksandra M. Kollontaj (1872–1952), die 1923 Botschafterin der Sowjetunion in Norwegen und damit erste akkreditierte Diplomatin der Welt wurde.

[20] Vgl. PETER PASTOR, The Diplomatic Fiasco of the Modern World's First Woman Ambassador, Róza Bédy-Schwimmer, in: East European Quarterly 8 (1974), H. 3, S. 273–282.

[21] Schweizerisches Bundesarchiv [im Folgenden: BAR], Chef de la Division des Affaires étrangères, Ch. R. Paravicini, au Ministre de Suisse à Vienne, Ch. D. Bourcart, Schreiben vom 13. Dezember 1918, http://dodis.ch/43857 (Zugriff: 31.07.2020).

[22] BAR, La Division des Affaires étrangères du Département politique aux Légations de Suisse, Rundschreiben vom 17. Januar 1919, http://dodis.ch/43857 (Zugriff: 31.07.2020).

zialdemokraten Dezső Bokányi gegründet worden.[23] Das Augenmerk des OPB war anfangs noch weitgehend auf das Inland respektive die ungarische Reichshälfte gerichtet und sollte in erster Linie die Ziele der Asternrevolution und der Károlyi-Regierung im ganzen Land populär machen, die Bevölkerung durch gezielte Aufklärung informieren und beruhigen sowie die Unterstützung der aufgebrachten nationalen Minderheiten gewinnen und für die Vorzüge der „territorialen Einheit Ungarns" werben.[24] Dabei scheute das OPB keine Kosten und Mühen: Ganze neun Millionen Drucksachen publizierte das Komitee allein in den ersten zwei Monaten.[25] Diese waren gemäß Forschungsliteratur in erster Linie auf Ungarisch und somit an ein inländisches Publikum gerichtet. Eine Auswertung der Sammlung der Schweizerischen Osteuropabibliothek belegt jedoch, dass sich die Aufklärungsarbeit des OPB durchaus auch explizit an das Ausland richtete.

Für gezielte Auslandspropaganda war die wichtigste Organisation zu jener Zeit ohne Zweifel die „Liga zur Verteidigung der territorialen Einheit Ungarns" (*Magyarország területi épségének védelmi ligája*, TEVÉL).[26] Ihre Absichten hielt sie unmittelbar nach ihrer Gründung in einem Memorandum am 3. Dezember 1918 wie folgt fest:

> „Diese gesellschaftliche Bewegung Ungarns wird uns aus der Untätigkeit wachrütteln, sie [...] gibt uns unser Selbstvertrauen, unseren Glauben an die Zukunft zurück und unterstützt auf der Friedenskonferenz mit einem riesigen moralischen Gewicht die gerechte Sache der ungarischen staatlichen Einheit

---

[23] Über die Gründung der OPB und ihre Hauptaufgaben wurde ausführlich berichtet in der Zeitung Népszava vom 20. November 1918.

[24] Vgl. PÁL SCHÖNWALD, Az Országos Propaganda Bizottság tevékenysége és kiadványai az 1918-as polgári forradalom alatt [Die Tätigkeit und Publikationen des Landeskomitees für Propaganda während der bürgerlichen Revolution von 1918], in: Magyar Könyvszemle, 85 (1969), H. 1, S. 20–28; MIKLÓS ZEIDLER, A revíziós gondolat [Die Idee der Revision], Budapest 2001, S. 88.

[25] HOLGER FISCHER, Oszkár Jászi und Mihály Károlyi. Ein Beitrag zur Nationalitätenpolitik der bürgerlich-demokratischen Opposition in Ungarn von 1900 bis 1918 und ihre Verwirklichung in der bürgerlich-demokratischen Regierung von 1918 bis 1919, München 1978, S. 125 f.

[26] Zur Gründungsgeschichte und Arbeit der TEVÉL: CSILLA SÁNDOR, A TEVÉL – Magyarország Területi Épségének Védelmi Ligája [Die TEVÉL – die Liga zur Verteidigung der territorialen Einheit Ungarns], in: Belvedere Meridionale 15 (2003), H. 5–8, S. 15–27 (1. Teil); Belvedere Meridionale 16 (2004), H. 1–2, S. 14–24 (2. Teil); LAJOS PALOS, Területvédő propaganda Magyarországon 1918–1920 [Territoriale Propaganda in Ungarn 1918–1920], in: Folia Historica 24 (2005/2006), S. 33–95 (1. Teil); Folia Historica 26 (2008/2009), S. 37–75 (2. Teil).

> […]; demgegenüber würde die ‚Zerstückelung' des Landes Elend und Verzweiflung mit sich bringen, und diese selbst würden einen neuen osteuropäischen Feuerherd schaffen, der mit historischer Fatalität den Frieden Europas in die Luft sprengen könnte."[27]

Die Liga, die vom Geologen Lajos Lóczy (1849–1920) präsidiert wurde, war ein überparteiliches Bündnis und konnte überraschend schnell eine imposante Mitgliederzahl vorweisen. Darunter befanden sich die bekanntesten Politiker des Landes wie Andrássy, Apponyi, Bokányi und Pál Teleki, aber auch Katinka Károlyi.[28] Die Liga finanzierte sich durch Spendengelder und durch staatliche Unterstützung. Ihre Tätigkeiten umfassten die Organisation von Kundgebungen, gezielte Aufklärungskampagnen im Ausland und das Drucken von Broschüren, Plakaten und Tausenden von Postkarten. So überrascht nicht, dass zwei Drittel der Postkarten in der untersuchten Sammlung von der TEVÉL stammten. Die staatliche Beteiligung an dieser Form der Auslandspropaganda sollte geheim bleiben, wie ein streng vertrauliches Schreiben des damaligen Außenministers Ferenc Harrer an den neuen Ministerpräsidenten Dénes Berinkey vom 16. Februar 1919 belegt.[29] Aus diesem Grund fehlte bewusst auf vielen für das Ausland bestimmten Propagandapostkarten eine Angabe zur Urheberschaft.

Ein ausgesprochen interessantes Beispiel für eine solche Bildpostkarte findet sich in der Sammlung der Schweizerischen Osteuropabibliothek.[30] Sie stammt aus dem Frühjahr 1919 und wurde von Jenő Haranghy gestaltet. Sie veranschaulicht die hoffnungsvollen Erwartungen Ungarns an die Pariser Friedenskonferenz. Diese hatte im Januar 1919 ohne ungarische Beteiligung begonnen. Das farbenfrohe Bild zeigt zentral im Vordergrund eine mit einem roten Tuch bedeckte dreistufige Tribüne, auf der ein Verhandlungstisch mit acht diskutierenden Männern steht. Der Bildunterschrift in den drei Sprachen Englisch, Ungarisch und Französisch ist zu entnehmen, dass es sich um das Pariser Friedenstribunal handelt. Hinter den Tagenden ist übergroß ein grün bemaltes, hölzernes Wegkreuz zu erkennen, auf dem eine weiße Friedenstaube sitzt. Die eine Richtung

---

[27] Budapesti Hírlap, 3. Dezember 1918, zit. nach ANIKÓ KOVÁCS-BERTRAND, Der ungarische Revisionismus nach dem Ersten Weltkrieg. Der publizistische Kampf gegen den Friedensvertrag von Trianon (1918-1931), München 1997, S. 50 f.

[28] Zur illustren Liste der Gründungsmitglieder siehe den Zeitungsbericht in Magyarország, 17.12.1918.

[29] KOVÁCS-BERTRAND, Der ungarische Revisionismus, S. 72.

[30] Siehe Abb. 1.

ist in Großbuchstaben mit „Suisse Orientale" beschriftet und weist auf eine friedliche, hügelige Waldlandschaft, aus der einzelne Hausdächer und ein Kirchturm ragen; die andere Richtung ist mit „Nouveau Balcan" beschriftet und zeigt auf eine zerstörte Landschaft, in der eine von Flammen umzingelte Ruine zu sehen ist, über der eine Schar Krähen kreist.

Abb. 1: Propagandapostkarte mit der rhetorischen Frage „Suisse orientale ou noveau Balcan". Die Postkarte sollte den ungarischen Vorschlag einer Donauföderation im Sinne einer „Schweiz des Ostens" im Ausland propagieren.

Auf der Textseite findet sich ebenfalls in den drei Sprachen die Kernaussage der Postkarte: „The Dismemberment of Hungary – A Danger to Europe". Somit bestand die erste Aussage der Karte darin, die Zerstückelung Ungarns als eine große Gefahr für Europa zu präsentieren. Die zweite Aussage richtet sich direkt an das Friedenstribunal und skizziert ein Entweder-Oder-Szenario: Während die linke Bildseite mit der „östlichen Schweiz" eine romantisierte Idylle zeigt, wirkt die rechte mit dem „neuen Balkan" dagegen apokalyptisch. Die Arbeit des Friedenstribunals entschied, so die Bildaussage, über nichts Geringeres als zwischen einer guten und einer katastrophalen Zukunft Ungarns.

Die Konzeption einer föderativen „Schweiz des Ostens“ mit Ungarn im Zentrum wurde demnach als einzig richtige Lösung für die Friedensregelung gesehen. Das Konzept einer „östlichen Schweiz“ (*keleti svájc*) stammte vom Soziologen und Nationalitätenminister der Károlyi-Regierung Oszkár Jászi (1875–1957).[31] Er arbeitete Alternativen zu den Sezessionsbestrebungen aus und entwickelte die Idee einer Donaukonföderation nach dem Vorbild der Schweiz, um somit die Zerstückelung Ungarns zu verhindern.[32] Den Minderheiten Ungarns sollte eine Verwaltungs- und Kulturautonomie gewährt werden, um ihren Verbleib im ungarischen Staat zu sichern.

Jászi vertrat die Meinung, dass damit eine „lebensunfähige“, wenig machtvolle „Kleinstaaterei“ in dieser geopolitisch zentralen Region Mitteleuropas verhindert werden könne.[33] Nicht ganz frei von Paternalismus glaubte er zudem, dass „das staatsbildende Selbstbewusstsein verschiedener Nationen in Ungarn nicht vorhanden“ sei, weshalb ein Verbleib in der Jahrhunderte alten „Schicksalsgemeinschaft“ auch für die Minderheiten nur von Vorteil wäre.[34] Bei den Verhandlungen mit dem rumänischen Nationalrat in Arad im November 1918 und auch bei den Verhandlungen mit slowakischen Vertretern im Dezember 1918 stellte sich jedoch rasch heraus, dass es diesen nicht an staatsbildendem Selbstbewusstsein fehlte: Sie lehnten eine Regelung im Sinne einer schweizerischen Konföderation

---

[31] Zu Oszkár Jászi siehe: GYÖRGY LITVÁN, A Twentieth-Century Prophet. Oscár Jászi, 1875–1957, Budapest / New York 2006; JANOS HAUSZMANN, Bürgerlicher Radikalismus und demokratisches Denken im Ungarn des 20. Jahrhunderts. Der Jászi-Kreis um „Huszadik Század“ (1900–1949), Frankfurt am Main 1988; FISCHER, Oszkár Jászi.

[32] Die Idee einer „Donauföderation“ respektive einer Form der „Vereinigten Staaten“ geht bereits auf Lajos Kossuth und andere zurück. Siehe dazu: AUREL POPOVICI, Die Vereinigten Staaten von Groß-Österreich. Politische Studien zur Lösung der nationalen Fragen und staatsrechtlichen Krisen in Österreich-Ungarn, Leipzig 1906; JOACHIM KÜHL, Föderationspläne im Donauraum und in Ostmitteleuropa, München 1958. Auch die Tschechoslowakei rezipierte das föderative Modell der Schweiz, siehe MICHAEL HAVLIN, Die Rede von der Schweiz. Ein medial-politischer Nationalitätendiskurs in der Tschechoslowakei 1918–1938, Frankfurt am Main 2011.

[33] OSZKÁR JÁSZI, Der Zusammenbruch des Dualismus und die Zukunft der Donaustaaten, Wien 1918, S. 45.

[34] Ebd., S. 47. Jászi schrieb zu den 1918/19 propagierten Föderationsplänen 1923 rückblickend: „[Ich bin und war der Ansicht], dass ein nach Schweizer Vorbild reorganisiertes Ungarn, das mit den Nachbarstaaten in engste Bundesbeziehungen träte, eine größere Garantie der Demokratie, des wirtschaftlichen Fortschrittes und des Friedens gewesen wäre als ein verstümmeltes Ungarn [...].“ OSKAR JÁSZI, Magyariens Schuld, Ungarns Sühne. Revolution und Gegenrevolution in Ungarn, München 1923, S. 40.

ab und bestanden stattdessen auf einer vollständigen Unabhängigkeit von Ungarn.[35]

Die hier abgedruckte Bildpostkarte hob sich von anderen dadurch ab, dass sie der üblichen Untergangsprophezeiung ein positives Zukunftsbild entgegensetzte, das nicht das bloße „Wiederauferstehen" des historischen Ungarn vermittelte, sondern den Willen zu politischem Wandel demonstrierte. Sie ist in diesem Sinne einzigartig in der Sammlung. Optimistisch oder naiv schien man zu diesem Zeitpunkt noch zu glauben, dass die Entente die Demokratisierung und den Pazifismus des neuen Ungarn unter Károlyi erkennen und das Land dadurch bessere Vertragskonditionen erhalten würde, die die territoriale Integrität Ungarns nicht gefährdeten.[36] Die Hoffnungen sollten sich zerschlagen. Weder die Nachbarstaaten noch die Siegermächte in Paris sahen für die Region eine Föderation vor.[37] Die Besatzung der Gebiete des ehemaligen ungarischen Königreichs hielt an.

In diesem Zusammenhang hätte dringlichste Aufgabe der Károlyi-Regierung gemäß vielen damaligen Zeitgenossen die unverzügliche Aufstellung eines republikanischen Heeres zur Sicherung der Landesgrenzen gewesen sein müssen. Ein solcher Zeitgenosse und wichtiger Beobachter, der als außenpolitischer Experte alle drei ungarischen Nachkriegsregierungen nicht nur aufs Engste mitverfolgte und kommentierte, sondern auch wie kein anderer von allen drei Regierungen, die unterschiedlicher nicht sein konnten, gleichermaßen als außenpolitischer Berater angefragt wurde, war der bereits erwähnte Diplomat Imre Csáky. Zurückgekehrt von seiner diplomatischen Mission als k. u. k. Unterhändler bei den Friedensverhandlungen in Brest-Litovsk im März 1918 erlebte er im Herbst den Zusammenbruch der Doppelmonarchie und die Ausrufung der Volksrepublik Ungarn mit. In seinen aufschlussreichen Erinnerungen stellt er der jungen Károlyi-Regierung in außenpolitischer Hinsicht ein verhee-

---

[35] LÁSZLÓ SZARKA, Nationale Regionen in Ungarn und die Kantons- und Autonomiepläne von Oszkár Jászi im Winter 1918–1919, in: Region und Umbruch 1918. Zur Geschichte alternativer Ordnungsversuche, hg. v. HARALD HEPPNER / EDUARD STAUDINGER, Frankfurt am Main u. a. 2001, S. 97–108; LÁSZLÓ SZARKA, Alternativen der ungarischen Nationalitätenpolitik 1918–1920, in: Acta Historica Academiae Scientiarum Hungariae 35 (1989), H. 1, S. 135–148.

[36] Vgl. IGNÁC ROMSICS, The Dismantling of Historic Hungary. The Peace Treaty of Trianon, 1920, New Jersey 2002, S. 53 f.

[37] Dazu ausführlich: ZSUZSA L. NAGY, The Hungarian Democratic Republic and the Paris Peace Conference, 1918–1919, in: Revolutions and Interventions in Hungary and its Neighbor States, 1918–1919, hg. v. PETER PASTOR, New York 1988, S. 261–275.

rendes Zeugnis aus. So kritisierte er, dass der neue Kriegsminister Béla Linder (1876–1962) in „pazifistischem Wahn“ die von der Front zurückkehrenden Truppenverbände auflösen und entwaffnen ließ, statt sie gegen den feindlichen Einmarsch im Norden, Osten und Süden des Landes einzusetzen.[38]

Károlyi wandte sich im Januar 1919 an Csáky mit der Bitte, die Leitung des Ministeriums des Äußeren, dessen Portefeuille er zum damaligen Zeitpunkt selbst innehatte, in der Eigenschaft seines Stellvertreters zu übernehmen. Unter großen Vorbehalten sagte Csáky zu, einzig aus der Überzeugung heraus, dass „das Land in seiner schwierigen, wenn nicht geradezu verzweifelten Lage unbedingt und mehr denn je eines wohlorganisierten, verlässlich arbeitenden auswärtigen Dienstes bedurfte“.[39] Der Aufbau des neuen auswärtigen Dienstes schritt damals jedoch nur langsam voran, zumal alle Beteiligten ihre je eigenen außenpolitischen Konzeptionen mitbrachten. Abhängig davon, zu welchem Land die Person Verbindungen pflegte, sollte „eine serbische, tschechische, rumänische, italienische, seltener auch eine französische ‚Orientierung‘ [...] eingeschlagen werden“.[40] Am Ende musste Csáky über die Außenpolitik unter Károlyi resigniert festhalten:

> „Überhaupt konnte zu jener Zeit von einer richtigen, ernsthaften auswärtigen Politik keine Rede sein: Das Land stand unter militärischer Besetzung, militärische Bevollmächtigte der Sieger residierten in Budapest, sie erteilten Befehle, denen die ungarische Regierung zu gehorchen hatte – weiter nichts. Weder hatten wir diplomatische Vertretungen im Ausland – nicht einmal im neutralen – noch war irgend ein auswärtiger Staat diplomatisch in Budapest vertreten.“[41]

Den Todesstoß brachte der kurzlebigen Károlyi-Regierung schließlich die sogenannte Vix-Note, die am 20. März 1919 um 10 Uhr morgens von Oberstleutnant Fernand Vix (1876–1941), dem Generalstabsoffizier der französischen Armee und Leiter der seit November 1918 in Budapest tätigen Militärmission der Entente, der Károlyi-Regierung übergeben

---

[38] CSÁKY, Vom Geachteten zum Geächteten, S. 256. Die Konsequenzen dieses Handelns kommentierte Csáky wie folgt: „Ungehindert nahm der Auflösungsprozess seinen weiteren Verlauf: Die verschiedenen Nationen der Monarchie lösten sich nacheinander vom alten Mutterland, erklärten sich unabhängig oder sprachen ihre Vereinigung mit ihren außerhalb der Reichsgrenzen lebenden Stammesbrüdern aus.“ Ebd., S. 253.

[39] Ebd., S. 257.

[40] Ebd.

[41] Ebd., S. 258.

wurde. Mit der Vix-Note ordneten die Alliierten ultimativ einen weiteren Rückzug der Ungarn zu neuen Demarkationslinien an, die sich 100 Kilometer weiter im Landesinneren befanden und magyarisch besiedelte Landstriche vom Kernland abzutrennen drohten. Die Károlyi- Regierung weigerte sich, das Ultimatum anzunehmen und trat unter Protest zurück.[42]

Ausrufung der ungarischen Räterepublik und Fortsetzung der militärischen Konfrontation

Nach Károlyis Rücktritt am 21. März 1919 übernahm ein Bündnis aus linken Sozialdemokraten und Kommunisten unter der Führung Béla Kuns die Macht und rief die ungarische Räterepublik aus.[43] Der überraschend gewaltfreie Übergang zum kommunistischen Räteexperiment verblüffte damals viele; erklären lässt er sich indes nicht nur mit der innenpolitischen Krise, sondern auch mit der außenpolitischen Situation. So hielt selbst ein ausgesprochen antikommunistischer Zeitgenosse wie der Schweizer Berichterstatter Henry Charles Schmitt in einem Artikel in der „Neuen Zürcher Zeitung“ fest:

> „In Budapest floss kein Blut, es ist ein harmonisches Hinübergleiten erfolgt. Ein Beweis mehr, dass es sich nicht um eine Exploitierung der Klassenfrage handelt, sondern um Außenpolitik.“[44]

Kun, der in der jungen Räterepublik das Volkskommissariat für Äußere Angelegenheiten übernommen hatte, nahm in der Folge Verhandlungen mit der Entente über die zukünftigen Grenzen Ungarns auf, die jedoch scheiterten, zumal im Hintergrund die Interventionspläne weiterliefen.[45]

---

[42] Vgl. MÁRIA ORMOS, From Padua to the Trianon 1918–1920, Highland Lakes 1990; ROMSICS, Dismantling of Historic Hungary; GABRIEL FOCO, Der verlorene Friede nach dem gewonnenen Krieg. Kritik an den Pariser Vororteverträgen 1919–1920 aus ungarischer Sicht, Wien 2005.

[43] Detailliert zu den Hintergründen und dem Übergang zur Räteregierung KARL-HEINZ GRÄFE, Mythos und historische Wirklichkeit eines Weltereignisses. Bürgerlich-demokratische Volksrevolution und sozialistische Räterevolution in Ungarn 1918–1919, in: Die ungarische Räterepublik 1919. Innenansichten – Außenperspektiven – Folgewirkungen, hg. v. CHRISTIAN KOLLER / MATTHIAS MARSCHIK, Wien 2018, S. 17–46.

[44] HENRY SCHMITT, Die Umwälzung in Ungarn, in: Neue Zürcher Zeitung, 24.03.1919 (Erstes Morgenblatt), S. 1 f., hier S. 1.

[45] Zu den wenig erfolgreichen außenpolitischen Aktivitäten der Räteregierung siehe MÁRIA ORMOS, The Foreign Policy of the Hungarian Soviet Republic, in: Revolutions and Interventions in Hungary and its Neighbor States, 1918–1919, hg. v. PETER PASTOR, New

Neuer Allianzpartner der ungarischen Außenpolitik wurde Sowjetrussland. Als am 16. April 1919 rumänische Truppen die in der Vix-Note festgelegten Demarkationslinien überschritten und im Norden auch die tschechoslowakischen Truppen eine Offensive einleiteten, ging die Räterepublik zur Rückerlangung der Gebiete militärisch gegen seine Nachbarländer vor. Im Ungarisch-Rumänischen Krieg zwischen April und August 1919 geriet die ungarische Rote Armee jedoch schnell in die Defensive.[46] Mit der Besetzung weiter Teile des Landes durch rumänische Truppen brach die kommunistische Räterepublik am 1. August 1919 zusammen; Béla Kun und weitere führende Mitglieder der Räteregierung mussten fliehen. Die rumänischen Truppen brachten nahezu ganz Ungarn, inklusive Budapest, unter ihre Kontrolle, außer den Südwesten Ungarns, wo sich um Szeged eine antikommunistische Opposition formiert hatte. Auf die Räteregierung folgten in den nächsten Wochen und Monaten insgesamt fünf Regierungen bzw. Gegenregierungen.[47] Nachdem die rumänischen Besatzungstruppen auf Geheiß der Pariser Botschafterkonferenz das ungarische Gebiet bis zu der in der Vix-Note definierten Demarkationslinie räumen mussten, zog Miklós Horthy von Nagybánya, der ehemalige Admiral der k.u.k. Kriegsflotte, am 16. November 1919 mit einem Teil seiner als „Nationalarmee“ bezeichneten Truppen in Budapest ein.

Bis zu ordentlichen Wahlen im März 1920 wurde eine Übergangsregierung unter Károly Huszár gebildet. Die Huszár-Regierung hatte gemäß dem späteren ungarischen Delegationsführer bei der Pariser Friedenskonferenz, Albert Apponyi,

> „vornehmlich zwei Aufgaben: die eine nach innen, die andere nach außen. Die erste bestand darin, […] eine Nationalversammlung einzuberufen, die über die innere Ausgestaltung des in vollständiger Rechtsunsicherheit befindlichen

York 1988, S. 357–366; ALFRED D. LOW, Soviet Hungary and the Paris Peace Conference, in: Hungary in Revolution, 1918–19: Nine Essays, hg. v. IVÁN VÖLGYES, Lincoln 1971, S. 137–157.

[46] Vgl. dazu den Sammelband Revolutions and Interventions in Hungary.

[47] Im Frühjahr 1919 wurde in Arad, später erneut in Szeged, eine gegen die Räterepublik gerichtete Gegenregierung unter der Führung von Gyula Károlyi ins Leben gerufen, die anschließend von Dezső P. Ábrahám übernommen wurde. Nach dem Zusammenbruch der Räterepublik übernahm die Regierung unter Gyula Peidl für wenige Tage, vom 1. bis 6. August 1919, und nach einem Putsch anschließend die Regierung unter István Friedrich von August bis November 1919 die Macht. Auf sie folgte die Regierung unter Károly Huszár von November 1919 bis März 1920, bis schließlich Horthy im März 1920 durch das neue ungarische Parlament zum Reichsverweser ernannt wurde. Für das außenpolitische Verhältnis zur Entente in dieser Zeit: PÁL PRITZ, Après Béla Kun – avant Miklós Horthy: La Hongrie et l’Entente en été 1919, in: Hungarian Studies 25 (2011), H. 1, S. 153–172.

Staates entscheiden sollte; die andere war, eine Friedensdelegation nach Paris zu senden."[48]

Am 1. Dezember 1919 erfolgte die offizielle Einladung der ungarischen Delegation um Apponyi nach Paris; damals ging Ungarn noch davon aus, in die Verhandlungsgespräche eingebunden zu werden.

Am 1. März 1920 wurde Miklós Horthy von der ungarischen Nationalversammlung zum faktischen Staatsoberhaupt Ungarns gewählt respektive zum Reichsverweser eines nicht mehr existierenden Königreichs. Um die Friedensverhandlungen nicht zu gefährden, hatte man bis dahin noch von der Beibehaltung des Republikstatus gesprochen, doch mit der Regierungsverordnung vom 18. März 1920 wurde klar, dass die Wiederherstellung des Königreichs Ungarn ohne König beschlossene Sache war.[49] Mit Horthy wurde ein autoritär-konservatives Regime installiert, das 24 Jahre Bestand haben und Ungarn an der Seite Nazideutschlands in den Zweiten Weltkrieg führen sollte.

Die damaligen Befürchtungen Liberaler, wonach das kommunistische Gesellschaftsexperiment eine gewaltige konservative Gegenrevolution nach sich ziehen und einen demokratischen Neuanfang Ungarns verunmöglichen würde, bewahrheiteten sich bereits kurze Zeit später. Auf den „roten Terror" der Räterepublik folgte eine weit größere Welle des „weißen Terrors", der sich nicht nur gegen tatsächliche und vermeintliche Sympathisanten der Räteregierung richtete, sondern sich vor allem auch an der jüdischen Bevölkerung entlud.[50] Die antisemitischen Gewaltexzesse lösten im Ausland große Proteste aus und führten zu einem internationalen Boykott Ungarns im Frühsommer 1920.

Die frühe Horthy-Ära und Ungarns „sekundäre" Außenpolitik

Außenpolitisch verlor Ungarn durch seine diversen Niederlagen 1919/20 nahezu jeglichen Bewegungsspielraum. Gleichzeitig liefen in Paris die

---

[48] ALBERT APPONYI, Erlebnisse und Ergebnisse, Berlin 1933, S. 228.

[49] Regierungsverordnung Nr. 2394/1920, abgedruckt in: ISTVÁN SZABÓ, An der Grenze von Demokratie und autoritärem Regime. Charakteristische Merkmale der ungarischen Staatsorganisation in der Zwischenkriegszeit, Baden-Baden 2014, S. 20.

[50] Vgl. BÉLA BODÓ, The White Terror. Antisemitic and Political Violence in Hungary, 1919–1921, Abingdon u. a. 2019; JULIA RICHERS / REGINA FRITZ, Der Vorwurf des „Judeo-Bolschewismus" und die Folgen der Räterepublik für die jüdische Gemeinschaft in Ungarn, in: Die ungarische Räterepublik, S. 155–166.

Friedensverhandlungen auf Hochtouren, und Ungarn hoffte bis zuletzt illusorisch, die sich abzeichnenden, riesigen Gebietsabtretungen noch irgendwie verhindern zu können.[51] Unter der Leitung des renommierten Geografen und späteren Ministerpräsidenten Pál Teleki wurde eine Kommission gegründet, die den einzigen Zweck hatte, Unterlagen zu sammeln und Dokumentationen für Paris zusammenzustellen, die die ungarische geodeterministische Argumentation der untrennbaren historischen, wirtschaftlichen, geopolitischen und territorialen Einheit des Karpatenbeckens untermauern sollten.

Kartografen waren die Männer der Stunde, denn gerade Landkarten, wie etwa Telekis berühmte ethnografische *carte rouge* sowie Ferenc Fodors Wirtschaftskarten, spielten eine herausragende Rolle.[52] Bemerkenswert ist die personelle Kontinuität, die bei der Durchsicht der Namensliste der ungarischen Friedensdelegation erkennbar wird. Viele der Delegierten, wie Albert Apponyi, Sándor Popovics, István Bethlen, Pál Teleki, Imre Csáky, László Somssich und Tibor Kállay, sollten später in Ungarns Politik eine herausragende Rolle spielen.

Die für die Pariser Friedensverhandlungen erstellten Karten der Ungarn wurden zwar zur Kenntnis genommen, flossen aber kaum in die Debatten ein und führten schlussendlich zu keinen Zugeständnissen auf der Siegerseite.[53] Der damalige ungarische Delegationsleiter Apponyi verspürte in Paris eine „Empfindung völliger Isoliertheit“ Ungarns auf dem weltpolitischen Parkett.[54] Die ganze Lobbyarbeit im Ausland hatte nichts genützt. Ungarn musste am 4. Juni 1920 den Friedensvertrag von Trianon akzeptierten. Das ehemalige Königreich verlor in der Folge mehr als zwei Drittel seines vormaligen Gebietes und mehr als drei Millionen ethnische Ungarinnen und Ungarn.[55]

---

[51] Einen Überblick über die außenpolitischen Anstrengungen Ungarns bietet der Dokumentenband: Papers and Documents relating to the Foreign Relations of Hungary. Vol. I: 1919–1920, hg. v. FRANCIS DEÁK / DEZSŐ UJVÁRY, Budapest 1939.

[52] Dazu: JÁNOS JENEY, The Role of Ethnographical Maps of Hungary and Romania at the Peace Talks After the Great War, in: History of Military Cartography, hg. v. ELRI LIEBENBERG u. a., Cham 2016, S. 199–212.

[53] Zu den ungarischen Verhandlungen in Paris siehe bspw. IGNÁC ROMSICS, Der Friedensvertrag von Trianon, Herne 2005; Trianon, hg. v. MIKLÓS ZEIDLER, Budapest 2003; Trianon and East Central Europe: Antecedents and Repercussions, hg. v. BÉLA K. KIRÁLY / LÁSZLÓ VESZPRÉMY, Highland Lakes 1995.

[54] APPONYI, Erlebnisse und Ergebnisse, S. 240.

[55] Siehe Abb. 2.

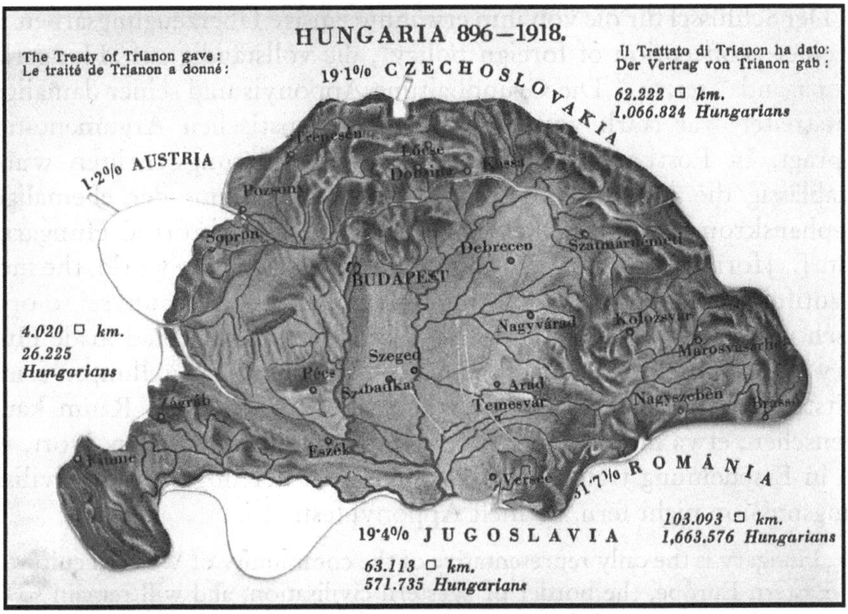

Abb. 2: Progagandapostkarte mit beweglichen Elementen. Sie zeigen das alte Königreich „Hungaria 896–1918“ und das neue „Rumpfungarn“ mit den durch den Friedensvertrag von Trianon abgetrennten Gebieten.

Abtreten musste es im Norden Oberungarn (Slowakei) und im Nordosten die Karpatenukraine an die Tschechoslowakei, im Osten Siebenbürgen, die Crişana, Maramureş und das östliche Banat an Rumänien, im Süden Kroatien und das westliche Banat an den neuen SHS-Staat, das Königreich der Serben, Kroaten und Slowenen.

In seiner kurz nach der Vertragsunterzeichnung veröffentlichten Schrift „Hungarian Foreign Policy“, die bezeichnenderweise in der Reihe der „TEVÉL East-European Problems“ erschien, erläuterte Apponyi einem ausländischen Publikum die künftigen Pfeiler der ungarischen Außenpolitik unter Horthy. Er schrieb:

> „Hungary is convinced that these treaties and the situation to which they have given rise cannot endure […]. This will be recognised only when [the civilised nations] will have come to share Hungary's conviction of it. […] Till then Hungary will not run the risk of political adventure, but attempt the acceleration of the advent of that moment by quiet, assiduous work.“[56]

[56] ALBERT APPONYI, Hungarian Foreign Policy, London u. a. 1921, S. 2.

Der Schlüssel für die von ihm erwähnte emsige Überzeugungsarbeit lag in einer „conception of foreign policy", die vollständig auf „Hungarian propaganda" setzte.[57] Die Grundhaltung Apponyis und seiner damaligen Mitstreiter war stark von einer geodeterministischen Argumentation geprägt. In Postkarten, Landkarten und Aufklärungsschriften wurde unablässig die „organische Einheit" des Territoriums der ehemaligen Stephanskrone betont. So schrieb Apponyi: „The historical Hungarian state [...] formed, as affirmed by all the geographers of the world, the most beautiful geographical unit existing in Europe." Dieser Raum sei so organisch und perfekt, dass womöglich „Lord God Himself had made Hungary".[58] Augenfällig in seinen, wie auch in anderen Darstellungen seiner Mitstreiter ist, dass in diesem als „Ungarn" konzipierten Raum kaum Menschen, etwa in Form anderer Nationalitäten, auftauchten. Dort, wo sie in Erscheinung traten, war das Argument der ungarischen Zivilisierungsmission nicht fern. So hielt Apponyi fest:

> „Hungary is the only representative of the community of Western culture in Eastern Europe, the border of Western civilisation, and will remain so for some time to come. It is Hungary's vocation to plant Western thoughts and ideas in the soil of her neighbours."[59]

Hierbei knüpfte man bewusst an historische Bilder an und erinnerte an die Rolle Ungarns als Bollwerk gegen die einstige „Türkengefahr" und als Außenposten des christlichen Abendlandes – als *antemurale christianitatis.*[60] Diese Bollwerkrhetorik findet sich auch in einer holzschnittartigen

---

[57] Ebd., S. 3. Vertieft zur Außenpolitik zwischen Friedensverhandlungen und frühen 1920er Jahren: LÁSZLÓ GULYÁS, A Horthy-Korszak külpolitikaja, 1: Az első évek 1919–1924 [Die Außenpolitik der Horthy-Ära, Bd. 1: Die ersten Jahre 1919–1924], Mariabesnyő 2012.

[58] APPONYI, Hungarian Foreign Policy, S. 4. In derselben Schriftenreihe der TEVÉL war zuvor Ferenc Fodors Abhandlung „The Geographical Impossibility of the Czech State" erschienen, die – von einem vermeintlich rein geografischen Standpunkt aus – die Lebensunfähigkeit der jungen Tschechoslowakei belegen sollte. FERENC FODOR, The Geographical Impossibility of the Czech State, London u. a. 1920.

[59] APPONYI, Hungarian Foreign Policy, S. 7. In seiner Schrift lässt sich Apponyi schließlich auch von einer ausgeprägt rassistischen Argumentation leiten, wenn er über die neuen Staaten und ihre Minderheitenpolitik schreibt: „[F]rom the racial point of view conditions have grown worse in these states, as in each of them a race on a higher level of civilisation has been subordinated to one of an inferior degree." Ebd., S. 6.

[60] Zur Bollwerkrhethorik: PAUL SRODECKI, Antemurale Christianitatis. Zur Genese der Bollwerksrhetorik im östlichen Mitteleuropa an der Schwelle vom Mittelalter zur Frühen Neuzeit, Husum 2015; OSKAR HALECKI, Borderlands of Western Civilization. A History of East Central Europe, New York 1952.

Abb. 3: *Antemurale Christianitatis*: Propagandapostkarte zu Ungarn als christliches Bollwerk gegen die Gefahr aus dem Osten

Postkarte des OPB wieder. Sie zeigt im Vordergrund einen ungarischen Kämpfer mit Schild und Schwert. Ihm gegenüber stehen im Mittelgrund drei mit Säbeln und einer Hellebarde bewaffnete Gegner mit orientalischer Kopfbedeckung. Im Schutze des Ritters gehen Menschen ihrem Alltag nach. Im rechten unteren Bildteil ist zu lesen: „La Hongrie, qui défendit pendent des siècles la culture de l'Occident contre les invasions de l'Orient, demande d'être défendue contre les mêmes invasions." Auf der Textseite wurde in Ungarisch, Englisch und Französisch folgende rhetorische Frage hinzugefügt: „Est-ce que la Hongerie a défendu pendent mille ans la civilisation de l'Europe pour cela?"

Wie auch bei der Postkarte zur „östlichen Schweiz" liegt der Bildkomposition wieder ein Entweder-Oder-Szenario zugrunde. Der Ritter teilt das Bild und wird zur Grenze zwischen zwei Welten: Links der Okzident und rechts der Orient. Das Bild vermittelt, dass der Okzident friedlich und produktiv ist: Die Bauern bestellen das Feld und die Boote deuten Handel und Fischerei an. Die lesende Frau und der Musiker präsentieren Ungarn als kulturell entwickelt. Der Orient wirkt dagegen durch den schwarzen Himmel und die eng gedrängten Feinde bedrohlich und kriegerisch. Der Ritter ist Symbol für das „Märtyrerland" Ungarn und den Schutz des christlichen Europas vor den anstürmenden Feindeshorden. Auch wenn die Postkarte visuell die „Türkengefahr" in Erinnerung ruft, deutet sie an, dass diese in moderner Übersetzung durch die „roten Horden" aus dem Osten ersetzt werden kann. Der Postkartentext legt zudem nahe, dass Europa aufgrund der ungarischen Opferbereitschaft und der Verteidigungsleistung nun in Ungarns Schuld stehe.

Das OPB und die TEVÉL agierten vordergründig als unabhängige herausgebende gesellschaftliche Organisationen; eine Analyse der Protagonisten zeigt jedoch, dass es personelle Verflechtungen mit obersten Regierungsebenen gab. Darüber hinaus versuchte die Horthy-Regierung verdeckt über die Presseabteilung des Außenministeriums die gesellschaftlichen Aktionen zu choreografieren.[61] Die Organisationen waren zwar nicht offiziell, aber dennoch eng mit Ungarns Regierung verflochten. So war in der TEVÉL die Regierung damals durch den Staatssekretär im Außenministerium Lajos Bíró sowie durch Ministerialrat Pál Petri vertreten. Besonders deutlich wurde die Regierungsnähe, als Pál Teleki 1920 gleichzeitig ungarischer Ministerpräsident und Vorsitzender der Liga war. Der Historiker Miklós Zeidler spricht in diesem Zusammenhang treffend von Ungarns „dual foreign policy", die staatliche und semi-staatliche Institutionen gleichermaßen vereinte.[62]

Eine Untersuchung der zeitgenössischen Postkarten gibt hier Einblicke in zwei Aspekte: in Ungarns Selbstdarstellung wie auch in die Fremdwahrnehmung. Die Postkarten hatten den Zweck, das westliche Ausland während der Friedensverhandlungen zu beeinflussen; zu einer Zeit, als die ungarische Außenpolitik komplett im Abseits stand. In diesem Sinne waren die Postkarten und publizistischen Arbeiten von semi-staatlichen oder privaten Organisationen in der Tat eine Form der „sekundären" Außenpolitik. Sehr augenfällig zeigen sich in den Postkarten die zeitgenössischen identitätsstiftenden Diskurse über Nation, Raum, Staat und Geschichte. Sie visualisieren seismografisch sowohl Richtungswechsel und Veränderungen in der Zielsetzung also auch Veränderungen in der außenpolitischen Situation und Bedrohungslage.[63] In den Postkarten tritt Un-

---

[61] Dazu KOVÁCS-BERTRAND, Der ungarische Revisionismus, S. 99. An einer speziellen Sitzung vom 18. Mai 1920 lud das ungarische Außenministerium die gesellschaftlichen Organisationen ein, um eine strikte Vereinheitlichung der Auslandspropaganda herbeizuführen. Ebd., S. 107.

[62] MIKLÓS ZEIDLER, Ideas of Territorial Revision in Hungary, 1920–1945, Boulder, CO 2007, S. XVI.

[63] In diesem Sinne sind die Postkarten auch aus einer emotionsgeschichtlichen Perspektive äußerst interessant. Die Postkarten können auch zu den kulturellen Artefakten jener Zeit gezählt und als Ausdruck einer Kulturdiplomatie verstanden werden. Dazu:

garn abwechselnd als Held oder als Opfer in Erscheinung. Gemein ist beiden Darstellungsweisen Ungarns *einsamer* Kampf gegen böse Mächte. Hier kündigt sich bereits die Wende der ungarischen Außenpolitik in der zweiten Hälfte der 1920er Jahre an, als man auf der Suche nach Allianzpartnern schließlich gefährliche Bündnisse einging.[64]

Ausblick: Außenpolitische Lobbyarbeit und gefährliche Allianzen

Der Schock über den Friedensvertrag von Trianon saß tief. Alle Amtsvorsteher in „Rumpfungarn" erhielten 1920 den Auftrag, als Zeichen der Trauer an ihren Gebäuden die Fahnen auf Halbmast zu setzen – ein symbolischer Akt, der bis zum Ersten Wiener Schiedsspruch von 1938 und der damit verbundenen Wiedereingliederung verlorener Gebiete in Kraft blieb. In der Postkartenproduktion wurde auf die Unterzeichnung und Ratifizierung des Friedensvertrags von Trianon unter anderem mit der Gestaltung von unterschiedlichen Todesanzeigen reagiert. In einer ersten Phase erklärte man das Königreich Ungarn offiziell für tot; in einer zweiten wurde in einer neuartigen, aggressiven Rhetorik mit dem Tod des Friedens gedroht.[65]

Die Todesanzeigen der europäischen Friedenstaube knüpften an Warnungen an, welche die TEVÉL bereits in ihrer Gründungserklärung abgegeben hatte. Dort hatte sie im Dezember 1918 davor gewarnt, dass die potentielle „Zerstückelung" Ungarns „mit historischer Fatalität den Frieden Europas in die Luft sprengen" werde.[66] Und auch der ehemalige Spitzendiplomat Csáky, der unmittelbar nach der Unterzeichnung des Friedensvertrags von September bis Dezember 1920 als Außenminister Ungarns amtete, hielt in seinen Lebensaufzeichnungen *post factum* fest: „So wie er zustandekam, trug der [...] Friede den Keim des zweiten Weltkrieges in sich."[67]

ZSOLT NAGY, Great Expectations and Interwar Realities. Hungarian Cultural Diplomacy 1918–1941, Budapest / New York 2017.

[64] Dazu ausführlich: GYULA JUHÁSZ, Hungarian Foreign Policy 1919-1945, Budapest 1979 sowie zusammenfassend FERENC PÖLÖSKEI, Hungary's International Position in the 1920s, in: 20th Century Hungary and the Great Powers, hg. v. IGNÁC ROMSICS, New York 1995, S. 113-118.

[65] Siehe Abb. 4: Propagandapostkarte mit sterbender Friedenstaube.

[66] Budapesti Hírlap, 3.12.1918, zitiert nach KOVÁCS-BERTRAND, Der ungarische Revisionismus, S. 51.

[67] CSÁKY, Vom Geachteten zum Geächteten, S. 289.

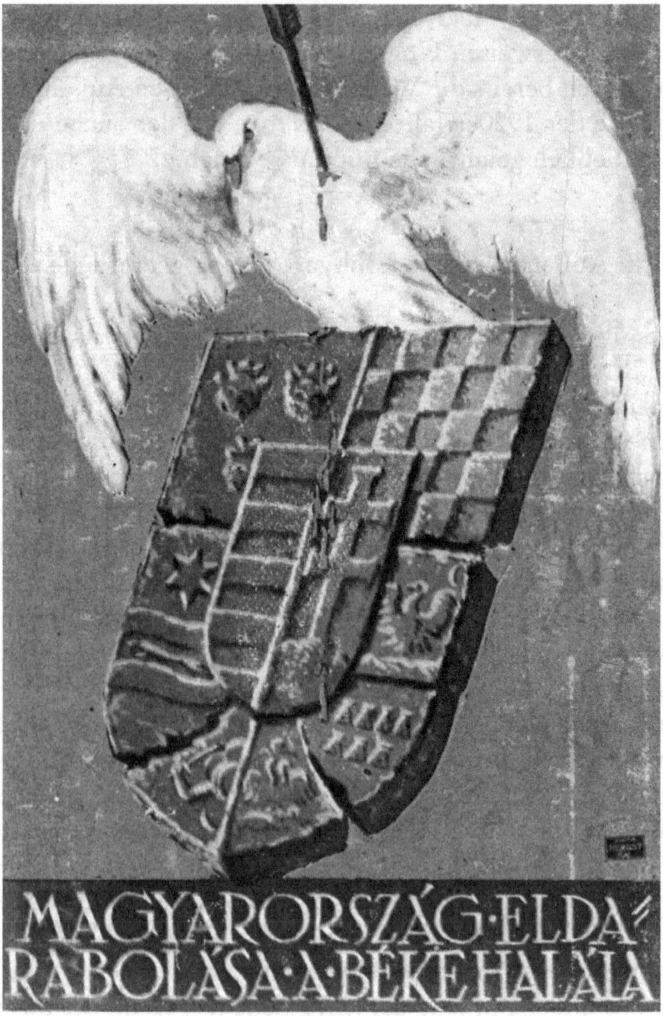

Abb. 4: „Die Zerstückelung Ungarns bedeutet den Tod des Friedens": Propagandapostkarte von János Tábor

Von Europa fühlte man sich verraten und im Stich gelassen. Pál Teleki resümierte Jahre später die außenpolitische Zwickmühle, in der sich Ungarn in den frühen 1920er Jahren befand, mit den Worten: „[B]is 1925 oder 1926 lebten wir vollständig isoliert im Trianon-Gefängnis" – trotz Ungarns Beitritt zum Völkerbund 1922 unter Apponyis Federführung – und hinsichtlich des beschränkten Handlungsspielraums in der Außenpolitik ergänzte er: „[U]nsere einzige Aufgabe bestand darin, über das

Unrecht, das uns widerfahren war, aufzuklären und Freunde zu suchen".[68] Mitte der 1920er Jahre sollte dann die langersehnte außenpolitische Wende eintreten: „Italien wandte sich uns zu, und dann wuchs die Macht unserer alten Freunde, wie Deutschland und Polen. Sie führten uns in die nächste Ära."[69] Auf den Tod respektive die in einigen Postkarten suggerierte „Kreuzigung" Ungarns sollte die „Auferstehung" und Wiedergeburt folgen.[70] Mit den neuen Allianzpartnern im Rücken konnte die Außenpolitik unter Horthy nun nicht nur verdeckt, sondern ganz offiziell zu ihren revisionistischen und irredentistischen Zielen stehen.[71]

Am Ende lassen sich für Ungarn zusammenfassend drei Phasen der Außenpolitik in der Zwischenkriegszeit erkennen. Zwischen 1918 und 1920 wurde in einer ersten Phase über Printmedien, Postkarten und Vortragsreisen intensiv versucht, die Pariser Friedensverhandlungen noch günstig zu beeinflussen. In dieser Zeit ging es weniger um ein *nation-building* als um ein *nation-preserving*. Die zweite Phase zwischen 1920 und 1926/27 war vor allem geprägt von einer fast vollständigen außenpolitischen Isolation. Die Propagandaarbeit und publizistischen Tätigkeiten richteten sich vornehmlich an ein inländisches Publikum und standen unter dem Slogan „Nein, nein, niemals!" („*Nem, nem, soha!*").[72] In der letzten Phase zwischen 1926/27 und dem Ausbruch des Zweiten Weltkriegs wurden die neuen Allianzen mit Italien und Deutschland gefestigt.[73]

---

[68] PÁL TELEKI, Szegedi beszéd [Szegediner Rede], 7. Mai 1939, abgedruckt in: PÁL TELEKI, Beszédek [Reden], Budapest 1939, S. 44–66, hier S. 50.

[69] Ebd.

[70] Zur biblischen Rhetorik der Propaganda: KOVÁCS-BERTRAND, Der ungarische Revisionismus, S. 93.

[71] Bezeichnend ist hier die Rede von Ministerpräsident Graf István Bethlen über die außenpolitische Lage Ungarns und über die Revision in Debrecen am 4. März 1928, in: Dokumente und Materialien zur ostmitteleuropäischen Geschichte. Themenmodul „Ungarn in der Zwischenkriegszeit", hg. v. HERDER-INSTITUT, bearb. von ZSOLT VITÁRI, https://herder-institut.de/resolve/qid/283.html (Zugriff: 31.07.2020). Detailliert zur neuen Außenpolitik ab Mitte der 1920er Jahre: LÁSZLÓ GULYÁS, A Horthy-Korszak külpolitikaja, 2: A húszas évek második fele, 1924–1931 [Die Außenpolitik der Horthy-Ära, Bd. 2: Die zweite Hälfte der zwanziger Jahre, 1924–1931], Mariabesnyő 2013.

[72] Der berühmte Slogan „*Nem, nem, soha!*" wurde bereits unter Károlyi von der TÉVEL am 30. Januar 1919 verwendet, aber erst unter Horthy massenmedial breit gestreut. Dazu: NAGY, The Hungarian Democratic Republic, S. 266.

[73] Diese dritte Phase der ungarischen Außenpolitik ist mit Abstand bereits am besten erforscht, weniger Beachtung haben die ungarisch-sowjetischen Beziehungen erhalten, die phasenweise zwischen 1919 und 1941 bestanden. Insbesondere die Kriegsgefangenen-Thematik beherrschte hier die außenpolitischen Beziehungen der jungen Horthy-Regie-

Mit dem neuen selbstbewussteren Auftreten Ungarns in der Außenpolitik erfuhren auch die semi-staatlichen Verbände eine Revitalisierung - doch diesmal in bereits radikalisierter Form: So wurde 1926 die sogenannte Ungarische Revisionsliga (*Magyar Revíziós Liga*) gegründet, die zum Ziel hatte, mit finanzieller Unterstützung durch wohlhabende Personen und Unternehmen im In- und Ausland revisionistische Propaganda zu betreiben. Die Organisation betonte ihren nicht-staatlichen Charakter, da man so nicht auf außenpolitische Verpflichtungen Rücksicht nehmen musste.

Bemerkenswert ist, dass der Liga eine Vielzahl von Daten zur Verfügung stand, um die revisionistischen Bestrebungen effektiv untermauern zu können und eine scheinbare Wissenschaftlichkeit zu belegen. Die veröffentlichten Werke der Liga, die auf Ungarisch, Englisch, Deutsch und Französisch erschienen, zielten zumeist darauf ab, sich von der Kriegsschuld zu distanzieren und für Ungarns Position Sympathisanten zu finden. Aber die Liga ging noch einen Schritt weiter: Ihre englische Bezeichnung machte deutlich, wofür sich die Liga ebenfalls einsetzte; mit dem vielsagenden Namen *Hungarian Frontier Readjustment League* setzte sie sich explizit das *frontier readjustment*, die Grenzkorrektur, zum Ziel. Diesmal ging es also nicht um persuasive Aufklärungsarbeit, sondern um eine unmissverständliche Grenzrevision, für deren Verwirklichung alle Allianzen recht waren.[74]

Abbildungsnachweis

Abb. 1, Abb. 3 und Abb. 4: Schweizerische Osteuropabibliothek, Nachlass Kurt Lüps, Ungarn-Postkartenalbum, Signatur SOB ArSOB DOK A 2:3.

Abb. 2: Schweizerische Osteuropabibliothek, Signatur SOB ArSOB DOK C MAG : 2.

---

rung zu Sowjetrussland. Dazu: ATTILA KOLONTÁRI, Hungarian-Soviet Relations, 1920–1941, Boulder, CO 2010.

[74] Zum territorialen Revisionismus unter Horthy siehe auch: IGNÁC ROMSICS, Hungarian Revisionism in Thought and Action, 1920–1941. Plans, Expectations, Reality, in: Territorial Revisionism and the Allies of Germany in the Second World War. Goals, Expectations, Practices, hg. v. MARINA CATTARUZZA u. a., New York / Oxford 2013, S. 92–101; ZEIDLER, Ideas of Territorial Revision.

CLAUDIU-LUCIAN TOPOR

ETHNISCHE SELBSTBESTIMMUNG IN DER AUSSENPOLITIK

ALTRUMÄNIEN UND GROSSRUMÄNIEN IM VERGLEICH

Einführung

„Nichts ist internationaler als die Bildung von nationalen Identitäten", schrieb Anne-Marie Thiesse in ihrem bemerkenswerten Buch über die Bestimmung des Nationsbegriffs.[1] Das Paradoxon ist offensichtlich, erklärt sich aber dadurch, dass die Herausbildung der nationalen Identitäten den Vorwand für oftmals blutige internationale Konfrontationen geliefert hat und dabei im Rahmen internationaler Reglementierungen stattfand. Die Nation, im modernen Sinne, gibt es seit dem 18. Jahrhundert, aber die konstituierenden Elemente haben sich im folgenden, also im 19. Jahrhundert, herausstrukturiert: die Geschichte, welche die Verbindung zu den Vorfahren widerspiegelt, die Helden als Träger der nationalen Tugenden, die Sprache, die Kulturdenkmäler, evokative Orte, Symboliken etwa in der Malerei etc. Und im selben 19. Jahrhundert wurde die Unterscheidung zwischen der historischen und der ethnischen Nation relevant. Triumphiert hat die ethnische Nation. Sie brachte Solidarität, Sprach-, Rasse- und Religionsgemeinschaften hervor, Assoziationen, in denen die an Generation und Sozialstatus gebundenen Unterschiede aufgehoben wurden.[2]

Die Rumänen (als Volk bzw. historische Entität) lassen sich in diese Entwicklung vollends einordnen. Altrumänien erscheint im historischen Selbstverständnis der Rumänen als ein Nationalstaat in der ethnisch ge-

[1] ANNE-MARIE THIESSE, La création des identités nationales. Europe XVIII–XXe siècle, Paris 1999, S. 11.

[2] ION BULEI, Oameni ... şi „chestiuni" de acum un veac [Menschen ... und „Fragen" vor hundert Jahren], Bucureşti 2015, S. 223 f.

prägten Variante der Nation, dazu noch als einer von besonders betonter Reinheit. Scheinbar gab es gar keine Minderheiten, diejenigen, die keine Rumänen waren, galten als „Fremde“. Etliche von diesen erfreuten sich der Staatsbürgerschaft anderer Länder, manche wiederum besaßen überhaupt keine. Gemäß der letzten Volkszählung vor dem Ersten Weltkrieg (1912) hatte Rumänien 7.234.920 Einwohner. Die meisten wurden als Rumänen geführt (93,47 Prozent), aber bei genauer Betrachtung zeigt sich, dass „die Fremden“ statistisch nicht existierten.

Neben Rumänen lebten im damaligen Rumänien (gemäß der Volkszählung von 1899) neben ethnischen Rumänen österreichisch-ungarische Staatsangehörige (Österreicher und Ungarn), Deutsche, Juden (vor allem in den moldauischen Städten), Türken, Bulgaren, Tataren (in der Dobrudscha) usw. 1900 befand sich Rumänien in Europa auf Platz zwei hinsichtlich des Prozentsatzes von „Fremden“, die sich im Land niedergelassen hatten: 79 von 1.000 Einwohnern. Den ersten Platz nahm die Schweiz ein, mit 115 von 1.000 Einwohnern. Rumänien war ein nationaler Staat, aber einer mit einem bedeutenden Prozentsatz an „fremder“ Bevölkerung, den die Statistiken je nachdem zu verbergen oder zu mindern versuchten, indem die „Fremden“ in anderen Kategorien erfasst wurden als die Rumänen. Jene bildeten eine Art „Mieter“ in einem Land, das nicht auch das ihre geworden war.[3] Dieses in seiner ethnischen Zusammensetzung „ideale“ Rumänien von damals blieb trotzdem ein unvollständiges Rumänien.[4]

Und zahlreiche Rumänen lebten vor 1914 außerhalb seiner Grenzen (etwa 4 bis 4,5 Millionen). Siebenbürgen (einschließlich des Banats, der Crişana und den Maramureş) umfasste die größte Anzahl von Rumänen, die sich unter fremder Herrschaft befanden: 2.827.419 gemäß der ungarischen Volkszählung von 1910, die nach der gesprochenen Sprache und nicht nach der angegebenen Nationalität durchgeführt worden war. Die Rumänen (die Rumänisch Sprechenden) stellten damals 53,7 Prozent der Bevölkerung Siebenbürgens, während die Ungarn 31,6 Prozent ausmachten. Bemerkenswert ist, dass die Rumänen trotz der Magyarisierungspolitik in der zweiten Hälfte des 19. Jahrhunderts weniger darunter zu leiden hatten als die Slowaken oder die Deutschen. Ihre distinkte religiöse (konfessionelle) Identität hatte ihnen dazu verholfen, ihre Ethnizität besser zu bewahren.

---

[3] Lucian Boia, Cum s-a românizat România [Wie Rumänien rumänisch wurde], Bucureşti 2015, S. 22–24.

[4] Siehe Karte 1: Rumänien um 1890.

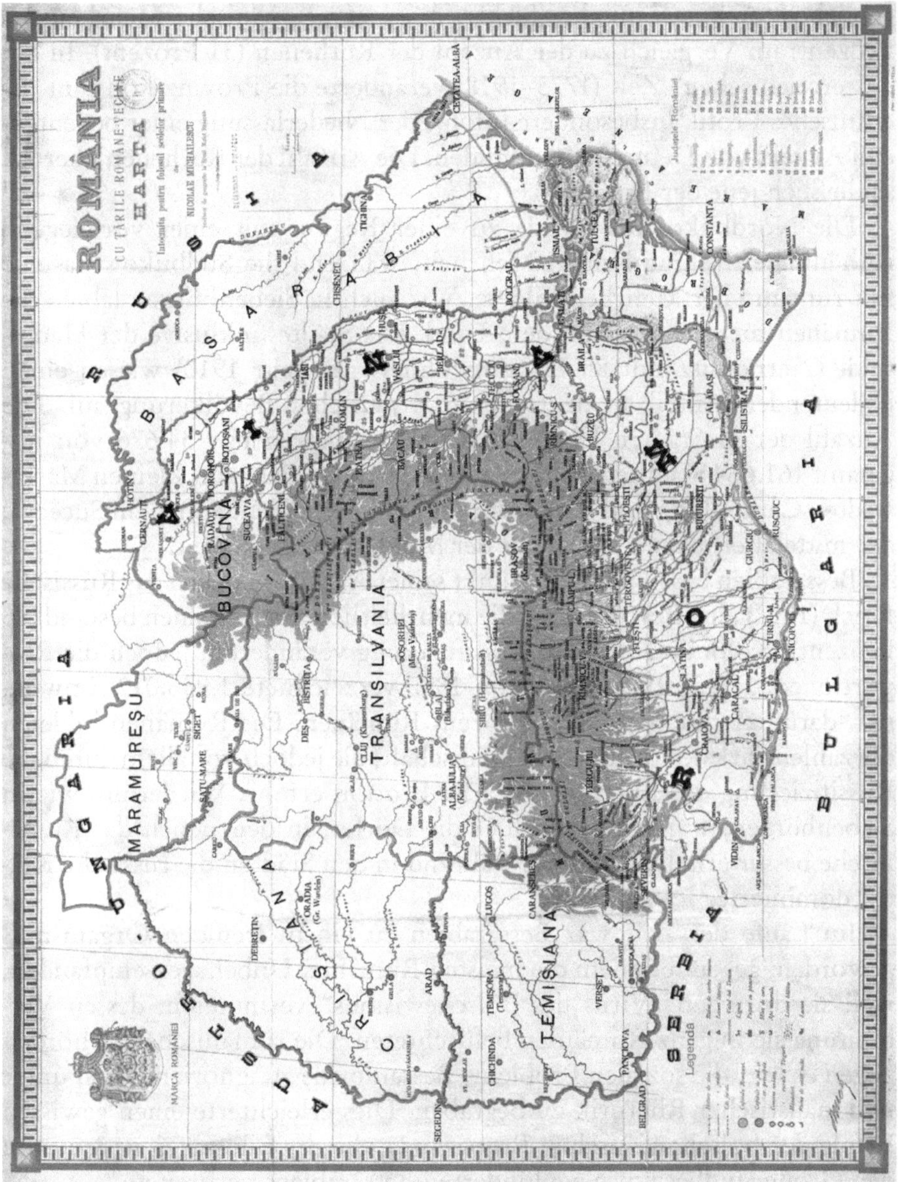

Karte 1: Rumänien um 1890

Die Dörfer Siebenbürgens waren von Rumänen stark bevölkert, weniger aber die Städte. Ungarn und Deutsche bildeten die Mehrheit der urbanen Bevölkerung. Was die Bukowina – eine weitere Provinz mit mehrheitlich rumänischer Bevölkerung – betrifft, sind die Statistiken unzureichend geblieben. Aus rumänischer Sicht gab es eine rumänische Mehrheit (60 Prozent) im Vergleich zu der Anzahl der Ruthenen (31 Prozent). In der „österreichischen“ Zeit (1775–1918) veränderte die Provinz konstant ihr ethnisches Profil, insbesondere infolge der Niederlassung einer bedeutenden Anzahl von Deutschen und Juden. Die Anzahl der Ruthenen übertraf schließlich jene der Rumänen.

Die Nordbukowina wurde zu einer Region mit einer vorwiegend ruthenischen (ukrainischen) Mehrheit, während die Südbukowina eine mit rumänischer Mehrheit bildete. Wie auch in Siebenbürgen lebten die Rumänen mehrheitlich auf dem Land. Die Städte (inklusive der Hauptstadt Czernowitz mit 85.458 Einwohnern im Jahr 1910) wiesen einen bedeutenden Anteil an deutscher und jüdischer Bevölkerung auf. Die Anzahl der in Städten lebenden Rumänen betrug nur 34.676 von insgesamt 161.664 Stadtbewohnern. Abgesehen von den zwei kleinen Marktstädten Câmpulung und Vatra Dornei stellten sie nicht einmal in Suceava, der mittelalterlichen Hauptstadt der Moldau, die Mehrheit.

Bessarabien besaß zum Zeitpunkt seiner Annexion durch das Russische Reich (1812) eine Bevölkerung, die mehrheitlich aus Rumänen bestand (86 Prozent). Kolonisierung und Russifizierung veränderten jedoch die Proportionen. Die Volkszählung von 1897 verzeichnete 1.936.012 Einwohner, darunter nur mehr 47,6 Prozent Rumänen. Die Rumänen bildeten die zahlenstärkste ethnische Gemeinschaft, die jedoch vor allem durch die Russifizierung der Eliten eine starke Erosion erfuhr. Wiederum, wie in Siebenbürgen, waren es auch hier die Dörfer, in denen sich das Rumänische besser erhalten konnte, während in den Städten die russische Kultur dominierte.[5]

Im Laufe der Zeit war Bessarabien zu einem fremden Organismus geworden, gegenüber dem die meisten Rumänen Unbehagen empfanden, weil sie dort den „Virus des Bolschewismus“ vermuteten, dessen Verbreitung sie in ganz Rumänien befürchteten. Die rumänischen Behörden zogen es vor, die sozialen Probleme Bessarabiens zu ignorieren und unter nationalistischer Rhetorik zu begraben. Dies erleichterte einen gewissen Erfolg der bolschewistischen Propaganda, die das Bild eines armen, von den Großgrundbesitzern geplünderten Bessarabiens verbreitete.[6]

---

[5] BOIA, Cum s-a românizat România, S. 44–50.

[6] ALBERTO BASCIANI, Dificila unire. Basarabia şi România Mare 1918–1940 [Die schwierige Vereinigung. Bessarabien und Großrumänien 1918–1940], Vorwort v. KEITH HITCHINS, Chişinău, 2018, S. 13 f.

Altrumänische Sicherheitspolitik

Die an das Königreich Rumänien angrenzenden Räume waren ethnisch gesehen gemischt, aber mehrheitlich rumänisch; die Rumänen überstiegen nur knapp die Hälfte der Gesamtbevölkerung. Hinzu kam die Fremdprägung der Rumänen selbst: Die bessarabische Elite war russifiziert, die rumänische Elite aus Siebenbürgen und der Bukowina, obschon sie ihre Identität bewahrte, hatte sich der Kultur Mitteleuropas angenähert und unterschied sich somit deutlich von der Elite Altrumäniens.[7]

Unter diesen historischen Umständen stellt sich die Frage, ob die ethnische Identität der Rumänen außerhalb der Landesgrenzen die rumänischen außenpolitischen Handlungen entscheidend beeinflusst hatte: vor dem Ersten Weltkrieg durch den Verzicht auf die Protektion seitens der Tripel-Allianz (des Dreibunds) und den Kriegseintritt an der Seite der Ententemächte; in der Zwischenkriegszeit durch die Bekämpfung des europäischen Revisionismus und die Eruierung der potentiellen Bündnisse, die Großrumänien Sicherheit bieten konnten. Das Bündnis mit den Mittelmächten, denen sich Italien am 9. Mai 1888 anschloss, sollte für die Sicherheit Rumäniens bis zum Ausbruch des Ersten Weltkriegs grundlegend sein. Das 1883 unterzeichnete politische Abkommen wurde erstmals 1897 erneuert. Es wurde aber nicht durch eine militärische Vereinbarung ergänzt – trotz der Tatsache, dass die Frage der militärischen Zusammenarbeit für die Vertragspartner bereits im Winter 1887/88 im Kontext der politischen Krise an Bedeutung gewann, die aus den Beziehungen zwischen den Zentralmächten und Russland entstanden war. Die Lage der Rumänen in Ungarn stellte dabei eine Grundbelastung des Bündnisses dar, wenn auch kein prinzipielles Hindernis. So oft sich das Problem der Einheit der rumänischen Nation in den dem Ersten Weltkrieg vorausgehenden Jahrzehnten stellte, so oft kam es zu Spannungen in den Beziehungen zum Hauptbündnispartner. Diese Frage bedeutete folglich einen Prüfstein für die Beziehungen Rumäniens mit der Doppelmonarchie sowie für jene mit Deutschland und beeinflusste unausweichlich die Sicherheitsstrategie. Zu Beginn der 1890er Jahre führten die Verschlechterung der Lage der rumänischen Bevölkerung jenseits der Karpaten und die Unterdrückung der Memorandum-Bewegung (9. Juni 1892–Mai 1894)[8] zu

---

7 Ebd., S. 24.

8 Ihr lag eine Bittschrift an den Kaiser Österreich-Ungarns (Franz Joseph) zugrunde, unterzeichnet 1892 von den Führungspersönlichkeiten der siebenbürgischen Rumänen. Das Dokument analysierte das Legislativsystem in Ungarn (das Gesetz der Nationen, das

einer Krise in den Beziehungen Rumäniens mit den Bündnismächten.[9] Motiviert durch persönliche Interessen bzw. ausgehend von Erwägungen zur internationalen Politik diskutierten Politiker Altrumäniens die Problematik der siebenbürgischen Rumänen in der Presse und förderten damit die emotionale Aufladung der öffentlichen Debatte. Angeregt von der Kampagne der Liberalen, die sich damals in der Opposition befanden, nahm die nationale Agitation 1894 gewaltige Ausmaße an und stellte die Beziehungen zwischen Rumänien und Österreich-Ungarn auf die Probe.

Trotz alledem veränderte die Memorandum-Bewegung die Außenpolitik Rumäniens nicht wesentlich und gefährdete auch nicht das Bündnis mit Österreich-Ungarn. Die einzige Auswirkung war, dass sie die Rückkehr der Regierung zu ihrer vormaligen Präferenz einer engen Anlehnung an das Deutsche Reich einleitete. Die Grundprinzipien der rumänischen Außenpolitik blieben unverändert: die Bewahrung des geschaffenen Staatsgebildes und keine territoriale Erweiterung. Dabei waren sich die rumänischen Politiker der Fragilität der geopolitischen Lage Rumäniens bewusst und wählten stillschweigend die Bewahrung des bündnispolitischen Schutzschildes.

Die Synthese dieser vorsichtigen Politik spiegelte sich in der Rede des rumänischen Außenministers im Winter 1894 wider. Alexandru N. Lahovary, der damals das Amt bekleidete, schätzte die gesamte politische Krise wie folgt ein: „Bevor wir Siebenbürgen nehmen, sollten wir an die Bewahrung der Moldau und der Dobrudscha denken, die durch eine solche

---

Wahlgesetz, die Schulgesetze, die Pressegesetze etc.) und hob hervor, dass die Rumänen diskriminiert würden und keine politischen Rechte besäßen. Die Schrift forderte die Auflösung des österreich-ungarischen Dualismus und die Rückkehr zur Autonomie Siebenbürgens. Die Autoren des Dokuments wurden von den ungarischen Behörden gerichtlich belangt. Der Prozess fand in Cluj-Napoca (Klausenburg) von April bis Mai 1894 statt und endete mit einer Verurteilung zu schweren Gefängnisstrafen. Die Bukarester Regierung protestierte gegen das Urteil und mit den Protesten solidarisierten sich ausländische Persönlichkeiten wie William Gladstone, Georges Clemenceau, Émile Zola, Lev Tolstoi u. a. Die verurteilten Memorandisten wurden am 19. September 1895 aufgrund eines von Kaiser Franz Joseph unterzeichneten Dekretes begnadigt. Vgl. KEITH HITCHINS, Afirmarea naţiunii: mişcarea naţională românească din Transilvania, 1860–1914 [Die Steigerung der Nation: die rumänische nationale Bewegung aus Siebenbürgen, 1860–1914], Bucureşti 2000.

[9] Über die Beziehungen Rumäniens zur Tripel-Allianz unter dem Einfluss der Nationalbewegung in Siebenbürgen vgl. insbes. GERALD VOLKMER, Die Siebenbürgische Frage, 1878–1900. Der Einfluss der Rumänischen Nationalbewegung auf die diplomatischen Beziehungen zwischen Österreich-Ungarn und Rumänien, Köln u. a. 2004; TEODOR PAVEL, Mişcarea românilor pentru unitate naţională şi diplomaţia Puterilor Centrale (1894–1914) [Die nationale Einheitsbewegung der Rumänen und die Diplomatie der Mittelmächte (1894–1914)], Timişoara 1982.

Politik zweifellos dem Schicksal Bessarabiens ausgesetzt werden würden [...].“[10]

In seinem Verhältnis zu den Mittelmächten (mindestens bis zum Ende der bosnischen Krise 1908) verblieb Rumänien ein sekundärer, aber loyaler Partner Österreich-Ungarns und Deutschlands. Die öffentliche Meinung war jedoch weiterhin eine ungarnfeindliche. Diese Feindseligkeit blieb u. a. auch wegen der Geheimhaltung des politischen Abkommens mit Österreich-Ungarn bestehen, die auf den eindringlichen Wunsch König Carols I. hin erfolgte. Die bosnische Krise von 1908 zeigte mit aller Deutlichkeit die unterschiedlichen Positionen in der Balkanpolitik zwischen Österreich-Ungarn (pro-bulgarisch, anti-serbisch, indirekt antirumänisch) und Rumänien (pro-serbisch und anti-bulgarisch) auf.

Während der Balkankrise von 1912 bis 1913 sollte diese Diskrepanz chronisch werden und zu einem neuen Spannungsmoment in den Beziehungen zwischen Bukarest und Wien führen. Die Verschiebung der rumänischen Grenze in der Dobrudscha[11] drängte sich 1913 als notwendige strategische Kompensation für den territorialen Zuwachs Bulgariens auf. Dabei konnte auf keinerlei die ethnische Identität betreffende Argumente verwiesen werden. Das Thema wurde jedoch engstens mit dem „Nationalstolz“ der Rumänen verbunden und geriet in den Fokus der innenpolitischen Auseinandersetzungen: „Wenn wir Silistra nicht bekommen“, behauptete Ion I. C. Brătianu, der Chef der Liberalen Partei und zukünftige Ministerpräsident in den Jahren des Ersten Weltkriegs, gegenüber dem Gesandten Österreich-Ungarns in Bukarest, „dann ist die Tripel-Entente mächtiger als die Tripel-Allianz, und wir werden uns den Mächtigeren zuwenden!“[12].

Die Aufwertung der „anderen“ nationalen Frage (der mazedonischen Frage/der aromunischen Frage) innerhalb der rumänischen Außenpolitik stellte die umgehende Antwort der rumänischen Regierung auf die Krise der rumänisch-österreichisch-ungarischen Beziehungen dar. Die mazedonische Frage wurde zu einem außenpolitischen Instrument, um die Auf-

---

[10] RUDOLF DINU, Diplomaţia Vechiului Regat 1878–1915. Studii [Die Diplomatie Altrumäniens 1878–1915. Studien], Cluj-Napoca 2014, S. 70 f.

[11] Infolge des Friedens von Bukarest erhielt Rumänien den Süden der Dobrudscha (bekannt auch unter dem Namen Cadrilater), ein Territorium mit einer Fläche von 8.371 km^2 und über 300.000 Einwohnern, zu jenem Zeitpunkt mehrheitlich Türken und Tataren, während die Rumänen in dieser Provinz eine Minderheit bildeten. Al doilea război balcanic (1913) [Der zweite Balkankrieg (1913)] hg. v. MIHAIL E. IONESCU / NICOLAE ŞERBAN TANAŞOCA, Bucureşti 2014.

[12] DINU, Diplomaţia, S. 92.

merksamkeit der rumänischen Öffentlichkeit von der Lage in Siebenbürgen abzulenken. Die Verteidigung der ethnischen Identität der Aromunen auf der Balkanhalbinsel befand sich seit einiger Zeit auf der Agenda der Bukarester Behörden: Die Finanzierung der Schulen und Kirchen bildete dabei das Hauptanliegen. Die Existenz dieser Bevölkerung mit rumänischer Abstammung auf der Balkanhalbinsel[13] lieferte der Regierung in Bukarest den ethnischen Vorwand für die Einleitung „einer Balkanpolitik des Gleichgewichts". Sie stellte eine Ausflucht dar, gedacht als eine Sicherung der kontinuierlichen Einflussnahme Rumäniens auf dem Balkan in Bezug auf den Erhalt des Status quo und auf eine Neutralisierung Bulgariens, das als Russlands „verdeckter Arm" betrachtet wurde.

Dieser Kurs der Unterstützung der Rumänen aus Mazedonien führte auf dem Balkan zur unausweichlichen Kollision der slawischen Nationalismen mit dem rumänischen Nationalismus (der sich bisher in einem Zustand der Passivität, wenn nicht gar Lethargie gegenüber den Untertanen des Osmanischen Reiches befunden hatte). Dieser Kurs, der Machtfragen aufwarf und zeitweilig Ansprüche auf eine regionale Vormachtstellung enthielt, steigerte die rumänisch-bulgarische Rivalität bis zum Äußersten.

Eine getreue Widerspiegelung der rumänisch-bulgarischen Spannungen war anlässlich des Londoner Botschaftertreffens (1912) zu beobachten, als die rumänische Diplomatie darauf bestand, in die Loge der Großmächte aufgenommen zu werden. Premierminister Titu Maiorescu erklärte dem Bevollmächtigten Österreich-Ungarns in Bukarest, dass Rumänien durch seine im Ersten Balkan-Krieg eingenommene Neutralität dem Frieden Europas einen wahren Dienst erwiesen habe.[14] Obwohl die Zulassung des rumänischen Gesandten zu den Verhandlungen der Mächte Restriktionen unterlag, brachte sie doch symbolischen Gewinn. Das im Krieg gegen die Türken siegreiche Bulgarien schien gezwungen, der Grenzänderung in der Süddobrudscha zuzustimmen. Der rumänische Minister in London hatte

---

[13] Die mazedonische (aromunische) Frage widerspiegelte die Sorge der Regierungen von Bukarest um den Schutz einer Bevölkerung (über 200.000 Menschen) rumänischer Herkunft und Sprache, die im Pindosgebirge und in kompakten Gemeinschaften in Mazedonien lebte. Die Aromunen, viele von ihnen Händler, waren zutiefst nationalistisch eingestellt. TRIFON NICOLAS u. a., Aromânii pretutindeni, nicăieri [Die Aromunen, überall und nirgends], Chişinău 2012.

[14] Bericht aus Bukarest/Sinaia, 17. Oktober 1912, in: Österreich-Ungarns Aussenpolitik. Von der bosnischen Krise 1908 bis zum Kriegsausbruch 1914. Diplomatische Aktenstücke des österreichisch-ungarischen Ministeriums des Äussern. Ausgewählt von LUDWIG BITTNER u. a, Band IV, Wien / Leipzig 1930, S. 347.

außerdem noch die Eingliederung der Aromunen aus der Pindusregion in die Grenzen Albaniens sowie die Anerkennung der rumänischen Sprache in Schulen, Kirchen und Verwaltung in Südwest-Albanien gefordert. Die religiösen Rechte sollten sowohl durch den mit dem Osmanischen Reich abgeschlossenen Friedensvertrag als auch durch die zukünftige albanische Verfassung garantiert werden.[15]

Die Verhandlungen Silistra betreffend (also der Grenzänderung in der Süddobrudscha) verliefen im Zeichen einer großen Nervosität. Sowohl in Rumänien als auch in Bulgarien übten die nationalistischen Gruppierungen Druck auf die Regierungen der beiden Länder aus, damit diese keinerlei Konzessionen machten. Die führenden Politiker der Parteien, aber auch Historiker und Publizisten heizten die Gemüter an. Der Abgeordnete Constantin Fortunescu hatte im rumänischen Parlament eine geradezu drohende Rede gehalten, aus der hervorging, dass den „rumänischen Soldaten" nichts davon abhalten werde, Europa den Willen der Nation hinsichtlich der Auseinandersetzungen auf dem Balkan aufzuzwingen.[16] Südlich der Donau schrieben die Zeitungen, dass Rumänien sich hinlänglich am Tisch des bulgarischen Volkes bedient habe. Unter dem Druck der öffentlichen Meinung hatten Stoian Danev, der Präsident der Sabranie, des bulgarischen Parlamentes, und Premierminister Ivan Gheşov territoriale Konzessionen zugunsten Rumäniens abgelehnt.[17]

Bis zum Ersten Weltkrieg wurde die Außenpolitik Altrumäniens dennoch nicht von dem Ziel beherrscht, territoriale Vervollständigung aufgrund ethnischer Selbstbestimmung zu erlangen. In den internen Debatten verdrängte dann aber die Rhetorik eines europäischen Krieges die Argumentation der Neutralität. König Carol I. sprach sich als erster für die militärische Intervention an der Seite der Mittelmächte aus. Er tat

---

[15] MAX DEMETER PREYFUSS, Die aromunische Frage. Ihre Entwicklung von den Ursprüngen bis zum Friede von Bukarest (1913) und die Haltung Österreich-Ungarns, Graz 1974, S. 118 f. Das unabhängige Albanien war die Schöpfung der europäischen Großmächte, insbesondere Österreich-Ungarns und Italiens. Ohne die Intervention derselben im Jahre 1913, am Ende der Balkankriege, wäre Albanien zwischen den siegreichen Nachbarn aufgeteilt worden, den Griechen im Süden, den Serben im Osten und den Montenegrinern im Norden.

[16] Monitorul Oficial. Dezbaterile Adunării Deputaţilor (27 noiembrie 1912 – 4 iulie 1913) [Offizielles Amtsblatt. Die Debatten der Abgeordnetenversammlung (27. November 1912 – 4. Juli 1913)], Sitzung 15. Dezember 1912, S. 52.

[17] Arhiva Ministerului Afacerilor Externe (AMAE), Fond Problema 21 (1878-1913) [Archiv des Außenministeriums (AAM), Bestand Problem 21 (1878-1913)], Bd. 113. Rapoarte politice de la Sofia [Politische Berichte aus Sofia], 1912–1913, Bl. 50 f.

dies, indem er auf die Respektierung der bestehenden geheimen Abkommen verwies. In der feierlichen Sitzung des Kronrats vom 3. August 1914 erklärte er:

> „Ich sehe in erster Linie als Möglichkeit die Neutralität. Aber die Geschichte beweist, dass die in einem allgemeinen Weltbrand neutral gebliebenen Länder auf eine sekundäre Rolle reduziert und von bei Friedensschluss getroffenen Entscheidungen ausgeschlossen werden. Rumänien verdient es nicht, einer solchen Demütigung ausgesetzt zu werden.“[18]

Woher kam aber die Apologie des Krieges in den politischen Auseinandersetzungen Rumäniens? Der kriegerische Ehrgeiz und militaristische Geist passten nicht mit der im Grunde friedfertigen Haltung der Rumänen zusammen. Keine gesellschaftlichen Autoritäten erhoben ihre Stimmen, um die Tugenden des Krieges hochzuhalten, wie dies Moltke und Treitschke im Falle des Deutschen Reiches Ende des 19. Jahrhunderts getan hatten.[19] Trotzdem fand die Antikriegsströmung der damaligen Zeit nicht genügend Anhänger, denn sie wurde mit der sozialistischen Bewegung und der rumänischen Sozialdemokratie verknüpft.[20]

Eine ausgewogene Analyse zu den verhängnisvollen Folgen des Krieges im nationalen Sinne finden wir überzeugend in den Schriften des führenden Sozialisten und Schriftstellers Constantin Dobrogeanu-Gherea ausgearbeitet. Er sah in der Kriegspolitik ein wahres Abenteuer. Ein kleines Land mit geringen Ressourcen würde sich in einen gigantischen Krieg zwischen starken Gegnern stürzen, die seine Unabhängigkeit bedrohten. „Unser Krieg“ - notierte er - „mit Österreich und Deutschland wäre kein Verteidigungskrieg, sondern ein Angriffskrieg“. Und er war es auch, der

---

[18] ION MAMINA, Consilii de coroană [Kronräte], Editura Enciclopedică, Bucureşti 1997, S. 32; P. P. CARP, România şi războiul European [Rumänien und der europäische Krieg], Bucureşti [o. J.], S. 14 f. Vgl. auch das Fragment der in der Abgeordnetenkammer gehaltenen Rede anlässlich der Antwort auf die Thronbotschaft (Dezember 1916), in: TACHE IONESCU, Amintiri. Discursuri pentru România Mare [Erinnerungen. Reden für Großrumänien], hg. mit Vorwort und Anmerkungen v. NICOLAE ŞERBAN, Tanaşoca 2005, S. 275.

[19] HELMUTH VON MOLTKE, Gesammelte Schriften und Denkwürdigkeiten, Band 5, Berlin 1892. Siehe den Brief an Johann Caspar Bluntschli, 11. Dezember 1880, S. 194. HEINRICH VON TREITSCHKE, Politische Vorlesungen gehalten an der Universität zu Berlin, Bd. 2, Leipzig 1898, S. 553.

[20] Istoria Românilor, vol. VII, tomul II, De la independenţă la Marea Unire (1878–1918) [Die Geschichte der Rumänen. Von der Unabhängigkeit bis zur Großen Vereinigung], hg. von GHEORGHE PLATON, Bucureşti 2003, siehe Kapitel VI, România în anii Primului Război Mondial [Rumänien in den Jahren des Ersten Weltkriegs], S. 407.

sich fragte: „Sind wir eigentlich für einen solchen langen Krieg, geführt gegen die stärksten Armeen, hinreichend vorbereitet?"[21] Tatsächlich hatte der Krieg in der rumänischen Öffentlichkeit eine von Gewalt geprägte Rhetorik entfesselt. Die Deutschen, die in Rumänien lebten, waren über Nacht zu Intriganten und Spionen geworden. In den Jahren der rumänischen Neutralität verwandelten sie sich in der öffentlichen Meinung mit jedem Tag mehr in ein schweigendes Monster, dem die undankbare Rolle des inneren „Feindes" zugewiesen wurde.[22]

Die allgemeine Euphorie war im Sommer 1913, als das ganze Land die Mobilisierung und den Krieg in Bulgarien forderte, stärker als dann 1914. Dies wissen wir mit Sicherheit aufgrund einer Umfrage. Auf Anweisung des Innenministeriums nahm die Polizeidirektion für allgemeine Sicherheit eine Befragung von unterschiedlichen Gesellschaftsschichten und Nationalitäten vor. Bürger in Stadt und Land gaben ihrer Meinung Ausdruck. So erfahren wir etwa aus den Quellen, dass die Einwohner von Galaţi zu einer Allianz mit Russland neigten. Ein Krieg, so er käme, sollte die Befreiung Siebenbürgens bringen, aber die Neutralität Rumäniens nicht gefährden, die für alle Befragten als der ideale Zustand angesichts der laufenden Ereignisse galt. Selbst die glühendsten und lautstärksten Befürworter eines Krieges zögerten, ein sofortiges militärisches Handeln zu fordern, da die Lage unübersichtlich sei und mögliche kolossale Kräfteentfaltungen keine Sieger voraussehen lassen würden.[23]

Auf der Ebene des politischen Diskurses wurde das Thema des nationalen Ideals mit unterschiedlichen Akzenten entwickelt. Unter der „nationalen Sache" war zunächst das Schicksal der Rumänen außerhalb der Grenzen des Königreichs (die Bewahrung ihrer nationalen Sprache, die Entwicklung ihres Nationalbewusstseins etc.) zu verstehen, dann aber auch die Möglichkeit der Vereinigung aller Rumänen unter einer einzigen

---

[21] CONSTANTIN DOBROGEANU-GHEREA, Război sau neutralitate [Krieg oder Neutralität], Bucureşti 1914. Siehe: Propovăduitorii războiului [Die Kriegsverkünder], S. 10, 13 f.

[22] Vgl. MARIA BUCUR, Romania: War, Occupation, Liberation, in: European Culture in the Great War. The Arts, Entertainment and Propaganda, 1914–1918, hg. von AVIEL ROSHWALD / RICHARD STITES, Cambridge u. a. 1999, S. 243–266, insbes. S. 251.

[23] Arhivele Naţionale ale României (ANR-ANIC) [Nationalarchiv Rumäniens], Fond Direcţia Poliţiei şi Siguranţei Generale – DPSG [Bestand Polizeidirektion und Allgemeine Sicherheit], Akte Nr. 108/1914. Bezüglich der Haltung der Bevölkerung aus allen Gesellschaftsschichten zu den gegenwärtigen äußeren Umständen. Brigada Specială de Siguranţă Galaţi [Sondersicherheitsbrigade]. Cabinetul Şefului, 7. August 1914, Bl. 12 [im Folgenden zitiert als ANR-ANIC, DPSG].

politischen Führung.[24] Ein integrales Verständnis von der rumänischen Nation führte dazu, die „brutalen Ungarn“ ebenso abzulehnen wie die „despotischen Russen“.[25] Oft konnte man Äußerungen wie etwa die des Abgeordneten Constantin Stere hören:

> „Wir sind ein einziges Volk und können nicht jedem seiner konstitutiven Elemente das Recht auf Leben absprechen. Wir können auf kein einziges Atom des ‚Volksbodens‘ verzichten. Die Nation ist ein ‚lebendiges Wesen‘, das über die Jahrhunderte existiert, wir sind nichts als ‚vorübergehende Glieder‘ in der endlosen Reihe der Generationen.“[26]

Aber das nationale Ideal und die politische Realität würden nicht zusammenfallen. Deswegen sei die Wahl keineswegs eine einfache:

> „[...] entweder wir gehen mit der Triple Entente, um Transsilvanien zu *erobern*, oder wir gehen mit der Triple Allianz, um die Moldau bis zum Dnjestr wieder zu *vervollständigen*.“[27]

Schließlich hatte die militärische Führung sogar Schwierigkeiten, die Einberufungsbefehle durchzusetzen. Die anfängliche Kriegsbegeisterung sank. So legte sich etwa in der Hauptstadt Bukarest nach der stürmisch begrüßten Mobilisierung der Armee Stille über die ganze Stadt. Die Menschen lebten in Angst und warteten auf die offiziellen Kommuniqués und die Nachrichten von der Front.[28] Tausende von Bauern zogen es vor, dem Ruf zur Armee nicht Folge zu leisten, und nahmen sogar das Risiko in Kauf, erschossen zu werden. Es kam zu Revolten, Fahnenflucht und gar zu Selbstmord.[29] Das war damit zu erklären, dass im Rumänien der Vor-

---

[24] RADU ROSETTI, Atitudinea Romåniei în răsboiul actual [Die Haltung Rumäniens im aktuellen Krieg] Bucureşti 1915, S. 7.

[25] IOAN D. FILITTI, Politica Externă a României şi atitudinea ei în conflictul european [Die Außenpolitik Rumäniens und seine Haltung im europäischen Konflikt], Bucureşti 1915, S. 53.

[26] Politica externă a României. Cuvântările rostite în discuţia răspunsului la Mesaj în şedinţele din 14, 15, 16 şi 18 Decembrie 1915 ale Camerei Deputaţilor de domnii P. P. Carp şi C. Stere [Die Außenpolitik Rumäniens. Reden gehalten in der Diskussion der Botschaft in den Sitzungen vom 14., 15., 16. und 18. Dezember 1915 der Abgeordnetenkammer von den Herren P. P. Carp und C. Stere], Iaşi 1915. C. Stere, Şedinţele din 15 şi 16 Decembrie 1915 [Die Sitzungen vom 15. und 16. Dezember 1915]; siehe auch GLENN E. TORREY, Indifference and Mistrust: Russian-Romanian Collaboration in the Campaign of 1916, in: The Journal of Military History 57 (1993), S. 279–300.

[27] P. P. CARP, Rumänien, S. 3 [Hervorhebung im Original].

[28] I. G. DUCA, Memorii [Memoiren], Bd. II, Războiul 1916–1919 [Der Krieg 1916–1919], hg. mit bibliografischer Skizze v. STELIAN NEAGOE, Bucureşti 2015, S. 28.

[29] ANR-ANIC, DPSG, Nota [Note], 7. August 1914, Bl. 16.

kriegszeit ein Drittel der Bauern an der Hungersgrenze lebte. Die meisten von ihnen hatten kaum von den sukzessiven Bodenverteilungen profitiert, die durch Gesetzesinitiativen in den letzten Jahrzehnten des 19. Jahrhunderts erfolgt waren. Als sie für die nationale Sache einberufen wurden, waren die Bauern weniger davon als von den alten sozialen Konflikten geprägt.[30]

Rumänien unter Carol I. war um die Sicherheit der eigenen Grenzen bemüht und spielte die Rolle eines Stabilitätspfeilers in Südosteuropa. Der Tod des Königs kurz nach Ausbruch des Krieges in Europa am 27. September/10. Oktober 1914 führte zu einem grundlegenden Paradigmenwechsel in der rumänischen Politik. Von nun an befand sich das Entscheidungszentrum unter der Kontrolle der Regierung; Ministerpräsident Ion I. C. Brătianu übernahm die Neuorientierung der rumänischen Politik hin zur Teilnahme am Krieg an der Seite der Entente-Mächte. Die nationale Frage rückte erneut in den Vordergrund und wurde zum Leitfaden der Regierung. Der neue Souverän König Ferdinand I., König Carols Neffe, billigte die Kursänderung der Außenpolitik und den Übergang des Entscheidungszentrums an die Regierung stillschweigend.

Von der gesamten parlamentarischen Opposition wurde nun eine Propaganda zugunsten des Kriegseintritts unterstützt. Sowohl die Ententisten als auch die Germanophilen verlangten in der Presse die Intervention Rumäniens, wenn auch ihre Argumente sich in unterschiedliche Richtungen entwickelten. Die Entente-Strömung berief sich auf die siebenbürgische Frage, die Germanophilen hingegen auf die bessarabische. Entschlossen, ihre abwartende Haltung aufzugeben, orientierte sich die liberale Regierung im Geheimen in Richtung von Verhandlungen mit den Ententemächten.[31] Ihre Argumente sind wohlbekannt. Die Prophetie von der Vereinigung Siebenbürgens mit dem Königreich, die „Vervollständigung des Volkes" motivierte sie und verwandelte sie zu Hauptakteuren der nationalen Propaganda. Von Anfang an stellte Siebenbürgen „die Akropolis" des Rumänentums dar. Es wurden schillernde Bilder entwor-

---

[30] Siehe die Aufzeichnungen von Alfred von Olberg, Korrespondent für das Kriegspresseamt, der 1916 die Armee von Erich Falkenhayn in Rumänien begleitet hatte: ALFRED VON OLBERG, Der Siegeszug durch Rumänien. Auf den Spuren unserer Armee, Berlin 1918, S. 285.

[31] Details zu den beiden Strömungen bei LUCIAN BOIA, „Germanofilii". Elita intelectuală românească în anii Primului Război Mondial [„Die Germanophilen". Die rumänische intellektuelle Elite in den Jahren des Ersten Weltkriegs], Bucureşti 2009. Die unterschiedlichen Daten beziehen sich auf den julianischen bzw. den gregorianischen Kalender. Rumänien wechselte 1924 vom julianischen zum gregorianischen Kalender.

fen, mit hohem Pathos schrieb etwa der konservative Politiker Nicolae Filipescu:

> „Was ist das rumänische Königreich ohne Siebenbürgen? Eine geografische Absurdität. Ein verbogener und im Halbkreis geknickter Streifen Land. Zeigt diese verkrüppelte Figur einem siebenjährigen Kind und fragt es, was Rumänien fehlt? Das Kind, mit seiner unerfahrenen Hand, wird die Linie zeichnen, die den Kreis vollendet."[32]

Aus anderer Feder hieß es:

> „Siebenbürgen ist das Rumänentum als Bedürfnis, es ist die Verstärkung, die den Feind fernhält, es ist das Leben, das das Leben ruft! Wir brauchen Siebenbürgen! Wir können nicht ohne! Wir werden es zu nehmen und vor allem es zu verdienen wissen!"[33]

Das rumänische Volk stehe vor der Erfüllung einer prophetischen Aufgabe, die Opfer und Heldentum verlange.[34]

> „Vorwärts denn! Vorwärts! Wiedererwachter Genius des rumänischen Volkes! Zerschmettern wir in Waffenbruderschaft mit den Russen die Hydra des Magyarismus [...] und tragen wir mit dem legendären Heldentum des Rumänen bei zum Triumph der Gerechtigkeit, der Freiheit der Völker."[35]

Der Krieg zwischen Rumänien und Österreich-Ungarn begann am 14./27. August 1916. Der Eintritt Rumäniens in den Ersten Weltkrieg, der für

---

[32] NICOLAE FILIPESCU, Pentru România-Mare. Cuvântări din războiu 1914–1916 [Für Groß-Rumänien. Reden aus dem Krieg 1914–1916], o. O. 1925; vgl. darin: Cuvântarea rostită la întrunirea de la Iaşi a „Ligii Culturale" la 15 martie 1915 [Rede gehalten beim Treffen der „Kulturellen Liga" am 15. März 1915 in Jassy], S. 38 f.

[33] Ardealul. Discurs rostit de D-nul Nicolae Titulescu, profesor universitar, deputat, la Întrunirea „Acţiunii Naţionale" din Ploieşti, ţinută în ziua de 3 Maiu 1915 [Siebenbürgen. Rede von Herrn Nicolae Titluescu, Universitätsprofessor und Abgeordneter, beim Treffen der „Nationalen Aktion" in Ploieşti, gehalten am 3. Mai 1915], Ploieşti 1915, S. 5.

[34] LEONTE MOLDOVANU, În chestia naţională. Cuvântare rostită la discuţiunea asupra răspunsului la mesaj în şedinţa Adunării Deputaţilor de la 18 Decemvrie 1915 [Die nationale Frage betreffend. Rede gehalten zur Diskussion der Antwort an die Botschaft in der Abgeordnetenversammlung vom 18. Dezember 1915], Bucureşti 1915.

[35] Liga Pentru Unitatea Culturală a Tuturor Românilor [Liga für die kulturelle Einheit aller Rumänen], Conferinţele părintelui Vasile Lucaci [Die Vorträge des Pfarrers Vasile Lucacis], Bucureşti 1916; vgl. darin: Cuvântarea Părintelui V. Lucaci ţinută la 28 Mai 1916, cu ocaziunea manifestaţiei înaintea statuei lui Mihai Viteazu [Rede Pfarrer V. Lucacis, gehalten am 28. Mai 1916 anlässlich der Manifestation vor der Statue Michaels des Tapferen], S. 83. Pfarrer Vasile Lucaciu, gebürtig in Transsilvanien und 1905 Abgeordneter der Nationalen Rumänischen Partei (*Partidul Naţional Român*) im Parlament von Budapest. 1914 überquerte Lucaciu die Grenze zum Königreich Rumänien, wo er ein Kämpfer für die „Befreiung" Transsilvaniens wurde.

dessen nationales Selbstverständnis entscheidend wurde, ging auf den Beschluss einiger Spitzenpolitiker zurück und wurde von nur wenigen Diplomaten vermittelt. Die Verfassung Altrumäniens von 1866 sprach dem König das exklusive Recht zu, offensive Abkommen sowie Friedensverträge abzuschließen und den Krieg zu erklären. Die Rolle von Premierminister Ion I. C. Brătianu, Vertreter der Liberalen und führender Kopf in der Außenpolitik, war entscheidend für die Annahme des Beschlusses. Das Parlament Rumäniens wurde im Verlauf der Entscheidungsfindung niemals einberufen.[36] Der Thronerbe Ferdinand I. von Hohenzollern erteilte dem Premierminister die Weisung, den Kriegseintritt vorzubereiten. Gleich vielen rumänischen Politikern war Ion. I. C. Brătianu der Überzeugung, dass Rumänien zur Erfüllung des nationalen Ideals, der Zusammenführung aller Rumänen, die internationale Lage nutzen müsse.[37]

Der Kriegseintritt Rumäniens hatte bedeutsame Auswirkungen auf die strategische Lage Österreich-Ungarns sowie der Mittelmächte insgesamt.[38] Letztlich bedeutete der Untergang Österreich-Ungarns eine Verschärfung der Strukturprobleme Mitteleuropas und keineswegs deren Lösung. Bei Kriegsende profitierten die rumänischen Delegierten auf der Friedenskonferenz von Paris (1919) vom in Mittel- und Osteuropa entstandenen Machtvakuum und erreichten ihre nationalen Ziele, indem sie die Zwistigkeiten zwischen den Alliierten ausnutzten, die ihren Willen in Mittel- und

---

[36] GRIGORE PROCOPIU, Parlamentul în pribegie 1916–1918. Amintiri, note şi impresii. Ediţie şi studiu introductiv de DANIEL CAIN [Das Parlament auf Wanderschaft. Erinnerungen, Notizen und Eindrücke, hg. u. einführende Studie v. DANIEL CAIN], Bucureşti 2018; siehe darin die einführende Studie: Un om politic de modă veche [Ein altmodischer Politiker], S. 19–21.

[37] GHEORGHE A. DABIJA, Pregătirea diplomatică a războiului României (1914–1916), ediţie îngrijită, studiu introductiv şi note de VASILE POPA şi PETRE OTU [Die diplomatische Vorbereitung von Rumäniens Krieg, hg., Einführung u. Anmerkungen v. VASILE POPA und PETRE OTU], Bucureşti 2019; Kapitel V: Gândul lui I. I. C. Brătianu asupra nevoii de a merge împotriva Austro-Ungariei [I. I. C. Brătianus Überlegung zur Notwendigkeit, gegen Österreich-Ungarn zu kämpfen], S. 409 f. Vgl. auch Dezbaterile Adunării Deputa ilor. Sesiunea ordinară 1919–1920, ediţia din 16 decembrie 1919 [Die Debatten der Abgeordnetenkammer. Ordentliche Sitzungen 1919–1920, Sitzung vom 16. Dezember 1919], S. 160.

[38] HOLGER HERWIG, The First World War. Germany and Austria-Hungary 1914–1918, New York 1997, S. 217–222; JOHN KEEGAN, The First World War, New York 1999, S. 306–308 und passim; MICHAEL B. BARRET, Preludiu la Blitzkrieg. Campania austro-germană în România – 1916 [Präludium zum Blitzkrieg. Die österreich-ungarische Kampagne in Rumänien – 1916], übersetzt v. MONA IOSIF, Bucureşti 2016, S. 300–303; NORMAN STONE, The Eastern Front, 1914–1917, New York 1975, Kapitel 12: The Romanian Campaign 1916–1917, S. 264–281. Entgegen dem Urteil von Stone war Rumänien nicht in den Krieg eingetreten, um der Entente strategisch zu helfen.

Osteuropa nicht durchsetzen konnten, weil sie die Region ja militärisch nicht besetzt hatten. Die Konferenz konnte letztlich nur die bereits von Rumänien und anderen Anrainerstaaten Österreich-Ungarns vollzogenen Grenzänderungen ratifizieren bzw. regulieren.[39]

Den meisten rumänischen Politikern, die ihre Aufmerksamkeit auf nationale Projekte richteten, fehlte das Interesse an einer langfristigen Sicherheitspolitik. Zusammen mit Österreich-Ungarn brach auch das System der deutschen Bündnisse, die dem Ersten Weltkrieg vorausgegangen waren und 30 Jahre lang die Sicherheit Rumäniens gewährleistet hatten, zusammen. Durch das Fehlen eines wirksamen Schutzschirms innerhalb des nach 1918 entstandenen Machtvakuums in Ostmitteleuropa endete Rumänien 25 Jahre später im sowjetischen Einflussbereich.[40]

Großrumänische Außenpolitik

1918 änderte Rumänien also seine geopolitische Gestalt.[41] Der Anschluss von Bessarabien, der Bukowina und Siebenbürgens führte zu mehr als einer Verdoppelung des Territoriums und seiner Bevölkerung (von 137.000 km² auf 295.000 km² und von 7,235 Millionen Einwohnern im Jahre 1912 auf 18 Millionen, registriert im Jahre 1930).[42] Fast alle Rumänen befanden sich nunmehr innerhalb der Grenzen desselben Staates; ihnen hatte sich jedoch auch ein breiter Fächer von Minderheiten zugesellt. Gemäß der Volkszählung von 1930 stellten die ethnischen Rumänen 71,9 Prozent der Bevölkerung. Fast drei von zehn Einwohnern gehörten Minderheiten an.

---

[39] Lucian Leuştean, România şi marile Puteri la Conferinţa de Pace de la Paris (1919–1920) [Rumänien und die Großmächte auf der Pariser Friedenskonferenz (1919–1920)], in: Valentin Naumescu, România, Marile Puteri şi ordinea europeană (1918–2018) [Rumänien, die Großmächte und die europäische Ordnung (1918–2018)], Iaşi 2018, S. 49–69.

[40] Rudolf Dinu, „Aliatul inamic". România şi chestiunea războiului contra imperiilor centrale (1914–1916) [„Der feindliche Verbündete". Rumänien und die Frage des Krieges gegen die Zentralmächte (1914–1916)], in: Marele Război şi Europa danubiano-balcanică [Der Große Krieg und das donau-balkanische Europa] hg. v. Francesco Guida , Cluj-Napoca 2016, S. 84 f.

[41] Siehe Karte 2.

[42] Institutul Central de Statistică din România. Recensământul general al populaţiei României din 29 decembrie 1930 [Zentrales Institut für Statistik Rumäniens. Die allgemeine Volkszählung Rumäniens vom 29. Dezember 1930], hg. von Manuila Sabin, Bd. IX, Bucureşti 1940, S. 205–207.

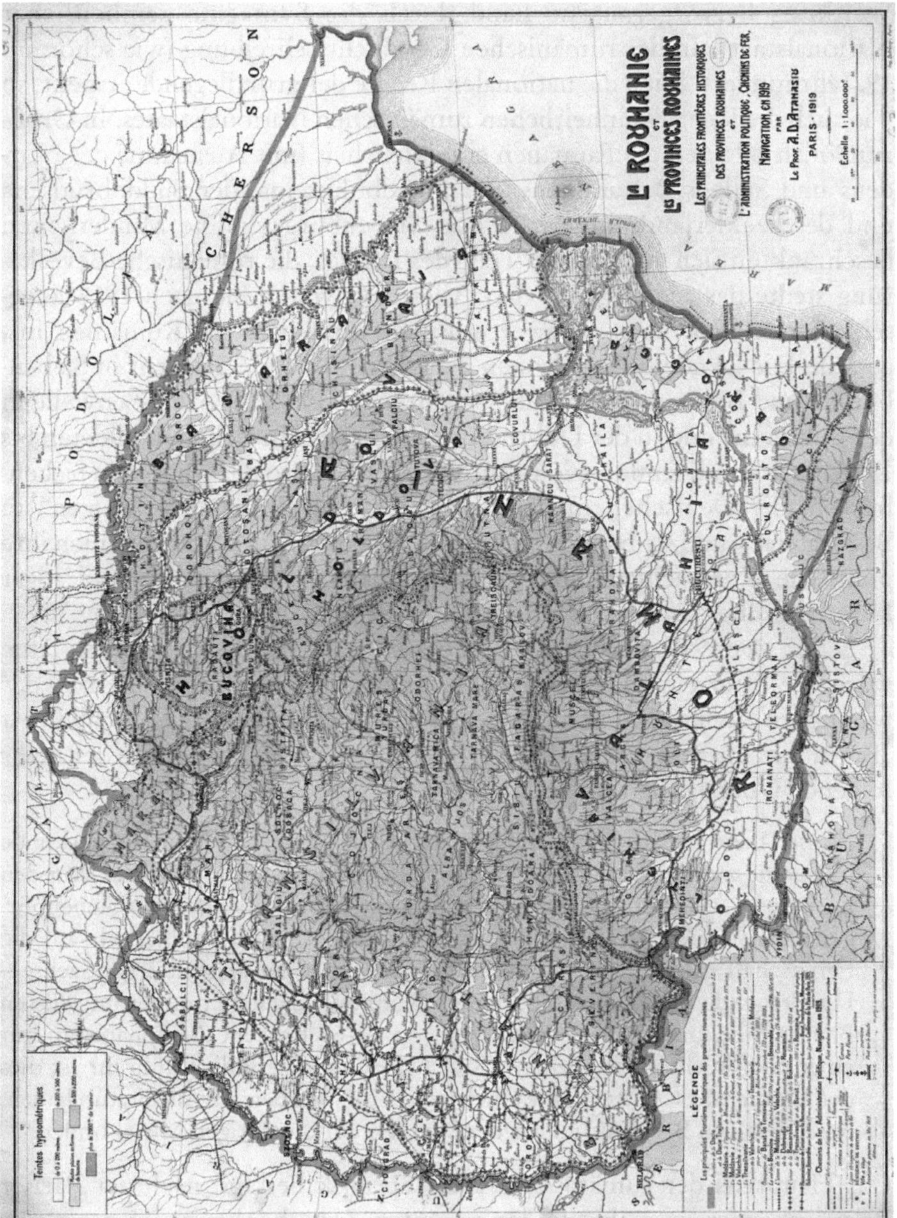

Karte 2: Großrumänien 1919

Die 1923 angenommene Verfassung definierte das aus dem Ersten Weltkrieg hervorgegangene Land durch das Syntagma „einheitlicher Nationalstaat". In der rumänischen Geschichtsschreibung (wie schon im 19. Jahrhundert) blieb die nationalen Rechte der grundlegende Aspekt, so wie auch die Idee des einheitlichen rumänischen Nationalstaates. In Großrumänien bildeten die Rumänen eine Mehrheit (mit Ausnahme des Nordens und Südens Bessarabiens, der Nordbukowina, der Süddobrudscha und des Szeklerlands innerhalb von Siebenbürgen). Die Minderheiten beschränkten sich auf gewisse Teile des Landes, die rumänische Bevölkerung stellte das „Bindeglied" dar. Allerdings waren die nach 1918 angeschlossenen Provinzen weniger ethnisch rumänisch als Rumänien insgesamt. Die „Anderen" umfassten zwischen 40 und 50 Prozent in Siebenbürgen und Bessarabien und überschritten gar die 50 Prozent-Schwelle in der Bukowina und in der Dobrudscha. Manche Minderheiten bildeten bis 1918 das dominierende soziokulturelle Element – so die Ungarn in Siebenbürgen, die Deutschen in der Bukowina, die „Russischsprachigen" in Bessarabien – und sie blieben weiterhin, obwohl sie in Großrumänien ihre politische Vormachtstellung verloren hatten, wirtschaftlich und sogar kulturell höher entwickelt als die Rumänen.[43]

Schon vor 1919 wurden Zweifel daran geäußert, dass Rumänien fähig wäre, die österreich-ungarischen Provinzen zu integrieren, die man der westlichen Zivilisation zurechnete. In einem im Bukarester Wochenblatt „Bursa" am 20. September 1914 veröffentlichten Artikel konnte der Leser folgende Überlegung finden:

> „Unser Land hat bis heute den großen Vorteil genossen, keinerlei nationale Probleme zu haben. Bewohnt von einem einzigen Volk wurde es von den Kämpfen nationaler Zerrissenheit verschont. Morgen, sollten wir Siebenbürgen übernehmen, stoßen wir auf eine Million Ungarn, stoßen wir auf die Feindschaft ganz Ungarns und die Feindseligkeit der Siebenbürger Sachsen. Die Frage, die sich dann stellt, lautet: Können wir heute mit der ungelösten Bauernfrage, mit einer Bevölkerung von 60–65 Prozent Analphabeten, mit einer noch nicht entwickelten Wirtschaft solch eine Politik führen? Ist dies der Moment, es zu tun? Ist es nicht zu früh? Werden wir die Statur haben, unserer neuen Berufung zu folgen? Werden wir die nötigen Mittel finden?"[44]

Das Hauptziel der rumänischen Außenpolitik bestand nach der Pariser Friedenskonferenz während der gesamten Zwischenkriegszeit darin, die

[43] Nach Boia, Cum s-a românizat România, S. 54 f.

[44] Bursa. Revista săptămânală economică financiară şi industrială [Börse. Wöchentliche wirtschaftliche, finanzielle und industrielle Zeitschrift] 13 (1914), Nr. 631, 07./20.09.1914.

nach dem Ende des Ersten Weltkriegs erworbenen neuen Grenzen zu stabilisieren. Alle politischen Parteien, ausgenommen die Kommunisten, unterstützten das System der Verträge von Versailles. Diese Haltung beeinflusste entscheidend die Wahl der neuen Verbündeten und sicherte die Kontinuität der Außenpolitik. Rumänien wurde Mitglied des Völkerbunds und Teil des französischen Sicherheitssystems in Osteuropa durch den Freundschaftsvertrag mit Frankreich von 1926. Mit Großbritannien verband Rumänien keine vertragliche Allianz, aber die Rolle eines Garanten des Völkerbunds, die die Briten übernommen hatten, stabilisierte die guten Beziehungen zwischen den beiden Ländern. Aus Paris, aber auch aus London erwartete man daher Unterstützung gegenüber Bedrohungen der territorialen Integrität Rumäniens einerseits durch die Sowjetunion aufgrund der Bessarabien-Frage andererseits durch Deutschland nach der Angliederung des Sudetenlands.[45]

Die rumänischen Regierungen setzten zur Stützung des Versailles-Systems auf eine gemeinschaftliche Sicherheit und auf den Völkerbund als zuverlässigen Garanten für Frieden und Stabilität, sie förderten regionale Bündnisse wie etwa die Kleine Entente und die Balkanentente, um den Revisionismus in Osteuropa zurückzudrängen. Die rumänischen Delegierten zeigten sich gewillt, dem Genfer Protokoll von 1924 beizutreten, das den Angriffskrieg als ein internationales Verbrechen ächtete und die Definition des Aggressors sowie die Durchsetzung von Schiedssprüchen seitens des Ständigen Internationalen Gerichtshofs festlegte. Später trat die rumänische Regierung auch anderen internationalen Vereinbarungen bei, so dem Briand-Kellogg-Pakt von 1928, der den Krieg als Mittel zur Lösung von zwischenstaatlichen Auseinandersetzungen ächtete, ferner dem Londoner Abkommen zur Definition der Aggression (unterzeichnet 1933) sowie dem Nichtangriffs- und Schlichtungsvertrag, unterzeichnet 1933 in Rio de Janeiro, der Angriffskriege und die daraus erfolgenden Annexionen von Territorien verurteilte.

Bei der Abrüstungskonferenz, die zwischen 1932 und 1934 in Genf unter der Schirmherrschaft des Völkerbunds stattfand, unterstützte Rumänien das allgemeine Prinzip der Abrüstung mit Betonung darauf, dass jegliche Form der Reduzierung von Armeen und Waffenarsenalen für alle Staaten in gleicher Weise zu gelten und dass der Völkerbund die Beachtung der Beschlüsse durchzusetzen habe. In allen kritischen Situationen, die das kollektive Sicherheitssystem auf die Probe stellten, blieb Rumä-

---

[45] Vgl. KEITH HITCHINS, Scurtă istorie a României [Kurze Geschichte Rumäniens], Iaşi 2015, S. 219 f.

nien an der Seite der westlichen Mächte. 1935 unterstützten die rumänischen Delegierten die Wirtschaftssanktionen, die Italien (infolge der Invasion in Äthiopien) auferlegt worden waren. Ein Jahr später, 1936, als Deutschland die Verträge von Locarno aufkündigte und das Rheinland wiederbesetzte, brachten die rumänischen Regierungen ihre Missbilligung und Beunruhigung gegenüber der zögerlichen Reaktion Frankreichs und Großbritanniens zum Ausdruck. Umso stärker förderte Rumänien seither regionale Bündnisse, so die Kleine Entente[46] und den Balkanpakt[47], mit deren Hilfe man Allianzen mit Polen, der Tschechoslowakei, Jugoslawien und Griechenland suchte. Die Absicht dieser Vereinbarungen war es, den europäischen Revisionismus zurückzudrängen.[48]

Trotz gelegentlicher Erfolge boten die regionalen Bündnisse nicht die von den rumänischen Regierungen der Zwischenkriegszeit erhoffte Sicherheit. Sie erreichten nicht die notwendige Kohäsion, sowohl was die Koordinierung der politischen als auch was die Komplementarität der wirtschaftlichen Interessen betraf. Sodann waren alle Bemühungen der rumänischen Regierungen, die Unverletzlichkeit der neuen Grenzen des Landes vor allem im Norden und Nordosten zu sichern, letztlich erfolglos. Sowohl Ungarn als auch die Sowjetunion blieben Kontrahenten Rumäniens, Siebenbürgen und Bessarabien die geopolitischen Streitfragen, aus denen sich immer neue Spannungen ergaben[49].

---

[46] Die Kleine Entente war aus der von Rumänien, der Tschechoslowakei und Jugoslawien gefühlten Notwendigkeit heraus gebildet worden, ihre Sicherheit zu verteidigen, angesichts ihres wachsenden Zweifels an der Wirksamkeit der in den Verträgen von Trianon und Neuilly festgehaltenen Garantien. Sie bestand aus drei bilateralen Bündnissen (Jugoslawien–Tschechoslowakei, Rumänien–Tschechoslowakei, Rumänien–Jugoslawien, 1920–1921), wobei sich jeder der Unterzeichner dazu verpflichtete, dem eigenen Verbündeten im Falle eines nichtprovozierten Angriffs seitens Ungarns beizuspringen. Das rumänisch-jugoslawische Abkommen richtete sich auch gegen Bulgarien. Vgl. ELIZA CAMPUS, Mica Înţelegere [Die Kleine Entente], Bucureşti 1997.

[47] Der Balkanbund weitete die Sicherheitsprinzipien der Kleinen Entente auf Südosteuropa aus. Das Abkommen, unterzeichnet von den Vertretern Rumäniens, Jugoslawiens, Griechenlands und der Türkei am 9. Februar 1934, hatte defensiven Charakter und war eine Replik auf die revisionistischen Tendenzen der bulgarischen Politik. Vgl. NICOLI ADRIAN, Mica Înţelegere şi Înţelegerea Balcanică în context european [Die Kleine Entente und die Balkanentente im europäischen Kontext], Craiova 2013.

[48] HITCHINS, România 1866–1947, S. 497–521.

[49] Vgl. MIHAI A. ANTONESCU, Regimul agrar şi chestiunea optanţilor ungari [Das Agrarregime und die Frage der ungarischen Optanten], Bucureşti 1928; ALEXANDRU S. PENESCU, Diferendul cu optanţii unguri. Un diferend asupra politicei noastre monetare [Die Auseinandersetzung mit den ungarischen Optanten. Eine Auseinandersetzung mit unserer Währungspolitik], Bucureşti 1929.

Nach der Sudentenkrise im September 1938 verringerten sich die außenpolitischen Spielräume der rumänischen Führung beträchtlich. König Carol II. und seine Außenminister suchten erneut die Annäherung an Deutschland. Diese Tendenz erinnerte an die Vergangenheit. Es schien eine Zeitreise zurück zu den alten Freundschaftsbeziehungen zu sein, die das Rumänien Carols I. an das Deutsche Reich Kaiser Wilhelms II. gebunden hatten. In Wirklichkeit jedoch spielte die historische Tradition keinerlei Rolle. Großrumänien passte nicht in die Osteuropavision des nationalsozialistischen Deutschlands. Wenn Altrumänien vor dem Ersten Weltkrieg für Deutschland einen Sicherheitsfaktor darstellte, war Großrumänien in den Jahren der Zwischenkriegszeit zu einer Quelle potentieller Konflikte und regionaler Spannungen geworden.

Trotz alledem bemühte sich die rumänische Politik (von König Carol II. bis zu den Führern der wichtigsten Parteien, Iuliu Maniu von der Nationalen Bauernpartei und Constantin Brătianu von der Nationalliberalen Partei) intensiv nach der Unterzeichnung des Münchner Abkommens vom 29. September 1938, die Beziehungen zu Deutschland zu stärken, um die Grenzen gegenüber einem möglichen ungarischen und sowjetischen Revisionismus zu schützen. Auch hoffte Carol II., dass Großbritannien ein Gegengewicht zu Deutschland in Südosteuropa bilden könnte. Mitte November 1938 besuchte er Paris und London, kehrte jedoch mit leeren Händen nach Bukarest zurück. Großbritannien hatte es vermieden, politische Garantien für die rumänischen Grenzen zu übernehmen. Nachfolgende Gespräche Carols II. mit Hitler auf dem Berghof brachten ebenfalls nicht das erwünschte Ergebnis. Auf die Frage, was für eine Haltung Deutschland im Falle eines Konflikts zwischen Rumänien und Ungarn einnehmen würde, antwortete der Reichskanzler, dass ein solcher Konflikt nicht im direkten Interesse Deutschlands liege. So konnte Rumänien nicht auf ein deutsches Eingreifen hoffen[50].

In den folgenden Monaten wurde die Sicherheitskrise, mit der sich Rumänien konfrontiert sah, weiter verschärft. Zwar festigte sich der deutsche Einfluss vor allem auf die rumänische Wirtschaft,[51] der Spielraum der Diplomatie verengte sich jedoch wesentlich. Die von Grigore Gafencu, dem Führer der pro-westlichen Nationalen Bauernpartei, geleite-

[50] Rebecca Haynes, Politica României față de Germania între 1936 și 1940 [Die Politik Rumäniens gegenüber Deutschland zwischen 1936 und 1940], Iași 2003, S. 49–65.

[51] Das Wirtschaftsabkommen, das am 23. März 1939 für eine Dauer von fünf Jahren abgeschlossen wurde, sah die Verbindung der beiden Ökonomien durch die Schaffung von gemischten Unternehmen vor.

te Regierung hatte Schwierigkeiten, einen ausgewogenen außenpolitischen Kurs zu halten. Die westlichen Sicherheitsgarantien, die Rumänien nach der deutschen Besetzung der Tschechoslowakei erhalten hatte, beschränkten sich auf die Bewahrung der Unabhängigkeit und nicht auch der territorialen Integrität. Das Dilemma wurde dadurch verschärft, dass die Festigung der deutschen Präsenz in der rumänischen Wirtschaft seitens der Westmächte als eine Abwendung, wenn nicht gar Absage an eine Westorientierung der rumänischen Außenpolitik gedeutet werden konnte.[52]

Die rumänische Staatsführung entschied sich schon Ende 1938 aus sicherheitspolitischen Gründen, Deutschland weit entgegenzukommen. Außenminister Grigore Gafencu bot Konzessionen gegenüber der deutschen Minderheit in Rumänien an, die Aufnahme Deutschlands in die Europäische Donaukommission sowie wirtschaftliche Anreize. Vor allem die Maßnahmen bezüglich der Minderheitenrechte stellten eine Innovation in der Politik dar. Seit der Gründung Großrumäniens hatte sich die Regierung bemüht, Ökonomie und Institutionen zu „rumänisieren", weil dort die ethnischen Minderheiten stärker vertreten waren als die Rumänen. Nun aber wandelte sich die Haltung zugunsten der Minderheiten. Sie betraf etwa 760.000 Bürger deutscher Herkunft. Während seines Treffens mit Hermann Göring im November 1938 sicherte König Carol II. den deutschen Minderheitsgruppen die gleichen Rechte und Lebensbedingungen wie den Rumänen zu.[53]

Die Strategie, mit der man das Wohlwollen Deutschlands zu gewinnen versuchte, brach für Bukarest allerdings mit der Unterzeichnung des deutsch-sowjetischen Nichtangriffsvertrages und seinem Geheimen Zusatzprotokoll vom 23. August 1939, in dem beide Diktaturen Osteuropa in gemeinsame Interessensphären aufteilten, zusammen. Dieser Pakt, der mit großer Besorgnis aufgenommen wurde, besiegelte *de facto* die politische und militärische Isolierung Rumäniens vor dem Ausbruch des Zweiten Weltkriegs; die Politik des Gleichgewichts zwischen den Großmächten war gescheitert, die rumänischen Grenzen, innerhalb dieser Bessarabien, standen zur Disposition.[54]

---

[52] REBECCA HAYNES, Politica României, S. 49–65.

[53] Ebd., S. 74–79.

[54] OTTMAR TRAŞCĂ, Relaţiile politice şi militare româno-germane, septembrie 1940–august 1944 [Die rumänisch-deutsch politischen und militärischen Beziehungen, September 1940–August 1944], Cluj-Napoca 2013, S. 21–23.

Fazit

Die Rumänen entwickelten ihr nationales Projekt im Verlauf des 19. Jahrhunderts. Verstanden als ein kulturelles Produkt, eine imaginäre Gemeinschaft, war die rumänische Nation der Ausgangspunkt zur Staatswerdung des modernen Rumäniens. Aber gerade der Staat war es letztendlich, der die rumänische Nation fest auf der Karte Europas verankerte. Die Grundlage des rumänischen Nationalstaats hatte zunächst die Vereinigung der rumänischen Fürstentümer (1859) gebildet, die während der Herrschaft Alexandru Ioan Cuzas erfolgte. Das moderne Rumänien umfasste in seinen Grenzen nicht alle mehrheitlich rumänisch bevölkerten Territorien. Einige von diesen verblieben lange Zeit unter der Herrschaft der Nachbarstaaten. Transsilvanien, das Banat und die Bukowina befanden sich unter der Herrschaft Österreich-Ungarns, Bessarabien war vom Russischen Reich nach dem Frieden von Bukarest (1812) annektiert worden.

Die Behauptung der rumänischen Nation als politisches Ideal und Hoffnung auf künftige territoriale Erweiterungen des rumänischen Staates zum Einschluss der ethnisch rumänischen Minderheiten im Ausland hingen maßgeblich vom Wandel des Mächtegleichgewichts im modernen Europa ab. Die internationalen politischen Umstände begünstigten jedoch nicht immer die Schaffung einer Übereinstimmung von Nation und Territorium. Vor allem propagandistische Schriften nährten erfolgreich die Vision einer organischen Verbindung zwischen Nation und Boden, die Wiege des Rumänentums befände sich in Transsilvanien. Dennoch dachten die Eliten Altrumäniens selbst noch nach dem Ausbruch des Ersten Weltkriegs nur an eine Festigung gewisser Formen der kulturellen Autonomie Siebenbürgens. Die später geforderten territorialen Annexionen erschienen anfangs als abenteuerlich und unerreichbar für ein Land mit beschränkten Ressourcen. Noch komplizierter erschien das Schicksal Bessarabiens. Als Gouvernement des Zarenreichs hatte es einen umfassenden Russifizierungsprozess erfahren. Aus sicherheitspolitischen Erwägungen wählten König Carol I. und seine nahen Berater eine strikte Politik der Zurückhaltung. Erst nach dem Ableben des Königs vollzog sich unter Premierminister Ion I. C. Brătianu der Richtungswechsel hin zum kühnen Ziel der nationalen „Vervollständigungen", vom 27. August 1916 an der Seite der Entente gegen Österreich-Ungarn.

Der Kriegsgewinn – Siebenbürgen, die Bukowina, das Banat und Bessarabien vereinigt mit den Gebieten Altrumäniens – war größer, als es sich sogar die Führer des radikalen rumänischen Nationalismus jener Zeit

(Politiker wie Tache Ionescu oder Nicolae Filipescu, der Historiker Nicolae Iorga, der Journalist Constantin Mille, der Dichter Octavian Goga u. a.) hätten vorstellen können.

Großrumänien gelang es allerdings nicht, die Minderheiten aus den nach dem Krieg hinzugekommenen Territorien zu integrieren. Dennoch sollte es 1940 ausschließlich infolge äußeren Einflusses auseinanderbrechen. Bessarabien und die Nordbukowina gingen zugunsten der Sowjetunion verloren, Nordsiebenbürgen wurde von Ungarn annektiert und die Süddobrudscha (Cadrilater) fiel wieder an Bulgarien zurück.[55] So hatten die Revisionismen im Osten Europas, die das dynamische *nation-building* nach dem Ersten Weltkrieg auf den Plan gerufen hatte, schließlich über das kollektive Sicherheitssystem gesiegt; die Nationalitätenfrage bildete ein willkommenes Einfallstor für territoriale Ambitionen revisionistischer Staaten.

Abbildungsnachweis

Karte 1: NICOLAE MICHAILESCU, România cu tarile romane-vecine. Harta intoemita pentru folosulscötelor primare, Bibliothèque nationale de France, département Cartes et plans, GE C-1302, https://gallica.bnf.fr/ark:/12148/btv1b53025029d (Zugriff: 16.01.2021).

Karte 2: A. D. ATANASIU, La Roumanie et les provinces roumaines. Les principales frontières historiques des provinces roumaines et l'administration politique, chemin de fer, navigation, en 1919, Bibliothèque nationale de France, département Cartes et plans, GE B-1036, https://gallica.bnf.fr/ark:/12148/btv1b53209960r (Zugriff: 16.01.2021).

[55] LUCIAN BOIA, În jurul Marii Uniri de la 1918. Naţiuni, frontiere, minorităţi [Die Große Vereinigung im Jahre 1918 betreffend. Nationen, Grenzen, Minderheiten], Bucureşti 2017, S. 95 f.

Nataša Mišković

Wettlauf gegen die Zeit

Die Nationsbildung des Königreichs der Serben, Kroaten und Slowenen (Jugoslawien)

Am Nachmittag des 9. Oktober 1934 legte das Boot von König Aleksandar I. Karađorđević von Jugoslawien im Hafen von Marseille an. Der französische Außenminister Louis Barthou und der Marineminister François Piétri empfingen den Monarchen mit militärischen Ehren. Anlass des Staatsbesuchs waren Verhandlungen der zwei verbündeten Staaten über die angespannte europäische Sicherheitslage. König Aleksandar war das starke Gesicht der Kleinen Entente, eines Anfang der 1920er Jahre geschlossenen Verteidigungsbündnisses zwischen Jugoslawien, der Tschechoslowakei und Rumänien, das sich gegen die revisionistischen Ansprüche der Nachbarstaaten Ungarn, Österreich sowie Italien richtete und zugleich als Schutzwall gegen befürchtete Übergriffe der revolutionären Sowjetunion diente.[1]

[1] Angesichts der Versuche des Ex-Kaisers Karl I., die Habsburger Doppelmonarchie zu restaurieren, schlossen die Tschechoslowakei und das Königreich der Serben, Kroaten und Slowenen (SHS) am 14. August 1920 eine Verteidigungsallianz. Am 7. Januar 1921 unterzeichneten das Königreich SHS und Rumänien einen entsprechenden Bündnisvertrag, am 23. April 1921 folgte ein Abkommen zwischen der Tschechoslowakei und Rumänien. Der Ex-Kaiser wurde im Herbst 1921 nach Madeira verbannt, wo er ein halbes Jahr später starb. Erst am 24. Januar 1924 schloss Frankreich ein politisches Bündnis mit der Tschechoslowakei als ersten Schritt seiner außenpolitischen Strategie, mithilfe der Kleinen Entente und Polen einen östlichen Schutzwall gegen sowohl deutsche wie auch sowjetische Aggressionen zu errichten. Zara Steiner, The Lights that Failed. European International History 1919–1933, Oxford 2005; Piotr S. Wandycz, The Twilight of French Eastern Alliances, 1926–1936, Princeton, NJ 1988; Branislav Gligorijević, Kralj Aleksandar Karađorđević u evropskoj politici [König Aleksandar in der europäischen Politik], Beograd 2010; Hannes Leidinger, Der Untergang der Habsburger Monarchie, Innsbruck / Wien 2017, S. 300–352; Moderna srpska država 1804–2004. Hronologija [Der moderne serbische Staat 1804–2004. Eine Chronologie], hg. v. Branka Prpa u. a., Beograd 2004.

Nach dem Scheitern von Verhandlungen der jugoslawischen Führung mit Italien und Hitlers Machtübernahme in Deutschland im Januar 1933 arbeiteten Jugoslawien und Rumänien fieberhaft an der Gründung eines erweiterten Balkanpaktes, der am 9. Februar 1934 gemeinsam mit Griechenland und der Türkei unterzeichnet wurde. Den geplanten Beitritt Bulgariens verhinderte ein Regierungsumsturz, und kurz zuvor, im Dezember 1933, war einer der Architekten des Bundes, der rumänische Premierminister Ion Gheorghe Duca, von den faschistischen Eisernen Garden ermordet worden. Auch Frankreich und England verhandelten mit Italien und Deutschland. Der nicht ratifizierte Viererpakt von 1933 war Wegbereiter für die Appeasement-Politik der zweiten Hälfte der 1930er Jahre. Unterdessen intensivierte Mussolini seine Zusammenarbeit mit Ungarn und Österreich (Römer Protokolle vom März 1934). Im Juli 1934 fiel in Österreich der austrofaschistische Bundeskanzler Dollfuß dem ersten nationalsozialistischen Putschversuch zum Opfer.

Auch der jugoslawische König war Ziel von Anschlägen.[2] Die Reise nach Frankreich trat er wegen entsprechender Warnungen auf dem Seeweg über Marseille an, doch die Gastgeber vernachlässigten die Sicherheit zugunsten schöner Pressebilder. Die Folgen waren fatal. Kaum bog der offene Rolls Royce mit Barthou und Aleksandar im Schritttempo vom Hafen in den Prachtboulevard La Canebière ein, als auf der Höhe der Börse ein Attentäter auf das Trittbrett der Limousine sprang und seine tödlichen Schüsse auf den König abgab. Einem der zahlreich anwesenden Pressereporter gelang es, im sich ausbreitenden Chaos die Filmkamera auf den sterbenden König zu richten: Sensationelles Bildmaterial, das durch die Wochenschauen der ganzen Welt ging.[3] Der Attentäter von Marseille, der nebst Aleksandar, Barthou und einem guten Dutzend weiterer Menschen im nachfolgenden Tumult ums Leben kam, gehörte der makedo-

---

[2] GLIGORIJEVIĆ, Kralj Aleksandar, S. 289–319; SABRINA RAMET, Three Yugoslavias. State-building and Legitimation, 1918–2005, Washington u. a. 2006, S. 91.

[3] Eine sorgfältige Analyse des überlieferten Filmmaterials bietet die ARTE-Dokumentation von Serge Viallet und Cédric Lépée, Verschollene Filmschätze, S01E04: 1934. Das Attentat auf König Alexander I. von Jugoslawien, Ina / ARTE France 2007, online: https://www.youtube.com/watch?v=CsM0AKOV96s (Zugriff: 18.02.2020). Die Filmaufnahme belegte die Fahrlässigkeit der französischen Sicherheitsverantwortlichen und führte zu Innenminister Sarrauts Rücktritt. Außenminister Barthou wurde laut ballistischem Bericht aus dem Jahr 1935 von der Kugel eines Schutzmannes getroffen. Der entsprechende Bericht wurde erst vier Jahrzehnte später publik. JACQUES DE LAUNAY, Les grandes controverses de l'histoire contemporaine 1914–1945, Genève 1974, S. 568; PINO ADRIANO / GIORGIO CINGOLANI, Nationalism and Terror. Ante Pavelić and Ustasha Terrorism from Fascism to the Cold War, Budapest / New York 2018, S. 108, Anm. 58, sowie S. 109.

nisch-bulgarischen Terrororganisation VMRO (Innere Makedonische Revolutionäre Organisation)[4] an. Drahtzieher waren die führenden Aktivisten der rechtsextremen kroatischen *Ustaša*, Ante Pavelić, Eugen Dido Kvaternik und Gustav Perčec.[5]

Heimlich von Mussolini und dessen militärischem Geheimdienst unterstützt, hatten beide Organisationen dem jugoslawischen Staat spätestens ab 1929 den Krieg erklärt: Ein erster Anschlag auf Aleksandar im Dezember 1933 war gescheitert.[6] Die jugoslawischen Zeitungen druckten

---

[4] Die VMRO (*Vnatrešna Makedonska Revolucionerna Organizacija*) hatte ihren Ursprung in einer nationalrevolutionären Bewegung im Osmanischen Reich. Sie radikalisierte und spaltete sich 1918 nach der bulgarischen Niederlage auf Seiten der Mittelmächte und in Ablehnung des Versailler Friedensvertrages. Vgl. STEFAN TROEBST, Mussolini, Makedonien und die Mächte 1922–1930, Köln / Wien 1987; DERS., Ivan Michajlov im türkischen und polnischen Exil 1934–1939/40, in: DERS., Das Makedonische Jahrhundert. Von den Anfängen der nationalrevolutionären Bewegung zum Abkommen von Ohrid 1893–2001, München 2007, S. 175–224, hier S. 183.

[5] Vgl. den Prozessbericht in der Belgrader Tageszeitung „Vreme" vom 13. Februar 1936, zit. nach MITAR TODOROVIĆ, Aleksandar Prvi - Kralj Jugoslavije 1918–1934, in: Ausstellungskatalog, hg. v. Arhiv Jugoslavije, Beograd / Čačak ²2007, S. 150, Dok. 355. Pavelić, Kvaternik und Perčec wurden vom französischen Gericht in Aix-en-Provence zum Tod in Abwesenheit verurteilt. Kvaternik war der Sohn des ehemaligen hohen k.u.k. Offiziers Slavko Kvaternik und der Tochter des kroatischen Nationalisten Josip Frank, Gründer der Partei des Rechts (Frankisten). Der Anwalt Ante Pavelić stammte aus der Herzegovina und war seit Kriegsende mit Vater und Sohn Kvaternik für die rechtsextreme Partei der Frankisten aktiv. 1927 in die Nationalversammlung gewählt, ging er 1929 ins Exil und gründete unterstützt von Italien, Österreich und Ungarn die *Ustaša*. Im April 1941 übertrug ihm Hitler den Unabhängigen Staat Kroatien NDH (*Nezavisna Država Hrvatska*). Als Gegenleistung trat er Dalmatien an Italien ab. Slavko Kvaternik, als einziges *Ustaša*-Mitglied nicht im Exil, rief den NDH in Vertretung Pavelić' aus. Sohn Dido übernahm im Innenministerium die Verantwortung für sämtliche Konzentrationslager. ADRIANO / CINGOLANI, Nationalism and Terror; SLAVKO GOLDSTEIN, 1941: Das Jahr, das nicht vergeht, Frankfurt am Main 2018; ALEXANDER KORB, Im Schatten des Weltkriegs. Massengewalt der Ustaša gegen Serben, Juden und Roma in Kroatien, 1941–1945, Hamburg 2013; GORAN MILJAN, Croatia and the Rise of Fascism. The Youth Movement and the Ustasha during WWII, London 2018; JOHN K. COX, Ante Pavelić and the Ustaša State in Croatia, in: Balkan Strongmen. Dictators and Authoritarian Rulers of South Eastern Europe, hg. v. BERND J. FISCHER, West Lafayette, IN / London 2007, S. 200–238.

[6] Pavelić und Perčec reisten im April 1929 nach Sofia, wo sie mit der VMRO-Führung unter Ivan-Vanče Michajlov ein Abkommen zur Bekämpfung des jugoslawischen Staates unterzeichneten. Auf der Flucht vor den jugoslawischen Behörden tauchte Pavelić anschließend unter Pseudonym in Italien unter, wo er im Juni 1929 mit dem italienischen Außenministerium über das weitere Vorgehen sowie Waffenlieferungen verhandelte. ADRIANO / CINGOLANI, Nationalism and Terror, S. 54–60; GLIGORIJEVIĆ, Kralj Aleksandar, S. 289–319; RAMET, Three Yugoslavias, S. 91. Nach dem gescheiterten Anschlag der *Ustaša* im Dezember 1933 in Zagreb wurden rund 100 Personen verhaftet und hingerichtet.

als Schlagzeile die letzten Worte, die der sterbende König angeblich an den herbeigeeilten Außenminister Bogoljub Jevtić gerichtet haben soll: „Hütet Jugoslawien!" (*Čuvajte Jugoslaviju!*)[7]

Seit seiner Gründung am 1. Dezember 1918 kämpfte das Königreich der Serben, Kroaten und Slowenen (SHS) nebst den massiven Kriegszerstörungen mit zahlreichen Integrationsproblemen und den revisionistischen Drohungen seiner Nachbarn. Italien, das sich den Kriegseintritt auf Seiten der Entente 1915 mit der geheimen Zusicherung seines Anspruchs auf Dalmatien hatte bezahlen lassen, dann aber wegen des Einmarsches serbischer und montenegrinischer Truppen im Gefolge des jugoslawischen Zusammenschlusses leer ausging, suchte unter Führung von Benito Mussolini die in den Pariser Vorortverträgen festgelegte Lösung rückgängig zu machen. Auch die republikanischen Neugründungen und Kriegsverlierer Österreich und Ungarn hatten viel Territorium preisgeben müssen und haderten mit dem Pariser „Diktatfrieden".

Innenpolitisch entwickelte sich die Verfassungsfrage zum bestimmenden Problem der Zwischenkriegszeit. Die südslawischen Vertreter des zusammengebrochenen Habsburgerreichs hatten der Vereinigung mit dem Königreich Serbien angesichts der drohenden italienischen Invasion unter extremem Zeitdruck zugestimmt, ohne wichtige Details zu klären. Der König und das Kabinett wiederum standen vor einer Herkulesaufgabe, die sie an den Rand der Überforderung brachte: Nach einem Kriegsjahrzehnt und vor dem Hintergrund der äußeren Bedrohungen durch revisionistische Nachbarn und der Oktoberrevolution in Russland, wodurch zusätzlich zahlreiche Flüchtlinge ins Land kamen, hatten sie den Nachkriegsaufbau und die nationale Integration eines Territoriums zu bewältigen, das auf das Fünffache angewachsen war, von 47.900 km^2 Anfang 1913 auf 247.542 km^2 Ende 1918. Sie ließen sich nicht auf demokratische Experimente ein und suchten Rückhalt bei bekannten Köpfen und „bewährten" autoritären Methoden.

In den Wahlen zur Verfassungsgebenden Versammlung Ende 1920 erreichte die Kommunistische Partei Jugoslawiens (KPJ) nach der erstplatzierten Demokratischen Partei (82 Mandate) und der Radikalen Volkspartei von Nikola Pašić (81 Mandate) den dritten Platz (58 Mandate). An vierter Stelle folgte die Kroatische Republikanische Bauernpartei (HRSS, 50 Mandate), für deren republikanische Gesinnung der Monarch und eine

---

[7] FERDO ČULINOVIĆ, Jugoslavija između dva rata [Jugoslawien in der Zwischenkriegszeit], Bd. 2, Zagreb 1961, S. 65 f.; Gligorijević bemerkt süffisant, dass Jevtić kurz danach zum Ministerpräsidenten befördert wurde: GLIGORIJEVIĆ, Kralj Aleksandar, S. 307 f.

Mehrheit seiner Vorkriegsuntertanen ebenfalls kein Verständnis hatten.[8] Der parlamentarische Streit entzündete sich von Anbeginn am Eid auf den König. Nach dem unerwartet guten Resultat der KPJ in den ersten Wahlen dienten der Regierung zwei Bombenattentate als Anlass, die KPJ und ihre Aktivitäten zu verbieten und die Immunität ihrer Parlamentsabgeordneten aufzuheben.[9] Während die regionale Selbstverwaltung in den ehemals habsburgischen Gebieten in den 1920er Jahren gut voranschritt, entwickelten sich die nicht ausdiskutierten Fragen der Staatsform und der Autonomie der ehemals habsburgischen Gebiete zum politischen Reizthema.[10] Im Juni 1928 fiel der charismatische Anführer der kroatisch-republikanischen Bauernpartei Stjepan Radić einer tödlichen Schießerei im Parlament zum Opfer. König Aleksandar rief den Notstand aus. Im Januar 1929 erklärte er die „dreinamige Nation" zum Königreich Jugoslawien und regierte diktatorisch weiter: Die mit besten Absichten gestartete jugoslawische Demokratie war nach nur zehn Jahren gescheitert. Fünfeinhalb Jahre später war der König tot, und nochmals fünf Jahre später unterzeichnete sein im Namen seines minderjährigen Sohnes Petar II. regierender Cousin Prinzregent Pavle den Dreimächtepakt.

Jugoslawismus vs. serbischer und kroatischer Nationalismus

Am Ende des Ersten Weltkrieges lag die Bildung eines südslawischen Staates auf der Hand. Die jugoslawische Idee keimte seit über einem Jahrhundert in den Köpfen der südslawischen Eliten, deren Siedlungsgebiete sich auf die Territorien des Habsburger und des Osmanischen Reiches verteilten. Beide Imperien definierten sich über die Religion: das Habsburgerreich über den Katholizismus, das Osmanische Reich über den sunnitischen Islam. Der Sultan behandelte seine den Buchreligionen zugehörigen nicht-muslimischen Untertanen als schutzbefohlene Gemeinschaften (*millet*), die ihm kollektiv Tribut schuldeten.[11] In diesem Kontext wirkte die serbisch-orthodoxe Kirche als Vertreterin aller serbisch-ortho-

---

[8] RAMET, Three Yugoslavias, S. 44–57; MARIE-JANINE CALIC, Geschichte Jugoslawiens, München 2018, S. 90–94.

[9] RAMET, Three Yugoslavias, S. 58; IVO GOLDSTEIN, Croatia. A History, London 1999, S. 116–119.

[10] SABINA FERHADBEGOVIĆ, Prekäre Integration. Serbisches Staatsmodell und regionale Selbstverwaltung in Sarajevo und Zagreb 1918–1929, München 2008.

[11] Von den orthodoxen sowie den lateinischen (katholischen) Christen sowie den Juden erhobene Kopfsteuer (*cizye* resp. *haraç*). Zum osmanischen Herrschaftssystem: KLAUS KREISER, Der osmanische Staat, 1300–1922, München [2]2008.

doxen Glaubensangehörigen. Ihre vehemente Abgrenzung gegenüber dem Katholizismus (und *vice versa*) geht auf das Große Schisma der christlichen Kirchen von 1054 zurück. Bereits die römische Reichsteilung von 395 hatte das Christentum in eine westliche und eine östliche Kirche geteilt. Die Grenze verlief quer über den Balkan (und durch das spätere Territorium Jugoslawiens) und fand ihre Fortsetzung in der habsburgisch-osmanischen Militärgrenze.[12]

Serbisch-orthodoxe Flüchtlinge aus dem Osmanischen Reich erhielten im katholischen Habsburgerreich Steuererleichterungen und das Privileg der Glaubensautonomie, wenn sie sich als Wehrbauern im kroatisch-slawonischen Abschnitt der Militärgrenze niederließen.[13] Sie wurden generell *Pravoslavci* (Orthodoxe) oder *Vlasi* (Vlachen) genannt, während die Kroaten *Šokci* oder *Bunjevci* hießen.[14]

Das Bewusstsein einer gemeinsamen Sprache und Kultur als Basis für eine gemeinsame südslawische Nation existierte denn auch vor allem im Habsburgerreich. Südslawisch Sprechende hießen im ungarischen Reichsteil allgemein *Rasci* (Raszier), denn die Unterschiede der verschiedenen Sprachvarianten und Dialekte waren (und sind) für Außenstehende nicht erkennbar. Es war das *divide et impera* der kaiserlichen Administration, welches die ethnoreligiösen Gruppierungen politisch und wirtschaftlich gegeneinander ausspielte. Die klassifizierenden Verwaltungsreformen des 19. Jahrhunderts förderten die Ethnisierung der Gesellschaft weiter.[15] Die

---

[12] KLAUS BUCHENAU, Kämpfende Kirchen. Jugoslawiens religiöse Hypothek, Frankfurt am Main 2006; HEINER GRUNERT, Glauben im Hinterland. Die Serbisch-Orthodoxen in der habsburgischen Herzegowina 1878–1918, Göttingen 2016.

[13] KARL KASER, Freier Bauer und Soldat. Die Militarisierung der agrarischen Gesellschaft an der kroatisch-slawonischen Militärgrenze (1535–1881), Wien u. a. 1997; HANNES GRANDITS, Familie und sozialer Wandel im ländlichen Kroatien (18. bis 20. Jahrhundert), Wien u. a. 2002.

[14] MARCUS TANNER, Croatia. A History from the Middle Ages to the Present Day, New Haven / London ^{4}2019, S. 103; Brunnbauer und Buchenau zitieren eine illustrative Rede des Ethnografen und Politikers Antun Radić aus dem Jahr 1904: „Heute haben Sie leicht reden, meine Herren. Aber wenn Sie noch vor zwanzig Jahren irgendwo im kroatischen Hinterland, zum Beispiel in Vinkovci, gesagt hätten, Sie seien Kroate und dass die Bewohner dort auch Kroaten seien – Sie wären glücklich gewesen, wenn Sie nur ausgelacht worden wären und nicht auch noch Prügel eingesteckt hätten. Denn nicht nur unter den Städtern, sondern noch mehr unter den Bauern war es so: Das waren Rasci oder Šokci – und von Kroaten keine Spur." Zit. nach ULF BRUNNBAUER / KLAUS BUCHENAU, Geschichte Südosteuropas, Stuttgart 2018, S. 127.

[15] TAMARA SCHEER, Konstruktionen von ethnischer Zugehörigkeit und Loyalität in der k.u.k. Armee der Habsburger Monarchie (1868–1914), in: Transdifferenz und Transkulturalität. Migration und Alterität in den Literaturen und Kulturen Österreich-Ungarns,

Bezeichnungen „Serben“ und „Kroaten“ setzten sich im Gefolge der Unabhängigkeit des serbischen Staates 1878 durch, was den serbischen ebenso wie den kroatischen Nationalismus anheizte.[16]

Jugoslavenstvo diente derweil den südslawischen Eliten des Habsburgerreiches als wirksame Oppositionsstrategie gegen Magyarisierung im Landesinnern und Romanisierung an der Küste.[17] Die Spannbreite jugoslawistischer Überzeugungen erstreckte sich vom Trialismus, der für die Schaffung eines dritten, südslawischen Reichsteils mit oder ohne das 1878 von Österreich-Ungarn besetzte Bosnien votierte und sich dabei gegenüber großserbischen Aspirationen abgrenzte, bis zum Plädoyer zur Vereinigung mit dem Königreich Serbien, in welchem viele Orthodoxe aus Bosnien-Herzegowina, aber auch aus der ehemaligen Militärgrenze ihr nationales Piemont sahen.[18]

Das Verständnis des Jugoslawismus veränderte sich über die Zeit: Während die liberalen dalmatinischen Anwälte um Ante Trumbić, dem späteren Sprecher des Jugoslawischen Komitees, mittels Berufung auf „slawische Solidarität“ nicht zuletzt versuchten, ihren wirtschaftlichen und politischen Aktionsraum zu erweitern, begeisterte sich eine jüngere, durch die Balkankriege politisierte Generation Studierender für den Traum einer von Wien losgelösten südslawischen Vereinigung.[19]

Zu letzteren gehörten die Jungbosnier (*Mlada Bosna*), eine lose, gegen die habsburgische Fremdherrschaft gerichtete Bewegung bosnischer Mittelschüler und Studenten, die sich im Gefolge der Annexionskrise 1908 und der Balkankriege radikalisierte und den Anschlag auf den österreichischen Thronfolger am 28. Juni 1914 als Tyrannenmord verstand. Der verurteilte, todkranke Attentäter Gavrilo Princip antwortete 1916 dem Gefängnispsychiater von Theresienstadt auf die Frage nach seinen Jugendidealen:

---

hg. v. ALEXANDRA MILLNER / KATALIN TELLER, Bielefeld 2018, S. 155–174; DIES. / ROK STERGAR, Ethnic Boxes. The Unintended Consequences of Habsburg Bureaucratic Classification, in: Nationalities Papers 46 (2018), H. 4, S. 575–591.

[16] GOLDSTEIN, Croatia, S. 93 f.; TANNER, Croatia, S. 103.

[17] GOLDSTEIN, Croatia, S. 75; ALEKSANDAR JAKIR, Dalmatien zwischen den Weltkriegen. Agrarische und urbane Lebensweise und das Scheitern der jugoslawischen Integration, München 1999, S. 72.

[18] Siehe Dieter Langewiesche in diesem Band; DENNISON RUSINOW, The Yugoslav Idea before Yugoslavia, in: Yugoslavism. Histories of a Failed Idea, 1918–1992, hg. v. DEJAN ĐOKIĆ, London 2003, S. 11–26.

[19] JAKIR, Dalmatien, S. 74–76.

„Die Einheit der jugoslawischen Völker. Serben, Kroaten und Slowenen. Wir wollten die Einheit, aber nicht unter Österreich! In einer neuen Republik oder so!“[20]

Eine Minderheit radikaler Kroaten und Slowenen lehnte den Jugoslawismus ab. Sie begründete ihren Nationalismus nicht mit der gemeinsamen Sprache, sondern mit der Abstammung, der Staatlichkeit des mittelalterlichen kroatischen Königreichs und zumindest teilweise der katholischen Religion. Der Begründer des kroatischen Nationalismus, Ante Starčević, war ebenso antihabsburgisch wie antiserbisch eingestellt. Er forderte einen kroatischen Staat, der nebst Zivil-Kroatien, Slawonien, Istrien, Dalmatien und der Militärgrenze auch Bosnien-Herzegowina umfasste. Muslimische Bosnier waren seiner Meinung nach konvertierte ethnische Kroaten, derweil er Serben polemisch als doppelte Untermenschen bezeichnete, weil ihr Name sich angeblich von „Sklave“ ableite.[21]

Sein ebenso antiserbischer wie antisemitischer Rassismus wurde von der rechtsnationalistischen Abspaltung seiner Partei des Rechts (HSP), den nach ihrem Gründer Josip Frank genannten Frankisten, vollständig übernommen. Der für den Königsmord von 1934 verantwortliche Ante Pavelić war ab September 1927 als einziger Vertreter dieser Splitterpartei Abgeordneter im jugoslawischen Parlament, bis er 1929 im Exil die terroristische *Ustaša* gründete.[22]

Die Rolle als südslawisches Piemont legte den Serben noch in osmanischer Zeit Fürst Adam Czartoryski nahe, der nach dem Scheitern des polnischen Aufstands 1830 im Pariser Exil daran arbeitete, den wachsenden Einfluss Russlands und Habsburgs auf dem damals noch osmanischen

---

[20] Zit. nach GREGOR MAYER, Verschwörung in Sarajevo. Triumph und Tod des Attentäters Gavrilo Princip, St. Pölten u. a. 2014, S. 34.

[21] Starčević’ Mutter stammte notabene aus einer orthodoxen Familie. In seinen letzten Lebensjahren mäßigte er seine Meinung. TANNER, Croatia, S. 104 f.; HOLM SUNDHAUSSEN, Starčević, Ante, in: Biographisches Lexikon zur Geschichte Südosteuropas, Bd. 4, hg. v. MATHIAS BERNATH / KARL NEHRING, München 1981, S. 169–173. Der in Anm. 14 zitierte Politiker Antun Radić schrieb die Übernahme der Selbstbezeichnung Kroate allein Starčević zu: „[...] Und wer ist dafür verantwortlich, dass sich heute sowohl die Stadtbürger als auch die Bauern in ganz Slawonien zum Großteil als Kroaten, als kroatische Bauern bezeichnen? Wer hat das vollbracht? Wer hat sozusagen diese Kroaten gemacht? Das war die Partei des Rechts. Die Lehre von Ante Starčević ist jene, die aus einer unbewussten Masse Kroaten geformt hat!“. Zit. nach BRUNNBAUER / BUCHENAU, Geschichte Südosteuropas, S. 127.

[22] GOLDSTEIN, Croatia, S. 75 und S. 93–101; TANNER, Croatia, S. 102–107; COX, Ante Pavelić, S. 202 f.

Balkan zurückzudrängen.[23] 1843 verfasste er nach dem Regierungsputsch der „Verfassungsverteidiger" (*ustavobranitelji*) in Serbien einige „Conseils sur la conduite à suivre par la Serbie" an die Adresse des neuen Fürsten Aleksandar Karađorđević, Großvater des späteren jugoslawischen Königs. Czartoryski schickte ferner Agenten ins Feld, um die keimenden Nationalbewegungen der osmanischen Balkanchristen zu beraten. Sein Mann in Belgrad war der Tscheche František Zach (1807–1892), der sich nach seiner Ankunft 1844 mit Innenminister Ilija Garašanin (1812–1874) anfreundete, einem fähigen, aufstrebenden Politiker, dessen Schulbildung sich jedoch auf die griechische Grammatikschule in Zemun beschränkte.[24] In enger Absprache mit Czartoryski verfasste Zach für Garašanin den Entwurf eines außenpolitischen Aktionsplans (*Načertanije*), der den Serben für eine südslawische Vision im Sinn der illyrischen Bewegung von Ljudevit Gaj zu begeistern versuchte: „Aus all diesen Erkenntnissen resultiert, dass das Fundament der serbischen Politik südslawisch sein muss."[25] Garašanin übernahm Zachs Entwurf in weiten Teilen wortwörtlich. Genau diesen zentralen Satz formulierte er jedoch um:

> „Aus all diesen Erkenntnissen resultiert, dass sich die serbische Politik nicht auf ihre jetzigen Grenzen beschränken, sondern danach streben soll, die umliegenden serbischen Völker an sich zu binden."[26]

Der Innenminister Serbiens verstand das damals autonome Fürstentum als Schutzmacht der osmanischen Südslawen. Seine Expansionspläne konzentrierte er entsprechend auf die von ihnen bewohnten Gebiete innerhalb der Reichsgrenzen von 1844: Bosnien-Herzegowina, Montenegro und

---

[23] ANTONI CETNAROWICZ, Tajna dyplomacja Adama Jerzego Czartoryskiego na Bałkanach. Hotel Lambert a krysys serbski 1840–1844 [Die Geheimdiplomatie von Adam Jerzy Czartoryski auf dem Balkan. Das Hotel Lambert und die serbische Krise 1840–1844], Kraków 1993.

[24] NATAŠA MIŠKOVIĆ, Basare und Boulevards. Belgrad im 19. Jahrhundert, Wien u. a. 2008, S. 236 f.

[25] „Zahov Plan", zit. nach RADOŠ LJUŠIĆ, Knjiga o Načertaniju, Beograd 1993, S. 130. Das Original befindet sich im Serbischen Archiv im Nachlass von Ilija Garašanin (AS: IG 123).

[26] „Garašaninovo Načertanije", zit. nach LJUŠIĆ, Knjiga o Načertaniju, S. 151: „Iz ovog poznavanja proističe čerta i temelj srpske politike, da se ona ne ograničava na sadašnje njene granice, no da teži sebi priljubiti sve narode srpske koji ju okružavaju." Ljušić' kommentierte Edition orientiert sich an der Erstpublikation des Textes von Milenko Vukićević in der Zeitschrift „Djelo" von 1906, unter dem Titel „Garašaninovo načertanije", sowie an Dragoslav Stranjakovićs Edition von 1931; das Originalmanuskript bleibt verschollen. Vgl. auch MIŠKOVIĆ, Basare und Boulevards, S. 246.

Nordalbanien sowie die im Süden anschließenden Territorien im heutigen Kosovo und Nord-Makedonien.[27] Katholische Südslawen betrachtete er vermutlich ebenso aus dem osmanischen *millet*-Verständnis wie aus der alten orthodoxen Ablehnung des Katholizismus heraus als fremdes Volk, und Agitation auf habsburgischem Territorium erschien ihm als zu gefährlich.[28] Garašanins „Načertanije" aus dem Jahre 1844 blieb streng geheim, bis es 1906 vor dem Hintergrund des serbischen Zollkriegs mit Wien erstmals publiziert wurde. Die Schrift gestaltete als Grundlagendokument des serbischen Nationalismus bis in jüngste Zeit die serbische Politik.[29]

1878 erhielten die autonomen Fürstentümer Serbien und Rumänien sowie das kleine Fürstbistum Montenegro auf dem Berliner Kongress die Unabhängigkeit vom Osmanischen Reich. Das diplomatische Großereignis im Gefolge der Großen Orientkrise von 1875 bis 1878 regelte die Aufteilung der russischen und habsburgischen Einflusssphären in der „europäischen Türkei". Der Sultan, wirtschaftlich bankrott und militärisch unterlegen, musste zudem die russische Besetzung Bulgariens sowie die österreichische Okkupation Bosniens und der Herzegowina hinnehmen. Wien wollte einen großen slawischen Staat an der Südgrenze um jeden Preis verhindern. Es unterstützte Serbiens Interessen gegen den Sultan und die großbulgarischen Ansprüche aus dem Vertrag von San Stefano, verlangte aber als Gegenleistung den Verzicht auf alle Ansprüche in Bosnien sowie wirtschaftliche Konzessionen.[30]

In der Folge geriet Serbien in völlige außenwirtschaftliche Abhängigkeit des mächtigen nördlichen Nachbarn. Der Belgrader Königsmord von 1903 (*Majski prevrat*) ist vor dem Hintergrund dieser Kolonisierungspolitik zu verstehen: Die Verschworer wollten nicht nur das verhasste

---

[27] „Garašaninovo Načertanije", zit. nach LJUŠIĆ, Knjiga o Načertaniju, S. 165.

[28] Ebd., S. 154–160.

[29] Vgl. Anm. 26 sowie MIŠKOVIĆ, Basare und Boulevards, S. 245–249; ferner CETNAROWICZ, Tajna dyplomacja; DAVID MACKENZIE, Ilija Garašanin: Balkan Bismarck, Boulder / New York 1985.

[30] Serbien hatte der Hohen Pforte 1876 den Krieg erklärt, um den 1875 ausgebrochenen Aufstand der christlichen Bosnier und Herzegowiner gegen die muslimischen Großgrundbesitzer zu unterstützen. Die erhoffte russische Rückendeckung kam erst 1877, nachdem sich Zar Alexander II. in Budapest heimlich mit Kaiser Franz Joseph I. abgesprochen hatte. Enttäuscht von der serbischen Niederlage unterstützte Russland fortan Bulgarien. Wien wiederum gab Serbien grünes Licht für eventuelle Gebietserweiterungen im Süden. HOLM SUNDHAUSSEN, Geschichte Serbiens, 19.–21. Jahrhundert, Wien u. a. 2007, S. 136–142; LEIDINGER, Untergang, S. 82 f.

Königspaar Aleksandar und Draga Obrenović loswerden, sondern Serbien aus der Wiener Umklammerung lösen und die Russland-affine Karađorđević-Dynastie zurück an die Macht bringen. Der neue König Petar I. Karađorđević (1844–1921) betraute im Frühjahr 1904 den Chef der Radikalen Partei, Nikola Pašić (1845–1926), mit der Regierungsbildung. Dieser ließ 1908 den österreichisch-serbischen Handelsvertrag auslaufen und führte Schutzzölle ein, die innerhalb kurzer Zeit zu einem wirtschaftlichen Aufblühen Serbiens führten.[31]

Die Fronten mit Wien verhärteten sich derweil rasch, zumal der Ballhausplatz den politischen Umsturz im Osmanischen Reich im selben Jahr dazu nutzte, Bosnien und die Herzegowina definitiv zu annektieren. Nikola Pašić, bis zu seinem Tod 1926 der starke Mann Serbiens, führte Serbien am Ende des Ersten Weltkrieges auch durch die Versailler Friedensverhandlungen. Er rückte keinen Fingerbreit vom serbischen Führungsanspruch ab. Dennoch konnte auch er sich der Idee des vereinten südslawischen Staates nicht entziehen, den er bald nach Ausbruch des Ersten Weltkrieges zum Kriegsziel erklärte.[32]

Der Erste Weltkrieg als Katalysator für die Gründung Jugoslawiens

Die Wiener Balkanpolitik heizte bekanntlich nicht nur den Konflikt mit Serbien, sondern auch denjenigen mit den rivalisierenden Großmächten Russland und Italien an. Innenpolitisch unterhöhlte die Einverleibung Bosniens den Dualismus des habsburgischen Herrschaftssystems, indem sich das Kräftegleichgewicht zugunsten der Südslawen verschob und den

---

31 MIŠKOVIĆ, Basare und Boulevards, S. 296–298.

32 Pašić war während seines Ingenieurstudiums an der ETH Zürich mit dem russischen Anarchisten Michail A. Bakunin und dem serbischen Frühsozialisten Svetozar Marković befreundet und Sympathisant der *Narodniki*-Bewegung, die die slawische Dorfgemeinde idealisierte. Anfangs der 1880er Jahre wegen seiner Beteiligung am Timok-Aufstand *in absentia* zum Tode verurteilt, begann sein politischer Aufstieg als Anführer der Radikalen Partei nach der Abdankung von König Milan Obrenović 1889. Pašićs ideologische Überzeugung wandelte sich vom Sozialismus zum konservativen Nationalismus. Standhaft blieb er in seiner antiwestlichen Haltung, die vom Westen lediglich „Technik und die Wissenschaft" übernehmen wollte. Ebd., S. 261. Zu Pašić' Rolle im Ersten Weltkrieg: ANDREJ MITROVIĆ, Serbia's Great War 1914–1918, London 2007, S. 59; serbisch: Srbija u Prvom svetskom ratu, Beograd 2004; DEJAN ĐOKIĆ, Pašić and Trumbić, The Kingdom of Serbs, Croats and Slovenes, London 2010, S. 36; JAKIR, Dalmatien, S. 23.

Gedanken des *Jugoslavenstvo* beförderte.[33] Das aus Arroganz der Macht leichtfertig riskierte Attentat auf Thronfolger Franz Ferdinand vom 28. Juni 1914 diente als Vorwand für die Kriegserklärung an Serbien, dessen Vernichtung der Kaiser und seine einflussreichsten Ratgeber bereits seit einiger Zeit anstrebten: „Serbien muss sterbien!" respektive „Hängt die Serben!" (*Srbe na vrbe!*, eigentlich: Serben an die Weidenbäume!) hieß der Kriegsruf.[34] Die Kriegshetzer negierten die Loyalität orthodoxer Untertanen zur Krone *per se*, eine jugoslawische Gesinnung galt als Hochverrat. An der Heimatfront kam es zu pogromartigen Übergriffen, Verhaftungen und Hinrichtungen sowie zu einer Fluchtwelle: Bauernfamilien brachten sich über die serbische Grenze in Sicherheit, projugoslawische Intellektuelle und Politiker bevorzugten europäische Großstädte als Exil. Unter letzteren befanden sich Ante Trumbić und Frane Supilo, die über Italien nach London flohen. Dort nahmen sie das Projekt der Gründung eines jugoslawischen Staates in Angriff.[35]

Wider Erwarten endeten die drei habsburgischen Offensiven gegen Serbien und das verbündete Montenegro zwischen August und Dezember 1914 mit Niederlage und Rückzug. Sie wurden begleitet von massiven Kriegsverbrechen an der Zivilbevölkerung. Die serbische Regierung ließ diese Vorgänge vom prominenten Lausanner Kriminologieprofessor Rudolph Archibald Reiss (1875–1929) untersuchen. Reiss, ausgebildeter

---

[33] Im Dezember 1913 hielt der slowenische Abgeordnete Anton Korošec (1872–1940) während der Delegationssitzungen des Wiener Reichsrates fest: „Solange wir den Dualismus in seiner jetzigen Form aufrechterhalten, ist eine einheitliche und starke äußere Politik unmöglich, und solange sich unsere gemeinsamen Minister als Gefangene der ungarischen Reichshälfte fühlen und betrachten, werden wir immer eine ungarische oder richtiger gesagt eine magyarische Politik machen. [Die ‚Magyaren' aber sehen hauptsächlich am Balkan] in jedem Volke, ob es nun innerhalb oder außerhalb unserer Monarchie ansässig ist, die natürlichen Feinde ihres magyar imperium, ihrer magyarischen Reichsidee, und wenden alle Mittel an, um die Südslawen innerhalb der Monarchie unzufrieden und außerhalb der Monarchie als Feinde des Reiches zu erhalten." Delegation des Reichsrates, 2. Sitzung der 48. Session am 10. Dezember 1913, S. 19, zit. nach LEIDINGER, Untergang, S. 84. Korošec studierte Theologie in Maribor und Graz. 1907 wurde er als Vertreter der (slowenischen) Katholischen Volkspartei Abgeordneter und amtierte 1917 und 1918 als Vorsitzender des Zusammenschlusses der südslawischen Abgeordneten, ab Ende Oktober 1918 des Nationalrates der Slowenen, Kroaten und Serben in Zagreb. Er war der einzige Nicht-Serbe, der im Königreich SHS respektive Jugoslawien Ministerpräsident wurde (08.07.1928 bis 07.01.1929).

[34] Vgl. ebd., S. 152; MITROVIĆ, Serbia's Great War, S. 64.

[35] LEIDINGER, Untergang, S. 147–170, insbes. S. 152–158 sowie S. 163; MITROVIĆ, Serbia's Great War, S. 63–80; CALIC, Geschichte Jugoslawiens, S. 69 f.; ĐOKIĆ, Pašić and Trumbić, S. 36.

Chemiker und Fotograf süddeutscher Abstammung, dokumentierte systematisch den Einsatz verbotener Waffen, Massenhinrichtungen und Massaker an der Zivilbevölkerung sowie die Vernichtung ziviler Infrastruktur. Aus der Schweiz organisierte er eine Informationskampagne in Medien und Wissenschaft, die von der alliierten Kriegspropaganda aufgegriffen wurde. Anfang 1915 erschien in Paris Reiss' Bericht über die Kriegsführung der Habsburger Armee und löste in der Weltöffentlichkeit hohe Wellen der Empörung aus.[36]

Getragen von internationaler Solidarität erklärte die serbische Regierung im Dezember 1914 die „Befreiung und Vereinigung aller unserer unfreien Brüder Serben, Kroaten und Slowenen" zum Kriegsziel.[37] Habsburgische Kriegsgefangene (süd-)slawischer Abstammung erhielten in Serbien volle Bewegungsfreiheit und das Angebot, sich freiwillig der serbisch-montenegrinischen Armee anzuschließen.[38] Hellseherisch hielt Ministerpräsident Pašić im Oktober 1914 fest, „die Bildung kleiner Staaten wäre dem Frieden im Südosten abträglich, da aus dem Ausland eingeschleuste Intrigen Misstrauen, Neid und Hass sähen würden. Ein starker Staat ist für den Frieden im Südosten und in Europa unabdingbar."[39] Für einen Moment leuchtete die Möglichkeit eines südslawischen Staates unter Einbezug Bulgariens auf. Pašić verweigerte sich jedoch dem Drängen der Entente, speziell Moskaus, die im Balkankrieg eroberten makedonischen Gebiete Sofia zu überlassen. Der rivalisierende Nachbar schloss sich den Mittelmächten an.[40]

---

[36] ISABELLE MONTANI u. a., Rodolphe Archibald Reiss, un criminaliste-criminologue au milieu de la guerre, in: La Suisse et la guerre de 1914–1918. Actes du colloque tenu du 10 au 12 septembre 2014 au Château de Penthes, hg. v. CHRISTOPHE VUILLEUMIER, Genève 2015, S. 545–575, hier S. 565; R. ARCHIBALD REISS, Comment les Austro-Hongrois ont fait la guerre en Serbie. Observations d'un neutre, Paris 1915. Vgl. LEIDINGER, Untergang, S. 166–168; MITROVIĆ, Serbia's Great War, S. 73, 78 f.

[37] Niška deklaracija, izjava Vlade Kraljevine Srbije 7. decembra/24. novembra 1914 [Deklaration von Niš: Erklärung der Regierung des Königreichs Serbien vom 7. Dezember 1914/24. November 1914], in: BRANKO PETRANOVIĆ / MOMČILO ZEČEVIĆ, Jugoslavija 1918/1984. Zbirka dokumenata [Jugoslawien 1918/1984. Dokumentensammlung], Beograd 1985, S. 22. Die Deklaration wurde am selben Tag vom serbischen Parlament angenommen. Vgl. Moderna srpska država, S. 182.

[38] Insgesamt hatte die serbische Armee Ende 1914 rund 70.000 Kriegsgefangene gemacht, davon waren rund 20.000 südslawischer Abstammung. MITROVIĆ, Serbia's Great War, S. 83 f.

[39] Zit. nach ebd., S. 62; MILORAD EKMEČIĆ, Ratni ciljevi Srbije 1914 [Kriegsziele Serbiens 1914], Beograd [2]1990.

[40] MITROVIĆ, Serbia's Great War, S. 60–63.

Der militärische Erfolg und die geschickte Medienkampagne sicherten Serbien die Unterstützung der Entente: Die alliierte Presse feierte den jugendlichen Attentäter von Sarajevo als Freiheitskämpfer und Märtyrer, die serbische Kampfkraft in Anlehnung an die legendäre Schlacht vom Amselfeld 1389 als Ausdruck des „Geistes von Kosovo".[41] Im Herbst 1915 hatte die serbische Armee dem geballten Angriff Österreich-Ungarns, Deutschlands und Bulgariens jedoch nichts mehr entgegenzusetzen. Die serbische Führung befahl einen verlustreichen Rückzugsmarsch über die verschneiten albanischen Berge nach Shkodra (Skadar) und weiter nach Vlorë (Valona), wo Frankreich und Großbritannien nach russischer Fürsprache die Evakuation nach Korfu organisierten. Die in Korfu neu formierte Exilregierung, weiterhin unter Pašić, organisierte von hier aus systematisch die internationale Lobbyarbeit für das jugoslawische Projekt und arbeitete zu diesem Zweck eng mit dem von den exilierten Dalmatinern Ante Trumbić, Frane Supilo und Ivan Meštrović in London gegründeten Jugoslawischen Komitee zusammen.[42] Seit Frühjahr 1915 kursierende Gerüchte über einen möglichen Kriegseintritt Italiens auf Seiten der Entente im Gegenzug für die östliche Adria beförderten die Dringlichkeit dieser Allianz.[43]

Im Juli 1917, ein halbes Jahr bevor US-Präsident Woodrow Wilson am 8. Januar 1918 im amerikanischen Kongress sein 14-Punkte-Programm zur Selbstbestimmung der Völker vorstellte, unterzeichneten die serbische Exilregierung, das Jugoslawische Komitee sowie Vertreter der serbischen Opposition auf Korfu die Deklaration zur Schaffung des jugoslawischen Staates als parlamentarische Monarchie. Zwei Tage vor dem formellen Ende der Habsburgermonarchie am 31. Oktober 1918 konstituierte sich in Zagreb der Nationalrat (*Narodno vijeće*), der fortan als Regierung der Habsburger Slowenen, Kroaten und Serben amtieren sollte; gleichentags

---

[41] DIES., Basare und Boulevards, S. 251; THOMAS A. EMMERT, Serbian Golgatha. Kosovo, 1389, New York 1990, S. 134. Großbritannien und die USA führten in der Folge einen „Kosovo Day" als Ehrentag für Serbien und andere im Weltkrieg unterdrückte Völker ein. Der Kriminologe Reiss schloss sich als Freiwilliger der serbischen Armee an und verlegte seinen Lebensmittelpunkt nach Belgrad, wo er nach dem Krieg die Polizeischule aufbaute. MITROVIĆ, Serbia's Great War, S. 80; MONTANI u. a., Rodolphe Archibald Reiss, S. 567–569.

[42] ANDREJ MITROVIĆ, The Yugoslav Question, the First World War and the Peace Conference, 1914–20, in: Yugoslavism. Histories of a Failed Idea, 1918–1992, hg. v. DEJAN DJOKIĆ, London 2003, S. 42–56. Eine detaillierte Chronologie der Ereignisse findet sich in: Moderna srpska država, S. 182–192.

[43] ĐOKIĆ, Pašić and Trumbić.

publizierte die kroatische Zeitung „Nova Doba“ (Neues Zeitalter) die Deklaration von Korfu. Spontane Massendemonstrationen begrüßten in Split die Gründung „unseres freien Jugoslawiens“.[44]

Unterdessen hatte Italien bereits begonnen, Dalmatien militärisch zu besetzen, und nur die Präsenz amerikanischer Militäreinheiten verhinderte ernsthafte Zusammenstöße mit der sich geschlossen für den jugoslawischen Staat aussprechenden Bevölkerung.[45] Als am 1. November die serbische Armee in Belgrad einmarschierte, ging es Schlag auf Schlag: Serbien und Montenegro anerkannten den Zagreber Nationalrat, worauf dieser auf ultimatives Verlangen der dalmatinischen Abgeordneten die Vereinigung mit den beiden Monarchien beschloss. Noch im November marschierten serbische Truppen in Dalmatien ein, wo sie als Befreier gefeiert wurden.

Am 1. Dezember 1918 traf eine 28-köpfige Delegation des Nationalrates in Belgrad ein und bat den serbischen König formell um Vereinigung und Verteidigung Dalmatiens. Niemand stellte mehr die Staatsform der Monarchie in Frage.[46] Der äußere Druck hatte den Prozess der Staatenbildung beschleunigt und den Nationalrat in Belgrad zum Bittsteller gemacht. Italien ging leer aus, erhielt jedoch 1920 im Friedensvertrag von Rapallo die Städte Triest und Zadar (Zara), die Halbinsel Istrien sowie ein Viertel des heutigen Slowenien zugesprochen. Die umgehend einsetzende, rücksichtslose römische Italianisierungspolitik bewog in der Folge viele Slowenen zur Flucht auf jugoslawisches Territorium.[47] Eine Volksabstimmung in Kärnten führte zur Spaltung der Slowenischsprachigen in eine sich Jugoslawien anschließende Hälfte und eine, die als sprachliche Minderheit zur neu formierten österreichischen Republik stieß. Im Osten verlor Ungarn das ehemalige Kronland Kroatien und die Vojvodina, die ebenfalls von serbischen Truppen besetzt wurde. Der Süden Jugoslawiens,

---

[44] JAKIR, Dalmatien, S. 83 und S. 89.

[45] Ebd., S. 94 f.

[46] Proclamation of the Kingdom of Serbs, Croats and Slovenes, Belgrade, 1 December 1918: „In vollstem Vertrauen geben wir uns der Hoffnung hin, dass Ihre Königliche Majestät gemeinsam mit unserer ganzen Nation darauf hinarbeiten wird, dass schlussendlich [...] die Grenzen unseres Staates gemäß unseren ethnografischen Einzugsgebieten gezogen werden, im Einklang mit den Prinzipien der nationalen Selbstbestimmung, wie sie Präsident Wilson der Vereinigten Staaten von Amerika [...] und alle Entente-Mächte bekräftigt haben.“, zit. nach DEJAN ĐOKIĆ, Elusive Compromise. A History of Interwar Yugoslavia, New York 2007, S. 36.

[47] ROLF WÖRSDÖRFER, Krisenherd Adria 1915–1955. Konstruktion und Artikulation des Nationalen im italienisch-jugoslawischen Grenzraum, Paderborn 2004.

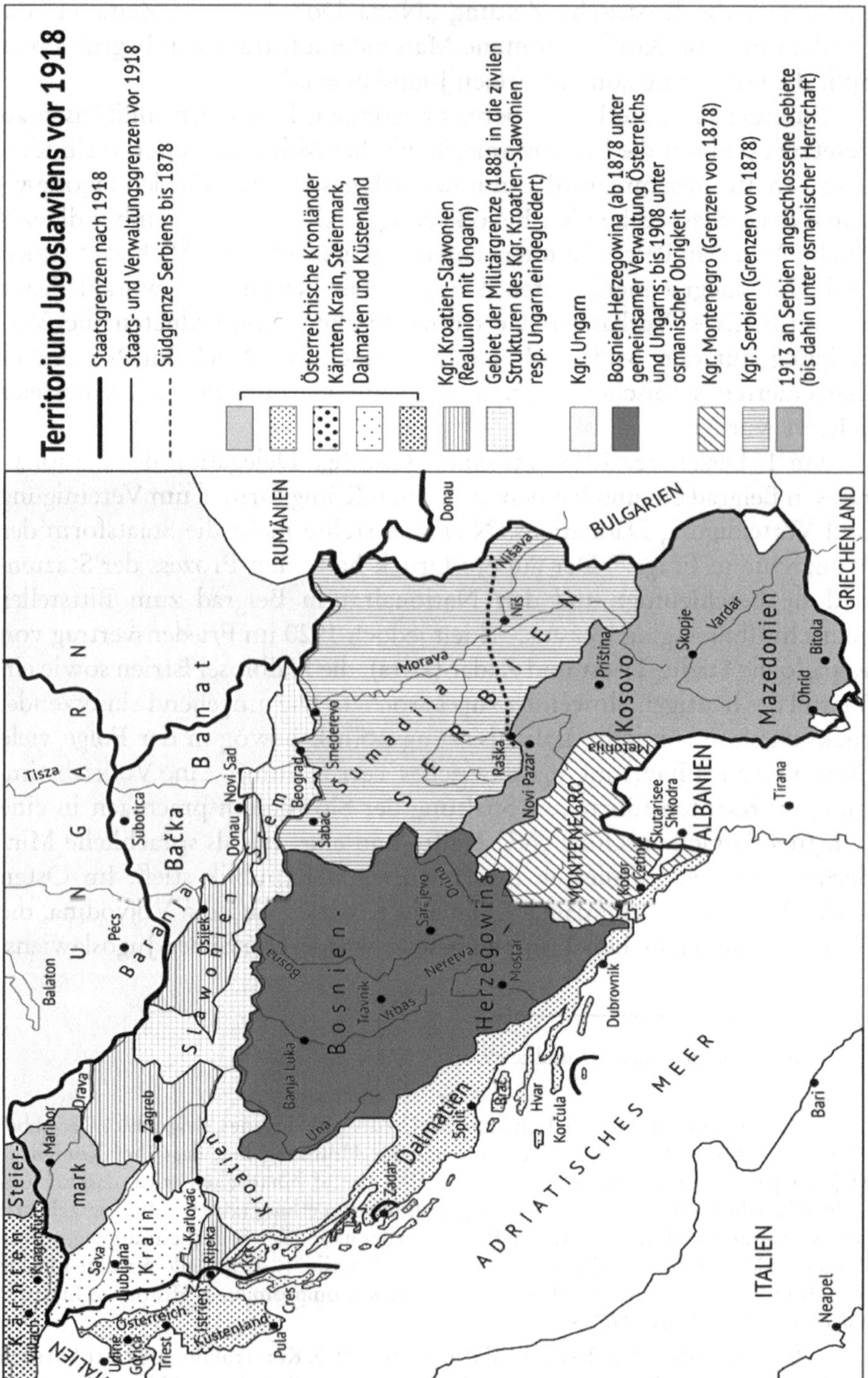
Territorium Jugoslawiens vor 1918
Staatsgrenzen nach 1918
Staats- und Verwaltungsgrenzen vor 1918
Südgrenze Serbiens bis 1878
Österreichische Kronländer Kärnten, Krain, Steiermark, Dalmatien und Küstenland
Kgr. Kroatien-Slawonien (Realunion mit Ungarn)
Gebiet der Militärgrenze (1881 in die zivilen Strukturen des Kgr. Kroatien-Slawonien resp. Ungarn eingegliedert)
Kgr. Ungarn
Bosnien-Herzegowina (ab 1878 unter gemeinsamer Verwaltung Österreichs und Ungarns; bis 1908 unter osmanischer Obrigkeit
Kgr. Montenegro (Grenzen von 1878)
Kgr. Serbien (Grenzen von 1878)
1913 an Serbien angeschlossene Gebiete (bis dahin unter osmanischer Herrschaft)
UNGARN
RUMÄNIEN
BULGARIEN
GRIECHENLAND
ALBANIEN
MONTENEGRO
ITALIEN
Österreich
ADRIATISCHES MEER
Kärnten
Krain
Steiermark
Küstenland
Istrien
Kroatien
Slawonien
Baranja
Bačka
Banat
Srem
Dalmatien
Bosnien-Herzegowina
Šumadija
SERBIEN
Kosovo
Metohija
Mazedonien
Villach
Klagenfurt
Udine
Gorica
Triest
Pula
Cres
Krk
Rijeka
Ljubljana
Sava
Karlovac
Maribor
Zagreb
Drava
Balaton
Pécs
Osijek
Subotica
Tisza
Novi Sad
Donau
Beograd
Šabac
Smederevo
Morava
Niš
Nišava
Raška
Novi Pazar
Priština
Skopje
Vardar
Ohrid
Bitola
Tirana
Skutarisee
Shkodra
Cetinje
Kotor
Dubrovnik
Mostar
Neretva
Sarajevo
Drina
Travnik
Vrbas
Bosna
Banja Luka
Una
Zadar
Split
Brač
Hvar
Korčula
Bari
Neapel

seit den Balkankriegen verwüstet und permanent im Kriegszustand, blieb weiterhin ein unruhiges Krisengebiet.[48]

Abb. 1: Der Kalemegdan, die alte Belgrader Festung

[48] Vgl. die Karte des Territoriums Jugoslawiens vor 1918. Abb. 1 steht stellvertretend für die vielen Baustellen des jugoslawischen Staatsbildungsprojektes: Der Kalemegdan, die alte Belgrader Festung, markiert eine jugoslawische „Phantomgrenze". Die Flüsse Save und Donau bildeten lange Zeit die Grenze zwischen dem Habsburger und dem Osmanischen Reich. Im Hintergrund erkennbar sind auf dieser Fotografie die vormals habsburgische Grenzstadt Zemun (Semlin) und deren Wehrturm Gardoš. Mit der Vereinigung nahm die jugoslawische Regierung mehrere Brückenbauprojekte in Angriff, die das Territorium zusammenwachsen lassen sollten. Die alte Militärfestung ließ sie zu einer großzügigen Parkanlage umgestalten. 1928 wurde dort anlässlich der Zehnjahresfeier des Druchbruchs der Salonikifront die Siegersäule von Ivan Meštrović errichtet. Die Statue war ursprünglich als Teil eines Denkmals konzipiert gewesen, das am Ende der Balkankriege 1913 auf dem Belgrader Terazije-Platz zu stehen kommen sollte, jedoch dem erneuten Kriegsausbruch zum Opfer fiel. MILE BJELAJAC, Vojska kraljevine SHS/Jugoslavije 1922–1935 [Die Armee des Königreichs SHS/Jugoslawien 1922–1935], Beograd 1994.

König Aleksandar und die Herkulesaufgabe der Vereinigung

Die Integrationsprobleme des vereinigten jugoslawischen Königreichs waren enorm: Parallel zur Klärung und Absicherung der Grenzen galt es, einen von Grund auf neuen Staat aufzubauen und dessen Verwaltungs-, Rechts-, Währungs-, Steuer-, Gesundheits- und Bildungssystem zu vereinheitlichen. Der neue sich öffnende Wirtschaftsraum musste ebenso zusammengeführt werden wie die Truppen der sich noch kurz zuvor als Kriegsgegner gegenüberstehenden habsburgischen und serbischen Armeen. Serbien allein hatte im Krieg 16 Prozent seiner Bevölkerung verloren, und es galt, eine schier unüberschaubare Zahl von bedürftigen und verarmten Invaliden, Waisen und Flüchtlingen zu versorgen. Sämtliche Landesteile wurden von Streiks und Unruhen überzogen, zumeist mit internationaler Komponente: Die russische Oktoberrevolution und die revolutionären Vorgänge in Österreich und Ungarn strahlten auch ins Königreich der Serben, Kroaten und Slowenen aus und manifestierten sich 1920 im überwältigenden Wahlerfolg der jugoslawischen Kommunisten. Marie-Janine Calic spricht von einer revolutionären Atmosphäre im ganzen Land.[49]

König Aleksandar I., von hohem Ethos beseelt, religiös und persönlich integer, regierte nach innen mit harter Hand, außenpolitisch mittels einer agilen, proaktiven Diplomatie. Als Angehöriger des Militärs trat er immer in Uniform auf. Seine Ausbildung hatte er als Patensohn von Zar Nikolaus II. 1905 bis 1907 im Petersburger Pagenkorps absolviert. In den Balkankriegen führte er eine Division, 1914 übernahm er mit gerade 26 Jahren vom gebrechlichen König Petar I. die Regierungsgeschäfte und das Oberkommando der serbischen Armee.

Ein Jahr nach dem Tod des Vaters und seiner Thronbesteigung im August 1921 heiratete er am 8. Juni 1922 eine Prinzessin aus dem europäischen Hochadel. Marie von Rumänien, genannt Mignon, stammte aus dem Haus Hohenzollern-Sigmaringen und war über ihre einflussreiche Mutter Maria von Edinburgh eine Enkelin der britischen Königin Victoria sowie des russischen Zaren Alexander II.[50] Die Verbindung war angesichts der nicht ganz standesgemäßen Herkunft des Bräutigams eine gesellschaftliche Sensation. Sie darf als strategisch motivierte Belohnung für die militärischen und auch politischen Leistungen des jungen Königs im

---

[49] Marie-Janine Calic, Südosteuropa. Weltgeschichte einer Region, München 2016, S. 440.

[50] Maries Schwester Elisabeth heiratete 1921 König Georg II. von Griechenland.

Großen Krieg gewertet werden, denn „in der internationalen Politik fungierte die Fähigkeit zum Krieg wie ein Machtexamen für Nationen."[51] Die „Times" berichtete:

> „It is impossible not to dwell on the extraordinary destinies of the peasant dynasty of the Karageorges, which has been fated to raise Serbia from being a subject province of the Turkish empire to the position of a powerful military state. One thinks of this Balkan court, boycotted only 15 years ago by every royal family in Europe, now honoured by all, of all the sufferings and the humiliations of the Serbs during the Great War, ending at last in the triumphant ressurection of the south Slavs."[52]

Die Heirat Aleksandars mit Prinzessin Marie besiegelte die Einbindung Jugoslawiens in die westliche Allianz ebenso wie die monarchische Staatsform in einer Zeit, als der europäische Hochadel durch die Folgen des Ersten Weltkrieges und der Russischen Revolution massiv an Status und Einfluss eingebüßt hatte. Königin Marija, wie sie fortan hieß, war für den König und sein Reich der Serben, Kroaten und Slowenen ein Glücksfall. Sie nahm ihre Aufgabe als Landesmutter sehr ernst, lernte die Sprache und wandte sich schon an ihrem Hochzeitstag mit einem Dankeswort an die Öffentlichkeit, womit sie die Herzen der Menschen gewann.

Das Königspaar bildete als glamouröser und zugleich entschlossen auftretender Sympathieträger eine nicht zu unterschätzende Klammer im neugebildeten Staat. Marija repräsentierte das mütterliche Gegenstück zum patriarchal auftretenden König, gebar ihm drei Söhne, die je einen typischen Namen der drei konstituierenden Staatsvölker erhielten, und sie verrichtete ihre umfangreiche repräsentative und karitative Arbeit mit vorbildlicher Disziplin und selbstbewusster Zurückhaltung. Im Gegensatz zu ihrer Mutter, Königin Maria von Rumänien, drängte sie sich politisch

---

[51] Siehe Dieter Langewiesche in diesem Band. König Aleksandar Karađorđević hatte über seine montenegrinische Mutter ebenfalls verwandtschaftliche Be-ziehungen zu den Romanows. Königin Elena von Italien war seine Tante. Zur königlichen Hochzeit siehe: https://www.youtube.com/watch?v=dkw4IM_gAg0 (Zugriff: 28.06.2019).

[52] The Belgrade Wedding, The Times vom 09.06.1922, S. 8, zit. nach BRIGIT FARLEY, Aleksandar Karađorđević and the Royal Dictatorship in Yugoslavia, in: Balkan Strongmen, S. 51–86, hier S. 69, Anm. 45. Der Boykott bezog sich auf den Belgrader Mai-Umsturz von 1903, dem das serbische Königspaar Aleksandar und Draga Obrenović zum Opfer fielen. Der letzte habsburgische Kaiser Karl, Nachfolger des ermordeten Thronfolgers Franz Ferdinand, bezeichnete die Karađorđević als „Mörderdynastie". Vgl. Protokolle des Gemeinsamen Ministerrates der Österreichisch-Ungarischen Monarchie (1914–1918), hg. v. MIKLÓS KOMJÁTHY, Budapest 1966, S. 440 ff.; Kaiser Karl. Persönliche Aufzeichnungen, Zeugnisse und Dokumente, hg. v. ERICH FEIGL, Wien 1984, S. 116.

nie in den Vordergrund.[53] Mit dem Tod der Zarenfamilie und der Verfolgung des russischen Adels im Gefolge der Russischen Revolution und des Bürgerkriegs hatten Marija und Aleksandar enge Angehörige verloren. Die Vehemenz, mit der der König die kommunistische und nach 1929 auch die republikanische Opposition im Land verfolgen ließ, vermag vor diesem Hintergrund wenig zu erstaunen. Im Sommer 1914 hatte Russland dem bedrohten Serbien die Treue gehalten. Aus Dank und Solidarität hielt er die Tore seines Reiches für russische Revolutionsflüchtlinge weit offen. Unter ihnen befanden sich General Wrangel und rund 10.000 Offiziere und Soldaten der besiegten Weißen Armee, vornehmlich Ingenieure und Kosaken. Beschäftigung fanden sie im Wiederaufbau der kriegszerstörten Infrastruktur, aber auch bei der Niederschlagung von Aufständen. Im Kosovo, wo Kosaken die Kačakeneinfälle aus Albanien zurückschlugen, blieben sie in unheilvoller Erinnerung.[54] Eher als Ironie des Schicksals erscheint dagegen der Umstand, dass die Verbindung zum britischen Königshaus und Großbritannien auch in der sozialistischen Zeit Bestand haben und eine der essentiellen Voraussetzungen für Titos Politik der Blockfreiheit werden sollte.[55]

Nach dem Attentat des rechtsnationalistischen serbisch-montenegrinischen Abgeordneten Puniša Račić auf Volksvertreter der Kroatischen Bauernpartei, dem auch Parteichef Stjepan Radić zum Opfer fiel, rief Aleksandar im Januar 1929 die Königsdiktatur aus. Bei dieser Gelegenheit baute er den nun in Jugoslawien umbenannten Staat definitiv in einen

---

[53] Maries Mutter, Königin Maria von Rumänien, hatte dem Ersten Weltkrieg eine entscheidende Wendung gegeben, da vermutlich sie es war, die Rumäniens Kriegseintritt an Seiten der Entente durchsetzte: MARIE REINE DE ROUMANIE, Histoire de ma vie, Bd. 3, Paris 1938, S. 11–21, insbes. S. 16 f. und S. 20 f.; KARINA URBACH, Hitlers heimliche Helfer. Der Adel im Dienst der Macht, Darmstadt 2016 [dt. Übersetzung von: Go-Betweens for Hitler, Oxford 2015], insbesondere zur politischen Rolle der Maria von Rumänien, S. 121–139. Königin Marija floh nach Kriegsausbruch im April 1941 mit ihren Söhnen nach England. Im Mai richtete sie vor einem bescheidenen Cottage das Wort an die Journalisten und gab ihrer Überzeugung Ausdruck, dass die Armee ihres Landes bis zum letzten Mann kämpfen werde. https://www.youtube.com/watch?v=oZkHWKo-bk4 (Zugriff: 23.02.2020).

[54] ANTHONY KRÖNER, The White Knight of the Black Sea. The Life of General Peter Wrangel, Den Haag 2010, S. 326 f. und S. 358–366; NOEL MALCOLM, Kosovo, A Short History, London 1998, S. 277–279.

[55] NATAŠA MIŠKOVIĆ, Held und Patriarch. Visuelle Konstruktionen von Macht und Männlichkeit im westlichen Balkan am Beispiel des Fotoarchivs von Josip Broz Tito, in: L'Homme 26 (2015), H. 2, S. 13–32, hier S. 28 f.; ANNE LANE, Britain, the Cold War and Yugoslav Unity, 1941–1949, Brighton ^{2}2012.

Polizeistaat um. Dennoch war er selbstkritisch genug zu bemerken, dass die neue Politik nicht die gewünschten Resultate erbrachte. Zum Problem wurden auch seine Kabinettsmitglieder, die bis auf wenige Ausnahmen der serbisch-nationalen Radikalen Partei angehörten und deren Klientelnetz noch in die Vorkriegszeit zurückreichte.[56]

In den Monaten vor seinem Tod revidierte der König seine unnachgiebige Haltung gegenüber den kroatischen Autonomieforderungen. Dem montenegrinischen Metropoliten Gavrilo Dožić gegenüber bekannte er, die Leute würden mit Recht behaupten, er regiere wie ein Diktator. Mit dem befreundeten Künstler Ivan Meštrović diskutierte er den Plan, Stjepan Radić' wegen separatistischer Äußerungen inhaftierten Nachfolger Vladko Maček zu begnadigen und mit ihm eine Verhandlungslösung der kroatischen Frage auszuarbeiten.[57] Die Pläne dazu wollte er umgehend nach seiner Rückkehr aus Frankreich umsetzen. Doch in Marseille schlugen *Ustaša* und VMRO zu. Ganz Jugoslawien war in den folgenden Tagen in Trauer um den „den Ritterlichen König Aleksandar I. den Vereiniger" (*Viteški Kralj Aleksandar I. Ujedinitelj*) vereint, so sehr, wie wohl seit der Staatsgründung 1918 nicht mehr.[58]

Die Medien druckten Sonderausgaben mit schwarzem Trauerbalken und Würdigungen des Verstorbenen mit dem Aufruf, dessen „heiligem

---

[56] Dass der langjährige Ministerpräsident Pašić wegen der Geschäfte seines Sohnes in die Kritik geriet, war nur die Spitze des Eisberges. Die 31 Regierungskabinette von Dezember 1918 bis März 1941 waren von den serbischen Radikalen oder deren Abspaltungen dominiert. Einzige Ausnahmen waren Ljubomir Davidović von der Demokratischen Partei, der 1919 und 1924 je ein halbes Jahr den Premier stellte, und der Slowene Anton Korošec, der in der zweiten Jahreshälfte 1928 als einziger Nicht-Serbe das Amt des Premierministers bekleidete (vgl. Anm. 33). Gligorijević hebt hervor, dass sich der leutselige König gerne mit seinen ehemaligen Kriegsgenossen umgab, die natürlich aus der serbischen Zeit stammten. GLIGORIJEVIĆ, Kralj Aleksandar, S. 212 f., und S. 216. Zur Parteizugehörigkeit der jugoslawischen Regierungschefs siehe KARL KASER, Handbuch der Regierungen Südosteuropas (1833–1980), 3 Bde., Graz 1981–1984, sowie die nützliche Übersicht auf Wikipedia: https://en.wikipedia.org/wiki/List_of_cabinets_of_Yugoslavia (Zugriff: 29.06. 2019).

[57] GLIGORIJEVIĆ, Kralj Aleksandar, S. 216; IVAN MEŠTROVIĆ, Uspomene na političke ljude i događaje [Erinnerungen an politische Männer und Ereignisse], Zagreb 1969, S. 236 f.; HOLM SUNDHAUSSEN, Vladko Maček, in: Biographisches Lexikon zur Geschichte Südosteuropas, Bd. 3, hg. v. MATHIAS BERNATH / FELIX VON SCHROEDER, München 1979, S. 65–68.

[58] Vgl. Abb. 2. Der Sarg des ermordeten Königs wurde nach Ankunft im Hafen von Split am 14. Oktober 1934 von *Sokol*-Mitgliedern zum wartenden Zug im Bahnhof gleich gegenüber getragen. Ramet hält fest, dass die Menschen auch in Zagreb trauerten. RAMET, Three Yugoslavias, S. 91.

Abb. 2: Der Sarg des ermordeten Königs Aleksandar I. wird nach Ankunft im Hafen von Split am 14. Oktober 1934 von *Sokol*-Mitgliedern zum wartenden Zug getragen.

Vermächtnis" zu folgen: „Čuvajte Jugoslaviju!"[59] Die politische Leistung des verstorbenen Königs würdigten auch kritische Geister wie die feministische slowenische Frauenrechtlerin Alojzija Štebi:

> „Die Nachricht über die Ermordung des Königs von Jugoslawien Aleksandars I. hat die gesamte Welt mit der Heftigkeit eines schrecklichen, plötzlichen Elementarereignisses getroffen. Dunkle Elemente ohne die geringste Verantwortung gegenüber dem Volk haben den höchsten Vertreter unseres Landes getötet, der vor seinem Volk und der Geschichte bewusst die volle Verantwortung für die politische Ausrichtung, die er für das Schicksal des Landes als die beste erachtete, sowie für deren Folgen übernahm. Das mit höchster Präzision durchgeführte Attentat fällt in einen Moment, wo die Völker Europas in quälender Ungewissheit verharren, ob sie den unruhigen Nachkriegstagen bereits entwachsen oder sich erneut am Anfang einer Vorkriegsphase befinden. Der Besuch König Aleksandars [...] diente der Stärkung des Friedens in Europa [...]. Heute, wo jede Sekunde in dieser Richtung schicksalsschwere Bedeutung hat, tragen die Mörder vor der ganzen Welt die Verantwortung für die Verzögerung der internationalen Bemühungen um eine Politik des Friedens.

[59] Vgl. z. B. Politika (Beograd) vom 10.10.1934, Vreme (Beograd) vom 11.10.1934; Islamski svijet (Sarajevo) vom 19.10.1934; Gajret (Sarajevo) vom 01.11.1934.

[...] Die innere Konsolidierung unseres Landes und seine feste Verankerung in der Außenpolitik waren König Aleksandars zwei große politische Konzeptionen. [...] Das Opfer ist erbracht, und es ist an uns allen, der politischen Konzeption des Königs ein dauerhaftes und fruchtbares Leben zu ermöglichen."[60]

Allen gegenteiligen Beteuerungen zum Trotz wandte sich die Regentschaft unter Prinz Pavle Karađorđević und dessen Premierminister Milan Stojadinović (1935–1939) von Aleksandars Kurs ab. Es gelang ihr nicht, gegen die Interessen Frankreichs und Englands die politischen Hintergründe des Attentats von Marseille an die Öffentlichkeit und die Rolle Italiens zur Sprache zu bringen. Im Gegenteil, wirtschaftliche Gründe dienten als Vorwand, sich außenpolitisch den Achsenmächten anzunähern. Prominente Akademiker protestierten in einem Brief gegen diese Politik und kritisierten offen, das Marseiller Attentat erscheine „zunehmend als Programmpunkt im Plan der äußeren Gegner, unserem Staat und seiner staatlichen Integrität zu schaden".[61]

Aleksandars Pläne zur Lösung der kroatischen Frage schob die Regentschaft auf die lange Bank, nicht zuletzt, weil Prinz Pavle sie persönlich ablehnte.[62] Erst Anfang 1939 kam unter der Regierung von Dragiša Cvetković der kroatisch-serbische Ausgleich (*sporazum*) zustande. Zwei Jahre später unterschrieb Pavle den Dreimächtepakt mit Hitler. Metropolit Gavrilo, nun Patriarch der serbischen Kirche, rief in einer Radioansprache zum Sturz der Regierung auf. Auf den darauffolgenden Massendemonstrationen riefen die Menschen die Parole „Lieber Krieg als der Pakt, lieber tot als versklavt."[63] Am 7. April 1941 überfiel Deutschland Jugoslawien und zerschlug es.

Prekäre jugoslawische Nationsbildung

Im April 1941, gut 22 Jahre nach der Gründung des jugoslawischen Königreichs, ließ wenig darauf schließen, dass Jugoslawien nach Kriegsende weiterhin Bestand haben würde. Im Auftrag der deutschen Besatzer übernahmen mit *Ustaša*-Führer Ante Pavelić in Kroatien und Bosnien sowie General Milan Nedić als Zivilverwalter im von Wehrmacht und SS beherrschten Altserbien entschiedene Feinde Jugoslawiens die Macht. Auch

---

60 Alojzija Štebi, Žrtva je prineta [Das Opfer ist erbracht], Ženski pokret (1934), H. 9–10, S. 90.

61 Gligorijević, Kralj Aleksandar, S. 341 f.

62 Ebd., S. 342.

63 Vgl. Mišković, Basare und Boulevards, S. 250.

wenn das brutale Regime Pavelić' seine Legitimität selbst unter den Befürwortern der kroatischen Unabhängigkeit schnell verspielte, war die Bevölkerung insbesondere in Kroatien und im Süden in ein separatistisches und in ein pro-jugoslawisches Lager gespalten. Die KPJ, die unter ihrem neuen Generalsekretär Josip Broz Tito den Widerstand vorbereitete, wartete derweil auf grünes Licht von Stalin. Dessen Bündnis mit Hitler zerfiel mit dem deutschen Überfall auf die Sowjetunion am 22. Juni 1941, doch der erwartete schnelle Sieg der Roten Armee blieb aus. Titos Partisanen blieben über weite Strecken auf ihre eigenen Ressourcen angewiesen und entwickelten sich über vier blutige Kriegsjahre hinweg zu einer jugoslawischen Massenbewegung, der es aus eigener Kraft gelingen sollte, die Besatzer zu besiegen und den jugoslawischen Staat zu erneuern.[64]

Wie weit die jugoslawische Nationsbildung in den zwei Jahrzehnten seit 1918 fortgeschritten war und den Aktionsraum der Menschen beeinflusst hatte, zeigen abschließend zwei kurze lebensweltliche Skizzen: Die Geschichte des Bäckersohns Alija A. dokumentiert den Einfluss der jugoslawischen *Sokol*-Bewegung in der bosnischen Provinz. Das Schicksal des dalmatinischen Wanderarbeiters Dušan P. gibt Einblick in die staatliche Bevölkerungspolitik im Süden des Landes.

Alija A. verwirklicht mit dem *Sokol* seinen Traum

Im Sommer 1919, ein halbes Jahr nach der Gründung des Königreichs der Serben, Kroaten und Slowenen, brachte im ostbosnischen Städtchen Rogatica eine muslimische Bäckersfrau den kleinen Alija zur Welt, eines von sechs Kindern. Der Junge verbrachte seine Kindheit in der bescheidenen elterlichen Backstube und beobachtete täglich fasziniert das magische Ritual, wenn sich Mehl in Brot verwandelt. Mit zehn Jahren durfte Alija im Atelier des lokalen Fotografen und Hoteliers Franz Jakusch Porträt sitzen. Der gebürtige Tscheche war 1910 als habsburgischer *kuferaš* nach Bosnien gekommen.[65] Fortan wollte Alija Fotograf werden. Für diesen

---

64 Ivo Goldstein / Slavko Goldstein, Tito, Zagreb 2015, hier S. 203 f.; Goldstein, 1941; Korb, Im Schatten des Weltkriegs; Alexander Prusin, Serbia under the Swastika. A World War II Occupation, Urbana u. a. 2017; Milovan Djilas, Tito. Eine kritische Biographie, Wien 1980; Vladimir Dedijer, Novi prilozi za biografiju Josipa Broza Tita [Neue Beiträge zur Biografie von Josip Broz Tito], Bd. 1, Rijeka 1981. Zu Pavelić vgl. auch Anm. 5 f.

65 Mehmed A. Akšamija, Alija M. Akšamija: Monografija arhivografije [Alija M. Akšamija: Monografie der Archivografie], Sarajevo 2016, 2 Bde., hier Bd. 1, S. 14. *Kuferaš* bedeutet Kofferträger. So nannten die Bosnier aus dem Habsburgerreich Zugezogene, meist

Berufswunsch hatte in Rogatica niemand Verständnis: Fotografie war „des Teufels“, ein Geschäft nur für Ungläubige.[66] Der Junge gehorchte dem Vater und lernte das Bäckershandwerk. Er nutzte jedoch die erste Gelegenheit, um seinen Traum dennoch zu verwirklichen: Gerade volljährig geworden, reiste der Provinzbursche 1937 nach Sarajevo und suchte sich eine Lehrstelle. Mit viel Hartnäckigkeit fand er eine Anstellung bei Foto Jović, gleich beim Hotel Central. Dort arbeitete er als Knecht und putzte das Studio. Im täglichen Kontakt mit Kameras und der Entwicklung von Fotografien spürte Alija seine Berufung. Auch als ihn der Vater nach kurzer Zeit zurück nach Hause beorderte, gab er nicht auf.

Alija war Mitglied im *Sokol*-Verein von Rogatica. *Sokol* heißt Falke: Die von Prag ausgehende panslawische Bewegung hatte sich seit den 1860er Jahren in den slawischen Gebieten vor allem des Habsburgerreiches verbreitet und war im neugegründeten Jugoslawien ausgesprochen populär.[67] Ihr Wahrzeichen waren Uniformen mit roten Hemden, eine Mütze mit Feder und Turnbekleidung für Männer und Frauen. 1920 vereinten sich die vier regionalen Gesellschaften zum Jugoslawischen *Sokol*-Bund.

In den 1920er Jahren überzog ein dichtes Vereinsnetz das gesamte Königreich bis in die Dörfer und vernetzte und organisierte die Jugend in Körperertüchtigung, Hygiene, Gemeinschaftsgeist und Geselligkeit. 1929 wurde der Verband als Instrument zur Verbreitung und Stärkung des Jugoslawismus verstaatlicht und kulminierte im Pan-*Sokol*-Treffen (*Svesokolski slet*) im Juni 1930 in Belgrad, wofür ein eigenes Stadion errichtet wurde.[68] In der zweiten Hälfte der 1930er Jahre, nach dem Tod des Kö-

---

Beamte und Militärs, aber auch Forscher, Kaufleute, Bierbrauer, Gastwirte und andere, die hier ihr Glück versuchten. Während der Habsburgerzeit 1878 bis 1918 gab es in Bosnien ausschließlich zugezogene christliche Fotografen. Nach dem Krieg übernahmen vielerorts die vormaligen lokalen Assistenten die verwaisten Fotostudios. Das einzige muslimische Fotogeschäft Bosniens führte in der Zwischenkriegszeit Nusret Halačević aus Sarajevo.

[66] Ebd., S. 20 f.

[67] Die *Sokol*-Bewegung geht auf die 1862 gegründete Prager Gymnastik-Gesellschaft zurück. 1908 entstand in Wien die patriotische All-Slawische *Sokol*-Gesellschaft. Sie genoss große Popularität unter den Habsburger Südslawen: 1914 gab es allein auf kroatischem Gebiet bereits 169 *Sokol*-Ableger. JAKIR, Dalmatien, S. 370–380; Ko je Soko taj je Jugosloven [Wer *Sokol* ist, der ist Jugoslawe], hg. v. Muzej Jugoslavije, Beograd 2016 [Ausstellungskatalog]. Eine historische Aufarbeitung der Bewegung über das gesamte Königreich existiert bisher noch nicht.

[68] JOVANA KARAULIĆ, Sokolski sletovi u Kraljevini Jugoslaviji na primeru Svesokolskog sleta u Beogradu 1930. godine [Die *Sokol*-Treffen im Königreich Jugoslawien am Beispiel des Pan-*Sokol*-Treffens in Belgrad 1930], in: Ko je Soko, S. 79–93. Siehe auch den

nigs, nahm die Zahl der Verbandsmitglieder rapide ab. Ihre Mitglieder wurden vor allem in Kroatien als verlängerter Arm der serbischen Dynastie gesehen und lieferten sich Schlägereien mit Anhängern der Bauernpartei und der Linken.[69] Auch in Rogatica veranstaltete der *Sokol* regelmäßig Geselligkeiten und Reisen. Alijas Sohn Mehmed hält den *Sokol* bis heute hoch und beschreibt ihn als eine

> „sehr bedeutende, politisch-patriotische nationale Vereinigung der Jugend, welche die Gleichheit der Völker und Völkerschaften im Königreich der Serben, Kroaten und Slowenen propagierte und der eine entscheidende Bedeutung in der Ausgestaltung ihrer Freizeit zukam".[70]

Bei einer Lotterie, vermutlich im Zusammenhang mit einem *Sokol*-Anlass, gewann Alija 1938 die hohe Summe von eintausend Dinar und damit die Mittel, eine heißersehnte Kamera zu kaufen. Unterwegs zu einem *Sokol*-Treffen in Rijeka kaufte er in Zagreb eine Agfa Isolette im Wert von 800 Dinar, dazu Film, Entwicklungschemikalien und ein Handbuch. Seine ersten Fotografien dokumentieren die Reise nach Rijeka und das *Sokol*-Treffen.[71]

Alija Akšamija (1919–2016) war damals nebst dem etablierten Fotostudio-Besitzer Nusret Halačević der einzige bosnische Fotograf muslimischen Glaubens. Der talentierte Autodidakt wurde in seinem langen Leben zu einem der besten jugoslawischen Fotografen. Er nahm die berühmte Fotografie von Nobelpreisträger Ivo Andrić an der Brücke in Višegrad auf.

Dušan P. wird Kolonist[72]

Dušan P. wurde 1902 als jüngster Sohn eines serbisch-orthodoxen Bauern in einem norddalmatinischen Bergdorf geboren, das damals zum habsburgischen Kronland Dalmatien gehörte. Er absolvierte acht Grundschul-

---

Beitrag von Vladana Putnik über die Bautätigkeit im selben Katalog, S. 95–107, sowie die Filmaufnahme des Pan-*Sokol*-Treffens in Belgrad im Juni 1930 auf dem YouTube-Kanal der Jugoslovenska Kinoteka: https://www.youtube.com/watch?v=sfSKjHs5QDo (Zugriff: 23. 02.2020).

69 JAKIR, Dalmatien, S. 377–380.

70 AKŠAMIJA, Arhivografija I, S. 18.

71 Ebd., S. 16–19.

72 Vgl. NATAŠA MIŠKOVIĆ, A Lifetime of Crisis. The Story of a Dalmatian Peasant in the Mid-20th Century, in: Ethnologia Balkanica 19 (2016), S. 291–308.

jahre, was ihn in seinem Umfeld zu einem belesenen jungen Mann machte. Als er mit 18 Jahren zum ersten Mal Vater wurde, war das Königreich SHS noch keine zwei Jahre alt. Dušan verdingte sich als Landarbeiter bei einem wohlhabenden Bauern, doch die Familie wuchs schnell, und der Verdienst reichte kaum zum Überleben.

1924 entschloss er sich, mit einigen Landsleuten sein Glück in der Hauptstadt Belgrad zu suchen. Am 20. März 1924 heuerte er als Arbeiter im Save-Hafen an und blieb dort bis im Oktober 1928. Der Lohn reichte auch hier nicht aus, um der Familie Geld zu schicken, und so nahm er zusätzlich saisonale Jobs im Bau und bei der Zuckerfabrik an. Ein weiteres Zubrot verdiente er sich als Lastenträger am Bahnhof. In seiner 1971 mit Schreibmaschine verfassten Kurzbiografie schreibt er:

> „Ich wohnte in Baracken und auf Savčić' Grundstück, das Leben war sehr hart, weswegen wir uns wehrten und in Streik traten. Ich lernte fortschrittliche Arbeiter kennen und trat der fortschrittlichen Bewegung bei, die damals von der Demokratischen Sozialistischen Partei angeführt wurde. Als lesekundiger Mann las ich den Arbeitern die Zeitung und Literatur vor, wir veranstalteten Versammlungen, Sitzungen und Protestanlässe und forderten bessere Lebensbedingungen und größere Rechte. Ich genoss Ansehen unter den Arbeitern [...] und ermutigte sie zum Streik [...]. Ich und mein Cousin [...] wurden verhaftet und entlassen. Wir fanden neue Arbeit auf dem Bau. Später mussten wir Belgrad verlassen und zurück in die Heimat gehen."[73]

Dušan fiel vermutlich der Verhaftungswelle nach dem Attentat auf Stjepan Radić zum Opfer. Daheim in Dalmatien besuchte sein ältester Sohn Stevo bereits die Schule. Wegen des Vaters oppositioneller Überzeugungen wurde der Junge vom Lehrer schikaniert und mit dem Ausschluss aus der Schule bedroht. In dieser existenzbedrohenden Lage entschloss sich Dušan zu einem folgenschweren Schritt: Er meldete sich für das staatliche Kolonisierungsprogramm in Makedonien an. Dieses Gebiet hatte wie Kosovo bis 1912 zum Osmanischen Reich gehört und war nach den langen Kriegsjahren und der Flucht und Vertreibung eines Großteils der muslimischen Bevölkerung entvölkert und verwüstet. Die Sicherheitslage war wegen der Aktivitäten der VMRO und anderer paramilitärischer Verbände prekär. Belgrad verwaltete es als rückständiges Untertanengebiet, ignorierte Minderheitenrechte und unterdrückte jeglichen Widerstand.

[73] P. Dušan, Biografija [Biografie] vom 27. Dezember 1971, S. 1. Privatarchiv N. M.

Um diese Gegend zu stabilisieren, den serbisch-orthodoxen Bevölkerungsanteil zu erhöhen und zugleich das enorme Flüchtlingsproblem im eigenen Land zu lösen, sollten Kolonisten aus Bosnien und Dalmatien angesiedelt werden.[74] 1929 zog Dušan mit 220 weiteren dalmatinischen Familien in den Süden Jugoslawiens, wo er und seine Familie im Dorf Mustafino nahe Sveti Nikola 15 Hektar Land und eine finanzielle Starthilfe erhielten.[75] Er lebte sich schnell ein:

> „Es gelang mir in kurzer Zeit, viele Freunde zu finden, sowohl unter den Kolonisten wie auch unter den Alteingesessenen. Aufbauend auf meinen Erfahrungen verbreitete ich weiterhin fortschrittliche Ideen unter den Bauern und überzeugte sie, eine Konsumgenossenschaft zu gründen. Hier war ich als Einkäufer tätig und wurde auch zum ersten Präsidenten gewählt."[76]

Für Dušan P. war das Kolonisierungsprogramm ein Segen. Es erlaubte ihm, mit seiner Familie einen bescheidenen Wohlstand aufzubauen. Die harte Arbeit auf steinigem Boden gewohnten Dalmatiner holten selbst aus dem minderwertigen Land, das ihnen zugeteilt worden war, anständige Erträge heraus. Eher ungewöhnlich dürfte aber gewesen sein, dass sich Dušan P. mit Alteingesessenen anfreundete: Diese wollten in der Regel mit den Neuankömmlingen aus dem Norden nichts zu tun haben.[77]

Die staatliche Repression, die mit Belgrad in Verbindung gebracht wurde, erstickte alle Ansätze zur Bildung einer gemeinsamen jugoslawischen Identität im Keim. Die *communities* blieben unter sich. Solidarität wurde am ehesten über gemeinsame politische Gesinnung hergestellt: Im Falle Dušans über eine sozialistische, gewerkschaftliche; im Falle der VMRO mit der *Ustaša* jedoch über eine terroristische mit dem Ziel der Staatsvernichtung. Ende der 1930er Jahre verschlechterte sich die Sicherheitslage massiv.

Im Mai 1941 besetzten bulgarische Truppen Vardar-Makedonien. Die Kolonisten von Mustafino wurden von ihrem Land vertrieben und in Viehwaggons ins deutsch besetzte Ostserbien deportiert. Dušan P. und seine Familie überlebten, bis auf den Großvater. 1946 wurden sie in einem ehemals deutschen Dorf in der Vojvodina angesiedelt.

---

74 NADA BOŠKOVSKA, Das jugoslawische Makedonien 1918–1941. Eine Randregion zwischen Repression und Integration, Wien u. a. 2009, S. 39 f.; SUNDHAUSSEN, Geschichte Serbiens, S. 214–221; MALCOLM, Kosovo, S. 264–288.

75 Die Dalmatiner machten weniger als zehn Prozent der Kolonisten aus. BOŠKOVSKA, Makedonien, S. 213.

76 Dušan P., Biografija, S. 2.

77 BOŠKOVSKA, Das jugoslawische Makedonien, S. 213.

Fazit

Wie sollten aus Serben, Kroaten, Slowenen, Bosniern und Makedoniern Jugoslawen werden? Die jugoslawische Nationsbildung war eine prekäre, obwohl die Gründung des Königreichs SHS am Ende des Ersten Weltkrieges auf der Hand lag und von der breiten Bevölkerung wie auch den akademischen Eliten mit Begeisterung begrüßt wurde. Wegen der unheilvollen Verschränkung der außen- und innenpolitischen Bedingungen war die Integration des kriegszerstörten Landes eine Herkulesaufgabe. Die außenpolitische Leistung von König Aleksandar I. Karađorđević ist beachtlich. Zur Absicherung der Grenzen bildete er 1920 gemeinsam mit Rumänien und der Tschechoslowakei die Kleine Entente, ein gegen revisionistische Bestrebungen gerichtetes Militärbündnis in enger Anlehnung an Frankreich, das bis zur Annexion des Sudetenlands durch Deutschland 1938 Bestand hatte. Im Februar 1934 schloss er ein weiteres Bündnis mit Rumänien, Griechenland und der Türkei, die Balkanentente respektive den Ersten Balkanpakt.

Die Zeit und der Wille, die innenpolitischen Bedingungen der Vereinigung in einem demokratischen Prozess zwischen den Vertretungen aller Beteiligten auszuhandeln, war in der krisenhaften Nachkriegssituation nur ungenügend vorhanden: Die serbische Regierung hatte den Krieg unter massiven Verlusten gewonnen und handelte mit selbstbewusster Tatkraft, während der Nationalrat der Slowenen, Kroaten und Serben aus der undankbaren Position einer Minderheit im zerfallenen Reich des Kriegsverlierers mehr reagierte als agierte.

Verhängnisvoll wirkte sich aus, dass König Aleksandar, der die jugoslawische Nation als ideelle Klammer glaubwürdig symbolisierte, die Autonomieforderungen der Kroatischen Bauernpartei zu spät ernst nahm. Der Staatsapparat und die Armee blieben in Kontinuität zu dem bereits vorher unabhängigen Serbien und Montenegro serbisch dominiert und zeigten die Tendenz, die serbisch-orthodoxen Minderheiten außerhalb Serbiens für ihre Zwecke zu instrumentalisieren. Die revisionistischen Nachbarstaaten Italien und Bulgarien bedienten sich derweil terroristischer antijugoslawischer Splittergruppen, namentlich der *Ustaša* und der VMRO, um das Königreich zu destabilisieren und dessen Monarchen zu beseitigen. Der „chronische Revisionismus und Irredentismus der Region“[78] war eine logische Folge der Auflösung des Osmanischen und des Habsburgerreichs in Nationalstaaten, ethnische Homogenität angesichts

[78] Siehe Dieter Langewiesche in diesem Band; CALIC, Südosteuropa, S. 439.

der sprachlichen, ethnischen und religiösen Durchmischung der Bevölkerung nur mit Gewalt zu erreichen. Während der Kriegsjahre 1912 bis 1918/1923 waren Massaker und Vertreibungen verbreitete Eroberungsstrategien, nach dem Krieg wurden Bevölkerungsumsiedlungen vertraglich geregelt und mit Gewalt durchgesetzt.[79] Belgrads repressive Serbisierungspolitik im Süden des Landes befeuerte den Widerstand der makedonischen und albanischen Nationalisten, was Bulgarien und Italien in die Hände spielte. Die exilierten kroatischen *Ustaša* waren bereit, Mussolini im Austausch für Schutz und Waffen Dalmatien zu überlassen. Ihr Rückhalt in Kroatien war eher gering, doch trägt das Land bis heute schwer am Schaden, den sie als Deutschlands und Italiens fanatische Exekutoren im NDH-Staat[80] anrichteten. Die jugoslawische Innenpolitik der Zwischenkriegszeit, insbesondere das Scheitern des serbisch-kroatischen Ausgleichs, spiegelt, um es mit Andrej Mitrović zu sagen, die Intoleranz der europäischen Politik jener Epoche.[81]

Abbildungsnachweis

Karte: Irena Stepančić (blueprint.rs), nach HOLM SUNDHAUSSEN, Experiment Jugoslawien, Mannheim u. a. 1993, S. 29, sowie PAUL ROBERT MAGOCSI, Historical Atlas of Central Europe, Toronto 2002.

Abb. 1: Fotografie von Svetozar Grdijan (?), Glasplattennegativ aus dem Pressearchiv der Regierungszeitung „Vreme". Digitale Bearbeitung: Mehmed Akšamija. Copyright Fotoarchive Borba, publiziert im Visual Archive Southeastern Europe, https://gams.uni-graz.at/o:siba.4013 (Zugriff: 17.05.2022).

Abb. 2: Fotografie von Aleksandar Aca Simić (?), Glasplattennegativ aus dem Pressearchiv der Belgrader Tageszeitung „Politika". Copyright Fotodokumentacija Politika (siba.5402).

---

79 Der türkisch-griechische Bevölkerungsaustausch, der mit dem Vertrag von Lausanne 1923 beschlossen wurde, ist das wohl prominenteste Beispiel dieser Politik.

80 Vgl. Anm. 5.

81 Vgl. ANDREJ MITROVIĆ, Vreme netrpeljivih. Politička istorija velikih država Evrope 1919–1939 [Das Zeitalter der Intoleranten. Politische Geschichte der großen Staaten Europas], Beograd 2012 [1974].

Jan Kusber

Zwischenresümee: Nationalismus, eine neue Staatenwelt und die aussenpolitischen Beziehungen im östlichen Europa

Die Neuordnung Europas nach dem Ersten Weltkrieg, die bekanntermaßen weit über den Kontinent hinausging, sortierte in Ost- und Südosteuropa die Landkarte neu. Der Zusammenbruch der drei Landimperien, mit dem die nationalen Eliten dieser drei multiethnischen und multireligiösen respektive -konfessionellen Reiche 1914, als die viel zitierte „Urkatastrophe des 20. Jahrhunderts" ausbrach, nicht gerechnet hatten,[1] eröffnete Chancen, barg Risiken und führte unweigerlich zu Enttäuschungen, die nicht selten im außenpolitischen Dissens, wenn nicht gar in Konflikt und Krieg endeten. Der „Wilsonian Moment", der einen Moment lang die Möglichkeit zu eröffnen schien, eine globale Sicherheitsordnung auf der Basis von Friedenskonferenzen zu errichten, währte nur kurz.[2]

Im Osten Europas, wo die Grenzen alter und neuer Staaten in einer Fortsetzung der Kämpfe des Ersten Weltkrieges mit neuen Konstellationen gefunden wurden, kam dieser Moment vielleicht überhaupt nie an, bevor die Partikularinteressen, insbesondere Frankreichs und Großbritanniens, zu den Pariser Vorortverträgen führten, mit denen wohl niemand, bis auf Georges Clemenceau, zufrieden sein konnte.[3] Sieger, die ihre teils absoluten Ziele nicht durchsetzen konnten, neue Staaten, die nach einer

---

[1] Als Argument stark gemacht in: Christopher Clark, Die Schlafwandler. Wie Europa in den Ersten Weltkrieg zog, München 2013.

[2] So der eingängige Titel bei: Erez Manela, The Wilsonian Moment. Self-Determination and the International Origins of Anticolonial Nationalism, New York 2007.

[3] Robert Gerwarth, Die Besiegten. Das blutige Erbe des Ersten Weltkriegs, München 2017, S. 219–318; Włodzimierz Borodziej / Maciej Górny, Der vergessene Weltkrieg 1912–1923, 2 Bde., Darmstadt 2018, hier Bd. 2, S. 405–450.

Staatsraison suchend nicht selten in Konflikt mit ihren Nachbarn gerieten,[4] – immer gab es den engen Zusammenhang eines Versuchs der Integration nach innen mit einer Außenpolitik, die diese eigens herbeiführen sollte. Die Nation war das leitende Prinzip der Staaten der Zwischenkriegszeit, und zwar die Staatsnation. Wo Wilson ursprünglich das Selbstbestimmungsrecht der Völker und die Demokratie auch für Minderheiten und das Individuum vorsah, setzten andere auf das Selbstbestimmungsrecht der Nationen. Das bedeutete, dass die Staatsnation jeweils dominierte – wogegen auch Instrumente wie beispielsweise der „kleine Versailler Vertrag", der Minderheitenschutzvertrag zwischen Polen und den Siegermächten, nicht immunisierten.[5]

Nation und Nationalismus waren also politikrelevante Kategorien, mit denen auch jene umzugehen hatten, die qua Ideologie die Vorstellung hatten, dass Nationalismus eine Ausgeburt kapitalistischen, imperialistischen Denkens sei.[6] Den *Bol'ševiki* und all jenen, die sozialistische Ordnungsmodelle im Sinn hatten, wurde klar oder war von vornherein eingeschrieben, dass die Nation wirkmächtig war. Revolutionäre Erwartungen standen gegen Versuche von Nationalstaatsbildungen in der Ukraine oder im Südkaukasus; die revolutionäre Idee Béla Kuns scheiterte auch an der Anforderung, verlorene Gebiete der Krone Ungarns wiedererobern zu müssen, um den nationalen Ansprüchen gerecht zu werden.

Es ist nicht leicht zu entscheiden, wann in den Staaten (oder Staatsbildungsversuchen im Falle der Ukraine) von Außenpolitik, wann von Innenpolitik gesprochen werden kann, beides wirkte ineinander in den Zeiten instabiler Staatlichkeit. Je stabiler die Staaten wurden, desto deutlicher tritt die Wechselwirkung von innerer und äußerer Politik zutage. Die Staaten, die in den Kapiteln jeweils kundig behandelt werden, lassen sich unterschiedlich kategorisieren – einerseits in Gewinner und Verlierer, andererseits in neue Staaten und alte Staaten, beide Kategorisierungen waren weitgehend deckungsgleich.

Die Beiträge dieser Sektion arbeiten exemplarisch; nicht alle alten und neuen Staaten finden Berücksichtigung, nicht alle Beiträge widmen sich

---

[4] Dies galt etwa auch für die Tschechoslowakei: Wahrgenommen als Siegerstaat musste sie in dem Vertrag von St. Germain dennoch einen Teil der Schulden der k. u. k. Monarchie übernehmen. Ota Konrád weist in seinem Beitrag darauf hin, für wie ungerecht dies empfunden wurde.

[5] Hierzu: CAROLE FINK, Defending the Rights of Others. The Great Powers, the Jews, and International Minority Protection, New York 2004.

[6] Darauf weist Iskander Gilyazov in seinem Beitrag zu Recht hin.

der gesamten sogenannten Zwischenkriegszeit. Für die Ukraine wird nur die Zeit bis 1921 in den Blick genommen, aus guten Gründen. Die durch den deutschen Überfall auf Polen ausgelöste Katastrophe des europäischen Kontinents und ihre Vorboten werden nur in Ansätzen thematisiert – zu Recht, denn es geht ja nicht um Analysen vom Ende her. Schließlich wird die Bedeutung der autoritären Regime in Osteuropa mit Blick auf die außenpolitische Kultur nicht systematisch vermessen.[7] Die Beiträge sind vielmehr von den Ergebnissen von Krieg und Revolution 1917/1918, also den Staats(neu)gründungen, her gedacht. In ihnen mussten sich die Staatsnation und die immer vorhandenen Minderheiten zusammenfinden.

Polen – die Zweite Republik – war ohne Frage ein Gewinner der Versailler Ordnung. Bianka Pietrow-Ennker zeigt, wie der Rückenwind des Zusammenbruches der drei Landimperien und des 13. der 14 Punkte Wilsons genutzt wurden, um sich den Staat zurückzuerobern, bevor der Staat stabile Grenzen erhielt, die in Kriegen erkämpft wurden. Litauen war ein neuer Staat, an den die litauischen Eliten 1914 selbst kaum geglaubt haben dürften,[8] dem die Gegnerschaft zu Polen, wie Malte Rolf erläutert, trotz oder wegen der gemeinsamen frühneuzeitlichen Union, zur *raison d'être* wurde. Die Tschechoslowakei, ebenfalls ein Neuling, arbeitete an der Nationsbildung einer Doppelnation.

Zunehmend unversöhnlich standen sich die Nationalismen in dem unwahrscheinlichsten Newcomer gegenüber – dem SHS-Staat, dem Königreich der Serben, Kroaten und Slowenen, dessen Akteure vom Erfolg ihrer Deklaration von Korfu selbst überrascht gewesen sein dürften. Nataša Mišković hebt zu Recht hervor, dass die südslawischen Eliten zunächst durchaus an den Erfolg eines gemeinsamen Staates glaubten und dass sich ein „Jugoslawismus“ in individuellen Biografien abzubilden vermochte. Aber die jugoslawische Nationsbildung blieb eine prekäre. Wegen der „unheilvollen Verschränkung der außen- und innenpolitischen Bedingungen“[9] war die Integration des kriegszerstörten Landes eine Aufgabe, an der die Eliten scheiterten. Die außenpolitische Leistung von König Aleksandar I. Karađorđević mochte beachtlich gewesen sein, die

---

[7] Dies geschieht freilich mit Blick auf die Innenpolitik: Autoritäre Regime in Ostmittel- und Südosteuropa 1919–1944, hg. v. ERWIN OBERLÄNDER, Paderborn ²2017.

[8] Ähnliches gilt für Lettland und Estland, die in diesem Band nicht behandelt werden. Zu Lettland knapp: JAN KUSBER, Überleben zwischen den Großmächten. Lettische Außenpolitik 1918–1940, in: Lettland 1918–2018. Ein Jahrhundert Staatlichkeit, hg. v. IVARS IJABS u. a., Paderborn 2018, S. 51–62.

[9] Siehe Nataša Mišković in diesem Band, S. 265.

Innenpolitik, spätestens nach 1929, führte jedoch dazu, dass sich der serbische und vor allem kroatische Nationalismus radikalisierten.

Die Unabhängigkeit der Kroaten in diesem südslawischen Staat war nur eines der Traumata der Ungarn, von denen Julia Richers Beitrag handelt. Monumente, mit denen 1896 das Millennium der Krone Ungarns gefeiert wurde, befanden sich nach Trianon außerhalb des Staatsgebiets.[10] Ungarn war also ein Verlierer, wenn nicht *der* Verlierer der Versailler Ordnung, aber immerhin noch mit einer Staatlichkeit, die eine Plattform als Anspruch auf Revision bot. Der Beitrag handelt letztlich von der Erfolglosigkeit der Versuche. Weder gelang 1918 bis 1920 die Beeinflussung der Friedensverhandlungen, Kartenwerke, in denen Eugeniusz Romer im Falle Polens versuchte, Ansprüche zu begründen,[11] verfingen bezüglich Ungarns nicht; die darauffolgende außenpolitische Isolation wurde mit einer nach innen gerichteten publizistischen Tätigkeit verbunden, im Rahmen derer Anspruch und Idee eines größeren Ungarns durch das Massenmedium Postkarte verbreitet wurden, wie es etwa auch in deutsch-polnischen Auseinandersetzungen zum Einsatz kam. Freilich zielten die Postkarten auch auf ein internationales Publikum, dem das Unrecht von Trianon solcherart vor Augen geführt werden sollte. Diese Tätigkeit der Revisonsligen im ungarischen Fall herausgearbeitet zu haben, gelingt Julia Richers. Ihr Beitrag lädt zum Vergleich mit anderen derartigen Organisationen ein. Diese mediale Praxis wurde *nota bene* beibehalten, auch nachdem Ungarn seine außenpolitische Isolation aufbrechen konnte.

Rumänien, ein „alter Staat", gehörte zu den Gewinnern, wie Claudiu Topor aufzeigt: Vor 1918 hatte man sich allenfalls um die Aromunen als Rumänen außerhalb der Grenzen der beiden alten Donaufürstentümer gekümmert. 1918 hingegen gelang Altrumänien der Anschluss von Bessarabien, der Bukowina und Siebenbürgens, was zu einer Verdoppelung seines Territoriums und seiner Bevölkerung führte – und zu Minderheiten, die nicht von einem Minderheitenschutzvertrag geschützt waren.[12]

Und Russland, wo Februar- und Oktoberrevolution doch eigentlich das Fanal für das Ende der Landimperien Europas bedeutet hatten? Iskan-

---

[10] BÁLINT VARGA, The Monumental Nation. Magyar Nationalism and Symbolic Politics in Fin-de-Siècle Hungary, New York 2016.

[11] BENJAMIN CONRAD, Der Geograph und die Grenzen. Eugeniusz Romers Einfluss auf Polens Staatsgebiet, in: Osteuropa 67 (2017), H. 1–2, S. 89–96.

[12] Zum Einfluss auf die Geschichtskultur: HANS-CHRISTIAN MANER, 1918 und die Zwischenkriegszeit in rumänischen geschichtskulturellen Manifestationen, in: Zugänge 46 (2018), S. 72–86.

der Gilyazov schildert knapp die Grundzüge sowjetischer Nationalitätenpolitik von Lenin zu Stalin und zeigt am Beispiel Tatarstans, dass vor dem Hintergrund der ideologischen Prämissen Nationalismus von Ethnien immer nur als Etappe gesehen wurde, solange dieser als fortschrittlich interpretiert werden konnte und das sowjetische Experiment nicht in Frage stellte. Sahen aber die tatarischen Akteure das genauso? Wie wir wissen – keineswegs, und hier lohnt der vergleichende Blick auf den Südkaukasus.[13]

Auch lohnt hier der Blick auf die Ukraine, den Christoph Mick unternimmt. In den vier Jahren zwischen der russischen Februarrevolution 1917 und dem Frieden von Riga zwischen Polen und Sowjetrussland vier Jahre später wurden mindestens vier Versuche unternommen, einen unabhängigen ukrainischen Staat zu gründen, drei davon in den ukrainischen Provinzen des Russischen Reiches und einer in Ostgalizien, der östlichen Hälfte des österreichischen Kronlandes Galizien und Lodomerien.[14] Letztlich, so Christoph Mick, scheiterten alle Versuche. In der Zentral- und Ostukraine schafften es die *Bol'ševiki* im dritten Anlauf, einen Großteil der Provinzen mit ukrainischer Bevölkerungsmehrheit unter Kontrolle zu bekommen. Sie versuchten sich nun unter der Fahne ukrainischer Autonomie an der Sowjetisierung, die in Terror endete, der freilich *à la longue* die Idee der Nation nicht unterminierte. Die *Korenizacija*-Politik sollte den *Bol'ševiki* spätestens nach dem deutschen Überfall auf die Sowjetunion auf die Füße fallen, als sich manche Elitenvertreter der sowjetischen Nationen schnell bereit fanden, an der Seite des nationalsozialistischen Deutschlands für die Unabhängigkeit von Moskau und den eigenen Staat zu kämpfen – um den Preis der Kollaboration.

In der Zweiten Polnischen Republik blieb der ukrainische Nationalismus virulent und eine Herausforderung auch für deren Außenpolitik. Bianka Pietrow-Ennker zeigt in ihrem Beitrag zu eben jener Außenpolitik, dass in der Geschichtskultur eines Staates zwar der Versuch gemacht werden kann, aus Geschichtsmythen Identität zu begründen, dass aber in der Außenpolitik dies wenig praktische Maßstäbe an die Hand gibt; der

---

[13] ANDREAS FRINGS, Sowjetische Schriftpolitik zwischen 1917 und 1941. Eine handlungstheoretische Analyse, Stuttgart 2007; DERS., „Bakou est généralement consideré comme le centre de la varieté musulmane du Bolchevisme". Sowjetamnesien in der Stadtgeschichte Bakus, in: Stadtgeschichten. Beiträge zur Kulturgeschichte osteuropäischer Städte von Prag bis Baku, hg. v. BENJAMIN CONRAD / LISA BICKNELL, Bielefeld 2016, S. 53–69.

[14] Dazu kommen Versuche mit regionaler Begrenzung in der Karpatho-Ukraine und in der Bukowina sowie die Proklamierung einer ukrainischen Sowjetrepublik in Char'kiv.

Mythos der alten *Rzeczpospolita* mit ihrer Ostgrenze beherrschte das zeitgenössische Raumdenken über die Eliten hinaus, war jedoch eben auch offen für imperiale Ambitionen und Zuschreibungen. Er ignorierte die Nationsbildungsprozesse in den sogenannten *Kresy*, die ohnehin als beliebig nutzbare Projektionsfläche dienten.[15] Roman Dmowski und andere gingen – wie zweifelhaft auch immer die Stichhaltigkeit des gesamten Konzepts der Ethnizität war und ist (wie Boris Barth zu Recht angemerkt hat) – von einer ethnischen Konstitution des Volkes aus. Das Konzept war in jeder Hinsicht problematisch. Aber Wissenschaftler stellten sich im Falle der Geografie, der Geschichte, der Ethnologie, aber auch in den Natur- und Lebenswissenschaften gerne in den Dienst der Regierungen und Regime – das war in der Sowjetunion nicht anders als in Polen.[16]

In Litauen, so lernen wir in dem instruktiven Beitrag von Malte Rolf, war es etwa der einflussreiche litauische Sozialphilosoph Antanas Maceina, der ein völkisches Konzept von Staat skizzierte, in dem die kulturethnisch zu bestimmenden Litauer allen anderen Nationalitäten gegenüber privilegiert sein müssten. Die Bedrohung, die Litauen insbesondere durch den polnischen Nachbarn seit der formalen Annexion „Mittellitauens“ 1922 (aus polnischer Perspektive – dem Wilnaer Gebiet) nach dem polnisch-litauischen Krieg 1920 erwuchs – auch hier wieder Wilna/Vilnius als ein mythisch aufgeladener Stadtraum –, schien nur durch eine Purifizierung des Volkskörpers beantwortet werden zu können. Die außenpolitische Konstante dieses Konfliktes sowie der sich daraus ergebenden Konstellation einer relativen Nähe zur Sowjetunion und einer Feindschaft zu Polen führte zum Versuch, über Gegnerschaft gesellschaftliche Kohärenz des Volkes zu erreichen, die „Eisernen Wölfe“ und der Ruf nach „Litauen den Litauern“ standen paradigmatisch hierfür.

Ota Konrád handelt die gesamte Zwischenkriegszeit unter der Frage ab, wie außenpolitische Ereignisse nach innen dargestellt wurden. Nicht Siegermacht als Nachfolgestaat des Habsburger Reiches und doch unter den Siegern: Die Ergebnisse der Pariser Friedenskonferenz waren der

---

[15] Vgl. hierzu etwa: CHRISTOF SCHIMSHEIMER, Polens Sicht auf seine östlichen Nachbarn im Spiegel der Parlamentaria des Jahres 1919, in: Die mittel-osteuropäischen Nationalstaaten nach 1918. Transformationen nach dem Zusammenbruch der Kaiserreiche, hg. v. RAINER BENDEL, Berlin 2019, S. 13–44.

[16] FRANCINE HIRSCH, Empire of Nations. Ethnographic Knowledge and the Making of the Soviet Union, Ithaca 2005; KATRIN STEFFEN, Who Belongs to the Healthy Body of the Nation? Health and National Integration in Poland and the Polish Army after the First World War, in: From the Midwife's Bag to the Patient's File. Public Health in Eastern Europe, hg. v. SARA BERNASCONI u. a., Budapest 2017, S. 119–144.

doppelten Staatsnation von Tschechen und Slowaken gut zu vermitteln, nach innen wirkte immer die Frage einer Revision von Versailles, etwa durch die Aufwertung des Deutschen Reiches auf der Konferenz von Locarno, die Furcht vor einer deutsch-österreichischen Zollunion, die die Verhältnisse in Mitteleuropa am Anfang der 1930er Jahre grundlegend zu ändern drohte. Der Anschluss Österreichs 1938 hatte eine wichtige Funktion, was die Herstellung einer kohärenten Erzählung des „Standhaltens" in der Außenpolitik anging.

Die Tschechoslowakei, in deren Erinnerungskultur man sich zugutehalten konnte, nicht den Weg in Autoritarismus und Diktatur gegangen zu sein, war in der Praxis dabei viel weniger demokratisch, als es das politische System suggerierte. Das betraf nicht nur, aber auch die Minderheiten, das betraf aber auch das Übergewicht der Exekutive über der Legislative, insbesondere in den 1930er Jahren. Ota Konrád weist schlüssig darauf hin, dass die Eliten, die nach dem Münchener Abkommen vom September 1938 mit dem nationalsozialistischen Deutschland zu kooperieren gedachten, sich bereits an die starke Exekutive gewöhnt hatten und bereit waren, die Demokratie zu verabschieden. Schon das Denken von Edvard Beneš, der 1938 ins Exil ging, war davon beeinflusst. Eine Politik der Illusionen hatte eine wichtige stabilisierende Funktion. Die dann „großen" Erzählungen von Beneš und seinen Mitarbeitern waren der Versuch, in den bewegten 1920er und 1930er Jahren Rationalität und Stabilität zu vermitteln, und stärkten so die Zuversicht in den neuen Staat.

Wie immer auch die Schwerpunkte in den einzelnen Beiträgen dieser Sektion gesetzt sind: Die Nation auf ethnischer Grundlage als Dreh- und Angelpunkt innenpolitischer Debatten über auswärtige Politik bot nach dem Ersten Weltkrieg beliebig steigerbares Konfliktpotential für die internationalen Beziehungen. Sie wurde als probates Mittel genutzt, Kohärenz der Gesellschaften herzustellen, wenn es um Nachbarn ging, die eher als Gegner betrachtet wurden. Das Reden von Größe, Bedeutung und Alter der eigenen Nation, die Argumentation mit Mythen und die Aktualisierung im Gedenken gehörte nicht nur zum Arsenal autoritärer Regime in Osteuropa, sondern war bereits den demokratischen Anfängen der Staaten eingeschrieben. Elitenvertreter aus Politik, Kultur und Wissenschaft arbeiteten als Experten an solcher Erzählung mit.

Dies festzustellen bedeutet nicht, wie Boris Barth in der Einführung zu den Beiträgen dieses Bandes nahelegt, dass die Demokratie als Staatsform zwingend zum Scheitern verurteilt gewesen wäre. Das Beispiel der Tschechoslowakei, aber auch das Beispiel Lettlands in den 1920er Jahren sprechen dagegen. Auch Demokratien – etwa die französische – agierten so. Es gehörte aber zur politischen Praxis, dass man eher den Konflikt mit den unmittelbaren Nachbarn suchte, als gemeinsam gegen entferntere, weil eigentlich gefährlichere, existenzbedrohende Nachbarn zu kooperieren. Für die Tschechoslowakei und Polen war Deutschland dabei bedrohlicher als die Sowjetunion. Esten und Letten legten die Furcht vor dem sowjetischen Nachbarn nie ab, das Beispiel weiter Teile der Ukraine und des Südkaukasus war schlagend.

Die Rede von der Nation war aber vielleicht ein Grund, warum man sich so schwertat, kollektive vertragliche Bündnisse einzugehen oder gar supranationalen Organen wie dem Völkerbund zu Schlagkraft zu verhelfen. Auf der innenpolitischen Bühne war das Agieren mit vermeintlichen Optionen wichtig, um der Nation die Idee der außenpolitischen Souveränität nahezubringen. Die Kleine Entente etwa war aus der von Rumänien, der Tschechoslowakei und Jugoslawien gefühlten Notwendigkeit heraus gebildet worden, ihre Sicherheit zu verteidigen, vor dem Hintergrund der schon früh vorhandenen Zweifel an der Halbwertzeit der in den Verträgen von Trianon und Neuilly festgehaltenen Garantien. Sie bestand signifikanterweise aus drei bilateralen Bündnissen (Jugoslawien-Tschechoslowakei, Rumänien-Tschechoslowakei, Rumänien-Jugoslawien in den Jahren 1920–1921), wobei sich jeder der Unterzeichner dazu verpflichtete, dem eigenen Verbündeten im Falle eines nichtprovozierten Angriffs seitens Ungarns beizuspringen.[17] Kollektive Sicherheit erbrachten diese Verträge ebenso wenig wie die 1934 abgeschlossene „Baltische Entente".[18]

Außenpolitische und innenpolitische Kultur hingen eng miteinander zusammen; aggressive Rhetoriken sollten die Inklusion in den Staaten, im „Volk" verstärken und Exklusion nach außen bewirken – etwa auch gegenüber Minderheiten im eigenen Staat. Auch in Ost- und Südosteuropa führte kein direkter Weg vom Ersten in den Zweiten Weltkrieg. Aber die Tonlage verschärfte sich, als die Weltwirtschaftskrise 1929/30 in ihren Effekten auch in den Staaten und Gesellschaften in Ost- und Südosteuropa ankam, die die Populismen der Regierungen und Regime verstärkten. Diese Stimmung führte dazu, dass man Frieden an sich, im nationalsozialistischen Deutschland ohnehin kein Wert, trotz der Erfahrung der Urkatastrophe des Ersten Weltkrieges und der Bürgerkriege am Beginn der neuen Staatenwelt immer weniger Bedeutung beimaß.

---

[17] Auch das Vertragspaket von Locarno war ein Konglomerat von Schiedsverträgen.

[18] Inesis Feldmanis / Aivars Stranga, The Destiny of the Baltic Entente 1934–1940, Riga 1994.

II. Sowjetisierung, nation-building und aussenpolitische Positionierungen nach dem Zweiten Weltkrieg

Jan C. Behrends

Einführung: Zwischen Nation und Imperium

Sowjetisierung und Nation-Building in Osteuropa (1944–1989)

Am Anfang war Wilson.[1] Zwar gab es bereits seit dem 19. Jahrhundert nationale Bewegungen in Osteuropa, doch erst mit dem amerikanischen Präsidenten bekam die Neugestaltung der geopolitischen Landschaft im Ersten Weltkrieg einen prominenten und mächtigen Fürsprecher. Seit den Teilungen Polens war Osteuropa zwischen dem Russischen Reich, Preußen-Deutschland, Österreich-Ungarn und dem Osmanischen Reich aufgeteilt. Zu Beginn des 20. Jahrhunderts geriet diese Ordnung ins Wanken und der Zusammenbruch der Imperien 1917/18 brachte nun auch hier – wie im Westen des Kontinents und mit Unterstützung der USA – Nationalstaaten hervor.[2] Im Unterschied zum Westen und den früheren Habsburger Gebieten, die von den Pariser Vorortverträgen erfasst wurden, wurde weiter östlich von 1917 bis 1921 die Frage von Grenzen, Nationen und ihrer Souveränität vorwiegend auf dem Schlachtfeld entschieden.[3] So endete der Erste Weltkrieg in Osteuropa nicht im November 1918, sondern zerfiel bereits seit 1917 in eine Reihe von lokalen

---

[1] Larry Wolff, Woodrow Wilson and the Reimagining of Eastern Europe, Stanford, CA 2020; Victor Mamatey, The United States and Central Europe 1914–1918. A Study in Wilsonian Diplomacy and Propaganda, Princeton, NJ 1957; Erez Manela, The Wilsonian Moment. Self-Determination and the International Origins of Anticolonial Nationalism, Oxford 2007.

[2] Übergreifend: John Connelly, From Peoples to Nations. A History of Eastern Europe, Princeton, NJ 2019, S. 327–787.

[3] Zu den Pariser Friedensverträgen: Eckart Conze, Die große Illusion. Versailles 1919 und die Neuordnung der Welt, München 2018; Jörn Leonhard, Der überforderte Frieden. Versailles und die Welt 1918–1923, München 2018.

(Bürger-)Kriegen.[4] Auf den Trümmern des Romanov-Reiches gelang den *Bol'ševiki* zumindest eine partielle *restitutio imperii.* Doch auch im Baltikum und mit Polen und Finnland entstanden aus der imperialen Konkursmasse Nationalstaaten. Die Nationsbildung in Ostmitteleuropa und Südosteuropa stieß jedoch an interne Grenzen: Schließlich waren die Staaten, die aus den Imperien hervorgingen, weiterhin multiethnisch. Das galt für die Nationalstaaten ebenso wie für die Tschechoslowakei oder Jugoslawien.[5] Auch geopolitisch blieb die Lage instabil: Das bolschewistische Russland und Deutschland begriffen sich in der Zwischenkriegszeit als revisionistische Mächte, die den Wilsonschen Moment wieder rückgängig machen bzw. in eine Leninsche Revolution überführen wollten.[6]

Nach der Zerschlagung der Tschechoslowakei 1938 bildete die Annäherung zwischen dem nationalsozialistischen Deutschland und der Sowjetunion Stalins im Sommer 1939 die Grundlage für einen imperialen *roll back* im Osten Europas. Nun zeigte sich, dass Stalin in klassischen geopolitischen Kategorien dachte und dass die Sowjetunion imperiale Ambitionen mit revolutionärem Engagement verband.[7] Für 50 Jahre blieb der Osten Europas imperial strukturiert: zunächst umkämpft zwischen Hitler und Stalin und nach der Konferenz von Jalta im Frühjahr 1945 als Teil der sowjetischen Einflusssphäre. Erst der Epochenbruch von 1989/91 führte zur plötzlichen Re-Etablierung souveräner Nationalstaaten aus der Konkursmasse des sowjetischen Imperiums. Zum zweiten Mal im 20. Jahrhundert entstand in Osteuropa eine nationalstaatliche Ordnung.

Nationsbildung, Krieg und Völkermord

In seiner klassischen Studie hat Charles Tilly pointiert formuliert, dass nicht nur Staaten Kriege führen, sondern auch Kriege Staaten schaffen.[8]

---

[4] JOCHEN BÖHLER, Civil War in Eastern Europe 1918–1921. The Reconstruction of Poland, Oxford 1918; STEPHAN LEHNSTAEDT, Der vergessene Sieg. Der polnisch-sowjetische Krieg 1919–21 und die Entstehung des modernen Osteuropa, München 2019; ROBERT GERWARTH, The Vanquished. Why the First World War Failed to End, London 2017.

[5] Zum Balkan siehe Nataša Mišković in diesem Band.

[6] WALTER LAQUEUR, Russia and Germany. A Century of Conflict, New Brunswick 1965.

[7] Siehe Dierich Beyrau in diesem Band. Vgl. auch STEPHEN KOTKIN, Stalin. Waiting for Hitler, New York 2017, S. 238–310.

[8] CHARLES TILLY, The Formation of Nation-States in Western Europe, Princeton, NJ 1975; vgl. jetzt auch: DIETER LANGEWIESCHE, Der gewaltsame Lehrer. Europas Kriege in der Moderne, München 2019.

Dies gilt in Osteuropa sowohl für die beiden Weltkriege als auch für den Kalten Krieg, der sich als Inkubationszeit nationaler Staatlichkeit unter kommunistischem Vorzeichen erwies. Ohne die gewaltsamen Umbrüche, Bürgerkriege, den deutschen Vernichtungskrieg, die Deportationen und den Holocaust sowie Flucht und Vertreibung lässt sich das Geschehen in der Region nicht verstehen. Dabei begann die Epoche der Gewalt bereits vor 1939; in vielen Regionen, wie etwa in der Ukraine, lässt sich von einer Periode der Massengewalt von 1905 bis in die 1950er Jahre sprechen. Auch Gebiete, in denen es vergleichsweise weniger brutal zuging, wie in der Tschechoslowakei, erlebten Krieg, Besatzung und Völkermord. Weltkrieg und Massengewalt prägten eine neue Wirklichkeit.

Der „Pakt" zwischen der Sowjetunion und dem nationalsozialistischen Deutschland vom 23. August 1939 bedeutete das Ende des prekären Friedens der Zwischenkriegszeit.[9] Die Rückkehr zur „negativen Polenpolitik" (Klaus Zernack) betraf nicht nur Polen selbst, sondern den gesamten Osten des Kontinents. Das Bündnis zwischen Hitler und Stalin ebnete den Weg zur Wiederherstellung einer imperialen Ordnung in Osteuropa. Ein Jahr nach dem Pakt gab es keine souveränen Staaten mehr zwischen Deutschland und der Sowjetunion – wer sich wie Polen, Finnland oder Jugoslawien versuchte der neuen Ordnung zu widersetzen, der wurde mit Krieg überzogen. Souveränität war wie vor 1914 ein Privileg für Großmächte.

Unmittelbar auf den „Hitler-Stalin-Pakt" folgte zwischen Elbe und Wolga eine Epoche der Massengewalt, die ähnlich wie 1918 nicht mit dem Kriegsende 1945 abschloss, sondern in verschiedenen Partisanenkriegen noch einige Jahre andauerte.[10] Der deutsche Überfall auf Polen, die Sowjetisierung Ostpolens, die Vernichtungskriege Deutschlands gegen die Sowjetunion und auf dem Balkan sowie der Holocaust töteten Millionen von Menschen und zerstörten größtenteils die ethnische Vielfalt, die

---

[9] Zum Pakt: ROGER MOORHOUSE, The Devil's Alliance. Hitler's Pact with Stalin, New York 2014 [gemeint ist der deutsch-sowjetische Nichtangriffsvertrag mit seinem Geheimen Zusatzprotokoll über die Aufteilung Osteuropas in Interessensphären, Anm. der Hrsg.]; SLAVOMIR DEMBSKI, Meždu Berlinom i Moskvoj. Germano-sovetskie otnošenija v 1939–1941 gg. [Zwischen Berlin und Moskau. Deutsch-sowjetische Beziehungen 1939–1941], Moskva 2018; CLAUDIA WEBER, Der Pakt. Stalin, Hitler und die Geschichte einer mörderischen Allianz, München 2019.

[10] Als Überblick für den gesamten Osten Europas: CONNELLY, From Peoples into Nations, S. 435–500; TIMOTHY SYNDER, Bloodlands. Europe between Hitler and Stalin, New York 2010. Als Fallstudie für eine galizische Kleinstadt eindringlich: OMER BARTOV, Anatomy of a Genocide. The Life and Death of a Town Called Buczacz, New York 2018.

Osteuropa vor 1939 auszeichnete.[11] Die Nationalsozialisten löschten die jüdische Bevölkerung überwiegend aus und andere Minderheiten wurden Opfer von Deportation, Flucht und Vertreibung. Insgesamt führte der Zweite Weltkrieg zu einer vorher nicht gekannten Homogenisierung in der Zerstörung. Nicht nur Städte, Dörfer und Gemeinschaften, auch die politische Ordnung lag nach Jahren nationalsozialistischer Besatzung in Trümmern. Von bewaffnetem Widerstand bis zur offenen Kollaboration mit den Besatzern gab es unterschiedliche Verhaltensweisen in diesen dunklen Jahren; die Bevölkerung war tagtäglich mit dem eigenen Überleben beschäftigt. Krieg, Besatzung, Völkermord und sowjetische Eroberung zerstörten die Eliten, die nach 1919 die neuen Nationalstaaten geprägt hatten. Das galt für Adel und Klerus, aber auch für die Bauernparteien, die vor 1938/39 großes Gewicht gehabt hatten.

Die geopolitische Ordnung Osteuropas im Kalten Krieg entstand zwischen der Schlacht von Stalingrad 1943 und dem Februarputsch in der Tschechoslowakei 1948. Meilensteine ihrer Genese waren der Vormarsch der Roten Armee in die Mitte Europas sowie die alliierten Konferenzen von Jalta und Potsdam. Das Vereinigte Königreich und die Vereinigten Staaten von Amerika waren in den Weltkrieg eingetreten, um das Selbstbestimmungsrecht der Völker vor den totalitären Regimen Hitlers, Mussolinis und Stalins zu retten. Dies war ein Kern der Atlantik-Charta vom August 1941.

Durch ihr Bündnis mit Stalin hatten die Westmächte jedoch ihre eigenen Kriegsziele dem Sieg über das nationalsozialistische Deutschland untergeordnet. Letztlich sanktionierten die Westalliierten 1945 die Rückkehr zur imperialen Ordnung in Europa; sie akzeptierten eine sowjetische Einflusssphäre und verlangten zugleich nach einer eigenen. Stalin hat gegenüber dem jugoslawischen Kommunisten Milovan Djilas die Logik des Jahres 1945 prägnant zusammengefasst:

> „Dieser Krieg ist nicht wie in der Vergangenheit; wer immer ein Gebiet besetzt, erlegt ihm auch sein eigenes gesellschaftliches System auf. [...] Es kann gar nicht anders sein."[12]

Dies stand im Widerspruch zur offiziellen Erklärung der „großen Drei" von Jalta, die auf dem Papier weiterhin dem Selbstbestimmungsrecht der

---

[11] Zur Sowjetisierung Ostpolens: JAN T. GROSS, Revolution from Abroad, Princeton, NJ 1988.

[12] MILOVAN DJILAS, Gespräche mit Stalin, Frankfurt am Main 1962, S. 146.

Völker verpflichtet blieben.[13] Das Ergebnis von Jalta bedeutete eine Renaissance der Großmachtdiplomatie, doch im Unterschied zum Wiener Kongress wurden weder die Besiegten noch die kleineren Nationen überhaupt angehört. Den Westmächten fehlte - wie schon nach 1918/19 - *hard power*, um ihre Ordnungsvorstellungen in Osteuropa durchzusetzen. Die militärischen Realitäten des Kriegsendes verbannten sie in eine Zuschauerrolle. Stalins Sowjetunion war der einzige mächtige Akteur in der Region. Letztlich wurde das Schicksal Osteuropas wiederum nicht am Verhandlungstisch und auch nicht bei Wahlen, sondern auf dem Schlachtfeld entschieden. Stalins „geopolitisches Ass" blieb die Präsenz der Roten Armee in Mitteleuropa.[14]

Als Resultat der Konferenzen von Jalta und Potsdam konnte die Sowjetunion ihre polnischen Eroberungen von 1939 behalten - sie blieben Teil der belarussischen und der ukrainischen Sowjetrepublik. Die Ostgrenze Polens war die ehemalige Demarkationslinie zwischen der UdSSR und dem Deutschen Reich. Auch die baltischen Staaten wurden wieder sowjetische Republiken, obwohl die Westmächte diese Annexion nicht formal anerkannten. Doch auch die sowjetische Seite machte Konzessionen, die langfristig ihre Wirkung nicht verfehlten: Stalin verabschiedete sich während des Zweiten Weltkrieges vom Leninschen Phantasma eines kommunistischen Superstaates, der über die Grenzen des ehemaligen Russischen Reiches hinaus eine revolutionäre Ordnung etablieren sollte. Der sowjetische Diktator akzeptierte die formale Rückkehr zur nationalstaatlichen Ordnung in Osteuropa, auch wenn diese Staaten nach 1945 nicht im klassischen Sinne souverän waren.[15]

Die entstehenden „Volksdemokratien" sollten auf einem antifaschistischen und nationalen Konsens fußen, der formal breiter war als die kommunistische Diktatur in der UdSSR. Dies war auch eine Reaktion auf die politischen Verhältnisse in Ostmitteleuropa. Mit der Ausnahme Jugoslawiens und der Tschechoslowakei waren die kommunistischen Parteien in der gesamten Region unpopulär. Stalin selbst hatte deshalb bereits im April 1941 zusammen mit Komintern-Chef Georgi Dimitrov einen Strate-

---

[13] Comuniqué Issued at the End of the Yalta Conference, 11 February 1945, in: Foreign Relations of the United States, Diplomatic Papers, The Conference of Berlin (The Potsdam Conference), 1945, Bd. 2, hg. v. RICHARDSON DOUGALL, Washington 1960, Dok. Nr. 1417.

[14] VLADIMIR O. PECHATNOV, The Soviet Union and the World, 1944–1953, in: The Cambridge History of the Cold War, hg. v. MELVIN P. LEFFLER / ODD WESTAD, Cambridge 2000, S. 90–111, Zitat S. 98.

[15] Zum äußeren sowjetischen Imperium siehe auch den Überblick von Dietrich Beyrau.

giewechsel beschlossen. Stalin erklärte seinem inneren Kreis auf einem Bankett im *Bol'šoj*-Theater, wie er sich die politische Strategie der Zukunft vorstellte:

> „Kommunistische Parteien müssen unabhängiger sein, nicht nur Sektionen der KI. Sie sollten nationale Kommunistische Parteien sein mit verschiedenen Namen: Arbeiterpartei, Marxistische Partei usw. Der Name spielt keine Rolle. Wichtig ist, dass diese Parteien im Volk verwurzelt sind und sich auf ihre eigentlichen Aufgaben konzentrieren. [...] Heute stehen die nationalen Aufgaben in den verschiedenen Ländern im Vordergrund."[16]

Die Gesellschaften Osteuropas waren überwiegend antikommunistisch und antirussisch geprägt und das brutale Verhalten der Roten Armee 1944/45 verstärkte diese Tendenz nochmals. Doch es gab auch Strömungen, an die die neuen Herrscher anknüpfen konnten: Dazu gehörte die Diskreditierung der alten Eliten, ein weit verbreiteter Wunsch nach einer sozialistischen Wirtschaftsordnung sowie die Feindschaft gegenüber Deutschland. Bereits seit 1941/42 betonte die UdSSR in ihrer Auslandspropaganda dann auch ihre „panslavische" Politik und beschwor ein ethnisch begründetes Bündnis zwischen der Sowjetunion und den kleineren slavischen Nationen.[17] Nicht kommunistisch oder internationalistisch, sondern völkisch wurde das Bündnis mit der Sowjetunion nun begründet. Der gemeinsame deutsche Feind sollte die Interessengegensätze zwischen der Sowjetunion Stalins und den Staaten Osteuropas in den Hintergrund drängen.

Noch vor Kriegsende zeigte sich, wo die kommenden Konfliktlinien verlaufen würden. Der Kristallisationspunkt dessen, was schon bald als Kalter Krieg bezeichnet wurde, war Polen.[18] Wegen des deutschen Überfalls auf Polen waren das Vereinigte Königreich und Frankreich in den Krieg eingetreten und doch geriet ein Teil Polens (das „Lubliner Polen") bereits 1944 in den Machtbereich Stalins.[19] Den Westmächten fehlten

---

[16] 20. April 1940, in: The Diary of Georgi Dimitrov, 1933–1949, hg. v. IVO BANAC, New Haven, CT 2003, S. 155 f. Die Abkürzung steht für Kommunistische Internationale.

[17] JAN C. BEHRENDS, Stalins slavischer Volkskrieg. Mobilisierung und Propaganda zwischen Weltkrieg und Kaltem Krieg (1941–1948), in: Post-Panslavismus. Slavizität, Slavische Idee und Antislavismus im 20. und 21. Jahrhundert, hg. v. STEFAN TROEBST / AGNIESZKA GĄSIOR, Göttingen 2014, S. 79–108.

[18] Zum Kalten Krieg grundlegend: ODD ARNE WESTAD, The Cold War. A World History, London 2017.

[19] TADEUSZ ŻENCZYKOWSKI, Polska Lubelska 1944 [Das Lubliner Polen 1944], Warszawa 1990.

schlicht die Machtressourcen, über die Stalin verfügte. Das von der Sowjetunion eingesetzte Lubliner Regime versuchte gar nicht erst, die Vereinbarungen von Jalta umzusetzen, und der polnischen Exilregierung in London blieb eine Mitwirkung am politischen Leben versagt.[20] Während des Warschauer Aufstandes vom August 1944 zeigte Stalin, dass er kein Interesse an einem selbständigen Polen hatte. Seine Weigerung, den Aufstand zu unterstützen, setzte ein Zeichen für die Zukunft.[21]

Von 1944 bis zum Ende der 1940er Jahre befand sich Polen im Bürgerkrieg zwischen den Vertretern des sich konsolidierenden Parteistaates und antikommunistischen Kräften. Trotz des bewaffneten Widerstandes, der Distanz der alten Eliten zum neuen Staat und der Opposition der katholischen Kirche zeigte sich jedoch, dass die polnischen Kommunisten in der Lage waren, ihre Macht zu konsolidieren. Sie mussten zwar einige Kompromisse eingehen, doch insgesamt betrachtet saßen sie bereits 1945 mit sowjetischer Hilfe fest im Sattel. Von nun an gestalteten die kommunistischen Parteien in Polen und in den anderen Staaten Osteuropas unter Federführung sowjetischer Berater die Staats- und Nationsbildung nach den Verheerungen des Zweiten Weltkrieges.

Varianten der Sowjetisierung 1945–1953

Die Sowjetisierung der annektierten Gebiete in der UdSSR und Osteuropa verlief in verschiedenen Formen und Phasen. Im Baltikum, in Belarus und in der Ukraine ging die Wiederaufrichtung der sowjetischen Herrschaft gewalttätig vonstatten.[22] Sowjetisierung bedeutete hier nicht nur politische, sondern auch kulturelle Unterwerfung. Die Methoden Moskaus unterschieden sich nur unwesentlich von denen der Jahre 1939/40: Bewaffneter Widerstand wurde niedergekämpft und zur Kapitulation gezwungen, das Machtmonopol der Kommunisten wiederhergestellt, Deportationen und massenhafte Repressionen gehörten zum Instrumentarium Moskaus. Dennoch lässt sich in der Ukraine, deren polnische Bevölkerung ausgewiesen wurde, durchaus von einer schlei-

---

[20] KRYSTYNA KERSTEN, The Establishment of Communist Rule in Poland, 1943–1948, Berkeley, CA 1991; ANDRZEJ KALUZA, Der polnische Parteistaat und seine politischen Gegner, Frankfurt am Main 1998.

[21] WŁODZIMIERZ BORODZIEJ, Der Warschauer Aufstand 1944, Frankfurt am Main 2001.

[22] Siehe Elena Zubkova und Kateryna Kobchenko in diesem Band.

chenden Nationsbildung im Schatten der stalinistischen Gewalt sprechen.[23] In Form der Sowjetrepubliken blieb in der föderalen UdSSR ein Rest an eigener Staatlichkeit erhalten und darüber hinaus verfügten diese auch über eigene kommunistische Parteien, in denen sich über Jahrzehnte eine neue nationale Elite formierte, deren Interessen sich – insbesondere nach dem Ende des Stalinismus – durchaus von denen Moskaus unterschieden.

Außerhalb der UdSSR ergab sich ein komplexeres Bild.[24] Polen und Rumänien, Länder von strategischer Bedeutung, aber mit schwachen kommunistischen Parteien, erforderten ebenfalls eine starke sowjetische Intervention. Hier spielten Gewalt und politischer Terror bei der Etablierung des neuen Staates eine bedeutende Rolle. In Polen unterdrückten die Rote Armee und sowjetische Geheimdienste die republikanische Heimatarmee (*Armia Krajowa*). In Bulgarien und Rumänien unterstützte die sowjetische Besatzungsmacht gezielt die kommunistische Machtübernahme und entmachtete die Eliten der Zwischenkriegszeit. Aus der Tschechoslowakei hingegen zog sich die Rote Armee Endes des Jahres 1945 wieder zurück. Dort verfügten die Kommunisten zwar über größere Popularität als in anderen Staaten Ostmitteleuropas, aber sie kontrollierten nicht das gesamte Geschehen. Der tschechoslowakische Fall war keineswegs ungewöhnlich: bis 1948/49 blieb die sowjetische Politik hier teils harsch, teilweise jedoch auch flexibel oder unentschlossen.[25]

Jüngst hat Norman Naimark darauf hingewiesen, dass der Kampf um nationale Souveränität und gegen Stalins Einfluss keineswegs so aussichtslos war, wie lange unterstellt wurde.[26] Naimark zeigt, dass die sowjetische Politik nach 1945 durchaus auch strategische Rückzüge kannte. Selbst in

---

[23] GEORGE LIBER, Total Wars and the Making of Modern Ukraine, Toronto 2016.

[24] Als Überblick: NORMAN M. NAIMARK, The Sovietization of Eastern Europe, 1944–1953, in: The Cambridge History of the Cold War, S. 175–197. Vgl. auch die Beiträge in: The Establishment of Communist Regimes in Eastern Europe, 1944–1949, hg. v. NORMAN NAIMARK / LEONID GIBIANSKI, Boulder, CO 1997, sowie die Beiträge von Marianna Hausleitner, Florian Peters und Regina Fritz in diesem Band.

[25] BRADLEY F. ABRAMS, The Struggle for the Soul of the Nation. Czech Culture and the Rise of Communism, Lanham MD 2004. Doch auch in der Tschechoslowakei spielte der Kult um die Sowjetunion schon früh eine Rolle: RACHEL APPLEBAUM, Empire of Friends. Soviet Power and Socialist Internationalism in Cold War Czechoslovakia, Ithaca NY 2019, S. 19-80. Vergleichend: JAN C. BEHRENDS, Die erfundene Freundschaft. Propaganda für die Sowjetunion in Polen und in der DDR, Köln 2006.

[26] NORMAN M. NAIMARK, Stalin and the Fate of Europe. The Postwar Struggle for Sovereignty, Cambridge, MA 2019.

Polen, das im Zentrum sowjetischer Aufmerksamkeit stand, wurde im Stalinismus nicht jene politische Uniformität erreicht, die in der Sowjetunion lange Normalität war. Beispiele wie die dänische Insel Bornholm, die 1945 sowjetisch besetzt wurde, oder auch Österreich verdeutlichen zudem, dass Stalin durchaus bereit war, am Rande seines Machtbereichs strategische Konzessionen zu machen.

Innenpolitisch bedeutete Sowjetisierung zunächst die Sicherung der Kontrolle der Kommunistischen Partei über die staatlichen Ressourcen. Insbesondere die Machtapparate der Polizei und Armee waren davon betroffen. Außerdem war es wichtig, das negative Bild der Sowjetunion zu korrigieren. Zu diesem Zweck wurde – wo möglich – die panslavische Propaganda der Kriegszeit auch im Frieden fortgeführt.[27] Das Bündnis mit der UdSSR wurde in bilateralen Verträgen besiegelt und zur volksdemokratischen *raison d'état* erklärt. Andere Teile des sowjetischen Kanons wurden zunehmend in den osteuropäischen Kontext transferiert; dazu zählte der Stalin-Kult, der spätestens seit 1948 auch in den Volksdemokratien eine wichtige Rolle spielte. Die Person Stalins stand für den Sieg über den Faschismus, das Bündnis mit Moskau und die erfolgreiche Konsolidierung der kommunistischen Herrschaft im jeweiligen nationalen Kontext. Der Kult wurde dabei an die nationalen Narrative angepasst.[28] Hinzu kam der Führerkult um die nationalen Repräsentanten der kommunistischen Macht.[29]

Während des gesamten Stalinismus blieb der Widerspruch zwischen der nationalen Rhetorik der kommunistischen Parteien und der Sowjetisierung des gesellschaftlichen Lebens unaufgelöst. Der Kommunismus der Nachkriegszeit sollte zugleich sowjetisch und national sein, weil die Propaganda behauptete, dass die sowjetischen und die nationalen Interessen der Völker Osteuropas deckungsgleich seien. Dieses Argument bildete den eigentlichen politischen Kern der Propaganda dieser Jahre.[30]

---

[27] BEHRENDS, Stalins slavischer Volkskrieg, S. 79–108.

[28] Vergleichend: DERS., Exporting the Leader. The Stalin Cult in Poland and East Germany (1944/45–1956), in: The Leader Cult in Communist Dictatorships. Stalin and the Eastern Bloc, hg. v. BALÁZS APOR u. a., Basingstoke / New York, NY 2004, S. 161–178.

[29] Am Beispiel Mátyás Rákosis: BALÁZS APOR, The Invisible Shining. The Cult of Mátyás Rákosi in Stalinist Hungary, 1945–1956, Budapest 2017.

[30] Am ungarischen Beispiel: MARTIN MEVIUS, Agents of Moscow. The Hungarian Communist Party and the Origins of Socialist Patriotism, 1941–1953, Oxford 2005; zu Polen: JAN C. BEHRENDS, Nation and Empire. Dilemmas of Legitimacy during Stalinism in Poland (1941–1956), in: Nationalities Papers 37 (2009), S. 443–466; vergleichend DERS., The Stalinist Volonté Générale: Legitimizing Communist Statehood (1935–1952). A Com-

1948 wurde zudem deutlich, dass die enge Bindung an die Sowjetunion für das gesamte Ostmitteleuropa konkrete Folgen hatte. Als die formell überparteiliche Regierung der Tschechoslowakei sich für die wirtschaftlichen Hilfen des Marshallplans interessierte, wurde sie von Moskau in ihre Schranken gewiesen: Prag musste ablehnen. Die nationale Rhetorik der kommunistischen Parteien konnte nicht darüber hinwegtäuschen, dass die nationale Souveränität eng begrenzt war. Tatsächlich konnten die Staaten Osteuropas weder ihr Gesellschaftssystem noch ihre außenpolitische Orientierung selbst bestimmen.

Nach dem Bruch mit Titos Jugoslawien 1948 verschärfte der Kreml die ideologische Kontrolle in seiner Einflusssphäre nochmals. Nun wurde wie in den 1930er Jahren in der UdSSR mit Schauprozessen die vermeintliche Verbindung zwischen äußerer Bedrohung und inneren Feinden inszeniert. Zugleich wurde der sowjetische Antisemitismus, der seit Ende der dreißiger Jahre an Bedeutung gewonnen hatte, auch in die Staaten Ostmitteleuropas exportiert. Neben die USA und Westdeutschland traten zunehmend jüdische Minderheiten als innerer sowie Israel als äußerer Feind des kommunistischen Lagers. Während des Stalinismus sollte es keine Debatte über Außenpolitik geben – weder in der Partei noch in der Öffentlichkeit. Vielmehr galt es stets die Einheit von Partei und Volk in sämtlichen Bereichen des politischen Lebens zu inszenieren. Zu diesem Zweck wurden auch internationale Kampagnen – etwa zum Thema „Friedenskampf" – durchgeführt, an denen sich die Mehrheit des Volkes beteiligen sollte. Doch aus den internen Berichten von Partei und Sicherheitsapparat wissen wir, dass große Teile der Bevölkerung den offiziellen Verlautbarungen misstrauten und versuchten, sich den Kampagnen zu entziehen.

So stieß etwa in Polen die Ernennung des sowjetischen Marschalls Konstantin Rokossowski zum Verteidigungsminister 1949 auf erheblichen Widerstand.[31] Er wurde zu einem Symbol sowjetischer Dominanz und fehlender nationaler Souveränität. Nach dem Tod Stalins traten diese latenten Spannungen, die sich seit Kriegsende aufgestaut hatten, deutlich hervor. Die Oppositionsbewegungen des Jahres 1956 in Polen und Ungarn, die bis weit in die Reihen der kommunistischen Parteien reichten, hatten ihre Ursachen in den nationalen Demütigungen des Stalinismus.

---

parative Perspective on the USSR, Poland, Czechoslovakia, and Germany, in: East Central Europe 40 (2013), S. 37–73.

[31] JAN C. BEHRENDS, Rokossowski Coming Home. The Making and Breaking of an (Inter-)National Hero in Stalinist Poland (1949–1956), in: Hungarian Historical Review 5 (2016), S. 767–789.

Nationsbildung unter sozialistischen Vorzeichen 1953–1989

Nach Stalins Tod wurde der sowjetische Hegemonialbereich durch die Gründung des Warschauer Paktes, eines Militärbündnisses unter sowjetischer Führung, 1955 formalisiert und zwanzig Jahre später auf der KSZE-Konferenz in Helsinki auch durch die westliche Welt anerkannt. Der Kalte Krieg bescherte Osteuropa nach 1956 eine stabile Ordnung unter sowjetischer Hegemonie. Die kommunistischen Parteien hatten das Prinzip der eingeschränkten nationalen Souveränität nicht nur akzeptiert, sondern internalisiert. Letztlich wurde diese Ordnung nicht primär durch die verbindende kommunistische Ideologie garantiert, sondern durch *facts on the ground*, d. h. durch die Anwesenheit der sowjetischen Armee in Osteuropa und durch die sowjetische Bereitschaft, sie im Krisenfall auch einzusetzen. Wer der eigentliche Souverän war, zeigte sich im Ausnahmezustand der Jahre 1953, 1956, 1968 oder 1981. In der Brežnev-Doktrin von 1968 wurde diese eingeschränkte Handlungsfähigkeit der kommunistischen Staaten festgeschrieben. Dennoch zeigte sich im Laufe der Jahrzehnte, dass es der Sowjetunion zunehmend schwerfiel, den von Stalin errungenen Sieg auch im Frieden zu verteidigen.

Selbst in den Jahren des Stalinismus blieb der Nationalstaat – trotz der imperialen Dominanz Moskaus – die prägende politische Größe in Osteuropa. In der Sowjetunion spielten die einzelnen Republiken, die außer der symbolischen Präsenz der belarussischen und der ukrainischen Republik bei den Vereinten Nationen außenpolitisch nicht in Erscheinung traten, als Referenzgrößen durchaus eine Rolle. Sie verfügten über ihre eigenen Institutionen und jenseits der Republikgrenzen erinnerte der „fünfte Punkt“ im sowjetischen Pass stets an die eigene Nationalität. Der sowjetische Föderalismus und die Nationalitätenpolitik entschärften nicht nur die Nationalitätenprobleme im Vielvölkerstaat, sie trugen sicherlich auch dazu bei, dass nationale Identität und proto-nationalstaatliche Strukturen sich verfestigten.[32] Das galt nicht nur für die kleineren Sowjetrepubliken; in der RSFSR entstand ein russischer Nationalismus, der bis in die Gegenwart wirkungsmächtig ist.[33] Der gesamte sowjetische Macht-

---

[32] Zur Nationalitätenpolitik: TERRY MARTIN, The Affirmative Action Empire. Nations and Nationalism in the Soviet Union, 1923–1939, Ithaca, NY 2001; RONALD SUNY, The Revenge of the Past. Nationalism, Revolution and the Collapse of the Soviet Union, Stanford, CA 1993. Siehe auch Elena Zubkova in diesem Band.

[33] NIKOLAJ A. MITROCHIN, Russkaja partija. Dviženie russkich nacionalistov v SSSR, 1953-1985 gody [Die russische Partei. Die Bewegung der russischen Nationalisten in der UdSSR 1953–1985], Moskva 2003; YITZHAK BRUDNY, Reinventing Russia. Russian Natio-

bereich – innerhalb und außerhalb der UdSSR – war somit weiterhin ein Raum, in dem nationale Identität sich anhand ethnischer Zugehörigkeit definierte und stabilisierte. Der „Internationalismus“ und die „Völkerfreundschaft“ verhinderten das Denken in nationalen Kategorien nicht, sie stabilisierten es vielmehr.

In den langen Jahrzehnten des Post-Stalinismus und Spätsozialismus normalisierte sich die Außenpolitik der Staaten Ostmitteleuropas.[34] Innerhalb der ideologischen und politischen Rahmenbedingungen des Post-Stalinismus konnten die nationalen Regierungen zunehmend auch eigene Akzente setzen und Interessen verfolgen.[35] Zugleich waren die Beziehungen zwischen den Staaten innerhalb des Blocks – etwa zwischen der DDR und Polen oder zwischen Rumänien und Ungarn – keineswegs spannungsfrei.[36] Im Gegenteil: die Ressentiments und Konflikte, die schon die Zwischenkriegszeit geprägt hatten, blieben weiterhin virulent. Das Erbe der Weltkriege, des Holocaust und der ethnischen Säuberungen, das unter kommunistischer Herrschaft nicht aufgearbeitet werden konnte, spielte auch unausgesprochen weiter eine entscheidende Rolle für das nationale Selbstverständnis.[37] Die sowjetischen Verbrechen während des Weltkrieges wurden weiter erinnert.[38] Letztlich war es die Hegemonie Moskaus, die verhinderte, dass historische Konflikte offen ausbrachen. Vergessen waren diese deshalb aber nicht.

Die Angst vor deutschem Revanchismus spielte Moskau lange Zeit in die Hände. Tatsächlich war die Sowjetunion nicht nur Hegemonialmacht, sondern für Polen auch die Garantiemacht der Oder-Neiße-Grenze. Antideutsche Affekte spielten weiterhin auch im offiziellen Nationalismus der kommunistischen Parteistaaten eine zentrale Rolle. Doch darüber hinaus wurde von den Staatsparteien in eklektizistischer Manier ein guter

---

nalism and the Soviet State, 1953–1991, Cambridge, MA 1998. Siehe auch Benno Ennker in diesem Band.

[34] Siehe hierzu Pável Kolař über die Tschechoslowakei in diesem Band.

[35] Ebd.

[36] Beispielsweise zur DDR und Polen: SHELDON R. ANDERSON, A Cold War in the Soviet Bloc. Polish-East German Relations, 1945–1962, Boulder, CO 2001; BURKHARD OLSCHOWSKI, Einvernehmen und Konflikt. Das Verhältnis zwischen der DDR und der Volksrepublik Polen, 1980–1989, Osnabrück 2005.

[37] ANDRZEJ LEDER, Polen im Wachtraum. Die Revolution 1939–1956 und ihre Folgen, Osnabrück 2019.

[38] „W czterdziestym nas Matko na Sibir zesłali ...“ Polska a Rosja 1939–1942 [„Mutter, im vierzigsten Jahr wurden wir nach Sibirien verschleppt ...“ Polen und Russland 1939–1942], hg. v. IRENA GRUDZIŃSKA-GROSS / JAN T. GROSS, Kraków 2008.

Teil der nationalen Mythen des 19. Jahrhunderts reaktiviert und zur Herrschaftslegitimation genutzt.[39] Gerade im ethnischen Nationalismus entstand eine Schnittmenge zwischen den Kommunisten und den Anschauungen eines großen Teils der Bevölkerung. Auch der Antisemitismus - offiziell „Antizionismus" - spielte insbesondere nach dem Sechstagekrieg von 1967 eine Rolle. Der März 1968 und die folgende antisemitische Kampagne in Polen ist ohne den radikalen Nationalismus eines Teils des kommunistischen Establishments nicht zu verstehen.[40] Doch auch andere Staaten beteiligten sich an der anti-israelischen Politik Moskaus und setzten dabei auf die Unterstützung ihrer Bevölkerung.[41] In ihrer nationalen Ausrichtung und ihrer antiliberalen Orientierung an einer ethnisch definierten Staatsnation stand die kommunistische Politik in der Tradition der Zwischenkriegszeit.[42] Leidtragende dieser Entwicklungen waren ethnische und religiöse Minderheiten, die diskriminiert wurden.[43] Dissidenten wie Jan Józef Lipski in Polen haben das bereits zeitgenössisch erkannt und einen Bruch mit diesem nationalistischen Erbe gefordert.[44]

Die Détente und die deutsche Ostpolitik dekonstruierten ein Stück weit die Feindbilder der Nachkriegszeit. Die Normalisierung der internationalen Beziehungen nach Helsinki unterminierte somit die Legitimität der sowjetischen Hegemonie, die stets den Konflikt mit dem Westen und die Angst vor deutschem Revanchismus benötigte. Zunehmend enger gestalteten sich nun die Beziehungen zwischen den Ländern des Ostblocks und der Bundesrepublik. Dies waren sicherlich Entwicklungen, die das Jahr 1989 erst möglich gemacht haben.

Auch im späten Kalten Krieg wurde die zentrale Rolle Polens für die europäische Ordnung der Nachkriegszeit deutlich. Hier scheiterte die kommunistische Ordnung bereits 1981 - ein Fanal für die Zukunft des sowjetischen Imperiums. Zugleich zeigte sich in der Zeit der *Solidarność*, dass neben der offiziellen kommunistischen Nation noch eine weitere

---

[39] Am polnischen Beispiel: MARCIN ZAREMBA, Im nationalen Gewande. Strategien kommunistischer Herrschaftslegitimation in Polen, 1944–1980, Osnabrück 2011; zu Rumänien: DRAGOS PETRESCU, Building the Nation, Instrumentalizing Nationalism. Revisiting Romanian National-Communism, 1956–1989, in: Nationalities Papers 37 (2009), S. 523–544.

[40] PIOTR OSĘKA, Marzec 68 [März 68], Kraków 2008.

[41] Am Beispiel der DDR: JEFFREY HERF, Undeclared Wars with Israel. East Germany and the West German Far Left, 1967–1989, Cambridge 2016.

[42] Siehe auch ausführlich Florian Peters in diesem Band.

[43] Beispielsweise CELIA DONERT, The Rights of the Roma. The Struggle for Citizenship in Postwar Czechoslovakia, Cambridge 2017.

[44] JAN JÓZEF LIPSKI, Zwei Vaterländer, zwei Patriotismen, Berlin 1982.

existierte, die sich jenseits der parteistaatlichen Strukturen gebildet hatte und nun ihren Raum forderte. So kann man davon sprechen, dass in Polen – ohne nationale Souveränität – zwei parallele Gesellschaften bestanden, die sich auch durch ihr unterschiedliches Verständnis der Nation konstituierten. Nationsbildung ohne Souveränität war ein Merkmal der kommunistischen Herrschaft in Europa. Das galt in Ostmitteleuropa, in Südosteuropa mit der Ausnahme Jugoslawiens und in der UdSSR, wo sich die Ukraine und besonders die baltischen Staaten auf ihre eigenen Sonderwege begaben.

In den letzten Jahrzehnten des sowjetischen Imperiums erodierte die Ordnung von Jalta zwar, doch viele Beobachter hielten sie trotz akuter und latenter Krisen weiterhin für stabil. Auch der Westen strebte keineswegs ihren Zusammenbruch an. Es bedurfte des Impulses aus dem Inneren der imperialen Macht, um Europa zu verändern.

1989 oder der zweite Wilsonsche Moment

Michail Gorbačevs politisches Ziel war es, den Sozialismus zu reformieren und damit die prekäre Großmachtstellung der Sowjetunion zu konsolidieren.[45] Außenpolitisch wollte er die Zusammenarbeit der osteuropäischen Staaten – nach dem Vorbild der Europäischen Gemeinschaft in Westeuropa – weiter vorantreiben. An einem solchen Wandel hatten jedoch die Regime in Ostmitteleuropa mit ihren erstarrten Strukturen kein Interesse. Da Gorbačev sich außerhalb der UdSSR und mit Rücksicht auf seine westlichen Partner in Washington und Bonn dem Gewaltverzicht verschrieb, konnte er die sowjetischen Vasallen nicht auf seinen Kurs zwingen. Die Parteichefs Osteuropas wurden – mit der Ausnahme Polens und Ungarns – zu seinen wichtigsten Widersachern.[46] Sie verteidigten nun den *status quo* von Helsinki gegen die Moskauer Reformer.

Ein Merkmal der Reformen Gorbačevs und seiner Mannschaft war es, dass sie die Konsequenzen ihrer Politik nur unzureichend antizipierten. Die Attacke auf Stalin und den Stalinismus unterminierte so nicht nur

---

[45] Zu Gorbačev und seiner Politik: ARCHIE BROWN, Der Gorbatschow Faktor. Wandel einer Weltmacht, Frankfurt am Main 2000; biografisch: WILLIAM TAUBMAN, Gorbachev. His Life and Times, New York 2017.

[46] Als Überblick vgl. die Beiträge in: Die letzten Generalsekretäre. Kommunistische Herrschaft im Spätsozialismus, hg. v. SUSANNE SCHATTENBERG / MARTIN SABROW, Berlin 2018.

seine Autorität als Generalsekretär, sondern legte auch die Axt an die Ordnung von Jalta, die Stalin 1945 geschaffen hatte. Ohne es zu wollen, schuf Michail Gorbačev damit die Voraussetzungen für die Revolutionen von 1989 und den zweiten Wilsonschen Moment in der Geschichte Osteuropas. Denn weiterhin galt: Eigentliche Souveränität konnte in Ostmitteleuropa nur gegen die Sowjetunion erlangt werden. Der einzige Weg, diesen Konflikt zu vermeiden, war der freiwillige Rückzug Moskaus. Den verkündete der Generalsekretär bereits im Dezember 1988 vor der UNO in New York:

> „Gewalt und Gewaltandrohung können und dürfen nicht mehr länger ein Instrument der Außenpolitik sein. [...] Für uns ist auch die Verbindlichkeit des Prinzips der freien Wahl über jeden Zweifel erhaben. Dessen Nichtanerkennung kann für den allgemeinen Frieden die schlimmsten Folgen haben. Dieses Recht der Völker zu bestreiten, egal unter welchem Vorwand es getan und durch welche Worte es bemäntelt wurde, bedeutet, sich sogar an jenem wackligen Gleichgewicht, welches bisher erreicht wurde, zu vergreifen. Die Freiheit der Wahl ist ein allgemeingültiges Prinzip, das keine Ausnahmen kennen soll.“[47]

Woodrow Wilson hätte es kaum anders formuliert.

Die Revolutionen von 1989 waren nationale Revolutionen, die Souveränität der Nationen Osteuropas wurde zum zweiten Mal nach 1918 erkämpft. Denn im europäischen Jahr 1989 ging es nicht nur um die Freiheit des Individuums, sondern auch um die Freiheit der einzelnen Nationalstaaten. Diese nationale Komponente des Umbruchs barg durchaus Sprengstoff. In der Mitte Europas führte sie zu einer Neuauflage des deutschen Nationalstaats. Für die Vielvölkerstaaten wie die Tschechoslowakei, Jugoslawien oder auch die Sowjetunion bedeutete sie das mehr oder weniger gewaltsame Ende. Insgesamt bedeutete das Jahr 1989 das Ende eines Imperiums und den Erwerb von Souveränität ohne Krieg – eine historische Ausnahme in der europäischen Geschichte. Es unterscheidet zudem Ostmitteleuropa von der Sowjetunion, wo – mit Ausnahme des Baltikums und Teilen der Ukraine – eine Selbstbefreiung von kommunistischer Herrschaft nicht stattfand. Während Bulgarien und Rumänien die kommunistische Diktatur ebenfalls hinter sich ließen, führte der Zerfall Jugoslawiens in den Bürgerkrieg, der erst durch den

---

[47] MICHAIL GORBATSCHOW, Rede in der Organisation der Vereinten Nationen. New York, 7.12.1988, Moskau 1988, S. 9 f. Zum Kontext: JAN C. BEHRENDS, Oktroyierte Zivilisierung. Genese und Grenzen des sowjetischen Machtverzichts 1989, in: 1989 und die Rolle der Gewalt, hg. v. MARTIN SABROW, Göttingen 2012, S. 401–424.

militärischen Einsatz der NATO beendet wurde. Hier entstanden teilweise neue Staaten wie Slowenien oder Kroatien, andere rekonstituierten sich wie Serbien, während Bosnien oder das Kosovo in einer völkerrechtlich prekären Lage bleiben.

Im Unterschied zu Osteuropa wurde die UdSSR nicht Opfer des Aufstands ihrer Bürger, sondern des Machtkampfes zwischen Gorbačev, El'cin und den Sowjetrepubliken.[48] Ende 1991 kam die nationalstaatliche Souveränität für die Ukraine, Belarus und selbst für Russland unvermittelt. Die nationale Souveränität im postsowjetischen Raum bleibt bis in die Gegenwart prekärer als in Ostmitteleuropa. Die post-sowjetischen Nationsbildungen finden weiterhin im Schatten imperialer Ambitionen Moskaus statt.

Insgesamt vermitteln die Beiträge einen Eindruck davon, dass Weltkrieg und kommunistische Diktaturen nationale Souveränität zwar eindämmten, dass sie aber zugleich als Katalysatoren einer subkutanen Nationsbildung verstanden werden können. Die Vielfalt der Region lässt sich nur verstehen, wenn auch die vielfältige Genese moderner Nationalstaatlichkeit (und ihres Scheiterns) dargestellt wird. Begreifen lassen sich diese Prozesse nur, wenn wir uns nicht scheuen, in großen historischen Zusammenhängen zu denken.

---

[48] SERHII PLOKHY, The Last Empire. The Final Days of the Soviet Union, New York 2014; in internationaler Perspektive: ARCHIE BROWN, The Human Factor. Gorbachev, Reagan, and Thatcher and the End of the Cold War, Oxford 2020.

Dietrich Beyrau

Imperiale Formation

Die Sowjetunion und ihr Glacis in Europa

Imperialism - the highest stage of socialism[1]
Nationalism is the last stage of communism[2]

Hegemonie, Imperium, Imperiale Formationen

Nach dem Zweiten Weltkrieg nahm die siegreiche Sowjetunion eine hegemoniale Position auf dem eurasischen Kontinent ein. In Osteuropa errichtete sie ein Imperium mit einem inneren Kern - den ostslavischen Republiken der Sowjetunion -, mit einem dem inneren Kern angeschlossenen Gürtel formal souveräner Sowjetrepubliken und schließlich mit einem Glacis, einem Vorfeld strukturgleicher Republiken. Später bezeichneten sie sich selbst als Volksrepubliken oder als sozialistische Staaten. Letztere nannte man zunächst böswillig, aber nicht zufällig „Satelliten". Sie kamen dem Anspruch, souveräne Staaten zu sein, spätestens seit dem Tod Stalins schon sehr viel näher als die Sowjetrepubliken. Dann gab es weitere Staaten wie Österreich und Finnland, die sich im Ost-West-Konflikt, wenn auch in sehr unterschiedlicher Weise, als neutral definierten und denen keine Strukturangleichung an die Sowjetunion abverlangt worden war.

Wie Ronald G. Suny und Terry Martin zutreffend beobachteten, wurde die Sowjetunion nur auf dem Höhepunkt des Kalten Krieges in den 1950er Jahren und nach ihrem Ende als Imperium definiert; zumeist ließ man sich mehr auf ihren eigenen Anspruch ein, eine Union von Sowjet-

[1] Angelehnt an den Titel des Aufsatzes von Yuri Slezkine, Imperialism as the Highest Stage of Socialism, in: The Russian Review 59 (2000), H. 2, S. 227–234.

[2] Zitat von Adam Michnik, in: Central and Eastern Europe 1944–1993, hg. v. Istvan T. Berend, Cambridge 1996, S. 367.

republiken zu sein, ohne sich lange Zeit für diese wirklich zu interessieren – dies im Unterschied zum osteuropäischen Vorfeld.[3]

Im Vergleich zum Römischen Reich, zum spanischen Weltreich oder zuletzt zum Britischen Empire war das Russische Reich lange Zeit ein eher vernachlässigter Gegenstand der Forschung. Das hat sich seit dem Zusammenbruch der Sowjetunion geändert. Nun wurden Russland und die Sowjetunion als kontinentales Reich im Vergleich zu den maritimen Imperien ein viel beachteter Gegenstand der Forschung.[4]

Nach dem Untergang des Osmanischen und Russischen Reiches und der Habsburgermonarchie im Ersten Weltkrieg schienen Imperien eher der Vergangenheit anzugehören. Der Versuch des Deutschen Reiches und Japans, sich durch militärische Eroberung Imperien zu zimmern, ist im wahrsten Sinne „total" gescheitert. Nach dem Zweiten Weltkrieg gerieten auch die großen Kolonialreiche zunehmend in die Krise und lösten sich teils mit Gewalt, teils durch Verhandlungen auf. Die Zukunft schien den Nationalstaaten zu gehören.

Die Illusion von der Souveränität der Nationen erfuhr aber selbst auf der nördlichen Erdhalbkugel dramatische Blessuren durch den Kalten Krieg zwischen den beiden atomaren Supermächten. Diese beeinflussten maßgeblich die politische und ökonomische Struktur der Staaten und Gesellschaften ihrer Einflusssphären. Je nach politischer Position wurden diese Einflussnahmen als amerikanischer oder als (roter) Imperialismus – positiv gewendet –, als Sozialismus oder als Bündnis innerhalb der „freien

---

[3] A State of Nations. Empire and Nation-Making in the Age of Lenin and Stalin, hg. v. RONALD G. SUNY / MARTIN TERRY, Oxford / New York 2001, S. 15 f., 23.

[4] After Empire: Multiethnic Societies and Nation Building. The Soviet Union and the Russian, Ottoman and Habsburg Empires, hg. v. KAREN BARKEY / MARK VON HAGEN, Boulder, CO 1997; JÖRG BABEROWSKI, Stalinismus als imperiales Phänomen: Die islamischen Regionen der Sowjetunion 1920–1941, in: Stalinismus. Neue Forschungen und Konzepte, hg. v. STEFAN PLAGGENBORG, Berlin 1998, S. 113–150; DOMINIC LIEVEN, The Russian Empire and its Rivals from the Sixteenth Century to the Present, London 2000; Imperial Rule, hg. v. ALEXEI MILLER / ALFRED J. RIEBER, Budapest 2005; IL'JA GERASIMOV u. a., Novaja imperskaja istorija postsovetskogo prostranstva [Neue imperiale Geschichte des postsowjetischen Raumes], Kazan' 2004; DIES., Novaja imperskaja istorija Severnoj Evrazii [Neue imperiale Geschichte des nördlichen Eurasien], 2 Bde. Kazan' 2017; Imperienvergleich. Beispiele und Aufsätze aus osteuropäischer Perspektive, hg. v. GUIDO HAUSMANN / ANGELA RÜSTEMEYER, Wiesbaden 2009; Empire Speaks Out. Languages of Rationalization and Self-Description in the Russian Empire, hg. v. ILYA GERASIMOV u. a., Leiden / Boston 2009; KRISHAN KUMAR, Visions of Empire. How Five Imperial Regimes Shaped the World, Princeton 2017; VALERY KIVELSON / RONALD G. SUNY, Russia's Empires, Oxford 2017; SERHII PLOKHY, The Quest for Empire and the Making of the Russian Nation from 1470 to the Present, New York 2017.

Welt" ausgegeben. In letzteres seien die europäischen Staaten eingeladen und nicht hineingezwungen worden. Die Selbstbezeichnung als „Friedenslager" oder als „sozialistisches Lager" deutet unfreiwillig auf Elemente des Zwangs in der östlichen Staatengemeinschaft.

Die Frage ist, ob man diese Hegemonialsphären in Europa als Imperien bezeichnen soll. Dieser Begriff ist zu sehr mit den älteren Kolonialreichen seit dem 16. Jahrhundert verbunden. Er wird den neuen Strukturen weder im Westen noch im Osten gerecht. Mit Blick auf die Sowjetunion und selbst auf die USA bevorzugt die neuere Diskussion den Terminus „imperiale Formationen", weil sich die Formen von Abhängigkeiten stark von älteren Varianten der Abhängigkeit, Unterwerfung und Ausbeutung unterscheiden. Wenn man den Begriff „Imperium" dennoch anwenden möchte, so gilt für das Selbstverständnis der Sowjetunion so gut wie für das der USA, dass sie ihren imperialen Charakter verleugneten („empires in denial"). Denn beide Staaten sind bekanntlich im Kampf gegen die alten Imperien und Kolonialreiche entstanden. Der Terminus der imperialen Formationen erscheint weit genug, um sehr verschiedene Formen von Abhängigkeit, Interventionen und Unterwerfung zu erfassen.[5] Und er ist doch enger als der Begriff der Hegemonie, der eher auf eine ungleiche Verteilung der militärischen, ökonomischen und kulturellen Macht souveräner Staaten zielt. Beide Begriffe lassen sich allerdings in der Analyse ebenso wenig scharf trennen wie in den historischen Konstellationen.

Die UdSSR als Imperium eigener Art

Im Folgenden wird es um die Sowjetunion und ihre Einflusssphäre in Europa gehen. Wie bekannt verstanden sich die *Bol'ševiki* als Kämpfer gegen den Imperialismus und Kolonialismus. Sie organisierten die Sowjetunion als Union souveräner Sowjetrepubliken. Den überkommenen Ungleichheiten und Formen von Abhängigkeit und Subalternität begegneten sie mit Programmen besonderer Förderung „kulturell rückständiger" Völker und mit einem sozialen Gleichheitsfuror. Dieser verursachte aber nur neue rechtliche und materielle Ungleichheiten und sogar Diskriminierungen. Es war eine Politik, die alle Formen überkommener ständischer

---

[5] ANN LAURA STOLER, Imperial Formation and the Opacities of Rule, in: Lessons of Empire. Imperial Histories and American Power, hg. v. CRAIG CALHOUN u. a., New York / London 2005, S. 48–60, Zitat S. 50; Imperial Formations, hg. v. ANN LAURA STOLER u. a. Oxford 2007.

und sozialer Ungleichheit und besonders auch ethnischer Diskriminierung bekämpfen wollte, aber neue Formen von Ungleichheit und Privilegierung hervorbrachte.

Von Anfang an lassen sich in der Definition von Klassen, in den Praktiken des Klassenkampfes Elemente neuer Hierarchisierung, Privilegierung und Diskriminierung erkennen: Den „Ehemaligen" – Priestern, Unternehmern, Kaufleuten, Managern, Staatsdienern und Adligen – blieb das Wahlrecht (bis 1936) und damit verbundene materielle und soziale Ansprüche an den Staat vorenthalten. Mit der Durchsetzung der Planwirtschaft und der Kollektivierung der Bauern etablierte sich eine in mancher Hinsicht an Stände erinnernde Status-Hierarchie. An der Spitze standen die Angehörigen der Nomenklatura, und den Bodensatz bildeten die Verbannten und die Insassen von Arbeitsbesserungskolonien und Arbeitsbesserungslagern (Gulag). Dazwischen gab es eine Stufung mehr oder minder privilegierter oder benachteiligter Bevölkerungs- und Berufsgruppen. Das Spektrum reichte von den Angehörigen großer Betriebe, zentraler Behörden in den Hauptstädten bis hinunter zu den in ihrer Freizügigkeit und materiellen Ansprüchen eingeschränkten *Kolchosniki.*

Von Anfang an war es mit der Gleichberechtigung der „souveränen" Sowjetrepubliken schlecht bestellt. Spätestens seit Einführung der Planwirtschaft hatten die zentrale Parteibürokratie unter Stalin und die expandierenden Unionsministerien alle wichtigen Kompetenzen an sich gezogen, so dass die Führungen in den Republiken einschließlich der lokalen Machthaber in der Russischen Föderation (RSFSR) immer mehr zu Bittstellern wurden.

Unbestritten ist, dass die Sowjetunion von Anfang an keine Union gleichberechtigter Sowjetrepubliken war. Aber war sie deshalb ein Imperium? In der saloppen Formulierung Jurij Slëzkines war die UdSSR

> „sehr groß, böse, asymmetrisch, hierarchisch, heterogen und zum Untergang verurteilt. Sie war auch Utopie an der Macht und ein Gefängnis für die Völker (verurteilt zu einem Leben ohne Haftentlassung oder zum Tod durch Verschmelzung)."[6]

Letzteres spielt an auf die seit Stalin immer wieder abgerufene Theorie vom „Aufblühen" der Völker im Sozialismus, ihrer Annäherung und endlichen Verschmelzung im Kommunismus.

Eine andere Perspektive ergibt sich, wenn man von Zentralasien aus auf die UdSSR blickt: Die Sowjetunion unternahm zunächst alle An-

---

[6] SLEZKINE, Imperialism, S. 227.

strengungen, sich grundsätzlich von den älteren Kolonialreichen zu unterscheiden. Die „kulturell rückständigen“ Völker wollte sie auf einen „universellen Stand“ der modernen Zivilisation bringen. Sie zerstörte – oft genug gegen den Widerstand der russischen (ostslavischen) Zuwanderer – systematisch die einstige koloniale Differenz. Die Menschen Zentralasiens und anderer rückständiger Regionen sollten den Sowjetstaat als Bürger wie die Russen erleben. Allerdings: „Alle Bürger waren gleich in ihrem Recht rekrutiert, aufgeklärt, zivilisiert und in die Utopie gezerrt zu werden.“ Auf dem Weg in die Utopie wurden die „kulturell rückständigen“ Völker Sibiriens, Zentralasiens und des Nordkaukasus zunächst einmal in moderne Nationen aufgeteilt. Der Status als gleichberechtigte Bürger mit eigener verordneter Nationalität war dabei nicht mit den klassischen Bürger- oder gar den Menschenrechten assoziiert.[7] Die Nation und die Zugehörigkeit zu einer Nationalität erhielten spätestens seit Stalin einen immer stärker essentialistisch-primordialen Charakter, d. h. bald gab es eine neue Kategorie von diskriminierten Nationalitäten.

Die Zentralisierung der strategisch wichtigen Kompetenzen in Moskau veränderte den Status der Republiken. Insbesondere in Mittelasien wurde die Politik der Monokultur (Baumwolle) wieder aufgenommen, eine Politik, die sich im Zarenreich bereits abgezeichnet hatte. Ungleichheit der Nationalitäten ergab sich als Folge des Urbanitäts- und Bildungsvorsprungs von Russen (auch von Juden, Armeniern und Georgiern). Diese dominierten zunächst in der Nomenklatur und in den wichtigen Apparaten der Republiken. Es bestand eine Tendenz, Russentum mit Fortschritt und der Industriekultur gleichzusetzen, während Bauern- und Nomadenvölker als „rückständig“ galten. Mit der Kollektivierung wurden sie – wie auch die russischen Bauern – einem gewalttätigen „Zivilisierungsprozess“ unterworfen, der Millionen von Opfern kostete.

Imperiale Nation und nationale Subeliten

Stalin hatte bereits 1924 dem russischen Proletariat eine besondere historische Rolle in der Revolution und für den künftigen Aufbau des Sozialismus in der UdSSR zugeschrieben. In seinem Trinkspruch vom 24. Mai 1945 ging es schon nicht mehr um die Vorzüge des russischen Proletariats,

[7] BABEROWSKI, Stalinismus als imperiales Phänomen, S. 113–150; ADEEB KHALID, The Soviet Union as an Imperial Formation, A View from Central Asia, in: Imperial Formations, S. 113–139, Zitat S. 126.

sondern um die des russischen Volkes. Es sei die „hervorragendste Nation“ und die „führende Kraft“ unter den Völkern der Sowjetunion.[8] Stalin beschrieb auf seine Weise ein Verhältnis, das Historiker und Soziologen später mit dem Begriff des „ruling people“ oder der „imperial nation“ umschrieben. Krishan Kumar hat sich hierzu wohl am explizitesten geäußert: Die meisten Imperien seien durch ein bestimmtes Volk oder eine ethnische Gruppe gegründet und entwickelt worden, die – wie u. a. die Russen – dem Reich ihren Namen gegeben haben. „Was immer ihre Anzahl ist, sie sind es, die ihren Charakter [der Imperien, D. B.] bestimmen.“ Sie seien das „staatstragende Volk“ im Imperium und identifizierten sich mit ihm mehr als andere Völker. Zudem seien sie oft auch die Träger einer politischen Mission, sei sie religiös wie (zeitweise) im Fall der arabischen und osmanischen Reiche oder des spanischen Reiches, sei sie eher kulturell – wie die *mission civilisatrice* Großbritanniens und Frankreichs –, sei sie säkular – die Weltrevolution im Visier –, wie im Fall der Sowjetunion.[9]

Im Laufe der Jahrzehnte verschoben sich zwar die Gewichte der einzelnen Völker, Regionen und Republiken. Aber der russische Bevölkerungsteil bzw. seine Eliten blieben bis in die Zeit Brežnevs dominierend in der Politik, in der Wirtschaft (und Rüstung), in der Technostruktur und der Wissenschaft, also in den strategisch wichtigsten Bereichen.

Die Kultureliten der „rückständigen“ Sowjetrepubliken waren zu erheblichen Teilen seit Ende der 1920er Jahre als sogenannte Nationaldemokraten eliminiert worden, parallel zu den Kampagnen gegen die russischen „bürgerlichen Spezialisten“. Die Parteikader und die neuen Kultureliten rekrutierten sich dennoch seit den 1930er/1940er Jahren wieder vorwiegend aus dem lokalen nationalen Umfeld. Parallel verstärkte sich seit Chruščev der russisch-ostslavische Zuschnitt der zentralen Parteiapparate und Unionsministerien. In den nicht-russischen Sowjetrepubliken hingegen besetzten nationale Kader mit ihrer Patronage und ihren Netzwerken die politischen Ämter, manchmal kontrolliert durch

---

8 JOSEPH STALIN, Die Oktoberrevolution und die Taktik der russischen Kommunisten (1924), in: DERS., Fragen des Leninismus, Berlin 1951, S. 101–133, hier S. 116; Stalins Trinkspruch auf das Wohl des russischen Volkes, in: Die Sowjetunion. Von der Oktoberrevolution bis zu Stalins Tod, Bd. 1: Staat und Partei, hg. v. HELMUT ALRICHTER, München 1986, S. 325.

9 KUMAR, Visions of Empire, S. 28 f.; DERS., Nation and Empire: English and British National Identity in Comparative Perspective, in: Theory and Society 29 (2000), S. 575–608; ALEXANDER SEMYONOV, How Five Empires Shaped the World and How this Process Shaped those Empires, in: Ab Imperio 4 (2017), S. 27–51.

Agenten der Zentrale, zumeist durch die zweiten (oft russischen) Parteisekretäre. Dank der sehr langen Amtsdauer der Ersten Parteisekretäre der Sowjetrepubliken waren unter Brežnev nationale Subeliten entstanden – ein russischer Autor spricht in Anlehnung an die ältere russische Geschichte von „Teilfürstentümern" (*udel'nye knjažestva*) – mit unterschiedlich ausgeprägter Verhandlungsmacht, aber wohl immer mit Protektoren in Moskau.[10] Das Verhältnis blieb asymmetrisch, wie gelegentliche Durchgriffe Moskaus zeigen, wenn es um wichtige, das Zentrum berührende Fragen ging wie Migration, Industrialisierung oder „lokalen" Nationalismus. Gegenüber Mittelasien und den kaukasischen Republiken, aber auch russischen Gebieten stand das Überhandnehmen von Korruptionsketten im Vordergrund der Interventionen. Gegen Ende der Sowjetzeit gerieten sogar die Familie Brežnevs und ihre Verbindungen zur usbekischen Baumwollmafia ins Visier der Kontrollorgane und Gerichte.[11]

Souveränität, Migration und Sprache

Seit den 1930er Jahren wurden die kasachische und die anderen mittelasiatischen Republiken überschwemmt von teils freiwilliger, teils erzwungener Zuwanderung aus den ostslavischen Republiken. Die Kasachen gerieten in ihrer eigenen Republik in die Minderheit. Ähnliches vollzog sich nach dem Zweiten Weltkrieg – gegen hinhaltenden Widerstand – in den baltischen Republiken Lettland und Estland, von den vielen autonomen Republiken in der RSFSR ganz zu schweigen. Probleme des „lokalen" Nationalismus veranlassten die Zentrale, mit Hilfe einheimischer Kader 1949 in Estland, 1959 in Lettland und 1972 in der Ukraine die Parteiführungen auszutauschen. Diese Maßnahmen waren in allen Fällen begleitet von massiven Parteiausschlüssen, Entlassungen aus den staatlichen Behörden und Bildungseinrichtungen und einer systematischen Vernachlässigung der einheimischen Sprachen. Im lettischen Fall war der „lokale" Nationalismus auch mit Konflikten um die Art der Industrialisie-

---

[10] VIKTOR I. KOZLOV, Nacionalizm, nacional-separatizm i russkij vopros [Nationalismus, nationaler Separatismus und die russische Frage], in: Otečestvennaja Istorija 1993, H. 2, S. 44–64, Zitat S. 48; RONALD G. SUNY, The Revenge of the Past. Nationalism, Revolution, and the Collapse of the Soviet Union, Stanford, CA 1993, S. 118 f.

[11] IL'JA ZEMCOV, Partija ili mafija. Razvorovannaja respublika [Partei oder Mafia. Die ausgeraubte Republik], Paris 1976; WILLIAM A. CLARK, Crime and Punishment in Soviet Officialdom. Combating Corruption in the Political Elite, 1965–1990, Armonk, NY 1993, S. 73–89, 151–165.

rung verbunden. Angesichts des geringen Bevölkerungswachstums war sie unvermeidlich verbunden mit massiven Zuwanderungen aus den benachbarten ostslavischen Republiken, d. h. mit der Gefahr, dass die Letten zur Minderheit im eigenen Lande werden würden. Im ukrainischen Fall spielte wie im Fall Lettlands auch die Frage der Kontrolle über die Industrie in der Republik eine Rolle. In der Periode der „Volkswirtschaftsräte" (*sovnarchozy*) seit 1956 bis Mitte der 1960er Jahre lag die Kontrolle und Steuerung der einheimischen Wirtschaft zu erheblichen Teilen bei den Behörden der Republiken. Mit der Rezentralisierung der Wirtschaftskontrolle und -planung in Moskauer Ministerien und Komitees verloren die Republiken wieder – wie zu Stalins Zeiten – die Kontrolle über Planung und Ausbau der Industrie.

Zu Beginn der 1970er Jahre kontrollierten die lettischen Behörden nur noch etwa zehn Prozent der Industrie vor Ort. Zudem ließ sich die Zuwanderung aus den benachbarten ostslavischen Regionen nicht steuern. Es war die Rede von Lettland (und auch Estland) als einer russischen „zivilen Garnison" (über die militärische Garnison schwieg man lieber).[12] In der Ukraine kursierten seit den 1920er Jahren ohnehin Vorwürfe, dass die Republik bei den Investitionen benachteiligt werde und ihre besten Kader außerhalb der Republik eingesetzt würden.[13] In allen drei Fällen handelte es sich um Eingriffe in einem Zusammenspiel zwischen Moskauer Protektoren und lokalen Kadern, welche sich die Vorgaben aus Moskau zum Vorteil gegenüber lokalen Rivalen zu eigen gemacht hatten. Es waren dies Techniken, die mindestens bis 1953/56 auch bei den Kaderwechseln, Säuberungen und Prozessen gegenüber den Volksdemokratien funktioniert hatten.

Allerdings hatte die Nationalisierung der Kader in Mittelasien und in den kaukasischen Republiken seit den 1970er Jahren wieder einen Abfluss der ostslavischen Bevölkerung zur Folge, ein Prozess, der bis heute anhält. Seit den 1930er Jahren hatten die Migrationen vor allem von Angehörigen ostslavischer Völker mit den von zentralen Behörden geplanten und verwalteten Großbaustellen, mit der industriellen Erschließung und nicht

---

[12] ROBERT J. KAISER, The Geography of Nationalism in Russia and the USSR, Princeton, NJ 1994, S. 182.

[13] Zu den Interventionen 1949, 1959 und 1972: ELENA ZUBKOVA, Pribaltika i Kreml' 1940–1953 [Das Baltikum und der Kreml 1940–1953] , Moskva 2008, S. 300–319; ROMUALD MISIUNAS / REIN TAAGEPERA, The Baltic States. Years of Dependence 1940–1990, London ^{2}1993, S. 134–145; GERHARD SIMON, Nationalismus und Nationalitätenpolitik in der Sowjetunion, Baden-Baden 1986, S. 324–329; OREST SUBTELNY, Ukraine. A History, Toronto u. a. 1990, S. 513–517.

zuletzt mit dem Gulag zu tun. Das Lagersystem war bekanntlich ein Teil der Großbaustellen, der industriellen (extraktiven) oder agrarischen Erschließung. Nach Stalin entstanden außerhalb der traditionellen Industriezonen neue mono-industrielle Agglomerationen, die im Wesentlichen durch Migrationen zustande gekommen waren. Sie wurden von den Betrieben und den sie kontrollierenden Unionsbehörden administriert und kannten bestenfalls Ansätze einer eigenen kommunalen Verwaltung. Sie funktionierten zudem als Schmelztiegel mit der Tendenz zur Russifizierung der nicht-russischen, besonders der ukrainischen Minderheiten.[14]

Ob die Durchsetzung des Russischen als *lingua franca* seit den 1930er Jahren und als „zweite Muttersprache" seit Brežnev mit forcierter Russifizierung gleichzusetzen ist, bleibt umstritten. Ethnische Minderheiten in nicht-russischen Gebieten scheinen das Russische den Sprachen der Titularnationen aus praktischen Gründen, aber auch wegen des Nationalismus der Titularnationen bevorzugt zu haben. Dass Russisch faktisch zur Sprache der Wissenschaft, Technik und der Apparate geworden war, benachteiligte zweifellos Angehörige von Bildungsschichten anderer Nationalitäten. Im Unterschied zu den 1920er Jahren ging die Russifizierung einher mit einer bewussten Vernachlässigung und Verdrängung von Sprachen nicht nur kleiner Völker. In welchem Maße die (sprachliche) Russifizierung von Ukrainern und Belarussen in ihren Republiken und besonders in der sowjetischen Diaspora freiwillig oder erzwungen erfolgte, ist bis heute umstritten.[15]

Sowjetpatriotismus und Statusdifferenz

In diesen Auseinandersetzungen wird oft übersehen, dass in den vielen ethnischen Mischzonen bei Aufsteigern und ethnischen Minderheiten „Sowjetpatriotismus" mit seinem russischen Einschlag attraktiv war. Sowjetpatriotismus funktionierte dabei über die Jahrzehnte hinweg als eine sehr flexible, unterschiedlich akzentuierte Reichsideologie. Sie ließ sich – jedenfalls zeitweise – durchaus mit dem Nationalismus einzelner Völker verbinden. Manchmal – wie im Zweiten Weltkrieg – wurde Sowjetpatriotismus national aufgeladen. Er schien vereinbar zu sein mit russi-

---

[14] VLADIMIR KAZANSKIJ, Kul'turnyj landšaft i sovetskoe obitaemoe prostranstvo. Sbornik statej [Kulturlandschaft und sowjetischer bewohnbarer Raum], Moskva 2001.

[15] SIMON, Nationalismus, S. 280 f., 379–384; KAISER, The Geography of Nationalism, S. 142 f., 254–256.

schem, ukrainischem, georgischem etc. Nationalismus.[16] In der späten Stalin- und der späten Breźnev-Zeit setzten sich wieder stärker die russischen Akzente durch. Ziemlich penetrant war die Rede vom russischen „älteren Bruder“, der den „jüngeren Brüdern“ den historisch richtigen Weg gezeigt hatte. Die nicht-russischen Völker durften an dem Glück teilhaben, dank der Revolution des russischen Proletariats den Sozialismus aufzubauen. Geschichte und Kultur wurden fast ausschließlich aus der Sicht russischer Staatlichkeit und der russisch dominierten Völkerfreundschaft vermittelt.

Das einheitliche Schulsystem, die einheitlichen unionsweiten Staatsfeiern mit ihren festgelegten Ritualen und nicht zuletzt die Rekrutierung in die Armee sicherten eine sowjetische Sozialisation. Sie wird nach dem Zerfall der Sowjetunion oft genug – nicht nur in Russland und unter Russen – nostalgisch erinnert.[17]

Ungleichheit per se ist noch kein Kriterium für eine imperiale Formation. Im sowjetischen Falle ist es die besonders zu Zeiten Stalins exzessive administrativ-polizeiliche Zuteilung von Privilegien und Benachteiligung, die fast ständische Ordnung der Bevölkerung, die der Rechtsgleichheit grundsätzlich widersprach. Im Unterschied zu den kolonialen Imperien fehlte eine rassistisch-ethnische Statusdifferenz. Dies galt unter Stalin allerdings nur grundsätzlich. Ausgenommen waren Angehörige von Nationalitäten mit konnationalen Verbindungen ins Ausland. Der Kollaboration im Zweiten Weltkrieg bezichtigte Völker wurden zu Feindvölkern erklärt und z. T. kollektiv bestraft. Ihre Angehörigen unterlagen auch noch nach der Stalinzeit vielen Diskriminierungen. Schließlich traf es nach dem Krieg auch die Juden. Die Bevölkerung der besetzten Gebiete, soweit ihre Angehörigen nicht aktiven Widerstand nachweisen konnten, unterlag ebenfalls bis zum Ende der Sowjetunion einer Vielzahl von Beschränkungen. Die praktizierte Privilegierung und Diskriminierung von Ethnien und Völkern unterschied sich aber nicht grundsätzlich von

---

16 SERHY YEKELCHYK, Stalinist Patriotism as Imperial Discourse. Reconciling the Ukrainian and Russian „Heroic Past“, in: Kritika 3 (2002), H. 1, S. 51–80.

17 BENNO ENNKER, Sowjetgeschichte und Identitätsfindung heute. Historisches Erbe und Politik in Russland, in: Osteuropa. Politik, Wirtschaft und Gesellschaft. Festschrift für Gerd Meyer, hg. v. ARON BUZOGÁNY / ROLF FRANKENBERGER, Baden-Baden 2007, S. 109–133; S. JU. MALYŠEVA / A. A. SAL’NIKOVA, Mul’tikul’turnost’ rossijskogo regiona kak (de)stabilizirujuščij faktor. Povol’že XIX – načala XXI vv., [Multikulturalität der russischen Region als (de)stabilisierender Faktor. Das Wolgagebiet im 19. und zu Beginn des 20. Jhs.], Kazan’ 2013.

analogen Situationen, wie sie auch in Nationalstaaten vorkommen bzw. in Staaten, die sich als Nationalstaaten definieren.

In der Stalinzeit beobachten wir durch die zwangsweisen Migrationen einerseits eine Vermischung von Völkern und Ethnien, vor allem in Sibirien und Mittelasien, und andererseits eine Entmischung wie im Fall der Verträge mit Polen. Sie planten einen Austausch der jeweiligen Minderheiten – Litauer, Belarussen, Ukrainer in die konnationalen Sowjetrepubliken, Polen ins nach Westen verschobene Polen – und realisierten diese Pläne größtenteils. Viele teils erzwungene Migrationen (bis 1953), teils freiwillige (nach 1953) liefen auf eine ethnische Homogenisierung hinaus; denn Angehörige von Minderheiten zogen, wo es möglich war, in ihre konnationalen Republiken. Bei Minderheiten und zahlenmäßig kleinen Völkern setzte sich hingegen die – wenigstens sprachliche – Russifizierung fort.[18]

Das extreme Status- und Machtgefälle in der sowjetischen Gesellschaft wurde nach Stalin gemildert. Dies geschah unter dem Schlagwort der Homogenisierung der Gesellschaft und bezog sich vor allem auf die Unterschiede zwischen Stadt und Land. Das Dorf sollte „urbanisiert“ werden und Anteil haben an den Vorteilen der Stadt. Das Ideal war die Agro-Agglomeration. Was der Sowjetunion dennoch im Innern Züge des Imperialen verlieh, war die anhaltende Asymmetrie der Machtverteilung zwischen Zentrum und Peripherie, zwischen Moskau, den Großstädten und den Provinzen, zwischen den Netzwerken der Moskauer und der multinationalen Nomenklatura in den Republiken, zwischen den Netzwerken der Nomenklatura und der Masse der Bevölkerung, und nicht zuletzt zwischen der Dominanz des Russischen in Technostruktur, Wissenschaft und Kultur gegenüber den oft auf Folklore reduzierten nationalen Kulturen in den nicht-russischen Sowjetrepubliken.

Es fehlte freilich nicht an Versuchen seit der Stalinzeit, die Einheit der Völker der Sowjetunion zu propagieren. Manche Historiker finden zwar, dass es „schockierend wenige Anstrengungen gab, eine ‚Sowjetnation‘“ zu schaffen.[19] Aus der Sicht vieler Angehöriger nicht-russischer Völker dürfte dies anders erfahren worden sein. Es blieb allerdings meistens recht unbestimmt, was diese Einheit ausmachen könnte. In den Diskussionen der Historiker 1944 um die Rolle des Russischen Reiches gegenüber den eroberten Völkern versuchte sich die Historikerin Milica V. Nečkina an

---

[18] SIMON, Nationalismus, S. 373; KAISER, The Geography of Nationalism, S. 184.

[19] RONALD G. SUNY, Learning from Empire. Russia and the Soviet Union, in: Lessons of Empire, S. 73–93, hier S. 88.

einer Deutung des bereits im Umlauf befindlichen Begriffs vom Sowjetvolk. Es sei keine Nation,

> „[...] sondern eine ungleich höher stehende, völlig neue, jüngst in der Menschheitsgeschichte hervorgetretene stabilste Gemeinschaft der Menschen. [...] Die wesentlichste Seite des Begriffes ‚Sowjetvolk' ist die Tatsache, dass in dieser Gesellschaftsform das Volk erstmals zum Subjekt der Geschichte wurde [...]."[20]

Auch das Parteiprogramm von 1961 konzentrierte sich auf die „einheitliche Kultur der kommunistischen Gesellschaft". Brežnev nahm 1972 wieder die Formel von der „Verschmelzung" der Sowjetvölker auf. Es war das Stichwort für die Propagierung des Russischen als zweite Muttersprache und als Unterrichtssprache in den Schulen, oft auf Kosten der einheimischen Sprachen.[21] In dem sehr wechselhaften Diskurs um das Sowjetvolk lassen sich Versuche erkennen, so etwas wie eine Reichsideologie zu schaffen, die zumindest unter der russischen Bevölkerung und bei manchen Minderheiten nicht ganz erfolglos war. Nicht umsonst ist die Rede von den Russen als „imperialer Nation".[22]

Das externe Imperium – national in der Form und sozialistisch im Inhalt

Die im Zweiten Weltkrieg siegreiche Sowjetunion organisierte ihr geografisches Vorfeld nach Grundsätzen, die sich in der Sowjetunion selbst als praktikabel erwiesen hatten. Nach strategischen Gesichtspunkten wurden die neuen Territorien entweder als nationale Republiken in die Union hineingenommen[23] oder die Territorien wurden – wie das östliche Polen und Bessarabien – nach ethnopolitischen Gesichtspunkten mit Litauen, der Sowjetukraine, Belarus und Moldawien „vereinigt" und auf diese Weise von der Herrschaft der „polnischen Pane" und „rumänischen Bourgeoisie" befreit, so die sowjetische Propaganda. Die Alliierten einig-

---

[20] Zit. nach RAINER LINDNER, Historiker und Herrschaft. Nationsbildung und Geschichtspolitik in Weißrussland im 19. und 20. Jahrhundert, München 1999, S. 353.

[21] BORYS LEWYTZKYJ, „Sovetskij narod". Das Sowjetvolk. Nationalitätenpolitik als Instrument des Sowjetimperialismus, Hamburg 1983; DAVID BRANDENBERGER, Propaganda State in Crisis. Soviet Ideology, Indoctrination, and Terror under Stalin, 1927–1941, New Haven, CT 2011.

[22] SLEZKINE, Imperialism, S. 234.

[23] ZUBKOVA, Pribaltika i Kreml'.

ten sich darauf, im weiteren Vorfeld – mit Ausnahme Polens – die Staaten in den Grenzen des Versailler Systems wiederherzustellen. Die Alliierten stimmten dabei den Wünschen der befreiten Völker bzw. ihrer alten und neuen Eliten nach ethnischer Flurbereinigung zu. Dieses Prinzip war bereits in den deutsch-sowjetischen Abkommen von 1939 und 1940 mit der Umsiedlung der Deutschen aus den baltischen Republiken und anderen sowjetisch besetzten Gebieten praktiziert worden.

An die Stelle von Minderheitenverträgen der Versailler Friedensordnung traten nun Grundsätze der Um-, Aus- und Aufsiedlung mit dem Ziel ethnischer Homogenität der neu entstehenden Volksrepubliken. Eine Ausnahme hiervon machte nur Rumänien. In erster Linie trafen Aussiedlung und Vertreibung die deutschen Minderheiten und die deutsche Bevölkerung in den neuen polnischen Westgebieten und den Sudetengebieten. Hierbei spielten nicht nur strategische Gesichtspunkte der neuen Staatsführungen eine Rolle, sondern auch Rache für erlittenes Unrecht. Dafür wurden die Deutschen als Kollektiv verantwortlich gemacht. Das Chaos der Nachkriegszeit und Vergeltung gingen hierbei eine nachträglich kaum zu scheidende Verbindung ein. Aber jenseits der Vergeltung ging es um den ethnisch homogenen Nationalstaat dies- und jenseits der sowjetischen Grenzen. Hiervon zeugen in erster Linie der mehr oder minder organisierte Bevölkerungsaustausch zwischen Polen und den benachbarten Sowjetrepubliken und der dann abgebrochene Bevölkerungsaustausch zwischen der Tschechoslowakei und Ungarn.[24]

Hatten die Kommunisten Polens, Ungarns etc. in den 1920er Jahren noch als „nationale Nihilisten“ gegolten, so übernahmen sie – parallel zum Sowjetpatriotismus – spätestens seit 1939 nationalistische Parolen und machten sich Programme zu eigen, die zuvor von den rechten und nationalistischen Parteien propagiert worden waren. Auf diese Weise konnten sich die kommunistischen Parteien als die eigentlichen Patrioten darstellen. Die Rechte hingegen wurde, gleichgültig ob sie mit der deutschen Besatzung kollaboriert hatte oder nicht, als „faschistisch“ denunziert. Der Hass auf die Deutschen (und Ungarn) und die Übernahme nationalistischer Programme, welche die Nation zum Höchstwert stilisierte, wurden kombiniert mit dem kommunistischen Programm der forcierten Umgestaltung: Im Sozialismus würde die Nation zur Vollendung kommen. Dies zeigte sich auch in den historischen Narrativen. Sie knüpf-

[24] Im Überblick: Lexikon der Vertreibungen. Deportation, Zwangsaussiedlung und ethnische Säuberung im Europa des 20. Jahrhunderts, hg. v. DETLEF BRANDES u. a., Köln u. a. 2010.

ten oft genug an die nationalistischen Vorbilder der Zwischenkriegszeit an mit ihren Feindbildern, nun klassenkämpferisch aufgemöbelt. Die multiethnische Geschichte Ostmitteleuropas wurde „national" zugerichtet. Geschichte blieb nicht nur in Polen in den folgenden Jahrzehnten ein beliebtes Reservoir, aus dem sich zwar konkurrierende, aber in ihrer Semantik sehr ähnliche Narrative schöpfen ließen.[25]

Mit den frei werdenden deutschen Vermögen und Ländereien verfügten die neuen Führungen zudem über disponible Güter, die umverteilt werden konnten.[26] Die Verbindung nationalistischer Programme mit sozialistischer Umgestaltung machte die Eigenart des „externen sowjetischen Imperiums" aus.[27] Sie wurden realisiert von zu erheblichen Teilen importierten Eliten, die mit Hilfe der Roten Armee und der sowjetischen Geheimdienste an die Macht gekommen waren. Damit ging eine Strukturangleichung an zentrale Merkmale der Sowjetrepubliken einher: Die Organisation als formal souveräne Nationalstaaten, die Durchsetzung der Herrschaft der kommunistischen Parteien (trotz aller demokratischen Fassaden von „Nationalen Fronten", „Demokratischen Blocks" etc.), die Durchsetzung einer Planwirtschaft mit der Forcierung von Schwerindustrialisierung mit ihren Modellstädten – Stalinstadt, Nowa Huta, Sztalinvaros etc. – und einer zunächst nach sowjetischem Modell durchgesetzten merkantil-autarkistischen Politik.[28]

---

[25] PIOTR MADAJCZYK / DANUTA BERLIŃSKA, Polska jako państwo narodowe. Historia i pamięć [Polen als Nationalstaat. Geschichte und Erinnerung], Warszawa / Opole 2008; MARCIN ZAREMBA, Im nationalen Gewande. Strategien kommunistischer Herrschaftslegitimation in Polen 1944–1989, Osnabrück 2011; FERDINAND SEIBT, Die Deutschen in der tschechischen Historiographie 1945–1990, in: Im geteilten Europa. Tschechen, Slowaken und Deutsche und ihre Staaten 1948–1989, hg. v. HANS LEMBERG u. a., Essen 1998, S. 243–263; Geschichtsschreibung zu den böhmischen Ländern im 20. Jahrhundert. Wissenschaftstraditionen – Institutionen – Diskurse, hg. v. CHRISTIANE BRENNER u. a., München 2006; MARCIN KRÓL, A Frozen Image of the Past, in: Survey 25 (1980), H. 1, S. 100–109; RUDOLF JAWORSKI, Geschichte und Tradition im gegenwärtigen Polen, in: Leviathan 12 (1984), H. 3, S. 295–307.

[26] Bevölkerungstransfer und Systemwandel in Ostmitteleuropa. Grenzen nach dem Zweiten Weltkrieg, hg. v. HELGA SCHULTZ, Berlin 1998.

[27] Begriff bei KHALID, The Soviet Union, S. 114; NORMAN M. NAIMARK, Stalin and Europe in the Postwar Period, 1945–1953. Issues and Problems, in: Journal of Modern European History 2 (2004), H. 1, S. 28–57.

[28] Zusammenfassend mit Literaturhinweisen: Sozialistische Staatlichkeit, hg. v. JANA OSTERKAMP / JOACHIM VON PUTTKAMER, München 2012.

Faktoren von Abhängigkeit

Eine fast unausweichliche Folge dieser Politik war die Neuausrichtung des Handels auf die Sowjetunion. Bis zum Ende der Stalinzeit kamen nicht nur in den ehemaligen Feindstaaten die sogenannten gemischten Gesellschaften hinzu. Sie entstanden auf der Basis ehemaligen deutschen Vermögens (in den ehemaligen Feindstaaten) oder in strategisch wichtigen Branchen wie der Urangewinnung. Sie stellten eine verdeckte Form von Reparationen und „ungleichem" Tausch dar. Polen hatte mit billiger Kohlelieferung für seine Befreiung durch die Rote Armee zu zahlen. Unter Stalin traten so neben die von der Sowjetunion aufgezwungene Struktur auch noch Elemente von Ausbeutung hinzu.[29]

Ein weiteres Element direkter Einmischung und Kontrolle war die (zeitlich begrenzte oder dauerhafte) Stationierung der Roten Armee und die starke Präsenz sowjetischer Offiziere in allen Armeen sowie die offenen und verdeckten Tätigkeiten der sowjetischen Geheimdienste in diesen Ländern. Sie spielten, wie bekannt, eine maßgebliche Rolle in den politischen Prozessen gegen Angehörige der Partei. Die Volksdemokratien wurden bis zu Stalins Tod sicher nicht zu Unrecht als Satelliten der Sowjetunion bezeichnet, eine unfreundliche Bezeichnung für ein Verhältnis, das aus der Distanz als „externes Imperium" charakterisiert werden kann.

Die Kombination von Befreiungsrhetorik, Interessenpolitik und viel Gewalt war sicher kein sowjetisches Spezifikum. Das Pech der Sowjetunion bestand darin, dass - mit Ausnahme der Tschechoslowakei und Bulgariens - in den für die Sowjetunion strategisch wichtigen Gebieten, vor allem in Polen und den baltischen Republiken, aber auch in Ungarn und Rumänien russophobe Stimmungen stark waren und kommunistische Parteien bis 1944/45 nur über einen geringen Rückhalt in der Bevölkerung verfügt hatten. Sie galten zudem als Agenten Moskaus. Vielleicht noch schlimmer war, dass Juden (und Angehörige anderer Minderheiten, vor allem in Rumänien) in ihren Führungskadern auffällig präsent waren, dies in Ländern mit aggressiven judenfeindlichen Traditionen.

Diese Faktoren steigerten ihre Unbeliebtheit in der Bevölkerung. Die neuen Eliten wurden damit noch abhängiger von Moskau, als dies ohne-

---

[29] JAN MARCZEWSKI, Planification et croissance économique des démocraties populaires, 2 Bde., Paris 1952, hier Bd. 1, S. 209-237; RAINER KARLSCH / ZBYNEK ZEMAN, Urangeheimnisse. Das Erzgebirge im Brennpunkt der Weltpolitik 1933–1960, Berlin 2002; LÁSZLÓ BORHI, Hungary in the Cold War 1945–1956. Between the United States and the Soviet Union, Budapest / New York 2004, S. 138–173.

hin der Fall war.[30] Der Briefwechsel und die Begegnungen mit Stalin und den anderen sowjetischen Führern zeigen die Devotheit der osteuropäischen Kader, die sich tatsächlich als Subelite verstanden, gegenüber Stalin und der Sowjetunion. Dieser Briefwechsel bestätigt zudem, dass das „jüdische Problem" allen Seiten bewusst war und zum Teil innerparteilicher Kämpfe und Rivalitäten werden konnte. Es wurde von Moskau und den sowjetischen Repräsentanten ganz unterschiedlich genutzt. So empfahl die sowjetische Seite den ungarischen Kommunisten, weniger Juden in die Regierung hineinzunehmen. Ein sowjetischer Berichterstatter über die Stimmung in der polnischen Berling-Armee konstatierte missbilligend die Dominanz und Trägheit jüdischer politischer Instrukteure, die bei den polnischen Soldaten wenig beliebt seien. Er unterstellte den Instrukteuren zionistische und anti-sowjetische Einstellungen.[31]

Am bekanntesten dürfte Władysław Gomułkas Vorwurf an die Adresse der jüdischen Parteirivalen gewesen sein, einem „nationalen Nihilismus" zu frönen - dies in einem Brief an Stalin.[32] In der Krise von 1953 bespöttelte Berija den soeben abgesetzten ungarischen Parteichef Mátyás Rákosi als „jüdischen König von Ungarn".[33] Manche jüdischen Parteigenossen in Ungarn scheuten sich wiederum nicht, angesichts der judenfeindlichen Stimmungen in der Bevölkerung, mit antisemitischen Vorurteilen um Popularität zu buhlen. (Der starken Präsenz von Juden in den Parteiapparaten stand der verbreitete Wunsch der Mehrheit der überlebenden Juden gegenüber, ihre Heimat in Richtung USA oder Palästina zu verlassen.)

Nationale Homogenisierung und erste sozialpolitische Maßnahmen (d. h. Enteignungen) von Betrieben und Vermögen vermeintlicher oder tatsächlicher Kollaborateure oder „Faschisten" waren Maßnahmen, die

---

[30] EZRA MENDELSOHN, The Jews of East Central Europe Between the World Wars, Bloomington, IN 1983; THEODORE WEEKS, From Assimilation to Antisemitism. The „Jewish Question" in Poland 1850-1914, DeKalb, IL 2006; MARCIN ZAREMBA, Wielka trwoga. Polska 1944–1947, Kraków 2012, S. 51-81; Dark Times, Dire Decisions. Jews and Communism (=Studies in Contemporary Jewry 20), hg. v. JONATHAN FRANKEL, Oxford 2004; JAN T. GROSS, Fear. Antisemitism in Poland after Auschwitz. An Essay of Historical Interpretation, Princeton 2006.

[31] Bericht an das ZK der VKP(b) über die polnische Erste Armee v. 13. Juni 1944, in: SSSR - Pol'ša. Mechanizmy podčinenija 1944–1949 gg. Sbornik dokumentov [UdSSR - Polen. Mechanismen der Unterordnung 1944–1949. Dokumentensammlung], hg. v. GENNADIJ BORDJUGOV u. a., Moskva 1995, S. 49–59.

[32] Gomułka an Stalin 14. Dez. 1948, ebd., S. 271–278, hier S. 274 f.

[33] CHARLES GATI, Hungary in the Soviet Bloc, Durham 1986, S. 101 f., Zitat S. 131.

mit dem „eigenen Weg zum Sozialismus" beglaubigt wurden. Zunächst schien er auch anderen sozialistischen Parteien akzeptabel. Gleichwohl war nach 1944/45 mit den Erfahrungen der Roten Armee als Befreier das Prestige der Sowjetunion im östlichen Europa nicht derart, dass sie unbedingt als Vorbild hätte dienen können. Besonders aus Sicht der gebildeten (und besitzenden) Schichten galt sie oft genug als „unzivilisiert und primitiv". Es fiel daher schwer, die „unbedingte Überlegenheit seiner [des sowjetischen Imperiums, D. B.] Sitten und Einrichtungen, seiner Wissenschaft und Technik, seiner Literatur und Kunst anerkennen zu müssen."[34]

Solange „der eigene Weg um Sozialismus" von den kommunistischen Parteien propagiert wurde, galt der sowjetische Weg zum Sozialismus nicht als Maßstab für das eigene Handeln. Diese Zurückhaltung wurde mit Gründung der Kominform (1947) aufgegeben. Im Zeitraffertempo hatte man nun die sowjetische Entwicklung nachzuholen: Die Schwerindustrialisierung diente u. a. der sowjetischen Aufrüstung. Sie war ein zentraler Bestandteil des Kalten Krieges auf östlicher Seite.

„Internationalistisch" gab sich die Stalinisierung der Parteien. Sie zeigte sich am auffälligsten in den Parteisäuberungen, in geheimen Verurteilungen und in Schauprozessen, in Deportationen und verbreiteter Zwangsarbeit, in der Übernahme sowjetischer politischer Rituale, der Kritik und Selbstkritik, der kollektiven Resolutionen, der Aufmärsche und des sozialistischen Wettbewerbs. Die Stalinisierung ging einher mit einem manchmal offenen, manchmal verdeckten, als Antizionismus oder Antikosmopolitismus ausgegebenen Antisemitismus. Dieser konnte allerdings an einheimische Traditionen anknüpfen. „National" war auch die Schaffung eines nationalen, oft schon überholten Kanons in der Kultur und in der Architektur.[35]

---

[34] CZESLAW MIŁOSZ, Verführtes Denken, Frankfurt am Main 1974, S. 31 f. (Zitat); ZAREMBA, Wielka trwoga, S. 149–195; KRISTIÁN UNGVÁRY, Die Schlacht um Budapest. Stalingrad an der Donau 1944/45, München 2005, S. 402–440; CONSTANTIN HLIHOR / ION SCURTU, The Red Army in Romania, Iaşi u. a. 2000; NATHALIE MOINE, La perte, le don, le butin. Civilisation stalinienne, aide étrangère et biens trophées dans l'Union Soviétique années 1940, in: Annales 68 (2013), H. 1, S. 317–355.

[35] Staatskunstwerk. Kultur im Stalinismus, hg. v. PÉTER GYÖRGY / HEDWIG TURAI, Budapest 1992; ANDERS ÅMAN, Architecture and Ideology in Eastern Europe during the Stalin Era. An Aspect of Cold War History, Cambridge, MA 1992.

Von der Subalternität zur asymmetrischen Kooperation

Die Entstalinisierung wurde angestoßen durch die Lageraufstände in der UdSSR, die Streiks und Unruhen in der DDR und ČSR. Den wichtigsten Impuls lieferte jedoch die Geheimrede Chruščevs auf dem XX. Parteitag der KPdSU. Sie zeitigte in den einzelnen Staaten Osteuropas allerdings sehr unterschiedliche Wirkungen. Sie gingen über die Ablösung der stalinschen Eliten weit hinaus. Die Periode der Entstalinisierung, die Streiks und Aufstände 1956, die Anläufe zur Reform der Planwirtschaften und schließlich die Revidierung bisheriger Dogmen und der sogenannte Revisionismus fanden mit der bewaffneten Intervention der Warschauer Pakt-Staaten in der ČSSR im Jahre 1968 ihr Ende. Alle diese Elemente - Unruhen und Aufstände, Reformanläufe und der Revisionismus - kamen in den einzelnen Ländern in ganz unterschiedlicher Gewichtung und Kombination zur Geltung. Dabei ging es in den osteuropäischen Staaten immer auch um die Grenzen von staatlicher Souveränität und - wenn man so will - zunächst um die Selbstbehauptung der Nation durch Nationalisierung des Sozialismus.

Nach Stalins Tod veränderten sich die Beziehungen sowohl zwischen der Moskauer Zentrale und den Sowjetrepubliken als auch zwischen der UdSSR und den ostmitteleuropäischen Volksdemokratien.[36] Sie wurden nun in Politik und Ökonomie kooperativer. Die Asymmetrie der Macht zwischen der UdSSR und den Volksdemokratien blieb zwar erhalten, aber Moskau behandelte diese nach 1956 fast als Bündnispartner. Mit dem sowjetisch-chinesischen Konflikt erweiterten sich innen- und außenpolitisch die Spielräume. Neben die einstigen bilateralen Verträge traten nun multilaterale Vereinbarungen wie der Rat für gegenseitige Wirtschaftshilfe (RGW), existent seit 1949, aber aktiviert erst unter Chruščev, und der Warschauer Pakt als Gegenpart zur NATO.

Der Versuch, dem RGW zentrale, blockweite Planungskompetenzen zuzuweisen, scheiterte nicht nur am Widerstand Rumäniens. Aber unter dem Dach des RGW kam es zu vielfältigen bi- und multilateralen Vereinbarungen im Handel, in der Produktion, in technischen Kooperationen und nicht zuletzt im Austausch und der Kooperation in Wissenschaft und Kultur. Nicht zu unterschätzen dürfte die (zusätzliche) Ausbildung von Parteikadern in der Sowjetunion sein, ebenso wie ihre zahllosen Treffen.

---

[36] Das Jahr 1956 in Ostmitteleuropa, hg. v. HANS HENNING HAHN, Berlin 1996; Entstalinisierungskrise in Ostmitteleuropa 1953–1956. Vom 17. Juni bis zum ungarischen Volksaufstand, hg. v. JAN FOITZIK, Paderborn u. a. 2001.

Viele dieser Aktionsfelder sind bis heute wenig erforscht.[37] Es gelang der Sowjetunion zwar nicht, eine umfassende Planung und Arbeitsteilung innerhalb des sozialistischen Lagers durchzusetzen, aber die „Freundschaft“ mit ihr wurde in den Verfassungen aller sozialistischen Länder verankert. Es ist bemerkenswert, dass die Sowjetunion, die Recht und Verfassungen bekanntermaßen recht flexibel handhabte, Wert auf diese Festschreibung in den Verfassungen legte. Die eingeschränkte Souveränität hatte neben der politisch-ökonomischen Dimension auch eine militärische Komponente. Es ging um die Stationierung sowjetischer Truppen und seit den 1960er Jahren auch atomarer Sprengköpfe in Polen, der DDR, Ungarn und der Tschechoslowakei.

Der Warschauer Pakt mit seinem Politischen Beratenden Ausschuss beließ die oberste Befehlsgewalt in Gestalt des Vereinigten Oberkommandos, d. h. die strategischen und operativen Planungen, in sowjetischer Hand, billigte aber den Partnern die Anmeldung und Vertretung nationaler Interessen zu. Die asymmetrische Macht zeigte sich z. B. darin, dass die Intervention in die Tschechoslowakei trotz Beratungen mit den „Bruderländern“ vom sowjetischen Generalstab durchgeführt wurde. „Arbeitsteilung“ im Warschauer Pakt zeigte sich vor allem in der Zuweisung bestimmter Aufgaben für einzelne Länder, so in der Verteilung von Waffenlieferungen, der Entsendung von Militärs in Länder außerhalb des Warschauer Paktes oder auch von Polizeispezialisten, wie sie die DDR entsandte – die berüchtigte „rote Gestapo“.[38]

Die Rolle der Arbeiterschaft und des „Revisionismus“ in Ostmitteleuropa

Der auffälligste Unterschied zwischen den ostmitteleuropäischen Staaten und der Sowjetunion besteht in dem Anteil der Arbeiterschaft an den Veränderungen. Wie in der Sowjetunion war die Arbeiterschaft selbst oder ihr soziales Profil als „Werktätige“ in vergleichsweise großen Betrieben ein Produkt der forcierten Industrialisierung in den 1940er und 1950er Jahren. Im Gegensatz zur Sowjetunion fügte sie sich nach 1953

---

[37] Schleichwege. Inoffizielle Begegnungen sozialistischer Staatsbürger zwischen 1956 und 1989, hg. v. WŁODZIMIERZ BORODZIEJ u. a., Köln u. a. 2010; Socialist Internationalism in the Cold War. Exploring the Second World, hg. v. PATRYK BABIRACKI, Basingstoke 2016.

[38] GAIT, The Bloc that Failed, S. 151.

nicht allein durch informelle Aushandlungsprozesse in das System der Planwirtschaft. In unterschiedlichen Phasen und in unterschiedlicher Intensität war sie in den Unruhen und Umbrüchen von 1953 (DDR, ČSR), 1956 (Polen, Ungarn), 1968 (ČSSR), in Polen 1970, 1976 und 1980/81 ein Faktor, der maßgeblich an den politischen Prozessen beteiligt war oder sie – wie in Polen – sogar angestoßen hat.

Dieses Verhalten widersprach in fundamentaler Weise dem Selbstbild der stalinschen wie poststalinschen Parteiapparate und ihrer Führung. Sie sahen sich mehr oder minder glaubwürdig als Repräsentanten des Proletariats, perpetuierten aber in der Praxis immer von neuem die Gegensätze zwischen unten und oben, von autoritärer Herrschaft und Subalternität am Arbeitsplatz.[39] Hier beschränke ich mich nur auf einige Äußerungen, welche sich aus der Leugnung des fast unvermeidlichen, manchmal latenten und manchmal offenen Gegensatzes zwischen unten und oben ergaben. Im Interview mit Teresa Torańska bekannte der 1956 kurzfristig als Erster Sekretär der Vereinigten Polnischen Arbeiterpartei (PZPR) amtierende Edward Ochab: „Der Kommunismus ist die Ideologie der Arbeiterklasse, die sich nicht selbst befreien kann."[40] Und Władysław Gomułka schrieb 1971 kurz nach seiner Entlassung als Parteichef an das Zentralkomitee: „Auch wenn die Mehrheit [der Streikenden, D. B.] Arbeiterjugendliche waren, so darf man sie doch nicht mit der Arbeiterklasse als solche vergleichen."

Die Grundlage der Proteste an der Küste im Dezember 1970 sei nicht der Protest der Arbeiterklasse, sondern „enthemmter Anarchismus und wilde Selbstsucht und Willkür". Er definierte sie als negatives Erbe der polnischen Vergangenheit.[41] Er hielt es für gefährlich, dass Streiks zum politischen Führungswechsel führen könnten. Sein eher traditionelles Verständnis von oben und unten ließ sich nur schlecht vereinbaren mit dem Avantgarde-Anspruch der Partei und ihrer Aufgabe, die „Verbindung zu den Massen" (eine Standardformel der KPdSU) nicht zu verlieren.

Die ungarischen Arbeiter von Csepel spielten 1956 mit der Semantik des Parteijargons, indem sie auf Plakaten verkündeten: „Die 40.000 Aristo-

---

[39] Arbeiter im Staatssozialismus. Ideologischer Anspruch und soziale Wirklichkeit, hg. v. PETER HÜBNER u. a., Köln u. a. 2005.

[40] TERESA TORAŃSKA, Die da oben. Polnische Stalinisten zum Sprechen gebracht, Köln 1987, S. 37.

[41] Gomułka i inni. Dokumenty z archiwum KC 1948–1982 [Gomułka und andere. Dokumente aus dem Archiv des Zentralkomitees 1948–1982], hg. v. JAKUB ANDRZEJEWSKI, London 1987, S. 224 f.

kraten und Faschisten der Csepel-Werke streiken weiter!"[42] In den Losungen bei Demonstrationen in Polen 1981 ging es um den endgültigen Vertrauensverlust in „die da oben", so in den Hungermärschen der Arbeiterinnen in Łódź im Juli und August: „Die Hungrigen werden die Regierung aufessen". „Wir wollen Brot und nicht Polen teilen". „Wenn ihr keine Deckung für unser Geld habt - verkauft uns die Regierung". „Wir gehen dem Kommunismus entgegen, bitte während des Marsches nicht essen."[43]

Neben der sehr aktiven Rolle der Arbeiterschaft in den politischen Prozessen nach 1953/56 spielte auch der sogenannte Revisionismus eine ungleich größere Rolle als in der Sowjetunion. Seit Chruščev wurde blockübergreifend über Reformen der Planwirtschaft diskutiert. Es ging um ihre größere Effizienz, ohne die Machtverhältnisse infrage zu stellen. Die Dezentralisierung und der Einbau simulierter oder echter Marktelemente mochte noch systemkonform vorgestellt werden. Eine politische Dimension erhielten solche Reformüberlegungen, wenn sie mit Forderungen nach einer Demokratisierung der Planwirtschaft verbunden wurden.

Im Horizont der 1950er und 1960er Jahre ging es hierbei manchmal in Anknüpfung an das Modell der mythischen Rätedemokratie um Formen der Mitbestimmung bei der Planung und den Betriebsabläufen in Gestalt von Arbeiterräten. Jugoslawien galt hier manchmal als Vorbild. Das Experiment mit Arbeiterräten in Polen und Ungarn 1956/57 hatte keinen Bestand. In beiden Fällen wurden sie zu sehr assoziiert mit den Ereignissen von 1956. Sie wurden zerrieben zwischen der Überforderung seitens der Arbeiter und den manchmal auch politisch forcierten Zwängen von Planwirtschaft. In den Reformdiskussionen der ČSSR wurden die Fragen nach den Chancen eines „Marktsozialismus" mit einer Demokratisierung in Gestalt von Arbeiter- oder Betriebsräten kombiniert. Damit wären das Machtmonopol der Partei und ihrer Apparate und der Grundsatz des „demokratischen Zentralismus" zerstört worden. Diese Diskussionen wurden in Moskau, Berlin und Warschau daher als systemgefährdend, als revisionistisch eingestuft.

Dies galt zuvor schon für Analysen, wie sie die polnischen Aktivisten Jacek Kuroń und Karol Modzelewski bereits 1965 vorgelegt hatten: Die Krisen und Konjunkturen der Planwirtschaft erklärten sie mit einer

---

[42] Der ungarische Volksaufstand, hg. v. PETER GOSZTONY, München 1981, S. 399; zur Rolle der Arbeiter in Ungarn 1956/57 vgl. maßgeblich BILL LOMAX, Hungary 1956, London 1976, S. 147–169.

[43] KLAUS PUMBERGER, Solidarität im Streik. Politische Krise, sozialer Protest und Machtfrage in Polen 1980/81, Frankfurt am Main / New York 1989, S. 86 f., 92.

Korrelation zwischen Machtmaximierung und forcierten Investitionen (auf Kosten des Konsums) oder zwischen Machtminimierung (in Zeiten politischer Krisen) und dem dadurch erzwungenen Eingehen auf die Wünsche der Bevölkerung und damit der Reduzierung der Investitionen in der Schwer- und Rüstungsindustrie. Dies belegten sie mit den Wachstumszyklen seit 1948.[44] Für diese Analysen wurden beide Autoren aus der Partei ausgeschlossen und verhaftet. Wissenschaftlich wohl fundierter, aber ebenso politisch brisant waren Analysen Janos Kornais und anderer ungarischer Ökonomen. Sie analysierten die Konjunkturzyklen, Investitionsstaus und Defizite der Planwirtschaft und stellten damit den Nimbus angeblich wissenschaftlicher Gesetzmäßigkeit der Planwirtschaft infrage.[45]

Implizit und manchmal explizit ging es bei diesen Diskussionen und Entwürfen für eine Reform der Planwirtschaft um die Desavouierung und Ablösung des sowjetischen Modells von Planwirtschaft und des Herrschaftsmonopols der kommunistischen Parteien. Damit verbunden war immer die Frage nach den Grenzen staatlicher Souveränität und Selbstbestimmung nach innen.

Unauffälliger Systemwandel im Zentrum und in der Peripherie

Die sogenannte Brežnev-Doktrin legte nach 1968 für das kommende Jahrzehnt die Grenzen der Souveränität der osteuropäischen Staaten fest. In der Praxis beließ sie den Staaten viel größere Spielräume nach innen und außen als zur Zeit der Kominform. Die Politik der Entspannung mit dem Höhepunkt der Vereinbarungen von 1975 in Helsinki minderte die Blockdisziplin, nicht zuletzt, weil die Angst vor einem deutschen Revisionismus abgenommen hatte. Der „deutsche Komplex" blieb allerdings präsent.[46] An die Stelle der diktatorisch-dirigistischen Planwirtschaft der Stalinzeit war ein in die Planwirtschaft eingebundener „administrativer Markt" bzw. ein „bürokratischer Pluralismus" entstanden, in dem Lobbygruppen in komplizierten, intransparenten Aushandlungsprozessen um

---

[44] JACEK KUROŃ / KAROL MODZELEWSKI, Monopolsozialismus. Offener Brief an die Polnische Vereinigte Arbeiterpartei, Hamburg 1969.

[45] JANOS KORNAI, Overcentralization in Economic Administration, Oxford u. a. 1959; DERS., Economics of Shortage, 2 Bde., Amsterdam 1980; PÉTERI GYÖRGY, Purge and Patronage. Kádár's Counter-Revolution and the Field of Economic Research in Hungary, 1957–1958, in: Contemporary European History 11 (2002), Teil 1, S. 125–152.

[46] SEIBT, Die Deutschen, S. 254.

Ressourcen aller Art feilschten.[47] In den Nischen der Planwirtschaft hatte sich zudem eine Schattenwirtschaft breitgemacht, welche die Defizite der staatlichen Verteilung zumindest teilweise ausglich. Mit Ausnahme der ČSSR hatten alle sozialistischen Länder in der Hoffnung auf technologische Modernisierungsimpulse den Handel mit dem Westen ausgeweitet. Sie gerieten aber seit Mitte der 1970er Jahre in die Schuldenfalle. Wegen der Energielieferungen waren sie gegenüber der Sowjetunion verschuldet, wegen der wenig effektiv eingesetzten westlichen Kredite bei den westlichen Kreditgebern.[48] Wie in der Sowjetunion hatte sich zudem seit den 1960er Jahren so etwas wie ein Konsumpakt zwischen dem Regime und der Bevölkerung etabliert. Das Regime belastete die Bevölkerung nicht allzu sehr und die Bevölkerung arrangierte sich mit den zu Ritualen und Konventionen erstarrten Loyalitätsbezeugungen. Nach außen gezeigte Konformität war entscheidend, nicht Überzeugungen.[49]

Aus der Vogelperspektive gesehen ähnelten sich die Reaktionen in der Bevölkerung auf die Alltagsroutinen der sozialistischen Regime und auf die in Leerformeln erstarrten „Ideokratien". Auf Widerspruch reagierten sie immer noch mit Sanktionen. Die Mehrheit der Bevölkerung und wohl auch der Intelligenz hatte sich mit den Regeln des sozialistischen Alltags und der sozialistischen Arbeitswelt arrangiert, da sie vielfach ungestraft unterlaufen oder biegsam genutzt werden konnten. Für das spätestens seit der Zeit Breževs eher entspannte und zugleich zynische Verhältnis bezeichnend war die verbreitete „Vielsprachigkeit": das Eine denken und im privaten Kreis äußern und etwas Anderes öffentlich sagen und „bezeugen". Entscheidend waren nicht mehr geglaubte Überzeugungen, sondern erlernte Formeln und nach außen gezeigte Loyalität.[50]

---

47 SIMON KORDONSKII, The Structure of Economic Space in Post-Perestroika Society and the Transformation of the Administrative Market, in: Post-Soviet Puzzles. Mapping the Political Economy of the Former Soviet Union, hg. v. KLAUS SEGBERS / STEPHAN DE SPIEGELEIRE, Baden-Baden 1995, Bd. 1, S. 157–204; Gruppe „Erfahrung und Zukunft" (DiP): Symptome und Ursachen der polnischen Krise, in: Polen – Symptome und Ursachen der Krise, hg. v. WŁODZIMIERZ BRUS u. a., Hamburg 1981, S. 50–110.

48 IVAN T. BEREND, Central and Eastern Europe, 1944–1993. Detour from Periphery to Periphery, Cambridge 1996, S. 94–253; ANDREW C. JANOS, East Central Europe in the Modern World. The Politics of the Borderlands from Pre- to Postcommunism, Stanford 2000, S. 257–328; DIETRICH BEYRAU, Das sowjetische Modell – Über Fiktionen zu den Realitäten, in: Arbeiter im Staatssozialismus, S. 47–70.

49 RAINER GRIES, Dramaturgie der Utopie. Kulturgeschichte der Rituale der Arbeiter- und Bauern-Macht, in: Arbeiter im Staatssozialismus, S. 191–214.

50 SERGEJ MEDVEDEV, USSR: The Destruction of the Text, in: Post-Soviet Puzzles, S. 83–120.

Die Anekdote und der Witz, die mit den Lügen, Fehlwahrnehmungen, Ungereimtheiten und Leerformeln der Politik und des Alltags spielten und oft genug karnevalistische Elemente enthielten, waren zugleich uneindeutig und provokativ. Sie erfreuten sich bis in höchste Kreise großer Beliebtheit. Sie sind heute in Sammlungen gespeichert. Sie entlasteten im Alltag und konnten wie Opiate wirken. Im doppelsinnigen Sprechen zeigte sich ein Humor, der aufgehört hatte zu kämpfen. Die polnische Soziologie sprach von habitueller Schizophrenie, die öffentliche „Kollaboration" mit privatem Dissens kombinierte. Ob dies die sozialistischen Regime in Osteuropa stabilisierte oder langfristig doch gefährdete, darüber wird bis heute gestritten.[51]

Innere Herausforderungen gegen die Sowjetisierung

In der Sowjetunion hatte sich seit den Prozessen gegen die Schrifsteller Julij Daniėl' und Andrej Sinjavskij 1965/66 der Samizdat, also die Verbreitung zensurfreien Schrifttums aller Art, fast schon institutionalisiert. Die sogenannte Normalisierung in der ČSSR nach 1969 mit ihren Massen-Ausschlüssen aus der Partei und den Entlassungen von Tausenden von Angehörigen der Intelligenz aus wissenschaftlichen und kulturellen Einrichtungen schufen ein „kulturelles Biafra" (Louis Aragon).

Aber auch im als vergleichsweise liberal geltenden Polen war in der zweiten Hälfte der 1970er Jahren ein Drittel aller Schriftsteller mit Publikationsverbot belegt. Der Rest leide unter der Zensur oder schreibe bewusst die Unwahrheit, so 1980 der Schriftsteller Jacek Bocheński in der Warschauer Sektion des Schriftstellerverbandes.[52] Eine Umfrage in Polen Ende der 1970er Jahre hatte erkennen lassen, dass Angst und Statusunsicherheit unter Spezialisten und Angehörigen geistiger Berufe am stärksten ausgeprägt waren.[53] In Ungarn hatten die Lukács-Schüler mit Strafverfol-

---

[51] ALEXEI YURCHAK, Everything was Forever Until it was no More. The Last Soviet Generation, Princeton / Oxford 2006, insbes. Kap 7. Yurchak legitimiert die „Vielsprachigkeit" gegen den Dissens. INGRID OSWALD, Zum sozialen Gedächtnis. Der sowjetische politische Witz, in: Soziologie und Geschichte. Geschichte der Soziologie, hg. v. BELLA BALINT / ANTON STERBLING, Hamburg 1995, S. 205–222; GRAHAM SETH, The Russian Joke in Cultural Context, Evanston, IL 2009; STEFAN NOVAK, A Decent Person and Higher Necessity, in: Survey 25 (1980), S. 155–157.

[52] HELGA HIRSCH, Bewegungen für Demokratie und Unabhängigkeit in Polen 1976–1980, Mainz / München 1985, S. 87.

[53] MELANIE TATUR, Solidarność als Modernisierungsbewegung. Sozialstruktur und Konflikt in Polen, Frankfurt am Main / New York 1989, S. 70–72.

gung und Berufsverboten zu kämpfen. Prominenz erlangte der Prozess gegen Miklós Haraszti wegen seiner Reportage aus einem Betrieb, der die Rede von der befreiten Arbeit im Sozialismus Lügen strafte.[54]

Die ideologisch-politischen Zwänge, die in der Kultur, im Erziehungswesen und in den Sozial- und Geisteswissenschaften trotz Flexibilisierung immer noch galten, provozierten besonders in den Bildungsschichten Widerspruch und die Suche nach Alternativen. In der Sowjetunion zeigte sich diese Suche nach intellektuellen Freiheiten in Gestalt des Samizdat. Die Regime in Prag, Warschau und Budapest schufen mit der Verfolgung und Schikanierung von Angehörigen der Intelligenz die Bedingungen für die Entstehung einer Gegenöffentlichkeit mit jeweils eigenen Formen nicht-lizensierten Publizierens.[55] Die Schattenwirtschaft, manchmal auch die Korruption, Gesetzeslücken und phasenweise die Indolenz der Partei und ihrer „Organe“ bildeten die Voraussetzungen für den Samizdat, den zweiten Umlauf, wie es in Polen hieß, für eine Literatur „hinter Schloss und Riegel“ (so eine Schriftenserie in der ČSSR).

Überall war die Entstehung alternativer Foren eine Folge enttäuschter Reformerwartungen. In den ostmitteleuropäischen Ländern veranlasste die mangelnde Reformfähigkeit der Regime sowohl Angehörige der ausgeschlossenen Parteiintelligenz als auch Intellektuelle ganz unterschiedlicher Orientierung über Reformstrategien nachzudenken. Sie durften vordergründig weder das interne Herrschaftsmonopol der Partei noch die Vorherrschaft der Sowjetunion, ihr äußeres Imperium, herausfordern. In einer Kombination von Theorien und Praktiken entstanden Konzepte des sogenannten Evolutionismus, die Entdeckung der bürgerlichen Gesellschaft (*civil society*, *społeczeństwo*), die Notwendigkeit einer „parallelen Polis“ oder einer „Anti-Politik“.[56]

---

[54] MIKLÓS HARASZTI, Stücklohn, Frankfurt am Main 1975.

[55] Aus der nun schon unübersichtlichen Literatur nenne ich nur: Samizdat. Alternative Kultur in Zentral- und Osteuropa: Die 60er bis 80er Jahre, hg. v. der Forschungsstelle Osteuropa, Bremen 2000; Grundbegriffe und Autoren ostmitteleuropäischer Exilliteraturen, 1945–1989, hg. v. EVA BEHRING u. a., Stuttgart 2004; Underground Publishing and the Public Sphere. Transnational Spheres, hg. v. JAN C. BEHRENDS / THOMAS LINDENBERGER, Münster 2014, und dortige Literaturhinweise.

[56] MARC RAKOVSKI, Towards an East European Marxism, New York 1978; JACEK KURON, Document on Contemporary Poland. Reflections of a Program of Action, November 1976, in: The Polish Review 22 (1977), H. 3, S. 51–69; siehe auch die Beiträge aus der polnischen Opposition in: Survey 24 (1979), H. 4, und Survey 25 (1980), H. 1; VÁCLAV BENDA, Die Parallele Polis (1978), in: Zivilgesellschaft und Menschenrecht im östlichen Europa. Tschechische Konzepte der Bürgergesellschaft im historischen und nationa-

Spätestens seit Helsinki (Korb III) wurde die Inanspruchnahme der Grund- und Menschenrechte zu einem vielversprechenden Hebel, da sie formal auch von den sozialistischen Staaten anerkannt worden waren. Der Korb III bildete dann den Bezugspunkt für die sogenannte Helsinki-Gruppen in der Sowjetunion, sehr schnell unterdrückt, aber auch für polnische und tschechische Aktivisten. In Polen waren mit der Revision der Verfassung 1976 sowohl die bedingten Grundrechte, gebunden an die Erfüllung der Pflichten eines Bürgers gegenüber Staat und Partei, die Verankerung der führenden Rolle der Partei und zudem noch die Festlegung des Bündnisses mit der Sowjetunion in der Verfassung Anlass zu dem berühmten Protest der 59 (mit dann Tausenden von Unterschriften). Die Kirche beanstandete insbesondere die bedingten Grundrechte. Sie berief sich auf ein naturrechtliches Verständnis der Menschenrechte, d. h. ihre bedingungslose Geltung. Damit wurde sowohl die verfassungsrechtliche Orientierung am sowjetischen Modell als auch die Souveränität Polens angesprochen, wenn es um die Verankerung „brüderlicher Verbundenheit" mit der UdSSR in der Verfassung ging.

Die Aktivierung von Gesellschaft mit dem Ziel, Druck auf die Parteiführung auszuüben, ohne innere oder äußere Gegenschläge zu provozieren, wurde in Polen mit der Gründung des Komitees zur Verteidigung der Arbeiter (KOR) und der Bewegung zur Verteidigung der Menschen- und Bürgerrechte (ROPCiO) in die Tat umgesetzt. Im Fall des KOR ging es um die Unterstützung der Arbeiter, die wegen Streiks entlassen, verhaftet, misshandelt und angeklagt worden waren. Gegen die Streikenden wurde zudem ein sehr sowjetisches Verfahren der Beschämung in sogenannten Bußversammlungen praktiziert. Dies war eine Variante der Kritik und Selbstkritik, wie sie in der Sowjetunion seit Mitte der 1920er Jahre zunächst in der Partei, dann aber auch in Betrieben und anderen Einrichtungen üblich geworden war.[57]

Die Etablierung der Charta 77 in Prag, des KOR und der ROPCiO in Polen und der „Samizdat-Boutique" László Rajks in Budapest war nicht zuletzt durch den Samizdat in der Sowjetunion angeregt worden. Es gab allerdings einen wesentlichen Unterschied zum sowjetrussischen Dissens der 1960er und 1970er Jahre: Dieser beschränkte sich notgedrungen auf einen moralischen Protest und auf ein Minimum, die Einhaltung der in

---

len Vergleich, hg. v. ROBERT LUFT, Göttingen 2014, S. 391–400; GYÖRGY KONRÁD, Antipolitik. Mitteleuropäische Meditationen, Frankfurt am Main 1985.

[57] LORENZ ERREN, „Selbstkritik" und Schuldbekenntnis. Kommunikation und Herrschaft unter Stalin (1917–1953), München 2008.

sich oft genug widersprüchlichen sowjetischen Gesetze, da nicht einmal diese von den Behörden eingehalten wurden.[58] Die aktivistischen Gruppen unter der Intelligenz Ostmitteleuropas verbanden dagegen mit ihren Aktionen das Ziel eines evolutionären Wandels. Er lief auf die Ausweitung bürgerlicher Freiheiten und damit implizit auf eine Lösung vom sowjetischen Modell und auf die Ausweitung der Souveränitätsrechte ihrer Staaten hinaus. Die Niederlagen von 1956, 1968 und 1970 im Gedächtnis gab man die Aktivitäten der *Solidarność* als „sich selbst beschränkende Revolution" aus.[59] Diese Selbstbescheidung galt für die Mittel - den unbedingten Verzicht auf Gewalt - und die Hinnahme der Zugehörigkeit zur sowjetisch dominierten Staatengemeinschaft.

Wenn sich der Samizdat in der Sowjetunion und das nicht lizensierte und nicht zensierte Schrifttum in der Tschechoslowakei und in Ungarn auf vergleichsweise enge Zirkel hauptsächlich der Intelligenz beschränkte, so erreichte der sogenannte zweite Umlauf in Polen schon Massenauflagen mit eigenen Verlagen, mit Resonanz und Eigenaktivitäten auch in Arbeiterzirkeln, zudem im Austausch mit der Emigration im Ausland, hier vor allem mit der Zeitschrift „Kultura" in Paris.

Das unzensierte Sprechen wollte die „Enteignung der Köpfe" durch die Parteirhetorik, das Parteichinesisch oder die *nowa mowa* (Neusprech) mit ihren entmündigenden Folgen beseitigen. Besonders die Intelligenz sollte auf die verbreitete „Vielsprachigkeit" oder die sprachliche „Maskierung" in der Öffentlichkeit verzichten.[60] Damit verbunden war die Kritik am historischen Gedächtnisverlust, wie ihn Čingiz Ajtmatov 1980 als „Mankurtismus" im Roman „Ein Tag länger als ein Leben" zum Thema gemacht hatte.[61]

Die Fixierung auf den taktischen Gebrauch der sozialistischen Semantik in den Bildungsschichten unterschätzt, dass sie in vieler Hinsicht weniger sprachmächtige Schichten in vieler Hinsicht „enteignet" und „entmündigt" hatte. Obwohl durchaus egalitär und sozialistisch orientiert,

---

[58] DIETRICH BEYRAU, Arcane and Public Spheres in the Soviet Union, in: Underground Publishing, S. 99–142; BENJAMIN NATHANS, The Dictatorship of Reason. Alexander Vol'pin and the Idea of Rights under „Developed Socialism", in: Slavic Review 66 (2007), H. 4, S. 630–663.

[59] JERZY HOLZER, Solidarität. Geschichte einer freien Gewerkschaft in Polen, München 1984, S. 132 f., 298–302; JADWIGA STANISZKIS, Poland's Self Limiting Revolution, Princeton, NJ 1984; TATUR, Solidarność als Modernisierungsbewegung, S. 163–175.

[60] Siehe schon MIŁOSZ, Verführtes Denken, S. 64–90.

[61] ČINGIZ AJTMATOV, I dol'še veka dlitsja den', Moskva 1980; deutsch: Ein Tag länger als ein Leben, Gütersloh 1981.

eigneten sich daher die in der *Solidarność* aktiven Arbeiter eher die Semantik der Intellektuellen (Würde und Freiheit) und die Symbole der Kirche (Kreuze und Marienkult) an, eine öffentliche Negierung des parteiamtlichen (und sowjetischen) Atheismus und seiner Sprache und Symbole.[62] Denn in Polen hatte die katholische Kirche die Rolle nationaler Distinktion und nationalen Eigensinns übernommen. Gestützt auf eine immer noch bestehende verbreitete Volksfrömmigkeit konnte die Kirche es sich leisten, eigene Positionen unabhängig von Staat und Partei und manchmal auch gegen diese zu behaupten.

Die Konkurrenz um die Deutungshoheit bei der Tausendjahrfeier der Christianisierung Polens (966–1966), der Umgang mit der antideutschen Position in der Partei (und der Bevölkerung), wie er sich im Brief der polnischen an die deutschen Bischöfe vom Dezember 1965 zeigte,[63] ihre Einmischung in die Verfassungsdiskussion und schließlich ihre Vermittlerrolle im Konflikt zwischen der Partei und der *Solidarność*-Bewegung perpetuierten und akzentuierten den Status der Kirche. Ihre öffentliche Präsenz hatte sich besonders deutlich in der schweigenden Versammlung der Gläubigen in Tschenstochau (Częstochowa) im Oktober 1956 oder beim Besuch Papst Johannes Pauls II. im Juni 1979 gezeigt. Adam Michnik, einer der führenden Aktivisten der Opposition in Polen, erkannte daher in der Kirche eine „anti-totalitäre" Institution und einen potentiellen Bündnispartner der Gesellschaft (und Opposition), wenn sie sich von bestimmten negativen Elementen ihrer Vergangenheit wie dem Antisemitismus und Antijudaismus und ihrer „konstantinisch"-triumphalistischen Tradition losgesagt habe.[64]

In den ostmitteleuropäischen Ländern galten alle gesellschaftlichen Aktivitäten außerhalb der Partei als notwendiger Bestandteil einer nationalen Befreiung und damit als Prozess der Entsowjetisierung. Das nationale Element in den Protesten und im Samizdat Litauens und der Ukraine war noch ausgeprägter als in den ostmitteleuropäischen Ländern. Im Einsatz für die Bürger- und Menschenrechte ging es in der Regel um

---

[62] STEFAN NOWAK, Wertvorstellungen in Polen, in: Journal für Sozialforschung 22 (1982), H. 1–2, S. 71–92; JADWIGA STANISZKIS, Dynamik des Arbeiterbewußtseins, in: Ebd. S. 93–114; PUMBERGER, Solidarität im Streik, S. 343–351; TATUR, Solidarność als Modernisierungsbewegung, S. 108–122.

[63] Versöhnung und Politik. Polnisch-deutsche Versöhnungsinitiativen der 1960er Jahre und die Entspannungspolitik, hg. v. FRIEDHELM BOLL u. a. Bonn 2009.

[64] ADAM MICHNIK, Die Kirche und die polnische Linke. Von der Konfrontation zum Dialog, München 1980; ANNA NIEDŹWIEDŹ, Religious Symbols in Polish Underground. Art and Poetry of the 1980s, in: Underground Publishing, S. 189–211.

die Unterdrückung oder Benachteiligung der einheimischen Sprache und Kultur und – besonders im litauischen Fall – um Repressalien gegen die katholische Kirche, ihre Geistlichen und Gemeinden.[65] Der Einsatz und die Unterstützung der Kirche wurde hier – wie in Polen – auch als Teil nationaler Selbstbehauptung verstanden und musste nicht unbedingt mit der Anerkennung pluralistisch-demokratischer Werte verbunden sein.[66]

Trotz aller Veränderungen seit 1953/56 erkannten die Oppositionellen und Kritiker der bestehenden Regime in der Parteiherrschaft und ihren Praktiken Elemente von Sowjetisierung, welche die nationalen Traditionen und Bedürfnisse zu zerstören drohten. In der Formulierung des tschechischen Philosophen und Poeten Ivan Sviták, hier auf die ČSSR bezogen: „Die Entwicklung in der Tschechoslowakei nach 1948 war lediglich ein Postscriptum hinter eine ideelle Katastrophe, die sich in der UdSSR in der Zeit der Moskauer Prozesse mit dem Marxismus abgespielt hatte."[67]

Nationalistisch im Inhalt und sozialistisch in der Form?

Wenn die Staaten Osteuropas ein Postscriptum des sowjetischen Stalinismus oder Provinzen des sowjetrussischen Imperiums waren,[68] so betrieben die Parteiführungen zu ihrer Legitimation doch eine nationale Agenda – durch Beschwörung historischer Ereignisse und durch die Produktion historischer Narrative. Sie hatten die Gegenwart als Fortschritt, wenn nicht gar als Vollendung nationaler Entwicklung zu zelebrieren. Dies galt jedenfalls für die Staaten, die sich als Sieger des Weltkrieges sahen. Besonders auffällig war dies bei der These von der Rückkehr Polens in seine historisch angestammten Gebiete, mit der Feier von Grunwald / Tannenberg (1410–1960) oder des tausendjährigen Jubiläums Polens (966–1966).

---

[65] MISIUNAS / TAAGEPERA The Baltic States, S. 250–271; SUBTELNY, Ukraine, S. 517–526; im Überblick: DIETRICH BEYRAU, Anderes Denken, Dissens und Opposition 1956–1986, in: Aufbruch mit Gorbatschow. Entwicklungsprobleme der Sowjetgesellschaft, hg. v. CASPAR FERENCZI / BRIGITTE LÖHR, Frankfurt am Main 1987, S. 196–224, hier S. 206–211; ALEKSANDR DANIĖL', Positionen und Richtungen im politischen Samizdat der UdSSR, in: Ringen um Autonomie. Dissidentendiskurse in Mittel- und Osteuropa, Berlin 2017, hg. v. WOLFGANG EICHWEDE / JAN PAUER, S. 13–101, hier S. 35–51.

[66] BRIAN PORTER-SZÜCS, Faith and Fatherland. Catholicism, Modernity, and Poland, Oxford 2011, S. 324–326, 341–357.

[67] Prag 1968. Dokumente, hg. v. MICHAEL CSIZMAS, Bern 1968, S. 130.

[68] MIŁOSZ, Verführtes Denken, S. 31.

Letzteres wurde als Staatsgründung und nicht als Christianisierung gefeiert. In der Tschechoslowakei pflegte man mit dem Rückgriff auf den Hussitismus die revolutionäre wie die antideutsche Tradition. Die Slowakei setzte in der Krise seit 1966 die Föderalisierung der ČSSR durch und betonte damit ihre Eigenstaatlichkeit, wenn auch in einem Staatsverband mit dem tschechischen Landesteil. In Ungarn traute man sich wieder seit den 1970er Jahren, das Trauma von Trianon dosiert in der Öffentlichkeit zu thematisieren.

Überall blühte nach sowjetischem Vorbild eine Folklore mit ihren echten oder erfundenen Volksliedern, Volkstänzen und Trachten. Auch die hässlichen Seiten des Nationalismus kamen hin und wieder zur Geltung, so in den antisemitischen Kampagnen nach Israels Siebentagekrieg. Dieses Ereignis war in Polen mit dem Aufstieg des Parteisekretärs Mieczysław Moczar und seiner „Partisanen" verbunden und führte zur Ausreise von Tausenden von Polen jüdischer Herkunft – Jan Gross' Publikationen über den Antisemitismus im Nachkriegspolen sind wohl auch als fernes Echo dieser Jahre zu sehen.

In Polen und in Rumänien setzte sich der Prozess ethnischer Homogenisierung insofern fort, als es Angehörigen der deutschen Minderheiten erlaubt wurde auszureisen. Diese Auswanderung war zwar in der Regel „freiwillig", weil die besseren Lebensbedingungen in der Bundesrepublik lockten. Die Bereitschaft zur Ausreise hatte aber auch mit Diskriminierung (in Polen) und den politischen Verhältnissen in Rumänien zu tun. Beide Staaten ließen sich außerdem die Ausreise fürstlich bezahlen. In jedem Fall forcierten sie die ethnische Homogenisierung in den entsprechenden Regionen. Ein anderes extremes Beispiel in den 1980er Jahren war in Bulgarien die erzwungene Bulgarisierung der Namen von Türken und Angehörigen anderer muslimischer Minderheiten. Ihr folgte die mehr oder minder unfreiwillige Auswanderung von Hunderttausenden von Angehörigen der muslimischen Minderheiten in die Türkei.[69]

Aus Sicht der kritischen Intellektuellen war die Aneignung und Instrumentalisierung nationaler, wenn nicht gar nationalistischer Traditionen und Narrative unecht, nur Fassade und ein Bestandteil der Sowjetisierung. In den Sowjetrepubliken entstanden auf diese Weise nationale

---

[69] STEFAN TROEBST, Rezension zu ULRICH BJUKSENSJUTC, Malcinstvenata politika v Bulgarija. Politikata na BKP kum evrei, romi, pomaci i turci 1944–1989 [Minderheitenpolitik in Bulgarien. Die Politik der Bulgarischen Kommunistischen Partei gegenüber den Juden, Roma, Pomaken und Türken 1944–1989], Übersetzung aus dem Deutschen IVO GEORGIEV, Sofija 2000, in: H-Soz-Kult, 19.04.2002, www.hsozkult.de/publicationreview/id/reb-3479 (Zugriff: 10.08.2020).

„Reservatskulturen“[70] mit ihrer Folklore und nationalistischen Narrativen. In den westlichen Republiken enthielten sie manchmal einen antipolnischen Akzent. Sie konkurrierten und koexistierten mit der Propagierung der „historisch neuen Gemeinschaft der Sowjetvölker“ oder gar des Sowjetvolkes.

Mythos Mitteleuropa

In dieser Gemengelage von regimekonformen Nationalismen und Ängsten vor einer Sowjetisierung in Ostmitteleuropa erlangte ein Essay des emigrierten tschechischen Schriftstellers Milan Kundera in den intellektuellen Zentren des Westens und Ostens eine besondere Resonanz. In seinem Essay „Un occident kidnappé“ (1983) beschwor er die Zugehörigkeit des östlichen Europas zum „Westen“ und distanzierte diesen Teil des Kontinents, mehr oder minder identisch mit den Ländern der ehemaligen Habsburgermonarchie, von Russland bzw. der Sowjetunion (die Bezeichnungen gehen bei ihm durcheinander). Er beklagte die Gefahr der Sowjetisierung, aber ebenso den Verrat des Westens an einer Region, die mit ihrer Multinationalität und ihrem intellektuellen, auch jüdischen Erbe ein konstitutiver Teil europäischer Kultur gewesen sei. Er klagte über den Untergang einer bildungsbürgerlichen Kultur, zerstört durch Sowjetisierung und durch den mangelnden Rückhalt im Westen.

Dabei prägte er einen Begriff von Mitteleuropa und einer europäischen Zivilisation, die er scharf abgrenzte von der fremden sowjetrussischen Zivilisation. Die kommunistischen Regime „unterminierten die Identität einer Nation“ und erleichterten es, „durch die russische Zivilisation geschluckt zu werden.“ Damit sei der Untergang einer Ära verbunden, „in der die Kultur noch die Verwirklichung höchster Werte repräsentierte“. „Die totalitäre russische Zivilisation ist die radikale Negierung des modernen Westens, des Westens, vor vierhundert Jahren am Beginn der modernen Ära entstanden.“[71]

---

[70] RONALD G. SUNY, Revenge of the Past. Nationalism, Revolution and the Collapse of the Soviet Union, Stanford, CA 1993, S. 111.

[71] Zit. nach MILAN KUNDERA, The Tragedy of Central Europe, in: The New York Review of Books, 26.04.1984, S. 33; DERS., Die Tragödie Mitteleuropas, in: Aufbruch nach Mitteleuropa. Rekonstruktion eines versunkenen Kontinents, hg. v. ERHARD BUSEK, Wien 1986, S. 133–144; zum weiteren politischen Kontext mit Bezügen zur Gegenwart vgl. MARTIN SCHULZE-WESSEL, Konvergenzen und Divergenzen in der europäischen Geschichte vom Prager Frühling bis heute, in: Geschichte und Gesellschaft 43 (2017), H. 1, S. 92–109.

Kundera beklagte nicht so sehr den Untergang der europäischen Kultur als vielmehr die Erosion – und wie in der ČSSR die Zerstörung – der *Inteligencija*, der östlichen, sozialistisch überformten Spielart von Bildungsbürgertum.[72] Dieser Begriff war im 19. Jahrhundert in Mitteleuropa entstanden, überlebte, zunächst negativ, dann positiv konnotiert in der Sowjetunion, und er tauchte nach 1945 in Ostmitteleuropa wieder auf. Er beschrieb eine quasi ständische gesellschaftliche Hierarchie. In ihrem Rahmen hatte die alimentierte (und staatlich eingehegte) Intelligenz in dienender Funktion Kultur und Wissen zu produzieren und die Macht zu legitimieren. Diese der Macht, dem „Proletariat" als herrschender Klasse dienende Funktion wurde manchmal direkt oder indirekt infrage gestellt.[73] Typisch für die Kulturproduktion in fast allen sozialistischen Ländern war seit dem Tauwetter die herausragende Rolle von Kulturzeitschriften, in denen oft genug politische Fragen verhandelt wurden. Im Grundsatz entsprach dies dem bildungsbürgerlichen Ideal der Kommunisten, ein Ideal, das auf Dauer nicht funktionieren konnte. Denn Kultur und Macht, Kultur und Politik folgten und folgen sehr unterschiedlichen Koordinaten. Nur im Stalinismus konnten sie zwangsweise und zwanghaft als Einheit gedacht und als Einheit behandelt werden.

Entscheidend für die Resonanz des Textes von Kundera aber war die Abgrenzung von der sowjetischen Zivilisation, übrigens auch von der Deutschlands. Die Betonung der Eigenart „Mitteleuropas" war spätestens seit Entstehung der neuen Staaten aus der Erbmasse der Habsburgermonarchie und des Russischen Reiches ein Thema, das Historiker und Intellektuelle umtrieb.[74] Diese Diskussion erhielt mit Kunderas Beleuchtung eine neue politische Dimension, attraktiv für alle Kritiker und Oppositionellen in den Ländern „Mitteleuropas", aber auch eine Mahnung an die westlichen Intellektuellen mit ihrem geringen Interesse für die Vorgänge jenseits des Eisernen Vorhangs.

---

[72] DIETRICH BEYRAU, Intelligenz und Dissens. Die russischen Bildungsschichten in der Sowjetunion 1917 bis 1985, Göttingen 1993, S. 9–13.

[73] Richta-Report. Die Auswirkungen der technisch-wissenschaftlichen Revolution auf die Produktionsverhältnisse, hg. v. RADOVAN RICHTA, Frankfurt am Main 1971; GYÖRGY KONRÁD / IVÁN SZELÉNYI, Die Intelligenz auf dem Wege zur Klassenmacht, Frankfurt am Main 1978.

[74] OSKAR HALECKI, Borderlands of Western Civilization, New York 1952; deutsch: Grenzen des Abendlandes. Eine Geschichte Ostmitteleuropas, Salzburg 1957; JENÖ SZÜCS, Die drei historischen Regionen Europas, Frankfurt am Main 1994; JOACHIM VON PUTTKAMER, Ostmitteleuropa im 19. und 20. Jahrhundert, München 2010; KARL SCHLÖGEL, Die Mitte liegt ostwärts. Die Deutschen, der verlorene Osten und Mitteleuropa, Berlin 1986.

Dies geschah zu einer Zeit, als die Grenzen nach Westen für Ungarn und Polen viel durchlässiger waren als in den 1950er und 1960er Jahren und als die Diversität unter den sozialistischen Ländern viel ausgeprägter war als nach 1948. Waren die Regime - um eine stalinsche Formel aufzunehmen - in den 1950er Jahren national in der Form und sozialistisch im Inhalt, so waren sie in den 1980er Jahren fast schon nationalistisch im Inhalt und nur noch sozialistisch in der Form. Aber selbstverständlich entsprachen sie nicht dem bildungsbürgerlichen Ideal, das Milan Kundera entworfen hatte. Als Kontrast zur tristen Realität mobilisierte diese Interpretation aber jene Angehörigen der Intelligenz, die vom Regime drangsaliert wurden und nach neuen Perspektiven suchten. Es bedurfte erst der Krise im Zentrum des Imperiums, um das externe Imperium sich selbst zu überlassen.

Resümee

Die Sowjetunion lässt sich ohne weiteres als „imperiale Formation", unter Stalin gar als Imperium bezeichnen. Zu Beginn der 1930er Jahre hatten sich alle Sowjetrepubliken dem Diktat einer vom Moskauer Zentrum vorgegebenen Industrialisierung und Aufrüstung zu unterwerfen. Es war begleitet von der Propagierung eines machtstaatlich und russisch konnotierten Sowjetpatriotismus. Nach dem Sieg von 1945 schuf sich die Sowjetunion ein Glacis und erzwang dessen Strukturangleichung. Den „Satelliten" wurde ein subalterner Status zugewiesen, der zudem mit Ausbeutung verbunden war. Dies waren klassische Kriterien für die Kennzeichnung von Imperien. Weniger eindeutig wurde die Situation nach 1953/56, als den Parteien im Innern größere Spielräume gestattet wurden und sich das politische Profil der Führung, die Steuerung und Kontrolle der Gesellschaft und die Entstehung gesellschaftlicher Freiräume sehr unterschiedlich entwickelten. In bescheidenem Umfang galt dies selbst für die Außenbeziehungen, wenn man an Polens Initiative für eine atomwaffenfreie Zone in Mitteleuropa (Rapacki-Plan), an Eskapaden Ceauşescus oder die offensichtlich geringe Begeisterung für die forcierte sowjetische atomare Rüstung in den 1980er Jahren in der DDR und Ungarn denkt.

Ein Kriterium zur Beurteilung der Grenzen von Souveränität der seit den 1970er Jahren im „sozialistischen Weltsystem" verorteten Sowjetrepubliken und der Staaten Ostmitteleuropas wäre das Ausmaß der sicher sehr unterschiedlichen Intervention des Moskauer Zentrums bei der Auswahl der Partei- und Regierungschefs und der (geheimdienstlichen)

Durchdringung der Partei- und Staatsapparate, insbesondere auch des Militärs. Hinzu kam, dass die Sowjetunion ihr Vorfeld in der Weise beherrschte, dass sie nach 1968 Reformen unterband, die Verhinderungspolitik aber mit einer zunehmenden Subventionierung bezahlte. Auch einige Sowjetrepubliken stellten unter ökonomischen Gesichtspunkten sicher keine Bereicherung des Zentrums dar. In beiden Fällen zeigte sich einmal mehr eine Strukturdominanz, die sich mit dem Begriff der „imperialen Formation“ angemessen kennzeichnen lässt.

Wenn interne Kritiker den Nationalismus der kommunistischen Regime als unecht und als Fassade charakterisierten, so unterschätzen sie wohl die Attraktivität der Art und Weise, in der der Nationalismus zur Geltung gebracht wurde. Dies bezieht sich in erster Linie auf die ethnische Homogenisierung der Nachkriegsgesellschaften – und im Falle Polens auch auf seine Westverschiebung. Bis mindestens in die 1970er Jahre hinein war wegen der Erfahrungen im Zweiten Weltkrieg der antideutsche Reflex konstitutiv für den Nationalismus in diesen Ländern. Die meisten historischen Feiern und Gedenktage hatten etwas mit der Abgrenzung von deutscher (im Falle Ungarns von österreichischer) Geschichte und deutscher (österreichischer) Übermacht zu tun. Nationalistische Narrative aus der Zeit der Zwischenkriegszeit behielten ihre Geltung, zeitweilig durch Klassenkampfparolen erweitert.

„Unecht“ war der Nationalismus nur insofern, als historische und aktuelle Interessendivergenzen und Konflikte mit Russland bzw. der Sowjetunion öffentlich nicht thematisiert werden durften. Auch mit den Nachbarn – etwa zwischen Ungarn und Rumänien – konnten sie nur sehr verdeckt angesprochen werden. Als „unecht“ mochte dieser Nationalismus auch insofern gelten, als maßgebliche politische Figuren der Zwischenkriegszeit wie Piłsudski, Masaryk oder Horthy mehr oder minder marginalisiert wurden. Der schon vor dem Krieg etablierte kulturelle Kanon wurde nach 1948 nach „links“ verschoben, indem man die nationalen Kulturgrößen – wie in der Sowjetunion – mit dem Etikett „fortschrittlich“ oder „revolutionär“ versah. Wenn die sowjetische Politik schon im Innern immer noch im Stadium des „Aufblühens“ der Nationen verharrte und ihre Verschmelzung zur historisch neuen Gemeinschaft nur unsystematisch und ohne allzu großen Nachdruck betrieb, so beließ sie es im „externen Imperium“ beim Stadium des Aufblühens, ergänzt lediglich durch das Russische als *lingua franca* des „sozialistischen Weltsystems“.

Kateryna Kobchenko

Zweigleisige Nationsbildung

Konzepte und Prozesse in der Sowjetukraine und in der ukrainischen Diaspora*

Die Prozesse der Nationsbildung der Ukraine im 20. Jahrhundert und insbesondere nach dem Zweiten Weltkrieg wiesen gewisse Besonderheiten auf und entwickelten sich auf zwei verschiedenen Wegen mit unterschiedlichen ideologischen Begründungen. Einerseits ging es um die Zugehörigkeit der Ukraine zur UdSSR als eine ihrer sowjetischen sozialistischen Republiken, was zu begrenzten und manchmal rein dekorativen Formen des nationalen politischen Lebens der meisten Ukrainer führte, da die wichtigsten politischen Entscheidungen von der Moskauer Zentralregierung und unter der ideologischen Obhut der kommunistischen Partei getroffen wurden.

Andererseits bestand in mehreren Ländern eine transnational vernetzte[1] ukrainische Exilgemeinde, die bis in die 1960er Jahre hinein insgesamt zwei Millionen Mitglieder umfasste, die überwiegend stark antisowjetisch und antikommunistisch orientiert waren. Diese Gemeinde wurde von mehreren Parteien und Organisationen unterschiedlicher politischer Richtungen sowie von mehreren öffentlichen und kulturellen Institutionen vertreten, die sich mit der „ukrainischen Frage“ auch auf internationaler Ebene beschäftigten. Direkte Kontakte zwischen den ukrainischen Emigranten und ihrem damals sowjetischen Heimatland waren sehr

* Die Vorbereitung und Herausgabe dieses Beitrages wurde durch ein Forschungsstipendium der Alexander von Humboldt-Stiftung ermöglicht.

1 Die Begriffe „transnationale Vernetzung“ und weiter „Transnationalität“ werden hier aus der Forschungsperspektive der historischen Migrationsforschung benutzt. Unter der transnationalen ukrainischen Gemeinde wird die weltweit verstreute ukrainische Diaspora (die in der Nachkriegszeit jedoch den Charakter einer politischen Emigration hat) verstanden, die einerseit eine starke nationale Identität bewahrte, andererseits fast keine oder sehr geringe Kontakte zur Heimat pflegen konnte bzw. durfte.

begrenzt, so dass man von keinen direkten gegenseitigen Einflüssen sprechen kann, sondern eher von parallelen Prozessen, einerseits von der von der sowjetischen Politik und Ideologie geprägten Nationsbildung in der Ukrainischen SSR und andererseits von der transnationalen Vergemeinschaftung der Exilukrainer. Beide Male – in der Ukrainischen SSR wie auch in der Diaspora – ging es jedoch nicht um die freie nationale Entwicklung der Ukrainer, denn diese wurde im ersten Fall vom sowjetischen Herrschaftssystem und dessen Nationalitätenpolitik und im zweiten Fall durch die Situation der Emigration in verschiedenste Länder eingeschränkt. Ein vollständiges Bild von den Prozessen der Nations- und Staatenbildung der Ukrainer in der Nachkriegszeit sowie ihrer internationalen Wirkung erhält man nur dann, wenn man die beiden genannten Entwicklungslinien in ihrem Zusammenhang betrachtet.

Das gegenseitige Interesse – der Emigranten an der Sowjetukraine und umgekehrt – war stark, fand seinen Ausdruck aber in jeweils unterschiedlichen Formen ideologischer Auseinandersetzung und gegenseitiger Kritik. Auf der internationalen Ebene zielte man in erster Linie auf die „Aufklärung" der westlichen Welt über ihren Gegner im Kalten Krieg. Die sowjetischen Reaktionen bestanden nicht nur in ständigen propagandistischen Kampagnen gegen die ukrainischen „bürgerlichen Nationalisten", sondern auch in direkter Verfolgung bis hin zu politischen Morden. Zu letzteren gehörten die Aktionen des Geheimdienstes, in deren Rahmen die Führer der beiden nach der zweiten Abspaltung der Organisation Ukrainischer Nationalisten (OUN) entstandenen Fraktionen – Lev Rebet[2] (1957) und Stepan Bandera[3] (1959) – durch einen ukrainisch-stämmigen sowjetischen Geheimagenten, Bohdan Stašyns'kyj, getötet wurden.[4] Das demonstrierte erneut, wie ernst die Sowjetregierung ihre politischen und

---

[2] Lev Rebet (1912–1957): ukrainischer Politiker nationalistischer Prägung und Publizist, Vize-Leiter der Ukrainischen Staatsführung des am 30. Juni 1941 in Lemberg (L'viv) proklamierten Ukrainischen Staats; langjähriger Mitstreiter von Stepan Bandera. Rebet wurde zum Initiator der Abspaltung der revolutionären OUN (Bandera-Flügel) und gründete 1954 zusammen mit Zynovij (Zenon) Matla den *Dvijkari* (Zweier)-Flügel der Organisation ukrainischer Nationalisten (auch genannt OUNz, d. h. OUN im Ausland), der zu liberalen Positionen überging.

[3] Stepan Bandera (1909–1959): ukrainischer Politiker nationalistischer Prägung, in den 1930er Jahren Teilnehmer des Terrorkampfes gegen den polnischen Staat; 1940 initiierte er die Spaltung der Organisation ukrainischer Nationalisten und gründete eine revolutionäre Fraktion der OUN (auch als Bandera-Flügel oder OUNr bekannt), die die Position des integralen Nationalismus vertrat und die er bis zu seinem Tod leitete.

[4] Mehr dazu bei: SERHII PLOKHY, The Man with the Poison Gun. A Cold War Spy Story, New York 2016.

ideologischen Gegner aus dem Lager der ukrainischen Exilpolitiker nahm. Auch etliche außenpolitische Maßnahmen der sowjetischen Seite waren an die Ukrainer im Ausland adressiert. Dazu gehörten vor allem die ständigen Werbekampanien für eine „Rückkehr in die Heimat", die das Leben vieler Exilanten aus der UdSSR jahrelang begleiteten bzw. belasteten. Auch die 1960 gegründete Gesellschaft für die Verbindungen mit den Ukrainern außerhalb der Ukraine, die aufgrund einer Initiative der KPdSU ins Leben gerufen wurde und unter der Kontrolle des KGB stand, verfolgte die oben genannten ideologischen Ziele – Diskreditierung der politischen Opponenten des Sowjetregimes, Unterstützung möglicher Loyalität zur UdSSR und somit auch den Versuch, die Emigrantengemeinden zu spalten.[5]

Die außenpolitischen Aktivitäten der ukrainischen Emigranten machten auch sie zu wichtigen Akteuren im Kalten Krieg sowie bei der ideologischen Auseinandersetzung mit dem Sowjetregime. Ihre ureigene Aufgabe sahen die Exilukrainer darin, die Welt über die Situation in der Ukraine zu informieren und die ukrainische Frage auf der internationalen Bühne und im Kontext der antisowjetischen Kritik zu nutzen:

> „Es ging ihnen um die größtmögliche Verbreitung von Informationen über den Befreiungskampf des ukrainischen Volkes in der freien Welt, um das Ansprechen öffentlicher Institutionen und Personen in der Presse, die Suche nach Freunden für die ukrainische Sache, das Engagement von Ausländern bei den Protestaktionen usw."[6]

Die genannten Protestaktionen begleiteten viele sowjetische Veranstaltungen im Westen mit dem Ziel, die Verletzung der Menschenrechte in der Sowjetunion bekannt zu machen und anzuprangern.

Nicht nur die Kontakte der ukrainischen Emigranten zu ihrem Heimatland waren begrenzt, die gegenseitigen Kenntnisse – der Sowjetukrainer über die ukrainische Diaspora und umgekehrt – waren asymmetrisch. In der Ukrainischen SSR basierte das offizielle Narrativ über die Exilanten hauptsächlich auf ideologischen Klischees, inklusive zahlreicher Karikaturen über die Exilukrainer als den „Mitinitiatoren des Kalten Kriegs" und

---

[5] BOHDAN HORYN, Ivan Drač i Diaspora [Ivan Drač und die Diaspora], in: Ivan Drač, Ukrainska Diaspora [Die ukrainische Diaspora], Kharkiv 2017, S. 3–19.

[6] ANATOL KAMINS'KYJ, „Prolog" u kholodnij vijni proty Moskvy. Prodovžennia vyzvolnoji borotby iz-za kordony [„Prolog" im Kalten Krieg gegen Moskau. Fortsetzung des Befreiungskampfs aus dem Ausland], Poltava 2009, S. 79. „Prolog" war der ukrainische Verlag in den USA in der Zeit des Kalten Krieges, der zu den Kreisen der liberalen OUNz gehörte.

„amerikanischen Marionetten". Genauere Informationen über die politisch und öffentlich aktiven Exilanten sammelte der KBG, aber sie blieben dem breiteren Publikum verschlossen. Die einzige Möglichkeit, alternative und direkte Informationen zu bekommen, boten für die Ukrainer in der UdSSR die „feindlichen Stimmen", also die ukrainischen Sendungen von Radio Liberty oder von Voice of America, aber sie wirkten nur begrenzt, weil das Hören dieser Sender aufgrund gezielter technischer Störungen schwierig und mit möglichen politischen Verfolgungen verbunden war.

Gleichzeitig aber waren die Exilukrainer über das Geschehen in der Ukrainischen SSR allgemein besser informiert als umgekehrt ihre Landsleute über die Diaspora, nicht nur aus den westlichen Medien, sondern auch durch den Zugang zu einigen in der UdSSR erscheinenden Informationsquellen. Und als besonders Interessierte verfolgten sie die Ereignisse aufmerksam und kritisch. Die Nachrichten aus der Ukraine füllten ständig die Sonderrubriken der ukrainischen Emigrationszeitungen der verschiedenen Richtungen. Häufiger ging es dabei auch um tiefschürfende Analysen der sowjetischen Wirklichkeit und Politik, was vor allem die Tätigkeit der ukrainischstämmigen Publizisten wie dem Sowjetologen Boris Lewytzkyj sowie dem Ostblock-Experten und Journalisten Bohdan Osadczuk (bekannt auch unter Pseudonym Alexander Korab) zeigte.

Die politischen Exilanten wurden häufig gleichzeitig von den antikommunistischen Kreisen im Westen als Mittler zwischen ihren unterdrückten Nationen und der freien Welt akzeptiert:

> „Vor allem darf aber nicht vergessen werden, dass die in der Freiheit lebenden Vertreter der Völker des Ostens [...] eine außerordentlich wichtige Verbindung zwischen West- und Osteuropa darstellen. Wenn es diese Vertreter hier unter uns nicht gäbe, wie sollten wir uns dann über den Osten orientieren?"[7]

So wurde dieses Problem im Redaktionsteil einer der den Osteuropa-Fragen gewidmeten Zeitschriften formuliert.

Ohne die Möglichkeit zu haben, die Situation in der Ukrainischen SSR spürbar direkt zu beeinflussen, konzentrierten sich die intellektuellen und politischen Kreise der Exilanten auf die Ausarbeitung von Befreiungskonzepten sowie auf zukünftige Entwicklungsmodelle der ukrainischen Nation, deren wichtigste Richtlinien in diesem Aufsatz analysiert werden sollen. Um die Denkweisen und die Kampfmethoden der ukrainischen

---

[7] GO [EDMUND VON GORDON], Die Opposition in Osteuropa stärken!, in: Der europäische Osten 133 (1966), S. 193 f.

Exilpolitiker zu verstehen, erscheint ein Überblick über die nationalpolitischen Maßnahmen in der Ukrainischen SSR sinnvoll zu sein.

Die Hauptfragen, die danach diskutiert werden sollen, betreffen die unterschiedlichen politischen Konzepte der ukrainischen Exilanten, ihre Ideen einer nationalen Verselbständigung der Ukraine sowie der Bekämpfung des kommunistischen Regimes. Diese Konzepte entwickelten sie in einer bipolaren Welt und mit der Orientierung an den westlichen Demokratien als politischem Vorbild sowie den Verbündeten im antikommunistischen Widerstand. Andererseits mussten die Exilanten die neuen und geänderten politischen Realitäten der langen Nachkriegszeit sowie den sowjetischen Faktor bzw. das sowjetische Regime in der Ukraine berücksichtigen. Zu diesen Konzepten gehörte also eine unterschiedliche Betrachtungsweise des rechtlich-politischen Status der Ukrainischen SSR sowie die Bewertung der sowjetischen Nationalitätenpolitik im Rahmen des antikolonialen Diskurses, die einen wichtigen Platz im intellektuellen Nachlass der Exilukrainer einnehmen.

Die genaue Untersuchung der erwähnten Konzepte offenbart die Entwicklungen und Transformationen zentraler Diskurse, die im ukrainischen politischen Leben in der Zwischenkriegszeit und während des Zweiten Weltkriegs entstanden und die ein weites politisches Spektrum von linken und sozialdemokratischen bis hin zu rechtsradikalen Strömungen umfassten. Die Vielfalt des politischen Lebens der ukrainischen Exilanten stellte also ein diskursives Modell der politisch pluralistischen „freien Ukraine" dar, in der sich zum ersten Mal die Vertreter der verschiedenen Regionen der Ukraine versammelten, die sich jahrhundertelang in verschiedenen Staaten und politischen Ordnungen befunden hatten. Dieses politische Zusammenleben und die Konkurrenz untereinander waren stark von den Bedingungen der Emigration und der damit verbundenen Transnationalität bestimmt.

Diese Konzepte sind bis heute von großem Interesse geblieben, nicht zuletzt deshalb, weil sie einen wesentlichen Beitrag im antikommunistischen Widerstand lieferten und teilweise auch heutigen Denk- und Interpretationsmodellen der sowjetischen Vergangenheit zuvorkamen oder diese bestimmten.

Die Ukrainische Sowjetrepublik nach dem Zweiten Weltkrieg: Nationsbildung im Rahmen sowjetischer Außenpolitik und Identitätskonstruktion

Nach dem Zweiten Weltkrieg - genauso wie bereits in der Zwischenkriegszeit - blieb die Ukrainische Sowjetische Sozialistische Republik ein Bestandteil der Sowjetunion[8] und besaß nur eine begrenzte und in mehreren Bereichen lediglich rein formale Souveränität, obwohl sowohl der Umfang der Vollmachten der republikanischen Regierung wie auch die territoriale Struktur der Republik am Ende des Krieges wichtige Änderungen erfuhren.

Die Grenzen der Ukraine, wie sie nach dem Zweiten Weltkrieg bestimmt wurden und in denen der unabhängige ukrainische Staat 1991 entstand, waren überwiegend ein Ergebnis der Außen- sowie der Nationalitätenpolitik der UdSSR in der Nachkriegszeit unter Stalins Leitung. Diese Politik zielte in erster Linie auf die Ausweitung des Einflussbereichs der Sowjetunion nach Westen, vor allem durch territoriale Annexionen, auch wenn diese der Ukraine und Belarus zugutekamen, wie auch der Schaffung einer Reihe von Satellitenstaaten in Mitteleuropa mit „volksdemokratischen" politischen Regimen und sozialistischen Wirtschaftssystemen. Dadurch änderten sich nach dem Zweiten Weltkrieg die Grenzen der Ukrainischen Sozialistischen Sowjetrepublik, die seitdem auch die Territorien von Galizien und Westwolhynien einschlossen, die bis 1939 Teile Polens gewesen waren, sowie einen Teil der Bukowina und Bessarabien, die nach dem Ersten Weltkrieg an Rumänien gefallen waren, ferner Transkarpatien, das bis 1938 zur Tschechoslowakei gehört hatte.[9]

Solche territorialen Erweiterungen sowie die Ansprüche auf die Einflussbereiche in Ost- und Mitteleuropa stimmte Stalin jeweils mit seinen damaligen Alliierten entsprechend ab: 1939 mit dem Dritten Reich durch den „Hitler-Stalin Pakt" und geheime Zusatzprotokolle sowie 1945 mit den Westalliierten (USA und Großbritannien) im Rahmen des Abkommens von Jalta. Damit wurde auch die

---

[8] Die Versuche, einen unabhängigen ukrainischen Staat auszurufen und zu etablieren, waren bis dahin Misserfolge - sowohl die Unabhängigkeitskämpfe in den Jahren 1917 bis 1921 als auch die Aktion der Nationalisten des Bandera-Flügels, die am 30. Juni 1941 in Lemberg unmittelbar nach der deutschen Besatzung einen ukrainischen Staat ausriefen.

[9] Im März 1939 fand ein Versuch statt, die Selbständigkeit der Karpaten-Ukraine unter dem deutschen Protektorat zu erklären, was aber den Plänen des Dritten Reichs, das dieses Gebiet von der Tschechoslowakei an seinen Verbündeten Ungarn übergab, widersprach.

„von Stalin seit Dezember 1941 immer wieder geforderte und von den Westmächten schließlich zugesagte Westverschiebung Polens hergestellt. Die Veränderung der sowjetischen Westgrenze, die jetzt ungefähr mit der bereits 1919 festgelegten Curzon-Linie, aber fatalerweise auch mit jener des Hitler-Stalin-Paktes von 1939 übereinstimmte [...].“[10]

Aber diese Vereinigung der verschiedenen Teile der Ukraine, die eine der Hauptbestrebungen der ukrainischen Unabhängigkeitskämpfer unterschiedlicher politischer Couleur und der verschiedenen Generationen war,[11] wurde letztlich nicht von diesen, sondern von der Sowjetregierung verwirklicht. Sie diente deshalb nicht den Interessen der ukrainischen Nation, sondern der imperialen Machtkonzeption sowjetischer Prägung, die die nationale Politik vor allem als ein außenpolitisches Instrument für ihre Zwecke benutzte. Beredtes Beispiel für eine solche Form nationaler Politik war die Diffamierung ganzer Völker am Kriegsende, wie z. B. der Krimtataren, als „Verräter“ und „NS-Kollaborateure“, die von brutalen Deportationen und weiteren Verfolgungen begleitet wurde.

Jedoch trug die damalige sowjetische Regierung *de facto* dazu bei, die territorialen Grundlagen der heutigen souveränen Ukraine zu sichern; so vergrößerte sich nach dem Zweiten Weltkrieg das Territorium der Ukrainischen Sozialistischen Sowjetrepublik um ein Viertel und um ca. elf Millionen Einwohner. Stalins „Sammlung der Länder“ führte zu direkten und unkomplizierten Lösungen von territorialen und nationalen Fragen: so fand 1945 bis 1946 ein erzwungener Bevölkerungsaustausch mit Polen statt, in dessen Rahmen ca. 800.000 Polen und etwa 500.000 Ukrainer ihre Wohnsitze verloren und jeweils nach Polen bzw. in die Ukrainische SSR umgesiedelt wurden.[12]

---

[10] BERND STÖVER, Die Befreiung vom Kommunismus. Amerikanische *Liberation Policy* im Kalten Krieg 1947–1991, Köln u. a. 2002, S. 82.

[11] Hier ist vor allem die Vereinigung der Ukrainischen Volksrepublik mit ihrer Hauptstadt Kiev mit der Westukrainischen Volksrepublik mit ihrem Zentrum Lemberg am 22. Januar 1919 zu nennen; zwar blieb diese Aktion eher symbolisch als realpolitisch, das Streben nach nationaler und staatlicher Einheit wurde aber ein wichtiger Punkt in den politischen Programmen der ukrainischen Exilpolitiker.

[12] Auch später kooperierten die Sowjets bei der Verfolgung von Kämpfern der ukrainischen Aufstandsarmee sowie der Beobachtung der Exilukrainer eng mit den Geheimdiensten der polnischen Volksrepublik und der Tschechoslowakei. Vgl. Kwestia Ukraińska w działności służby bezpieczeństwa PRL. Dokumenty i Materiały [Die ukrainische Frage in der Tätigkeit des Sicherheitsdienstes der Volksrepublik Polen. Dokumente und Materialien]. hg. v. ARKADIUSZ SŁABIG, Warszawa 2016; Służby bezpieczeństwa Polski i Czechosłowacji wobec Ukraińców (1945–1989). Z warsztatów badawczych [Die Sicherheitsdienste

Damit jedoch hörte die repressive nationale Politik in den beiden Staaten nicht auf: die polnische „Volksregierung" begann 1947 die sogenannte Aktion Weichsel. Mit der Unterstützung der sowjetischen und der tschechischen Regierung wurden über 140.000 in Polen verbliebene Ukrainer in die neu angeschlossenen Westgebiete Polens zwangsweise mit dem Ziel ihrer Polonisierung umgesiedelt. Das Sowjetregime setzte seine nationale Politik gegenüber den Ukrainern mit Verfolgungen der Mitglieder der Ukrainischen Aufstandsarmee (UPA) sowie ihrer Angehörigen fort, so dass in den Lagern des Gulag in den ersten Nachkriegsjahren mindestens 200.000 Westukrainer einsaßen, die meisten mit dem maximalen Urteil von 25 Jahren Lagerhaft und/oder Vertreibung. In seiner Rede auf dem XX. Parteitag der KPdSU „Über Stalins Personenkult und dessen Folgen" vom 25. Februar 1956 erwähnte der Partei- und Staatschef der UdSSR Nikita Chruščev die Pläne von Stalin, neben den anderen Völker auch die Ukrainer zu deportieren (es ging anscheinend um die vor dem Krieg „eingebürgerten" Bewohner der ukrainischen Westgebiete): „Die Ukrainer entgingen diesem Schicksal lediglich deshalb, weil sie zu zahlreich sind und kein Raum vorhanden war, wohin man sie hätte deportieren können. Sonst hätte er sie auch deportiert."[13]

Alle genannten Maßnahmen sowie die vorherigen ethnischen Säuberungen und Konflikte in der Westukraine (die Judenvernichtung während des Zweiten Weltkriegs, der ukrainisch-polnische Krieg in Wolhynien 1943 sowie die Aussiedlung der Wolhyniendeutschen) führten zu einer wesentlichen Änderung der ethnischen Zusammensetzung in diesen Regionen und zur Dominanz der Ukrainer in den 1939 angeschlossenen Gebieten der Ukrainischen SSR (die ethnische Konstellation der Transkarpaten blieb jedoch vielfältiger). Auch trotz der Russifizierungspolitik und der Umsiedlung von ideologisch indoktrinierten Ostukrainern und Russen in die neu eingegliederten Regionen unterschied die Bewohner dieser Gebiete ein höheres nationales Bewusstsein im Vergleich zu den übrigen Regionen der Ukrainischen Sowjetrepublik. Bis zu Beginn der 1950er Jahre dauerte außerdem der Kampf der UPA gegen das Sowjetregime in den ukrainischen Karpaten an.

Den Schlusspunkt der territorialen Veränderungen in der sowjetischen Ukraine der Nachkriegszeit bildete 1954 die Übergabe der Krim an die

von Polen und der Tschechoslowakei gegenüber den Ukrainern (1945–1989). Aus den Forschungswerkstätten], hg. v. GRZEGORZ MOTYKA, Warszawa 2005.

[13] Die Entlarvung des Stalin-Terrors. Wortlaut der Rede Chruschtschews vom 25. Februar 1956 auf dem XX. Parteitag der KPdSU, Bonn ^{2}1960, S. 43.

Ukrainische SSR aus Anlass der 300-Jahrfeier zur „Wiedervereinigung" Russlands mit der Ukraine. Dieser Schritt erfolgte erst nach Stalins Tod während der Amtszeit des wohlgesonnener zur Ukraine stehenden Chruščevs. Die Übergabe wurde durch die geografische Nähe sowie die Anbindung der Halbinsel an die Ukraine begründet und brachte eine tiefere Integration in das Wirtschaftssystem der Ukrainischen SSR mit sich.

Die ethnische Zusammensetzung der Krim war eine Folge der stalinistischen Nationalitätenpolitik, der durch die Deportation der Krimtataren 1944 und eine gezielte Immigration von Russen aus der Russischen Sozialistischen Sowjetrepublik herbeigeführt worden war. Diese Anbindung der russifizierten Halbinsel an die Ukraine, die zuerst als reine innenpolitische Aktion der UdSSR erschien, entwickelte sich in langfristiger Perspektive zu einem „trojanischen Pferd" und zwar von internationaler Dimension: So führte die „Krimfrage" unmittelbar nach der Unabhängigkeit der Ukraine zu politischen Spannungen, die 1992 jedoch durch die Einführung des Autonomiestatus noch friedlich gelöst werden konnten, 2014 aber mit einer revisionistischen militärischen Annexion der Krim seitens Russlands endeten, was bis heute gravierende internationale Folgen hat.

Eine Bilanz der (inter)nationalen Kriegsfolgen für die Ukraine zog der Exil-Journalist und Politologe Bohdan Osadczuk:

> „Man könnte grosso modo sagen, dass sich die Ukraine im Verlauf des Zweiten Weltkrieges der Internationalen Befreiungsbewegung der um ihre Selbstbestimmung und den Sturz kolonialer Systeme kämpfenden Völker angeschlossen hatte. Hoffnungen, dass die beiden Kolonialregime in Europa, das heißt der nationalsozialistische und der sowjetische Imperialismus sich gegenseitig vernichten würden, gingen nicht in Erfüllung. Doch kam es infolge des Krieges zu einer Vereinigung ukrainischer Gebiete und einer internationalen Anerkennung der halbsouveränen Sowjetischen Ukraine dadurch, dass man sie in die Gruppe der Gründerstaaten der UNO aufnahm."[14]

Die Aufnahme der Ukraine – neben der Belarussischen SSR und der UdSSR – als „selbständiges" Mitglied der Vereinigten Nationen war seitens der Sowjetunion zum Teil eine erzwungene, aber gleichzeitig eine wohl bedachte politische Maßnahme. Schon während des Krieges versuchte die kommunistische Regierung, „dosierte" Formen des nationalen Lebens in den sowjetischen Republiken zu erlauben – und dadurch deren

---

[14] Ein ukrainischer Kosmopolit mit Berliner Adresse. Gespräche mit Bohdan Osadczuk (Alexander Korab), hg. v. BASIL KERSKI / ANDRZEJ S. KOWALCZYK, Osnabrück 2004, S. 45.

Loyalität, vor allem die der Ukrainer, zu gewinnen bzw. zu stärken und gleichzeitig deren Mobilisierungspotential auszunutzen: So wurden die vier Armeefronten, die an der Befreiung der von den Nazis besetzten Ukraine teilnahmen, in die vier Ukrainischen Fronten umbenannt (das Gleiche geschah in Belarus).

Noch im Laufe des Krieges, aber vor allem unmittelbar nach der Befreiung der Ukraine von der NS-Herrschaft unternahm das Stalin-Regime weitere Schritte im Bereich der nationalen Politik, die der Welt die Rechte und die Selbständigkeit der Republiken demonstrieren sollten und die die Regierung der Ukrainischen SSR sehr ernst nahm.[15] Für diese Zwecke wurden im Jahr 1944 in der Ukrainischen Sozialistischen Sowjetrepublik die selbständigen republikanischen Volkskommissariate (Ministerien) für Verteidigung und für Auswärtige Angelegenheiten gegründet, was auch entsprechende Änderungen in der Verfassung der UdSSR von 1936 nach sich zog. Die Ukrainische SSR wurde dabei die einzige sowjetische Republik, der ein Verteidigungsministerium zugestanden wurde. Zum ersten – und auch einzigen – Volkskommissar berief das Republikanische Parlament, die *Verkhovna Rada*, Oberstleutnant Vasyl' Herasymenko, der aber nur bis zum 13. November 1945 amtierte; seine Entlassung ohne Ernennung eines Nachfolgers bedeutete de facto die stille Auflösung dieses Volkskommissariats.

Am 5. Februar 1944 wurde auch das Volkskommissariat für Auswärtige Angelegenheiten der Ukrainischen SSR gegründet. Zum ersten Minister wurde der politisch loyale Schriftsteller Oleksandr Kornijčhuk ernannt, der ein halbes Jahr amtierte und dem mit Dmitrij Manuil'skij eine „ideological *éminence grise*“[16] folgte, die zuvor als der sowjetische Vertreter in der Kommunistischen Internationale tätig gewesen und ein Symbol ihrer Stalinisierung geworden war. Unter diesen Umständen erschien es schwer, eine gewisse Selbständigkeit der ukrainischen Delegation in der UNO zu behaupten, vielmehr handelte es sich eher um eine Arbeitsteilung zwischen den Delegationen aus der UdSSR, wobei die Ukrainer nicht selten als Verteidiger der ehemaligen kolonisierten Völker auftraten.[17]

---

[15] SERHY YEKELCHYK, Stalin's Empire of Memory. Russian-Ukrainian Relations in the Soviet Historical Imagination, Toronto u. a. 2004, S. 33 f.

[16] Ebd., S. 44.

[17] Diese „Rollenteilung“ war auch den zeitgenössischen Beobachtern inklusive den Exilukrainern klar. VSEVOLOD HOLUB, Ukrajina v Objednanych Natsijach [Die Ukraine in den Vereinten Nationen], München 1953, S. 49–67.

Das äußere nationalpolitische Tauwetter wechselte sich in der UdSSR aber mit Phasen der „Internationalisierungspolitik" sowjetischer Art ab: So fand in der späten Stalin-Ära ein Übergang zum Kampf gegen den „Kosmopolitismus" (was eigentlich den Kampf gegen Juden in der Form des staatlichen Antisemitismus bedeutete) sowie zur Kritik der nationalistischen „Abweichungen" statt. Gleichzeitig wurden auf der internationalen Ebene die ukrainischen „bürgerlichen Nationalisten" sowie die „Weltzionisten" zu Hauptzielen der negativen sowjetischen Propaganda, die bis in die 1980er Jahre andauerte. Auch auf der Bühne der UNO polemisierten die Vertreter der Ukrainischen SSR, sowohl Manuil'skij als auch sein Nachfolger Anatolij Baranovskij, regelmäßig gegen die sowjetkritisch eingestellten Exilukrainer.

Ein wesentlicher Bestandteil der sowjetischen nationalen Politik war die Russifizierung, die in der Zeit Chruščevs durch die Theorie der „Verschmelzung" der Nationen auf dem Weg zum Kommunismus und in der Amtszeit seines Nachfolgers Leonid Brežnevs durch die Idee der Schaffung einer gemeinsamen Identität der Sowjetmenschen sowie der „Auflösung nationaler Besonderheiten" in der UdSSR begründet wurde. Das schlug sich in der Steuerung der nationalen Politik in den sowjetischen Republiken nieder: So wurde der Erste Sekretär der Kommunistischen Partei der Ukraine Petro Šelest (1963–1972), der in den Augen der Moskauer Parteiführung zum kulturellen Nationalismus sowie zum wirtschaftlichen Regionalismus tendierte, durch Volodymyr Šerbytskyj (1972–1989) ersetzt, der einen Kurs politischer Zentralisierung sowie nationaler Assimilation verfolgte.

Die Russifizierungspolitik hatte längerfristig negative Folgen: Am Ende der 1950er Jahre lag die Zahl der Schulen mit russischer Unterrichtssprache in der Ukrainischen Sozialistischen Sowjetrepublik bei 30 Prozent, am Ende der 1970er Jahre machte sie schon mehr als die Hälfte aus, und zum Ende der 1980er Jahre gab es in einigen südöstlichen Regionen der Ukraine bereits gar keine ukrainischen Schulen mehr. In der UdSSR entwickelte sich ein symbolisches russlandzentriertes System der nationalen Hierarchie, in der die Ukraine durch das Oxymoron der „zweiten von zwei gleichen"[18] oder durch die ideologische Metapher des „jüngeren Bruders" Russlands[19] bezeichnet wurde.

---

[18] Die Bezeichnung der Ukraine als „Sekunda inter pares" ist auf Borys Lewytzkyj zurückzuführen. BORYS LEWYTZKYJ, Politics and Society in Soviet Ukraine, 1953- 1980, Edmonton 1984, S. 5.

[19] YEKELCHYK, Stalin's Empire, S. 39–47.

Die sowjetische nationale Politik der Nachkriegszeit wurde also oft als ein effektiver Deckmantel für außenpolitische Maßnahmen, vor allem der territorialen Expansion, benutzt. Trotz des begrenzten und kontrollierten Charakters der nationalen und politischen Souveränität der Ukrainischen SSR waren auch die erzwungenen Schritte seitens der Regierung der UdSSR eine Form des Kompromisses hinsichtlich der nationalpolitischen Bestrebungen der ukrainischen Republik. Diese nationalpolitischen Maßnahmen trugen aber – vollkommen unerwünscht – dazu bei, die Entstehung wichtiger Elemente ihrer zukünftigen Unabhängigkeit zu fördern oder sie zumindest nicht zu verhindern. Dessen waren sich auch die ukrainischen Exilpolitiker bewusst, für die die Ukrainische SSR ein Objekt aufmerksamer Beobachtung und Analyse wurde und die dabei ihrerseits versuchten international zu agieren, um die Aufmerksamkeit der Weltöffentlichkeit auf die Situation der Ukrainischen SSR zu lenken.

Ukrainische Exilpolitiker als transnationale Akteure der (inter)nationalen Politik

In der ukrainischen politischen Emigration der Nachkriegszeit gab es eine Vielfalt politischer Ansichten und Parteien, die alle eine stark antisowjetische Haltung einigte. Zu den Emigranten gehörten unter anderem ehemalige Befreiungskämpfer verschiedener Richtungen sowie kritisch gegenüber dem Sowjetregime eingestellte Intellektuelle, die sich zwar auf verschiedenen Kontinenten befanden, jedoch über parteilich-organisatorische sowie öffentliche Strukturen miteinander vernetzt waren. Ihre zahlreichen Aktivitäten auf internationaler Ebene machten die ukrainische Gemeinde „in der freien Welt“ zu einem Akteur – oder, genauer gesagt, zu mehreren miteinander konkurrierenden Akteuren im Bereich des antisowjetischen Widerstandes und gleichzeitig zu einem irritierenden Faktor für die UdSSR.

Die gesamte heterogene transnationale Emigrationsgemeinde umfasste Ukrainer aus verschiedenen Regionen mit unterschiedlichen Erfahrungen aus den Vorkriegs- und Kriegszeiten, inklusive der „alten“ Emigration aus der Zwischenkriegszeit. Die Exilukrainer genossen im Unterschied zu den sowjetischen Bürgern Meinungsfreiheit und darüber hinaus einen politischen Pluralismus, was die gesamte Gemeinde zu einer Alternative zu den Sowjetukrainern und gleichzeitig zu einer repräsentativen Form transnationaler Vergemeinschaftung und Existenz machte. So repräsentierte

„die Massenemigration in den Jahren 1943 bis 1944, die aus allen Schichten des ukrainischen Volkes bestand, und so einem fremden Beobachter eine Art Querschnitt der ganzen ukrainischen Gesellschaft bot, das richtige Bild von der ukrainischen öffentlichen Meinung. Denn alle in der Emigration tätigen ukrainischen politischen Parteien strebten kompromisslos nach der Selbständigkeit der Ukraine."[20]

Ihrer repräsentativen Rolle waren sich die Exilanten bewusst, darüber hinaus formulierten sie eine Reihe eigener Aufgaben oder gar eine eigene Mission, ukrainische nationale Identität zu bewahren. Dies betraf die ukrainische Sprache und Kultur, die in der sowjetischen Ukraine der Gefahr der Russifizierung unterlag; es galt, sie zu bewahren, zu entwickeln und gleichzeitig die Ukraine in der Welt würdig zu vertreten:

„Da das ukrainische Volk unter sowjetischer Herrschaft nicht in der Lage ist, heute die Rolle zu spielen und die Aufgabe zu erfüllen, die ihm innerhalb der europäischen Völkergemeinschaft zukommt, muss die ukrainische politische Emigration alles tun, was in ihrer Macht steht, um die Ukraine in der freien Welt so wirkungsvoll und würdig wie möglich zu vertreten."[21]

Genauso wichtig war es „die Selbständigkeit und territoriale Integrität der Ukraine in der internationalen Politik zu verteidigen".[22]

Unmittelbar nach dem Zweiten Weltkrieg und mit Beginn des Kalten Krieges pflegten die meisten politischen Gruppen der Exilanten die Hoffnung auf den baldigen Fall des sowjetischen Regimes, vor allem als Folge eines offenen militärischen Konfliktes mit den Westmächten. Bohdan Osadczuk meinte dazu:

„In den ersten Nachkriegsjahren dominierte in der ukrainischen Emigration ein Stil des politischen Denkens, den man mit dem Konzept des polnischen Londoner Exils vergleichen könnte. Man setzte auf den Dritten Weltkrieg, und nicht auf politische Evolution in Europa. Das was das Konzept der Erben der Petliura-Regierung[23], die Idee, sich völlig von der Sowjetukraine zu trennen und sie zu bekämpfen."[24]

---

[20] BOHDAN HALAJČUK, Natsija ponevolena, ale derzhavna [Eine staatliche, aber unfreie Nation], München 1953, S. 54 f.

[21] MYROSLAW ANTOCHY, Ukrainer in der freien Welt, in: Der europäische Osten 133 (1966), S. 220–225.

[22] HALAJČUK, Natsija, S. 3.

[23] Symon Petljura (1879–1926), ukrainischer Politiker und Armeeführer, Mitglied der *Zentralna Rada* (1917–1918) und Leiter des Direktoriums der Ukrainischen Volksrepublik (1919). Vgl. Christoph Mick in diesem Band.

[24] Ein ukrainischer Kosmopolit, S. 54.

Die neuen politischen Realitäten der 1950er Jahre, der Wechsel der Phasen des Kalten Krieges mit dem Übergang zur Koexistenz-Politik und zur Entspannung stellten auch die Exilpolitiker vor die Notwendigkeit, neue Strategien ihres Befreiungskampfs zu erarbeiten und gleichzeitig die Unterstützung der Westmächte zu gewinnen. Zu den entscheidenden Voraussetzungen für solche taktischen Änderungen, vor allem für die Kreise der integralen Nationalisten des Bandera-Flügels, gehörte auch die Niederlage und das Erlöschen des antisowjetischen Widerstands der UPA am Anfang der 1950er Jahre, auf den sich die Exilpolitiker nationalistischer Prägung beriefen und dessen Auslandsvertretung sie darstellten. Das führte unter anderem zu einer weiteren Aufspaltung innerhalb des nationalistischen Lagers, da man nach neuen politischen Wegen des Befreiungskampfes zu suchen begann. Außerdem endete Anfang der 1950er Jahre der Aufenthalt der Nachkriegsemigranten in Deutschland als *Displaced Persons*, was zu einer massenhaften Umsiedlung hunderttausender ukrainischer Exilanten in verschiedene Länder des amerikanischen Kontinentes (vor allem in die USA und nach Kanada) und Europas sowie nach Australien führte und auch strukturelle Änderungen in den politischen Aktivitäten der Emigranten mit sich brachte.

Das politische Leben der transnationalen ukrainischen Gemeinde war durch eine große Vielfalt geprägt, die unterschiedliche politische Traditionen und Generationen widerspiegelte. Jede politische Gruppe berief sich dabei auf eine eigene Tradition von – jeweils freilich missglücktem – Staatsaufbau oder Befreiungskampf. Darunter befanden sich die Mitglieder der Exilregierung der Ukrainischen Volksrepublik (UNR) aus den Jahren 1917 bis 1921, die 1948 einen Versuch unternahmen, durch die Gründung eines Ukrainischen Nationalrats eine Art Exilparlament zu schaffen und sich dadurch als Exilregierung oder, anders bezeichnet, als das Staatszentrum der UNR zusätzlich zu legitimieren. Da sich aber nicht alle Parteien dieser Initiative anschlossen und die Nationalisten des Bandera-Flügels bald austraten, zerfiel das Konzept einer einheitlichen politischen Vertretung der Exilukrainer. Zu den wichtigen politischen Kräften gehörten die verschiedenen Fraktionen der Organisation Ukrainischer Nationalisten (OUN). Zu den 1940 entstandenen zwei Flügeln – unter der Leitung von Andrij Mel'nyk und Stepan Bandera – trat im Jahr 1954 noch der Flügel der *Dvijkari* (Zweier)[25] bzw. OUNz (OUN im Ausland) hinzu, der

[25] Mit zwei Anführern an der Spitze – Rebet und Matla. Nach dem Mord von Lev Rebet (1957) wurde die OUNz von Roman Ilnytskyj und Bohdan Kordiuk geleitet. Vgl. auch Anm 2.

sich von der Gruppe der Banderisten oder, anders gesagt, einer OUNr (revolutionären OUN) abspaltete. Während der Bandera-Flügel der OUN (seitdem auch Auslandsvertretung der OUN oder kurz ZČ OUN[26] genannt) „democracy on the totalitarian model“[27] als politische Richtlinie ausgab und gleichzeitig die Ansprüche hegte, eine überparteiliche allnationale Bewegung zu sein, tendierten die *Dvijkari* – in Verbindung mit der Auslandsvertretung des Ukrainischen Hauptbefreiungsrats (ZP UHVR), der 1944 in der Ukraine gegründeten politischen Führung der Befreiungsbewegung von OUN und UPA,[28] – zur Revision ihrer politischen Ansichten in Richtung „Western-style social democracy“[29]. Anders ausgedrückt, wie die Vertreter dieser Kreise das selbst bezeichneten, wechselten sie vom integralen zum liberalen (demokratischen) Nationalismus und zwar im weltanschaulichen und nicht nur im parteilichen Sinne.[30]

Als neuer Akteur auf der politischen Bühne erschien 1946 die im Exil gegründete linke Revolutionär-Demokratische Partei der ehemaligen Sowjetukrainer (URDP) unter der Leitung des Schriftstellers Ivan Bahrianyj und später unter anderem dessen Mitstreiter Vasyl' Hryško. Die Entstehung dieser Partei entsprang dem Bedürfnis, die Position vieler ehemaliger Sowjetukrainer zu vertreten, da die meisten von ihnen die Ideologie des integralen Nationalismus nicht akzeptierten: „Eastern Ukrainians, although nationalists in the sense of being independists, rejected talk of dictatorship of führers, which their Soviet experience had taught them to detect.“[31] Diese letztgenannte Partei gehörte zum sogenannten demokratischen Lager der ukrainischen Exilpolitiker und entwickelte eigene politi-

---

[26] Die Abkürzung ZČ OUN steht für *Zakordonni Častyny* (Auslandvertretung) der OUN.

[27] MYROSLAV YURKEVICH, Ukrainian Nationalists and DP Politics, 1945–50, in: The Refugee Experience. Ukrainian Displaced Persons after World War II, hg. v. WSEVOLOD W. ISAJIW u. a., Edmonton 1992, S. 125–143.

[28] Der Ukrainische Hauptbefreiungsrat (UHVR) wurde im Juli 1944 als Organisation der politischen Führung des ukrainischen Befreiungskampfes von den Vertretungen der OUNr (Bandera-Flügel) und der UPA gegründet. Durch die Kooperation mit anderen politischen Kräften begrenzte sich der UHVR nicht auf die Ideologie der OUN, sondern stellte sich als überparteiliche allnationale Führung des Befreiungskampfes dar. Die Auslandsvertretung des UHVR leitete seit 1950 der griechisch-katholische Priester und Politiker Ivan Hryn'och.

[29] YURKEVICH, Ukrainian Nationalists, S. 134.

[30] KAMINS'KYJ, „Prolog“, S. 116.

[31] MYROSLAV SHKANDRIJ, Ukrainian Nationalism. Politics, Ideology, and Literature, 1929–1956, New Haven / London 2015, S. 10.

sche Konzepte, die sich im umfangreichen publizistischen Nachlass von Ivan Bahrianyj und Vasyl' Hryško wiederfinden.

Alle diese mehr oder weniger aktiven bzw. einflussreichen Parteikreise bildeten ein breites Spektrum politischer Ansichten von der Rechten bis zur Linken, von Monarchisten[32] bis Demokraten. Alle diese Gruppen teilten zwar ein klares gemeinsames Doppelziel – die Unabhängigkeit der Ukraine und ihre Befreiung vom kommunistischen Regime –, entwickelten und praktizierten aber die unterschiedlichsten Strategien, um diese zu erreichen. Zu diesen gehörten auch die unvermeidlichen Debatten mit ihren Opponenten. Allen politischen Vereinen gemein war auch die Interpretation der sowjetischen Ukraine als einer Kolonie Russlands und der Moskauer Regierung als „bolschewistisch" (dabei wurde Bolschewismus meistens als eine Form des russischen Imperialismus betrachtet) und entsprechend eine Kritik der UdSSR im Rahmen des antikolonialen Diskurses. Zu den zentralen Unterschieden zwischen den Parteien gehörte ihre Haltung zur Ukrainischen Sowjetischen Sozialistischen Republik und ihr Standpunkt zur Nationalstaatlichkeit, die Anerkennung bzw. Nichtanerkennung ihrer Souveränität und ihres nationalen Charakters. Die Hauptfrage bestand also darin, ob die sowjetische Ukraine eine zwar unvollkommene, begrenzte und zum Teil rein nominelle Form eines Nationalstaates verkörperte oder lediglich ein unfreies und von der fremden „bolschewistischen" Regierung Russlands besetztes Land war.

Zu der zweiten Variante der Antwort tendierten – jeweils aus eigenen Gründen – zwei große Gruppen, vor allem die Vertreter des Staatszentrums der Ukrainischen Volksrepublik, die sich als die einzige legitime ukrainische Regierung positionierten. So führte der Präsident der UNR im Exil, Mykola Liwyckyj, aus:

> „In der freien Welt haben die nichtrussischen Völker der UdSSR ihre repräsentativen Exil-Niederlassungen in Gestalt von nationalen Missionen, die den Charakter von Exil-Regierungen tragen. Diese nationalen Missionen vertreten ihre Völker, die über keine Möglichkeit zur freien Bekundung ihres Willens verfügen. Zum anderen handeln sie als Vermittler zwischen der übrigen Welt und den von Moskau versklavten Völkern."[33]

---

[32] Die Monarchisten wurden durch die Hetmanisten-Gruppe repräsentiert, die aber ihren politischen Einfluss nach dem Tod von Hetman Pavlo Skoropads'kyj 1945 und von dessen Sohn und Nachfolger Danylo Skoropad'skyj 1953 weitgehend verlor.

[33] MYKOLA LIWYCKYJ, Exilregierungen sind Vermittler, in: Der europäische Osten 133 (1966), S.204–209, hier S. 208.

Eine ähnliche Position, aber mit einer anderen Logik, teilten auch die Nationalisten des Bandera-Flügels (OUNr). Für sie war die Regierung der Ukrainischen SSR nur eine Okkupationsmacht und die Ukrainer in den führenden Staatspositionen ihre Kollaborateure: Laut Bandera war die Regierung der Ukrainischen SSR lediglich eine „Expositur des russisch-bolschewistischen Imperiums“[34]. Deswegen planten seine Anhänger nach einer Befreiung der Ukraine, die unter ihrer Führung und als Ergebnis des militärischen Befreiungskampfes (der gleichzeitig als eine nationale Revolution betrachtet wurde) erfolgen sollte, das komplette System der Staatsführung umzubauen.[35]

Eine vollkommen andere Meinung vertraten die linke URDP-Partei der „Ostukrainer“ und ihr Leiter Ivan Bahrianyj, für den die Ukrainische SSR zwar nur eine unvollkommene Staatlichkeit mit begrenzten Vollmachten besaß, aber gleichzeitig eine wichtige Grundlage für den zukünftigen Aufbau des Nationalstaates darstellte – vor allem dank der Existenz von republikanischen Machtorganen und Institutionen wie dem Parlament, dem Ministerkabinett und der Akademie der Wissenschaften der Ukrainischen SSR.

Darüber hinaus sahen die URDP-Leiter in den Kadern einfacher ukrainischer Komsomolzen und den Mitgliedern der Kommunistischen Partei die personelle Basis und die Akteure für den Aufbau des zukünftigen Nationalstaates.[36] Hryško meinte dazu, dass selbst die *Bol'ševiki* die nationalen Befreiungskämpfe und die Phase der demokratischen Staatlichkeit der Ukraine in den Jahren 1917 bis 1919 nicht hätten ignorieren können, so dass die UdSSR einfach „eine Form eines historischen Kompromisses des bolschewistischen Russlands mit den nichtrussischen Völkern und ihren nationalstaatlichen Leistungen“ wurde.[37]

---

[34] STEPAN BANDERA. Slovo do ukrainskykh natsionalistiv-revolutsioneriv za kordonom [Ein Wort zu den ukrainischen revolutionären Nationalisten im Ausland], o. O. 1948, S. 23.

[35] Hier muss jedoch angemerkt werden, dass die Ehefrau von Jaroslav Stec'ko, Jaroslava Stec'ko, seine langjährige Mitstreiterin in der OUN und im Antibolschewistischen Block der Nationen (ABN), nicht nur die Erklärung der ukrainischen Unabhängigkeit 1991 erlebte, sondern auch für drei Legislaturperioden Abgeordnete des ukrainischen Parlaments war und dadurch mit den damals im ukrainischen Parlament vertretenen Kommunisten zusammenarbeiten musste.

[36] Ein ukrainischer Kosmopolit, S. 54.

[37] WASYL HRYŠKO, Anty-SSSR. Nascha kontseptsija majbutnioji perebudovy pidstsovietskoho Skhodu (Dumky dlja duskusiji) [Anti-UdSSR. Unsere Konzeption eines zukünftigen Umbaus des sowjetischen Ostens (Gedanken zur Diskussion)], Neu-Ulm 1952, S. 31.

Zur Anerkennung der Ukrainischen SSR tendierten auch die liberalen Nationalisten aus den Kreisen von OUNz und ZP UHVR. Im Unterschied zu Bahrianyj, dessen Ideen auf eigenen Erfahrungen aus dem Leben in der Ukrainischen SSR in der Zwischenkriegszeit basierten, war ihre Betrachtung der sowjetischen Ukraine als eine „staatliche, aber unfreie Nation“ eine Folge pragmatischer Einschätzungen der politischen Realitäten. „Das Ziel unserer Politik ist: nach der Anerkennung des [bereits] existierenden ukrainischen Staates seitens der westlichen Großstaaten zu streben und nicht [nur] nach dem Recht der Staatlichkeit.“[38] Damit stellten sie sich auf die Prinzipien des internationalen Rechts, das die Souveränität und territoriale Integrität der Staaten, aber nicht der staatenlosen Nationen anerkannte. Deswegen meinten die liberal-nationalistischen Ideologen, dass die offizielle Anerkennung der Ukrainischen SSR als eines nationalen Staates zugunsten der Ukrainer ausfallen würde; auch die vom Sowjetregime vollzogenen territorialen Veränderungen sollten, falls sie nationalen Interessen entsprächen, ihrer Meinung nach positiv betrachtet werden. Selbst die sowjetische Gesetzgebung inklusive dem Recht der Republiken, aus der UdSSR auszutreten, sollte gemäß den Interessen der Ukraine interpretiert werden, wie formal diese Gesetze auch sein mochten. Aufgrund solcher rechtlicher Regelungen würde die Erlangung der Selbständigkeit der Ukraine infolge einer Revolution oder eines internationalen Kriegs keine neue Staatsgründung sein, sondern lediglich eine Befreiung eines schon existierenden Staates.[39]

Ihren Betrachtungen der Ukrainischen SSR entsprechend schätzten die Exilpolitiker auch ihre Mitgliedschaft in der UNO ein. Diejenigen, die die Subjektivität der Ukrainischen SSR anerkannten, nutzten dies als ein wichtiges politisches Argument. Bahrianyj behauptete:

> „Selbst die Tatsache der Zugehörigkeit der Ukraine zur UNO (unabhängig davon, welche ‚Regierung‘ es in der Ukraine gibt) hat eine enorme Bedeutung. [...] De jure ist es so, dass die Ukraine in ihren Grenzen, die sie hat, von der ganzen Welt als ein internationaler Faktor anerkannt ist. [...] Unsere taktische Aufgabe ist es, diese uns gegebene Chance maximal zu nutzen. Wie ist das zu machen? Überall und bei jedem Schritt diese Tatsache zu betonen und sie in allen unseren internationalen Aktionen zu benutzen. Sich selbst sowie die Welt an den Gedanken gewöhnen, dass die ukrainische Nation, das ukrainische Volk dasselbe ist, das Mitglied der Vereinten Nationen geworden ist. Es ist also unnötig, sich die Ukraine [...] auszudenken, es ist nur der Wechsel

---

[38] HALAJČUK, Natsija, S. 32.

[39] Ebd., S. 56.

vom kommunistischen und von Moskau diktierten Regime und das Ersetzen desselben durch ein demokratisches und von der ukrainischen Nation selbst formiertes Regime gefordert.“[40]

Nach Ansicht der Nationalisten der OUNr (Banderisten) bedeutete die Negierung der Legitimität der Regierung der Ukrainischen SSR, dass die ukrainische Delegation in der UNO weder eine selbständige noch eine bedeutende Rolle spielte: So zog Jaroslav Stec'ko[41] eine Parallele zwischen dem ukrainischen und dem belarussischen Außenminister, die die Delegationen ihrer Republiken in der UNO leiteten, dem „Stalinschen Lakaien Manuil'skij sowie dem Verräter Kiselev“.[42]

Ihren Opponenten aus dem liberalen Lager der Nationalisten waren zwar sowohl die untergeordnete Rolle der ukrainischen Delegation als auch die Funktion von Manuil'skij als „einem guten Lakaien seines Herren im Kreml“[43] bewusst, dennoch fanden sie die völkerrechtliche Bedeutung der Vertretung der Ukraine in der UNO außenordentlich wichtig, weil dadurch die Republik „als Mitglied der Vereinigten Nationen und als Unterzeichner internationaler Verträge ein Subjekt des internationalen Rechtes wie jeder sowjetische Satellit“ sei.[44] Unter „Satelliten“ verstanden sie die sich unter sowjetischem Einfluss befindlichen Staaten Ostmitteleuropas; durch eine solche Gleichsetzung mit diesen Staaten sollte der formale Status der Ukraine als Republik aufgewertet werden.

Darüber hinaus sahen die genannten politischen Gruppen ihre eigene Rolle im Nationsbildungsprozess der Ukraine als zentral (Banderisten) oder förderlich (die meisten anderen einflussreichen Gruppen) an. Zwar sprachen sie alle über die Unvermeidlichkeit einer revolutionären Änderung als einem Weg zur nationalen Befreiung, den Charakter dieser möglichen Revolution verstanden sie jedoch unterschiedlich. Die Mitglieder der OUNr und des mit ihr verbundenen Antibolschewistischen Blocks der

---

[40] IVAN BAHRIANYJ, Do pytan' stratehiji i taktyky naschoji vyzvolnoji borot'by. Dopovid na Tretjomu zjizdi URDP [Zu den Fragen der Strategie und Taktik unseres Befreiungskampfes. Vortrag auf dem dritten Parteitag der URDP], in: DERS., Publitsyystyka: Dopovidi, statti, pamflety, refleksiji, ese [Publizistik: Vorträge, Aufsätze, Pamphlete, Reflexionen, Essays], hg. v. OLEKSIJ KONOVAL, Kyiv 2006, S. 122–142.

[41] Präsident des Antibolschewistischen Blocks der Nationen (ABN) und seit 1968 Leiter der OUNr.

[42] JAROSLAV STEC'KO, Der Westen vor der Entscheidung. Rede auf der Kundgebung des Antibolschewistischen Blocks der Nationen (ABN) am 3. Juni 1951 in München, München 1952, S. 11.

[43] HOLUB, Ukrajina, S. 53.

[44] HALAJČUK, Natsija, S. 56.

Nationen (ABN)[45] verknüpften eine solche Revolution mit einem Befreiungskampf gegen den Kommunismus auf ganzer antikommunistischer Front weltweit. So führte Stec'ko aus:

> „Ob gewisse Politiker im Westen es wünschen oder nicht: die Sprengung des Völkergefängnisses – der UdSSR – durch die nationalen antibolschewistischen Befreiungsrevolutionen ist bereits im Gange und wird früher oder später vollendet werden!"[46]

Für Bahrianyj und seine linken URDP-Anhänger war der Kampf der westlichen Demokratien gegen den Kommunismus und das bolschewistische Regime zwar ein nötiger, aber nur der erste Schritt. Er betonte darüber hinaus auch die Notwendigkeit der fundamentalen revolutionären Änderungen innerhalb der Sowjetunion selbst.[47] Hryško entwickelte diese Idee noch weiter, hin zur Notwendigkeit einer demokratischen Revolution für die Umwandlung der Ukrainischen SSR in eine neue Ukrainische Volksrepublik, nach ihrem Inhalt sowie ihrer Form,[48] „durch ihre Verselbständigung und Durchdringung von einem neuen, ukrainischen staatspolitischen Sinn".[49]

Den mittleren Weg einer „friedlichen Revolution" schlugen die liberalen Nationalisten vor. Er bestand im Wechsel vom Konzept des militärischen Kampfes gegen den starken sowjetischen Gegner, das nicht realisierbar erschien, hin zur Selbstverteidigung der Ukraine und zur Bewahrung des nationalen Potenzials in der Ukraine und in der ukrainischen Emigration. Das schien für eine zukünftige Änderung der Verfassung der Ukraine notwendig, d. h. für eine bevorstehende Umwandlung der Ukraini-

---

[45] Zuerst gegründet 1943 auf Initiative und unter der Leitung der OUNr (Banderisten) bei der Versammlung der Vertreter der gegen die UdSSR kämpfenden nichtrussischen Völker erlebte der ABN 1946 in München eine Neugründung sowie eine Wahl des Präsidiums als Leitungsorgan. Zum ABN gehörten Exilpolitiker nationalistischer Prägung aus insgesamt 25 Nationen der UdSSR sowie aus Ostmitteleuropa. Die führende Rolle im ABN spielte die OUNr, was unter anderem durch die langjährige Leitung dieser Organisation durch Jaroslav Stec'ko bestätigt wird. Auch das Motto der UPA „Freiheit den Völkern! Freiheit dem Menschen!" hatte der ABN übernommen.

[46] STEC'KO, Der Westen, S. 12.

[47] BAHRIANYJ, Do pytan', S. 132.

[48] WASYL HRYŠKO, Tretia syla, tretij schliach, tretia revolutsija. Spetsialnyj vypusk dyskusijnykh materialiv do tretioho zjizdu URDP [Die dritte Kraft, der dritte Weg, die dritte Revolution. Sonderausgabe der Diskussionsmaterialien zum dritten Parteitag der URDP], o. O. 1970, S. 73, 122.

[49] Ebd., S. 111.

schen SSR, die wirtschaftlich reich war und eine moderne soziale Struktur hatte, in einen souveränen ukrainischen Nationalstaat.[50]

Der Widerstand gegen das sowjetische System seitens der Exilukrainer hatte nicht nur eine ideelle, sondern auch eine praktische Dimension, und zwar transnational, hinsichtlich der politischen Umsetzung der oben skizzierten Konzepte. Eine der Hauptaufgaben in diesem Kampf war die Bemühung um Bündnispartner und um eine Unterstützung durch die Westmächte.

Die Vertreter des Staatszentrums der UNR sahen ihre direkten Mitstreiter vor allem in den anderen nicht-russischen Nationen der UdSSR wie den Armeniern, Aserbaidschanern, den Belarussen, Krimtürken, Georgiern, Kosaken, Nordkaukasiern, Tataren, den Völkern von Idel-Ural, deren demokratische Exilregierungen sich in der „Liga für die Befreiung der Völker in der UdSSR" (Pariser Block) vereinigt hatten.[51]

Die Gruppen der liberal-nationalistischen OUNz-ZP UHVR verglichen die Rolle und den Status der Ukrainischen SSR mit den sowjetischen Satellitenstaaten Ostmitteleuropas und den baltischen Nationen. Unterstützung für ihre Aktivitäten fanden sie in erster Linie bei den amerikanischen Behörden, inklusive der CIA, was sie als eine rationale taktische Lösung positiv bewerteten.[52] Dieser politische Kreis engagierte sich stark für die Unterstützung verschiedener Formen der Opposition gegen das Sowjetregime, formeller und informeller, etwa Bürgerrechts-Gruppen oder Kulturvereine, aller Formen des sozioökonomischen sowie zivilgesellschaftlichen Protestes, der religiösen und antitotalitären Bewegungen.

Durch zahlreiche Aktionen förderten die Mitglieder der OUNz die ukrainische Dissidenten-Bewegung, die sie als eine Form der Fortsetzung des nationalen Befreiungskampfes betrachteten. Ihr Engagement umfasste auch das Drucken nationaler Untergrundliteratur (Samizdat) und deren Verbreitung in der Ukraine. Ferner wurden die ukrainische Helsinki-Gruppe und ihre Vertreter im Ausland, Petro Hryhorenko und Leonid Pljušč, unterstützt. Die in der Bundesrepublik Deutschland erscheinende Zeitschrift „Sučasnist" (Gegenwart) widmete sich der Analyse der Situation in der sowjetischen Ukraine sowie der Veröffentlichung von Oppositionsmaterial, so dass „Sučasnist" ein Sprachrohr der ukrainischen Bürgerrechtler und darüber hinaus der Dissidenten-Bewegung weltweit war.[53]

---

[50] KAMINS'KYJ, „Prolog", S. 101 f.

[51] LIWYCKYJ, Exilregierungen, S. 208.

[52] KAMINS'KYJ, „Prolog", S. 58.

[53] Ebd., S. 75.

Zu den aktivsten und kompromisslosesten Kämpfern gegen den Sowjetkommunismus gehörten die Mitglieder des Antibolschewistischen Blocks der Nationen (ABN), der mit der OUNr eng verbunden war. Zum ABN gehörten auch die Exilpolitiker rechtsnationalistischer Prägung aus Mittel- und Osteuropa, darunter auch die Vertreter der Nationen der UdSSR, vor allem aber diejenigen, die als NS-Kollaborateure während des Zweiten Weltkriegs galten.

> „Der ABN war eine der herausragenden Gruppierungen innerhalb des Netzwerkes der Befreiungspolitik, der als eine der ‚einflussreichsten und stärksten Emigrantenorganisationen' vor allem den östlichen Staatssicherheitsorganen ernsthafte Sorgen bereitete. Tatsächlich gelang es dem ABN wie keiner anderen Befreiungsorganisation, alle Wendungen der *Liberation Policy* aktiv mitzugestalten. In den siebziger und achtziger Jahren partizipierte er an ihrer Renaissance, und es gelang ihm sogar, als einzige der alten antikommunistischen Kampfgruppen das Ende des Kalten Krieges 1989/1991 zu überleben.“[54]

Nicht zuletzt war das der persönlichen Leistung und den Eigenschaften des Ehepaars Stec'ko zu verdanken. Der ABN positionierte sich als Koordinationszentrum des revolutionären Kampfes der „von Russland unterjochten Völker“ und erklärte die Unabhängigkeit dieser Völker sowie den Zerfall des russischen (sowjetischen) Imperiums als sein Hauptziel, so dass der Charakter dieses Kampfes antikommunistisch, antisowjetisch sowie antigroßrussisch war. Bei seiner Tätigkeit verfügte der ABN über finanzielle Hilfen von Großbritannien, den USA und der Bundesrepublik Deutschland.[55]

In seinen zahlreichen politisch-publizistischen Schriften idealisierte Jaroslav Stec'ko die Rolle der Ukraine nicht nur als einer führenden Kämpferin gegen den Bolschewismus, sondern als Verteidigerin der europäischen Kultur und der christlichen Werte. Einen erfolgreichen Befreiungskampf der nicht-russischen Völker und die Unterstützung dieses Kampfes seitens der Westmächte betrachtete er als ein Mittel der Prävention eines Atomkriegs, wodurch er den antikommunistischen Widerstand mit einem weiteren wichtigen Diskurs des Kalten Kriegs verknüpfte.

Trotz einer starken Orientierung an den Westmächten in ihrer Frontstellung gegen die UdSSR begriffen die ukrainischen Exilpolitiker der unterschiedlichen Lager, dass die nationalen Befreiungsbewegungen der unterdrückten Völker der UdSSR seitens der Westmächte eher als In-

---

[54] STÖVER, Die Befreiung, S. 305.

[55] Ebd., S. 306.

strument denn als Ideal des antikommunistischen Kampfes angenommen wurden, da das Ziel des Westens allein der Regimewechsel und nicht die Aufteilung der UdSSR in Nationalstaaten war.[56]

Den liberal-nationalistischen Vertretern aus den Kreisen der OUNz-UHVR wurde ebenfalls klar, dass die Anerkennung der ukrainischen Unabhängigkeit ein Angriff auf die territoriale Integrität des russischen Staates und ein unfreundlicher Akt gegenüber Russland, ob einem „weißen" oder einem „roten", wäre, was den Interessen der Westmächte zu widersprechen schien.

> „Klar ist, dass die westlichen Großmächte aufpassen, um das russische Volk nicht gegen sich aufzubringen, um es in einem Dritten Weltkrieg auf ihrer Seite zu haben. Ähnlich werden sich auch die anderen Staaten bemühen, den russischen Bären nicht gegen das Fell zu streicheln, einige um die nachbarschaftlichen Beziehungen in der Zukunft nicht zu verderben, die anderen, um sich den Zugang zum russischen Markt und den Importen nicht zu verschließen."[57]

Der Präsident des ABN Stec'ko äußerte sich dazu noch deutlicher:

> „Es liegt eine Tragik darin, dass wir, statt jetzt schon die Methoden eines erfolgreichen gemeinsamen Kampfes gegen den Bolschewismus zu erörtern, noch gezwungen sind, mit dem Westen um die Zuerkennung der gleichen Rechte zu ringen, die er für seine Menschen als selbstverständliche erachtet!"[58]

Mit diesen Basisrechten meinte er die „nationale Unabhängigkeit der Völker", die für ihn gleichzeitig eine Grundlage der „wirklichen, unverfälschten Demokratie" war.[59]

Die Bestätigung dafür, dass die Einschätzungen der ukrainischen Exilpolitiker der unterschiedlichen Lager der Realität nahe waren, zeigte sich kurz vor dem Zerfall der UdSSR und im direkten Bezug zur Ukraine deutlich, während die Hoffnungen der Westmächte weitgehend mit der Politik Michail Gorbačevs und einer Reform der Sowjetunion ohne ihre Zerstörung verbunden waren. In diesem Sinne warnte im Juni 1990 die britische Premierministerin Margaret Thatcher in ihrer Rede im ukrainischen Parlament *Verkhovna Rada* vor zwecklosen Unabhängigkeitsbestrebungen. Und ein Jahr später – am 1. August 1991, einige Wochen

---

[56] So auch BAHRIANYJ, Do pytan', S. 124.
[57] HALAJTSCHUK, Natsija, S. 44.
[58] STEC'KO, Der Westen, S. 12.
[59] Ebd., S. 17.

vor dem Putsch, der zur Auflösung der UdSSR sowie zur Erklärung der ukrainischen Unabhängigkeit führen sollte, – hielt George W. Bush im ukrainischen Parlament eine Rede, die bald als „Chicken Kiev Speech“[60] bekannt wurde. In ihr plädierte er für die Unterzeichnung eines neuen Unionsvertrags durch die Ukraine und versagte die Unterstützung der USA all denen, „who promote a suicidal nationalism based upon ethnic hatred“.[61]

Solche Einstellungen machten die meisten antikommunistischen Kräfte des Westens in den Augen der ukrainischen Exilanten zu „Russophilen“ und beeinflussten ihre Teilnahme an den westlichen Befreiungsinitiativen. Der Hauptunterschied zwischen der russischen Emigration der unterschiedlichen Richtungen und Generationen und den Exilukrainern bestand darin, dass die Russen bestrebt waren, die territoriale Einheit der UdSSR zu bewahren, während die ukrainischen Exilanten jeglicher politischer Couleur die Aufteilung der UdSSR in Nationalstaaten als den Ausgangspunkt des Befreiungskampfes betrachteten. Deswegen kämpften, laut Hryško, die unterdrücken Völker der Sowjetunion für ihre Befreiung von Russland, unabhängig von der dortigen staatlichen oder politischen Ordnung, während die russischen Imperialisten aller Richtungen diese Völker im Rahmen des russischen Imperiums zu halten versuchten.[62] Dabei unterstrichen die ukrainischen Exilpolitiker – mit jeweils eigener Argumentation – die nationalen Unterschiede innerhalb der Sowjetunion. So betonte Stec'ko regelmäßig, dass es außer dem russischen Volk keine anderen „Völker Russlands“ gäbe, wie es die russischen Emigranten behaupteten, sondern nur von Moskau (bzw. Russland, vom Bolschewismus) unterjochte oder unterdrückte Völker.

Die Vertreter der liberalen Nationalisten betonten, dass die UdSSR nicht nur Russland umfasse, sondern eine Union von 15 Republiken sei,

[60] Den Namen „Chicken Kiev Speech“ erhielt die Rede vom New York Times-Journalisten William Safire, der damit eine schwache und zu vorsichtige Rede meinte. Gleichzeitig bedeutete die Bezeichnung ein Wortspiel, denn „Chicken Kiev“ ist eine ukrainische kulinarische Spezialität.

[61] Vgl. Chicken Kiev speech; https://en.wikipedia.org/wiki/Chicken_Kiev_ speech (Zugriff: 07.06.2021). Diese Rede wurde von Vertretern der Demokratischen Partei kritisiert. SUSAN D. FINK, From „Chicken Kiev“ to Ukrainian Recognition: Domestic Politics in U.S. Foreign Policy toward Ukraine, in: Harvard Ukrainian Studies 21 (1997), H. 1/2, S. 11–61; OLEKSIJ HARAN, Rozpad SRSR i ukrajinske pztannia v polytytsi SŠA [Der Zerfall der UdSSR und die ukrainische Frage in der Politik der USA], in: Sučasnist 4 (1995), S. 70–80.

[62] HRYŠKO, Anty-SSSR, S. 13–26.

so dass die russischen Emigranten als Ideenträger des „einigen und untrennbaren" Russland in der Tat nur von der „Russischen Sowjetischen Föderativen Republik" sprechen dürften und nicht von der ganzen Sowjetunion.[63] Dieser Unterschied in der Einschätzung der Zukunftsperspektive der UdSSR machte eine direkte Kooperation der Ukrainer mit den russischen Emigranten praktisch unmöglich und die Zusammenarbeit mit den westlichen antisowjetischen Institutionen von deren Haltung zur russischen Emigration abhängig.

Ein Beispiel dafür bietet die Frage der Arbeit ukrainischer Wissenschaftler am Institut zur Erforschung der UdSSR e. V., das vom Amerikanischen Komitee für die Befreiung vom Kommunismus (AKBB)[64] finanziert wurde und von den 1950er Jahren bis 1972 in München existierte. Trotz der Tatsache, dass das Institut bald nach seiner Gründung reformiert wurde, so dass nationale Abteilungen, unter anderem eine ukrainische, entstanden, war für einen Teil der ukrainischen Wissenschaftler nationalistischer Prägung ihre Teilnahme daran inakzeptabel – wegen der oben genannten „Russophilie" der amerikanischen Gründer. Deswegen organisierten die Kritiker des Instituts (die Professoren Jurij Boiko, Vasyl' Orletskyj und Petro Savytzkyj) eine alternative selbständige Struktur mit gleichen Zwecken – die Unabhängige Assoziation der Sowjetologen, deren Einfluss sowie finanziellen Mittel jedoch wesentlich geringer waren als die des Institutes.

Die Befürworter einer Mitarbeit im Rahmen des Institutes wollten dagegen diese Möglichkeit nutzen, um dadurch das Vertrauen der demokratischen Kräfte des Westens zu gewinnen und die ukrainische Frage auf die Agenda des internationalen antikommunistischen Kampfes zu bringen. Eine Isolation oder gar eine „Selbstghettoisierung" fanden sie dabei kontraproduktiv. So meinte Mykhajlo Dobrianskyj, der dem Staatszentrum der UNR nahestand und langjähriger Leiter der ukrainischen Redaktion von Radio Liberty (ebenfalls eine Schöpfung des AKBB) war: „Die Pflicht der politischen Emigration besteht darin, jede Gelegenheit [...] zu nutzen, die die antikommunistischen, aber demokratischen Kräfte der freien Welt anbieten",[65] und dadurch auch die ukrainische Stimme hörbar

---

[63] HALAJČUK, Natsija, S. 52 f.

[64] Der Name wurde von „American Committee for the Liberation of the Peoples of Russia" hin zu „American Committee for Liberation from Bolshevism" geändert.

[65] MYKHAJLO DOBRIANSKYJ, Assoziatzija proty Instytutu. Ščo oznatschaje vystup nezalezjnych sovjetoznavtsiv proty ukrajinskoji spivpratsi z Instytutom dlia vyvčennia SSSR [Die Assoziation gegen das Institut. Was bedeutet die Erklärung unabhängiger Sowjetolo-

zu machen. Ähnlich war die Haltung der ukrainischen Exilanten zu Radio Liberty (zuerst Radio Liberation), das seit 1954 eine ukrainische Redaktion unterhielt. Eine solche Konkurrenz der politischen Konzepte sowie Befreiungsmodelle verschiedener exilpolitischer Ideenträger dauerte bis in die 1980er Jahre und zum Beginn des friedlichen Wandels in der UdSSR an, der zur Entstehung der unabhängigen Ukraine 1991 führte.

Die Befreiungskonzepte und Strategien der ukrainischen politischen Emigranten waren zum großen Teil ein Produkt ihrer Zeit, das durch den Kampf der politisch antagonistischen Systeme im Kalten Krieg geprägt war. Die Emigranten wurden von der Notwendigkeit geleitet, sich an die politischen Realitäten anzupassen und die Unterstützung ihrer Aktivitäten durch den Westen in Form seiner antikommunistischen Einrichtungen und Initiativen zu gewinnen. Gleichzeitig machten die sich wiederholenden Misserfolge bei der Gründung bzw. dem Wiederaufbau nationaler Staaten im Osten Europas im Laufe des 20. Jahrhunderts die Idee des unabhängigen Nationalstaates zum absoluten Mittelpunkt des politischen Diskurses der ukrainischen Exilpolitiker aller Richtungen. Eine Reihe von ihnen wurde dadurch nicht nur zu scharfen Kritikern, sondern auch zu Analytikern der sowjetischen Verhältnisse, womit sie einen wesentlichen Beitrag zur zeitgenössischen Sowjetologie leisteten. Nimmt man ihre Teilnahme an den internationalen antikommunistischen Vereinigungen, an denen sie aktiv mitwirkten bzw. die sie (wie im Fall des ABN) mitgestalteten, hinzu, bildet dieses Spektrum ein eigenes Kapitel in der Geschichte des Kalten Krieges.

Die Konzepte der Exilanten sind auch deshalb interessant, weil sie frühere Diskurse wiederaufnahmen und fortsetzten sowie ein weites Spektrum von Anpassungsstrategien an die geänderten politischen Bedingungen präsentierten. Dazu zählte vor allem die Weiterentwicklung und Ausdifferenzierung des nationalistischen Denkens der Nachkriegszeit, das während des Zweiten Weltkriegs die Grundlage für die Befreiungsvisionen der Ukrainer bildete und das für die meisten späteren Exilpolitiker, inklusive der linken, eine Etappe auf ihrem weiteren politischen Weg darstellte. Ohne die Chance, die Situation in der Ukraine direkt entscheidend zu beeinflussen, agierten die Exilpolitiker zum großen Teil auf dem Feld antisowjetischer Kritik und Analyse sowie der Ausarbeitung theoretischer Konzepte zur nationalen Befreiung. Ihre Versuche, die ukrainische Frage im Westen auf die Tagesordnung zu bringen und generell die nationale

gen gegen eine Kooperation mit dem Institut für die Erforschung der UdSSR], München 1956, S. 31.

Frage zu einem der Hauptpunkte der antisowjetischen Kritik zu machen, hatten zwar nur begrenzten Erfolg, wurden aber zu einem Faktor, den die UdSSR weder in ihrer Außen- noch in ihrer nationalen Politik ignorieren konnte. Als Folge zählten zu den Reaktionen des Sowjetregimes zum einen öffentliche Kritik und Diskreditierung von ukrainischen Exilpolitikern, zum anderen Bemühungen, die nationale Vielfalt der sowjetischen Republiken - auch nach Westen hin - zu demonstrieren.

Das Ende der Sowjetunion wird hauptsächlich als ein Ergebnis ihrer inneren Schwächen und Fehlentwicklungen interpretiert, nicht zuletzt im Bereich der nationalen Politik, und viel weniger auf äußere Faktoren zurückgeführt, wozu auch die Befreiungsbewegungen der antikommunistischen Emigrationskreise gehörten. Der Zerfall der Sowjetunion entlang der Grenzen ihrer Republiken zeigte auch, dass die Schaffung einer allsowjetischen Identität, die jahrzehntelang mit einer Russifizierung der Republiken, vor allem der Ukraine und Belarus, einhergegangen war, nur sehr begrenzten Erfolg gezeitigt hatte. Für viele ukrainische Exilanten waren, trotz ihrer Überzeugung von der Unvermeidlichkeit des Zusammenbruchs des „Gefängnisses der Völker", die Umstände sowie der Zeitrahmen des Geschehens eine Überraschung, wie auch für viele Beobachter im Westen insgesamt.

Das bedeutete aber nicht, dass die vorherigen Bemühungen sowie das intellektuelle und politische Erbe der Emigration keine Wirkung gehabt hätten. Gerade nach der Unabhängigkeitserklärung wurde es in der Ukraine zum großen Teil neu entdeckt und popularisiert. Diese „Wiedervereinigung" der Ukraine mit ihrer Emigration, die seitdem als Diaspora mit dem Heimatland kooperierte, nahm unterschiedliche Formen an - von der symbolischen Übergabe der Insignien der Staatlichkeit durch die Exilregierung an die neue Staatsführung[66] bis zum Transfer der intellektuellen Schöpfungen der Diaspora in die Ukraine, nicht nur in Gestalt von Verlagen, Zeitschriften oder politischen Einrichtungen, sondern auch von politischen Konzepten und Formen der nationalen Erinnerungskultur. Dieser intellektuelle Beitrag befriedigte in den ersten Jahren der Unabhängigkeit den Bedarf an Alternativen zu den von der sowjetischen Ideologie geprägten Formen des geistigen und kulturellen Lebens, z. B. in Hinblick auf Geschichtsbücher. Dieser Gesamtbeitrag wird in der Ukraine jedoch bis zur heutigen Zeit meist unterschätzt, obwohl der Komplex der vielfäl-

[66] Im Jahr 1992 fand in Kiev die symbolische Übergabe der Staatsinsignien durch den letzten Präsidenten der Ukrainischen Volksrepublik im Exil, Mykola Plavjuk, an den ersten Präsidenten der unabhängigen Ukraine, Leonid Kravčuk, statt.

tigen und oftmals kontroversen Diaspora-Erfahrungen einen bedeutenden Teil der Nationsbildung darstellt. Zudem bietet sich der Gesamtbeitrag wissenschaftlich als wichtiges Forschungsfeld an.

Die Ursachen der heutigen geopolitischen Konflikte rund um die Ukraine sowie die neoimperialen Ansprüche Russlands führen zum Problem der im Widerstreit stehenden ukrainischen und sowjetischen Nationsbildungen zurück. Es lassen sich Parallelen zur sowjetischen Vereinnahmung der Ukraine in der Zeit des Kalten Krieges herstellen. Dadurch gewinnt die historische Forschung über das intellektuelle Erbe der ukrainischen Exilpolitiker insbesondere im Bereich ihrer antiimperialen und antikolonialen Kritik Russlands eine zusätzliche Aktualität.

FLORIAN PETERS

SOZIALISMUS, NATION, WESTKREDITE

NATION-BUILDING UND AUSSENPOLITISCHE ORIENTIERUNGEN IM STAATSSOZIALISTISCHEN POLEN

Für die Volksrepublik Polen nach den wechselseitigen Bezügen von Nationsbildung und Außenpolitik zu fragen, liegt in doppelter Hinsicht quer zu hergebrachten und in Polen gern gepflegten nationalen Meistererzählungen. Zum einen verorten diese den Prozess der modernen Nationsbildung üblicherweise in der Auseinandersetzung mit den Teilungsmächten und der gesellschaftlichen Modernisierung während des 19. Jahrhunderts - wenn sie die moderne polnische Nation nicht gleich auf die sarmatische Adelsnation der vormodernen polnisch-litauischen *Rzeczpospolita* zurückführen. Jedenfalls gilt die Wiedererringung der unabhängigen Staatlichkeit im Jahr 1918 in aller Regel als politikgeschichtlicher Schlusspunkt und krönender Abschluss des nationalen Konsolidierungsprozesses. Nimmt man die tatsächliche Verbreitung nationalen Bewusstseins in allen Teilen der polnischsprachigen Bevölkerung zum Maßstab, so ist sich die Forschung weitgehend einig, dass diese mit dem Ende des Zweiten Weltkriegs abgeschlossen war.[1]

Zum anderen wird das kommunistische Nachkriegspolen zumeist als fremdgesteuerter Vasall der Sowjetunion und damit als antinationales Projekt interpretiert - im Gegensatz zu der oftmals idealisierten Zweiten Republik der Zwischenkriegszeit. Aus dieser Perspektive erübrigt sich für die Volksrepublik die Frage nach dem Zusammenhang von nationaler Idee und außenpolitischen Orientierungen - nationalbewusste Polinnen und Polen hielten sich schließlich fern von diesem usurpatorischen Pseudostaat (oder bekämpften ihn im Idealfall als „verfemte Soldaten" aus den Wäldern), und die volkspolnische Außenpolitik wurde sowieso in Mos-

---

[1] MICHAŁ ŁUCZEWSKI, Odwieczny naród. Polak i katolik w Żmiącej [Die ewige Nation. Der Pole und Katholik in Żmiąca], Toruń 2012, S. 552.

kau gemacht. Wahrhafte Arbeit an der polnischen Nation war demnach ausschließlich in Opposition zum kommunistischen Staat oder im Exil denkbar. Ein eindrückliches Beispiel für diese Sichtweise bietet etwa die monumentale neuere Studie des Soziologen Michał Łuczewski über die Herausbildung und Durchsetzung des polnischen Nationalbewusstseins in einem südpolnischen Dorf, der sich für die Zeit der Volksrepublik in aller Ausführlichkeit den mobilisierenden Kampagnen des örtlichen katholischen Klerus widmet, den ideologischen und strukturellen Identifikationsangeboten der Kommunisten hingegen kaum Beachtung schenkt – von deren nationaler Rahmung ganz zu schweigen.[2]

Nun steht außer Frage, dass das Selbstbild eines katholischen Polens als Bollwerk des abendländischen Christentums gegen den Osten, das zum Zeitpunkt der Etablierung des Staatssozialismus bereits fest in beträchtlichen Teilen der Bevölkerung verankert war, sich nur schwerlich mit den Grundfesten des neuen Systems zur Übereinstimmung bringen ließ. Auch der Primat der Bündnistreue innerhalb des sozialistischen Lagers und die massiven Einschränkungen der Souveränität der ostmitteleuropäischen „Bruderstaaten" zugunsten des sowjetischen Hegemons sind unbestreitbar. Gerade in der Außenpolitik waren nationale Spielräume besonders stark durch die Einbindung in das imperiale System der Sowjetunion beschränkt, und von einem offenen Diskurs über Grundfragen der Innen- und Außenpolitik konnte ohnehin keine Rede sein. Dies gilt ganz sicher für die Zeit des Hochstalinismus bis 1956, mit Abstrichen aber auch für die späteren Jahrzehnte.

Dennoch bedarf das verbreitete Bild, das polnische Nation und sozialistischen Staat in jeder Hinsicht als Gegensätze begreift und jegliche Bezüge zwischen Nationalbewusstsein und außenpolitischen Orientierungen während der Volksrepublik in Abrede stellt, einer gewissen Differenzierung. Nicht erst seit der inzwischen beinahe schon klassischen Studie von Marcin Zaremba über die nationalistischen Legitimationsstrategien der polnischen Kommunisten ist schließlich klar, dass sich das Verhältnis zwischen Nation und Kommunismus auch in Polen weitaus komplizierter gestaltete.[3] Die ideologischen Anleihen der Kommunisten bei ethnonationalistischen Traditionen traten nicht nur in Krisensituationen wie dem März 1968 offen zu Tage, sondern bildeten einen integralen Kernbestandteil des „polnischen Weges zum Sozialismus". Und jeder, der einmal einen

---

2 Ebd., S. 375–464.

3 Marcin Zaremba, Im nationalen Gewande. Strategien kommunistischer Herrschaftslegitimation in Polen 1944–1980, Osnabrück 2011.

längeren Blick in die Protokolle der Gespräche zwischen Gomułka und Chruščev geworfen hat, wird auch die Vorstellung revidieren müssen, es habe sich bei den polnischen Kommunisten ausschließlich um devote Befehlsempfänger Moskaus gehandelt. Vielmehr konnten diese Treffen durchaus in heftige Auseinandersetzungen über politische Grundsatzfragen münden.[4]

Es lohnt sich also, das staatssozialistische *nation-building* nach 1945 etwas genauer zu betrachten und sich auf die Suche nach dessen Verbindungen mit der außenpolitischen Positionierung Nachkriegspolens zu machen – zumal sich mit guten Gründen bezweifeln lässt, ob Zaremba mit seiner Bewertung des staatssozialistischen Nationalismus als letzten Endes erfolgloser Camouflage-Taktik wirklich richtig liegt.[5] Der Prozess der Nationsbildung, verstanden als fortschreitende Durchdringung der Gesellschaft mit dem Leitwert der Nation und permanentes Ringen um deren innere und äußere Grenzen, war während der kommunistischen Herrschaft keineswegs eingefroren.

Den folgenden Ausführungen liegt deshalb die Annahme zugrunde, dass die Nation sowohl für die polnischen Kommunisten als auch für die Gegeneliten der polnischen Emigration im Westen und die antikommunistische Oppositionsbewegung der 1970er und 1980er Jahre einen zentralen und keineswegs nur rhetorischen Referenzpunkt bildete – und folglich auch ihre jeweiligen außenpolitischen Orientierungen präfigurierte. Der innere Zusammenhang zwischen *nation-building* und Außenpolitik lässt sich, so meine These, nicht nur auf der Ebene von nationalen Diskursen und Selbstbildern nachverfolgen, sondern spiegelte sich auch in

---

[4] So kam es während Gomułkas Besuch in Moskau am 24./25. Mai 1957 zu heftigem Streit über die Bewertung der ungarischen Reformkommunisten Imre Nagy und über den polnischen Anteil an den deutschen Reparationen. Der polnische Ministerpräsident Józef Cyrankiewicz machte Chruščev gegenüber unmissverständlich klar, dass die Reparationsfrage aus polnischer Sicht weit über die finanzielle Dimension hinaus von Bedeutung war: „Es geht nicht ums Geld, sondern darum, wie Polen vorher behandelt wurde und wie die Nation das aufnimmt." – Notatka z rozmów delegacji partyjno-rządowej w Moskwie [Gesprächsnotiz der Partei- und Regierungsdelegation in Moskau], in: Polskie Dokumenty Dyplomatyczne [Polnische Diplomatische Dokumente, im Folgenden PDD] 1957, hg. von KRZYSZTOF RUCHNIEWICZ / TADEUSZ SZYMOWSKI, Warszawa 2006, Dok. 124, S. 351–398, Zitat S. 389.

[5] Kritisch dazu: GRZEGORZ WOŁOWIEC, „Barwy walki" i polska droga do socjalizmu [„In Polens Wäldern" und der polnische Weg zum Sozialismus], in: Rok 1966. PRL na zakręcie [Das Jahr 1966. Die Volksrepublik Polen am Scheideweg], hg. v. KATARZYNA CHMIELEWSKA u. a., Warszawa 2014, S. 39–68; PAVEL KOLÁŘ, Der Poststalinismus. Ideologie und Utopie einer Epoche, Köln 2016, S. 144–147.

den spezifischen Vorstellungen und Strategien zur wirtschaftlichen und sozialen Modernisierung des Landes wider.

Worin also lag im polnischen Fall der substanzielle Beitrag des Staatssozialismus zur Nationsbildung bzw. zu ihrer Weiterentwicklung und Vertiefung? Für die von ihnen propagierten nationalen Ideen und Deutungsmuster konnten die polnischen Kommunisten zweifellos nur wenig Originalität beanspruchen. Dagegen konnten sie sich die Schaffung und Konsolidierung eines ethnisch und sozial weitgehend homogenen Nationalstaats in der Tat zumindest teilweise als eigenes Verdienst anrechnen. War das Polen der Zwischenkriegszeit noch ein multiethnischer Staat mit nennenswerten Nationalitätenkonflikten und enormen sozialen Disparitäten gewesen, dessen Selbstverständnis als Nationalstaat faktisch eher ein Missverständnis blieb, so hatten die Gewaltexzesse des Zweiten Weltkriegs den Boden dafür bereitet, die überkommene Heterogenität des postimperialen östlichen Europas ein für alle Mal hinter sich zu lassen.

Die geografische Westverschiebung Polens und die massenhaften Zwangsumsiedlungen während und im Nachgang des Krieges gingen mit dem abrupten Abreißen der jahrhundertealten polnischen Verflechtungen mit seinen Nachbarvölkern im Osten einher und erzwangen die Abkehr von den romantisch überhöhten *Kresy* der alten *Rzeczpospolita*. Deren Verlust wurde zuerst von den moskautreuen Kommunisten, schließlich aber auch von den maßgeblichen Vordenkern des polnischen Exils als Basis für eine pragmatische Neuformulierung polnischer Außenpolitik akzeptiert.[6]

Das von Stalins Gnaden wiedererrichtete Polen rückte nach 1945 also näher an das Modell des modernen westeuropäischen Nationalstaats heran, und zwar nicht allein durch die nationale Homogenisierung seiner Bevölkerung. Mindestens ebenso folgenreich waren die rapide, zentralstaatlich organisierte Industrialisierung, die Expansion des Bildungswesens und die daraus resultierende tiefgreifende strukturelle Transformation von Wirtschaft und Gesellschaft. Gerade die Inkorporierung der ehemals deutschen Ostgebiete hatte nicht nur geopolitische Implikationen; vielmehr gingen außen- und innenpolitische Vorstellungen von einem modernen Nationalstaat hier Hand in Hand. Einerseits verknüpften die Kommunisten die sogenannten „Wiedergewonnenen Gebiete" mit historischen Ansprüchen, die sie von der mittelalterlichen Herrschaft der Piasten-Dynastie herleiteten und mit denen zugleich die Jahrhunderte polnischen

---

[6] TIMOTHY SNYDER, The Reconstruction of Nations. Poland, Ukraine, Lithuania, Belarus, 1569–1999, New Haven 2003, S. 202–231.

Ausgreifens nach Osten desavouiert werden sollten. Andererseits war der Erwerb dieser Gebiete aber auch mit Vorstellungen von sozialistischer Modernität aufgeladen, die dem industriellen Fortschrittsparadigma der Hochmoderne entstammten und die für das Oberschlesische Industriegebiet oder die Hafenstädte an der Ostseeküste weitaus passgenauer waren als für die agrarischen Weiten der ostpolnischen *Kresy*.

Zwar gestaltete sich das nach sowjetischem Rezept initiierte Aufholen der überkommenen ökonomischen Rückständigkeit langwieriger und schwieriger, als die Zukunftsgewissheit des Nachkriegsstalinismus versprochen hatte, und letzten Endes sollten sich die Instrumente der staatssozialistischen Planwirtschaft als ungeeignet erweisen, um über das Stadium einer semiperipheren, auf ressourcenextraktive Schwerindustrie gestützten Volkswirtschaft wesentlich hinauszukommen. Dennoch trugen sie ihren Teil dazu bei, den Sprung von einem gutsherrschaftlich geprägten Agrarland zu einer urbanisierten Industrienation mit einer stabilen Staatlichkeit zu schaffen.[7] Auch wenn Volkspolen heute oft von seinem Ende her als graues Land der Mangelwirtschaft erinnert und mit Dysfunktionalität und ökonomischem Niedergang assoziiert wird, gelang es dem neuen Regime doch, den Lebensstandard insbesondere der massenhaft in die Städte strömenden ländlichen Bevölkerung nach den Zerstörungen des Krieges und dem entbehrungsreichen Wiederaufbau nachhaltig zu verbessern und zu stabilisieren - wenn auch auf vergleichsweise bescheidenem Niveau. Der soziale Aufstieg dieser neuen Industriearbeiter und der städtischen, vielfach in staatlichen Verwaltungen beschäftigten Mittelschichten trug ebenso wie das dezidiert nationale Selbstverständnis des polnischen Staatssozialismus in erheblichem Maße dazu bei, die Legitimationsreserven des Systems aufzufüllen - und das Nationalbewusstsein seiner Bevölkerung zu festigen.

Diese Modernisierungserfahrung der Nachkriegsjahre war prägend für das staatssozialistische Nationsverständnis und bildete auch die reale Basis für den zumindest unter den neuen Eliten verbreiteten Fortschrittsoptimismus. Der Stolz der Kommunisten auf diese rasante Entwicklung

---

[7] Vgl. etwa Modernizacja czy pozorna modernizacja. Społeczno-ekonomiczny bilans PRL 1944–1989 [Modernisierung oder scheinbare Modernisierung. Die gesellschaftlich-ökonomische Bilanz der Volksrepublik Polen 1944–1989], hg. v. JĘDRZEJ CHUMIŃSKI, Wrocław 2010, sowie den ausführlichen Rezensionsartikel von DARIUSZ JAROSZ, Problemy z peerelowską modernizacją [Probleme mit der volkspolnischen Modernisierung], in: Kwartalnik Historyczny 120 (2013), H. 2, S. 365–384; außerdem ADAM LESZCZYŃSKI, Skok w nowoczesność. Polityka wzrostu w krajach peryferyjnych 1943–1980 [Der Sprung in die Moderne. Wachstumspolitik in Ländern der Peripherie 1943–1980], Warszawa 2013.

spricht etwa aus einem beinahe hymnischen Text von Zdzisław Rurarz, eines Wirtschaftsberaters Edward Giereks, vom Anfang der 1970er Jahre:

> „Hunderttausende Menschen zogen innerhalb der neuen Grenzen Polens um. Wir haben zerstörte Gebiete geerbt, die es mit dem Mutterland zu integrieren galt. [...] Das Dorf machte sich auf den Weg in die Städte. Die Menschen kamen zum ersten Mal mit elektrischem Licht und fließendem Wasser in Berührung. Wir haben die Schulen aller Stufen weit geöffnet, und die Menschen standen, wie nie zuvor, vor der massenhaften Chance gesellschaftlichen Aufstiegs. [...] Die berüchtigten ‚polnischen' Straßen sind verschwunden, Aberglaube und Rückständigkeit gehen unter. Über die Hälfte der Menschen lebt in den Städten. Wir haben große Industrien, und in unserem Unterbewusstsein setzen sich schon bestimmte Muster ‚organischer Ordnung' fest. Wir sind noch immer kritisch, aber dynamisch, und wir werden wirklich zu einer modernen Nation."[8]

Auch auf die ethnische Homogenität des von ihnen nach dem Krieg neu aufgebauten polnischen Nationalstaats zeigten sich die regierenden Kommunisten ausgesprochen stolz – und das, obwohl ethnonationalistische Vorstellungen ursprünglich natürlich nicht auf der linken Seite des politischen Spektrums, sondern an dessen entgegengesetztem Ende beheimatet gewesen waren. Hatte die polnische Vorkriegslinke sich noch dem prosowjetischen Internationalismus der KPP oder den romantisch-föderalistischen Ideen Piłsudskis verschrieben, knüpften die polnischen Kommunisten nach dem Krieg implizit an die nationalistische Ausrichtung von Dmowskis Nationaldemokratie (Endecja) an. Mit diesem ideologischen Schwenk befanden sie sich auch in bestem Einklang mit der sowjetischen Nationalitätenpolitik dieser Phase.[9] Jedenfalls betrachteten die polnischen Kommunisten die von ihnen teils vorgefundene, teils durch ethnische Säuberungen wie die antiukrainische „Operation Weichsel" von 1947 und durch Umsiedlungsaktionen selbst geschaffene „nationale Einheit" ausdrücklich als wichtigste Errungenschaft des kommunistischen Systems. So lobte etwa Edward Gierek seine Partei dafür, „alle ethnisch polnischen Gebiete im Rahmen eines homogenen Nationalstaates" vereint zu haben,[10]

---

[8] ZDZISŁAW RURARZ, Przesłanki przyspieszenia rozwoju kraju [Voraussetzungen für die Beschleunigung der Entwicklung des Landes], in: Nowe Drogi (1972), H. 10, S. 133–143, hier S. 135.

[9] Siehe dazu Bianka Pietrow-Ennker und Dietrich Beyrau in diesem Band.

[10] EDWARD GIEREK, Jedność narodu – źródłem siły i podstawą przyszłości socjalistycznej Polski. Przemówienie Edwarda Gierka na pokojowej manifestacji w Gdańsku [Die Einheit der Nation als Quelle der Kraft und Grundlage der Zukunft des sozialistischen Po-

und General Jaruzelski adelte die „Beendigung der langandauernden Nationalitätenprozesse in diesen Gebieten" gar zur „historischen Aufgabe", die den polnischen Kommunisten zugefallen sei. Mit der Schaffung eines Polens an Oder und Neiße, so Jaruzelski weiter, hätten die Kommunisten eine „Vision" verwirklicht, „von der Generationen träumten".[11] Weniger Aufhebens machten die Regierenden aus naheliegenden Gründen nur um die konfessionelle Homogenität der Bevölkerung, die die nationaldemokratische „Vision" eines katholischen Polens beinahe mustergültig widerspiegelte.

Der Endecja-Nationalismus war für die moskautreuen Kommunisten nicht zuletzt deshalb so anschlussfähig, weil er von den beiden hergebrachten Alteritätskonzeptionen des polnischen Nationalismus diejenige präferierte, die besser in die geostrategische Perspektive des neuen Hegemons passte: Während die Konstruktion nationaler Identität in Polen klassischerweise auf einer doppelten Abgrenzung nach Osten und nach Westen basierte, also gegenüber dem protestantisch-preußisch dominierten Deutschland und dem orthodoxen Russland, kam den Kommunisten Dmowskis in erster Linie gegen Deutschland gerichtetes Denken mehr als zupass. Die unpopuläre Abhängigkeit der Volksrepublik von der Sowjetunion und die sichtbare Präsenz der Roten Armee ließen sich am einfachsten mit dem wiederholten propagandistischen Verweis auf den jahrhundertealten deutschen „Drang nach Osten" und das vermeintliche Wiedererstarken des „westdeutschen Militarismus" rechtfertigen.

Freilich gab es nach den Erfahrungen des Zweiten Weltkriegs gute Gründe für Vorbehalte gegenüber den Deutschen, die durch ebenso objektiv begründete Sorgen vor revisionistischen Gebietsansprüchen noch verstärkt wurden. Indem der staatssozialistische Diskurs antideutsche Ressentiments aber nach Kräften pflegte und förderte, während er zugleich jede Bezugnahme auf die einstigen polnischen Ostgebiete und schon den Hauch von Kritik am östlichen Nachbarn mit rigorosen Sprechverboten belegte, trug er zusätzlich dazu bei, den Bezugshorizont des polnischen Nationalbewusstseins nach Westen zu verschieben.

---

len. Rede Edward Giereks auf der Friedensdemonstration in Gdańsk], in: Trybuna Ludu, Nr. 206 vom 03.09.1979, S. 3.

[11] WOJCIECH JARUZELSKI, Przemówienie na wiecu we Wrocławiu w czterdziestą rocznicę powrotu ziem zachodnich i północnych do Macierzy [Rede auf der Kundgebung in Wrocław zum 40. Jahrestag der Rückkehr der West- und Nordgebiete zum Mutterland] (7. Mai 1985), in: DERS., Przemówienia 1985 [Reden 1985], Warszawa 1986, S. 115–127, hier S. 118–120.

Außenpolitisch machte sich das vor allem in der nachhaltigen Fixierung der volkspolnischen Diplomatie auf die Oder-Neiße-Grenze und das Verhältnis zu den beiden deutschen Staaten bemerkbar. Dabei ging es eben nicht nur um das nachvollziehbare Bedürfnis nach Anerkennung der radikal neu gezogenen Nachkriegsgrenzen, sondern auch um das nationale Selbstverständnis des neuen polnischen Staates. Dies galt insbesondere für die Regierungszeit Gomułkas, der mit seiner Rhetorik jahrelang die Angst vor der deutschen Gefahr schürte. Entsprechend wütend reagierte Gomułka auf die Versöhnungsbotschaft der katholischen Bischöfe an ihre deutschen Amtsbrüder von 1965: Als Antwort auf die kirchliche Einmischung attackierte er Primas Stefan Wyszyński harsch als „begrenzt und ohne nationales Gefühl für die Staatlichkeit".[12]

Da er sich auf die Garantien der Sowjetunion und die vertragliche Anerkennung der polnischen Westgrenze durch die DDR nicht verlassen wollte, hintertrieb Gomułka auch Annäherungsbemühungen anderer Ostblockstaaten gegenüber der Bundesrepublik hartnäckig. Dass er Chruščev in dieser Frage nicht über den Weg traute, war allerdings wenig verwunderlich: Schließlich hatte der KPdSU-Chef 1957 in seiner Wut über Gomułkas Forderung nach korrekter Berechnung des polnischen Anteils an den deutschen Reparationen nicht davor zurückgeschreckt, kaum verhohlen mit der Infragestellung der Grenzen von Potsdam zu drohen: „Noch ist nicht klar, welchen Verlauf die Geschichte nehmen wird. Was soll das, sind wir bescheuert, Prozente von diesen Millionen zu zahlen?"[13]

Zwar achtete Gomułka stets darauf, nach außen keinen Zweifel an seiner Bündnistreue aufkommen zu lassen – wenn es um die Oder-Neiße-Grenze ging, nutzte er den begrenzten außenpolitischen Spielraum Polens aber voll aus. Es war deshalb nur folgerichtig, dass schon der symbolische Auftakt zu einer eigenständigeren polnischen Außenpolitik nach der Destalinisierung, der Rapacki-Plan von 1957, das Verhältnis zu Polens westlichen Nachbarn in den Mittelpunkt rückte. Die Initiative des polnischen Außenministers Adam Rapacki für die Schaffung einer atomwaffenfreien Zone in Mitteleuropa, die Polen, die Tschechoslowakei und die beiden deutschen Staaten umfassen sollte, war eine Reaktion auf die von dem damaligen Verteidigungsminister Franz Josef Strauß vorangetriebene atomare Bewaffnung der Bundesrepublik. Rapacki hatte seinen Vorstoß

---

[12] Zitiert nach ZAREMBA, Im nationalen Gewande, S. 324.

[13] PDD 1957, Dok. 124, S. 391.

zwar vorab mit der Sowjetunion abgestimmt;[14] er zielte aber offensichtlich darauf ab, Polen als eigenständigen Akteur zu inszenieren und in einem mitteleuropäischen Kontext zu positionieren, der nicht restlos in der Blockkonstellation des Ost-West-Konflikts aufging. Trotz der Ablehnung des Plans durch die Westmächte konnte Polen damit einen Prestigegewinn auf internationaler Ebene verbuchen, der einem neuen Rapallo zwischen der Sowjetunion und der Bundesrepublik vorbeugen sollte – einem Szenario, das Gomułka überliefertermaßen für durchaus realistisch hielt.

Wie eng außen- und innenpolitische Erwägungen für die polnischen Kommunisten in der deutschen Frage miteinander verquickt waren, trat besonders deutlich zu Tage, als mit der neuen Ostpolitik Willy Brandts die Anerkennung der Oder-Neiße-Grenze seitens der Bundesrepublik in den Bereich des politisch Denkbaren rückte. Gomułka blieb zunächst vorsichtig, da er sich der Folgen einer möglichen polnisch-westdeutschen Annäherung für die Legitimation der kommunistischen Parteiherrschaft vollauf bewusst war. So warnte er im März 1967 seinen ungarischen Genossen János Kádár vor Kompromissen mit den „deutschen Militaristen“: „Wenn sie uns die Grenze anerkennen, dann nehmen sie uns eine wichtige Waffe im Kampf gegen sie.“[15] Erst als sich abzeichnete, dass Polen mit seiner intransigenten Haltung gegenüber der beginnenden Détente innerhalb des Ostblocks isoliert dastehen würde, preschte Gomułka im Mai 1969 mit einem eigenen Verhandlungsangebot an die Bundesregierung vor.

Die Unterzeichnung des Warschauer Vertrags im Rahmen des Staatsbesuchs von Brandt im Dezember 1970 stellte folglich in mehrfacher Hinsicht eine Zeitenwende für die Volksrepublik Polen dar. Zunächst einmal brachte sie die ersehnte äußere Anerkennung für den von Grund auf umgekrempelten polnischen Nationalstaat in seinem neuen territorialen Zuschnitt. Der Parteiliberale Mieczysław Rakowski resümierte in seinen Tagebüchern: „Ein gewisser Abschnitt in der polnischen Nachkriegsgeschichte ist abgeschlossen. Der Erzfeind hört auf, es zu sein.“[16] Rakowski war sich jedoch im Klaren darüber, dass sich damit auch das

---

[14] PDD 1957, Dok. 205, 206.

[15] Zit. nach WANDA JARZĄBEK, Deutsche (Neue) Ostpolitik aus polnischer Perspektive, in: Nie mehr eine Politik über Polen hinweg. Willy Brandt und Polen, hg. v. FRIEDHELM BOLL / KRZYSZTOF RUCHNIEWICZ, Bonn 2010, S. 70–96, hier S. 75.

[16] MIECZYSŁAW F. RAKOWSKI, Dzienniki polityczne 1969–1971 [Politische Tagebücher 1969–1971], Warszawa 2001, S. 268.

bisherige nationalistische Legitimationsmodell erschöpft, oder zumindest doch merklich an Überzeugungskraft verloren hatte. Er zitierte dazu zustimmend den kommunistischen Spitzenpolitiker Jan Szydlak: „Zwanzig Jahre lang haben wir die Nation mithilfe der Angst vor den Deutschen integriert. Bei den Älteren haben wir auf die Tränendrüse gedrückt, einen Teil der Jüngeren hatten wir auch auf unserer Seite, aber was nun? Jetzt ist die deutsche Karte aus dem Spiel."[17]

Dass solche Fragen durchaus berechtigt waren, sollten die Regierenden nur zu bald zu spüren bekommen: Im Hochgefühl ihres historischen außenpolitischen Erfolgs unterschätzten sie sträflich den Widerstand, den die wenige Tage nach Brandts Besuch verkündete Erhöhung der Fleischpreise in der Bevölkerung auslöste. Dieser mündete direkt in die blutigen Arbeiterunruhen an der Ostseeküste, die Gomułka kurz darauf die Macht kosteten.

Sein Nachfolger Edward Gierek sah klarer, dass der Fortfall des deutschen Feindbilds eine Neuformulierung des Verständnisses von sozialistischer Staatlichkeit unumgänglich machte: Wo die äußere Bedrohung der Nation als Argument ausfiel, wuchsen unweigerlich die Ansprüche an die innere Modernisierungsleistung des staatssozialistischen Projekts. Giereks Antwort darauf war ein neuer impliziter Gesellschaftsvertrag, der die ideologischen Ansprüche des Systems an den Einzelnen auf formale Bekenntnisse reduzierte und im Gegenzug materielle Vorteile versprach, insbesondere verbesserte Konsummöglichkeiten. Die Nation als zentrale Bezugsgröße verschwand in Giereks Konsumsozialismus keineswegs; vielmehr wurde sie nunmehr an wirtschaftlichen Erfolg und individuell messbares Wohlergehen zurückgebunden. Diese Verbindung spiegelte sich in der großspurigen Selbstinszenierung der Volksrepublik Polen als „zehntgrößte Wirtschaftsnation der Welt" ebenso wider wie in dem paradigmatischen Propagandaslogan „Damit Polens Stärke wächst und die Menschen in Wohlstand leben".[18] Dass die neue Politik beschleunigten Wirtschaftswachstums sich an den damaligen wirtschaftlichen Kennziffern der BRD und Japans orientierte, belegt eindrucksvoll, wie weit Giereks Beraterstab sich mental bereits im Westen wähnte.[19]

Da das ambitionierte Investitionsprogramm und die Ausweitung wohlfahrtsstaatlicher Leistungen nur mithilfe erheblichen Kapital- und Technologieimports aus dem kapitalistischen Ausland zu stemmen waren,

---

[17] Ebd., S. 249.

[18] „Aby Polska rosła w siłę, a ludzie żyli dostatniej."

[19] Vgl. etwa RURARZ, Przesłanki przyspieszenia.

markierte der Übergang von Gomułka zu Gierek einen grundlegenden Kurswechsel von einem fast ausschließlich endogenen zu einem (zumindest teilweise) exogen finanzierten Wachstumsmodell. Der enge Nexus zwischen den nationalen Ambitionen und der Außenpolitik des kommunistischen Staats blieb dabei bestehen - wenn auch auf einer anderen Ebene: Wenn man so will, verlagerte sich der Dreh- und Angelpunkt polnischer Außenpolitik von den West*gebieten*, die zu Gomułkas Zeiten im Fokus gestanden hatten, auf die West*kredite* und die spätestens mit Ablauf des Jahrzehnts immer drängendere Frage nach ihrer Bedienung. Nachdem die Nationsbildung in territorialer und ethnischer Hinsicht endgültig abgesichert war, rückten nun ihre wirtschaftlichen und sozialpolitischen Dimensionen in den Vordergrund.

Schon Gomułka hatte den Warschau-Besuch Willy Brandts am 7. Dezember 1970 genutzt, um ihm in einem Vier-Augen-Gespräch die Gewährung eines Kredits in Höhe von beachtlichen 10 Milliarden DM nahezulegen. In den Folgejahren brachte die polnische Seite diesen nicht eben bescheiden dimensionierten Betrag immer wieder ins Gespräch, sei es im Zusammenhang mit Entschädigungsleistungen für polnische Zwangsarbeiter oder als Gegenleistung für die Ausreisegenehmigungen für Angehörige der deutschen Minderheit. Die Bundesregierung erfüllte die polnische Maximalforderung jedoch nicht. Erst am Rande der KSZE-Konferenz in Helsinki 1975 einigten sich Helmut Schmidt und Edward Gierek schließlich auf einen Kredit in Höhe von 1 Mrd. DM plus weiterer 1,3 Mrd. DM zur pauschalen Befriedigung von Rentenansprüchen. Mit dieser Pauschalzahlung an den polnischen Staat wurden individuelle Entschädigungszahlungen an polnische NS-Opfer bewusst umgangen – für die polnische Regierung, die bereits mit den Folgen des weltweiten Konjunktureinbruchs infolge der Ölkrise zu kämpfen hatte, war die Devisenspritze zur Unterstützung ihrer Wirtschaftspolitik offenkundig wichtiger als die Vertretung der individuellen Interessen ihrer Bürger.[20]

Diese profitierten von der Détente in den Ost-West-Beziehungen und von den zwischenstaatlichen Lockerungsübungen innerhalb des sozialistischen Blocks jedoch auf andere, oftmals nicht weniger handfeste Weise: Die Liberalisierung des Passregimes bis hin zum visafreien Reiseverkehr

[20] KRZYSZTOF RUCHNIEWICZ, Polskie zabiegi o odszkodowania niemieckie w latach 1944/45–1975 [Polnische Bemühungen um deutsche Entschädigungen in den Jahren 1944/45–1975], Wrocław 2007, S. 182–263; WANDA JARZĄBEK, Polska Rzeczpospolita Ludowa wobec polityki wschodniej Republiki Federalnej Niemiec w latach 1966–1976 [Die Volksrepublik Polen und die Ostpolitik der Bundesrepublik Deutschland in den Jahren 1966–1976], Warszawa 2011, S. 450–466.

mit der DDR und der Tschechoslowakei ermöglichte es vielen Polinnen und Polen, nicht nur als Touristen ins Ausland zu reisen, sondern dort auch als Saisonarbeiter etwas hinzuzuverdienen oder grenzüberschreitenden „Ameisenhandel“ zu betreiben.[21] Die polnische Wendung *na saksy* (nach Sachsen) für zeitweise Erwerbsarbeit im Ausland illustriert die traditionell große Bedeutung, die in diesem Zusammenhang dem westlichen Nachbarland zukam. Im Zuge der Entspannungspolitik der bundesdeutschen sozialliberalen Koalition verwandelte sich der vormalige Erzfeind Bundesrepublik nicht nur zum größten staatlichen Kreditgeber der Volksrepublik Polen im Westen[22] – auch die gesellschaftlichen Kontakte zwischen Westdeutschland und Polen erreichten ein qualitativ neues Niveau. Vor allem auf dieser Ebene leistete die von Willy Brandt und Egon Bahr konzipierte neue Ostpolitik den wohl entscheidenden Beitrag zur Relativierung des polnischen Feindbilds vom bösen Deutschen.[23]

Allerdings traten in der zweiten Hälfte der 1970er Jahre auch die erheblichen wirtschaftlichen Abhängigkeiten, die das Investitionsprogramm Giereks nach sich zog, immer deutlicher zu Tage. Diese beschränkten sich keineswegs nur auf Hochtechnologie-Lizenzen: Da neben der Schwerindustrie und dem Wohnungsbau auch die Massentierhaltung massiv ausgebaut wurde, mussten auch Getreide und Futtermittel für die Fleischproduktion kontinuierlich gegen knappe Devisen aus dem kapitalistischen Ausland importiert werden. Diese landwirtschaftlichen Importe schlugen mit rund 10 bis 15 Prozent der gesamten polnischen Auslandsverschuldung zu Buche. Innerhalb eines Jahrzehnts wuchs der polnische Schuldenberg im Westen von gut 1 Mrd. US-Dollar (1970) auf über 24 Mrd. US-Dollar (1980).[24] Es liegt auf der Hand, dass diese Situation auch den innenpolitischen Spielraum der kommunistischen Regierung ein-

---

[21] „Schleichwege“. Inoffizielle Begegnungen sozialistischer Staatsbürger zwischen 1956 und 1989, hg. v. WŁODZIMIERZ BORODZIEJ u. a., Wien 2010.

[22] Der Löwenanteil von rund 70 Prozent der polnischen Auslandsverschuldung entfiel allerings auf Kredite bei westlichen Privatbanken.

[23] DOMINIK PICK, Ponad żelazną kurtyną. Kontakty społeczne między PRL i RFN w okresie détente i stanu wojennego [Über den Eisernen Vorhang. Gesellschaftliche Kontakte zwischen der Volksrepublik Polen und der BRD in der Zeit der Détente und des Kriegsrechts], Warszawa 2016.

[24] WIESŁAW RYDYGIER, Pułapka zadłużenia [Die Verschuldungsfalle], in: U źródeł polskiego kryzysu. Społeczno-ekonomiczne uwarunkowania rozwoju gospodarczego Polski w latach osiemdziesiątych [An den Quellen der polnischen Krise. Gesellschaftlich-ökonomische Bedingungen der wirtschaftlichen Entwicklung Polens in den 80er Jahren], hg. v. ALEKSANDER MÜLLER, Warszawa 1985, S. 222–305, hier S. 239, 270–272.

engte. So sind etwa die vergleichsweise zurückhaltenden Repressionen, mit denen diese auf die wachsenden Aktivitäten der Oppositionsbewegung reagierte, nur mit der Rücksichtnahme auf das polnische Image bei den westlichen Kreditgebern zu erklären. Die Zuspitzung der politischen und wirtschaftlichen Krise ließ die Schuldenfalle dann endgültig zuschnappen: Nach der Entstehung der oppositionellen Massenbewegung *Solidarność* musste Polen 1981 de facto seine Zahlungsunfähigkeit eingestehen.[25] Die Einführung des Kriegsrechts wurde zwar von einer vorübergehenden Umorientierung des Außenhandels auf die Ostblockstaaten begleitet; diese war allerdings trotz der harten Sanktionen der Reagan-Administration nicht von langer Dauer. Im Grunde stand die volkspolnische Außenpolitik während der gesamten 1980er Jahre sowohl nach Osten als auch nach Westen im Schatten kontinuierlicher Bemühungen um ökonomische Unterstützung und Verhandlungen über die Modalitäten des Schuldendienstes.

Auch wenn sich die Kommunisten also mehr und mehr auf das realpolitische Ausbalancieren der Folgekosten ihres ökonomisch aus dem Ruder gelaufenen Modernisierungsprojekts beschränken mussten, wollten sie selbst weiterhin an ihrem Beitrag zur Stabilisierung der modernen polnischen Staatlichkeit gemessen werden. In einer programmatischen Rede von 1982, als es um die Legitimation der Parteiherrschaft angesichts von Kriegsrecht und wirtschaftlicher Talfahrt nun wahrlich nicht zum Besten bestellt war, beharrte General Jaruzelski darauf:

> „Die Partei hat, unabhängig von den Fehlern, die sie begangen hat, eine gute historische Legitimation. Wenn es die Partei nicht gäbe [...], wäre Polen bestenfalls eine Art Herzogtum Warschau. Zwar gäbe es heute vielleicht mehr Schuhe, allerdings wohl auch nicht für alle, aber Polen wäre höchstwahrscheinlich ein solches und kein anderes staatliches oder pseudostaatliches Gebilde. Von den Westgebieten, von Wrocław, Szczecin und Gdańsk, von allen diesen Orten, wo man so gerne streikt, die sich aber nur dank dieses Systems in Polen befinden, will ich gar nicht erst reden."[26]

---

[25] DARIUSZ GRALA, Reformy gospodarcze w PRL (1982–1989). Próba uratowania socjalizmu [Wirtschaftsreformen in Volkspolen (1982–1989). Der Versuch, den Sozialismus zu retten], Warszawa 2005, S. 80–85.

[26] WOJCIECH JARUZELSKI, Przemówienie na posiedzeniu Komisji Inicjującej utworzenie Tymczasowej Rady Krajowej Patriotycznego Ruchu Odrodzenia Narodowego wygłoszone 15 września 1982 r. [Rede auf der Sitzung der Initiativkommission zur Gründung des Provisorischen Landesrats der Patriotischen Bewegung zur Nationalen Wiedergeburt am 15. September 1982], in: DERS., Przemówienia 1981–1982 [Reden 1981–1982], Warszawa 1983, S. 441–448, hier S. 446.

Mit dem Verweis auf den einst von Napoleon gegründeten polnischen Satellitenstaat machte Jaruzelski unmissverständlich klar, dass er die Konsolidierung des polnischen Nationalstaats und die Integration der Westgebiete als zentrale Kriterien für den historischen Erfolg der kommunistischen Herrschaft betrachtet wissen wollte. Dass er die katastrophale Versorgungslage bei Konsumgütern wie Schuhen (die damals in der Tat zu den meistgesuchten Mangelwaren gehörten) als vergleichsweise unbedeutende Nebensächlichkeit abtat und damit offen hinter Giereks konsumsozialistisches Versprechen zurückfiel, dürfte die Attraktivität und Überzeugungskraft dieser verantwortungsethischen Interpretation des polnischen nationalen Interesses nicht gerade gesteigert haben. Dazu war die behauptete Souveränität des kommunistischen polnischen Staats gegenüber der Sowjetunion dann doch zu fragwürdig und die revisionistische Gefahr aus Westdeutschland – trotz ihrer wiederholten Beschwörungen in der Parteipresse – zu wenig akut.

Letzten Endes war es der im Warschauer Vertrag und den KSZE-Vereinbarungen von Helsinki greifbar gewordene außenpolitische Erfolg der auf die Sowjetunion gestützten, territorial nach Westen verschobenen polnischen Staatlichkeit (bei gleichzeitigem Misserfolg der ökonomischen Aufholjagd gegenüber Westeuropa), der es der demokratischen Opposition erst ermöglichte, den von den Kommunisten usurpierten Alleinvertretungsanspruch für die polnische Nation offen in Frage zu stellen. Angesichts der anhaltenden Wirtschaftskrise und des sinkenden Lebensstandards der Bevölkerung drängte sich die Frage auf, ob die Stabilisierung der kommunistischen Staatlichkeit und das wohlverstandene Eigeninteresse der polnischen Nation wirklich in eins fielen. Sobald der deutsche „Drang nach Osten" als Feindbild ausfiel, ließ sich auch die geopolitische Verortung Polens in Mitteleuropa neu denken – nämlich ohne das subalterne Schutzverhältnis gegenüber dem sowjetischen Hegemon. Konsequenterweise diskutierten vor allem katholische und konservative Intellektuelle in der unabhängigen Untergrundpresse schon Ende der 1970er Jahre über eine mögliche Wiedervereinigung Deutschlands, die sie als Vorbedingung für die Lösung Polens aus der sowjetischen Dominanz betrachteten.[27]

Vergleichsweise wenig Interesse zeigten die polnischen Oppositionellen hingegen an dem von Milan Kundera und György Konrád reaktivierten Mitteleuropa-Begriff: Während dieser im Westen breit rezipiert

---

27 GREGOR FEINDT, Auf der Suche nach politischer Gemeinschaft. Oppositionelles Denken zur Nation im ostmitteleuropäischen Samizdat 1976–1992, Berlin 2015, S. 191–206.

und debattiert wurde, wurde er in Polen nur vereinzelt aufgegriffen, und das meist eher ablehnend. Dieses offensichtliche Fremdeln ist auf den ersten Blick verwunderlich - schließlich sollte man meinen, dass die insbesondere bei Kundera deutlich sichtbare antisowjetische bzw. antirussische Stoßrichtung in Polen eigentlich anschlussfähig hätte sein können. Allerdings verortete man sich hier üblicherweise lieber gleich im westlichen, oftmals abendländisch-christlich gedachten Europa als in einem vagen Konstrukt der „Mitte", die schlimmstenfalls noch irgendwo im Niemandsland zwischen Ost und West liegen würde. Die mit dem Mitteleuropa-Konzept einhergehende regionale Einbettung, die für den dissidentischen Diskurs in der Tschechoslowakei attraktiv sein mochte, erschien den meisten polnischen Oppositionellen entbehrlich oder gar hinderlich.[28]

Da die polnische Oppositionsbewegung außenpolitisch also unzweifelhaft gen Westen blickte, blieben revanchistische Ansprüche auf die einstigen polnischen Ostgebiete in ihren Reihen marginal. Zwar konnte der Verlust von Wilna und Lemberg in der unabhängigen Publizistik des „Zweiten Umlaufs" erstmals wieder thematisiert werden; diese Bezugnahmen blieben aber weitestgehend nostalgischer Natur. Angesichts der überschäumenden Begeisterung vieler Oppositioneller für Piłsudski, die national-romantische Aufstandstradition des 19. Jahrhunderts und die Zweite Republik der Zwischenkriegszeit ist es in der Tat bemerkenswert, wie einhellig sie dennoch für ein pragmatisch-partnerschaftliches Verhältnis gegenüber den östlichen Nachbarn Polens plädierten.

Von großer Bedeutung war dabei zweifellos der Einfluss der intellektuellen Vorarbeiten derjenigen polnischen Emigranten im Westen, die sich - anders als die Londoner Exilregierung - schon früh von illusionären Ansprüchen auf ein Polen in den Grenzen von 1939 verabschiedet hatten. Insbesondere die Rolle von Jerzy Giedroyc und der von ihm in Paris herausgegebenen Zeitschrift „Kultura" wird in diesem Zusammenhang zurecht immer wieder hervorgehoben: Während die Kommunisten in der Ausformulierung einer eigenständigen Position gegenüber dem östlichen Nachbarn naturgemäß an die Grenzen ihrer prekären Souveränität stießen und sich folglich auf die stereotypen Parolen von polnisch-sowjetischer „Waffenbrüderschaft" und „Völkerfreundschaft" beschränkten, entwickelte sich die von Giedroyc redigierte Exilzeitschrift zum einflussreichsten Forum des unabhängigen Nachdenkens über die polnischen Beziehungen gen Osten.

[28] Ebd., S. 268–270.

Schon 1973/74 hatte Juliusz Mieroszewski in der „Kultura" ein außenpolitisches Programm skizziert, in dem er die Entstehung unabhängiger Nationalstaaten in der Ukraine, in Litauen und in Belarus antizipierte und darlegte, warum das Überleben dieser Nationalstaaten im genuinen polnischen Interesse läge. Entgegen dem ersten Anschein handelte es sich dabei gerade nicht um eine Neuauflage von Piłsudskis Föderalismus-Konzeption, die auf der Überzeugung von der einigenden Kraft der vermeintlich überlegenen polnischen Hochkultur beruht hatte. Vielmehr dachte Mieroszewski die durch die Schaffung eines modernen mitteleuropäischen Nationalstaats nach dem Zweiten Weltkrieg veränderte Lage der polnischen Nation konsequent weiter. Auch wenn diese Überlegungen damals, auf der Höhe sowjetischer Machtentfaltung, einigermaßen romantisch erscheinen mussten, sollten sie sich doch als ausgesprochen realistisch erweisen. Ihr Realismus lag eben darin, dass sie die durch die staatssozialistische Modernisierung nachhaltig veränderte Situation der polnischen Nation zum Ausgangspunkt ihrer Betrachtung machten, anstatt verblichenen polnischen Großmachtambitionen wie der Idee vom „Intermarium" (*Międzymorze*) zwischen Ostsee und Schwarzem Meer nachzuhängen. Timothy Snyder hat die außenpolitische Vision von Giedroyc und Mieroszewski deshalb treffend als „accommodation with modernity" bezeichnet.[29]

Von diesen intellektuellen Vorarbeiten profitierte auch die oppositionelle Szene im Lande, die sich grundsätzlich zustimmend auf die Pariser „Kultura" bezog. Als die Gewerkschaft *Solidarność* im Herbst 1981 mit ihrer „Botschaft an die Werktätigen Osteuropas" erstmals offiziell ihre Unterstützung für antikommunistische Bestrebungen in anderen Ostblock-Staaten bekundete, war dies folglich eher ein gegen einen gemeinsamen Gegner gerichtetes Zeichen antiimperialistischer Solidarität. Das traditionsreiche (und von Litauen bis in die Ukraine alles andere als wohlgelittene) kulturelle Sendungsbewusstsein der Polen kam allenfalls noch in der unstrittigen polnischen Vorbildfunktion im Kampf gegen die sowjetische Dominanz zum Ausdruck, war aber nicht mehr mit weitergehenden kulturellen Überlegenheitsgefühlen verknüpft.

Trotzdem blieb das Verhältnis der Oppositionsbewegung zu dem ethnisch-homogenisierenden Nationskonzept des offiziellen staatssozialistischen Diskurses ambivalent. Einerseits öffnete die in den späten 1970er und 1980er Jahren in der oppositionellen Gegenkultur intensiv verfolgte Rekonstruktion einer unverfälschten, „wahren" Geschichte

---

[29] SNYDER, Reconstruction of Nations, S. 223.

Räume für kritische Selbstbefragungen, etwa über die polnisch-jüdische Vergangenheit oder die polnisch-ukrainische Konfliktgeschichte. Andererseits zeigte der Mainstream der Oppositionsanhänger an einer reflektierenden Hinterfragung ihres nationalen Selbstbildes und des Verhältnisses der eigenen Nation zu ihren Nachbarn nur geringes Interesse, sodass klassische Topoi der polnischen Nationalgeschichte wie Katyń und der Warschauer Aufstand die alternative Geschichtskultur dominierten.[30]

Wie sehr auch diejenigen Teile der polnischen Gesellschaft, die zur kommunistischen Herrschaft Distanz hielten oder diese sogar offen ablehnten, den nationalen Status quo mitsamt seiner nationalkommunistischen Rechtfertigung verinnerlicht hatten, ließ sich unter anderen an ihrem Verhältnis zu den sogenannten Wiedergewonnenen Gebieten ablesen. So konstatierte der Nestor des linksliberalen Flügels der Opposition, Jan Józef Lipski, in seinem berühmt gewordenen Essay „Zwei Vaterländer – zwei Patriotismen" von 1981: „Fast jeder Pole (sogar der gebildete!) glaubt heute, daß wir nach dem Zweiten Weltkrieg auf Gebiete zurückgekehrt seien, die uns von den Deutschen geraubt worden seien."[31] Lipskis Unterscheidung zwischen „nationaler Megalomanie" und einem selbstkritischen, bürgerschaftlichen Patriotismus zielte zwar in erster Linie auf die bisweilen plumpe „vaterländisch-patriotische Phrasendrescherei in der offiziellen Presse".[32] Allerdings führt die breite Akzeptanz des historisch durchaus fragwürdigen Legitimationsnarrativs über die Westgebiete vor Augen, welch großen Einfluss die staatssozialistische Transformation des nationalen Selbstverständnisses auf die gesellschaftlich verbreiteten Vorstellungen von der polnischen Nation ausübte.

Auch innerhalb des oppositionellen Spektrums bestand keineswegs Einigkeit darüber, ob man den Nationsbegriff in ethnisch-exklusivem oder in staatsbürgerlich-inklusivem Sinne verwenden sollte. Wie Gregor Feindt gezeigt hat, setzte sich innerhalb der dissidentischen Elite zwar ein pluralistisches, dialogisches Denken über die Nation durch – dieses blieb aber ein „elitäres Projekt", das den traditionellen homogenisierenden Ethnonationalismus in der Breite der Oppositionsbewegung letzten Endes

[30] FLORIAN PETERS, Revolution der Erinnerung. Der Zweite Weltkrieg in der Geschichtskultur des spätsozialistischen Polen, Berlin 2016.

[31] JAN JÓZEF LIPSKI, Zwei Vaterländer – zwei Patriotismen. Bemerkungen zum nationalen Größenwahn und zur Xenophobie der Polen [1981], in: DERS., Powiedzieć sobie wszystko ... / Wir müssen uns alles sagen ... Eseje o sąsiedztwie polsko-niemieckim / Essays zur deutsch-polnischen Nachbarschaft, Warszawa 1996, S. 185–228, hier S. 194.

[32] Ebd., S. 189.

nicht zu verdrängen, sondern nur diskursiv einzuhegen vermochte.[33] Schon in der Transformationszeit geriet dieser „dilatorische Kompromiss“ (Feindt) ins Wanken – nicht zuletzt aufgrund der Positionierung der katholischen Kirche, die ihre in der Auseinandersetzung mit dem Staatssozialismus gestärkte gesellschaftliche Rolle nutzte, um ihren Teil zur Festigung traditionalistischer nationaler Selbstbilder beizutragen.[34]

So knüpfte das postsozialistische Polen mit seinem ersten nichtkommunistischen Außenminister Krzysztof Skubiszewski zwar an die außenpolitischen Konzepte von Mieroszewski an, indem es den Unabhängigkeitsbestrebungen seiner östlichen Nachbarn früh unter die Arme griff. Auch die 1993 an die Macht zurückgekehrten Postkommunisten brachen radikal mit nationalkommunistischen Traditionssträngen und führten die von Skubiszewski begonnene Linie fort. Damit waren Nationalismus und ethnische Homogenitätsfantasien aber noch lange nicht aus der Welt. Angesichts der gegenwärtigen Renaissance der radikalen Rechten in Polen und Ostmitteleuropa ist aufs Neue unübersehbar geworden, wie weit liberale und nationalkonservative Milieus innerhalb der polnischen Gesellschaft in ihrem Verständnis der polnischen Nation auseinanderklaffen.

* * *

Fragt man sich also abschließend nach der Relevanz der vierzig Jahre Staatssozialismus für die Formation und Weiterentwicklung des polnischen Nationalbewusstseins sowie für die daraus resultierenden außenpolitischen Orientierungen, so kommt man nicht umhin, die Volksrepublik als integralen Teil der polnischen Nationalgeschichte anzuerkennen und ihre tiefgreifenden Nachwirkungen hervorzuheben. Die polnische Nation durchlief in diesen vier Jahrzehnten in territorialer, sozialer und ökonomischer Hinsicht eine grundlegende Transformation, wenn dies auch für viele überzeugte polnische Patrioten eine Transformation wider Willen gewesen sein mag. Dabei war die grundsätzliche außenpolitische Orientierung auf die Sowjetunion und ihr Bündnissystem zwar vorgegeben. In diesem beschränkten Rahmen verfolgten die polnischen Kommunisten aber durchaus mit Erfolg eigene Ziele. Diese konzentrierten sich zunächst auf die ethnische Homogenisierung des Landes und das territoriale Konfliktverhältnis mit Deutschland, bevor sie sich seit der Entspan-

---

[33] FEINDT, Auf der Suche nach politischer Gemeinschaft, S. 287–291.

[34] Vgl. GENEVIÈVE ZUBRZYCKI, The Crosses of Auschwitz. Nationalism and Religion in Post-Communist Poland, Chicago 2006.

nungspolitik in der wirtschaftlichen Annäherung und Verflechtung manifestierten, mit deren Hilfe die Kommunisten den gewachsenen sozialen Ansprüchen an moderne Staatlichkeit gerecht zu werden hofften.

Die regierenden Kommunisten mochten es zwar nicht beabsichtigt haben, doch im Ergebnis kehrte sich während ihrer Herrschaft die traditionelle polnische Blickrichtung nach Osten, die auf der selbst zugeschriebenen zivilisatorischen Mission der polnischen Kultur als Außenposten des Westens basierte, um. Auch wenn das Konzept zeitgenössisch kaum verwendet wurde, könnte man sagen, dass der Staatssozialismus für Polen eine widersprüchliche Neu-Verortung in Mitteleuropa brachte. Außenpolitische Überlegungen im Exil und in der demokratischen Oppositionsbewegung stellten die gewandelte regionale Verortung Polens nicht mehr in Frage, sondern entwickelten sie produktiv weiter.

Zur unbestrittenen innen- wie auch außenpolitischen Bezugsgröße sowohl der polnischen Kommunisten als auch ihrer Gegner wurde der westliche Nationalstaat der Industriemoderne – wobei die einen seine ethnische Homogenität begrüßten, die anderen seine ökonomischen und sozialen Errungenschaften in den Vordergrund stellten, und die dritten seine freiheitlichen Verheißungen im Blick hatten. Die womöglich nachhaltigste Wirkung des polnischen Staatssozialismus dürfte dabei in der tiefen Verankerung eines auf ethnischer und sozialer Homogenität basierenden Nationalbewusstseins in beträchtlichen Teilen der polnischen Gesellschaft liegen. Es ist deshalb kein Wunder, dass die Ermüdungserscheinungen des Paradigmas der homogenisierenden Moderne im letzten Drittel des 20. Jahrhunderts nicht nur die polnischen Kommunisten, sondern auch die polnische Gesellschaft als ganze vor schwer lösbare Herausforderungen stellte.

PAVEL KOLÁŘ

GESCHICHTSTRAUMA, NATIONSBILDUNG, SOZIALISMUS

AUSSENPOLITIK UND KOLLEKTIVE IDENTITÄT IN DER TSCHECHOSLOWAKEI (1945–1989)

> „Die beiden stärksten Strömungen, von denen die gesellschaftliche Bewegung in den böhmischen Ländern und in der Slowakei während des 20. Jahrhunderts getragen wurde, waren die nationale Befreiungsbewegung und der Sozialismus."[1]

Am Beispiel der Tschechoslowakei untersucht dieser Beitrag die Wechselwirkung zwischen Außenpolitik, kollektivem Gedächtnis und nationaler Identität im ostmitteleuropäischen Staatsozialismus (1948–1989). Ich gehe von der Annahme aus, dass sowohl tiefliegende Konzeptionen der tschechischen und tschechoslowakischen Nationalstaatlichkeit als auch rezente Krisenerfahrungen und Traumata (das Münchner Abkommen, die NS-Besatzung, die Vertreibung der deutschen Bevölkerung) die außenpolitische Orientierung der kommunistischen Tschechoslowakei maßgeblich gestaltet haben, und dies zeitweise auch externen Zwängen – der Sowjethegemonie und dem Kalten Krieg – zum Trotz.

Mit diesem Schwerpunkt wird die Entwicklung der kommunistischen Außenpolitik aus einer vornehmlich gesellschafts-, kultur- und begriffsgeschichtlichen Perspektive betrachtet. Die gestaltende Bedeutung der externen Faktoren, wie vor allem der Dominanz des sowjetischen Machtzentrums und des Gesamtkontextes des Kalten Krieges werden zwar berücksichtigt, der Fokus richtet sich aber auf interne Verständigungs-

[1] Das Aktionsprogramm der Kommunistischen Partei der Tschechoslowakei, angenommen auf dem Plenum des Zentralkomitees der KPČ am 5. April 1968, Praha 1968, S. 3.

prozesse, Identitätsdiskurse und gesellschaftliche Dynamiken. Außenpolitik – sowohl außenpolitische Konzeptionen als auch Handlungen – ist aus dieser Sicht stets ein Ergebnis der Wechselwirkung zwischen äußerer (internationaler bzw. transnationaler) Integration und innerer (nationaler, gesellschaftlicher) Konsolidierung.

Metamorphosen staatssozialistischer Außenpolitik

Nicht nur hinsichtlich der gesellschaftlichen Dynamik, sondern auch im Hinblick auf die Außenpolitik war die Ära des Staatssozialismus (1948–1989 im Fall der Tschechoslowakei) keineswegs eine homogene Einheit. Vielmehr stellten die rund vierzig Jahre der kommunistischen Herrschaft eine Serie von Umbruchsituationen dar, in denen sich die außenpolitischen Grundorientierungen wesentlich änderten. Im Unterschied zum Totalitarismus-Ansatz, der das außenpolitische Handeln (wie die Politik generell) auf ein bloßes Instrument der „totalitären Macht", eine Art „Überbau" reduziert, akzentuiert die gesellschaftsgeschichtliche Zugangsweise den Aushandlungscharakter der Außenpolitik, die Konkurrenz von bestehenden außenpolitischen Konzepten sowie die oft divergierenden Interessen von verschiedenen Akteuren (Regierung, Außenministerium, Parteiführung, Wissenschaft, Medien), die trotz hoher „Durchherrschung" des kommunistischen Machtapparates und der öffentlichen Sphäre nicht immer deckungsgleich agierten.

Der Beitrag ist chronologisch gegliedert, wobei ich drei unterschiedliche Formen des Verhältnisses zwischen Außenpolitik und kollektiver Identität skizziere: ein stalinistisch-revolutionäres, ein poststalinistisch-reformistisches und ein spätsozialistisch-konsolidierendes Modell. Im Falle der kommunistischen Diktaturen handelte es sich um eine besondere Art von (osteuropäischer) Nationalstaatlichkeit, welche die innere Nationsbildung, vorangetrieben durch forcierte Industrialisierung und gesellschaftliche Mobilisierung sowie äußere nationale Souveränität einerseits mit einem universalistischen, durch die Sowjetunion geleiteten Projekt der klassenlosen Gesellschaft andererseits zu verbinden suchte. Ein kultur- und mentalitätsgeschichtlicher Blick auf die außenpolitische Selbstpositionierung sozialistischer Nationalstaaten geht davon aus – anders als die mit einem eindimensionalen Machtbegriff operierende Politikgeschichte –, dass kommunistische Utopievorstellungen fortwährend eine wichtige Rolle spielten; sie waren mehr als „bloße Rhetorik", und das galt sowohl für die poststalinistische Phase des sogenannten „Nationalkommunismus", in welcher angeblich das Nationale die kommunistische Ideologie verdrängte, als auch für den vermeintlich an bloßer Machtkonsolidierung orientierten Spätsozialismus.

Aus dieser Gemengelage ergeben sich für die kommunistischen Diktaturen zwei Problemzusammenhänge: Erstens stellt sich die Frage, was für eine Stellung die Außenpolitik als ein spezifisches Vorstellungs- und Handlungsfeld im Herrschaftssystem des Staatsozialismus eigentlich hatte; hier ist vor allem die Spannung zwischen der kommunistischen Ideologie und dem realpolitischen „Pragmatismus" von Interesse (eine Frage, die der amerikanische Politikwissenschaftler Bertram D. Wolfe bereits 1962 stellte[2]). Eine zweite Spannung geht aus der Tatsache hervor, dass es sich bei einigen osteuropäischen Staaten, wie der Tschechoslowakei, um „kleine Nationen" (im Sinne Miroslav Hrochs) handelte, die ihre internationale Positionierung stets unter der Perspektive ihrer Unterdrückungs- und Emanzipationserfahrung betrachteten.

Aus dieser Perspektive ist auch das Verhältnis zwischen dem sowjetischen „Imperialismus" und den „nationalen Wegen zum Sozialismus" bei den osteuropäischen „Satellitenstaaten" zu sehen, das vor allem nach der Entstalinisierung von 1956 zum prägenden Faktor auch in der Außenpolitik wurde. Die Frage, wie die Idee des „Nationalkommunismus" das Handeln der osteuropäischen Staaten (sowie der westeuropäischen kommunistischen Parteien) gestaltete, formulierte der kanadische Politikwissenschaftler H. Gordon Skilling bereits 1960; dabei warnte er vor zwei extremen Auffassungen: einerseits vor einer Verabsolutierung von nationalen Besonderheiten der einzelnen Ostblockstaaten, andererseits vor der Behandlung des Ostblocks als ein organisches Ganzes.[3]

Das Ziel des Beitrages ist es, die drei chronologisch-strukturell definierten Modelle der staatssozialistischen Außenpolitik am Beispiel der Tschechoslowakei vorläufig zu umreißen. Ich strebe keineswegs eine erschöpfende Bearbeitung des Themas an, eher möchte ich grundlegende Probleme für weitere Forschungen identifizieren. Ich stütze mich dabei auf die bereits reichhaltige Forschungsliteratur zur tschechoslowakischen Außenpolitik und ziehe eine Auswahl von veröffentlichten Quellen heran, wie die offiziellen Staats- und Parteidokumente, öffentliche Reden

---

[2] Bertram D. Wolfe, Communist Ideology and Soviet Foreign Policy, in: Foreign Affairs 41 (1962), H. 1, S. 152–170.

[3] H. Gordon Skilling, Communism: National or International?, in: International Journal: Canada's Journal of Global Policy Analysis 15 (1960), H. 1, S. 36–48.

außenpolitischer Akteure, interne Parteimaterialien wie auch publizierte Biografien und Memoiren kommunistischer Diplomaten.

Die stalinistisch-revolutionäre Phase

Die stalinistisch-revolutionäre Phase (1945–1956) zeichnete sich durch eine zunehmende Orientierung der tschechoslowakischen Außenpolitik am sowjetischen Vorbild aus. Dabei ist dieser Zeitraum in zwei Abschnitte zu teilen. Für die Nachkriegsphase (1945–1948, manchmal als „Dritte Republik“ bezeichnet) war noch eine Ambivalenz charakteristisch zwischen der eindeutigen Ausrichtung auf die Sowjetunion (vertreten durch die KPČ) und der allgemein prodemokratischen – aber keineswegs einseitig prowestlichen oder sogar antisowjetischen – Position, die vor allem Präsident Edvard Beneš und die nicht-kommunistischen Regierungsparteien vertraten.[4] Diese beiden Orientierungen sind jedoch nicht als zwei sich gegenüberstehende, gegenseitig ausschließende Pole zu verstehen: Demokratie und (sowjetischer) Sozialismus galten als zwei vereinbare Grundwerte. Und genauso wurde geglaubt, dass man den spezifisch tschechoslowakischen nationalen Weg zum Sozialismus mit dem sowjetischen Modell vereinigen könnte.

Das Trauma des Münchener Abkommens von 1938 und der nationalsozialistischen Besatzung (1939–1945), wie aber auch die Vorstellung des „nationalen Weges“ zum Sozialismus bildeten die identitätsstiftende Grundlage des (außen)politischen Handelns nach dem Zweiten Weltkrieg. Dieser nationale Grundkonsens wurde im maßgebenden Dokument der Nachkriegszeit, dem Kaschauer Regierungsprogramm vom April 1945, ausgedrückt. Bereits hier war die klare Anlehnung an das sowjetische Modell benannt, besonders im Militärbereich, wo die Rote Armee als Vorbild für die neuen tschechoslowakischen Streitkräfte dienen sollte, welche „in einem staatsbewussten, demokratischen und antifaschistischen Geiste erzogen werden“ sollten.[5] Zugleich wurde nicht verheimlicht, dass mit dem unpolitischen Charakter der Armee Schluss gemacht werden

---

[4] RÜDIGER ALTE, Die Außenpolitik der Tschechoslowakei und die Entwicklung der internationalen Beziehungen 1946–1947, München 2003.

[5] Das Kaschauer Programm. Programm der neuen tschechoslowakischen Regierung der Nationalen Front der Tschechen und Slowaken, angenommen auf der ersten Sitzung der Regierung am 5. April 1945, in: Die Vertreibung der deutschen Bevölkerung aus der Tschechoslowakei, hg. v. Bundesministerium für Vertriebene, Flüchtlinge und Kriegsgeschädigte, Berlin 1957, S. 186.

würde. Auch wenn die Kommunisten das Kaschauer Programm federführend vorbereiteten, ist es auch als eine Fortsetzung der pro-sowjetischen Politik des Staatspräsidenten Edvard Beneš zu sehen, der die Orientierung an Stalins Sowjetunion bereits im Vertrag über Hilfeleistung und Freundschaft vom Dezember 1943 fixierte. Die Orientierung an der Sowjetunion wurde durch eine geopolitische Veränderung untermauert, als 1946 durch die Angliederung der Karpatenukraine an die Ukrainische Sozialistische Sowjetrepublik eine gemeinsame Grenze zwischen der Tschechoslowakei und der Sowjetunion geschaffen wurde.

Tonangebend war damals noch die antideutsche bzw. antiungarische Einstellung und die dementsprechende „slawische Linie der auswärtigen Politik".[6] Das Programm drückte ein klares Bekenntnis zu den Alliierten, zur „Anti-Hitler-Koalition" aus, auch wenn es bereits dem Westen unverkennbar eine sekundäre Stellung zuwies:

> „Diese hauptsächliche Ausrichtung der tschechoslowakischen auswärtigen Politik, die getragen ist von dem Geiste slawischer Freundschaft, stellt die Regierung auf die breitere Grundlage allgemeiner freundschaftlicher Beziehungen zu den demokratischen westlichen Mächten, die in der antinazistischen Front der Vereinten Nationen stehen."[7]

Außenpolitische Gesichtspunkte gingen Hand in Hand mit der inneren Umgestaltung des erneuerten tschechoslowakischen Staates (vor allem mit der Aussiedlung der deutschen und ungarischen Bevölkerung), wobei eine kriegerische, stalinistisch klingende Sprache zu Wort kam, als z. B. von einem „unerbittlichen Kampf um die Ausrottung (*vymýcení*) aller faschistischen Elemente" die Rede war, von „fremden Eindringlingen und Verrätern". Den neuen Staatsapparat wollte die Regierung „völlig von allen Elementen reinigen (*očistit*)".[8] Die radikal bellizistische Sprache überwog gegenüber dem freundschaftlich-toleranten Ton der demokratischen Masaryk-Tradition. Zugleich blieb, trotz der kommunistischen Hegemonie in der Regierung, die marxistische Sprache aus. Es wurde weder von „Arbeiterklasse" oder „Proletariat" noch „Bourgeoisie" gesprochen. Nicht einmal der Begriff der Revolution tauchte in der Erklärung auf. Offensichtlich wollten die Regierenden den Verlauf der Ereignisse

---

[6] Ebd., S. 189. Zur Deutschland-Politik der Nachkriegstschechoslowakei JAROSLAV KUČERA, „Der Hai wird nie wieder so stark sein". Tschechoslowakische Deutschlandpolitik, 1945–1948, Dresden 2001.

[7] Das Kauschauer Programm, S. 189.

[8] Ebd., S. 194.

nicht vorwegnehmen – es herrschte ja keine Sicherheit über den Charakter des Kriegsendes auf dem Gebiet des Protektorats. Dafür war aber in den Schlüsseltexten der ersten Nachkriegsmonate, wie in den Reden von Präsident Beneš oder der Regierungserklärung vom Oktober 1945, überall von der „Revolution" die Rede und viele Handlungen wurden als „revolutionär" bezeichnet. „Revolution" setzte man mit „Befreiung" gleich und versah sie mit den Adjektiven „national" und „sozial".[9] Interessanterweise tauchte der Begriff der Revolution in der Erklärung der Gottwald-Regierung, die schon nach der ersten Parlamentswahl der Nachkriegszeit gebildet wurde (in der die KPČ vierzig Prozent der Stimmen gewann), vom Juli 1946 nicht mehr auf – es war die Zeit der „nationalen Einheit", in der sich die Kommunisten als Führer und Einiger der Nation gaben.[10]

Solche Konzepte wie „nationale Reinigung" und andere Ausdrücke der radikalnationalistischen Sprache war allerdings kein Novum in der tschechischen und tschechoslowakischen nationalen Selbstbeschreibung. Vielmehr wirkten sowohl im tschechischen als auch im slowakischen Fall bestimmte Elemente des integralen Nationalismus fort, der ethnozentrisch und zeitweise auch völkisch-rassistisch definiert war. Während in der Ersten Tschechoslowakischen Republik der Zwischenkriegszeit die völkische Rhetorik als ein untergeordneter, minoritärer Diskurs neben der liberal-demokratischen Staatsauffassung existierte bzw. gegen diese – zumindest auf der obersten offiziellen Staatsebene – selbstzugeschriebene judenfreundliche Haltung der Republik gerichtet war, setzte sich in der autoritären Zweiten Republik – d. h. im Zeitraum zwischen dem Münchener Abkommen und der Besetzung der „Rest-Tschechei" bzw. der Gründung des „slowakischen Staates" im März 1939 – sowie dann während des Krieges die völkisch-rassistische Ideologie der „Volksgemeinschaft" (*národní pospolitost*) durch, die nicht nur Juden und Roma, sondern auch Polen ausschloss.[11]

---

[9] Programové prohlášení vlády [Programmerklärung der Regierung], 30. Oktober 1945, https://vlada.cz/assets/clenove-vlady/historie-minulych-vlad/prehled-vlad-cr/1945-1960-csr/zdenek-fierlinger-1/ppv-1945-fierlinger1.pdf (Zugriff: 06.09.2020).

[10] Programové prohlášení vlády, 8. Juli 1946, https://vlada.cz/assets/clenove-vlady/historie-minulych-vlad/prehled-vlad-cr/1945-1960-csr/klement-gottwald-1/ppv-1946-1948-gottwald1.pdf (Zugriff: 06.09.2020).

[11] Vgl. JAN RATAJ, O autoritativní národní stát. Ideologické proměny české politiky v druhé republice 1938–1939 [Über einen autoritären Nationalstaat. Ideologische Wandlungen der tschechischen Politik in der Zweiten Republik 1938–1939], Praha 1997; JAN TESAŘ, Mnichovský komplex. Jeho příčiny a důsledky [Der Münchener Komplex. Seine Ursachen und Folgen], Praha 2000; RADKA ŠUSTROVÁ, Sociální politika a nacionalismus

Der tschechische Antisemitismus, der vor allem gegen deutschsprachige Juden gerichtet war, sowie der ausgeprägte Antiziganismus blieben Bestandteile des tschechischen Nationalverständnisses in der unmittelbaren Nachkriegszeit, obgleich sie von offiziellen Stellen klar abgelehnt wurden. Das Kaschauer Regierungsprogramm sprach diese Frage ausdrücklich an: „Eine Diskriminierung der Bürger der Republik aus rassischen Gründen wird nicht zugelassen werden."[12]

Trotzdem gab es in der tschechischen wie slowakischen Gesellschaft starke rassistische Ressentiments, die sich im tschechischen Fall vor allem gegen die heimkehrenden Holocaustüberlebenden und vor allem gegen deutschsprachige Juden wendeten, die oft nach ihrer Rückkehr aus nationalsozialistischen Vernichtungslagern als „Deutsche" vertrieben wurden.[13] In der Slowakei fanden in der unmittelbaren Nachkriegszeit Pogrome und gewaltsame antijüdische Ausschreitungen statt, so in Topolčany im September 1945 und im ostslowakischen Dorf Kolbasov, wo im Dezember 1945 mehrere Juden während des Chanukka-Festes ermordet wurden. Zu wiederholten antisemitischen Ausschreitungen kam es in Bratislava und Žilina, an denen auch „Partisanen" teilnahmen.[14]

Neuere Studien kartieren das Ausmaß des Nachkriegsantisemitismus in der Tschechoslowakei und räumen mit den etablierten Vorstellungen auf, dass vor allem die Tschechen, anders als andere ostmitteleuropäische Völker, eindeutig judenfreundlich eingestellt waren. Bereits in der Ersten „Vormünchner" Republik, die sich, wie erwähnt, offiziell als philosemitisch gab, überwog während der 1930er Jahre eine distanzierte Einstellung der Behörden, was z. B. die massenhafte Zurückweisung von jüdischen Flüchtlingen aus Österreich nach dem „Anschluss" vom März 1938 deutlich belegt.[15] Auch die Einstellung der liberalen, Masaryk-treuen Eliten gegenüber Juden war nicht frei von Ambivalenzen. Davon zeugen die umstrittenen Stellungnahmen des führenden liberalen Journalisten

v Protektorátu Čechy a Morava [Sozialpolitik und Nationalismus im Protektorat Böhmen und Mähren], unveröffentlichte Dissertation, Karls-Universität Prag 2018.

[12] Das Kaschauer Programm, S. 191.

[13] KATEŘINA ČAPKOVÁ, Germans or Jews? German-Speaking Jews in Poland and Czechoslovakia after World War II, in: Jewish History Quarterly (2013), H. 2, S. 348–362.

[14] JÁN MLYNÁRIK, Dějiny Židů na Slovensku [Die Geschichte der Juden in der Slowakei], Praha 2005, S. 358.

[15] Siehe dazu KATEŘINA ČAPKOVÁ / MICHAL FRANKL, Unsichere Zuflucht. Die Tschechoslowakei und ihre Flüchtlinge aus NS-Deutschland und Österreich 1933–1938, Köln u. a. 2012; Zwischen Prag und Nikolsburg. Jüdisches Leben in den böhmischen Ländern, hg. v. KATEŘINA ČAPKOVÁ / HILLEL J. KIEVAL, Göttingen 2020.

Ferdinand Peroutka aus der Zeit nach dem Münchner Abkommen, um die in Tschechien zuletzt eine Kontroverse ausbrach.[16] Eine ähnliche Ambivalenz weisen auch die Aussagen des Exil-Außenministers und Sohns des Staatsgründers Jan Masaryk auf. In einer Rundfunkansprache aus London im September 1943 forderte zwar Masaryk die tschechische Bevölkerung dazu auf, den böhmischen Juden zu helfen; zugleich bemerkte er aber, man solle es tun, auch wenn „viele von ihnen sich nicht gut verhalten haben", d. h. deutsch sprachen (*němčili*) und die tschechische Kultur ablehnten.[17]

Die Botschaft dieser implizit antisemitischen Formulierung war klar: Nach dem Krieg wurde von den überlebenden Juden erwartet, dass sie sich an die tschechische Mehrheitsbevölkerung voll assimilieren, vor allem die früher verbreitete kulturelle und sprachliche Ambivalenz bzw. deutschkulturelle Orientierung verwerfen sollten. Laut dieser tschechischen Selbstbeschreibung galt der Antisemitismus als ein ausschließlich deutsches Problem, während die angeblich freundliche Einstellung der Tschechen den Juden gegenüber hervorgehoben wurde. Weggelassen oder relativiert wurde dagegen der genuin tschechische Antisemitismus, der in der modernen tschechischen Gesellschaft reichlich vorhanden war, und zwar nicht als Randphänomen, das angeblich nur vom „sozialen Abschaum" betrieben wurde. Diese ambivalente Stellung spielte eine wichtige Rolle bei den wiederholten Ausbrüchen des Antisemitismus bzw. des „Antizionismus" und seiner Auswirkungen auf die Außenpolitik, sowohl Anfang der 1950er Jahre als auch während des Prager Frühlings wie auch in der Zeit der sogenannten Normalisierung, vor allem im Hinblick auf die Einstellung zu Israel.[18]

Die im Kauschauer Programm akzentuierte prosowjetische Orientierung der Außenpolitik setzte sich auch nach dem Kriegsende verstärkt fort. Die offiziellen Dokumente der Regierungen von Zdeněk Fierlinger und Klement Gottwald (1945–1948) blieben bei der Mischung von Demokratie und Sozialismus, was damals allgemein verbreitet war, nicht nur in Ostmitteleuropa. In der späteren Publizistik wie auch Geschichtsschreibung setzte sich die Interpretation durch, dass in den ersten Nachkriegs-

---

[16] Heftig debattiert wurde vor allem über Ferdinand Peroutkas Aufsatz „Češi, Němci a židé" [Tschechen, Deutsche, Juden], der am 22. Februar 1939 in der Zeitschrift „Přítomnost" erschien.

[17] JAN MASARYK, Volá Londýn [London ruft], Praha 1946, S. 261–263.

[18] EVA TATEROVÁ, Československá diplomacie a Izrael v letech 1948–1967 [Die tschechoslowakische Diplomatie und Israel in den Jahren 1948–1967], Brno 2017.

jahren die außenpolitische Konzeption der Tschechoslowakei als „Brücke zwischen West und Ost“ die Oberhand gewonnen hätte. Doch bei genauerer Betrachtung kommt deutlich zum Vorschein, dass diese Konzeption umstritten war oder gar schon damals von den meisten bestimmenden Akteuren abgelehnt wurde.[19] In den offiziellen Regierungsdokumenten wurde der Begriff der Brücke nie verwendet. Der Außenminister Jan Masaryk hat in einer selbständigen Schrift von 1947 die Konzeption ausdrücklich verworfen.[20] Auch beim Staatspräsidenten Edvard Beneš findet sich kaum eine Erwähnung der Brücken-Metapher, weder in seiner grundlegenden Schrift aus der Kriegszeit, „Demokratie heute und morgen“, noch in seinen wichtigsten Nachkriegsreden. Vielmehr handelte es sich um einen zeitgenössischen Kampfbegriff, der in der späteren Publizistik und Historiografie sein eigenes Leben zu führen begann.[21]

Viel eher als die Brücken-Figur wurde das hierarchische Verhältnis zwischen der Sowjetunion als dem Hauptverbündeten und den westlichen Demokratien als sekundären Partnern zum gemeinsamen Nenner der meisten außenpolitischen Äußerungen. Das Kaschauer Regierungsprogramm bezeichnete diese Asymmetrie mit den Worten „engste Bundgenossenschaft (*těsné spojenectví*) mit der Sowjetunion“ und „freundschaftliche Beziehungen (*přátelské vztahy*)“ zu den westlichen Alliierten.[22]

Das hierarchische Verhältnis zwischen den beiden Orientierungen konnte nicht klarer ausgedrückt werden.[23] Die USA sind im Text ein einziges Mal, und zwar bezeichnenderweise nur parenthetisch erwähnt: „Die freundschaftlichen Beziehungen zu England, dessen Hilfe während des Krieges wir hoch einschätzen, *wie auch zu den USA*, wird die Regierung in ähnlicher Weise stärken wie die besonders enge Freundschaft mit

---

[19] Vgl. die Argumentation von VÍT SMETANA, Concession of Conviction? Czechoslovakia's Road to the Cold War and the Soviet Bloc, in: Imposing, Maintaining, and Tearing open the Iron Curtain. The Cold War and East-Central Europe, 1945–1989, hg. v. MARK KRAMER / VÍT SMETANA, Lanham MD 2014, S. 55–85.

[20] JAN MASARYK, Ani opona, ani most [Weder Vorhang, noch Brücke], Praha 1947.

[21] EDVARD BENEŠ, Demokratie heute und morgen, Zürich 1944. Zum breiteren publizistischen Kontext vgl. CHRISTIANE BRENNER, „Zwischen Ost und West“. Tschechische politische Diskurse 1945–1948, München 2009.

[22] Das Kaschauer Programm, S. 188.

[23] Siehe dazu PETR PROKŠ, Československo a Západ, 1945–1948. Vztahy Československa se Spojenými státy, Velkou Británií a Francií v letech 1945–1948 [Die Tschechoslowakei und der Westen, 1945–1948. Die Beziehungen der Tschechoslowakei zu den Vereinigten Staaten, Großbritannien und Frankreich in den Jahren 1945–1948], Praha 2001.

Frankreich".[24] Hingegen wird in dem vierzehnseitigen Text auf die Sowjetunion ca. dreißigmal verwiesen; die politische, wirtschaftliche und kulturelle Verflechtung mit der Sowjetunion bildet den roten Faden der Erklärung.

Der Einwand, dass sowohl der Inhalt als auch der Duktus des Kaschauer Programms die bereits damals bestehende kommunistische Hegemonie in der Regierung wiedergab, lässt sich damit entkräften, dass auch Beneš in seinen eigenen Reden dieses ungleichgewichtige Verhältnis zwischen „Osten" und „Westen" reproduzierte. Die „slawische Politik" betonte er in seinen Reden immer stärker als die westlich-demokratische Orientierung. So in der Rede im Prager Altstädter Rathaus am 16. Mai 1945:

> „Auf internationaler Ebene hat uns die westliche Welt 1938 schlimmes Unrecht zugefügt. Es sei angemerkt, dass sie durch diesen Krieg und seine Opfer während des Krieges ihre damals schwerwiegende Ungerechtigkeit wiedergutmachte. Es war die Wiedergutmachung des Unrechts, das uns angetan wurde; aber mehr noch: Es wurde dadurch unserer eigentlichen außenpolitischen Ausrichtung von 1938 Genugtuung getan und nicht zuletzt die Richtigkeit unserer gemeinsamen Politik mit der Sowjetunion aus den Jahren vor der Münchener Krise bestätigt, da auf internationaler Ebene München gleichermaßen ein Angriff auf die Sowjetunion wie auf uns war."[25]

Schließlich folgten alle Regierungserklärungen der Nachkriegszeit dieser Asymmetrie, sowohl die beiden Programmdokumente der Regierung Fierlinger vom Oktober und November 1945 („In unserem *engen Bündnis* mit der Sowjetunion bewahrten wir die freundschaftlichsten Beziehungen zu Großbritannien und den Vereinigten Staaten") als auch die kommunistisch dominierte Regierung Gottwald, die nach der Parlamentswahl im Mai 1946 gebildet wurde. Das Regierungsprogramm erwähnte „ein *dauerhaftes* Bündnis und eine umfassende Zusammenarbeit mit unserem mächtigen Verbündeten, der Sowjetunion" im Unterschied zu „den politischen, wirtschaftlichen und kulturellen *Beziehungen* zu Großbritannien und den Vereinigten Staaten".[26]

---

[24] Das Kaschauer Programm, S. 188. Hervorhebungen P. K.

[25] EDVARD BENEŠ, Projev presidenta republiky Dr. Edvarda Beneše v Praze, dne 16. května 1945, na Staroměstském náměstí [Die Rede des Präsidenten der Republik Dr. Edvard Beneš in Prag am 16. Mai auf dem Altstädter Ring], Hranice 1946, S. 19 f.

[26] Programové prohlášení vlády, 30. Oktober 1945; Programové prohlášení vlády, 9. November 1945, https://vlada.cz/assets/clenove-vlady/historie-minulych-vlad/prehled-vlad-cr/1945-1960-csr/zdenek-fierlinger-2/ppv-1945-1946-fierlinger2.pdf (Zugriff: 06.09. 2020); Programové prohlášení vlády, 8. Juli 1946. Hervorhebungen P. K.

Die gängige, in der Publizistik oft anzutreffende Deutung der ersten Nachkriegsjahre als „Kampf" um die außenpolitische Orientierung zwischen der Brücken-Konzeption von Beneš und der kommunistischen Orientierung auf die Sowjetunion hin ist bei kritischer Betrachtung genauso wenig haltbar[27] wie die Auffassung der kommunistischen Machtübernahme vom Februar 1948 als Ergebnis des Konfliktes zwischen einem angeblich (pro-westlichen) „demokratischen" und einem (pro-östlichen) „totalitären" Lager. Vielmehr deuten die Entwicklungen auf ein klares Übergewicht der prosowjetischen Orientierung sowohl in den Bildungseliten als auch in breiteren Gesellschaftsschichten, vor allem der Arbeiterschaft, hin.

Die kommunistische Machtübernahme im Februar 1948 war also auch im außenpolitischen Bereich weniger eine Wende als ein Ausdruck von Kontinuität und der Verschärfung früherer Tendenzen.[28] Änderungen in der politischen Semantik hingen hauptsächlich mit dem neu eingetretenen Kontext des Kalten Krieges zusammen, der die sich vorher abzeichnende Ost-West-Spaltung zu der Hauptachse des politischen Konflikts machte. Die Zeit nach 1948 kann man als die Phase des Hochstalinismus bezeichnen, die im tschechoslowakischen Fall – anders als etwa in Polen und Ungarn – bis 1956 dauerte.

Obwohl sich die außenpolitischen Feindbilder teilweise universalisierten und entnationalisierten (statt „Deutsche" und „Magyaren" galten nun „Imperialisten", „Zionisten", „Trotzkisten" und „Titoisten" als Erzfeinde), wirkten in der stalinistischen Sinnwelt die national-emanzipatorischen Selbstbilder weiter, was zeitweise zu Spannungen führte. Den Hochstalinismus als eine gut funktionierende Symbiose zwischen Klasse und Nation zu bezeichnen wäre sicherlich übertrieben, denn die neu eingeführte Dominanz der Arbeiterklasse bzw. des Proletariats unter gleichzeitigem Ausschluss der nationalen Bourgeoisie aus dem Nationalkörper brachte zahlreiche Widersprüche im nationalen Großnarrativ hervor. Der „bürgerliche Nationalismus" (im Falle Gustáv Husáks und der „slowakischen

---

[27] Diese Deutung wird stark vetreten von MAREK KAZIMIERZ KAMIŃSKI, Velká Británie a československé pokusy o „most" mezi Východem a Západem (1945–1948) [Großbritannien und die tschechoslowakischen Versuche einer „Brücke" zwischen Ost und West (1945–1948)], in: Svědectví 21 (1987), H. 82, S. 437–468.

[28] Für diese Deutung siehe zwei klassische Texte: H. GORDON SKILLING, Stalinism and Czechoslovak Political Culture, in: Stalinism. Essays in Historical Interpretation, hg. v. ROBERT C. TUCKER, New York 1977, S. 257–288; JACQUES RUPNIK, The Roots of Czech Stalinism, in: Culture, Ideology and Politics. Essays for Eric Howsbawm, hg. v. RAPHAEL SAMUEL / GARETH STEDMAN JONES, Abingdon 2016, S. 302–319.

bürgerlichen Nationalisten" noch 1954) sowie die „rechtsnationalistische Abweichung" (im Falle Władysław Gomułkas 1948), also eindeutig antinationale Konzepte, gehörten zu den zentralen stalinistischen Feindbildern.[29]

Im Hinblick auf die tschechoslowakischen Geschichtstraumata bedeutete diese semantische Verschiebung, dass der wichtigste Erinnerungsort und das Trauma für die Tschechen – das Münchner Abkommen von 1938 – nun nicht nur Hitlerdeutschland und teilweise dem Verrat des Westens zugeschrieben wurde, sondern vor allem der eigenen nationalen Bourgeoisie bzw. stellenweise nur der „Großbourgeoisie". Das erste Regierungsprogramm nach der kommunistischen Übernahme vom März 1948 beteuerte diese implizit nationskritische Sicht – „München" habe auch nationsinterne Ursachen gehabt:

> „In außenpolitischer Hinsicht ging es der Reaktion darum, uns von der Sowjetunion und anderen Verbündeten zu trennen und die Republik denjenigen wieder anzunähern, die München auf dem Gewissen haben. [...] Aus den gleichen selbstsüchtigen Klassengründen kapitulierte die tschechische und slowakische Großbourgeoisie in den Tagen von München und lehnte die militärische Unterstützung der Sowjetunion für die Tschechoslowakei ab."[30]

Die Sprache der außenpolitischen Deklarationen aus den späten 1940er Jahren zeichnet sich durch die typisch stalinistische Tendenz aus, Klarheit zu schaffen und Ambivalenzen zu beseitigen. „Der Februar-Sturm", heißt es weiter in der Regierungserklärung,

> „hat auch unseren außenpolitischen Horizont geklärt. [...] Der Anschein ist endgültig vorbei, nach dem die Republik politisch auf zwei Stühlen sitzt. Allen Seiten sei gesagt, dass die Tschechoslowakei ein treues und verlässliches Mitglied der slavischen Familie ist und bleibt und sich auch mit anderen Ländern der Volksdemokratie verbündet fühlt. Dies schließt nicht aus, dass wir alles daran setzen wollen, um ein gutes Verhältnis zu allen anderen Staaten aufrechtzuerhalten, das jedoch auf Gegenseitigkeit beruhen muss. Wir wollen nur einen fairen Handel und keine Einmischung in unsere inneren Angelegenheiten."[31]

---

[29] PAVEL KOLÁŘ, Der Poststalinismus. Ideologie und Utopie einer Epoche, Köln u. a. 2016, S. 143–158.

[30] Programové prohlášení vlády, 10. März 1948, https://vlada.cz/assets/clenove-vlady/historie-minulych-vlad/prehled-vlad-cr/1945-1960-csr/klement-gottwald-2/ppv-1948-gottwald2.pdf (Zugriff: 06.09.2020).

[31] Ebd.

Zugleich setzte sich schrittweise die für den Spätstalinismus typische Vermischung des (klassisch) stalinistischen manichäischen Gegensatzes Freund – Feind mit der neuen Friedensrhetorik durch, die Stalin selbst in seinen letzten Lebensjahren förderte, z.B. mit Ausdrücken wie „Lager des Friedens" und „Kampf für den Frieden".[32] In der Programmerklärung der Regierung Antonín Zápotocký vom Juni 1948 war einerseits die Rede von der „Ausweitung und Vertiefung der Zusammenarbeit für den Frieden auf allen Gebieten", „allseitiger Friedenszusammenarbeit", der „Politik des Friedensaufbaus"; andererseits verurteilte die Regierung die „Drohungen und das Säbelrasseln in den Kreisen von kapitalistischen Feinden, die sich gerade vor unserer Ruhe und unserem Selbstbewusstsein fürchten".[33]

Auch der neue Außenminister Vladimír Clementis betonte in seiner Rede auf dem IX. Parteitag der KPČ im Mai 1949 den manichäischen unversöhnlichen Widerspruch zwischen Sozialismus und Kapitalismus (Friedenslager vs. Kriegslager) und lehnte jegliche Zusammenarbeit mit dem Westen ab; zugleich bediente er sich verstärkt der Friedensrhetorik („katastrophale Mittel des Krieges"), womit semantisch der Boden für eine spätere „Koexistenz" vorbereitet wurde. Auch indem Clementis auf die gescheiterten Verhandlungen über den Bündnisvertrag mit Frankreich im Jahr 1947 einging – er betonte zwar die eindeutig „anti-imperialistische" Einstellung der tschechoslowakischen Regierung (die KPF wurde aus der Regierung vertrieben und Frankreich schloss sich daraufhin der anti-sowjetischen Linie an) –, wurde der Verlust des „wahren Frankreich", seiner Freundschaft, als offene Wunde offenbart, die durch den Münchner Verrat verursacht und nie wieder geheilt wurde.[34] Das Münchner Trauma war auch hier das A und O der Außenpolitik, ein rhetorischer Dauerbrenner, der sich durch alle außenpolitischen Texte während der gesamten Ära der kommunistischen Diktatur zieht.

Die Forschungsliteratur stellt für den Zeitraum des „Hochstalinismus" nach 1948 eine vorbehaltlose Unterwerfung des tschechoslowakischen Staates unter die sowjetischen Machtinteressen sowie die Bedeutungslosig-

---

[32] BERTRAM D. WOLFE, Khrushchev and Stalin's Ghost. Text, Background and Meaning of Khrushchev's Secret Report to the Twentieth Congress on the Night of February 24–25, 1956, New York 1957, S. 51.

[33] Programové prohlášení vlády, 17. Juni 1948, https://vlada.cz/assets/clenove-vlady/historie-minulych-vlad/prehled-vlad-cr/1945-1960-csr/antonin-zapotocky/ppv-1948-1953-zapotocky.pdf (Zugriff: 06.09.2020).

[34] Protokol IX. řádného sjezdu Komunistické strany Československa v Praze 25.–29. května 1949 [Protokoll des IX. ordentlichen Parteitages der Kommunistischen Partei der Tschechoslowakei in Prag 25.–29. Mai 1949], Praha 1949, S. 249–256.

keit der tschechoslowakischen Außenpolitik fest. Die Außenpolitik der einzelnen sozialistischen Länder sollte mit der „Blockpolitik", d. h. praktisch mit der sowjetischen Politik, völlig übereinstimmen.[35] Mit dem Niedergang der Bedeutung der Außenpolitik ging auch der Niedergang des diplomatischen Apparates Hand in Hand. Wichtig ist jedoch zu bemerken, dass einige wichtige Umgestaltungen bereits nach 1945 stattfanden. Mit der Rückkehr Jan Masaryks in das Czernin-Palais (den Sitz des tschechoslowakischen Außenministeriums auf dem Hradschin, übrigens einem der größten Palastkomplexe in Prag, was paradox gewirkt haben muss angesichts der abnehmenden Bedeutung der Außenpolitik für den tschechoslowakischen Staat) wurde die Kontinuität mit der Ersten Republik symbolisch unterstrichen, und auch der bürokratische Apparat setzte zunächst die Arbeitsroutine der Vorkriegszeit fort.

Aber die eigentliche Politik wurde nach neuen Regeln gestaltet. Vor allem stieg der Einfluss der Regierung und des Ministerpräsidenten auf die Außenpolitik. Die Macht von Staatspräsident Beneš über das Czernin-Palais blieb bestehen, war aber unvergleichbar geringer als vor dem Krieg.[36] Der bürokratische Apparat differenzierte sich zunehmend politisch und ideologisch, vor allem der kommunistische Einfluss verstärkte sich. Mit dem Staatssekretär Vlado Clementis, einem slowakischen kommunistischen Intellektuellen, kam eine Kohorte junger linksgesinnter Mitarbeiter in das Ministerium. Dies geschah keineswegs gegen den Willen des Ministers Masaryk, sondern mit seiner Unterstützung. Laut dem Historiker Jindřich Dejmek war unter Masaryk die Zusammenarbeit mit der Sowjetunion bereits vor 1948 sogar enger als jene mit Frankreich vor dem Krieg.[37] Eine noch deutlichere Umgestaltung des Ministeriums fand nach der kommunistischen Machtübernahme im Februar 1948 statt. 1949 wurde die Behörde nach dem sowjetischen Modell umorganisiert, indem das alte Gliederungssystem in Sektionen aufgehoben wurde. Zunächst führte aber der neue Außenminister Clementis keine umfassenden Säuberungen im Ministerium durch, da er an einem guten Funktionieren des Apparats Interesse hatte. Mit der Zeit wurde jedoch seine Position schwächer, während der Einfluss des ZK der KPČ (vor allem durch den Leiter

---

[35] Jaroslav Šedivý, Předmluva [Vorwort], in: Jindřich Dejmek, Diplomacie Československa. Díl I., Nástin dějin ministerstva zahraničních věcí a diplomacie (1918–1992) [Diplomatie der Tschechoslowakei. Teil I, Abriss der Geschichte des Außenministeriums und der Diplomatie (1918–1992)], Praha 2012, S. 9–13, hier S. 11 f.

[36] Dejmek, Diplomacie, S. 119 ff.

[37] Ebd., S. 121.

der Internationalen Abteilung Bedřich Geminder) sowie der der Staatssicherheit (StB) zunahm. Clementis wurde im Januar 1950 entlassen, ein Jahr später inhaftiert und Ende 1952 im Rahmen des Slánský-Prozesses zum Tode verurteilt und hingerichtet (ironischerweise war auch sein einstiger Rivale Geminder unter den Hingerichteten).

Erst ab 1951 setzte also die tiefgreifende „Sowjetisierung" bzw. „Stalinisierung" des Ministeriums ein. Mit der Leitung der Behörde wurde ein wenig gebildeter Parteiapparatschik, der ehemalige Eisenbahnarbeiter Viliam Široký, der wenig von Außenpolitik verstand und sich für sie auch nicht besonders interessierte, betraut. Die Folge war eine fast absolute Vorherrschaft der Parteiführung, der Sicherheitsorgane und der sowjetischen Berater über die Außenpolitik sowie eine sich fortsetzende Degradierung der Behörde.[38] Radikale Säuberungen fanden statt, die sich vor allem gegen Spanien-Kämpfer, Kommunisten aus dem westlichen Exil und Juden (z. B. Arthur London, André Simone und Eduard Goldstücker) richteten. Die Tätigkeit des diplomatischen Dienstes wurde minimalisiert, u. a. wurden fast alle Konsulate im Westen geschlossen. Interessanterweise lässt sich deshalb die „Sowjetisierung" im Bereich der Außenpolitik als eine faktische Entprofessionalisierung bezeichnen.

Der Herabsetzung der Außenpolitik entsprach auch der nüchterne, zurückhaltende Ton der auf das Außenpolitische bezogenen Erklärungen im kurzen poststalinistischen Intermezzo zwischen 1953 und 1956. Ein Monat nach Stalins Tod, im April 1953, wurde eine neue tschechoslowakische Regierung gebildet, nachdem Gottwald gestorben und der Ministerpräsident Zapotocký zum Staatspräsidenten ernannt worden war; Široký selbst avancierte zum Ministerpräsidenten. Die Programmerklärung der neuen Regierung bewegte sich bereits in einem abwartend-konsolidierenden Modus. Das Ziel der Außenpolitik sollte nun sein,

> „den Frieden zwischen den Völkern zu erhalten und zu festigen, die Unantastbarkeit, Selbstständigkeit und Unabhängigkeit unserer Republik zu sichern, die Sicherheit für unseren weiteren Aufbau des Sozialismus zu bewahren".[39]

---

[38] Anders war die Lage im Verteidigungsministerium, wo der Minister Alexej Čepička offensichtlich im Stande war, das Amt vor größeren Eingriffen der Staatssicherheit zu schützen. Siehe dazu die hervorragende Dissertation: PAUL LENORMAND, Vers l'armée du people. Autorité, pouvoir et culture militaire en Tchécoslovaquie de Munich à la fin du stalinisme, Paris 2019, S. 890 f.

[39] Programové prohlášení vlády 16. 4. 1953, https://vlada.cz/assets/clenove-vlady/historie-minulych-vlad/prehled-vlad-cr/1945-1960-csr/antonin-zapotocky/ppv-1953-1954-siroky1.pdf (Zugriff: 06.09.2020).

Ein überwiegend stabilisierender, abwartender Wortschatz des frühen Poststalinismus setzte sich durch, verbunden mit der Fähigkeit, die Malenkov-Chruščevsche Kursänderung schnell nachzuahmen, hier noch mit der Unterstreichung der „Friedenspolitik" Lenins und Stalins:

> „Die Regierung wird auch weiterhin ausgehen in ihrer Außenpolitik von der Lehre Lenins und Stalins über die Möglichkeit des friedlichen Zusammenlebens und Wettbewerbs von zwei unterschiedlichen Systemen – des kapitalistischen und des sozialistischen."[40]

Die folgenden Jahre brachten insgesamt die Rückkehr der Außenpolitik als einen bedeutenderen Bereich der kommunistischen Politik, infolge Georgij Malenkovs und später Nikita Chruščevs außenpolitischer Offensive. Die Programmerklärung der zweiten Regierung Široký vom Dezember 1954 widmet der internationalen Situation eine umfangreiche Passage von sieben Seiten, vor allem den soeben abgeschlossenen Pariser Verträgen, die den Besatzungsstatus Westdeutschlands aufhoben und dessen Eingliederung in die westlichen Strukturen ermöglichte. Auch der Generalsekretär Antonín Novotný hob im außenpolitischen Teil seines Referats auf dem X. Parteitag der KPČ im Juni 1954 den Aufbau des diplomatischen Apparates hervor; die Rede enthielt erste Ansätze der späteren Wende der Staaten des Sowjetblocks hin zur „Dritten Welt" und dem „nationalen Befreiungskampf" der kolonialen Völker. Auffällig verschob sich die Aufmerksamkeit von den europäischen zu globalen Fragen: Eine euphorische Passage des Novotný-Referates ist der Entwicklung des Sozialismus in Rotchina gewidmet („Mit Freude sind unsere Kontakte zur Volksrepublik China zu erwähnen, mit der wir enge Freundschaftsbeziehungen gleich nach deren Gründung im Oktober 1949 geknüpft haben"), gefolgt von Berichten über Korea und Vietnam; erst dann folgt die obligatorische Tirade gegen den westdeutschen „Revanchismus und Militarismus", der aber auf „wachsenden Widerstand des deutschen Volkes" gestoßen sei.[41] Diese Hinwendung zur „Dritten Welt", in deren Folge die Tschechoslowakei zu einem *global player* werden sollte, kulminierte in den frühen sechziger Jahren. Sie drückte das tschechische und slowakische Selbstverständnis als ehemals unterdrückte Völker, die nun anderen unterdrückten Völkern Geburtshilfe leisten sollten, aus.

---

[40] Ebd.

[41] Protokol X. řádného sjezdu Komunistické strany Československa v Praze 11.–15. června 1954 [Protokoll des X. ordentlichen Parteitages der Kommunistischen Partei der Tschechoslowakei in Prag 11.–15. Juni 1954], Praha 1954, S. 24–35.

Die poststalinistisch-reformistische Phase

Nach 1956 folgte eine poststalinistisch-reformistische Phase, deren Ende mit der Niederschlagung des Reformsozialismus und dem Beginn der „Normalisierung" nach 1968 identifiziert werden kann.[42] Sie war durch die der Entstalinisierung entstammenden Begriffe „friedliche Koexistenz" und „nationale Wege zum Sozialismus" geprägt, die für viele tschechoslowakische Kommunisten eine Rückkehr in die Zeit vor 1948 bedeuteten, sowie durch die Konzeptionen des *policentrismo* von Palmiro Togliatti und der „kommunistischen Weltbewegung".

Diese Entwicklung schlug sich im Wiederaufbau einer unabhängigeren Außenpolitik der osteuropäischen Satellitenstaaten nieder, auch wenn die Orientierung an der Sowjetunion maßgeblich blieb. Eine der prägenden Signaturen dieser Ära war das oben erwähnte verstärkte Interesse für die „Dritte Welt", das die sowjetische Führung im Namen des „antikolonialistischen Befreiungskampfes" ab Mitte der 1950er Jahre verfolgte. Man kann von einer ersten Phase der „sozialistischen Globalisierung" sprechen, die sich vom Stalinismus unterschied, der noch überwiegend kontinental und traditionell geopolitisch machtorientiert gewesen war. In der tschechoslowakischen Außenpolitik gegenüber der „Dritten Welt" wirkten dabei universalistische Utopievorstellungen, nationale Emanzipationstraditionen und wirtschaftliche Interessen gleicherweise als grundlegende Faktoren. Die Verschränkung von universalistischer Utopie und nationaler Tradition war schließlich bestimmend auch für die außenpolitische Selbstpositionierung während des Prager Frühlings: Der utopische Anspruch des „Sozialismus mit menschlichem Antlitz" ging Hand in Hand mit der Idee der „Rückkehr" zum „authentischen" tschechoslowakischen Sozialismus. Nach 1956 verschwand der „imperialistische Feind" zwar nicht aus der kommunistischen Rhetorik. Aber seine Position im Feind-Spektrum änderte sich. Im Unterschied zu Stalin setzte Chruščev bekanntlich auf die Koexistenz mit dem Kapitalismus, also auf Wettbewerb. Die Poststalinisten sprachen weniger vom Antagonismus und selten von Erzfeindschaft. Ein offen ausgetragener, feindlicher Konflikt wurde durch den Begriff der „friedlichen Koexistenz" ersetzt. Kriegerische Gewalt nach außen sollten die kommunistischen Staaten nicht mehr anwenden.[43]

---

[42] Vgl. KOLÁŘ, Poststalinismus, passim.

[43] Zum Begriff der „friedlichen Koexistenz" MAUD BRACKE, Which Socialism, Whose Détente? West European Communism and the Czechoslovak Crisis of 1968, Budapest 2012, S. 52 f.; BERTRAM D. WOLFE, Khrushchev and Stalin's Ghost, S. 47–53. Wolfe weist

Hinzu kam, dass nach 1956 neue Feinde auftauchten, die nun jedoch aus der „vergangenen Periode", dem Stalinismus, hervorgingen: offiziell vor allem der Dogmatismus und der Personenkult; inoffiziell – der Stalinismus. Zu beachten ist, dass sich die stalinistischen Feindschaftsnarrative in erster Linie gegen konkrete Gegner wandten, die die feindlichen Doktrinen, Systeme und Prinzipien personalisierten, während der Feind im Poststalinismus, besonders während der liberaleren sechziger Jahre, abstrahiert und politischen Systemen und „feindlichen Ideologien" gleichgesetzt wurde.[44] In dieser Auffassung war es eher der „amerikanische Imperialismus", der den äußeren Hauptfeind darstellte, als Dwight D. Eisenhower und John F. Kennedy. Und auch der innere Feind war eher der „Revisionismus" als konkrete „Volksfeinde" wie bisher Tito, Slánský oder Rajk; eher der Dogmatismus und Personenkult als Stalin, eher die *berijowszczyzna* als Berija.

Die abstrahierende Feindimagination drängte im Poststalinismus die personifizierten Feindbilder beiseite. Sie dämonisierte den Feind seltener als Bestie oder Monster und bildete ihn stattdessen abstrakt als ein gegnerisches „System" ab.[45] Der imperialistische Feind – die USA usw. – blieb, aber wurde ebenfalls relativiert: Es ging nicht mehr um den Feind an sich, sondern den „imperialistischen Feind des Friedens", wie es in der Programmerklärung der tschechoslowakischen Regierung vom Juli 1960 hieß.[46]

Eine Ausnahme stellten die Feindbilder von Westdeutschland dar, wo individuelle Personen als Feinde und Systeme sowie Ideologien nach wie vor in personalisierter Form auftraten: Die „Adenauer-Clique", „Adenauer und Konsorten" oder die „Adenauer-Politik". Infolge der Annäherung zwischen den beiden deutschen Staaten in den späten sechziger Jahren

---

darauf hin, dass Stalin selbst in seinen letzten Jahren die Begriffe wie „Lager des Friedens" und „Kampf für Frieden" prägte, ebd., S. 51; vgl. DARINA VOLF, Über Riesen und Zwerge. Tschechoslowakische Amerika- und Sowjetunionbilder 1948–1989, Göttingen 2017, S. 342 f.

[44] RODNEY S. BARKER, Making Enemies, New York 2007, S. 5.

[45] SILKE SATJUKOW / RAINER GRIES, Feindbilder des Sozialismus. Eine theoretische Einführung, in: Unsere Feinde. Konstruktionen des Anderen im Sozialismus, hg. v. DENS., Leipzig 2004, S. 13–74, hier S. 38 ff. Barker bemerkt, dass die Entpersonalisierung des Feindes mit Ideologisierung einhergeht. Durch den Bezug auf eine Ideologie definierte Feinde sind flexibler als z. B. rassisch oder biologisch definierte Feinde. BARKER, Making Enemies, S. 161.

[46] Programové prohlášení vlády, 12. Juli 1960, https://vlada.cz/assets/clenove-vlady/historie-minulych-vlad/prehled-vlad-cr/1960-1990-cssr/viliam-siroky/ppv-1960-1963-siroky.pdf (Zugriff: 06.09.2020).

wurde Konrad Adenauer rückblickend weniger als Person verunglimpft; die DDR-Propaganda sprach häufiger von „Adenauer-Westdeutschland“ und der „Adenauer-Ära“.[47]

Die Reihe der Feinde änderte sich bedeutend, nachdem Jugoslawien von der schwarzen Feindliste entfernt worden war. Zwar übte die Ostblock-Propaganda auch dann am „jugoslawischen Weg zum Sozialismus“ immer wieder Kritik; sie war aber nicht mehr ein Teil der Feindeserzählung, sondern wurde im Rahmen des „sozialistischen Wettbewerbs“, der Konkurrenz innerhalb einer und derselben Ideologie, geübt. Diese Änderung schloss nicht aus, dass auch nach 1956 im lokalen Raum vereinzelt antijugoslawische Feindbilder erschienen, hauptsächlich im Zusammenhang mit dem sogenannten Revisionismus und dem ungarischen Aufstand. Die Annäherung wurde als ein „komplizierter Prozess“ betrachtet, eine Rückkehr zum Kalten Krieg aber nicht für möglich gehalten.[48]

Die poststalinistische Feindschaftserzählung zeichnete sich demnach durch die Umwertung von bereits bestehenden Feinden aus, zu denen die Imperialisten, die Westdeutschen, die Zionisten und die Kirche zählten. Zugleich gab es Neuerungen: Die Revisionisten, die Dogmatiker (Sektierer, Stalinisten), der Personenkult, und neuerdings auch die, oft explizit ausgedrückten, gegenseitigen Aversionen ostmitteleuropäischer Völker (zwischen Polen und Tschechen, Tschechen und Slowaken, Slowaken und Ungarn oder Ungarn und Rumänen). Die nationalen Animositäten wuchsen sich zwar selten von der Konkurrenz zum Antagonismus oder gar zu einer Erzfeindschaft aus, waren aber dahingehend prägend, als dass sie den politischen Feind zusätzlich ethnisierten. Anstatt der stalinistischen Schwarz-Weiß-Bilder haben wir es im Poststalinismus mit einem vielfältigen Geflecht von Feindeserzählungen zu tun, in welchem mehrere konkurrierende Feindbilder und Aspekte von Feindschaft aufeinanderprallten, wie Zionismus, „jüdischer Nationalismus“, Revisionismus oder die Aversion gegen die Intellektuellen.

---

[47] Vgl. MONIKA GIBAS, „Bonner Ultras“, „Kriegstreiber“ und „Schlotbarone“. Die Bundesrepublik als Feindbild der DDR in den fünfziger Jahren, in: Unsere Feinde, hg. v. SATJUKOW / GRIES, S. 75–106.

[48] Krajský výbor KSČ Ostrava [Bezirksausschuss KSČ Ostrava], Plenarsitzung 14.–15. 12.1956, Bl. 50–56. Vermehrt kam die Verbindung von Jugoslawien und Revisionismus im Jahr 1968 vor dem Hintergrund des Prager Frühlings vor. Siehe z. B. die Diskussion in Tschenstochau (Częstochowa) nach dem Einmarsch in die Tschechoslowakei: Archiwum Państwowe w Katowicach [Staatsarchiv Katowice], Komitet Wojewódzki [Woiwodschaftskomitee] PZPR, 313/I/9, Komitet Powiatowy PZPR Częstochowa [Kreiskomitee PZPR Częstochowa], Materialien aus der Konferenz vor dem Parteitag, 24.09.1968, Bl. 5 ff.

Diese gewisse Verwässerung von klaren Feindbildern spiegelte sich auch in der Sprache der tschechoslowakischen Außenpolitik der poststalinistischen Ära wider. Die Rhetorik des Friedens verstärkte sich, wie in der Regierungserklärung vom Juli 1960, die den Optimismus der frühen 1960er Jahre durchblicken ließ: „Das Wachsen der Einheit, der Macht und der Stärke des sozialistischen Lagers ist der wichtigste Faktor im Kampf der Völker der ganzen Welt gegen die imperialistischen kriegssüchtigen Kräfte.“[49]

Die Feindschaft zum Imperialismus blieb, wurde aber abstrakter. Denn zugleich wird in der Erklärung im Einklang mit der poststalinistischen Entspannung betont, dass „die Tschechoslowakei an einer weiteren Verbesserung der gegenseitigen Beziehungen mit allen kapitalistischen Staaten im Geiste des friedlichen Zusammenlebens Interesse hat.“ War die Rede von „den aggressivsten und extremistischen imperialistischen Kreisen“, so implizierte dies, dass man nicht die Regierungen und die offiziellen Vertreter der westlichen Länder meinte, sondern unklar definierte, abstrakte Gruppierungen, die als ein ständig neu auffüllbarer Signifikant fungierten. Interessanterweise – so die Programmerklärung der Regierung Jozef Lenárt vom September 1963 – war diese Verwässerung des Feindbegriffes zugleich mit der Versicherung begleitet, dass das tschechoslowakische Volk keineswegs feindliche Einstellungen bewahrt habe, nicht einmal den Deutschen gegenüber: „Wir erklären erneut, dass unser Volk keine Feindschaft gegenüber dem deutschen Volk hegt.“[50] Dies war insoweit eine Bedeutungsverschiebung, als hier Feindschaft als Haltung in internationalen Beziehungen ausdrücklich abgelehnt wurde. Die dominante Losung hieß von nun an „Normalisierung der Beziehungen“. Der Begriff der Normalisierung war daher keineswegs eine Neuerung der „Normalisierungsära“ nach 1968; eher wanderte er aus dem Bereich der Außenpolitik in die innergesellschaftlichen Verhältnisse.

Nach 1956 wurde der bereits nach Stalins Tod eingesetzte Trend weiter verstärkt, internationale Beziehungen und Außenpolitik als einen bedeutenden Tätigkeitsbereich der kommunistischen Politik ernst zu nehmen und weiter auszubauen. Er drückte sich in dem sich fortsetzenden Ausbau, der Konsolidierung und (Re-)Professionalisierung des Ministeriums unter dem langjährigen Außenminister Václav David (im Amt 1953–1968)

---

[49] Programové prohlášení vlády, 12. Juli 1960.

[50] Programové prohlášení vlády, 25. September 1963, https://vlada.cz/assets/ clenove-vlady/historie-minulych-vlad/prehled-vlad-cr/1960-1990-cssr/jozef-lenart/ppv-1963-1968-lenart.pdf (Zugriff: 06.09.2020).

aus, einem unauffälligen Apparatschik, der zwar kaum ein Experte für Außenpolitik war und auch keine Fremdsprachen beherrschte, der aber trotzdem das Amt und die tschechoslowakische Außenpolitik stabilisierte. David war neben Andrej Gromyko einer der am längsten amtierenden Außenminister des Ostblocks, länger als Adam Rapacki (1956–1968) oder Lothar Bolz (1953–1965), und stand im Kontrast zu Ungarn und Rumänien, wo sich fünf bzw. vier Außenminister abwechselten.[51]

Die neue Bedeutung der Außenpolitik ging mit der Wiederherstellung der partiellen Autonomie des Ministeriums vom Zentralkomitee der KPČ einher, was nicht ohne Reibungen zwischen dem Czernin-Palast und dem Parteigebäude am Moldauufer verlief. Die Außenpolitik blieb prosowjetisch, „blocktreu", trotzdem kam es im Zuge von 1956 („Nationale Wege zum Sozialismus") zu einer begrenzten Abweichung und zu ersten schüchternen Versuchen, eine eigene Außenpolitik zu formulieren. Das Prinzip setzte sich durch, dass die sozialistischen Staaten sich zwar an der gemeinsamen (d. h. sowjetischen) Politik orientieren, jeder Staat aber „entsprechend seinen Möglichkeiten und Bedürfnissen" dazu beitragen sollte.

Neue Begriffe etablierten sich wie „friedliche Koexistenz" (bereits 1953) oder „Durchsetzen von Außenhandels-Interessen". Das Ministerium erfuhr infolge seines Wachstums und einer gemäßigten Liberalisierung eine schrittweise Differenzierung. Vor allem in der Sektion für internationale Organisationen gruppierten sich Diplomaten, die genuin nationalstaatliche Interessen formulierten (einschließlich der Kontakte im Westen), oft zum Trotz des Ministers.[52] Eine neue Kohorte von jüngeren Karrierediplomaten trat in den außenpolitischen Dienst, die zum Teil in den 1950er Jahren in der Sowjetunion studiert und die liberalere Atmosphäre der frühen Entstalinisierung geatmet hatten (teilweise ging es auch um erste Absolventen des Moskauer Staatlichen Institutes für Internationale Beziehungen, MGIMO).

Als Beispiel ist die Laufbahn des Karrierediplomaten Dušan Spáčil zu nennen (geb. 1929), der in den 1950er Jahren in der Sowjetunion Jura studierte und anschließend als Diplomat bei der UNO und in westlichen Ländern wirkte. Seine Memoiren dokumentieren die Symbiose einer authentisch kommunistischen Überzeugung mit diplomatischer Professio-

---

[51] DEJMEK, Diplomacie, S. 178 ff. Zu David vgl. DUŠAN SPÁČIL, My z Černína. Paměti československého diplomata [Wir aus dem Czernin-Palais. Memoiren eines tschechoslowakischen Diplomaten], Praha 1995, S. 80 ff.

[52] ŠEDIVÝ, Předmluva, S. 11 ff.

nalität und kultureller Westorientierung: ein typisches Produkt der frühen Chruščev-Ära.[53]

Der Ausbau des diplomatischen Apparates setzte sich nun auf globaler Ebene fort. Im Juli 1959 pflegte die Tschechoslowakei diplomatische Beziehungen mit 57 Staaten und die Anzahl von Vertretungen wuchst ständig; es gab zu dieser Zeit insgesamt 77 Vertretungen - Botschaften, Gesandtschaften, Generalkonsulate und Konsulate - mit 854 Mitarbeitern des Außenministeriums und 925 Mitarbeitern im Bereich des Außenhandels.[54] 1964 bestanden diplomatische Beziehungen mit 73 Ländern.[55] Man kann von einer umfassenden „Offensive" sprechen, die das sowjetische Vertrauen genoss und sich deshalb selbständiger entfalten konnte. Eine ambitionierte, 115 Seiten umfassende Afrika-Konzeption wurde ausgearbeitet, die sich auf „revolutionäre Regime" wie Äthiopien, Ghana, Guinea und Mali konzentrierte.[56] Diese Hinwendung zur globalen Politik und vor allem der „Dritten Welt" entsprang der poststalinistischen Euphorie aus der Zeit nach 1956 und nochmals verstärkt nach dem XXII. Parteitag der KPdSU von 1961. Begriffe wie „Weltkommunismus" oder „sozialistisches Weltsystem" waren prägend. In der Programmerklärung der Regierung von Jozef Lenárt 1963 hieß es im universalistischen Duktus:

> „Das sozialistische Weltsystem, seine wirtschaftlichen wie politischen Erfolge, sind in der gegenwärtigen Etappe der entscheidende Faktor der weiteren Entwicklung der menschlichen Gesellschaft, der weiteren Erfolge von Frieden, Sozialismus und Kommunismus in der Welt."[57]

Die Expansion der Aufmerksamkeit der „Dritten Welt" gegenüber bezog sich vor allem auf Afrika, den Nahen Osten, Indien, Vietnam und Indonesien, wo neue diplomatische Vertretungen gegründet wurden. 1966 wurde im Ministerium eine neue Sektion für sozialistische Staaten in Asien ausgegliedert.[58] Der Schwerpunkt lag auf dem wirtschaftlichen Gebiet, wo

---

[53] Zum Studium in der Sowjetunion vgl. SPÁČIL, My z Černína, S. 48–74; vgl. auch ZDENĚK MLYNÁŘ, Nachtfrost. Das Ende des Prager Frühlings, Frankfurt am Main 1988, S. 14–37.

[54] DEJMEK, Diplomacie, S. 176.

[55] EGON BUSCH, Aussenpolitik, Prag 1964, S. 47.

[56] PETR ZÍDEK / KAREL SIEBER, Československo a subsaharská Afrika v letech 1948–1989 [Die Tschechoslowakei und Subsahara-Afrika in den Jahren 1948–1989], Praha 2007, S. 7.

[57] Programové prohlášení vlády, 25. September 1963.

[58] DEJMEK, Diplomacie, S. 179.

die sozialistische Tschechoslowakei, ähnlich wie Jugoslawien, eine solide Reputation in den Staaten der „Dritten Welt" genoss.

Chruščevs „globale Wende" des Sowjetkommunismus, das Engagement für die Dekolonisierung stellte dabei einen Umbruch in der Geschichte des Kommunismus dar. Denn Stalin hatte sich wenig für die außereuropäische Welt interessiert, war doch seine geopolitische Vorstellungskraft durchaus klassisch eurasisch geprägt gewesen. Ždanov sprach erst im September 1947 über die „Verschärfung der Krise des Kolonialsystems", über die Möglichkeit der Herausbildung eines globalen „antiimperialistischen Lagers".[59] Eine Wende stellte sich erst Mitte der fünfziger Jahre ein. Der erste Durchbruch auf dem afrikanischen Kontinent gelang dem Sowjetblock mit dem Waffenlieferungsabkommen zwischen Ägypten und der Tschechoslowakei im September 1955, womit der erste strategisch wichtige Partner in Afrika gewonnen wurde.[60]

Dieser Trend setzte sich während der späten 1950er und 1960er Jahre u. a. im Zusammenhang mit der „verspäteten Dekolonisierung" in Nordafrika fort, in der Wirtschaftszusammenarbeit und im Handel. Die Tschechoslowakei betätigte sich vor allem im Waffenexport, hauptsächlich in Ländern wie Algerien, Guinea, Ghana, Mali, später auch Marokko, Uganda oder Nigeria.[61]

Eine oft diskutierte Frage war die der Motivationen des kommunistischen Engagements in der „Dritten Welt", vor allem in Afrika, wo angeblich die Ideologie zugunsten von pragmatischen, ja opportunistischen Beweggründen beiseitegeschoben wurde. So schloss die tschechoslowakische Regierung einen Vertrag auch mit den Staaten ab, in welchen die Kommunistischen Parteien verboten oder sogar verfolgt wurden. Eine ideologisch-pragmatische Begründung musste formuliert werden. Dies war der Fall bezüglich des Konzeptes des „national-demokratischen Staates", das im Dezember 1960 auf der Weltkonferenz der Kommunistischen Parteien in Moskau herausgearbeitet wurde und der allgemeinen poststalinistischen Konzeption des „nationalen Weges zum Sozialismus" auf globaler Ebene entsprach. Die minimale Definition der „nationalen Demokratie" bestand aus dem Kampf „gegen Imperialismus und Kolonialismus" und gegen die „Durchdringung des imperialistischen

---

[59] PETR ZÍDEK, Československo a francouzská Afrika 1948–1968 [Die Tschechoslowakei und das französische Afrika 1948–1968], Praha 2006, S. 13.

[60] DERS. / KAREL SIEBER, Československo a Blízký východ v letech 1948–1989 [Die Tschechoslowakei und der Nahe Osten in den Jahren 1948–1989], Praha 2009, S. 16.

[61] ZÍDEK, Československo a francouzská Afrika, S. 14.

Kapitals“ sowie aus der „Ablehnung von diktatorischen und despotischen Regierungsmethoden“.[62]

Im Laufe der ersten Hälfte der 1960er Jahre formulierte die sozialistische Außenpolitik außerdem auch das Konzept der „revolutionären Demokratie“, das zunächst für Ägypten seit 1961 angewandt wurde. Die „revolutionären Demokraten“ sollten ideologisch das Pendant zum „Proletariat“ im europäischen Kontext bilden und wurden in Ghana, Burma, Kongo und Algerien ausgemacht. Die Hoffnungen der Sowjets erfüllten sich jedoch mit der Ausnahme von Kuba nicht. Die prosowjetischen Regime wurden in der zweiten Hälfte der 1960er Jahre schrittweise gestürzt, was Anfang der 1970er Jahre auch den wichtigsten Verbündeten in der Region, Ägypten, betraf.[63]

Das Engagement der sozialistischen Tschechoslowakei in der „Dritten Welt“ basierte auf der traditionellen Selbstbeschreibung der Tschechen als progressive Nation, die anderen unterjochten Völkern bei ihrer Emanzipation hilft, zugleich aber auch auf dem Selbstverständnis eines hochentwickelten Industrielandes. Die kommunistische Außen- und Handelspolitik konnte zum Teil an die Tradition aus der Zwischenkriegszeit anknüpfen, als die tschechoslowakischen Produkte bereits einen guten Ruf genossen.[64] 1937 erreichte der Export nach Afrika 4,9 Prozent am Gesamtexportvolumen. Bereits in den 1920er Jahren begann der tschechoslowakische Staat, sein diplomatisches Netzwerk in Afrika auszubauen.[65] Diese Aktivitäten wurden nach dem Ende der stalinistischen Tiefphase Mitte der 1950er Jahre (u. a. wirkte sich die Verstaatlichung des Außenhandels negativ aus) wiederaufgenommen, wobei man auf die Expertise von Managern aus der Zeit vor 1948 anknüpfen konnte, die z. B. für Tomáš Baťas Filiale Czechoslovak Nigerian Export-Import Company (CNEICO) oder die Munitionsfabrik in Addis Abeba tätig gewesen waren.[66]

Der Historiker Petr Zídek, der der tschechoslowakischen Politik gegenüber der „Dritten Welt“ mehrere Monografien gewidmet hat, spricht von einer Wechselwirkung zwischen ideologischen Zielsetzungen

---

[62] Text der Erklärung: https://marxists.org/history/international/comintern/sino-soviet-split/other/1960statement.htm (Zugriff: 06.09.2020).

[63] ZÍDEK, Československo a francouzská Afrika, S. 14 ff.

[64] „Die tschechoslowakischen Produkte waren durch ihre Qualität schon in der Vorkriegszeit bekannt.“ BUSCH, Aussenpolitik, S. 50 f.

[65] ZÍDEK, Československo a francouzská Afrika, S. 18.

[66] DERS. / SIEBER, Československo a subsaharská Afrika, S. 7.

und ökonomischem Pragmatismus. Klar wird dabei, dass der Aufbau von wirtschaftlichen Beziehungen für die tschechoslowakischen Kommunisten stets eine Basis für politische Einflussnahme darstellte; wirtschaftliche Durchdringung wurde mit Versuchen begleitet, die Orientierung am Sozialismus zu stärken. Für die Bedeutung der Ideologie spricht auch die Kategorisierung der Entwicklungsländer je nach ihrem Potential, ein sozialistisches Land zu werden, wie sie in der Konzeption von 1961 formuliert wurde. Demnach unterschied die tschechoslowakische Außenpolitik zwischen den „fortschrittlichen Ländern von prioritärem Interesse", den Ländern von „beiderseitig vorteilhafter wirtschaftlicher Zusammenarbeit" und schließlich den Ländern „unter Einfluss des Imperialismus", wo Oppositionsgruppen gefördert werden sollten. Man operierte mit pragmatisch-ideologischen, typisch poststalinistischen Begriffen wie „positive Neutralität" und „nicht-kapitalistische Entwicklung".[67] Davon, dass rein ideologische Gesichtspunkte jedoch nicht immer Vorrang erhielten, zeugt die Wirtschaftskooperation mit Ländern wie Marokko, Tunesien, Sudan oder Äthiopien. Die Staaten der dritten Kategorie (alle französischen Kolonien bis auf Guinea) wurden als potentielle „interessante Handelspartner" betrachtet.

Letztendlich hat der tschechoslowakische Staat auch mit der Republik Südafrika bis 1964 kooperiert, als die Beziehungen auf Druck der Sowjets eingestellt wurden. Im Einklang mit ihrer Identität als exportorientierte Industrienation nahm die Tschechoslowakei im Rahmen der sowjetischen Politik in der „Dritten Welt" eine Sonderstellung vor allem als Waffenexporteur ein, wobei sie auch in dieser Hinsicht nicht nur mit fortschrittlichen, „revolutionären" Ländern handelte, sondern auch mit neutralen oder gar prowestlichen Staaten wie Uganda oder Nigeria.[68]

Die ersten Zweifel am Afrika-Engagement stellten sich sowohl im Zuge der tschechoslowakischen Wirtschaftskrise von 1962 ein wie auch infolge des Scheiterns von mehreren Projekten, u. a. in Guinea, Mali, Kongo oder Kenia. Trotzdem setzte die Regierung ihre Afrika-Aktivitäten auch in der zweiten Hälfte der 1960er Jahre fort. Die Konzeption von 1961 blieb als leitende Richtlinie wirksam, wurde aber, typisch poststalinistisch, stets umformuliert und geändert. Der Konflikt zwischen ideologischen und wirtschaftlichen Interessen verschärfte sich und wurde nun hauptsächlich zwischen dem Ministerium für Außenhandel und dem

---

[67] ZÍDEK, Československo a francouzská Afrika, S. 55; DERS. / SIEBER, Československo a subsaharská Afrika, S. 12 ff.

[68] Ebd., S. 8.

Verteidigungsministerium ausgetragen. Seit Mitte der 1960er Jahre gewannen jedoch die wirtschaftlichen Gesichtspunkte die Oberhand, sodass man zunehmend die Länder mit einer „guten Zahlungsfähigkeit“ bevorzugte.[69]

Obwohl die offiziellen Texte aus den 1960er Jahren die optimistische Einstellung gegenüber der Zusammenarbeit mit den Entwicklungsländern beibehielten, wuchs in den internen Diskussionen Kritik. Zum Beispiel sprach 1965 der Außenpolitik-Experte Jaroslav Šedivý über die „Illusionen“ betreffend die neutralen Staaten, die, nach wie vor durch ihre nationale Bourgeoise dominiert, die Kredite der sozialistischen Staaten nicht akzeptierten und stattdessen Kapitalinvestitionen und Gründungen von gemischten Gesellschaften bevorzugten, was kein sozialistischer Staat leisten konnte.[70]

Der partielle Rückgang rein politischer Gesichtspunkte zugunsten einer Kommerzialisierung der Außenpolitik entsprach dem vorwiegend pragmatischen Zeitgeist der frühen Brežnev-Ära, in der die Sowjetführung auf die Stabilisierung der Beziehungen und das Knüpfen von Kontakten auch mit westlich orientierten afrikanischen Staaten setzte. Ein neuer flexibler Begriff aus dieser Zeit hierfür war „Länder mit sozialistischer Orientierung“.[71] Politische Aspekte ließ die tschechoslowakische Regierung dennoch nie außer Acht: Davon zeugen die Anstrengungen vor allem im Bereich der „Soft-Power-Diplomatie“, so die Gründung und das Betreiben der „Universität des 17. November“ in Prag für Studierende aus Entwicklungsländern, aber auch im Bereich von „Hard Power“, wie z.B. die Ausbildung von Soldaten an den tschechoslowakischen Militärschulen.[72] Folgt man dem von Petr Zídek ausgearbeiteten Periodisierungsvorschlag, so gelangte die tschechoslowakische Außenpolitik nach der Isola-

---

[69] Die Wirtschaftspolitik der ČSSR gegenüber den Entwicklungsländern ist ausführlich dargelegt in: Mezinárodní postavení a zahraniční politika ČSSR v období mezi 11. a 12. sjezdem KSČ [Die internationale Stellung und Außenpolitik der ČSSR zwischen dem 11. und 12. Parteitag der KPČ], Praha 1962, S. 11–18.

[70] Jaroslav Šedivý, Mezinárodní postavení a zahraniční politika ČSSR. Záznam prednášky ze semináře k 20. výročí vzniku ČSSR „Základní problémy vývoje ČSSR“ [Die internationale Stellung und Außenpolitik der ČSSR. Aufnahme des Vortrags aus dem Seminar zum 20. Jahrestag der Gründung der ČSSR „Grundprobleme der Entwicklung der ČSSR“], Praha 1965, S. 26.

[71] Zídek, Československo a francouzská Afrika, S. 16.

[72] Ders. / Sieber, Československo a subsaharská Afrika, S. 8; Marta Edith Holečková, Příběh zapomenuté univerzity. Universita 17. listopadu (1961–1974) a její místo v československém vzdělávacím systému a společnosti [Die Geschichte einer vergessenen Universität. Die Universität des 17. November (1961–1974) und ihr Platz im tschechoslowakischen Bildungssystem und in der Gesellschaft], Praha 2019.

tion und dem Desinteresse der Stalin-Ära (1948–1956) und der folgenden euphorischen Phase der Chruščev-Zeit (1956–1964) an die Grenzen des wirtschaftlichen Pragmatismus. Der Höhepunkt der Ernüchterung hinsichtlich der globalen Rolle des kleinen mitteleuropäischen Staates wurde während des Prager Frühlings erreicht. Generell lässt sich der tschechoslowakische Reformversuch in Bezug auf die Stellung der Außenpolitik als Tiefpunkt bezeichnen, und das obwohl die Tschechoslowakei im Zentrum des globalen Interesses stand.

Wichtiger als reale diplomatische Projekte war jedenfalls die symbolische Politik, wie z. B. Titos pompöser Besuch in Prag Anfang August 1968. Kurz gesagt: Während des Prager Frühlings galt der Primat der Innenpolitik. Wegweisend war die vom neuen Außenminister Jiří Hájek entwickelte „Mauer-Theorie", laut welcher die Außenpolitik eine Sicherheitsbarriere bilden sollte, hinter der die inneren Reformen ungestört stattfinden könnten.[73] Dubček selbst interessierte sich für Außenpolitik im eigentlichen Sinne eher wenig, sein Interesse bestand vor allem darin, die Sowjetführung nicht zu provozieren. Somit wurde die außenpolitische Aktivität aufs Minimum reduziert.

Die Kontakte mit dem Westen (z.B. zur SPD) hatten streng inoffiziellen Charakter, Stellungnahmen an die westliche Presse wurden nur in Ausnahmefällen gegeben.[74] Außenminister Hájek, ein ehemaliger Sozialdemokrat, strebte keine grundsätzliche Umorientierung der Außenpolitik an, eher setzte er die bereits bestehenden Tendenzen aus den 1960er Jahren fort; darin unterschied sich der Prager Frühling vom Ungarn-Aufstand von 1956. Dies galt für die vorsichtige Annäherung an Westdeutschland (z. B. das Veranstalten der tschechoslowakischen Woche und die Eröffnung der Handelsvertretung in Frankfurt am Main), die vor allem durch Antonín Šnejdárek, den Direktor des am Außenministerium angesiedelten Forschungsinstituts, vorangetrieben wurde.[75] Eine andere Intensivierung der vorherigen Tendenzen war die verstärkte Orientierung an

---

[73] JAROSLAV ŠEDIVÝ, Černínský palác v roce nula. Ze zákulisí polistopadové zahraniční politiky [Das Czernin-Palais im Jahre Null. Hinter den Kulissen der Außenpolitik nach dem November 1989], Praha 1997, S. 25.

[74] ALEXANDR ORT, Česká zahraniční politika [Die tschechische Außenpolitik], Plzeň 2009, S. 180. Zum steigenden Interesse an sozialistischen und kommunistischen Bewegungen in Westeuropa siehe ZBYNĚK VOKROUHLICKÝ, Západní Evropa a komunismus [Westeuropa und der Kommunismus], Praha 1962, S. 102.

[75] ALEXEI FILITOV, The USSR, the Federal Republic of Germany, and the Czechoslovak Crisis of 1968, in: The Prague Spring and the Warsaw Pact Invasion of Czechoslovakia in 1968, hg. v. GÜNTER BISCHOF u. a., Lanham 2010, S. 319–340, hier S. 327.

Tito, Ceauşescu und Kádár. Es handelte sich aber insgesamt lediglich um Ansätze, die nie verwirklicht wurden.

Was in den meisten Überlieferungen auffällt, ist demnach die geringe Rolle, die der Außenpolitik zugeschrieben wurde. So war der Außenminister bei keiner wichtigen Verhandlung präsent, wie z.B. beim Treffen in Čierna nad Tisou Anfang August 1968; während der Invasion befand sich Hájek im Urlaub an der Adriaküste. In seinem autobiografischen Rückblick bestätigt er implizit, wie wenig ambitioniert die Außenpolitik des Prager Frühlings gewesen war. Die tschechoslowakische Außenpolitik (bzw. Politik generell) beschreibt er mit den Begriffen Sachlichkeit, Realismus, Verständnis, Besonnenheit, Geduld. Die Tschechen und Slowaken hatten sich laut Hájek nur um Ruhe und Harmonie bemüht, sie waren zum Opfer der Hinterhältigkeit anderer Länder geworden. Die Außenpolitik habe immer den pragmatischen Charakter des Volkes widergespiegelt, sei „sachlich und konstruktiv" gewesen, habe nichts als Sozialismus und Frieden gewollt.[76]

Die Auffassung von der Tschechoslowakei als „ruhige Macht" in der Mitte Europas gehörte zu den zentralen Komponenten der außenpolitikbezogenen Selbstbeschreibung des tschechoslowakischen Reformsozialismus der 1960er Jahre. Das idyllische, ungestörte Leben in der kleinen tschechischen und slowakischen Welt war seit dem 19. Jahrhundert das Leitmotiv der nationalen Identität, das im 20. Jahrhundert durch die Traumata der Kriege und der Besatzung weiter verstärkt wurde. In Bezug auf die Verhältnisse in Mitteleuropa ging es um „friedliches Miteinander", in den Beziehungen zu den Entwicklungsländern um Solidarität und Hilfe, nicht Ausbeutung.[77] Änderte sich in den außenpolitischen Schüsseltexten des Prager Frühlings semantisch eher wenig, so verschob sich in der zweiten Hälfte der 1960er Jahre die Aufmerksamkeit von der „Dritten Welt" hin zu europäischen Fragen.

Das Aktionsprogramm der KPČ vom April 1968 beispielsweise widmet der Zusammenarbeit mit den Entwicklungsländern nur zwei phrasenhafte Sätze über den notwendigen Kampf gegen Imperialismus und Neokolonialismus;[78] das ist ein deutlicher Unterschied zu der ersten Hälfte der

---

[76] JIŘÍ HÁJEK, Begegnungen und Zusammenstöße. Erinnerungen des ehemaligen tschechoslowakischen Außenministers, Freiburg 1987, S. 182 ff.

[77] BUSCH, Aussenpolitik, S. 43 f.

[78] Aktionsprogramm der Kommunistischen Partei der Tschechoslowakei. Angenommen auf der Plenartagung des Zentralkomitees der KPČ am 5. April 1968, Prag 1968, S. 93.

1960er Jahre.[79] Eine gewisse Rückkehr nach (Mittel)Europa und vor allem die Schlüsselbedeutung von Deutschland bestätigte auch die Programmerklärung der Regierung Černík vom April 1968, die u. a. konstatierte, dass „das grundsätzliche Problem für die tschechoslowakische Politik" die deutsche Frage sei und bleibe und dass „wir mit größtem Interesse die Entwicklung in der benachbarten Bundesrepublik Deutschland verfolgen".[80] Genau in diesem Sinne plädierte auch der Außenpolitik-Experte Jaroslav Šedivý für eine Entglobalisierung und Re-Europäisierung in seinem Beitrag in „Literární Listy" vom April 1968.[81] Er sprach sich gegen weltpolitische Ambitionen der Tschechoslowakei aus und schilderte das Afrika-Engagement eher als eine Blamage, wobei er die Waffenlieferung an Nigeria als Abschreckungsbeispiel benutzte. An die Etablierung eines humanen Sozialismus in den Entwicklungsländern zu glauben sei naiv. Der außenpolitische Schwerpunkt sollte wieder auf Europa gelegt werden. Die ČSSR sollte sich vor allem um eigene Angelegenheiten kümmern, die Außenpolitik „im Einklang mit den nationalen Interessen" verwirklicht werden, mehr national als international, mehr pragmatisch als ideologisch sein.

> „Die neue Konzeption unserer Außenpolitik sollte in Betracht ziehen, dass das Hauptbetätigungsgebiet für uns Europa ist und auf der Ebene der internationalen Organisationen nur einige ausgewählte Fragen."[82]

Die Perspektive der „nationalen Interessen", ein gradliniger bis zynischer Pragmatismus, der an die Stelle des universalistischen Anspruchs des sozialistischen Humanismus trat, begann sich also bereits während des Prager Frühlings durchzusetzen und war keineswegs ein Produkt der „Normalisierung". Eine globale Erweiterung des außenpolitischen Horizonts brachten aber die späten sechziger Jahre trotzdem, und zwar im Zusammenhang mit der Verschlechterung der Beziehungen zu Israel (Sechstagekrieg) und der folgenden „Antizionismus-Kampagne", die vor

---

[79] Siehe z. B. die Broschüre Mezinárodní postavení a zahraniční politika ČSSR [Die internationale Stellung und Außenpolitik der ČSSR], Praha 1962, die der Dritten Welt wesentlich mehr Raum als den kapitalistischen Ländern widmet (mit Ausnahme von Westdeutschland).

[80] Programové prohlášení vlády, 24. April 1968, https://vlada.cz/assets/clenove-vlady/historie-minulych-vlad/prehled-vlad-cr/1960-1990-cssr/oldrich-cernik-1/ppv-1968-cernik1.pdf (Zugriff: 06.09.2020).

[81] JAROSLAV ŠEDIVÝ, ... a zahraniční politika?, in: Literární listy 1 (1968), H. 8, S. 10 f.

[82] Ebd. S. 11.

allem in der Sowjetunion und anschließend in Polen, mit dem Höhepunkt der „Märzereignisse" von 1968, wütete.

Für die tschechoslowakische Außenpolitik wirkte das Verhältnis zu Israel – neben der erneuerten Europäisierung und der zentralen Stellung Westdeutschlands – als ein dritter identitätsbezogener Faktor. Die Beziehungen zwischen der kommunistischen Tschechoslowakei und dem jüdischen Staat waren dabei reich an Wenden. Ursprünglich unterstützte die Tschechoslowakei Israel im Unabhängigkeitskrieg (1948/49) durch Waffenlieferungen und die Ausbildung von Soldaten.

Ende der 1940er Jahre kam es jedoch zu einer Kursänderung, als Stalin eine antisemitische Kampagne anzettelte. Sie fand in der Tschechoslowakei Anfang der 1950er Jahre im Schauprozess gegen das „Verschwörerzentrum" um Rudolf Slánský ihren Ausdruck. Im Außenministerium fielen den mit dieser Kampagne verbundenen Repressalien mehrere Mitarbeiter jüdischer Herkunft zum Opfer, darunter auch der damalige Botschafter in Israel Eduard Goldstücker, der zwischen 1951 und 1955 verhaftet worden war. Die Außenpolitik der stalinistischen Ära 1950–1955 zeichnete sich demnach durch eine streng anti-israelische Haltung und antisemitische Untertöne aus. Das Jahr 1956 bedeutete hinsichtlich der Nahostpolitik insoweit eine Wende, als der Sowjetblock in Nasirs Ägypten einen neuen Verbündeten in der Region gewann und ihn mit Waffenlieferungen unterstützte, wie später auch Syrien, Algerien und den Irak. Während des Sechstagekrieges lieferte die Tschechoslowakei erneut Waffen an die arabischen Staaten.[83]

Der Nahost-Konflikt sowie die daran anknüpfenden „antizionistischen" Kampagnen in der Sowjetunion und in Polen machten den Antisemitismus zu einem wichtigen Thema auch im Prager Frühling. Martin Schulze Wessel deutet den Reformprozess u. a. auch als einen Versuch der tschechoslowakischen Gesellschaft, sich mit den eigenen antisemitischen „Gespenstern" auseinanderzusetzen, sei es mit dem Slánský-Prozess, sei es aber auch mit der autoritären Zweiten Republik und dem Protektorat.[84] Manche Reformer verstanden den Antisemitismus als Indikator für antidemokratische, autoritäre Tendenzen in der Gesellschaft. Während des Prager Frühlings wurde antisemitische Propaganda von der sogenannten „Jodas-Gruppe", wahrscheinlich mit der Unterstützung der Staatssicherheit, in Form von anonymen Drohungen, die vor allem gegen Eduard

[83] ZÍDEK / SIEBER, Československo a Blízký východ, S. 16 ff.

[84] MARTIN SCHULZE WESSEL, Der Prager Frühling. Aufbruch in eine neue Welt, Ditzingen 2018, S. 245–253.

Goldstücker gerichtet waren, betrieben.[85] Gustáv Husák versuchte es mit Antisemitismus in der Slowakei. Dennoch akzeptierte die Mehrheitsgesellschaft antisemitische Attacken nicht, was, wie Schulze Wessel argumentiert, auch mit der seit den frühen 1960er Jahren stattfindenden Aufarbeitung der Geschichte des Judenmordes im Zweiten Weltkrieg zusammenhängen mag. Zugleich fiel der Antisemitismus bei einem Teil der Gesellschaft doch auf fruchtbaren Boden, wovon die Selbstverständlichkeit zeugt, mit welcher er den Weg in das Arsenal der kommunistischen Propaganda während der „Normalisierung" nach 1968 fand.[86]

Die spätsozialistisch-konsolidierende Phase

Die Niederschlagung des Prager Frühlings und die seit April 1969 einsetzende „Normalisierung" unter Husák werden meistens als ein Umbruch interpretiert; dennoch sollten Kontinuitäten nicht aus dem Blick fallen. In der Außenpolitik setzte sich die seit Mitte der 1960er Jahre begonnene Ernüchterung und der Pragmatismus in Bezug auf die Rolle der Tschechoslowakei als *global player* fort, ein Rückzug aus der „Dritten Welt" und ein verstärktes Interesse für europäische Themen, vor allem für die Beziehungen zu Westdeutschland und Österreich. In diesem Sinne wurde die Konzeption der Außenpolitik, wie sie von den Reformkommunisten wie Jaroslav Šedivý formuliert wurde, auch während der Normalisierung weiter realisiert. Nationalistische Untertöne („nationale Interessen") kündigten eine Kursänderung an, die die Normalisierer mit den Reformkommunisten im Großen und Ganzen teilten.

Die unmittelbaren Folgen der Invasion von 1968 brachten zwangsläufig eine Atmosphäre der Spaltung mit sich. Das Außenministerium unter der Leitung von Jiří Hájek reagierte mit Protesten auf die Okkupation. Hájek versuchte die tschechoslowakische Krise persönlich auf dem Boden der UNO in New York zu internationalisieren, wobei seine Rede aber eher gemäßigt klang. In praktischer Hinsicht hatte seine Initiative nur geringe Chancen, doch trug sie zumindest zur Widerlegung der offi-

---

[85] Vgl. ALEXANDER FRIEDMAN, ‚Prager Frühling' (1968) als ‚zionistische Verschwörung'. Der Fall Eduard Goldstücker (1913–2000), in: Medaon – Magazin für jüdisches Leben in Forschung und Bildung 12 (2018), 23, S. 1–14, online http://medaon. de/pdf/medaon_23_friedman.pdf (Zugriff: 06.07.2021).

[86] Vgl. MARTIN ŠMOK, Labyrintem normalizace – židovská obec jako zrcadlo většinové společnosti [Durch das Labyrinth der Normalisierung – die Jüdische Gemeinde als Spiegel der Mehrheitsgesellschaft], Praha 2017.

ziellen sowjetischen These über die von der tschechoslowakischen Regierung angeforderte „internationale Hilfe" entschieden bei, und damit auch zum Kollaps der politischen Konzeption der Invasion.[87] Die Besatzung wurde auch innenpolitisch vom außerordentlichen 14. Parteitag der KPČ am 22. August 1968 aufs Schärfste verurteilt. Doch bereits im Laufe des Herbstes 1968 wurden erste politisch-semantische Tendenzen sowie praktisch-institutionelle Verschiebungen in Richtung auf „Konsolidierung" und „Normalisierung" deutlich, hauptsächlich infolge der Annahme der sogenannten Moskauer Protokolle, die am 26. August von der tschechoslowakischen Führung unterschrieben wurden. Der Weg zur „Konsolidierung" drückte sich im graduellen Rücktritt der radikalsten Reformer sowie in der schrittweisen Wiederherstellung der Ordnung aus der Zeit vor Januar 1968 aus.

Hájeks entschiedenes Auftreten gegen die Besatzung hatte zu Folge, dass er bereits am 17. September 1968 seines Postens enthoben (die Sowjets lehnten es ab, mit ihm zu verhandeln[88]) und - auch aufgrund der Föderalisierung - durch den (außenpolitisch unerfahrenen) Slowaken Ján Marko ersetzt wurde. Der Historiker Alexandr Ort argumentiert, dass das Jahr 1969 entscheidend für die erneute Unterordnung der tschechoslowakischen Außenpolitik unter die sowjetische wurde. Im April 1969 wurde Dubček durch den pragmatischen Husák ersetzt. Die Außenpolitik geriet unter direkte Kontrolle des sowjetischen stellvertretenden Außenministers; in Prag wirkten sowjetische „Berater". Die entscheidende Phase der „Normalisierung" fand jedoch erst seit Anfang 1970 statt, als infolge der Parteisäuberungen (Überprüfungen - *prověrky*) hunderttausende Reformkommunisten aus der Partei ausgeschlossen wurden. Im Außenministerium alleine wurden ca. 700 Mitarbeiter entlassen.[89] Die Parteisäuberungen bedeuteten einen schweren Schlag für die fachliche Kompetenz der Behörde, da viele Spezialisten gehen mussten. Nur teilweise kam es aber zur Restaurierung der alten Kader aus der Novotný-Ära.[90]

Wichtig auch für die Außenpolitik war das schrittweise Auseinanderklaffen von tschechischen und slowakischen Positionen. Dies trat bereits unmittelbar nach der Invasion zu Tage, als die Kommunistische Partei der Slowakei sich von den Beschlüssen des Außerordentlichen KPČ-Parteitags, zu dem nur ein Bruchteil der slowakischen Delegierten anreisen

---

[87] DEJMEK, Diplomacie, S. 193.

[88] ORT, Česká zahraniční politika, S. 182 f.

[89] ŠEDIVÝ, Předmluva, S. 12.

[90] DEJMEK, Diplomacie, S. 198 ff.

konnte, distanzierte und sich hinter die Moskauer Protokolle, also den Kompromiss mit der Sowjetführung, stellte. Der eigentliche Aufstieg von Husák ergab sich dabei eher aus dem Vertrauen, das er aufgrund seines „Pragmatismus“ bei Brežnev gewann, als aufgrund seiner nationalen Zugehörigkeit. Für die Slowaken war die Frage der Föderalisierung bedeutsam, weil diese den Ausweg aus dem „Tschechoslowakismus“, d. h. den Überresten der tschechischen Hegemonie wies, die für die Novotný-Ära typisch gewesen war. Inwieweit und wie genau sich die Föderalisierung auf die Außenpolitik auswirkte, und zwar nicht nur im Sinne der Zunahme des „slowakischen Einflusses“, ist in der Forschung noch eine offene Frage, der künftige Studien gewidmet werden sollten.[91]

Die erste Regierungserklärung nach der Invasion (Januar 1969) – noch vor der Ersetzung Dubčeks durch Husák und unter dem alten Ministerpräsidenten Černík – betonte ganz im Geist der späten sechziger Jahre die europäischen Fragen, nationale Interessen sowie auch die nationale Souveränität:

> „Wir wollen unserem Volk versichern, dass die Prinzipien von Souveränität, Nichteinmischung, gegenseitig günstiger Zusammenarbeit, das Einhalten von gleichberechtigten Beziehungen und territorialer Unantastbarkeit zu den tragenden Grundsätzen gehören, von denen unser Bemühen ausgehen wird.“[92]

In der Regierungserklärung vom Oktober 1969 – immer noch mit Černík als Ministerpräsident, aber bereits mit Husák als Parteisekretär – hob man interessanterweise weiterhin die „großen Ideen des Januars 1968“, also das Reformprogramm hervor, und auch im Bereich der Außenpolitik betonte sie die Kontinuität der sechziger Jahre. Dies änderte sich zum Teil erst im Programm des Kabinetts von Lubomír Štrougal vom Dezember 1971, die als die erste voll „normalisierte“ Regierung bezeichnet werden kann;[93] den ideologischen Referenzpunkt bildete nicht mehr der „Januar 1968“, sondern die „Lehren aus der krisenhaften Entwicklung“ (*Poučení z krizového vývoje*), dem im Dezember 1970 veröffentlichten Gründungsdokument der eigentlichen „Normalisierung“. Dieses verurteilte unter Verwendung einer feindseligen Rhetorik die „rechte Konzeption der Außenpolitik“

---

[91] Vgl. Čechoslovakismus, hg. v. ADAM HUDEK u. a., Praha 2019.

[92] Programové prohlášení vlády, 30. Januar 1969, https://vlada.cz/assets/clenove-vlady/historie-minulych-vlad/prehled-vlad-cr/1960-1990-cssr/oldrich-cernik-2/ppv-1969-cernik2.pdf (Zugriff: 06.09.2020).

[93] Programové prohlášení vlády, 17. Dezember 1968, https://vlada.cz/assets/clenove-vlady/historie-minulych-vlad/prehled-vlad-cr/1960-1990-cssr/lubomir-strougal-2/ppv-1971-1976-strougal2.pdf (Zugriff: 06.09.2020).

sowie die Tätigkeit der „westlichen imperialistischen Kreise"; in der eigentlichen Sprache der staatlichen Außenpolitik kam die Feindrhetorik aber nur in einem überraschend geringen Ausmaß zum Tragen. So verwendete die Regierungserklärung vom Dezember 1971 keineswegs die bewährten Kampfbegriffe wie Imperialismus, Kolonialismus, Reaktion usw., offensichtlich unter dem Eindruck der fortlaufenden Entspannungspolitik. Der Ton sollte sich während der 1970er Jahre wieder wandeln, doch an den Hauptgrundsätzen, die bereits in der zweiten Hälfte der sechziger Jahre formuliert worden waren, änderte sich wenig.

Diese Kontinuität bezog sich erstens auf die Zentralstellung der europäischen Problematik: „Unsere unmittelbare Aufmerksamkeit gilt Europa", liest man in der Regierungserklärung von 1971, und dieser Schwerpunkt ist charakteristisch für die gesamte Zeit der 1970er und 1980er Jahre. Zweitens setzte sich die Sprache der „nationalen Interessen" und „nationalen Selbstständigkeit" fort, wobei der Akzent auf dem Begriff der Souveränität, der so deutlich in den späten sechziger und frühen siebziger Jahren war, etwas in den Hintergrund trat. Und drittens setzte sich in den 1970er und frühen 1980er Jahren die „Ernüchterung" hinsichtlich des Engagements der Tschechoslowakei in der „Dritten Welt" fort. Die Euphorie über die globale Rolle der Tschechoslowakei war zwar vorbei, die Betonung globaler Zusammenhänge blieb aber immer noch verhältnismäßig stark, vor allem seit Mitte 1970er Jahre; die beiden Regierungserklärungen von 1976 und 1981 sowie die entsprechenden Parteitagsbeschlüsse widmeten vor allem der Lage in Afrika und im Nahen Osten umfangreiche Passagen. Die Frage, inwieweit die rhetorische Aktivität auch in der praktischen Politik, vor allem im Bereich der Wirtschafts- und Handelskooperation, zum Ausdruck kam, ist aufgrund mangelnder Quellen schwer zu beantworten.

So ist es nicht sicher, ob eine Afrika-Konzeption, vergleichbar mit derjenigen Anfang der 1960er Jahre, überhaupt vorlag. Der am Ende der 1960er Jahre im Zuge der Brežnevschen „Stabilisierung der Beziehungen" gewählte pragmatische Ansatz wurde gestärkt, das tschechoslowakische Engagement begrenzte sich allerdings auf das Eintreiben von Forderungen und blieb ohne eigene Initiative stark von Moskau abhängig. In der zweiten Hälfte der 1970er Jahre erneuerte sich zwar die tschechoslowakische Aktivität in Afrika, vor allem in Äthiopien, Angola und Zimbabwe, insgesamt aber blieb die ČSSR nicht nur hinter der Sowjetunion, sondern auch der DDR und Bulgarien deutlich zurück.

Im Laufe der 1980er Jahre verblasste, so Petr Zídek, jegliche tschechoslowakische Initiative in Afrika, nicht zuletzt infolge steigender Wirtschaftsprobleme.[94] Ebenfalls fortgesetzt wurde der seit den 1960er Jahren gängige Gebrauch der Figur der „ruhigen Macht", die nach Frieden strebe. Der Akzent auf Frieden, Harmonie, Gewaltlosigkeit und Zusammenleben in internationalen Beziehungen, typisch für die Breżnev-Ära, ging mit der vorherrschenden Semantik der „Ruhe für die Arbeit" (*klid na práci*), des „glücklichen und zufriedenen Lebens unseres Volkes" (*šťastný a spokojený život našeho lidu*), des Wohlstands, der Ordnung, Kultiviertheit, individuellen Selbstverwirklichung sowie der zunehmenden Akzentuierung technokratischer Ansätze in den inneren Gesellschaftsverhältnissen einher.[95] Konsolidierungsbegriffe überwogen: der „Revolutionsprozess", falls überhaupt erwähnt, wurde ausschließlich in die „Dritte Welt" verlagert; der Drang nach Stabilität wurde durch den steigenden Gebrauch des neuen Schlagworts *soustava* (System) bestärkt, der sowohl in inneren (*soustava hospodářského řízení* usw.) als auch in äußeren Beziehungen das Begriffsfeld dominierte; so verdrängte das „sozialistische Weltsystem" (*světová socialistická soustava*) das noch spätstalinistisch-chruščevistisch klingende „Lager des Sozialismus" (*tábor socialismu*). War das höchste Ziel der inneren Politik die „Befriedigung der Bedürfnisse der Bevölkerung" (*uspokojování potřeb obyvatelstva*), galt in der Außenpolitik vor allem das „Erreichen des Friedens" als der zu verfolgende Grundsatz, unterstrichen mit den charakteristischen Begriffen wie „Heilung" (*ozdravení*), „Entspannung" (*uvolňování*) oder „Milderung" (*zmírňování*), meistens dazu noch in imperfektiver Form, die die Dauerhaftigkeit und Unabgeschlossenheit dieser Prozesse unterstrich.

Kaum ein anderer konnte diese „geduldige", harmoniebewusste Friedenspolitik besser verkörpern als der langjährige Außenminister der Normalisierungsära Bohuslav Chňoupek (im Amt 1970–1987).[96] Trotz aller ideologischen Brüche, die nach 1968 folgten, setzte er stark auf die Kontinuität mit der poststalinistischen Ära. Auf der personellen Ebene konsolidierte er die durch Parteisäuberungen dezimierte Behörde, in dem

---

[94] ZÍDEK, Československo a subsaharská Afrika, S. 9 ff.

[95] Vgl. PAVEL KOLÁŘ / MICHAL PULLMANN, Co byla normalizace? Studie o pozdním socialismu [Was war die Normalisierung? Studien über den Spätsozialismus], Praha 2016; zum Technokratismus siehe: Architekti dlouhé změny. Expertní kořeny postsocialismu v Československu [Die Architekten des langen Wandels. Die Experten-Wurzeln des Postsozialismus in der Tschechoslowakei], hg. v. MICHAL KOPEČEK, Praha 2019.

[96] IVAN BROŽ, Mistr ministr. O rozporuplné osobnosti ve službách žurnalistiky, literatury a diplomacie [Der Meister Minister. Über eine widerspruchsvolle Persönlichkeit im Dienste von Journalismus, Literatur und Diplomatie], Praha 2008; BOHUSLAV CHŇOUPEK, Memoáre in claris, Bratislava 1998.

er junge Expertenkader förderte. Die meisten Mitarbeiter - auch seine späteren Kritiker - anerkannten Chňoupek als einen tüchtigen Manager mit einem ausgeprägten Sinn für Kommunikation. Auch dank seiner Sprachkenntnisse konnte sich der ehemalige kommunistische Journalist und Schriftsteller auf der internationalen Bühne Respekt verschaffen - im ethnisch bunten Petržalka/Pozsonyligetfalu/Engerau, einem Vorort von Bratislava aufgewachsen, beherrschte er neben Slowakisch und Tschechisch auch Ungarisch und Deutsch, das er mit Wiener Akzent sprach, was u. a. Bruno Kreisky schätzte. Im Unterschied zu seinen Vorgängern setzte er stark auf diplomatische Reisen nach Westeuropa und in die Entwicklungsländer sowie auf persönliche Kontakte mit ausländischen Kollegen, sowohl im Osten (Gromyko) als auch im Westen (Kreisky, Genscher). Dies waren wichtige Voraussetzungen sowohl für den erfolgreichen Abschluss des Vertrags mit der Bundesrepublik (1973) als auch für die aktive Rolle der ČSSR im Helsinki-Prozess.

Das tschechoslowakische Engagement in der Entspannungspolitik der 1970er Jahre als bloßen Deckmantel zu bezeichnen, der dazu dienen sollte, den innenpolitischen Status quo international zu sichern, würde allerdings zu kurz greifen: Zu komplex, vielschichtig und tief verankert war die europäische Orientierung eines wichtigen Teiles des Staatsapparates. Davon, dass der Friedensprozess von Teilen der herrschenden politischen Klasse ernst genommen wurde, zeugt letztendlich auch der Konflikt- und Aushandlungscharakter der kommunistischen Europa-Politik. So war Chňoupeks Politik der Annäherung an den Westen den Konservativen im KP-Politbüro ein Dorn im Auge, vor allem dem für Außenpolitik zuständigen Vasil Biľak, der sich oft mit Chňoupek anlegte und ihm u. a. die Nachahmung „westlicher Manieren" und eine „bürgerliche Lebensweise" vorwarf. Die Widersprüchlichkeit der tschechoslowakischen Außenpolitik drückte sich daher in der Gleichzeitigkeit der Annäherung an den Westen und der Orientierung an den konservativsten kommunistischen Regimen wie der DDR, Rumänien und China aus.

Der Konflikt zwischen dem liberaleren und dem konservativen Flügel der kommunistischen Elite um den Charakter der Außenpolitik verschärfte sich nach dem Machtantritt Gorbačevs und seiner Politik der Glasnost und Perestrojka. Den Konservativen um Biľak gelang es zwar, Chňoupeks Entlassung 1988 zu erzwingen - zu offen hat der Außenminister zur Schau gestellt, dass er der tschechoslowakische Gorbačev werden wollte. Zugleich bestätigte die Wahl seines Nachfolgers, des Karrierediplomaten und ehemaligen langjährigen Botschafters in den USA und Kanada Jaromír Johanes, den in den späten 1960er Jahren eingeschlagenen Weg der Professionalisierung und des vorsichtig proeuropäischen Pragmatismus. Die Erinnerung an den Prager Frühling wurde dabei zu einem neuen kollektiven Trauma, das auch in der Gestaltung der Außenpolitik eine bedeutende Rolle spielte und seit Gorbačevs Perestrojka als „Gespenst" für die Prager „Normalisierer" wirkte.

Von Interesse ist, dass das Prager Außenministerium, trotz – oder eben wegen – seiner Loyalität zur Moskauer Führung (hier muss das enge Verhältnis zwischen Gromyko und Chňoupek hervorgehoben werden), von den Konservativen zunehmend als Zentrum unerwünschter Liberalisierungstendenzen wahrgenommen wurde. Es ist sicherlich kein Zufall, dass gerade das Außenministerium zu den Behörden mit der höchsten Personalkontinuität über 1989 hinaus gehörte. Der Aufstieg der undogmatischen, „flexiblen" Experten, die eine solide diplomatische (MGIMO) oder auf Außenhandel und Ingenieurwesen orientierte Ausbildung besaßen, machte dann den relativ glatten „Regimewechsel" um 1989 möglich.

Damit sollte die Bedeutung des Umbruches von 1989 nicht kleingeredet werden. Man muss aber in Betracht ziehen, dass die gestaltenden Kräfte der Änderungen der 1980er und 1990er Jahre ein Ergebnis langfristiger Prozesse waren, die ihre Ursprünge oft in den 1960er Jahren hatten. Das war der Fall in Bezug auf die wachsende Rolle der Experten und die Entideologisierung, die sich im Bereich der Außenpolitik zu einem gewissen Grad auch nach 1968 fortsetzte. Auch während der tiefsten „Normalisierung" blühte die entideologisierte Sprache des „menschlichen Glücks", „friedlichen Lebens" und der „Befriedigung der Bedürfnisse". Bezeichnenderweise sah eine Außenpolitik-Broschüre von 1983 den Zweck der sozialistischen Außenpolitik im „Kampf für die Bewahrung des Friedens und für die Sicherung des vornehmsten Rechtes jedes Menschen – des Rechtes auf Leben".[97] Diese biopolitische Wende und der Aufstieg des Humanitarismus anstelle des Kampfes zwischen territorial und ideologisch klar abgegrenzten Blöcken waren Signaturen einer neuen Epoche, die in den späten 1980er Jahren einsetzte. Ebenfalls hatten die rhetorischen Figuren von „nationalen Interessen" und „Rückkehr nach Europa", die nach 1989 Verbreitung fanden, ihre Wurzeln in den späten 1960er Jahren: Sie spiegelten die schrittweise Abwendung von den globalen Ambitionen der tschechoslowakischen Außenpolitik aus der Zeit der Chruščevschen Weltrevolution-Euphorie wider.

---

[97] MICHAL ŠTEFAŇÁK, Zahraniční politika ČSSR [Die Außenpolitik der ČSSR], Praha 1983, S. 5.

Dieser Drang zur De-Globalisierung und Re-Provinzialisierung vereinigte paradoxerweise die Position von Gustáv Husák mit jener von Václav Havel, der im berühmten Streit mit Milan Kundera um das „tschechische Schicksal" von 1969 die weltgeschichtliche Sendung des tschechoslowakischen Reformsozialismus ablehnte und selbst mit dem mehrdeutigen Begriff der „Normalisierung" hantierte. Das nach 1989 erfolgte Ankommen in Mitteleuropa - diesmal unter der Ägide der „Visegrád-Gruppe" - bedeutete gewissermaßen eine Rückkehr in das 19. Jahrhundert, zurück zu der Geborgenheit und den Ängsten der kleinen tschechischen und slowakischen Welt.[98]

---

[98] MICHAL KOPEČEK, Český Visegrád [Das tschechische Visegrád], in: Visegrád. Možnosti a meze středoevropské spolupráce [Visegrád. Chancen und Grenzen der mitteleuropäischen Zusammenarbeit], hg. v. JIŘÍ VYKOUKAL, Praha 2003, S. 125–156.

REGINA FRITZ

POLITISCHER NEUANFANG UNTER AUSSENPOLITISCHEM DRUCK

DIE ZWEITE UNGARISCHE REPUBLIK UND DIE FRIEDENSVERHANDLUNGEN VON PARIS 1946

Der ungarische Schriftsteller Sándor Márai notierte im Jahre 1944 in sein Tagebuch:

> „Wenn dieser Krieg vorbei ist, wartet eine unermessliche Reihe von Aufgaben auf uns. Wir müssen die Toten begraben, die Trümmer forträumen, Brot an die Hungernden verteilen und aus den Scherben, die uns die Horde an Raubmördern, die zum größten Teil das Land bereits verlassen hat, hinterließ, etwas wie ein Staatsgebilde errichten. Aber das sind die geringeren Aufgaben. Wenn Ungarn wieder eine in der Völkerfamilie geachtete Nation werden will, muss jenes mit dem Etikett ‚rechts' bezeichnete eigenartige Etwas in den Seelen eines Menschentyps getilgt werden [...]."[1]

Die zukünftigen Aufgaben eines ungarischen Staates, welcher nach dem Ende des Zweiten Weltkrieges und nach dem Zusammenbruch der rechten Diktaturen vor einem umfassenden Wiederaufbau stand, fasste Márai weitblickend zusammen: Die Beseitigung der Kriegsschäden beziehungsweise -folgen war nur eine der Herausforderungen, mit denen sich die im Dezember 1944 in den befreiten Landesteilen eingerichtete provisorische Regierung konfrontiert sah. Eine zentrale Bedeutung sprachen sie und die ihr nachfolgenden Transitionsregierungen der kurzen liberal-demokratischen Phase der „Umerziehung" und Demokratisierung der ungarischen Gesellschaft zu.

Im Zentrum der politischen Bemühungen der ungarischen Nachkriegsregierungen stand daher bereits vor Kriegsende, bislang gültige Wertehaltungen und Weltbilder kritisch zu hinterfragen und neue Identifikations-

[1] SÁNDOR MÁRAI, Tagebücher 1943–1944, Berlin 2001, S. 259.

angebote zu formulieren. Diese Aufgabe wurde in Ungarn von zwei Faktoren erschwert: Einerseits hatte der Großteil der ungarischen Bevölkerung weder die nationalsozialistische Besatzungszeit als Niederlage beziehungsweise brutale Unterdrückung empfunden, noch dem Faschismus ablehnend gegenübergestanden. Die ungarische Pfeilkreuzlerpartei hatte bei den Wahlen 1939 mit 25 Prozent der Stimmen einen großen Erfolg erreicht und damit auf einen gewissen gesellschaftlichen Rückhalt bauen können. Andererseits brachte ein Teil der Bevölkerung dem Systemwandel in dem von sowjetischen Truppen besetzten Land in vielen Fällen keine Begeisterung entgegen – nicht zuletzt angesichts von Vergewaltigung, Mord, Raub und Verschleppung in die Sowjetunion.

Eines der zentralen Anliegen des jungen ungarischen Staates bestand nun darin, die Gesellschaft davon zu überzeugen, dass der Bruch mit den vergangenen politischen Systemen notwendig war. Durch gezielte Geschichtspolitik sollte die Identifikation der Mehrheitsbevölkerung mit dem neuen politischen System und die gesellschaftliche Ablehnung der vergangenen rechtsdiktatorischen Regime gefördert sowie die Legitimität des neuen Staates gestärkt werden. Essenziell wurde dies neben innen- auch aus außenpolitischen Erwägungen. Schließlich stand Ungarn nach dem Ende des Zweiten Weltkrieges den alliierten Siegermächten als ein Land gegenüber, das sich durch die Einführung antijüdischer Maßnahmen seit 1920 gegen seine eigenen Staatsbürger gestellt,[2] eine aggressive Revisionspolitik betrieben und als Verbündeter des Deutschen Reiches durch Gebietszugewinne von dessen Expansionspolitik profitiert[3] und trotz mehrerer Kriegsaustrittsanstrengungen[4] bis zur endgültigen Niederlage auf

[2] Im Rahmen des 1920 verabschiedeten Numerus clausus-Gesetzes wurde die Zahl der jüdischen Studenten auf sechs Prozent beschränkt. MÁRIA KOVÁCS, Törvénytől sújtva. A numerus clausus Magyarországon 1920–1945 [Per Gesetz entrechtet. Der Numerus clausus in Ungarn 1920–1945], Budapest 2012. In den folgenden Jahren folgten mehrere antijüdische Gesetze und eine Reihe von Verordnungen, die die ungarischen Juden aus der Gesellschaft schrittweise ausgliederten.

[3] Im Ersten Wiener Schiedsspruch (1938) erhielt Ungarn Teile der Slowakei und der Karpato-Ukraine. 1939 besetzte Ungarn die gesamte Karpato-Ukraine. Mit dem Zweiten Wiener Schiedsspruch (1940) wurde Ungarn auch Nordsiebenbürgen zugesprochen. Im Zuge der Beteiligung Ungarns am Krieg gegen Jugoslawien besetzten ungarische Truppen schließlich die Bačka und andere jugoslawische Gebiete.

[4] Als es sich im Frühjahr 1944 zunehmend abzeichnete, dass Horthy versuchen würde, das Bündnis mit dem Deutschen Reich zu lösen und Ungarn aus dem Krieg herauszuführen, gab Hitler im März 1944 den Befehl zur Besetzung Ungarns durch Einheiten der Wehrmacht und der SS. Ein zweiter Versuch, mit den Alliierten einen Waffenstillstand abzuschließen, scheiterte an der Machtübernahme der Pfeilkreuzler im Oktober 1944.

der Seite des Deutschen Reiches gekämpft hatte. Dass weder die Gesellschaft und noch die oppositionellen Kräfte gegen die prodeutsche Politik der ungarischen Regierungen und gegen die am 19. März 1944 erfolgte deutsche Besatzung nennenswerten nationalen Widerstand hatten entfalten können, brachte Ungarn bei der Friedenskonferenz, welche zwischen dem 29. Juli und dem 15. Oktober 1946 in Paris stattfand, in Rechtfertigungszwang. Hier waren nämlich nicht nur die Interessen und die Wertehaltungen der Siegermächte entscheidend. Von Bedeutung war auch die Haltung der einzelnen Länder während des Zweiten Weltkrieges. Während Jugoslawien auf die erfolgreiche Partisanenarmee unter Tito verweisen und Rumänien – ebenfalls lange Zeit ein Bündnispartner des Deutschen Reiches – sich auf den Frontwechsel im Sommer 1944 berufen konnte, hatte Ungarn nichts Vergleichbares aufzuweisen. In den von den faschistischen Pfeilkreuzlern kontrollierten ungarischen Gebieten war der bewaffnete Kampf vielmehr bis April 1945 auf Seiten des Deutschen Reiches fortgeführt worden.[5]

Angesichts dieser Ausgangssituation warnte der Journalist Iván Boldizsár, der spätere Leiter des Propagandadienstes der Pariser ungarischen Delegation, bezogen auf die Friedensverträge bereits am 11. September 1945 in der Zeitung „Új Magyarország" vor überzogenen Erwartungen und machte auf die Schwierigkeiten bei der friedensvorbereitenden Tätigkeit der ungarischen Regierung aufmerksam:

> „Das größte Problem: Die Menschen nehmen einfach nicht zur Kenntnis, dass wir den Krieg verloren haben. Sie denken nicht daran, dass nicht die siegreichen Nationen Ungarn den Krieg erklärt haben, sondern wir ihnen [...]. Wir dürfen unter anderem auch nicht vergessen, dass unser Ruf im Ausland niederschmetternd schlecht ist. All das der Öffentlichkeit angemessen zu vermitteln, ist eine der wichtigsten Aufgaben der geistigen Friedensvorbereitung, der psychologischen Friedensvorbereitung."[6]

Die kritische Konfrontation mit der Vergangenheit erschien daher den politischen Eliten entscheidend, um die ungarische Gesellschaft auf einen möglichen ungünstigen Ausgang der Friedensverhandlungen vorzubereiten. Hinzu kam die Überzeugung, dass es in einem Land so lange keine Möglichkeit zur Festigung der demokratischen Kultur und des demokrati-

---

[5] Die im Dezember 1944 in den von den sowjetischen Truppen befreiten Landesteilen gebildete provisorische Regierung erklärte am 28.12.1944 Deutschland den Krieg und unterzeichnete am 20.01.1945 ein Waffenstillstandsabkommen mit den Alliierten.

[6] IVÁN BOLDIZSÁR, Don – Buda – Párizs [Don – Buda – Paris], Budapest 1982, S. 242 f.

schen Denkens gebe, wie dieses nicht fähig sei, sich mit seiner eigenen Vergangenheit zu konfrontieren, und die Bevölkerung kein realistisches Selbstbild über die politische und gesellschaftliche Verantwortung während des Krieges entwickelte.[7]

Man ging also vom Grundsatz aus, dass die Auseinandersetzung mit Kriegsverbrechen und mit Fragen der Kriegsschuld die demokratische „Umerziehung" der Bevölkerung zur Folge haben würde. Dass dies von den ausländischen Beobachtern, insbesondere von den bei den Pariser Friedensverhandlungen federführenden Alliierten, als ein Beweis der fortschreitenden Demokratisierung erachtet werden könnte, hielt man für einen zusätzlichen Vorteil.

Die ersten Nachkriegsmonate waren in diesem Sinne von umfassenden Abrechnungs- und Vergeltungsmaßnahmen gekennzeichnet. Neben der Ahndung von Kriegsverbrechen stellte sich der Staat zunächst auch der Aufgabe, die Verbrechen aufzuklären, darunter auch jene, die gegen die einheimische jüdische Bevölkerung verübt worden waren.[8] Entsprechend gab die provisorische Regierung nicht nur wissenschaftliche Untersuchungen über den Holocaust in Auftrag.[9] Sie ließ bereits im Februar 1945 eine Untersuchungskommission zur Erforschung und Bekanntmachung der von den Nationalsozialisten und Pfeilkreuzlern verübten Verbrechen (*Náci és Nyilas Rémtettek Kivizsgálására Alakult Bizottság*) einrichten.[10] Der Vorsatz dieser Kommission, „die politischen Verbrechen unverblümt an die Öffentlichkeit"[11] zu bringen, kann hier symptomatisch für die ersten Phasen der ungarischen Geschichtspolitik gelten. So hieß es Anfang März

---

[7] Vgl. MÁRIA VÁSÁRHELYI, A jelenbe zárva [Eingeschlossen in die Gegenwart], in: Élet és irodalom 37 (2009), S. 5 f.

[8] Vgl. dazu ausführlich REGINA FRITZ, Nach Krieg und Judenmord. Geschichtspolitik in Ungarn seit 1944, Göttingen 2012.

[9] So betraute die ungarische Regierung zusammen mit der jüdischen Gemeinde den Journalisten Jenő Lévai mit einer Studie über die Ermordung der ungarischen Juden, welche anschließend zur Information der internationalen Öffentlichkeit auch in englischer Sprache erschien. Vgl. JENŐ LÉVAI, Black Book on the Martyrdom of Hungarian Jewry, Zürich 1948.

[10] Vgl. dazu ausführlich REGINA FRITZ, Eine frühe Dokumentation des Holocaust in Ungarn. Die „Untersuchungskommission zur Erforschung und Bekanntmachung der von den Nationalsozialisten und Pfeilkreuzlern verübten Verbrechen" (1945), in: Zeithistorische Forschungen / Studies in Contemporary History, Online-Ausgabe, 14 (2017), H. 2, S. 352–368.

[11] Budapest Főváros Levéltára [Hauptstadtarchiv Budapest, BFL], XVII.2. (Budapesti Nemzeti Bizottság iratai), 20. Schachtel, 38/2. Bund, Aufruf des Budapester Nationalkomitees an die ungarische Gesellschaft vom 09.03.1945.

1945 auch in einem vertraulichen Dokument der sozialdemokratischen Partei:

„Unsere erste Aufgabe ist also, dass wir mit uns selbst ins Reine kommen! Auf diesem Weg ist der erste Schritt das richtige Informieren der ungarischen Öffentlichkeit. Wir müssen die in den Kinderschuhen steckende ungarische Öffentlichkeit lehren, sich mit den unangenehmen und schweren Fakten und mit den unvermeidlichen Gegebenheiten auseinanderzusetzen. [...] Der Öffentlichkeit muss all das offen enthüllt werden, was im Laufe der Friedensverhandlungen gegen uns angeführt werden kann [...].“[12]

Als jedoch die ungarische Delegation schließlich im Sommer 1946 in Paris eintraf, waren jene Expertisen und Memoranden, die sie im Gepäck hatte, von einem Duktus gekennzeichnet, der die Bevölkerung zu entlasten und das Ausland davon zu überzeugen suchte, dass die ungarische Gesellschaft dem Nationalsozialismus ablehnend gegenübergestanden wäre. Entsprechend erklärte auch der ungarische Außenministers János Gyöngyösi im Juni 1946 auf einer Pressekonferenz während seines USA-Aufenthaltes:

„The country which we represent has suffered immensely in the war. No other country in Europe was pillaged by the Nazis as much as Hungary.“[13]

Wie kam es zu diesem Wandel, wie war er begründet, welchen Einfluss hatten außenpolitische Überlegungen auf die geschichtspolitische Neuausrichtung? Im Folgenden werden diese Fragen genauer beleuchtet, und es wird dabei herausgearbeitet, wie sich das Narrativ über Kriegsschuld und Mitverantwortung im Laufe der Vorbereitungen auf die Friedensverhandlungen veränderte. Dabei gehen die folgenden Überlegungen davon aus, dass geschichtspolitische Auseinandersetzungen nicht abgeschottet stattfinden, sondern von internationalen Einflüssen geprägt sind. Auf der einen Seite beeinflussen internationale Akteure sie aktiv, auf der anderen Seite werden sie oft durch das Bestreben geprägt, sich an (angenommene) ausländische Erwartungen anzupassen.

---

12 Politikatörténeti és Szakszervezeti Levéltár [Archiv des Instituts für Politische Geschichte, im Folgenden: PIL], 283/12, 135, Bl. 10, Vertrauliche Anmerkungen zu den technischen Aufgaben der Friedensvorbereitung vom 05.03.1945.

13 Magyar Nemzeti Levéltár Országos Levéltára [Staatsarchiv des Ungarischen Nationalarchivs, im Folgenden: MNL OL], XIX-J-1-u, 22. Schachtel, Rede von Gyöngyösi während der Pressekonferenz im Blair-Lee House am 14.06.1946.

Die Vorbereitungen auf die Pariser Friedensverhandlungen

Erste Vorarbeiten für die erwarteten Friedensverhandlungen lassen sich bereits in der Horthy-Ära festmachen. Die Regierung unter Ministerpräsident Miklós Kállay (März 1942 bis März 1944) begann schon im Sommer 1943 mit der Vorbereitung der nach dem Krieg erwarteten Friedenskonferenz.[14] Mit der Koordination dieser Arbeit wurde die politische Abteilung des ungarischen Außenministeriums beauftragt. Doch die deutsche Besetzung führte zu einem vorläufigen Abbruch dieser Tätigkeit.[15]

Nach Ende des Zweiten Weltkrieges wurde die friedensvorbereitende Arbeit wieder aufgenommen. Der damalige ungarische Außenminister János Gyöngyösi richtete erneut eine eigene Abteilung zur Friedensvorbereitung im Außenministerium ein. Die ungarische Regierung war davon überzeugt, dass die ehemaligen Verbündeten des Deutschen Reiches im Laufe der Friedensverhandlungen nicht nur angehört würden, sondern auch, dass ihre Argumente auf einen positiven Ausgang dieser Verhandlungen sowie auf den Inhalt der Verträge Einfluss haben konnten.

Obwohl die ungarischen Verantwortlichen davon ausgingen, dass die ungarische Friedensdelegation nicht als gleichwertiger Verhandlungspartner erachtet und daher keine Möglichkeit haben werde, mit den Alliierten über Fragen, die Ungarn betrafen, zu verhandeln, glaubten sie also dennoch an die Sinnhaftigkeit einer friedensvorbereitenden Tätigkeit:

> „Wir können nicht den technischen Ablauf der Friedensverhandlungen kennen, und wir können nicht wissen, wann unser Vortrag an der Reihe sein wird, ob am Beginn der Verhandlungen oder erst nach dem ‚Plädoyer der Anklage'. Aber wir müssen uns auf jeden Fall vorbereiten, damit wir auf alle gegen uns vorbringbaren Argumente schon im Vorhinein reagieren können."[16]

Um auf Vorwürfe adäquat antworten zu können und das Ausland „aufzuklären", ließ die Abteilung zur Vorbereitung der Friedensverhandlungen (*Békeelőkészítő Osztály*) zahlreiche wirtschaftliche, gesellschaftliche,

---

[14] Ignác Romsics, Az 1947-es Párizsi Békeszerződés [Der Pariser Friedensvertrag 1947], Budapest 2006, S. 32.

[15] Die bereits fertig gestellten Dokumente wurden in die Schweiz geschafft oder vernichtet. Vgl. Ignác Romsics, A párizsi békeszerződés, 1947 [Der Pariser Friedensvertrag, 1947], in: Rubicon (2007), H. 1–2, S. 24–43, hier S. 38.

[16] PIL, 283/12, 135, Bl. 10, Vertrauliche Anmerkungen zu den technischen Aufgaben der Friedensvorbereitung vom 05.03.1945.

politische und historische Untersuchungen, die sich u. a. um Fragen der Kriegsschuld drehten, anfertigen.[17] Diese wurden von den einzelnen Ministerien, vom Statistischen Zentralamt (*Központi Statisztikai Hivatal*), von der Ungarischen Nationalbank (*Magyar Nemzeti Bank*), vom Ungarischen Wirtschaftsforschungsinstitut (*Magyar Gazdaságkutató Intézet*) und von den Einzelabteilungen des Wissenschaftlichen Instituts Pál Teleki (*Teleki Pál Tudományos Intézet*) ausgearbeitet, in mehrere Sprachen übersetzt und ausländischen Journalisten sowie den amerikanischen, englischen, russischen und französischen Friedensdelegationen übergeben.[18]

Gleichzeitig gab die Abteilung zur Vorbereitung der Friedensverhandlungen die Anfertigung von Expertisen in Auftrag, in denen mögliche Argumentationsstrategien für die Friedensverhandlungen entwickelt werden sollten. Der ungarische Historiker Ignác Romsics beziffert die Zahl der externen Experten, die Anfang des Jahres 1946 zu friedensvorbereitenden Tätigkeiten herangezogen wurden, mit über einhundert. Die Abteilung zur Vorbereitung der Friedensverhandlungen selbst hatte etwa zwanzig Mitarbeiter.[19]

Neben der Anfertigung von Expertisen und Gutachten fanden zwischen März und Juni 1946 auch persönliche Treffen zur Friedensvorbereitung statt. Dazu reisten ungarische Delegationen nach Moskau (9.–18. April 1946), Washington (8. Juni 1946), London (21.–22. Juni 1946) und Paris (25. Juni 1946), um die Unterstützung der federführenden Großmächte zu gewinnen.

Negative Geschichtspolitik – Das „Lossagen von der Vergangenheit"

Der Präsident der provisorischen Regierung Béla Miklós von Dálnok erklärte in seiner Parlamentsrede im September 1945:

> „Die nationale Regierung sah die erste Bedingung der ungarischen Existenz darin, dass sie in vollem Maß und sofort mit der schuldbeladenen Vergangenheit bricht, aus diesem Grund hat sie – am ersten Tag ihrer Tätigkeit – Deutschland den Krieg erklärt. [...] Die Regierung will auch seitdem mit allen ihren Aktivitäten versichern, dass sie des Vertrauens der alliierten Großmäch-

[17] Die Untersuchungen kreisten um Fragen der ungarischen Außenpolitik während des Zweiten Weltkrieges, die Situation der ungarischen Minderheit oder um Fragen des ungarischen Widerstandes gegen den Nationalsozialismus und das Deutsche Reich.

[18] Vgl. ROMSICS, A párizsi békeszerződés, S. 30.

[19] Vgl. ebd.

te würdig ist und es ihre größte Sehnsucht ist, als bescheidenes Mitglied der Familie der freiheitsliebenden Völker ehrlich, in demokratischem Geiste ihre nationale Zukunft ausbauen zu können."[20]

Dabei wurde der Verweis auf die demokratische Wende im Dezember 1944 seit der Etablierung einer provisorischen Koalitionsregierung, in der hochrangige Offiziere, Angehörige der kommunistischen bzw. der sozialdemokratischen Partei, der Partei der unabhängigen kleinen Landwirte sowie der Nationalen Bauernpartei vertreten waren, eine der wichtigsten Strategien der ungarischen Regierung gegenüber dem Ausland. Im Mittelpunkt dieser Darstellung stand die Argumentation, dass der neue demokratische Staat für die Taten der vergangenen Regime nicht bestraft werden dürfe. So betonte der sozialdemokratische Politiker Pál Schiffer,

> „dass dieser Krieg, welchen wir führten und verloren, nicht dieses System, nicht die Demokratie und diese Regierung führten und akzeptierten [...], für diesen Krieg und für all dessen Konsequenzen ist nicht die Demokratie, sondern das vergangene Horthy- und Szálasi-Regime verantwortlich."[21]

Und auch der Ministerpräsident der im Februar 1946 neu ausgerufenen Republik Ferenc Nagy verwies in seiner Antrittsrede vor der Nationalversammlung[22] darauf, dass die erstarkende Demokratie in Ungarn dem Ausland zeigen müsse, dass sich nicht das „verbrecherische, kriegerische Ungarn vor seinen Richter" stellt, sondern das „friedliche, werktätige Ungartum".[23] Mit Hilfe des Narrativs vom „Bruch mit der Vergangenheit" stellten die politischen Akteure der unmittelbaren Nachkriegszeit die neue, vom Volk getragene Demokratie dem verbrecherischen, von den

---

20 Rede von Béla Miklós von Dálnok am 5. September 1945, in: Az Ideiglenes Nemzetgyűlés Naplója 1944. december 21–1945. szeptember 13 [Protokollsammlung der provisorischen Nationalversammlung, 21. Dezember 1944 – 13. September 1945], Budapest 1946, S. 39.

21 Rede von Pál Schiffer vor der Nationalversammlung am 27. Februar 1946, in: Az 1945. évi november hó 29.-ére összehívott Nemzetgyűlés Naplója, I. kötet, 1.–30. ülés [Protokollsammlung der am 29. November 1945 einberufenen Nationalversammlung, Bd. 1, 1.–30. Sitzung], Budapest 1946, S. 636. Entsprechend betonte auch Zoltán Tildy in seiner Nationalratsrede vom 6. September 1945, dass nicht die ungarische Nation den Krieg geführt habe, sondern deren schuldige Regierungen. Rede von Zoltán Tildy vor der provisorischen Nationalversammlung am 6. September 1945, in: Az Ideiglenes Nemzetgyűlés Naplója, S. 53.

22 Im November 1945 wurde die provisorische Regierung durch eine gewählte Regierung abgelöst.

23 Rede von Ferenc Nagy vor der Nationalversammlung am 7. Februar 1946, in: Az 1945. évi november hó 29.-ére összehívott Nemzetgyűlés Naplója, S. 382.

aristokratischen Eliten getragenen, autoritär-konservativen bzw. faschistischen Staat gegenüber, mit dem man nichts gemeinsam haben wollte und der als „negativer Kontrastpunkt“ dargestellt wurde.

Damit folgten die Politiker Expertisen der Friedensvorbereitenden Abteilung, so hob ein Gutachten des Innenministeriums vom 2. Juli 1945 hervor: „Es muss bei jeder gegebenen Gelegenheit betont werden, dass das jetzige Regierungssystem eine vollkommen andere Ideologie vertritt und eine völlig andere Politik verfolgt als die ungarischen Regime des vergangenen Jahrzehnts.“[24] Den Bruch mit der Vergangenheit sollte die Ausrufung der Republik am 1. Februar 1946 besiegeln. Damit sollte innen- wie auch außenpolitisch demonstriert werden, dass im neuen Staat keinerlei Rechtskontinuität mit den vergangenen rechtsdiktatorischen Regimen bestehe.[25] Diese Argumentation war nicht nur für außenpolitische Ziele entscheidend, sie sollte auch verhindern, dass die Bevölkerung für die Schwierigkeiten der Nachkriegsjahre die demokratischen Regierungen verantwortlich machte.[26]

Um die politische Wende glaubhaft zu propagieren, setzten die politisch Verantwortlichen eine Reihe von Maßnahmen in Gang: So erließ die provisorische Regierung bereits am 25. Januar 1945 eine Verordnung über die Volksgerichte, die bis 1. April 1950 mehr als 90.000 Untersuchungsverfahren einleiteten.[27] Am 26. Februar 1945 ordnete sie die Auflösung aller faschistischen Organisationen an. Dies betraf insgesamt 25 Parteien und Vereine. Am gleichen Tag ließ sie alle faschistischen, antidemokratischen und sowjetfeindlichen Schriften beschlagnahmen und rief die Privathaushalte unter Strafandrohung dazu auf, diese Werke zu vernichten.

---

[24] MNL OL, XIX-J-1-a, 32. Schachtel, Bl. 5, Notiz über die Vorbereitungen für die internationalen Nachkriegsverhandlungen mit besonderer Berücksichtigung der Gebietsfragen, vorbereitet durch das Innenministerium, vom Ministerrat am 24.07.1945 angenommen.

[25] GIZELLA FÖGLEIN, Az államfő „intézménye“ 1944 és 1949 között [Die „Institution“ des Staatsoberhauptes zwischen 1944 und 1949], in: Múltunk 2 (2005), S. 221–230, hier S. 227.

[26] So betonte etwa der Sozialdemokrat Ferenc Szeder wie wichtig es sei, die ungarische Bevölkerung nicht vergessen zu lassen, dass für die „Tragödie, in die sie gekommen ist“, die „herrschende Klasse verantwortlich war, welche das Land in Krieg und Zerstörung gestürzt hat“. Rede von Ferenc Szeder vor der Nationalversammlung am 1.12.1945, in: Az 1945. évi november hó 29.-ére összehívott Nemzetgyűlés Naplója, S. 69 f.

[27] ISTVÁN DEÁK, Revolutionäre oder Verräter? Politische Prozesse in Ungarn zwischen 1919 und 1958, in: Transit. Europäische Revue 15 (1998), S. 60–72, hier S. 65. Diese Zahl bezieht auch jene Personen mit ein, die nicht als Kriegsverbrecher, sondern als politische Gegner verfolgt wurden.

Personen, die in einer der 25 als faschistisch klassifizierten Organisationen ein Amt bekleidet hatten, wurde das Wahlrecht entzogen. Am 17. März 1945 setzte die provisorische Regierung alle antijüdischen Gesetze und Verordnungen des Horthy- und Szálasi-Regimes außer Kraft und deklarierte die Gleichheit aller Staatsbürger. In den folgenden Monaten folgten zahlreiche Verordnungen, die die Restitution des enteigneten jüdischen Vermögens zum Ziel hatten.[28]

Damit sollten die Alliierten davon überzeugt werden, dass die für den Krieg verantwortlichen Politiker entmachtet und vielfach bereits bestraft wurden und „dass wir uns tatsächlich vom Geist der vergangenen Politik losgesagt haben" – wie es beispielsweise in einer Empfehlung des Teleki-Institutes hieß.[29] Durch einen ungünstigen Friedensschluss würde nun über ein ganzes Volk ungerecht gerichtet werden. Bezugnehmend auf die getroffenen gesetzlichen Maßnahmen zur Abrechnung mit der Vergangenheit hieß es daher in einem Schreiben der Abteilung des Außenministeriums zur Vorbereitung der Friedensverhandlungen an die englische Delegation:

> „[E]ine ganze Reihe von Gesetzesbestimmungen zeigt, dass das Lossagen von der beschämenden Vergangenheit vollständig und gänzlich passiert und dass die ungarische Regierung entschlossen ist, alle Wurzeln der ungarischen faschistischen Seuche energisch und unerbittlich auszureißen."[30]

Bald erkannte jedoch die ungarische Regierung, dass der demokratische Wandel auf der internationalen Bühne nicht als schuldmindernder Umstand betrachtet wurde. So äußerte sich der Leiter der Abteilung zur Vorbereitung der Friedensverhandlungen, István Kertész, bereits im Dezember 1945:

> „Bezüglich unserer Kriegsschuld ist es meine Ansicht, dass wir alle Umstände aus der Vergangenheit vorbringen müssen, welche unsere Kriegsschuld mindern oder zumindest unser Verhalten erklären könnten, nachdem aufgrund des gleichartigen Wesens des Staates der Regimewechsel unsere internationale Verantwortung nicht berührt. Und aus den das ungarische Volk bedrücken-

---

[28] Dabei waren die konkreten Maßnahmen im Zusammenhang mit Restitution und Entschädigung oft lückenhaft und scheiterten meist in der Umsetzung. Ausführlich dazu: FRITZ, Nach Krieg und Judenmord.

[29] MNL OL, XIX-J-a-IV-13-537/Bé-1946, Bl. 1145, Ermahnung des Teleki-Instituts vom 17.07.1945.

[30] MNL OL, XIX-J-1c, 26. Schachtel, Brief der Friedensvorbereitenden Kommission an die englische Delegation, o. J. [wahrscheinlich September 1946].

den Lasten dürfen wir nicht mehr übernehmen, als unbedingt notwendig ist. Unser Verhalten wäre ansonsten volksfeindlich.“[31]

Diese Erkenntnis (zusammen mit anderen Umständen) führte im Laufe des Jahres 1946 zu einem Wandel des geschichtspolitischen Diskurses, der den Duktus der Memoranden und Expertisen, die schließlich den Alliierten bei den Friedensverhandlungen vorgelegt wurden, prägen sollte.

Der Wandel des geschichtspolitischen Diskurses

Hatte Ministerpräsident Béla Miklós von Dálnok im September 1945 noch den Bruch mit der „schuldbeladenen Vergangenheit“ betont und dabei explizit auf die verbrecherischen Taten der vergangenen Regime verwiesen, befürchtete die nach den Wahlen im November 1945 gebildete Koalitionsregierung bald, dass eine allzu selbstkritische Auseinandersetzung mit der Vergangenheit negative Auswirkungen auf den Ausgang der Friedensvertragsverhandlungen haben könnte – zumal andere ehemaligen Kollaborationsstaaten, so die ungarische Außenwahrnehmung, keine ähnliche Selbstprüfung unternommen, vielmehr auf ungarische Verantwortlichkeiten verwiesen hatten. Daher suchte die ungarische Regierung zunehmend nach Argumenten, welche in der Lage waren, die Kriegsschuld Ungarns zu mindern.

Ihre ursprüngliche Haltung bezüglich der Kriegsverantwortung gab Ungarn dabei insbesondere aus zwei realpolitischen Gründen auf. Auf der einen Seite befürchtete sie, durch die Betonung der eigenen Kriegsschuld höhere Reparationszahlungen leisten zu müssen. Auf der anderen Seite kann auch die Angst vor weiteren Gebietsverlusten bzw. die Hoffnung auf Gebietszugewinne dazu geführt haben, dass Ungarns Kriegsschuld tendenziell und zunehmend heruntergespielt wurde. Schließlich entschied die ungarische Regierung im Zuge der Friedensverhandlungen konkrete Gebietsforderungen an Rumänien auszusprechen, und die von János Gyöngyösi geleitete ungarische Delegation bat um die Wiederangliederung eines Gebiets von insgesamt 22.000 km^2. Darüber hinaus ersuchte sie um Autonomie für das sogenannte Szeklerland, drei mehrheitlich ungarischsprachige Verwaltungskreise in Siebenbürgen, und bekämpfte den tschechoslowakischen Wunsch nach Angliederung von fünf Dörfern

---

31 MNL OL, XIX-J-1-a, 32. Schachtel, Bl. 450, Brief von Kertész an Tildy vom 28.12.1945.

an die Tschechoslowakei. Mit der offiziellen Entscheidung der ungarischen Regierung, bei den Pariser Friedensverhandlungen konkrete Gebietsforderungen auszusprechen – ein Entschluss, über den zwischen den einzelnen Koalitionsparteien lange Zeit Uneinigkeit geherrscht hatte, –, wandelte sich auch die Behandlung der Kriegsschuldfrage auf staatlicher Ebene.

Mit der Kehrtwende in der Argumentation reagierte die ungarische Regierung dabei auf strategische Expertisen, die zur Beratung der friedensvorbereitenden Arbeit angefertigt worden waren. So hatte der Historiker Domokos Kosáry 1946 vorgeschlagen:

> „In der Diskussion, die um die Friedensvorbereitungen entstanden ist, haben viele betont, wie notwendig und richtig die Aufdeckung der Schuld ist, auf welch große – obwohl selten eingesetzte – ungarische Traditionen die Ausübung von strenger Selbstkritik zurückgeht und wie wenig es einen Ausweg gibt, ohne das ehrliche, reale Erkennen der Dinge und ohne innere Reinigung. Hier müssen wir dennoch anmerken, dass aus lediglich friedensvorbereitenden, also nicht gewissenhaften, sondern aus schuldentilgenden Standpunkten unser Interesse darin liegt, dass wir unsere Schuld klein oder möglichst nicht zu groß einschätzen [...]. Zumindest sollten wir sie nicht höher bemessen als unbedingt notwendig."[32]

Kosáry unterstrich damit, dass es sich bei der friedensvorbereitenden Tätigkeit nicht um eine moralische Selbstbefragung handle; diese könne – so auch die Meinung der damaligen Gutachter – nach Abschluss des Friedensvertrages vorgenommen werden.

Um die Kriegsschuld als möglichst gering darzustellen, griff der ungarische Staat auf zwei zentrale Strategien zurück: Aufrechnung und Auslagerung. Durch den Nachweis der Kriegsverantwortung anderer Nationen versuchte die Regierung, die Minderung oder sogar die Tilgung der eigenen Verantwortung zu erreichen. Dabei wurde in erster Linie die Kriegsschuld jener Staaten akzentuiert, an die man Gebietsforderungen stellen wollte bzw. deren Gebietsforderungen man bekämpfte: nämlich jene Rumäniens, das zwar ebenfalls auf Deutschlands Seite gekämpft hatte, dem aber im August 1944 ein Seitenwechsel gelungen war,[33] und jene der Tschechoslowakei. Gemäß dieser ungarischen Argumentationslinie war

---

[32] MNL OL, XIX-J-1-a, 32. Schachtel, Bl. 450, Entwurf von Domokos Kosáry zum Thema „Die Vorbereitung des Friedens" aus dem Jahr 1946.

[33] Aufgrund dieses Seitenwechsels verstand sich Rumänien – anders als Ungarn – nicht als Verliererstaat, musste schließlich dennoch auch hohe Reparationszahlungen an die Sowjetunion leisten.

das Tschechien der Jahre vor 1945 „der allertreueste Diener" Deutschlands und versorgte mit seiner fortschrittlichen Industrie die deutsche Waffenproduktion.[34] Zur Rolle Rumäniens hieß es in den Dokumenten, die bei der Pariser Friedenskonferenz den Alliierten vorgelegt wurden:

> „Romania began to turn more and more towards Germany, introduced a Fascist Iron Guard dictatorship and invited German troops into the country, which meant a further step forward in the German encirclement of Hungary."[35]

Neben der „Strategie der Aufrechnung" wurde auch ein großer Teil der Verantwortung für Krieg und Verbrechen ausgelagert und den deutschen Besatzern, den faschistischen, ungarischen Pfeilkreuzlern und „semi-feudal elements, the aristocracy, and the big landowner class, the capitalists of big industry, such of the civil service as was prepared to serve it, and finally a small military caste, foreign in origin and mentality"[36] angelastet. Ganz besonders wurde dabei der Umstand betont, dass für den Kriegseintritt Ungarns nicht das ungarische Volk, sondern eine kleine, reaktionäre Gruppe verantwortlich gewesen sei. Verwiesen wurde dabei in vielen Fällen auf die fremde Herkunft der damaligen politischen Akteure, so beispielsweise auf die armenischen Wurzeln des Pfeilkreuzlers Ferenc Szálasi, dessen hungaristische Partei im Oktober 1944 die Macht übernommen hatte.

Dabei hatte bereits der regierungspolitisch forcierte Bruch mit der Vergangenheit eine starke diskursive Unterscheidung zwischen den Trägern der rechten Diktaturen, deren Verantwortung für die Kriegsschuld deutlich formuliert wurde, und der Bevölkerung, die vom Kollaborations- und Mitverantwortungsvorwurf freigesprochen wurde, enthalten. So hieß es etwa schon Ende 1944 in der Rede des Präsidenten der Vorbereitungskommission der provisorischen Nationalversammlung, István Vásáry:

> „Wir haben die Vertreter des ungarischen Volkes deswegen zusammengerufen, damit sie feierlich kundtun, dass die Politik, welche die ungarische Nation zu den aktuellen schweren Prüfungen führte, dem Geist des ungarischen

---

[34] Rede des Abgeordneten der Ungarischen Freiheitspartei István Pásztory am 27. August 1946, in: Az 1945. évi november hó 29.-ére összehívott Nemzetgyűlés Naplója, III. kötet, 51.–66. ülés [Protokollsammlung der am 29. November 1945 einberufenen Nationalversammlung, Bd. 3, 51.–66. Sitzung], Budapest 1951, S. 258.

[35] MNL OL, XIX-J-1-c, 26. Schachtel, „Memorandum of the Hungarian Government Concerning the Problem of Hungary's War Guilt", 1946, Annex N. 17.

[36] Ebd.

> Volkes fremd ist. (So ist es! So ist es!)[37] Das ungarische Volk war nicht der entscheidende Faktor dieser Politik, sondern nur deren leidendes Subjekt. (So ist es! So ist es!) Die Lenker dieser Politik haben im Dienste von fremden Interessen bewusst das Leben hier mit ihrer Untertänigkeit infiziert."[38]

Dieses auf dem Prinzip von Gut und Böse aufbauende Narrativ anerkannte zwar eine Schuld, die Verantwortlichkeiten für Krieg und Verfolgung wurden jedoch gleichzeitig ausgelagert. Dieses vergangenheitskritische Narrativ trug damit bereits den Keim einer „Meistererzählung" in sich, die die Gesellschaft entlastete und der Bevölkerung gegenüber Integration anbot.

Im Zentrum jener Papiere, die die Regierung bei den Friedensverhandlungen vorlegte und die die Kriegsschuld Ungarns berührten, standen zwei zentrale Topoi: ein Widerstandsmythos und ein Opfernarrativ, das die Mehrheit der Bevölkerung einschloss. Dies erachtete die politische Elite nicht nur für notwendig, um die Trennlinie zwischen der Haltung der Mehrheitsbevölkerung und der Politik des Horthy- bzw. Szálasi-Regimes zu verdeutlichen, sondern auch um sich selbst zu legitimieren.

Um diese „Meistererzählungen" zu untermauern, verwies die ungarische Regierung auf antifaschistische Widerstandshandlungen, suchte nach Beispielen für die passive Resistenz der Bevölkerung und zeigte den niedrigen gesellschaftlichen Rückhalt des Horthy-Regimes auf, welches – durch ein eng gefasstes Wahlrecht – durch einschränkende politische Partizipationsmöglichkeiten breiter Bevölkerungsschichten charakterisiert war.[39] Betont wurde dabei, dass in einem „halbfeudalen und halbfaschistischen" Staat die breiten Massen kaum Möglichkeiten gehabt hätten, abweichende Meinungen kundzutun. Die Bevölkerung sei somit lediglich ein Spielball,

---

[37] Die Protokolle der Nationalversammlung geben in Klammer die Reaktionen der anwesenden Abgeordneten wieder.

[38] Eröffnungsrede des Präsidenten der Vorbereitungskommission der provisorischen Nationalversammlung, des Angehörigen der Partei der unabhängigen kleinen Landwirte, István Vásáry, in der ersten Sitzung der provisorischen Nationalversammlung am 21.12.1944, in: Az Ideiglenes Nemzetgyűlés Naplója, S. 6.

[39] Im Jahr 1939 sank die Zahl der Wahlberechtigten nach der Verabschiedung eines neuen Wahlgesetzes von 33,8 Prozent (1935) auf 30,9 Prozent der Gesamtbevölkerung. Voraussetzungen für die Zuerkennung des aktiven Wahlrechts waren seit 1939 eine zehnjährige ungarische Staatsangehörigkeit, eine sechsjährige Ortsansässigkeit und der Abschluss der sechs Grundschulklassen. In der Stadt lebende Männer waren mit der Vollendung des 26. Lebensjahres und Frauen mit der Vollendung des 30. Lebensjahres wahlberechtigt. Auf dem Land lag diese Altersgrenze bei beiden Geschlechtern bei 30 Jahren. Auch musste hier ein Nachweis der Schreib- und Lesefähigkeit erbracht werden. MARGIT SZÖLLÖSI-JANZE, Die Pfeilkreuzlerbewegung in Ungarn. Historischer Kontext, Entwicklung und Herrschaft, München 1989, S. 149.

das „leidende Subjekt" der politischen Machthaber gewesen. Dass dieser Diskurs nicht nur Produkt einer bewusst entwickelten Strategie war, sondern auch von einer tieferen Überzeugung rühren konnte, lässt das Tagebuch von Iván Boldizsár vermuten, der als Leiter des Propagandadienstes die Pariser Delegation begleiten durfte. Am 9. September 1946 notierte er eine Episode in sein Tagebuch, die sich mit Ministerpräsident Ferenc Nagy im Pariser Hotel Claridge zugetragen hatte. Der aus einfachen Verhältnissen stammende Nagy fühlte sich in seinem großen Hotelzimmer nicht wohl. „Es ist so groß wie ein Ballraum", soll er gemeint und die Delegierten gebeten haben, für ihn ein kleineres Zimmer zu beschaffen: „Ich bin ein einfacher Bauer, ich mag diese hochherrschaftlichen Dinge nicht." Als man ihn darauf hinwies, dass man diese Begründung nicht ins Französische übersetzen könne, antwortete er:

> „‚Wieso nicht? Ich kann doch schon so viel Französisch, dass ich zumindest weiß, dass ‚Herr' ‚Monsieur' bedeutet.' Ich [Iván Boldizsár, R. F.] antwortete nicht sofort. Der Botschafter [...] begann zu erklären, dass das französische ‚Monsieur' nicht eins zu eins dasselbe bedeutet wie das ungarische ‚Úr'. Der Ministerpräsident antwortete nicht. Er schwieg so hartnäckig, dass der Botschafter abbrach. Auch um uns wurden die frühstückenden Menschen still. Über die ungarische Gruppe sank die Taucherglocke der Geschichte. [...] Wie sollen uns die Franzosen, Engländer, Amerikaner verstehen, wenn wir ihnen nicht einmal bewusst machen können, dass es bei uns ‚Herren' gab, und diese ‚Herren' hatten regiert, diese ‚Herren' hatten den Krieg erklärt."[40]

Ein besonders willkommenes Ereignis in dieser Argumentationsstrategie stellte der Wunsch Ungarns dar, aus dem Krieg auszutreten, der zur Besetzung des Landes durch deutsche Truppen am 19. März 1944 geführt hatte. Der Anwalt und Politiker Iván Szűts schlug in einem Brief an Ministerpräsidenten Ferenc Nagy gar vor, den 19. März 1944, den Tag, an dem deutsche Truppen Ungarn besetzten, als „Tag des Ruhms" zu interpretieren, da „an diesem Tag das ungarische Volk und die ungarische Gesellschaft mit ihrem Verhalten das ‚freundschaftliche' und ‚verbündete' Deutschland zwang, dass es das ebenfalls ‚freundschaftliche' und ‚verbündete' Ungarn militärisch besetzte."[41] Dies sei – so Szűts – wie eine „mora-

---

[40] BOLDIZSÁR, Don – Buda – Párizs, S. 327.

[41] PIL, 274/10, 26, Bl. 58, Brief von Iván Szűts an Ministerpräsident Ferenc Nagy vom 07.05.1946. Szűts schrieb zwei Briefe an Nagy, in denen er mögliche Argumentationswege für die Friedensverhandlungen ausführte. Die Briefe wurden publiziert in: ISTVÁN OKVÁTH, „Különös" javaslatok a magyar béke-előkészítéssel kapcsolatban. Dr. Szűts Iván és Nagy Ferenc miniszterelnök levélváltása a béke-előkészítés és jóvátétel kérdésében

lische Atombombe" für Deutschland gewesen und hätte zum baldigen Verlust des Krieges wesentlich beigetragen – eine Position, die auch die ungarische Regierung selbst vertrat. So hieß es etwa in der Begründung des Gesetzesentwurfes über Ungarns Kriegserklärung an Deutschland: „Während des Krieges widerstand Ungarn, soweit es ging, den zunehmenden deutschen Kriegsforderungen, was schließlich dazu führte, dass Deutschland Ungarn militärisch besetzte."[42]

Obwohl sich nach dem Zweiten Weltkrieg die Konstruktion einer nationalen „Meistererzählung", deren Ausgangspunkt der Sieg über das nationalsozialistische Deutschland bildete, aufgrund der historischen Vorgeschichte erschwert hatte, gelang es dem ungarischen Staat so, durch größere und kleinere Geschichtsumdeutungen einen Widerstandsmythos zu formen, der die nationale Einheit in der Ablehnung des Faschismus hervorhob, die Befreiung „als Befreiung von fremder Besatzung wie auch als Befreiung von ungerechten politischen und sozialen Verhältnissen"[43] interpretierte und in dem neben der Hervorhebung aktiver Widerstandshandlungen gegen das „Dritte Reich" auch die passive Resistenz der Bevölkerung bis hin zum Mythos der Selbstbefreiung Platz fanden.[44] So merkte auch der frühere Chef des ungarischen militärischen Geheimdienstes Gyula Kádár 1978 in seiner Autobiografie zynisch an:

> „Wenn es [in Ungarn] so viele ‚Widerstandskämpfer' vor dem 19. März 1944 gegeben hätte wie im Mai 1945 und danach, dann hätte Hitler niemals die Okkupation des Landes gewagt, denn er hätte sowohl das Lahmlegen der Produktion und der Lieferung von Gütern als auch die Notwendigkeit zu fürchten gehabt, schließlich Waffengewalt anwenden zu müssen."[45]

[„Seltsame" Vorschläge in Zusammenhang mit der ungarischen Friedensvorbereitung. Briefverkehr zwischen Dr. Iván Szűts und Ministerpräsident Ferenc Nagy in Fragen der Friedensvorbereitung und der Reparation], in: Mozgó Világ 7 (1986), S. 47–50.

42 Begründung des Gesetzesentwurfes über Ungarns Kriegserklärung an Deutschland, Vorschlag der Provisorischen Regierung, der Provisorischen Nationalversammlung am 11.09.1945 vorgetragen, in der Provisorischen Nationalversammlung am 06.09.1945, in: Az Ideiglenes Nemzetgyűlés Naplója, S. 76.

43 ÉTIENNE FRANÇOIS, Meistererzählungen und Dammbrüche. Die Erinnerung an den Zweiten Weltkrieg zwischen Nationalisierung und Universalisierung, in: 1945. Arena der Erinnerungen, Bd. 1, hg. v. MONIKA FLACKE / Deutsches Historisches Museum, Mainz 2004, S. 13–28, hier S. 16.

44 Ebd.

45 GYULA KÁDÁR, A Ludovikától Sopronkőhidáig. Visszaemlékezések [Von der Ludovika bis nach Sopronkőhida. Erinnerungen], Budapest 1978, S. 15.

Um diesen Widerstandsmythos in der öffentlichen Erinnerungskultur zu festigen, verknüpften die ungarischen koalitionären Regierungen der Jahre 1945 bis 1948 die Kriegsereignisse und den antifaschistischen Widerstand mit der 1848er Revolution gegen die Vorherrschaft der Habsburger und damit mit einem wichtigen Bezugspunkt nationaler Geschichte. Inhaltlich setzte der ungarische Staat dabei den Krieg gegen Habsburg mit dem gegen Deutschland gerichteten Antifaschismus gleich und zog so eine Parallele zwischen der nationalsozialistischen, deutschen Besatzungsmacht und den Habsburgern. So verkündete das Staatliche Nationale Komitee 1946 anlässlich der Verabschiedung der neuen Verfassung:

> „Die ungarische Nation vollbringt jetzt eine der gewichtigsten Handlungen ihrer Geschichte: Sie legt den Grund zu einer neuen Verfassung und entscheidet frei in der Frage der Staatsform. [...] Unsere Nation stöhnte Jahrhunderte lang unter der erdrückenden Herrschaft des fremden Herrschaftshauses, unzählige Male versuchte sie sich von ihr zu befreien. Sich zu befreien von der schändlichen Knechtschaft, unter der die Freiheit unseres Volkes, die Existenz unserer Sprache, Kultur und Nation immer wieder in tödliche Gefahr geriet."[46]

Die Anknüpfung an die Revolution 1848/49 lag wohl in erster Linie in den Bemühungen begründet, nach der Kriegserfahrung eine neue nationale Identität zu etablieren und zu festigen. Der junge Staat legitimierte sich, indem er auf demokratische Traditionen bzw. auf einen langen militärischen Konflikt verwies und indem er betonte, dass die neu etablierte Regierung den späten Sieg der Revolution bedeuten würde. Die Kollaboration mit der deutschen Macht bedeutete für sie demnach auch einen historischen Verrat am Kampf für die ungarische Unabhängigkeit, hatte ja Ungarn seit Jahrhunderten gegen die Unterdrückung durch Habsburg gekämpft. Indem die Jahre 1920 bis 1945 als ein Bruch mit dem Kampf um nationale Selbstbestimmung dargestellt wurden, schufen die politischen Akteure der Nachkriegszeit historische Kontinuität und legitimierten die politische Wende 1944/45 als „nationale Wiedergeburt".[47] Dass die hier skizzierten Argumentationslinien auf von den ungarischen Entscheidungsträgern trotz besseren Wissens bewusst getroffenen strategischen Entscheidungen basierten, belegt folgende Randbemerkung der Friedensvorbereitenden Abteilung:

---

[46] PIL 274/15, 20, Bl. 7 f., Protokoll des Staatlichen Nationalen Komitees vom 28.01. 1946.

[47] Ausführlich dazu: REGINA FRITZ, Ungarn nach dem Krieg. Geschichtspolitik als Instrument der Demokratisierung, in: Jahrbuch für Politik und Geschichte 3 (2013), S. 77–93.

„Es steht außer Zweifel, dass die gesamte rechte Bewegung in Ungarn auch eine Massenbewegung war und dass sie nicht nur Konsequenz der falschen Erziehung, des Kopfverdrehens, der dummen und böswilligen Politik war, sondern sie wurzelte [...] auch in inneren gesellschaftlichen und wirtschaftlichen Gründen. [...] Die rechte Bewegung war nicht ausschließlich das Ablenkungsmanöver der herrschenden Klassen, sondern darin kochten auch formlose und unvollkommene soziale Wünsche. Die [...] Frage ist also, inwieweit die ungarische Regierung auf diesen Aspekt der rechten Bewegungen bereit ist zu verweisen, da dies der Punkt ist, bei dem die Verantwortung des ungarischen Volkes am direktesten aufkommt.“[48]

Resümee

Die ersten Nachkriegsmonate und die Pariser Friedensverhandlungen brachten kurzzeitig einen bedeutenden Impuls für die Auseinandersetzung mit der Kriegsschuld in Ungarn. Die Erstellung historischer Studien über das Horthy- bzw. Szálasi-Regime sowie die Einführung zahlreicher Verordnungen und Gesetze, die begangenes Unrecht wiedergutmachen und mit den Verantwortlichen abrechnen sollten, waren wichtige Schritte im Prozess der Auseinandersetzung mit der unmittelbaren Vergangenheit, sie waren jedoch auch bald von Rechtfertigungstendenzen gekennzeichnet.

Dass die Aufklärung der Verbrechen auch außenpolitisch motiviert war, zeigen nicht nur die zitierten politischen Reden vor der ungarischen Nationalversammlung und der erhalten gebliebene Schriftverkehr im Zusammenhang mit den Friedensverhandlungen. Auch der Leiter der Abteilung zur Vorbereitung der Friedensverhandlungen im Außenministerium, István Kertész, erinnerte sich Jahre später in seinen Memoiren:

„Das Bedürfnis, mit der Vergangenheit abzurechnen, hatte nicht nur ungarische Wurzeln. Nach dem Krieg war das Horthy-Regime sowohl im Osten als auch im Westen unpopulär. Die siegreichen Mächte blickten auf Ungarn als einen Satellitenstaat der Achsenmächte, der – mit seinen revisionistischen Absichten – einer der Hauptunheilstifter der europäischen Politik war. [...] Man ignorierte, dass Ungarn sich nur widerwillig am Zweiten Weltkrieg beteiligt hatte. Die frühen Anläufe und Versuche, einen Waffenstillstand abzuschließen, wurden nicht gewürdigt. Anders als andere Verbündete der Achsenmächte hatte Ungarn während des Krieges nicht die Seiten gewechselt, und dass einige Heeresgruppen bis zur endgültigen Niederlage auf der Seite der Deutschen gekämpft hatten, wog besonders schwer. Das Bild eines widerwil-

48 MNL OL, XIX-J-1-a, 32. Schachtel, Bl. 92, Notiz der Friedensvorbereitenden Abteilung vom 19.09.1945.

> ligen Bündnispartners schlug so in das Image des letzten Satellitenstaates von Hitlers Gnaden um. [...] In dieser Zwangssituation war unsere einzige Möglichkeit, zu behaupten, dass der Großteil des ungarischen Volkes dem Nazismus widerstanden habe [...].“[49]

Diese Argumentationslinie, die vor allem von Mitgliedern der Partei der unabhängigen kleinen Landwirte entwickelt wurde, entsprach nicht der Sichtweise der kommunistischen Partei, die die öffentliche Auseinandersetzung in vielen anderen Fällen prägte. Allein in geschichtspolitischen Fragen im Zusammenhang mit den Friedenverhandlungen scheint sie durchaus zu Kompromissen bereit gewesen zu sein, wie auch Kertész weiter ausführt:

> „Die offene Zurückweisung dieser Argumentation fiel sogar den Kommunisten schwer. Diese Argumente nahmen die linken Elemente der Koalition zwar mit Widerwillen auf und verurteilten sie, aber sie haben ihnen nicht widersprochen. So wurde es möglich, dass wir in Heften und Büchern unsere Vorstellungen darlegen konnten.“[50]

Die während den Friedensverhandlungen vorgebrachte Argumentationslinie hatte schließlich dennoch wenig Erfolg. Die Pariser Friedensverträge machten die ungarischen Entlastungsversuche zunichte und verdeutlichten, dass die Alliierten für die Ereignisse während des Zweiten Weltkrieges den ungarischen Staat verantwortlich machten und ihn nicht als Opfer deutscher Besatzungspolitik sahen. Der am 10. Februar 1947 unterzeichnete Friedensvertrag stellte die ungarischen Grenzen von 1920 bis auf eine kleine Abweichung[51] wieder her und verfügte, dass Ungarn Reparationszahlungen in der Höhe von insgesamt 300 Mio. Dollar an die Sowjetunion, die Tschechoslowakei und Jugoslawien zu entrichten hatte.

Dass es in Ungarn zur moralischen Selbstprüfung, die für die Zeit nach der Unterzeichnung des Friedensvertrages in Aussicht gestellt worden war, in den folgenden Jahren nicht mehr kam, hatte mehrere Gründe. Die ungarischen Regierungen erkannten bald, dass sie durch die Entlastung der Gesellschaft, die Schaffung eines Widerstandsmythos, die Hervorhebung von aktiven und passiven Widerstandshandlungen oder die Externalisierung der Verantwortung gesellschaftliche Akzeptanz erreichen und Identität stiften konnten. Sie schufen damit ein Narrativ, das alle Teile der

---

[49] ISTVÁN KERTÉSZ, Magyar békeillúziók 1945-1947 [Ungarische Friedensillusionen], Budapest 1995, S. 149 f.

[50] Ebd., S. 150.

[51] Drei Dörfer an der tschechoslowakisch-ungarischen Grenze (43 km^2) wurden der Tschechoslowakei zugesprochen.

Bevölkerung in die Gesellschaft weitgehend integrierte, Identifikation mit dem Staat ermöglichte, der Gesellschaft einen Zusammenhalt gab und die Autorität und Legitimität des Staates wiederherstellte.

Der Historiker Tony Judt weist darauf hin, dass „ohne eine solche kollektive Amnesie Europas erstaunlicher Neuanfang nach dem Krieg nicht möglich gewesen [wäre]".[52] Den ungarischen Nachkriegsregierungen war dabei bewusst, dass sie beim Wiederaufbau auf jene gesellschaftlichen Schichten angewiesen waren, die sich während des Krieges kompromittiert hatten. Entsprechend führte auch der ungarische Journalist Iván Boldizsár in Zusammenhang mit den Friedensverhandlungen bereits am 31. Oktober 1945 aus:

> „Ein Staat errötet hier bis aufs Mark, schämt sich und möchte sich durch ein strenges Urteil von seiner Vergangenheit lossagen. (Heute können nicht einmal große Nationen sich den Luxus erlauben, nicht darauf zu achten, was ‚die Heimat der Völker: Die Welt' von ihnen hält.) Es ist meine Überzeugung, dass das Bewusstsein der Schuld oder zumindest der Teilschuld für die Reinigung notwendig ist, ich glaube daran, dass Buße das A und O der Vergebung ist. Die rigorose Ahndung ist nicht nur ein Erfordernis der Gerechtigkeit, sondern auch der Politik. Dennoch, für einen Neubeginn, für eine Wiedergeburt wird das nicht reichen. Eine Nation kann nicht in ständigem Schuldbewusstsein leben, und auch wenn sie Reue zeigt, darf sie nicht auf die Selbstachtung, auf das Selbstbewusstsein verzichten."[53]

Hinzu kam, dass sich seit 1946 der Prozess der Überwindung der Diktatur zunehmend mit dem Bestreben der kommunistischen Partei nach Ausbau und in weiterer Folge nach Übernahme der politischen Macht verband: Die geschichtspolitische Auseinandersetzung über die Vergangenheit wurde machtpolitischen Zielen untergeordnet. Obwohl der Friedensvertrag der ungarischen Gesellschaft eine Teilverantwortung für den Zweiten Weltkrieg zuschrieb und dies durchaus den Weg dafür hätte freimachen können, sich ohne internationale „Beobachtung" dieser Mitverantwortung zu stellen, führten das Wegfallen des Drucks durch das Ausland und der Machtzuwachs der kommunistischen Partei bald zum Beschweigen des Themas. Das während den Friedensverhandlungen entwickelte Externalisierungs- und Entlastungsnarrativ wurde schließlich nach der politischen Wende 1989/90 aktualisiert und charakterisiert bis heute den politischen Diskurs.

---

[52] TONY JUDT, Geschichte Europas von 1945 bis zur Gegenwart, München / Wien 2007, S. 82.

[53] BOLDIZSÁR, Don – Buda – Párizs, S. 252.

Mariana Hausleitner

Konfliktfelder in den rumänisch-sowjetischen Beziehungen 1944–1989

Ohne die Unterstützung der Sowjetunion wären die rumänischen Kommunisten nach 1945 nie zu einer wichtigen politischen Kraft geworden. 20 Jahre lang befolgten sie mit geringen Abweichungen die sowjetischen Vorgaben zum gesellschaftlichen Umbau. Doch seit 1964 begannen sich die rumänischen Führer immer stärker von den Leitlinien aus Moskau zu distanzieren. Ceauşescu wurde besonders dafür bekannt, dass er im August 1968 die Invasion von Truppen der Warschauer Vertragsorganisation (WVO) in der ČSSR kritisierte. Doch im Juli 1989 verlangte er den militärischen Eingriff der WVO gegen die *Solidarność*-Bewegung in Polen.

Im Mittelpunkt des Beitrages stehen drei Fragen. Aus welchen Gründen grenzten sich die rumänischen Kommunisten von den sowjetischen Plänen zu einer engeren wirtschaftlichen Kooperation innerhalb des Rates für gegenseitige Wirtschaftshilfe (RGW) ab? Inwieweit teilte die Bevölkerung das seit den 1960er Jahren propagierte Verständnis von nationaler Souveränität? Wie veränderten die Reformen in Polen und Ungarn das Verhältnis zwischen der Sowjetunion und Rumänien?

Um die Ziele der rumänischen Politiker in der Außenpolitik innerhalb von 45 Jahren zu skizzieren, lassen sich in der kommunistischen Ära drei Phasen unterscheiden. In ihnen wurden die Interessen Rumäniens jeweils mit unterschiedlichen ideologischen Konstrukten legitimiert:

- Herausbildung des rumänischen Stalinismus 1944–1963;
- Nationalkommunismus und außenpolitische Öffnung 1964–1974;
- Aggressiver Nationalismus und Stagnation 1975–1989.

1. Herausbildung des rumänischen Stalinismus 1944–1963

Die Beziehungen zwischen Rumänien und der Sowjetunion waren bereits während der Zwischenkriegszeit durch den Streit um die Zugehörigkeit

Bessarabiens belastet gewesen. Jenes Gebiet hatte seit 1812 zum Zarenreich gehört und war von der rumänischen Armee im Januar 1918 besetzt worden. Neben etwa 56 Prozent Rumänen (1930) lebten dort viele Russen, Ukrainer und Juden, die unzufrieden mit der Politik der Rumänisierung waren. Wegen des Konfliktes um Bessarabien bestanden nur zwischen 1934 und 1940 diplomatische Beziehungen zwischen Rumänien und der Sowjetunion. Infolge des Hitler-Stalin-Paktes[1] besetzte die Sowjetunion Bessarabien Ende Juni 1940. Um dieses Gebiet sowie die gleichzeitig okkupierte Nordbukowina zurückzugewinnen, beteiligte sich die rumänische Armee im Juni 1941 am deutschen Angriff auf die Sowjetunion.[2]

Als die Rote Armee im Frühjahr 1944 die rumänische Landesgrenze erreichte, schlossen Vertreter der Bauernpartei und der Nationalliberalen mit Sozialdemokraten und Kommunisten ein Bündnis zum Sturz von Marschall Ion Antonescu. Der Staatsführer wurde während der Audienz bei König Mihai I. am 23. August 1944 verhaftet. Danach kämpften rumänische Einheiten an der Seite der Roten Armee bis Mai 1945. Diesen Einsatz legitimierten die von Generälen geführten Koalitionsregierungen damit, dass dadurch das 1940 an Ungarn abgetretene Nordsiebenbürgen zurückgewonnen werde. Eine Alliierte Kontrollkommission sollte bis zum Friedensvertrag die Bestrafung der Kriegsverbrecher und die Neuausrichtung der rumänischen Gesellschaft anleiten. Aufgrund der Absprache zwischen Stalin und Churchill am 8. Oktober 1944 gehörte Rumänien zu 90 Prozent zum sowjetischen Einflussgebiet.[3] Daher unterstützten die Vertreter der Westalliierten in der Kommission die bürgerlichen Parteien kaum.

Bereits im 6. März 1945 musste der König aufgrund der Forderung von Andrej J. Vyšinskij, des stellvertretenden Außenministers der Sowjetunion, eine prokommunistische Regierung berufen. In der Regierung von Petru Groza erhielten die Kommunisten drei wichtige Ministerposten: Teohari Georgescu wurde Innenminister, Gheorghe Gheorghiu-Dej Transportminister und Lucreţiu Pătrăşcanu Justizminister. Im August

---

1 Gemeint ist der deutsch-sowjetische Nichtangriffsvertrag vom 23. August 1939 mit seinem Geheimen Zusatzprotokoll über die Aufteilung von Interessensphären zwischen den beiden Vertragspartnern von der Ostsee bis zum Schwarzen Meer [Anm. d. Hrsg.].

2 MARIANA HAUSLEITNER, Romania in the Second World War. Revisionist out of Necessity, in: Territorial Revisionism and the Allies of Germany in the Second World War, hg. v. MARIA CATTARUZZA u. a., New York / Oxford 2013, S. 173–192.

3 BERND STÖVER, Der Kalte Krieg 1947–1991. Geschichte eines radikalen Zeitalters, Bonn 2007, S. 38 f.

1944 hatte die Kommunistische Partei nur etwa tausend Mitglieder, doch im Oktober 1945 war es bereits über eine Viertelmillion.[4]

Die Kommunistische Partei war seit 1924 in der Illegalität gewesen, viele Mitglieder hielten daher das Parlament für ein Relikt vergangener Zeiten. Der Drucker Georgescu hatte jahrelang in rumänischen Gefängnissen gesessen und dort enge Beziehungen zu verhafteten NKVD-Leuten[5] geknüpft. Zu diesen gehörte Emil Bodnaraş, der nun den Sicherheitsdienst SSI und die Gendarmerie mit Vertrauensleuten besetzte.[6] Als sowjetische Berater wirkten vor allem aus Bessarabien stammende Kommunisten. In Moskau hatte Georgi Dimitrov ursprünglich für die Leitung der rumänischen Kommunisten Ana Pauker vorgesehen. Diese hatte 1921 die Kommunistische Partei in Rumänien mitbegründet und in der Sowjetunion zusammen mit Vasile Luca seit 1943 eine Einheit in der Roten Armee aus rumänischen Kriegsgefangenen aufgebaut.

Abb. 1: Ana Pauker, um 1950

[4] ROBERT R. KING, A History of the Romanian Communist Party, Stanford 1980, S. 64.

[5] NKVD ist die russische Abkürzung für das Sowjetische Volkskommissariat für Innere Angelegenheiten, in das der Staatssicherheitsdienst eingegliedert war [Anm. d. Hrsg.].

[6] VLADIMIR TISMANEANU, Stalinism for All Seasons. A Political History of Romanian Communism, Berkeley / London 2003, S. 256.

Pauker schlug Gheorghe Gheorghiu-Dej als Generalsekretär vor, da sie als Jüdin und Frau im traditionellen Agrarland keine Chancen auf Anerkennung sah. Gheorghiu-Dej war als Eisenbahnarbeiter wegen Streikbeteiligung seit 1933 im Gefängnis gewesen und hatte dort konspirative Sitzungen geleitet. Im Januar 1945 hielt er sich zwei Wochen in Moskau auf und danach akzeptierte Stalin ihn.[7] Der sowjetische Außenminister Vjačeslav M. Molotov hegte besonderes Misstrauen gegen Lucreţiu Pătrăşcanu, weil der die harten Auflagen der Sowjetunion bei den Verhandlungen zum Waffenstillstand kritisiert hatte.

In dem Vertrag, den er am 12. September 1944 in Moskau unterzeichnete, musste Rumänien auf Bessarabien und die Nordbukowina verzichten. Als Entschädigung für Kriegszerstörungen sollte Rumänien 300 Millionen Dollar innerhalb von sechs Jahren an die UdSSR zahlen. Es wurden sowjetisch-rumänische Unternehmen (Sovrom) gegründet, die bis 1956 vor allem dem Abtransport von Rohstoffen in die Sowjetunion dienten.[8] Arbeitsfähige Angehörige der deutschen Minderheit wurden 1945 zur Zwangsarbeit in der Sowjetunion verpflichtet, wo sie unter sehr harten Bedingungen fünf Jahre festgehalten wurden. In den Hungerjahren kamen dort etwa zwölf Prozent der Deportierten um.[9]

Die Regierung von Petru Groza verteilte seit März 1945 den Bodenbesitz über 50 Hektar, was bei vielen armen Bauern gut ankam. Etwa 70 Prozent der Bevölkerung waren damals Bauern. Die Kommunisten stärkten ihren Einfluss durch ein Bündnis mit Grozas kleiner Partei der Ackerpflüger sowie der Sozialdemokratie zur Nationaldemokratischen Front. Die Front trat gemeinsam bei den Wahlen im Dezember 1946 an: Ihr wurden 85 Prozent der Stimmen zugeschrieben. Die Vertreter Großbritanniens und der USA in der Kontrollkommission protestierten daraufhin gegen die Wahlfälschung. Die Bauernpartei kündigte Widerstand an, die Nationalliberalen waren zerstritten. Schon während des Prozesses gegen Marschall Antonescu 1946 hatten die Ankläger versucht, auch die Führer der Bauernpartei als Kriegstreiber zu kriminalisieren. Der nationalliberale Außenminister amtierte noch bis kurz nach der Pariser

---

7 ROBERT LEVY, Gloria şi decăderea Anei Pauker [Glanzzeit und Fall der Ana Pauker], Iaşi 2002, S. 64.

8 FLORIAN BANU, Asalt asupra economiei României de la Solagra la SOVROM 1936–1956 [Angriff auf die Ökonomie Rumäniens von Solagra bis SOVROM 1936–1956], Bucureşti 2004, S. 60.

9 ILIE SCHIPOR, Deportarea în fosta URSS a etnicilor germani din România. Argumente arhivistice [Die Deportation von ethnischen Deutschen aus Rumänien in die ehemalige UdSSR. Argumente aus den Archiven], Sibiu 2019, S. 56.

Friedenskonferenz. Auf dieser wurde Rumänien Nordsiebenbürgen zugesprochen.[10]

Im Friedensvertrag vom Februar 1947 wurde die Stationierung von Einheiten der Roten Armee abgesichert. Im Dezember 1947 übernahm Ana Pauker das Außenministerium und der Kommunist Vasile Luca das Finanzressort. Bodnaraş wurde Verteidigungsminister und erhielt dadurch auch die Leitung der Militärgerichte. Der Justizminister Pătrăşcanu inszenierte 1947 Prozesse gegen die Führer der Bauernpartei, von denen einige versucht hatten, in den Westen zu fliehen. Sie erhielten wegen Hochverrates lebenslängliche Gefängnisstrafen. Die Bauernpartei und die Nationalliberale Partei wurden verboten. Die Kommunisten zwangen am 30. Dezember 1947 den König zum Thronverzicht und proklamierten die Volksrepublik.

Seit 1948 war Rumänien eng in das kommunistische Lager eingebunden, die ideologischen Weisungen kamen vor allem von dem im September 1947 gegründeten Kominform-Büro. Durch den am 4. Februar 1948 mit der Sowjetunion geschlossenen Kooperationsvertrag wurde die wirtschaftliche Vernetzung mit der Sowjetunion erweitert: 1952 gingen dorthin 85 Prozent der Exporte aus Rumänien. Die Zugeständnisse aus der Übergangsphase wurden schnell abgebaut. Die Kommunisten zwangen im Februar 1948 die Sozialdemokraten zum Zusammenschluss in der Rumänischen Arbeiterpartei (RAP). Die Sozialdemokratie hatte zuvor eine halbe Millionen Mitglieder gehabt, einige Gruppen widersetzten sich der Vereinigung. Deren Führer kamen ins Gefängnis. Die RAP leitete Gheorghiu-Dej, im Sekretariat wirkten die Minister Pauker, Luca, Georgescu und Bodnaraş. Im April 1948 erhielt Rumänien eine neue Verfassung nach dem sowjetischen Vorbild.[11]

Durch die Währungsreform von 1948 verlor die Mittelschicht einen großen Teil ihrer Sparguthaben. Gleichzeitig wurden Industrieunternehmen, Werkstätten, Banken und Transportmittel verstaatlicht. Seit 1949 lief die Kampagne zur Enteignung mittelständischer Bauern, die man nun ähnlich wie in der Sowjetunion als „Kulaken“[12] beschimpfte. Ihr Boden-

---

[10] ULRICH BURGER, Zwischen Konfrontation und Kooperation. Die „historischen“ Parteien Rumäniens in der Auseinandersetzung mit der Sowjetunion in den Jahren 1944 und 1945, Sankt Augustin 2003, S. 307 f.

[11] DENNIS DELETANT, România sub regimul comunist [Rumänien unter dem kommunistischen Regime], Bucureşti 1997, S. 67.

[12] Rumänisch: *chiaburi*; gemäß der marxistisch-leninistischen Ideologie wurden diese agrarischen Privateigentümer als Ausbeuter verstanden, deren Produktionsform zu bekämpfen war.

anteil von einer Million Hektar wurde zur Bildung von Staatsgütern genutzt. Da die Bauern nur noch winzige Bodenflächen von 0,15 ha behalten konnten, regte sich breiter Widerstand. In den Bergregionen formierten sich bewaffnete Gruppen, sie stellten bis 1956 eine ernsthafte Gefahr dar. Wegen Unterstützung der Gegner der Kollektivierung kamen Anfang der 1950er Jahre etwa 80.000 Bauern ins Gefängnis. Die Kollektivierung konnte trotz des enormen Drucks erst 1962 abgeschlossen werden. Für die Durchsetzung war seit 1948 der neue Sicherheitsdienst Securitate zuständig, der mit Unterstützung des NKVD aufgebaut worden war. Oft ging auch die Armee gegen Ortschaften vor, die sich der Kollektivierung widersetzten.[13]

Da die kommunistische Regierung in den Kirchen Widerstandsnester sah, wurde dort besonders hart durchgegriffen. Die Mehrheit der Rumänen gehörte der griechisch-orthodoxen Religion an. In deren autokephaler Kirche konnten die Kommunisten den Patriarch Justinian einsetzen. Er protestierte nicht, als 92 Klöster geschlossen wurden. Die Oberhäupter der griechisch-katholischen Kirche, der 1,5 Millionen Rumänen angehörten, bestimmte der Vatikan. Daher kündigte die Regierung im Juli 1948 das Konkordat auf. Ende 1948 wurden die Vertreter der griechisch-katholischen Kirche zur Vereinigung mit der orthodoxen Kirche gezwungen. Über 600 Geistliche, die sich nicht fügten, kamen ins Gefängnis. Ab 1950 begann die Repression gegen die katholische Kirche. Sie bestand aus etwa einer Million Gläubigen, die vor allem der ungarischen und deutschen Minderheit angehörten. In einem Schauprozess wurden 1951 mehrere Geistliche und Bischöfe als „Spione des Vatikans" zu langjährigen Gefängnisstrafen verurteilt.[14]

Während des Konfliktes des Kominform mit Tito errichtete die Regierung entlang der jugoslawischen Grenze einen Sperrgürtel von 25 km Breite. Aus diesem Gebietsstreifen wurden am 18. Juni 1951 über 40.000 Serben, Deutsche und Rumänen zwangsumgesiedelt. Diese hatte die Securitate als politisch Unzuverlässige eingestuft und die Truppen der Securitate deportierten sie in die Steppen des Bărăgan im Osten Rumäniens. Dort hausten die Familien anfangs in Erdhütten und die Erwachse-

---

[13] MARIANA HAUSLEITNER, Politischer Widerstand in Rumänien vor 1989, in: Halbjahresschrift für südosteuropäische Geschichte, Literatur und Politik 8 (1996), Sonderheft 1a, S. 67–79.

[14] WILLIAM TOTOK, Der vergessene stalinistische Schauprozess gegen die „Spione des Vatikans" in Rumänien 1951, in: Jahrbuch für Historische Kommunismusforschung (2005), S. 233–259.

nen mussten Zwangsarbeit verrichten. Im Zuge der Jugoslawien-Krise gelang es Gheorghiu-Dej auch, seinen profiliertesten Konkurrenten auszuschalten: 1948 wurde der Justizminister Pătrăşcanu als angeblicher Titoist verhaftet.

Abb. 2: Lucreţiu Pătrăşcanu und Gheorghe Gheorghiu-Dej, um 1947

Der hatte wenig mit Tito zu tun gehabt, dafür aber hatte Gheorghiu-Dej mit Tito über Pläne für eine Balkan-Föderation gesprochen, die Stalin plötzlich vehement ablehnte. Um sich selbst zu schützen, schlug der rumänische Parteichef am 9. November 1949 im Politbüro der RAP die Entsendung sowjetischer Berater für die Verhöre von Pătrăşcanu vor. Damit setzte er den Innenminister Teohari Georgescu unter Druck, der nicht an einen Verrat von Pătrăşcanu glaubte. Eine Kommission unter Anleitung von NKVD-Beratern überprüfte die Mitglieder der RAP: Bis 1950 wurden 192.000 Mitglieder ausgeschlossen, das entsprach 20 Prozent.[15]

Der für 1950 geplante Schauprozess fand nicht statt, weil aus Moskau ständig neue Anweisungen für das Szenario kamen. Gheorghiu-Dej nutzte dann die antisemitisch gefärbte Kampagne gegen Rudolf Slánský, dem

[15] DORIN DOBRINCU, The Soviet Counsellors' involvement in Postwar Romanian Repressive and Military Structures, in: Sovietization in Romania and Czechoslovakia, hg. v. ALEXANDRU ZUB / FLAVIUS SOLOMON, Iaşi 2003, S. 162 f.

Mitbegründer der tschechoslowakischen Kommunistischen Partei, um im Juli 1952 Ana Pauker als Außenministerin abzusetzen. Ihre Verhandlungen mit Israel über die Ausreise von Juden im Austausch gegen Raffinerie-Ausrüstungen galten nun als Kontakte mit gefährlichen Zionisten. Ebenfalls 1952 wurden der ungarische Finanzminister Vasile Luca und der rumänische Innenminister Teohari Georgescu verhaftet. Gheorghiu-Dej schaltete somit durch falsche Beschuldigungen alle profilierten Konkurrenten aus. Nach Stalins Tod wurde Ana Pauker schwerkrank aus dem Gefängnis entlassen. Dagegen verlangte Gheorghiu-Dej vom Politbüro im April 1954 erfolgreich die Zustimmung zur Erschießung von Pătrăşcanu als angeblichen Spion Großbritanniens und der USA.[16]

2. Nationalkommunismus und außenpolitische Öffnung 1964–1974

Bis 1958 gab es keine wesentlichen ökonomischen Interessensdifferenzen mit der Sowjetunion, denn seit der Gründung des RGW 1949 erhielt Rumänien Unterstützung zum Aufbau einer eigenen Schwerindustrie. Im Kalten Krieg war ein wichtiges Ziel, viele Zentren zur Herstellung von Waffen zu schaffen. Zur besseren Anbindung an die Sowjetunion begann im Mai 1949 der Bau des Donau-Schwarzmeerkanals. Dort leisteten etwa 40.000 Häftlinge Zwangsarbeit, zudem waren Soldaten am Bau beteiligt. Nach Stalins Tod wurde das Großprojekt eingestellt, die Häftlinge kamen in andere Lager. 1954 wurden auch die Lager für Zwangsarbeiter im Bărăgan aufgelöst.[17] Die forcierte Industrialisierung auf Kosten der Bauern ging weiter.

Völlig schockiert nahm Gheorghiu-Dej im 25. Februar 1956 die nächtliche Geheimrede von Nikita Chruščev beim 20. Parteitag der KPdSU zur Kenntnis. Einen Monat lang beriet er mit Vertrauten, bis ein kleiner Kreis ausgewählter Kader darüber informiert wurde, dass Chruščevs Kritik Rumänien nicht betreffe, da hier bereits seit 1952 die „Leninsche Gesetzmäßigkeit" wiederhergestellt worden sei. Er begründete die Absetzung von Pauker und Luca damit, dass sie Moskauer Konzepte umsetzen wollten, die nicht zu Rumänien passten. Nur zwei Führungsmitglieder ver-

---

[16] HILDRUN GLASS, Der Fall Lucreţiu Pătrăşcanu. Neue Quellen und Forschungen zu einem politischen Prozess in Rumänien, in: Südost-Forschungen 56 (1997), S. 373–397.

[17] DENNIS DELETANT, Teroarea comunistă în România. Gheorghiu-Dej şi statul poliţienesc 1948–1965 [Der kommunistische Terror in Rumänien. Gheorghiu-Dej und der Polizeistaat 1948–1965], Iaşi 2001, S. 167–169.

langten einen strukturellen Kurswechsel, doch konnten sie sich gegen die Unterstützer von Gheorghiu-Dej nicht durchsetzen. Seit April 1956 wurden einige Kommunisten amnestiert: Teohari Georgescu verließ das Gefängnis, während Vasile Luca 1963 in der Haft verstarb. Die wichtigste Machtstütze von Gheorghiu-Dej blieb der Geheimdienst, den weiterhin Alexandru Drăghici leitete. Er war seit 1951 stellvertretender Innenminister, seit 1952 Chef der Securitate und zwischen 1957 und 1965 Innenminister. Beide diskreditierten alle kritischen Stimmen in der RAP, weil sie sonst ihre Macht verloren hätten.[18]

Trotz der Repression formierten sich in einigen Städten informelle Gruppen, die eine Demokratisierung anstrebten. Besonders stark brodelte es in Siebenbürgen und im Banat, denn dort wurden die Nachrichten von Radio Budapest über den Aufbruch in Ungarn verfolgt. Die Studenten der ungarischen Universität in Cluj (Klausenburg) forderten nun Selbstverwaltung. Nachdem Ende Oktober 1956 sowjetische Einheiten den Westen Rumäniens verlassen hatten, um den Aufstand in Budapest niederzuschlagen, protestierten in Temeswar mehrere Tausend Studenten. Ein breites Militäraufgebot verhaftete 300 angebliche Rädelsführer, viele erhielten langjährige Gefängnisstrafen. Rumänien war danach derart stabilisiert, dass der KGB dort nach der Niederschlagung des Aufstandes in Ungarn Imre Nagy, György Lukács und andere ungarische Kommunisten bis April 1957 internierte. Einige rumänische Kommunisten leisteten Hilfe beim Wiederaufbau der Staatsschutzbehörde (ÁHV) in Ungarn.[19]

1958 merkte Chruščev, dass er die Einheit im sozialistischen Block nicht wiederherstellen konnte und ging erneut auf Distanz zu Titos Sonderweg. Die meisten RGW-Staaten befolgten den Kurswechsel, aber Rumänien vertiefte die Beziehungen mit Jugoslawien durch den Bau eines gemeinsamen Wasserkraftwerkes an der Donau. Dies war der erste Schritt zu einer Politik nationaler Interessen, wie Corneliu Mănescu, der Außenminister Rumäniens zwischen 1961 und 1972, später betonte.[20] Die wichtigste Voraussetzung für den eigenständigen Kurs der RAP war, dass es 1956 im Land relativ ruhig geblieben war. Chruščev avisierte damals eine

---

[18] STELIAN TĂNASE, Elite şi societate. Guvernarea Gheorghiu-Dej 1948–1965 [Eliten und Gesellschaft. Die Herrschaft von Gheorghiu-Dej 1948–1965], Bucureşti 1998, S. 120–123.

[19] MARIANA HAUSLEITNER, Das „Tauwetter" in der Sowjetunion und seine Folgen in Polen, Ungarn und Rumänien 1953–1956, in: Zwischen Tauwettersozialismus und Neostalinismus, hg. v. RUDOLF GRÄF / GERALD VOLKMER, München 2011, S. 11–26.

[20] Convorbiri neterminate. Corneliu Mănescu în dialog cu Lavinia Betea [Unvollendete Gespräche. Corneliu Mănescu im Dialog mit Lavinia Betea], Iaşi 2001, S. 158.

Teilabrüstung in Europa, um Mittel für die Leichtindustrie freizubekommen. Er kündigte am 24. Mai 1958 bei der Tagung der WVO an, dass die sowjetischen Truppen aus Rumänien abgezogen würden. Die letzten 35.000 Soldaten verließen Rumänien im Juni 1959. Chruščev gab in seinen Erinnerungen an, dass der Verteidigungsminister Bodnaraş diesen Vorschlag vorgebracht und er zuerst wütend reagiert habe.[21] Aber im Friedensvertrag von 1947 war die Stationierung mit der Verbindung zu den Truppen in der sowjetischen Besatzungszone Österreichs begründet worden. Nach dem Staatsvertrag von 1955 war dort die Rote Armee abgezogen. Um die eigenen Militärausgaben weiter zu reduzieren, gestattete Chruščev den Rumänen auch die Errichtung von großen Rüstungsunternehmen, die Waffen und Munition mit sowjetischer Lizenz herstellten. Dazu wurden viele Zuliefererbetriebe mit Technologien aus den Industriestaaten des RGW modernisiert.[22]

Der Truppenabzug ging einher mit einer verstärkten Repression im Inneren Rumäniens: 1958 wurden die Zwangsarbeitslager erneut erweitert, in sie kamen vor allem Bauern, die sich der Kollektivierung widersetzten. Deutsche Schriftsteller wurden 1959 wegen angeblicher Schmähung der Sowjetunion in einem Schauprozess verurteilt, 1960 auch viele Rumänen unter anderen Vorwänden. In der Bergregion, in der die ungarische Bevölkerung 77 Prozent stellte, war der Widerstand gegen die Zwangskollektivierung besonders stark.

Die Verwaltungsreform von 1960 veränderte die Ausdehnung der Autonomen Ungarischen Region so, dass ein mehrheitlich von Rumänen bewohntes Gebiet hinzukam. Die Sonderrechte für die Ungarn waren auf Stalins Vorschlag in die Verfassung von 1952 aufgenommen worden.[23] Nun konnten in der Autonomen Ungarischen Region Mureş rumänische Funktionäre in Leitungspositionen eingesetzt werden. Gleichzeitig wurde Unabhängigkeit von den Moskauer Vorschlägen signalisiert. Das autonome Gebiet wurde 1968 im Zuge einer allgemeinen Verwaltungsreform ganz aufgelöst. Die besondere Förderung von ungarischen Akademikern an einer eigenen Universität in Cluj war durch die Vereinigung mit der

---

[21] Chruschtschow erinnert sich, hg. v. STROBE TALBOTT, Reinbek 1971, S. 514 f.

[22] PETRE OPRIŞ, Die rumänische Armee und die gemeinsamen Manöver des Warschauer Paktes, in: Der Warschauer Pakt, hg. v. TORSTEN DIEDRICH u. a., Bonn 2009, S. 185–208.

[23] STEFANO BOTTONI, Transilvania roşie. Comunismul român şi problema naţională 1944–1965 [Das rote Siebenbürgen. Der rumänische Kommunismus und das nationale Problem 1944–1965], Cluj-Napoca 2010, S. 100–102.

rumänischen Universität bereits 1959 beendet worden. Bei der Gelegenheit waren einige kritische ungarische Lehrkräfte entfernt worden.[24]

Die rumänische Führung nahm im August 1961 mit Misstrauen den Vorschlag von Chruščev bei der Tagung des RGW auf, die Arbeitsteilung und Integration im sozialistischen Block zu verstärken. Angesichts der zunehmenden wirtschaftlichen Integration in der Europäischen Gemeinschaft wollte er auch im östlichen Bündnis eine engere Vernetzung durchsetzen. Im Juni 1962 wurde bei der RGW-Tagung ein gemeinsames Exekutivkomitee gebildet. Dort schlugen die sowjetischen Vertreter vor, dass die Staaten mit günstigem Klima wie Rumänien und Bulgarien sich besonders auf die Verarbeitung landwirtschaftlicher Produkte konzentrieren sollten. Die stärker industrialisierten Staaten DDR, Tschechoslowakei, Polen sowie die Ukraine könnten genug Stahl für alle produzieren. Dagegen wandte sich Gheorghiu-Dej, indem er zum ersten Mal die Bevorzugung der DDR und Tschechoslowakei bei der Industrieförderung kritisierte. Er verwies darauf, dass in Rumänien erst 13,6 Prozent der arbeitenden Bevölkerung in der Industrie angestellt sei. In der Landwirtschaft könnten durch die Mechanisierung nicht weiterhin 75,8 Prozent beschäftigt werden. Für sie müssten Arbeitsplätze durch große Industrieprojekte geschaffen werden.[25]

Die rumänischen Anträge zur Förderung von großen Industrieprojekten wurden im RGW nicht angenommen, woraufhin die Rumänen eine Blockadepolitik begannen. Es konnte nur eine allgemeine Erklärung zu den „Grundlegenden Prinzipien der internationalen sozialistischen Arbeitsteilung" verabschiedet werden. Die rumänischen Führer befürchteten, durch den Integrationsplan als Rohstofflieferant in eine stärkere Abhängigkeit von der Sowjetunion zu geraten. Beim Plenum der RAP verkündete Gheorghiu-Dej 1963 mit Lenin-Zitaten den Anspruch auf eine allseitige Entwicklung des Landes. Er bestand besonders auf der Förderung der Petrochemie in Rumänien. Außerdem wollte er Mittel des RGW für den Bau eines großen Stahlwerkes in Galaţi. Da dafür Eisenerz

---

[24] SÁNDOR OLÁH, Colectivizarea în raionul Odorhei [Die Kollektivierung im Bezirk Odorhei], in: Ţărănimea şi puterea. Procesul de colectivizarea a agriculturii în România 1949–1962 [Bauernschaft und Macht. Der Prozess der Kollektivierung der Landwirtschaft in Rumänien 1949–1962], hg. v. DORIN DOBRINCU / CONSTANTIN IORDACHI, Iaşi 2005, S. 281–299.

[25] DAN CĂTĂNUŞ, Divergenţele româno-sovietice în C.A.E.R. [Rumänisch-sowjetische Divergenzen im RGW], II, in: Arhivele Totalitarismului 13 (2005), H. 3–4, S. 77–98, hier S. 84.

und Kohle aus der Ukraine benötigt wurde, lehnten es die sowjetischen Vertreter im RGW als unrentabel ab.[26]

Auf der Sitzung des Politbüros am 20. Januar 1964 stellte Gheorghiu-Dej ausführlich dar, wie Rumänien die wirtschaftliche Abhängigkeit von den RGW-Staaten durch mehr Export in andere Staaten lockern wollte. Er benannte die verdeckte Konkurrenz um Fördermittel im RGW. Da dieser Konflikt nicht offen ausgetragen werden sollte, wurden auf der Ebene der Geschichtsdarstellung Angriffe vorbereitet. Gheorghiu-Dej verlangte die Beschleunigung der Herausgabe einer Schrift von Marx, in der von Rumänen in Bessarabien die Rede war. Diese Maßnahme war gegen sowjetische Historiker gerichtet, die behaupteten, dass die Moldawier in Bessarabien ein eigenständiges romanisch-slawisches Mischvolk seien. Da der Nordosten Rumäniens aus der Moldau bestand, wurde dies als potenzielle Gefahr für eine Einmischung gesehen. Gleichzeitig sollten die Parteimitglieder darauf vorbereitet werden, revisionistische Ansprüche Ungarns auf Siebenbürgen zurückzuweisen.[27]

Im April 1964 publizierte der Ökonomieprofessor Emil B. Valev in der Moskauer Universitätszeitschrift einen Plan zum Aufbau einer supranationalen Wirtschaftszone, in der Teile Rumäniens, Bulgariens, der sowjetischen Moldaurepublik und der Südukraine zusammengefasst werden sollten. Der Plan betraf zwölf Millionen Einwohner; er wurde von rumänischen Ökonomen zurückgewiesen. Nach dem ZK-Plenum der RAP vom 15. bis zum 22. April 1964 erschien in der Parteizeitung eine „Erklärung zu den Problemen der kommunistischen Bewegung". Darin wurde unterstrichen, dass die eigenständige Wirtschaftsplanung der Kern von Rumäniens Souveränität sei. Die Kooperation zwischen den sozialistischen Staaten müsse auf der Basis der Gleichberechtigung und Nichteinmischung erfolgen. Durch den sowjetischen Konflikt mit China war die Position von Chruščev inzwischen innerparteilich geschwächt. Bei seiner Absetzung am 14. Oktober 1964 warf ihm sein Nachfolger als Erster Sekretär des ZK der KPdSU Leonid Brežnev u. a. vor, dass er die rumänischen Genossen beleidigt hätte.[28] Gheorghiu-Dej beantragte im Namen des Politbüros am 21. Oktober den Abzug der sowjetischen Berater. Sie verließen bis Dezember Rumänien, da Brežnev die Konfrontation vermei-

---

[26] ADRIAN CIOROIANU, Pe umerii lui Marx [Auf den Schultern von Marx], Bucureşti 2005, S. 373–378.

[27] Convorbiri neterminate, S. 286, 292 f.

[28] Kak snimali N. S. Chruščeva [Wie N. S. Chruščev abgesetzt wurde] in: Istoričeskij Archiv 1 (1993), S. 3–20, hier S. 14.

den wollte. Die Integrationspläne im RGW wurden nicht mehr vorangetrieben. In Rumänien setzte man die forcierte Industrialisierung fort: Die Anzahl der Bauern sank von 1955 mit einem Anteil von 71,4 Prozent an der Bevölkerung bis 1965 auf 56,5 Prozent.[29]

Viele Rumänen begrüßten die zunehmende Abgrenzung von der Sowjetunion. 1963 wurde das Maksim-Gor'kij-Institut für Russischlehrer in Bukarest geschlossen, Russisch war bald nur noch ein Wahlfach. Erstmals erlaubte die Zensur wieder die Erwähnung des 1944 abgetrennten Bessarabiens, das Teil der Sozialistischen Sowjetrepublik Moldawien geworden war. Das Gebiet hatte Karl Marx in Aufzeichnungen als von Rumänen bewohnt erwähnt, diese Schrift erschien im Dezember 1964 in Bukarest.[30] Rumänische Historiker begannen die nationalen Bewegungen der Rumänen positiv darzustellen. Nicht mehr der Klassenkampf, sondern der Kampf für die nationale Einheit aller Rumänen wurde das zentrale Thema. Die Geschichte der Rumänen galt nun als ständige Abwehr gegen die Angriffe starker Nachbarn.[31]

Nach dem Tod von Gheorghiu-Dej im März 1965 ernannte das sechsköpfige Exekutivkomitee den 1918 geborenen Nicolae Ceauşescu zum Generalsekretär der RAP. Der vom Land stammende Schusterlehrling war 1942 wegen kommunistischer Tätigkeit verurteilt worden und 1943/44 im selben Internierungslager wie Gheorghiu-Dej gewesen. Der hatte ihn 1949 als Stellvertreter des Agrarministers eingesetzt, wo er sich bei der Zwangskollektivierung bewährte. 1950 besuchte er in Moskau einen Lehrgang der Frunze-Militärakademie und wirkte danach in der rumänischen Armee. Seit 1954 war er Sekretär für Organisationsfragen im ZK der RAP, wodurch er sich ein Netzwerk jüngerer Kader aufbaute.

Sein wichtigster Berater in Fragen der Außenpolitik wurde Ion Gheorghe Maurer. Der Rechtsanwalt war zwischen 1961 und 1974 Ministerpräsident, er befürwortete eine vorsichtige Öffnung Rumäniens in Richtung Westen. Walter Ulbricht versuchte im April 1966 Ceauşescu von der Blockade der stärkeren Integration im RGW abzubringen. Doch der wandte sich explizit gegen eine Art Superregierung, der RGW sollte nur Empfehlungen aussprechen. Verträge sollten die Regierungen weiterhin

---

[29] WILLIAM E. CROWTHER, The Political Economy of Romanian Socialism, New York 1988, S. 63.

[30] KARL MARX, Insemnări despre români [Aufzeichnungen über Rumänen], hg. v. ANDREI OŢETEA / STANISLAS SCHWANN, Bucureşti 1964.

[31] KATHERINE VERDERY, National Ideology Under Socialism. Identity and Cultural Politics in Ceauşescu's Romania, Berkeley, CA 1991, S. 106.

bilateral schließen. Die rumänische Regierung wolle selbst entscheiden, woher sie Technologien auf Weltniveau beziehe.[32] 1966 stellten sich die Vertreter Rumäniens in der WVO dem sowjetischen Plan zur Bildung eines gemeinsamen Oberkommandos der Streitkräfte entgegen.[33]

Im Westen wurde in den 1960er Jahren wahrgenommen, dass Rumänien nun Kredite von anderen Gebern als den bisherigen für industrielle Großprojekte benötigte. Für das im RGW abgelehnte Stahlwerk in Galaţi kam ein günstiger Kredit aus Großbritannien und Maschinen aus der Bundesrepublik Deutschland. Die französische Firma Renault vergab die Lizenz zum Bau eines PKW, der in Rumänien „Dacia" genannt wurde. Seit 1963 schloss Rumänien Handelsverträge mit der BRD und nahm 1967 diplomatische Beziehungen auf, die damals außer der Sowjetunion kein osteuropäischer Staat hatte. Aus der BRD kamen umfangreiche Kredite, das Land wurde ein wichtiger Handelspartner. Besonders große Einkünfte in Devisen erlangte Rumänien dadurch, dass jährlich 12.000–15.000 Angehörige der deutschen Minderheit gegen eine hohe Kopfprämie in die BRD ausreisen durften. Insgesamt waren es zwischen 1967 und 1989 etwa 200.000 Deutsche.[34]

Solche Vereinbarungen gab es bereits davor mit Israel, jährlich verließ ein Kontingent von Juden Rumänien.[35] Was Rumänien in der Weltpolitik unter Unabhängigkeit verstand, demonstrierte Ceauşescu am 9. Juni 1967 in Moskau, als er sich als einziger kommunistischer Parteichef weigerte, Israel als Aggressor im Sechstage-Krieg zu bezeichnen. Nur Rumänien brach die diplomatischen Beziehungen nicht ab, wie es sogar Jugoslawien tat. Der rumänische Ministerpräsident Ion Gheorghe Maurer äußerte sich im selben Sinn am 23. Juni bei der Generalversammlung der UNO. Daraufhin wurde er zusammen mit dem Außenminister Corneliu Mănescu zum US-Präsidenten Lyndon B. Johnson im Weißen Haus eingeladen. Der sicherte ihm zu, dass die USA im September die Wahl des rumä-

---

[32] ULRICH BURGER, Aufgabe und Funktion des Rates für Gegenseitige Wirtschaftshilfe, in: Totalitarism. Ideologie şi realitatea socială în România şi RDG [Totalitarismus. Ideologie und soziale Realität in Rumänien und in der DDR], hg. v. ALEXANDER RUBEL / CATALIN TURLIUC, Iaşi 2006, S. 111–128.

[33] CARMEN RIJNOVEANU, Rumänien und die Militärreform des Warschauer Paktes 1960 bis 1970, in: Der Warschauer Pakt, S. 209–224.

[34] Kauf von Freiheit. Dr. Heinz-Günther Hüsch im Interview mit Hannelore Baier und Ernst Meinhardt, Hermannstadt ³2014.

[35] RADU IOANID, Răscumpărarea evreilor. Istoria acordurilor secrete dintre România şi Israel [Der Ausverkauf der Juden. Geschichte der geheimen Verträge zwischen Rumänien und Israel], Iaşi 2005.

nischen Außenministers zum Präsidenten der Generalversammlung der UNO für 1967/1968 unterstützen würden. Durch solche Eigenständigkeit in der Außenpolitik stieg das Ansehen Rumäniens. Der französische Staatspräsident General Charles de Gaulle besuchte im Mai 1968 Rumänien und betonte die Gemeinsamkeiten der romanischen Völker.[36]

Ceauşescu hatte 1965 den Sieg des Sozialismus erklärt, das Land hieß nun Rumänische Sozialistische Republik und die Arbeiterpartei Rumänische Kommunistische Partei (RKP). Er betonte seit 1966, dass Rumänien ein einheitlicher Nationalstaat sei. Die Medien und Filme stellten nun den jahrhundertelangen Kampf der Rumänen für nationale Interessen und territoriale Unabhängigkeit heraus. Parteihistoriker bezeichneten den Ersten Weltkrieg nicht mehr wie bis dahin als imperialistisches Abenteuer der rumänischen Bourgeoisie. Sie interpretierten die Anschlüsse Bessarabiens, Siebenbürgens und der Bukowina an das Kernland im Jahr 1918 nun als eine Errungenschaft des gesamten Volkes. Die Kritik der Kommunistischen Partei nach 1921 an der Politik in Großrumänien verschwand aus den Lehrbüchern. Neben der schrittweisen Distanzierung von der Legitimation der Herrschaft über die führende Rolle der Kommunisten in den Klassenkämpfen erfolgte auch eine wesentliche Änderung auf der institutionellen Ebene. Ceauşescu kritisierte wegen „Repressalien" Alexandru Drăghici, der zwischen 1950 und 1965 Innenminister war und nun als Leiter des Geheimdienstes Securitate abgesetzt wurde. Im Zentrum der Kritik stand der Fall des 1954 hingerichteten ehemaligen Justizministers Pătrăşcanu, der nun als Vertreter berechtigter nationaler Interessen Rumäniens dargestellt wurde. Die Entmachtung von Drăghici bedeutete einen Sieg über die Seilschaft von Gheorghiu-Dej. Nun kamen Kader aus dem Netzwerk von Ceauşescu in wichtige Ämter. Das ZK-Plenum vom April 1968 rehabilitierte auch einige rumänische Kommunisten, die 1937/38 in der Sowjetunion Opfer des Staatsterrors geworden waren.[37]

Bei der Tagung der Verteidigungsminister der WVO vom 29. Februar bis 1. März 1968 schlugen die sowjetischen Vertreter harsche Töne gegen angebliche konterrevolutionäre Tendenzen in der ČSSR an. Sie forderten einen gemeinsamen Militärrat des Vereinten Kommandos der Streitkräfte, den die rumänischen Vertreter ablehnten. Sie reisten ab, ohne die geplante Resolution zu unterzeichnen. Ceauşescu fuhr in die ČSSR und unterzeichnete dort am 16. August den „Vertrag der Freundschaft, Zusammenarbeit

---

[36] Convorbiri neterminate, S. 174; IOANID, Răscumpărarea evreilor, S.131 f.

[37] CATHERINE DURANDIN, Istoria românilor [Geschichte der Rumänen], Iaşi 1998, S. 323.

und gegenseitigen Unterstützung".[38] Er betonte dabei, dass die WVO ein Bündnis zur Abwehr eines imperialistischen Feindes sei und sich nicht in interne Angelegenheiten der Mitgliedsstaaten einmischen dürfe. Nachdem die Sowjetunion am 20. August 1968 den Vormarsch ihrer Truppen in der ČSSR begonnen hatte, rief das Exekutivkomitee der RKP am Tag darauf zu einer Volksversammlung in Bukarest auf. Von dem Balkon des Parteisitzes aus verurteilte Ceauşescu vor etwa 100.000 Rumänen den Überfall der Armeen von fünf Staaten der WVO und rief zur Bildung von patriotischen Garden auf:

> „Wir rufen die Bürger des Vaterlandes auf, volles Vertrauen in die Staatsführung, in unsere kommunistische Partei zu zeigen, ruhig und entschieden zu handeln. Jeder soll an seinem Arbeitsplatz die Anstrengungen verzehnfachen, um das Programm zur Entwicklung unserer sozialistischen Gesellschaft umzusetzen. Wir müssen bereit sein, Genossen, in jedem Moment unser sozialistisches Vaterland Rumänien zu verteidigen."[39]

So viele freiwillige Unterstützer hatte kein Parteiredner in Rumänien zuvor mobilisiert. Die Große Nationalversammlung stand einhellig am 22. August hinter Ceauşescus Kritik an der Verletzung des Rechtes auf Souveränität des Bruderstaates. Am 24. August traf sich Ceauşescu mit Tito, um gemeinsam die Invasion zu verurteilen. Daraufhin kam aus Moskau eine Verwarnung, aber China und die USA drohten Brežnev mit Konsequenzen, falls auch Rumänien besetzt werden würde.

Ceauşescu fuhr in das ungarische Siedlungsgebiet Rumäniens und versprach mehr Radio- und Fernsehsendungen in ungarischer Sprache. Die waren nötig, weil Ungarn sich an der Invasion beteiligt hatte und dort dessen Programme verfolgt wurden. Es entstanden die Räte der ungarischen und deutschen Werktätigen. Obwohl es keine Entstalinisierung und Dezentralisierung gab, honorierte der Westen Rumäniens Sonderrolle. Der US-Präsident Richard Nixon besuchte Rumänien 1969, Ceauşescu reiste 1970 in die USA. Viel früher als die anderen osteuropäischen Staaten wurde Rumänien 1971 in das Allgemeine Zoll- und Handelsabkommen (GATT) und 1972 in den Internationalen Währungsfonds (IWF) aufgenommen. Vom IWF flossen dann günstige Kredite für Rumäniens forcierte Industrialisierung. Daraus ergab sich von 1968 bis 1972 ein ökonomischer Aufschwung, viele Rumänen schafften sich im Land her-

---

[38] RIJNOVEANU, Rumänien, S. 215; TISMANEANU, Stalinism, S. 202.

[39] Zitiert nach PAVEL CÂMPEANU, Ceauşescu, anii număratorii inverse [Ceauşescu, die rückwärts gezählten Jahre], Iaşi 2002, S. 248 f.

gestellte Fernseher, Waschmaschinen etc. an. Der Anteil der im landwirtschaftlichen Sektor Beschäftigten sank auf 29,4 Prozent herab. Rumänien galt im Westen als ein Land, das erfolgreich den Status eines Entwicklungslandes überwunden hatte. Das Land erhielt 1973 Handelspräferenzen von der Europäischen Gemeinschaft und als einziger kommunistischer Staat 1975 den Status der Meistbegünstigung im Handel mit den USA.

3. Aggressiver Nationalismus und Stagnation 1976–1989

Während seiner Staatsbesuche in China und Nordkorea beeindruckte Ceauşescu der dortige Kult um die Parteiführer. Unmittelbar danach verkündete er am 6. Juli 1971 die Bekämpfung „liberalistischer und kleinbürgerlicher Auffassungen" im Kulturbereich. Die Kunst sollte der Schaffung eines „neuen Menschen" dienen. Daher sollte das Staatliche Komitee für Kunst und Kultur vor allem Laien fördern. Im Radio und Fernsehen wurden laufend Wettbewerbe mit rumänischen Volksgesängen und Tänzen vorgestellt. Bei Massenveranstaltungen wurde dem Führer mit Gedichten und Liedern über den „Sohn der Sonne" oder die „stolzeste Tanne Rumäniens" gehuldigt.[40]

Noch lebte ein Drittel der Bevölkerung auf dem Land und die meisten anderen waren erst kürzlich in die Städte gezogen, daher war für sie diese Art Kultur nicht so fremd wie für viele nun marginalisierte Intellektuelle und professionelle Künstler. Während die Autorenfotos von Schriftstellern auf Buchdeckeln verbannt wurden, musste das geschönte Jugendbild von Ceauşescu in jeder Institution hängen. Der Kult bezog nun auch seine ungebildete Ehefrau Elena ein, die zunächst den Wissenschaftsbereich zu kontrollieren begann und danach auch stellvertretende Ministerpräsidentin wurde. Der Bruder Ilie Ceauşescu wachte über die Auslegung der Geschichte sowie den Kampf gegen den Kosmopolitismus und die westlichen Einflüsse im Kulturbereich. Im Oktober 1971 wurden die Zugeständnisse an die ungarische und deutsche Minderheit rückgängig gemacht. Seit 1968 waren nichtrumänische Ortsbezeichnungen in der Öffentlichkeit geduldet worden, deswegen wurde zum Beispiel die „Hermannstädter Zeitung" umbenannt. Funktionäre, die sich der neuen Leitlinie nicht anpassten, verbannte Ceauşescu durch die „Kaderrotation" in entfernte Provinzorte. Auch Ceauşescus Sohn Nicu und weitere Verwandte erhielten wichtige Positionen. Daher bezeichneten einige westli-

[40] THOMAS KUNZE, Nicolae Ceauşescu. Eine Biographie, Berlin 2000, S. 188–191.

che Autoren das Regime als „dynastischen Neo-Stalinismus".[41] Der Führungskreis um Ceauşescu bestand nun aus Kadern, die alle ihm ihren Aufstieg verdankten. Bodnaraş war 1974 gestorben, Maurer wurde als Ministerpräsident 1974 abgesetzt. Ceauşescu erklärte sich 1974 auch zum Staatspräsidenten und ließ sich mit Zepter abbilden.

Abb. 3: Stefan Voitec, Präsident der Großen Nationalversammlung, übergibt Ceauşescu am 29. April 1974 das für ihn entworfene Zepter.

Während der Inszenierungen von Massenbegeisterung wuchs die Unzufriedenheit im Land. Besonders unter den Angehörigen der ungarischen Minderheit wurde Protest laut. Sie war 1977 mit 1,7 Millionen die größte Minderheit mit einem Anteil von 7,9 Prozent an der Gesamtbevölkerung. Die staatlich gelenkte Migration veränderte die ethnische Struktur in Siebenbürgen. Absolventen aus den Reihen der ungarischen Minderheit teilte man zumeist Arbeitsplätze außerhalb deren Siedlungsgebietes zu. Der Ausschluss der ungarischen Minderheit von Leitungspositionen führte zu Unzufriedenheit.[42]

---

[41] Ebd., S. 239–247.

[42] BRIGITTE MIHOK, Zur Funktion der Forcierten. Industrialisierung in der multiethnische Region Siebenbürgen 1965–1989, in: Totalitarism, S. 95–109.

Nachdem Ceauşescu im August 1975 in Helsinki mit der Unterzeichnung der Schlussakte der KSZE auch die Respektierung der Menschenrechte gebilligt hatte, bezogen sich nun mehr Angehörige der ungarischen Minderheit darauf. Seit Herbst 1977 kritisierte der ungarische Kommunist Karoly Kiraly in mehreren Offenen Briefen die Aushöhlung der verbrieften Minderheitenrechte. Er war bis 1972 Mitglied im ZK der RKP und Vizepräsident des Rates der ungarischen Werktätigen gewesen. Nun verwies er auf Einschränkungen im ungarischen Schulunterricht, das Verschwinden ungarischer Ortschilder etc. Einige ungarische Intellektuelle appellierten 1978 an die UNO und baten um Unterstützung.[43]

Ausgelöst durch die Bewegung der „Charta 77“ für Menschenrechte in der ČSSR erklärten in Rumänien über 200 Personen ihre Unterstützung für den Solidaritätsbrief des rumänischen Schriftstellers Paul Goma an den Tschechen Pavel Kohout. Diesem schrieb Goma, der seit 1972 Publikationsverbot hatte, im Januar 1977: „Ihr seid von den Russen okkupiert, wir Rumänen aber von Rumänen, was noch viel schmerzhafter ist“.[44] Goma wurde verhaftet und ausgewiesen. Der US-Sender Radio Free Europe hatte in den rumänischen Sendungen aus vielen Schreiben an Goma zitiert. Dort wurde auch über den ersten großen Arbeiterprotest berichtet.

Im Schiltal sollte die Arbeitszeit der Kumpel verlängert und ihre Löhne gekürzt werden. Im August 1977 traten etwa 35.000 Bergarbeiter in einen Streik. Ceauşescu warnte vor einer sowjetischen Invasion und schickte starke Militärverbände in die Grubenorte. 4.000 Kumpel wurden entlassen und bei der Zwangsarbeit am wieder aufgenommenen Bau des Donau-Schwarzmeer-Kanals isoliert. Auch in den folgenden Jahren gab es kurze Streiks, die unterdrückt wurden. Im Februar 1979 gründeten einige Personen freie Gewerkschaften, sie wurden daraufhin in psychiatrischen Anstalten zwangsbehandelt.[45] Tiefe Eingriffe in die persönliche Sphäre stellte die Gesetzgebung dar, die Frauen, die noch nicht vier Kinder hatten, an Abtreibungen hinderte. Viele Frauen vollzogen illegale Schwangerschaftsabbrüche. Wurden sie denunziert, kamen die betroffenen Frauen

---

[43] GYÖRGY DALOS, Der Vorhang geht auf. Das Ende der Diktaturen in Osteuropa, München 2009, S. 211 f.

[44] Dossier Paul Goma. L'écrivain face au socialisme du silence, hg. v. VIRGIL TANASE, Paris 1977, S. 88.

[45] VASILE PARASCHIV, Lupta mea pentru sindicate libere în România [Mein Kampf für freie Gewerkschaften in Rumänien], Iaşi 2005.

und Ärzte ins Gefängnis. Seit 1966 starben Tausende Frauen an unsachgemäßen Eingriffen.[46]

Seit Anfang der 1980er Jahre verschlechterte sich die Wirtschaftslage in Rumänien rapide. Nach dem Sturz des Schahs von Persien Reza Pahlewi 1979 bekam Rumänien kein billiges Rohöl mehr von dort und die eigenen Vorräte gingen zur Neige. Für in Rumänien raffiniertes Öl waren keine Gewinne mehr zu erzielen. Nun zeigten sich die fatalen Folgen der Disproportion: Seit 1971 waren 60 Prozent der Investitionen in die Petrochemie, Eisenmetallurgie und den Maschinenbau geflossen. Für viel Geld war westliche Technologie eingeführt worden. Doch die Produkte aus Rumänien waren minderwertig und wurden vor allem in Entwicklungsländern abgesetzt. Diese bezahlten dafür wenig, und so konnte Rumänien nicht einmal die Zinsen der Auslandsschulden zurückzahlen.

Der IWF schlug 1981 den Vertretern Rumäniens die Reduzierung der Importe und noch mehr Exporte von Lebensmitteln vor. Das Land begann auf diese Weise seine Schulden von 10,2 Milliarden Dollar (1981) abzubezahlen. Die Folge war, dass seit 1982 Grundnahrungsmittel wie Mehl, Zucker und Öl rationiert wurden. Seit 1983 wurde der Strom- und Gasverbrauch der privaten Haushalte drastisch verringert, die Arbeitsstellen durften nur bis auf 14 Grad geheizt werden. Unter diesen Bedingungen wuchs die Unzufriedenheit in der Bevölkerung. Hinzu kam, dass 1986 der staatlich garantierte Mindestlohn abgeschafft wurde.[47]

Da im Nachbarland Ungarn der Lebensstandard viel besser war, herrschte besonders bei der ungarischen Minderheit Unmut. Seit Dezember 1981 publizierten in Siebenbürgen ungarische Intellektuelle die Samizdat-Schrift „Ellenpontok“ (Kontrapunkte). Einige ihrer Autoren verhaftete die Securitate im November 1982. Da sich die Regierung Ungarns auf diplomatischem Weg für sie einsetzte, durften sie nach einer kurzen Haftzeit ausreisen. Ab und zu tauchten auch rumänische Flugblätter mit Protesten auf. Deswegen mussten alle Besitzer von Schreibmaschinen seit 1983 regelmäßig eine Schriftprobe bei der Polizei abgeben.[48]

---

[46] MARIANA HAUSLEITNER, Women in Romania. Before and After the Collapse, in: Gender Politics and Post-Communism, hg. v. NANETTE FUNK / MAGDA MUELLER, New York / London 1993, S. 53–61.

[47] KURT SCHARR / RUDOLF GRÄF, Rumänien. Geschichte und Geografie, Köln 2008, S. 126 f.

[48] GYÖRGY DALOS, Lebt wohl Genossen! Der Untergang des sowjetischen Imperiums, Bonn 2011, S. 45 f.

Nicht nur Rumäniens Beziehungen zu Ungarn waren gespannt. Nachdem sich 1978 Ion Mihai Pacepa, der stellvertretende Chef des rumänischen Auslandsgeheimdienstes, in die USA abgesetzt hatte, erfuhr der US-Geheimdienst von den Waffenverkäufen an die PLO und Libyen. Mit den Geheimdiensten der Sowjetunion und der DDR gab es nur noch einen geringen Datenaustausch. Nach der Wahl von Michail S. Gorbačev im März 1985 zum Generalsekretär der KPdSU bekam Ceauşescu gelegentlich Kritik aus Moskau zu hören. Gorbačev verkündete im Februar 1986, dass die Sowjetunion den RGW so umgestalten wolle, dass niemand „ins Schlepptau" genommen werde.[49] Als der sowjetische Führer im Mai 1987 Bukarest besuchte, sprach er viele Missstände offen vor laufender Fernsehkamera an. Aber nur die sowjetische Presse publizierte seine Kritik an Rumäniens Praxis, minderwertige Waren in die Sowjetunion im Austausch für Erdöl zu liefern, weil die hochwertigen in den Westen exportiert wurden.

Als Ceauşescu mit seinem riesigen Palast der Republik prahlte, für den 40.000 Bukarester ihre Wohnungen verloren hatten, meinte Gorbačev, dass den Moskauern der Abriss im Altbauviertel Arbat leid täte. Der 70-jährige Ceauşescu behauptete, dass Rumänien bereits seit 1978 die Selbstverwaltung der Betriebe eingeführt habe und daher keine Reformen benötige. Er betonte vor allem die nationale Souveränität und wollte gleichzeitig von der Sowjetunion mehr Energielieferungen zum günstigen RGW-Preis. Gorbačev ließ die dreifache Menge Erdöl liefern, verlangte aber von Ceauşescu die Obstruktion gegen die neuen Integrationspläne im RGW aufzugeben. Der wandte sich nichtsdestotrotz gegen einen gemeinsamen Markt und lehnte direkte Beziehungen zwischen den Betrieben im RGW prinzipiell ab. Die Parteizeitung „Scînteia" warnte am 27. August 1988 vor den anarchischen Marktgesetzen, denen sich einige RGW-Staaten auslieferten.[50]

Durch die Allgegenwart der Securitate bildeten sich in Rumänien keine Oppositionsgruppen wie etwa in Polen, der ČSSR und DDR heraus. Wer in Rumänien öffentlich Kritik äußerte, wurde sofort unter Hausarrest gestellt, dadurch hatten die Dissidenten untereinander keinen Kontakt. Die Presse konstruierte ein Bedrohungsszenarium: Die ungarische Minderheit strebe die Abspaltung Siebenbürgens an. In Braşov (Kronstadt)

---

[49] MICHAIL S. GORBATSCHOW, Gipfelgespräche. Geheime Protokolle aus meiner Amtszeit, Berlin 1993, S. 192.

[50] MARIANA HAUSLEITNER, Die sowjetische Osteuropapolitik in den Jahren der Perestrojka, Frankfurt am Main 1994, S. 199.

kam es am 15. November 1987 zu spontanen Protesten während der Kommunalwahlen. In einem Lastkraftwagenwerk mit etwa 4.000 Arbeitern waren die Löhne nicht rechtzeitig ausgezahlt worden. Es herrschte große Unzufriedenheit. Die Arbeiter wurden nach der Nachtschicht zur Stimmabgabe ins Wahllokal getrieben und unterwegs skandierte die Kolonne nicht die vorgeschriebenen Losungen, sondern: „Wir wollen Essen für unsere Kinder". Nachdem der Bürgermeister sie deswegen beschimpft hatte, überfielen einige die Parteizentrale und verbrannten die Bilder von Ceauşescu auf der Straße. Ein Spezialkommando der Securitate trieb die Menge auseinander. Im Dezember wurden 61 Arbeiter zu längeren Haftstrafen verurteilt.[51] Am 26. November 1987 verfasste ein ehemaliger Chefredakteur der Parteizeitung einen offenen Protestbrief. Silviu Brucan wurde danach in die USA, nach London und Moskau eingeladen. Gorbačev führte mit ihm Ende 1988 ein längeres Gespräch und versprach Schutz.[52]

Angesichts der schrittweisen Öffnung der Wirtschaftssysteme in Ungarn und Polen verlor Rumänien sein Prestige im Westen. Im Zentrum der ausländischen Kritik stand seit 1988 der Plan, durch den etwa die Hälfte aller 13.000 Dörfer verschwinden sollten. Die Bauern sollten in 558 „Agrostädten" zusammengefasst werden, damit Bodenfläche gewonnen würde. In den kasernenmäßigen Behausungen konnte die Securitate sie besser bewachen. Durch die sogenannte Systematisierung sollten auch viele ungarische Dörfer zerstört werden, um die Assimilation zu beschleunigen. Die ersten Schritte zur Umsetzung des Plans bewirkten nicht nur im westlichen Ausland eine breite Protestwelle. Am internationalen Aktionstag gegen die Zerstörungsaktion im Juni 1988 organisierten Dissidenten in Budapest eine Kundgebung vor der Botschaft Rumäniens, an der 40.000 Menschen teilnahmen. Die Kirchen in Ungarn gewährten Flüchtlingen aus Rumänien Asyl. Als ihre Anzahl von 13.400 (1988) auf 24.000 (1989) anstieg, wurden viele über das Rote Kreuz in den Westen weitergeleitet.[53]

Die sowjetische Presse berichtete seit Anfang 1989 häufiger über die Konflikte zwischen Ungarn und Rumänien. So erschienen Berichte über die Dorfzerstörung: Es wurde betont, dass die Parteiführung aus Ungarn

---

[51] MARIUS OPREA / STEJĂREL OLARU, The Day We Won't Forget. 15 November 1987, Braşov / Iaşi 2003.

[52] SILVIU BRUCAN, Generaţia irosită. Memorii [Die vergeudete Generation. Erinnerungen], Bucureşti 1992, S. 186–190.

[53] TOM GALLAGHER, Romania after Ceausescu, Edinburgh 1995, S. 63.

gegen die „Homogenisierung" sei und die ungarische Minderheit als Teil der ungarischen Nation schützen wolle. Am 9. März 1989 behandelte die UNO-Kommission für Menschenrechte in Genf die Dorfzerstörung: 21 Delegierte kritisierten die rumänische Führung und nur sieben betonten das Prinzip der Nichteinmischung. In einem Offenen Brief an Ceauşescu kritisierten am 13. März sechs Rumänen, die bereits vor 1944 als kommunistische Amtsträger gewirkt hatten, die Dorfzerstörung, den Druck auf die nationalen Minderheiten und die Verelendung durch den Export von Lebensmitteln. Unter ihnen befand sich außer Silviu Brucan, dem einstigen Botschafter in den USA, auch der ehemalige Außenminister Corneliu Mănescu. Nachdem Radio Free Europe den Brief in rumänischer Sprache gesendet hatte, wurden drei Unterzeichner aus ihren Wohnungen zwangsevakuiert und Opfer der Dauerverhöre durch die Securitate.[54]

Nach dem Wahlsieg der *Solidarność* verlangte Ceauşescu auf einem Treffen der Warschauer Vertragsorganisation im Juli 1989, den polnischen Kommunisten bewaffnete Hilfe zu leisten. Sein Bruder Ilie Ceauşescu, der stellvertretende Verteidigungsminister, kritisierte Gorbačevs Konzept von einem „gemeinsamen Haus Europa" als Revisionismus zugunsten der Imperialisten. Er schrieb, dass der Klassenfeind die Entideologisierung der internationalen Beziehungen anstrebe. Beim Parteitag der RKP im November 1989 forderte Nicolae Ceauşescu eine Revision des Hitler-Stalin-Paktes und damit indirekt die Rückgabe Bessarabiens an Rumänien. Beim letzten Treffen mit Gorbačev am 4. Dezember griff er dessen Außenpolitik heftig an. Die sowjetische Presse kritisierte selten Ceauşescus Führungsstil direkt. Doch unmittelbar nach seinem Sturz hieß es, der Partei- und Staatsführer habe Rumänien in ein großes Konzentrationslager verwandelt.[55]

Der Anstoß zum Umsturz ging von protestantischen Ungarn in Temeswar aus, deren Pfarrer Lászlo Tökés zwangsevakuiert werden sollte. Er hatte in einem Interview am 24. Juli 1989 im Fernsehen in Ungarn die Lage der ungarischen Minderheit als bedroht dargestellt und sollte deportiert werden. Am 15. Dezember 1989 beschützten etwa 5.000 Gemeindemitglieder sein Haus, nach einem Polizeieinsatz wuchs die Zahl der Protestierenden schnell an. Militär und Securitate erschossen am 16. Dezem-

---

[54] MARIUS OPREA, Banalitatea răului. O istorie a Securităţi în documente 1949–1989 [Die Banalität des Bösen. Eine Geschichte der Securitate in Dokumenten 1949–1989], Iaşi 2002, S. 420; Convorbiri, S. 246–254, 343–345.

[55] HAUSLEITNER, Sowjetische Osteuropapolitik, S. 201–203.

ber 122 Personen, darunter auch Kinder. Ceauşescu versuchte am 21. Dezember bei einer in Bukarest einberufenen Versammlung, die Gefahr einer Intervention aus Ungarn und der Sowjetunion zu beschwören. Als Protestrufe und Schussgeräusche erklangen, lief die Menge davon. In der darauffolgenden Nacht demonstrierten viele Bukarester, das Militär reagierte mit Erschießungen. Insgesamt kamen in jenen Tagen 1.033 Personen in Bukarest und anderen Städten um, von denen die meisten Jugendliche waren.

Am 22. Dezember formierte sich eine riesengroße Demonstration in Bukarest. Als Soldaten überliefen und der zentrale Parteisitz gestürmt wurde, musste Ceauşescu mit dem Hubschrauber fliehen. Er wurde verhaftet, der Unterminierung der Staatsgewalt und nationalen Wirtschaft angeklagt. Der Sonderrichter behauptete, dass das Herrscherpaar für ein „Genozid" verantwortlich sei, da in den letzten zehn Jahren 64.000 Rumänen durch Hunger, Kälte und fehlende medizinische Versorgung umgekommen seien. Wie er zu dieser Zahl kam, ist ungeklärt. Viele assoziierten dabei vor allem jene Frauen, die bei illegalen Schwangerschaftsabbrüchen gestorben waren. Nach dem vierstündigen Prozess wurde das Präsidentenpaar am 25. Dezember erschossen.[56]

Ein Teil der Nomenklatura und der Securitate hatte am 22. Dezember die Seiten gewechselt und verfügte noch über sehr viel Einfluss. Daher kam die Aufarbeitung der Verbrechen in der kommunistischen Ära nur langsam in Gang.[57] Die Akten der Securitate waren bis 2000 unter der Kontrolle ihrer Nachfolgeorganisation, dann übernahm sie die neu geschaffene Behörde „Nationaler Rat zum Studium der Archive der Securitate" (CNSAS). Dort erstellte eine Gruppe von Historikern einen Dokumentenband, durch den die Organisationstruktur der Securitate transparent wurde.[58] Der Staatspräsident beauftragte 2006 eine Kommission von rumänischen und ausländischen Historikern, die Forschungsergebnisse zur kommunistischen Diktatur in Rumänien zusammenzufassen.[59]

---

[56] ANNELI U. GABANYI, Die unvollendete Revolution. Rumänien zwischen Diktatur und Demokratie, München 1990, S. 11–33; KUNZE, Ceauşescu, S. 401, 449.

[57] MARIANA HAUSLEITNER, Die verzögerte Aufarbeitung kommunistischer Verbrechen in Rumänien nach 1990, in: Schnittstellen. Gesellschaft, Nation, Konflikt und Erinnerung in Südosteuropa, hg. v. ULF BRUNNBAUER u. a., München 2007, S. 521–538.

[58] CNSAS Securitatea. Structuri-cadre [Die Securitate. Strukturen-Kader], Bd. 1 (1948–1967), Bucureşti 2006.

[59] Comisia prezidenţială pentru analiza dictaturii comuniste din România, Raport final [Kommission des Präsidenten zur Analyse der kommunistischen Diktatur in Rumänien, Endbericht], Bucureşti 2007.

4. Fazit

In allen drei Phasen hatten die rumänischen Regierungen trotz anderer Bekundungen ein instrumentelles Verhältnis zum großen Nachbarland. Solange die Führungsriege in Rumänien zur Stabilisierung ihrer Macht dessen wirtschaftliche Unterstützung brauchte, wurde die rumänisch-sowjetische Freundschaft beschworen. Sobald die neue Funktionärsschicht sicher im Sattel saß, lastete sie alle Missstände den sowjetischen Beratern an, statt Reformen durchzuführen. Gheorghiu-Dej hielt am Stalinschen Gesellschaftsmodell fest, er sah in einer starken Schwerindustrie den Garanten für die Souveränität. Auch Ceauşescu setzte diesen Kurs fort. Da der RGW seine Großprojekte nicht mehr förderte, ließ er sich von westlichen Institutionen finanziell unterstützen.

Die Vernachlässigung von Investitionen in der Landwirtschaft und der Verarbeitung von Lebensmitteln hatte in den 1980er Jahren schwerwiegende Folgen. Die geförderte Schwerindustrie und Petrochemie erbrachten keine nennenswerten Gewinne. Daher wurden in den 1980er Jahren vor allem Lebensmittel exportiert und die Rumänen waren schlechter versorgt als die Bevölkerung in anderen RGW-Staaten.

Ideologisch versuchte Gheorghiu-Dej bereits seit 1964 an den in Rumänien noch nachwirkenden Nationalismus der Jahre vor 1944 anzuknüpfen. Das Bild der aggressiven Sowjetunion war im kollektiven Gedächtnis seit der Okkupation Bessarabiens und der Nordbukowina im Juni 1940 verbreitet. Zu deren Rückeroberung trat Rumänien im Juni 1941 in den Krieg an der Seite des Deutschen Reiches ein und viele Rumänen starben an der Ostfront. Seit 1968 wurden der Sowjetunion offen alle Verbrechen des Stalinismus angelastet. Die rumänische Nation wurde zum Opfer stilisiert und die nationalen Minderheiten als Gefahrenquelle für sie dargestellt. Bereits alle Regierungen der Zwischenkriegszeit hatten Forderungen der ungarischen Minderheit nach kultureller Autonomie als Bestrebung zum Anschluss Siebenbürgens an Ungarn uminterpretiert. Nun wurde daran erinnert, wie Rumänien 1940 ein Drittel seines Staatsgebietes an die Sowjetunion, Ungarn und Bulgarien verloren hatte. Auch das Feindbild der jüdischen Minderheit konnte neu belebt werden, denn alle rumänischen Regierungen zwischen 1937 und 1944 hatten die Verfolgung der Juden damit begründet, dass durch ihre Masseneinwanderung die Schaffung einer rumänischen Mittelschicht behindert worden wäre. Die Enteignung der deutschen Minderheit war 1945 damit legitimiert worden, dass sie im Krieg Rumänien geschadet habe. Unter diesen Bedingungen sahen viele Rumänen die Massenemigration von Juden und Deutschen positiv. Unter Ceauşescu wurde das Ziel der ethnischen Homogenisierung weitgehend erreicht: 1966 stellten die Rumänen einen Anteil von 87,7 Prozent an der Gesamtbevölkerung. Insgesamt war über eine halbe Million Juden und Deutsche emigriert und das Herrscherpaar hatte dafür Millionen Devisen kassiert. Die Ungarn waren 1966 die einzige große Minderheit mit einem Anteil von 8,5 Prozent an der Gesamtbevölkerung. Durch Auswanderung nach 1989 ist ihr Anteil auf 6,5 Prozent zurückgegangen und 2011 stellten die Rumänen bereits 88,9 Prozent.[60]

Am 22. Dezember 1989 versuchte Ceauşescu vergeblich die Feindschaft gegen die Nachbarstaaten zu reaktivieren. Er sprach wie im August 1968 von der Gefahr einer Invasion der WVO, doch diesmal hielten viele Rumänen seine Herrschaft für das größere Übel. Die Rumänen wussten, dass in der Sowjetunion und in Ungarn der Lebensstandard nicht so weit abgesunken war wie in ihrem Land. In diesen Staaten lebten damals die Bürger ohne Angst vor Repression. Nach einer Übergangsphase von sechs Jahren begann die neue Führungsriege in Rumänien, sich um die Aufnahme in die NATO und die Europäische Union zu bemühen. Seit 2007 ist Rumänien Mitglied in der EU. Viele rumänische Politiker haben zu ihr dasselbe instrumentelle Verhältnis wie zum RGW: Die finanzielle Förderung wird positiv verbucht, aber im Fall von Pflichten wie etwa bei der Übernahme von Flüchtlingen die Souveränität Rumäniens betont. Auch im Fall von Umweltschäden wie beim Abholzen großer Waldbestände wird ausländische Kritik oft mit Floskeln aus der Ceauşescu-Ära wie „Einmischung in innere Angelegenheiten“ und „Gefährdung der Unabhängigkeit“ zurückgewiesen.

Abbildungsnachweis

Abb. 1: Copyright Muzeul Naţional de Istorie a României, https://commons.wikimedia.org/wiki/File:Ana_Pauker1.jpg (Zugriff: 17.05.2022).

Abb. 2: Fototeca online a comunismului românesc, #FA007, 7/1946, http://fototeca.iiccr.ro/picdetails.php?picid= 37924X37X46 (Zugriff: 17.05.2022).

Abb. 3: Ebd., #E5880, 1/1974, http://fototeca.iiccr.ro/picdetails.php?picid= 33336X10X14 (Zugriff: 17.05.2022).

[60] LUCIAN BOIA, Cum s-a românizat România [Wie sich Rumänien rumänisiert hat], Bucureşti 2015, S. 122, 124.

NADA BOŠKOVSKA

DAS SOZIALISTISCHE JUGOSLAWIEN – EIN EIGENER WEG ZUM SCHEITERN?

Kaum ein Land in Europa wies eine derartige Vielfalt auf wie Jugoslawien. Zahlreiche Sprachen, Ethnien, Religionen, Kulturen fanden sich in einem Staatswesen vereint, das erst Ende 1918 dank der Gunst der Stunde entstanden war und das so niemand geplant und gewollt hatte. Im April 1941 von den Achsenmächten zerschlagen, erlebte es nach dem Zweiten Weltkrieg, der im Innern auch ein Bürgerkrieg mit komplexen Fronten gewesen war, eine Wiederauferstehung unter völlig neuen ideologischen Vorzeichen. Was kann unter diesen Umständen Nationsbildung bedeuten?

Der Staat der Zwischenkriegszeit war mit einer Reihe schwerwiegender Probleme konfrontiert gewesen – im Innern wie außenpolitisch –, denen er nicht gewachsen war. Auch die Schaffung einer jugoslawischen Nation scheiterte, da die beteiligten Völker sehr unterschiedliche Erwartungen an den neuen Staat hatten und allesamt enttäuscht wurden. Hingegen fand sehr wohl bei einzelnen Bevölkerungsgruppen *nation-building* in unterschiedlichen Stadien statt, etwa bei den Kroaten oder den Makedoniern. Große Teile der jugoslawischen Bürger lehnten den Staat ab – weil sie sich ausgebeutet, unterdrückt oder beides fühlten – und waren nicht bereit zu kämpfen, als er am 6. April 1941 angegriffen wurde. Nebst dem organisatorischen Versagen der Armee war diese mangelnde Loyalität eines großen Teils der Bevölkerung ein wichtiger Grund, warum Jugoslawien nach nur zehn Tagen kapitulieren musste, obwohl in der Zwischenkriegszeit sehr große Summen für Armee und Flotte ausgegeben worden waren.[1]

[1] Selbst im Krisenjahr 1932/33 waren von 7,57 Mrd. Dinar staatliches Budget 2,12 Mrd. (28 Prozent) für das Militär vorgesehen. NADA BOŠKOVSKA, Das jugoslawische Makedonien 1918–1941. Eine Randregion zwischen Repression und Integration, Wien u. a. 2009, S. 163.

Auch für die sozialistische Phase Jugoslawiens stellt sich die Frage, was in einem multiethnischen Staat unter Nationsbildung zu verstehen ist, ob es also um den Gesamtstaat gehen soll oder darum, wie einzelne ethnische Gruppen je zu einer Nation werden. Klar ist soviel, dass im Falle Jugoslawiens, wie auch anderer multiethnischer Staaten Osteuropas, nicht eine Gleichsetzung von Nation und Staat vorgenommen werden kann, wie es insbesondere in der westlichen und vor allem angelsächsischen Literatur häufig getan wird. Es wird hier deshalb auch darum gehen auseinanderzuhalten, was im Falle Jugoslawiens jeweils mit Nation gemeint war, zumal das Land ausgeprägte föderalistische Strukturen entwickelte. Es sollen im Folgenden drei Phasen unterschieden und untersucht werden: Die unmittelbare Nachkriegszeit und der Bruch mit der Sowjetunion, die 1950er bis Mitte der 1960er Jahre sowie die Zeit danach bis zum beginnenden Zerfall Jugoslawiens in den 1980er Jahren.

Die unmittelbare Nachkriegsphase war vom Willen der siegreichen Kommunisten geprägt, die Vergangenheit hinter sich zu lassen und das Land zügig und nach dem Vorbild der Sowjetunion in den Sozialismus zu führen. Die inneren nationalen Gegensätze, wie sie sich eben erst während des Zweiten Weltkriegs mit aller Brutalität manifestiert hatten, wurden in den Hintergrund gedrängt. In seiner ersten Rede im befreiten Zagreb am 21. Mai 1945 verkündete Tito: „Es reicht mit der Vergangenheit!".[2] Die revolutionäre Ideologie mit ihrer Betonung des Klassenkampfs sollte die Bevölkerung einen und die nationalen Loyalitäten und ethnozentrischen Haltungen ablösen.[3] Außenpolitisch war der Bruch mit der Sowjetunion das herausragende Ereignis dieser Zeit, das auch entscheidenden Einfluss auf die Innenpolitik hatte. Der Bruch prägte jedoch nicht nur diese Phase, sondern katapultierte Jugoslawien gewissermaßen auf eine neue Umlaufbahn, weshalb hier näher darauf eingegangen werden soll.

Nach dem Krieg wähnte sich Jugoslawien im Verband der sozialistischen Staaten mit der Sowjetunion als großem Bruder und Vorbild ideologisch und politisch aufgehoben. Mit verschiedenen sozialistischen Nachbarstaaten wurden Föderationspläne geschmiedet, die einerseits dazu dienen konnten, Friktionen untereinander zu vermeiden, wie sie in der

---

[2] DEJAN JOVIĆ, Reassessing Socialist Yugoslavia, 1945–90. The Case of Croatia, in: New Perspectives on Yugoslavia. Key Issues and Controversies, hg. v. DEJAN DJOKIC / JAMES KER-LINDSAY, London / New York 2011, S. 117–142, hier S. 121.

[3] PAUL SHOUP, Titoism and the National Question in Yugoslavia. A Reassessment, in: The Disintegration of Yugoslavia, hg. v. MARTIN VAN DEN HEUVEL / JAN G. SICCAMA, Amsterdam / Atlanta, S. 47–72, hier S. 51.

Zwischenkriegszeit das nachbarschaftliche Verhältnis vergiftet hatten. Zum andern waren sie geeignet, innenpolitische Probleme zu entschärfen, etwa die makedonische und albanische Unzufriedenheit mit der Aufteilung der jeweiligen Siedlungsgebiete auf mehrere Staaten. Als darum eine jugoslawische Delegation im Januar 1948 nach Moskau reiste, um über sowjetische Finanzhilfe zu verhandeln, konnte sich keines der Mitglieder vorstellen, dass ihr Land fünf Monate später aus der kommunistischen Gemeinschaft ausgeschlossen werden würde. Beide Seiten führten ideologische Argumente für das nachhaltige Zerwürfnis vom Juni 1948 ins Feld, warfen einander das Abweichen vom richtigen Weg zum Kommunismus vor. Diese ideologischen Nebelpetarden sollten die Tatsache verschleiern, dass es in erster Linie um Machtpolitik ging.

Der Vorwurf Moskaus an Belgrad, dass es vom marxistischen Dogma abgewichen sei, lässt sich rasch entkräften. Die jugoslawischen Kommunisten waren treue Gefolgsleute Stalins. So hatten sie zu Beginn des Zweiten Weltkriegs den deutsch-sowjetischen Pakt[4] gerechtfertigt und Großbritannien und Frankreich als Hauptkriegstreiber in diesem „imperialistischen Krieg" identifiziert. Erst nach dem deutschen Überfall auf die Sowjetunion am 22. Juni 1941 änderte die KPJ ihre Politik, beschloss am 4. Juli 1941 den Übergang zum allgemeinen Aufstand und appellierte an die Bevölkerung, sich gegen den Feind zu erheben.

Auch in den unmittelbaren Nachkriegsjahren war Jugoslawien ein kommunistischer Musterschüler. Alle Sowjetisierungsvorgänge, wie sie sich ähnlich in allen osteuropäischen Staaten abspielten, waren in Jugoslawien am schnellsten abgeschlossen, da die Kommunistische Partei die Macht bereits während des Krieges errungen hatte und sich nicht erst etablieren musste. Die innere Sowjetisierung wurde 1946/47 mit Hilfe der politischen Polizei unter Innenminister Aleksandar Ranković und der Geheimdienste umgesetzt. Jugoslawien war zu Beginn ein zentralistisch ausgerichteter Staat, der mit seinen inneren Gegnern abrechnete. Am 30. Januar 1947 wurde eine Verfassung gebilligt, die sich in wesentlichen Punkten an der Stalin-Verfassung von 1936 orientierte. Sie sah Verstaatlichung, Planwirtschaft und Sozialismus vor. Titos Jugoslawien verstand sich zu diesem Zeitpunkt als getreue Nachbildung der Sowjetunion, die Beziehungen zwischen den beiden Ländern waren ausgezeichnet.

Allerdings währte diese Phase nicht lange. Erste kritische Bemerkungen der sowjetischen Botschaft in Belgrad waren schon ab Mitte 1947 zu

---

[4] Gemeint ist der deutsch-sowjetische Nichtangriffsvertrag vom 23. August 1939 mit seinem geheimen Zusatzprotokoll [Anm. d. Hrsg.].

verzeichnen: Die Rolle der Partisanen im Krieg werde glorifiziert und die der Sowjetunion minimiert. Die jugoslawische Führung verstehe zudem nichts vom Marxismus-Leninismus.[5] Um diese Angriffe zu verstehen, muss man sich vor Augen halten, dass das Jahr 1947 für die Sowjetunion eine kritische Phase darstellte. Die „Sowjetisierung" der osteuropäischen Staaten war noch nicht abgeschlossen, einige von ihnen, so etwa Polen und die Tschechoslowakei, waren am Marshallplan interessiert und ihre Führer sprachen von anderen Wegen zum Sozialismus. Um alle auf Linie zu bringen und die Kontrolle zu behalten, wurde am 22. September 1947 das Kommunistische Informationsbüro gegründet. Der treue Vasall Belgrad erschien als der richtige Sitz für die Organisation.[6]

Der Kern der Spannungen zwischen der jugoslawischen und der sowjetischen Kommunistischen Partei lag darin, dass die Sowjetunion in ihrem Anspruch auf Führerschaft in Osteuropa Jugoslawien genau gleich behandeln wollte wie die übrigen osteuropäischen Staaten, die sie entweder besiegt oder von den Deutschen befreit hatte und die sie nun unter ihre politische und wirtschaftliche Hegemonie brachte. Die jugoslawischen Kommunisten allerdings, die ihr Land weitgehend selbst befreit hatten, die bereits die Macht in den Händen hielten und sich ideologisch als mustergültig verstanden, waren nicht bereit, sich politisch oder ökonomisch bevormunden zu lassen. Sie betrachteten ihren Staat mit aller Selbstverständlichkeit als uneingeschränkt souverän und sich selbst als berechtigt, nach eigenem Gutdünken zu handeln. So wurde ohne Absprache mit der Sowjetunion, aber ideologiekonform bereits 1947 der Aufbau einer Schwerindustrie eingeleitet, während Stalin der Meinung war, Jugoslawien solle sich auf die landwirtschaftliche Produktion konzentrieren. Die jugoslawische Parteiführung beschloss des Weiteren im Februar 1948, Armee und Rüstung aus eigenen Mitteln zu finanzieren, um auch in diesem Bereich die Einmischung der sowjetischen Seite zu beenden und Eigenständigkeit zu bewahren.[7]

Nationsbildung bedeutete in dieser Phase für die Außenpolitik, zwar die Ideologie mit der Sowjetunion zu teilen, aber in der Innenpolitik und im Umgang mit den Nachbarn autonom zu handeln. Moskau war über Vertrauensleute im Zentralkomitee der KPJ über die Vorgänge in Belgrad jeweils gut unterrichtet. Als Reaktion auf die erwähnten Schritte der

---

[5] NOVICA VELJANOVSKI, Makedonija 1945–1991. Državnost i nezavisnost [Makedonien 1945–1991. Staatlichkeit und Unabhängigkeit], Skopje 2002, S. 219–222.

[6] Ebd., S. 214–216.

[7] Ebd., S. 219–222.

jugoslawischen Führung bereitete die Abteilung für Außenpolitik des ZK der KPdSU Material über die „antimarxistische Tätigkeit der Führung der KPJ im Hinblick auf die Außen- und Innenpolitik“ vor.[8]

Tito war ein zu selbstbewusster Führer, um sich von Moskau aus steuern zu lassen. Er genoss aufgrund der Erfolge der Partisanen im Krieg nicht nur im Innern, sondern auch international Ansehen und Respekt.[9] Im August 1947 hatte er in einer Rede vor kroatischen Bauern eine selbstbewusste Position vertreten: „Mit England und Amerika, aber auch mit anderen Staaten sprechen wir von gleich zu gleich. Wir werden nicht erlauben, dass man mit uns wie mit einem Kolonialvolk umgeht.“[10] Mit den erwähnten „anderen Staaten“ konnte durchaus die Sowjetunion gemeint sein. Stalin seinerseits wollte kein potentielles zweites Zentrum des Kommunismus und einen derart eigenständigen Führer wie Tito dulden. Vom 19. bis 23. Juni 1948 beriet das Informationsbüro in Abwesenheit der Jugoslawen in Rumänien. Das Resultat war die bekannte Resolution vom 28. Juni 1948. Darin wurde das ZK der jugoslawischen KP, namentlich Tito, Edvard Kardelj, Milovan Djilas und Aleksandar Ranković, wegen Abweichung vom Marxismus-Leninismus, Nationalismus und einer antisowjetischen Haltung verurteilt. Trotzkismus und Anleihen bei Bucharin wurden geltend gemacht, den Führern undemokratisches Verhalten, Ehrgeiz, Größenwahn und Überheblichkeit vorgeworfen. Sie hätten die marxistische Theorie und Praxis verlassen, in der Agrarfrage die Kulaken favorisiert und sich dem Westen angenähert.[11] Man hört förmlich einen Staatsanwalt diese Anklagen in einem Schauprozess vorbringen. Ziel der Resolution war es, einen Keil in die KPJ zu treiben und den Sturz der Führung herbeizuführen, richtete sich doch die geballte Kritik ausschließlich gegen die oberste Führungsriege, zu deren Absetzung offen aufgerufen wurde.

Vermutlich hatten Tito und sein Umfeld nicht mit einer so harschen Reaktion aus Moskau und dem übrigen Osten gerechnet. Als überzeugte Kommunisten schmerzten sie der Bruch, der Ausschluss aus der kommunistischen Gemeinschaft und das unterstellte Fehlverhalten. Einer der

---

[8] Ebd., S. 223 f.

[9] NATAŠA MIŠKOVIĆ, The Pre-history of the Non-Aligned Movement. India's First Contacts with the Communist Yugoslavia, 1948–50, in: India Quarterly 65 (2009), H. 2, S. 185–200, hier S. 189.

[10] Zit. nach JOŽE PIRJEVEC, Tito. Die Biographie, München 2016, S. 222.

[11] http://www.red-channel.de/mlliteratur/sowjetunion/kominform_jugo.htm (Zugriff: 12.09.2018).

Kritikpunkte des Informationsbüros lautete „Nationalismus". Die jugoslawische Parteiführung habe sich „auf den Weg des Verrats an der Sache der internationalen Solidarität der werktätigen Völker und des Übergangs auf die Positionen des Nationalismus begeben". Begründet wurde dieser Vorwurf mit dem Verweis auf eine angeblich antisowjetische Haltung führender Funktionäre der KPJ und eine „unrichtige Politik im Dorf". Gemeint war die noch nicht erfolgte Verstaatlichung des Bodens. Die Ansicht der jugoslawischen Funktionäre, dass „die Bauern die festeste Stütze des jugoslawischen Staates" seien, widerspiegele die Auffassung von kleinbürgerlichen Nationalisten, aber nicht von Marxisten-Leninisten.[12]

Auch wenn die Resolution versuchte, die Argumentation in das Prokrustesbett des Marxismus-Leninismus zu pressen, wird deutlich, dass die beiden Aspekte, die im vorliegenden Buch verfolgt werden, eine herausragende Rolle spielen: Es ging zum einem um den Versuch der jugoslawischen Parteiführung, das Land, in dem der Bürgerkrieg die ethnischen Gräben auf das Brutalste aufgerissen und Hunderttausende von Menschen das Leben gekostet hatte, nach Möglichkeit zu versöhnen und zu einen. Und zum Zweiten ging es um eine eigenständige und unabhängige Außenpolitik. Die jugoslawischen Kommunisten wollten die Vorwürfe nicht auf sich sitzen lassen und suchten sie in zahlreichen Schriften zu entkräften. Unter anderem legte der Slowene Boris Ziherl, damals ein wichtiger Parteiideologe und Direktor des Instituts für Gesellschaftswissenschaft in Belgrad, 1949 in einer Schrift nicht ohne Mühe dar, wie die eigentlich unvereinbaren Komponenten Nation und Kommunismus in Einklang zu bringen waren. Er argumentierte, dass sich im Krieg die bürgerlichen Kräfte durch Kollaboration mit dem Feind als anational erwiesen hätten. Genau in dieser Zeit sei hingegen „der Begriff des Kommunismus [...] mit dem Begriff des echtesten Patriotismus untrennbar verknüpft" worden.[13]

Mehrfach wurde Stalin zitiert, u. a. mit seinen Reden im Zweiten Weltkrieg, in denen er das nationale Bewusstsein der Sowjetvölker mit der Aufforderung gehoben habe, „ihrer großen Ahnen, Denker, Dichter und Heerführer-Patrioten würdig zu sein". Auf der anderen Seite geißelte Ziherl wiederholt den „sozialdemokratischen nationalen Nihilismus", den die KPJ in ihren Reihen überwunden habe. Er betonte auch den notwendigen Kampf gegen den Kosmopolitismus, um auf diese Weise das nationale Bewusstsein zu wecken und die schöpferischen Kräfte im eigenen Volk zu sammeln, „damit es sich erfolgreich den Eroberungsplänen frem-

---

[12] Ebd.

[13] BORIS SICHERL, Kommunismus und Vaterland, Belgrad 1949, S. 4.

der Imperialisten widersetzen kann". Dieser Kampf arte aber in Nationalismus aus, falls nicht einige Grundsätze des Marxismus-Leninismus beachtet würden: 1. Kulturen beeinflussen sich gegenseitig und 2. geht die Entwicklung der Gesellschaft nicht gleichmäßig, sondern sprunghaft voran.[14] Das bedeutete gemäß Ziherl, dass Gesellschaften, die rückständig gewesen sein mögen, plötzlich auf einer neuen Stufe stehen könnten, so wie Jugoslawien:

> „[D]as jugoslawische schaffende Volk ist stolz, weil es im Kampfe für den Sozialismus nicht als eine minderjährige unnötige Belastung anderer und als ein geistloser Nachahmer des Fremden, sondern als Schöpfer auftritt, der die Bedeutung fremder Beispiele nicht ableugnet, aber ebenso auch seine eigenen Möglichkeiten und Fähigkeiten nicht unterschätzt."

Infolge des Volksbefreiungskrieges und der damit einhergehenden Revolution gehöre Jugoslawien zu den fortschrittlichsten Ländern unter den gleichberechtigten Völkern und dürfe einen berechtigten Nationalstolz empfinden.[15] Ziherls Ausführungen zeigen, in welche Richtung das nach innen gerichtete *nation-building* in dieser Zeit zielte und was die Menschen hinter der Partei scharen sollte: Stolz auf den im Krieg und Bürgerkrieg errungenen Sieg der Partisanen und das Selbstbewusstsein, ideologisch auf der Höhe zu sein und keiner diesbezüglichen Vormundschaft mehr zu bedürfen.

Das Selbstbewusstsein der jugoslawischen Kommunisten zeigte sich mehr als deutlich in der Außenpolitik, die ein zentraler Stein des Anstoßes war, obwohl in der Resolution des Kominform davon nichts steht. Jugoslawien sah sich als kommunistischen Kristallisationspunkt und Führungsmacht auf dem Balkan. Es unterstützte die Kommunisten im griechischen Bürgerkrieg, während Stalin keine Konfrontation mit den Briten und Amerikanern wünschte; es schloss Abkommen mit Ungarn und Rumänien und verfolgte, wie bereits erwähnt, Föderations- und Fusionspläne mit Bulgarien und Albanien. An sich waren diese Projekte gegen Kriegsende noch von Stalin selbst angestoßen und gefördert worden; doch nach dem Krieg, als insbesondere Großbritannien solchen Ideen sehr ablehnend gegenüberstand und die Sowjetunion den Westen, der noch allein im Besitz der Atombombe war, nicht herausfordern wollte, änderte Stalin seine diesbezügliche Politik. Jugoslawien und Bulgarien verfolgten ihre Pläne der Annäherung allerdings weiter. Stalin machte

---

14 Ebd., S. 52 f., 57.

15 Ebd., S. 63–65.

Jugoslawien deshalb schon im Februar 1948 Vorwürfe und war außer sich, dass man ihn nicht konsultiert. Kurz darauf, im März, zog Moskau seine zivilen und militärischen Berater zurück. Und schon im Mai wurde Lavrentij Berija[16] beauftragt, überall im sozialistischen Lager Titoisten ausfindig zu machen und sie zu vernichten. Eines der Opfer war in der Folge der ungarische Innenminister László Rajk.[17]

Der Ausschluss aus der Gemeinschaft der sozialistischen Staaten warf Jugoslawien aus der ideologisch vorgesehenen Entwicklungsbahn. Während die Bevölkerung, wie Djilas versichert,[18] nicht im Dilemma war und hinter der Staatsführung stand, ging ein Riss durch die Partei und führte zu Repressionen gegen Anhänger Stalins und des Kominform. Die Führung fürchtete, es könne sich innerhalb Jugoslawiens eine stalintreue Anhängerschaft formieren und den Staat unterminieren, zumal das Kominform in seiner Resolution die KPJ-Mitglieder zum Sturz Titos aufrief:

> „Das Informationsbüro zweifelt nicht daran, dass sich in den Reihen der Kommunistischen Partei Jugoslawiens genug gesunde Elemente finden werden, die dem Marxismus-Leninismus, den internationalistischen Traditionen der jugoslawischen KP, der einheitlichen sozialistischen Front treu sind. Die Aufgabe dieser gesunden Kräfte der Kommunistischen Partei Jugoslawiens ist es, ihre gegenwärtigen führenden Funktionäre zu zwingen, offen und ehrlich ihre Fehler einzugestehen und sie wiedergutzumachen, dem Nationalismus eine Absage zu erteilen, zum Internationalismus zurückzukehren und in jeder möglichen Weise die Einheit der sozialistischen Front gegen den Imperialismus zu festigen; oder, wenn sich die gegenwärtigen Führer der KP Jugoslawiens dazu als unfähig erweisen, sie auszuwechseln und von unten her eine neue internationalistische Führung der KP Jugoslawiens zu entwickeln."[19]

Stalin war überzeugt davon, dass er Tito stürzen konnte. Zu Chruščev meinte er: „Ich schnippe mit dem kleinen Finger – und Tito wird es nicht mehr geben. Er verschwindet ..."[20]

---

[16] Politbüromitglied und Stellvertreter Stalins als Vorsitzender des Ministerrates der UdSSR [Anm. d. Hrsg.].

[17] Karl-Heinz Gräfe, Kominform – die Konferenzen 1947 und 1948, in: Utopie kreativ 84 (Oktober 1997), S. 51–60, hier S. 58.

[18] Milovan Djilas, Jahre der Macht. Im jugoslawischen Kräftespiel. Memoiren 1945–1965, München 1992, S. 236.

[19] http://www.red-channel.de/mlliteratur/sowjetunion/kominform_jugo.htm (Zugriff: 12.09.2018).

[20] Chruščevs „Geheimrede" auf dem 20. Parteitag: https://www.1000dokumente.de/index.html?c=dokument_ru&dokument=0014_ent&object=pdf&st=REDE%20DES%20ERSTEN%20SEKRET%C3%A4RS&l=de (Zugriff: 12.09.2018).

Im November 1949, als Tito immer noch fest im Sattel saß, wurde mit einer weiteren Resolution nachgelegt:

> „Die faschistische Ideologie, die faschistische Innen- sowie die verräterische Außenpolitik der Tito-Clique, die sich den ausländischen imperialistischen Kreisen voll und ganz untergeordnet hat, schuf einen Abgrund zwischen der faschistischen Spionageclique Tito-Ranković und den Lebensinteressen der freiheitsliebenden Völker Jugoslawiens. [...] Eine notwendige Voraussetzung für die Rückkehr Jugoslawiens in das sozialistische Lager ist der aktive Kampf der revolutionären Elemente sowohl innerhalb als auch außerhalb der KPJ für das Wiedererstehen einer revolutionären, wirklich kommunistischen Partei Jugoslawiens, die dem Marxismus-Leninismus, den Prinzipien des proletarischen Internationalismus treu ist und für die Unabhängigkeit Jugoslawiens vom Imperialismus kämpft."[21]

Die Zerrissenheit in der Partei illustriert Djilas mit einer Aussage Ranković': „Das Schlimmste ist, dass man nicht wissen kann, wer dein Feind ist: bisher war der Feind außerhalb der Partei, auf der anderen Seite, aber jetzt – das kann auch der bis gestern noch nächste, vertrauteste Genosse sein."[22] Der Slowene Edvard Kardelj, ein weiterer enger Vertrauter Titos und wichtigster Parteiideologe, schildert die Abwehrmaßnahmen nach der Resolution:

> „Es begann ein Kampf auf Leben und Tod. Wir mobilisierten nicht nur die Armee, sondern auch einen großen Teil des Volkes. An allen Grenzen zu den osteuropäischen Staaten ließen wir Gräben ausheben und Festungen errichten. [...] Gegenüber den Agenten des Kominform im Land waren wir hart, doch wir konnten nicht anders handeln, weil wir sonst direkt das Tor für Stalin geöffnet hätten. [...] Täglich entfloh uns irgendein Kommunist, Offizier, Angestellter, Diplomat, Botschafter usw. Die Gesamtzahl dieser Flüchtlinge war zwar nicht groß, doch verursachten sie ununterbrochen eine Atmosphäre der Unruhe."[23]

Um einem möglichen Putsch zuvorzukommen, wurden Verdächtige und als verdächtig Denunzierte verhaftet und in spezielle Gefängnisse verbracht, die bereits früheren Regimen zu ähnlichen Zwecken gedient hatten. Ein kleiner Teil der Inhaftierten wurde in Schauprozessen abge-

---

21 http://www.red-channel.de/mlliteratur/sowjetunion/kominform_jugo.htm (Zugriff: 12.09.2018).

22 DJILAS, Jahre der Macht, S. 227. Eine Aussage, die noch kurz vor der Resolution gemacht wurde.

23 EDVARD KARDELJ, Der Übermacht zum Trotz. Erinnerungen an Jugoslawiens Kampf um Anerkennung und Souveränität 1944–1957, Klagenfurt 1984, S. 165.

urteilt. Die meisten erhielten jedoch keine öffentliche Gerichtsverhandlung, sondern wurden von der UDBA, der Geheimpolizei, verurteilt. Etwa 16.000 wurden auf den Inseln Goli Otok und Sveti Grgur in der nördlichen Adria interniert und mussten Zwangsarbeit leisten.[24]

Um Jugoslawien zu destabilisieren, spielte der Kreml auch die makedonische Karte: Er unterstützte die bulgarischen Ansprüche auf Makedonien, was Tito veranlasste, die makedonische Partei von den Kominformisten und Bulgarophilen zu säubern. Während die Sowjetunion Truppen an der rumänischen und bulgarischen Grenze massierte, tat Jugoslawien das Gleiche auf seiner Seite.[25]

Der Verurteilung der jugoslawischen Führung und dem Ausschluss aus dem Kominform folgte eine Wirtschaftsblockade, die für das vom Krieg stark versehrte Land schwerwiegende Konsequenzen hatte. Mitte 1948 wickelte Jugoslawien 90 Prozent seiner Importe und 56 Prozent seiner Exporte mit den sozialistischen Ländern ab. Nun kündigten diese innerhalb kürzester Frist alle Wirtschaftsvereinbarungen. Jugoslawien war deshalb gezwungen, sich wirtschaftlich und rüstungstechnisch völlig neu auszurichten und seine Fühler gegen Westen auszustrecken. Dieser verhielt sich zunächst abwartend, galt doch Jugoslawien bis 1948 zu Recht als der loyalste und militanteste Verbündete der Sowjetunion. Im März 1948 war es noch zu einer kritischen Situation gekommen: Die Regierungen Großbritanniens und der USA teilten Jugoslawien mit, dass sie es – vertragswidrig, wie Svetozar Rajak betont, – Italien erlaubten, die Verwaltung in ihrem Teil des Freien Territoriums Triest zu übernehmen. Diese Nachricht führte nahezu zu einer militärischen Konfrontation Jugoslawiens mit Italien und den westlichen Alliierten. Der definitive Verlust der Stadt Triest war für Tito ein herber Prestigeverlust zu diesem heiklen Zeitpunkt. Rajak vermutet sogar, dass Stalin, der über die britischen Pläne wahrscheinlich im Bild war, seinen Angriff auf die jugoslawischen Kommunisten bewusst in dieser Zeit führte.[26]

Der Westen wurde vom Bruch überrascht und war zunächst ratlos. Zwar pochte Jugoslawien auf seine Unabhängigkeit von Moskau, hielt

---

[24] MARIE-JANINE CALIC, Geschichte Jugoslawiens im 20. Jahrhundert, München 2010, S. 191.

[25] COLEMAN MEHTA, The CIA Confronts the Tito-Stalin Split, 1948–1951, in: Journal of Cold War Studies 13 (2011), H. 1, S. 101–145, hier S. 118.

[26] SVETOZAR RAJAK, No Bargaining Chips, No Spheres of Interest. The Yugoslav Origins of Cold War Non-Alignment, in: Journal of Cold War Studies 16 (2014), H. 1, S. 146–179, hier S. 150 f.

aber nicht weniger als zuvor daran fest, dass es ein genuin sozialistischer Staat sei. Letztlich sah der Westen aber in dieser Entwicklung die Gelegenheit, einen Keil ins kommunistische Lager zu treiben, indem er das abtrünnige Land unterstützte. Die USA gelangten zur Überzeugung, dass gerade Jugoslawien eine Vorreiterrolle im Kampf gegen Moskau zukam. Es konnte in der Folge 1949 ein dringend benötigtes Handelsabkommen mit den westlichen Ländern abschließen. Der politische Preis dafür war, dass Jugoslawien die Unterstützung der Kommunisten im griechischen Bürgerkrieg beenden und Gebietsforderungen gegenüber Kärnten und der Steiermark aufgeben musste.[27] Die westliche, vor allem US-amerikanische Hilfe an Jugoslawien summierte sich von 1950 bis 1955 auf 1,7 Mrd. Dollar, wovon eine Milliarde Militärhilfe darstellte,[28] die ab 1952 gewährt wurde. Das ist eine sehr ansehnliche Summe, wenn man sich vor Augen führt, dass der Marshallplan von 1948–57 insgesamt 13 Mrd. Dollar umfasste. Das Land befand sich nun aber, wie es Tito in einem Gespräch mit einem Vertrauten 1979 rückblickend ausdrückte, zwischen Hammer und Amboss,[29] denn die Annäherung an den „imperialistischen" Westen war keineswegs gewollt. Die Beziehungen zum Osten auf der anderen Seite blieben feindselig und bedrohlich. Entlang der Grenzen waren seit der Kominformresolution Zwischenfälle an der Tagesordnung, die mit der Zeit sogar zunahmen. Die jugoslawische Führung machte am 19. Juni 1950 geltend, dass sich vom 1. Januar bis zum 1. Juni des Jahres 352 bewaffnete „Provokationen" an den Grenzen zu den sozialistischen Nachbarländern abgespielt hätten, mehr als in den beiden Jahren zuvor.[30]

Im Jahr 1952 gaben die USA ihre „Keilstrategie" auf und begannen, Jugoslawien zum Beitritt in die NATO zu drängen. Der Balkanpakt vom August 1954 zwischen Jugoslawien, Griechenland und der Türkei schien ein guter Zwischenschritt auf diesem Weg zu sein. Die NATO war für Tito allerdings ein rein antikommunistisches Bündnis, dem er nicht beizutreten gedachte. Die Annäherung an den Westen betrachtete er als ein temporäres Zweckbündnis.[31] Nach Stalins Tod kam es folgerichtig zu

---

[27] HOLM SUNDHAUSSEN, Jugoslawien und seine Nachfolgestaaten 1943–2011. Eine ungewöhnliche Geschichte des Gewöhnlichen, Wien u. a. 2012, S. 116.

[28] RAJAK, No Bargaining Chips, S. 152.

[29] VJENCESLAV CENČIĆ, Titova poslednja ispovijest [Titos letzte Beichte], Beograd 2001, S. 152–155.

[30] Neue Zürcher Zeitung vom 21.06.1950, Mittagsausgabe, S. 1.

[31] SUNDHAUSSEN, Jugoslawien und seine Nachfolgestaaten, S. 114; RAJAK, No Bargaining Chips, S. 152.

einer Verbesserung der Beziehungen zur Sowjetunion. Nikita Chruščev, Erster Sekretär der KPdSU, machte den ersten Schritt und schlug in einem vor der Öffentlichkeit geheim gehaltenen Schreiben vom 22. Juni 1954 eine Normalisierung der Beziehungen vor.[32] Vom 27. Mai bis zum 2. Juni weilte eine hochrangige sowjetische Delegation, angeführt von Chruščev und dem Ministerpräsidenten Nikolaj Bulganin, in Jugoslawien.[33]

In seiner Abrechnung mit Stalin auf dem 20. Parteitag im Februar 1956 verurteilte Chruščev dessen Jugoslawienpolitik scharf. Kurz danach, am 17. April 1956, wurde das Kominform aufgelöst. Allerdings blieben die Beziehungen zwischen Jugoslawien und der Sowjetunion kompliziert und unstet und wurden bereits 1956 durch den sowjetischen Einmarsch in Ungarn belastet. Hatte Jugoslawien zunächst das Vorgehen der ungarischen Seite kritisiert, da es z. B. durch die Forderung nach Parteienpluralismus den Sozialismus gefährdet sah, war es vom Einmarsch am 4. November und dem Beschuss der jugoslawischen Botschaft in Budapest, in der sich Imre Nagy befand, zutiefst beunruhigt. In einer Rede am 11. November 1956 distanzierte sich Tito deutlich von der Sowjetunion, die wieder als konkrete Gefahr wahrgenommen wurde.[34] Auch zu China konnte kein stabil gutes Verhältnis aufgebaut werden. Das lag zu einem guten Teil daran, dass sich Jugoslawien im Kalten Krieg nicht auf die Seite des Ostens schlagen wollte. 1958 lehnte der Parteikongress des Bundes der Kommunisten Jugoslawiens (BdKJ), wie sich die KPJ seit 1952 nannte, in Ljubljana jede Einmischung von außen ab. Und auf wirtschaftlicher Ebene wurde mit allen Seiten die Zusammenarbeit gesucht, ob dies nun die EWG, die EFTA oder der RGW war.

Die Heimatlosigkeit zwischen den Blöcken führte im Verlauf der 1950er Jahre dazu, dass Jugoslawien neue und unerwartete Wege einschlug, innen- wie außenpolitisch. Es war dazu in der Lage, weil die Nationsbildung im Sinn von Staatsbildung und innerer Konsolidierung inzwischen fortgeschritten war. Die Führung mit Tito an der Spitze hatte die schwierige Übergangsphase vom Krieg zum Frieden gemeistert und große Herausforderungen bewältigt. Nicht nur waren die ideologischen

---

[32] Ebd., S. 160.

[33] SUNDHAUSSEN, Jugoslawien und seine Nachfolgestaaten, S. 120.

[34] SVETOZAR RAJAK, Yugoslavia and the Soviet Union in the Early Cold War. Reconciliation, Comradeship, Confrontation, 1953–57, London 2006, S. 181–184; NATAŠA MIŠKOVIĆ, Tito, Nehru, Chruščev und der ungarische Volksaufstand 1956. Blockfreies Krisenmanagement im Kalten Krieg, in: Südost-Forschungen 72 (2013), S. 158–197, hier S. 180.

Gegner aus der Kriegszeit ausgeschaltet oder im Exil. Auch als illoyal betrachtete Minderheiten, in erster Linie Italiener und Deutsche, hatten das Land verlassen müssen. Anschließend war die Partei mit der innerparteilichen Opposition der Stalinisten und Kominformisten fertig geworden. Gerade in dieser kritischen Phase zeigte sich, dass die Führung in der Partei und in der Bevölkerung weitgehenden Rückhalt genoss – nie war sie ernsthaft gefährdet, da konnte Stalin so viel mit dem Finger schnippen, wie er wollte. Der rasche wirtschaftliche Wiederaufbau und die Verbesserung des Lebensstandards dank westlicher Hilfe trugen das Ihre dazu bei.

Auf der anderen Seite erwies sich die KPJ als lernfähig. Die größte Gefahr, die Unterstützung der breiten Bevölkerung zu verlieren, ging sie mit der Kollektivierung ein, die ab 1949 forciert wurde, nicht zuletzt um dem Kominform ihre Ideologietreue zu beweisen. Theoretisch sollten die Bauern freiwillig in Genossenschaften unterschiedlichen Kollektivierungsgrades eintreten, faktisch übten die Parteikader großen Druck auf die ländliche Bevölkerung aus. Der passive und aktive Widerstand der Bauern war aber derart massiv, dass die Führung ab 1950 zurückkrebste und 1953 das Kollektivierungsvorhaben aufgab. Die Landwirtschaft wurde in der Folge von der direkten staatlichen Kontrolle befreit.[35] Aber nicht nur in der Landwirtschaft änderte sich die Politik seit den frühen 1950er Jahren. Mit der Arbeiterselbstverwaltung entwickelte und erprobte die Führung neue Wege zum Sozialismus, die der Arbeiterschaft mehr Mitwirkung gewähren und zugleich der heterogenen Bevölkerung eine Möglichkeit geben sollten, sich mit Jugoslawien als einem einzigartigen sozialistischen Vaterland, das seinen eigenen Weg geht, zu identifizieren.

Gleichzeitig schlug Jugoslawien auch außenpolitisch einen neuen, unerwarteten Weg ein, nämlich jenen der Blockfreiheit. Aus der Not, dass die Führung zwar ein sozialistisches Land aufbauen, sich aber nicht dem Vorbild Sowjetunion unterwerfen wollte, machte sie eine Tugend, indem sie die weltpolitische Lage nutzte. In Asien und Afrika erlangten immer mehr Staaten die Unabhängigkeit, von denen sich viele nicht von einem der Blöcke vereinnahmen lassen wollten. Nach Stalins Tod 1953 fühlte sich Jugoslawien nicht mehr akut bedroht und freier, eine vom Westen wie vom Osten unabhängige Politik zu verfolgen. In einer Rede im März 1955 vor dem jugoslawischen Parlament verurteilte Tito die Teilung der

---

[35] PIRJEVEC, Tito, S. 261; MELISSA K. BOKOVOY, Collectivization in Yugoslavia. Rethinking Regional and National Interests, in: The Collectivization of Agriculture in Communist Eastern Europe. Comparison and Entanglements, hg. v. CONSTANTIN IORDACHI / ARND BAUERKÄMPER, Budapest 2014, S. 293–327, hier S. 312–318.

Welt in zwei Lager und wies insbesondere auf die Gefahren des Rüstungswettlaufs hin. Dagegen gebe es nur die beharrliche Politik der „aktiven, friedlichen Koexistenz".[36] Tito vertrat die Überzeugung, dass ohne Friedensbemühungen ein Konflikt der Blöcke unvermeidlich sei und dass, obwohl ein solcher für alle eine Tragödie wäre, die kleinen Staaten als erste zu leiden hätten.[37] Vom Dezember 1954 bis Januar 1955 reiste er als erster europäischer Staatschef nach Burma und ins unabhängige Indien und legte vor dem dortigen Parlament seine Ideen zur Blockfreiheit dar. Auf der Rückfahrt besuchte er den ägyptischen Präsidenten Gamal Abdel Nasser. Diese Reise stellte einen Meilenstein in der Entwicklung der Bewegung der Blockfreien dar.[38]

Abb. 1: Der ägyptische Präsident Gamal Abdel Nasser, der indische Ministerpräsident Jawaharlal Nehru und Josip Broz Tito unterzeichnen am 19. Juli 1956 die Brioni-Deklaration, die zur Gründung der Blockfreien führte.

[36] JOSIP BROZ TITO, Ausgewählte Reden und Schriften, Bd. III, 1945–1979, Teilband 2: Außenpolitik, hg. v. PERO DAMJANOVIĆ u. a., Stuttgart 1984, S. 272–274.

[37] RAJAK, No Bargaining Chips, S. 175.

[38] JOVAN ČAVOŠKI, Between Great Powers and Third World Neutralists. Yugoslavia and the Belgrade Conference of the Non-Aligned Movement, 1961, in: The Non-Aligned Movement and the Cold War. Delhi – Bandung – Belgrade, hg. v. NATAŠA MIŠKOVIĆ u. a. London / New York 2014, S. 184–206, hier S. 186 f.

Für Jugoslawien war es entscheidend, ein so großes Land wie Indien an seiner Seite zu wissen, damit es seine Position außerhalb der Blöcke stärken konnte. „That is why we are looking for allies. That was the goal of this trip. Why else would we go on such a long trip? Certainly not for me to see tigers" – so Tito zu jugoslawischen Journalisten, die ihn auf der Reise begleiteten.[39]

Der Westen, der seinerseits Jugoslawien in sein Lager locken wollte, war über dessen Verweigerung einer engeren Anbindung nicht erbaut und noch weniger über die verbesserten Beziehungen zu Moskau nach Stalins Tod. Auch das Engagement in der Bewegung der Blockfreien, das als „neutralistisch" abqualifiziert wurde, gefiel vielen Amerikanern nicht. Die vom 1. bis 6. September 1961 in Belgrad ausgerichtete erste, große Konferenz der Blockfreien wurde übel vermerkt. Als im gleichen Jahr eine Phalanx von Senatoren und Abgeordneten des Repräsentantenhauses ein scharfes Vorgehen gegen alle kommunistischen Staaten forderte, war auch Jugoslawien darunter. George F. Kennan, 1961 bis 1963 US-Botschafter in Belgrad, flog eigens nach Washington, um die betreffende Gesetzesvorlage zu bekämpfen. Er war erschüttert über die Unkenntnis der Politiker und die Tatsache, dass sie Jugoslawien teilweise mit größerer Feindseligkeit begegneten als Ländern des Ostblocks. Er führte das nicht zuletzt auf die antijugoslawische Propaganda der serbischen und insbesondere kroatischen Emigranten in den USA zurück. Trotz Kennans Einsatz wurde die Beendigung jeglicher Finanz- und Militärhilfe beschlossen und die Meistbegünstigungsklausel gestrichen, was den Handel mit Jugoslawien stark erschwerte.[40] Kennan sah eine andere Politik als zielführend an, nach seiner Überzeugung lautete das oberste Gebot, Jugoslawien die materielle Möglichkeit zu geben, vom Ostblock unabhängig zu bleiben. Hingegen fand auch er, dass sich Tito in afroasiatische Probleme einmische, die ihn nichts angingen.[41]

Die Beziehungen zu den afrikanischen und asiatischen Staaten wurden stetig ausgebaut, sodass die jugoslawische Außenpolitik ab den 1960er

---

[39] Memorandum des Gesprächs, 2. Januar 1955, zitiert nach RAJAK, No Bargaining Chips, S. 173.

[40] GEORGE F. KENNAN, The Kennan Diaries, hg. v. FRANK COSTILIOLA, New York / London 2014, S. 418; DERS., Memoiren 1950–1963, Frankfurt am Main 1973, S. 291 f. Kennan fühlte sich durch diesen Misserfolg derart desavouiert, dass er einige Monate später um seine Abberufung vom Posten als Botschafter in Belgrad bat. Ebd., S. 311.

[41] So Kennan gegenüber seinem Schweizer Kollegen in Belgrad. „Politischer Bericht Nr. 4" des Schweizer Botschafters an Bundesrat Wahlen, Belgrad, 18.06.1962, https://dodis.ch/30000 (Zugriff: 08.06.2021).

Jahren wesentlich von diesem großen Engagement in der Bewegung der Blockfreien geprägt war. Jugoslawien bezog daraus außen- wie innenpolitisch Legitimation und Prestige. Tito war überzeugt davon, dass die Länder der Dritten Welt eine wichtige Rolle bei der Erhaltung des Friedens spielen könnten, zumal sie mittlerweile in der UNO über die Mehrheit der Stimmen verfügten. Insofern stellte für Jugoslawien auch die UNO ein wichtiges Instrument der Außenpolitik und eine weltpolitische Bühne dar. Weil die Beziehungen zum Osten wie zum Westen von Unstetigkeit und einem gewissen Misstrauen gegenüber Jugoslawien geprägt waren, da dieses im Kalten Krieg nicht Partei ergriff, verließ Tito die Angst nie, dass sich die Blöcke einigen könnten und der Westen bei einem militärischen Eingreifen des Warschauer Paktes passiv bleiben würde.

Das zeigte sich deutlich 1968, als Jugoslawien aufs Äußerste alarmiert auf die Geschehnisse in der Tschechoslowakei reagierte. Wie schon der Bruch von 1948 führte auch die Bedrohung, die durch den Einmarsch des Warschauer Paktes in der Tschechoslowakei empfunden wurde, zu einer vorübergehenden Schließung der Reihen, die es ermöglichte, die in diesem Jahr aufgebrochenen nationalen Gegensätze unter Kontrolle zu halten. Das Land reagierte auch militärisch, indem eine Teilmobilmachung verfügt und im Februar 1969 ein neues Landesverteidigungsgesetz erlassen wurde. Alle Bürgerinnen und Bürger im Alter von 16 bis 65 Jahren waren zur Verteidigung verpflichtet, sei es in der Jugoslawischen Volksarmee oder in der neu eingerichteten, regional basierten Territorialverteidigung, die den Feind in Partisanenmanier bekämpfen sollte.[42] Diese für den kompromisslosen Kampf gegen äußere Feinde gedachten Einheiten fanden im Jahr 1991 eine ganz und gar andere Verwendung, indem sie beim Zerfall Jugoslawiens den Kern der Streitkräfte in den Sezessionsrepubliken bildeten.

Seit den frühen 1960er Jahren war die jugoslawische Innenpolitik zunehmend von ethnisch-nationalen Fragen geprägt. Einige Staaten Osteuropas, die wie Jugoslawien in der Zwischenkriegszeit multiethnisch gewesen waren und sich ebenfalls mit zahlreichen daraus resultierenden Problemen konfrontiert gesehen hatten, gingen aus dem Zweiten Weltkrieg als Folge von Flucht, Vertreibung und Umsiedlung weit homogener hervor. Das traf insbesondere auf Polen und die Tschechoslowakei zu, die als Folge solcher Maßnahmen an innerer Kohärenz und Stabilität gewannen, die ihnen beim Kollaps der sozialistischen Systeme und in der an-

---

[42] RAJAK, No Bargaining Chips, S. 156; SUNDHAUSSEN, Jugoslawien und seine Nachfolgestaaten, S. 128.

schließenden Transformationsphase von Nutzen waren. Zwar wurden nach dem Krieg auch aus Jugoslawien etwa 250.000 Deutsche vertrieben.[43] Das änderte allerdings an der komplexen ethnischen Zusammensetzung der Bevölkerung kaum etwas.

Die unterschiedlich gelagerten Interessen der verschiedenen Bevölkerungsgruppen, die Jugoslawien in der Zwischenkriegszeit nicht hatten zusammenwachsen lassen, machten sich wieder bemerkbar. In den ersten beiden Phasen nach dem Krieg, als es um den Wiederaufbau und dann ab 1948 um den Kampf gegen innere und äußere Feinde ging, als Jugoslawien gezwungen war, einen eigenen Weg zu suchen, traten sie in den Hintergrund – verschwunden waren sie aber kaum. Nun begannen sie, wieder an der Oberfläche zu erscheinen. Im Juni 1962 bemerkte George F. Kennan gegenüber dem Schweizer Botschafter in Belgrad, Anton Roy Ganz, dass zum einen die finanzielle Lage des Landes sehr schlecht sei und dass zum anderen der Föderalismus und der Chauvinismus der einzelnen Republiken ein ungesundes Ausmaß angenommen hätten. Tito gehe mit administrativen Maßnahmen und personellen Umbesetzungen dagegen vor.[44]

Schon seit den frühen 1960er Jahren verschob sich somit die Nationsbildung von der Bundes- auf die Republikebene. Zwar war das sozialistische Jugoslawien nominell von Anfang an ein föderalistischer Staat, die zentralistischen Elemente waren jedoch zunächst noch stark ausgeprägt. Eine neue Entwicklung trat im Wesentlichen als Folge ökonomischer Probleme und der daraufhin eingeleiteten Wirtschaftsreformen Mitte der 1960er Jahre ein. Mit diesen beschritt Jugoslawien einmal mehr einen neuen Weg, der zu einer „sozialistischen Marktwirtschaft" führte und „ein neues Kapitel in der Geschichte der jugoslawischen sozialistischen Föderation" eröffnete.[45] In dieser Richtungsänderung manifestierten sich die unterschiedlichen ökonomischen Interessen der einzelnen Landesteile. Große Unterschiede in der wirtschaftlichen Entwicklung und eine entsprechend ungleiche Verteilung von Wohlstand und Armut stellen für jeden Staat eine Problemlage dar. Wenn weitgehende ethnische Homogenität besteht, hat diese Situation allerdings kaum staatsgefährdende

---

[43] Redrawing Nations. Ethnic Cleansing in East-Central Europe, 1944–1948, hg. v. PHILIPP THER / ANJA SILJAK, Lanham u. a. 2001, S. 1.

[44] „Politischer Bericht Nr. 4" des Schweizer Botschafters, 18.06.1962, S. 5.

[45] ALEKSANDAR JAKIR, The Status of „Nationality" in a „Self-managed" Economy during the 1960s and 1970s in Socialist Yugoslavia, in: The Crisis of Socialist Modernity. The Soviet Union and Yugoslavia in the 1970s, hg. v. MARIE-JANINE CALIC u. a., Göttingen 2011, S. 134–155, hier S. 140.

Sprengkraft. Fallen hingegen ethnisch-nationale und Wohlstands- beziehungsweise Armutsgrenzen zusammen, stellt sich die Lage ganz anders dar, denn sehr rasch wird die ökonomische Lage ethnisch gedeutet.

In Jugoslawien forderten in den frühen 1960er Jahren slowenische und kroatische Regierungsmitglieder Änderungen in der Wirtschaftspolitik, da sie ihre Republiken durch Investitionen in den weniger entwickelten Regionen des Südostens benachteiligt sahen. Die 1965 eingeführten Reformen stärkten die Autonomie der Betriebe und die Stellung der Republiken, indem sie diesen mehr Planungskompetenzen und umfassendere Verfügungsrechte über die Investitionsmittel einräumten. Damit sollten die Produktivität und die Wettbewerbsfähigkeit Jugoslawiens gesteigert werden. Die Reformer setzten sich trotz Bedenken bei einigen Führungsmitgliedern der Partei, auch bei Tito selbst, durch. Die Sorge erwies sich als berechtigt: Die Republiken entwickelten sich zusehends zu unabhängigen ökonomischen Einheiten, die keine Rücksicht auf den Gesamtstaat nahmen.

Angesichts der offensichtlichen Eigeninteressen der Republiken, die sich in den Diskussionen um wirtschaftliche Reformen manifestierten, konnte das Ideal einer sozialistischen jugoslawischen Nation nicht weiter aufrechterhalten werden. Auf dem 8. Parteikongress im Dezember 1964 wurde folgerichtig die Vorstellung, dass es im Sozialismus keinen partikularen Nationalismus geben könne, aufgegeben. Tito ging sogar so weit, jene, die eine jugoslawische Nation formen wollten, als „Unitaristen" zu verurteilen.[46] Die Manifestationen von partikularen Nationalismen wurden nicht zuletzt durch die gebannte sowjetische Gefahr und die Festigung der internationalen Stellung Jugoslawiens als führendes Mitglied der Blockfreien erleichtert. Im „Kroatischen Frühling" von 1971 wurden von Studenten sogar Forderungen nach einer eigenen Armee und einer eigenen Vertretung Kroatiens in der UNO vorgebracht.[47]

Zwar ging Tito gegen die Nationalisten des „Kroatischen Frühlings" vor, die Forderungen nach mehr Kompetenzen für die Republiken und Autonomen Provinzen konnten sich hingegen durchsetzen, wohl mit dem Ziel, den Nationalismen durch Entgegenkommen Wind aus den Segeln zu nehmen. Man kann diese Politik auch als Versuch interpretieren, den Mangel an politischem Pluralismus im Einparteienstaat durch Konzessionen an die ethnische Pluralität zu kompensieren. Bekanntlich

---

[46] Ebd., S. 142–144.

[47] Der Schweizer Botschafter in Belgrad an Bundesrat Pierre Graber, Belgrad, 20.12.1971, https://dodis.ch/35178 (Zugriff: 08.06.2021).

kulminierte diese Entwicklung in der Verfassung von 1974, die Jugoslawien *de facto* in einen Staatenbund verwandelte, in dem die wesentlichen Kompetenzen bei den föderalen Einheiten (Republiken und Autonome Provinzen) lagen, während dem Gesamtstaat nur wenige Bereiche und Institutionen verblieben.[48]

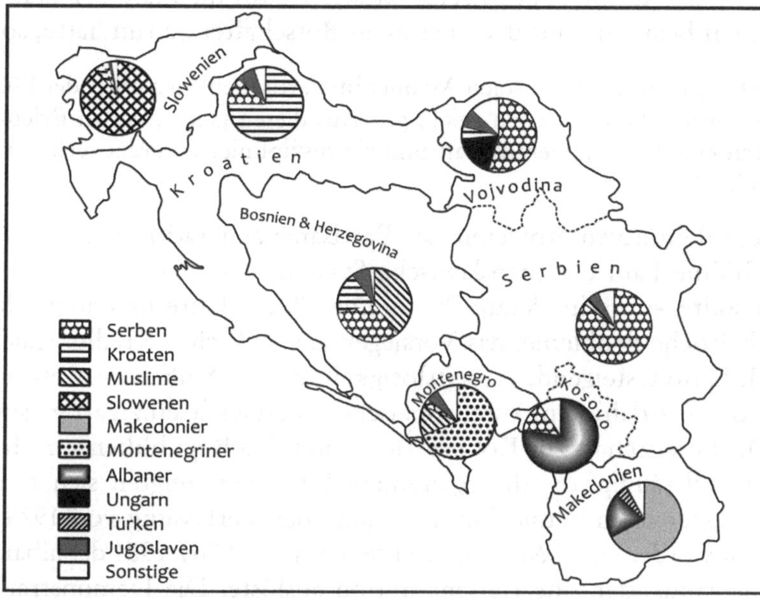

Karte 1: Ethnische Zusammensetzung der Republiken und Autonomen Provinzen Jugoslawiens gemäß der Volkszählung von 1981

Außenpolitisch war in dieser Zeit die hohe Verschuldung von entscheidender Bedeutung, die in den 1970er Jahren stark anstieg und 1983 die Summe von 20 Mrd. Dollar erreichte.[49] Während der geborgte Wohlstand die innerjugoslawischen nationalen Spannungen in den 1970er Jahren dämpfte,[50] wurden mit der neuen Verfassung und den angehäuften Schulden zwei Minen gelegt. Die Republiken, seit 1974 mit einem hohen Maß an Staatlichkeit versehen, wurden nicht zuletzt außenpolitische Akteure,

---

48 SABRINA RAMET, The Three Yugoslavias. State-building and Legitimation, 1918–2005, Bloomington 2005, S. 282. Vgl. auch Karte 1.

49 Ebd., S. 328.

50 Vgl. auch SHOUP, Titoism and the National Question, S. 55.

indem sie direkt mit dem Ausland in wirtschaftliche Beziehungen treten konnten. Auf diese Weise verlor die Zentralregierung zunehmend an Einfluss und an Kontrolle. Von großer Bedeutung waren der Tod von Edvard Kardelj (1979) und Tito (1980) sowie das Aussterben der Partisanengeneration insgesamt, welche die Macht im Staat ausgeübt hatte. Bei aller Differenz der Interessen hatte sie ein beträchtliches Maß an Kohäsion gewährleistet. Kennan beschreibt diesen Zusammenhalt bei den jugoslawischen Beamten, mit denen er es als Botschafter zu tun hatte, so:

> „Fast ausnahmslos hatten diese Männer im Partisanenkrieg unter der Führung Titos gegen die Deutschen gekämpft. Aus diesen gemeinsamen Erlebnissen waren eine feste Kameradschaft und ein diszipliniertes Treueverhältnis entstanden."[51]

Mit dem definitiven Abtreten der Partisanengeneration von der politischen Bühne kam der jugoslawische Staat in eine neue und – wie sich zeigen sollte – in seine letzte Phase. Die 1980er Jahre brachten schwere wirtschaftliche Probleme, das Versiegen ausländischer Kredite, galoppierende Inflation, steigende Arbeitslosigkeit und ein Sinken des Lebensstandards, der bis dahin im osteuropäischen Vergleich einzigartig gewesen war. Die Bereitschaft zur Kooperation unter den Republiken verschwand nahezu vollständig, die divergierenden Interessen zeigten sich nun ungeschminkter denn je und konnten dank der Verfassung von 1974 auch ausgelebt werden. Den Anfang machte schon im März 1981 der albanische Nationalismus, der eine Kettenreaktion auslöste. Die Demonstrationen für einen Republikstatus des Kosovo waren der Anfang vom Ende Jugoslawiens,[52] indem sie den serbischen Nationalismus herausforderten, der wiederum den anderen Republiken Angst machte.

Anders als 1968, als im Kosovo und andernorts ebenfalls nationalistische Forderungen gestellt wurden, gab es nun keine verbindende Klammer mehr. Am Ruder war eine jüngere Generation von Kommunisten, die nicht gemeinsam für Jugoslawien gekämpft hatten, sondern die für das erfolgreiche *nation-building* auf der Ebene der föderalen Einheiten standen. Ausgeprägt trifft das für Slowenien zu, wo die Partei über Jahrzehnte von Tito-nahen Kommunisten angeführt worden war und wo sich nun der Einfluss der jüngeren Generation stark bemerkbar machte.[53]

---

[51] KENNAN, Memoiren 1950–1963, S. 281.

[52] Ähnlich sieht es SHOUP, Titoism and Nationality, S. 55, 61, 63.

[53] Ebd., S. 64.

Für viele dieser neuen politischen Akteure waren der Gesamtstaat und die anderen Republiken und autonomen Provinzen nicht nur entbehrlich, sondern auch hinderlich für eine gedeihliche Entwicklung der eigenen Nation. Gleichzeitig begann eine Neuinterpretation der Kriegs- und Nachkriegsgeschichte und eine neue Sicht auf deren wichtigste Exponenten, insbesondere auf Tito und die Partisanen, deren überragende und positive Rolle in Frage gestellt wurde. Damit erodierte auch der Gründungsmythos des sozialistischen Jugoslawien und mit ihm die letzte gemeinsame Grundlage.

Am Ende war es, wie 1941, die veränderte weltpolitische Lage, die entscheidend zum Ende Jugoslawiens beitrug. Allerdings wäre dies ohne eine entsprechende innenpolitische Disposition keine Zwangsläufigkeit gewesen. Das Ende des Kalten Krieges, eingeleitet durch die Politik Michail Gorbačevs, untergrub Jugoslawiens Stellung. Titos Bemühungen, Jugoslawien an der Spitze der Blockfreien einen bedeutenden und sicheren Platz in der Welt zu verschaffen, wurden nur wenige Jahre nach seinem Tod zunichtegemacht.

Die Blöcke verschwanden, wie er es sich gewünscht hatte, die Folgen für den Sozialismus und für Jugoslawien waren allerdings fatal. Jugoslawiens Weg der Blockfreiheit wurde entwertet und seiner Rolle als Führungsnation in dieser Bewegung der Boden entzogen. So wie das Aussterben der Partisanengeneration die inneren Bande löste, entfernte das Ende des Kalten Krieges die äußere Klammer um Jugoslawien, sodass sich die sehr unterschiedlichen Interessenlagen der politischen Eliten in den Republiken ungehindert Bahn brechen konnten.

Titos engste Gefährten hatten ihn, wenn er mit der „Galeb“ seine langen und teuren Reisen nach Afrika und Asien unternahm, des Öfteren aufgefordert, sich mehr um Europa zu kümmern. Ein Rat, den er vielleicht hätte beherzigen sollen. Denn am Ende des Kalten Krieges zeigte sich, dass Jugoslawien zerrissen war zwischen den Kräften, die am Status quo festhalten wollten, und jenen, die sich schon seit einer Weile um Europa gekümmert hatten.

Abbildungsnachweis

Abb. 1: Fotografije sa inv. Brojevima: 1956_65_124, Muzej Jugoslavije, Beograd.

Karte 1: Daniel Ursprung, Universität Zürich, Osteuropäische Geschichte.

Elena Zubkova

Die Sowjetisierung der baltischen Republiken – ein imperiales Projekt?

Fast 50 Jahre lang waren Estland, Lettland und Litauen ein Teil der Sowjetunion. Das „Sowjetbaltikum" erwies sich als ein Sonderphänomen, das nicht nur ein Ergebnis der Einverleibung der baltischen Staaten in die UdSSR und ihrer nachfolgenden Sowjetisierung gewesen war, sondern auch durch seine Existenz das Bild der Sowjetunion teilweise veränderte. Die baltischen Republiken können gleichzeitig als *Objekte* und *Subjekte* des Sowjetisierungsprozesses betrachtet werden. Es ist wichtig, diese Doppelperspektive zu beachten, wenn man sich mit der Geschichte der Sowjetzeit im Baltikum allgemein oder aber mit dem Prozess der Nationsbildung beschäftigt.[1]

Die Sowjetunion wie auch ihr historischer Vorgänger – das Russische Reich – waren nie ein Monolith gewesen, die Bestandteile des Staates (Republiken bzw. Gouvernements) unterschieden sich durch ihre kulturellen Traditionen, Lebensstandards und Wirtschaftsniveaus voneinander. Die Strategien und Praktiken der Nationalitätenpolitik haben im Laufe der Sowjetgeschichte nicht nur einmal eine Wende erlebt. Wenn den Hauptvektor dieser Politik die Propagandaformel von der „Verschmelzung der Nationen" bestimmte, ging es in der Realität um Unifizierung und Russifizierung. Vollzog sich eine Wende hin zur Berücksichtigung nationaler Spezifika und Interessen, ging die Zentrale zu einer „Verwurzelungspolitik" über und öffnete mehr Freiräume für die Entwicklung der nationalen Kulturen und Wirtschaften. Dementsprechend wechselten von Zeit zu Zeit die Sowjetisierungspraktiken in den baltischen Republiken – von Zwang und Terror zu Toleranz und der Erarbeitung von Anpassungsstrategien.

[1] Siehe Karte 1.

Karte 1: Die baltischen Sowjetrepubliken

Das Problem der unterschiedlichen Völkerschaften war eine der wesentlichen Konstanten des Russischen Reichs wie auch der Sowjetunion.[2] Der Prozess der Nationsbildung für Esten, Letten und Litauer begann im 19. Jahrhundert, als diese Nationen noch ein Teil des Vielvölkerreiches Russland waren.[3] In der Unabhängigkeitsperiode wurde dieser Prozess intensiviert und entwickelte sich im Format eines Überganges – von der Kulturnation, von der ethnischen Nation (*ethnic nation*) zu einer Staatsbürgernation (*civic nation*). Der Wandel verlief nicht ohne Spezifika und Reibungen, von den baltischen Eliten wurde der Nationalstaat meist als Staat *für* die (oder *der*) Letten/Esten/Litauer konzipiert. Die politische Umsetzung der bedeutete oft eine Verdrängung aus dem *nation-building* (im Sinne einer Staatsbürgernation) – so für die Deutschbalten in Lettland und Estland, für die Polen in Litauen.

1940 gestaltete sich die Situation für die baltischen Staaten in solcher Weise, dass sie zwangsläufig zwischen „zwei Übeln" zu wählen hatten – dem „deutschen" oder dem „russischen" / „sowjetischen". In intellektuellen und teils auch militärischen Kreisen war damals die Meinung verbreitet, dass vom Standpunkt des nationalen Interesses das „deutsche Übel" schlimmer als das „russische" sei. Man befürchtete, bei den „ordentlichen" Deutschen würden Letten und Esten schneller assimiliert, verdrängt, ethnisch verschmolzen werden als bei den „Russen". Außerdem wurde die russische / sowjetische Herrschaft als kurze, vorübergehende wahrgenommen.[4] Diese Hoffnungen wurden bereits wenige Monate nach der Annexion zerstört, das Jahr 1940 verankerte sich im kollektiven Gedächtnis der Letten, Esten und Litauer als das „Jahr des Schreckens".[5]

Trotzdem hat die 1940 begonnene Sowjetisierung den Prozess der Nationsbildung nicht unterbrochen – sie hat ihn „umformatiert": Nach

---

[2] ANDREAS KAPPELER, Rußland als Vielvölkerreich. Entstehung – Geschichte – Zerfall, München 2008.

[3] Ebd., S. 183–191.

[4] ALEXANDER SHTROMAS, Pribaltijskie gosudarstva [Baltische Staaten], in: Problemy nacional'nych otnošenij v SSSR (po materialam zapadnoj pečati) [Probleme der nationalen Beziehungen in der UdSSR (nach den Materialien der Auslandspresse)], Moskva 1989, S. 98, 184; Polpredy soobščajut ... Sbornik dokumentov ob otnošenijach SSSR s Latviej, Litvoj i Ėstoniej. Avgust 1939 – avgust 1940 [Die Botschafter berichten ... Dokumente über Beziehungen der UdSSR mit Lettland, Litauen und Estland. August 1939 – August 1940], Moskva 1990, S. 31, 99.

[5] JÜRGEN ZARUSKY, Kampfplatz Geschichte. Anmerkungen zur europäischen Erinnerungspolitik nach dem Untergang des Kommunismus, in: Forum für osteuropäische Ideen- und Zeitgeschichte 18 (2014), H. 1, S. 141–173, hier 160 f. Siehe auch Abb. 1.

Abb. 1: Die Rote Armee in Riga, Juni 1940

dem Souveränitätsverlust entwickelte sich das *nation-building* im Kontext der sowjetischen Nationalitätenpolitik weiter. Für die baltischen Nationen bedeutete die Annexion eine „zweite Einverleibung" in das russische / sowjetische Imperium, der prinzipielle Unterschied zur russischen Imperiumsperiode lag aber darin, dass alle drei baltischen Staaten bereits ein Stück ihrer Unabhängigkeitsgeschichte gelebt hatten und sie deswegen die Einverleibung nicht als „normalen" Zustand hinnehmen konnten.[6] Dies bildete ein Problem, mit dem sowohl die sowjetische Zentrale wie auch die lokalen kommunistischen Eliten stets konfrontiert waren, so dass ihre Nationalitätenpolitik an die realen Verhältnisse und die Stimmungslage der Bevölkerung angepasst werden musste.

Nach 1940 ergaben sich für die Esten, Letten und Litauer drei Typen von Überlebensstrategien: 1. Widerstand, 2. Anpassung, 3. „Profitieren". Die Widerstandsstrategie, mit der Orientierung auf Unterstützung „von außen", vom Westen, scheiterte in den ersten Nachkriegsjahren.[7] Strategien der Anpassung und des „Profitierens" bedeuteten u.a., die Ressourcen

---

6 DMITRIJ FURMAN, Opyt baltijskich stran i ego značenie dlja Rossii (vvedenie) [Die Erfahrung der baltischen Länder und ihre Bedeutung für Russland (Einleitung)], in: Strany Baltii i Rossija. Obščestva i gosudarstva [Die Länder des Baltikums und Russland. Gesellschaften und Staaten], hg. v. DERS. / ĖLLA ZADOROŽNJUK, Moskva 2002, S. 3–27.

7 Grundlegend zum Thema der Widerstandsbewegung im Baltikum: The Anti-Soviet Resistance in the Baltic States, hg. v. ARVYDAS ANUSAUSKAS, Vilnius 1999; ALEKSANDR STATIEV, The Soviet Counterinsurgency in the Western Borderlands, Cambridge 2010.

des großen Landes der Sowjetunion für die Interessen der Nation, vor allem die nationalen Wirtschaften zu nutzen.

Als „Affirmative Action Empire“[8] bot die Sowjetunion verschiedene, meistens ökonomische Vorzüge für die Republiken an. Ideologisch handelte es sich um eine „Ausgleichstrategie“, als die Zentrale für ökonomisch „schwache“ Regionen Vorteile bei Investitionen, Planungen oder Steuerzahlungen anbot. Doch für Estland und Lettland, die bereits vor der Einverleibung in die UdSSR ein entwickeltes Wirtschaftssystem ausgebildet hatten, konnte eine Ausgleichstrategie kaum attraktiv sein. Nur für das vorwiegend agrarische Litauen wäre es im Prinzip möglich gewesen, von der Ausgleichspolitik zu profitieren. Deswegen wurde das Präferenzsystem für die baltischen Republiken auf einem anderen Prinzip aufgebaut: Ihre Bürger sollten die „Vorteile“ ihrer Eingliederung in die UdSSR – etwa hinsichtlich nationalen Wirtschaftens, Bildung, Verwaltung – in das Verhältnis zu den Zeiten der Unabhängigkeit setzen. Das war eine schwer erfüllbare Aufgabe – besonders im Kontext der repressiven Praktiken des Stalinismus.

Stalinismus im Baltikum bedeutete vor allem einen Bruch mit dem gewachsenen Wirtschaftssystem und dem traditionellen Lebensstil. Er bedeutete eine Isolation vom „Westen“, ein Diktat der kommunistischen Ideologie, Zwang und Terror. Dennoch erwies sich das stalinistische Projekt, aus Estland, Lettland und Litauen einen „vollwertigen“ Teil der Sowjetunion zu machen, in wesentlichen Punkten als unrealisierbar – zumindest nach dem „klassischen“ Muster, das in den anderen, „alten“ Republiken der UdSSR bereits praktiziert wurde. Estland, Lettland und Litauen wurden ein Teil der Sowjetunion, allerdings eine *andere* Sowjetunion – wenn nicht eine antisowjetische, so doch eine untypische.

Im inoffiziellen Sprachgebrauch wurde das baltische Spezifikum verschiedenartig definiert: der „sowjetische Westen“, das „innere Ausland“, das „Schaufenster“ der Sowjetunion. Diese Bezeichnungen tauchten in den 1960er Jahren auf, allerdings besaßen die baltischen Republiken ihren inoffiziellen Sonderstatus innerhalb der Sowjetunion von Anfang an – von der Annexion 1940 bis zum Zerfall der UdSSR. Die Sonderstellung des Baltikums knüpfte an die historische, imperiale Tradition an: Im Russischen Reich wurden in den Ostseeprovinzen die Privilegien der politischen Elite (vorwiegend des deutschbaltischen Adels) im Bereich der Grundrechte, Selbstverwaltung und Wirtschaft durch den russischen

---

[8] TERRY MARTIN, An Affirmative Action Empire. Nations and Nationalism in the Soviet Union, 1923–1939, Ithaca 2001.

Kaiser gewährleistet, lettische und estnische Bauern wurden früher von der Leibeigenschaft befreit als die Bauern in den anderen Teilen des Imperiums, die evangelische Kirche verfügte im Baltikum über einen größeren Freiraum.

Die zweite und wichtigste Ursache des Sonderstatus der baltischen Republiken innerhalb der Sowjetunion war ein Widerstandsfaktor. Es handelte sich nicht nur um einen direkten Widerstand, in Form einer bewaffneten Opposition oder Protestbewegung, sondern auch um einen Komplex von Grundwerten und Praktiken, die der Sowjetisierungspolitik entgegenwirkten. Diese stützten sich auf wirtschaftlich-kulturelle Traditionen (Marktwirtschaft, der Einzelhof als Kernstück der Raum- und Wirtschaftsorganisation, die Selbstverwaltung der lokalen Gesellschaften) bis hin zu mentalen Charakteristika. Das mentale Spezifikum – ein Problem, mit dem Moskau bereits von der Annexion 1940 an rechnen musste,[9] – kann zu den resistenten und langfristigen Widerstandsfaktoren gegenüber der Sowjetisierung gezählt werden.

Was bedeuteten Stalins Pläne für den Prozess der Nationsbildung in den baltischen Staaten nach der Einverleibung in die Sowjetunion? Ging es um ein imperiales Projekt, um die Befriedigung von Stalins Imperium-Nostalgie? Bereits während der Verhandlungen mit den Vertretern der baltischen Staaten im Sommer 1939 benutzten Josif Stalin und Vjačeslav Molotov (damals der Volkskommissar für Auswärtige Angelegenheiten) eine imperial-historische Rhetorik: Sie appellierten an das „historische Interesse" Russlands im Baltikum und erinnerten an Peter I., der für Russland den Zugang zur Ostsee geöffnet hatte.[10]

Allerdings ging es 1939 eher um eine ideologische Verbrämung und Rechtfertigung einer in Vorbereitung begriffenen Aktion, der Unterzeichnung von Beistandsverträgen mit der Sowjetunion. Weder Stalin noch seine Umgebung betrachteten zunächst die Einverleibung des Baltikums im Kontext des *nation-building*. Stalin handelte pragmatisch – mit dem Blick auf den großen Krieg in Europa. 1939 und 1940 hatte er kein Szenario, keinen Masterplan für die Sowjetisierung des Baltikums.[11] Als die Sowjetunion 1939 mit Estland, Lettland und Litauen die Beistandsverträge unterzeichnete, stand die Annexion der baltischen Staaten noch nicht auf

---

[9] ELENA ZUBKOVA, Pribaltika i Kreml'. 1940–1953 [Das Baltikum und der Kreml], Moskva 2008, S. 121–123.

[10] Ebd., S. 54.

[11] OLAF MERTELSMANN, Der stalinistische Umbau in Estland. Von der Markt- zur Kommandowirtschaft, Hamburg 2006, S. 32 f.

der Tagesordnung. Stalin bestimmte die Rolle der Pakte in seinem Gespräch mit Georgi Dimitrov, dem Generalsekretär der Kommunistischen Internationale, folgendermaßen:

> „Durch die Beistandspakte hat die Sowjetleitung eine Form gefunden, die es uns ermöglicht, eine Reihe von Staaten in unsere Einflusssphäre einzubeziehen. Jedoch ist es einstweilen erforderlich, ihre Souveränität aufrechtzuerhalten, ohne sie zu sowjetisieren. Mit der Zeit werden sie es selbst tun.“[12]

In dieser Aussage Stalins ist offensichtlich ein Modell ersichtlich, das nach dem Krieg in den Ostblockländern verwirklicht wurde: Einflusssphären ohne Souveränitätsverlust für die untergeordneten Staaten zu schaffen. In den baltischen Ländern entwickelte sich die Situation auf andere Weise, da sie im Juni 1940 von der Sowjetunion annektiert wurden.

Nach dem Sieg der Sowjetunion im Zweiten Weltkrieg 1945 hatten sich ihre Grenzen denen des Russischen Reiches am Ende des 19. Jahrhunderts angenähert. Gleichzeitig mit der Wiederherstellung der historischen Grenzen ging die Wiedergeburt der imperialen Ideologie und der imperialen Politik einher, allerdings in einer in manchen Punkten modernisierten Weise und unter dem Mantel der kommunistischen Phraseologie. Obwohl die Annexion der baltischen Staaten vom Westen *de jure* nicht anerkannt wurde, wurden diese *de facto*, nach den Vereinbarungen 1945 zwischen den Alliierten über die Nachkriegsgrenzen, ein Teil der Sowjetunion.

Die Sowjetisierung der baltischen Republiken in der Nachkriegszeit wurde wesentlich vom außenpolitischen Kontext geprägt. Seit 1945 befand sich das sowjetische Hegemoniemodell in einem Prozess der Umgestaltung, als sich die Sowjetisierung weit über die Nachkriegsgrenzen der UdSSR ausbreitete. Das sowjetische Imperium („imperiale Formation“, wie es treffend Dietrich Beyrau in diesem Band bezeichnet) bekam eine neue Konfiguration, zusammengesetzt aus *inneren* und *externen* Segmenten, den Sowjetrepubliken bzw. osteuropäischen „Volksdemokratien“.[13] Das sogenannte „sozialistische Lager“ kann weder zum Zeitpunkt seiner Entstehung noch später als homogen bezeichnet werden, seine verschiedenen Teile und die dort ablaufenden Prozesse waren vielmehr heterogen.

Gleichzeitig lässt sich ein charakteristisches Merkmal feststellen: Die Sowjetisierungsprozesse in den westlichen Regionen der UdSSR (in den

---

[12] MICHAIL M. NARINSKIJ, Kreml' i Komintern 1939–1941 gg. [Kreml und Komintern, 1939–1941], in: Svobodnaia mysl 2 (1995), S. 16–18.

[13] Ausführlich zu diesem Problem siehe Dietrich Beyrau in diesem Band.

baltischen Republiken) und in den osteuropäischen Ländern, die ihre Souveränität beibehalten hatten, verliefen nicht selten nach einem ähnlichen Szenario, hatten mindestens eine gemeinsame Dynamik und gemeinsame Wendepunkte. In den ersten Nachkriegsjahren, bis 1947, versuchte die Moskauer Zentrale, sich eher an flexible Taktiken für die Verwaltung ihrer internen und externen Peripherie zu halten. In Bezug auf die osteuropäischen Länder drückte sich dies vor allem in einer toleranten Haltung gegenüber den „nationalen" Konzepten des Sozialismus aus, die sich vom sowjetischen Modell unterschieden. Im baltischen Fall ging es um relativ milde Sowjetisierungspraktiken: die Absage an eine forcierte Kollektivierung, die Beibehaltung der bäuerlichen Privatwirtschaften und des privaten Unternehmertums, Versuche, in einen Dialog mit einheimischen Intellektuellen zu treten, die Anerkennung der Bedeutung des Sprachproblems für nationale Identität und Kultur. Nur gegenüber der bewaffneten Opposition blieb die Stellung Moskaus kompromisslos.

Ein Wechsel der Inkorporationstaktik der baltischen Republiken in das sowjetische System fand im Laufe der Jahre 1947/48 statt und war mit einer allgemeinen Krise der Osteuropapolitik der Sowjetunion verbunden. Im Kern bestand die erneute Wende darin, dass Moskau nach der Gründung des Kommunistischen Informationsbüros (Kominform) zu einer Unifizierung, zum offenen Diktat und Druck auf seine „Satellitenstaaten" überging. Die sowjetische Erfahrung wurde zum einzigen Muster erklärt, dem sowohl osteuropäische Staaten wie auch die sowjetischen Republiken des Baltikums folgen sollten. Die Spezifik dieser Periode im sowjetischen Baltikum lag beispielsweise im Übergang zur Massenkollektivierung sowie in der Verstärkung der Repressionen gegen verschiedene Bevölkerungsgruppen. Die Säuberungen 1949 bis 1952 betrafen auch Vertreter der politischen Eliten in der UdSSR und in den osteuropäischen Staaten. Unter den baltischen Republiken war Estland am stärksten von der Parteisäuberung betroffen (1950), als viele führende Funktionäre ihre Posten verloren und gerichtlich belangt wurden. Es begannen Massendeportationen von Bauern und deren Familien, stigmatisiert als „Kulaken" und „Handlanger des Klassenfeindes". Erst nach dem Tod Stalins zeichnete sich eine neue Wende in den Beziehungen zwischen Moskau und den Ostblockländern sowie zwischen der Zentrale und der sowjetischen nationalstaatlichen Peripherie ab.

Nach dem Krieg, wie auch im Laufe der ersten Etappe der Sowjetisierung 1940 bis 1941, wurde eine „spezifische" Konzeption für die Nationalitätenpolitik im Baltikum nicht diskutiert: Die Bürger der baltischen Staaten, die den Status von Sowjetrepubliken bekamen, sollten – wie die

Bürger anderer Republiken der Sowjetunion – ein Teil einer Supernation, des „Sowjetvolkes" werden. Die besondere Haltung der Moskauer Zentrale gegenüber dem Baltikum äußerte sich weniger in einer spezifischen Nationalitätenpolitik als vielmehr in konkreten Sowjetisierungspraktiken. Die Kollektivierung im Baltikum nahm erst 1947 ihren Anfang, die Massenkollektivierung begann erst 1949. Der Privatsektor in der Landwirtschaft und in der Dienstleistungssphäre war weitaus größer als in den anderen Teilen der Sowjetunion. Die baltische Landbevölkerung bekam 1945 in Litauen, 1947 in Lettland und Estland Personalausweise (Pässe). Die russischen Kolchosbauern warteten darauf noch 30 Jahre lang – bis 1976. Die politische Elite im Baltikum verfügte über weit mehr Spielraum im Vergleich zu den Eliten in den „alten" Sowjetrepubliken. Allerdings waren diese Spielräume klar begrenzt, und die kommunistische Führung im Baltikum wie in anderen Regionen stand unter Moskauer Kontrolle, auch fanden von Zeit zu Zeit Kadersäuberungen und Elitenwechsel statt.

Doch diese im Vergleich mit den übrigen Sowjetisierungspraktiken auffallenden Unterschiede spielten für die baltischen Nationen eine geringe Rolle. Viel empfindlicher waren die Verluste, die die nationale Identität bedrohten und das nationale Gedächtnis tief verletzten. Vier Faktoren spielten dabei eine entscheidende Rolle: 1. Die Emigration vor der „zweiten" Sowjetisierung 1944; 2. die Verluste im Partisanenkrieg; 3. die Zwangsmigrationen (Deportationen); 4. die Einwanderung von „Fremden".

Das Jahr 1953 markierte durch Stalins Tod eine Wende in der Nationalitätenpolitik. Die „Tauwetterzeit", die fast bis zum Ende der 1960er Jahre dauerte, kann als eine besonders wichtige Phase im Nationsbildungsprozess des sowjetischen Baltikums bezeichnet werden. Bemerkenswert ist, dass die Analyse der Situation im Baltikum und in der Westukraine den Anstoß zur Wende im Jahr 1953 gegeben hatte:[14] Zu Beginn lag die Initiative bei Lavrentij Berija, dem Minister für innere Angelegenheiten, der den „neuen Kurs" vertrat, danach schaltete sich Nikita Chruščev mit dem Apparat des ZK der KPdSU in die Entscheidungsprozesse ein. Zwei grundlegende Ideen bestimmten den Inhalt des „neuen Kurses": Anerkennung der Ineffizienz der repressiven Praktiken und Beachtung nationaler

---

[14] Ausführlicher dazu: TÕNU TANNBERG, Die Pläne Moskaus für Estland im Sommer 1953, in: Vom Hitler-Stalin-Pakt bis zu Stalins Tod. Estland 1939–1953, hg. v. OLAF MERTELSMANN, Hamburg 2005, S. 282–295; MICHAEL LOADER, Beria and Khrushchev. The Power Struggle over Nationality Policy and the Case of Latvia, in: Europe-Asia Studies 10 (2016), S. 1759–1792.

Spezifika (bei Kaderpolitik, Bildung, Kultur). Als Folge der Entscheidungen von Mai und Juni 1953 kam es zu einem massenhaften Kaderwechsel in den baltischen Republiken, als russische Beamte in Verwaltung, Bildung und anderen Sphären durch einheimische ersetzt wurden. Nach der Verhaftung Berijas wurde diese Politik offiziell als „fehlerhaft" verurteilt und dem ehemaligen Minister angelastet. Trotzdem wurde in der Praxis der „neue Kurs", u. a. auch die Indigenisierung (*korenizacija*), besonders auch die Aufwertung der nationalen Sprachen im öffentlichen Sprachgebrauch, fortgesetzt.[15]

Die Rahmenbedingungen der Nationalitätenpolitik (in den Grenzen des Möglichen) wurden vom Zentrum für alle Unionsrepubliken bestimmt, dennoch passten sich ihnen die Regionen unterschiedlich an. Die baltischen Eliten benutzten die günstige politische Situation, um nationale Interessen zu artikulieren und den Fokus auf die Entwicklung der nationalen Kultur, Wirtschaft und Bildung zu richten. Die „Tauwetterzeit" wurde in den baltischen Republiken eine Periode der Belebung kultureller Aktivitäten und des Erstarkens des Nationalbewusstseins. Die Entwicklung, die diese nationalen Kulturen in jenen Jahren nahmen, gibt allen Grund, von einer realen „kulturellen Autonomie" zu sprechen,[16] wobei im sowjetischen System jede Art von Autonomie, ob national oder kulturell, relativen Charakter trug. Die Staatsideologie passte sich nur mühsam der Idee der nationalen Eigenheit an und tendierte von Zeit zu Zeit zu Unifizierung und Russifizierung. Natürlich konnte eine kulturelle Autonomie die fehlende politische Autonomie nicht ersetzen, aber sie war ein wichtiger Faktor für den Erhalt der nationalen Einheit und Identität der Letten, Litauer und Esten.

In der Tauwetterzeit versuchte Moskau, ein neues Format der Beziehungen mit den Ländern des sozialistischen Lagers (Aufrechterhaltung der Kontrolle ohne offenes Diktat, Zusammenarbeit in verschiedenen Bereichen) vorzugeben. Auch mit dem Westen wurde ein Übergang von der Konfrontation zum Dialog eingeleitet. Dieser Prozess hatte eine ambivalente Dynamik und war nicht irreversibel, wie die Ereignisse in Ungarn (1956) und in der Tschechoslowakei (1968) sowie eine Reihe von internationalen Krisen und Konflikten belegen – Suez (1956), Berlin (1961), Kuba

---

[15] TÕNU TANNBERG, Poltika Moskvy v respublikah Baltii v poslevoennye gogy, 1944–1956. Issledovanija i dokumenty [Die Politik Moskaus in den baltischen Republiken in den Nachkriegsjahren, 1944–1956. Forschungen und Dokumente], Moskva 2010, S. 162–173.

[16] ROMUAL MISIUNAS / REIN TAAGEPERA, The Baltic States. Years of Dependence. 1940–1980, London 1983, S. 151–179.

(1962) etc. Trotzdem wurde die UdSSR weltoffener, das Image eines „kommunistischen Monsters" wurde nach und nach durch ein anderes, friedliebenderes und sogar leicht europäisiertes ersetzt.[17]

Veränderungen in der Außenpolitik der Sowjetunion waren für die baltischen Republiken von besonderer Bedeutung: Diese Region, vor allem Lettland und Estland, war im Gegensatz zu anderen Teilen der Sowjetunion aufgrund ihrer geografischen Lage, der historischen Traditionen und der früheren wirtschaftlichen Beziehungen immer nach Europa bzw. zum Westen hin ausgerichtet gewesen. Nicht zuletzt spielte die menschliche Dimension eine Rolle – die durch den Krieg und die sowjetische Annexion geteilten Familien, deren Mitglieder den Kontakt zueinander suchten. 1955 erhielten Bürger der baltischen Republiken die offizielle Erlaubnis, mit Verwandten im Ausland zu korrespondieren. 1957 wurde Riga für ausländische Touristen geöffnet, zwei Jahre später folgten Tallinn und Vilnius nach. Dank der intensiven Entwicklung der Handelsflotte wurden die sowjetischen Ostseehäfen zu einer Art Brücke zwischen der UdSSR und der „großen" Welt. Im Allgemeinen war jedoch die relative Offenheit der Sowjetunion (im Vergleich zu der Stalinismusperiode) eher eine „Einbahnstraße": Es war für Ausländer einfacher, in die UdSSR zu gelangen, als für Sowjetbürger, ins Ausland zu reisen, von einer Emigration ganz zu schweigen.

Die Kritik an Stalin auf dem 20. Parteitag der KPdSU (1956) erfuhr eine breite internationale Resonanz, die sich unter anderem in politischen Krisen in Osteuropa äußerte. Nach dem radikalsten Szenario entwickelten sich die Ereignisse in Polen und Ungarn, sie wurden zugleich zum Katalysator der Protestbewegung in den baltischen Sowjetrepubliken.

Die wichtigste Losung der Protestaktionen 1956 im Baltikum war die Forderung nach staatlicher Unabhängigkeit. Seither fanden in den baltischen Republiken regelmäßig Aktionen zivilen Ungehorsams statt, aus Anlässen wie dem kirchlichen Feiertag Allerheiligen in Litauen und in allen drei Republiken an offiziellen sowjetischen Feiertagen, insbesondere dem 7. November, dem Jahrestag der Oktoberrevolution 1917. In den 1960er Jahren wurden die baltischen Republiken, in erster Linie Litauen, zum Zentrum der Dissidentenbewegung und des *Samizdat* (Selbstverlags-

---

17 Ausführlicher dazu: ELENA ZUBKOVA / SERGEJ ZUBKOV, Das große PR-Projekt „Nikita Chruščev für den Westen". Konstruktionsmechanismen und Repräsentationsstrategien eines neuen Sowjetunionbildes, in: Russlands imperiale Macht. Integrationsstrategien und ihre Reichweite in transnationaler Perspektive, hg. v. BIANKA PIETROW-ENNKER, Köln 2012, S. 209–225.

wesen) in der Sowjetunion.[18] „Tauwetter" bedeutete im Vergleich mit dem Stalinismus eine Rückkehr zur Normalität, und diese Wende veränderte das Verhalten der baltischen Bevölkerung gegenüber den sowjetischen Realitäten.

Die Proteststimmungen – in latenter oder offener Form (wie die Studentenproteste 1956) – waren immer ein Teil des politischen Lebens im Baltikum, doch seit Mitte der 1950er Jahre bis Ende der 1980er Jahre bestimmte Loyalität den Haupttrend des Stimmungswechsels. Loyalität und Kompromissbereitschaft schafften die Rahmenbedingungen, die es den baltischen Nationen ermöglichten, ihre Identität und insgesamt ihre nationale Agenda zu erhalten. Allerdings war es teils eine *andere* Identität.

Der litauische Historiker Saulus Grybkauskas verweist in dieser Hinsicht auf die Gestaltung einer neuen „sowjetischen litauischen Identität" und auf ein neues Phänomen – den „sowjetischen Litauer" (*Soviet Lithuanian*).[19] Sowjetisierung der Identität, das war ein Prozess, von dem auch Letten und Esten betroffen waren, obwohl er nicht die „Auflösung" der „kleinen" Nationen in einer „großen" bedeutete. Es handelte sich um die Vertreter neuer Generationen, deren Sozialisierung in der sowjetischen Realität und in sowjetischen Institutionen erfolgte – Schule, Pionierorganisation, Komsomol, Militärdienst etc. Die Sozialisierungsbedingungen und die Anpassung prägten die Identität, doch ihre nationale Eigenart ging nicht verloren. Außerdem verfügten das Schulwesen und besonders die Universitäten in den baltischen Republiken über eine gewisse nationale Autonomie, die diese Institutionen nicht nur für die einheimischen Jugendlichen, sondern auch für die Intellektuellen aus anderen Teilen der Sowjetunion attraktiv machte.

Zwei Faktoren waren für die Erhaltung der nationalen Agenda maßgeblich: Akteure und spezifische Räume / Sphären. Als Akteure spielten vor allem nationale politische Eliten (*Nomenklatura*) einerseits[20] und

---

[18] MISIUNAS / TAAGEPERA, The Baltic States, S. 250–271, 299–303.

[19] SAULUS GRYBKAUSKAS, Soviet Modernisation, Atheism and Insular Lithuanian Society, in: Lithuanian Historical Studies 20 (2015), S. 213–231.

[20] Über die Rolle der *Nomenklatura* in Litauen grundlegend: DERS., Sovietinė nomenklatūra ir pramonė Lietuvoje 1965–1985 metais [Sowjetische Nomenklatur und Industrie in Litauen 1965–1985], Vilnius 2011; VILIUS IVANAUSKAS, Lietuviškoji nomenklatūra biurokratinėje sistemoje. Tarp stagnacijos ir dinamikos (1968–1988) [Litauische Nomenklatur im bürokratischen System. Zwischen Stagnation und Dynamik (1968–1988)], Vilnius 2011.

Intellektuelle andererseits[21] eine entscheidende Rolle.[22] Es wurde zu einem Qualitätstest der nationalen Eliten, inwieweit sie fähig und bereit waren, im Dialog mit dem Zentrum die Interessen der Nation zu vertreten oder lediglich nach den Anweisungen Moskaus zu handeln. Die Situation entwickelte sich in den drei Republiken unterschiedlich: Die Litauer bestanden den Test, die lettische Führung verlor nach der politischen Niederlage der Nationalkommunisten 1959 ihre Position und Autorität als Vertreterin der nationalen Interessen, die Esten nahmen in der Regel eine Zwischenstellung ein.

In den baltischen Gesellschaften erlangten jene Sphären eine Sonderstellung, die weniger der staatlichen Kontrolle unterstanden - lokale Gesellschaften, private Bereiche, informelle Räume (Cafés, Klubs).[23] Die Rückkehr zur Normalität eröffnete neue Möglichkeiten für ihre Entwicklung und Bedeutung. In diesen Räumen konstituierten sich nationale Netzwerke, auf Grund derer sich in der späten Sowjetzeit eine Art unsichtbare Gesellschaft herausbildete.[24] Diese schuf eine alternative sowjetische Realität und kann als Ausgangspunkt für die informellen nationalen Bewegungen der *Perestrojka*-Zeit betrachtet werden.

Die Nationalitätenpolitik hatte nicht nur eine politische und kulturelle, sondern auch eine ökonomische Dimension. Die Umstrukturierung der wirtschaftlichen Beziehungen zwischen dem Zentrum und den baltischen Republiken erfolgte seit Mitte der 1950er Jahre im Rahmen des Gesamtprozesses der Reformierung des Planungs- und Verwaltungssystems in der UdSSR. Die Idee der Dezentralisierung und Ausweitung der wirtschaftlichen Rechte der Unionsrepubliken bestimmte die Hauptrichtung des Wandels. Nikita Chruščev formulierte seine Position folgendermaßen: „Mehr Verantwortung auf die Schultern der Republiken verlegen, der Zentrale Kontrolle und Überprüfung überlassen".[25] In seinem Bericht auf dem 20. Parteitag (1956) benutzte Chruščev zum ersten Mal

---

[21] Über die Sonderrolle der Intellektuellen im Prozess der Nationsbildung: VIOLETA DAVOLIŪTĖ, The Making and Breaking of Soviet Lithuania: Memory and Modernity in the Wake of War, London 2014.

[22] GRYBKAUSKAS, Soviet Modernisation, S. 219–229.

[23] OLAF MERTELSMANN, Everyday Life in Stalinist Estonia, Frankfurt am Main 2012.

[24] Nematoma sovietmečio visuomenė [Die unsichtbare sowjetische Gesellschaft], hg. v. AINĖ RAMONAITĖ, Vilnius 2015.

[25] Nikita Sergeevič Chruščev. Dva sveta vremeni. Dokumenty iz ličnogo fonda N. S. Chruščeva [Nikita Sergeevič Chruščev. Zwei Zeitfarben. Dokumente aus dem Personalbestand von N. S. Chruščev], Bd. 2, hg. v. NATALIA G. TOMILINA, Moskva 2009, S. 237.

den Begriff „nationale Wirtschaft" im Kontext der Erweiterung der Wirtschaftskompetenzen der Republiken.[26]

Die Verteilung der Kompetenzen zwischen dem Unionszentrum und den Republiken entwickelte sich schrittweise. 1955 war eine Reihe von Ministerien nicht mehr der Unionszentrale, sondern den Republiken unterstellt. 1957 wurde eine Verwaltungsreform durchgeführt, im Zuge derer die meisten Verwaltungsfunktionen an die neu etablierten Wirtschaftsregionen und die neuen territorialen Verwaltungsstrukturen (*sovnarchosy*) delegiert wurden. Litauen, Lettland und Estland wurden zu einer baltischen Wirtschaftsregion (*Pribaltijskij ėkonomičeskij rajon*) zusammengefasst. 1959 kam es zu einer Budgetreform. Im konsolidierten Budget der Sowjetunion übertraf erstmals der Anteil der Republiken den Allunionsteil.[27]

Neue Verteilungsregeln schufen weitere Möglichkeiten für nationales Wirtschaften. Wirtschaftsreform und Dezentralisierung betrafen alle Sowjetrepubliken, der „Sonderfall Baltikum" bestand darin, dass die baltischen Republiken, vor allem Estland und Lettland, über mehr Mobilität und Potenzial verfügten, um die günstige Situation maximal für ihre inneren Bedürfnisse zu nutzen. Es ist kein Zufall, dass nach der Gegenreform von 1965, als einige Industriezweige aus den Kompetenzbereichen der Republiken herausgenommen und wieder den Zentralministerien untergeordnet wurden, die Republiken zum Teil das Interesse an einer weiteren Entwicklung verloren. Die litauische Führung vernachlässigte beispielweise von diesem Zeitpunkt an den Bau der großen Energie- und Industrieobjekte zugunsten der Förderung von Landwirtschaft, Bauwirtschaft und Infrastruktur.[28]

Solche Praktiken entsprechen dem Konzept des „wirtschaftlichen Nationalismus". In dessen Kontext kam dem „fünften" Sekretär des ZK der kommunistischen Parteien in den baltischen Republiken eine wichtige Rolle zu. Der Sekretär war für ökonomische Fragen zuständig, in dieser seit 1955 bestehenden Position arbeiteten Vertreter der Titularnation – nicht Parteifunktionäre, sondern „Praktiker". Einige von ihnen wie Algir-

---

[26] XX s-ezd KPSS, Stenografičeskij otčet [Der 20. Parteitag der KPdSU. Stenogramm], Bd. 1, Moskva 1956, S. 91.

[27] Sovetskaja model' ėkonomiki: sojuznyj Centr i respubliki Pribaltiki. 1953 – mart 1965 gg. [Sowjetisches Wirtschaftsmodell: Unionszentrale und baltische Republiken. 1953 –März 1965], hg. v. ELENA ZUBKOVA, Moskva 2015, S. 22.

[28] GRYBKAUSKAS, Sovietinė nomenklatūra, S. 408 f.; IVANAUSKAS, Lietuviškoji nomenklatūra, S. 642–644.

das Brazauskas in Litauen und Karl Vaino in Estland übernahmen später Führungspositionen in ihren Republiken. Im Unterschied zu den „zweiten“ Sekretären, in der Regel Russischsprachige, die lediglich als „Moskauer Gesandte“ wahrgenommen wurden, vertraten die „Fünften“ in erster Linie die nationalen Interessen.[29] Besonders erfolgreich und effektiv nutzte die litauische Führung Praktiken und Räume des „wirtschaftlichen Nationalismus“. 1964 wurde im Gosplan[30] in Moskau ein Generalplan der Verteilung der Industrie- und Infrastrukturobjekte in der UdSSR vorbereitet. Nach diesem Muster mussten alle Unionsrepubliken ihre Pläne vorlegen. Die Litauer waren die ersten, die diese günstige Situation im Interesse ihrer nationalen Wirtschaft nutzten. Nach der Idee von Antanas Sneĉkus (des Ersten Sekretärs des ZK der LKP) sollten die Hauptressourcen auf die Entwicklung der Kleinstädte ausgerichtet werden. Neue Industrieobjekte mussten technologisch innovativ sein, dazu wurde auch eine Entwicklung der Infrastruktur - Autobahnen, Logistik - geplant.[31]

Abb. 2: Der Erste Sekretär des ZK der Kommunistischen Partei Litauens Antanas Sniečkus und der Sekretär des ZK der KPdSU Michail Suslov, Vilnius 1960

[29] GRYBKAUSKAS, Sovietinė nomenklatūra, S. 111–139.

[30] Gosplan: Staatliches Planungskomitee des Ministerrates der UdSSR.

[31] Sovetskaja model' ėkonomiki, S. 41-43. Siehe auch Abb. 2.

Außerdem wurde eine ganze Reihe von Maßnahmen getroffen, die die Übersiedelung von Landbewohnern in die Städte fördern sollte, sodass im Urbanisierungsprozess Litauer den größten Anteil am Wachstum der städtischen Bevölkerung hatten.[32] So konnte Litauen nicht nur die mit einem großen Zuwandererstrom verbundenen Probleme vermeiden, sondern blieb auch die ethnisch homogenste der baltischen Republiken: 80 Prozent der Einwohner waren Litauer (1980 betrug der Anteil der Esten an der nationalen Zusammensetzung Estlands 64,5 Prozent, der der Letten in Lettland 53,5 Prozent).[33]

Die national orientierte Politik der litauischen Führung hatte langfristige, effektive Folgen: Nach dem Zerfall der Sowjetunion war Litauen der einzige baltische Staat, in dem ein Staatsbürgerschaftsgesetz verabschiedet wurde. Allen Teilen der Bevölkerung Litauens wurde ungeachtet der Nationalität die Staatsbürgerschaft der Litauischen Republik zuerkannt.[34]

Es ist schwierig, die Ergebnisse der wirtschaftlichen Entwicklung der baltischen Republiken in der Sowjetzeit mit denen der Unabhängigkeitsperiode zu vergleichen, da sowjetische wirtschaftliche Bewertungskriterien, besonders qualitative, mit den europäischen nicht übereinstimmen.[35] Relativ korrekte Vergleichsbewertungen sind innerhalb der Sowjetunion möglich, trotz der Mängel der sowjetischen Statistiken.

Die baltischen Republiken galten nicht zufällig als „Schaufenster der Sowjetunion". Der Lebensstandard in Estland und Lettland war höher als in anderen Regionen des Landes. So betrug das Nationaleinkommen pro Kopf der Bevölkerung in der UdSSR insgesamt im Jahr 1956 535 Rubel, während es in Lettland 647 Rubel und in Estland 636 Rubel erreichte – die höchsten Kennziffern in der UdSSR. Litauen lag mit 459 Rubeln unter dem Unionsdurchschnitt, was sich durch den allgemeinen Entwicklungsstand und durch die Struktur der nationalen Wirtschaft mit einer überwiegenden Orientierung auf den Agrarsektor erklären lässt. Im Jahr 1961 lag in Estland der Pro-Kopf-Anteil der Bevölkerung am Nationaleinkommen bei 720 Rubel, in Lettland bei 717 Rubel, während der Unionsdurchschnitt bei 547 Rubeln lag. Zum Vergleich seien die Angaben zur Russi-

---

[32] ZIGMANTAS KIAUPA, The History of Lithuania, Vilnius 2002, S. 311.

[33] MISIUNAS / TAAGEPERA, The Baltic States, S. 353.

[34] ALGIRDAS BRAZAUSKAS, Pjat' let prezidenta. Sobytija, vospominanija, mysli [Fünf Jahre Präsident. Ereignisse, Erinnerungen, Gedanken], Moskva 2002, S. 62.

[35] MARTIN KLESMENT u. a., Childbearing and Macro-economic Trends in Estonia in the XX Century, Tallinn 2010, S. 39–44.

schen Föderation (598 Rubel), zur Ukraine (559 Rubel) und zu Litauen (489 Rubel) herangezogen.[36]

Der durchschnittliche monatliche Arbeitslohn lag in Estland und Lettland gleichfalls höher als in der gesamten UdSSR. Besonders bemerkenswert ist, dass nur in diesen Republiken (und später auch in Litauen) die Arbeitskosten in den Kolchosen höher waren als in der Industrie. Im Jahr 1990 lag in der UdSSR der durchschnittliche Monatslohn von Arbeitern und Angestellten bei 275 Rubeln und in den Kolchosen bei 241 Rubeln, während er in Estland bei 341 Rubeln beziehungsweise 352 Rubeln lag, in Lettland 291 Rubel und 301 Rubel betrug und in Litauen 283 Rubel und 303 Rubel.[37]

Die Existenz einer verbesserten Modellvariante der Sowjetunion in Gestalt des sowjetischen Baltikums war allerdings nicht nur von Vorteil, dieses Image und die im Vergleich zum sowjetischen Standard höhere Lebensqualität schufen zugleich Probleme für die baltischen Republiken, weil sie für Migranten besonders attraktiv wurden. Diese kamen nicht nur auf der Suche nach einem „besseren Leben" ins Baltikum. Ihr Zustrom war auch durch das sowjetische Wirtschaftssystem programmiert, das in erster Linie auf eine Entwicklung der Industrie ausgerichtet war. Deshalb trug die Migration teilweise regulierenden Charakter und wurde beispielsweise auf dem Wege einer organisierten Auslese von Arbeitskräften für Betriebe und Baustellen verwirklicht. Doch unabhängig von den Motiven, die die Menschen ins Baltikum zogen, entwickelte sich die Migration mit der Zeit zu einem der schärfsten und schmerzlichsten Probleme der Region, vor allem in Lettland und Estland. Da unter den Migranten russischsprachige Sowjetbürger in der Mehrzahl waren, erhielt der klassische Konflikt zwischen den „Eigenen" und den „Fremden" einen ethnischen Unterton: So waren die Subjekte in diesem Konflikt die Vertreter der baltischen Ethnien auf der einen und die russischsprachigen Einwohner auf der anderen Seite. In Wirklichkeit besaßen die Konflikte im Umfeld der Migration jedoch weniger einen ethnischen als vielmehr einen kulturellen und sozialen Charakter im „ethnischen Gewand".[38]

Die Vertreter der Titularnationen betrachteten den Zustrom der „Fremden" als eine Bedrohung in verschiedener Hinsicht – wirtschaftlich, sozial, kulturell, dabei auch als Bedrohung der nationalen Identität. Wenn

---

[36] Sovetskaja model' ėkonomiki, S. 8.

[37] Ebd.

[38] VALERIJ TIŠKOV, Očerki teorii i politiki ėtničnosti v Rossii [Züge einer Theorie und Politik der Ethnizität in Russland], Moskva 1997, S. 305.

auch einige Befürchtungen nicht ohne Grund waren (Russifizierung, Arbeitskonflikte, soziale Probleme, vor allem Wohnungsmangel etc.), erwiesen sich doch Bedenken hinsichtlich einer Erosion der nationalen Identität als überflüssig. Das beweisen soziologische Umfragen kurz vor dem Zerfall der Sowjetunion, die beispielsweise den Unterschied zwischen den Mentalitäten/Identitäten der Vertreter verschiedener Nationen im Baltikum thematisierten. So forderte eine im April 1991 durchgeführte Erhebung die Befragten auf, sich zwischen einem starken Staat und individuellen Rechten und Freiheiten zu entscheiden.[39] In Lettland und Estland, die damals noch der UdSSR angehörten, zeigte sich ein wesentlicher Unterschied zwischen den Antworten der Titularbevölkerung (Letten und Esten) und jenen der Russen. Für eine Priorität von liberalen Werten sprachen sich in Lettland 64,6 Prozent der Letten und 49,8 Prozent der Russen aus, in Estland waren es 68,9 Prozent der Esten und 46,1 Prozent der Russen. Einen starken Staat bevorzugten in Lettland 43,4 Prozent der Russen und 23,1 Prozent der Letten, in Estland 42,7 Prozent der Russen und 23,7 Prozent der Esten.

In Russland sprachen sich insgesamt 38,8 Prozent der Befragten für individuelle Rechte und Freiheiten aus, während 50,2 Prozent einen starken Staat favorisierten. Mithin gaben die Russen sowohl im Baltikum als auch in Russland etatistischen Werten gegenüber liberalen den Vorzug. Bemerkenswerterweise waren die „baltischen" Russen ein wenig liberaler eingestellt als ihre Landsleute in Russland. Durch diese Untersuchung wurde noch eine weitere Tendenz offenkundig: Bei Russen, die bereits seit mehr als 30 Jahren im Baltikum lebten, dominierten liberale Werte, während „späte" Migranten noch immer den etatistischen Paradigmen verhaftet waren.

Die Zeit der *Perestrojka* markierte für die baltischen Nationen eine Zäsur, nach der der Abschied vom sowjetischen Imperium folgte.[40] Galina Starovojtova, eine russische Politikerin und Wissenschaftlerin, bemerkte einmal in einem Gespräch mit lettischen Politikern als Antwort auf deren Absicht, den Austritt ihrer Republik aus der UdSSR zu vollziehen:

---

[39] RENAL'D CH. SIMONJAN, Rossija i strany Baltii. Dve modeli postsovetskogo razvitija [Russland und die baltischen Länder. Zwei Modelle postsowjetischer Entwicklung], Moskva 2009, S. 109.

[40] Zu den Ereignissen in drei baltischen Republiken in der Perestrojka-Zeit: ANATOL LIEVEN, The Baltic Revolution. Estonia, Latvia, Lithuania and the Path to Independence, New Haven / London 1994, S. 214–316; The Baltic States and the End of the Cold War, hg. v. KAAREL PIIRIMÄE / OLAF MERTELSMANN, Berlin 2018.

> „Aus einem Imperium tritt man nicht aus, so etwas ist noch nie vorgekommen. Man tritt aus einem demokratischen Staat aus. Und der muss erst einmal geschaffen werden."[41]

Die baltischen Republiken unternahmen intensive Anstrengungen, um die Transformation des Sowjetimperiums in einen modernen demokratischen multinationalen Staat voranzutreiben. Ihre Bürger - Balten und Russen (damals noch zusammen) - demonstrierten, wie sich die Umgestaltungsprozesse in zivilisierten, nicht gewalttätigen Formen entwickeln konnten (im Unterschied zu den blutigen Konflikten in Georgien, Aserbaidschan oder Usbekistan). Baltische Vertreter nahmen aktiv an der Vorbereitung eines neuen Unionsvertrags teil. Die „baltische" Variante der neuen Unionskonfiguration war radikal, aber konstruktiv. Diese Chance wurde aber durch die unnachgiebige Position des Zentrums vergeben. Nach den Ereignissen im Januar 1991 in Vilnius und Riga[42] blieb den Balten keine andere Wahl, als aus dem Imperium zu „fliehen". Diese Flucht markierte gleichzeitig ein Ende des imperialen Projekts, das 1940 begonnen hatte.

Im sowjetischen sowohl politischen als auch ökonomischen und kulturellen Raum erwies sich das Baltikum (Estland, Lettland, Litauen) als ein Sonderphänomen. Wie erwähnt, wurde das baltische Spezifikum im inoffiziellen Sprachgebrauch, vor allem unter Intellektuellen, verschiedenartig definiert: „sowjetischer Westen", „inneres Ausland", „Schaufenster der Sowjetunion". Dennoch kann man über eine spezifische „baltische" Nationalitätenpolitik kaum sprechen. Die Rahmenbedingungen dieser Politik wurden vom Zentrum für alle Unionsrepubliken bestimmt, die baltischen Eliten nutzten sie besser als die Eliten in den „alten" Sowjetrepubliken, um nationale Interessen zu artikulieren und den Schwerpunkt auf die Entwicklung der nationalen Kultur, Wirtschaft und Bildung zu legen.

---

[41] Zit. nach ANATOLIJ ČERNJAEV, Sovmestnyj ischod. Dnevnik dvuch ėpoch. 1972–1991 gody [Gemeinsamer Ausgang. Tagebuch zweier Epochen. 1972–1991], Moskva 2010, S. 802.

[42] Die Ereignisse in Vilnius am 13. Januar 1991 verankerten sich im Gedächtnis der Litauer als „Blutsonntag von Vilnius". An diesem Tag versuchten sowjetische Militärkräfte und Spezialeinheiten mit Gewalt dem Bestreben Litauens nach realer Unabhängigkeit von der Sowjetunion entgegenzuwirken. Im Mittelpunkt der Ereignisse standen Schutz und Angriff des litauischen Fernsehturms, es kamen 14 Zivilisten - Verfechter der Unabhängigkeit Litauens - dabei ums Leben. Der „Blutsonntag von Vilnius" rief eine Protest- und Solidaritätsreaktion in Lettland hervor. Bereits am 13. Januar wurden in Riga erste Barrikaden gebaut. Zwei Wochen lang dauerte die Protestaktion, die ohne blutige Konfrontationen verlief, obwohl sie sieben Menschen das Leben kostete. Die Ereignisse in Riga wurden als „Barrikaden-Zeit" bezeichnet. Siehe auch Abb. 3.

Abb. 3: Vilnius, 13. Januar 1991

Die Annexion 1940, die nachfolgende Einverleibung in die UdSSR und die Sowjetisierung haben den bereits im 19. Jahrhundert begonnenen Prozess der Nationsbildung der Esten, Letten und Litauer nicht unterbrochen – er wurde „umformatiert“: Nach dem Souveränitätsverlust entwickelte sich das *nation-building* im Kontext der sowjetischen Nationalitätenpolitik weiter. Jahrzehnte später tauchten neue Generationen auf, deren Sozialisierung in der sowjetischen Realität und in sowjetischen Institutionen erfolgte. Die Vertreter dieser Generationen haben die nationale Identität, ihre Eigenart nicht verloren, obwohl sie bereits teils „sowjetisch“ geprägt war (Sowjetisierung der Identität).

Die Sonderstellung des Baltikums im Rahmen des Sowjetprojekts lässt sich unter anderem durch die Westorientierung Estlands, Lettlands und Litauens erklären. In den Nachkriegsjahren wurde die Sowjetisierung dieser Unionsrepubliken stark vom außenpolitischen Kontext geprägt. Nach 1945 erschien das sowjetische Imperium („imperiale Formation“) in einer neuen Konfiguration, zusammengesetzt aus inneren (Sowjetrepubliken) und externen (osteuropäische „Volksdemokratien“) Segmenten. Die Sowjetisierungsprozesse in den baltischen Sowjetrepubliken und in den osteuropäischen Ländern, die ihre Souveränität beibehalten hatten, verliefen nicht selten nach einem ähnlichen Szenario, hatten mindestens eine gemeinsame Dynamik und gemeinsame Wendepunkte – wie 1947, 1953, 1988/89.

Nach der „konservativen“ Wende 1947 versuchte Moskau seit 1953 („Tauwetterzeit“) ein neues Format der Beziehungen mit den Ländern des „sozialistischen Lagers“ (Aufrechterhaltung der Kontrolle ohne offenes Diktat, Zusammenarbeit in verschiedenen Bereichen) vorzugeben. In den baltischen Republiken wurde die „Tauwetterzeit“ eine Periode der Belebung kultureller Aktivitäten und des Erstarkens des Nationalbewusstseins. 1988/89 markierte ein Ende der Sowjethegemonie sowohl in den externen als auch in den inneren Teilen des „Imperiums“, das nun kein Imperium mehr war.

Abbildungsnachweis

Karte 1: http://map1.com.ua/130050_ BIG_0_0.jpg (Zugriff: 09.03.2021).

Abb. 1: https://upload.wikimedia.org/wikipedia/commons/7/77/Riga_1940 _Soviet_Army.jpg (Zugriff: 09.03.2021).

Abb 2: https://www.15min.lt/nuotrauka/3517952 (Zugriff: 09.03.2021).

Abb. 3: https://commons.wikimedia.org/wiki/File:January_13_events_in _ Vilnius_Lithuania.jpg (Zugriff: 09.03.2021).

Dieter Bingen

Zwischenresümee: Rekonstruktion und Konstruktion nationaler Identität im Zeitalter einer imperialen Formation aus dem Geist des modernen Nationalismus

Für die Ära der sowjetischen Hegemonie im östlichen Europa nach dem Zweiten Weltkrieg (1944–1989) stellt sich die Frage nach der Relation zwischen dem von internationalen Rahmenbedingungen und Abhängigkeitsverhältnissen präjudizierten außenpolitischen Handeln einerseits und Konstruktionen nationaler Identität bei der Legitimation von Herrschaft seitens der innenpolitischen Akteure andererseits ebenso wie für die Zwischenkriegsära und die Zeit nach dem Ende des sozialistischen Lagers in Europa.[1] Dieses von der Projektleiterin Bianka Pietrow-Ennker formulierte erkenntnisleitende Interesse sollte in den Einzelstudien zu ausgewählten Ländern des politisch definierten „Osteuropa“ zu frappierend ähnlichen Ergebnissen bei unterschiedlichsten länderspezifischen Ausgangsbedingungen für Nationsbildungsprozesse und Konstruktionen nationaler Identität führen, blickt man – die Jahre 1944–1989 bilanzierend – auf jeden einzelnen in diesem Band berücksichtigten sozialistischen Staat Ost-, Ostmittel- und Südosteuropas.[2] Dabei ist die unauflösliche Wechselwirkung innerer und äußerer Politik als Konstante für die Entwicklung in allen Phasen zu konstatieren, ohne dass man von der Sache her über den Primat einer Verursachung entscheiden könnte.

Die in diesem Kapitel vorgestellten Fallstudien gehen davon aus, dass die Machtverteilung in der internationalen Umwelt, der außenpolitische Faktor, die existenzielle Abhängigkeit der innenpolitischen Akteure (die

[1] Siehe das Vorwort von Bianka Pietrow-Ennker in diesem Band.
[2] Vgl. auch den einführenden Beitrag von Teil II von Jan C. Behrends in diesem Band.

KPs und Arbeiterparteien) von der äußeren Macht (KPdSU) die bestimmenden Faktoren für die Brüche und Kontinuitäten von Nationsbildung und nationaler Identitätsstiftung in den mehr als vier Jahrzehnten Herrschaft des „Realen Sozialismus" in Europa waren. Wobei hier schon das Resümee ein wenig vorwegnehmend konstatiert wird, dass die sozioökonomische, politische und kulturelle Entwicklung der nationalen Subsysteme des sozialistischen Weltsystems in Europa auf dialektische Weise zur Renaissance des auf innen- und außenpolitische Souveränität pochenden nationalstaatlichen Denkens am Ende des 20. Jahrhunderts geführt hat.

Jedenfalls war dessen Re-Konstruktion der „Erfolg" der Politik der „Imperialen Formation" in ihrem Glacis in Europa,[3] ja sogar außerhalb, im multinationalen Jugoslawien. Das Besondere im Allgemeinen war, dass die imperiale, multiethnische und multinationale Sowjetunion selbst von dem Virus der nationalen, exklusiv verstandenen Selbstbefragung „Wer bin ich?" (ohne den hybride Identität konstatierenden Zusatz „... und wie viele?") infiziert wurde und an dem Widerspruch von Imperium und Titularnation (Sowjet-Russland) gescheitert ist, befeuert von der nationalen Wiedergeburt vor allem in den zivilisatorisch am weitesten fortgeschrittenen baltischen Sowjetrepubliken, aber auch von den ukrainischen und georgischen[4] Nationalbewegungen, teilweise befördert von den sich nationalisierenden KPs in den Titularnationen.

Die Beiträge in diesem Hauptteil führen bei aller Unterschiedlichkeit ihrer zeitlichen Fokussierung und unterschiedlich stringenter Orientierung an den von der Herausgeberin empfohlenen Parametern[5] zu vergleichbaren Ergebnissen. Das dosierte Spiel, die Instrumentalisierung des an der Ethnie orientierten Konstruktes der Nation, zugespitzt formuliert: des integralen Nationalismus[6] als höchster Form des Sozialismus, trug einerseits zur zeitweisen Legitimierung des weitgehend, aber nicht vollständig oktroyierten stalinistischen Sowjetsystems[7] bei und pflanzte zugleich das Ferment für die Herrschaft der teils totalitären, später autoritä-

---

[3] Siehe Dietrich Beyrau in diesem Band.

[4] Vgl. die erste, bis heute lesenswerte deutschsprachige Publikation zur georgischen Nationalbewegung: JÜRGEN GERBER, Georgien: Nationale Opposition und kommunistische Herrschaft seit 1956 nach dem Zweiten Weltkrieg, Baden-Baden 1997.

[5] Siehe das Vorwort von Bianka Pietrow-Ennker in diesem Band.

[6] In der Tschechoslowakei Bi-Nationalismus.

[7] Für Jugoslawien siehe Nada Boškovska, für die Tschechoslowakei siehe Pavel Kolář in diesem Band.

ren kommunistischen bzw. sozialistischen Parteiherrschaft ein. Es ist geradezu faszinierend, dass ausnahmslos alle Beiträge bei aller ebenso beeindruckenden historisch bedingten Länderspezifik der politischen und kulturellen Prozesse in den sozialistischen Staaten den Befund bestätigen. Zur Ironie der Geschichte gehörte es, dass abgesehen von kultureller Selbstbehauptung (Sprache, Religion, kulturelle Träger im Lande und in der Diaspora) die „Avantgarde der Arbeiterklasse“ mit ihren primär sozioökonomischen Forderungen an die sie angeblich vertretende Partei nicht unerheblich zur nationalen Souveränisierung beigetragen hat.[8]

Nicht nur das vorrevolutionäre Russland als hegemoniale Nation und als Imperium, ebenso das bolschewistische Sowjet-Russland wie auch das sich auf die Nation besinnende postsowjetische Russland hatten – sollte es zum Schwur, d. h. zur Machtfrage, kommen – nur die Repression – *sticks*, aber keine *carrots* – zur Hand gehabt, wie schon die kolonialen Imperien Europas in Europa selbst und auf den anderen Kontinenten seit dem 19. Jahrhundert. Die Ukraine ist hierfür ein exemplarisch tragischer Fall in Europa über Jahrhunderte hinweg. Ob Katharina II., Iosif Stalin, Nikita Chruščev oder Vladimir Putin, die Ukraine galt und gilt (auch vielen russischen Demokraten) als Fleisch vom Fleische Russlands, hatte kaum die Chance zur Bildung einer Staatsnation.

Kateryna Kobchenko arbeitet heraus, wie die „Vereinigung der verschiedenen Teile der Ukraine, die eine Hauptbestrebung der ukrainischen Unabhängigkeitskämpfer unterschiedlicher politischer Couleur und der verschiedenen Generationen war“,[9] letztlich von der „imperialen Formation“ (Dietrich Beyrau) verwirklicht wurde, um die Ukraine an die Union zu binden und Zwietracht zu säen. Dies hieß, die sowjetrussische Vorherrschaft zu legitimieren, um nicht ein neues nationales Narrativ zu nähren, das die Zukunft der Ukraine womöglich als überlebensfähige Staatsnation würde begründen können, in der die russische Minderheit mit gleichen Rechten wie die Titularnation ausgestattet wäre. Ungewollt stärkte Moskau die Konzeption ukrainischer Staatlichkeit, die potenziell die territoriale Integrität des Landes in den von der Sowjetunion großzügig gesteckten Grenzen als Stabilität versprechende Perspektive am Horizont erscheinen ließ. Kobchenko verweist stark auf den außenpolitischen Faktor, die Diaspora und die miteinander konkurrierenden Nationskonstruktionen im Exil. Gerade im Fall der Ukraine und Polens spielte die Emigration eine wichtige Rolle für nationale Selbsterhaltung und Identitäts-Re-

[8] Für Polen siehe Florian Peters, für Rumänien Mariana Hausleitner in diesem Band.

[9] Siehe Kateryna Kobchenko in diesem Band.

konstruktion, ebenso wie die jeweiligen „National"-Kirchen (uniert bzw. römisch-katholische Kirche). Dazu kam auch „der Westen", insbesondere die USA, als Akteur. Dieser retardierte die internationale Sanktionierung ukrainischer Souveränität über das Jahr 1989 hinaus, da auch demokratische westliche Eliten die Ukraine weitverbreitet in einem multinationalen postsowjetischen russischen Imperium verortet sahen.[10] Die imperiale Brille Moskau setzten sich westliche Eliten auf, wenn sie auf Kiev blickten und sie tun es mit Blick auf das ehemalige sowjetische Glacis in Abstufungen trotz EU- und NATO-Mitgliedschaft der ostmittel- und südosteuropäischen Staaten oft bis heute.

Wenn die Ukraine in den Nationsbildungsprozessen, die in diesem Band untersucht werden, als (Staats-)Nation bis heute am prohibitivsten den außenpolitischen Faktor erfährt, so gilt der Nachbar Polen gemeinhin als eine der ältesten historischen Nationen im Osten Europas, die zu Beginn des 21. Jahrhunderts über einen eigenen Staat verfügte, wobei sie in den jahrhundertelangen konfliktreichen Nachbarschafts-, vorwiegend Hegemonialbeziehungen (in der *Rzeczpospolita* vor den Teilungen des 18. Jahrhunderts) ihrerseits *nolens* wie *volens* einen Beitrag zur ukrainischen Nationsbildung leistete.

Polen war nach 1944 zum zweiten Mal im 20. Jahrhundert nach der (Wieder-)Erringung der staatlichen Unabhängigkeit im Herbst 1918 gezwungen, den eigenen Staat zu konsolidieren. Wie im und nach dem Ersten Weltkrieg waren nach 1944 das System der internationalen Beziehungen und der außenpolitische Faktor Russland bzw. Sowjetunion von entscheidender Bedeutung für die Bestimmung der nationalen Traditionslinien und das dominante nationale Narrativ, wie Florian Peters in seinem Beitrag[11] herausstreicht: Die territoriale Westverschiebung und die ethnische Homogenisierung waren von äußeren Mächten vorbestimmt. Wie Peters überzeugend darlegt, konnte das neue kommunistische Legitimationsnarrativ solange zumindest eine passive Akzeptanz in einem Großteil

---

[10] In der von dem Kolumnisten William Safire in der New York Times (29.08.1991) als „Chicken Kiev"-Speech bezeichneten Ansprache von Präsident George H. W. Bush am 01.08.1991 vor der *Verkhovna Rada* warnte der Präsident vor Unabhängigkeitsbestrebungen („suicidal nationalism") im Kontext des drohenden Zerfalls der Sowjetunion und warb für eine erneuerte Sowjetunion. Er befürchtete offenbar eine weitere unkontrollierbare Entwicklung (Coup der retardierenden Kräfte gegen Gorbačev) und die Destabilisierung der internationalen Ordnung. Die Rede war von Condoleezza Rice entworfen worden – https://en.wikipedia.org/wiki/Chicken_Kiev_speech (Zugriff: 03.09.2020). Siehe auch Kateryna Kobchenko in diesem Band.

[11] Vgl. Florian Peters in diesem Band.

der polnischen Gesellschaft erfahren, solange die kommunistische polnische Elite das Gefühl des Verlusts der *Kresy* mit dem Gefühl der „Rückkehr“ der ehemaligen deutschen Ostprovinzen in den polnischen Staatsverband kompensieren konnte und Polen territorial näher an den Sehnsuchtsort rückte, den der Westen Europas für viele Polen bedeutete. Dazu entsprach die Gestalt des nach der NS-deutschen Judenvernichtung, nach den Vertreibungen und Umsiedlungen während und infolge des Zweiten Weltkriegs wiedererstandenen Polens weitgehend den Vorstellungen der Nationaldemokraten der Zwischenkriegszeit. Abgesehen von dem Verlust der östlichen Wojewodschaften (*Kresy*) kam das Polen in den neuen Grenzen auch den Wünschen der überwältigenden Mehrheit der Nachkriegsbevölkerung entgegen, die nun erstmals in der 1000-jährigen Geschichte zu weit über 90 Prozent ethnisch polnisch und römisch-katholisch war. Dazu kam das teilweise erfolgreich eingelöste Modernisierungs- und Wohlstandsversprechen[12] mit kleinen kulturellen Freiheiten und Effekten, das in Polen zu der kommunistischen Herrschaftsstabilisierung seit 1957 beitrug.

Das exklusive kommunistisch-nationaldemokratische Geschichtsnarrativ wirkt bis in die neue Geschichtspolitik der PiS als Regierungspartei hinein. Damit gehören die Ideologeme der Volksrepublik zur Nationalgeschichte und können nicht als reine Importprodukte von „polnischen Moskowitern“, das heißt „Verrätern“, in Warschau gedeutet werden. Um mit Florian Peters zu sprechen heißt das, „die Volksrepublik als integralen Bestandteil der polnischen Nationalgeschichte anzuerkennen und ihre tiefgreifenden Nachwirkungen hervorzuheben“.[13]

Das ursprünglich nationaldemokratische Narrativ der „ewigen“ Feinde, dem auch die Polnische Vereinigte Arbeiterpartei (PVAP) frönte, dekonstruierte die PVAP-Führung als Legitimationsmotiv mit der ersten Normalisierung der Beziehungen zu der Bundesrepublik Deutschland 1970. Als ewiger Feind, revisionistisch und revanchistisch Polens territoriale Integrität bedrohend, konnte das Land, das die Modernisierung Polens in den 1970er Jahren mitfinanzieren sollte, nicht mehr überzeugend dienen.

Führende Repräsentanten der polnischen demokratische Opposition im Polen der 1970er und 1980er Jahre versuchten, so Florian Peters Gregor Feindt zitierend,[14] den Nationsbegriff vom ethnisch-exklusiven in den

---

[12] Ebd.

[13] Ebd.

[14] Ebd.

staatsbürgerlich-inklusiven Sinn zu wenden. Inspiriert wurden sie von der kulturellen Emigration um die Pariser Zeitschrift „Kultura". Mit ihren Aktivitäten hatte sie wie die ukrainische politische Diaspora einen Einfluss auf das Konstrukt der Nation in den heimischen Dissidenten- und Oppositionskreisen, der höher einzuschätzen ist als in den anderen „Vasallenstaaten" der Sowjetunion und in den Nationalbewegungen innerhalb der Sowjetunion.

Die historischen Debatten im polnischen zweiten Kreislauf und im Exil schlugen sich in einem partiellen und möglicherweise vorübergehenden Erfolg nieder. Der zeigte sich in entspannteren Nachbarschaftsbeziehungen zu Litauen, Belarus, der Ukraine und Deutschland nach 1990, aber auch in der Europäisierungsdebatte vor dem EU-Beitritt 2004. Darüber hinaus stand in Polen nun auch das mythologisch wechselweise heroische und martyrologische historische Narrativ in der Selbstkritik, die Mitte der 2000er Jahre in der erbitterten Jedwabne-Debatte ihren ersten emotional aufgeladenen Kulminationspunkt erreichte. Der partielle *Backlash* in den darauffolgenden Jahren wird in diesem Band von Klaus Ziemer beschrieben.[15]

Der Beitrag von Pavel Kolář[16] kontrastiert in der Akzentsetzung mit Florian Peters Studie. Es sind zum einen die unterschiedlichen Zugänge, Fragestellungen und Fokussierungen der Autoren, bei Kolář die Analyse von Unterordnung und Autonomie in den außenpolitischen Akzentsetzungen zugunsten von nationalen tschechoslowakischen Interessen. Vielmehr bringt der Vergleich aber noch eine eindrucksvolle Bestätigung dafür, dass die Phasen der Sowjetisierung als auch die Politiken der einzelnen Staaten bis 1989 frappierende Unterschiedlichkeiten aufweisen. Sie sind Beleg dafür, dass es nicht allein sowjetische Panzer, Politiker und Polizei waren, sondern durchaus heimische kommunistische und nichtkommunistische Akteure (nicht nur Edvard Beneš), die in den 1930er/40er Jahren zu Trägern der Definition der nationalen Identität, der Geschichtsdeutung und der außenpolitischen Positionierung in ihren Ländern wurden. Sie waren Fleisch vom Fleische, was insbesondere im Fall Polens nach 1990 für geschichtspolitischen Streit und unversöhnliche politische Lagerbildung sorgte und weiterhin sorgt.

Wie anders die Ausgangslage der Tschechoslowakei 1945 war, arbeitet Kolář heraus und kann auf die „Vormünchner" ČSR verweisen und darauf, dass ohne direkten außenpolitischen Druck unter der Oberfläche

---

[15] Siehe Klaus Ziemer in diesem Band.

[16] Siehe Pavel Kolář in diesem Band.

der liberalen Demokratie der integrale Nationalismus mit ethnozentrischen und zeitweise auch völkisch-rassistischen Elementen durchaus vorhanden war und in den Sozialismus gleichsam „hinübergerettet" wurde – sowohl im tschechischen wie auch im slowakischen Teil[17] des binationalen Staates. Für die Vertretung außenpolitischer Positionen war auch von Bedeutung, dass die Tschechoslowakei das einzige Land unter den im politischen Sinne osteuropäischen Staaten – neben dem hier nicht untersuchten Bulgarien – mit einem slawophilen Element aus vorkommunistischer Zeit und einer starken KP vor 1939 war.

Das erleichterte der Sowjetunion die Integration in das Imperium. Innenpolitische Prioritäten und außenpolitische Konzeption gestalteten den Übergang zum Sozialismus fließender als beispielsweise in Polen oder Ungarn. Andererseits war der geschichtsnarrative Bruch in der ČSR mit den bürgerlichen Vorkriegseliten bis 1939 wegen deren Appeasement gegenüber Deutschland härter als in Polen, da dort die herrschende Schicht keine andere Wahl als die Widerständigkeit gegenüber dem deutschen Aggressor hatte und als Träger der nationalen Identität zu den ersten Opfern der brutalen Besatzungsherrschaft wurde. Zynischerweise war damit bereits 1944 Widerstandspotenzial gegen die Sowjetisierung Polens dezimiert.

Der deutsche Faktor war durch den Grundkonflikt mit dem westlichen Nachbarn über die Frage der Ungültigkeit des Münchner Abkommens (*ex tunc* oder *ex nunc*) und der Vertriebenenproblematik für die sozialistische Tschechoslowakei von einer Staatsräson getrieben, die die kommunistischen Herrschaftsträger zu Repräsentanten des nationalen Interesses machte. Im tschechoslowakischen Fall arbeitet Kolář die teilweise überraschenden Kontinuitätslinien von quasi systemunabhängigen außenpolitischen Positionierungen von der Vorkriegstschechoslowakei bis in die 1980er Jahre erhellend heraus. Er erklärt auch das niedrige außenpolitische Profil einer kleinen Republik in der seit dem Ende des 18. Jahrhunderts konfliktreichen Zone tektonischer Verschiebungen innerhalb der und zwischen den großen europäischen Nachbarn an allen Außengrenzen der (späteren) Tschechoslowakei.

Der Beitrag von Regina Fritz[18] fokussiert zeitlich auf die Positionierung Ungarns für die Pariser Friedenskonferenz und die Friedensverhandlungen 1946/47 und lässt das sozialistische Ungarn nach 1947 außerhalb ihrer Betrachtung. Es ist aber eine gelungene Fallstudie, in der die von

---

[17] Ebd.

[18] Siehe Regina Fritz in diesem Band.

Bianka Pietrow-Ennker formulierten Fragestellungen wie in einem Brennglas thematisiert werden.

Die noch nicht endgültig etablierte neue kommunistische Macht in Ungarn musste mit der Erblast umgehen, dass das Land noch in den letzten Monaten des Dritten Reichs, seit August 1944, mit der Machtübernahme der Pfeilkreuzler, engster Verbündeter Hitlers wurde. Die zukünftigen Verhandlungsführer auf der Pariser Friedenskonferenz begaben sich auf die Suche nach dem außenpolitisch am meisten Erfolg versprechenden Narrativ der Nationalgeschichte, von Schuld und Entschuldigung, Verantwortung und Distanzierung von der jüngsten Geschichte ungarischer Staatlichkeit. Wieviel Schuldeingeständnis und wieviel Distanzierung von den alten Eliten waren erfolgversprechend, um auf internationalem Parkett mit den Vertretern der Alliierten das Beste für Ungarn herauszuholen? „Die geschichtspolitische Auseinandersetzung über die Vergangenheit wurde machtpolitischen Zielen untergeordnet" (Kollaboration und Mitverantwortung der alten Eliten, Widerstand und Opferrolle der Bevölkerung), so Fritz.[19]

Mit Hilfe des Narrativs vom „Bruch mit der Vergangenheit" sollte verhindert werden, dass Ungarn allzu sehr bestraft (Reparations- und Territorialfragen) würde.[20] Dies entsprach dem Interesse der neuen Hegemonialmacht, der an der nationalen Legitimierung in einer zutiefst antikommunistischen Gesellschaft gelegen sein musste. Dazu gehörte auch das Narrativ der neuen Macht in Ungarn, in der Kontinuität der Revolutionäre von 1848 im Dienste der nationalen Befreiung von fremder Herrschaft zu agieren. Innen- und außenpolitische Motive gingen hier ineinander über, wie es grundsätzlich der Fall ist bei jeglicher Befassung mit *nation-building*, nationaler Identität und außenpolitischen Vorstellungen und Interessen zum Zwecke der Selbstlegitimierung und deren Anerkennung durch die Staatenwelt. So ist dem Ausblick der Autorin sicher zuzustimmen, dass das Externalisierungs- und Entlastungsnarrativ nach dem politischen Umbruch 1989 aktualisiert worden sei und bis heute den politischen Diskurs charakterisiere, ebenso wie der erneute Rückgriff auf 1848.

Wie Jan C. Behrends in seinem Einführungsbeitrag zu diesem Teil ausführte, blieben die Ressentiments und Konflikte der Zwischenkriegszeit auch nach der Sowjetisierung der von der Roten Armee „befreiten" Staaten Europas weiterhin virulent. Das Erbe der Geschichte und der exklusiven nationalen Mythen und Interessen „spielte auch unausgespro-

---

[19] Ebd.

[20] Ebd.

chen weiterhin eine entscheidende Rolle für das nationale Selbstverständnis."[21] Dieser Befund sollte nicht nur im Fall des polnisch-deutschen Verhältnisses, sondern insbesondere auch in den ungarisch-rumänischen Beziehungen nach 1945 eine Rolle spielen. Die Sowjetunion wurde dort wie hier der Entscheider über Inhalt und Austragungsform der Konfliktregelung.

Mariana Hausleitner betrachtet dieses Dependenzverhältnis auf den Konfliktfeldern der rumänisch-sowjetischen Beziehungen.[22] Das System der internationalen Beziehungen in Europa und die Interessenlage der für die rumänische Position in den außenpolitischen Beziehungen entscheidenden Mächte hatten zur Folge, dass das Land sich nach dem Zweiten Weltkrieg, wie schon nach dem Ersten Weltkrieg, – auch im Hinblick auf die außenpolitischen Freiräume – mehr als „Sieger" fühlen konnte, als dies für Ungarn der Fall war. Obwohl Rumänien bis 1944 sogar mit eigenen Verbänden in den Krieg gegen die Sowjetunion gezogen war, konnte es seine Territorialverluste im Friedensvertrag von 1947 auf Bessarabien und die Nordbukowina begrenzt halten und durfte den großen Gewinn der ungarisch und deutsch besiedelten Gebiete im Vertrag von Trianon von 1920 behalten. Das „Bündnis" mit der Sowjetunion begrenzte die Territorialverluste von Hitlers Verbündetem.

Die nationale, aus dem vorkommunistischen Rumänien tradierte Geschichtskonstruktion des sozialistischen Rumänien vertrug sich mit der neuen internationalen Lage, solange die rumänische kommunistische Führung bis in die Ceauşescu-Zeit das spätstalinistische System nicht antastete und mit einer repressiven Politik gegenüber der ungarischen und deutschen Minderheit die nationale Legitimierung der regierenden Partei zu stärken suchte. Dieser Deal wurde erst im Niedergang der Ceauşescu-Ära aufgekündigt. Solange die rumänische Führung eine zentralistische Wirtschaftspolitik und eine spätstalinistische Innenpolitik führte, blieb außenpolitische Profilierung, blieben Alleingänge ungestraft (beispielsweise in den Beziehungen zu Jugoslawien, zu China, zu Israel und zur Bundesrepublik Deutschland seit 1967, bezüglich der Ablehnung der Warschauer Pakt-Intervention in der ČSSR 1968).

Mariana Hausleitner arbeitet in ihrem Beitrag sehr anschaulich heraus, wie sich das Interesse der sowjetischen Führung an der Aufrechterhaltung von eingefrorenen Konflikten zwischen den Bündnisstaaten (insbesondere mit Ungarn) über Jahrzehnte mit den Interessen der aufeinanderfolgenden

---

[21] Siehe den einführenden Beitrag von Jan C. Behrends in diesem Band.

[22] Siehe Mariana Hausleitner in diesem Band.

kommunistischen Führungen und den Versuchen der nationalen Legitimierung vertrug, die der traditionellen sowjetischen Minderheiten- und Nationalitätenpolitik (*divide et impera*) entgegenkamen. Wirtschaftliche Entlastung verschaffte sich der Hegemon durch das starke wirtschaftliche und finanzielle Engagement des Westens in Rumänien vor allem in den 1960/70er Jahren, das ebenso wie die eigenwillige Außenpolitik zeitweise die Legitimation im Inneren stärkte und ein positives internationales Image des Landes begründete. Das war schon verloren, als mit Michail Gorbačev in der zweiten Hälfte der 1980er Jahre die Karten im Sowjetblock neu gemischt wurden, auch darauf weist Hausleitner hin.[23]

Nada Boškovska[24] legt in ihrem Beitrag zu dem einzigen hier untersuchten Land außerhalb des Warschauer Pakts, dem multiethnischen Jugoslawien, dar, dass die außenpolitische Emanzipation einem zeitweise hervorragenden Image auf der Weltbühne förderlich war, das Jugoslawien im Kalten Krieg zu einem *Leader* der Blockfreien-Bewegung werden ließ. Tito hat seine in der Tat bemerkenswerte Unabhängigkeit in der internationalen Politik erringen und erhalten können, da Jugoslawien für seine Befreiung von der NS-deutschen Herrschaft nicht auf die Rote Armee angewiesen war und er innenpolitisch in den ersten Jahren einen stalinistischen Kurs fuhr, andererseits in der sozialistischen föderativen Republik eine über Jahrzehnte als ausreichend empfundene nationale Selbstbehauptung der Republik-Nationen erlaubte.

Ließ aber der Druck äußerer Bedrohung und des Systemkonflikts in Europa nach und wurde die Hegemonie der Serben immer deutlicher und das Ausbeutungsgefühl der ökonomisch am weitesten fortgeschrittenen Republiken Slowenien und Kroatien immer größer, half auch die einer fairen Föderationslösung wohlgesonnene internationale Umwelt nicht mehr, den multiethnischen Staat zu bewahren. Die zentrifugalen Kräfte vor allem von Serbien, Kroatien und Slowenien wurden nicht mehr eingefangen, weil es kein nationenübergreifendes Narrativ, keine verbindende Geschichte und Geschichtserzählung gab.

Vergleicht man die Prozesse des *nation-building* in den Staaten des europäischen Glacis der Sowjetunion und in den baltischen Republiken nach dem „Anschluss" an die Sowjetunion 1940/44, so lässt die Darstellung von Elena Zubkova[25] in diesem Kapitel den Schluss zu, dass die Vektoren und Instrumente der Logik von Systemen gehorchten. Ver-

---

[23] Ebd.

[24] Siehe Nada Boškovska in diesem Band.

[25] Vgl. Elena Zubkova in diesem Band.

gleichbar mit dem Fall des südlichen Nachbarn Polen sind die Phasen der sogenannten „kleinen Stabilisierung“ in den 1960er und 1970er Jahren mit zeitweisem Loyalitäts- und Legitimationszuwachs für die regierenden Parteien verbunden, der aber an den systemimmanenten Widersprüchen (Zentralismus, Inkompatibilität mit den ökonomischen Gesetzen des Marktes) wieder zerbröselte.

Erschwerend kamen im inneren Imperium die forcierte Ansiedlung von Russinnen und Russen insbesondere in Lettland und in Estland dazu, souveränisierungsfördernd erwiesen sich vor allem seit dem Aufstieg Michail Gorbačevs 1985 äußere Faktoren wie die Aktivität der Emigration in Westeuropa und Nordamerika und die Nichtanerkennung der Annexion der baltischen Republiken durch die westlichen Staaten. Entscheidend blieb aber sicherlich, dass Moskau niemals ein ökonomisch und kulturell attraktives Angebot an die Eliten, insbesondere auch die sich emanzipierenden kommunistischen Parteiführungen in Tallinn, Riga und Vilnius zu machen in der Lage war und im Gegenteil noch im Winter 1991 militärische Gewalt zur Aufrechterhaltung der Union androhte, was den „Abfall“ geradezu unausweichlich machte.

Fazit

Die Sowjetisierung der Staaten Ostmittel- und Südosteuropas seit 1944, die von der Sowjetunion entweder, wie im Falle der baltischen Staaten und von Teilen der Ukraine und Belarus, annektiert oder in eine beschränkte Souveränität entlassen wurden, wie im Falle der Staaten „Zwischeneuropas“, führte nicht wie ideologisch gefordert zu einem späten Sieg des weltrevolutionären Aufbruchs in den „Internationalismus“ (bzw. in das Konstrukt eines postnationalen Zeitalters).

Die Unterdrückung der Nationen und Ethnien im inneren Imperium der UdSSR und die etappenweise Sowjetisierung der ostmitteleuropäischen Staaten sowie die Selbstsowjetisierung Jugoslawiens induzierten unter dem Mantel des sozialistischen Internationalismus die Wiedergeburt des exklusiven Nationalstaatsgedankens von *de facto* weitgehenden Nationalitätenstaaten. Die Zeitspanne der Herrschaft des sog. „realen Sozialismus“ übernahm die Erbschaft des geschmähten „bürgerlichen Nationalismus“ und befeuerte dessen Nachwirkungen nach 1944 und nach der Ausschaltung der bürgerlichen Eliten mit einem seinerseits integralen Nationsnarrativ, das nach der Ausrottung der jüdischen Gemeinschaften bzw. Entmischung von Minderheiten in den mehrheitlich antikommunistischen Gesellschaften auf fruchtbaren Boden fiel und die Herrschaft einer kommunistischen Nomenklatur zeitweise legitimieren konnte.

Die nach dem Inferno des Zweiten Weltkriegs beförderten exklusiven Nationalismen und darauf beruhende Konflikte zwischen praktisch allen benachbarten Staaten der Region wurden von der Hegemonialmacht Sowjetunion und den kommunistischen Parteien im Zaum gehalten, in Ersatzschauplätze abgeleitet, zu denen eben die Ethnonationalismen gehörten. Sie in Zeiten des sich abzeichnenden Niedergangs bzw. der Auflösung der alten Ordnung innenpolitisch und entsprechend außenpolitisch aufzufangen und konstruktiv in inklusive nationale Identitätsnarrative und eine verbindende europäische Idee zu wenden, war in der Endzeit des Beobachtungszeitraums in den 1970er und 1980er Jahren zumindest in Diskursen der demokratischen Gegeneliten über die nationale Identität und die geschichtliche Gebundenheit des nationalen historischen Narrativs als eines sinnstiftenden Konstrukts zumindest virulent.

Aber: Die Idee einer Staatsnation mit ausgeprägten Minderheitenrechten in einem europäischen interessenausgleichenden Verbund hatte in der Konkurrenz mit der vor allem ethnisch homogen verstandenen Nation einen schweren Stand. Dies sollte sich in der Transformationsphase und innerhalb der europäischen Integrationspolitik insbesondere seit Beginn der zweiten Dekade des 21. Jahrhunderts parallel zu entsprechenden Tendenzen im „alten" europäischen Integrationsraum mit weitgehend destruktiver Kraft zeigen.

III. Transformationszeit seit 1989: Zwischen postsozialistischer Nationalstaatsbildung und Supranationalität

Jeronim Perović

Einführung: Identität und Politik in Osteuropa nach 1989/1991

Die Bilder vom „Mauerfall“, die am 9. November 1989 um die Welt gingen, waren an Symbolhaftigkeit kaum zu überbieten. Die Feiern auf den Straßen des wiedervereinigten Berlin bezeichneten das sichtbare und scheinbar unwiderrufliche Ende eines jahrzehntelangen Antagonismus von zwei sich vormals feindlich gesinnten Systemen und Weltanschauungen. Rund ein Jahr später besiegelten die Staats- und Regierungschefs aller damaliger Länder der KSZE (heute OSZE) in Paris die Wiedervereinigung Deutschlands und das Ende des Kalten Kriegs. Damit markierten sie nicht nur die historische Aussöhnung zwischen „Ost“ und „West“, sondern legten auch ein feierliches Bekenntnis für Demokratie, Menschenrechte, freie Marktwirtschaft und Grundfreiheiten ab.

Als unter dem Eindruck des allgemeinen demokratischen Aufbruchs und nationaler Unabhängigkeitsbestrebungen im Dezember 1991 die Sowjetunion in ihre Einzelteile zerfiel, erlagen nicht wenige der Versuchung, in diesen Entwicklungen den Beginn vom „Ende der Geschichte“ (Francis Fukuyama) zu sehen.[1] Wenn die Annahme war, dass in der globalisierten Welt alleine der Demokratie und der freien Marktwirtschaft die Zukunft gehöre, dann konnte die Transformation Osteuropas eigentlich nur *eine* Wegrichtung beschreiben: die westliche. Dieses im Kern teleologische Verständnis historischer Entwicklung basierte auf der Annahme der zunehmenden Kongruenz der Systeme, wobei der „Osten“ allmählich im „Westen“ aufgehen würde.[2]

---

[1] Francis Fukuyama, The End of History and the Last Man, New York 1992.

[2] Zerfall und Neuordnung. Die „Wende“ in Osteuropa 1989/91, hg. v. Peter Collmer u. a., Wien 2019, S. 9–14 .

Tatsächlich betraten die fast 30 aus dem post-sozialistischen „Ostblock“ hervorgegangenen Staaten in der Folge aber derart unterschiedliche Entwicklungspfade, dass die der Transformationsforschung zugrundeliegenden Prämissen zunehmend infrage gestellt werden mussten. Galten Länder wie Polen, Ungarn, die Tschechische Republik, die baltischen Staaten oder Slowenien als Vorreiter einer erfolgreichen Transformation, so tat sich bald eine Kluft zu den meisten anderen Ländern des postsowjetischen Raumes und den kriegs- und krisengeschüttelten Ländern des ehemaligen Jugoslawien auf, von denen einige in Formen autoritärer Herrschaft verharrten oder gar Rückschritte in ihren Reformbemühungen verzeichneten.[3]

Im Laufe der Zeit schien dabei das Label „post-sozialistisch“ für die Analyse kaum noch geeignet, weil sich das Objekt der Betrachtung – der „Post-Sozialismus“ – in Auflösung befand.[4] Die Spannbreite der Regime, die sich herauszubilden begannen, reichte von solchen westlich-liberalen Typs, die typisch für die zur Europäischen Union (EU) gehöhrenden ostmitteleuropäischen Staaten sind, bis hin zu den hochgradig autoritären Regimen mit stark eingeschränkter privater Marktwirtschaft, wie sie in den zentralasiatischen Staaten, in Aserbaidschan, Belarus oder Russland anzutreffen sind. Mit der Eingliederung ehemaliger Warschauer Pakt-Staaten in westliche Institutionen hat sich Europas geografische Mitte damit zusehends nach Osten verschoben, während „Osteuropa“ auf der mentalen Karte vieler Europäer nun die Region jenseits der östlichen EU-Grenze markiert.

Was von einem Teil der Transformationsforschung zunächst übersehen worden war, war der Umstand, dass die einzelnen Länder beim Zeitpunkt des Systemwechsels nicht bei einer historischen Stunde Null starteten, sondern unterschiedliche geschichtliche Erfahrung und strukturelle und institutionelle Voraussetzungen mitbrachten. Dabei wurde das Phänomen des Nationalismus und die Bedeutung der Identität für die Herausbildung eines nationalen Selbstverständnis und die internationale Positionierung dieser Staaten sträflich unterschätzt. Nationalismus trat Ende der 1980er Jahre als mächtige mobilisierende Kraft in Erscheinung, die mit

---

[3] Zur Kritik der Transformationsforschung vgl. das Kapitel „Kritik der Transformationsforschung“ in: STEPHAN HENSELL, Die Willkür des Staates. Herrschaft und Verwaltung in Osteuropa, Wiesbaden 2009, S. 23–42.

[4] MARTIN MÜLLER, Goodbye, Postsocialism!, in: Europe-Asia Studies 71 (2019) 4, S. 533–550.

dazu beitrug, die kommunistischen Systeme zu Fall zu bringen.[5] Im Westen erkannte man darin den Ausdruck eines aufkeimenden zivilgesellschaftlichen Bewusstseins und wertete das Phänomen des Nationalismus deshalb insgesamt positiv; die verbreitete Annahme war allerdings, dass Nationalismus mit der Demokratisierung der osteuropäischen Gesellschaften und der Annäherung des Ostens an den Westen schnell an Bedeutung verlieren würde. Dass dem nicht so sein sollte, hätte sich eigentlich bereits Ende der 1980er Jahre erahnen lassen können. Denn die Konflikte, die sich noch in der Endphase des Kommunismus im ethnisch durchmischten Jugoslawien und in der kaukasischen Vielvölkerregion abzuzeichnen begannen, um dann Anfang der 1990er Jahre zu eskalieren, gaben einen Vorgeschmack darauf, welch destruktives Potential Nationsbildungsprozesse entfalten konnten. Besonders dort, wo Grenzfragen ungelöst, Status- und Autonomiefragen einzelner Ethnien und Minoritäten unklar und Territorien umstritten waren, war der Weg in die Gewalt oft ein kurzer. Im Westen tendierte man dazu, solche Konflikte als Auswüchse eines aufgestauten „alten Hasses" abzutun, der sich unter den Völkern entlud, nachdem er jahrzehntelang unter dem Deckel des Kommunismus gehalten worden war. Tatsächlich aber waren die Konflikte Produkte der damaligen Zeit und handelten die gesellschaftlichen Protagonisten solcher Konflikte keineswegs „irrational", sondern gemäß ihrer spezifischen Präferenzen und Zielsetzungen.[6]

Weitgehend friedlich, wenn auch - wie im Fall Rumäniens - nicht immer gänzlich unblutig, verliefen die Entwicklungen in den meisten anderen Staaten Ostmittel- und Osteuropas. Die von Massenbewegungen getragenen Revolutionen richteten sich in diesen Ländern dabei nicht nur gegen das System und deren Träger, sondern waren von einer expliziten Forderung nach „Rückkehr nach Europa" getragen. Im Selbstverständnis der Polen, Balten, Tschechen, Slowaken oder Ungarn bedeutete der Wegfall des „Eisernen Vorhangs" die Chance an die Wiederanknüpfung an Kulturkontinuitäten, welche durch den Kalten Krieg und die Anbindung an Kommunismus und Sowjetunion widernatürlich unterbrochen worden waren. Das außenpolitische Ziel all dieser Staaten war denn auch die schnellstmögliche Integration in den „Westen". Angestrebt wurde in einem ersten Schritt die Aufnahme in der NATO, um sich vor möglichen

---

[5] MARK R. BEISSINGER, Nationalism and the Collapse of Soviet Communism, in: Contemporary European History 18 (2009) 3, S. 331–347.

[6] STUART J. KAUFMAN, Modern Hatreds. The Symbolic Politics of Ethnic War, Ithaca 2001.

Unabwägbarkeiten in der Zukunft – vor allem aber einem revanchistischen Russland – zu schützen, in einem zweiten Schritt auch die Mitgliedschaft in der EU, um die Teilhabe am gemeinsamen europäischen Projekt und an dem erwarteten Wohlstand auch in institutioneller Hinsicht unumstößlich zu machen.

Die Betonung der „europäischen" Identität stand jedoch auch in diesen Staaten von Beginn an in einem Spannungsverhältnis zu den jeweiligen Nationsbildungsprozessen. Zwar dominierte der Drang nach Westen und Europa die Außenpolitik der ostmitteleuropäischen Staaten, doch blieben die Vorstellung von „Europa" und die Rolle, welche die einzelnen Staaten darin spielen sollten, zunächst weitgehend diffus. Erst nach Abschluss der Integration in den Westen und der Aufnahme in das europäische Unionsprojekt verstärkten sich auch Diskurse um Fragen der nationalen Identität, die in Ergänzung zur „europäischen" Identität traten, diese aber auch durch verschiedene alternativen Angebote überlagerten und herausforderten. Dabei waren es auch die hohen, aber nur teils erfüllten gesellschaftliche Erwartungshaltungen bezüglich des Wohlstandsgewinns nach Ende des Sozialismus, die rechtsnationale Parteien und deren populistische Führungen für sich nutzbar zu machen versuchten. Deren EU-kritische Haltung wird in den Ländern Ostmitteleuropas nicht als Absage an Europa generell verstanden. Vielmehr präsentieren sich Parteien sowie Politiker und Politikerinnen in diesen Ländern gerne als „Retter" Europas (vor dem Ansturm von Migranten) und „Verteidiger" von dessen „wahren" (christlichen) Werten. Diese populistischen Tendenzen und autoritären Verhärtungen im Innern reflektieren auch neue außenpolitische Trends, die sich in ideellen Querverbindungen und Allianzbildungen mit rechtspopulistischen Parteien und Regierungen in anderen Teilen Europas und der Welt manifestieren.

Mit Blick auf die Länder, die aus der ehemaligen Sowjetunion hervorgingen, erschien „Europa" zwar durchaus auch als Ort der Sehnsucht und die Anlehnung an den Westen war mit der gesellschaftlichen Hoffnung auf Normalität und Wohlstand verbunden. Anders als die ostmitteleuropäischen Staaten, deren Außenpolitik in den 1990er und 2000er Jahren im Wesentlichen auf die schnelle Integration in europäische und westliche Institutionen ausgerichtet war, stand für die politischen Eliten in den postsowjetischen Staaten zunächst die Herausforderung im Zentrum, wie sie mit der historisch neuen Situation ihrer Eigenstaatlichkeit umgehen sollten. Weil die postsowjetischen Staaten, mit Ausnahme der drei baltischen Republiken, in ihrer jüngeren Geschichte nicht an Erfahrungen einer längerdauernden Eigenstaatlichkeit anknüpfen konnten, war die Transformation dieser Staaten von Beginn an sehr eng verknüpft mit Fragen der Nationsbildung und der Suche nach einer eigenständigen nationalstaatlichen Identität. Für Russlands Nachbarn war dies im Kern eine Debatte darüber, wie mit dem Erbe einer langen gemeinsamen Geschichte mit Russland im zaristisch-imperialen und sowjetischen Kontext umgegangen werden sollte. Besonders herausfordernd gestalteten sich Nationsbildungsprozesse in denjenigen Staaten, die mit Russland über sprachliche, ethnische, kulturelle und wirtschaftliche Beziehungen besonders eng verbunden waren. Die Konstituierung einer eigenen Identität musste in diesen Fällen deshalb fast zwangsläufig in gewisser Abgrenzung zu Russland erfolgen. Entsprechend der Richtung, die der Nationsbildungsprozess nahm, suchten sich die Länder auch international zwischen „West" und „Ost" zu positionieren. Während sich die baltischen Staaten von Beginn entschieden in westliche Richtung orientierten, blieben die meisten postsowjetischen Staaten in der Festlegung ihrer außenpolitischen Ziele zunächst eher unbestimmt, und Außenpolitik folgte meist sehr kurzfristigen pragmatischen Überlegungen, die stark von den jeweiligen innenpolitischen Bedingungen und den Möglichkeiten, welche das internationale Umfeld bot, geprägt waren. Besonders deutlich kam dies im Fall der Ukraine zum Ausdruck, die sich je nach innenpolitischer Konstellation einmal mehr Richtung Russland, dann wieder stärker an Europa und den Westen anlehnte.

Auch fast 30 Jahre nach dem Zerfall der Sowjetunion ist Eurasien noch immer in Bewegung, auch wenn sich die geopolitischen und geoökonomischen Konturen dieser Großregion im Zuge der Spannungen Russlands mit dem Westen nun deutlicher als zuvor abzeichnen: Während sich einzelne Staaten, darunter namentlich Georgien und die Ukraine, klarer als je zuvor von Russland abzugrenzen suchen und den Anschluss an den Westen anstreben, optieren Länder wie Belarus, Kasachstan oder Armenien eher für eine Annäherung an Russland, namentlich auch im Rahmen regionaler Organisationen wie der Eurasischen Wirtschaftsunion oder der Organisation des Vertrags über kollektive Sicherheit, dem nebst den genannten Staaten noch Tadschikistan angehört. Dabei war es vor allem Russlands expansive Politik gegenüber der Ukraine seit 2014, welche die Prozesse der Integration und Desintegration im postsowjetischen eurasischen Raum beschleunigt haben.[7]

---

[7] Jeronim Perović, Russia's Eurasian Strategy, in: Strategic Trends 2019. Key Developments in International Affairs, Center for Security Studies (CSS), ETH Zurich, Zurich 2019, S. 45–63.

War es für die Ukraine die Abgrenzung zu Russland, welche die Debatte um die nationale Identität dominierte (und bis heute dominiert), so drehte sich diese in Russland namentlich um die Abgrenzung zu Europa und zum Westen.[8] Tatsächlich wurde in keinem Staat des postsowjetischen Raumes in den 1990er Jahren so heftig und kontrovers über Fragen der nationalen Identität debattiert wie in Russland, das sich nach dem Zerfall der Sowjetunion besonders schwer tat, seinen Platz in der Welt – und insbesondere sein Verhältnis zu Europa – neu zu bestimmen. Im Lauf der Zeit gewannen im innerrussischen Diskurs um die Gestaltung der Außenbeziehungen allerdings immer mehr diejenigen Kräfte die Oberhand, welche die Eigenständigkeit, Andersartigkeit und Selbständigkeit von Russlands Kultur und Großmacht betonten und für einen „souveränen" Weg sowohl in der Ausgestaltung von Marktwirtschaft und Demokratie als auch in den internationalen Beziehungen eintraten.

Russland verstand sich als eigener „Pol", der auch nach außen mit zunehmendem Selbstbewusstsein auftrat und insbesondere im postsowjetischen Raum Vorrechte beanspruchte. Dabei reagierte Moskau immer dann besonders heftig, wenn es seine Machtansprüche in der unmittelbaren Nachbarschaft durch Revolutionen oder eine vermeintliche „Expansion des Westens" bedroht sah. Dies kam bereits im Fall des russisch-georgischen Krieges 2008 zum Ausdruck, noch deutlicher aber 2014, als Russland als Reaktion auf die Ereignisse in Kiev die Krim annektierte und den Konflikt in der Ostukraine anheizte.

Die Entwicklungen in Osteuropa über einen Zeitraum von drei Dekaden machen deutlich, dass die Anwendung klassischer Theorien der internationalen Beziehungen zu kurz greifen, um außenpolitische Trends und Verschiebungen zu erklären. Gemäß den Theorien aus dem Bereich der Realismus-Schule treten Staaten im internationalen System als weitgehend „rationale" und „pragmatische" Akteure in Erscheinung, die „nationale Interessen" ausgehend von ihrer Machtposition im System definieren und umzusetzen suchen. Außenpolitik ist in dieser Sichtweise das Ergebnis geopolitischer „Realitäten", wogegen Identitäten in diesem Verständnis keine große Bedeutung zugeschrieben wird. Verschiedene Aspekte der „Macht" eines Staates – sei diese militärisch, wirtschaftlich oder politisch – lassen sich zwar durchaus quantifizieren und in konkreten Zahlen abbilden. Genauso möglich ist es, statistische Indikatoren zu eruieren, welche gesellschaftliche „Stabilität" beschreiben. Die Kategorie der „Iden-

---

[8] Taras Kuzio, Identity and Nation-Building in Ukraine. Defining the „Other", in: Ethnicities 1 (2001), H. 3, S. 343–365.

tität" wird jedoch dann wesentlich, wenn verstanden werden soll, wie konkrete Akteure materielle Faktoren deuten und für die Erreichung bestimmter politischer Ziele oder gesellschaftlicher Anliegen einzusetzen suchen. Um dies zu verstehen, müssen auch die spezifischen Werte und Weltsichten dieser Akteure Eingang in die Untersuchung finden.[9] Wenn die deutsche Bundeskanzlerin Angela Merkel Moskaus Verhalten gegenüber der Ukraine im Zuge der Ukrainekrise von 2014 einmal dahingehend erklärte, dass Putin „in einer eigenen Welt" lebe und den Kontakt zur Realität verloren habe,[10] so bedeutet dies keineswegs, dass Russland nicht pragmatischen und rationalen Überlegungen gefolgt ist. Außenpolitisches Verhalten folgt immer einer bestimmten Logik, doch diese wird erst ersichtlich, wenn auch der Faktor der Identität – oder in diesem Fall die besondere „Welt Putins" – in die Analyse einbezogen wird.[11]

Identitäten sind schwierig fassbar, weil sie oft nicht konstant sind, fragmentiert erscheinen und deshalb uneinheitlich auftreten. Gemäß dem Politologen Ernesto Laclau ist Identität als „dislozierte" Größe zu betrachten, die erst dann erkennbar wird, wenn sie auf ein Äußeres trifft, das diese Identität ablehnt und damit gleichzeitig die Voraussetzung für deren Existenz schafft.[12] Gerade der Blick auf die Entwicklungen in zahlreichen Ländern Ostmittel- und Osteuropas zeigt, dass insbesondere populistische oder nationalistisch orientierte Regierungen bestrebt sind, der Gesellschaft klar definierte Identitätsentwürfe anzubieten, die auf möglichst kohärenten nationalen Narrativen basieren. Dabei folgen Identitätsangebote seitens der Politik den (oft wechselhaften) Strategien des Machterhalts und bedienen spezifische machtpolitische Interessen. Auf die von Stuart Hall prominent gestellte Frage „Wer braucht Identität?"[13] ließe sich somit

---

9 Als eine der ersten Studien, welche den Zusammenhang zwischen Identität und Außenpolitik im Fall Osteuropas systematisch untersuchen, darf gelten: OLYA PRIZEL, National Identity and Foreign Policy. Nationalism and Leadership in Poland, Russia and Ukraine, Cambridge 1998.

10 CLEMENS WERGIN, Wladimir Putin lebt in seiner eigenen Wirklichkeit, in: Die Welt, 04.03.2014, https://www.welt.de/debatte/kommentare/article125436764/Wladimir-Putin-lebt-in-seiner-eigenen-Wirklichkeit.html (Zugriff: 23.07.2019).

11 Weiterführend: Identities and Politics during the Putin Presidency. The Discursive Foundations of Russia's Stability, hg. v. PHILIPP CASULA / JERONIM PEROVIĆ, Stuttgart 2009.

12 ERNESTO LACLAU, New Reflections on the Revolution of Our Time, London 1990, S. 39.

13 STUART HALL, Introduction. Who Needs Identity?, in: Questions of Identity, hg. v. DEMS. / PAUL DU GAY, London 1996, S. 1–17.

antworten: „die Politik“.[14] Für die Politik ist dabei insbesondere die Geschichte eine Ressource, die politisches Handeln in der Gegenwart legitimieren soll. Deshalb ist das Vermitteln eines möglichst homogenen Bildes der Vergangenheit oft ein zentraler Teil des Identitätsangebots, das auch darauf ausgerichtet ist, zur Selbstdefinition und Identitätsvergewisserung von Gesellschaften beizutragen.[15]

* * *

Die Beiträge in diesem Teil des Sammelbandes befassen sich mit Aspekten der Identität, wenn Nationsbildungsprozesse und Außenpolitik in Zusammenhang gestellt und deren komplexe Wechselwirkungen und Veränderungen über die Zeit analysiert werden. Die sechs Fallbeispiele umfassen Russland, die Ukraine, Polen, die Tschechoslowakei (bzw. ab 1992 die Tschechische/Slowakische Republik), Rumänien und einzelne Nachfolgestaaten (bzw. staatliche Entitäten) des ehemaligen Jugoslawien.

Dass Identität keine stabile Größe ist, macht der Beitrag von Benno Ennker deutlich. Ennker zeigt auf, dass es das Ringen um die nationale Identität ist, das Russlands innere und äußere Politik seit der Auflösung der Sowjetunion maßgeblich geprägt hat. Mit Blick auf die Außenpolitik vertritt der Verfasser die Auffassung, dass die Frage, „ob“ Russlands Großmachtanspruch berechtigt erscheint, nicht so sehr auf einer „objektiven“ Grundlage geklärt werden kann, sondern das Selbstbild des Landes wesentlichen Einfluss darauf hat, wie Russland sich selbst und seine Rolle auf globaler Bühne definiert. „Macht“ ist in diesem Verständnis eine soziale Konstruktion, die vor allem über das Medium der Sprache (des „Diskurses“) geschaffen wird. Um Aufschluss darüber zu erhalten, von welchen Werten, Vorstellungen und Bedürfnissen sich Politik in Russland leitet und auf welcher Basis „nationale Interessen“ definiert werden, muss die Analyse den Diskurs um diese Fragen entschlüsseln. Anders als zahlreiche andere Studien, die sich mit diesem Thema befassen, stützt sich Ennker bei seiner Analyse nicht in erster Linie auf Textquellen, welche die Meinung hochrangiger Politiker widergeben, sondern sucht die „öffentliche Meinung“ einzubeziehen, der seiner Ansicht nach eine bedeutende Rolle

---

[14] PHILIPP CASULA / JERONIM PEROVIĆ, Russian Foreign Policy and Identity. Introduction to the Special Section, in: Problems of Post-Communism 66 (2019), H. 4, S. 225 f., hier S. 225.

[15] Dazu: MAURICE HALBWACHS, Das kollektive Gedächtnis, Stuttgart 1967, S. 71 f.; JAN ASSMANN, Das kulturelle Gedächtnis. Schrift, Erinnerung und politische Identität in frühen Hochkulturen, München [5]2005, S. 39 f., 132 f.

bei der „nationalen Identitätsfindung" zukommt. Dieses methodische Vorgehen lässt sich gut nachvollziehen, denn wenn Politiker, die selbst oft nicht in freien und fairen Wahlen an die Macht gekommen sind, Legitimation beanspruchen und im Namen des Volkes auftreten, dann sind die Stimmungslagen der Bevölkerung nicht unwichtig. Vielleicht ist es deshalb auch kein Zufall, dass in Russland, und dies trotz zunehmend autoritärer Tendenzen und Einschränkungen der Meinungsfreiheit, noch immer eine vom Staat relativ unabhängige Meinungsforschung zugelassen ist, deren Umfragen und Analysen auch der Politik nützliche Hinweise liefern.

Die Bilanz ist dabei ambivalent: Meinungsumfragen bestätigen zwar weitgehend das von Vladimir Putin seit Jahren propagierte Selbstbild Russlands als Großmacht mit legitimen Ansprüchen, die es gegen äußere, Russland feindlich gesinnte Kräfte notfalls auch militärisch zu verteidigen gilt. Auch wenn es daher nicht verwundern mag, dass noch immer die Mehrheit der befragten Russinnen und Russen dem sowjetischen Großreich nachtrauern und dessen Untergang beklagen, so zeigen die Menschen dennoch geringe Unterstützung für neue imperiale Projekte, lehnen russische Missionierungsbestrebungen weitgehend ab und scheinen auch wenig Begeisterung für expansionistische Projekte aufzubringen, vor allem, wenn diese dem Land und seinen Menschen keinen ersichtlichen Nutzen bringen. Eine der wesentlichen Ambivalenzen in der Großmacht-Identität Russlands scheint somit in den innenpolitischen Implikationen zu liegen, die die Bevölkerung – im Unterschied zur russländischen Elite – dem Großmacht-Anspruch konkret beimisst. Doch auch der imperiale Diskurs innerhalb der Eliten ist keineswegs homogen und steht immer auch in einem gewissen Spannungsverhältnis zur Selbstdefinition Russlands. Wird Russland eher als ein ethnisch-nationaler Staat der Russinnen und Russen verstanden oder aber als Staat seiner Bürgerinnen und Bürger, die Angehörige all seiner Völker umfassen, so kann dies je nachdem verschiedene Implikationen für außenpolitisches Verhalten haben. Die Frage, in welche Richtung sich der Nationsbildungsprozess im Innern entwickelt und inwiefern bestimmte imperiale Diskurse auch auf Zuspruch in der Bevölkerung stoßen, wird nicht ohne Auswirkung auf außenpolitisches Verhalten bleiben, auch wenn sich dieses für die Zukunft schwierig vorhersehen lässt.

Anders als in Russland manifestierte sich die nationale Problematik in der Ukraine vor allem in ihrer regionalen Dimension. Frank Golczewski macht in seinem Beitrag deutlich, dass regionale Unterschiede sich bereits Ende der 1980er Jahre zeigten, als die Entrüstung über die nukleare Katastrophe von Čornobyl' (Tschernobyl) die Menschen im westlichen Teil der Ukraine, die erst im Zuge des Zweiten Weltkrieges der Sowjetunion einverleibt wurde, zu Tausenden auf die Straße trieb, während die Proteste gegen die Moskauer Führung in Kiev und anderen Teilen der damals noch zur Sowjetunion gehörenden Republik weit weniger ausgeprägt waren. Auch der Transformationsprozess der unabhängigen Ukraine nach 1991 – sei es der Umbau der politischen Strukturen, die Einführung der Marktwirtschaft oder die Festlegung einer neuen ukrainischen „nationalen Identität" – war immer auch von regionalen Unterschiedenen geprägt.

Golczewski greift in seinem Essay drei Themen heraus, die seit der ukrainischen Unabhängigkeit immer wieder für innenpolitischen Zündstoff sorgten: Die Neuausrichtung der ukrainischen Außenpolitik zwischen Russland und dem Westen, die Sprachenfrage und die Autonomie-Problematik in Bezug auf die Halbinsel Krim. Im Kern ging es bei all diesen Fragen darum, die Ukraine als eigenständige Nation gegenüber seinem mächtigen russischen Nachbarn im Osten abzugrenzen und zu festigen. Dies fiel der Ukraine jedoch deshalb so schwer, weil weite Teile des Landes nicht nur über Jahrhunderte Bestandteil des Russischen Reiches und danach der Sowjetunion bildeten, sondern die Ukraine und ihre Einwohner auch besonders enge sprachliche, kulturelle, religiöse und verwandtschaftliche Beziehungen zu Russland aufwiesen – von der wirtschaftlichen Abhängigkeit der Ukraine von Russland ganz zu schweigen. Anders als Belarus, das eine enge politische Annäherung an Russland gesucht hat, versuchte die Ukraine in dieser Hinsicht immer eine gewisse Distanz zu halten und vermochte sich russisch dominierten Integrationsprojekten weitgehend zu entziehen – und zwar unabhängig davon, wer in der Ukraine gerade an der Macht war. Auch prorussisch eingestellte Präsidenten strebten gemäß Golczewski jeweils mindestens eine „Äquidistanz zwischen Russland und dem Westen" an. Weitaus umstrittener war dagegen die Frage, welchen Platz das Russische, aber auch andere nicht-ukrainische Sprachen, nebst dem Ukrainischen haben sollten; innenpolitisch genauso umkämpft war, mit welchen Rechten die einzelnen ukrainischen Regionen ausgestattet werden sollten und inwiefern namentlich die russisch geprägte Krim, die auch historisch sehr enge Verbindungen nach Russland aufwies, ihren besonderen Status als autonomes Gebiet innerhalb der Ukraine behalten durfte.

In beiden Fällen – der Sprachenproblematik und der Föderalisierungsfrage – spielte sich der Konflikt vereinfacht gesagt zwischen zwei Lagern ab: Während ukrainische Nationalisten in der föderalen Struktur die Gefahr erblickten, dass die russisch geprägten Gebiete sich vom Zentralstaat entfernen und stärker unter den Einfluss Russland geraten könnten, sahen viele russischsprachige Ukrainer und die ethnisch russischen Ukrainer im föderalen Aufbau des Landes die Voraussetzung für Ausgleich und die Überwindung regionaler Differenzen. Diese Fragen haben seither nicht an Aktualität eingebüßt. Mit Blick auf die Lösung des Konflikts rund um die von der Ukraine abgefallenen Rebellengebiete - der unter dem militärischen Schutz Russlands stehenden „Volksrepubliken" Luhans'k und Donec'k - stellt sich die Föderalisierungsfrage besonders dringlich. Für Moskau und die Vertreter der „Volksrepubliken" kommt die Rückkehr der beiden Gebiete in den ukrainischen Staatsverband nur dann infrage, wenn ihnen die ukrainische Verfassung einen großzügigen Autonomiestatus garantiert. Ukrainische Nationalisten sehen darin Landesverrat und auch das offizielle Kiev stellt sich auf den Standpunkt, dass die Autonomiefrage erst dann verhandelt werden kann, wenn die Ukraine die Kontrolle der Außengrenze wiedererlangt hat und in Luhans'k und Donec'k freie und faire Wahlen durchgeführt wurden.

Die Krim und die beiden „Volksrepubliken" dürften zwar auf absehbare Zeit für Kiev verloren sein. Gemäß Golczewski hat die russische Aggression dem Land jedoch ironischerweise erstmals zu demjenigen nationalen Zusammenhalt verholfen, den die ukrainische Politik seit 1991 weitgehend vergeblich angestrebt hat. Tatsächlich sind die westliche Ausrichtung des Landes und der Drang nach Europa in der Zwischenzeit weitgehend mehrheitsfähig geworden, während die Option einer (Wieder-) Annäherung an Russland sogar in den russisch geprägten Teilen des Landes im Osten und Südosten deutlich an Rückhalt verloren hat. Zwar ist die ukrainische Nationsbildung damit noch längst nicht abgeschlossen, auch weil eine Reihe von Problembereichen, etwa das Verhältnis innerhalb der verschiedenen orthodoxen Kirchen in der Ukraine, die Frage des Status der russischen Sprache oder die Rechte der russischsprachigen bzw. ethnisch russischen Bevölkerungsteile noch immer Spannungspotential enthalten. Doch klar ist, dass der russisch-ukrainische Konflikt auf den Nationsbildungsprozess innerhalb der Ukraine bislang eine katalytische Wirkung hatte, weil er insgesamt zur Stärkung eines gesamtukrainischen Gemeinschaftsgefühls und der pro-europäischen Orientierung des Landes beigetragen hat.

Anders als die Ukraine stellt Polen einen weit homogeneren Raum dar, vor allem in ethnischer und konfessioneller Hinsicht. Getragen auch von der gemeinsamen Erfahrung eines massenhaften kollektiven Widerstandes gegen die kommunistische Herrschaft schien Polens nationale Einheit zum Zeitpunkt der „Wende" von 1989 damit weit gefestigter als diejenige der Ukraine nach 1991. Wie Klaus Ziemer am Fallbeispiel Polens zu zeigen vermag, bot sich dem Land auch in außenpolitischer Hinsicht eine relativ gute Ausgangslage. Denn anders als 1918 und 1945 stand zum Zeitpunkt 1989 nicht die territoriale Ausrichtung des Landes im Zentrum; die wichtigste offene Frage, diejenige der deutsch-polnischen Grenze, konnte mit dem Vertrag von 1990 endgültig geregelt werden.

Oberste Priorität hatte für Polens Außen- und Sicherheitspolitik nach dem Fall des Eisernen Vorhangs vor allem der Schutz vor einer potentiellen militärischen Bedrohung durch Russland. Die Integration Polens in die NATO wurde von allen politischen Parteien begrüßt und die Aufnahme in die westliche Verteidigungsallianz als historischer Meilenstein der modernen polnischen Geschichte gefeiert. Die Mitgliedschaft in der EU wurde zwar weit kontroverser diskutiert, letztlich setzten sich aber auch in dieser Frage diejenigen Kräfte klar durch, welche die kulturelle Zugehörigkeit Polens zu Europa und gemeinsame Werte betonten. Ausschlaggebend war aber auch, dass sich Polen in geopolitischer Hinsicht unmissverständlich in Europa – und nicht irgendwo „dazwischen" – verorten wollte.

Diese pro-europäische Haltung drückte sich schließlich auch in der hohen Zustimmung der Bevölkerung bei der Abstimmung von 2003 über den Beitritt zur EU aus. Als Polen mit der Integration in die NATO und die EU seine beiden strategischen Hauptziele erreicht hatte, trat das Land zusehends selbstbewusster auf und kamen Interessensunterschiede mit anderen EU-Mitgliedstaaten deutlicher zum Vorschein. Anders als etwa Deutschland und Frankreich unterstützte Polen den amerikanischen Angriff auf Irak 2003 und stellte sogar ein Kontingent eigener Soldaten. Das polnische Wohlwollen gegenüber Washington brachte zum Ausdruck, dass viele letztlich in den USA den einzigen Garanten für die Sicherheit des Landes im Fall eines russischen Angriffs sahen. Polen trat auch in Ostmittel- und Osteuropa zusehends aktiver auf, wenn es sich wiederholt für die Aufnahme aller Balkan- und Südkaukasusstaaten sowie der Ukraine, Moldawiens und der Türkei in die EU stark machte oder sich als Initiator verschiedener Initiativen einer stärkeren regionalen Zusammenarbeit hervortat.

Die Tendenzen zur stärkeren Betonung „nationaler" Interessen haben sich nach dem Sieg der rechtskonservativen Partei *Prawo i Sprawiedliwość* („Recht und Gerechtigkeit", PiS) 2015 nochmals deutlich akzentuiert. Für die PiS stellt die „Nation" die wichtigste Grundlage der Politik dar. Die Festigung der nationalen Gemeinschaft, die auf Basis einer gemeinsamen Geschichte und der Betonung „zivilisatorischer" Werte erreicht wird, ist

Ausgangspunkt dafür, dass außenpolitische Ziele im nationalen Interesse Polens verwirklicht werden können. Polnische Außenpolitik ist gemäß Ziemer in der Zwischenzeit in erheblichem Umfang zu einer Funktion der Innenpolitik geworden, was etwa dann deutlich wird, wenn Kritik aus Brüssel an gewissen innenpolitischen Maßnahmen der PiS (etwa das Gesetz zur Gleichschaltung des Verfassungsgerichts) als äußere Einmischung zurückgewiesen wird. Damit wird der Fokus von den eigentlichen Sachfragen auf äußere Feindbilder (in diesem Fall „Brüssel") verschoben – eine Taktik, die bislang offenbar funktioniert, weil sie der PiS innenpolitisch eher nützt als schadet. Doch längst nicht alle Teile der Gesellschaft tragen die Politik der PiS mit, und somit hat sich Polen 30 Jahre nach der „Wende" am „Runden Tisch" zu einem in innen- wie außenpolitischer Hinsicht gespaltenen Land entwickelt.

Im darauffolgenden Beitrag befasst sich Miroslav Kunštát mit den innen- und außenpolitischen Entwicklungen in der Tschechoslowakei beziehungsweise deren Nachfolgestaaten Tschechien und Slowakei. Anders als Polen oder Ungarn stand die Tschechoslowakei zum Zeitpunkt 1989 vor einer doppelten Transformationsherausforderung: Nicht nur galt es, den schwierigen Weg des politischen und wirtschaftlichen Umbaus anzugehen, sondern auch die Beziehungen zwischen den Tschechen und Slowaken auf eine neue Grundlage zu stellen – ein Prozess, der schließlich am 1. Januar 1993 in die „samtene Scheidung" des Landes in eine tschechische und slowakische Hälfte mündete. Die Konstituierung von zwei unabhängigen Staaten, der Tschechischen und Slowakischen Republik, blieb nicht ohne Folgen für die Außenpolitik.

Die politischen Eliten der „postrevolutionären" Tschechoslowakei suchten nach 1989 zunächst an ältere außenpolitische Konzepte und Überlegungen anzuknüpfen, wenn sie die Zukunft des Landes in der Rolle eines aktiven Mitglied innerhalb eines auf dem Helsinki-Prozess basierenden Sicherheitsraums verorteten, das sich in der Tradition der Dissidentenbewegung vor allem für Menschen- und Bürgerrechte stark machen sollte. Noch vor der formellen Auflösung der Tschechoslowakei gerieten solche Vorstellungen allerdings in ein Spannungsverhältnis sowohl zu genuin slowakisch geprägten außenpolitischen Konzepten, die darauf ausgerichtet waren, der Slowakei einen eigenen Platz auf der europäischen Landkarte zu verschaffen, als auch zu einem zunehmenden „realistischen" Skeptizismus, der sich innerhalb der tschechischen politischen Szene bemerkbar machte.

Außenpolitisch trat das Land demnach schon vor der formellen Teilung auf der internationalen Bühne nicht mit geeinter Stimme auf. Nach der Teilung trat in Prag angesichts des reduzierten geopolitischen Gewichts eine gewisse Ernüchterung hinsichtlich der selbständigen Rolle ein, die das Land im Bereich „guter Dienste“ oder Menschenrechte würde spielen können. Entsprechend wurde die schnellstmögliche Integration in westliche Strukturen nun zum alternativlosen und prioritären außenpolitischen Ziel erklärt, wobei sich Tschechien als reformfreudiger Musterknabe innerhalb der ostmitteleuropäischen Reformstaaten zu inszenieren suchte.

Auch wenn die unabhängige Slowakei unter der Regierung Vladimir Mečiars (1992–1998) zeitweilig mit Alternativen zur eindeutig pro-westlichen Orientierung operierte (Annäherung an Russland, gute Beziehungen zu Serbien und Kroatien), so waren es auch in diesem Land letztlich proeuropäische Bewegungen, die den außenpolitischen Kurs bestimmten und das Land in NATO und EU führten. Ähnlich wie in Polen und Ungarn waren auch in Tschechien und in der Slowakei die anfänglichen Wohlstandserwartungen hoch, und machte sich in beiden Staaten nach der Aufnahme in die EU schnell Enttäuschung in der Gesellschaft breit. Die Implikationen dieser Enttäuschung wussten rechtsnationale politische Kräfte auszunutzen, wenn sie Lösungen gesamteuropäischer Fragen aktiv blockierten, wie dies etwa in der Flüchtlingskrise von 2015 zum Ausdruck kam. Nach Meinung Kunštáts manifestieren solche Schwankungen aber auch die noch immer fragilen nationalen Identitäten der beiden Staaten, die sich hinsichtlich ihrer genauen Rolle in Europa und der Welt noch nicht definitiv festgelegt zu haben scheinen.

Als einziges Land Ostmitteleuropas erlebte Rumänien einen blutigen Umsturz, der am 25. Dezember 1989 in der Hinrichtung des Diktators Nicolae Ceauşescu und dessen Frau Elena seinen Höhepunkt und sein gleichzeitiges Ende fand. Zwar begab sich danach auch Rumänien auf den Pfad der demokratischen Transformation und marktwirtschaftlichen Umgestaltung, doch war die Situation im Innern oft von kräftezehrenden Grabenkämpfen unter den zahlreichen politischen Parteien geprägt, die auch Ausdruck des Umstands waren, dass die rumänische Gesellschaft nicht nur in politischer, sondern auch in sozialer, wirtschaftlicher, religiöser und geografischer Hinsicht stark polarisiert war (und bis heute ist). Im Gegensatz zu diesen inneren Turbulenzen zeichnete sich die Außenpolitik bisher jedoch durch eine insgesamt erstaunliche Stabilität aus. Seit den frühen 1990er Jahren dominiert ein parteiübergreifender Konsens, der Rumänien historisch klar in Europa und im Westen verortet. Dies drückte sich in praktischer Hinsicht dadurch aus, dass Rumänien schon bald nach der „Wende“ eine Integration in westliche und europäische Strukturen (NATO und EU) anstrebte, aber auch eine enge Partnerschaft mit den USA suchte. Für die Aufnahme in die NATO war Bukarest (mindestens vorübergehend) auch darum bemüht, den Konflikt mit Ungarn, der sich im Wesentlichen um die Rechte der in Siebenbürgen (Transsilvanien) lebenden Ungarn drehte, zu entschärfen.

Silvia Marton hat es sich in ihrem Beitrag zur Aufgabe gemacht, diesem „signifikanten Unterschied" zwischen innenpolitischer Entwicklung und Außenpolitik nachzugehen und gelangt zum Schluss, dass die außenpolitische Stabilität – abgesehen vom breiten Konsens hinsichtlich Rumäniens Vision als Teil der westlichen Welt – vor allem auf die „institutionelle Konfiguration" der rumänischen Außenpolitik zurückzuführen ist. So besteht in Rumänen trotz parteipolitischer Divergenzen weitgehende Einigkeit darüber, dass Außenpolitik über den inneren Querelen stehen sollte und entsprechend sieht es das Außenministerium (bzw. die konkreten Personen im außenpolitischen Apparat) als seine vorrangige Aufgabe an, die nationalen Interessen des Landes unabhängig von den aktuellen politischen Tagesgeschäften zu verfolgen.

Zwar lässt sich gemäß Marton für die letzten Jahre auch in Rumänien beobachten, dass der Diskurs um die nationale „Souveränität" an Schärfe gewonnen hat und sich allgemein auch in außenpolitischen Fragen eine aggressivere Rhetorik beobachten lässt; dies kommt etwa in Äußerungen hinsichtlich Ungarns (mit dem Rumänien aufgrund der Minderheitenfrage noch immer ein schwieriges Verhältnis hat) oder auch Begehrlichkeiten gegenüber Moldawien zum Ausdruck. Anders als etwa in Ungarn, wo Orbáns Fidesz-Partei den westlichen Liberalismus offen infrage stellt, lassen sich ähnliche antiwestliche Tendenzen in der konkreten rumänischen Außenpolitik jedoch nicht beobachten. Der Gegensatz zwischen einer zunehmenden Aggressivität der politischen Rhetorik und der offiziellen Außenpolitik besteht noch immer, er ist allerdings fragiler geworden.

Der letzte Beitrag in diesem Teil des Sammelbandes richtet den Blick auf die aus Jugoslawien hervorgegangenen Nachfolgestaaten beziehungsweise staatlichen Entitäten. Tanja Zimmermann geht der Frage nach, wie sich nationale Identitäten in der städtischen Raumgestaltung und Raumperformance manifestieren. An drei Beispielen – der Umgestaltung von Makedoniens Hauptstadt, der Errichtung des neuen Stadtteils Andrićgrad in Višegrad in der *Republika Srbska* sowie dem serbischen „Promo"-Zug – zeigt die Autorin auf, wie bestimmte nationale Botschaften über nonverbale und symbolische Ausdrucksformen in eine Öffentlichkeit transportiert werden. Über solche Ausdrucksformen werden spezifische Deutungen der eigenen, nationalen Geschichte vermittelt, die im Fall der beiden Städtebeispiele auch ganz gezielt in die Freizeitgestaltung und ins Tourismusangebot eingebunden werden.

Die Umgestaltung Skopjes („Skopje 2014") zeigt besonders anschaulich, wie durch Neubauten und die Errichtung einer großen Anzahl von neuen Denkmälern die ruhmreiche Geschichte der Stadt Skopje und Makedoniens, zurückreichend bis weit in die Antike, (um)erzählt werden soll, um dabei auch das aus osmanischer und kommunistischer Zeit geprägte Kulturerbe zu verdrängen. Die Darstellung der mythischen Vergangenheit dient dabei zugleich als gezieltes *nation branding*, das der internationalen Sichtbarkeit und ökonomischen Wettbewerbsfähigkeit förderlich sein soll. Ähnliches gilt für Andrićgrad, das 2011 bis 2014 auf Initiative des serbisch-bosnischen Regisseurs Emir Kusturica als neuer Stadtteil Višegrads in der *Republika Srbska* errichtet worden war. Dieser Stadtteil wurde für den Besucher dazu angelegt, die Geschichte der serbischen Nation von ihren mythischen Anfängen bis zum Ersten Weltkrieg zu erleben. Problematischere Aspekte der jüngeren Vergangenheit (etwa die serbischen Massaker an bosnischen Muslimen von 1992) wurden dabei jedoch ausgeblendet.

Der „Promo"-Zug, der mit nationalistischen Parolen versehen (darunter einer in 21 Sprachen versehenen Aufschrift „Kosovo ist Serbien") am 17. Januar 2017 von Belgrad Richtung Kosovo nach Mitrovica aufbrach, war einerseits als gezielte Provokation gedacht, um internationales Aufsehen für die Anliegen Serbiens zu erregen. Andererseits lässt sich aber dieses Beispiel als Performance im Raum begreifen, die viel über derzeitige serbische Befindlichkeiten aussagt. Mit der Zugfahrt sollte nicht nur Serbiens historischer Anspruch auf Kosovo, sondern auch die symbolische Wiedereinnahme dieses Territoriums zum Ausdruck gebracht werden. Tanja Zimmermanns Fallbeispiele verdeutlichen, dass Außenpolitik weit mehr ist als das, was über politische Repräsentanten vermittelt wird. Um die Wechselwirkungen zwischen nationalen Identitäten und Außenpolitik umfassend zu verstehen und vertiefte Einblicke zu gewinnen, ist es somit notwendig, die Perspektive zu öffnen und auch bislang noch wenig untersuchte Aspekte außenpolitischen Verhaltens in die Analyse einzubeziehen.

BENNO ENNKER

RUSSISCHE NATIONALE IDENTITÄT UND IMPERIALE AMBITION ALS ELEMENTE POSTSOWJETISCHER AUSSENPOLITIK

Das Ringen um nationale Identität hat in der Russischen Föderation seit der Auflösung der Sowjetunion beständig die Entwicklung der inneren und äußeren Politik geprägt. Für die Frage russischer nationaler Identitätsbildung[1] muss eingangs eine wesentliche historische Voraussetzung genannt werden: Seit dem unter Ivan IV. vollzogenen Übergang von der nationalen zur imperialen Staatsform konzentrierte sich das russische Nationalbewusstsein vorrangig auf das Territorium bzw. auf den Gesamtstaat und erst an zweiter Stelle auf das Ethnos. Dadurch konnte die spezifisch russische Nationsbildung nicht abgeschlossen werden.

Die besondere Komplikation bestand darin, dass dieser imperiale Übergang keine territoriale Ausdehnung in überseeische Kolonien war, sondern auf dem eigenen riesigen Quasi-Kontinent „Eurasien" geschah. Der prominente britische Historiker Geoffrey Hosking hat dies in der prägnanten Formel ausgedrückt: „Großbritannien hatte ein Empire, aber Russland war ein Imperium und ist es vielleicht noch."[2] Deswegen bedeutete die Auflösung der Sowjetunion für Russland viel mehr als bloß einen Verlust von Kolonien.

---

[1] Genauer müsste es hier heißen „russländischer nationaler Identitätsbildung", was aber vermieden wird, weil nach unserem Nationsbegriff Russland nicht als Nation angesehen wird. Im Deutschen wird die Bezeichnung Russen nicht nur für ethnische Russen verwendet, sondern kann auch alle Staatsbürger der Russischen Föderation unabhängig von der ethnischen Zugehörigkeit bezeichnen. Im Russischen dagegen meint *russkie* bzw. *russkij* primär ethnische Russen. Die Staatszugehörigkeit bezeichnet dagegen das Adjektiv *rossijskij*, das von *Rossija* [Russland] abgeleitet ist. In diesem Text wird im Allgemeinen letzterem Begriff gefolgt.

[2] GEOFFREY HOSKING, The Freudian Frontier, in: Times Literary Supplement, 10.03. 1995, S. 27.

„Es war ein Verlust von Identität. Politische, historische, kulturelle, ethnische Grenzen ebenso wie subjektive ‚mental maps' der meisten Russen stimmten nicht mehr überein. Es gab keine klaren und historisch eindeutigen Kriterien für die Unterscheidung von ‚Wir' und ‚Sie' im russischen Bewusstsein. Eine Verwirrung über die Grenzen des russischen Volkes war der Hauptfaktor der historischen Entwicklung Eurasiens während der letzten drei Jahrhunderte."[3]

In Hinblick auf die Außenpolitik konzentrierten sich die Autoren in der westlichen Literatur lange auf die Frage, ob Russlands Großmachtanspruch berechtigt sei und wenn ja, auf welcher Grundlage und mit welchen Konsequenzen für die Außenpolitik.[4] Weniger wurde auf die Implikationen des Selbstbildes Russlands geschaut. Erst etwa seit 2009[5] hat sich eine breitere Forschung den Fragen des subjektiven Statusverständnisses, der nationalen Identität und der Selbstwahrnehmung zugewandt.[6]

---

[3] IGOR ZEVELEV, Russian National Identity and Foreign Policy, 12.12.2016, S. 7, https://www.csis.org/analysis/russian-national-identity-and-foreign-policy (Zugriff: 03.04. 2019).

[4] HANNES ADOMEIT, Russia as a „Great Power" in World Affairs. Images and Reality, in: International Affairs 71 (1995), H. 1, S. 35–68; METTE SKAK, From Empire to Anarchy. Postcommunist Foreign Policy and International Relation, London 1996; IVER B. NEUMANN, Self and Other in International Relations, in: European Journal of International Relations 2 (1996), H. 2, S. 139–174; JEFFREY MANKOFF, Russian Foreign Policy. The Return of Great Power Potics, Lanham u. a. 2009; BOBO LO, Russia and the New World Disorder, Washington 2015. Der klassische Ansatz, das außenpolitische Verhalten Russlands aus der Krise des von Putin geschaffenen Regierungssystems zu erklären, bei HANNES ADOMEIT, Innenpolitische Determinanten der Putinschen Außenpolitik, in: Sirius – Zeitschrift für Strategische Analysen 1 (2017), H. 1, S. 33–52.

[5] Bereits 2003 hat Sabine Fischer die Wirkungen von Ideen und Diskursen als innere Wirklichkeitskonstruktionen auf die Außenpolitik Russlands untersucht: SABINE FISCHER, Russlands Westpolitik in der Krise 1992–2000. Eine konstruktivistische Untersuchung, Frankfurt am Main 2003. Vgl. auch: Konstruktivistische Analysen der internationalen Politik, hg. v. CORNELIA ULBERT / CHRISTOPH WELLER, Wiesbaden 2005.

[6] ANNE L. CLUNAN, The Social Construction of Russia's Resurgeance: Aspirations, Identity and Security Interests, New York 2009; MARGOT LIGHT, Russian Foreign Policy, in: Developments in Russian Politics, hg. v. STEPHEN WHITE u. a., Basingstoke 2010, S. 225–244; VALENTINA FEKLYUNINA, Image and Reality. Russia's Relations with the West, in: Russia and European Security, hg. v. ROGER E. KANET / MARIA R. FREIRE, Dordrecht 2012, S. 79–103; CHARLES E. ZIEGLER, Conceptualizing Sovereignty in Russian Foreign Policy. Realist and Constructivist Perspectives, in: International Politics 49 (2012), H. 4, S. 400–417; OL'GA MALINOVA, Obsession with Status and Ressentment. Historical Backgrounds of the Russian Discoursive Identity Construction, in: Communist and Post-Communist Studies 47 (2014), H. 3–4, S. 291–303; DEBORAH W. LARSON / ALEKSEI SHEVCHENKO, Status Seekers. Chinese and Russian Responses to U. S. Primacy, in: International Security 34 (2010), H. 4, S. 63–95; HANNA SMITH, Putin's Third Term and

Anne Clunan, die mit einem „sozial-konstruktivistischen" Ansatz 2009 eine wichtige Studie zur russischen Außenpolitik vorgelegt hat,[7] geht davon aus, dass die Herausbildung von Außenpolitik vorrangig auf zwei Faktoren basiert: Der erste ist nationale Identität, hinter der Fragen von Glauben, Werten, wichtigen nationalen Symbolen, der Einheit und Zugehörigkeit stehen, die sich im Lauf der Geschichte herausgebildet haben. Der zweite Faktor ist die Gesamtheit nationaler Interessen, die die Bedürfnisse, Wünsche und Visionen eines Landes in Bezug auf die internationale Gemeinschaft, also auch seinen internationalen Status, definieren.

Der für alle Staaten bestehende Zusammenhang zwischen Innen- und Außenpolitik unterliegt in Russland einer besonders engen Verkoppelung und Rückkoppelung, die vor allem über „nationale Identität" vermittelt werden. Da Prozesse der sozialen Konstruktion von Wirklichkeit vor allem über das Medium der Sprache erfolgen, kommt der Diskursanalyse für die Ermittlung dieses Zusammenhangs zwischen Identität und Verhalten zentrale methodische Bedeutung zu.[8]

Im Allgemeinen benutzen entsprechende Studien die Aussagen relevanter Diskursträger, Argumentationsmuster und Textquellen, um Diskurse zu ermitteln. Allerdings wird dabei meistens ein Faktor ignoriert, der eine bedeutende Rolle für die nationale Identitätsfindung spielt, die „öffentliche Meinung", die zum erheblichen Teil durch repräsentative Umfragen ermittelt wird. Denn seit dem 20. Jahrhundert ist die „Meinungsforschung zu einer hegemonialen Diskursform" der öffentlichen Meinung geworden, wie bekannte Medienwissenschaftler plausibel gemacht haben.[9]

Im postsowjetischen Russland spielt diese Form der „öffentlichen Meinung" eine so große Rolle, dass sie angesichts der Legitimationsschwäche der offiziellen Institutionen „zur zentralen Institution politischer Repräsentation wurde", wie ein Sozialwissenschaftler kürzlich festgestellt

---

Russia as a Great Power, in: Eurasia 2.0. Russian Geopolitics in the Age of New Media, hg. v. MIKHAIL SUSLOV / MARK BASSIN, London 2016, S. 125–147.

[7] CLUNAN, Social Construction.

[8] HENRIK LARSEN, Foreign Policy and Discourse Analysis: France, Britain and Europe, London 1997; JENNIFER MILLIKEN, The Study of Discourse in International Relations. A Critique of Research and Methods, in: European Journal of International Relations 5 (1999), H. 2, S. 225–254.

[9] IRMELA SCHNEIDER, Tele-Dialog und das Stimmrecht des Mediennutzers, in: Formationen der Mediennutzung III: Dispositive Ordnungen im Umbau, hg. v. DIES. / CORNELIA EPPING-JÄGER, Bielefeld 2015, S. 147–169, hier S. 165.

hat.[10] Die so ermittelten Popularitätskurven des Präsidenten oder die Akzeptanz seiner politischen Entscheidungen finden in repräsentativen Umfragen ihre Legitimationsbasis und werden als solche von ihm, seiner Administration und ebenso von den publizistischen Medien behandelt. Skepsis ist allerdings tagesaktuellen Stimmungsbildern der Bevölkerung entgegenzubringen.[11] Zuverlässigeren Einblick geben mittel- und langfristige Datensammlungen. Sie erlauben, Trends und Entwicklungen sowie lang- und kurzfristig wirkende Stereotype in der Bevölkerungsmeinung zu ermitteln,[12] wie dies vor allem durch das Levada-Institut sowie das Soziologie-Institut der Russischen Akademie der Wissenschaften geschieht. Deren empirische Daten werden überwiegend in dieser Darstellung herangezogen.

Vor Jahren ist von Soziologen des Levada-Instituts der sozio-kulturelle Typus des „Sowjetmenschen" aus einer Vielzahl empirischer Befragungen als prägend für die Gesellschaft des postsowjetischen Russlands herausgearbeitet worden, dessen Charakteristikum die „negative Identität" darstelle.[13] Durch diese wird hiernach sein Verhältnis zur Gesellschaft und zu seiner gesellschaftlichen Rolle geprägt. Die Frage liegt nahe, ob diese „negative Identität" sich in ähnlicher Weise in den Prozessen der Bildung nationaler Identität und der Selbstpositionierung Russlands im internationalen System wiederfindet.

Russland als „Großmacht"

Vladimir Putin betonte in seiner einzigen programmatischen Deklaration vor Übernahme der Präsidentschaft erneut Russlands „Willen zur Groß-

---

[10] GRIGORI JUDIN, „Die öffentliche Meinung ist ein Produkt von Umfragen" (Interview von Gleb Naprejenko), in: Dekoder, 13.03.2017, https://www.dekoder.org/de/article/judin-umfragen-lewada (Zugriff: 03.05.2010.).

[11] Ebd.

[12] So die Einschätzung des langjährigen Russlandbeobachters der Heinrich-Böll-Stiftung: JENS SIEGERT, Wie zuverlässig sind Meinungsumfragen in Russland?, in: Russland-Blog, 30.03.2017, http://russland.boellblog.org/2017/03/30/wie-zuverlaessig-sind-meinungsumfragen-in-russland/ (Zugriff: 20.05.2019).

[13] JURI LEWADA, Die Sowjetmenschen 1989–1991. Soziogramm eines Zerfalls, Berlin 1993. Zusammenfassend und aktualisierend: LEV GUDKOV, Der Sowjetmensch. Genese und Reproduktion eines anthropologischen Typus, in: Osteuropa 67 (2017), H. 6–8, S. 91–111; DERS., K probleme negativnoj identifikacii [Zum Problem der negativen Identifizierung] [zuerst 2000], in: DERS, Negativnaja identičnost'. Stat'i [Die negative Identität. Aufsätze] 1997–2002, Moskva 2004, S. 262–299.

macht", wie dies schon sein Vorgänger Boris El'cin und dessen Außenminister Andrej Kozyrev und Evgenij Primakov getan hatten. Allerdings bettete der künftige Präsident diesen Anspruch in die Grundzüge der nationalen Identität Russlands ein. Der Status einer Großmacht sei Russland durch seine geopolitische, wirtschaftliche und kulturelle Existenz vorbestimmt und habe die Mentalität der Russen ebenso wie die Regierungspolitik über Jahrhunderte geprägt. Putin ließ zugleich pragmatische Einsicht mit der Bemerkung erkennen, wonach der Großmachtstatus eines Landes weniger von militärischer Stärke als von seiner Fähigkeit als Führungsmacht bei der wirtschaftlichen Modernisierung sowie der Gewährleistung eines hohen Lebensstandards seiner Bevölkerung bestimmt werde. Darauf gründete er seine Krisendiagnose und sein Angebot, als Retter Russlands aufzutreten, über dem die Drohung stehe, andernfalls „zum ersten Mal in den vergangenen zwei- bis dreihundert Jahren auf eine zweit- oder drittrangige Position unter den Staaten der Welt abzugleiten."[14] So wurde Russland als eine „bedingte Großmacht" ausgemalt, bedingt durch die künftige Erringung vor allem innerer sozio-ökonomischer Potentiale auf dem Niveau der westlichen Welt.

Wenn Putin so die nationale Identität Russlands umriss, vergaß er nicht darauf zu bestehen, dass es in zweierlei Hinsicht einen „Sonderweg" für seine Entwicklung beanspruche: Zum einen werde dieser durch die Rolle eines „starken Staates" bestimmt, der „die soziale und die ökonomische Sphäre regulieren" müsse, und zum anderen durch die Forderung einer Gesellschaft, die durch die „organische Verbindung allgemein humanitärer mit traditionellen russischen Werten" geeint werden solle.[15] Unverrückbar stand dabei der Wille zur Großmacht im Vordergrund.

Der neue Präsident entsprach damit weitgehend Auffassungen, die eine Mehrheit in der Gesellschaft vertrat. Um die Jahrtausendwende 1999/2000 schien auch in den Augen der Bevölkerung Russlands der Anspruch auf den Status einer Großmacht angebracht zu sein, wie repräsentative Umfragen zeigen.[16] Allerdings verstand die weit überwiegende Mehrheit der Bevölkerung unter den Indizien für eine Großmacht vor allem ein

---

[14] VLADIMIR PUTIN, Rossija na rubeže tysjačeletii [Russland an der Jahrtausendwende], in: Nezavisimaja gazeta, 30.12.1999.

[15] Ebd.

[16] „Kak Vy dumaete, javljaetsja li Rossija segodnja velikoj deržavoj?". Predstavlenija o nynešnej Rossii i ožidanija ot buduščego [„Denken Sie, dass Russland eine Großmacht ist?". Vorstellungen über das gegenwärtige Russland und Erwartungen von der Zukunft], Levada Center, 30.11.2015, https://www.levada.ru/2015/11/30/predstavleniya-o-nyneshnej-rossii-i-ozhidaniya-ot-budushhego/ (Zugriff: 05.05.2019).

„hohes Lebensniveau der Bürger" sowie das „wirtschaftliche und industrielle Potential des Landes", während der Besitz von „außenpolitischer Stärke und Atomwaffen" nur halb so wichtig erschien.[17] Man kann also sehen, dass Vladimir Putin in dieser Zeit mit seinen Aussagen ziemlich genau der in der Bevölkerung vorherrschenden Meinung entsprach.

Diagramm 1: Welcher der folgenden Meinungen stimmen Sie am ehesten zu?

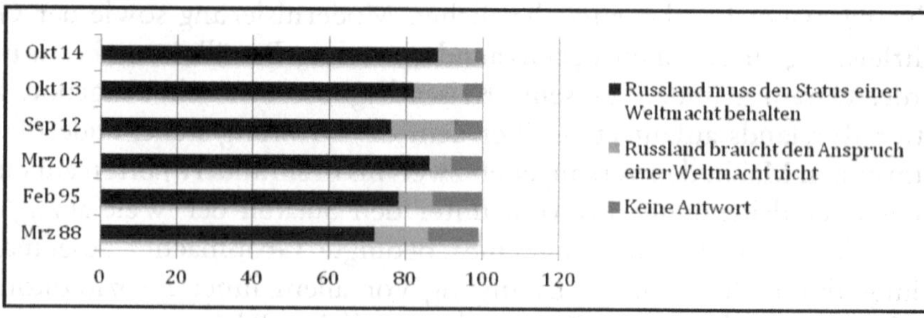

Im Russlandbild der Bevölkerung in Hinblick auf die Frage der „Weltmacht" hat über Jahrzehnte eine weite Kluft zwischen Anspruch und Wirklichkeit bestanden. Zum einen wurde der Weltmachtanspruch seit dem Ende der 1990er Jahre beständig von ca. drei Vierteln der Bevölkerung geteilt. Aber erfüllt schien er erst seit 2007 mehr als der Hälfte und spätestens seit 2015 mehr als zwei Dritteln der Befragten. 2018 wurde diese Einschätzung hiernach von drei Vierteln der Bevölkerung geteilt.

Die Bedrohung durch „auswärtige Mächte" oder „andere Staaten", die in der eskalierenden Konfrontation mit dem Westen einen beständig aktivierten innenpolitischen Faktor darstellen sollte, erhielt erstmals in der Nationalen Sicherheitsstrategie von 1997 einen offiziellen Ausdruck, ohne dass bestimmte Staaten genannt wurden.[18] Die „Bedrohung" durch die USA, den Westen bzw. die NATO spielte im außenpolitischen Diskurs der russischen Elite eine dauerhafte Rolle für die inneren Auseinandersetzungen, seitdem diese Befürchtung 1993 von Evgenij Primakov als

[17] „Čto, po Vašemu mneniju, vchodit v ponjatie ‚velikaja deržava'"? (neskol'ko variantov otveta) [„Was enthält nach Ihrer Meinung der Begriff ‚Großmacht'"? (Mehrere Antworten möglich)], Ebd.

[18] Koncepcija nacional'noj bezopasnosti [Konzeption der nationalen Sicherheit], Rossijskaja gazeta, 26.12.1997, S. 4 f.: „Eine Reihe von Staaten bemüht sich, Russland politisch, wirtschaftlich, militärisch und in anderer Weise zu schwächen."

Chef des Auslandsnachrichtendienstes (GRU) offensiv in die Öffentlichkeit getragen worden war.[19] Die gleiche Formulierung wie 1997 findet sich in der Nationalen Sicherheitsstrategie, die 2000 von Präsident Putin verantwortet wurde.[20] 2009 unter Präsident Dmitrij Medvedev wird diese äußere Bedrohung nur in verklausulierter und abgemilderter Form erwähnt.[21]

Dagegen erklärt das entsprechende – wieder von Putin verantwortete – Dokument von 2015 unumwunden: Andere Länder suchten Russland mittels Ausübung von Druck durch politische, wirtschaftliche und militärische Informationsmedien „einzudämmen".[22] Der innenpolitische Faktor „Bedrohung durch auswärtige Mächte" konnte nachhaltigste Wirkung zeitigen, um eine Anbindung der Bevölkerung an die staatliche Außenpolitik zu erreichen, wie sich bei Umfragen unter der Frage „Hat Russland Feinde?" zeigt.[23]

Seit der Mitte der 1990er Jahre sieht hiernach die Bevölkerung in einer Mehrheit von mehr als zwei Dritteln – nur 2011/12 leicht unterschritten – Russland beständig von Feinden bedroht. Wird die allgemeine Frage nach „Feinden" auf den hauptsächlichen globalen Widerpart, die USA, konkretisiert mit der Frage, wieweit diese eine Bedrohung für Russland seien, stellt sich in der Entwicklung der überwiegend positiven Antwor-

---

[19] Rasširenie sostava NATO poka ne otvečaet interesam Rossii. Bolee togo – ono opasnoju. Takovo mnenie SVR [Die Erweiterung der Mitgliedschaft der NATO entspricht gegenwärtig nicht den Interessen Russlands. Dies ist die Meinung des SVR] [SVR ist der Dienst der Auslandsaufklärung, B. E.], in: Izvestija, 25.11.1993.

[20] Ukaz Prezidenta Rossijskoj Federacii ot 10.01.2000 g. Nr. 24: O Koncepcii nacional'noj bezopasnosti Rossijskoj Federacii [Dekret des Präsidenten der Russischen Föderation vom 10.1.2000, Nr. 24: Zur Konzeption der nationalen Sicherheit der Russischen Föderation], http://kremlin.ru/acts/bank/14927 (Zugriff: 05.05.2019).

[21] Strategija nacional'noj bezopasnosti Rossijskoj Federacii do 2020 god, 13 maja 2009 goda [Die Strategie der nationalen Sicherheit der Russischen Föderation bis 2020, 30.05.2009], http://kremlin. ru/supplement/424 (Zugriff: 05.05.2019).

[22] Ukas Presidenta Rossijskoj Federazii ot 31 dekabrja 2015 goda N 683 „O Strategii nazional'noj besopasnosti Rossijskoj Federazii" [Dekret des Präsidenten der RF v. 31.12.2015, Nr. 683: „Zur Strategie der nationalen Sicherheit der Russischen Föderation"], in: Rossijskaja Gazeta, 31.12.2015, https://rg.ru/2015/12/31/nac-bezopasnost-site-dok.html (Zugriff: 06.05.2019). Bereits in seiner Rede zur Rechtfertigung der Krim-Annexion weitete Putin dieses Narrativ historisch aus: „Wir haben allen Grund zur Annahme, dass die berüchtigte Politik der Eindämmung, die im 18., 19. und 20. Jahrhundert durchgeführt wurde, heute fortgesetzt wird." Address by President of the Russian Federation, 18.03. 2014, http://en.kremlin.ru/events/president/news/20603 (Zugriff: 06.05.2019).

[23] Vgl. Diagramm 2.

ten aus der politischen Elite und aus der Bevölkerung seit Mitte der 1990er Jahre eine auffällige Parallelität dar.[24]

Diagramm 2: Hat Russland Feinde?

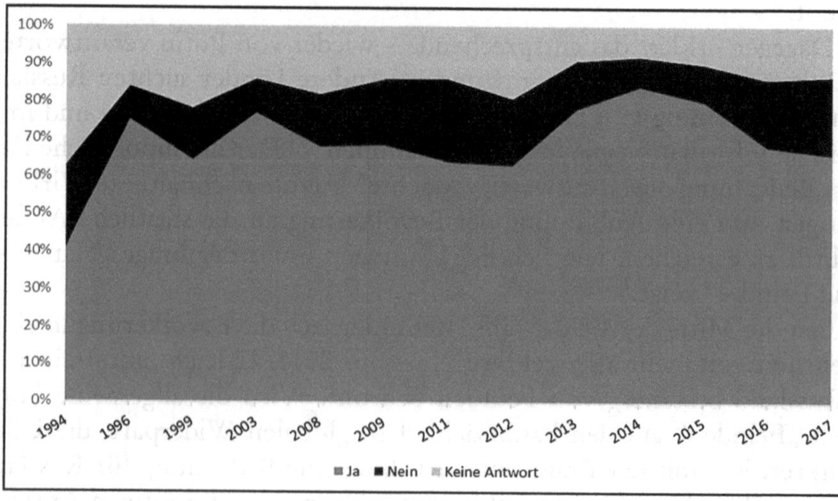

Gewiss legt ein Bild, in dem die wachsende Bedrohungs-Perzeption der Bevölkerung jeweils mit geringem Zeitabstand derjenigen in der Elite folgt, den Schluss nahe, dass dies ein Ergebnis massiver Medienbeeinflussung war. Für unsere Frage nach der Entwicklung der „nationalen Identität" erscheint jedoch mit Blick auf enttäuschende innere Entwicklungen das Argument der „Desillusionierung" wichtiger, das auch mit dem Syndrom des „Ressentiments" gleichgesetzt wurde.[25] Es handelt sich um eine Selbstverortung Russlands, die die Koordinaten nationaler Identität erneut – nach dem Bruch, den diese in der Perestrojka-Periode durchmachen musste – in Frage stellt und für die die Außenpolitik eine ständige Ressource bildet. Dies sollte seit dem Ende von Vladimir Putins zweiter Amtszeit als Präsident eine wachsende Rolle spielen.

---

24 BORIS SOKOLOV, Disillusionment and Anti-Americanism in Russia. From Pro-American to Anti-American Attitudes, 1993–2009, in: International Studies Quarterly 62 (2018), H. 3, 534–547, hier S. 535. Hierzu: WILLIAM ZIMMERMAN, Survey of Russian Elites: 1993–2012. ICPSR03724-v2. (Inter-university Consortium for Political and Social Research), Ann Arbor 2014.

25 SOKOLOV, Disillusionment.

In der berühmten Rede des russischen Präsidenten auf der Münchener Sicherheitskonferenz des Jahres 2007[26] bestätigte sich diese Sichtweise. Sie gab westlichen Analytikern Anlass, nun von der neuen „Russian assertiveness" zu sprechen.[27] Jedenfalls setzte sich damit die Einsicht durch, dass der Westen „Russland verloren hat".[28] Allerdings gewann mit dieser Rede des russischen Präsidenten ein emotionales Element großes Gewicht im Narrativ von Russlands Identität, das man als „Narrativ des betrogenen Partners" bezeichnen könnte und das seither die Selbstbeschreibungen Russlands bestimmt. Ausgangspunkt für diesen Diskurs war Putins Behauptung, dass die Osterweiterung der NATO entgegen früher vom Westen gemachten Zusagen geschehe und außerdem die Stationierung von NATO-Truppen in Osteuropa einen Bruch des Vertrags über Konventionelle Streitkräfte in Europa (KSE-Vertrag) von 1990 darstelle.

Positiv ergibt sich aus diesem Narrativ ein Identitätskonstrukt der immer wieder brüskierten „Ehre", mit der Russland seine nationalen Interessen gegenüber dem Westen verteidige.[29] Dazu gehört die Anklage, der Westen habe immer wieder den Protest, die Warnungen und die Ansprüche Russlands überhört und seine Interessen übergangen. Der effektive Stil dieser Selbstdarstellung Russlands, die bei westlichen Analytikern oft mit Verständnis aufgenommen wird, hat seither eine Tradition in der „Public Diplomacy" begründet und reicht bis in die Gegenwart hinein.

Er wird bei jedem weiteren offensiven Akt der Außenpolitik eingesetzt, wie etwa in der „Botschaft des Präsidenten an die Föderalversammlung" im März 2018. Die Rede war gleichzeitig an die russischen Wähler der anstehenden Präsidentenwahlen und an den Westen gerichtet. Es

---

[26] Vystuplenie i diskussija na Mjunchenskoj konferencii po voprosam politiki bezopasnosti, 10.2.2007 goda. [Vortrag und Diskussion auf der Münchener Konferenz zu Fragen der Sicherheitspolitik], http://kremlin.ru/events/president/transcripts/24034 (Zugriff: 04. 05.2019).

[27] HANNA SMITH, Russian Greatpowerness. Foreign Policy, the Two Chechen Wars and International Organisations, Helsinki 2014, S. 66. Der Begriff gibt die Unsicherheit wieder, ob es sich bei der Außenpolitik Russlands um ein „selbstgewisses" oder ein „durchsetzungsfähiges" Verhalten handelt. Sicher aber kann man von einer Politik der „Selbstbehauptung" sprechen.

[28] NICOLAI N. PETROV, How the West Lost Russia. Explaining the Conservative Turn in Russian Foreign Policy, in: Russian Politics (2018), H. 3, S. 305–332, hier S. 304 f.

[29] Am konsequentesten dargestellt in: ANDREI P. TSYGANKOV, Russia and the West from Alexander to Putin. Honor in International Relations, Cambridge 2012; DERS., Russia's Foreign Policy. Change and Continuity in National Identity, Lanham, MD [3]2013.

handelte sich um eine waffenstarrende Präsentation Russlands, das „heute zu den führenden Staaten der Welt" gehöre. Man habe es wegen des zeitweiligen Niedergangs des Landes unterschätzt und daher geglaubt, „es lohne sich nicht, Russlands Standpunkt zu berücksichtigen. Niemand wollte mit uns über die Kernprobleme sprechen, niemand wollte uns zuhören. Also hört uns jetzt zu!"[30] Mit diesen Worten beschloss Putin eine beeindruckende Video-Show über die neuen „unbesiegbaren" Atom-Raketenwaffen Russlands.[31]

Als emotionales Element der „nationalen Identität" Russlands fungiert dieser Diskurs,[32] indem es als eine vom Westen nicht nur in ihren Interessen verletzte, sondern als eine erniedrigte, verachtete Nation gezeichnet wird. Igor' Jurgens, der liberale Politikberater Dmitrij Medvedevs, erklärte die außenpolitische Wende Russlands von 2014 unter anderem damit, dass „Putin und sein engster Umkreis vom Gefühl der Demütigung und des Verrats überwältigt" worden seien.[33] Der international bekannte außenpolitische Analytiker Sergej Karaganov, der sich Putins Kurs gänzlich verschrieben hat, sprach in diesem Zusammenhang von „einem Gefühl der Erniedrigung und dem Wunsch nach Revanche auf Seiten eines erheblichen Teils der Elite und der ganzen Bevölkerung."[34] Jedenfalls

---

[30] Presidential Address to the Federal Assembly, 01.03.2018, http://en.kremlin.ru/events/president/news/56957 (Zugriff: 04.05.2019).

[31] Dieses Narrativ, in dem ein gutwilliges Russland vom Westen betrogen werde, indem er aus dessen Schwäche seine militärpolitischen Vorteile gezogen habe, wurde sogleich fast wörtlich vom früheren Außenminister Russlands in dessen Publizistik aufgenommen: IGOR IVANOV, Russia's Post-Election Foreign Policy. New Challenges, New Horizons, in: Russia in Global Affairs, 28. 03. 2018, http://eng.globalaffairs.ru/book/Russias-Post-Election-Foreign-Policy-New-Challenges-New-Horizons-19458 (Zugriff: 05.05.2019).

[32] BRIAN D. TAYLOR, The Code of Putinism. PONARS Eurasia Policy Memo No. 399, November 2015, http://www.ponarseurasia.org/memo/code-putinism (Zugriff: 03.05. 2019).

[33] IGOR' JURGENS, Razvernut' stranu nazad nevozmožno [Es ist unmöglich, die Entwicklung des Landes umzukehren] (Interview mit Andrej Lipskij), Novaja gazeta, 14.11. 2014, https://www.novayagazeta.ru/articles/2014/11/14/61943-igor-yurgens-171-razvernut-stranu-nazad-nevozmozhno-hod-istorii-somnet-takoy-algoritm-187 (Zugriff: 06.05.2019).

[34] SERGEJ KARAGANOV, Izbežat' Afganistana-2 [Ein zweites Afghanistan vermeiden], in: Vedomosti, 28.07.2014, https://www.vedomosti.ru/opinion/articles/2014/07/28/izbezhat-afganistana-2 (Zugriff: 03.05.2019). Zu den schlagkräftigsten Parolen der russischen Nationalisten gehört „Russkij revanš [Die russische Revanche]". Unter diesem Titel ist eine Vielzahl propagandistischer Buchpublikationen erschienen. ARTËM SABLIN, Russkij revanš. Tak govorjat naši lidery [Die russische Revanche. Dies sagen unsere Führer], Moskva 2013. Der Verlag Algoritm gibt unter dem Serien-Titel „Russkij revanš" allein

stellte die „Münchener Rede" Vladimir Putins den Ausgangspunkt für die emotionale Grundlegung nationaler Identität Russlands dar, die der Beschreibung als „Ressentiment" (Kalinin) entspricht.[35]

Russlands Positionierung im internationalen System

Die Positionierung der Russischen Föderation im internationalen System wurde frühzeitig während der Präsidentschaft Vladimir Putins als eine Opposition zum Westen beschrieben. So hieß es bereits im Januar 2000, es gebe „Versuche, eine Struktur der internationalen Beziehungen aufzubauen, die auf der Vorherrschaft der entwickelten Länder des Westens unter führender Rolle der USA in der internationalen Gemeinschaft gründet".[36] Ab 2007 erhielt der Begriff „Russland als Großmacht" fortan die Qualität eines offensiven Verständnisses, mit dem eine neue Selbstverortung dieser Großmacht in der Welt angestrebt wurde, wie dies in einem grundlegenden Dokument des Außenministeriums der Russischen Föderation einen Monat nach jener Rede Putins unmissverständlich dargelegt wurde: Russland wolle „als einer der Weltpole" an der Gestaltung und Führung einer „multipolaren" Weltordnung teilhaben, die es der nicht mehr haltbaren „monopolaren" Ordnung des Westens unter Führung der USA entgegenstellte.[37]

Die sogenannte Münchener Rede Vladimir Putins hatte nicht nur die Dimension der Befindlichkeit der russischen Elite hinsichtlich der internationalen Beziehungen bezeichnet. Die Rede war vor allem eine Deklaration der Souveränität. Das Prinzip der „Souveränität" wurde gar zu einer existenziellen Frage von Russlands Identität erhoben.[38]

---

15 Bücher verschiedener Autoren aus dem nationalistischen Milieu heraus, https://www.livelib.ru/pubseries/718357-russkij-revansh (Zugriff: 01.05.2019).

[35] KIRILL KALININ, National Identity and National Interests of the Russian Elites, 2012–2016 (Prepared for presentation at the 2018 Annual Meeting of the Midwest Political Science Association, Chicago, IL, April 5–8, 2018), S. 7–10, 18, 26 f.

[36] Ukaz Nr. 24.

[37] Obzor vnešnej politiki Rossijskoj Federacii [Überblick zur Außenpolitik der RF], 27.03.2007, http://www.mid.ru/web/guest/foreign_policy/news/-/asset_publisher/cKNonkJE02Bw/content/id/378188 (Zugriff: 23.08.2019).

[38] „Der Wunsch nach Unabhängigkeit und Souveränität auf den geistigen, ideologischen und außenpolitischen Gebieten ist ein integraler Bestandteil unseres Nationalcharakters." VLADIMIR PUTIN, Meeting of the Valdai International Discussion Club, 19.09.2013, http://en.kremlin.ru/events/president/news/19243 (Zugriff: 06.05.2019); und ein Jahr

Dieses Verständnis von Souveränität gehörte als integraler Bestandteil zur Positionierung Russlands im internationalen System, mit der es sich zum Antagonisten des „monopolaren Systems“ der internationalen Beziehungen und zum Protagonisten des multipolaren Systems erklärte. Russland wurde darin die Position eines der einflussreichen Machtzentren zugeschrieben. Dies wurde auch in der neuesten „Konzeption der Russischen Außenpolitik“ von 2016 wiederholt.[39] Alle diese offiziellen Thesen waren von Anklagen gegen die Beherrschung des internationalen Systems durch Blöcke, insbesondere die NATO, und von der Versicherung begleitet, dass Russland eine „unabhängige Außenpolitik“ betreibe und nicht Teil eines Bündnissystems werden wolle. Seither wurde von Putin und in seiner Gefolgschaft gern die Redewendung „Russland hat nur zwei Verbündete: seine Armee und seine Marine“ gebraucht, wie sie bereits Zar Alexander III. formuliert hatte.[40]

Allerdings deutete der Präsident selbst an, dass er sehr verschiedene Arten von „Souveränität“ im Sinn hatte, Großmächte oder Weltmächte mit wirklicher Souveränität und andere Länder, deren Souveränität beschränkt sei.[41] Trotz aller Bekenntnisse zum Prinzip „Souveränität“ als Grundpfeiler der „multipolaren“ Welt praktiziert Russland gegenüber den souveränen Staaten des postsowjetischen Raumes – Georgien/Abchasien und Süd-Ossetien, Ukraine/Krim, Ost-Ukraine – mit seinen Interventionen eine Politik der „beschränkten Souveränität“.[42] Zugleich stellt es sich als Verteidiger der Souveränität von Staaten wie Serbien, dem Irak, Libyen und Syrien gegen Interventionen der USA und anderer westlicher Staaten bzw. der NATO dar.

Die inneren Widersprüche dieses doppelbödigen Souveränitätskonzepts innerhalb der projektierten „multipolaren Weltordnung“ stellen

---

später: „Entweder wir bleiben ein unabhängiger Staat, oder wir verschwinden spurlos und verlieren unsere Identität.“, Presidential Address to the Federal Assembly, 04.12.2014, http://en.kremlin.ru/events/president/ news/47173 (Zugriff: 05.05.2019).

[39] Koncepcija vnešnej politiki Rossijskoj Federacii [Konzeption der Außenpolitik der Russischen Föderation], 2016, http://kremlin.ru/acts/bank/41451 (Zugriff: 06.05.2019).

[40] VLADIMIR PUTIN, U Rossii est’ tol’ko dva sojuznika – armija i flot [Russland hat nur zwei Verbündete, die Armee und die Flotte], Rosbalt, 16.04.2015, https://www.rosbalt.ru/main/2015/04/16/1389464.html (Zugriff: 04.05.2019).

[41] So in der Rede am 2. Juni 2017: Plenarnoe zasedanie Peterburgskogo meždunarodnogo ėkonomičeskogo foruma [Plenarsitzung des St. Petersburger Internationalen Wirtschaftsforums], http://www.kremlin.ru/events/president/news/54667 (Zugriff: 02.05.2019).

[42] RUTH DEYERMOND, The Uses of Sovereignty in Twenty-first Century Russian Foreign Policy, in: Europe-Asia Studies 68 (2016), H. 6, S. 957–984.

Russland im System internationaler Beziehungen zunehmend außerhalb der außenpolitischen Integrationsdynamik. Das Konzept findet international lediglich verbale Unterstützung, soweit es gegen das Modell von „monopolarer Weltordnung“ der USA gerichtet ist, bietet aber kein positives Weltordnungskonzept. Ob die politische Elite, aus deren Reihen neuerdings bemerkenswert klare Kritik daran geübt wird,[43] in dieser Positionierung Russlands einig ist, ist eine offene Frage. Die negative Haltung der russischen Führung zu internationalen Integrationsangeboten ist unübersehbar.

Die Mitgliedschaft im NATO-Russland-Rat wurde von der russischen Führung nie ernst genommen und direkt sabotiert.[44] Den Versuch der Europäischen Union, die Zusammenarbeit im Rahmen von „vier gemeinsamen Räumen“ zu vertiefen,[45] ließ Russland scheitern. An der Europäischen Nachbarschaftspolitik (ENP) nimmt Russland nicht teil, da es sich darin auf eine Stufe mit den anderen osteuropäischen Staaten gestellt sieht. Die Mitgliedschaft im Europäischen Rat und seiner Parlamentarischen Versammlung ist seit Jahren wegen beständiger Verletzung ihrer Normen gefährdet. Die Mitarbeit in der OSZE (Organisation für Sicherheit und Zusammenarbeit in Europa) wird von Russland ausschließlich instrumentell gehandhabt. An dieser Organisation wie am UNO-Sicherheitsrat ist die russische Führung nur soweit interessiert, als dass sie dort als Vetomacht auftreten kann. Versuche der Sozialisation im internationalen System wurden also von der russischen Führung durch Obstruktion oder offene Zurückweisung beantwortet. Sicherheit sucht Russland nicht durch Integration, sondern durch alleinige Stützung auf seine Großmachtposition. Dafür ist bezeichnend, dass es in dieser Selbstdefinition immer den weltpolitischen Rivalen, die USA, als den „signifikanten Anderen“ be-

---

[43] ANDREY KORTUNOV, Between Polycentrism and Bipolarity. On Russia's World Order Evolution Narratives, in: Russia in Global Affairs 1 (2019), https://eng.globalaffairs.ru/number/Between-Polycentrism-and-Bipolarity-19988 (Zugriff: 01.05.2019).

[44] Die Entsendung von Dmitrij Rogozin, einem rechtsextremen Nationalisten und Imperialisten, von 2008 bis 2011 als Ständigen Vertreter der Russischen Föderation bei der NATO, war Ausdruck dieser negativen Politik.

[45] Die Europäische Union und Russland hatten sich 2003 und definitiv auf ihrer Gipfelkonferenz im Mai 2005 in Moskau auf die Schaffung von vier „Gemeinsamen Räumen“ geeinigt, in denen die zuvor beschlossene „Strategische Partnerschaft“ realisiert werden sollte: Wirtschaft; Freiheit, Sicherheit und Justiz; äußere Sicherheit; Forschung und Bildung sowie kulturelle Aspekte. HANNES ADOMEIT / RAINER LINDNER, Die „Gemeinsamen Räume“ Rußlands und der EU – Wunschbild oder Wirklichkeit? SWP-Studie 2005/S 34, 15.11.2005.

handelt hat, nicht aber die EU oder selbst China.[46] In der Bevölkerung Russlands hat eine überwiegende Mehrheit durchgängig auf einen Beitritt des Landes zur EU gehofft, bis seit 2013/14 eine massive staatliche Propaganda dieser positiven Einstellung entgegenwirken konnte.[47]

Die offizielle „Außenpolitische Strategie" der russischen Führung, die am 28. Juni 2000 verkündet wurde, betrachtete Russland als „Großmacht und als eines der einflussreichsten Zentren der modernen Welt" mit einer „Verantwortung für die Aufrechterhaltung der Sicherheit sowohl auf globaler als auch regionaler Ebene".[48] Da sich diese Umschreibung so oder ähnlich in den nachfolgenden außenpolitischen Grunddokumenten wiederholt, kann man sie als fixiertes Narrativ betrachten. Der amerikanische Außenpolitikexperte Robert Legvold kommentierte hierzu, dass, auch wenn man diesem großen Anspruch die ernüchternden russischen Wirtschaftszahlen gegenüberstelle, die Weltbedeutung Russlands bestehen bleibe. Diese Bedeutung werde durch drei Faktoren bestimmt: die Atombombe, die Veto-Macht im Sicherheitsrat der UNO und seine geopolitische Lage mit erheblichem Einfluss auf die Staaten im postsowjetischen Raum.[49] Diese Rolle Russlands muss auf seine Position und sein Selbstverständnis in den internationalen Beziehungen einen wesentlichen Einfluss haben.

Der postsowjetische Raum blieb über die Jahrzehnte das wesentliche Aktionsfeld der außenpolitischen Strategie zur Ausfüllung des Großmachtanspruchs. Diese erhielt im Rahmen der GUS ihren Ausdruck durch militärische Interventionen in den vielen postsowjetischen eth-

---

[46] OLGA MALINOVA, Russian Identity and the „Pivot to the East", in: Problems of Post-Communism 66 (2018), H. 1, S. 1–13.

[47] Kak vy dumaete, sleduet li Rossii stremit'sja v buduščem k vstupleniju v Evropejskij Sojuz? [Denken Sie, dass Russland künftig den Beitritt zur Europäischen Union anstreben sollte?], Levada Center, 04.07.2012, https://www.levada.ru/2012/07/04/otnosheniya-vlasti-i-naroda-v-rossii-sotrudnichestvo-s-mezhdunarodnymi-organizatsiyami/ (Zugriff: 04.05. 2019); DW-Trend: Liš' men'šinstvo rossijan za bystroe vstuplenie v ES. Čislo protivnikov i storonnikov členstva Rossii v Evrosojuze primerno ravno [Nur eine Minderheit ist für einen baldigen Beitritt zur EU. Die Zahlen von Gegnern und Befürwortern der Mitgliedschaft in der EU sind fast gleich], DW, 19.11.2013, https://www.dw.com/ru/dw-trend-лишь-меньшинство-россиян-за-быстрое-вступление-в-ес/a-17237388 (Zugriff: 01.05.2019).

[48] The Foreign Policy Concept of the Russian Federation. Approved by Vladimir Putin, President of the Russian Federation on June 28, 2000: Federation of American Scientists (FAS), https://fas.org/nuke/guide/russia/doctrine/econcept.htm (Zugriff: 01.05. 2019).

[49] ROBERT LEGVOLD, Russia's Unformed Foreign Policy, in: Foreign Affairs, September/Oktober 2001, S. 62–75, hier S. 63 f.

nischen Auseinandersetzungen und Grenzkonflikten und durch diverse Versuche, über eine verteidigungspolitische und wirtschaftspolitische Vereinigung einen vertieften politischen Zusammenschluss zu erreichen. Diese Versuche standen sowohl bei vielen der anderen postsowjetischen Staaten als auch im Westen vielfach unter dem Verdacht imperialer Ambitionen.[50] Verbal hat die Außenpolitik Russlands sich wiederholt von imperialen Bestrebungen losgesagt und die nationale Unabhängigkeit der Staaten auf dem postsowjetischen Territorium anerkannt. Gleichzeitig wurde dieses Gebiet seit Jahrzehnten als „besonderes Interessensgebiet" der Außenpolitik Russlands deklariert und behandelt.[51]

In der Elite Russlands wurde in einer Befragungsreihe von 1993 bis 2016 ganz überwiegend eine Interessenpolitik außerhalb der Grenzen des Landes befürwortet, wie aus Antworten auf die Frage nach der Reichweite der Interessen Russlands hervorgeht.[52] Dabei ist mit „Interessenpolitik außerhalb der Grenzen des Landes" vor allem der postsowjetische Raum gemeint.[53] Allerdings fand diese Ansicht seit Putins Präsidentschaft zunächst immer weniger Anhänger und geriet um 2012 vorübergehend in die Minderheit, als sich eine deutliche Mehrheit für eine Begrenzung der Politik nationaler Interessen auf Russland selbst aussprach. Zudem sah 2012 eine auf fast zwei Drittel gestiegene Mehrheit in der Elite militärische Interventionen in postsowjetischen Republiken als „legitim" an, wenn es um die „Verteidigung von russischen Interessen in postsowjetischen Republiken" gehe.[54]

---

[50] Zum Beispiel: CHAIM SHINAR, Vladimir Putin's Aspiration to Restore the Lost Russian Empire, in: European Review 25 (2017), H. 4, S. 642–654.

[51] So, als dies von Präsident Dmitrij Medvedev nach dem Georgien-Krieg im August 2008 ausdrücklich zum Gebiet „privilegierter Interessen" erklärt wurde: Interview given by Dmitry Medvedev to Television Channels Channel One, Rossia, NTV, 31.08.2018, http://en.kremlin.ru/events/president/transcripts/48301 (Zugriff: 01.05.2019).

[52] SHARON W. RIVERA u. a., The Russian Elite 2016 / Rossijckaja ėlita 2016. Perspectives On Foreign and Domestic Policy, Hamilton College Levitt Poll, Clinton, NY 2016, S. 15. Die Frage lautete: „There are various opinions about the national interests of Russia. Which of the two assertions below are closer to your point of view? 1. The national interests of Russia should be limited, for the most part, to its existing territory; 2. The national interests of Russia for the most part extend beyond its existing territory." Die Antwort „Ich weiß nicht" wurde nicht einkalkuliert.

[53] Das geht aus der vorausgegangenen Befragung in der langen Reihe von Untersuchungen hervor. WILLIAM ZIMMERMANN u. a., Russian Elite – 2020 (Valdai Discussion Club Grantees) Analytical Report, Moscow 2013, S. 21.

[54] Use of military force abroad: Percentage of respondents agreeing with statements and viewing them as legitimate, ebd., S. 24. Vgl. Diagramm 3.

Diagramm 3: „Opinions about the national interests of Russia“

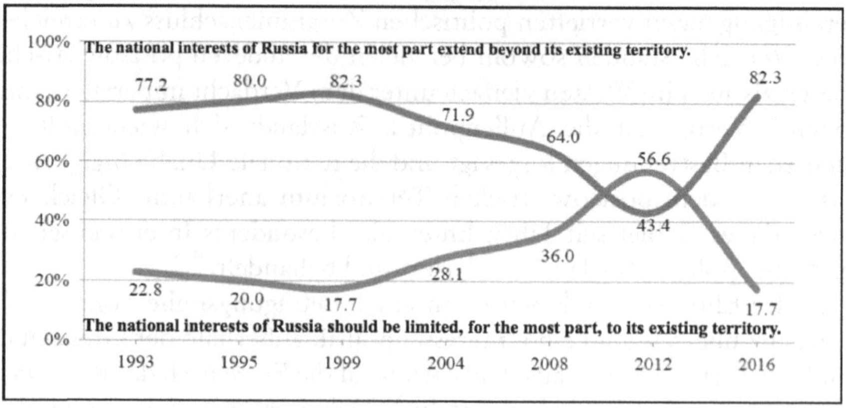

Mit der Ukraine-Krise, der triumphal durchgesetzten Krim-Annexion und der Kriegsführung im Osten der Ukraine spitzte sich die anti-westlich orientierte Behauptung nationaler Interessen mit militärischen Mitteln in Osteuropa weiter zu. Dies spiegelte sich in den Maßstäben wider, nach denen die Stellung eines Landes im internationalen System beurteilt wurde. Bei der Frage, ob diese Stellung durch wirtschaftliche oder durch militärische Macht bestimmt werde, ergaben die schon zitierten Eliten-Befragungen[55] einen stetig wachsenden Anteil der „militaristischen“ Antwort. Diese erhielt 2014 das eindeutige Übergewicht gegenüber derjenigen, die auf den wirtschaftlichen Faktor setzte. Dieser Umschlag der Meinungen ist auch im Meinungsbild der Bevölkerung zu sehen.[56]

Es handelt sich um eine Militarisierung des Selbstbildes Russlands bei seiner internationalen Positionierung. Wie nachhaltig – über die Reaktionen unter dem Eindruck der sogenannten Krim-Euphorie hinaus – diese

---

[55] RIVERA u. a., The Russian Elite, S. 17. Die Frage lautete: „I will read you two statements about the role of military force in international relations. Which of these is closer to your opinion? 1. Military force will always ultimately decide everything in international relations; 2. The economic and not military potential of a country determines the place and role of a country in the world today.“ Die Antwort „Ich weiß nicht“ wurde nicht einkalkuliert.

[56] „Čto prežde vsego vyzyvaet segodnja uvaženie k Rossii u drugich gosudarstv?“ [Was ruft in erster Linie die Achtung anderer Staaten gegenüber Russland hervor?], in: Obraz Rossii na meždunarodnoj arene [Das Bild Russlands auf der internationalen Bühne], Levada, 14.11.2016, http://www.levada.ru/2016/11/14/obraz-rossii-na-mezhdunarodnoj-arene/ (Zugriff: 24.08.2019).

in der Bevölkerung unterstützt wird, muss hier offen bleiben. Zunächst soll gefragt werden, wieweit sich die nationale Identität Russlands auf ein Land in befriedeten Grenzen bezieht. Bereits seit 2009 lehnte mehr als die Hälfte - und seit 2011 fast zwei Drittel - der Bevölkerung es ab, dass „Russland mit allen Mitteln die Länder des postsowjetischen Raumes unter seine Kontrolle bringen" solle.[57]

Zudem ist der Anteil derjenigen, die Russland künftig in den jetzigen Grenzen sehen möchten, 2015 - ein Jahr nach der Krim-Annexion - auf 57 Prozent hinaufgeschnellt. Diese Position hatten in allen Jahren zuvor nur zwischen 19 und 43 Prozent der Befragten eingenommen, eine relative Mehrheit zwar gegenüber anderen Optionen, die jedoch die Unzufriedenheit mit den Grenzen des Landes durchscheinen ließ:[58]

Diagramm 4: „In welchen Grenzen würden Sie Russland in Zukunft sehen wollen?"

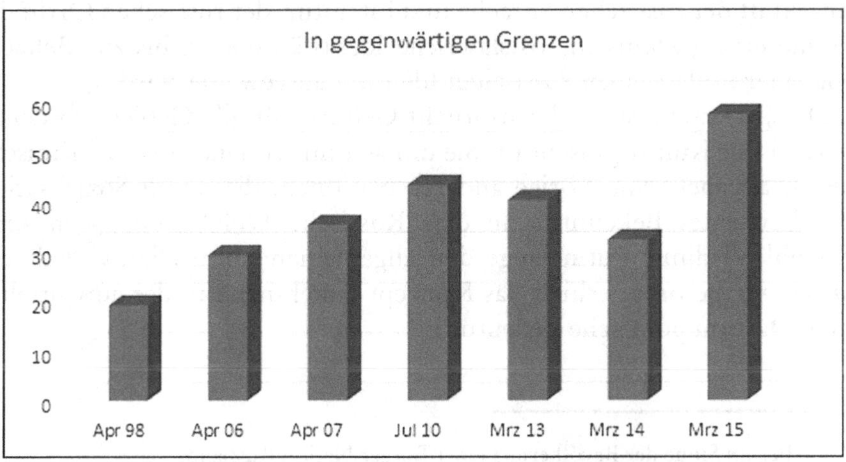

[57] Nach den Werten in der Tabelle: Krym i rasširenie rossijskich granic [Die Krim und die Erweiterung der Grenzen], Levada, 23.03.2015: „Vy soglasny ili ne soglasny s mneniem, čto Rossija dolžna ljubymi sredstvami, esli potrebuetsja, to i siloj uderživat' pod svoim kontrolem byvšie respubliki SSSR?" [Stimmen Sie der Meinung zu, oder lehnen sie sie ab, dass Russland mit allen Mitteln - wenn nötig, mit Gewalt - die früheren Republiken der UdSSR unter seiner Kontrolle halten muss?], mit acht Alternativantworten, https://www.levada.ru/2015/03/23/krym-i-rasshirenie-rossijskih-granits/ (Zugriff: 23.05.2019).

[58] Ebd. Unter acht Antwortoptionen auf die Frage: „V kakich granicach vy by choteli videt' Rossiju v buduščem [In welchen Grenzen würden Sie Russland in Zukunft sehen wollen]?".

Dies könnte für die Tendenz zu einer in ihren Grenzen endlich „befriedeten Nation“[59] sprechen, eine Tendenz, deren Nachhaltigkeit aber ungewiss ist. Denn andererseits zeigt eine Mehrheit die Bereitschaft zu direkten Annexionen von Nachbarterritorien, wenn es um die Verteidigung der dort lebenden Russen geht.[60] Insgesamt mehr als 80 Prozent erklärten unter dieser Bedingung, dass Russland entweder im Allgemeinen oder speziell im Fall der Krim ein Recht zu solchen Annexionen habe. Wiederum ist eine Übereinstimmung zwischen der Bevölkerungsmeinung und der bei der Elite festgestellten Haltung in Hinblick auf eine expansive Politik Russlands gegenüber seinen Nachbarn zu ersehen. Eine solche Bereitschaft zur Expansion, die mit dem Schicksal der russischen Diaspora in den Nachbarländern verbunden wird, ist sehr leicht auszunutzen, wie zu sehen ist. Dazu trägt vor allem das vage gehaltene Verständnis der „Russischen Welt“ [*Russkij mir*] bei, die teils als geistig-religiöser, teils als kultureller und dann wieder als politischer Identitätsraum der Nation im breitesten Sinne verstanden wird. Dieses Konzept betont die soziale Bindungskraft der russischen Sprache und Literatur, der russischen Orthodoxie und eine gemeinsame ostslawische Identität, die oft bis zur Behauptung einer umfassenden russischen Identität ausgeweitet wird.[61]

Die „Russische Welt“ beansprucht Geltung für alle Gebiete, in denen die russische Kultur präsent ist. Sie umfasst im Ausland sowohl ethnische Russen als auch Angehörige anderer Nationen, die durch Sozialisation oder bewusstes Bekenntnis in die „Russische Welt“ einbezogen sind. Obwohl Vladimir Putin lange den allgemeinen kulturellen Gehalt des *Russkij mir* betonte, erhielt das Konzept zunehmend in der außenpolitischen Diktion politische Bedeutung.[62]

---

[59] Hier im Sinne der Bevölkerung einer Bürger-Nation Russland.

[60] Krym i rasširenie rossijskich granic. Auf die Frage „Was meinen Sie dazu: Hat Russland das Recht, sich die Territorien der früherer Republiken der UdSSR anzuschließen, begründet mit Erklärungen, dass die dort lebenden Russen in ihren Rechten verletzt oder unterdrückt werden könnten oder bereits werden?“ erklärten 2014 und 2015 zwischen 40 und 34 Prozent, Russland habe generell dieses Recht (in den ersten zwei Monaten der Krim-Annexion behaupteten dies sogar zwischen 54 und 57 Prozent); darüber hinaus sagen weitere 40 bis 47 Prozent – in dieser Zeit – Russland habe zwar dazu allgemein kein solches Recht, wohl aber im Fall der Krim-„Vereinigung“.

[61] ULRICH SCHMID, Russki mir, in: Dekoder, 20.05.2016, https://www.dekoder.org/de/gnose/russki-mir#fuss7 (Zugriff: 20.03.2020).

[62] ALEKSANDR GRONSKIJ, Russkij Mir v poiskach soderžanija [Die Russische Welt auf der Suche nach dem Inhalt], in: Russia in Global Affairs, 2017, H. 4, https://globalaffairs.ru/articles/russkij-mir-v-poiskah-soderzhaniya/ (Zugriff: 20.03.2020).

2007 gründete Vladimir Putin durch Präsidenten-Dekret die Stiftung „Russkij mir".[63] Als ideologische Rechtfertigung wurde das Konzept für die Politik der militärischen Intervention in Georgien (2008) angewandt, sodann für die nachfolgende Annexion Südossetiens und Abchasiens sowie für die gewaltsame Angliederung der Krim (2014), wobei diese militärischen Aktionen jeweils mit dem Schutz der „Landsleute" begründet wurden.

Besondere politische Virulenz erhielt das Konzept des *Russkij mir* durch seine offizielle Verbindung mit dem Diskurs über Russland als „geteilte Nation". Dieser wurde seit den 1990er Jahren vom Lager des ethnischen Nationalismus gepflegt,[64] aber von Präsident Putin noch 2007 ausdrücklich als „zu drastisch" abgelehnt, um ihn in die offizielle politische Sprache aufzunehmen.[65]

2014 dagegen stellte er zur Legitimation der Krim-Annexion neben die historischen und geopolitischen Argumente die These: „Die Russen sind eine der größten, wenn nicht die größte geteilte ethnische Gruppe, die durch Grenzen getrennt ist."[66] Mit der Weiterführung dieses Konzeptes wäre das Tor zu einem „russischen Irredentismus" geöffnet worden, der gleichzeitig zu einem ethnisch motivierten Expansionismus führen wie auch die russische Identität langfristig untergraben müsste, die sich auf eine Zivil-Nation im befriedeten staatlichen Raum bezieht.[67]

---

[63] Vladimir Putin podpisal Ukaz o sozdanii fonda „Russkij mir", 21 ijunja 2007 goda [Vladimir Putin hat das Dekret zur Gründung der Stiftung „Die Russische Welt" unterschrieben, 21.06.2007], http://kremlin.ru/events/president/news/40799 (Zugriff: 20.03. 2020)

[64] MARLENE LARUELLE, Russia as a „Divided Nation", from Compatriots to Crimea. A Contribution to the Discussion on Nationalism and Foreign Policy, in: Problems of Post-Communism 62 (2015), H. 2, S. 88–97.

[65] So der Historiker Aleksej Miller: „If I remember correctly, in 2007, right after Putin's Munich speech, Dmitry Kiselyov, in those days a rank-and-file journalist, addressed Putin at a meeting with the general public with something like this: ‚Vladimir Vladimirovich, isn't it the right moment to honestly and straightforwardly declare ourselves a divided nation?' Putin replied: ‚Let's avoid making such drastic moves.'" ALEXEI I. MILLER, Irredentism and the Crisis of National Identity, in: Russia in Global Affairs, 27.12.2017, https://eng.globalaffairs.ru/articles/irredentism-and-the-crisis-of-national-identity/ (Zugriff: 20.03.2020).

[66] Obraščenie Prezidenta Rossijskoj Federacii 18 marta 2014 goda [Die Botschaft des Präsidenten der Russischen Föderation], http://kremlin.ru/events/president/news/20603. (Zugriff: 20.03.2020).

[67] MILLER, Irredentism and the Crisis.

In der nationalen Sicherheitsstrategie, die am 31. Dezember 2015 in Kraft trat, wurde das Konzept der „Russischen Welt“ nicht explizit erwähnt.[68] Als Strategie-Konzept ist *Russkij mir* zwar seit 2015 nicht zum direkten Bestandteil der außenpolitischen Praxis gemacht worden. Wohl aber stellt die „Russische Welt“ eine permanente Ressource als *soft power* in den Händen von Russlands Führung dar, verbunden mit einer bedrohlichen Unberechenbarkeit sowohl nach außen als auch nach innen.[69] Es spricht einiges dafür, dass Russland die Grenzen zu seinen Nachbarn nur „bedingt“ anerkennt, nämlich unter der Voraussetzung, dass diese an Russlands Integrationsprojekten teilnehmen.[70] Die Ressource der „Russischen Welt“ reicht aber durchaus auch über *soft power* hinaus: Seit 2009 gilt für das „Verteidigungs-Gesetz“ eine Ergänzung. Nach ihr ist der Einsatz der Armee außerhalb der Grenzen Russlands u. a. zulässig, wenn es gilt, russische Bürger vor einem bewaffneten Angriff zu schützen.[71] Dass die so erklärte Interventionsdrohung keineswegs in vager Rhetorik besteht, sondern in direkte außenpolitische bzw. militärische Praxis umgesetzt werden kann, wurde 2014 deutlich unter Beweis gestellt.

Geschichte und Identität Russlands

In einer Konstellation der Verunsicherung während der gesamten Transformationsperiode Russlands erscheint der Rückgriff auf historisch bewährte Mentalitätsmuster plausibel, wie es die seit Jahrhunderten – und besonders seit der Sowjetzeit – wirksame „Festungsmentalität“ darstellt.

---

[68] Es gibt allerdings ein ganzes Kapitel, das der Kultur als Sicherheitsfaktor gewidmet widmet ist. Artikel 81 hält explizit fest, dass die russische Sprache folgende Aufgaben erfülle: Sicherung der staatlichen Einheit des Landes, Kommunikation zwischen den einzelnen Nationen der Russischen Föderation, Integration im postsowjetischen Raum sowie Kulturleben der Landsleute im Ausland. Ukaz Prezidenta Rossijskoj Federacii ot 31 dekabrja 2015 goda N 683 „O strategii nacional'noj bezopasnosti“ [Dekret des Präsidenten der Russischen Föderation vom 31.12.2015 Nr. 683 „Über die Strategie der nationalen Sicherheit“], http://www.kremlin.ru/acts/bank/40391 (Zugriff: 20.03.2020).

[69] IGOR ZEVELEV, The Russian World in Moscow's Strategy, in: Center for Strategic and International Studies, 22.08.2016, https://www.csis.org/analysis/russian-world-moscows-strategy (Zugriff: 01.04.2019).

[70] MAREK MENKISZAK, Borders in Flux – Ukraine as a Case Study of Russia's Approach to its Borders, in: Eurasia Border Review 6 (2015), H. 1, S. 83–102.

[71] MARGARETE KLEIN, Russia's Military Policy in the Post-Soviet Space. Aims, Instruments and Perspectives. SWP Research Paper 2019/RP 01, 25.01.2019, S. 9, https://www.swp-berlin.org/10.18449/2019RP01/ (Zugriff: 12.05.2019).

Sie dominiert während fast der gesamten Periode des postsowjetischen Russlands in der Gesellschaft.[72] Die Herausbildung der eigenen nationalen Identität der Russischen Föderation wird besonders problematisch durch das affirmative Verhältnis der Gesellschaft zur sowjetischen Vergangenheit, zuallererst zum sowjetischen Staat markiert. Auf die Frage „Bedauern Sie den Zerfall der UdSSR?“ antworteten selbst im euphorischen Anfangsjahr des unabhängigen Russlands mehr als zwei Drittel mit „ja“. Im Durchschnitt ist es bei dieser „Sowjetnostalgie“ geblieben.

Diagramm 5: „Bedauern Sie den Zerfall der UdSSR?“

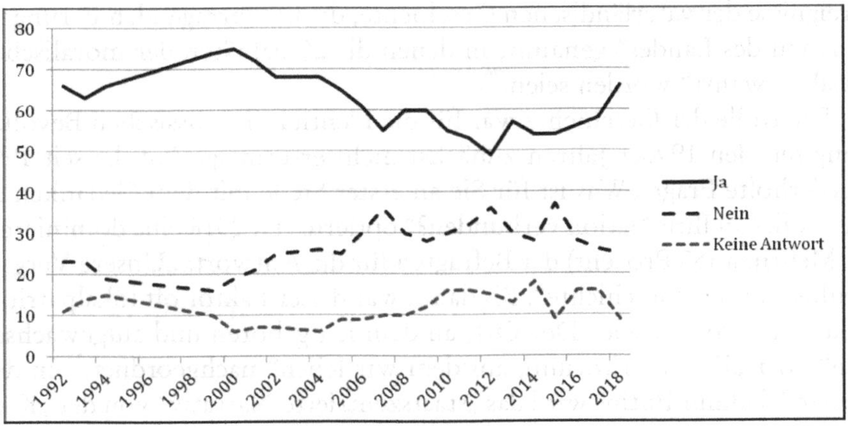

Der Anteil der „Sowjetnostalgie“ ist nie unter 50 Prozent gefallen, obwohl er von der Jahrtausendwende bis 2012 fast durchgängig an Gewicht in der Gesellschaft verlor. Seither, mit der vehement zunehmenden Konfrontation Russlands mit dem Westen, erhielt die „Sowjetnostalgie“ wieder kräftigen Aufschwung. Das Verhältnis zur eigenen Geschichte spielt für Russland eine enorme Rolle für die Herausbildung seiner nationalen Identität. Geschichte und Geschichtspolitik stehen im Zentrum der von Putin vorangetriebenen „patriotischen Erziehung“.

„Ohne Idee kann es keinen großen Staat geben,“ erklärte Vladimir Putin in seinem ersten Amtsjahr als Präsident.[73] Die Entwertung des

---

72 Vgl. Diagramm 2.

73 Putin in seiner Ansprache am 12. Juni 2000 zum Staatsfeiertag der Erklärung der russischen Souveränität, zitiert nach: JUTTA SCHERRER, Russland verstehen? Das postsowjetische Selbstverständnis im Wandel, in: Aus Politik und Zeitgeschichte (2014), H. 47–48, S. 17–26, hier S. 21.

sowjetischen Geschichtsbildes hinterließ eine Leerstelle im historischen Bewusstsein der Bevölkerung, obwohl viele seiner Elemente faktisch weiterwirkten. Präsident Putin vollzog mit Reformen der Staatssymbolik Russlands eine entschiedene Hinwendung zur eigenen jüngeren Geschichte. Dies geschah unter dem Zeichen einer Rehabilitierung sowjetischer Symbole und – wie es interpretiert wurde – als wichtiger Schritt zur Ausbildung einer „russisch-sowjetischen Mischidentität".[74]

Die Programme zur patriotischen Erziehung der Bürger, die seit 2001 in mehreren Auflagen für jeweils fünf Jahre Geltung erschienen, sind in ihrer Ausrichtung vorrangig der Geschichts- und Erinnerungspolitik zuzuordnen.[75] Denn als Grundlagen werden vor allem die „heroischen Ereignisse der vaterländischen Geschichte, die hervorragenden Errungenschaften des Landes" genannt, in denen die „Qualitäten der moralischen Ideale gewahrt" worden seien.[76]

Die Rolle der Geschichte war für die Identität der russischen Bevölkerung seit den 1990er Jahren zunächst nicht erstrangig. Auf die seit 1994 wiederholte Frage „Was ist für Sie an erster Stelle mit dem Gedanken an Ihr Volk/an Ihre Nation verbunden?" optierte erst 2018 eine dominierende Mehrheit (53 Prozent) der Befragten für die Antwort: „Unsere Vergangenheit, unsere Geschichte". Bis dahin war dieser Faktor oft lokalpatriotischen Antworten wie „Der Ort, an dem ich geboren und aufgewachsen bin" oder „Das Territorium, auf dem wir leben" nachgeordnet.[77] In den Reden Vladimir Putins wird das „staatszentrierte Narrativ" von der „Kon-

---

[74] ISABELL DE KEGHEL, Die Staatssymbolik des neuen Russland. Integrationsstrategien – Identitätsdiskurse, Münster 2008, S. 239. Wenn bereits unter der Präsidentschaft Boris El'cins seit 1995 nach fünfjähriger Pause wieder der 9. Mai als „Tag des Sieges" mit einer – zunächst nicht-militärischen – Parade gefeiert und im gleichen Jahr der „Tag des militärischen Ruhms" bestimmt wurde, bleiben diese Entwicklungen doch von marginaler Bedeutung im Vergleich mit der symbolischen Geschichtspolitik Putins.

[75] PHILIPP BÜRGER, Geschichte im Dienst für das Vaterland. Traditionen und Ziele der russländischen Geschichtspolitik seit 2000, Göttingen 2018, S. 35–54.

[76] Pravitel'stvo Rossijskoj Federacii Postanovlenie ot 16.2.2001 goda N 122, O gosudarstvennoj programme „Patriotičeskoe vospitanie graždan Rossijskoj Federacii na 2001–2005 gody" [Regierung der Russischen Föderation, Beschluss v. 16.02.2001 Nr.122, Zum staatlichen Programm „Die patriotische Erziehung der Bürger der Russischen Föderation von 2001–2005"], http://docs.cntd.ru/document/901781482 (Zugriff: 04.04.2019).

[77] Dve treti rossijan ustydilis' razvala SSSR i „večnoj" bednosti v strane. – Gordost' za Pobedu i Krym [Zwei Drittel der Russen bereuen den Zerfall der UdSSR und die „ewige" Armut im Land. – Stolz auf den Sieg und auf die Krim], Levada, 17.01.2019, https://www.levada.ru/2019/01/17/dve-treti-rossiyan-ustydilis-razvala-sssr-i-vechnoj-bednosti-v-strane/print/ (Zugriff: 01.04.2019).

tinuität der 1000-jährigen Geschichte Russlands" beständig wiederholt. Auf diese werde das Großmachtkonzept der Führung Russlands projiziert,[78] wurde von Kritikern vermerkt. Zum einen wurde es als einer der „geistig-sittlichen Werte" der „allgemein-russländischen Identität" bestimmt.[79] Zum andern wird dieses Narrativ ebenso in offiziellen Staatsdokumenten gepflegt[80] und erstreckt sich unübersehbar auf außenpolitische Ambitionen. So werden in der „Konzeption der außenpolitischen Strategie" von 2013 die Länder der GUS an das „gemeinsame historische Erbe" erinnert.[81] Denn Putin betrachtet den von ihm geführten Staat als Erben jener 1000-jährigen Geschichte und als Vollstrecker ihres Vermächtnisses, einschließlich der Kiever Rus'. Das impliziert, dass er die Ukraine nicht als eigenständigen Staat, die Ukrainer und die Russen aber als „ein Volk" ansieht, wenn dies auch nur selten von ihm offen ausgesprochen wird.[82]

---

[78] OL'GA J. MALINOVA, Političeskoe ispol'zovanie prošlogo kak instrument simvoličeskoj politiki: ėvoljucija diskursa vlastvujuščej ėlity v postsovetskoj Rossii [Die politische Ausnutzung der Vergangenheit als Instrument der Symbolpolitik. Die Entwicklung des Diskurses der herrschenden Elite im postsowjetischen Russland], Političeskaja ėkspertiza: Politeks 8 (2012), H. 4, S. 179–204, hier S. 190 f.

[79] Strategija nacional'noj bezopasnosti Rossijskoj Federacii [Die Strategie der nationalen Sicherheit der Russischen Föderation], 31.12.2015], http://www.kremlin. ru/acts/bank/40391/page/1 (Zugriff: 28.03.2019).

[80] OL'GA J. MALINOVA, Aktual'noe prošloe: Simvoličeskaja politika vlastvujuščej ėlity i dilemmy rossijskoj identičnosti [Die aktuelle Vergangenheit. Die Symbolpolitik der herrschenden Elite und die Dilemmata der Identität Russlands], Moskva 2015; KONSTANTIN A. PACHALJUK, Obraščenie k prošlomu v kontekste rossijskogo vnešnepolitičeskogo diskursa (po materialam Ministerstva inostrannych del) [Die Wendung zur Vergangenheit im Kontext des außenpolitischen Diskurses Russlands (nach Materialien des Außenministeriums)], in: Političeskaja nauka 3 (2018), H. 3. S. 291–314.

[81] Koncepcija vnešnej politiki Rossijskoj Federacii [Die Konzeption der Außenpolitik der Russischen Föderation], 2016, http://www.mid.ru/foreign_policy/news/-/asset_publisher/cKNonkJE02Bw/content/ id/2542248 (Zugriff: 01.04.2019).

[82] „Ty že ponimaeš', Džordž, čto Ukraina – ėto daže ne gosudarstvo! Čto takoe Ukraina? Čast' ee territorij – ėto Vostočnaja Evropa, a čast', i značitel'naja, podarena nami." – Iz razgovora Putina i Džordža Buša na zakrytom zasedanii soveta Rossija-NATO. [„George, Du verstehst doch, dass die Ukraine nicht einmal ein Staat ist! Ein Teil ihres Territoriums ist Osteuropa, und ein Teil, und zwar ein bedeutender, ist ihr von uns geschenkt worden." – Aus der Unterhaltung zwischen Putin und George Bush auf der geschlossenen Sitzung des NATO-Russland-Rates], Kommersant', 07.04.2008, https://www.kommersant.ru/doc/877224 (Zugriff: 01.04.2019); Putin zajavil, čto russkie i ukraincy – odin narod [Putin hat erklärt, dass Russen und Ukrainer ein Volk seien], Korrespondent.net, 27.10.2016, https://korrespondent.net/world/3763599-putyn-zaiavyl-chto-russkye-y-ukrayntsy-odyn-narod (Zugriff: 20.04.2019); ebenso: „Naši istoričeskie, duchovnye i pročie

Auch der Geschichtsunterricht soll dem imperialen Geschichtsverständnis unterworfen werden. In dem seinerzeit vom Präsidenten in Auftrag gegebenen Geschichtsbuch für Lehrer heißt es, Stalin habe die „Macht des gewaltigen, zentralisierten Staates" errichtet und er sei der „erfolgreichste Führer der UdSSR", denn unter „seiner Führung wurde das Territorium des Landes erweitert, es erreichte die Grenze des ehemaligen Russischen Imperiums (und ging an bestimmten Orten über sie hinaus)."[83]

Die in der russischen Bevölkerung verbreitete mehrheitlich positive Einstellung zu Stalin[84] richtet sich u. a. auf diese Aspekte der imperialen Macht.[85] So erhielt der „Tag des Sieges" am 9. Mai, an dem jährlich der Mythos des „Großen Vaterländischen Krieges", seine Befreiungsmission und die siegreichen Ergebnisse feiert werden, eine ständig zunehmende Bedeutung für die nationale Identität. Der 9. Mai wird von der überwiegenden Mehrheit der Bevölkerung als einziger staatlicher Feiertag angenommen und begangen.[86] Für Russland erhielt der Mythos des „Großen Vaterländischen Krieges" die Funktion eines Gründungsmythos,[87] indem es sich in der moralischen Überlegenheit als Träger des „Antifaschismus" und gleichzeitig als Erbe einer Supermacht feiert.

Allerdings hat diese Symbolpolitik der Russischen Föderation erhebliche Tragweite für viele Länder Ost- und Ostmitteleuropas, die den Mythos des „Großen Vaterländischen Krieges" aus ihren Erfahrungen der sowjetischen Eroberung und Okkupation ablehnen. Infolgedessen führt

---

korni dajut mne pravo govorit', čto v osnove svoej my odin narod" [Unsere historischen, geistigen und weiteren Wurzeln geben mir das Recht zu sagen, dass wir im Grunde ein Volk sind], 14.12.2017, https://ria.ru/20171214/1510927363.html (Zugriff: 20.04.2019).

[83] ALEKSANDRE V. FILIPPOV, Novejsaja istorija Rossii 1945–2006 gg. Kniga dlja učitelja [Die neueste Geschichte Russlands 1945–2006. Das Buch für den Lehrer], Moskva 2007, S. 81 ff.

[84] Stalin v obščestvennom mnenii [Stalin in der öffentlichen Meinung], Levada, 10.04.2018, https://www.levada.ru/2018/04/10/17896/ (Zugriff: 30.12.2018). Das Folgende nach den Daten in dieser Veröffentlichung.

[85] BENNO ENNKER, Sowjetgeschichte und Identitätsfindung heute. Historisches Erbe und Politik in Russland, in: Osteuropa. Politik, Wirtschaft und Gesellschaft (Festschrift für Gerd Meyer), hg. v. ARON BUZOGÁNY / ROLF FRANKENBERGER, Baden-Baden 2007, S. 109–132.

[86] Den' Pobedy [Tag des Sieges], Levada, 08.05.2018, https://www.levada.ru/2018/05/08/den-pobedy-2 (Zugriff: 01.06.2018).

[87] NIKOLAJ E. KOPOSOV, Pamjat' strogogo režima. Istorija i politika v Rossii, Moskva 2011.

die Staatsführung Russlands seit vielen Jahren „einen Krieg der Erinnerungen" in Osteuropa.[88]

Der Präsident Russlands hat zwischen 2019 und 2020 den geschichtspolitischen Druck auf die Länder Ostmitteleuropas massiv verschärft. Im Zentrum der Aufmerksamkeit steht die Frage nach der Bedeutung des sogenannten Hitler-Stalin-Paktes[89] für den Beginn des Zweiten Weltkriegs. Im vorherrschenden Verständnis in den Staaten Ostmitteleuropas ebenso wie bei der überwiegenden Zahl westlicher Historiker wird der Pakt als wesentliche Bedingung für die Möglichkeit Hitler-Deutschlands angesehen, am 1. September 1939 seinen Vernichtungs- und Eroberungskrieg zu beginnen.[90]

Diese Beurteilung wird von den meisten ostmitteleuropäischen Staaten als Grundlage genommen, um die in der Folge dieses Paktes von der Sowjetunion betriebene Politik der Einverleibung, der Okkupation und Staatsvernichtung als illegitim und völkerrechtswidrig zu betrachten. Obwohl der Sowjetische Volkskongress sich zu einer Verurteilung dieses Paktes durchgerungen, ja Putin selbst diesen 2009 als „unmoralisch" bezeichnet hatte,[91] wurde dieser Zusammenhang nun von ihm zu dem Urteil gewendet, Polen, das durch diesen Vertrag verbunden mit dem Geheimabkommen zwischen den beiden totalitären Mächten aufgeteilt wurde, sei selbst für den Krieg verantwortlich, ebenso wie die demokratischen Mächte des Westens.[92] Deren Versagen durch ihre Appeasement-

---

[88] MALINOVA, Političeskoe ispol'zovanie, S. 193.

[89] Der Begriff umfasst nicht nur den sog. Nichtangriffspakt zwischen den beiden Staaten vom 23./24. August 1939, sondern ebenso das Zusatzprotokoll „für den Fall territorialpolitischer Umgestaltung" und den deutsch-sowjetischen Grenz- und Freundschaftsvertrag von Ende September 1939 sowie weitere hierauf basierende Wirtschafts- und Grenzverträge. Zuerst: BIANKA PIETROW, Stalinismus – Sicherheit – Offensive. Das Dritte Reich in der Konzeption der sowjetischen Außenpolitik 1933 bis 1941, Melsungen 1983.

[90] BIANKA PIETROW-ENNKER, Der deutsch-sowjetische Nichtangriffsvertrag 1939, in: Russland – Deutschland. Stationen gemeinsamer Geschichte – Orte der Erinnerung, Bd. 3, hg. v. HORST MÖLLER / ALEXANDER TSCHUBARJAN, München 2014, S. 121–130; DONAL O'SULLIVAN, Stalins „Cordon sanitaire". Die sowjetische Osteuropapolitik und die Reaktionen des Westens 1939–1949, Paderborn u. a. 2003.

[91] So geschehen in einem „Brief an die Polen" aus Anlass seines Staatsbesuches als Ministerpräsident. Eine historisch-politische Distanzierung von dem Pakt blieb auch damals aus. REINHARD VESER, Freundliche Verpackung. Putins Bemerkungen zum Hitler-Stalin-Pakt enthalten substantiell wenig Neues, in: Frankfurter Allgemeine Zeitung, 02.09.2009.

[92] VLADIMIR PUTIN, 75. Jahrestag des Großen Sieges / Gemeinsame Verantwortung vor Geschichte und Zukunft. Botschaft der Russischen Föderation, 19.06.2020, https://russische-botschaft.ru/de/2020/06/19/75-jahrestag-des-grossen-sieges-gemeinsame-

Politik (Münchener Abkommen von 1938) gegenüber Hitler habe den direkten Weg zum Krieg geebnet.[93] Gleichzeitig spricht er nun die stalinistische Führung mit der Behauptung, sie habe zur Friedenswahrung keine andere Möglichkeit als den Vertragsabschluss mit Hitler-Deutschland gehabt, von jeder historischen Schuld frei. Dagegen seien die baltischen Staaten, die damals ebenfalls Opfer der „Teilung der Interessensphären" zwischen den beiden Regimen wurden, die Verträge mit der Sowjetunion (die tatsächlich ihre Annexion besiegelten) freiwillig eingegangen.

Diese Verfälschung der jüngsten Geschichte wurde von Vladimir Putin im Rahmen des diskursiven Konstruktes ununterbrochener „Staatlichkeit" von der Sowjetunion zur Russischen Föderation lanciert, mit der er die historische Identität festschreibt. Der Führer Russlands hat schließlich seine Argumentation in das Loblied auf die Kriegskonferenzen der Großen Vier übergeführt, die aus der Sicht der Staaten Ost- und Ostmitteleuropas repräsentativ für die „Aufteilung Europas" und ihre eigene Eingliederung in das Sowjet-Imperium stehen. Indem der Präsident Russlands sich nachdrücklich in die historischen Fußstapfen von Stalins imperialer Expansionspolitik begibt, positioniert er das heutige Russland erneut als aggressiv drohendes Imperium.

Diese Konfrontation wird seit der Ukraine-Krise zum einen dadurch verschärft, dass Russland die Feiern zum „Tag des Sieges" seit 2015 in

---

verantwortung-vor-geschichte-und-zukunft/ (Zugriff: 13.10.2020). Zuerst: VLADIMIR PUTIN, The Real Lessons of the 75th Anniversary of World War II, in National Interest, 18.06.2020, https://nationalinterest.org/feature/vladimir-putin-real-lessons-75th-anniversary-world-war-ii-162982 (Zugriff: 13.10.2020). Damit erhob der Präsident die Position, die seit Jahrzehnten durch Publikationen des Auslandsgeheimdienstes der Russischen Föderation verbreitet wurde, zur quasi hoheitlich sanktionierten Staatsdoktrin: So die gleichzeitig mit dem erwähnten Staatsbesuch in Polen publizierte Dokumentationen des russischen Auslandsgeheimdienstes: Služba vnešnej razvedki Rossijskoj Federacii. Archiv SVR Rossii. Sekrety pol'skoj politiki. Sbornik dokumentov (1935–1945) [Dienst der Auslandsaufklärung der Russischen Föderation, Archiv des SVR Russlands. Geheimnisse der Politik Polens. Dokumentensammlung (1935–1945)], Moskva 2009; Pribaltika i geopolitika. 1935–1945 gg. Rassekrečennye dokumenty Služby vnešnej razvedki Rossijskoj Federacii [Das Baltikum und die Geopolitik 1935–1945. Aufgedeckte Dokumente des Dienstes der Auslandsaufklärung der Russischen Föderation], hg. v. LEV F. SOCKOV, Moskva 2009.

[93] Damit macht sich Putin jene historiografische Diktion zu eigen, die seit Beginn der Diskussion um den Hitler-Stalin-Pakt von den sowjet-patriotischen Protagonisten aus dem Milieu der Nomenklatura im Militär, in der Diplomatie und der Geheimdienste publizistisch verbreitet wurde. JAN LIPINSKY, Sechs Jahrzehnte Geheimes Zusatzprotokoll zum Hitler-Stalin-Pakt. Sowjetrussische Historiographie zwischen Leugnung und Wahrheit, in: Osteuropa 50 (2000), H. 10, S. 1123–1148.

signifikanter Weise militarisiert und als eine Huldigung seiner gegen den Westen gerichteten Militärmacht ausgerichtet hat.[94] Zum anderen hat der Präsident Russlands seit Herbst 2013 wiederholt die Konferenz von Jalta im Februar 1945, die symbolisch für die Legitimierung der sowjetischen Okkupation in Ostmittel- und Südosteuropa durch die drei großen Alliierten steht, als beispielhaft für eine Politik der Friedenssicherung hingestellt. Ein Bronze-Monument zur Erinnerung an dieses historische Ereignis wurde im Februar 2015 nach der Annexion der Krim durch Russland eingeweiht.[95]

Putin wies im gleichen Zusammenhang auf die Bedeutung des Wiener Kongresses von 1815 hin, der die europäische nach-napoleonische Ordnung der Heiligen Allianz begründete.[96] Die europäische Ordnung des Wiener Kongresses spielt ebenfalls eine große Rolle in einem viel beachteten Artikel, den der Außenminister Russlands Sergej Lavrov mit anspruchsvollen historischen Perspektiven über die geopolitische Bedeutung seines Landes publizierte:[97] Unter Peter dem Großen sei Russland „in die Kategorie der führenden Staaten“ aufgestiegen, und „seine Position konnte nicht länger ignoriert werden. Kein einziges europäisches Problem kann ohne Berücksichtigung von Russlands Meinung gelöst werden.“ Lavrov unterstrich besonders den Wiener Kongress von 1815 als Beispiel „für die Unterordnung nationaler Interessen unter gemeinsame Ziele, vor allem denen der Aufrechterhaltung des Friedens und der Ordnung in Europa.“ Das Wiener System wurde „zerstört in Folge des Wunsches, Russland in der europäischen Politik zu marginalisieren.“ Lavrov vertritt die historische These, in den letzten zweieinhalb Jahrhunderten habe „jeder Versuch, Europa ohne und gegen Russland zu einigen, unvermeidlich zu

---

[94] VALENTINA N. EFREMOVA, Simvoličeskaja politika gosudarstva v otnošenii Rossijskich prazdnikov posle 2012 g. [Die Symbolpolitik des russischen Staates in Bezug auf die Feiertage nach 2012], in: Simvoličeskaja politika [Die Symbolpolitk], Bd. 5: Politika identičnosti [Identitätspolitik], hg. v. OL'GA J. MALINOVA, Moskva, 2017, S. 294–307, hier S. 301.

[95] Die Plastik sollte nach dem Willen Russlands bereits 2005 aufgestellt werden, wurde aber damals von der Regierung der Ukraine abgelehnt.

[96] Meeting of the Valdai International Discussion Club, 19.09.2013, http://en.kremlin.ru/events/president/news/19243 (Zugriff: 01.05.2019); Meeting of the Valdai International Discussion Club, 22.10.2015, http://en.kremlin.ru/events/president/news/50548 (Zugriff: 01.05.2019).

[97] Die folgenden Zitate nach: SERGEY LAVROV, Russia's Foreign Policy in a Historical Perspective, in: Russia in Global Affairs, 30.03.2016, https://eng.globalaffairs.ru/number/Russias-Foreign-Policy-in-a-Historical-Perspective-18067 (Zugriff: 01.05.2019).

entsetzlichen Tragödien geführt, deren Folgen immer durch die entscheidende Teilnahme unseres Landes überwunden wurden." Unter dem Anspruch der Außenpolitik Russlands, die gegenwärtige Krise in Osteuropa wie auch weitere Weltkrisen „auf gleicher Augenhöhe" mit den USA zu verhandeln, können solche historischen Anspielungen als nachhaltiges Drängen auf die Teilhabe an einer unter den Weltmächten auszuhandelnden „Neuaufteilung der Welt" in Interessensphären interpretiert werden. Insgesamt sind die geschichtspolitischen Dimensionen der Identität Russlands in Hinblick auf seine außenpolitische Strategie inkongruent und widersprüchlich.

Der Imperiums-Diskurs

Der Politologe Ėmil Pain unterscheidet systematisch drei Elemente zur Bestimmung des imperialen Charakters des heutigen Russland:[98] das imperiale politische Zentrum der Macht und seine Ordnung, den imperialen Körper und das imperiale Bewusstsein. Das imperiale politische Zentrum wird vor allem durch den Führer bzw. den Präsidenten personifiziert, bei dem die Souveränität im Staate liegt, statt in der Volkssouveränität. Als Indikator für die imperiale Ordnung sieht er die Beherrschung der Provinzen des Landes durch die Vertreter des Zentrums, die „Satrapen", als Aufseher der „Föderalen Kreise", die gleich zu Beginn der Präsidentschaft Putins im Jahr 2000 eingerichtet wurden.

Das zweite Kennzeichen, der „imperiale Körper", ist über die „in kultureller Beziehung nicht integrierten Regionen"[99] verteilt. Als „Subjekte der Russischen Föderation" ist ihnen der Subjekt-Charakter genommen, da sie nur durch den administrativen Zwang der „Vertikalen der Macht" zusammengehalten werden. Pain schrieb schon vor Jahren: „Das imperiale Prinzip der Einbehaltung des Territoriums ist heute in der russischen Politik kanonisiert worden". Er zitierte dazu Vladimir Putin, der die „Aufrechterhaltung des Staates auf dem großen Raum eine histori-

[98] ĖMIL A. PAIN, Imperskij Nacionalizm. Vozniknovenie, ėvoljucija i političeskie perspektivy v Rossii [Der imperiale Nationalismus. Entstehung, Entwicklung und politische Perspektiven in Russland.], in: Obščestvennye nauki i sovremennost' 2 (2015), S. 54–71, hier S. 61 f. Pain stützte sich bei seinen Kriterien u. a. auf DOMINIK LIVEN, Rossijskaja imperija i ee vragi s XVI v. do našich dnej [Das Russländische Imperium und seine Feinde vom XVI. Jahrhundert bis heute.], Moskva 2007 (engl.: DOMINIC LIEVEN, Empire. The Russian Empire and Its Rivals, Yale 2001).

[99] PAIN, Imperskij Nacionalizm.

sche Leistung " Russlands nannte.[100] Das „imperiale Bewusstsein" wird zum einen in der Formel von der „einzigartigen Zivilisation" Russlands ausgedrückt, die auf ewig mit der „russischen Seele" verbunden sei, zum anderen durch die ständige „Bedrohung" dieser „Zivilisation" durch die „Zivilisation des Westens".[101] Imperiale Nationalisten[102] verfolgen das ideologische Projekt der Wiederbelebung des Imperiums - des zarischen oder des sowjetischen. Sie haben meistens eine deutliche Neigung zum Nationalismus im Sinne einer Höherbewertung der russischen Identität im Vergleich zu anderen nationalen Identitäten innerhalb der Russischen Föderation.

Nach dem Führer der „Eurasischen Bewegung" Aleksandre Dugin war Russland seit seinen Anfängen so etwas wie ein Imperium, das verschiedene Stämme und Völker umfasste, die niemals zu einer homogenen Bürgergesellschaft verschmolzen sind.[103] Der grundlegende Konflikt der Weltgeschichte, der zivilisatorische, politische und militärische Konflikt „Eurasiens", sei der zwischen kollektivistischen und traditionalistischen eurasischen Landmächten einerseits und den individualistischen und liberalen atlantischen Seemächten andererseits. Diese Konfrontation werde zu einer fundamentalen antiwestlichen Revolution Russlands und zu einer geopolitischen Umformung der Welt führen.[104] Dugins „Eurasien" umfasst mitunter Territorien jenseits des ehemaligen Zarenreichs bzw. des Sowjetimperiums, etwa das kontinentale Mittel- und Westeuropa, verschiedene asiatische Länder oder auch noch weiter entferntere

---

[100] ĖMIL PAIN, Rossija meždu imperiej i naciej. Koncepcii nacional'no-gosudarstvennogo ustrojstva v uslovijach krizisa graždanskoj identičnosti [Russland zwischen Imperium und Nation. Konzepte der nationalstaatlichen Ordnung], in: Pro et Contra 11 (2007), H. 3, S. 42–59, hier S. 51. Zitat: Poslanie Prezidenta Rossijskoj Federacii V. V. Putina Federal'nomu Sobraniju RF. 16 maja 2003 g. [Botschaft des Präsidenten der Russischen Föderation V. V. Putin, 16.05.2003], in: Rossijskaja gazeta, 17.05.2003.

[101] PAIN, Imperskij nacionalizm, S. 62. So auch: OLGA MALINOVA, Defining and Redefining Russianness. The Concept of „Empire" in Public Discourses in Post-Soviet Russia, in: The Challenges of Ethno-Nationalism. Case Studies in Identity Politics, hg. v. ADRIAN GUELKE, Basingstoke / London 2010, S. 66–77, hier S. 65, 75.

[102] Das Folgende nach MALINOVA, Defining and Redefining Russianness.

[103] ALEKSANDRE G. DUGIN, Rossja kak demokratičeskaia imperija [Russland als demokratisches Imperium], Izvestja, 05.05.2006, http://www.izvestia.ru/politic/article34282/ (Zugriff: 08.05.2019).

[104] ANDREAS UMLAND, Restauratives versus revolutionäres imperiales Denken im Elitendiskurs des postsowjetischen Russlands. Eine spektralanalytische Interpretation der antiwestlichen Wende in der Putinschen Außenpolitik, in: Forum für osteuropäische Ideen- und Zeitgeschichte 13 (2009), H. 1, 101–125, hier S. 118.

Regionen der Erde.[105] Er erklärt offen, dass er nicht für die Russen spreche, sondern für ein eurasisches multi-ethnisches Imperium plädiere. Darin schreibt er allerdings den Russen das eurasische Projekt als ihre historische Mission zu.[106] Die meisten imperialen Nationalisten sind Protagonisten der starken Staatsmacht und viele plädieren für den Abbau des föderativen Prinzips zugunsten des Zentralstaates.[107]

Alle imperial-nationalistischen Projekte enthalten eine explizit antiwestliche Orientierung. Angesichts der Spannungen zwischen imperialer und ethnischer Identität bedarf es des bedrohlichen bzw. gefährlichen Anderen als „Argument" für die lebensnotwendige Integration.[108] Die Polarisierung Russlands gegen den Westen bzw. gegen die vom Westen betriebene Globalisierung begründet für die imperialen Nationalisten zugleich die Verbindung des Imperiums mit dem außenpolitischen Prinzip der „Unabhängigkeit" bzw. der „Souveränität".[109]

Der Soziologe Kirill Kalinin hat in einer umfassenden Auswertung der Daten aus Elitenbefragungen von 2012 und 2016 festgestellt, dass die Thesen Aleksandre Dugins unter den Angehörigen der Elite Russlands einen nachweisbaren – wenn auch begrenzten – Einfluss haben. Der hauptsächliche Hinderungsgrund für eine konsequente Übernahme seiner Imperiumskonzeption sieht der Autor in der Ausländerfeindlichkeit, die in diesen Kreisen verbreitet sei.[110] Vladimir Putin hat nicht wenige archetypische Elemente des imperialen Diskurses übernommen, wie Ol'ga Malinova schreibt.[111] Ähnlich der klassischen Begründung imperialer

---

[105] DERS., Wahlverwandtschaften der russischen extremen Rechten. Der Neo-Eurasismus, das Putin-System und die Verbindungen nach Westeuropa, Portal für Politikwissenschaft, 28.3.2017, https://www.pw-portal.de/putins-russland/40295-wahlverwandtschaften-der-extremen-rechten (Zugriff: 13.10.2020).

[106] ALEKSANDRE G. DUGIN, Evrazijskij put' kak natcional'naia ideia [Der eurasische Weg als nationale Idee], Moskva 2002, S. 47.

[107] MALINOVA, Defining and Redefining Russianness, S. 64.

[108] Ebd., S. 65.

[109] Dugin hat diese Verbindung mit folgender Formulierung ausgedrückt: „Der einzige Weg, um unsere Souveränität, unsere Freiheit und Unabhängigkeit in der globalen Welt zu erhalten, besteht darin, wieder ein Imperium zu werden." DUGIN, Rossja kak demokratičeskaia imperija.

[110] KIRILL KALININ, Russian Elites and Dugin's Neo-Eurasianism. Empirical Analysis of 2012 and 2016, 10.04.2018, https://ssrn.com/abstract=3160401 (Zugriff: 13.10.2020). Der Autor benutzte dabei den Text: ALEKSANDRE G. DUGIN, Osnovy geopolitiki. Geopolitičeskoe buduščee Rossii [Grundlagen der Geopolitik. Die geopolitische Zukunft Russlands], Moskva 1997, in einer Ausgabe von 2017.

[111] MALINOVA, Defining and Redefining Russianness, S. 72.

Herrschaft von Zarin Katharina II., die auf den gewaltigen Raum Russlands verwies, hat auch Putin die von ihm eingerichtete starke Zentralmacht als einzige Garantie für die Existenz der Russischen Föderation „in den bestehenden Grenzen" legitimiert.[112] Die gegen den Westen – die EU, die USA, die NATO – gerichtete Rhetorik nahm seit 2012 und besonders seit der Ukraine-Krise 2014 immer schärfere Formen an.[113]

Welche imperiale Mission könnte Russland zugeschrieben werden? Putins geopolitisches Kernprojekt, das er als wichtigste außen- und wirtschaftspolitische Zielsetzung seiner dritten Amtszeit bezeichnete, ist die „Eurasische Union". Dieses von Russland dominierte Projekt ist als Gegenentwurf zur Europäischen Union gedacht und dient der Förderung von Russlands Großmachtstellung. Seit 2011 propagierte Vladimir Putin im Zusammenhang mit seinem Projekt der „Eurasischen Union" eine Strategie zur Entwicklung des Fernen Ostens, dekretierte nach seiner erneuten Wahl zum Präsidenten entsprechende Programme, ließ Kommissionen und schließlich ein entsprechendes Ministerium errichten.[114] So scheint die „Eurasische Union" zu bieten, was von Ideologen des Projekts als „Erfüllung von Russlands historischer Mission als Brücke zwischen Europa und Asien", als die sich das Land lange betrachtet habe, beschrieben wird.[115]

Wieweit diese imperiale Mission einer „Brücke zwischen Europa und Asien" Rückhalt in der Bevölkerung hat, kann aus repräsentativen Um-

---

[112] VLADIMIR PUTIN, Poslanie Federal'nomu Sobraniju Rossijskoj Federacii, 16.05. 2003: „Ves' naš istoričeskij opyt svidetel'stvuet: takaja strana, kak Rossija, možet žit' i razvivat'sja v suščestvujuščich granicach, tol'ko esli ona javljaetsja sil'noj deržavoj" [Botschaft an die Föderalversammlung v. 16.05.2003: „Unsere ganze historische Erfahrung zeugt davon, dass ein Land wie Russland in seinen bestehenden Grenzen nur leben und sich entwickeln kann, wenn es eine starke Macht ist"], http://kremlin.ru/events/president/transcripts/21998 (Zugriff: 20.04.2019). Ähnlich 2005 wiederholt mit der Formel: „postroenie ėffektivnogo gosudarstva v suščestvujuščich granicach [Aufbau eines wirksamen Staates in den bestehenden Grenzen]", Poslanie Federal'nomu Sobraniju Rossijskoj Federacii [Botschaft an die Föderalversammlung], 25.04.2005, http://kremlin.ru/events/president/transcripts/22931 (Zugriff: 20.04.2019).

[113] BENNO ENNKER, Russlands außenpolitische Wende. Innere Voraussetzungen 2011–2013, in: Osteuropa 67 (2017), H. 9–10, S. 89–108.

[114] JURIJ TAVROVSKIJ, Razvorot na Vostok [Die Wendung nach Osten], in: Nezavisimaja gazeta, 06.06.2012, http://www.ng.ru/ideas/2012-06-06/5_east.html (Zugriff: 10.04.2019).

[115] So in einem Bericht für den Valdai-Club über die „Nationale Identität und die Zukunft Russlands": OLEG BARABANOV / TIMOFEI BORDACHEV, Toward the Great Ocean, or the New Globalization of Russia. Valdai Discussion Club analytical report, Moscow, Juli 2012, S. 57 f., http://valdaiclub.com/files/11443/ (Zugriff: 01.05.2019).

fragen des Soziologieinstituts der Akademie der Wissenschaften im Oktober 2014, dem Jahr der „Krim-Euphorie",[116] entnommen werden. Sie haben ergeben, dass zwar eine Mehrheit der Bevölkerung den Großmachtstatus befürwortete. Jedoch lagen ihre ideellen und materiellen Ziele für die Zukunft anders, nämlich eher bei der Verbesserung der sozioökonomischen Verhältnisse als bei militärischer Stärke oder gar einer internationalen Mission. Die Autoren der Studie schreiben: Nur eine „unbedeutende Zahl der Bürger Russlands bezieht – im Unterschied zu vielen Repräsentanten der regierenden Klasse – eine messianische Vision in die [Vorstellung von der, B. E.] Großmacht des Landes ein". Das gilt auch für die Rolle als „Brücke zwischen Europa und Asien" (7 Prozent).[117] Selbst die Rolle als „Zentrum von globalem Einfluss, das internationale Konflikte regelt", wird nur von 13 Prozent der Befragten befürwortet. Der Anteil von Befürwortern der Reintegration des postsowjetischen Raumes ist im Verlauf von neun Jahren von 14 auf 8 Prozent gesunken.[118]

Ethnische oder staatsbürgerliche Identität?

Das Konzept der „Zivilisierungsmission" und die Frage von Russlands ethnischer oder staatsbürgerlicher Identität sind in diesem Land aufs Engste miteinander verflochten. Vladimir Putin hat sich verbal nur einmal deutlich zu einer Zivilisierungsmission auf dem eurasischen Kontinent – genauer, auf dessen postsowjetischem Territorium – bekannt. Im April 2005 erklärte er: Mit Sicherheit müsse „Russland seine Zivilisierungsmission auf dem Eurasischen Kontinent fortsetzen. Diese Mission besteht darin, dass demokratische Werte kombiniert mit nationalen Interessen unsere historische Gemeinschaft bereichern und stärken."[119]

---

[116] MICHAIL K. GORŠKOV / VLADIMIR V. PETUCHOV, Vnešnepolitičeskie orientacii rossijan na novom perelome [Die außenpolitischen Orientierungen der Russen in einem neuen Umbruch], in: Polis. Političeskie issledovanija 2 (2015), S. 10–34.

[117] Ebd., S. 30.

[118] Ebd. Diesen Ergebnissen steht allerdings der Befund einer anderen ebenfalls empirisch begründeten Studie gegenüber, die von einem „großen Konsens" zwischen Elite und Bevölkerung über den imperialistischen Nationalismus spricht: EDUARD PONARIN / MICHAEL KOMIN, The Russian Elite's Imperial Nationalism and the Russian Society. The Emergence of a Grand Consensus, in: Sociology Compass 12 (2018), H. 12. S. 1–16.

[119] VLADIMIR PUTIN, Annual Address to the Federal Assembly of the Russian Federation, 25.04.2005, http://en.kremlin.ru/events/president/transcripts/22931 (Zugriff: 21.04. 2019).

Die These von der „Zivilisierungsmission" griff der Ethnologe Valerij Tiškov, Akademie-Mitglied und Hauptberater des Präsidenten für Fragen der ethnischen Beziehungen, fast gleichzeitig mit einer ausführlichen Darlegung zum Thema der „eurasischen Mission Russlands" auf: Das Konzept einer „Zivilisierungsmission" mit Russland in der Rolle des „Kulturträgers" (wörtlich: *obščekul'turnuju i kul'turtregerskuju roli*) sei für das Gebiet der früheren Sowjetunion weiterhin angemessen.[120] Die Verbreitung des Christentums, der russischen Sprache und der russischsprachigen Kultur, einschließlich der russisch-sowjetischen Kultur „war und bleibt die Errungenschaft der Weltzivilisation für das Territorium der früheren UdSSR", erklärte Tiškov.

Diese Darlegung der Aktualität der „zivilisatorischen Mission" Russlands unterstreicht die imperiale Perspektive, aus der er im Anschluss an Putin auf die Beziehungen zu den Staaten des postsowjetischen Territoriums blickt. Derart offen wollten das in der nachfolgenden Zeit vorerst weder Tiškov noch Putin artikulieren. Aber wenige Jahre später machte die russische Führung den „Kampf der Kulturen" bzw. der Zivilisationen zum integralen Bestandteil ihres außenpolitischen Konzeptes. Hiernach erstrecke sich der globale Konkurrenzkampf auch auf „Werte und Entwicklungsmodelle",[121] wie es Außenminister Lavrov ausdrückte. Igor' Zevelev, ein bekannter Spezialist für die ethnische Politik in Russland, hat

---

120 „Dies bezieht sich nicht auf die Mission der ethnischen Russen, sondern auf den Staat Russlands (*reč' idet ne o missii russkich, a rossijskoj nacii*), der immer die Angehörigen verschiedener Ethnien und Religionen umfasst hat." Tiškov fuhr fort: „Die zivilisatorische Mission Russlands, seines Staates in Gestalt des Russischen Imperiums und der UdSSR beinhaltet [nach außen] die wirtschaftliche, industrielle Entwicklung großer Teile Eurasiens und die Verbreitung europäischer Rechtsnormen und kultureller Werte." VALERIJ TIŠKOV, Politika. Rossijskij narod kak evropejskaja nacija i ego evrazijskaja missija [Die Politik. Das Volk Russlands als europäische Nation und seine eurasische Mission], in: Političeskij klass 5 (2005), S. 73–78 (englisch: VALERY TISHKOV, Russia as a European Nation and Its Eurasian Mission, in: Russia in Global Affairs, 21.11.2005, https://eng.globalaffairs.ru/number/n_5849 (Zugriff: 20.04.2019).

121 Tezisy vystuplenija Ministra inostrannych del Rossii S. V. Lavrova na meždunarodnom simpoziume „Rossija v XXI veke", Moskva, 20 ijunja 2008 goda. [Thesen des Vortrags von Außenminister S. V. Lavrov im internationalen Symposium „Russland im XXI. Jahrhundert"]. Später veröffentlicht unter: SERGEJ LAVROV, Rossija i mir v XXI veke [Russland und die Welt im 21. Jh.], in: Russia in Global Affairs, 20.07.2008, https://globalaffairs.ru/number/n_11159 (Zugriff: 04.04.2019). Lavrovs These lautete, „dass Konkurrenz wirklich global wird und eine zivilisatorische Dimension erhält. D. h. das Thema der Konkurrenz schließt auch Werte und Entwicklungsmodelle ein." Diese Formulierung war fast wörtlich der am 12. Juli 2008 verabschiedeten „Konzeption der Außenpolitik Russlands" entnommen.

diese Entwicklung verfolgt. Nach der These von Zevelev begann die Führung Russlands ab 2008 zur ideologischen Rechtfertigung ihrer Außenpolitik in Begriffen eines großen über-nationalen Projektes zu sprechen, mit denen die zivilisatorische Ausrichtung des Landes formuliert wurde.[122] Kurz darauf begann Lavrov sich der Wendung von der „großen russländischen Zivilisation" zu bedienen.[123]

Vor diesem Hintergrund ist der Grundsatzartikel Vladimir Putins zu verstehen, den er 2012 publizierte.[124] Er eröffnete mit der Publikation „Russland. Die nationale Frage" den Wahlkampf für die Präsidentenwahl im Frühjahr des gleichen Jahres.[125] Seine Hauptthese lautete, dass das russische Volk und die russische Kultur das Herzstück einer „einzigartigen Zivilisation" seien. Damit stellte er faktisch den Begriff des „multinationalen Volkes" (*mnogonacional'nyj narod*), wie ihn die Verfassung (Präambel) festlegt, in Frage. Zudem forderte Putin, die führende Rolle der russischen Kultur zu erhalten, und begründete dies mit dem Anspruch einer besonderen Qualität des „russischen Volkes als staatsbildendes Volk".[126] Dessen „große Mission" bestehe darin, eine „einzigartige Zivilisation" zu einigen und zusammenzubinden. „Das Volk Russlands als multiethnische Zivilisation" (*poliėtničeskaja civilizacija*) werde „zusammengehalten durch die russische Kultur als Kern." Den parallel benutzten Begriff einer „staatlichen Zivilisation" (*tip gosudarstva-civilizacii*) trug Putin später auch als Präsident wiederholt vor. Oder er sprach von einer „russländischen Kultur" (*rossijskaja kul'tura*) und ließ diese amorphen, eklektischen Formeln in die offizielle politische Sprache aufnehmen. Auf Russland als eine „einzigartige Nation" seien jedenfalls die traditionellen Begriffe des Nationalstaates nicht anwendbar, erklärte er.[127]

---

122 IGOR' ZEVELEV, „Russkij vopros" posle raspada SSSR [„Die Russische Frage" nach dem Zerfall der UdSSR], in: Pro et Contra 50 (2010), H. 4–5, S. 67–79.

123 „Bol'šaja Rossijskaja civilizacija [die große russländische Zivilisation]", zitiert nach ebd., S 77.

124 Zum Folgenden: ENNKER, Russlands außenpolitische Wende.

125 VLADIMIR PUTIN, Rossija: nacional'nyj vopros [Russland: Die nationale Frage], in: Nezavisimaja gazeta, 23.01.2012, www.ng.ru/politics/2012-01-23/1_national.html (Zugriff: 20.04.2019). Hiernach die nachfolgenden Zitate.

126 IRINA SEMENENKO, Ethnicities, Nationalism and the Politics of Identity. Shaping the Nation in Russia, in: Europe–Asia Studies 67 (2015), H. 2, S. 306–326, hier S. 318 f.

127 Meeting of the Valdai International Discussion Club, President of Russia, 19.09. 2013, http://eng.kremlin.ru/news/6007; Ukaz Nr. 1666 Presidenta Rossijskoj Federacii ot 19.12.2012 g. [Dekret des Präsidenten der Russischen Föderation vom 19.12.2012], http:// kremlin.ru/acts/bank/36512 (Zugriffe: 25.04.2019).

Auf der Basis vielfältiger Umfragen lässt sich die These vertreten, dass der Kreml mit dieser Positionierung auf das Dilemma reagierte, das aus den entgegengesetzten Neigungen in der Bevölkerung zum ethnischen Nationalismus einerseits und der Eliten zum imperialistischen Nationalismus andererseits entstanden ist.[128] In einer ausführlichen quantitativen und inhaltlichen Analyse von Putins Äußerungen im Wahlkampf wies die Politikwissenschaftlerin Ol'ga Malinova nach, dass Putins Strategie auf den nationalistisch und imperial gesinnten Teil der Bevölkerung Russlands zielte und dort auf Zustimmung stieß.[129] Mit seinen Aussagen zur kollektiven Identität habe Putin versucht, „zwischen der Skylla des [ethnischen, B. E.] Nationalismus und der Charybdis des Imperialismus" zu segeln.

Im Kern aber habe Putin sich eindeutig an die Nationalisten imperialer Ausrichtung gewandt, die sich den „strategischen Kurs auf [...] die Integration des auseinanderfallenden Raumes" versprachen.[130] Als Resultat blieb eine Distanzierung von der von El'cin vorzugsweise benutzten Identität als „Rossijskaja nacija" – als einer russländischen Identität – und deren Ersetzung durch eine zugleich russo-zentrische und imperiale Bestimmung mit neuen Begriffen wie „staatliche Zivilisation" und der besonderen „Mission" der ethnischen Russen.

Dass Putin damit zwar Nahrung für eine neue Welle des nationalistischen Diskurses, aber keine neuen Ideen zur Integration Russlands präsentiert hatte, zeigte sich in den offiziellen Verhandlungen und Diskursen um die „Strategie der nationalen Politik" vom Dezember 2012 und deren

---

128 EDUARD PONARIN / MICHAEL KOMIN, Imperial and Ethnic Nationalism: A Dilemma of the Russian Elite, in: Russia Before and After Crimea. Nationalism and Identity 2010–17, hg. v. PÅL KOLSTØ / HELGE BLAKKISRUD, Edinburgh 2018, S. 50–67.

129 OL'GA MALINOVA, Simvoličeskoe edinstvo nacii? Reprezentacija makropolitičeskogo soobščestva v predvybornoj ritorike Vl. Putina [Eine symbolische Einheit der Nation? Die Repräsentation der makropolitischen Gemeinschaft in der Rhetorik Vl. Putins vor den Wahlen], in: Pro et Contra 16 (2012), H. 3, S. 76–93.

130 So die Stimmen aus dem Lager der imperialen Nationalisten: Putin „sucht solche Lösungen der nationalen Frage, die dem strategischen Kurs auf die Sammlung der Erde, der Integration des auseinanderfallenden Raums entsprechen". KONSTANTIN ZATULIN, Putin podvergaet sil'nejšemu ispytaniju naš nacional'no-patriotičeskij lager' [Putin unterzieht unser national-patriotisches Lager einer starken Prüfung], in: Izvestija, 25.01.2012, www.izvestia.ru/news/512953; VITALIJ IVANOV, Očen' rad, čto blagodarja vychodu stat'i Putina ėta publika krepko polučila po baške [Ich bin froh, dass dieses Publikum dank dem Erscheinen von Putins Artikel einen kräftigen Schlag erhalten hat], in: Izvestija, 23.01.2012, http://izvestia. ru/news/512802; ANDREJ FURSOV, Russkij Otvet [Die russische Antwort], in: Zavtra, 01.02.2012, www.zavtra.ru/content/view/russkij-otvet/ (Zugriffe: 04.04.2019).

Überarbeitung bis Dezember 2018.[131] „Noch 2016 traten im ‚Rat für interethnische Beziehungen' beim Präsidenten der RF die Ideologen des russischen Nationalismus und die Repräsentanten der Russisch-Orthodoxen Kirche gegen die Benutzung des Begriffs ‚Rossijskaja nacija' [El'cin, B. E.] auf,"[132] berichtete die Soziologin Leokadija Drobiževa und erläuterte: Von diesen würde *nacija* als ethno-kulturelle und ethno-konfessionelle Gemeinschaft aufgefasst; sie sprächen daher von „russischer Nation" (*russkaja nacija*) und benutzten das *Rossijskaja* nur in Bezug auf Zivilisation und Staatsbürgerschaft.[133] Die Vertreter der nationalen Republiken bestanden nicht nur darauf, den Begriff des *mnogonacional'nyj narod* aus der Verfassung wieder in das Dokument aufzunehmen, sondern versuchten zudem, es um einige der – auf Kosten der nationalen Minderheiten eingeflochtenen – russo-zentrischen Bestimmungen des Staates zu stutzen.

Welche Identität nun für Russland offizielle Geltung haben soll, konnte am Ende nur in einer gewundenen Kompromissformulierung gefasst werden: „Die gesamtrussische staatsbürgerliche Identität gründet auf der Bewahrung der russischen kulturellen Dominante, die allen Völkern [Russlands, B. E.] eigen ist." Als Garant der Integration werden genannt: „der einheitliche kulturelle (‚zivilisatorische') Code, der auf der Bewahrung und Entwicklung der russischen Kultur und Sprache beruht", das „historische und kulturelle Erbe aller Völker der Russischen Föderation" sowie „die urwüchsigen Traditionen der Völker" und „ihre in der einheitlichen Kultur Russlands integrierten besten Errungenschaften."[134]

---

[131] LEOKADIJA M. DROBIŽEVA, Rossijskaja identičnost' – diskussii v političeskom prostranstve i dinamika massovogo soznanija [Russlands Identität – die Diskussionen in der politischen Sphäre und die Dynamik des Massenbewusstseins], in: Polis. Političeskie issledovanija 5 (2018), S. 100–115; VALERIJ A. TIŠKOV, Strategija gosudarstvennoj nacional'noj politiki. Istorija diskursa [Die Strategie der Staatspolitik in der nationalen Frage. Die Geschichte des Diskurses], in: Fenomen ėtničeskogo konflikta. Meždisciplinarnyj podchod i obščestvennye praktiki. Opyt preduprеždenija i uregulirovanija konfliktov [Das Phänomen der ethnischen Konflikte. Die multidisziplinäre Methode und die gesellschaftlichen Praktiken. Erfahrungen mit Ankündigungen und Regulierungen der Konflikte], hg. v. DEMS. / VALERIJ V. STEPANOV, Moskva 2018, S. 11–26.

[132] DROBIŽEVA, Rossijskaja identičnost', S. 102.

[133] Der von El'cin gebrauchte Begriff „Rossijskaja nacija", also „Russländische Nation" bildete eine Kompromissformel, mit der der im Westen verwendete Nationalstaatsbegriff mit dem multiethnischen Staat Russland verbunden wurde.

[134] Ukaz Prezidenta RF ot 19 dekabrja 2012 g. Nr. 1666 „O Strategii gosudarstvennoj nacional'noj politiki Rossijskoj Federacii na period do 2025 goda" [Dekret des Präsidenten der Russischen Föderation v. 19.12.2012 „Zur Strategie der Staatspolitik der Russischen Föderation in der nationalen Frage"], http://kremlin.ru/acts/bank/36512 (Zugriff: 24.04.2019).

Eine Bevölkerungsumfrage zur Verifizierung jener „Strategie der nationalen Politik“ ergab, dass die „russische Identität sich in der Wahrnehmung der Menschen hauptsächlich auf den Staat und die Territorien bezieht.“ In dieser Identität „sind auch die Elemente der gesamtrussischen Kultur und der Geschichte präsent.“[135]

Die nationale Identität auf Basis der Gleichberechtigung aller Nationalitäten in Russland (laut Verfassung) hat wesentlich an Rückhalt verloren: Die Unterstützung der Bevölkerung sank von zwei Drittel auf nicht einmal die Hälfte. 2017 traten die befragten ethnischen Russen nur zu 45 Prozent, die Angehörigen der nicht-russischen Bürger der Russischen Föderation aber zu 73 Prozent für den gleichberechtigten Status der Nationalitäten ein. Die genannte Soziologin Drobiževa interpretiert dies als eine „zu gering ausgebildete Vorstellung vom Staat als dem ‚gemeinsamen Haus‘ aller seiner Bürger unabhängig von ihrer nationalen Zugehörigkeit und Glaubensrichtung.“ Dies lässt sich an den Daten der Tabelle 1 ablesen.

Unter den (in der linken Spalte) wiedergegebenen Antwortvarianten der Befragung gibt nur die in der unteren Zeile eine Ansicht wieder, die der völligen Gleichberechtigung der Nationalitäten gemäß der Verfassung der Russischen Föderation entspricht. Die Antworten in den darüber liegenden Zeilen befürworten entweder einen ethnisch rein russischen Staat oder einen, der mit gewissen Vorrechten für die ethnischen Russen ausgestattet ist. Es zeigt sich, dass der Anteil der ethnischen Nationalisten – im Sinne von Befürwortern von Vorrechten für ethnische Russen – von 1998 bis 2017 erheblich angestiegen ist. Hiernach hat die nationale Identität auf Basis der nach der Verfassung vorgeschriebenen Gleichberechtigung aller Nationalitäten in Russland wesentlich an Rückhalt in der Bevölkerung verloren – sichtbar am Rückgang von fast zwei Dritteln auf nicht einmal die Hälfte. Daher analysiert Drobiževa dies als eine „Polarisierung der Meinungen“ zwischen den Ethnien Russlands.

---

[135] DROBIŽEVA, Rossijskaja identičnost’, S. 100. Die Daten basieren auf der empirischen Studie des Instituts für Soziologie der Akademie der Wissenschaften Russlands: „Dinamika social’noj transformacii sovremennoj Rossii v social’no-ėkonomičeskom, političeskom, sociokul’turnom i ėtnoreligioznom kontekste (rukovoditel’ – akademik M. K. Gorškov)“ [Die Dynamik der sozialen Transformation des heutigen Russlands im sozioökonomischen, politischen und ethnoreligiösem Zusammenhang. Unter Leitung von Akademiemitglied M. K. Gorškov]. Das Umfragen-Projekt wurde von 2014 bis 2018 durchgeführt.

Tabelle 1: Haltung zur Gleichberechtigung aller Nationalitäten in Russland[136]

Vorstellungen, wie Russlands Staat sein soll	1998 insgesamt	2017 insgesamt	2017 Russen	2017 Staatsbürger anderer Nationalität
Russland als Staat der russischen Menschen	10,7	10	11	3
Russland als multi-nationales Land, in dem die Russen als Mehrheit mehr Rechte haben, da ihnen die elementare Verantwortung für das Schicksal des Landes insgesamt obliegt.	19,9	30	32	13
Russland als gemeinsames Haus vieler Völker, die sich gegenseitig beeinflussen. Alle Völker Russlands müssen gleiche Rechte haben und niemand soll Vorrechte haben.	64	48	45	73

Resümee

Nur auf den ersten Blick lässt sich eine Kongruenz zwischen der Bestimmung von Russlands Großmachtidentität bei der Staatsführung und den Eliten einerseits und bei der Bevölkerung andererseits feststellen: Anders sieht es aus, wenn nach den konkreten Implikationen des „Großmacht"-Bildes gefragt wird und die Bevölkerung dabei den Fokus auf die unterentwickelten Potentiale und Erfordernisse der wirtschaftlichen und sozialen Entwicklung Russlands richtet, denen gegenüber Großmachtambitionen zweit- und drittrangig erscheinen. Das seit Jahrzehnten kultivierte Autostereotyp Russlands als „belagerte Festung" mit den damit verbundenen Bedrohungswahrnehmungen („von Feinden umgeben") stellt demgegenüber ein stabiles Verbindungsglied zwischen Identität und Außenpolitik dar. Solange in der Bevölkerung das Selbstbild gemäß der bekannten „Sowjetnostalgie" dominiert, können auch für die Nationsbildungsprozesse jene destruktiven Kräfte wirken, deren Wirksamkeit Jurij Levada

[136] Ebd., Tabelle 2, S. 110.

als „negative Identität" am Archetyp des „Sowjetmenschen" diagnostiziert hat. Die Identität Russlands ist in Hinblick auf die Zugehörigkeit seiner Bürger außerordentlich ambivalent. Sie wird in dieser Ambivalenz durch das Konzept des *Russkij mir* gehalten und enthält das Potential zu einem „russischen Irredentismus": Selbst eine Identität in befriedeten Grenzen ist unsicher.

Imperiale Diskurse haben in der Elite Russlands seit längerem Hegemonie erlangt und erhalten durch die Konfrontation mit dem Westen starken Antrieb. Für die Positionierung des Landes im internationalen System verbinden sich diese Diskurse unter dem Signum der „Souveränität" mit Desintegration bis zur Selbstisolation. Dazu kommt der Versuch, dem Land eine „imperiale Mission" aufzuerlegen, mit der es als „Brücke zwischen Europa und Asien" fixiert wird. Diese Inhalte der Identitätspolitik finden bisher in der Bevölkerung wenig Rückhalt. Allerdings unterminiert die gleichzeitige Forcierung russisch-ethnischer und imperialer Identitätspolitik die Entwicklung einer staatsbürgerlichen Identität, die sich auf legitimierte Institutionen und eine reale föderative Struktur stützen müsste. Durch deren Fehlen gefährden die problematischen ethnischen Beziehungen ständig die Entwicklung einer staatsbürgerlichen Identität, die eine allgemeine Akzeptanz nationaler Gleichberechtigung erfordert.

Abbildungsnachweis

Diagramm 1: Nach den Daten: Nacional'naja identičnost' i gordost' [Nationale Identität und Stolz], Levada Center, 17.01.2019, https://www.levada.ru/2019/01/17/natsionalnaya-identichnost-i-gordost/ (Zugriff: 05.05.2019), deutsch: Umfrage: Nationalstolz, in: Russland-Analysen, Nr. 365 (01.02.2019), S. 12 f.

Diagramm 2: Nach den Daten:Vragi Rossii [Die Feinde Russlands], Levada Center, 10.01.2018, https://www. levada.ru/2018/01/10/vragi-rossii/ (Zugriff: 06.05.2019).

Diagramm 3: RIVERA u. a., The Russian Elite, S. 15.

Diagramm 4: Nach den Daten: Krym i rasširenie.

Diagramm 5: Nach den Daten: Nostal'gija po SSSR [Nostalgie für die UdSSR], Levada, 19.12.2018, https://www.levada.ru/2018/12/19/nostalgiya-po-sssr-2/ (Zugriff: 05.04.2019).

FRANK GOLCZEWSKI

DIE PROBLEMATIK DER UNABHÄNGIG GEWORDENEN UKRAINE

Dass die Ukraine auch nach 30 Jahren ihrer Unabhängigkeit ein europäischer Problemfall ist, liegt nicht zuletzt daran, dass sie ihren politischen Akteuren als Staat gilt, dessen kulturelle Diversität nicht als Bereicherung, sondern als Bedrohung gesehen wird. Alle mehr oder weniger freiwillig Anfang der 1990er Jahre in die Unabhängigkeit entlassenen sowjetischen Gebiete erfuhren simultan eine „triple transition"

- in eine neue politische Struktur;
- in neue wirtschaftliche Formen;
- in eine neue nationalstaatliche Realität.[1]

Russland wurde von den ukrainischen Alt-Nationalisten in der Emigration traditionell wegen seiner kulturellen Nähe als größte Gefahr wahrgenommen,[2] was sich seit 1991 auswirkte, während das Verhältnis in den ersten Putin-Jahren auf die Energie-Frage konzentriert war und ein Jahrzehnt später als Frage der über die Ukraine hinausgehenden russischen geopolitischen Dominanz bedrohlich wurde.[3] Im Inneren kreisten die Fragen außer um die energetische Abhängigkeit von Russland um die Sprachenpolitik, die Geschichtspolitik und die Kompetenz der Regionen, was bis zu einem gewissen Grad verdeckte, dass der wirtschaftliche Verfall, die Rolle der „Oligarchen", die Abwanderung der Bevölkerung und die allgegenwärtige Korruption[4] die eigentlichen Gefahren für den jungen Staat darstellten.

---

[1] GWENDOLYN SASSE, The Crimea Question, Cambridge, MA 2007, S. 19.

[2] Siehe Kateryna Kobchenko in diesem Band.

[3] Siehe Benno Ennker in diesem Band.

[4] Die Ukraine besetzte 2020 den 117. Platz von 180 Staaten, schlechtere Werte wies in Europa nur Russland (129. Platz) auf. Transparency International Corruption Perceptions Index 2020, https://www.transparency.org/en/cpi/2020/index/ (Zugriff: 24.02.2021).

Alles dies kann in einem kurzen Essay nicht dargestellt werden. Wir konzentrieren uns daher auf die 1990er Jahre und auf drei Themen:

- Die Suche nach einer eigenen Politik bei der Abnabelung von dem die UdSSR dominierenden Russland;
- die mit einer Regionalisierung verbundene Sprachenfrage;
- die Autonomie-Frage in Bezug auf die Krim.

Während es sich bei dem ersten Thema um ein echtes Problem der Entflechtung gewachsener Beziehungen und der Schwierigkeit neuer, ungewohnter ökonomischer Konzepte handelt, betreffen die beiden anderen Fragen Ängste und Forderungen, die (wie in manchen westeuropäischen Staaten auch) aus der Tiefe der nationalstaatlichen oder imperialen identitären Vorstellungen hervorgeholt werden, ohne die aktuellen Bedürfnisse genügend zu beachten.

Mit oder gegen Russland?

Als die *Verchovna Rada* (also der ukrainische Oberste Sowjet) die Ukraine als erste einer Reihe anderer Unionsrepubliken nach dem August-Putsch der Perestrojka-Gegner am 24. August 1991 für unabhängig erklärte, schien dies zunächst erklärungsbedürftig. Eigentlich sollte ja ein neuer Unionsvertrag unterschrieben werden. In anderen Republiken gab es längst bewaffnete Auseinandersetzungen um nationale und andere Zugehörigkeitsfragen wie um Berg-Karabach und Transnistrien. In der Ukraine war es weitgehend ruhig geblieben, obwohl hier nach der Atomkatastrophe von Čornobyl' 1986 massiv unterdrückte Proteste aufkamen, die sich aber vor allem gegen die Informationspolitik der Sowjetunion richteten.

Die unterschiedliche Einstellung der Einwohner kam aber bereits hier zum Ausdruck: Die Demonstrationen brachten in L'viv im Sommer 1988 bis zu 10.000 Menschen zusammen, in Kiev waren es bei einem ähnlichen Versuch aber nur 500. Hierfür ist ein Blick auf den neu entstandenen Staat erforderlich. Gwendolyn Sasse nannte die „neue" Ukraine einen „Staat der Regionen".[5] Dies ist insofern treffend, als es die zeitweise Selbstbezeichnung einer der wichtigsten politischen Kräfte, der „Partei der Regionen", widerspiegelt, und außerdem eine weniger emotionale Interpretation suggeriert als das oft angetroffene, nationalstaatlich dysfunktionale Stereo-

---

[5] GWENDOLYN SASSE, The ‚New' Ukraine. A State of Regions, in: Regional and Federal Studies 11 (2001), H. 3, S. 69–100.

typ der „zwei Ukrainen", eines „europäischen" Westens und eines „russischen" Ostens, wie der Schriftsteller Mykola Rjabčuk nicht nur einmal schrieb.[6] Da die nun in der Ukraine zusammengeschlossenen Gebiete erst seit dem Ende des Zweiten Weltkriegs in einem gemeinsamen Staatsgebiet gelegen haben und dabei nur sehr beschränkte Freiräume von der Zentralverwaltung Moskaus genossen, mussten sie erst zu einem gemeinsamen Nationalbewusstsein zusammenfinden. Die Sowjetzentrale hat ein solches Bewusstsein zeitweise instrumentalisiert (1939 beim Anschluss Galiziens und Wolhyniens, 1945 bei der Annexion der Karpato-Ukraine), meist aber – wie 1954 bei der 300-Jahr-Feier der „Wiedervereinigung" unter Bohdan Chmel'nyc'kyj – die enge Verbundenheit mit Russland und die NS-Kollaboration des ukrainischen Westens herausgestrichen.

Das war auch 1991 noch so, als der Ex-Parteichef und neuerdings Präsident der Ukraine Leonid Kravčuk gemeinsam mit seinen Kollegen aus Russland und Belarus am 8. Dezember 1991 in Beloveža die Sowjetunion auflöste[7] und eine ephemer bleibende neue Gemeinschaft Unabhängiger Staaten (GUS) gründete. Dass nur die ostslavischen Staaten zunächst daran beteiligt waren, lässt die Vermutung zu, dass man von einer aufeinander abgestimmten dominanten Fortsetzung der Politik dieser Drei ausging. Alles schien darauf hinzuweisen, dass es nicht um eine vollständige Scheidung zumindest der drei slavischen Republiken gehen würde. Dabei war in Russland das Gefühl der Zugehörigkeit der Ukraine und von Belarus zum historischen Russland sicherlich stärker ausgebildet als dies in Teilen der Ukraine der Fall war. Umso überraschender musste dann die Erfahrung sein, dass sich die Ukraine besonders stark von Russland abzusetzen begann.

Am deutlichsten bildete sich die Improvisation der Unabhängigkeit in der Währung ab. Schon zuvor hatte es seit Juni 1991 in der UdSSR Rationierungskarten (*talony*) gegeben, die für bestimmte defizitäre Waren als Geldersatz oder zusätzlich abgegeben werden mussten. Diese Instrumente wurden auch in der Ukraine eingeführt. Am 10. Januar 1992 führte dann die Ukraine „Coupons zur vielfachen Benutzung" (*kupony bahatorazovoho*

---

[6] Mykola Rjabčuk, Two Ukraines?, in: East European Reporter 5 (1992), H. 4, S. 15–20; Ders., Dvi Ukraïny [Zwei Ukrainen], Kyïv 2003; Mykoła Rjabczuk, Dwie Ukrainy [Zwei Ukrainen], Wrocław 2004. 2015 relativierte Rjabčuk seinen Text in: „Two Ukraines" Reconsidered. The End of Ukrainian Ambivalence?, in: Studies in Ethnicity and Nationalism 15 (2015), S. 138–156.

[7] Die problematische Selbstermächtigung zu diesem Schritt basierte darauf, dass diese drei Republiken 1922 die UdSSR gegründet hätten (damals war allerdings auch die Transkaukasische Republik einer der Signatare).

vykorystannja) ein, die in *Karbovanci* (*Krb*) ausgewiesen waren. Sie waren eigentlich nicht als eigene Währung geplant - *Karbovanec'* war nichts anderes als die ukrainische Bezeichnung für den Rubel (*rubl'*). Wirtschaftlich änderte sich zunächst nicht viel. Insofern ist Kučmas Kritik verfehlt, der die wirtschaftlichen Probleme der unabhängig gewordenen Ukraine darauf zurückführte, dass man sich die Marktwirtschaft des Westens angeeignet habe, ohne dazu die Voraussetzungen zu besitzen und auf eigene Traditionen und Belastungen, vor allem auf die Verflechtung der ukrainischen mit der russischen Wirtschaft, zu achten.[8] 1991/92 war von Marktwirtschaft noch nicht viel zu sehen.

Aufgrund der im ganzen Ostblock verbreiteten Vorstellung, die anderen Staaten würden von der Sowjetunion ausgebeutet - in der UdSSR in der Variante, dass man meinte, Russland beute die nicht-russischen Republiken aus - glaubten die Politiker in der Ukraine zunächst, die Ukraine, die vorgebliche „Kornkammer" und (im Osten) der tatsächliche Industriestandort, stände ökonomisch besser allein da als im Verbund der Union.[9] Also galt zunächst, dass für Lebensmittel und Industriewaren ausschließlich in Coupons zu zahlen war - dies sollte einer angeblichen „Ausplünderung" der Ukraine durch die russische Zentrale entgegenwirken. Die Coupons erhielten damit zunächst einen höheren Kaufwert als die weiterhin umlaufenden sowjetischen Rubel.

Diese Annahme war allerdings falsch. Zwar war die Ukraine partiell industrialisiert, aber sie war bis auf Kohle rohstoffarm und vor allem im Erdöl- und Gassektor zu 90 Prozent auf die Zufuhr aus anderen Sowjetrepubliken angewiesen. Die ökonomische Schwäche der Ukraine wurde bald sichtbar. Schon im April 1992 verschwanden die Rubel aus dem allgemeinen Verkehr, während der Geldmarkt mit Coupons überschwemmt wurde. Während man also nominell in der Rubel-Zone blieb, schied man faktisch aus ihr aus. Im Juli 1992 hob die Zentralbank Russlands das bisherige Geldsystem auf. Den weiteren Verbleib in einer gemeinsamen Währung machte sie von einer Kontrolle durch die russische Nationalbank abhängig, was die Ukraine ablehnte. Die Ukraine errichtete nun Zollschranken gegenüber Russland und verweigerte sich einer Reihe

---

[8] LEONID KUČMA, Ukraina - ne Rossija [Die Ukraine ist nicht Russland], Moskva 2005, S. 165. Erst im Anschluss daran erwähnte der Verfasser, dass die Gleichzeitigkeit marktwirtschaftlicher und noch-sowjetischer Regeln („gleichzeitiger Rechts- und Linksverkehr") zu einer anarchischen Situation in der Wirtschaft geführt habe (ebd., S. 168).

[9] Kučma versuchte dies auf „irgendwelche miesen deutschen Jungs, die sich als Experten ausgaben", abzuschieben (ebd., S. 188), aber die Meinung war auch unter Einheimischen weit verbreitet.

von GUS-Abkommen. Sie ratifizierte das GUS-Dokument nicht und war damit nicht einmal juristisch vollwertiges Mitglied.[10]

Am 12. November 1992 verließ die Ukraine offiziell die Rubel-Zone, und von da an galten nur noch die Coupons als Währung.[11] Diese als Übergangslösung gedachten Coupons wurden erst 1996 durch die *Hryvnja* als ukrainische Währung ersetzt. Die primitiven *kupony* lohnte es sich nicht einmal zu fälschen, von 1992 bis 1996 erhöhte sich der Gegenwert einer DM von 135 Krb auf über 102.000 Krb. Praktisch verloren die Einwohner der Ukraine in dieser Zeit ihre kompletten Ersparnisse – und Sachwerte besaßen nur wenige Ukrainer. Allein staatliche Betriebe erhielten in der Ukraine weiterhin Kredite. Um weiter Energie aus Russland beziehen zu können, war die Ukraine auf russische Kredite angewiesen.

Dass das russisch-ukrainische Verhältnis mehr war als Wirtschaft und dass es interessierte auswärtige Beobachter gab, hat 1994 Zbigniew Brzezinski in einem Aufsatz beschrieben, in dem er einen „geopolitischen Pluralismus" auf dem Gebiet der ehemaligen Sowjetunion zum Ziel amerikanischer Politik erklärte:

> „It cannot be stressed strongly enough that without Ukraine, Russia ceases to be an empire, but with Ukraine suborned and then subordinated, Russia automatically becomes an empire. American policymakers must face the fact that Ukraine is on the brink of disaster: the economy is in a free-fall, while Crimea is on the verge of a Russia-abetted ethnic explosion. Either crisis might be exploited to promote the breakup or the reintegration of Ukraine in a larger Moscow-dominated framework. It is urgent and essential that the United States convince the Ukrainian government through the promise of substantial economic assistance to adopt long-delayed and badly needed economic reforms. At the same time, American political assurances for Ukraine's independence and territorial integrity should be forthcoming."[12]

Aus dieser Passage geht hervor, dass hinter der Unterstützung für die Ukraine mehr stand als „Hilfe"; es sollte auch verhindert werden, dass Russland wieder zu einem Empire würde. Dies war aber kein Geheimpapier, sondern eine in einer wichtigen Zeitschrift publizierte Feststellung eines zeitweise einflussreichen US-amerikanischen Politikberaters. Wäh-

---

[10] SUSANNE SPAHN, Staatliche Unabhängigkeit – das Ende der ostslawischen Gemeinschaft?, Hamburg 2011, S. 79.

[11] ROBERT S. KRAVCHUK, Ukrainian Political Economy. The First Ten Years, New York / Basingstoke 2002, S. 49–51.

[12] ZBIGNIEW BRZEZINSKI, The Premature Partnership, in: Foreign Affairs 72 (1994), S. 67–82, hier S. 80.

rend sich in der El'cin-Phase kaum jemand darum kümmerte, gewann diese Feststellung unter Putin politische Bedeutung.

In allen postsowjetischen Staaten war die Wirtschaftsfrage das zentrale Thema. Einerseits hatte hierin der sich auf Marx berufende Staatsansatz beruht, andererseits wuchs mit der Abkehr vom Kommunismus die Tendenz, marktwirtschaftliche Verhältnisse einzuführen. Damit aber kollidierte nicht nur, dass die Wirtschaftsstrukturen nicht auf einen Markt ausgerichtet gewesen waren. Da es vorher praktisch nur den Staat als Besitzer gegeben hatte, nun aber die Privatwirtschaft vorherrschen sollte, stellte sich die Frage, wie die gewünschte Transition vonstatten gehen sollte.

Die Extreme der Aufschiebung und Verhinderung von Reformen (wie sie Belarus praktizierte) oder der „Schocktherapie" der sofortigen liberalisierenden Umstellung (wie in Polen und in Russland) wurden in der Ukraine diskutiert. Die Regierung unter dem Ministerpräsidenten Vitol'd Fokin beschritt zunächst den ersten Weg. Mit den Regierungen von Belarus und Russland vereinbarte man, keine Transformationen zu überstürzen und die Steuer- und Budgetpolitik abzustimmen.

Tatsächlich gab es in der Ukraine zunächst fast gar keine Privatisierung, stattdessen wurden auch unrentable Unternehmen mit Krediten am Leben gehalten. Unter dem Druck der Öffentlichkeit musste Fokin im Oktober 1992 zurücktreten, an seiner Stelle wurde Leonid Kučma Ministerpräsident. Kučma schlug einen gemäßigten Reformweg vor, trennte seine Politik von derjenigen der anderen beiden slavischen Republiken und ließ sich für sechs Monate Sondervollmachten durch das Parlament erteilen.

Die Ukraine unterschied sich von anderen früheren Sowjetrepubliken. Die meisten von ihnen begannen sich nach einer Ernüchterungsphase wieder auf Russland zuzubewegen. Außer dem Baltikum und – nach mehreren Zickzack-Bewegungen – Georgien beharrte nur die Ukraine auf einem völlig von Russland getrennten politischen Kurs. Dies war aber insofern schwierig, als man in Russland die Ukraine kaum als Fremdgebiet anerkannte und zudem die wirtschaftliche Abhängigkeit voneinander nicht zu übergehen war. Dabei war die russische Politik in der ersten Hälfte der 1990er Jahre nicht ausgesprochen nationalistisch. Den postsowjetischen Raum, das „nahe Ausland", sah man zwar als russische Interessensphäre an und das Ideal der ostslavischen Einheit wurde wenig hinterfragt, aber eine vollständige Unterwerfung der postsowjetischen Gebiete wurde unter El'cin nur von Randgruppen thematisiert. Susanne

Spahn spricht von einer „Achtung der Souveränität" bei gleichzeitigem „Primat der Wirtschaftsinteressen".[13]

In der ukrainischen Politik ging es 1993 – ähnlich wie in Russland – turbulent zu. Als nach einer Freigabe der Preise für Grundnahrungsmittel ein neuer Preisschub eintrat und Kučma den privaten Grunderwerb legalisieren wollte, kam es zu Protesten. Im Mai 1993 entzog die *Verchovna Rada* Kučma die Sondervollmachten und vergab sie direkt an den Präsidenten Kravčuk. Als im Juni 1993 die Strom- und Heizungskosten erhöht und die bis dahin nur nominellen Mieten angetastet wurden, kam es erstmals im ostukrainischen Donbass zu einem unbefristeten Streik, in dem auch die Autonomie des Gebiets gefordert wurde. Im selben Monat wurde mit Russland ein Abkommen über verbilligte Erdgaslieferungen unterzeichnet – dieses Thema sollte die Beziehungen weiter belasten, es demonstrierte aber, in welchem Maße die Ukraine von Russland abhängig war. Im September 1993 wurde Kučma als Ministerpräsident abgesetzt und durch Juchym Zvjahil's'kyj ersetzt. Dieser kooperierte eng mit Kravčuk und wurde von Kučma-Anhängern beschuldigt, 300 Mio. Dollar illegal ins Ausland gebracht zu haben. Als die Ermittlungen ihm zu nahe kamen, floh er 1994 nach Israel und blieb dort bis 1997.

Es ist nicht klar, inwieweit Zvjahil's'kyj tatsächlich schuldig war, aber klar ist, dass eine verbreitete Selbstbedienung bei den neu aufgestiegenen Machthabern der Ukraine erkennbar wurde, die das Land in einen Hort der Korruption verwandelten. Mit Absprachen und anderen Tricks eigneten sich Politiker und andere jüngere Leute die Filetstücke der Staatsindustrie an. Diese „Oligarchen" beherrschten ganze Landesteile und schufen sich auch medialen Einfluss, der immerhin zu einer Diversifizierung der Medienlandschaft führte.

Die oben angesprochenen Streiks im Donbass hatten eine weitergehende Auswirkung. Die bis dahin von der Sowjetunion gehätschelte und gut versorgte Arbeiterbevölkerung verspürte am deutlichsten den wirtschaftlichen Verfall und forderte die Wiedereinsetzung der Kommunistischen Partei, die im Zuge des August-Putsches 1991 verboten worden war. Am 19. Juni 1993 konstituierte sich in Donec'k die Kommunistische Partei der Ukraine (KPU), die im Oktober registriert wurde. Sie erklärte sich unter ihrem Ersten Sekretär Petro Symonenko, der 1952 in Stalino/ Donec'k geboren wurde, zu einer neuen Partei und stand zumindest formal auf dem Boden der Unabhängigkeit der Ukraine.

---

[13] SUSANNE SPAHN, Die Außenpolitik Rußlands gegenüber der Ukraine und Weißrußland von 1991 bis 1998, Herne 2000, S. 225.

Das politische Durcheinander wird durch die Tatsache illustriert, dass das Parlament (wie dasjenige Russlands) ein allgemeines Referendum durchführen wollte, in dem Kravčuk das Misstrauen ausgesprochen werden sollte. Dies hätte die Ukraine führungslos gelassen. Da seit 1990 keine Parlamentswahlen mehr stattgefunden hatten, hätte das nach modifizierten sowjetischen Wahlen gewählte Parlament in der alten Zusammensetzung (ca. 75 Prozent KPdSU, 25 Prozent Oppositionelle des Demokratischen Blocks) über den Zustand des Staates bestimmen können. Nachdem die KPU jedoch wiederentstanden war, glaubte man, sich auch auf Neuwahlen einlassen zu können. Sie verliefen schleppend, weil oft das Quorum in den Wahlkreisen nicht erreicht wurde. Nach drei Wahlgängen erhielten die Kandidaten der KPU die meisten parteigebundenen Stimmen, aber mehr als 50 Prozent der Abgeordneten wurden nach reinem Mehrheitswahlrecht als „Unabhängige" gewählt, sodass die Zusammensetzung der *Rada* unscharf war.

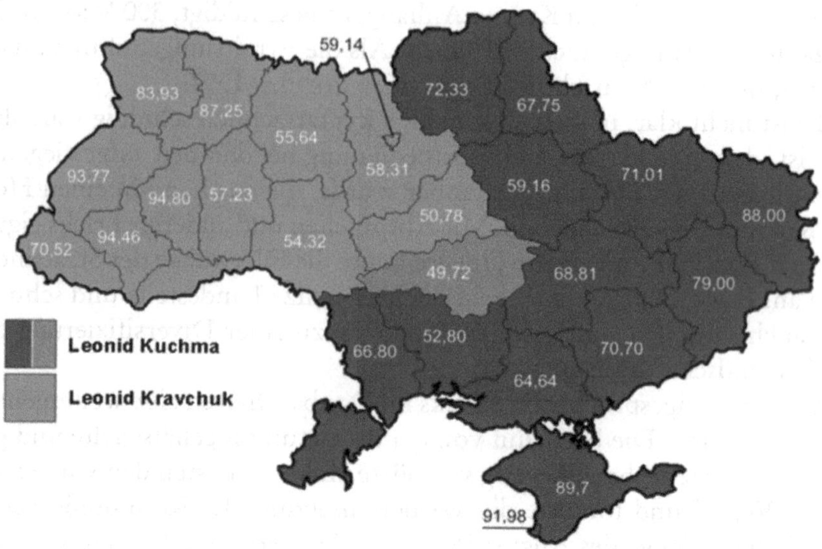

Abb. 1: Ergebnisse der zweiten Runde der Präsidentschaftswahlen 1994

Am 26. Juni und am 10. Juli 1994 fanden aber Präsidentenwahlen statt, die beiden Sieger des ersten Wahlgangs kamen zu dem zweiten Datum in die Stichwahl. Aus der ersten Wahl gingen die beiden als „Unabhängige" kandidierenden Leonid Kravčuk und Leonid Kučma als Sieger hervor. Nun kandidierten sie gegeneinander, wobei Kučma Kravčuk relativ knapp (52 zu 45 Prozent) besiegen konnte. Kravčuk (ex KP-Chef, aber Wolhynier) erreichte seine besten Werte im Westen des Landes, aus dem eigentlich die Opposition gekommen war, Kučma (russischsprachiger Ingenieur aus Dnipropetrovs'k) wurde von dem stärker russischsprachigen Osten und Süden gewählt. Die politische Teilung der Ukraine wurde in den Wahlpräferenzen deutlich. Aber während 1991 nur der äußerste galizische Westen an den Oppositionellen Čornovil gegangen war – Kravčuk galt zu der Zeit noch als Kommunist – konnte der „gewendete" Kravčuk nicht nur im ganzen Westen, sondern auch in großen Teilen der Zentralukraine einschließlich der Hauptstadt Kiev reüssieren. Allerdings reichte das nicht zum Sieg. Das Präsidentenamt ging an seinen Rivalen Kučma. Diese politische Aufteilung, die mehr oder weniger der territorialen Entwicklung der Ukraine seit dem 18. Jahrhundert entsprach, blieb bis zu den Majdan-Ereignissen 2014 relativ konstant und begünstigte bei dem annähernden Gleichstand mal die eine, mal die andere Seite.

Im Wirtschaftsbereich wandte sich Kučma Russland zu, ohne dessen Energielieferungen die Ukraine nicht auskommen konnte. Allerdings sollten die Wirtschaftsbeziehungen mit Russland bilateral ablaufen und nicht über ein GUS-Organ gestaltet werden. Auf diese Weise hoffte Kučma, die Handlungsfähigkeit der Ukraine zu erhalten. Deshalb lehnte er auch eine Zollunion mit Russland ab. Während Belarus zu Russland in eine weitergehende Abhängigkeit geriet, verweigerte sich die Ukraine einer zu großen Nähe.[14] Dafür leitete Kučma nun ein erweitertes Privatisierungs- und Liberalisierungsprogramm ein, das zwar gewisse Erfolge hatte, aber auch das ukrainische Oligarchen-System festigte.

Eigentlich sah die Lage nicht schlecht aus. Man kann mit dem Publizisten Christian Wipperfürth sagen, dass die Ukraine eine „Äquidistanz zwischen Russland und dem Westen" praktizierte. Er begründete dies mit der anfänglichen Zurückhaltung des Westens und dessen Inanspruchnahme durch die Jugoslawien-Kriege. Russland sei ebenfalls mit sich selber beschäftigt gewesen und zudem vom Westen noch nicht herausgefordert.[15] Nach einem am 31. Mai 1997 abgeschlossenen „Vertrag über Freundschaft, Zusammenarbeit und Partnerschaft", in dem Russland die Ukraine als einen unabhängigen Staat anerkannte und die beiden Parteien einander die Achtung der territorialen Integrität und der Grenzen zusagten, nach dem „Abkommen über die Schwarzmeerflotte" 1997 und dem „Vertrag über die wirtschaftliche Zusammenarbeit" 1998 schienen die Probleme

---

[14] SPAHN, Die Außenpolitik Rußlands, S. 79 f.

[15] CHRISTIAN WIPPERFÜRTH, Die Ukraine im westlich-russischen Spannungsfeld, Opladen u. a. 2015, S. 9.

ausgeräumt zu sein.[16] Unter dem russischen Präsidenten Putin erwiesen sich die Verträge als wertlos, Russland annektierte die Krim und engagierte sich in der Ostukraine. Der Freundschaftsvertrag wurde 2018 nicht verlängert. Russland sei wirtschaftlich und politisch aktiviert worden – so Wipperfürth – und die ukrainische Politik sei „sprunghafter" geworden, „da die Führung des Landes glaubte, mal dem einen, mal dem anderen der etwa gleich starken innenpolitischen Lager Zugeständnisse machen zu müs-sen."[17] Auch wenn dies nicht die ganze Wahrheit ist, änderte sich die politische Lage im neuen Jahrhundert auf beiden Seiten langsam, aber grundlegend.

Zentralstaat oder Föderalisierung?

Die Frage der staatsrechtlichen Gestaltung der Ukraine hemmt bis heute die Lösung ukrainischer Probleme. Ukrainische Nationalisten sehen in föderalen Strukturen die Basis dafür, dass die stärker russischsprachigen Gebiete von der Ukraine abfallen, während viele Russischsprachige in einer föderalen Gestaltung die Berücksichtigung regionaler Differenzen erblicken. In den ostukrainischen Oblasti Donec'k und Luhans'k haben 1994 regionale Referenden stattgefunden, in denen sich eine überwältigende Mehrheit für die Föderalisierung der Ukraine ausgesprochen hat. Daher versicherte sich Kučma für die Wahlen der Unterstützung des Physikers und Politikers Volodymyr Hryn'ov, der – aus der „demokratischen

---

16 Art. 2: „Vysoki Dohovirni Storony vidpovidno do položen' Statutu OON i zobov'jazan' po Zaključnomu aktu Narady z bezpeky i spivrobitnyctva v Jevropi považajut' terytorial'nu cilisnist' odna odnoï i pidtverdžujut' neporušnist' isnujučych miž nymy kordoniv." [„Die Hohen Vertragschließenden Parteien garantieren einander gemäß den Bestimmungen des Statuts der UNO und Verpflichtungen aus dem geschlossenen Akt der OSZE die territoriale Integrität und bestätigen die Unverletzlichkeit der zwischen ihnen bestehenden Grenzen."] Dohovir pro družbu, spivrobitnyctvo i partnerstvo miž Ukraïnoju i Rosijs'koju Federacijeju [Vertrag über Freundschaft, Zusammenarbeit und Partnerschaft zwischen der Ukraine und der Russländischen Föderation], https://zakon.rada.gov.ua/laws/show/643_006#Text; Uhoda miž Ukraïnoju i Rosijs'koju Federacijeju pro status ta umovy perebuvannja Čornomors'koho flotu Rosijs'koï Federaciï na terytoriï Ukraïny [Vereinbarung zwischen der Ukraine und der Russländischen Föderation über den Status und die Bedingungen des Verbleibs der Schwarzmeerflotte der Russländischen Föderation auf dem Territorium der Ukraine], 28.05.1997, https://zakon.rada.gov.ua/laws/show/643_076#Text; Dohovir miž Ukraïnoju ta Rosijs'koju Federacijeju pro ekonomične spivrobitnyctvo na 1998–2007 roky [Vertrag zwischen der Ukraine und der Russländischen Föderation über die ökonomische Zusammenarbeit für die Jahre 1998–2007], 27.02.1998, https://zakon.rada.gov.ua/laws/show/643_091#Text (Zugriffe: 02.03.2021).

17 WIPPERFÜRTH, Die Ukraine, S. 10.

Plattform" der KPU kommend – ein Anhänger der Föderalisierung der Ukraine und der Aufrechterhaltung der Beziehungen zu Russland war. Letzteres hatte sicherlich auch damit zu tun, dass Hryn'ov aus dem russischen Kursk stammte. Kučma und Hryn'ov schufen den Interregionalen Reformblock (*Mižrehional'nyj blok reform*), der die Liberalen und die Wirtschaft zusammenführen sollte. Hryn'ovs politische Ziele waren mit ein Grund dafür, dass der Osten bei den Präsidentenwahlen Kučma wählte und Schritte in Richtung einer föderalen Gestaltung des Staates erwartete. Er hat in seinem 1995 zweisprachig erschienenen Buch geschrieben:

> „Die Selbständigkeit der Regionen in der kulturellen und sozio-ökonomischen Politik beseitigt auf natürliche Weise das Konfrontationspotential zwischen ihnen und dem Zentrum, sie verlegt den Schwerpunkt der Sicherung der Bevölkerungsinteressen in die Regionen und erhöht gleichzeitig die Möglichkeit, die erforderlichen Mittel zu gewinnen. Damit verstärkt sie das Interesse der Regionen an der Stabilität des Staates [...]. Daraus ergibt sich, dass gerade der föderative Staatstyp [...] das Potential interregionaler Konsolidierung schafft."[18]

Inzwischen hatte aber Kučma erkennen müssen, dass er mit einer Föderalisierung die Unterstützung des Landeswestens verlieren würde. Zwar entschärfte er Kravčuks Ukrainisierungspolitik, aber eine noch stärkere Ausrichtung auf russische Kultur wollte und konnte er sich nicht leisten. Hryn'ov wurde zwar Berater Kučmas und durfte an der Verfassung, die 1996 verabschiedet wurde, mitarbeiten, aber sein Einfluss schwand. Seine Analyse: „Wir versuchen, uns irgendwie an europäische Prinzipien zu halten, und gleichzeitig rutschen wir in die ärmlichsten Prinzipien eines ethnischen Staates hinein."[19] Die Chance einer Inklusion der ostukrainischen Russischsprachigen wurde so weitgehend vertan.

In seinem Buch kritisierte Kučma unberechtigt die ukrainische Politik der Jahre 1991 bis 1994, die drei Maximen gefolgt sei:

- sie habe stets nur auf die Politik Russlands reagiert;
- die ukrainische Unabhängigkeit sei nicht als Selbstwert, sondern als Faktor in der Politik ihrer Partner („mit Russland oder gegen Russland") gesehen worden;

---

[18] VOLODYMYR B. HRYN'OV, Nova Ukraïna: jakuju ja ïï baču [Die neue Ukraine, wie ich sie sehe], Kyïv 1995, S. 37; in der russischen Ausgabe S. 39 f. Zur Darstellung seiner Inklusionspolitik gab Hryn'ov in einem Band sein Buch in Russisch und Ukrainisch als *tête-bêche* heraus. Je nachdem in welcher Richtung man las, waren beide Sprachversionen gleichberechtigt.

[19] GENNADIJ KORŽ, Grinev, https://biography.wikireading.ru/169389 (Zugriff: 23.01. 2021). Hryn'ov arbeitete zeitweise mit Juščenko zusammen und verließ dann die Politik.

- für den Fall des Scheiterns habe man immer die Rückkehr zu Russland in der Hinterhand gehabt.[20]

Die angeblich fehlende Abnabelung von Russland wurde jedoch eher von Kučma als ein Sicherheitselement aufgefasst. Während der El'cin-Zeit versuchten die russischen Politiker, wenngleich noch nicht so deutlich wie Putin, über die GUS ihren Einfluss im „nahen Ausland" aufrechtzuerhalten und diesen Raum als „exklusive Einflusssphäre" zu betrachten.[21] Kravčuk lehnte dies ab, Kučma ließ sich darauf aus Pragmatismus ein Stück weit ein. Was also 2013 aufbrach, war eigentlich ein altes Problem – nur hatte Russland seine Ziele in den 1990er Jahren nicht alle durchsetzen können, und die Ukraine hatte sich in der Zwischenzeit politisch emanzipiert. Die politischen Entwicklungen der beiden Staaten wiesen mindestens partiell in verschiedene Richtungen. Hatte man in Russland an ein Substitut für die UdSSR gedacht, so war für die Ukraine die GUS das Instrument einer „zivilisierten Scheidung".[22]

Deutlich wurden die „multivektorale" von Kučma betriebene Politik, das Versagen der GUS und die zentrifugalen Tendenzen, als eine Gegenorganisation gegen die GUS entstand. Am 10. Oktober 1997 gründeten in Straßburg Georgien, die Ukraine, Aserbaidschan und Moldawien eine informelle Vereinigung, die nach den Anfangsbuchstaben ihrer Mitglieder als GUAM bezeichnet wurde. Zeitweise gehörte auch Usbekistan dazu.[23] Die GUAM-Staaten hatten gemein, dass sie in einer Opposition zu Russland standen, das auf ihren Territorien Separatisten (Abchasien/Südossetien, Berg-Karabach, Transnistrien [PMR]) unterstützte oder dazu imstande schien (Krim). Sie waren daher der GUS und vor allem Russland gegenüber reserviert und wurden auch allgemein als ein Bündnis gegen Moskau verstanden. Was als postsowjetisches Internum hätte gelten können, verlor diesen Status, als die USA sich für den Zusammenschluss zu interessieren begannen.[24]

---

[20] KUČMA, Ukraina – ne Rossija, S. 140 f.

[21] SPAHN, Die Außenpolitik Rußlands, S. 79.

[22] OLGA ALEXANDROVA, Russland und die GUS, in: Wissenschaft und Frieden 18 (2000), H. 2, https://www.wissenschaft-und-frieden.de/artikel/russland-und-die-gus/ (Zugriff: 20.05.2022).

[23] Präsident Islam Karimov wollte die Beziehungen zu Russland nicht beschädigen und trat nach der „Orangen Revolution" aus der Organisation aus.

[24] Die USA versuchten, GUAM zu einer „wichtigen regionalen Organisation" aufzuwerten, woraufhin GUAM für Russland als „amerikanische Strategie zur Schwächung Russlands im Südkaukasus" galt. SPAHN, Staatliche Unabhängigkeit, S. 91.

Nach den Ereignissen von 2014 wurde die GUAM-Zusammenarbeit ansatzweise wiederbelebt.[25] Die Furcht vor den Konsequenzen einer Föderalisierung wirkt sich bis heute aus. In den Minsker Vereinbarungen von 2015 hatte sich die Ukraine verpflichtet, den Separatistengebieten von Donec'k und Luhans'k einen besonderen Status innerhalb der Ukraine zu verleihen. Alle Versuche in dieser Richtung scheiterten jedoch an den seit 2014 die Mehrheit besitzenden nationalorientierten Kräften, was einen der Gründe abgibt, warum es in der Regelung der ostukrainischen Probleme in den weiterführenden Fragen zu einem Stillstand kam.

Sprache und Nationalität

Kučma suchte stets nach pragmatischen Möglichkeiten. Er verlangsamte die Ukrainisierung – was nicht zuletzt damit zusammenhing, dass Kučma selbst die ukrainische Sprache erst erlernen musste.[26] Allerdings hielt er die Ukrainisierung grundsätzlich für einen Ausdruck der „Gerechtigkeit", nachdem einige Generationen lang die „Ungleichheit zweier Sprachen" praktiziert worden war, und er sprach sich ausdrücklich (entgegen dem, „was man uns in Europa empfiehlt") gegen die Gleichberechtigung der ukrainischen und der russischen Sprache aus. Ironischerweise tat er dies auf Russisch in einem in Russland herausgegebenen Buch.[27]

Noch in der Sowjetzeit war am 28. Oktober 1989 ein Gesetz verabschiedet worden, das das Ukrainische zur alleinigen Staatssprache der Ukrainischen SSR erklärte, den anderen Sprachen allerdings staatlichen Schutz versprach. Unter Kravčuk wurde die Ukrainisierung im Bildungswesen und in den Massenmedien vorangetrieben, wobei zunächst vernachlässigt wurde, dass in weiten Teilen der Ukraine die Einwohner sich zwar als Ukrainer identifizierten, sich aber im täglichen Umgang der russischen Sprache bedienten. Im Artikel 10 der ukrainischen Verfassung von 1996 wurde – was wenig bekannt ist – neben der Bestimmung der ukrainischen Sprache zur offiziellen Staatssprache ausdrücklich „die freie

---

[25] KIRILL SOKOV, GUAM kak ‚sanitarny kordon' vnov' vostrebovan [GUAM wird als cordon sanitaire wieder benötigt], Ritm Evrazii, 26.05.2017, https://www. ritmeurasia. org/news--2017-05-26--guam-kak-sanitarnyj-kordon-protiv-rossii-vnov-vostrebovan-30361 (Zugriff: 21.11.2019).

[26] In seinem Buch gab er zu, dass er, „vorwiegend in der russischen Kultur erzogen", zunächst ein Kapitel „Meine Entdeckung der Ukraine" hätte schreiben wollen, dass dieses Kapitel aber zu ausladend geworden wäre. KUČMA, Ukraina – ne Rossija, S. 506.

[27] Ebd., S. 287, 293.

Entwicklung, die Benutzung und der Schutz der russischen [Sprache] und der anderen Sprachen der nationalen Minderheiten" festgelegt, wobei die russische Sprache besonders hervorgehoben wurde. Diese Bestimmungen wurden durch das Verfassungsgericht der Ukraine 1999 noch einmal präzisiert.[28]

Was in der Ukraine fehlt, ist – wie in Irland – die Kongruenz von Sprachgebrauch und Nationalgefühl. Im Jahre 2002 kam z. B. eine russische repräsentative Erhebung in der gesamten Ukraine zu dem Ergebnis, dass auf die Frage „In welcher Sprache fällt es Ihnen leichter sich zu unterhalten?" 44 Prozent sich für Russisch erklärten, 40 Prozent für Ukrainisch und 13 Prozent beide Sprachen gleich gut zu beherrschen angaben. In den *Oblast'*-Hauptstädten wählten in dieser Umfrage 75 Prozrent Russisch und auf dem Land 65 Prozent Ukrainisch.[29]

Die Frage nach der Muttersprache (*rodnoj jazyk – ridna mova*), gestellt von der Akademie der Wissenschaften der Ukraine, ergab ein anderes Ergebnis: 1994 gaben 34,7 Prozent Russisch als Muttersprache an, und dieser Wert schwankte dann zwar etwas, blieb aber auch 2005 bei 34,1 Prozent.[30] Im allgemeinen Diskurs und der staatlichen Argumentation wurde jedoch eher eine dritte Kategorie hervorgehoben, nach der in den Volkszählungen gefragt wurde, nämlich nach der ethnischen Identität. Diese ergab 1989 einen Ukrainer-Anteil von 72,7 Prozent und für Russen einen Wert von 22,1 Prozent. Der Zensus von 2001 vermerkte einen Anstieg der Ukrainer auf 77,8 Prozent und ein Absinken der Russen auf 17,3 Prozent.[31]

Die Differenz zwischen den verschiedenen Erhebungen ist mit der Inkongruenz der (angenommenen) ethnischen Zugehörigkeit und der

---

[28] „V Ukraïni harantujet'sja vil'nyj rozvytok, vykorystannja i zachist rosijs'koï, inšych mov nacional'nych menšyn Ukraïny." [„In der Ukraine wird die freie Entwicklung, Nutzung und der Schutz der russischen und der anderen Sprachen der nationalen Minderheiten der Ukraine garantiert."] Konstytucija Ukraïny. Vidomosti Verchovnoï Rady Ukraïny (BBP), 1996, Nr. 30, Art. II, https://zakon.rada.gov.ua/laws/show/en/constitution?lang=uk#Text (Zugriff: 20.05.2022).

[29] Na Ukraine russkojazyčnych bol'še, čem ukrainojazyčnych [In der Ukraine gibt es mehr russischsprachige als ukrainischsprachige], Demoskop Weekly, Nr. 59/60, 18.–31.03. 2002, http://www.demoscope.ru/weekly/2002/059/panorama 01.php#13 (Zugriff: 12.04. 2016).

[30] N. V. Panina, Ukraïns'ke suspil'stvo 1994–2005. Sociolohičnyj monitoring [Die ukrainische Gesellschaft 1994–2005. Soziologisches Monitoring], Kyïv 2005, S. 68.

[31] Serhij Čornyj, Nacional'nyj sklad naselennja Ukraïny v XX storičči. Dovidnyk [Die nationale Zusammensetzung der Bevölkerung der Ukraine im 20. Jahrhundert. Nachschlagewerk], Kyïv 2001.

Umgangssprache zu erklären. Da in sowjetischer Zeit (bis auf kurze Perioden in den 1920er Jahren und in der Šelest-Ära) das Russische als „modernere“ und bessere Chancen eröffnende Sprache galt, gleichzeitig natürlich den Umgang mit den anderen Gebieten des Riesenreiches und den Besuch seiner Hochschulen ermöglichte, war die Kenntnis des Russischen (bis auf alte Menschen in den Dörfern) praktisch allumfassend, damit auch die Leichtigkeit, mit der man sich auf Russisch verständigen konnte. Dies hatte aber nur wenig damit zu tun, ob man sich als Russe oder als Ukrainer verstand.

Die Sprache schien dennoch das augenfälligste Unterscheidungsmerkmal zwischen Russen und Ukrainern zu sein. Religion, Geschichte, Verwandtschaften und Sozialstrukturen gaben keine distinktiven Unterschiede her, die man ohne weiteres als „ukrainisch“ oder „russisch“ etikettieren konnte. Da auch in der Sowjetzeit Unterschiede zwischen den Nationalitäten administrativ und durch die Sprache essentialisiert wurden (in Zentralasien wurden geradezu Nationalitäten durch die Kodifizierung entfernter Dialekte der Turksprache kreiert), blieb die Bedeutung der Sprachenfrage nun, da es um die Definition separater Staatlichkeit ging, erhalten. Gasimov kann daher schreiben, dass „für die Nations- und Staatswerdung [...] die ukrainische Sprache eine außerordentlich wichtige Rolle“ spielte.[32] Der Politologe Volodymyr Kulyk nannte sie ein „symbolisches Attribut des ukrainischen Staates“.[33]

Unter dem Präsidenten Kravčuk wurde die Umstellung auf die ukrainische Sprache nach Kräften gefördert, was bei seinen Gegnern in der Ost- und Südukraine Ängste beförderte, sie würden ihrer russischen Ausdrucksmöglichkeiten beraubt. Tatsächlich wurden auf der Ebene der Akademie der Wissenschaften Institutionen eingerichtet, die die ukrainische Sprache fördern, aber auch den neuen Anforderungen entsprechend ergänzen sollten.[34] Es wurden Kampagnen zur „Reinigung“ des

---

[32] ZAUR GASIMOV, Mova und Jazyk. Die Sprachenfrage in der Ukraine, in: Osteuropa 60 (2010), H. 2/4, S. 403–411, hier S. 404.

[33] VOLODYMYR KULYK, Gespaltene Zungen, in: Osteuropa 60 (2010), H. 2/4, S. 391–402, hier S. 393.

[34] Auch dies ist kein ukrainisches Monopol. Es gibt einige Beispiele dafür, dass Sprachen, die nur in einem spezifischen Milieu gebraucht wurden und zu allgemeinen und Literatursprachen aufgewertet werden sollten, in eigens eingerichteten Instituten „gereinigt“ und um neue Begriffe ergänzt wurden und werden. Die hebräische Sprache wurde seit 1890 durch das Hebrew Language Committee, ab 1953 durch die der Hebräischen Universität angeschlossene israelische Akademie für die Hebräische Sprache reformiert. Die lateinische Sprache wird durch die vatikanische Pontificia Academia Latinitatis gepflegt.

Ukrainischen unternommen, die sich vor allem gegen den *suržik* richteten, eine nach einem Mischgetreide benannte Mischsprache aus russischen und ukrainischen Elementen, die wegen der Binnenmigration in der Ukraine sehr verbreitet war. Was bei dieser „Authentisierung" nicht beachtet wird, ist, dass praktisch alle Sprachen Mischsprachen sind, die „Fremdwörter" aufnehmen, wenn dies opportun ist.

Die illiberale Ukrainisierung wurde von den staatlichen Vertretern durchaus zugegeben und mit einer möglichen Ablehnung des Ukrainischen bei staatlicher Zweisprachigkeit begründet. Der ukrainische UN-Botschafter Volodymyr Vasylenko erklärte 2008, die russische Sprache sei ein Instrument der Vernichtung der ukrainischen Sprache.[35] Die Sprachen seien zudem einander zu ähnlich, um gleichberechtigt nebeneinander zu existieren. Der in Kanada geprägte Terminus des Linguozids, der in Bezug auf einen Teil der Sowjetzeit durchaus angebracht war,[36] wurde von der an der Kiever Mohyla-Universität lehrenden Linguistin Larysa Masenko[37] aufgegriffen und als Teilüberschrift der von ihr maßgebend gestalteten Ausgabe von Dokumenten zur sowjetischen Sprachpolitik eingesetzt.[38]

Nachdem Viktor Janukovyč 2010 als Repräsentant des Ostens Präsident der Ukraine geworden war, verabschiedete das Parlament 2012 ein als Kivalov-Kolesničenko-Gesetz bekannt gewordenes Dokument, durch das in Regionen, in denen mindestens 10 Prozent der Einwohner eine andere als die ukrainische Sprache benutzten, diese Sprache zur Regionalsprache erklärt werden konnte.[39] In einigen Kreisen der Karpato-Ukraine

---

35 GASIMOV, Mova, S. 407. Auch zu dem Folgenden vgl. ebd., S. 407–409.

36 JAROSLAV B. RUDNYC'KYJ, Linguicide – Movovbyvstvo. Winnipeg / München ³1976. Der Verfasser (1910–1995) war von 1938 an am Ukrainischen Wissenschaftlichen Institut in Berlin (UWI) beschäftigt, danach ab 1940 an der Ukrainischen Freien Universität in Prag, er verantwortete am UWI 1943 das Ukrainisch-Deutsche Wörterbuch (Z. KUZELJA / J. RUDNYĆKYJ, Ukrainisch-deutsches Wörterbuch, Leipzig 1943). In der 3. Auflage (Wiesbaden 1987) wurde die erste Auflage nicht erwähnt.

37 „Im Falle der Anhebung des Status der russischen Sprache zur staatlichen würde der Index der Konflikthaftigkeit bis 0,716 anwachsen. Damit wäre nach Ansicht der Fachleute die Bedrohung der Harmonie im Falle der Gleichsetzung des Status der ukrainischen und der russischen Sprache sehr groß." LARYSA MASENKO, Mova i suspil'stvo. Postkolonial'nyj vymir [Sprache und Gesellschaft. Die postkoloniale Dimension], Kyïv 2004; http://varnak.psend.com/lmasenko.html#ch13 (Zugriff: 12.02.2021).

38 Ukraïns'ka mova u XX storiččі. Dokumenty i materialy [Die ukrainische Sprache im 20. Jahrhundert. Dokumente und Materialien], hg. v. LARYSA MASENKO u. a., Kyïv 2005.

39 „[…] jakščo kil'kist' osib – nosiïv rehional'noï movy, ščo proživajut' na terytoriï na jakij pošyrena cja mova, stanovyt' 10 vidsotkiv i bil'še čysel'nosti ïï naselennja" [„wenn die Anzahl der Personen, die Träger der Regionalsprache, welche auf dem Territorium, wo

profitierte davon Ungarisch, in Teilen der der Bukowina Rumänisch, aber eigentliches Zielobjekt war die Ost- und Südukraine, wo es zugunsten des Russischen rasch umgesetzt wurde. Durchaus geschickt beriefen sich die Befürworter auf die 1992 aufgelegte und in der Ukraine am 1. Januar 2006 in Kraft getretene Europäische Charta für Regional- und Minderheitensprachen. Die Gegner wiederum kritisierten Verfahrensmängel wie fehlende Lesungen und dass das Gesetz die Stellung der Staatssprache Ukrainisch beschädige, was wiederum der Charta widerspräche. Auch könne man beim besten Willen nicht erkennen, dass das Russische zu den Sprachen gehörte, „von denen einige allmählich zu verschwinden drohen".[40] Andererseits war es nur berechtigt, den vielen russischsprachigen Ukrainern den Gebrauch ihrer Mutter- und Umgangssprache in Verwaltung und Öffentlichkeit zu ermöglichen.

Die Sprachenfrage gewann dann auch weiter politische Bedeutung: Als eine der ersten Maßnahmen nach der Flucht Janukovyč' im Februar 2014 beschloss das Parlament der Ukraine die Abschaffung des Gesetzes. Der als provisorischer Präsident amtierende Parlamentsvorsitzende Oleksander Turčynov weigerte sich jedoch, es zu unterzeichnen, so dass das Gesetz in Kraft blieb. In der russischen Propaganda wurde die Abschaffung jedoch propagandistisch als vollendete Tatsache verbreitet, und dieser Umstand trug nicht unerheblich zu einer Anti-Majdan-Stimmung auf der Krim und in der Ostukraine bei.

Das Gesetz galt jedoch vorerst weiter. Allerdings ist die Geschichte damit nicht zu Ende. Am 28. Februar 2018 gab das Verfassungsgericht der Ukraine ein nicht berufungsfähiges Urteil heraus, in dem das Regionalsprachen-Gesetz aus Verfahrensgründen für verfassungswidrig (unkonstitutionell) erklärt wurde.[41] Damit war nach vier Jahren tatsächlich das

---

diese Sprache verbreitet ist, 10 Prozent und mehr der Quantität ihrer Bevölkerung ausmacht"]. Zakon Ukrainy pro zasady deržavnoï movnoï polityky [Gesetz der Ukraine über die Grundsätze der staatlichen Sprachenpolitik], Vidomosti Verchovnoï Rady (BBP), 2013, Nr. 23, Art. II, https://zakon.rada.gov.ua/laws/show/en/5029-17#Text (Zugriff: 23.03.2021).

[40] Deutscher Text aus der Sammlung Europäischer Verträge, Nr. 148: https://www.coe.int/de/web/conventions/full-list/-/conventions/rms/090000168007c089 (Zugriff: 01.03.2021).

[41] „Vyznaty takym, ščo ne vidpovidaje Konstytuciï Ukraïny (je nekonstytucijnym) Zakon Ukraïny ‚Pro zasady deržavnoï movnoï polityky' vid 3 lypnja 2012" [„anzuerkennen, dass das Gesetz der Ukraine ‚Über die Grundsätze der staatlichen Sprachenpolitik' vom 3. Juli 2012 nicht der Verfassung der Ukraine entspricht (nicht verfassungsgemäß ist)"]. Rišennja Konstytucijnoho Sudu Ukraïny u spravi za konstytucijnym podannjam 57 narodnych deputativ Ukraïny ščodo vidpovidnosti Konstytuciï Ukraïny (konstytucijnosti)

eingetreten, was man bis dahin immer zu Recht als russische Falschpropaganda gerügt hatte. Die Ankündigung, es werde ein neues Sprachengesetz geben, blieb bisher ohne sichtbares Resultat.

Die Krim: russisch, ukrainisch oder unabhängig?

Aber zurück in die 1990er Jahre. Unmittelbar nach dem Zerfall der Sowjetunion wurde die Frage der Zugehörigkeit der Krim thematisiert. Eigentlich sollten – wie bei der Dekolonialisierung Afrikas – die sowjetischen Grenzen nicht angetastet werden, um endlose Konflikte zu vermeiden. Die Realität sah anders aus – und die Konflikte halten an.

Die historische Lage legte nicht gerade eine Zuordnung der Krim zur Ukraine nahe. Zur Zeit der Kiever Rus' galt sie als griechisch und als Kolonialland von Byzanz und Genuesen, die mit den nicht-slavischen Steppenvölkern (Skythen) zusammentrafen und Handel trieben. Danach kamen die Tataren-Mongolen, deren Herrschaft erst 1783 durch die russische Oberhoheit ersetzt wurde. Sowohl die mentale als auch die materielle Aneignung ging dann in Richtung Russlands und seines Imperiums, sowohl die Urlaubsresidenzen als auch das vergossene Blut des Krimkriegs wiesen auf das Gesamtreich.[42] Die Krim wurde zur russischen Riviera und zum durch den Krimkrieg sakralisierten russischen Boden. Im dritten Universal der *Ukraïns'ka Narodna Respublika* (UNR) im November 1917, in dem das Territorium der neuen ukrainischen Republik abgesteckt wurde, blieb die Krim unberücksichtigt.

In der frühen Sowjetzeit war die Krim eine Autonome Republik im Rahmen der RSFSR, deren Titularnation die Krimtataren waren. Krimtatarisch war dementsprechend auch die Amtssprache neben Russisch. Aus der Sommerfrische des Adels wurde das Ferienziel des sowjetischen Proletariats und der Funktionäre. Nachdem die Krimtataren der Kollaboration mit den deutschen Besatzern im Zweiten Weltkrieg beschuldigt und im Mai 1944 (wie auch die örtlichen Armenier, Griechen und Bulgaren) samt und sonders nach Zentralasien deportiert worden waren, verlor die Krim,

Zakonu Ukraïny ‚Pro zasady deržavnoï movnoï polityky' [Entscheidung des Verfassungsgerichts der Ukraine in der Sache der Verfassungseingabe von 57 Volksdeputierten der Ukraine bezüglich dessen, ob das Gesetz der Ukraine ‚Über die Grundsätze der staatlichen Sprachenpolitik' der Verfassung der Ukraine entspricht (verfassungsgemäß ist)], Oficijnyj vistnyk Ukraïny, 15.05.2018, https://zakon.rada.gov.ua/laws/show/v002p710-18/print (Zugriff: 23.02.2021).

[42] KERSTIN S. JOBST, Die Perle des Imperiums, Konstanz 2007.

nunmehr nur noch von Russen und Ukrainern besiedelt, ihren Autonomiestatus. Die Juden waren von den Deutschen ermordet worden, die Deutschen waren 1941 deportiert worden. Der Rest hatte weitgehend mit den Okkupanten die Halbinsel verlassen. Krimtatarische Orts- und Landschaftsnamen (wie Aqmescit für Simferopol' oder Aqyar für Sevastopol') wurden eliminiert und durch russische ersetzt. 1954 wurde die Krim anlässlich des 300. Jahrestages des Vertrags von Perejaslavl' von Nikita Chruščev der Ukraine als „Geschenk" mit den entsprechenden Beschlüssen des Präsidiums des Obersten Sowjets angeschlossen. Dieser Vorgang war nicht unbegründet, denn der einzige Landzugang zur Krim bestand über die Ukraine und auch die Versorgung mit Wasser und Elektrizität geschah auf diesem Wege. Eine Autonomie wurde nicht wiederhergestellt.

Es ist auch nicht so, dass die Krim-Problematik unerwartet aufgekommen wäre. Gwendolyn Sasse war anfangs überrascht, dass nach 1991 „conflict has not erupted despite a structural predisposition to ethnic, regional, and even international conflict". Sie riet jedoch, im Zusammenhang des Zerfalls der Sowjetunion auch „the dynamics of non-violent conflicts" zu betrachten, weil man mit dem Fokus auf die gewaltsamen Konflikte die Konfliktgründe missverstehen könne.[43]

2007 schrieb Sasse dann optimistisch, dass die Krim demonstriere, „dass das Konflikt- und Instabilitätspotential durch Multiethnizität und die Mobilisierung regionaler politischer Identitäten durch Verhandlung in der Region und zwischen dem Zentrum und der Region gemanaged werden könne".[44] Die russische Politik hatte die Krim jedoch keineswegs aus den Augen verloren. 2014 wurde das „Verhandeln" von der Krim und von Russland aus unterbunden und von Kiev aus nachrangig behandelt. Bei der strategischen Annexion der Krim und der Abspaltung des Ostens konnten deren Verfechter auf die Ideologeme der extremen russischen Rechten zurückgreifen, für die die Ukraine als unabhängiger Staat nie eine Daseinsberechtigung gehabt hatte, auch das Interesse des Militärs an der inländischen Stationierung der Schwarzmeerflotte konnte man instrumentalisieren. Den geopolitischen Zielen entsprach eine weitgehende Rückkehr zu den Grenzen des alten russischen Zarenreiches bzw. der Sowjetunion, und kulturell konnte man sich zu einer „Befreiung" der unterdrückten russischsprachigen Einwohner des Südens und Ostens der Ukraine aufgerufen fühlen, die nun drohte, das Opfer einer „faschistischen Junta" zu werden, die in Kiev scheinbar die Macht ergriffen hatte.

---

[43] SASSE, The Crimea Question, S. 4.

[44] Ebd., S. 33.

Auf dem NATO-Gipfel in Bukarest im April 2008 hatte Putin bereits die russische Interpretation der Lage im Süden der Ukraine und auf der Krim sehr deutlich gemacht. Es ging zwar um den möglichen NATO-Beitritt der Ukraine und die EU-Osterweiterung, aber wesentlich war, dass Putin klar sein Mitspracherecht in Bezug auf den ukrainischen Süden anmeldete:

> „Aber in der Ukraine sind ein Drittel überhaupt ethnische Russen. [...] Es gibt Regionen, wo überhaupt nur eine russische Bevölkerung lebt, sagen wir auf der Krim. Neunzig Prozent sind (dort) Russen. Die Ukraine ist überhaupt ein sehr komplizierter Staat. Die Ukraine, wie sie heute existiert, wurde zu sowjetischen Zeiten geschaffen. [...] Von Russland hat sie ungeheure Territorien im Osten und im Süden des Landes erhalten. Das ist ein kompliziertes staatliches Gebilde. Und wenn jetzt noch die NATO-Problematik hinzukommt und andere Probleme, dann kann sie das überhaupt an den Rand der Existenz der Staatlichkeit selber stellen. [...] Siebzehn Millionen Russen leben in der Ukraine. Wer kann uns sagen, dass wir dort keine Interessen haben? Der Süden, der Süden der Ukraine insgesamt, dort gibt es nur Russen. Die Krim hat die Ukraine einfach durch einen Beschluss des Politbüros des ZK der KPdSU bekommen. Es wurden nicht einmal staatliche Prozeduren nach der Übergabe dieses Territoriums durchgeführt. [...] Wir bemühen uns nichts aufzurühren, wir handeln sehr akkurat, aber wir bitten unsere Partner, auch so zurückhaltend zu handeln."[45]

Niemand konnte sagen, dass sich die Ereignisse von 2014 nicht angekündigt hätten. Dabei gab es auch in den 1990er Jahren dieses Thema schon.

In der Auflösungsphase der Sowjetunion, als alle bisherigen Gewissheiten ins Wanken gerieten, regte sich gegen den Status quo ebenso wie in Transnistrien (PMR) und in zahlreichen anderen Territorien der UdSSR Widerstand gegen die staatliche Zuordnung. Am 20. Januar 1991 wurde auf der Krim ein Referendum abgehalten, in dem sich 93,26 Prozent der Stimmberechtigten bei einer Wahlbeteiligung von mehr als 80 Prozent für die Wiederherstellung der Autonomen Republik und die Anerkennung als selbständiges Subjekt der neuen Sowjetunion aussprachen. Als solches hätte es nach der damaligen Interpretation die Möglichkeit gegeben, aus der Union und der übergeordneten Republik auszutreten. Auch wenn in diesem Referendum nicht die Rede von einem Anschluss an Russland war, lehnten die ukrainischen und krimtatarischen Organisationen den Vorschlag ab und boykottierten das Referendum.

---

[45] Putin auf dem NATO-Gipfel in Bukarest, 04.04.2008, https://www.unian.net/politics/110868-vyistuplenie-vladimira-putina-na-sammite-nato-buharest-4-aprelya-2008-goda.html (Zugriff: 19.12.2019).

Die eher chaotische Gesetzgebung der Sowjetunion zu Beginn der 1990er Jahre schuf Interpretationsmöglichkeiten, die Anhänger einer russischen oder ukrainischen Krim später ausnutzen konnten. Am 3. April 1990 verabschiede der Oberste Sowjet der UdSSR ein Gesetz über Referenden zum Austritt aus der UdSSR. Zwar wurde das Recht auf die Sowjetrepubliken beschränkt (und schloss damit Autonome Republiken faktisch aus). Es erforderte einen Beschluss der Parlamente (Obersten Sowjets) der fraglichen Republiken. Artikel 3 enthielt jedoch die Formulierung, dass in Autonomen Republiken, die Teil der Sowjetrepubliken waren, Referenden separat abzuhalten seien, falls es in den Republiken solche geben würde. Die Bewohner der autonomen Landesteile erhielten dann ein partikulares Recht, über ihren Verbleib in der Sowjetunion oder in der jeweiligen Republik zu entscheiden. Außerdem sollte der Status von Territorien geklärt werden, die zum Zeitpunkt des Eintritts der Republik in die Union nicht ersterer angehörten (1922 war die Krim nicht Teil der Ukraine).[46] Das Januar-Referendum wurde vor diesem Gesetz abgehalten, die Ukraine hatte sich mit ihm nicht einverstanden erklärt, wohl aber reagierte sie darauf. Am 12. Februar 1991 stellte der Oberste

---

[46] Zakon o porjadke rešenija voprosov, svjazannych s vychodom sojuznoj respubliki iz SSSR [Gesetz über die Ordnung der Lösung von Fragen im Zusammenhang mit dem Austritt einer Unionsrepublik aus der UdSSR], N 1409-I, 03.04.1990, http://www.libussr.ru/doc_ussr/usr_16379.htm (Zugriff: 05.02.2021). „Stat'ja 2: [...] Rešenie o provedenii referenduma prinimaetsja Verchovnym Sovetom sojuznoj respubliki po sobstvennoj iniciative ili po trebovaniju, podpisannomu odnoj desjatoj čast'ju graždan SSSR, postojanno proživajuščich na territorii respubliki i imejuščich pravo golosa soglasno zakonodatel'stvu Sojuza SSR. Stat'ja 3: V sojuznoj respublike, imejuščej v svoem sostave avtonomnye respubliki, avtonomnye oblasti i avtonomnye okruga, referendum provoditsja otdel'no po každoj avtonomii. Za narodami avtonomnych respublik i avtonomnych obrazovanij sochranjaetsja pravo na samostojatel'noe rešenie voprosa o prebyvanii v Sojuze SSR ili v vychodjaščej sojuznoj respublike, a takže na postanovku voprosa o svoem gosudarstvenno-pravovom statuse. [...] Stat'ja 14: [...] 7) soglasovan status territorij, ne prinadležavšych vychodjaščej respublike na moment ee vstuplenija v sostav SSSR.“ [„Art. 2: Die Entscheidung über die Durchführung eines Referendums wird durch den Obersten Sowjet der Unionsrepublik auf eigene Initiative oder nach der unterzeichneten Forderung eines Zehntels der UdSSR-Bürger, die ständig auf dem Gebiet der Republik leben und das Stimmrecht gemäß der Gesetzgebung der UdSSR besitzen, getroffen. Art. 3: In einer Unionsrepublik, die in ihrem Bestand Autonome Republiken, Autonome Gebiete und Autonome Kreise hat, wird das Referendum separat in jeder Autonomie durchgeführt. Die Völker der Autonomen Republiken und der Autonomen Gebilde behalten das Recht auf die selbständige Entscheidung der Frage des Verbleibens in der UdSSR oder in der austretenden Unionsrepublik, wie auch auf die Formulierung der Frage ihres staatsrechtlichen Status. Art. 14: 7) vereinbart wird der Status von Territorien, die einer austretenden Republik zum Zeitpunkt ihres Beitritts in den Bestand der UdSSR nicht angehört haben.“].

Sowjet der Ukrainischen SSR in einem Gesetzesakt die Autonome Sozialistische Sowjetrepublik der Krim im Verband der Ukrainischen Sowjetrepublik her.[47] Nachdem am 24. August (nach dem Putsch) die Unabhängigkeit der Ukraine und die Aussetzung der Gültigkeit der Sowjetverfassung in Kiev beschlossen worden waren, herrschte zunächst ein rechtsfreier Zustand. Auf der Krim hatten sich 54 Prozent der Wählerinnen und Wähler bei dem Referendum über die Unabhängigkeit der Ukraine am 1. Dezember 1991 dafür ausgesprochen, 42 Prozent (der höchste Satz in der Ukraine) allerdings auch dagegen.

Von den Verfechtern eines Anschlusses an Russland wurde eine andere Rechnung aufgemacht. Da die Wahlbeteiligung bei 62 Prozent gelegen habe, hätten sich faktisch zwei Drittel der Wahlberechtigten gegen die Ukraine erklärt.[48] Dies ist allerdings die übliche Argumentation von Wahlverlierern und widerspricht der juristischen Würdigung von Wahlen und Abstimmungen. Am 4. September 1991 erklärte das Krim-Parlament die staatliche Souveränität der Krim und bekundete die Absicht, einen „demokratischen Rechtsstaat im Bestand der Ukraine" zu bilden.[49] Am 6. Mai 1992 erklärte die *Verchovna Rada* der Krim jedoch die Unabhängigkeit der Krim, die umgehend am 13. Mai vom ukrainischen Parlament für verfassungswidrig erklärt und am 22. Mai vom Krim-Parlament wieder zurückgezogen wurde. Am 25. September 1992 wurde eine Kompromissverfassung verabschiedet, die nun von einem Staat Krim im Rahmen der Ukraine handelte. Allerdings bestand zu dieser Zeit schon die Republikanische Bewegung der Krim (*Respublikanskoe dviženie Kryma*, RDK), die für den Anschluss an Russland eintrat. Sie wurde im September 1992 aufgelöst und konstituierte sich einen Monat später als Republikanische Partei der Krim (*Respublikanskaja Partija Kryma*, RPK) neu. Ihre Verbindungen mit fragwürdigen Handelsfirmen (Impeks 55) und dem zu jener

---

[47] Zakon Ukrainskoj Sovetskoj Socialističeskoj Respubliki o vosstanovlenii Krymskoj Avtonomnoj Sovetskoj Socialističeskoj Respubliki [Gesetz der Ukrainischen SSR über die Wiederherstellung der Autonomen Sozialistischen Sowjetrepublik Krim], 12.02.1991, in: Vedomosti Verchovnogo Soveta USSR, Nr. 9, 26.02.1991, S. 216, http://sevkrimrus.narod.ru/ZAKON/1991-2.htm (Zugriff: 19.10.2019).

[48] A. N. Arinin, Istorija referendumov v Krymu – dolgij put' k vossoedineniju s Rossiej [Die Geschichte der Referenda auf der Krim – Der lange Weg zur Wiedervereinigung mit Russland], RCOIT pri CIK Rossii, 2019; http://www.rcoit.ru/lib/history/russian_federation/18119/ (Zugriff: 25.10.2019).

[49] „[S]ozdat' pravovoe demokratičeskoe gosudarstvo v sostave Ukrainy", Deklaracija o gosudarstvennom suverenitete Kryma [Deklaration über die staatliche Souveränität der Krim], 04.09.1991, http://sevkrimrus.narod.ru/ZAKON /dekl.htm (Zugriff: 21.10.2019).

Zeit auch in Russland blühenden organisierten Verbrechen mit seinen Finanzpyramiden erregte Aufmerksamkeit, die jedoch nicht etwa in Ablehnung mündete. Der Vorsitzende der Partei, der Jurist Jurij Meškov (1945–2019), kreierte nach mehreren internen Auseinandersetzungen 1993 das Wahlbündnis *Blok Rossija*, das er als Kandidat für die Präsidentschaftswahlen der Krim anführte.

Abb. 2: Flugblatt des Blocks *Rossija*, 1993

Das Ziel war ganz offen die Wiedervereinigung mit Russland. Am 16. und 30. Januar 1994 fanden die ersten und einzigen Präsidentschaftswahlen der Krim statt. Im ersten Wahlgang erhielt Meškov 38,5 Prozent der Stimmen, in der Stichwahl fast 73 Prozent (gegen den ehemaligen Parteichef der Krim Nikolaj Bagrov [1937–2015]). Meškov brachte sogleich wieder ein Referendum auf die Tagesordnung, das dann auch am 27. März 1994, zusammen mit den Krim-Parlamentswahlen, abgehalten wurde. Mit Werten zwischen 77,9 und 82,8 Prozent sprachen sich die Wähler für das in der Regionalverfassung vom 6. Mai 1992 beschlossene Verhältnis zur Ukraine (faktisch für die Unabhängigkeit einschließlich eigener Außenbeziehungen), für eine doppelte russisch-ukrainische Staatsangehörigkeit und für eine allgemeine Ermächtigung für Meškov aus, mit Dekreten zu regieren.[50] Am 27. März und am 10. April 1994 fanden auch Wahlen zum

---

50 „Na svoej territorii Respublika obladaet verchovnym pravom v otnošenii prirodnych bogatstv, material'nych, kul'turnych i duchovnych cennostej, osuščestvljaet svoi suverennye prava i vsju polnotu vlasti na dannoj territorii. Respublika v lice ee gosudarst-

Krim-Parlament statt. Bei dem Anteil nach dem Verhältniswahlrecht erhielt der Block *Rossija* 66,8 Prozent der Stimmen, die Kommunistische Partei 11,6 Prozent. Daneben gab es aber noch die Wahlkreise nach dem Mehrheitswahlrecht und einen separaten Wahlkreis mit 18 Sitzen für die „deportierten Völker“, in dem Krimtataren 14 Sitze, Deutsche, Griechen, Armenier und Bulgaren je einen Sitz garantiert erhielten. Von den zu vergebenden 97 Sitzen erhielt *Rossija* 54, 21 fielen an „unabhängige“ Kandidaten, außer den garantierten Minderheitensitzen erhielten die KP zwei, eine russische Partei und der „Block für wirtschaftliche Wiedergeburt“ je einen Sitz.[51]

Die Krim war damit 1994 einer separaten Entwicklung am nächsten, wandte sich dann jedoch wieder der Ukraine zu. Obwohl sein Block die absolute Mehrheit hatte und es bis auf die Minderheiten praktisch keine Opposition gab, gelang es Meškov nicht, sein Programm umzusetzen. Wie dann auch 2014 bestand seine Taktik darin, der Krim zunächst die Unabhängigkeit zu verschaffen, um sie dann als unabhängigen Staat Russland anzuschließen. Aber ein Rechtsberater Meškovs schrieb 2020, dass El'cins Russland an diesen Projekten nicht interessiert gewesen sei, seine Regierung hielt den Versuch des Anschlusses an Russland für eine „Provokation“. Man habe sich nur auf die Unterstützung des Moskauer Bürgermeisters Jurij Lužkov stützen können und das sei zu wenig gewesen.[52]

Die Zeit für einen Anschluss an Russland war Anfang der 1990er Jahre auch sonst nicht günstig. In Russland war der Tschetschenien-Krieg im

---

vennych organov i dolžnostnych lic osuščestvljaet na svoej territorii vse polnomočija za isključeniem tech, kotorye ona dobrovol'no delegiruet Ukraine.“ [„Auf ihrem Gebiet verfügt die Republik über das oberste Recht in Bezug auf Naturschätze, materielle, kulturelle und geistige Werte; sie realisiert ihre souveränen Rechte und die Gänze der Macht auf dem gegebenen Territorium. Die Republik realisiert in Gestalt ihrer staatlichen Organe und der Amtspersonen auf ihrem Gebiet alle Vollmachten außer jenen, die sie freiwillig an die Ukraine delegiert.“]. Konstitucija Respubliki Krym [Verfassung der Krim-Republik], https://ru.wikisource.org/wiki/%D0%9A%D0%BE%D0%BD%D1%81%D1%82%D0%B8%D1%82%D1%83%D1%86%D0%B8%D1%8F_%D0%A0%D0%B5%D1%81%D0%BF%D1%83%D0%B1%D0%BB%D0%B8%D0%BA%D0%B8_%D0%9A%D1%80%D1%8B%D0%BC_(1992)/%D0%A0%D0%B5%D0%B4%D0%B0%D0%BA%D1%86%D0%B8%D1%8F_6_%D0%BC%D0%B0%D1%8F_1992_%D0%B3%D0%BE%D0%B4%D0%B0 (Zugriff: 20.01.2021).

[51] Regiony Ukrainy. Chronika i rukovoditeli, t. 3: Krym i Nikolaevskaja oblast' [Die Regionen der Ukraine. Chronik und Führer, Bd. 3: Die Krim und der Oblast Mykolaiv], hg. v. KIMITAKA MACUZATO, Sapporo 2009, S. 51 f.

[52] VLADIMIR LAFITSKY, 'Crimea Acts' of 1954. International Legal Principles, in: Russian Law Journal 8 (2020), H. 4, S. 4–29, hier S. 6.

vollen Gange und auch die Transnistrien-Frage war nicht gelöst. Die ökonomische Lage Russlands war zu dieser Zeit kaum besser als diejenige der Ukraine. Zudem zerstritt sich Meškov mit den anderen Politikern seines Blocks, insbesondere mit dem Vorsitzenden des Parlaments, Sergej Cekov.

Für Jan Zofka hatte die separatistische Bewegung wegen der „kommerziellen Aktivitäten“, der hierarchischen Struktur und der vorrangigen politischen Ambitionen bis dahin wenig bekannter Männer keinen Erfolg.[53] Es habe weder eine ethnische noch eine politisch-soziale Basis für den Russland-Anschluss gegeben. Mit dem Präsidenten in Verbindung gebrachte kriminelle Kreise schienen immer stärker zu werden. Die Lage führte dazu, dass das Krim-Parlament den Präsidenten am 7. September 1994 mit einer vor allem repräsentativen Funktion ausstattete. Meškov blockierte daraufhin das Parlament mit einer eigenen Miliz, während die Abgeordneten die von Meškov zusammengestellte Regierung absetzten. Neuer Regierungschef wurde Anatolij Frančuk, zu dieser Zeit Vater des Schwiegersohns Kučmas. Nachdem die ukrainische Führung eine Reihe von auf der Krim verabschiedeten Gesetzen für ungültig erklärt hatte und die Regierung noch einige Male wechselte, erklärten immer mehr Abgeordnete ihre Bereitschaft, künftig mit Kiev zusammenzuarbeiten.

Meškov floh nach Russland, das noch kein Interesse daran zeigte, die Beziehungen zur Ukraine zu verschlechtern. Die Anrufung Kievs durch Meškovs Gegner schuf die Gelegenheit, eine neue Verfassung der Krim zu fordern, nach der die Halbinsel eine Autonome Republik im Bestand der Ukraine mit gewissen autonomen Kompetenzen werden sollte. Dies wurde durch den präsidialen Wechsel zu Kučma begünstigt, der mehr Akzeptanz als der zum Nationalisten gewendete Kravčuk genoss. Dazu wurden am 17. März 1995 die Gesetze von 1992 für ungültig erklärt und bis zur Ausarbeitung einer neuen Verfassung die Krim zu einer autonomen Territorialeinheit im Staatsverband der Ukraine erklärt.[54]

Die Diskussionen um eine neue Verfassung für die Krim zogen sich hin, während die Ukraine sich 1996 für den Gesamtstaat eine Verfassung gab. Für die Wahlen zum Krim-Parlament am 29. März 1998 wurde das Wahlrecht geändert. Nun galt ein reines Mehrheitswahlrecht, von dem 47

---

[53] JAN ZOFKA, Postsowjetischer Separatismus, Göttingen 2015, S. 397.

[54] Regiony Ukrainy, Bd. 3, S. 55–62, http://src-h.slav.hokudai.ac.jp/coe21/publish/no20_ses/SES20-40_85.pdf (Zugriff: 23.10.2019). Zakon Ukrainy ob Avtonomnoj Respublike Krym [Gesetz der Ukraine über die Autonome Republik Krim], 17.03.1995, http://sevkrimrus.narod.ru/ZAKON/1995.htm#2 (Zugriff: 21.01.2021).

„unabhängige" Kandidaten und die wiedererstarkte KP profitierten, die 38 der 100 Sitze gewann. Die Krimtataren und die anderen Minderheiten erhielten keinen einzigen Sitz. Auch den *Blok Rossija* gab es zeitweise nicht mehr. Kiev wurde am 21. Oktober 1998 eine neue Verfassung vorgelegt, die keinen Präsidenten und keine staatliche Souveränität der Krim mehr vorsah. Sie wurde am 23. Dezember 1998 in der Ukraine veröffentlicht. Russisch wurde nicht mehr „Staatssprache", wohl aber als „Sprache der Mehrheit der Bevölkerung" genannt, die „in allen Sphären des gesellschaftlichen Lebens" benutzt werden konnte und geschützt werden sollte.[55]

Im folgenden Jahrzehnt kamen die meisten Abgeordneten vom *Blok Za Janukovyča*, zu dem die Partei der Regionen, der Russische Block und die Russische Gemeinde der Krim sich zusammengeschlossen hatten, 2010 dann von seiner „Partei der Regionen", als die pro-russischen Parteien zusammengeschmolzen waren. Damit entsprach die politische Lage auf der Krim in etwa derjenigen in der Ostukraine, und die eher symbolische Autonomie hatte die Bewohner so weitgehend beruhigt, dass man eine ruhige Entwicklung antizipierte.[56]

2006 stellte das Wahlbündnis *Za Janukovyča* mit 300.000 Unterschriften den Antrag, zeitgleich mit den ukrainischen Parlamentswahlen auf der Krim ein Referendum durchzuführen, dessen Ergebnis die Anhebung des Russischen zur zweiten Staatssprache auf der Krim sein sollte. Die ukrainische Staatsanwaltschaft verbot das Referendum, das wenig verändert hätte und beruhigend hätte wirken können.[57] So blieb aber der Eindruck

---

[55] Art. 10: „V Avtonomnoj Respublike Krym narjadu s gosudarstvennym jazykom obespečivaetsja funkcionirovanie i razvitie, ispol'zovanie i zaščita russkogo, krymskotatarskogo, a takže jazykov drugich nacional'nostej. V Avtonomnoj Respublike Krym russkij jazyk kak jazyk bol'šinstva naselenija i priemlemyj dlja mežnacional'nogo obščenija ispol'zuetsja vo vsech sferach obščestvennoj žizni." [„In der Autonomen Republik Krim werden gleichrangig mit der Staatssprache das Funktionieren und die Entwicklung, die Nutzung und der Schutz der russischen, der krimtatarischen wie auch der Sprachen anderer Nationalitäten gesichert. In der Autonomen Republik Krim wird die russische Sprache als die Sprache der Bevölkerungsmehrheit und als akzeptable Sprache für die Kommunikation zwischen den Nationalitäten in allen Sphären des gesellschaftlichen Lebens verwendet."]. Konstitucija Avtonomnoj Respubliki Krym [Verfassung der Autonomen Republik Krim], https://zakon2.rada.gov.ua/ krym/show/rb239k002-98 (Zugriff: 23.10.2019).

[56] SASSE, The ‚New' Ukraine, S. 94.

[57] Krym potreboval ot Juščenko referendum po russkomu jazyku [Die Krim verlangte von Juščenko ein Referendum über die russische Sprache], Lenta.ru, 18.10.2006, https://lenta.ru/news/2006/10/18/language (Zugriff: 24.02.2021); KULYK, Gespaltene Zungen, S. 399.

der Zurückweisung aus Kiev und die Stimmung verschlechterte sich. Auch die Verbindung von Sprachenfrage und staatlicher Zugehörigkeit wurde wieder problematisiert.

Auf den ersten Blick gab es keine Probleme mehr. Der wichtige russische und sowjetische Erinnerungs- und Sehnsuchtsort Krim war für Russen ohne Schwierigkeiten zugänglich und die Krim genoss eine sonst in der Ukraine nirgendwo vorhandene Autonomie. Über deren Einschränkungen durch Kiev wurde zwar geklagt, aber insgesamt war der Prozess seit den Versuchen, die Krim zu verselbständigen, ohne große Öffentlichkeit abgelaufen. Prekär war jedoch die Lage der Krimtataren. Sie hatten zwar ihre eigenen Organe, den *Kurultaj* und den *Medžlis*, aber in der Legislative waren sie praktisch nicht vertreten.

Und die russische Frage war auch international nicht gelöst. Bereits am 21. Mai 1992 fasste der Oberste Sowjet der Russländischen Föderation (den El'cin ein Jahr später auflöste) den Beschluss, dass die Übertragung der Krim an die Ukraine im Jahre 1954 nicht den gesetzlichen Bestimmungen entsprechend erfolgt und daher *ex tunc* rechtswidrig und unwirksam gewesen sei. Russland und die Ukraine wurden aufgefordert, sich unter Beteiligung der Krim und der Meinungsäußerung ihrer Einwohner mit diesem Problem in Verhandlungen zu befassen und es zu „regulieren".[58] Die russische Regierung hatte allerdings kein Interesse, sich damit zu beschäftigen, der Konflikt mit dem Parlament brach dann ja 1993 auch offen aus. Bereits im Juni 1992 hatten Kravčuk und El'cin das Thema als „ukrainische Angelegenheit" ausgeklammert. Man war zu dem Schluss gekommen, dass eine Überprüfung sowjetischer Rechtsnormen angesichts der geringen Beachtung des Rechts in der Sowjetunion wenig sinnvoll sei und zudem kontraproduktiv, da die ukrainischen Nationalisten auch den Kuban' als ukrainisches Gebiet forderten.[59]

In einem Punkt gab es allerdings in der Tat ein Problem. Sevastopol' gehörte auch in der Zeit der Zugehörigkeit zur RSFSR nicht zur *Krymskaja Oblast'*, sondern hatte einen eigenen Status. Am 29. Oktober 1948 veröffentlichte das Präsidium des Obersten Sowjet der Russischen Sozialistischen Föderativen Sowjetrepublik einen Erlass, der aus einem Satz

---

[58] Postanovlenie Verchovnogo Soveta Rossijskoj Federacii o pravovoy ocenke rešenij vysšich organov gosudarstvennoj vlasti RSFSR po izmeneniju statusa Kryma, prinjatych v 1954 godu [Beschluss des Obersten Sowjet der RF über die rechtliche Bewertung der 1954 angenommenen Beschlüsse der obersten Organe der Staatsmacht über die Veränderung des Status der Krim], http://sevkrimrus.narod.ru/ZAKON/o1954.htm (Zugriff: 25.10.2019).

[59] SPAHN, Staatliche Unabhängigkeit, S. 187 f.

bestand: „Die Stadt Sevastopol' wird zu einem selbständigen Verwaltungs- und Wirtschaftszentrum mit einem eigenen Haushalt ausgegliedert und der Kategorie der Städte republikanischer Zugehörigkeit zugerechnet".[60] Der Zweck war die beschleunigte Durchführung des Wiederaufbaus. Damit blieb die Stadt in der RSFSR, war jedoch nicht mehr wie vorher Bestandteil des Krim-Gebiets, sondern wurde direkt aus der RSFSR-Hauptstadt Moskau verwaltet. Ähnlich verfuhr man mit Soči und Omsk.

Ekaterina Čerkasova argumentiert wie auch die ukrainische Seite, die Ausgliederung der Stadt sei eine republikanische Angelegenheit gewesen, die Übergabe der Krim an die Ukraine eine Unionsangelegenheit, die „von einem übergeordneten Organ der Staatsmacht" verfügt worden sei.[61] Das ist zweifellos so, aber in dem *Ukaz* des Obersten Sowjet der UdSSR vom 19. Februar 1954 ist nur vom Krim-Gebiet die Rede (*„o peredače Krymskoj oblasti"*) und 1954 war Sevastopol' eine gebietsfreie, der RSFSR direkt unterstellte Stadt, die verwaltungs- und wirtschaftsmäßig nicht zum Krim-Gebiet gehörte.[62] Nun kann man sich natürlich lange über die faktische Absicht der Verfasser des hastig verfassten Krim-Erlasses Gedanken machen, man kann auch behaupten, dass dies damals niemanden wirklich interessiert habe. Aber wenn man die juristische Lage für bedeutsam hält, dann kann man diese Rechtslage nicht einfach übergehen.

Zwar haben die Parlamente der Ukraine und Russlands jeweils auf ihren Maximalpositionen zur Krim beharrt (und dabei jeweils Sevastopol' eingeschlossen), aber die langwierigen Verhandlungen, die von den Präsidenten schließlich im Mai 1997 durch den Freundschaftsvertrag abgeschlossen wurden, ignorierten die Forderungen der Parlamentarier. Ab und an hatten zwar russische Politiker (allen voran der Moskauer Bürgermeister Jurij Lužkov) weiterhin die Forderung nach der Übergabe der

---

[60] „Vydelit' gorod Sevastopol' v samostojatel'nyj administrativno-chozjajstvennyj centr so svoim osobym bjudžetom i otnesti ego k kategorii gorodov respublikanskogo podčinenija." Ukaz Prezidiuma Verchovnogo Soveta RSFSR Nr. 761/2, 29.10.1948, https://ru.wikisource.org/wiki/Указ_Президиума_ВС_РСФСР_от_29.10.1948_№_761/2 (Zugriff: 23.05.2022).

[61] EKATERINA ČERKASOVA, Sewastopol – ein Bestandteil der Ukraine. Zur administrativ-politischen Zuordnung der Stadt nach 1954, in: Bundesinstitut für ostwissenschaftliche und internationale Studien. Aktuelle Analysen, 38 (1999), H. 13, S. 2 f., https://nbn-resolving.org/urn:nbn:de:0168-ssoar-47889 (Zugriff 23.05.2022).

[62] Ukaz Prezidiuma Verchovnogo Soveta SSSR „O Peredače Krymskoj oblasti iz sostava RSFSR v sostav USSR" [Erlass des Präsidiums des Obersten Sowjet der UdSSR „über den Transfer des Oblast Krim von der RSFSR an die UdSSR"], in: Vedomosti Verchovnogo Soveta SSSR [Informationen des Obersten Sowjet der UdSSR], 13.05.1954, https://commons.wikimedia.org/wiki/File:The_transfer_of_Crimea.jpg (Zugriff: 20.05.2022).

Krim an Russland wiederholt (und hierbei Sevastopol' der russischen Krim zugerechnet). Als Moskauer Bürgermeister organisierte Lužkov den Bau von Wohnhäusern und entsandte Hilfslieferungen nach Sevastopol', dessen russische Einwohner sich von der ukrainischen Seite stiefmütterlich behandelt fühlten.[63] Lužkov ist 2010 wegen Konflikten mit Putin und Medvedev abgesetzt worden.

Durch den Pachtvertrag vom 28. Mai 1997 hatte die russische Seite jedenfalls die ukrainische Souveränität über Sevastopol' anerkannt. Aufgrund dieser konkludenten Handlung wurde die vor 1997 tatsächlich unklare Lage eigentlich irrelevant. Die Aufteilung der sowjetischen Schwarzmeerflotte war schließlich erfolgt, und Russland verlängerte nach dem Beginn der Präsidentschaft Janukovyč' seine Pacht der Hafengebiete langfristig. Zudem war nur Russland berechtigt, seine Schiffe im Schwarzen Meer als „Schwarzmeerflotte" (*Černomorskij Flot*) zu bezeichnen. Die ukrainische Flotte verzichtete förmlich für ihren Teil auf diese Bezeichnung.[64] Die Ereignisse von 2014 straften diese Überlegungen Lügen – sie sind jedoch nicht mehr Teil der Transitionsphase.

* * *

Die Transitionsphase war in allen sowjetischen Gebieten schwierig. Völlig neue politische, wirtschaftliche und nationale Themen waren zu diskutieren, wobei das Diskutieren an sich schon ungewohnt war. Im russisch-ukrainischen Verhältnis spielten historische Belastungen eine zusätzliche Rolle. Aus der russischen Perspektive war eine separate ukrainische nationale Identität immer etwas Verwirrendes – und Verwirrendes äußerte nicht zuletzt Putin zu diesem Thema. Als Vladimir Putin an die Macht kam, gab es eine politische Wende in Russland: Die Rückkehr zur „Weltmacht" wurde Programm. Die Politik des Westens verschärfte (bewusst oder unbewusst) die Konfrontation. Man kann also nicht sagen, dass die Ereignisse von 2014 – die auf den Majdan-Machtwechsel, aber auch auf die Sprachenfrage gestützte Annexion der Krim und der Versuch, zwischen der Ostukraine und Odessa ein „Neurussland" zu kreieren – überraschend gekommen wären.

Wer den politischen Diskurs verfolgte, beobachtete eine *restitutio imperii*, deren primäre Ziele die ostslavischen Staaten waren. Nationalistische Russen sahen in ihnen Angehörige des *russkij mir* – der „russischen

---

[63] SPAHN, die Außenpolitik Russlands, S. 194 f.

[64] Ebd., S. 196.

Welt" – während nationalistische Ukrainer sich gerade in der Abgrenzung von Russen national identifizierten. Während Belarus unter Aljaksandr Lukašenka sich am 8. Dezember 1999 auf den „Unions-Staat" (*Sojuznoe gosudarstvo*) mit Russland einließ, war eine Einbindung der Ukraine nicht einmal in eine Wirtschaftsunion in erreichbarer Nähe. Selbst die mehrheitlich russischsprachigen Teile des Landes waren zwar an guten Beziehungen mit Russland interessiert, die meisten Bewohner jedoch nicht an einer allzu weitgehenden Inkorporation.

Allerdings taten die Zentralbehörden, wenn „Westler" an der Macht waren, vieles, um die Russischsprachigen zu verärgern. Für die west- und zentralukrainischen Gebiete war eine (nicht immer in ihren Implikationen verstandene) Anbindung an die bis Polen, Ungarn und Rumänien reichende EU attraktiver. Bis 2014 hielten sich die beiden Teile in etwa politisch die Waage. Ironischerweise hat Russland durch die Annexion der Krim und die Förderung der Donbass-Separatisten-„Republiken" den „Westlern" eine kaum mehr zu überwindende Mehrheit im ukrainischen Reststaat verschafft.

Abbildungsnachweis

Abb. 1: https://www.researchgate.net/figure/The-1994-Ukrainian-presidential-elections_fig2_325670572 (Zugriff: 22.05.2022).

Abb. 2: https://dictaphone.org. ua/2019/03/04/vas/ (Zugriff: 21.10.2019).

Klaus Ziemer

Konstruktionen nationaler Identität und Aussenpolitische Kurssuche

Polen nach 1989

Mit der Wiederherstellung der politischen Souveränität Polens 1989 sah sich die neue politische Führung nicht nur vor die Aufgabe gestellt, demokratische staatliche Strukturen und ein marktwirtschaftliches Ordnungssystem einzuführen. Auch die Grundlagen der polnischen Außenpolitik mussten neu bestimmt werden. Bei der Ausarbeitung der neuen Verfassung war außerdem zu klären, wie der Träger der staatlichen Souveränität, die polnische Nation, zu definieren sei.

Anders als bei zwei großen Zäsuren der polnischen Geschichte im 20. Jahrhundert, 1918 und 1945, stand 1989 nicht die Frage der territorialen Ausrichtung Polens nach der piastischen oder der jagiellonischen Konzeption im Mittelpunkt der Auseinandersetzungen. Diese Frage war 1945 ohne Mitsprache Polens entschieden worden. Die Frage der Grenzen wurde mit der Anerkennung der heutigen deutsch-polnischen Grenze durch das vereinte Deutschland im Vertrag vom 14. November 1990 und dessen Ratifizierung am 16. Dezember 1991 formalrechtlich besiegelt. Inzwischen hat sich entlang dieser Grenze von der Ostsee bis zur Tschechischen Republik eine intensive grenzüberschreitende Zusammenarbeit entwickelt, und der Verlauf der Grenze ist in den deutsch-polnischen Beziehungen kein Thema mehr.[1]

[1] Wie groß in der polnischen Bevölkerung das Misstrauen gegenüber der Dauerhaftigkeit dieser Grenze nach den jahrzehntelangen Auseinandersetzungen seit 1945 war, machte eine in „Der Spiegel“ (Nr. 36 vom 02.09.1991) veröffentlichte repräsentative Umfrage deutlich. Danach erklärten noch fast ein Jahr nach der Unterzeichnung des Grenzvertrags 42 Prozent der befragten Polen, die Grenze sei „ziemlich unsicher“, weitere 9 Prozent, sie sei sogar „sehr unsicher“, http://magazin.spiegel.de/EpubDelivery/spiegel/pdf/13490600 (Zugriff: 15.12.2018).

Die Definition der Nation

Seit Mitte der 1950er Jahre gaben die Statistiken der kommunistischen Regierung an, dass sich die Bevölkerung Polens zu 97–98 Prozent aus ethnischen Polen zusammensetzte. Das Bestehen einer deutschen Minderheit wurde geleugnet, obwohl seit den 1970er Jahren mit oder ohne Einverständnis der polnischen Behörden mehr als 300.000 Personen, die nach deutschem Recht die deutsche Staatsangehörigkeit besaßen, in die Bundesrepublik ausgewandert waren.

Die neue demokratische Regierung erkannte die Existenz nationaler Minderheiten, darunter einer deutschen, an und das Parlament richtete einen ständigen Ausschuss für Fragen der nationalen und ethnischen Minderheiten ein. Für die deutsche Regierung bildeten bei der Aushandlung des Vertrags über gutnachbarliche Beziehungen mit Polen von 1991 die Rechte der deutschen Minderheit das zentrale Problem. Heute ist diese Frage weitgehend gelöst, etwa bezüglich des Schulwesens. Dahinter stehen auch Lernprozesse, die politische Eliten wie Gesellschaft im demokratischen Polen zunächst durchlaufen mussten.

Das entsprechende polnische Gesetz von 2005 erkannte neun nationale und vier ethnische Minderheiten an und führte die Möglichkeit zweisprachiger Ortsschilder in allen Gemeinden ein, bei denen ein Zensus ergeben habe, dass im Ort mindestens 20 Prozent Einwohner mit nichtpolnischer Herkunft lebten.[2] Solche Ortsschilder einzuführen, hatte sich die polnische Seite im Nachbarschaftsvertrag mit Deutschland 1991 noch nicht im Stande gesehen. Am 18. Juli 2016 waren in 815 Gemeinden und Ortsteilen polnisch-kaschubische, in 359 polnisch-deutsche, in 30 polnisch-litauische, in 27 polnisch-belarussische und in 9 polnisch-ukrainische (lemkische) Ortstafeln angebracht.[3]

Bei der Volkszählung 2011 bezeichneten sich bei einer Gesamtbevölkerung von 38.511.800 Personen 37.310.300 als Polen, davon gaben 36.522.200 die polnische als einzige nationale Zugehörigkeit an. Die Zahl der „Schlesier“, die bei der Volkszählung 2002 überraschend – weil diese

---

[2] Ustawa o mniejszościach narodowych i etnicznych oraz o języku regionalnym [Gesetz über nationale und ethnische Minderheiten und die Regionalsprache], Gesetz vom 5. Januar 2005, mit späteren Änderungen, Dziennik Ustaw 2017, Postion 823, http://prawo.sejm.gov.pl/isap.nsf/download.xsp/WDU20170000823/T/D20170823L.pdf (Zugriff: 15.12.2018).

[3] Dwujęzyczne nazewnictwo geograficzne w Polsce [Zweisprachige geografische Bezeichnungen in Polen], https://pl.wikipedia.org/wiki/Dwuj%C4%99 zyczne_nazewnictwo_geograficzne_w_Polsce (Zugriff: 03.12.2018).

Kategorie auf den Formularen gar nicht vorgesehen war – 173.153 betragen hatte, wuchs auf 846.700 an, davon 435.800 als „erste" und 375.600 als „einzige" Zugehörigkeit,[4] gefolgt von den Kaschuben (232.500), davon 17.700 als „erste" Zugehörigkeit. Die Deutschen belegten Platz drei der Minderheiten mit 147.800 Personen, davon 74.500 als „erste" Zugehörigkeit.[5] Damit erklärten sich 96,9 Prozent als Polen, darunter 94,8 Prozent ausschließlich als Polen. Das zeigt, dass 1,8 Prozent der Bevölkerung zwar das Bewusstsein haben, auch einer anderen Nationalität anzugehören, sich aber primär als Pole oder Polin fühlen. Nur 1,4 Prozent gaben an, ausschließlich eine andere als die polnische Nationalität zu besitzen. Bei weiteren 1,4 Prozent konnte die Nationalität nicht festgestellt werden.[6]

Wichtig für die politischen Rechte der nationalen Minderheiten wie auch für den Begriff der Nation sind die einschlägigen Definitionen in der Verfassung. Hier äußert sich die Präambel der Verfassung von 1997 eindeutig: „[...] beschließen wir, das polnische Volk – alle Staatsbürger der Republik, [...] uns die Verfassung der Republik Polen zu geben". Die Zugehörigkeit zur polnischen Nation wird also nicht ethnisch, sondern durch die Staatsbürgerschaft definiert.

Im Programm der seit Ende 2015 allein regierenden Partei Recht und Gerechtigkeit (*Prawo i Sprawiedliwość*, PiS) von 2014 heißt es, die Nation werde nicht ethnisch definiert.[7] In der Praxis beansprucht jedoch die Führung von PiS zu bestimmen, wer ein „echter" Pole sei. Politische Gegner und Journalisten, die Polen im Ausland „denunzierten", bezeichnete der PiS-„Präses" Jarosław Kaczyński als „Polen der schlechtesten Sorte". Landesverräter habe es in der polnischen Geschichte immer gege-

---

[4] Auf die sehr komplexe Problematik der „schlesischen" Identität und der Schlesischen Autonomie-Bewegung (*Ruch Autonomii Śląska*, RAŚ) kann an dieser Stelle nicht eingegangen werden.

[5] „Ludność według rodzaju i kolejności identyfikacji narodowo-etnicznych – w 2011 roku" [Die Bevölkerung nach Art und Reihenfolge der national-ethnischen Identifikationen – im Jahr 2011], in: Główny Urząd Statystyczny, Struktura narodowo-etniczna, językowa i wyznaniowa ludności Polski. Narodowy Spis Powszechny Ludności i Mieszkań [Statistisches Hauptamt, National-ethnische, Sprachen- und Bekenntnisstruktur der Bevölkerung Polens. Allgemeine nationale Zählung der Bevölkerung und der Wohnungen], Warszawa 2015, Tabelle 2.2., S. 31, https://stat.gov.pl/spisy-powszechne/nsp-2011/nsp-2011-wyniki/struktura-narodowo-etniczna-jezykowa-i-wyznaniowa-ludnosci-polski-nsp-2011,22,1.html (Zugriff: 05.10.2020).

[6] Prozentzahlen berechnet nach ebd.

[7] Program Prawa i Sprawiedliwości 2014 [Programm von Recht und Gerechtigkeit 2014], S. 9, http://pis.org.pl/dokumenty (Zugriff: 03.12.2018).

ben, manche Leute hätten das in den Genen.[8] Noch prägnanter brachte die besondere Vorstellung der Nation die Witwe des beim Flugzeugabsturz von Smolensk 2010 tödlich verunglückten Präsidenten des Instituts des Nationalen Gedenkens, Janusz Kurtyka, Zuzanna Kurtyka, bei einer Gedenkveranstaltung zum Monatstag des Unglücks im Oktober 2011 zum Ausdruck, einen Tag, nachdem sie in Krakau als PiS-Kandidatin bei den Wahlen zum polnischen Senat unterlegen war:

> „Die Regierung der Bürgerplattform [Partei *Platforma Obywatelska*, PO, K. Z.] wurde nicht von der Nation gewählt, sondern von der Gesellschaft. Das ist ein grundsätzlicher Unterschied. Die Nation sind wir!“[9]

Untrennbar mit der polnischen Nation verbunden ist die Katholische Kirche. Der amerikanische Soziologe José Casanova stellte 1994 fest, die Kirche habe sich in der Zeit des Kommunismus unbestreitbare Verdienste um die Bewahrung der nationalen Identität der Polen erworben. Mit erkennbarer Skepsis stellte er jedoch die Frage, ob die Kirche unter den veränderten Rahmenbedingungen seit 1989 die Autonomie der Zivilgesellschaft anerkennen oder eher auf einem ethnisch und konfessionell bestimmten Nationsbegriff beharren werde.[10] Die Praxis seit 1989 lief sehr deutlich auf die zweite Alternative hinaus, wobei das öffentliche Erscheinungsbild der Kirche seit dem Tod von Papst Johannes Paul II. (2005) immer mehr vom klerikal-nationalen Sender Radio Maryja geprägt wird.

Eine Gruppe dem „offenen Katholizismus“ zuzurechnender Geistlicher und Publizisten richtete zwar im Frühjahr 2016 an den Vorsitzenden der Polnischen Bischofskonferenz, Erzbischof Stanisław Gądecki, die Bitte, angesichts nationalistischer Demonstrationen und Taten möge die Bischofskonferenz die Haltung der Kirche hierzu darlegen. Gleichwohl kam im Frühjahr 2017 die Publikation eines Dokuments zum „christlichen Patriotismus“ eher überraschend. Zu Beginn begrüßen die Bischöfe darin eine Belebung patriotischer Haltungen und des Nationalbewusstseins in Polen, nehmen dann aber eine scharfe Abgrenzung zwischen Patriotismus und Nationalismus vor. Sie unterstreichen, dass Geschichte und Identität

---

8 MICHAŁ CZORNAK, „Najgorszy sort Polaków?“. Co tak naprawdę powiedział Jarosław Kaczyński? [„Übelste Sorte von Polen?“. Was hat Jarosław Kaczyński wirklich gesagt?], https://wmeritum.pl/najgorszy-sort-polakow-co-tak-naprawde-powiedzial-jaroslaw-kaczynski/130074 (Zugriff: 15.12.2018).

9 WOJCIECH PELOWSKI, Dzięki Bogu Zuzanna Kurtyka nie została senatorem [Gott sei Dank wurde Zuzanna Kurtyka nicht Senatorin], in: Gazeta Wyborcza, 11.10.2011.

10 JOSÉ CASANOVA, Public Religions in the Modern World, Chicago / London 1994, S. 109.

Polens besonders eng mit der lateinischen Tradition der katholischen Kirche verbunden seien.

> „Nichtsdestoweniger dienten und dienen immer noch neben der katholischen Mehrheit ebenso gut orthodoxe Polen und Protestanten sowie Gläubige des Judentums, des Islam und anderer Glaubensbekenntnisse sowie diejenigen, die sich in keiner religiösen Tradition wiederfinden, dem gemeinsamen Vaterland."[11]

Daher solle der gegenwärtige polnische Patriotismus

> „[...] allen Bürgern – unabhängig von ihrem Glaubensbekenntnis oder ihrer Herkunft –, für die das Polentum und der Patriotismus eine moralische und kulturelle Wahl sind, immer Achtung und das Gefühl der Gemeinschaft entgegenbringen".[12]

Das klingt wie eine Paraphrase der Präambel der polnischen Verfassung von 1997 in kirchlicher Terminologie. In der Präambel der Verfassung heißt es:

> „[...] beschließen wir, das polnische Volk – alle Staatsbürger der Republik, sowohl diejenigen, die an Gott als die Quelle der Wahrheit, Gerechtigkeit, des Guten und des Schönen glauben, als auch diejenigen, die diesen Glauben nicht teilen, sondern diese universellen Werte aus anderen Quellen ableiten, [...] uns die Verfassung der Republik Polen zu geben".[13]

Dieser Abschnitt wurde vom früheren Premierminister Tadeusz Mazowiecki formuliert und war 1997 heftig umstritten. Bemerkenswert ist, dass sich die inhaltliche Zustimmung zu ihm jetzt in einem Dokument des polnischen Episkopats findet.

Dieses Dokument liest sich in Teilen wie ein politischer Katechismus für polnische Staatsbürgerinnen und Staatsbürger. Allerdings ist fraglich, welche Reichweite ihm zukommt. Die Skepsis des Chefredakteurs der

---

[11] Chrześcijański kształt patriotyzmu. Dokument Konferencji Episkopatu Polski przygotowany przez Radę ds. Społecznych [Die christliche Gestalt des Patriotismus. Dokument der Polnischen Bischofskonferenz erstellt vom Rat für soziale Angelegenheiten] (14.03.2017), https://episkopat.pl/chrzescijanski-ksztalt-patriotyzmu-dokument-konferencji-episkopatu-polski-przygotowany-przez-rade-ds-spolecznych/ (Zugriff: 04.12.2018). Deutsche Version: Patriotismus in christlicher Gestalt. Dokument der Polnischen Bischofskonferenz vom 14. März 2017, https://www.dbk.de/fileadmin/redaktion/diverse_downloads/dossiers_2018/2018-Dokument-Poln.-Bischofskonferenz-Patriotismus-in-christlicher-Gestalt.pdf (Zugriff: 18.11.2020).

[12] Ebd.

[13] Verfassung der Republik Polen, 02.04.1997, https://www.sejm.gov.pl/prawo/konst/niemiecki/kon1.htm (Zugriff: 13.06.2022).

„liberalen" katholischen Vierteljahresschrift „Więź", Zbigniew Nosowski, scheint berechtigt, der nach einem zustimmenden Referieren des Dokumentes und kritischen Zitaten rechter katholischer Politiker und Publizisten dazu darauf verweist, dass selbst der Hauptautor des Textes, der Breslauer Erzbischof Józef Kupny, auf einer Pressekonferenz erklärt habe, er wisse nicht, welche Verbindlichkeit das Dokument besitze. Eine klare Instruktion und eine unverbindliche Richtungsweisung seien zwei sehr verschiedene Dinge.[14] In der Praxis spielt das Dokument keine Rolle. Es wird kaum darauf Bezug genommen, etliche Äußerungen katholischer Hierarchen widersprachen ihm geradezu.

Die Neudefinition der polnischen Außenpolitik nach 1989

Mit der Bildung der von dem Nichtkommunisten Tadeusz Mazowiecki geführten Regierung im Spätsommer 1989 stellte sich auch die Frage nach einer Neuausrichtung der polnischen Außenpolitik. Eine entscheidende Determinante dabei war die weitere Entwicklung in der Sowjetunion. Selbst nach deren Zerfall Ende 1991 blieben noch Zehntausende Soldaten der Roten Armee in Polen stationiert. Erst am 17. September 1993, auf den Tag genau 54 Jahre nach dem Einmarsch der sowjetischen Truppen in Polen 1939, verließen die letzten russischen Soldaten Polen. Damit konnte die polnische Außen- und Sicherheitspolitik unter neuen sicherheitspolitischen Prämissen formuliert und implementiert werden.

Alle politischen Kräfte in Polen waren sich einig, dass die oberste Priorität dem Schutz des Landes vor einer militärischen Bedrohung durch Russland zukomme. Die im März 1999 erreichte Mitgliedschaft Polens in der NATO wurde von allen politischen Lagern als das wichtigste Ereignis für Polen in den 1990er Jahren begrüßt. Weit schwieriger war der Beitritt zur Europäischen Union, nicht nur wegen des komplizierten Aufnahmeverfahrens und der verschiedenen von Polen zu erfüllenden Anforderungen. Umstritten war die Mitgliedschaft selbst auch in Polen. In Kategorien außenpolitischer Schulen kann man bei der Haltung zur europäischen Integration zwei grundsätzliche Lager ausmachen: einerseits die liberalen Positionen zuneigenden Befürworter der europäischen Integration, die man verkürzt auch als Anhänger der „piastischen Konzeption" bezeich-

---

[14] Zbigniew Nosowski, Patriotyzm chrześcijański, czyli otwarty [Christlicher, d. h. offener Patriotismus], in: Więź, 28.04.2017, http://wiez.com.pl/2017/04/28/patriotyzm-chrzescijanski-czyli-otwarty/ (Zugriff: 05.12.2018).

nen könnte, andererseits die „Eurorealisten", die in der europäischen Integration eine Reihe von Gefahren sehen und eher der „jagiellonischen" Konzeption zuneigen. Die „Europa-Enthusiasten" betonen die kulturelle Zugehörigkeit Polens zum Westen und die gemeinsame Wertebasis. Sie unterstreichen gleichfalls, dass die Mitgliedschaft in der EU eine Chance für die dringend benötigte sozioökonomische und technologische Modernisierung des Landes biete.

Die Soziologin Lena Kolarska-Bobińska stellte auf der Grundlage repräsentativer Erhebungen des Meinungsforschungsinstituts CBOS 2001 fest, es gebe zwar für die Mitgliedschaft in der EU auch ökonomische Gründe. Den Kern für den Wunsch Polens nach einem EU-Beitritt bilde jedoch eine „zivilisatorische" Option.[15] Im Postulat der „Europäisierung" Polens als Grundrichtung der Außenpolitik stimmten bis 2005 die meisten politischen Eliten überein, unabhängig von der parteipolitischen Zusammensetzung der jeweiligen Regierung.

Die „Euro-Realisten" klagten zwar über ungünstige Aufnahmebedingungen, zogen aber in der geopolitischen Auseinandersetzung mit Russland die Mitgliedschaft der Länder Ostmitteleuropas in der EU vor, da es dann kein „Zwischeneuropa" mehr gebe. Andere – wie die Brüder Kaczyński – sahen weiterhin die Gefahr eines deutsch-russischen Zusammenspiels in Europa, insbesondere im Energiebereich. Das Abkommen über die Erdgas-Pipeline Nord Stream wurde 2005 geradezu als Pakt „Ribbentrop – Molotov II" gesehen.[16]

Eine wichtige Rolle spielte bei der Argumentation der Integrationsgegner bereits 1992 in der Diskussion über eine Assoziation Polens mit den damaligen Europäischen Gemeinschaften die Furcht vor einem Verlust an Souveränität für Polen, die nach langen Jahrzehnten gerade erst mühsam wiedererrungen worden sei. Vorbehalte gab es ferner wegen der Befürchtung, die kulturelle Identität der polnischen Nation könne „aufgeweicht" werden. Ebenfalls geäußert – insbesondere, aber nicht nur von kirchlicher Seite – wurde die Erwartung, „libertäre" Einflüsse aus dem

---

[15] LENA KOLARSKA-BOBIŃSKA, Polacy wobec wielkiej zmiany [Die Polen angesichts des großen Wandels], in: Polacy wobec wielkiej zmiany. Integracja z Unią Europejską [Die Polen angesichts des großen Wandels. Die Integration mit der EU], hg. v. DERS., Warszawa 2001, S. 5–11.

[16] Gemeint ist der deutsch-sowjetische Nichtangriffsvertrag mit seinem geheimen Zusatzprotokoll vom 23. August 1939, auch landläufig „Hitler-Stalin-Pakt" oder „Molotov-Ribbentrop-Pakt" genannt (letztere Bezeichnung nach dem sowjetischen und deutschen Außenminister, die u. a. den Vertrag unterzeichneten) [Anm. d. Hrsg.].

Westen könnten die Moral der Polen untergraben.[17] Militantestes Sprachrohr der EU-Gegner war Radio Maryja.

Mehrfach befürwortete Papst Johannes Paul II. den polnischen EU-Beitritt, u. a. in seiner Rede vor dem polnischen Parlament am 11. Juni 1999. Wenige Wochen vor dem entscheidenden Referendum über den EU-Beitritt griff Papst Johannes Paul II. in einer seiner Ansprachen zum sonntäglichen Angelus-Gebet in Rom eine zuvor von Mitgliedern der Katholischen Universität Lublin propagierte Parole auf, „von der Lubliner Union zur Europäischen Union". Die Lubliner Union von 1569 hatte die Personalunion zwischen Polen und Litauen in eine Realunion umgestaltet. Der Beitritt Polens zur Europäischen Union bildete in dieser Sichtweise eine Art Krönung der polnischen Geschichte. Im Beitrittsreferendum vom Juni 2003 betrug der Anteil der gültigen Stimmen für den Beitritt 77,5 Prozent bei einer Abstimmungsbeteiligung von 58,9 Prozent. Vollzogen wurde der Beitritt zum 1. Mai 2004.

Weitgehende Übereinstimmung bestand in allen politischen Lagern in Polen in der Haltung gegenüber den östlichen Nachbarn. Hier setzte sich die von den Herausgebern der Pariser „Kultura", Jerzy Giedroyc und Juliusz Mieroszewski, bereits Mitte der 1950er Jahre formulierte Position durch, Polen solle sich mit dem Verlust seiner 1945 an die Sowjetunion abgetretenen Ostgebiete abfinden und seine neue Ostgrenze anerkennen. Voraussetzung sei allerdings die Unabhängigkeit der bisherigen Sowjetrepubliken Litauen, Belarus und Ukraine, die ihrerseits eine Garantie für Polens Sicherheit sei.[18]

Mit dem Erreichen der strategischen Hauptziele der polnischen Außenpolitik, der Mitgliedschaft in NATO und EU, wurden Interessenunterschiede zwischen Polen und seinen europäischen Hauptpartnern, Deutschland und Frankreich, deutlicher sichtbar, am klarsten im Irakkrieg 2003. Die Teilnahme polnischer Soldaten beim Angriff der USA auf den Irak trug Polen teilweise den Ruf eines „trojanischen Pferds der USA" in der EU ein. Den europäischen Politikern war entgangen, welch hohe

---

[17] Belege für die Argumentationsmuster der damaligen Gegner einer Assoziation mit den EG bzw. der EU bei KLAUS ZIEMER, Polen auf der Suche nach einem neuen Ort in Europa, in: Die Integration Europas. PVS-Sonderheft 23 (1992), hg. v. MICHAEL KREILE, S. 390–405, hier S. 402 f. Vgl. auch: GRZEGORZ ADAMCZYK / PETER GOSTMANN, Polen zwischen Nation und Europa. Zur Konstruktion kollektiver Identität im polnischen Parlament, Wiesbaden 2007.

[18] Vgl. u. a. SEBASTIAN GERHARDT, Polska polityka wschodnia. Die Außenpolitik der polnischen Regierung von 1989 bis 2004 gegenüber den östlichen Nachbarstaaten Polens (Russland, Litauen, Weißrussland, Ukraine), Marburg 2007.

Priorität für die polnischen politischen Eliten das Wohlwollen der amerikanischen Regierung besaß, da sie in den USA letztlich den einzigen Garanten für Polens Sicherheit im Falle eines russischen Angriffs sahen.

Polen, als dessen „Anwalt" Deutschland in den 1990er Jahren bei der Westintegration des Landes bezeichnet wurde, trat nun zunehmend selbstbewusster auf, auch wenn die polnischen Eliten die informellen Mechanismen Brüsseler Entscheidungsprozesse noch nicht völlig begriffen und die Bedeutung Polens in der EU primär nach seiner Stimmenzahl im Europäischen Rat beurteilten. Noch vor dem formellen Beitritt zur EU legte die polnische Regierung Ende 2003 in Brüssel aufgrund der vorgesehenen künftigen Stimmenverteilung im Rat ihr Veto gegen die vorgesehene EU-Verfassung ein.[19] Ministerpräsident Miller vom Bund der Demokratischen Linken (*Sojusz Lewicy Demokratycznej*, SLD) konnte sich hier eines überparteilichen Einvernehmens sicher sein. Welche Möglichkeiten sich für Polen in der EU ergeben, zeigte sich während der „Orangen Revolution" in der Ukraine 2004/05, als Präsident Kwaśniew-ski dank EU-Unterstützung eine Schlüsselrolle bei der Lösung der Krise in Kiev spielen konnte. Polen trat als aktiver Player auf, gestärkt durch die Europäische Union, und stärkte durch das Auftreten Kwaśniewskis seinerseits die EU.

Ein etwas irritierendes Intermezzo bildete die Zeit der von der PiS zusammen mit der national-katholischen Liga der Polnischen Familien (*Liga Polskich Rodzin*, LPR) und der Partei Selbstverteidigung (*Samoobrona*) des Populisten Andrzej Lepper 2005 bis 2007 geführten Regierung, insbesondere nachdem Jarosław Kaczyński 2006 selbst das Amt des Regierungschefs übernahm und Anna Fotyga Außenministerin wurde. Polen betonte seine Eigenständigkeit in der EU, plädierte für die Aufnahme aller Länder des Balkans, der Ukraine und der Türkei sowie Georgiens und – falls diese das wünschten – auch Armeniens und Aserbaidschans.[20] Die Aufnahme solcher neuer Mitglieder, die den Kopenhagener Aufnahmekriterien kaum entsprachen, sollte offensichtlich eine weitere

---

[19] Die von der Opposition lancierte und von der Regierung aufgegriffene Parole lautete: „Nizza [d. h. die auf dem EU-Gipfel in Nizza im Dezember 2000 beschlossene, für Polen günstige Stimmenzahl im Ministerrat] oder der Tod!", vgl. CHRISTIAN SCHMIDT-HÄUER, Der Held der Nein-Sager, in: Die Zeit, Nr. 52, 17.12.2003. https://www.zeit.de/2003/52/Miller (Zugriff: 15.12.2018).

[20] Informacja Ministra Spraw Zagranicznych o zadaniach polskiej polityki zagranicznej w 2007 r., 5 kadencja, 41 posiedzenie, 4. dzień [Information der Außenministerin über die Aufgaben der polnischen Außenpolitik 2007, 5. Wahlperiode, 41. Sitzung, 4. Tag], 11.05.2007, http://orka2.sejm.gov.pl/Debata5.nsf/main/7228EE8D (Zugriff: 15.12.2018).

Integration in der EU erschweren und damit den Einzelstaaten möglichst viele Kompetenzen belassen. Gegenüber den USA führte diese Regierung eine Politik, die von Kritikern als Unterwürfigkeit bemängelt wurde.[21]

Polen als wichtiger Akteur in der EU

Mit der Bildung der Koalitionsregierung aus PO und Polnischer Volkspartei (*Polskie Stronnictwo Ludowe*, PSL) nach den vorgezogenen Wahlen vom Herbst 2007 schwenkte Polen unter Regierungschef Donald Tusk auf einen deutlich proeuropäischen Kurs ein. Der neue Außenminister Radosław Sikorski erklärte in seinem ersten Exposé vor dem Sejm, der Umbruch des Jahres 1989 habe zu einem Richtungswechsel der polnischen Politik geführt, der an den Zivilisationssprung des piastischen Polen vor tausend Jahren erinnere. Damals sei das Land in den politischen Kreislauf der lateinischen Welt einbezogen worden. Die Versöhnung mit Deutschland, die Zusammenarbeit mit den Visegrád-Staaten und vor allem die Mitgliedschaft Polens in den westlichen Institutionen zeugten von einer „Rückkehr des piastischen Geistes zu unseren neuesten Herausforderungen um Identität – einer polnischen und europäischen zugleich“. Er wies jedoch auf die Schwierigkeiten nicht nur im politischen und wirtschaftlichen Integrationsprozess hin, sondern auch auf die Probleme in der wechselseitigen Wahrnehmung in Europa. Europa werde sich so lange nicht mental vereinen, solange die westeuropäischen Partner nicht wirklich verstünden, dass „unser Kampf um die Freiheit in der zweiten Hälfte des 20. Jahrhunderts eine ebenso europäische Erfahrung ist wie ihr Wohlstand jener Jahre“.[22] International wahrgenommen wurde, dass die Wirtschaft in Polen während der Weltwirtschaftskrise in den Jahren nach 2008 als einzigem EU-Land weiterhin auf Wachstumskurs blieb.

Besonders eng arbeitete die PO-PSL-Regierung mit Deutschland zusammen, was durch den guten persönlichen Kontakt zwischen Donald Tusk und Angela Merkel erleichtert wurde, sich aber auch auf enge Kon-

---

[21] So von Prof. Roman Kuźniar, dem wenige Monate zuvor von der Regierung entlassenen Direktor des Polnischen Instituts für Internationale Angelegenheiten (PISM) und der Diplomatischen Akademie, auf der Konferenz im Warschauer Hotel Hyatt am 9. Oktober 2007, auf der eine Bilanz der Außenpolitik von zwei Jahren PiS-geführter Regierungen gezogen wurde. Der Autor war teilnehmender Beobachter auf dieser Konferenz.

[22] Informacja Ministra Spraw Zagranicznych o założeniach polskiej polityki zagranicznej w 2008 roku [Information des Außenministers zur polnischen Außenpolitik 2008], 07.05.2008), http://orka2.sejm.gov.pl/Debata6.nsf/main/20C4290E (Zugriff: 13.12.2020).

takte auf ministerialer Ebene erstreckte. Starke Beachtung fand die „Berliner Rede“ Sikorskis von Ende November 2011, in der er Deutschland zu einer stärkeren Führungsrolle bei der europäischen Integration aufforderte. Insbesondere seine Worte: „Deutsche Macht fürchte ich heute weniger als deutsche Untätigkeit“[23] wurden nicht nur in Polen und Deutschland breit diskutiert. Oppositionsführer Kaczyński, der im Jahr zuvor u. a. wegen der Nord Stream-Pipeline von einem „deutsch-russischen Kondominium“ in Polen gesprochen hatte, erklärte, Sikorski sollte aufgrund dieser Rede wegen Landesverrats vor dem Staatsgerichtshof angeklagt werden.

Auf europäischer Ebene gewann Polen durch seine konstruktive Politik und Berechenbarkeit sowie durch seine beachtlichen wirtschaftlichen Aufbauleistungen hohe Anerkennung. Dies schlug sich u. a. und nicht zuletzt dank deutscher Unterstützung in der Wahl von Jerzy Buzek zum Präsidenten des Europäischen Parlaments 2009 und der Wahl von Donald Tusk zum Vorsitzenden des Europäischen Rates 2014 nieder. In der Frage einer EU-Erweiterung plädierte 2015 jedoch auch der PO-Außenminister Grzegorz Schetyna dafür, Ländern in der Nachbarschaft Polens, die bereit seien, die europäischen Standards anzunehmen, den Weg in die EU offenzuhalten. Namentlich nannte er die Türkei, die Ukraine, Georgien und Moldawien.[24] Hier lag die Zielsetzung vermutlich primär darin, Polen innerhalb der EU von der Außengrenze stärker in die Mitte zu verlegen und damit zu entlasten. Dem Ziel, die Rückstände in der Entwicklung von Wirtschaft und Gesellschaft der zwischen der EU und Russland gelegenen Staaten zu vermindern und ihre Demokratie zu fördern, diente das 2009 von Polen gemeinsam mit Schweden im Rahmen der Europäischen Nachbarschaftspolitik lancierte Projekt der „Östlichen Partnerschaft“ mit Belarus, der Ukraine, Moldawien, Armenien, Aserbeidschan und Georgien, dessen bisherige Erfolge allerdings bescheiden sind.[25]

---

[23] Größere Auszüge der Rede Sikorskis unter dem Titel „Am Rande des Abgrunds muss Deutschland führen“ sind zugänglich unter https://welt.de/debatte/kommentare/article13741449/Am-Rande-des-Abgrunds-muss-Deutschland-fuehren.html (Zugriff: 13.12.2020).

[24] Informacja ministra spraw zagranicznych o zadaniach polskiej polityki zagranicznej w 2015 r. [Information des Außenministers über die Aufgaben der polnischen Außenpolitik 2015], 23.04.2015, http://orka2.sejm.gov.pl/StenoInter7.nsf/0/07D5239CA45617BCC1257E31000FA59E/%24File/91_b_ksiazka_bis.pdf (Zugriff: 13.12.2020).

[25] Vgl. u.a. SUSAN STEWART, Die EU, Russland und eine zusehends weniger gemeinsame Nachbarschaft, in: SWP-Aktuell, 2014, H. 6, S. 1–8, https://www.swp-berlin.org/fileadmin/contents/products/aktuell/2014A06_stw.pdf (Zugriff: 11.12.2018).

Die Außenpolitik der PiS

Die wichtigste Neuorientierung der polnischen Außenpolitik nach dem Wandel von 1989 fand nach dem Sieg der PiS bei den Parlamentswahlen vom Spätherbst 2015 statt. Ausgangspunkt der innen- wie außenpolitischen Konzeptionen von PiS ist die Nation.[26] Die bei dem Flugzeugabsturz bei Smolensk im April 2010 tödlich verunglückte Soziologin und PiS-Abgeordnete Grażyna Gęsicka hatte dazu auf dem III. PiS-Kongress im März 2010 in Posen erklärt, die nationale Gemeinschaft errichte man auf der Grundlage der Geschichte, aber auch von Visionen und Zielen in der Zukunft.[27] Entsprechend würden die Mittel zum Erreichen der Ziele ausgewählt. Ein zweites Grundkriterium sei im Anschluss an Carl Schmitt die Unterscheidung von Verbündeten und Feinden in der Innen- und Außenpolitik.[28] Ferner spielten Kategorien der klassischen Geopolitik eine große Rolle, wobei den Ausschlag nicht nur die aktuellen politischen Konstellationen in Europa, sondern insbesondere Erfahrungen aus der Vergangenheit gäben.[29]

Das PiS-Programm von 2014 beklagt den durch die Außen- und Sicherheitspolitik der PO verschuldeten „Verlust der Werkzeuge zur selbstständigen Verwirklichung nationaler Interessen" und die Beschränkung darauf, „sich in die Hauptströmung transnationaler Entscheidungen einzuordnen". Daher müsse erstes Ziel der polnischen Außen- und Sicherheitspolitik die „Sicherung des Subjektseins unseres Staates in der internationalen Politik" sein. Polen schöpfe seine Kraft aus der Region Mittel- und Osteuropa und stärke dadurch das Potential ganz Europas.

Eine PiS-geführte Regierung werde das „Subjektsein" und die Freiheit der Staaten dieses Raumes wiederaufbauen. Das bedeute eine Vertiefung

---

[26] Polnisch: *naród*. Um die besondere Bedeutung der Nation zu unterstreichen, wird *naród* in PiS-Dokumenten in der Regel mit großem N geschrieben.

[27] Nowoczesna Polska 2020: Materiały i dokumenty (III Kongres Prawa i Sprawiedliwości. Zespół Pracy Państwowej) [Das moderne Polen 2020. Materialien und Dokumente (III. PiS-Kongress. Arbeitsgruppe Staatsarbeit)], Poznań 2010, S. 35, zitiert nach WALDEMAR PARUCH, Między romantyzmem a realizmem – Prawo i Sprawiedliwość o polityczności [Zwischen Romantismus und Realismus – Recht und Gerechtigkeit zum politischen Handeln], in: Annales Universitatis Paedagogicae Cracoviensis. Studia Politologica 15 (2015), H. 194, S. 78–88, hier S. 78.

[28] Ebd.

[29] Außenminister Sikorski hatte in seinem Exposé vor dem Sejm 2008 ironisch angemerkt, einige hätten noch gar nicht mitbekommen, dass Deutschland heute Polens Verbündeter sei – Informacja Ministra Spraw Zagranicznych 2008.

der Beziehungen innerhalb der Visegrád-Gruppe, des Karpaten-Gebiets, des Ostseebeckens und auf dem Balkan. Entscheidend für die Zukunft werde auch das von der nächsten Nachbarschaft bis zum Kaukasus reichende Gebiet sein. Eine NATO-Osterweiterung und die Integration des Süd-Kaukasus seien weiter aktuell. Was die Zukunft der Europäischen Union angeht, so solle sich die Integration laut PiS-Programm im Wesentlichen auf die vier Freiheiten beschränken und jedem Staat ein Entwicklungsmodell entsprechend seinen nationalen Interessen gewährleisten. Es solle in der Union viele regionale Zentren und nicht *ein* Entscheidungszentrum in der Euro-Zone (d.h. im Klartext: Berlin) und von ihm abhängige Peripherien geben. Solidarität in dieser Union solle heißen, dass sich die Union so schnell entwickele wie ihr schwächster Staat. Es solle eine Union auf der Basis dauerhafter Wurzeln zivilisatorischer Identität, nicht gesellschaftlicher Konstrukte geschaffen werden. Von Bedeutung für die zu verfolgende Außenpolitik war auch die mehrfach geäußerte Kritik des PiS-Vorsitzenden Jarosław Kaczyński an den Vorgängerregierungen, sie hätten Polen zu einem deutschen Klientelstaat gemacht.

Nach dem Wahlsieg der PiS im Spätherbst 2015 wurde mit der Umsetzung einer neuen Außenpolitik begonnen. In der ersten Grundsatzrede des neuen Außenministers Waszczykowski vor dem Sejm im Januar 2016 stand die Sicherung der Souveränität Polens an erster Stelle. Wichtigster Verbündeter seien aus sicherheitspolitischen Gründen die USA, dann die Europäische Union und innerhalb der EU Großbritannien, das eine ähnliche, auf die eigene Souveränität pochende Position vertrat wie Polen. Deutschland wurde nur am Rande erwähnt. Der ein halbes Jahr später per Referendum beschlossene Brexit bedeutete für diese polnische Regierung allerdings einen herben Schlag.

Die Hauptrichtung der polnischen Außenpolitik zielt auf Mitteleuropa sowie Polens östliche Nachbarländer. Im PiS-Programm ist von vier quasi konzentrischen Kreisen die Rede: Westeuropa, dem an der Ostsee gelegenen Nordeuropa, Mitteleuropa und Südosteuropa. Polen bilde in gewisser Weise eine Brücke zwischen diesen Kreisen. Historisch war Polen dabei am wenigsten mit Westeuropa verbunden. Es strebt zur Stärkung seiner Position in Europa mit bisher allerdings begrenztem Erfolg eine engere Zusammenarbeit mit der Tschechischen Republik, der Slowakei und Ungarn an (Visegrád 4).

Gemeinsam mit Kroatien ergriff Polen 2016 die Initiative zu einer Konferenz in Dubrovnik von rund einem Dutzend EU-Staaten zwischen Baltikum, Adria und Schwarzem Meer, bis auf Österreich nur Staaten, die ab 2004 der EU beigetreten waren. Auf den ersten Blick nimmt sich das wie eine Anknüpfung an *Międzymorze*-Konzeptionen der Zwischenkriegszeit aus. Das inzwischen Dreimeere-Initiative genannte Vorhaben setzt sich als Hauptziele eine Verbesserung der Transportverbindungen zwischen den baltischen Staaten und der Adria, die Unabhängigkeit von russischen Energielieferungen und den Ausbau digitaler Zusammenarbeit. Am zweiten Treffen in Warschau 2017 nahm für kurze Zeit US-Präsident Donald Trump teil. Dass der Ausbau der Infrastruktur im östlichen Teil der EU notwendig ist, ist unstrittig. Offen blieben zunächst jedoch die Fragen, wer die Projekte finanzieren soll und ob sie der besseren Integration innerhalb der EU dienen oder ob die Dreimeere-Initiative eher ein Gegengewicht zur Achse Berlin – Paris bilden solle.

An der Nachfolgekonferenz 2018 in Bukarest nahm auch Bundesaußenminister Heiko Maas teil. Er erklärte, dass Deutschland die östlichen Nachbarn auch über die EU hinaus in den Blick nehme, dass es als Ostseeanrainer quasi ein natürliches Mitglied dieser Staatengruppe sei, mit dem die meisten Mitglieder sehr enge Wirtschaftsbeziehungen unterhielten, sprach von einer „neuen Ostpolitik" und bekundete ein Interesse der Bundesrepublik an einer ständigen Teilnahme an der Dreimeere-Initiative.[30] Deutschland unterstützt jedoch das von den meisten Mitgliedstaaten der Dreimeere-Initiative sehr kritisch gesehene Projekt der Gaspipeline Nord Stream 2. Der polnische Ministerpräsident Morawiecki erwähnte Deutschland in seiner Rede auf der Konferenz mit keinem Wort. Der später von Deutschland geäußerte Wunsch auf Mitgliedschaft in der Dreimeere-Intitiative scheiterte vor allem an Vorbehalten Polens. Deutschland erhielt ebenso Beobachterstatus wie die allerdings an keines der drei Meere angrenzenden USA.

Unter der PiS-Regierung ist polnische Außenpolitik in einem erheblichen Umfang zu einer Funktion der Innenpolitik geworden. Die Zurück-

---

[30] Maas sieht Deutschland als Brückenbauer für eine neue Ostpolitik, in: Handelsblatt, 18.09.2018, https://www.handelsblatt.com/politik/international/drei-meere-initiative-maas-sieht-deutschland-als-brueckenbauer-fuer-neue-eu-ostpolitik/23081616.html?ticket=ST-573881-rEjAyeLxr6toxCpIvc1e-ap2 (Zugriff: 13.12.2018). In seiner Eröffnungsansprache zur Konferenz „100 Jahre deutsche Polen-Politik" im Auswärtigen Amt am 15. November 2018 vertiefte Außenminister Maas die Konzeption einer neuen Ostpolitik dahingehend, dass sie Russlands Bruch des Völkerrechts bei der Annexion der Krim berücksichtigen müsse. Die Lage in der Östlichen Partnerschaft der EU sei „hochkomplex". Innerhalb der EU gebe es höchst unterschiedliche Positionen zum Beispiel zum Beitritt von Kandidaten wie der Ukraine, Moldawien oder Georgien. Eine neue europäische Ostpolitik im politischen Tagesgeschäft zu verankern, sei keine leichte Aufgabe, https://www.auswaertiges-amt.de/de/newsroom/maas-ein-jahrhundert-deutsche-polen-politik/2161660 (Zugriff: 15.12.2018).

weisung der Kritik aus Brüssel an innenpolitischen Maßnahmen der PiS, die Grundsätze von Rechtsstaatlichkeit in Frage stellen, wie etwa die Gleichschaltung des Verfassungsgerichtshofs oder der „Umbau" des Obersten Gerichts,[31] stärkten eher die Position der PiS in den Augen ihrer Anhänger.[32] Das galt zu einem gewissen Teil auch für die spektakuläre Niederlage („1 zu 27"), die Kaczyński einstecken musste, als er 2017 um jeden Preis die Wiederwahl von Donald Tusk zum EU-Ratspräsidenten verhindern wollte. Was für viele als eine der peinlichsten Pannen der polnischen Diplomatie gilt, war für Kaczyński keine Niederlage, sondern ein Beweis dafür, dass Polen ein „Subjekt" der internationalen Politik sei. Premierministerin Szydło sagte nach der Rückkehr aus Brüssel, das sei keine Niederlage, sondern ein Sieg. Polen habe gezeigt, dass es ein gleichberechtigter, stolzer Staat sei.[33]

Die konservative Tageszeitung „Rzeczpospolita" sprach dagegen von einer „diplomatischen Katastrophe".[34] Die PiS-Führung lenkte gegenüber der EU nur ein – und das in der blitzschnellen Art, in der sie in der laufenden Wahlperiode Gesetze tagespolitischen Bedürfnissen anpasst –, wenn ihr hohe Geldstrafen drohten, etwa 2017 beim Fällen weiterer Bäume im

---

[31] Die Europäische Kommission hat im Dezember 2017 gegen Polen ein Verfahren nach Art. 7 der EU-Verträge eingeleitet, da das Parlament insgesamt 13 Gesetze verabschiedet habe, die nicht mit den Grundwerten der EU vereinbar seien. Hiervon zeigte sich die polnische Regierung unbeeindruckt, da sie sicher ist, dass Ungarns Ministerpräsident Orbán ein Veto in dieser Frage einlegen wird, was das Verfahren blockieren würde.

[32] In einer Erhebung des Meinungsforschungsinstituts CBOS von Ende 2017 erklärten 45 Prozent der Befragten die kritische Resolution des Europäischen Parlaments (EP) zum Stand der Rechtsstaatlichkeit und Demokratie in Polen vom 15. November 2017 mit einer Abneigung des EP gegen die PiS und ihre Regierung, nur 31 Prozent mit der Sorge um Rechtsstaatlichkeit und Demokratie, vgl. CBOS, Po rezolucji PE – opinie i obawy [Nach der Resolution des EP – Meinungen und Befürchtungen], Komunikat z badań 191/2017, Dezember 2017, S. 2, https://cbos.pl/SPISKOM.POL/2017/K_171_17.PDF (Zugriff: 15. 12.2018).

[33] PAWEŁ HEKMAN, Show PiS na Lotnisku Chopina [Show der PiS auf dem Chopin-Flughafen], in: Gazeta Wyborcza, 10.03.2018, http://wyborcza.pl/7,75398,21483565, prezes-kaczynski-przywital-beate-szydlo-z-kwiatami-to-nie-jest.html (Zugriff: 15.12.2018). Bei dieser Gelegenheit gab Kaczyński zu verstehen, wie fremd ihm der Westen Europas ist: „Sehr viele haben sich gebeugt, als sie in eine Konfrontation mit denen gerieten, die von außen sind, die aus dem Westen sind, die reicher und stärker sind". Szydło habe dagegen mit erhobenem Haupt gekämpft und ihre Mission erfüllt, die Mission eines polnischen Premiers und eines polnischen Staatsmanns (alle Formen im Original maskulin), vgl. ebd.

[34] MICHAŁ SZUŁDRZYŃSKI, Kronika dyplomatycznej katastrofy [Chronik einer diplomatischen Katastrophe], in: Rzeczpospolita, 10.03.2017, https://www.rp.pl/Wybor-przewodniczacego-RE/303099859-Szuldrzynski-Kronika-dyplomatycznej-katastrofy.html (Zugriff: 15.12.2018).

Urwald von Białowieża oder 2018 nach dem Urteil des EuGH zur Entlassung von Richtern des Obersten Gerichts mit der nach der Verfassung bis 2020 gewählten Vorsitzenden Małgorzata Gersdorf an der Spitze.

Teil nicht nur der Innen-, sondern auch der Außenpolitik der PiS ist eine aktive Geschichtspolitik, die das Wissen über die Leistungen der Polen weltweit stärken und Verleumdungen – etwa die Verwendung des Begriffs „polnische Vernichtungslager" – entgegenwirken soll. Zu Jahresbeginn 2018 wurde per Gesetz mit Strafen bis zu drei Jahren Gefängnis bedroht, wer Polen oder dem polnischen Volk entgegen den Tatsachen eine Mitschuld an Verbrechen zuschreibe, die zwischen 1917 und 1990 von Kommunisten, dem nationalsozialistischen Deutschland oder ukrainischen Nationalisten begangen worden seien. Dies zielte u. a. in die Richtung, eine Aufarbeitung des Verhaltens der polnischen Bevölkerung unter deutscher Besatzung und ihrer eventuellen Beteiligung an Verbrechen im Rahmen des Holocaust abzuwehren. Die Folge war ein schwerer diplomatischer Konflikt mit Israel, den USA und der Ukraine. Eine Novellierung des Gesetzes trug den Einwänden aus den USA und Israel, nicht jedoch aus der Ukraine Rechnung.

Wieviel Integration mit der EU?

Die Zustimmung zur Mitgliedschaft Polens in der EU liegt seit vielen Jahren zwischen 80 und 90 Prozent. Bei der Frage nach dem erwünschten Grad an Integration ergeben sich jedoch erhebliche Unterschiede, die in Abhängigkeit von akuten Ereignissen in der internationalen und vor allem in der EU-Politik leicht schwanken können. Nach einer CBOS-Studie vom Dezember 2018 ging die europäische Integration 21 Prozent der Befragten schon zu weit, aber 45 Prozent befürworteten eine noch engere Integration. Die höchsten Zustimmungwerte finden sich unter den Anhängern der PO (54 Prozent) und der SLD (58 Prozent). Für die Einführung des Euro in Polen hatten sich 2002 64 Prozent ausgesprochen, Anfang 2009 noch 53 Prozent. Nach der Währungskrise sank dieser Anteil bis 2018 auf 22 Prozent, 71 Prozent lehnten den Euro ab.[35] Zwar sprach sich die PO im Frühjahr 2018 für einen Beitritt Polens zur Eurozone aus, doch fehlt der Opposition ein klares europapolitisches Profil.

[35] CBOS, Polska w Unii Europejskiej [Polen in der Europäischen Union], Komunikat z badań 166/2018, https://www.cbos.pl/SPISKOM.POL/20187/K_050166_178.PDF (Zugriff: 15.12.2018).

Nachdem mehrere hochrangige PiS-Politiker 2018 EU-kritische Äußerungen vornahmen,[36] wurde Teilen der PiS-Führung Pläne für einen „Polexit" unterstellt. Dies wurde vielfach als Grund für das schlechte Abschneiden der PiS bei den Kommunalwahlen in den Großstädten im Oktober 2018 gesehen. 2019 standen Wahlen zum Europäischen Parlament und vor allem zu Sejm und Senat an. Auf dem PiS-Parteikonvent Mitte Dezember 2018 wurde daher als erstes von drei Schlagworten ausgegeben: „Polen – das Herz Europas" (*Polska sercem Europy*). Was das konkret für den Integrationsprozess in der EU bedeutet, ist offen.

Bei der Westintegration ist nur die NATO-Mitgliedschaft gesellschaftlich unumstritten, wobei der PiS-Führung das bilaterale polnisch-amerikanische Verhältnis vermutlich wichtiger ist als die von US-Präsident Trump mit einem Fragezeichen versehene euroatlantische Gemeinschaft. Diese wird dagegen von der PO eindeutig unterstützt. Polen ist 30 Jahre nach dem Runden Tisch ein nicht nur innen-, sondern auch außenpolitisch gespaltenes Land.

---

[36] Unter anderem sagte Präsident Duda im September in Leżajsk, die EU sei eine „imaginierte Gemeinschaft", aus der für Polen nicht viel resultiere.

Miroslav Kunšťát

Die doppelte postsozialistische Staats- und Nationsbildung

Zur aussenpolitischen Identität der Tschechoslowakei (1989–1992) sowie deren Nachfolgestaaten Tschechische/Slowakische Republik

1. Das außenpolitische Erbe der kommunistischen Doppelföderation

Die außenpolitische Identität der Tschechoslowakei und ihrer Nachfolgestaaten sowie der Prozess ihrer Gestaltung war durch mehrere spezifische Merkmale und Differenzen gekennzeichnet, auch im Vergleich zu den benachbarten postkommunistischen Staaten – vor allem denjenigen, die den traditionellen Vergleichs- und Referenzrahmen bilden (so die Visegrád-Staaten, d. h. hier Polen und Ungarn). Die umstrittenen, in erster Linie von Edvard Beneš und später von Jan Masaryk entwickelten außenpolitischen Konzepte der Zwischenkriegs- und der unmittelbaren Nachkriegszeit, in denen die „Brückenfunktion" der Tschechoslowakei zwischen Ost und West sowie die ambitionierte, gestaltende Position in Mitteleuropa mit der Rückendeckung der Großmächte (Frankreich vor 1938, Sowjetunion nach 1945) formuliert waren, gerieten nach der kommunistischen Machtübernahme im Februar 1948 in Vergessenheit.[1]

---

[1] Vgl. u. a. Hubert Ripka, East and West, London 1944; Josef Kalvoda, Role Československa v sovětské strategii [Die Rolle der Tschechoslowakei in der sowjetischen Strategie], Kladno 2009; Jaroslav Hrbek / Vít Smetana, Draze zaplacená svoboda. Osvobození Československa 1944–1945 [Teuer bezahlte Freiheit. Die Befreiung der Tschechoslowakei 1944– 1945], Praha 2009, S. 24–88; Vít Smetana, Pod křídla Sovětů. Mohlo se Československo vyhnout „sklouznutí" pod železnou oponou? [Unter die Fittiche der Sowjets. Konnte die Tschechoslowakei dem „Abrutschen" unter den Eisernen Vorhang entgehen?], in: Soudobé dějiny 15 (2008), S. 274–302; Marek K. Kamiński, Edward Beneš

Angesichts der gewaltsamen Unterdrückung des Prager Frühlings im August 1968 erwies sich auch ihre behutsame, partielle Wiederbelebung in den reformkommunistischen Debatten jener Zeit, mit dem gelegentlichen Schielen nach Titos Jugoslawien als Vorbild, als eine kaum produktive Chimäre. Umso linientreuer gegenüber Moskau gestaltete sich die tschechoslowakische Außenpolitik in der Periode der sogenannten Normalisierung (1969–1989), vielleicht mit einigen wirtschaftlich motivierten selbständigen Akzenten in der Afrika- und Nahostpolitik bzw. in den – auch für die kommunistische Tschechoslowakei identitätsstiftenden – historisch besonders belasteten Beziehungen zu Deutschland.[2] Die gepflegte Distanz zu dem westlichen Nachbarn (mit den vermeintlich „revanchistischen" Ambitionen) stand im Widerspruch zum Ruf des pragmatischen „Wirtschaftsflügels" der engeren KP-Leitung (Ministerpräsident Lubomír Štrougal u. a.) nach einer größeren wirtschaftlichen Kooperation, zu einem gewissen Zeitpunkt auch im Widerspruch zum sowjetischen Interesse, die Ostverträge mit der Bundesrepublik als Ganzes (d. h. auch den schwierigen Vertrag mit Prag) noch vor der KSZE-Konferenz in Helsinki abzuschließen.

Die neuen Frei- und Gestaltungsräume, die sich nach 1985 allmählich für die sowjetischen Verbündeten auch in der Außenpolitik eröffnet hatten (auch als Konsequenz der sogenannten Gorbačev-Doktrin der freien Wahl), wurden von den überwiegend konservativen und verunsicherten KP-Politikern kaum genutzt bzw. nur langsam mit konkreten Inhalten gefüllt.[3] Für die Kommunistische Partei der Tschechoslowakei

---

we współpracy z Kremlem. Polityka zagraniczna władz czechosłowackich na emigracji 1943–1945 [Edvard Beneš in der Zusammenarbeit mit dem Kreml. Die Außenpolitik der tschechoslowakischen Exilregierung 1943–1945], Warszawa 2009.

[2] PETR ZÍDEK, Československo a francouzská Afrika 1948–1968 [Die Tschechoslowakei und das französische Afrika 1948–1968], Praha 2004; DERS., Československo a subsaharská Afrika v letech 1948–1989 [Die Tschechoslowakei und das subsaharische Afrika in den Jahren 1968–1989], Praha 2007; DERS. / KAREL SIEBER, Československo a Blízký východ v letech 1948–1989 [Die Tschechoslowakei und der Nahe Osten in den Jahren 1948–1989], Praha 2009; RADKO BŘACH, Smlouva o vzájemných vztazích mezi ČSSR a SRN z roku 1973: od prvních rozhovorů po ratifikaci smlouvy [Der Vertrag über die gegenseitigen Beziehungen zwischen der ČSSR und der BRD aus dem Jahre 1973. Von den ersten Gesprächen bis zur Ratifizierung], Praha 1994.

[3] Zur Gorbačev-Doktrin und deren Umsetzung für die Tschechoslowakei BEATA BLEHOVA, Der Fall des Kommunismus in der Tschechoslowakei, Wien 2006, S. 129–137; BEATA BLEHOVA-KATREBOVA, Der „sowjetische" Faktor und der Fall des Kommunismus in der Tschechoslowakei, in: Das Jahr 1989 im deutsch-tschechisch-slowakischen Kontext, hg. v. EDITA IVANIČKOVÁ u. a., Essen 2013, S. 51–68; WJATSCHESLAW DASCHITSCHEW,

(KSČ) ermöglichten sie paradoxerweise auch eine gegenüber der Sowjetunion distanzierte Vorgehensweise. Diese wurde erstaunlicherweise nun nicht nur mit unterschiedlichen Erfahrungen und Traditionen der jeweiligen Länder, sondern auch mit dem Hinweis auf „größere Erfahrungen mit der bürgerlichen Demokratie" begründet.[4]

Charakteristisch war dabei noch immer die größere Nähe zwischen Prag und Ost-Berlin und die gemeinsame Suche nach der „sozialistischen Europapolitik" oder nach der Intensivierung der Zusammenarbeit mit China. Die beiden im Rahmen des Ostblocks immer noch wirtschaftlich stärksten Staaten äußerten wiederholt - natürlich *pro foro interno* - zunehmende Skepsis gegenüber der ineffizienten wirtschaftlichen Zusammenarbeit im Rat für gegenseitige Wirtschaftshilfe (RGW, COMECON) und betonten die Notwendigkeit umso mehr und intensiver bilateral zu kooperieren. Beide Staaten betonten mit Blick auf den Reformprozess in der Sowjetunion die Spezifika der „ganz unterschiedlichen" sowjetischen politischen und wirtschaftlichen Lage, so z. B. der tschechoslowakische KP-Chef und Staatspräsident Gustáv Husák im Gespräch mit dem SED-Politbüromitglied Kurt Hager im Oktober 1987: „Wie haben eine Reihe von Problemen, uns geht es aber nicht darum, die sowjetischen Methoden zu kopieren."[5]

Der Hauptlinien der offiziellen tschechoslowakischen Außenpolitik wurden jedoch in den letzten Jahren und Monaten vor der politischen Wende immer nüchterner und „realistischer" skizziert. Eine korrigierte, mehr oder weniger realistische Zugangsweise zu den „hochentwickelten kapitalistischen Staaten" belegt auch die letzte außenpolitische Konzeption, die im Sommer 1989 vom KSČ-Präsidium gebilligt und von der Regierung angenommen wurde.[6] Die älteren Dokumente dieser Art mit ihrer

---

Moskaus Griff nach der Weltmacht. Die bitteren Früchte hegemonialer Politik, Hamburg u. a. 2002, S. 179–187, und viele andere.

[4] Den überraschenden Hinweis auf die „demokratischen Traditionen" der Ersten Tschechoslowakischen Republik (1918–1939) im Zusammenhang mit der Skepsis gegenüber der sowjetischen Perestroika beinhaltet z. B. die Rede des einflussreichen, erzkonservativen Politbüromitgliedes Vasil Biľak, veröffentlicht in: Rudé právo, 11.02.1987, S. 2.

[5] Niederschrift über Unterredung Kurt Hagers mit Gustáv Husák, Stiftung Archiv der Parteien und Massenorganisationen der DDR im Bundesarchiv Berlin (SAPMO-BArch), Zentrales Parteiarchiv der SED, Sign. DY 30/JNL 26/11, Büro Kurt Hager 1981–1989, Bl. 5. Zitiert bei MIROSLAV KUNŠTÁT / TOMÁŠ VILÍMEK, Die deutsch-tschechoslowakischen Beziehungen im Zeichen der Perestroika, in: Das Jahr 1989, S. 144.

[6] Archiv des Außenministeriums Prag (AMZV), Fonds Porady kolegia ministra [Beratungen des Ministerkollegiums], Sign. V/7 – KM 1953-19, Inv. Nr. 914, 917.

schwerfälligen und ideologisch belasteten Sprache löste eine neue Optik ab: der fortschreitende europäische Integrationsprozess wurde, trotz aller Gegensätze, als eine „bedeutsame ökonomische und politische Realität" befunden, mit der langfristig zu rechnen sei. Mit den Institutionen wie dem Europäischen Parlament, der Parlamentarischen Versammlung der NATO, dem Europarat und seiner parlamentarischen Versammlung müsse man die Beziehungen vertiefen.[7]

Die 1980er Jahre führten ebenfalls zur Wiederbelebung der außenpolitischen Debatten in den tschechischen und slowakischen Dissidentenkreisen. Diese kreisten z. B. um den nach dem Zweiten Weltkrieg geschaffenen Status quo und um den damit verbundenen Begriff der „Nachkriegsordnung", der – wenn auch nicht explizit – in der Schlussakte von Helsinki (1975) und auch im Abschlussdokument der KSZE-Folgekonferenz von Madrid (1983) festgeschrieben worden war.[8] In der sehr kleinen, doch pluralistischen alternativen Dissidentengemeinde (der sogenannten „alternativen Polis") innerhalb der Charta 77 wurden nun verstärkt andere Modelle einer europäischen Ordnung diskutiert. Der frühere Dissident Luboš Dobrovský, unmittelbar nach der Wende 1989–1990 stellvertretender Außenminister und danach bis Juni 1992 Verteidigungsminister, erklärte später in diesem Zusammenhang:

> „Die beiden deutschen Staaten waren Symbol dessen, was man im Osten ‚die Ergebnisse des Zweiten Weltkrieges' nannte, und kaum einer im Westen hatte etwas dagegen. Noch in der Zeit nach dem November 1989, das kann ich als Teilnehmer von einigen Verhandlungen bezeugen, brachten wir unsere westlichen Partner in Verlegenheit, wenn wir zu erkennen gaben, dass wir die sogenannten Ergebnisse des Zweiten Weltkrieges nicht bewahren wollten."[9]

Den Auftakt zu dieser Diskussion stellte der „Prager Aufruf der Charta 77" vom 11. März 1985 dar, der genau am Tag der Wahl Michail Gorbačevs zum Generalsekretär des Zentralkomitees der Kommunistischen Partei der Sowjetunion (KPdSU) veröffentlicht wurde. Der Aufruf bezog sich in erster Linie auf den bevorstehenden 40. Jahrestag des Kriegsendes, auf eine gewisse Stagnation im Helsinki-Prozess und auf einige Debatten, die im Ausland in Kreisen der Friedensbewegung geführt wur-

---

[7] Ebd.

[8] DETLEF PREUSSE, Umbruch von unten. Die Selbstbefreiung Mittel- und Osteuropas und das Ende der Sowjetunion, Wiesbaden 2014, S. 97–106.

[9] Brief Luboš Dobrovskýs an den Verfasser dieses Beitrags vom 13. Juni 2003. Privatarchiv des Autors.

den.[10] Der Prager Aufruf verband in den tschechoslowakischen oppositionellen Kreisen (und über diese hinaus in der sogenannten grauen Zone der Gesellschaft) zum ersten Mal seit Ende des Krieges die Perspektive einer Vereinigung Europas explizit mit der Wiedervereinigung Deutschlands:

> „Gestehen wir jedoch den Deutschen offen ihr Recht zu, sich frei zu entscheiden, ob und in welchen Formen sie die Verbindung ihrer beiden Staaten in ihren jetzigen Grenzen wollen. Nach den Bonner Ost-Verträgen und nach Helsinki könnte der Abschluss eines Friedensvertrages mit Deutschland zu einem bedeutenden Instrument positiver Veränderungen in Europa werden."[11]

Diese Thesen wurden freilich nicht nur von der tschechoslowakischen kommunistischen Presse abgelehnt. Verlegen reagierten auch einige polnische und ostdeutsche Dissidenten sowie viele Intellektuelle im westlichen Ausland. In seiner Haltung zur deutschen Frage war der Prager Aufruf seiner Zeit weit voraus. Nach Václav Havel wollte er vor allem „lapidar sagen [...], dass ein Frieden, der nicht auf Gerechtigkeit, auf der Achtung der Freiheit des Individuums gegründet ist, eigentlich gar keiner ist. Er ist ein falscher Frieden".[12]

Diese Vorgeschichte macht die insgesamt positive Haltung der Führung der tschechoslowakischen Diplomatie nach der Samtenen Revolution zu einer schnellen Vereinigung der beiden deutschen Staaten verständlich und mag erklären, warum die tschechoslowakische Position in

---

[10] Dieser Kontext des Dokumentes ist heute nicht mehr ganz deutlich, zum Teil auch wegen der späteren scheinbaren Herauslösung und Dekontextualisierung eines Teils des Aufrufs in Dienstbiers Buch „Träumen von Europa" (Samisdat 1986), das am meisten zur Verbreitung des Textes beitrug. Vgl. JIŘÍ DIENSTBIER, Snění o Evropě. Politický esej [Träumen von Europa. Ein politischer Essay], Praha 1990, S. 63 f. DERS., Träumen von Europa, Berlin 1991. Auszüge aus dem Buch publiziert auf Deutsch bereits vor 1989: DERS. Mit den Augen eines Mitteleuropäers. Eine Strategie für Europa, in: Neue Gesellschaft – Frankfurter Hefte 35 (1988), H. 4, S. 384–392.

[11] Kritische Edition der tschechischen Originalfassung des Prager Aufrufs in: Charta 77. Dokumenty 1977–1989 [Charta 77. Dokumente aus den Jahren 1977–1989], Bd. 2, hg. v. BLANKA CÍSAŘOVSKÁ / VILÉM PREČAN, Praha 2007, S. 692–694. Die deutsche Übersetzung u. a. bei: GERD POPPE, Begründung und Entwicklung internationaler Verbindungen, in: Am Ende des realen Sozialismus, Bd. 3: Opposition in der DDR von den 70er Jahren bis zum Zusammenbruch der DDR-Herrschaft, hg. v. EBERHARD KUHRT, Opladen 1999, S. 374 f.

[12] Nichtautorisierte Mitschrift eines Gesprächszyklus Václav Havels mit Doktoranden der Sozialwissenschaftlichen Fakultät der Universität Prag im Studienjahr 1999/2000, Gespräch am 14. Oktober 1999, Privatarchiv des Verfassers, der diesen Zyklus moderierte; verfügbar auch in der Václav Havel-Bibliothek Prag (*Knihovna Václava Havla*), Archiv.

dieser Frage von Anfang an wesentlich klarer und entgegenkommender war als beispielsweise die vorsichtige und abwartende Haltung Polens, von den Vorbehalten und Befürchtungen in Frankreich, Großbritannien oder der UdSSR ganz zu schweigen.[13]

Das durchaus positive Echo des Prager Aufrufs in den Dissidentenkreisen (trotz der divergierenden Meinungen protestierte keiner der Unterzeichner der Charta 77 nach der Veröffentlichung des Dokuments gegen seinen Inhalt) steht im Kontrast zu den lebendigen und emotionsbeladenen Debatten jener Zeit über die sogenannte Sudetendeutsche Frage. Das Verhältnis der Tschechen zu Deutschland und zu den Deutschen – „als Bestandteil unseres Schicksals, ja unserer Identität ... unserer Inspiration, unseres Schmerzes, Quelle der Traumata und vieler Vorurteile, aber auch [...] der Maßstäbe" (Václav Havel)[14] – wurde zweifellos zur zentralen Komponente der tschechoslowakischen/tschechischen Identität. Durch die tragischen Ereignisse der ersten Hälfte des 20. Jahrhunderts (Münchener Abkommen von 1938, deutsche Okkupation der böhmischen Länder 1939–1945 sowie die Vertreibung und kollektive Entrechtung der Sudetendeutschen nach 1945) wurde dieses Verhältnis besonders schwer belastet.

Die ersten Ansätze eines freien Meinungsaustausches zu diesem Thema brachte erst das Jahr 1968. Das „Normalisierungsregime" nach 1969 ließ die Diskussion wieder verstummen und schloss sie aus dem öffentlichen und fachlichen Diskurs aus. In Kreisen der unabhängigen tschechischen und slowakischen Intelligenz wurde sie jedoch wiedereröffnet, diesmal ohne jegliche Einschränkungen durch irgendeine offizielle Doktrin. In den bekannten „Thesen über die Aussiedlung der tschechoslowakischen Deutschen" (*Tézy o vysídlení československých Nemcov*, 1978) kritisierte der slowakische Historiker Ján Mlynárik unter dem Pseudonym „Danubius" die tschechoslowakische Gesellschaft dahingehend, dass sie das Thema Vertreibung ignoriere, und wies auf die bislang unzureichende Reflexion der moralischen, kulturellen und politischen Konsequenzen hin. Der Artikel Mlynáriks rief überwiegend ablehnende Reaktionen hervor,

[13] Den aktuellen kurzen Überblick des Forschungsstandes zu diesem sonst vielleicht am besten aufgearbeiteten Kapitel der jüngsten Zeitgeschichte z. B. bei MICHAEL GEHLER / MAXIMILIAN GRAF, Europa und die deutsche Einheit, in: Europa und die deutsche Einheit. Beobachtungen, Entscheidungen und Folgen, hg. v. DENS., Göttingen 2017, S. 11–23.

[14] Zitiert aus der Rede Václav Havels „Tschechen und Deutsche auf dem Wege zur guten Nachbarschaft" (Karls-Universität Prag, 17. Februar 1995), in: Rozhovory o sousedství. Cyklus projevů přednesených v Karolinu [Gespräche mit dem Nachbarn. Ein Vortragszyklus aus dem Prager Karolinum], Praha 1997, S. 35–54.

wurde jedoch zum Anlass einer Diskussion, die trotz aller Veränderungen ihres äußeren und inneren Rahmens bis heute andauert.[15]

Ansonsten bzw. vor allem befassten sich die außenpolitischen Dokumente der Charta 77 mit den Fragen der Menschenrechte und deren zahlreichen Verletzungen in der Tschechoslowakei und in den anderen Ostblockländern. Insbesondere das Wiener KSZE-Folgetreffen (1986–1989) öffnete sich mehreren Impulsen und Anregungen von Seiten der inoffiziellen Menschenrechtsorganisationen und Initiativen aus den kommunistischen Staaten. Da die humanitäre Dimension des Folgetreffens zum wichtigen Bestandsteil seiner Agenda werden sollte, beteiligten sich bereits im Vorfeld des Folgetreffens tschechoslowakische Menschenrechtskämpfer (wie z. B. Václav Havel, Václav Benda, Jaroslav Šabata, Jiří Dienstbier u. a.) an der Ausarbeitung des „Mailänder Aufrufs", der bei dem internationalen Friedensforum in Mailand (Mai 1986) angenommen und als „Anregungspaket" für das Wiener Nachfolgetreffen formuliert wurde.

In dem Prager Antrag wurde eine gewisse Krise des Helsinki-Prozesses festgestellt, u. a. seine „Hegemonisierung" durch die beiden Großmächte, und im Geiste des früheren „Prager Aufrufs der Charta 77" die Bildung einer blockübergreifenden „europäischen demokratischen Gemeinschaft" gefordert.[16] Die sogenannten nationalen Interessen wurden sowohl in den offiziellen als auch inoffiziellen außenpolitischen Konzeptpapieren damals nicht erwähnt: in das tschechische politische Vokabular kehrten sie – als Begriff (in viel breiterer Anwendungsweise als in den üblichen Theorien der internationalen Beziehungen) – erst am Anfang der 1990er Jahre zurück.[17] Die Fragen des modernen Nationalismus bzw. der Kategorie der modernen tschechischen/slowakischen Nation wurden ausschließlich auf der akademischen Ebene bzw. in der „grauen Zone" diskutiert. Richtungs-

---

[15] Eine Reihe wichtiger Texte aus dieser Polemik erschien im Jahr 1990: Češi, Němci, odsun. Diskuse nezávislých historiků [Die Tschechen, die Deutschen und die Vertreibung. Diskussion unabhängiger Historiker], Praha 1990; FRANTIŠEK JEDERMANN [PETR PŘÍHODA], Ztracené dějiny [Verlorene Geschichte], Praha 1990; MILAN HÜBL, Češi, Slováci a jejich sousedé [Die Tschechen, die Slowaken und ihre Nachbarn], Praha 1990.

[16] Die Einbeziehung der tschechoslowakischen Dissidenten wurde vermittelt durch das Berliner Europäische Netzwerk für den Ost-West-Dialog (Dieter Esche). Vgl. CÍSAŘOVSKÁ / PREČAN, Charta 77, Dokument Nr. D333 vom 25. April 1986, S. 768–774.

[17] Die offizielle Publikation des regierungsnahen Prager Institutes für internationale Beziehungen (*Ústav mezinárodních vztahů*) zu diesem Thema wurde in ihrem Titel noch 1992 mit einem Fragezeichen versehen: JIŘÍ VALENTA u. a., Máme národní zájmy? [Haben wir nationale Interessen?], Praha 1992.

weisend waren in der tschechischen Debatte die Texte und Studien der bekannten Historiker Miroslav Hroch, Otto Urban und Jiří Kořalka, in den Dissidentenkreisen hauptsächlich diejenigen von Petr Pithart, Petr Příhoda und Milan Otáhal. Ein Versuch der letztgenannten in Form einer selbstkritischen, dekonstruktiven Reflexion über die „Tschechen in der Geschichte der neuen Zeit" löste heftige Debatten aus.[18]

Vor dem Hintergrund der ersten inoffiziellen außenpolitischen Visionen wurde unauffällig auch die Frage der Neukonstituierung des tschechisch-slowakischen Verhältnisses bzw. nach dessen verfassungsrechtlicher Revision aufgeworfen. Der prominente slowakische Dissident (später auch slowakische Ministerpräsident) Ján Čarnogurský skizzierte in seinem Essay „Erneut Mitteleuropa" bereits vor dem Fall des kommunistischen Regimes das Bild der künftigen Slowakei als eines eigenständigen Faktors der europäischen bzw. mitteleuropäischen Politik.[19] Das Tschechoslowakismus-Konzept, d. h. das in der Zwischenkriegszeit auch von Tomáš Garrigue Masaryk und Edvard Beneš geförderte Konstrukt einer „tschechoslowakischen Nation" mit zwei sprachlichen Zweigen (einem tschechischen und einem slowakischen), wurde bereits während des Zweiten Weltkrieges stillschweigend verlassen; auch die Kommunisten haben sich mit ihm kritisch auseinandergesetzt und es als „typisch bürgerliches"

---

[18] PODIVEN [PETR PITHART / PETR PŘÍHODA / MILAN OTÁHAL], Češi v dějinách nové doby. Pokus o zrcadlo [Die Tschechen in der Geschichte der neuen Zeit. Versuch eines Spiegelbilds], Praha 1991. Deutsche überarbeitete und ergänzte Ausgabe: DIES., Wo ist unsere Heimat? Geschichte und Schicksal in den Ländern der böhmischen Krone, München 2003.

[19] JÁN ČARNOGURSKÝ, Znovu stredná Európa [Erneut Mitteleuropa], in: DERS., Videné od Dunaja [Von der Donau gesehen], Bratislava 1997, S. 95–102. Schon einige Monate nach der politischen Wende (Oktober 1990) rechnete Čarnogurský, damals stellvertretender slowakischer Ministerpräsident, auf lange Sicht nicht mit einem Fortbestand der Tschechoslowakei. Nachdem man gemeinsam die Verleihung der „Europäischen Sternchen", also den Beitritt der Tschechoslowakei zur Europäischen Gemeinschaft, erreicht hätte, hätten sich nach Čarnogurskýs Vorstellungen die beiden Staaten trennen sollen oder gegebenenfalls in sehr loser Verbindung zusammen bleiben sollen: „Wenn wir zur Zeit mehrere Stimmen vernehmen, wonach die Republik für sich nur einen Sessel am Tisch der Europäischen Gemeinschaft verlangt, so kann die Antwort [...] nur lauten, dass wir für die Republik zwei Sessel sowie zwei Sternchen in der europäischen Flagge fordern, damit die Slowakei ihren eigenen Sessel, ihren eigenen Stern hat. Dasselbe gilt selbstverständlich für die Tschechische Republik. Wir wollen für die Republik nicht weniger, wir wollen mehr für die Republik." DERS., O národnej línii [Über die nationale Linie], in: Slovenský denník, 12.10.1990, zitiert nach: DERS., Videné od Dunaja, S. 221–228, hier S. 224.

Konzept gebrandmarkt.[20] Die slowakischen autonomistischen Bemühungen, auch innerhalb der kommunistischen Partei, wurden jedoch wiederholt als Ausdruck des „slowakischen bürgerlichen Nationalismus" bezeichnet, einige kommunistische Funktionäre oder Literaten wurden als dessen vermeintliche Wegbereiter verhaftet bzw. im Jahre 1954 sogar zu lebenslangen Haftstrafen verurteilt (wie deren „Anführer" Gustáv Husák).

Den Wendepunkt stellte auch hier das Jahr 1968 dar: die Föderalisierung der Tschechoslowakei zum 1. Januar 1969 kann man als einzige verbliebene Errungenschaft des Prager Frühlings betrachten. Für die Folgezeit war jedoch eine asymmetrische Umsetzung des Föderalismusprinzips auch in den kommunistischen Parteistrukturen charakteristisch: im Rahmen der KSČ existierte schon seit 1945 die Kommunistische Partei der Slowakei (KSS), die Kommunistische Partei Böhmens und Mährens entstand jedoch – trotz des Gründungsversuchs im Jahre 1969 – erst nach 1989.

Eine ähnliche Asymmetrie existierte auch in der Organisation von Wissenschaft und Forschung – neben der Tschechoslowakischen Akademie der Wissenschaften (ČSAV) funktionierte parallel auch die Slowakische Akademie der Wissenschaften (SAV). Den langwierigen Entstehungsprozess der genuin tschechischen Institutionen kann man jedoch mit der stärkeren Identifizierung der Tschechen mit dem tschechoslowakischen Staatskonstrukt, in dem sie immer eine Majorität darstellten, erklären. Die außenpolitischen Kompetenzen wurden im entsprechenden Verfassungsgesetz ausschließlich der Föderation zugewiesen, nach 1969 wurde jedoch viel mehr auf die Proportionalität unter den Diplomaten tschechischer bzw. slowakischer Abstammung geachtet. Mit der wiedergewonnenen Freiheit im Jahre 1989 zeigte sich sehr schnell, dass die in den Jahren 1968–69, mit der Duldung Moskaus, „von oben" errichtete Föderation ein ziemlich brüchiges und unter den demokratischen Verhältnissen kaum funktionsfähiges Konstrukt war.[21]

---

[20] JAN RYCHLÍK, Češi a Slováci ve 20. století. Spolupráce a konflikty 1914–1992 [Tschechen und Slowaken im 20. Jahrhundert. Zusammenarbeit und Konflikte 1914–1992], Praha 2012, S. 233–416, sowie weitere ältere Veröffentlichungen dieses Autors. Vgl. auch MICHAL MACHÁČEK, Gustáv Husák, Praha 2017, S. 239–316.

[21] RYCHLÍK, Češi a Slováci, S. 533–564.

2. Die außenpolitische Identität mit dem Bindestrich (1989–1992)

Zwar schien einerseits die „samtene" Implosion des hiesigen kommunistischen Regimes viel schneller als in Polen oder Ungarn zu verlaufen, andererseits war sie phasenverschoben: die Schlüsselereignisse spielten sich erst nach dem 17. November 1989 ab. Auch aus diesem Grund wurden sie gelegentlich als der unmittelbare und ansonsten letzte kollaterale Effekt des Berliner Mauerfalls wahrgenommen, als überall sonst schon alles Wichtige „erkämpft" worden war – natürlich mit Ausnahme von Rumänien. Die friedliche Machtübergabe bestimmte, trotz der Widersprüchlichkeit und Eigendynamik dieses Prozesses, eine verhältnismäßig lange Etappe der Kohabitation der alten und neuen Machtstrukturen. Diese wurde bis 1992 durch das eigenartige politische Trio Václav Havel (Präsident der Republik), Marián Čalfa (Ministerpräsident der Föderation bis 1992, schon ab 1988 Mitglied des früheren kommunistischen Kabinetts Ladislav Adamec) und Alexander Dubček als Symbolfigur des Prager Frühlings 1968 (Vorsitzender des föderalen Parlaments) verkörpert. Bei der Neubesetzung der höchsten Staatsämter auf der föderalen Ebene wurden die nationalen Befindlichkeiten sehr genau wahrgenommen: die Wahl des Tschechen Havel zum Staatsoberhaupt wurde durch die Wahl des Slowaken Dubček zum Parlamentspräsidenten bzw. durch die Ernennung des Slowaken Čalfa zum Ministerpräsidenten austariert.[22]

Bereits Ende Dezember 1989 zeigte sich jedoch klar, dass die Suche nach einer Neugestaltung der Beziehungen zwischen Tschechen und Slowaken, d. h. nach der neuen verfassungskonformen Regelung dieses Verhältnisses, zu einem integralen Bestandteil der erforderlichen demokratischen Transformation werden musste. Die Repräsentanten der neuen demokratischen politischen Subjekte (*Občanské fórum,* Bürgerforum in Tschechien bzw. *Verejnosť proti násiliu,* Öffentlichkeit gegen Gewalt in der Slowakei) sprachen damals nur ganz allgemein über die „authentische, selbstorganisierte, subsidiär verfasste Föderation" der Tschechen und Slowaken. Die Ergebnisse dieses schwierigen Suchprozesses, der im Vergleich zu Polen und Ungarn (aber auch der späten DDR) eine zusätzliche Transformationsbelastung darstellte, sind gut bekannt: zum 1. Januar 1993 erfolgte die „samtene" Aufteilung der Tschechoslowakei in eine

[22] Vgl. u. a. JIŘÍ SUK, Labyrintem revoluce. Aktéři zápletky a křižovatky jedné politické krize (od listopadu 1989 do června 1990) [Durch das Labyrinth der Revolution. Akteure, Verwicklungen und Kreuzwege einer politischen Krise (vom November 1989 bis zum Mai 1990)], Praha 2009, S. 110–252; RYCHLÍK, Češi a Slováci, S. 565–577.

selbständige Tschechische bzw. Slowakische Republik. Beide Länder betrachteten sich übereinstimmend als Nachfolgestaaten der ehemaligen Tschechoslowakei, d. h. im Verhältnis zum Ausland bemühten sie sich – mit Erfolg – um die fließende Sukzession des bestehenden völkerrechtlichen Vertragswerks der aufgelösten Föderation (wenn auch die Verhandlungen über die Sukzession und Revision des Vertragswerkes sich in manchen Fällen über mehrere Jahre hinzogen).[23]

Ein vielsagendes Zeugnis über die letzten Sekunden der tschechoslowakischen Föderation – auch im Hinblick auf die komplizierte nationale und staatliche Identitätssuche der sich neu konstituierenden Nachfolgestaaten – legt die Aufzeichnung der letzten Übertragung des „föderalen", öffentlich-rechtlichen Fernsehkanals F1 ab. Auf den ersten Blick war an dem Programm, das Silvester 1992 über die tschechoslowakischen Bildschirme flimmerte, nichts Besonderes: Nach der üblichen Abfolge mehr oder weniger gelungener Unterhaltungsprogramme näherte sich Mitternacht und auf den Fernsehschirmen erschienen (erneut) Politiker. Dieses Mal handelte es sich um die verfassungsmäßig höchsten Repräsentanten der zu Ende gehenden Tschechischen und Slowakischen Föderativen Republik (so hieß die Tschechoslowakei nach dem sogenannten Bindestrich-Krieg im April 1990, siehe auch unten), den Tschechen Jan Stráský und den Slowaken Michal Kováč. Sie wünschten den tschechoslowakischen Bürgern ein glückliches neues Jahr – und legten den neuen unabhängigen Nationalstaaten die allerbesten Wünsche mit in die Wiege. Ein allerletztes Mal erklang die tschechoslowakische Hymne, zum letzten Mal konnten sich die Zuschauer an der Silhouette der Prager Burg und der Hohen Tatra und damit an jener semantischen Einheit erfreuen, die man über 60 Jahre lang für selbstverständlich gehalten hatte.[24]

Schon einige Sekunden später, am 1. Januar 1993, befand sich die Hohe Tatra für die Tschechen im Ausland, ebenso wie der von Josip Plečnik geschaffene „Slowakische Brunnen", der sich im Wallgarten auf der Prager Burg befindet, zum Artefakt einer lebendigen, aber bereits abgeschlossenen Geschichte wurde. Selbst der überschaubaren Menschenmenge auf den Straßen in Prag und Bratislava gelang es nicht, dieses historische Datum besonders überzeugend zu feiern, ebenso wenig haben die Unabhängigkeitsfeuer bei vielen Slowaken und Slowakinnen Euphorie ausge-

[23] Daniela Drtinová, Sukcese do smluv a rozpad ČSFR [Sukzession in völkerrechtliche Verträge und Zerfall der ČSFR], in: Mezinárodní vztahy 32 (1997), H. 4, S. 57–61.

[24] Die Videoaufzeichnung ist im Archiv des Tschechischen Fernsehens (ČT) in Prag verfügbar, https://www.youtube.com/watch?v=ycWSB4WKjPo (Zugriff: 08.03.2021).

löst. Gegen Morgen dann hieß der Vorsitzende des tschechischen Parlaments, der Dichter Milan Uhde, den neuen Staat lakonisch mit den Worten „Guten Tag, Tschechische Republik!" willkommen.[25]

Ruft man sich diese Details aus den letzten Augenblicken der Existenz der Tschechoslowakei in Erinnerung, so erscheinen sie für vieles charakteristisch: Die „samtene Scheidung" der Tschechen und Slowaken wurde in Wirklichkeit sehr schnell vollzogen und unter dem Aspekt der „politischen Chirurgie" galt der Eingriff auch als gelungen. Allerdings war man zuvor, als man die Diagnose stellte, dass die Föderation krank sei, nicht wirklich einhelliger Meinung gewesen. Auch war man sich nicht sicher gewesen, ob dieser therapeutische Eingriff durch die Sieger der Wahlen 1992 – der Demokratischen Bürgerpartei (*Občanská demokratická strana*, ODS) von Václav Klaus und Mečiars Bewegung für eine demokratische Slowakei (*Hnutí za demokratické Slovensko*, HZDS) – überhaupt nötig sei.

Die tschechische und slowakische Öffentlichkeit wurde mehrheitlich von der Geschwindigkeit der eingetretenen staatsrechtlichen Trennung überfahren. Noch im Herbst 1992 meinten 50 Prozent der Bevölkerung der Tschechischen Republik, dass der Zerfall des gemeinsamen Staates unausweichlich sei, in der Bevölkerung in der Slowakei lag der Prozentsatz bei 40 Prozent (!). Es gibt mehrere Belege dafür, dass die politischen Akteure nur unzureichend legitimiert waren, die Tschechoslowakei zu demontieren. Darüber hinaus, in diesem Punkt kann man dem Politologen Karel Vodička nur zustimmen, kann man „die Ansicht, dass sich eine Teilung nicht mehr vermeiden lässt, keinesfalls mit dem Willen zur Tei-

[25] Lidové noviny, 02.01.1993. Zur Teilung der Tschechoslowakei vgl. vor allem JAN RYCHLÍK, Rozpad Československa. Česko-slovenské vztahy1989–1992 [Der Zerfall der Tschechoslowakei. Tschechisch-slowakische Beziehungen 1989–1992], Bratislava 2002; VLADIMÍR SRB / TOMÁŠ VESELÝ, Rozdělení Československa. Nejvyšší představitelé HZDS a ODS v procesu rozdělování ČSFR: česko-slovenské soužití v letech 1989–1993 [Die Teilung der Tschechoslowakei. Die höchsten Repräsentanten der HZDS und ODS im Teilungsprozess der ČSFR: tschechisch-slowakisches Zusammenleben 1989–1992], Bratislava 2004; ERIC STEIN, Czechoslovakia. Ethnic Conflict, Constitutional Fissure, Negotiated Breakup, Michigan 1997; MAYA HERTIG, Die Auflösung der Tschechoslowakei. Analyse einer friedlichen Staatsteilung, Basel u. a. 2001. Einen grundlegenden Überblick über die Chronologie der Ereignisse (mit Zitaten aus den wichtigsten Dokumenten in deutscher Übersetzung) bieten die Berichte zur Entwicklung von Staat und Recht in der ČSSR (ab 1990: in der ČSFR) bzw. ab 1993 die Berichte zu Staat und Gesellschaft in der Tschechischen und in der Slowakischen Republik, die vierteljährlich vom Münchner Collegium Carolinum im Auftrag des Bonner bzw. des Berliner Auswärtigen Amtes bis 2005 herausgegeben wurden.

lung gleichsetzen, wie das einige Politiker und Journalisten getan haben".[26] Die Bedenken und Fragen dieser Art bezogen sich nicht nur auf die Teilung des Staates, sie widerspiegelten auch das zunehmende Misstrauen der Bürger gegenüber der Richtung, in die es politisch und wirtschaftlich nach dem November 1989 gehen sollte. Es handelte sich in ihren Augen um die erste folgenschwere und offensichtliche politische „Havarie" der Anfangsphase des Transformationsprozesses: nämlich das Misslingen der Umformung der Husák'schen, von oben aufoktroyierten sozialistischen Föderation in jene oft proklamierte „authentisch-demokratische Föderation" oder einen „Bund zweier gleichberechtigter Nationen und Nationalitäten", wie es schon in den ersten programmatischen Grundsatzerklärungen des Bürgerforums im November 1989 postuliert wurde.[27]

Bei der retrospektiven Betrachtung der Ereignisse der Jahre 1989 bis 1992 sehen wir jedoch, dass ein solches Vorhaben für die neuen, politisch unerfahrenen Eliten der unmittelbaren Nachwendezeit kaum zu meistern war. Während der ersten Woche der „Samtenen Revolution" in Prag und Bratislava standen staatsrechtliche Fragen nicht im Vordergrund; die Aufmerksamkeit der Öffentlichkeit konzentrierte sich vor allem auf die brutale Unterdrückung der Studentendemonstrationen durch die kommunistische Polizei und in der Folge auf die noch sehr vage formulierten Forderungen nach einer Demokratisierung des öffentlichen Lebens (Abschaffung der führenden Rolle der kommunistischen Partei, freie Wahlen, später auch die Einführung der Markwirtschaft).

---

[26] KAREL VODIČKA, Koaliční ujednání: rozdělíme stát! Volby '92 a jejich důsledky pro československou státnost [Koalitionäres Einvernehmen: Wir werden den Staat aufteilen! Die Wahl '92 und ihre Konsequenzen für die tschechoslowakische Staatlichkeit], in: Rozloučení s Československem. Příčiny a důsledky československého rozchodu [Abschied von der Tschechoslowakei. Die Ursachen und Konsequenzen des tschecho-slowakischen Auseinandergehens], Praha 1993, hg. v. RÜDIGER KIPKE / KAREL VODIČKA, S. 83–116, hier S. 101.

[27] Co chceme. Programové zásady Občanského fóra (26. listopad 1989) [Was wir wollen. Die programmatischen Leitlinien des Bürgerforums (26. November 1989)], in: Deset pražských dnů (17.–27. listopad 1989). Dokumentace [Zehn Prager Tage (17.–27. November 1989). Eine Dokumentation], hg. v. MILAN OTÁHAL / ZDENĚK SLÁDEK, Praha 1990, S. 503–506, hier S. 504; Občanské fórum. Listopad–prosinec 1989, 2. díl: dokumenty [Das Bürgerforum. November–Dezember 1989, 2. Teil: Dokumente], hg. v. JIŘÍ SUK, Praha / Brno 1998, S. 33–35, 39. In den ersten revolutionären Tagen entstand auch – absolut inoffiziell – der erste Verfassungsentwurf aus der Feder des tschechischen Bürgerforums (*Občanské fórum*), der – im Versuch den slowakischen Vorstellungen entgegenzukommen – eine deutliche Stärkung der Rolle der Republiken vorsah. Es ist bezeichnend, dass die tschechische Presse – im Unterschied zur slowakischen – über diesen Entwurf in der Revolutionseuphorie nicht berichtete.

In der Slowakei war jedoch die Frage nach ihrer zukünftigen Stellung gleich von Beginn an ein Thema, obwohl sie nicht immer an erster Stelle stand: Auch in Bratislava spielte sich der November noch unter tschechoslowakischen Flaggen ab. In den darauf folgenden Wochen stand dieses Thema dann freilich immer öfter auf der Tagesordnung: Mit der Berufung Václav Havels in die Funktion des tschechoslowakischen (föderalen) Präsidenten wurden dann nicht nur ziemlich barsch die Ambitionen des Slowaken Alexander Dubček, der ein Symbol des Prager Frühlings war, unterbunden, es wurde somit auch ein Zeichen gesetzt, das eine Reihe von Slowaken verstimmte. Es scheint, dass die Tschechen in der Führung des Bürgerforums von Anfang an unterschätzten, wie komplex und sensibel die slowakische Frage war. Das spiegelte sich auch in der Planung der ersten Reisen des neu gewählten Präsidenten Havel wider. So führte seine erste Reise nicht nach Bratislava, sondern nach Berlin und München – eine Geste, die ihm (nicht nur) von slowakischer Seite wiederholt vorgeworfen wurde. Streng gesehen fehlte es dieser Kritik allerdings an einer rationalen Grundlage: Die Slowakei war ja noch nicht Ausland und die Reise nach Deutschland war die erste „Auslandsreise“.[28]

Für die Öffentlichkeit wurden die unterschiedlichen Auffassungen von staatsrechtlichen Fragen zwischen den tschechischen und slowakischen Politikern während des sogenannten Bindestrichkriegs auf dem Boden der Föderalen Versammlung (d. h. des föderalen Parlaments) am deutlichsten. Im Januar und Februar 1990 sollte dort über die neue Bezeichnung des Staates und über die neuen Staatssymbole entschieden werden. Auf der gemeinsamen Sitzung der beiden Kammern am 23. Januar 1990 schlug Präsident Václav Havel – ohne vorherige Absprache mit den einzelnen politischen Akteuren – die Wiedereinführung der Bezeichnung „Tschechoslowakische Republik“, die bis 1960 gegolten hatte, vor (das Adjektiv „sozialistisch“ sollte natürlich weggelassen werden).

Gegen diese Bezeichnung sprach sich ein beträchtlicher Teil der slowakischen Abgeordneten und der slowakischen Öffentlichkeit aus. Diese forderten, dass in die verschiedenen Varianten des Staatsnamens ein Bindestrich eingefügt werden sollte (z.B. Tschecho-Slowakei); dadurch sollte die Gleichberechtigung beider Nationen ausgedrückt bzw. auch die Slowakei

---

[28] Vgl. als grundlegende Quellenedition zu den tschechisch-slowakischen Beziehungen (beinhaltet auch wichtige Texte der slowakischen Dissidenten aus der Zeit vor 1989) November 1989 a Slovensko. Chronológia a dokumenty (1985–1990) [Der November 1989 und die Slowakei. Chronologie und Dokumentation (1985–1990)], hg. v. JOSEF ŽATKULIAK, Bratislava 1999; RYCHLÍK, Rozpad Československa, S. 67–90.

„sichtbarer" gemacht werden. Diese Forderung schien allerdings dem tschechischen Teil unannehmbar, vor allem auf Grund der immer noch starken historischen Erinnerung an die sogenannte Zweite Republik, die diese Bezeichnung nach der Unterzeichnung des Münchener Abkommens trug (bis die böhmischen Länder am 15. März 1939 von Deutschland besetzt wurden).

Die Debatte um die Bezeichnung des Staates wurde sehr emotional geführt und zog sich bis zum 20. April 1990 hin, als die Föderale Versammlung schlussendlich als Kompromisslösung die Bezeichnung „Tschechische und Slowakische Föderative Republik" (kurz ČSFR) verabschiedete. Die inoffizielle Bezeichnung „Tschechoslowakei" konnte im Tschechischen auch weiterhin als ein Wort verwendet werden, auf Slowakisch wurde empfohlen, die Variante mit dem Bindestrich zu verwenden. Wie die darauffolgende Entwicklung zeigte, war der „Bindestrichkrieg" nur der Auftakt zu langwierigen und niemanden wirklich zufrieden stellenden staatsrechtlichen Verhandlungen, deren Ergebnis die vollständige Teilung der Tschechoslowakei war.[29]

Charakteristisch für die Entwicklung der Jahre 1990 bis 1992 war das stufenweise „Hinausmanövrieren" der föderativen Organe (des Präsidenten Havel, der föderalen Regierung, der Föderalen Versammlung) aus den staatsrechtlichen Verhandlungen und ihre fast vollständige Weiterleitung auf das Niveau der Nationalregierungen und Nationalparlamente (Tschechischer und Slowakischer Nationalrat). Es zeigte sich, dass die politischen Repräsentanten immer weniger fähig und willens waren, zu einem annehmbaren und funktionierenden Kompromiss zu gelangen.

Unter diesen Umständen erreichte man natürlich nur dürftige Ergebnisse: Es gelang nicht, Konturen einer Neuordnung zu bestimmen, stattdessen einigte man sich als Kompromiss auf das Verfassungsgesetz Nr. 556/1990 Slg., volkstümlich auch das „Spätzle-Gesetz" genannt (zur Erinnerung daran, dass bei einer geselligen Feier nach Verabschiedung des Gesetzes die Abgeordneten aller Nationalitäten dieses in der Slowakei besonders beliebte Gericht direkt im Sitzungssaal verspeist hatten). Das Gesetz beschnitt die Kompetenzen der föderativen Organe zwar beträchtlich, stellte aber keinesfalls ein funktionsfähiges Ganzes dar. Von Anfang an war klar, dass es sich dabei nur um einen kurzfristigen Kompromiss

---

[29] RYCHLÍK, Rozpad Československa, S. 111–124. Detailiert bei: MILAN ŠÚTOVEC, Semióza jako politikum alebo „Pomlčková vojna" [Die Semiose als Politikum oder der „Bindestrichkrieg"], Bratislava 1999.

handeln konnte.[30] Trotz des fortschreitenden Erosionsprozesses bemühte sich die neue tschechoslowakische Außenpolitik und ihre wichtigsten Akteure (Präsident Václav Havel, Vizepremier und Außenminister Jiří Dienstbier, Premier Marián Čalfa und Parlamentspräsident Alexander Dubček) ihre Konzeption und ihre praktische Umsetzung auf der Basis des immer noch existierenden gemeinsamen Staates aufzubauen. In der Tat gelang es ihr, insbesondere in den Jahren 1990–91, ein durchaus positives außenpolitisches Image der Tschechoslowakei zu pflegen, die Annäherung an die westlichen Sicherheits- und Integrationsstrukturen zu initiieren und eine aktive regionale Politik zu betreiben.

Die außenpolitischen Eliten der „postrevolutionären" Tschechoslowakei waren durch ein großes Maß an Kontinuität mit der vorausgegangenen Periode geprägt. Lassen wir die Schlüsselfigur von Václav Havel außen vor, so gelangten mit dem neuen Außenminister (Jiří Dienstbier) und seinen nächsten Mitarbeitern (Luboš Dobrovský, Jaroslav Šedivý, Jiří Hájek, Rudolf Slánský Jun., Rita Klímová, Čestmír Císař u. a.) die „Achtundsechziger" in den tschechoslowakischen auswärtigen Dienst, d.h. auch diejenigen, die zuvor innerhalb der Dissidentenbewegung die wichtigsten außenpolitischen Dokumente der Charta 77 formuliert hatten. Eher pragmatisch arbeiteten sie dann mit den Diplomaten des alten Regimes zusammen, die oftmals in der Elite-Kaderschmiede der Sowjetdiplomatie MGIMO (Moskau) ausgebildet worden waren. Auch der letzte kommunistische Außenminister Jaromír Johanes musste den Czernin-Palast nicht verlassen und wechselte zum Sonderberater Jiří Dienstbiers.

Prägend und richtungsweisend waren jedoch die neuen, manchmal auch dilettierenden, doch mit frischem demokratischen Elan agierenden Quereinsteiger, die aus diversen Milieus stammten, vor allem aus den vielfältigen Dissidenten- (so der langjährige Staatssekretär Alexander Vondra oder der Schriftsteller Jiří Gruša), Künstler- und Schauspieler- (Magda Vašáryová und Martin Stropnický) sowie Exilkreisen (Egon Lánský, Otto Pick). Auch einige Mitglieder der traditionellen böhmischen adeligen Familien konnte man für die tschechoslowakische Diplomatie in dieser Umbruchsphase gewinnen (Karel Schwarzenberg, Richard Belcredi, später

---

[30] DAVID M. OHLSON u. a., První volební období demokratického parlamentu v ČSFR: Federální shromáždění 1990–1992 [Die erste Sitzungsperiode des demokratischen Parlaments in der ČSFR: Die Föderalversammlung 1990–1992], in: Právník (1993), H. 2, S. 125–140; HERTIG, Die Auflösung der Tschechoslowakei, S. 186–196; RYCHLÍK, Rozpad Československa, S. 164–167.

auch Michal Lobkowicz).[31] Die ersten außenpolitischen Konzepte knüpften an die älteren Überlegungen und Diskussionen innerhalb des politischen Dissidententums an; repräsentativ fasste sie bereits das Buch von Jiří Dienstbier „Snění o Evropě" (Träumen von Europa, 1986) zusammen.[32] In der langfristigen Perspektive sahen sie die Zukunft des Landes in einem vereinigten Europa sowie in einem neuen, auf dem Helsinki-Prozess basierenden internationalen Sicherheitsraum (mit der parallelen Auflösung der NATO und des Warschauer Paktes als Residuen des Kalten Krieges) voraus.

Diese Überlegungen charakterisierte am deutlichsten das tschechoslowakische Memorandum an die Botschafter der Signatarländer der KSZE vom 6. April 1990: darin machte die Tschechoslowakei den Vorschlag, eine europäische Sicherheitskommission (sozusagen einen europäischen „Sicherheitsrat") zu schaffen, die aus Vertretern der Signatarländer der KSZE zusammengesetzt sein sollte.[33] Die neue Tschechoslowakei sollte zum aktiven Mitglied der internationalen Gemeinschaft werden, insbesondere in demjenigen Bereich, wo früher die größten Defizite zu verzeichnen gewesen waren: bei den Menschen- und Bürgerrechten. Doch die außenpolitische Umsetzung der „unpolitischen Politik" der Charta 77 wurde nicht – und konnte das offensichtlich nicht – exakt ausformuliert. „Unser Staat" – so Václav Havel bald nach der Wende vor der Parlamentarischen Versammlung des Europarates am 10. Mai 1990 –

> „hat keine staatliche Ideologie [...]. Die einzige Idee, die er in seiner Innen- und Außenpolitik zugrunde legen möchte, ist die Idee der Achtung der Menschenrechte im weitesten Sinne des Wortes und die Ehrfurcht vor der Einmaligkeit des menschlichen Wesens".[34]

Das zeigte sich auch in Havels Rede vor dem US-Kongress am 21. Februar 1990 – „Die Rettung dieser menschlichen Welt ist nirgendwo anders als im menschlichen Herzen, in der menschlichen Vernunft, menschlichen

---

[31] Vgl. u. a. RADKO BŘACH, Die Außenpolitik der Tschechoslowakei zur Zeit der „Regierung der nationalen Verständigung", Baden-Baden 1992; JIŘÍ DIENSTBIER, Od snění k realitě. Vzpomínky z let 1989–1999 [Vom Träumen zur Wirklichkeit. Erinnerungen aus den Jahren 1989–1999], Praha 1999; JAROSLAV ŠEDIVÝ, Černínský palác v roce nula. Ze zákulisí polistopadové zahraniční politiky [Der Czerninpalast im Jahre Null. Hinter den Kulissen der Außenpolitik nach dem November], Praha 1997.

[32] DIENSTBIER, Snění o Evropě.

[33] Československá zahraniční politika. Dokumenty [Tschechoslowakische auswärtige Politik. Dokumente], 4–6 (1990), S. 155–157.

[34] VÁCLAV HAVEL, Projevy z let 1990–1992. Letní přemítání [Reden aus den Jahren 1990–1992. Die Sommermeditationen], Praha 1999, S. 137–157.

Demut und menschlichen Verantwortung" –, die jedoch einen mahnenden Appell beinhaltete, der auch die Realitätsnähe des vermeintlichen „Idealisten" Havel gut charakterisiert: „Wenn Sie uns in der Tschechoslowakei helfen wollen, dann helfen Sie zuerst der Sowjetunion".[35]

Zwar wurde diese medienwirksame, später als allzu „idealistisch" bezeichnete Phase der tschechoslowakischen Außenpolitik mit den neuen Realitäten konfrontiert (Zerfall der Sowjetunion und Jugoslawiens, Golfkrieg u. a.) und diesen auch allmählich angepasst, doch rechneten die damaligen mittel- und langfristigen Konzepte jedenfalls mit der Fortexistenz der Tschechoslowakei als einem einheitlichen (wenn auch föderalen) Staatswesen. Diese vom Prager Zentrum betriebene Diplomatie gelangte im Laufe der Zeit ins unaufhebbare Spannungsverhältnis zu den immer mehr divergierenden, genuin slowakischen außenpolitischen Vorstellungen und den Ambitionen der dortigen politischen Repräsentanz. Diese Ambitionen verfestigten sich sehr bald in der institutionellen Form eines selbständigen, wenn auch mit dem föderalen Außenamt kooperierenden slowakischen Ministeriums für auswärtige Beziehungen in Bratislava (errichtet *de facto* verfassungswidrig noch vor der Annahme des schon erwähnten Kompetenzgesetzes vom Dezember 1990), das jedoch auf der tschechischen Seite keine vergleichbare Parallele hatte.

Um ein denkbares Chaos zu vermeiden, wurde als Kompromisslösung im November 1990 ein Abkommen zwischen den Vertretern der Föderation und beider Teilrepubliken vereinbart, das eine „geteilte völkerrechtliche Subjektivität" präzisierte und – inspiriert u. a. vom deutschen Lindauer Abkommen zwischen der Bundesrepublik Deutschland und deren Ländern von 1957 – gewisse außenpolitischen Kompetenzen an die tschechische bzw. slowakische Nationalregierung übertrug.[36] Somit wurde die tschechoslowakische Außenpolitik Schritt für Schritt eher „multifokal" und weniger lesbar, was sich übrigens auch im föderalen Parlament bei der Verhandlung einiger wichtiger internationaler Verträge und Abkommen zeigte. So formulierten z. B. die zahlreichen slowakischen Politiker ihre Vorbehalte in Bezug auf den neuen Vertrag zwischen der Tschechoslowakei und der Bundesrepublik Deutschland über gute Nachbarschaft

---

[35] Ebd., S. 59–72. Vgl. BŘACH, Die Außenpolitik der Tschechoslowakei, S. 20 f.

[36] MIROSLAV KUNŠTÁT, V siločarách nové střední Evropy. Koncepce a tvorba zahraniční politiky Slovenské republiky v prvním desetiletí její existence [Im Kräftefeld des neuen Mitteuropas. Konzepte und Umsetzung der Außenpolitik der Slowakischen Republik im ersten Jahrzehnt ihres Bestehens], in: Střed – Centre. Journal for Interdisciplinary Studies of Central Europe in the 19th and 20th Centuries, 2010, H. 2, S. 82–118, hier 84 f.

und freundschaftliche Zusammenarbeit vom 27. Februar 1992, einen der neuen „Ostverträge", die das vereinigte Deutschland bilateral, nach dem Abschluss des Zwei-plus-Vier-Vertrages (September 1990), mit der UdSSR, Polen und der Tschechoslowakei verhandelt hatte.

Insbesondere derjenige Teil der Präambel („in Anerkennung der Tatsache, dass der tschechoslowakische Staat seit 1918 nie zu bestehen aufgehört hat"), in dem die ununterbrochene rechtliche Kontinuität der Tschechoslowakei - und damit auch die Rechtsmäßigkeit der Londoner Exilregierung zur Zeit des Zweiten Weltkrieges - festgestellt wurde, stieß auf Kritik seitens der höchsten slowakischen Politiker, d. h. des damaligen slowakischen Premierministers Ján Čarnogurský sowie des Parlamentspräsidenten František Mikloško. Ihnen zufolge würde dieser Passus die historische Existenz des selbständigen slowakischen Staates in den Jahren 1939 bis 1945 völlig ignorieren. Zwar wurde der Vertrag in der Föderalversammlung letztendlich angenommen, die aufgeregte Debatte unter den slowakischen Abgeordneten zeigte jedoch klar, dass sich die überspannten nationalen Befindlichkeiten im letzten Jahr der Existenz der Föderation auch in den zentralen Bereichen der neuen tschechoslowakischen Außenpolitik deutlich negativ auswirkten.[37]

Die fortschreitende Schmälerung der föderalen Kompetenzen, die Überlegungen über den Übergang zu konföderativen (näher jedoch kaum definierten) Strukturen bzw. über die vollständige Teilung des gemeinsamen Staates widerspiegelten die tieferen Prozesse der nationalen und staatlichen Neudefinierung und Emanzipation, insbesondere auf der slowakischen Seite. Es handelte sich dabei nicht um einen linearen Prozess, darüber hinaus spielten auch die ersten Misserfolge und Defizite der tschechoslowakischen Transformation eine Rolle, vor allem im wirtschaftlichen Bereich. So führte z. B. die allzu schnelle Konversion der slowakischen Rüstungsindustrie (verbunden mit rasantem Personalabbau) zum schnellen Anstieg der Arbeitslosigkeit in den sonst eher strukturschwachen ländlichen Regionen.[38]

---

[37] DERS., Germany and The Czech Republic, in: Germany and East Central Europe since 1999, hg. v. VLADIMÍR HANDL u. a., Prague 1999, S. 233–252, hier S. 237–240.

[38] So äußerten schon Ende 1990 in der Umfrage des AISA-Instituts nur 33 Prozent der slowakischen Bevölkerung „Zufriedenheit mit der politischen und wirtschaftlichen Entwicklung" der Tschechoslowakei (im tschechischen Teil der Föderation betrug dieser Anteil immer noch 47 Prozent). Lidové noviny, 18.01.1991, S. 1; siehe auch LENKA KALINOVÁ, Konec nadějím a nová očekávání. K dějinám české společnosti 1969–1993 [Ende der Hoffnungen und neue Erwartungen. Zur Geschichte der tschechischen Gesellschaft 1969–1993], Praha 2012, S. 369–373.

Die Teilung des gemeinsamen Staates in zwei selbständige Nationalstaaten der Tschechen und Slowaken (obwohl sich diese nie offiziell zu solchen erklärt hatten) überdeckte und „versöhnte" oder kaschierte gar viele divergierende Interessen und Einflusssphären im Zusammenhang mit der Privatisierung der Wirtschaft und den damit verbundenen Eigentumsverschiebungen. Auf die dramatischen und schnellen Umbrüche und Veränderungen im internationalen Umfeld (Wiedervereinigung Deutschlands, Zerfall Jugoslawiens und der Sowjetunion, Transformation der Europäischen Gemeinschaft zur „Maastrichter" Europäischen Union u. a.) reagierte die „noch" tschechoslowakische Außenpolitik mit zunehmender Skepsis und Ernüchterung.

Die planmäßig dosierte prowestliche Orientierung (der Warschauer Pakt wurde erst im Juli 1991 aufgelöst) wurde durch eine eher zwanghafte und rat- und rastlose „Flucht nach Westen" abgelöst – d. h. durch eine als alternativlos erscheinende Option (also Vollmitgliedschaft in der NATO und in der EU), die damals die einzige realistische Garantie für Sicherheit und Prosperität darstellte. Und natürlich musste sie sich immer intensiver mit der Aufklärung über die aktuellen Probleme im innerstaatlichen tschechisch-slowakischen Verhältnis befassen – mit dem Ziel, deren Außenwahrnehmung im Ausland von den Desintegrationsprozessen in der unmittelbaren europäischen Nachbarschaft (ehem. Jugoslawien, UdSSR) optisch zu trennen und für den spezifischen tschechoslowakischen Fall zu sensibilisieren. Im letzten Halbjahr der Existenz des tschechoslowakischen Staates wurden diese Bemühungen sogar zur wichtigsten außenpolitischen Agenda des scheidenden föderalen Kabinetts Jan Stráskýs (Juli–Dezember 1992).[39]

Nach mehreren schwierigen Gesprächsrunden und längeren Denkpausen gelang es gegen Ende des Jahres 1992 den Hauptunterhändlern (für die Tschechen Premier Petr Pithart und die Vorsitzende des Tschechischen Nationalrates Dagmar Burešová, für die Slowaken Premier Ján Čarnogurský und der Vorsitzende des Slowakischen Nationalrates František Mikloško) deshalb nur, sich auf einen Kompromiss zu einigen: Die Verhandlungen sollten nach deren Plänen mit einem Staatsvertrag der beiden Republiken beendet werden, wobei dieser Kompromiss nicht regelte, wie dies Eingang in die nationalen Verfassungen bzw. die föderative Verfassung finden sollte. Es sollte sich *de facto* nicht um einen völkerrechtlichen Vertrag zwischen Republiken handeln (wie sich das der slowa-

---

[39] DIENSTBIER, Od snění k realitě, S. 241–282; RYCHLÍK, Rozpad Československa, S. 273–334.

kische Premier Ján Čarnogurský gewünscht hatte), aber trotzdem um ein bindendes vertragsartiges Dokument, das genau die Form der föderativen Verfassung und der nationalen Verfassungen festlegen sollte. Dieser (immer noch) annehmbare Kompromiss scheiterte allerdings schon an einer Abstimmung des slowakischen Parlamentspräsidiums.[40]

Die Wahlen zum föderalen und zu den nationalen Parlamenten fanden am 5. und 6. Juni 1992 statt. In den böhmischen Ländern konnte die Demokratische Bürgerpartei (ODS) einen überzeugenden Wahlsieg feiern; in der Slowakei siegte – ebenso eindeutig – die Bewegung für eine demokratische Slowakei (HZDS). Daraufhin kam es durch die Gewinner der Wahl, Václav Klaus und Vladimír Mečiar, zu einer radikalen Abkehr von der Strategie, die die tschecho-slowakischen Verhandlungen bis dato bestimmt hatte. Der letzte Durchgang der staatsrechtlichen Verhandlungen (Juni–Oktober 1992) nahm dann einen so schnellen und dramatischen wie eindeutigen Verlauf: Vom 19. Juni an wurde nurmehr darüber verhandelt, wie man die Tschechoslowakei am „schmerzlosesten" teilen könne.

Bei den Verhandlungen in Bratislava kam es auch zur definitiven Absage der tschechischen ODS gegenüber den slowakischen Plänen eines losen staatsrechtlichen Zusammenschlusses der beiden souveränen Republiken in einer Konföderation. Begründet wurde das damit, dass es sich dabei schon nicht mehr um einen „gemeinsamen Staat" handeln würde und man daher einer verfassungsmäßigen Teilung des gegenwärtigen Staates den Vorzug geben würde. In den folgenden Monaten verfiel die Tschechoslowakei in eine Stimmung der Agonie, auch wenn die Trennung mit dem 31. Dezember 1992 kultiviert, friedlich und in verfassungsmäßigen, geregelten Bahnen verlief.[41]

---

[40] VÁCLAV HAVEL, Letní přemítání [Sommermeditationen], Praha 1991, S. 11–34; PETER ZAJAC, Sen o krajine [Der Traum von dem Land], Bratislava 1996, S. 121–127; RYCHLÍK, Rozpad Československa, S. 169–226; HERTIG, Die Auflösung der Tschechoslowakei, S. 201–278.

[41] Der ehemalige slowakische Präsident und führende Vertreter der HZDS Michal Kováč meinte dazu am 29.12.2007 in einem Gespräch mit der Tageszeitung SME, dass die HZDS in dieser Phase die Erklärung der absoluten Unabhängigkeit nicht für zweckmäßig gehalten und man daher der tschechischen Seite den Vorschlag einer Konföderation unterbreitet habe. Weniger bekannt war, dass schon damals der engste Führungskreis der HZDS ein konkretes Datum (das Jahr 1996) für die Teilung im Kopf hatte. JAN RYCHLÍK, Rozdělení ČSFR po patnácti letech [Die Teilung der ČSFR nach fünfzehn Jahren], in: CEP-Newsletter, 2008, H. 1, S. 1 f.

Die letzten Monate des Jahres 1992 brachten zahlreiche dramatische Momente und emotional aufgeladene Situationen mit sich, z. B. als sich die Föderale Versammlung nicht auf einen Wortlaut des Verfassungsgesetzes zur Auflösung der Tschechoslowakei einigen konnte und als es sogar gelang, einen parlamentarischen Beschluss zur Bildung einer Kommission, die die Transformation der Föderation in eine (nicht näher spezifizierte) Tschechisch-Slowakische-Union organisieren sollte, durchzusetzen. Allerdings waren zu diesem Zeitpunkt Václav Klaus und seine ODS-Partei fest entschlossen, den Stillstand des gemeinsamen Staates nicht weiter in die Länge zu ziehen.

Man nötigte die slowakischen Partner zu schnellen Schritten, um die Teilung des Staates mit dem 31. Dezember 1992 vollziehen zu können, also an jenem Datum, auf das sich beide Partner schon am 26. August 1992 bei einem Treffen in der Villa Tugendhat in Brünn geeinigt hatten. Dabei ist bemerkenswert, dass bei der Verabschiedung der endgültigen Fassung des „Verfassungsgesetzes über die Auflösung der Tschechischen und Slowakischen Föderativen Republik" offenbar kurz vor der Abstimmung über die letzte Version noch eine *slowakische* Stimme im slowakischen Teil der Kammer der Nationen in der Föderalen Versammlung fehlte (auch hier war bei Verfassungsfragen eine Drei-Fünftel-Mehrheit nötig).

Wie es dennoch gelang, dass am 25. November um 13.21 Uhr das Gesetz (Verfassungsgesetz Nr. 542/ 1992 Sb.) tatsächlich verabschiedet wurde, ist bis heute nicht wirklich geklärt. In den darauf folgenden Wochen wurden dann eine ganze Reihe „technischer" Gesetze verabschiedet, durch die noch verbliebene föderale Institutionen aufgelöst bzw. getrennt wurden (z. B. die Tschechoslowakische Staatsbank, der Föderale Sicherheits- und Informationsdienst, der Tschechoslowakische Rundfunk, das Tschechoslowakische Fernsehen, die Tschechoslowakische Presseagentur, die Tschechoslowakischen Staatsbahnen, die Tschechoslowakische Post und andere).[42]

---

[42] ADÉLA GJURIČOVÁ / TOMÁŠ ZAHRADNÍČEK, Návrat parlamentu. Češi a Slováci ve Federálním shromáždění 1989–1992 [Rückkehr des Parlaments. Tschechen und Slowaken in der Föderalversammlung 1989–1992], Praha 2018, S. 213–239; SRB / VESELÝ, Rozdělení Československa, S. 59–107. Vgl. RYCHLÍK, Rozpad Československa, S. 273–342; HERTIG, Die Auflösung der Tschechoslowakei, S. 279–382, u. a.

3. Die Nachfolgestaaten der Tschechoslowakei: Flucht westwärts, Landung im „neuen“ Mitteleuropa

Wie schon im Prolog dieses Textes erwähnt, ergaben sich für die beiden neu entstandenen Staaten mit der tschecho-slowakischen Teilung, die zwar „chirurgisch“ perfekt durchgeführt, aber von den jeweiligen Gesellschaften nicht „aufgearbeitet“ worden war, unzählige, oftmals nicht eingestandene Schwierigkeiten. Woran sollte man anknüpfen? Auf welchen historischen Traditionen eine neue, bis zu einem gewissen Grad *a priori* beschnittene nationale Identität aufbauen? An die „tausendjährige“ St. Wenzel-Tradition, so wie sich das die tschechische Volkspartei (eine immer noch katholische Milieupartei, die paradoxerweise bis jetzt ihre historische Bezeichnung *Československá strana lidová* – Tschechoslowakische Volkspartei – beibehalten hat) vorstellte?[43] Oder sollte man an die hussitische und reformatorische Tradition anschließen (wie man auf Grund der regen Teilnahme von Vertretern und Vertreterinnen der bürgerlichen Demokraten und der Sozialdemokratie an den wiederbelebten Jan Hus-Feierlichkeiten, die freilich mehrheitlich von der *Tschechoslowakischen* Hussitischen Kirche durchgeführt wurden, annehmen hätte können)? An die dubiosen Traditionen von Tisos „unabhängiger“ Slowakei der Jahre 1939 bis 1945, wofür sich nationalistische slowakische und einige klerikale Kreise hartnäckig einsetzten? Sollte man auf das Vermächtnis von Kyrill und Method zurückgreifen und, im Sinne der Präambel zur gegenwärtigen slowakischen Verfassung, sogar auf die „großmährische“ Tradition des 9. Jahrhunderts? Oder doch sich vor allem auf die Traditionen der tschechischen/böhmischen und der *tschechoslowakischen* Staatlichkeit berufen, so wie sie in der gültigen Verfassung der Tschechischen Republik verstanden wird? Schon die schiere Anzahl dieser Fragestellungen zeigt die Vielfältigkeit und Komplexität dieser Materie.[44]

Anfangs (d. h. in den „Gründerjahren“ 1993 bis 1998, also in der Ära Mečiar) war es die vorherrschende Geschichtspolitik der selbstständigen Slowakei, jedweden Anschluss an die Tradition der tschechoslowakischen Staatlichkeit rundweg abzulehnen. Nur im außenpolitischen Bereich

---

[43] Die 1918 gegründete Partei hieß ab 1992 offiziell *Křesťanská a demokratická unie – Československá strana lidová*, abgekürzt KDU-ČSL [Christliche und demokratische Union – Tschechoslowakische Volkspartei].

[44] MIROSLAV KUNŠTÁT / HANS LEMBERG, Zur tschechischen Erinnerungskultur, in: „Transformationen“ der Erinnerungskulturen in Europa nach 1989, hg. v. BERND FAULENBACH / FRANZ-JOSEF JELICH, Essen 2006, S. 113–124.

nutzte man reibungs- und vorbehaltlos die pragmatische Rechtsnachfolge der völkerrechtlichen Vertragsbasis, die noch von der ehemaligen Tschechoslowakei abgeschlossen worden war. Gleichzeitig konnte und wollte man sich freilich nicht auf ältere, problematische Traditionen stützen. Zwar fand sich eine gewisse Verehrung für die Slowakische Republik der Jahre 1939 bis 1945 in bestimmten Teilen des politischen Spektrums, für die Mehrheit der slowakischen Bürger und Bürgerinnen war dies aber schlicht unannehmbar. Auch außenpolitisch wäre die Betonung einer solchen Kontinuität eine Blamage gewesen (ähnlich wie analoge Tendenzen, die es in Kroatien gab), die zusätzlich weitreichende völkerrechtliche Konsequenzen hätte haben können.

Der neue Staat erblickte das Licht der Welt mit seinen eigenen Symbolen, seiner eigenen Verfassung und Regierung und seinem eigenen Parlament. Er brachte allerdings keinen Konsens seiner Bürger und Bürgerinnen über die grundlegende Einschätzung der eigenen Vergangenheit mit sich. In der erwähnten Präambel zur Verfassung vom 1. September 1992 „umkreiste" er seine Geschichte in einem unglaublich großen und selektiven Bogen: Seinen Bürgern und Bürgerinnen brachte er lediglich „die Erfahrungen im Kampf um nationale Selbstbestimmung und eine eigene Staatlichkeit, im Sinne des geistigen Vermächtnisses Kyrills und Methods und jenes des historischen Großmähren" in Erinnerung.[45]

Die genannten Beispiele der schwierigen Identitätssuche zeigen die Zwiespältigkeit des (nicht nur) slowakischen Diskurses über die grundlegende Ausrichtung der neuen Staaten. Er bestätigt auch auf den ersten, wenn auch flüchtigen Blick einige vereinfachende Ansichten, nach denen der Grund für die Trennung von Tschechen und Slowaken darin zu suchen sei, dass es zwischen den tschechischen und slowakischen posttotalitären Eliten eine grundsätzliche Uneinigkeit hinsichtlich der Prioritäten gab. Es wurde versucht diese angebliche „Unversöhnlichkeit der

---

[45] MIROSLAV KUNŠTÁT, Slovenská reflexe střední Evropy a její tradice [Slowakische Reflexion Mitteleuropas und ihre Traditionen], in: Visegrád. Možnosti a meze středoevropské spolupráce [Visegrád. Potenziale und Grenzen der Zusammenarbeit in Mitteleuropa], hg. v. JIŘÍ VYKOUKAL, Praha 2003, S. 117–124, hier S. 120–123. Den grundlegenden und zuverlässigen Überblick über die politische und wirtschaftliche Entwicklung der selbstständigen Slowakei (inklusive einiger ausführlicher Passagen über die slowakische Außenpolitik sowie über die Entwicklung der tschecho-slowakischen Beziehungen nach 1993) findet man in: VLADIMÍR LEŠKA, Slovensko 1993–2004. Léta obav a nadějí [Slowakei 1993–2004. Die Jahre der Befürchtungen und Hoffnungen], Praha 2006. Die Zeitspanne, die die Publikation behandelt, umfasst symbolisch das Ende der Tschechoslowakei (31.12. 1992) und den EU-Beitritt (01.05.2004) beider neu entstandener Staaten.

Prinzipien" mit dem Gegensatz „rechts-links" zu erklären (rechts stehende Tschechen versus links stehende Slowaken, die westlich orientierte Tschechische Republik gegen die Ostorientierung der Slowakei, radikale Wirtschaftsreformen in der Tschechischen Republik versus die vermeintliche Erneuerung des Sozialismus in der Slowakei), wobei gegebenenfalls auch auf die negativen Seiten der parallel dazu verlaufenden Auflösung des ehemaligen Jugoslawiens und der Sowjetunion hingewiesen wurde.

Auch Historiker und Historikerinnen brachten bislang (trotz einer bereits beträchtlichen Anzahl an Studien, die sich mit der Teilung der Tschechoslowakei und ihren Auswirkungen befassen) in diese Debatten keine komplexere Reflexionsebene ein: Entweder sahen sie die Teilung als logisches Ergebnis eines Modernisierungsprozesses, der in den böhmischen Ländern und der Slowakei ungleich verlaufen sei, oder sie kommentierten das tschechoslowakische Beispiel - wie etwa Jan Rychlík - allgemein so, dass

> „auch im 20. Jahrhundert die Ethnizität die wichtigste Art der Soziabilität darstellt [...] und persönliche Freiheiten und eine demokratische Ordnung nicht genug sind, um einen multinationalen Staat zusammenzuhalten".[46]

Zustimmen kann man seiner Schlussfolgerung, dass nämlich das grundlegende Problem nicht die Frage des politischen Regimes war, sondern die Frage nach der Identifikation der Bevölkerung mit einem multinationalen Staat, der sich zusätzlich auch noch an der Schwelle zu einer nie zuvor dagewesenen wirtschaftlichen und gesellschaftlichen Transformation befand.[47] Weniger wird in den Diskussionen beachtet, dass die Tschechische bzw. Slowakische Republik zwei komplett neue „Nationalstaaten" in Mitteleuropa darstellten (Tschechien als ein *de facto* ethnisch homogener Staat, die Slowakei jedoch mit der großen und selbstbewussten ungarischen Minderheit), die sich mit gewisser Skepsis und Distanz bei den breiteren Schichten der Bevölkerung - auch angesichts des Scheiterns der „subsidiär" konzipierten Reform der tschechoslowakischen Föderation - nun mit dem dynamischen Prozess der europäischen Integration und der damit verbundenen *shared sovereignty* in seiner neuen, noch vertieften postmaastrichter Qualität (1992) auseinandersetzen mussten.

Auf dem Papier unterschieden sich die ersten außenpolitischen Konzepte der beiden Nachfolgestaaten kaum voneinander. Die neue Tschechische Republik war sich ihres reduzierten geopolitischen Gewichtes klar

---

[46] RYCHLÍK, Rozpad Československa, S. 340–342.

[47] Ebd., S. 341.

bewusst, „experimentierte“ deshalb nicht mehr so aktiv auf dem Gebiet der Menschenrechte oder mit den kaum realistischen Angeboten der „guten Dienste“ in einigen Konflikten und deklarierte offiziell die möglichst schnelle Integration in die Strukturen des Westens (angeregt u. a. durch den Kopenhagener Gipfel des Europäischen Rates im Sommer 1993). Die Slowakische Republik belastete in der Anfangsphase die stereotype, teilweise selbstverschuldete und im Ausland recht verbreitete Vorstellung, dass es in erster Linie sie war, die die ehemalige Tschechoslowakei „zerstört“ hatte.

In den ersten Jahren, als sie durch das autoritäre Kabinett Vladimír Mečiars regiert wurde, formulierte sie auch alternative Optionen zur prowestlichen Orientierung des Landes: am intensivsten von der ganzen Region näherte sie sich an Russland an, *special relations* pflegte sie auch mit Serbien und (paradoxerweise) mit Kroatien, d. h. mit den Staaten, in denen die nationale und staatliche Gründungsidee in einer vergleichbaren autoritären Form verschmolzen war. Aber auch die Tschechische Republik machte sich in dieser Zeit auf ihren spezifischen, teils euroskeptischen „Sonderweg“, der zwar im Widerspruch zu den Festreden und zahlreichen Interviews des alt-neuen Präsidenten Václav Havel stand, jedoch seinen Ausdruck in den Aussagen sowie praktischen Schritten des damaligen Premiers Václav Klaus fand.

Nur sehr mühsam und schleppend verlief der Aufbau der wirtschaftlichen, rechtlichen und institutionellen Grundlagen bei der Vorbereitung auf die Beitrittsverhandlungen (1993–1998), die in den sogenannten Kopenhagener Kriterien festgelegt wurden. Noch in dieser Zeit fand in Tschechien eine interessante Europadebatte statt. Zwei unterschiedliche Europabilder wurden durch die beiden wichtigsten Protagonisten der tschechischen Transformation, Václav Klaus und Václav Havel, verkörpert und dargestellt: das „eurorealistische“ (*de facto* jedoch euroskeptische), von Margaret Thatcher und den britischen Konservativen stark beeinflusste und in mechanischer Naivität rezipierte Konzept Europas als einer einzigen großen Freihandelszone mit eher schwachen zentralen Kompetenzen für die Brüsseler Gemeinschaftsinstitutionen (Klaus),[48] dagegen das

---

[48] Zur tschechischen bzw. slowakischen Außenpolitik nach 1993 im Überblick vgl. u. a.: Maximum možného? 25 rokov samostatnej českej a slovenskej zahraničnej politiky / 25 let samostatné české a slovenské zahraniční politiky [Das maximal Mögliche? 25 Jahre der selbständigen tschechischen und slowakischen Außenpolitik], hg. v. VÍT DOSTÁL / GRIGORIJ MESEŽNIKOV, Praha / Bratislava 2017; The Quest for the National Interest. A Methodological Reflection on the Czech Foreign Policy, hg. v. PETR DRULÁK / MATS BRAUN, Frankfurt am Main 2010; Zahraniční politika České republiky 1993–2004.

andere Bild eines solidarischen, tiefer integrierten, ja sogar föderalistischen Europas, das eine ausgeprägte Wertegemeinschaft darstellen sollte – doch im Bewusstsein, dass Europa schon „lange nicht mehr der Dirigent des Weltorchesters" sei (Havel).[49]

Ende der 1990er Jahre hat sich bei der tschechischen Öffentlichkeit (ähnliche, noch stärkere Trends waren auch in der Slowakei zu spüren) der bisher als komplementär wahrgenommene Zusammenhang des NATO- und EU-Beitritts noch mehr ausdifferenziert: im Falle des NATO-Beitritts überschritt die Unterstützung der Öffentlichkeit nur selten die 50-Prozent-Marke. Die Ergebnisse der tschechischen demoskopischen Erhebungen verzeichneten im Vergleich mit den anderen mittelosteuropäischen Staaten eine viel stärkere EU-Skepsis, zu der gewissermaßen auch einige „Betriebsstörungen" im deutsch-tschechischen Verhältnis (u. a. die damals laut formulierten eigentumsrechtlichen Forderungen der sudetendeutschen Vertriebenenverbände, die insbesondere durch die bayerische Staatsregierung auch auf Bundesebene unterstützt wurden) beigetragen hatten.[50] Die skeptische bzw. kritische Beurteilung des Maastrichter Vertrages und der daraus resultierenden Pläne bezüglich einer institutionellen Vertiefung der EU seitens der tschechischen Regierung (und vor allem von Premierminister Klaus) führte auch zur relativ späten Überreichung des offiziellen EU-Beitrittsantrags Tschechiens erst Ende Januar 1996 (Ungarn: März 1994, Polen April 1994).[51]

Nach 1998 (1997: Ablösung des Kabinetts Klaus in Tschechien durch das bürokratische Interimskabinett Tošovský bzw. durch das sozialdemokratische Kabinett Zeman, 1998: schlechter Wahlausgang für Mečiar in der Slowakei) traten die erwähnten tschechischen/slowakischen Spezifika in den Hintergrund. Die neuen, in beiden Fällen eindeutig proeuropäischen Regierungen führten ihre Länder unmissverständlich, wenn auch nicht im zeitlichen Gleichklang, in die EU und in die NATO (Tsche-

---

Úspěchy, problémy a perspektivy [Außenpolitik der Tschechischen Republik 1993–2004. Erfolge, Probleme und Perspektiven], hg. v. OTTO PICK / VLADIMÍR HANDL, Praha 2004.

[49] VÁCLAV HAVEL, Europa als Aufgabe, in: Karlsplenum 15. Mai 1996: Europa – ein Wollen. Kultur als verbindendes Element, in: Annals of the European Academy of Sciences of Arts 18 (1996), S. 27–42, hier S. 39.

[50] Zusammenfassend zum EU-Beitritt Tschechiens z. B. PAVEL ČERNOCH, Cesta do EU. Východní rozšíření Evropské unie a Česká republika v období 1990–2004 [Der Weg in die EU. Die Osterweiterung der EU und die Tschechische Republik im Zeitraum von 1990–2004], Praha 2004; DAN MAREK / MICHAEL BAUN, Česká republika a Evropská unie [Tschechische Republik und Europäische Union], Praha 2010, S. 25–70.

[51] Ebd., S. 33 f.

chien: 2004 bzw. 1999; Slowakei 2004 bzw. 2003) – trotz der vorerst eher skeptischen Einstellung der Bürger. So z. B. erreichte die Unterstützung für den EU-Beitritt im Zeitraum 2000–2001 in Tschechien kaum die 50-Prozent-Marke, eine Trendwende trat erst im Zusammenhang mit dem erfolgreichen Verhandlungsabschluss auf dem EU-Gipfel in Kopenhagen auf. Bei einer Wahlbeteiligung von 55,21 Prozent sprachen sich schließlich bei einem Referendum im Juni 2003 77,33 Prozent der tschechischen Bürger für einen EU-Beitritt aus.[52]

Der frühere universalistische Konsens für eine „Rückkehr nach Europa“ bzw. „Rückkehr nach Westen“, der praktisch von allen relevanten politischen Parteien geteilt worden war, bekam allmählich spürbare Brüche: Als Schlüsselereignisse mit einem negativen Echo in der Öffentlichkeit und einem katalytischen Effekt kann man bereits die NATO-Bombardierung Belgrads bzw. Restjugoslawiens (1999), den Militäreinsatz der USA und ihrer *ad hoc*-Verbündeten im Irak (2003) sowie die neu artikulierten bilateralen Probleme mit Deutschland und Österreich im Zusammenhang mit den sogenannten Beneš-Dekreten betrachten.[53]

Nach der ersten EU-Osterweiterung (2004) gewann der Differenzierungsprozess innerhalb der tschechischen außenpolitischen Eliten bzw. innerhalb ihrer informellen Netzwerke klarere Umrisse. In der Fachliteratur wurden in diesem Zusammenhang vier idealtypische „epistemische Gemeinschaften“ identifiziert: 1. die proeuropäischen und proatlantischen „Universalisten“, 2. die proeuropäischen und USA/NATO-skeptischen „Europäer“, 3. die proatlantischen und euroskeptischen/ „eurorealistischen“ „Atlantiker“ sowie 4. die offen antieuropäischen und antiatlantischen „Souveränisten“.

Nur in wenigen Fällen kann man heute diese Gemeinschaften mit den konkreten politischen Parteien identifizieren: die erste von ihnen (Universalisten) überwiegt z. B. in der christlich-demokratischen KDU-ČSL, in der rechtsliberalen TOP 09 und neuerlich auch in der Piratenpartei, die zweite (Europäer) bei der sozialdemokratischen ČSSD und bei den Grünen, die dritte (Atlantiker) bei der bürgerlich-demokratischen, von Václav Klaus immer noch stark geprägten ODS, die vierte (Souveränisten) in der

---

[52] Ebd., S. 43 f.

[53] Vgl. u. a. CHRISTIAN DOMNITZ, Die Beneš-Dekrete in der parlamentarischen Debatte. Kontroversen im Europäischen Parlament und im tschechischen Abgeordnetenhaus vor dem EU-Beitritt der Tschechischen Republik, Berlin 2007; EMIL NAGENGAST, The Beneš Decrees and EU Enlargement, in: Journal of European Integration 25 (2003), H. 4, S. 335–350; KAI-OLAF LANG, Der Streit um die Beneš-Dekrete und die Folgen für das deutsch-tschechische Verhältnis, SWP-Aktuell, 2002, H. 20, S. 1–8.

kommunistischen KSČM sowie in der rechtspopulistischen und „direktdemokratischen" SPD-Partei des Tschechojapaners Tomio Okamura.

In der Slowakei ist die Zuordnung der genannten Gemeinschaften zu den konkreten Parteien – angesichts der sich viel schneller wandelnden Parteienlandschaft – deutlich schwieriger, mit Ausnahme der eindeutig rechtsextremistischen und russlandfreundlichen ĽSNS Marian Kotlebas. In den letzten Jahren kann man jedoch in den Parteiprogrammen sowie in der konkreten Politik die Stärkung der Souveränisten und Atlantiker beobachten; die außenpolitische Position der seit 2017 stimmenstärksten tschechischen Partei ANO des Premierministers Andrej Babiš lässt sich nur schwer bestimmen (insbesondere in der praktischen Regierungspolitik), die euroskeptischen Positionen nehmen jedoch auch hier tendenziell zu.[54]

Die Fragilität der nationalen und staatlichen Identität der beiden Nachfolgestaaten der Tschechoslowakei manifestiert sich bis heute in mehreren Bereichen, vor allem im Zusammenhang mit den nicht erfüllten Erwartungen und Hoffnungen bzw. mit der massenhaft geteilten „Enttäuschung vom Westen", die jedoch häufig durch die Unsicherheiten in der innerstaatlichen sozialen Realität mitverursacht ist. Die hier ausführlich beschriebene „samtene Scheidung" der Tschechen und Slowaken stellte eine zusätzliche Transformationslast dar: Auf der Suche nach der außenpolitischen Standortbestimmung stärkte sie in beiden Nachfolgestaaten – trotz der immerhin weiter proklamierten „Rückkehr nach Europa" – die Skepsis gegenüber den supranationalen Institutionen und eine spezifische Kultur der Enthaltsamkeit. Diese zeigte sich z. B. deutlich an den doppeldeutigen Reaktionen Tschechiens auf die NATO-Operation Allied Force im Kosovo (1999), auf den zweiten Irak-Krieg (2003) bzw. auf die EU-Sanktionen gegen Russland aufgrund der Ukrainekrise (2014).[55]

---

[54] Zu den vier „epistemischen Gemeinschaften" in den Visegrád-Staaten (mit dem Fokus auf die Tschechische Republik) PETR DRULÁK u. a., Außenpolitik in Ostmitteleuropa. Von Universalisten, Atlantikern, Europäern und Sou-veränisten, in: Osteuropa 58 (2008), H. 7, S. 139–152. Vgl. auch PETER M. HAAS, Introductions. Epistemic Communities and International Policy Coordination, in: International Organization 46 (1992), H. 1, S. 1–35.

[55] Die damals veröffentlichte gemeinsame griechisch-tschechische Initiative (März 1999) wurde bei den anderen NATO-Verbündeten als unverhüllt kritische Distanz Athens und Prags – d. h. eines „alten" und eines „neuen" Allianzmitglieds – zu den laufenden Operationen im ehem. Jugoslawien bzw. als eine Geste des Entgegenkommens gegenüber Slobodan Milošević betrachtet. PAVEL HRADEČNÝ, Kosovo: zdroje a cesty konfliktu, [Kosovo: Die Ursachen und Wege eines Konfliktes], in: Mezinárodní politika 23 (1999), H. 6, S. 19–21; vgl. auch Společný česko-řecký návrh pro mírový proces v jihovýchodní Evropě [Gemein-

Die präzedenzlose postkommunistische Transformation in den drei vergangenen Jahrzehnten und fehlende gesellschaftliche Visionen nähren in den beiden Ländern – trotz der wirtschaftlichen Konjunktur der letzten Jahre – Zukunftsängste, Frustrationen und nationale Selbstbezogenheit.[56] Diese führen nicht nur zur Stärkung der autoritären und populistischen Tendenzen in der Innenpolitik. Die außenpolitischen Implikationen des gefühlten „Europäertums zweiter Klasse" sind allgemein bekannt: Als konkretes Beispiel kann man die negativistische Blockadepolitik der Visegrád-Staaten bei der Lösung mancher gesamteuropäischer Fragen nennen, insbesondere der seit 2015 andauernden sogenannten Flüchtlingskrise.

---

samer tschechisch-griechischer Antrag für den Friedensprozess im Südosteuropa], in: ebd., S. 31–33.

[56] Dazu retrospektiv und in vergleichender Perspektive PHILIPP THER, Die neue Ordnung auf dem alten Kontinent. Eine Geschichte des neoliberalen Europas, Berlin 2014, bzw. zuletzt (als Transformationsgeschichte der immer noch „neuen" deutschen Bundesländer, auch im Vergleich mit den Visegrád-Staaten): DERS., Das andere Ende der Geschichte. Über die Große Transformation, Berlin 2019.

Silvia Marton

Wandel und Kontinuität in der rumänischen Aussenpolitik

Einführung

Im Schulterschluss mit der die Regierungskoalition anführenden Sozialdemokratischen Partei (*Partidul Social Democrat*, PSD) verkündete das rumänische Außenministerium 2018 folgende politische Schwerpunkte:

> „Zusätzlich zu den bestehenden Außenbeziehungen Rumäniens in ihrem europäischen und euroatlantischen Kontext, dem besonderen Verhältnis zu den Vereinigten Staaten und der transatlantischen Partnerschaft und über die für uns besonders wichtigen nachbarschaftlichen und regionalen Strukturen hinaus werden wir uns geografisch und konzeptionell auf neue Verbindungslinien orientieren, um die Gebiete zu erweitern, mit denen Rumänien Beziehungen pflegt. Bislang wenig erprobte außenpolitische Orientierungen werden verstärkt in den Blick genommen, um mit Schwerpunkt auf der Wirtschaft privilegierte Beziehungen mit Ländern außerhalb Europas aufzubauen.“[1]

Dies war eine sehr allgemein gehaltene, den Gepflogenheiten entsprechend floskelhafte Formulierung der außenpolitischen Agenda. Doch anscheinend ging sie diesmal darüber hinaus, nur ein weiteres Mal die seit 2007 bestehende rumänische EU-Zugehörigkeit zu beschwören, sofern es dem Ministerium mit der Aufnahme engerer Beziehungen zu außereuropäischen Ländern ernst ist. Deutet sich hier gar eine Neuorientierung der außenpolitischen Prioritäten an? Handelt es sich um erste Anzeichen für

---

[1] Prioritäten für 2018 zur Umsetzung des Regierungsprogramms, Ministerul Afacerilor Externe [Ministerium für Auswärtige Angelegenheiten, im Folgenden: MAE], http://infoeuropa.ro/ node/43988; https://www.rri.ro/ro_ro/prioritati_ale_politicii_ externe_ romanesti-2582913?fbclid=IwAR1jreyU2AD7xeyxk6N_YUpUGXJWCXVSdzk LSUQTn m4mP2Ykx9Y-0YmnFo (Zugriff: 05.01.2021).

eine Verschiebung in der politischen Agenda und für eine Neubewertung des eigenen Verhältnisses zu Europa?

Trotz der Unwägbarkeiten der politischen Situation im Innern war die Außenpolitik des postkommunistischen Landes seit Mitte der 1990er Jahre ausgesprochen konstant und parteiübergreifend konsensuell, vielleicht mit Ausnahme einer ersten Phase der Neuorientierung direkt nach dem Regimewechsel von 1989. Die Grundzüge der Außenpolitik wurden bislang von allen Regierungsparteien und -koalitionen beibehalten. Keine Partei versuchte sich an einer völligen außenpolitischen Neuausrichtung. Das außenpolitische Personal ist weitgehend parteiunabhängig geblieben; es steht in der Kontinuität eines Kaders von Berufsdiplomaten, der sich gerade im Außenministerium durch Geschlossenheit der gemeinsamen Werte, Referenzpunkte und institutionseigene Routinen auszeichnet. In diesem Umfeld gilt Außenpolitik als dem innenpolitischen Streit enthoben, als „objektiv" und am „nationalen Interesse" orientiert. Dies wurde in einer gemeinsamen Erklärung des Konsultativrats des Außenministeriums deutlich, der sich ausnahmslos aus vormaligen Außenministern zusammensetzt und in dem in informeller Weise außenpolitische Strategien und Prioritäten diskutiert werden: Rumäniens Außenpolitik müsse sich an „nationalem Konsens und Zusammenhalt" orientieren.[2]

Mindestens seit Mitte der 1990er Jahre waren politische Führung und Bürger gleichermaßen proeuropäisch und ganz besonders proamerikanisch ausgerichtet, während sich nur sehr wenige Stimmen gegen die Europäische Union erhoben. Der rumänische Beitritt zur NATO 2004 und zur EU 2007 wurden als große diplomatische und historische Wegmarken bejubelt.[3] Der „Westen" oder die „europäische und euroatlantische Integration", wie es durchgängig und ohne jede Differenzierung im politischen Sprachgebrauch seit Mitte der 1990er Jahre heißt, ist für die rumänische Außenpolitik der unbestrittene normative Fluchtpunkt. Bis vor Kurzem war der „Westen" gleichbedeutend mit Institutionen wie EU, NATO, Internationaler Währungsfonds, Weltbank und anderen, mit

---

[2] Ambasada României în Republica Arabă Egipt [Rumänische Botschaft in der Arabischen Republik Ägypten], Foştii miniştri de externe ai României, reuniţi la MAE în Consiliul Consultativ [Vormalige Außenminister Rumäniens konferieren im MAE im Konsultativrat], http://cairo.mae.ro/romania-news/5421 (Zugriff: 27.09.2020).

[3] Als im April 2019 das rumänische Parlament den 15. Jahrestag des Beitritts zur NATO beging, wurde die Feierstimmung durch wechselseitige Anwürfe von Präsident Klaus Iohannis und Koalitionsführer Liviu Dragnea beeinträchtigt; diese bezogen sich aber ausschließlich auf die Auseinandersetzung um das Justizwesen und hatten nichts mit der NATO oder Fragen der Außen- und Sicherheitspolitik zu tun.

Staaten und Werten, die für die liberale Demokratie stehen, wie dies beispielsweise die letzte „Nationale Verteidigungsstrategie" festhält.[4]

Die Forschung zur postkommunistischen Außenpolitik Rumäniens hat dargelegt, dass diese ganz auf den Beitritt und schließlich die Mitgliedschaft in EU und NATO zugeschnitten und durch Selbstanpassung an internationale Verhaltensnormen gekennzeichnet war, genauer durch eine Anpassung an westeuropäische und US-amerikanische Erwartungshaltungen. Es ging also darum, sich nahtlos in internationale Gepflogenheiten einzufügen und dafür in der Gesellschaft Konsens zu erzeugen. Selbst wenn dies nicht im Mittelpunkt ihres Erkenntnisinteresses stand, hat Ruxandra Ivan gezeigt, wie sich die rumänische Außenpolitik in den Jahren 1990 bis 2006 von bestimmten historischen Überlieferungen leiten ließ, indem sie sich darauf stützte, wie „Europa" und der „Westen" im rumänischen politischen und kulturellen Diskurs imaginiert werden.[5]

Rumänien bleibt eine in sozialer, politischer, ökonomischer, ethnischer, geografischer und religiöser Hinsicht teils tief gespaltene Gesellschaft. Wie lässt sich dann aber der fortbestehende außenpolitische Konsens erklären? Im Folgenden soll ein Analyserahmen erprobt werden, der um eine *Kontrastthese* herum aufgebaut ist, nämlich um die Erkenntnis, dass es aus politischen und institutionellen Gründen einen unübersehbaren Bruch zwischen innenpolitischer Rhetorik und außenpolitischer Praxis gibt. Einmal davon abgesehen, dass die rumänischen Führungsschichten Modernisierung ausschließlich als Westintegration betrachten, lässt sich die plausibelste Erklärung für diesen Gegensatz in der institutionellen Konfiguration der außenpolitischen Akteure finden, in ihrer persönlichen Resilienz wie in der Zweiköpfigkeit der rumänischen Exekutive. Hinzu kommt, dass den von der Sozialdemokratischen Partei[6] in jüngster Zeit angestellten Versuchen, regionale Kooperationen als politische Alternative zur EU zu sondieren, durch historisch gewachsene Antagonismen Grenzen gesetzt sind.

---

[4] Administraţia Prezidenţială [Präsidentschaftsbehörde, im Folgenden: AP], Strategia naţională de apărare a ţării pentru perioada 2015–2019. O Românie puternică în Europa şi în lume [Nationale Verteidigungsstrategie des Landes für den Zeitraum 2015–2019. Ein starkes Rumänien in Europa und der Welt], http://www.presidency.ro/files/userfiles/Strategia-Nationala-de-Aparare-a-Tarii.pdf (Zugriff: 28.09.2020).

[5] RUXANDRA IVAN, La politique étrangère roumaine, 1990–2006, Bruxelles 2009, S. 59–88.

[6] Dominierende Partei in den Koalitionsregierungen von Mai 2012 bis November 2015 und von Januar 2017 bis November 2019.

Die Ideologie der Autochthonie und Polarisierung im Innern

Wie meine Untersuchungen zum politischen System in Rumänien zeigen, sind allen innenpolitischen Akteuren ein integraler, oft rassistisch gefärbter Nationalismus, Irredentismus und Xenophobie gemeinsam;[7] entsprechende Ideologeme werden je nach ihrem Mobilisierungspotential im Wahlkampf, an Nationalfeiertagen, zur Verteidigung „nationaler Werte" gegen „Fremde", multinationale Konzerne usw. entweder verstärkt aktiviert oder abgeschwächt. Dazu kommt gelegentlich eine gegen ausländisches Kapital gerichtete Rhetorik, etwa wenn von Supermärkten und Preisbildung die Rede ist. Doch diese Rhetorik findet nie ihren Niederschlag in der politischen Praxis. So erklärt sich, dass in Rumänien – bislang[8] – noch keine rechtsextremistische Partei oder Bewegung von Bedeutung aufgetreten ist, obwohl in der Gesellschaft große Bereitschaft besteht, solche Positionen zu übernehmen.

Diese Bestandsaufnahme unterscheidet sich von den 1990er und frühen 2000er Jahren, als die Großrumänien-Partei (*Partidul România Mare*, PRM) ein scheinbar paradoxes ideologisches Konglomerat aus kommunistischer und faschistischer Nostalgie, Etatismus, Nationalismus, Ethnozentrismus, Xenophobie und Antisemitismus ins Spiel brachte, am Aufbau des Parteiensystems mitwirkte und fremdenfeindlichen Nationalismus in der Öffentlichkeit hoffähig machte.[9] Bei den Parlamentswahlen von 2000 wurde das PRM mit fast 25 Prozent der Stimmen zur zweitstärksten Partei, konnte diesen Erfolg allerdings später nicht mehr erreichen und ist seit 2008 nicht mehr im Parlament vertreten.

Heutzutage ist Nationalismus in allen Parteien präsent, wird aber von den Parteien des politischen Mainstreams im Zaum gehalten. Abgesehen von im Wahlkampf vorkommenden, überzogenen Aussagen über das Verhältnis zu Ungarn und Moldawien, gibt es bislang keine Motivation, sich rechtsnationalistisch zu positionieren. So kann die parteiübergreifend

---

[7] SILVIA MARTON, Regime, Parties, and Patronage in Contemporary Romania, in: Brave New Hungary. Mapping the „System of National Cooperation", hg. v. JÁNOS MÁTYÁS KOVÁCS / BALÁZS TRENCSÉNYI, Lanham u. a. 2019, S. 357–378.

[8] Bei den Parlamentswahlen im Dezember 2020 erhielt die Allianz für die Union der Rumänen (*Alianța pentru Unirea Românilor*, AUR) 9,3 Prozent der Stimmen und zog mit einem fremdenfeindlichen und gegen das Establishment gerichteten Programm ins Parlament ein. Da sie kein konsolidiertes außenpolitisches Programm hat, ist ihr Einfluss bisher minimal.

[9] TOM GALLAGHER, Theft of a Nation. Romania Since Communism, London 2005; CATHERINE DURANDIN / ZOE PETRE, La Roumanie post 1989, Paris u. a. 2008.

konsensuelle Außenpolitik dadurch erklärt werden, dass es außerhalb des etablierten Parteiensystems keinen ernsthaften Mitbewerber gibt, der eigene außenpolitische Themen setzen könnte.

Neben dem Nationalismus ist inzwischen jedoch bei einigen Parteien eine neue und aggressivere Rhetorik aufgekommen, die einen Gegensatz zwischen europäischen Positionen zu Rechtsstaatlichkeit und Minderheitenrechten einerseits sowie nationaler Souveränität andererseits aufbaut. So bedient sich der politische Diskurs regelmäßig zweier Kritiken am „Westen“. Eine Kritik wird von der Sozialdemokratischen Partei vorgebracht, um ihre Gesetzgebungsvorhaben zur „Justizreform“ gegen Interventionen europäischer Partner und Institutionen zu rechtfertigen, die eine Beschädigung der Rechtsstaatlichkeit befürchten. Seit die Parteiführung die Revision des Strafgesetzbuches ganz oben auf die Tagesordnung gesetzt hat, um das Risiko zu mindern, wegen Korruption strafrechtlich verfolgt zu werden, wird aus Brüssel davor gewarnt, dass diese Änderungen dem Ruf Rumäniens in Europa schaden könnten. Es handelt sich hier um den ersten schweren Konflikt zwischen einer rumänischen Regierungspartei und Brüssel seit dem EU-Beitritt von 2007. Die zweite Kritik an der EU stammt von der wichtigsten Oppositionspartei, der Nationalliberalen Partei (*Partidul Naţional Liberal*, PNL), die ein Bündnis mit konservativen Organisationen wie der Koalition für die Familie (*Coaliţia pentru Familie*) eingegangen ist, einem rechtskonservativen Netzwerk zivilgesellschaftlicher und religiöser Gruppierungen, die eine Verfassungsänderung zum Verbot gleichgeschlechtlicher Ehen fordern. Diese konservativen Organisationen und das PNL verdammen neuerdings sehr explizit den „moralischen Verfall des Westens“ und fordern eine streng traditionelle Sicht auf Familie und Geschlechterrollen als unerlässlich für nationales Überleben und Souveränität.

Infolgedessen ist bei den beiden wichtigsten Parteien die Entwicklung zu beobachten, in ihrer Rhetorik den „Westen“ nicht mehr unbedingt positiv zu sehen, sondern als mögliche Bedrohung für ihre innenpolitische Agenda. Doch ist es von hier noch ein langer Weg bis zur tatsächlichen Neuausrichtung der Außenpolitik; daher ist es vorerst noch zu früh, um einzuschätzen, ob diese Diskurse eine tatsächliche Verschiebung in Institutionen, Programmen und Entscheidungsbildung der Außenpolitik ankündigen oder ob sie lediglich eine zeitweilige, von innenpolitischen Erwägungen diktierte rhetorische Zuspitzung ohne wesentlichen Einfluss auf die rumänische Außen- und Europapolitik darstellen.

Im Allgemeinen zeigen die Parteien in Rumänien wenig Interesse, Einfluss auf europäische und generell auf internationale Politik zu nehmen. Einstweilen bleibt es bei der Rhetorik nationaler Souveränität, ohne dass diese in der Außenpolitik eine Rolle spielte oder in gegen die EU gerichtete parteipolitische Agenden einflösse. Wenn sie überhaupt außenpolitische oder europäische Angelegenheiten erwähnten, dann benannten die Parteiprogramme für die Wahlen von 2016 nur dieselben Schwerpunkte, die auch von Regierung und Präsident gesetzt wurden. Überraschenderweise enthielt das Wahlprogramm des PSD von 2016 überhaupt keine außen- oder europapolitischen Punkte.[10] Das Parteiprogramm des oppositionellen PNL von 2016 brachte zwar detaillierte Ausführungen zur Außenpolitik, lehnte sich darin aber völlig an die Linie der Regierung an.[11] 2020 sind die Prioritäten der nun regierenden PNL in Bezug auf die Außenpolitik „Kontinuität“ und „nationaler Konsens“.[12] Die außenpolitischen Prioritäten der neuen Regierungskoalition für 2020 bis 2024 können in der folgenden Stellungnahme zusammengefasst werden:

> „Rumänien wird seine Zielsetzungen auf Grundlage der essentiellen Triade seiner Außenpolitik erreichen: die Rolle und den Einfluss unseres Landes in der bzw. auf die EU respektive die Nordatlantikallianz (NATO) stärken und die strategische Partnerschaft mit den Vereinigten Staaten von Amerika weiterzuentwickeln und zu vertiefen.“[13]

Die politischen Trennlinien in Europa verlaufen heute ziemlich genau entlang der ideologischen Kluft zwischen Autochthonismus und Kosmopolitismus. Die Parteien des politischen Mainstreams in Rumänien befinden sich klar im Lager der Autochthonisten, aber ihre innenpolitischen Programme weisen vorerst noch keine wirklichen Berührungspunkte mit ihrer Außenpolitik auf. In Grundsatzfragen der EU-Politik befindet sich Rumänien vorwiegend auf einer Linie mit den EU-Institutionen, mit Deutschland und Frankreich, dagegen kaum mit dem umstrittenen ungarischen Ministerpräsidenten Viktor Orbán oder dem früheren stellver-

---

[10] PSD, http://www.indraznestesacrezi.ro/ (Zugriff: 28.09.2020).

[11] PNL, https://allsoldotorg.files.wordpress.com/2015/03/pg-final.pdf (Zugriff: 05.01.2021).

[12] PNL, https://pnl.ro/angajamentul-nostru/principiile-bunei-guvernari-liberale/ (Zugriff: 05.01.2021).

[13] https://www.agerpres.ro/politica/2020/12/23/program-guvernare-ministerul-de-externe-finalizarea-mcv-si-politici-orientate-catre-diaspora--632658 (Zugriff: 05.01.2021). Nach den Parlamentswahlen im Dezember 2020 sind die Regierungskoalitionsmitglieder neben der dominierenden PNL die USR PLUS-Allianz (*Uniunea Salvați România* und *Partidul Libertate, Unitate și Solidaritate*) und die Ungarische Demokratische Union Rumäniens (*Uniunea Democrată Maghiară din România*, UDMR).

tretenden italienischen Ministerpräsidenten Matteo Salvini. Bei dem die EU in den vergangenen fünf Jahren am stärksten polarisierenden Thema der Migration hat die rumänische Regierung stillschweigend die bestehende EU-Politik akzeptiert und nicht versucht, sie für innenpolitische Zwecke zu nutzen, wie etwa Orbáns *Fidesz*-Partei in Ungarn. So kommt es, dass der Kontrast zwischen innenpolitischer Rhetorik sowie Außen- und EU-Politik in Rumänien kaum größer sein könnte.

Außenpolitischer Konsens und personelle Kontinuität

Konsens und Kontinuität in der rumänischen Außenpolitik beruhen vor allem darauf, dass die Parteien als solche kaum über Experten für internationale Beziehungen verfügen. Deshalb ist und bleibt Außenpolitik vorwiegend Sache eines überparteilichen Kaders von professionellen Diplomaten, der in großer Kontinuität über die gesamte postkommunistische Periode fortbestanden hat und teilweise sogar bis in die Zeit vor 1989 zurückreicht. In diesem Abschnitt möchte ich weder näher auf die Soziologie der außenpolitischen Experten, Akteure und Institutionen eingehen, noch auf Karrierewege, -brüche und -kontinuitäten des außenpolitischen Personals. Meines Wissens gibt es keine erschöpfende quantifizierende, elitensoziologische Untersuchung über die Auswahl für den und Laufbahnen im diplomatischen Dienst, ebensowenig wie eine prosopographische Untersuchung der diplomatischen Kader.

Gleichwohl zeigen mehrere Studien Kontinuitäten und Veränderungen in den Karriereverläufen und der beruflichen Mobilität der Nomenklatura des vormaligen kommunistischen Staatsapparats. Angehörige der kommunistischen Leitungsebene haben es vermocht, weiterhin wichtige Entscheidungspositionen in Exekutive und Verwaltung zu bekleiden, insbesondere in den Ministerien und der Präsidentschaftsbehörde. Seit 1990 sorgte das PSD für die meisten Karriereschübe in der nationalen Exekutive bei Angehörigen der vormaligen kommunistischen Nomenklatura. Nationalistische Rhetorik und Agenden wie diejenigen der Großrumänien-Partei stellten einen weiteren Schlüssel zu einer Karriereposition unter neuen ideologischen Vorzeichen dar.[14]

[14] RALUCA GROSESCU, Conversia elitelor comuniste din România: 1989–2000 [Die Konversion kommunistischer Eliten in Rumänien 1989–2000], in: Anuar al Institutului de Investigare a Crimelor Comunismului în România [Jahrbuch des Institut zur Untersuchung der Verbrechen des Kommunismus in Rumänien, AIICCMER] 1 (2006), S. 229–254;

Die meisten Außenminister nach 1989 stammten entweder aus dem PSD oder wurden zumindest von der Partei geduldet; daraus lässt sich – wenn auch unter Vorbehalten – schließen, dass Außenpolitik vielleicht nicht gleich ein Monopol des PSD, so doch zumindest eine kontinuierliche sozialdemokratische Prärogative seit 1990 war. Doch selbst wenn es eine Verschiebung in den Parlamentsmehrheiten gab, genoss das außenpolitische Personal eine überwiegende, parteiübergreifende Unterstützung aller Ministerien. Außerdem wurden einige öffentliche Intellektuelle in das Außenministerium und in den diplomatischen Dienst kooptiert. Ebenso wichtig waren Familiennetzwerke innerhalb des außenpolitischen Apparats, um eine Laufbahn in Politik und Verwaltung in anderen Bereichen einzuschlagen.

Soziale Netzwerke sorgen für Korpsgeist und eine verbindliche berufsständische Ethik des außenpolitischen Personals. Eine wichtige Rolle spielen hierbei die Vereinigung der Botschafter und Berufsdiplomaten in Rumänien, der Diplomatische Club Bukarest (*Club Diplomatic București*), die Europäische Titulescu-Stiftung (*Fundația Europeană Titulescu*, FET) und weitere. Diese Assoziationen liegen mit dem Außenministerium politisch-ideologisch auf einer Linie und vermitteln dessen Agenda einer weiteren Öffentlichkeit, manchmal wohl auch mit der Funktion, regierungsoffizielle Standpunkte zu erläutern. Sie stimmen offenbar darin überein, Außenpolitik als exklusive Domäne des Außenministeriums und seiner Filialen zu sehen. Andere Institutionen wie Universitäten oder Thinktanks werden dagegen nicht ernsthaft in die außenpolitische Entscheidungsbildung einbezogen, weil nur direkte Erfahrung und aktive Tätigkeit im diplomatischen Dienst als adäquate Voraussetzungen für außenpolitische Expertise anerkannt sind.

Dieser Beitrag vertritt die These, dass das außenpolitische Personal und die Parteien die gleichen Vorstellungen von Außenpolitik vertreten und daher in der außenpolitischen Orientierung weitgehend übereinstimmen. Denn das Konzept der Nationsbildung durch Annäherung an Europa bzw. an den Westen ist unstrittig, weil es nicht Bestandteil einer spezifischen Parteiideologie ist, sondern ein umfassendes nationales und historisches Projekt. Infolgedessen sind außenpolitische Diskurse und Tropen in der rumänischen Öffentlichkeit allgegenwärtig. Insbesondere seit dem

---

Themenheft: Elite comuniste înainte și după 1989 [Kommunistische Eliten vor und nach 1989], AIICCMER 2 (2007); RALUCA GROSESCU, Les communistes dans l'après-communisme. Trajectoires de conversion politique de la nomenklatura roumaine après 1989, Paris 2012.

rumänischen EU-Beitritt vermitteln sie aber auch eine sehr einfallslose und vorhersehbare Auffassung von Außenpolitik, wie das Zitat am Anfang dieses Abschnitts illustriert. In diesem Kontext gilt Außenpolitik nicht als strategisches Engagement politischer Willensbildung von staatlichen und institutionellen Akteuren,[15] sondern als vorgegebene Richtlinie zur diskursiven Vermittlung kultureller und historischer Tropen über Nation und nationale Identität und zur nationalen Selbstdarstellung gegenüber einem in- und ausländischen Publikum.

Jede Änderung am außenpolitischen Konsens würde daher auch eine Modifikation der Einschätzung des eigenen Handlungsspielraums in der Außen- und Europapolitik durch die rumänische Führung nach sich ziehen müssen; anders gesagt, sie müsste erkennen, dass sie bei europa- und außenpolitischen Grundsatzfragen eine eigenständige Stimme hat, die durchaus von derjenigen der strategischen Partner im Westen abweichen kann. Dies ist komplexer, als es den Anschein hat, weil die Voraussetzung dafür eine völlig veränderte Denkweise der politischen Eliten wie der außenpolitischen Experten wäre. Wie gezeigt, geht eine polarisierte innenpolitische Rhetorik nicht notwendig einher mit einer konzeptionellen Neuorientierung in der Außenpolitik. Im folgenden Abschnitt sollen potentielle Herausforderungen für den außenpolitischen Konsens genauer in den Blick genommen werden; diese unterziehen unsere eingangs formulierte Kontrastthese einer ersten Überprüfung.

Potentielle Herausforderungen für den außenpolitischen Konsens

Dieser Abschnitt wirft einen Blick auf mögliche Herausforderungen, die sich in nächster Zeit dem bislang dominanten konsensuellen und dabei reichlich unbeweglichen außenpolitischen Diskurs mit seiner euroatlantischen Orientierung stellen könnten. Die erste dieser Herausforderungen könnte von der Sozialdemokratischen Partei kommen, die in der Regierungskoalition seit November 2019 stärkste Partei ist und seit Dezember 2020 über eine relative Parlamentsmehrheit verfügt. Das PSD hängt einem eher voluntaristischen, ja autoritären Politikstil an, der auf eine größere Unabhängigkeit von Brüssel und Beschränkungen der Rechtsstaatlichkeit zur Umsetzung der eigenen Ziele ausgerichtet ist.

---

[15] Hierzu die ausgezeichnete Untersuchung von Ruxandra Ivan: IVAN, La politique étrangère roumaine.

Wie überall in Mittel- und Osteuropa tritt zwischen den Parteien und in der Gesellschaft neuerdings eine Polarisierung zwischen Autochthonismus und Konservatismus auf der einen sowie Liberalismus und Kosmopolitismus auf der anderen Seite in Erscheinung. Der rumänische außenpolitische Konsens wird noch aus einer weiteren Richtung in Frage gestellt, nämlich durch einen sozialen Konservatismus, der den von Brüssel vertretenen liberalen Konsensus nicht so sehr aus ökonomischen, finanziellen oder rechtsprinzipiellen Gründen in Frage stellt als vielmehr aus moralischen und religiösen Motiven.

Meine Analyse stützt sich auf eine Reihe von öffentlich zugänglichen Quellen wie im In- und Ausland gehaltenen außenpolitischen Reden sowie außenpolitischen Programmen der Regierung und einschlägigen Texte von mit Außenpolitik befassten Institutionen. Des Weiteren ziehe ich außen- und europapolitische Aussagen in Parteiprogrammen heran, einschlägige Beiträge und Interviews aus den Medien, verschiedene öffentlich zugängliche Dokumente des rumänischen Parlaments sowie Materialien von mit auswärtiger Kulturpolitik befassten Einrichtungen.

Eine zweiköpfige Exekutive und die Eigentümlichkeiten der Kohabitation

Der institutionelle Rahmen der politischen Entscheidungsbildung ist durch die im rumänischen Verfassungssystem festgeschriebene Doppelköpfigkeit der Exekutive geprägt. Außenpolitik wird gemeinsam vom Präsidentschaftsamt einerseits sowie von Ministerpräsident und Außenminister andererseits betrieben. Rechtlich und verfassungsrechtlich sind die politischen Prärogativen der exekutiven Institutionen miteinander verzahnt; dass es keine klare Abgrenzung zwischen den jeweiligen Befugnissen gibt, hat den Vorteil, dass die Institutionen sich gegenseitig kontrollieren.[16] Doch infolge der halbpräsidentiellen Anlage des Verfassungssystems und den häufigen Schwankungen in der Machtverteilung zwischen den Parteien sind die jeweiligen Schwerpunkte der außenpolitischen Entscheidungsbildung ständig in Bewegung; beispielsweise hängt die Balance zwischen Präsident und Außenminister stark von der Persönlichkeit des ersteren ab.[17] Seit 2004 ist es die Regel gewesen, dass die Institutionen der Exekutive von unterschiedlichen Parteien beschickt wurden

---

[16] Ebd., S. 89–110.

[17] Ebd., S. 110.

(Kohabitation), während es nur in vier Jahren, nämlich 2009 bis 2011 und 2016, keine Kohabitation gab.

Einige der jüngsten Kontroversen über die Europa- und Außenpolitik gingen aus der von 2014 bis 2019 bestehenden Kohabitation hervor. Präsident Klaus Iohannis, im November 2014 für eine fünfjährige Amtszeit gewählt, wurde von der Nationalliberalen Partei unterstützt und besiegte den PSD-Kandidaten Victor Ponta. Sein einjähriges Experiment mit einer technokratischen Minderheitsregierung endete im Dezember 2016 mit einem der höchsten Wahlsiege des PSD. Die institutionelle Konfiguration der gegenwärtigen Kohabitation und ihr Einfluss auf die außenpolitische Entscheidungsbildung sollen an dieser Stelle nicht ausgeführt werden; es muss hier reichen festzustellen, dass der Gegensatz zwischen Präsident und Regierung sich darin bemerkbar machte, wie außenpolitische Prioritäten im Verhältnis zu innenpolitischen Rankünen gesetzt wurden.

Der vom PSD nominierte und unterstützte Außenminister Teodor Meleşcanu[18] erklärte wiederholt, er arbeite für die Umsetzung des Regierungsprogramms. Dessen wichtigste Prioritäten waren nicht neu: Rumäniens Profil als Mitglied von EU und NATO zu schärfen und die strategische Partnerschaft mit den USA zu vertiefen. Meleşcanu erachtete es als besondere Erfolge, die Sicherheit in der Schwarzmeerregion auf die Tagesordnung gesetzt und einen für die strategische Partnerschaft zuständigen stellvertretenden Ministerpräsidenten ernannt zu haben.[19]

Seiner Auffassung nach sollte die Regierung als nächste Ziele verfolgen, Rumänien für bilaterale Beziehungen mit afrikanischen, asiatischen, nahöstlichen und lateinamerikanischen Staaten außerhalb von EU und NATO zu öffnen und das Land sich um einen nichtpermanenten Sitz im Sicherheitsrat der UN 2019 bewerben zu lassen. Die seit jeher problematischen Beziehungen zu Russland sieht der Minister insgesamt positiv. Doch er betonte das Prinzip der Reziprozität („diese Beziehungen sollten darauf basieren, unsere Interessen wechselseitig anzuerkennen"), wobei strittige Fragen bestanden, die nicht unter die Reziprozität fallen, so der

---

[18] Meleşcanu war seit 1966 im diplomatischen Dienst, amtierte als Außenminister 1992–1996 sowie 2014 und erneut von 2017 bis Juli 2019; er war Verteidigungsminister 2007/08 sowie mehrfach Ministerpräsident für das PSD und das PNL; zudem war er 2012–2014 Chef des Ausländischen Informationsdienstes (*Serviciul de Informaţii Externe*, SIE).

[19] Adevărul Live, Interviu cu ministrul de externe, Teodor Meleşcanu [Interview mit Außenminister T. M.], 06.08.2018, in: MAE, http://www.mae.ro/node/46608 (Zugriff: 30. 09.2020).

im Ersten Weltkrieg nach Russland verbrachte und nie zurückgegebene rumänische Staatsschatz sowie die rumänische NATO-Mitgliedschaft.[20]

Glaubt man den offiziellen Erklärungen und Dokumenten, gab es zwischen Präsident und Regierung keinerlei Unstimmigkeiten bei der Außen- und Europapolitik. Tatsächlich aber schien sich in EU-Fragen ein größerer Meinungsunterschied abzuzeichnen. Während für Meleşcanu „Zusammenhalt" und „Solidarität" die zentralen Begriffe in Sachen EU-Politik darstellen, ist er wie die Regierung insgesamt doch ein Kritiker des „Europa der verschiedenen Geschwindigkeiten" und ein Befürworter einer mehr auf nationale Souveränität setzenden Position: „Unser wichtigstes Ziel ist es, die EU in ihrer gegenwärtigen Form durch Verträge zwischen den Mitgliedsstaaten zu stärken und weiterzuentwickeln."[21]

Damit impliziert er eine Kritik etwa an dem französischen Präsidenten Emmanuel Macron, der in einer Rede an der Sorbonne zu stärkerer europäischer Integration aufrief, bei der sich das deutsch-französische Tandem an die Spitze weitreichender Reformen setzen solle. Wie die Regierung befürwortete auch Präsident Iohannis, dass „Einigkeit und Zusammenhalt" grundsätzlich „die Prioritäten der rumänischen Präsidentschaft des Rats der Europäischen Union" im ersten Halbjahr 2019 definieren sollten.[22] Doch gleichzeitig pries er die deutsch-französische Partnerschaft in höchsten Tönen:

> „Die wahre Stärke des deutsch-französischen Motors besteht in seiner Anziehungskraft. Es ist auch von zentraler Bedeutung für die Überlebensfähigkeit des europäischen Projekts, die deutsch-französische Kooperation für Initiativen zu öffnen, die sie auf europäischer Ebene propagiert. Das ist der beste Weg zur Stärkung von Einheit und Zusammenhalt der Mitgliedsstaaten."[23]

---

[20] Ebd. Zu Russland: Adevărul, Participarea ministrului afacerilor externe, Teodor Meleşcanu, la emisiunea „Adevărul Live" [Teilnahme von Außenminister T. M. an der Sendung „A. L."], 28.03.2018, in: MAE, http://www.mae.ro/node/45522 (Zugriff: 29.09. 2020).

[21] Ebd.

[22] Alocuţiunea Preşedintelui României, domnul Klaus Iohannis, susţinută cu prilejul participării la cea de-a 55-a Conferinţă pentru Securitate de la München [Rede des Präsidenten von Rumänien, Herrn Klaus Iohannis, bei der 55. Münchner Sicherheitskonferenz], 16.02.2019, in: AP, http://www.presidency.ro/ro/media/discursuri/alocutiunea-presedintelui-romaniei-domnul-klaus-iohannis-sustinuta-cu-prilejul-participarii-la-cea-de-a-55-a-conferinta-pentru-securitate-de-la-munchen (Zugriff: 29.09.2020).

[23] Alocuţiunea Preşedintelui României, domnul Klaus Iohannis, susţinută în cadrul ceremoniei de semnare a Tratatului de cooperare şi integrare franco-german [Rede des Präsidenten von Rumänien, Herrn Klaus Iohannis, bei der Unterzeichnung des Deutsch-Französischen Kooperations- und Integrationsvertrags], 22.01.2019, in: AP, http://www.presidency.ro/ro/media/discursuri/alocutiunea-presedintelui-romaniei-domnul-klaus-

Kein „Ende der Geschichte“?

Adrian Severin, vormaliger Außenminister und ehemaliges Mitglied des Europäischen Parlaments in der S&D Fraktion,[24] hatte die Differenzen zwischen Regierung und Präsident in einem veröffentlichten Leitartikel sehr viel expliziter dargelegt. Auf die Unterzeichnung des Aachener Vertrags zwischen Frankreich und Deutschland im Januar 2019 hin äußerte er scharfe Kritik an der „imperialen“ deutsch-französischen Hegemonie innerhalb der EU, die sich zum Nachteil der mittel- und osteuropäischen Staaten auswirke, während die EU tief in der Krise stecke. Demnach ziele der deutsch-französische Vertrag auf „Vorherrschaft“ und werde „den Niedergang des Europa der Vaterländer“ beschleunigen, während sein Vorgänger, der Elysée-Vertrag von 1963, nur die „bilateralen Beziehungen der Signatarstaaten innerhalb einer Gemeinschaft souveräner europäischer Staaten“ geordnet habe.

Severin warf Präsident Iohannis vor, eine EU deutsch-französischer Prägung zu unterstützen. Zudem rehabilitiere „die Wiederbelebung alter deutscher geopolitischer Ambitionen insbesondere nach dem Brexit naturgemäß die Idee einer amerikanisch-russischen Allianz“, wie sie von den Präsidenten Putin und Trump gewünscht werde, die sich nicht gegen Deutschland richte, sondern den Frieden in Europa sichere. Nicht allein aus rumänischer Sicht sei es ungemein wichtig, dass eine solche Allianz nicht ohne Beteiligung der mittel- und osteuropäischen Staaten zustande komme, nicht etwa gegen sie und unter Missachtung ihrer Interessen.[25] Damit schloss sich Severin den Behauptungen von Rechtspopulisten und Nationalkonservativen an, es gebe eine deutsche Geheimstrategie zur Machtgewinnung in Europa, verlieh diesen aber einen regionalen Akzent: Er rief die USA dazu auf, die Mächtebalance in Europa wiederherzustellen.

---

iohannis-sustinuta-in-cadrul-ceremoniei-de-semnare-a-tratatului-de-cooperare-si-integrare-franco-german (Zugriff: 29.09.2020).

[24] Severin saß seit 1990 für die Demokratische Partei im Parlament (eine Abspaltung der Nationalen Rettungsfront von 1990, aus der sich das PSD bildete); seit 2001 Abgeordneter für das PSD, Außenminister 1996/97. Er wurde 2011 wegen Korruption im Zusammenhang mit seiner Tätigkeit als Mitglied des Europäischen Parlaments und der sozialistischen Fraktion angeklagt und 2016 verurteilt.

[25] ADRIAN SEVERIN, De la Aachen la Bucureşti sau de la Europa franco-germană la Europa… europeană [Von Aachen nach Europa oder von einem deutsch-französischen Europa zu einem europäischen Europa], in: DCNews, https://www.dcnews.ro/de-la-aachen-la-bucuresti-sau-de-la-europa-franco-germana-la-europa-europeana_633753.html (Zugriff: 05.01.2021).

Severin ist kein aktiver außenpolitischer Entscheidungsträger mehr, aber er steht den Aktivitäten der Europäischen Titulescu-Stiftung nahe, des PSD-nahen Thinktanks.[26] Die FET sieht sich selbst als Denkfabrik mit den Schwerpunkten Außenpolitik und internationale Beziehungen und mit der Aufgabe, im Dienst rumänischer Interessen zu wirken. Personell über ihre stellvertretenden Vorsitzenden und ihre Mitglieder mit dem Außenministerium und der Rumänischen Akademie verflochten, bietet die Stiftung mittels Publikationen, Konferenzen und Podiumsdiskussionen eine Plattform für vormalige und amtierende Außenminister des PSD. Der Namensgeber der Stiftung ist Nicolae Titulescu, ein Außenminister der Zwischenkriegszeit, der als Gründungsvater der modernen rumänischen Diplomatie gilt, strikt prowestlich orientiert war und als „wahrhaftes Symbol europäischen Denkens" hochgehalten wird.[27]

Möglicherweise könnte die FET die Funktion eines Versuchslabors übernehmen, um einer breiteren Öffentlichkeit die Argumente zur Unterstützung der Außenpolitik der PSD-geführten Regierung zu vermitteln und eine Reorientierung auf die Wiederherstellung von nationaler Souveränität in der EU zu flankieren. Diese Absicht ist erkennbar, zumal die Aktivitäten der Stiftung sich in den letzten Jahren verstärkt haben. Der Tätigkeitsbericht 2017/18 der FET liegt ausdrücklich auf der gleichen Linie wie die Einschätzungen und politischen Schwerpunkte des Außenministeriums, wenn er seinerseits Sicherheit als wichtigste Frage der aktuellen rumänischen Außenpolitik bezeichnet. Er hält fest, Rumänien sei nicht einfach nur mehr „ein Nachbar einer Supermacht [Russland]", sondern liege „an der Linie, an der zwei tektonische Platten aufeinandertreffen, die NATO und die EU sowie die Shanghai Cooperation Organization", und ebenso auf der der maßgeblichen Überträger von Risiken und Bedrohungen im „globalen Süden"; auch schätzt die FET den Beitritt zu NATO und EU nicht als „Ende der Geschichte" für Rumänien ein.[28]

Der Bericht liefert eine Illustration zur postemanzipatorischen Ära, die mit dem NATO-Beitritt 2004 und dem zur EU 2007 begann, als Rumänien endlich den politischen Zwängen seiner Zugehörigkeit zu Osteuropa

---

26 Tratatul de la Aachen sau visul unei Europe în variantă premium [Der Vertrag von Aachen oder der Traum von einem Prämium-Europa], 20.02.2019, in: FET, https://titulescu.eu/2019/02/tratatul-de-la-aachen-sau-visul-unei-europe-in-varianta-premium/ (Zugriff: 29.09.2020).

27 Raport de activitate [Tätigkeitsbericht] 2017–2018, FET, S. 1, https://titulescu.eu/wp-content/uploads/2018/06/raport-de-activitate-2017-2018-2.pdf (Zugriff: 29.09.2020).

28 Ebd., S. 16.

entkam.[29] Diese semantischen Modifikationen rund um die EU-Politik, die in den offiziellen Äußerungen der PSD-geführten Regierung weniger sichtbar sind, dafür aber in quasi regierungsamtlichen Institutionen wie der FET umso deutlicher werden, kreisen um Begriffe wie „Krise", „merkliche Veränderungen", „Bedrohungen" oder „neue Sicherheitsparadigmen". Dahinter steht die Idee herauszustellen, Rumänien müsse entschiedener für seine nationalen Sicherheitsinteressen eintreten, und zwar in der näheren Region ebenso wie in EU und NATO. Dabei solle Rumänien selbstgewisser auftreten und eben dadurch „europäischer" werden, was auf der Regierungslinie stärkerer Autonomie im Umgang mit der EU liegt und Präsident Iohannis' vermeintlich servile Haltung zur EU, insbesondere zu Frankreich und Deutschland, ins Visier nimmt.

In diesen Verschiebungen des sicherheitspolitischen Vokabulars ist unübersehbar, dass zumindest im Begriffsgebrauch eine Art überzüchtetes Souveränitätsdenken wiederbelebt wird.[30] Dieses geht zurück auf die Art und Weise, wie in den 1960er und 1970er Jahren in Osteuropa bilaterale Abkommen im Rahmen der damals gepflegten Rhetorik von „gutnachbarschaftlichen Beziehungen" und „friedlicher Koexistenz" gesehen und praktiziert wurden.[31] Diese Praxis wird heute übertragen auf bewusst vage gehaltene Umschreibungen wie „Schärfung des rumänischen Profils" oder Umgestaltung Rumäniens zu einem Akteur der internationalen Beziehungen auch außerhalb von EU und NATO. Allerdings wurde eine Politik der Ausweitung und Absicherung der rumänischen Interessensphäre bereits von dem PSD-Außenminister Mircea Geoană 2005 angekündigt,[32] ohne jemals erkennbare Ergebnisse erbracht zu haben.

Regionale Kooperation und souveränistische Versuchung

In den vergangenen Jahrzehnten wurden mehrere Initiativen für regionale Kooperationen in die Wege geleitet. Einige davon sind ganz neu und müssen sich noch bewähren, andere sind bereits etabliert. Die rumänische

---

[29] Frithjof Benjamin Schenk, Eastern Europe, in: European Regions and Boundaries. A Conceptual History, hg. v. Diana Mishkova / Balázs Trencsényi, New York / Oxford 2017, S. 188–209, hier S. 203.

[30] Diana Mishkova, Beyond Balkanism. The Scholarly Politics of Region Making, London / New York 2018, S. 141; Ivan, La politique étrangère roumaine, S. 111.

[31] Ebd., S. 139–141.

[32] Ebd., S. 138. Mircea Geoană war 2000–2004 Außenminister und 2005–2010 Vorsitzender des PSD.

Außenpolitik bringt regelmäßig solche Konzepte ins Gespräch, doch haben diese noch nicht unter Beweis gestellt, eine gangbare Richtung für eine allgemeine außenpolitische Neuorientierung zu weisen.

Die Drei-Meere-Initiative (das Trimarium) von 2015, damals auf präsidentieller Ebene initiiert, umfasst zwölf EU-Mitgliedsländer der Region zwischen Adria, Ostsee und Schwarzem Meer; Österreich gehört als einziger nicht-postkommunistischer Staat dazu. Ihre Hauptziele sind regionale Entwicklung in Mittel- und Ostmitteleuropa durch Angleichung und Verbindung der Infrastrukturen, verstärkte wirtschaftliche Angleichung der EU-Mitgliedsländer durch Aufhebung des Ost-West-Gefälles sowie Ausweitung der transatlantischen Beziehungen.[33]

Der dritte Gipfel der Teilnehmerstaaten fand im September 2018 in Bukarest statt. Die rumänische Seite bekundete, der Gipfel habe das Trimarium nicht mehr nur als ökonomische, sondern auch politische Initiative profiliert und Rumäniens nationales Interesse klarer herausgestellt, die USA in Wirtschafts- wie Sicherheitsfragen einzubeziehen;[34] der Gipfel habe außerdem spezifische Gebiete ökonomischer und finanzieller Zusammenarbeit zur Herstellung infrastruktureller Konnektivität benannt.[35] Ein früherer nationaler Sicherheitsberater des Präsidenten kommentierte, eine positive Wirtschaftsentwicklung werde im Kampf gegen Demagogie, Populismus und Illiberalismus nützlich sein.[36]

---

[33] Joint Declaration of the Third Summit of the Three Seas Initiative (Bucharest, 17–18 September 2018), http://three-seas.eu/wp-conte nt/uploads/2018/09/BUCHAREST-SUMMIT-JOINT-DECLARATION.pdf (Zugriff: 29.09.2020).

[34] Interview mit Bogdan Aurescu, dem vormaligen PSD-Außenminister (2014/15), außenpolitischer Berater des Präsidenten von 2016 bis 2019, und 2021 wieder Außenminister unter der PNL-geführten Koalitionsregierung: Bucure tiul, gazda unui summit regional. Ce lideri vin în România pentru Iniţiativa celor 3 Mări [Bukarest, Gastgeber eines Regionalgipfels. Welche Staats- und Regierungschefs für die Drei-Meere-Initiative nach Rumänien kommen], in: Digi24, https://www.digi24.ro/stiri/actualitate/bucurestiul-gazda-unui-summit-regional-ce-lideri-vin-in-romania-pentru-initiativa-celor-3-mari-997175 (Zugriff: 29.09.2020).

[35] Alocuţiunea Preşedintelui României, domnul Klaus Iohannis, susţinută în cadrul sesiunii plenare [Rede des Präsidenten vom Rumänien, Herrn Klaus Iohannis, bei der Plenarsitzung] „The Three Seas Initiative in a Challenging International Context", in: AP, https://www.presidency.ro/ro/media/discursuri/alocutiunea-presedintelui-romaniei-domnul-klaus-iohannis-sustinuta-in-cadrul-sesiunii-plenare-the-three-seas-initiative-in-a-challenging-international-context (Zugriff: 29.09.2020).

[36] CAMELIA BADEA: Summit-ul Iniţiativei celor Trei Mări s-a încheiat cu succes: Ce a câştigat România? Interviu [Der Gipfel der Drei-Meer-Initiative endete erfolgreich: Was hat Rumänien erreicht? Interview (mit Iulian Fota, vormaliger nationaler Sicherheitsberater des Präsidenten 2009–2014)], 20.09.2018, in: Ziare.com, http://www.ziare.com/klaus-

Die Visegrád-Gruppe (auch V4 genannt, bestehend aus Polen, Tschechien, der Slowakei und Ungarn) sieht sich als von kultureller Verwandtschaft geprägte Ländergemeinschaft: „Die Tschechische Republik, Ungarn, Polen und die Slowakei sind stets Teile einer einzigen Zivilisation gewesen und besitzen gemeinsame kulturelle und geistige Werte und gemeinsame Wurzeln in unterschiedlichen religiösen Traditionen.“[37] Als die V4-Länder 2004 gleichzeitig der EU beitraten, wurde das als Wiederherstellung Europas und Mitteleuropas beschrieben:

> „Mit dem Beitritt zur EU vor 15 Jahren war die Rückkehr der Tschechischen Republik, Ungarns, Polens und der Slowakischen Republik in die europäische Familie abgeschlossen. Mitteleuropa kehrte dahin zurück, wohin es geografisch, historisch und auch kulturell immer gehört hatte.“[38]

Mit der Zeit bezog die V4 jedoch eine immer offener EU-kritische Position; während der Auseinandersetzung um die Flüchtlingsquoten 2015 und seither war die Position der V4 geschlossen ablehnend.

Die V4-Gruppe betreibt eine aktive Pflege der historisch weit zurückreichenden Mitteleuropa-Mythologie.[39] Der ungarische Ministerpräsident Viktor Orbán brachte unlängst die Idee auf, Mitteleuropa repräsentiere eine von Westeuropa deutlich verschiedene „besondere Kultur“;[40] ein kulturell-politischer Diskurs, mit dem auch eine konzeptionelle und politische Veränderung einhergeht: Mitteleuropa wird als Gegenentwurf zum „Westen“ in Stellung gebracht, um Raum zu renationalisieren und den ungarischen Konflikt mit dem „Westen“ bzw. der EU zu legitimieren.[41] Im Lichte aktueller Äußerungen hat die V4 den Ehrgeiz, eine ex-

---

johannis/presedinte/summit-ul-initiativei-celor-trei-mari-s-a-incheiat-cu-succes-ce-a-castigat-romania-interviu-1530365 (Zugriff: 29.09.2020).

37 About the Visegrad Group, in: Visegrad Group, http://www.visegradgroup.eu/about (Zugriff: 29.09.2020).

38 Ebd.

39 SORIN ANTOHI, Afterword, in: Nation-Building and Contested Identities. Romanian and Hungarian Case Studies, hg. v. BALÁZS TRENCSÉNYI u. a., Budapest / Iaşi 2001, S. 302–306, hier S. 306.

40 Orbán Viktor beszéde a XXIX. Bálványosi Nyári Szabadegyetem és Diáktáborban 2018. július 28 [Viktor Orbáns Rede auf der 29. Sommeruniversität und Studentencamp Bálványos, 28. Juli 2018], in: Magyarország Kormányzat [Regierung Ungarn], http://www.kormany.hu/hu/a-miniszterelnok/beszedek-publikaciok-interjuk/orban-viktor-beszede-a-xxix-balvanyosi-nyari-szabadegyetem-es-diaktaborban (Zugriff: 29.09.2020).

41 BALÁZS TRENCSÉNYI, Central Europe, in: European Regions and Boundaries, S. 166–187, hier S. 181.

klusive ostmitteleuropäische Regionalidentität gegen den „Westen“ in Stellung zu bringen und dabei klare Trennlinien zwischen Zugehörigkeit und Nichtzugehörigkeit zu ziehen, indem V4 einen Rahmen für gemeinsames außenpolitisches und transnationales Handeln schafft.

Ironischerweise legitimierte sich die Visegrád-Gruppe in ihrer regionalen Kooperation damit, sich kulturell und politisch vom rückständigen „Osten“ absetzen zu wollen, während sie diese Abgrenzung inzwischen gegenüber dem „Westen“ aktiv vollzieht. In einer gemeinsamen Erklärung vom Juni 2018 benannten die Innenminister der V4 Migration als wichtigste Sicherheitsfrage der EU, erklärten ihre Ablehnung der Brüsseler Migrationspolitik und legten den Schwerpunkt ganz auf nationale Souveränität.[42] Die Deklaration des Gipfels von 2019 war sehr viel selbstgewisser als diejenigen der 2000er Jahre. Mitteleuropa sieht sich darin als Schutzwall Europas gegen sich selbst und gegen Bedrohungen von außen:

> „Dreißig Jahre nach seiner Wiedervereinigung sieht sich Europa neuen Herausforderungen gegenüber, die es nur durch eine gemeinsame Antwort bewältigen kann. Spaltungen in Ost und West, Nord und Süd, Alt und Neu haben in der heutigen Europäischen Union keinen Platz. Der Weg nach vorn führt über einen offenen und aufrichtigen Dialog auf der Basis wechselseitigen Vertrauens und Respekts zwischen allen ihren Mitgliedsstaaten.“[43]

Solche Erklärungen liefern einen weiteren von zahlreichen Belegen, dass die „Flüchtlingskrise“ in der Tat die europäischen Gesellschaften verändert hat.[44] Rumäniens Verhältnis zur V4-Gruppe ist unterdessen zum Gegenstand der Debatte geworden, zumal Orbán bekundet hat, Rumänien stehe es offen, sich der Gruppe anzuschließen.[45]

---

[42] „Wir glauben, dass die Länder der Europäischen Union ein Asylsystem anstreben sollten, das die wirklichen Bedürfnisse und Kapazitäten unserer Gesellschaften und die Verpflichtung unserer Länder zu nationaler Souveränität berücksichtigt. [...] Wir halten ein System der automatischen Aufteilung von Asylbewerbern zwischen Mitgliedsstaaten als einzige Maßnahme der Solidarität für inakzeptabel.“ Joint Declaration of Ministers of Interior [undatiert], in: Visegrad Group, http://www.visegradgroup.eu/calendar/2018/joint-declaration-of (Zugriff: 30.09.2020).

[43] Declaration of the Visegrad Group and the Federal Republic of Germany on the occasion of the 30th anniversary of historic changes in Central Europe. Bratislava, Summit of the V4 Prime Ministers and German Chancellor, 7.02.2019, in: Visegrad Group, http://www.visegradgroup.eu/documents/official-statements/declaration-of-the-190208 (Zugriff: 30.09.2020).

[44] Ivan Krastev, After Europe, Philadelphia 2017.

[45] Interview with Prime Minister Viktor Orbán in the newspaper Bihari Napló, 13.10.2017, in: Visegrad Group, https://visegradpost.com/en/2017/10/13/interview-with-prime-minister-viktor-orban-in-the-newspaper-bihari-naplo/ (Zugriff: 30.09.2020).

In einer Presseerklärung wies Iohannis diese Option ausdrücklich zurück.[46] Außenminister Meleşcanu dagegen äußerte sich zurückhaltend-diplomatischer, ohne sich auf eine bestimmte Position festzulegen (Rumänien sei daran „interessiert, mit den Visegrád-Ländern zusammenzuarbeiten“).[47] Victor Ponta, vormaliger Ministerpräsident und Vorsitzender des PSD, äußerte sich positiver und berief sich auf das nationale Interesse. Auch behauptete er, Rumänien sei von Frankreich und Deutschland als zweitrangiger EU-Partner behandelt worden und könne durch eine Allianz mit den V4-Nachbarn, mit denen es gemeinsame Interessen teile, an politischem Einfluss gewinnen.[48] Im Jahr 2016 pries Ponta nachdrücklich die klaren Positionen der V4 und kritisierte den Präsidenten und den damaligen Ministerpräsidenten Dacian Cioloş wegen deren positiven Auffassungen von einer auf das deutsch-französische Tandem fokussierten EU-Führung. Auch aus der Opposition heraus verwarf Ciolo einen rumänischen Beitritt zur V4, weil die Positionen einiger ihrer Mitgliedsländer sich „im Gegensatz zu den Grundsatzwerten und -prinzipien der EU“ befänden.[49]

Die eindeutigste Stellungnahme zugunsten einer rumänischen Zusammenarbeit mit den V4 stammte vom ehemaligen Senatspräsidenten Călin Popescu-Tăriceanu, auch Vorsitzender der Allianz der Liberalen und Demokraten (*Alianţa Liberalilor şi Democraţilor*, ALDE), von 2016 bis 2019 ein Koalitionspartner der PSD-geführten Regierungskoalition. In

---

[46] Iohannis speră că cei care vorbesc despre apropierea României de grupul de la Visegrad fac “simple declaraţii populiste” [Iohannis glaubt, wer über die Nähe Rumäniens zur Visegrád-Gruppe spreche, verlautbare „einfache populistische Äußerungen“], in: Ziare.com, 12.10.2017, http://www.ziare.com/klaus-johannis/presedinte/iohannis-spera-ca-cei-care-vorbesc-despre-apropierea-romaniei-de-grupul-de-la-visegrad-fac-simple-declaratii-populiste-1484811 (Zugriff: 30.09.2020).

[47] https://www.mediafax.ro/externe/teodor-melescanu-romania-este-interesata-de-colaborarea-cu-tarile-din-grupul-de-la-visegrad-16750988 (Zugriff: 05.01.2021).

[48] Victor Ponta: În loc să fim alături de ţările din Grupul de la Vişegrad, suntem cu Germania, cu Bruxelles, pentru nişte lucruri care ne vor dezavantaja [V. P.: Statt mit den Ländern der Visegrád-Gruppe zusammenzugehen, stehen wir auf der Seite von Deutschland und Brüssel, zu unserem eigenen Nachteil], in: România liberă, 09.03.2017, https://romanialibera.ro/politica/institutii/victor-ponta--in-loc-sa-fim-alaturi-de-tarile-din-grupul-de-la-visegrad--suntem-cu-germania--cu-bruxelles--pentru-niste-lucruri-care-ne-vor-dezavantaja-443121 (Zugriff: 30.09.2020).

[49] Platforma lui Cioloş cere Guvernului să spună ce discuţii poartă cu Grupul de la Vişegrad [Cioloş fragt Regierung nach ihren Diskussionen mit der Visegrád-Gruppe], in: Ziare.com, 8.10.2017, http://www.ziare.com/dacian-ciolos/premier/platforma-lui-ciolos-cere-guvernului-sa-spuna-ce-discutii-poarta-cu-grupul-de-la-visegrad-1484342 (Zugriff: 30.09.2020).

einer Ansprache vor Mitarbeitern des Außenministeriums erklärte er, Rumänien solle Konsultationen mit den V4 führen, seine bilateralen strategischen Partnerschaften und regionalen Kooperationen erweitern und seine „Rolle als sekundärer Akteur ablegen, dessen Profil allein von der Mitgliedschaft in Europäischer Union und NATO“ bestimmt sei. Seine neue außenpolitische Orientierung solle Rumänien auf dem Prinzip nationaler Souveränität aufbauen:

> „Rumäniens Souveränität als Nationalstaat kann die rumänische Außenpolitik aus ihrer Anonymität und Unsichtbarkeit befreien. Geben wir uns keiner Illusion hin: es wird uns keine Anerkennung einbringen, stets nur der loyale, disziplinierte und schweigende Alliierte zu sein.“

Rumäniens außenpolitischer Einfluss dürfe sich nicht darauf beschränken, Waffen zu erwerben und Loyalität in Bündnissen und strategischen Partnerschaften zu beweisen, sondern müsse auf demokratischen Verpflichtungen und Prinzipien beruhen: „Unsere Nation ist bisher unsere einzige bestehende demokratische Körperschaft. Daher glaube ich, dass in unserer Außenpolitik das Prinzip nationaler Souveränität Vorrang haben sollte.“[50]

Ganz wie während des Kalten Kriegs stützen sich rumänische Diskurse wie solche der V4 auf eine essentialistische Vorstellung des „objektiven“, empirischen Bestehens von Regionen als historisch notwendiger Realität.[51] Die kritischen Theorien von Poststrukturalismus, Postkolonialismus und Dekonstruktivismus[52] haben einstweilen keine Spuren im außenpolitischen Diskurs hinterlassen; in diesem wird weiterhin ein essentialistischer Begriff von Regionen nach kulturellen, historischen und konfessionellen Kriterien vertreten. Răzvan Theodorescu, vormaliger Kulturminister und jetziger stellvertretender Präsident der Rumänischen Akademie und der FET, erklärte, dass „unsere Zukunft kann nur dort verwirklicht werden kann, wo wir uns befinden, in Südosteuropa, in Osteuropa [*Europa Orientală*], in ausgezeichneten Beziehungen zum übrigen Europa.“ Diese Äußerung löste einen öffentlichen Aufruhr aus, insbesondere in den in Siebenbürgen erscheinenden Zeitungen, weil „Orient“ immer noch eine kulturell negative Konnotation hat. Theodorescu ergänzte, Mitteleuropa

---

[50] Discursul Preşedintelui Senatului, domnului Călin Popescu-Tăriceanu, la deschiderea Reuniunii Anuale a Diplomaţiei Române [Ansprache des Senatspräsidenten, Herrn Călin Popescu-Tăriceanu, bei der Eröffnung des Jahrestreffens rumänischer Diplomaten], 29.08.2017, in: Senatul României, https://www.senat.ro/StiriSenatDetaliu.aspx?ID=9F2CC250-DA1E-4CA3-BD83-D136553C02D1 (Zugriff: 30.09.2020).

[51] MISHKOVA, Beyond Balkanism, S. 203.

[52] Ebd., S. 212–216.

sei Westeuropas „kreative Peripherie".[53] Ohne Blick für die historische Kontingenz von Raumbegriffen[54], belebte Theodorescu alte Vorstellungen von konfessionellen Trennlinien wieder, die auch politische Grenzen ziehen, wobei er von einer stark normativen und essentialistischen Perspektive auf den „Charakter der Völker" (etwa „orientalisch" versus „lateinisch") ausging.[55]

Auch durch ein unlängst von Theodorescu veröffentlichtes Buch zieht sich diese essentialistische Sichtweise von Regionen, wobei andererseits vermeintlich objektive geopolitische Realitäten eingeräumt werden: Politische und ökonomische Macht konzentriere sich im Osten bzw. in Asien, während „das konsumorientierte Westeuropa und das ideokratische Osteuropa jeden Tag greifbare Realitäten" seien; doch Europa werde bald zu einem bloßen Anhängsel Asiens werden und die EU der Vergangenheit angehören.[56] Solche Sichtweisen sind Bestandteile einer generellen Neubewertung für eine Zeit nach der EU, wie sie allen voran die FET propagiert. Dies ist ein kultureller und politischer Diskurs, der den „Osten" rehabilitiert, vielleicht gar den Balkan: Osteuropa und Südosteuropa bilden darin antagonistische Einheiten zum „Westen" und zu Mitteleuropa. Das unterscheidet sich merklich vom früheren „Osteuropa"-Begriff, der mindesten ambivalent, wenn nicht durchweg negativ konnotiert war und stets kulturell und politisch dasjenige Gebiet bezeichnete, das östlich von einem selbst lag.[57]

Allerdings fasste der stellvertretende Minister für Europäische Angelegenheiten, George Ciamba, in einer positiven Einschätzung des rumänischen Ratsvorsitzes von 2019 den seit 2007 dominierenden europa-

---

[53] Răzvan Theodorescu: N-avem ce căuta în Europa Centrală, în Europa lui Kafka, a lui Musil. Viitorul nostru e în Europa de Sud-Est, în relaţii excelente cu cealaltă Europă, cu care ne învecinăm [R. Th.: Wir haben nichts in Mitteleuropa zu suchen, in Kafkas oder Musils Europa. Unsere Zukunft liegt in Südosteuropa, in ausgezeichneten Beziehungen mit dem übrigen Europa, mit dem wir benachbart sind], Antena.ro, 22.02.2019, https://www.antena3.ro/actualitate/razvan-theodorescu-n-avem-ce-cauta-in-europa-centrala-in-europa-lui-kafka-a-lui-musil-viitorul-509364.html; CRISTIAN ŞTEFĂNESCU, Răzvan Theodorescu: „Nu avem oameni politici. Nu vezi decât ghiolbani" [R. Th.: „Wir haben keine Politiker. Man sieht nur Rüpel], in: DW, 25.02.2019, https://www.dw.com/ ro/r%C4%83zvan-theodorescu-nu-avem-oameni-politici-nu-vezi-dec%C3%A2t-ghiolbani/a-47665308 (Zugriffe: 30.09.2020).

[54] DIANA MISHKOVA / BALÁZS TRENCSÉNYI, Introduction, in: European Regions and Boundaries, S. 1–4.

[55] ŞTEFĂNESCU, Răzvan Theodorescu.

[56] RĂZVAN THEODORESCU, Cele două Europe [Die zwei Europa], Bucureşti 2019.

[57] SCHENK, Eastern Europe, S. 189.

politischen Diskurs zusammen.[58] Darin tritt „Europa“ in Gestalt von zwei bekannten Tropen in Erscheinung: als kulturelle, historische und geografische Repräsentation und als Raum, meist, wenn nicht immer, synonym mit „der Westen“ gebraucht, als Teil von Rumäniens kollektiver Selbstrepräsentation als „europäisch“ sowie in Gestalt der EU als politischer Organisation. Der „Westen“ ist das konstitutive Andere, dem es Rumänien gleichtun und von dem es kulturell und politisch anerkannt werden möchte.

Eine ganz besondere bilaterale Beziehung

Die Unwahrscheinlichkeit, dass Rumänien sich der V4-Gruppe anschließt, kann durch die Gegensätzlichkeit der außenpolitischen Prioritäten erklärt werden, die die frühere Kohabitation erzeugte. Doch das Haupthindernis besteht im schwierigen Verhältnis zwischen Rumänien und Ungarn, auch wenn sich dieses seit Mitte der 1990er Jahre schon merklich verbessert hat. Es ist keineswegs die illiberale Entwicklung Ungarns, die hierbei im Wege steht, auch wenn die rumänische Seite kaum übersehen haben kann, dass Viktor Orbán einige seiner zentralen politischen Ziele und seine Vision einer illiberalen Demokratie ausgerechnet auf rumänischem Staatsgebiet verkündete.[59] Das wirkliche Problem besteht für beide Seiten in Siebenbürgen und in der dort lebenden ungarischen Minderheit.[60]

In einem gegebenen Interview äußerte sich Orbán zu diesen Problemen. Während er einerseits die wirtschaftliche Zusammenarbeit hervorhob, betonte er andererseits aber auch, Rumänien habe nur geringe Fortschritte in Sachen Minderheitenrechten gemacht.[61] Diese Behauptung

---

[58] „Es ist eine Mission mit vielfältigen Herausforderungen, aber vor allem ist es eine Gelegenheit für Rumänien, seine proeuropäische Berufung zu demonstrieren und sich weiterhin als glaubwürdiger und verlässlicher Partner zu beweisen.“ Mesajul ministrului delegat pentru afaceri europene, George Ciamba, cu ocazia Zilei Naţionale a României [Botschaft des Stellvertretenden Ministers für Europäische Angelegenheiten, G. C., anlässlich des rumänischen Nationalfeiertags], 01.12.2018, in: MAE, http://www.mae.ro/node/47583 (Zugriff: 30.09.2020).

[59] Vollständiger Wortlaut der Rede Viktor Orbáns in Băile Tuşnad (Tusnádfürdő) vom 26. Juli 2014, in: The Budapest Beacon, 29.07.2017, http://budapestbeacon.com/public-policy/full-text-of-viktor-orbans-speech-at-baile-tusnad-tusnadfurdo-of-26-july-2014/; siehe auch: Orbán Viktor ünnepi beszéde [Feierrede Viktor Orbáns], in: Magyar Nemzet, 16.03.2014, http://mno.hu/belfold/orban-viktor-unnepi-beszede-1216150 (Zugriffe: 30.09. 2020).

[60] In Siebenbürgen leben zurzeit etwa 1,6 Millionen Ungarn.

[61] Interview with Prime Minister Viktor Orbán in the newspaper Bihari Napló.

griff der ehemalige rumänische Außenminister auf. Meleşcanu hält die Wirtschaftsbeziehungen für ausgezeichnet und für sehr viel besser als die politische Zusammenarbeit. Die Frage der jeweiligen konationalen Minderheiten sei etwas, woran man noch arbeiten müsse, weil Ungarn sich noch nicht an das Prinzip der Reziprozität halte; daher solle die Angelegenheit innerhalb des bilateralen Sonderkomitees für Minderheitenfragen behandelt werden, das aufgrund des bilateralen Grundlagenvertrags von 1996 eingerichtet wurde.[62]

Dieser Vertrag war allerdings von beiden Seiten widerwillig unterzeichnet worden, ohne dass er die Differenzen bezüglich der politischen Prioritäten und Erwartungen hatte beheben können. Rumänien unterschrieb auf den starken Druck hin, den Brüssel zur Anerkennung der Rechte der magyarischen Minderheit ausübte.[63] Für Ungarn hatten die Magyaren außerhalb der Landesgrenzen nach dem Umbruch von 1989 unbedingte außenpolitische Priorität.[64] Für beide Seiten war der Vertrag von 1996 nur eine weitere Episode in einer langen Geschichte, in der sie sich Siebenbürgen gegenseitig aus dem Gefühl streitig zu machen suchten, ohne die Region keine vollständige Nation zu sein. Historiographie und Nationsbildung gingen in dieser Frage stets Hand in Hand, denn beide Seiten betrachteten Siebenbürgen als konstitutiv für die eigene Nation. Seit mit dem Ende des Ersten Weltkriegs das Königreich Ungarn Siebenbürgen an Rumänien verloren hatte, war die Region nicht nur ein umstrittenes Grenzgebiet, sondern ein umkämpftes Territorium; es ist für beide Nationen das Kernstück ihrer kollektiven Identitätsbestimmung, in ihren historischen Narrativen ist die Gebietszugehörigkeit ein Nullsummenspiel.[65]

Nationalgeschichte war für beide Seiten ein Instrument des aggressiven Ethnonationalismus; davon war die kommunistische Zeit nicht ausgenom-

---

[62] Interviu cu ministrul de externe, Teodor Meleşcanu.

[63] IVAN, La politique, S. 124.

[64] ISTVÁN HORVÁTH, Istoria relaţiilor româno-maghiare în perioada post-comunistă / A roman-magyar kapcsolatok posztkommunista története / The post-communist history of Romanian-Hungarian relations, in: Relaţiile româno-maghiare şi modelul de reconciliere franco-german / A román-magyar kapcsolatok és a francia-német megbékélési model / Romanian-Hungarian Relations and the French-German Reconciliation, hg. v. LEVENTE SALAT / SMARANDA ENACHE, Cluj-Napoca 2004, S. 186–209, hier S. 203 f.

[65] ANDREW LUDANYI, The Legacy of Transylvania in Romanian and Hungarian Historiography, in: Disputed Territories and Shared Pasts. Overlapping National Histories in Modern Europe, hg. v. TIBOR FRANK / FRANK HADLER, Basingstoke u. a. 2011, S. 247–271, hier S. 254 f.

men, als das rumänische Regime ethnisches und soziales *engineering* betrieb, um auf Kosten der Minderheiten einen homogenen rumänischen Nationalstaat aufzubauen.[66] Für Ungarn ist die Sonderbeziehung zu Rumänien eine Funktion grenzübergreifender Loyalitäten und Identitäten; für Rumänien geht es darum, die Dominanz der ethnischen Rumänen innerhalb der Grenzen des heute bestehenden rumänischen Staats durchzusetzen.

Einzelne Vorfälle perpetuieren immer wieder solche konfrontativen Ansichten zum Konzept der Nation und ein Gefühl gespaltener Loyalitäten.[67] Wie das Verhältnis zwischen den beiden Nationalitäten in Siebenbürgen als historischer Konflikt konzipiert wird, charakterisiert den Diskurs der rumänischen Bevölkerungsmehrheit ebenso wie die Forderung nach Minderheitenrechten der Magyaren.[68] Die Demokratische Union der Ungarn in Rumänien (ung. *Romániai Magyar Demokrata Szövetség* – RMDSz, rum. *Uniunea Democrată Maghiară din România* – UDMR) ist eine Partei, die die ungarische Minderheit auf nationaler Ebene seit 1990 vertritt; sie hat abwechselnd dem linken wie dem rechten Lager als quasi unverzichtbarer Koalitionspartner gedient, um magyarische Minderheitenrechte auf den Plan zu bringen. RMDSz hat sich inzwischen der ungarischen Regierungspartei Fidesz (*Fidesz – Magyar Polgári Szövetség*, Fidesz – Ungarischer Bürgerbund) angenähert und dadurch die zuvor bestehenden Spannungen zwischen den beiden Parteien aufgehoben.[69] So dient RMDSz inzwischen als eine Art Relais zwischen der magyarischen Minderheit in Rumänien und dem ungarischen Staat bzw. *Fidesz*, indem sich die Partei legaler Instrumente ethnischer Verwandtschaft wie doppelter Staatsbürgerschaft oder Wahlrechte bedient.

Auf den Vertrag von 1996 hin wurden zahlreiche Kommissionen für bilaterale Zusammenarbeit eingerichtet, so auf den Feldern Wirtschaft,

---

[66] STEFANO BOTTONI, Transilvania roşie. Comunismul românesc şi problema naţională [Rotes Siebenbürgen. Der rumänische Kommunismus und das Nationalproblem] 1944–1965, Cluj-Napoca 2010; zuerst ital.: Transilvania rossa. Il comunismo romeno e la questione nazionale 1944–1965, Roma 2007.

[67] 2017 kam es zu einem Vorfall in einem Supermarkt in einer vorwiegend von Ungarn bewohnten siebenbürgischen Gemeinde, als angeblich ein Angestellter vorgab, kein Rumänisch sprechen zu können oder zu wollen; der Vorfall wurde durch eine von einem rumänischen Blogger gepostete Videomontage ausgelöst. Der Blogger gab später zu, er habe gezielt provozieren wollen.

[68] IRINA CULIC, Nationhood and Identity. Romanians and Hungarians in Transylvania, in: Nation-Building and Contested Identities, S. 227–246, hier S. 238 f.

[69] Interview with Prime Minister Viktor Orbán in the newspaper Bihari Napló.

Verteidigung, Umwelt, Tourismus und anderen.[70] Hält man sich an die öffentlich zugängliche Chronik der bilateralen Begegnungen auf Staatsebene, haben sich die Wechselbeziehungen in der Zeit bis zum rumänischen EU-Beitritt normalisiert, seither aber spürbar an Aktivität nachgelassen. Die letzte dieser Begegnungen fiel in das Jahr 2010. 2005 noch hatte es eine gemeinsame Sitzung der beiden Regierungen gegeben, erstmalig in der gesamten Region, doch bereits 2008 trafen sich die Regierungen zum letzten Mal zu einer gemeinsamen Sitzung.

Die Gemeinsame Rumänisch-Ungarische Historische Kommission besteht aus Angehörigen der beiden nationalen Akademien. Sie findet ihre Entsprechung in anderen bilateralen Einrichtungen dieser Art, doch wegen der besonderen Bedeutung Siebenbürgens für beide Länder sind ihre Aktivitäten öffentlich sichtbarer und ausdrücklich Gegenstand der Zusammenarbeit. So werden historische Narrative zur Staatssache erhoben, aufgrund von Siebenbürgen und der gemeinsamen, wenn auch widerstreitenden irredentistischen und politischen Vorstellung vom Nationalstaat als „Großrumänien" bzw. Königreich Ungarn in den Grenzen vor 1918. Die zwischenstaatlichen Beziehungen bleiben damit eine Funktion des Nullsummenspiels der nationalhistorischen Narrative in Bezug auf Siebenbürgen.

Die Region dient nicht nur als „Filter, durch den rumänische und ungarische kulturelle, soziale und politische Gegenstände ausgetauscht werden, und als Barometer des tatsächlichen Funktionierens des rumänischen und des ungarischen Staates",[71] sondern auch als große Variable in den bilateralen Beziehungen. Wegen Siebenbürgen und der Konkurrenz der sich darum rankenden nationalen Mythologien[72] sind die Beziehungen zwischen beiden Ländern jedenfalls weder gutnachbarschaftlicher Art, noch werden sie, trotz umfassenden Handelsaustausches, durch gemeinsame Interessen zusammengehalten, selbst nicht nach dem Beitritt zur EU (Ungarn 2004, Rumänien 2007). Beispielsweise werden die 100. Jahrestage der Pariser Vorortverträge von 1918–1920 in beiden Ländern mit dem jeweiligen offiziösen nationalhistorischen Narrativ bedacht, das um die

---

[70] Ambasada României în Ungaria, Relaţii politice [Rumänische Botschaft in Ungarn, Politische Beziehungen], in: MAE, https://budapesta.mae.ro/node/167 (Zugriff: 30.09.2020).

[71] MARIUS TURDA, Transylvania Revisited. Public Discourse and Historical Representation in Contemporary Romania, in: Nation-Building and Contested Identities, S. 197–206, hier S. 199.

[72] Ebd., S. 197.

jeweils dominante ethnische Gruppe und die Bildung und Konsolidierung des Nationalstaats kreist. Diese historischen Narrative stehen in direkter Kontinuität zur romantischen Historiografie, die sich in den Dienst von Nations- und Staatsbildung stellte.[73]

Rumänien als Garant politischer Stabilität und Sicherheit in der Region war in den vergangenen Jahrzehnten ein Topos der rumänischen Diplomatensprache. Relativ neueren Datums ist es, Populismus, nationalistische, konfessionelle oder andere Radikalisierungen und Fehlschläge zu verbinden, um das „System liberaler Werte" gegen innere und regionale Gefahren zu verteidigen, so geschehen in der jüngsten Fassung der „Nationalen Verteidigungsstrategie".[74] Diese Risikoeinschätzung ist ein Wink an die Siebenbürger Magyaren und das besondere Verhältnis zu Ungarn. Sie formuliert einmal mehr die Vorstellung, ethnische Diversität und Separatismus seien latente Gefahren im Innern wie international, wie sie von den Akteuren der rumänischen Außenpolitik seit langem gehegt wird. Gleichwohl gab es in jüngerer Zeit einige Anzeichen für eine Annäherung zwischen beiden Staaten. Im selben Interview, in dem er Rumänien die Zusammenarbeit mit den V4 nahelegte, sagte Orbán:

> „Ich darf mit Zufriedenheit feststellen, dass ich eine vielversprechende persönliche Beziehung zu Liviu Dragnea, dem Vorsitzenden der Regierungspartei und Präsidenten der Abgeordnetenkammer, aufgebaut habe."[75]

Diese Äußerung war mehr als eine diplomatische Floskel. Denn beide Politiker sind sich in ihrem Widerstand gegen die EU und ihrer Betonung nationaler Souveränität einig. Beide halten Brüssels Umgang mit ihren Ländern für herablassend.

Der ungarische Europaminister Szabolcs Takács behauptete unlängst, das Europäische Parlament terrorisiere einige Bürger politisch und dränge Länder mit abweichenden Meinungen an den Rand, wobei er sich auf Ungarn und nebenbei auch auf Polen bezog; darüber hinaus befürworte er die Absicht der rumänischen Regierung, „den Doppelstandard zwischen Mitgliedsstaaten und Europäischer Union" aufzuheben; ferner stellte er

---

[73] MONIKA BARR, Historians and Nationalism. East-Central Europe in the Nineteenth Century, Oxford u. a. 2010; MAREK TAMM, Writing Histories, Making Nations. A Review Essay, in: Storicamente 12 (2016), H. 32, S. 1–29.

[74] AP, Strategia naţională de apărare.

[75] Interview with Prime Minister Viktor Orbán in the newspaper Bihari Napló. Liviu Dragnea, ehemaliger PSD-Präsident (2015–2019) und Präsident der Abgeordnetenkammer (2016–2019).

die Lage in Europa als Konflikt zwischen „Föderalisten" und „Souveränisten" dar.[76] Der ungarische Europaminister liegt damit auf einer Linie mit dem ehemaligen PSD-Vorsitzenden Dragnea, wenn es um die „Feinde" Rumäniens in Brüssel und den angeblichen Doppelstandard bei der Behandlung Rumäniens und seiner Bürger geht.[77] Beide Politiker rechtfertigen ihre Vorwürfe gegen die EU als motiviert durch ihren Willen zu Nationsbildung und nationaler Entwicklung.

Zwar gibt es in Rumänien keine Anti-EU-Kampagne wie neuerdings in Ungarn,[78] doch haben hochrangige Amtsträger wie der Ministerpräsident oder der Senatspräsident wiederholt ihrer Überzeugung Ausdruck verliehen, Rumänien werde von den EU-Institutionen als zweitrangiges Mitglied betrachtet und genieße keine gleichwertige Behandlung.[79] Insbesondere wird der Vorwurf erhoben, Rumänien werde bei der Korruptionsbekämpfung zu hart und ungerecht angegangen. Ganz allgemein gebe es eine politische Verschwörung gegen rumänische Interessen, die aus dem Ausland finanziert werde.[80]

---

[76] Ministrul afacerilor europene din Ungaria: Parlamentul European teorizează politic [Ungarischer Minister für Europaangelegenheiten: Das Europäische Parlament theoretisiert politisch], in: Digi24, 18.12.2018, https://www.digi24.ro/stiri/externe/ue/ministrul-afacerilor-europene-din-ungaria-parlamentul-european-teorizeaza-politic-1050798 (Zugriff: 30.09.2020).

[77] Ministru ungar: Suntem de acord cu abordarea României pe timpul preşedinţiei Consiliului UE / Liderii de la Bucureşti şi Budapesta fac front comun împotriva Uniunii Europene [Ungarischer Minister: Wir stimmen Rumäniens Vorgehen während seines Vorsitzes des EU-Rates zu / Führungen in Bukarest und Budapest bilden gemeinsame Front gegen Europäische Union], in: b1, 18.12.2018, https://www.b1.ro/stiri/politica/szabolcs-takacs-ministru-ungar-romania-ungaria-ue-discriminare-dragnea-tariceanu-dancila-254240.html (Zugriff: 30.09.2020).

[78] Commission hits back over Hungary's anti-Juncker campaign. Viktor Orbán has blamed Jean-Claude Juncker for endangering Hungarians, in: Politico, 28.02.2019, https://www.politico.eu/article/commission-hits-back-over-hungarys-anti-juncker-campaign/ (Zugriff: 30.09.2020).

[79] Ministru ungar; Consiliul Naţional al PSD: Dragnea cere o decizie pentru amnistie şi graţiere: „Nu mai ezitaţi. Hotărâţi-vă când şi dacă!" / Dăncilă: PSD a fost sub asediu, nu voi ceda [PSD-Nationalrat: Dragnea verlangt eine Entscheidung zu Amnestie und Begnadigungen: „Zögert nicht. Entscheidet, ob und wann!"/ Dăncilă: PSD war im Belagerungszustand, ich werde nicht aufgeben], in: HotNews.ro, 16.12.2018, https://www.hotnews.ro/stiri-politic-22869526-consiliul-national-psd-liderii-social-democrati-reuniti-biroul-lui-dragnea-inainte-sedinta-venit-dancila-carmen-dan-plumb-iordache.htm (Zugriff: 30.09.2020).

[80] Paradă naţionalistă a liderilor PSD, la Braşov. Ştefănescu: PSD e singurul partid românesc, nu e finanţat din străinătate / Teodorovici: Să înţelegem cine doreşte binele acestei ţări [Nationalistische Parade der PSD-Führung in Braşov. Ştefănescu: PSD ist einzige nicht aus dem Ausland finanzierte rumänische Partei / Teodorovici: Lasst uns ver-

Resümee

Die etablierte Außenpolitik Rumäniens hat bislang noch kein Programm, keine politische Agenda produziert, die den direkten Konflikt mit der europäischen Politik suchen würde oder darauf abzielte, etwas an der wenig aktiven Rolle des Landes innerhalb der EU zu ändern. Trotz zunehmender innenpolitischer Polarisierung und trotz des Aufkommens neuer politischer Diskurse, welche die Forderung nach Souveränität in den Mittelpunkt stellen, war der einzige Bereich, in dem die Regierungskoalition, die bis 2019 an der Macht war, einen Versuchsballon für einen Konfrontationskurs mit den EU-Institutionen steigen ließ, das Streben nach einer Neuordnung von Gesetzgebung und Einrichtungen zur Korruptionsbekämpfung.

Einstweilen reichen die sporadischen Andeutungen einer möglichen Annäherung an Orbáns Ungarn noch nicht aus, um von einer völligen Neuorientierung der rumänischen Außenpolitik zu sprechen. Die politische Führung und Ministerialbürokratie vertreten die Auffassung, keinen großen außenpolitischen Handlungsspielraum zu besitzen. Daher haben sie bislang auch keine explizit antieuropäischen Positionen bezogen, wie dies Orbán und andere ungarische Regierungsvertreter getan haben.

Orbán stellt die westliche liberale Ordnung in Frage, wenn er nicht geradezu auf ihren Zusammenbruch hinarbeitet, und er befürwortet die Neuausrichtung der ungarischen Außenpolitik hin zu größerer Diversität von Kontakten und Schwerpunkten, vorzugsweise in Richtung Russland und Asien. In der rumänischen Außenpolitik ist noch nichts dergleichen zu erkennen. Die institutionellen Hindernisse gegen eine direkte Herausforderung der EU sind noch sehr hoch; dazu zählt die politische und institutionelle Kohabitation zwischen Präsidenten und Regierung in außenpolitischen Fragen ebenso wie auch die relative Autonomie der Berufsdiplomaten und der außenpolitischen Bürokratie. Die Diskrepanz zwischen innenpolitischer Rhetorik und offizieller Außenpolitik ist nicht unüberbrückbar, aber immer noch wirksam.

Aus dem Englischen von Andreas R. Hofmann

---

stehen, wer Gutes für dieses Land wünscht], in: HotNews.ro, 24.03.2019, https://www.hotnews.ro/stiri-politic-23046485-parada-nationalista-liderilor-psd-brasov-stefanescu-psd-singurul-partid-romanesc-nu-finantat-din-strainatate-teodorovici-intelegem-cine-doreste-binele-acestei-tari.htm (Zugriff: 30.09.2020).

Tanja Zimmermann

Touristische Raumgestaltung und aussenpolitische Konfrontation nach 2010

„Skopje 2014" – Andrićgrad – der „Promo"-Zug

Seit einem Jahrzehnt lassen sich in einigen Nationalstaaten oder staatlichen Entitäten in Südosteuropa, die aus dem Erbe des ehemaligen Jugoslawiens entstanden sind, neue Formen der Raumgestaltung und Raumperformanz beobachten, die nicht nur die nationale Identität artikulieren, sondern auch außenpolitische Botschaften an Nachbarländer sowie an die internationale Öffentlichkeit richten. Die neue politische Strategie manifestiert sich am radikalsten im umgestalteten Zentrum der Hauptstadt Mazedoniens, Skopje, sowie in der Republika Srpska im neu errichteten Stadtteil Višegrads, Andrićgrad, in denen symbolische Topografien entfaltet werden, die nicht nur eine „alternative" nationale Geschichte erzählen, sondern auch nonverbale Signale an die Nachbarländer senden. Auch der sogenannte serbische „Promo"-Zug, der mit nationalistischen Losungen und Abdrucken mittelalterlicher Fresken aus orthodoxen Kirchen im Kosovo am 17. Januar 2017 von Belgrad in Richtung Kosov-ska Mitrovica aufbrach, vollzog eine provokative räumliche Intervention.

Solche Raumnahmen führen eine symbolische Aneignung der Erinnerungskultur, des Kulturerbes oder gar des Territoriums vor Augen. Dabei werden sie nicht als offene politische Akte deklariert, sondern in die Freizeitgestaltung und ins Tourismusangebot eingebunden, wobei die Performanz der nationalen Geschichte ins touristische Angebot integriert wird. Die Werbung für Freizeit und Tourismus, die in den Medien und sozialen Netzwerken zirkuliert, steigert ihre politische Wirksamkeit. Durch ihre Popularisierung als Tourismusbilder erreichen sie eine internationale Sichtbarkeit, in der sich zugleich eine außenpolitische Handlung verbirgt, welche wiederum zwischenstaatliche Beziehungen ernsthaft beschädigen kann. Menschen, die sich in solchen politischen Räumen aufhalten, werden in die symbolische Repräsentation einbezogen, ihre

Bewegung in ihnen als Partizipation vereinnahmt. Wegen der Verflechtung der politischen Botschaft mit dem Tourismus soll im Folgenden zuerst ein Einblick in die Geschichte des Tourismus und seine räumliche Artikulation gegeben werden. Anschließend werden die drei oben genannten Beispiele – die Bauprojekte „Skopje 2014“ und Andrićgrad sowie der serbische „Promo“-Zug – mit Blick auf ihre politische Topografie und Einbettung in den Tourismus analysiert.

1. Tourismus und politische Botschaft

Die Entstehung des Massentourismus in der zweiten Hälfte des 19. Jahrhunderts war eng mit neuen Transportmitteln, der Eisenbahn und dem Dampfschiff, sowie mit der Entstehung der neuen Mittelklasse verbunden, die zum Massenkonsumenten wurde.[1] Seine Fähigkeit, die idyllische Natur bruchlos mit dem modernistischen Fortschritt zu verknüpfen, machte ihn zum wirksamen Instrument bei der Werbung für sozial-politische Ziele und Utopien. Die frühen Tourismusbilder, welche idyllische Landschaften mit genießenden Besuchern zeigten oder den Betrachter dazu einluden, den Besuch jener zu imaginieren, warben nicht nur für Erholung, Genuss und Konsum, sondern dienten auch der Selbstrepräsentation der Gesellschaft und wurden als Mittel zur Durchsetzung von Werten, Verhaltensnormen und Mentalitäten eingesetzt. Gesellschaftliche Entwicklungsziele wurden in idyllischen Szenarios vorwegnehmend als bereits erreicht präsentiert und über Massenmedien wie illustrierte Presse und Postkarten verbreitet. Viele der touristischen Orte verschmolzen im Prozess der Nationsbildung mit erinnerungsträchtigen Stätten, die für Geschichte und kollektive Identität der Nation bedeutsam waren. Bei Landsleuten stärkten sie die Heimatliebe, bei ausländischen Besuchern steigerten sie die internationale Sichtbarkeit und Attraktivität des Landes.

Die Tourismusentwicklung am Starnberger See in Bayern, wohin der Münchner Architekt und Unternehmer Johann Ulrich Himbsel 1853 eine Eisenbahnstrecke verlegen ließ, ist exemplarisch für die Frühgeschichte solch nationaler Projekte.[2] Der Erholungsort war eng mit der Wittels-

---

[1] HANS MAGNUS ENZENSBERGER, Vergebliche Brandung der Ferne. Eine Theorie des Tourismus, in: Merkur 12 (August 1958), H. 126, S. 701–720.

[2] Zu den Anfängen des Tourismus am Starnberger See: SONJA STERZINGER u. a., Johann Ulrich Himbsel (1787–1860). Architekt und Unternehmer in München. Gründer der Starnberger Eisenbahn und Dampfschifffahrt, München 1999.

bacher Dynastie verbunden, insbesondere dem Herzog Maximilian Joseph, der den Bau mit einem hohen Kredit unterstützte und darin eine Popularisierungsmaßnahme für die Königsfamilie sah.[3] Touristische Routen führten an seinen Domizilen am See vorbei, die in der nächsten Generation zu zentralen Attraktionen aufstiegen. Das Schloss Possenhofen war eng mit Sissi, der späteren Kaiserin Elisabeth, verbunden, die Roseninsel mit König Ludwig II., der dort Wagner empfing und in ihrer Nähe auf geheimnisvolle Weise umkam. Postkarten wurden mit den Porträts der königlichen Familie geschmückt, Dampfschiffe erhielten ihre Namen.[4]

Der amerikanisch-britische Dichter T. S. Eliot, der am Starnberger See als Tourist weilte, verleiht im ersten Kapitel seines Poems „The Waste Land" (1922), „The Burial of the Death", dem touristischen Ort mit dem Blick auf die erhabenen Wettersteinalpen gerade durch die Erinnerung an den toten König und seinen Lieblingsmusiker eine besondere Stimmung.[5] Durch die Verschmelzung mit der prominenten Person erhielt der idyllische Ort seinen Ortsgeist (*genius loci*),[6] welcher seine touristische Attraktivität steigerte.

In den 1930er Jahren avancierte nicht nur der Starnberger See, sondern die gesamte bayerische Voralpen- und Alpenlandschaft zum Inbegriff der deutschen Heimat, ihre Einheimischen zur Auslese des deutschen Volkes. Die regionale Identität erweiterte sich zur nationalen, das dynastische Flair wurde durch das völkische ersetzt: Der Agrarminister Walter Darré erklärte die Bergbauern, als den angeblich gesündesten Kern der Nation, zum „neuen Adel".[7] Ihre Physiognomie und ihr Habitus wurden im

---

[3] Ebd., S. 125–130.

[4] Ebd., S. 141–155; vgl. auch: SYLVIA BÖHM-HAIMERL, Königlicher Haltepunkt. 150 Jahre Bahnhof Possenhofen, in: Süddeutsche Zeitung, 05.07.2015 (Print 06.07.2015), https://www.sueddeutsche.de/muenchen/starnberg/possenhofen-koeniglicher-haltepunkt-1.2551961 (Zugriff: 05.03.2021).

[5] T. S. ELIOT, The Waste Land, New York 1922, S. 9–12: „Summer surprised us, coming over the Starnbergersee / With a shower of rain; we stopped in the colonnade, / And went on in sunlight, into the Hofgarten, / And drank coffee, and talked for an hour. / Bin gar keine Russin, stamm' aus Litauen, echt Deutsch. [...] In the mountains, there you feel free. [...] *Frisch weht der Wind / Der Heimat zu / Mein Irish Kind / Wo weilst du?*".

[6] Zum Geist des Ortes (*genius loci*) und dem Wandel seiner Bedeutung: ROBERT JOSEF KOZLJANIČ, Der Geist des Ortes. Kulturgeschichte und Phänomenologie des Genius Loci, Bd. 1.: Antike – Mittelalter, Bd. 2: Neuzeit – Gegenwart, München 2004.

[7] WALTHER R. DARRÉ, Das Bauerntum als Lebensquell der nordischen Rasse, München / Berlin [9]1942, S. 5.

Rahmen der Blut- und Bodenideologie untrennbar mit der Landschaft verbunden und von der nationalsozialistischen Freizeit- und Reiseorganisation „Kraft durch Freude" (KdF) zur Propaganda eingesetzt.[8] Am Starnberger See fanden zahlreiche KdF-Freizeit- und Sportveranstaltungen statt,[9] in Feldafing wurde eine Reichsschule der NSDAP für den Elite-Nachwuchs gegründet.[10] In der Nachkriegszeit wurde dieser Prozess wieder rückgängig gemacht: In den Heimatfilmen der 1950er Jahre, wie etwa in der berühmten Sissi-Trilogie mit Romy Schneider in der Hauptrolle, wurde die nationale Identität wieder in die regionale zurückübersetzt.[11] Eine ähnliche Entwicklung lässt sich auch am Bleder See (österr. Veldeser See), einem bereits zur Zeit der Habsburgermonarchie beliebten touristischen Kurort im slowenischen Voralpenland verfolgen.[12] Nach der Gründung des Königreichs Jugoslawien verbrachte der jugoslawische König Alexander Karađorđević dort gern nicht nur seine Freizeit, sondern nutzte den Ort auch für außenpolitische diplomatische Tätigkeiten,[13] worüber in den jugoslawischen Illustrierten berichtet wurde.[14] Bereits 1922 kaufte er das Schloss des Fürsten Windischgrätz und ließ es in eine Sommerresidenz umbauen.[15]

---

[8] Vgl. die Bildbände von ERNA LENDVAI-DIRCKSEN: Bergmenschen, München 1936, und Im Angesicht des Gebirges. Bild einer Landschaft im Jahreskreis. Mit Worten deutscher Dichtung, Bayreuth o. J. Zum Tourismus im Dritten Reich: HASSO SPODE (unter Mitarbeit v. ALBRECHT STEINECKE), Die NS-Gemeinschaft „Kraft durch Freude" – ein Volk auf Reisen?, in: Zur Sonne, zur Freiheit! Beiträge zur Tourismusgeschichte, hg. v. DEMS., Berlin 1991, S. 79–94; DERS., Fordism, Mass Tourism and the Third Reich, in: Journal of Social History 38 (2004), H. 1, S. 127–155; SHELLEY BARANOWSKI, Strength through Joy. Consumerism and Mass Tourism in the Third Reich, Cambridge 2004; KRISTIN SEMMENS, Seeing Hitler's Germany. Tourism in the Third Reich, Basingstoke / New York 2005.

[9] SIBYLLE FRIEDERIKE HELLERER, Die NSDAP im Landkreis Starnberg. Von den Anfängen bis zur Konsolidierung der Macht (1919–1938), Dissertation, München 2014, S. 256.

[10] Ebd., S. 302–320.

[11] MANUELA FIEDLER, Heimat im deutschen Film. Ein Mythos zwischen Regression und Utopie, Coppengrave 1995.

[12] ARMAND FREIHERR VON SCHWEIGER-LERHENFELD, Veldes. Eine Idylle aus den Julischen Alpen, Wien u. a. 1889.

[13] ARNOLD SUPPAN, Jugoslawien und Österreich 1918–1938. Bilaterale Außenpolitik im europäischen Umfeld, München 1996, S. 1196.

[14] Jugoslovanske Alpe / Les Alpes Yugoslavs / Jugoslavische Alpen, in: Ilustrirani Slovnec. Tedenska priloga Slovenca 5 (31.03.1929), S. 97–104.

[15] KATARINA MOHAR, Vila Bled (Zbirka Umetnine v žepu) [Villa Bled (Taschenkunstsammlung)], Ljubljana 2016, S. 9–20.

Während des Zweiten Weltkrieges wurde die Villa zum Zentrum für die Ausbildung der Deutschen Schäferhunde für die Polizei,[16] nach dem Zweiten Weltkrieg ging sie in den Besitz des Partisanenführers Josip Broz Tito über.[17] Der berühmte englische Fotoreporter John Philipps, der bereits während des Krieges für die großen Illustrierten wie „Life" und „Picture Post" über Tito und seine Partisanen berichtet hatte, fotografierte ihn dort unmittelbar nach dem Bruch mit Stalin und dem Ausschluss Jugoslawiens aus dem Kommunistischen Informationsbüro (Kominform).

In der Fotoreportage „A visit to Tito: Dictator rests, plays and plots in privacy of an alpine retreat", die am 13. September 1948 in „Life" erschien, wurde der jugoslawische Präsident in betont gelassener Haltung im hellen, sommerlichen Freizeitanzug dem internationalen Publikum präsentiert.[18] Die Bildunterschriften wie „Tito's garden commends a magnificent view of Lake Bled" und „Proletarian vacationers now throng luxury hotels and homes once reserved for prewar rich" demonstrierten eine neue Haltung der jugoslawischen kommunistischen Regierung gegenüber dem westlichen, konsumorientierten Lebensstil. Das touristische Flair des Luxuriösen diente dazu, den Unterschied gegenüber dem asketischen Kommunismus sowjetischer Prägung zu unterstreichen und die Annahme eines konsumorientierten, westlichen Lebensstils als neue außenpolitische Orientierung auf der internationalen Bühne vorzuführen.

2. Tourismus, Nation und außenpolitische Botschaft nach 2010

Die Fähigkeit touristischer Werbestrategien, idyllische Orte in attraktive politische Landschaften zu transformieren, macht touristische Räume und Tourismusbilder zur Bühne für die Performanz politischer Ideologien. Durch indirekte, hinter dem schönen Schein verborgene politische Äußerungen und ihre internationale Sichtbarkeit in visuellen Medien können sie indirekte, nonverbale außenpolitische Botschaften übermitteln. Die neu entstandenen repräsentativen und zugleich touristischen Räume in Südosteuropa, wie das Zentrum von Skopje und Andrićgrad, die mit der Unterstützung der regierenden Partei und ihrer Akteure eingerichtet

---

[16] Ebd., S. 30 f.; BOŽO BENEDIK, Nemški okupatorji v blejskih hotelih in vilah [Deutsche Besatzer in Bleder Hotels und Villen], in: Časopis za slovensko zgodovino 36 (1988), S. 96–100, hier S. 98.

[17] MOHAR, Vila Bled, S. 34–43.

[18] JOHN PHILLIPS, A visit to Tito. Dictator rests, plays and plots in privacy of an alpine retreat, in: Life 9, 13.09.1948, S. 63–65.

wurden, haben diese Strategie noch vervollkommnet. Ein ganzes Stadtviertel wurde einer gezielten Choreografie untergeordnet, die den Raum in eine theatralische Bühne der Nation transformiert.

2.1. „Skopje 2014"

Der urbanistische Bauplan „Skopje 2014", der trotz Protesten von Bürgern und Experten (aus dem Bereich der Architektur sowie der Denkmalpflege) im Auftrag der regierenden Partei VMRO-DPMNE 2010–2017 umgesetzt wurde, hat das Zentrum von Skopje in eine neue mazedonische Akropolis verwandelt, wodurch das osmanisch sowie kommunistisch geprägte Kulturerbe vollkommen in den Schatten gestellt wurde.[19] Durch die Monumentalität und die große Anzahl der Denkmäler sowie durch deren zentrale Platzierung, üppige Dekoration und Beleuchtung wurden die Blickachsen sowie die Bewegung in der Stadt neu reguliert.

Die Statuen Alexanders des Großen, des byzantinischen Kaisers Justinian, des bulgarischen Königs Samuel, des serbischen Königs Stefan Dušan des Starken sowie der zahlreichen Helden der makedonischen nationalen Befreiung vom 17. bis ins 21. Jahrhundert suggerieren, dass der 1991 gegründete autonome Staat Mazedonien, der aus der gleichnamigen Teilrepublik Jugoslawiens hervorging, eine alte, ruhmreiche Vergangenheit hat, welche die Geschichte des Balkans und des östlichen Europas bestimmte. Vor allem die monumentalsten Denkmäler – die Säule mit Philipp II. von Makedonien, dessen Sohn Alexander der Große auf einem sich aufbäumenden Pferd und der Triumphbogen Porta Makedonia – beanspruchen das altmakedonische Kulturerbe Griechenlands, das sich wegen des Namensstreites seit 1991 weigerte, den Staat anzuerkennen. 1994 bis 1995 verhängte Griechenland ein Wirtschaftsembargo, seit 2008 verhinderte es den Beitritt Mazedoniens zur NATO sowie die Annäherung an die EU.[20]

---

19 NIKOS ČAUSIDIS, Proektot Skopje 2014. Skici za edno naredno istražuvanje [Das Projekt Skopje 2014. Skizzen für nächste Erforschung], Skopje 2013; TANJA ZIMMERMANN, „Skopje 2014". Erinnerungsexzesse in der Republik Makedonien, in: Acta historie artis Slovenica 18 (2013), H. 2, S. 159–181.

20 Zum Streit zwischen Makedonien und Griechenland um den Namen für die Republik Makedonien: ARISTOTLE TZIAMPIRIS, Greek Foreign Policy and the Macedonian Name Dispute. From Confrontation to Europeanisation?, in: Greece in the Balkans. Memory, Conflict and Exchange, hg. v. OTHON ANASTASAKIS u. a., Cambridge 2009, S. 138–156; ADAMATIOS SKORDOS, Makedonischer Namensstreit und griechischer Bürgerkrieg. Ein kulturhistorischer Erklärungsversuch der griechischen Makedonien-Haltung 1991, in: Südosteuropa Mitteilungen 51 (2011), S. 36–56.

Im Juni 2018, ein Jahr nach dem Regierungswechsel,[21] haben sich der neue Ministerpräsident Zoran Zaev (Sozialdemokratische Liga Mazedoniens, SDSM) und der griechische Regierungschef Alexis Tsipras schlussendlich auf den neuen Namen Nord-Mazedonien geeinigt,[22] den das mazedonische Parlament am 19. Oktober mit Zweidrittelmehrheit beschloss, um sodann die Verfassungsänderung einzuleiten.[23] Ein Volksreferendum über den Namen, das am 30. September 2018 durchgeführt wurde, ist jedoch aufgrund einer zu niedrigen Wahlbeteiligung gescheitert.[24] Der ehemalige Premierminister und Vorsitzende der VMRO-DPMNE Nikola Gruevski wurde wegen Korruption zu zwei Jahren Haft verurteilt, wobei noch weitere Prozesse gegen ihn eingeleitet wurden.[25]

Als es im April 2017 zum Regierungswechsel kam, wurde bekannt, dass für die Umgestaltung des Stadtzentrums insgesamt 684 Millionen Euro öffentlicher Gelder ausgegeben wurden.[26] Obwohl die Aufstellung einzelner Skulpturen manchmal chaotisch verlief,[27] lag dem Bauvorhaben ein strategischer Plan für kulturelle Entwicklung zugrunde,[28] der vom Ministerium für Kultur sowie der Mazedonischen Akademie der Wissen-

---

[21] Nationalisten stürmen Parlament in Skopje, 27.04.2107, https://www.zeit.de/politik/ausland/2017-04/mazedonien-parlament-besetzt-verletzte-nikola-gruevski-zoran-zaev-talat-xhaferi (Zugriff: 05.03.2021).

[22] Griechenland und Mazedonien eignen sich im Namensstreit, 12.06.2018, https://www.zeit.de/politik/ausland/2018-06/mazedonien-griechenland-namensstreit-einigung (Zugriff: 05.03.2021).

[23] Mazedonisches Parlament leitet Änderung des Staatsnamens ein, 19.10.2018, https://www.faz.net/aktuell/politik/ausland/mazedonisches-parlament-leitet-aenderung-des-staatsnamens-ein-15847541.html (Zugriff: 05.03.2021).

[24] Referendum in Mazedonien gescheitert, in: Deutsche Welle, 30.09.2018, https://www.dw.com/de/referendum-in-mazedonien-gescheitert/a-45696417 (Zugriff: 05.03.2021).

[25] Mazedonien: Internationaler Haftbefehl gegen Ex-Premier Gruevski, 13.11.2018, https://kurier.at/politik/ausland/mazedonien-internationaler-haftbefehl-gegen-ex-premier-gruevski/400322523 (Zugriff: 05.03.2021).

[26] Skopje 2014 Uncovered. The official database of buildings, new facades, sculptures, monuments, fountains and other structures which are components of Skopje's makeover financed by public funds. Project for Investigative Journalism and Cooperation between Media and Civil Society – USAID Program for Strengthening Independent Media in Macedonia, 05.01.2018, http://skopje2014.prizma.birn.eu.com/en (Zugriff: 05.03.2021).

[27] NADA BOŠKOVSKA, Skopje 2014. Makedonien auf der Suche nach seiner Vergangenheit, in: „Den Balkan gibt es nicht". Erbschaften im südöstlichen Europa, hg. v. MARTINA BALEVA / BORIS PREVIŠIĆ, Köln u. a. 2016, S. 170–190, hier S. 186.

[28] KLIMENTINA ILIJEVSKI u. a., Macedonian Culture Strategy. Milestone or Wish List?, 15.11.2012, http://www.balkaninsight.com/en/article/macedonian-culture-strategy-milestone-or-wish-list (Zugriff: 05.03.2021).

schaften und Künste unterstützt wurde. Der Plan wurde auch von Consultingfirmen mitgestaltet, wie der Firma Kohl & Partner, welche national-politische Ziele ins Tourismusangebot implementierte.[29] In der Auswertung der Tourismusstrategie für den Zeitraum 2009 bis 2013 hat die Consultingfirma Tourismusmaßnahmen, wie die antikisierende Umgestaltung des Stadtzentrums, den Bau des Memorialhauses Mutter Teresas, die Errichtung neuer Museen und des Ethnodorfes Vodno, positiv bewertet.[30] Zugleich hat sie auch eine Empfehlung ausgesprochen, die Umgestaltung neuer kultureller Highlights, wie z. B. der mittelalterlichen Festung Kale, voranzutreiben.[31] Tatsächlich wurde bereits 2013 ein Anstieg der Touristenzahlen in Skopje festgestellt.[32] Diese Tendenz verstärkte sich in den darauffolgenden Jahren, sodass 2016 zum ersten Mal mehr Touristen Skopje als die UNESCO-Denkmäler am Ohridsee besuchten.[33]

Der Kulturanthropologe Andrew Graan sieht in der Kommerzialisierung der Geschichte und Folklore in Mazedonien eine Strategie des „nation branding", um die internationale Sichtbarkeit und ökonomische Wettbewerbsfähigkeit des Staates zu steigern.[34] Mythische Vergangenheit dient als touristische Attraktion, in der sich Nationalismus, kosmopolitischer Anspruch und touristische Werbung gegenseitig verstärken. Graan unterstreicht, dass in der monumentalen Ausführung und dem einheitlichen Stil eine Form der Kommunikation der ehemaligen mazedonischen Regierung mit der internationalen Öffentlichkeit zu erkennen ist, die gleichzeitig mit der Verdrängung konkurrierender Gegennarrative im Stadtraum einhergeht. Bei den oppositionellen Protesten im Frühjahr 2016

---

[29] Kohl & Partner, National Tourism Strategy for Republic of Macedonia. Draft, Februar 2016, http://economy.gov.mk/Upload/Documents/Kohl%20&%20Partner_Tourism%20Strategy%20Macedonia_DRAFT%20FINAL%20REPORT_16%2002%2023_E.pdf (Zugriff: 23.10.2020; das Dokument ist inzwischen nicht mehr abrufbar).

[30] Ebd., S. 4–15, 51, 90.

[31] Ebd., S. 90.

[32] BOŠKOVSKA, Skopje 2014, S. 190.

[33] ACE MILENKOVSKI u. a., City-Break Travel and Motivation – Case Study Skopje, in: New Spaces in Cultural Tourism. Contemporary Trends in Tourism and Hospitality, hg. v. MILICA PAVKOV HRVOJEVIĆ, Novi Sad 2017, S. 86–91, hier S. 88 f.

[34] ANDREW GRAAN, Counterfeiting the Nation? Skopje 2014 and the Politics of Nation Branding in Macedonia, in: Cultural Anthropology 28 (2013), H. 2, S. 161–179; DERS., The Nation Brand Regime. Nation Branding and the Semiotic Regimentation of Public Communication in Contemporary Macedonia, in: Signs and Society 4 (2016), H. 1, S. 70–105; DERS. / ALEKSANDAR TAKOVSKI, Learning from Skopje 2014. Architectural Spectacle in the 21st Century, in: LA+ Interdisciplinary Journal of Landscape Architecture (2017), H. 5, S. 68–73.

wurden gerade die marmorweißen, antikisierenden Denkmäler zum Ziel von Angriffen mit bunten Farben.[35]

2.2. Andrićgrad

Die Andrićstadt (Andrićgrad), gelegentlich auch als Steinstadt (Kamengrad) bezeichnet, wurde 2011 bis 2014 auf Initiative des serbisch-bosnischen Regisseurs Emir Kusturica als neuer Stadtteil Višegrads errichtet.[36] Sie liegt an der Spitze der Halbinsel zwischen Drina und ihrem Nebenfluss Rzav in der Republika Srpska, nur wenige Kilometer von der Grenze zur Republik Serbien entfernt (Abb. 1). Vor dem Umbau in pseudohistorischen Stilen des byzantinischen und osmanischen Mittelalters sowie des Klassizismus befand sich an dieser Stelle eine Freizeitfläche mit Parkanlage. Der neue Stadtteil wurde nach dem jugoslawischen Schriftsteller Ivo Andrić benannt, dem 1961 für seinen Roman „Die Brücke an der Drina" (*Na Drini ćuprja*) der Nobelpreis verliehen wurde. Durch eine Stadtmauer wurde das neue Stadtviertel vom übrigen Višegrad getrennt, als wäre es dessen alter architektonischer Kern oder eine Stadt in der Stadt.

Das Stadttor (Abb. 2) führt in die Straße Junges Bosnien (*Mlada Bosna*), die nach der revolutionären serbischen Organisation benannt wurde, deren Mitglied Gavrilo Princip das Attentat auf den österreichischen Thronfolger Franz Ferdinand ausführte und welcher auch der Schriftsteller Andrić angehörte. Auf beiden Seiten der Straße sind in antik anmutenden Häusern Geschäfte, Cafés, Bars, Restaurants und Apartments sowie Kusturicas Hotel Holiday Park Andrićgrad im Stil der osmanischen Karawanserei.

---

[35] GUY DELAUNAY, Macedonia's protests try to bring down government with a splat, 08.06.2016, https://www.bbc.com/news/world-europe-36468088; SUZANA MILEVSKA, Colourful Revolution as Monumentomachia. Participatory Institutional Critique of the Cultural Policy Regarding Cultural Heritage in Macedonia, http://www.traces.polimi.it/2016/10/06/colourful-revolution-as-monumentomachia-a-participatory-institutional-critique-of-the-cultural-policy-regarding-cultural-heritage-in-macedonia/ (Zugriffe: 05.03.2021).

[36] Zur gegenwärtigen Debatte über Gavrilo Princip in Serbien: AGATA DOMACHOWSKA, Gavrilo Princip dzisiaj – narracja polityczna o zamachowcu z Sarajewa we współczesnej Serbii [Gavrilo Princip heute – eine politische Erzählung über den Sarajevo-Attentäter im heutigen Serbien], in: Litteraria Copernicanica 27 (2018), H. 3, S. 91–101; die offizielle Seite der Stadt mit dem touristischen Angebot: http://visegradturizam.com/; im Internet finden sich Videos mit Luftaufnahmen des neuen Stadtteils, wie z. B.: https://www.youtube.com/watch?v=7cz_iMvY3qo (Zugriffe: 05.03.2021).

Abb. 1: Andrićgrad mit der alten Višegrader Brücke im Hintergrund

Abb. 2: Eingang zu Andrićgrad

Zum Kulturangebot gehören Galerien, ein Theater sowie ein Kino, benannt nach Kusturicas frühem Film „Dolly Bell", das Ivo Andrić Institut mit dem Zentrum für Slawistik und die Akademie der schönen Künste.[37]

---

[37] Zum touristischen Angebot Višegrads: http://visegradturizam.com/atrakcije/andricgrad/ (Zugriff: 23.10.2020); Stadtplan: http://www.andricgrad.com/en/package/andricev-institut/ (Zugriff: 05.03.2021).

Die Kinofassade ist auf beiden Seiten des Eingangs mit einem Mosaik im Stil des sozialistischen Realismus dekoriert, das von der serbischen Künstlerin Bisenija Tereščenko geschaffen wurde.[38] Links vom Eingang sind Gavrilo Princip und andere Mitglieder der *Mlada Bosna* dargestellt. Die Bildwand ist mit der Inschrift „Unsere Schatten werden durch Wien wandern, im Schloss spazieren gehen und die Herrschaften erschrecken" (*Naše će sjene hodati po Beću, lutati po dvoru, plašiti gospodu*) versehen. Im Hintergrund bewegen sich Schattenfiguren auf die mythologische Darstellung Europas auf dem Stier und das Schloss Belvedere in Wien zu.

Abb. 3: Hauptstraße *Mlada Bosna* in Andrićgrad

Die rechte Fassadenseite des Kinos wird von einer idyllischen Landschaft mit einem Apfelbaum, hübschen Mädchen und Gänsen geschmückt, die Kusturicas Filmen entnommen sind. Daneben beteiligen sich Männer am Tauziehen, ganz vorne der Regierungschef Milorad Dodik und der Filmemacher Kusturica; die Spieler an der anderen Seite des Seils wurden nicht dargestellt (Abb. 4). Die Straße läuft am Ende auf den Platz mit der Andrić-Statue zu, hinter der sich das Rathaus im postmodernen, pseudoklassizistischen Stil erhebt. Links steht das Andrić-Institut, in dem Kultur-

[38] Glavni slikar Andrićgrada – Bisenija Tereščenko, 02.02.2015, http://www.andricgrad.com/2015/02/glavni-slikar-andricgrada-bisenija-terescenko/ (Zugriff: 05.03.2021).

und Bildungsveranstaltungen zur serbischen Geschichte, zu Literatur und Film stattfinden,[39] rechts das Nikola-Tesla Zentrum.

Abb. 4: Mosaik mit Milorad Dodik und Emir Kusturica beim Tauziehen

Ein Durchgang, der unter dem Rathaus durchgebrochen wurde, führt zum dahinter liegenden Platz, benannt nach dem montenegrinischen Fürstenbischof und Dichter Petar II. Petrović Njegoš, dessen bronzene Statue in der Mitte des Platzes thront. In der Hand hält er das Nationalepos „Bergkranz“ (*Gorski vjenac*, 1847), in dem der blutige Kampf der Montenegriner gegen die Osmanen besungen wird. Der neue urbanistische Komplex endet an der Spitze der Halbinsel mit einer Kirche, die dem Großmärtyrer hl. Lazarus geweiht ist, der in der Schlacht auf dem Amselfeld 1389 gefallen war. Der Architekturstil ahmt den späten Raszien-Stil der Klosterkirche Visoki Dečani im Kosovo nach.[40] Die Eröffnung des

[39] http://www.andricevinstitut.org/en/ (Zugriff: 05.03.2021).

[40] Das Kloster Visoki Dećani im Kosovo, seit 2006 auf der Liste der UNESCO-Denkmäler, wurde als Grabkirche (*zadužbina*) des heiliggesprochenen serbischen Königs Stefan Dečanski 1328–1335 errichtet. In der Kirche befindet sich das berühmte Fresko des Stammbaumes der Nemanići als Weinranke (*loza Nemanjića*). Während des Kosovokriegs war das Kloster Ort von Massakern an der serbischen und albanischen Bevölkerung. Seit 2004 befindet es sich auf der Liste der UNESCO-Denkmäler, http://whc.unesco.org/uploads/nominations/724bis.pdf (Zugriff: 05.03.2021).

Stadtviertels mit einem Gottesdienst wurde auf den symbolträchtigen St. Veits-Tag (Vidovdan) am 28. Juni 2014 gelegt – ein Datum, das sowohl an die Schlacht auf dem Amselfeld als auch an das 100. Jubiläum des Attentats auf den Thronfolger Franz Ferdinand erinnert.

Als 2011 zum ersten Mal über den Neubau in der Presse berichtet wurde, hieß es, dass Andrićgrad als Kulisse für Kusturicas neue filmische Oper mit dem Titel „Die Brücke an der Drina" (*Na Drini ćuprija*), einer musikalischen Adaption von Andrić' Roman, dienen sollte. Auch die Website des Stadtviertels begrüßt die Besucher mit Andrić-Zitaten auf Englisch und Serbisch in lateinischer und kyrillischer Schrift, die den Charakter von Sentenzen nahelegen.[41] Als junger Mann war der panslavistisch gesonnene Schriftsteller, aufgewachsen in Višegrad, wegen der Unterstützung der *Mlada Bosna* verhaftet worden, verbrachte ein Jahr im Gefängnis und wurde anschließend aus der Habsburgermonarchie verbannt.[42] Im neu gegründeten Königreich Jugoslawien wurde er Botschafter und bezog hohe Posten im Außenministerium. Auch als Schriftsteller wurde er geehrt und in die Königliche Jugoslawische Akademie aufgenommen. Im multiethnischen sozialistischen Jugoslawien wurde er zum Vorsitzenden des Schriftstellerverbandes.

In seinem preisgekrönten Roman steht die Brücke an der Drina als Metapher für den multiethnischen und multireligiösen Mikrokosmos der Stadt.[43] Bereits in einer früheren Schrift aus dem Jahr 1932 hob der Schriftsteller die besondere symbolische und funktionale Bedeutung der Brücken für das Stiften von Gemeinschaft hervor:

> „Sie sind wichtiger als Häuser, heiliger, weil gemeinsamer als Kirchen. Allen gehörig und allen gegenüber gleich nützlich, immer sinnvoll errichtet an dem

---

[41] „Life is incomprehensible miracle, because it always dissipates and rashes, yet it lasts and stands firm as the ‚The Bridge on the Drina'. / All the Drina rivers of this world are curvy; they will never be completely straighten up; but we must never cease to stop trying to straighten them up. / In some people there are gratuitous hatred and envy, which are larger and stronger than anything that other people can create and invent. / Virtues of a man we receive and fully appreciate only if they are shown in a form that fits our beliefs and preferences. / It is strange how little it takes to be happy, and even stranger: how often just that little bit is missing!", http://www.andricgrad.com/en (Zugriff: 05.03.2021).

[42] ANDERS ÖSTERLING, Award ceremony speech, 1961, https://www.nobelprize.org/prizes/literature/1961/ceremony-speech/ (Zugriff: 05.03.2021).

[43] Zur Funktion von Brücken bei Andrić und anderen Autoren: TANJA ZIMMERMANN, Bosnische Brücken als Naht der Kulturen, in: Kulturgrenzen in postimperialen Räumen. Bosnien und Westukraine als transkulturelle Regionen, hg. v. RENATA MAKARSKA u. a., Bielefeld 2013, S. 301–334.

> Orte, an dem sich die meisten menschlichen Bedürfnisse kreuzen; sie sind ausdauernder als andere Gebäude und dienen keinem heimlichen oder bösen Zwecke."[44]

Im Roman steht der schwierige Bau der alten Brücke, die viele Opfer verlangte, symbolisch für das angespannte Zusammenleben der serbisch-orthodoxen und bosnisch-muslimischen Nation. Die Brücke wurde 1571 bis 1577 vom osmanischen Hofarchitekten Sinan auf Befehl des Großwesirs Mehmed Paša Sokolović errichtet, der aus einer orthodox-serbischen Familie in Bosnien stammte und als Kind im Rahmen der Knabenlese von den Osmanen nach Istanbul mitgenommen wurde. Während des Ersten Weltkriegs wurde ein Teil der Brücke von der österreichischen Armee gesprengt. In Andrić' Roman kündigte sich ihr Niedergang bereits mit der Eingliederung Bosniens in das Habsburger Imperium und dem Bau der ostbosnischen Eisenbahn 1907 an, wodurch sie an Bedeutung verlor. Auch die Schriftstellerin Milena Preindlsberger-Mrazović, eine wichtige Vermittlerin zwischen der bosnischen und österreichischen Kultur, hebt in ihrem Reiseführer „Die bosnische Ostbahn" (1908) die herausragende Schönheit der Brücke hervor, während sie für die Stadt Višegrad nur wenige positive Worte findet. Trotz ihrer Schönheit repräsentiere diese die alte, im Vergehen begriffene Zeit der türkischen Herrschaft.

> „An der Stadt haben zu viele Epochen, zu verschiedene Hände und zu vielerlei Ereignisse gearbeitet, als dass es ihr nicht hätte zum Nachteil werden müssen. Schließlich blieb sie weltverlassen in dem unbeachteten Landeswinkel liegen, und das öfter erwähnte große Hochwasser gab ihr auch einen Denkzettel. [...] Eindruck zu machen gelingt Višegrad nur, wenn man es vom linken Ufer aus, wo die Fahrstraße an der Train-Kaserne vorbei auf das Semeč-Gebirge anzusteigen beginnt, betrachtet. Dann summieren sich die um den Bikovac sich schmiegenden Häusergruppen über dem hohen, kaiartigen Flußufer zu einem stattlichen Ganzen. Gartengrün füllt die Lücken und verwebt die schwarzweißen alten Häuser mit den bunten neuen. Die Minaretts [sic] heben sich hervor und der dekorative Ruinenkegel betont es, daß Višegrad nicht von heute ist. Und dennoch ist dies alles nur der Rahmen für das Bild, für die Brücke, in der bisher die ganze Bedeutung Višegrads lag. [...] Ihretwegen war bisher die Stadt da. Dies ist nun anders geworden. Die Bahn hat die jahrhundertelange, glanzvolle Herrschaft der Brücke entwunden, sie depossediert. Noch steht sie stolz aufrecht, wie dereinst, und doch zählt sie nicht mehr. Dafür ist Višegrad selbst das bessere Los beschieden. Als die einzige Stadt der Ostbahnstrecke und der ‚Dreigrenze', wird sie ähnlich zum Wachstum, zur

[44] IVO ANDRIĆ, Brücken (1932), in: Jugoslavija. Illustrierte Zeitschrift 12 (1956), S. 150.

> Selbständigkeit gelangen. Die alte Türkenbrücke ist über Nacht der Vergangenheit überwiesen worden, und die Stadt der Eisenbahn ist es, der die Zukunft gehört."[45]

Im Jahre 1992, während des bosnischen Krieges, war die Brücke Ort des Massakers an der muslimischen Bevölkerung, die zwei Drittel der Stadtbevölkerung ausmachte. Diesen tragischen Ereignissen setzten der amerikanisch-maltesische Comiczeichner Joe Sacco in seiner Graphic Novel „Safe Area Goražde" (2000)[46] sowie der deutsch-bosnische Schriftsteller Saša Stanišić in seinem Debütroman „Wie der Soldat das Grammofon repariert" (2006) ein literarisches Denkmal.[47]

2007 wurde die Brücke auf die Liste der UNESCO-Denkmäler aufgenommen.[48] Im Antrag der Republika Srpska, der eine Zusammenstellung der Geschichte der Brücke enthält, blieben die Kriegsereignisse der 1990er Jahre unerwähnt. Für das Jahr 1992 sind nur die Reparaturarbeiten an einem Pfeiler erwähnt.[49] Diese Auslassung spricht für die Verdrängung der jüngsten Geschichte – wahrscheinlich auch in der Hoffnung, dass das Denkmal dadurch problemloser zum UNESCO-Denkmal erklärt werden würde. Im Zwischenbericht der UNESCO aus dem Jahre 2014 wurde vermerkt, dass es nicht ausreichend Werbung für die Brücke gebe und diese auch nur selten besucht werde.[50] In diesem Zusammenhang wurde auch der neue Stadtteil erwähnt, von dem man sich eine Verbesserung des touristischen Angebots erhofft.

> „The building complex ‚Kamengrad' (Andrićgrad) in the surroundings of Mehmed Paša Sokolović's bridge is currently under construction. According to the Tourist Agency of Visegrad [sic], a number of tourists in the last year increased by 40 %. Most tourists come to visit ‚Kamengrad' and the Bridge.

---

[45] MILENA PREINDLSBERGER-MRAZOVIĆ, Die bosnische Ostbahn. Illustrierter Führer auf den bosnisch-hercegovischen Staatsbahnlinien Sarajevo-Uvac u. Megjegje-Vardište, Wien / Leipzig 1908, S. 147–150.

[46] JOE SACCO, Safe Area Goražde. The War in Eastern Bosnia 1992–95, Seattle 2009, S. 109, 115.

[47] SAŠA STANIŠIĆ, Wie der Soldat das Grammophon repariert, München 2006, S. 23, 109, 126, 128, 215, 258.

[48] Mehmed Paša Sokolović bridge in Višegrad, 2007, https://whc.unesco.org/en/list/1260 (Zugriff: 05.03.2021).

[49] Mehmed Paša Sokolović bridge in Višegrad. Nomination. Executive Summary, 2007, https://whc.unesco.org/uploads/nominations/1260.pdf (Zugriff: 05.03.2021). Für 1992 gibt es nur den Eintrag „repair work started on pier No. 2", S. 15.

[50] Periodic Reporting Cycle 2. Section II, 2014, https://whc.unesco.org/en/list/1260/documents/, S. 1–12 (Zugriff: 05.03.2020).

> The plan is to ensure that the total number of tourists that visit Bosnia and Herzegovina, 2–4 % of them visit Visegrad. In order to improve the number of tourist visits, revitalization of existing accommodation facilities, that is, reconstruction of the spa center ‚Vilina vlas', has been planned. Reconstruction of the hotel on the bank of the Drina has been done. The responsible authority is the Municipality of Višegrad. Presentation of the value of the Bridge, through exhibitions of photographs, printed materials and competitions within school programs has been planned. Promotion of the importance of the inscription in the World Heritage List is also to be done."[51]

Im Bericht wird mit keinem Wort erwähnt, dass in dem kaum vier Kilometer von der Brücke entfernten Spa Hotel „Feenhaar" (*Vilina vlas*) während des Bosnien-Krieges muslimische Frauen als Sklavinnen gehalten, vergewaltigt und getötet wurden.[52] Diese historische Information würde natürlich dem Tourismus schaden, daher ist das Vergessen der jüngsten Geschichte und das Verbergen ihrer Spuren Teil des touristischen Entwicklungsplans. Stattdessen bemüht man sich, die Geschichte des Ersten Weltkriegs in den Vordergrund zu rücken.

Im Andrić-Institut finden kulturelle Veranstaltungen, Lesungen, Konferenzen und Workshops über die Geschichte des Ersten Weltkrieges mit dem Fokus auf Serbien statt. Auf der Homepage des Instituts kann man Schriften und Dokumente über die österreichischen Kriegsvorbereitungen gegen Serbien, über das Echo der internationalen Presse auf das Attentat sowie die Entwicklung der serbischen Front herunterladen.[53] Zudem rufen zwei Denkmäler, wie die Njegoš-Statue und die Kirche des hl. Lazarus, die serbische Geschichte des Kampfes gegen die Osmanen aus anderen Regionen in Erinnerung, wodurch der Opfer von nur einer Nation gedacht wird. Kusturica versuchte in einem Interview diese deterritorialisierende Entkoppelung der Geschichte von ihrem ursprünglichen Ort und ihre Verortung in Višegrad in der Republika Srpska wenig überzeugend mit der Materialisierung einer „komparativen Geschichte" zu begrün-

---

[51] Ebd., S. 9.

[52] United nations Security Council, Final Report of the United Nations Commission of Experts (Annex IX, 588), 28.12.1994, https://web.archive.org/web/20090427201052/http://www.ess.uwe.ac.uk/comexpert/ANX/IX.htm; zum Hotel „Vilina vlas": GIANLUCA MEZZOFIORE, Bosnia the Surreal. Emir Kusturica's phantasy town erasing the brutal past, 11.04.2014, http://www.ibtimes.co.uk/bosnia-surreal-emir-kusturicas-fantasy-town-erasing-brutal-past-1442935; Visegrad – eine ethnisch gesäuberte Stadt, 19.05.2014, http://www.nzz.ch/aktuell/startseite/visegrad--eine-ethnisch-gesaeuberte-stadt-1.18305512 (Zugriffe: 05.03.2021).

[53] Siehe http://www.andricevinstitut.org/en/publikacije/ (Zugriff: 05.03.2021).

den.[54] Doch diese architektonisch polyphone Geschichte lässt keine jüngste Geschichte Bosniens zu, wie bereits zahlreiche Journalisten,[55] darunter die „Standard"-Korrespondentin für Südosteuropa Adelheid Wölffl, feststellten:

> „Es ist ein wilder Stilmix, den Kusturica in Andrićgrad aufbauen ließ. Und das ist Absicht. Der Regisseur will offenbar Geschichte und nicht nur Geschichten erzählen sowie prägende Persönlichkeiten vorstellen."[56]

In den serbischen Medien wurde Andrićgrad als touristischer Ort gepriesen, wo man simultan die ganze Geschichte der serbischen Nation erleben kann, wie der polnische Slawist Maciej Czerwiński recherchierte.[57]

Wie der investigative Journalist Vladimir Kovačević im Jahre 2013 herausgefunden hat, investierte Kusturica bei der Gründung der „GmbH Andrićgrad" lediglich 5.100 Konvertible Mark (KM), während die Republika Srpska und die Gemeinde Višegrad jeweils 2.450 KM aufbrachten.[58] Da das Projekt als von großer nationaler und strategischer

---

[54] Kusturica. Opera na Drini ćuprija otvoriće Andrićgrad [Kusturica. Mit der Oper „Die Brücke an der Drina" wird Andrićgrad eröffnet], in: Nezavisne novoszti, 22.02.2012, http://www.nezavisne.com/novosti/drustvo/Kusturica-Opera-Na-Drini-cuprija-otvorice-Andricgrad/124835 (Zugriff: 05.03.2021), „ ‚Mislim da je veoma značajno da se na ovoj teritoriji, gdje zapravo civilizacija nije ostavljala tragove, komparativno uvedu oni elementi koji u istoriji nisu bili mogući – da stari srpski dvor stoji kraj karavan saraja u istoj ulici, a da se između ta dva, dakle jednog tornja koji simbolizira jedan, a drugu drugi period, nastavi ulica koja će izlaziti na trg u neoklasicističkom maniru', ispričao je Kusturica." [„‚Ich denke, es ist sehr wichtig, dass in diesem Gebiet, in dem die Zivilisation tatsächlich keine Spuren hinterlassen hat, jene Elemente komparatistisch eingeführt werden, die in der Geschichte nicht möglich waren – dass der alte serbische Hof in derselben Straße neben der Karawanserei steht und dass zwischen diesen beiden, dem einen Turm, der die eine und dem anderen, der die andere Periode symbolisiert, die Straße fortgesetzt wird, die sich zum Platz in neoklassizistischer Manier hin öffnet', sagte Kusturica."].

[55] ANDREAS LUEG, Kusturica im Größenwahn. Der Regisseur baut sich ein serbisches Disneyland, 20.08.2012, in: http://www.3sat.de/page/?source=/kulturzeit/themen/164217/index.html (der Beitrag ist nicht mehr abrufbar); JOHN HOOPER, Serbian film director's „theme park" echoes the Bridge on the Drina, 11.10.2012, http://www.theguardian.com/world/2012/oct/11/serb-director-emir-kusturica-visegrad-andricgrad; PETER ASPDEN, The town that Kusturica built, 27.06.2014, in: http://www.ft.com/cms/s/2/6bdd13b8-fbaf-11e3-aa19-00144feab7de.html (Zugriffe: 05.03.2021).

[56] ADELHEIT WÖLFFL, Ein historisches Land wird erdacht, 13.04.2014, https://derstandard.at/1395365009528/Ein-historisches-Land-wird-erdacht (Zugriff: 05.03.2021).

[57] MACIEJ CZERWIŃSKI, Višegrad as a Metaphor, in: Herito. Heritage, Culture & the Present 10 (2013), S. 38–55.

[58] VLADIMIR KOVAČEVIĆ, Afera. Na Drini Kusturica, 21.02.2014, https://www.youtube.com/watch?v=melPaT8USW0 (Zugriff: 05.03.2021).

Bedeutung für den Tourismus eingestuft wurde, steuerten das Ministerium für Handel und Tourismus sowie verschiedene öffentliche Betriebe den Rest für das 35 Millionen KM teure Bauprojekt bei. Zudem sollen auch für humanitäre Zwecke bestimmte Gelder und ein Kredit der Russischen Föderation in Höhe von 8 Millionen KM geflossen sein. Die Ausführung wurde ohne öffentliche Ausschreibung an Kusturicas Firma „Lotika“ mit Sitz in Mečavnik-Mokra gora in der Republik Serbien vergeben, nur eine halbe Stunde von Višegrad entfernt, wo Kusturica bereits ein kommerzielles Ethnodorf errichten ließ, in dem Musikfestivals stattfinden. Die bäuerlich anmutende Siedlung mit Apartments, Restaurants, einem Kino, Theater, Konzertsaal und Kongresszentrum sowie verschiedenen Spa- und Erholungsbereichen soll denjenigen ein Heim bieten, die im Krieg der 1990er Jahre ihre Häuser verloren haben, wie Kusturica in seinem Begrüßungswort ankündigte, wobei die Metapher der Festung bzw. des Wehrdorfs aufgegriffen wurde.[59]

Auch wenn Besitzer bzw. Veranstalter in Andrićgrad versuchen, die mangelhafte touristische Werbung zu verbessern, leiten sie die Touristen weniger auf die alte Brücke, die eine transnationale Geschichte Bosniens erzählt. Vielmehr werden sie in den neuen Stadtteil gelockt, der eine überregionale, jahrhundertealte Geschichte der serbischen Nation bis zum Ersten Weltkrieg vortäuscht. Die transethnische Gemeinschaftsmetaphorik der Brücke weicht mit der neu errichteten Stadtmauer einer Festungsmetaphorik der Abschottung.

Diese wird durch das Mosaik mit dem am Seil ziehenden Regierungschef Milorad Dodik verstärkt und kann als Metapher für seine politischen Pläne der Abspaltung von Bosnien und des Anschlusses an Serbien gelesen werden. Der prominente Filmemacher Kusturica nimmt dabei die Rolle ein, die in der Frühgeschichte des Tourismus Adelsdynastien bei der Bewerbung von touristischen Orten hatten. Als Fachmann für Filmkulis-

---

[59] „Welcome to Mećavnik! Mećavnik developed as testimony to the idea that anyone who once had his own home – can always have one. As one of the many people who didn't return home after the war of the 1990s, whether because everything they had had been stolen and their house burnt to the ground, as was the case with my family, or because they disagreed with the politics of the time, the decision was made and a new home was built right here. Life was started afresh here on Mećavnik. Standing strangely like an island surrounded and defended by its older brothers from winds and storms, this hill became the place where, first in our dreams during a break in filming on Life is a Miracle, and then later in reality, a little town made of pine clapboards. […] Mećavnik is a town of dreams, a town which has turned an image of utopia into reality.“, http://mecavnik.info/ (Zugriff: 05.03.2021).

sen verwandelte er das Viertel in eine große Bühne, auf der Touristen wie Theater- oder Filmschauspieler die Geschichte Serbiens auf ca. 1,5 Quadratkilometern durchqueren.

2.3. Der „Promo"-Zug von Belgrad nach Kosovska Mitrovica

Am 17. Januar 2017 trat der sogenannte „Promo[tions]"-Zug, den die Serbische Eisenbahn (*Železnice Srbije a. d.*) aus der Russischen Föderation importiert hatte, seine Fahrt von Belgrad nach Kosovska Mitrovica an.[60] Ein Jahr zuvor schloss die Aktionärsgesellschaft einen Vertrag mit der russischen Eisenbahn über einen Kredit in Höhe von 800 Millionen Dollar für die Verbesserung und den Ausbau der Eisenbahnstrecken in der Republik Serbien ab.[61] Der Zug, bemalt in den Farben der serbischen Staatsflagge und beschriftet mit der nationalistischen Parole „Kosovo ist Serbien" in 21 Sprachen, wurde zwar vom Ministerpräsidenten Aleksandar Vučić unmittelbar vor der Überquerung der Grenze zum Kosovo angehalten, löste jedoch trotzdem große außenpolitische Spannung aus.[62]

Der provokante Einsatz des Zuges, der die Unabhängigkeit des Kosovo negieren sollte, bediente sich der Propagandasprache der sowjetischen

---

[60] Posle 18 godina direktan voz Beograd – Kosovska Mitrovica [Nach 18 Jahren ein Direktzug Belgrad – Kosovska Mitrovica], 13.01.2017, http://www.rts.rs/page/stories/sr/story/125/drustvo/2592881/-sutra-promotivna-voznja-vozom-beogradkosovska-mitrovica.html; Ovako možete do Kosovske Mitrovice: Jel ovo crkva ili voz? [So kommen Sie nach Kosovska Mitrovica: Ist das eine Kirche oder ein Zug?], 13.01.2107, http://www.alo.rs/jel-ovo-crkva-ili-voz-foto/90877; Posle 18 godina krenuo istorijski voz: Beograd – Kosovska Mitrovica, povratna karta 1.600 dinara, polazak jednom nedeljno [Nach 18 Jahren startete der historische Zug: Belgrad – Kosovska Mitrovica, Rückfahrkarte 1.600 Dinar, Abfahrt einmal pro Woche], 14.01.2017, http://www.telegraf.rs/vesti/ 2564751-posle-18-godina-krenuo-istorijski-voz-beograd-kosovska-mitrovica-povratna-karta-1-600-dinara-polazak-jednom-nedeljno-foto (Fotos wurden inzwischen aus dem Artikel entfernt). (Zugriffe: 05.03.2021).

[61] Interview mit Miroslav Stojčić: Ruske pruge u Srbiji [Russische Gleise in Serbien], 08.02.2016, https://www.youtube.com/watch?v=Rd8rNt5__N4 (Zugriff: 09.03.2021).

[62] ADELHEID WÖLFFL, Streit um Zug lässt Konflikt zwischen Serbien und Kosovo aufflammen, 15.01.2017, https://derstandard.at/2000050755125/Serbien-schickt-Propagandazug-in-den-Kosovo; Streit um Zug eskaliert. Serbien droht mit Armee, 15.01.2017, https://www.n-tv.de/politik/Serbien-droht-Kosovo-mit-der-Armee-article-19556221.html; Serbien droht mit Armee. Serbien und Kosovo wegen eines Zuges auf Kollisionskurs, 15.01.2017, http://www.faz.net/aktuell/politik/ausland/serbien-provoziert-kosovo-mit-zug-14659885.html; Serbien und Kosovo gehen aufeinander los, 14.01.2017, http://www.blick.ch/news/ausland/propaganda-bahn-serbien-nimmt-zugverkehr-in-den-kosovo-wieder-auf-id6052042.html (Zugriffe: 09.03.2021).

Agitationszüge, die in der Nachrevolutionszeit in entlegene Provinzen zum Zwecke der Propaganda geschickt wurden.[63] Während im Inneren der sowjetischen Züge Revolutionsfilme und dokumentarische Wochenschauen gezeigt worden waren, erzeugte der serbische Zug vielmehr die Atmosphäre einer touristischen Pilgerfahrt, die heilige Stätten in den Zugabteilungen vergegenwärtigte, ohne dass die schwer zugänglichen Kirchen hätten betreten werden müssen. Der „Promo"-Zug, der seine Destination nie erreichte, sollte vor allem einen symbolischen Wiederanschluss des autonomen kosovarischen Territoriums demonstrieren. Sein Ziel war es weniger, die Endstation zu erreichen, als einen räumlich vollzogenen Sprechakt durch provokative Raumdurchquerung zu vollbringen.

3. Resümee

Obwohl sich die Bauprojekte „Skopje 2014" und Andrićgrad sowie der Ausflug des „Promo"-Zuges an die serbisch-kosovarische Grenze auf den ersten Blick unterschiedlicher räumlicher Sprachen bedienen, gibt es doch eine Gemeinsamkeit – die Umgestaltung bzw. Performanz im Raum, in der sich nationale bzw. nationalistische Politik und Tourismus gegenseitig verstärken.[64] Die bühnenartigen Räume mit der inszenierten Geschichtskulisse werden zu einem komprimierten Chronotopos, einer künstlichen Zeit-Raum-Struktur wie in einem Roman, welche die plurale, verstreute Vergangenheit zu einer synchronen, einheitlichen nationalen Meistererzählung an einem Ort zusammenfügen.

Sie täuschen eine historische Palimpsest-Struktur vor,[65] obwohl sie artifiziell aus einem Guss in kurzer Zeit entstanden sind. Durch die Materialisierung der Geschichte im Raum suggerieren sie einem kunsthisto-

---

[63] ADELHEID HEFTBERGER, Propaganda in Motion. Dziga Vertov, Aleksandr Medvedkin, Soviet Agitation on Agit-trains, Agit-steamers, and the Film Train in the 1920s and 1930s, in: Apparatus. Film, Media and Digital Cultures in Central and Eastern Europe 1 (2015), http://www.apparatusjournal.net/index.php/apparatus/article/view/2 (Zugriff: 09.03.2021).

[64] Zum Tourismus und als Verstärker des amerikanischen Nationalismus in South Dakota: MICHAEL PRETES, Tourisms and Nationalism, in: Annals of Tourism Research 30 (2003), H. 1, S. 125–144.

[65] Zur Stadt als Palimpsest: ALEIDA ASSMANN, Geschichte findet Stadt, in: Kommunikation, Gedächtnis, Raum. Kulturwissenschaften nach dem „Spatial Turn", hg. v. MORITZ CSÁKY / CHRISTOPHER LEITGEB, Bielefeld 2009, S. 13–27.

risch ungebildeten Publikum, dass man sich am vermeintlichen *genius loci* der Nation befindet, obwohl die Spuren der Vergangenheit durch artifizielle Nachbildungen ersetzt wurden, die wie Doppelgänger das Original usurpieren. Obwohl sie historische Landschaften auferstehen lassen, widersetzen sie sich dem Fluss der wirklichen Geschichte und versuchen, positive, verschönerte nationale Narrative zu etablieren, die einen nichtreflektierenden Zusammenhalt stärken, ohne sich den dunklen Momenten der Geschichte zu stellen.

Für heimische Touristen findet in solchen *environments* die Auferstehung des nationalen Stolzes statt, für ausländische sind sie Teil der Folklore und für Aufnahmen geeignete touristische Attraktion. In prunkvollen Einkaufsstraßen, farbenfrohen Restaurants und komfortablen Unterkünften erleben Gäste eine Fülle, die eine wohlhabende, glänzende Zukunft zu versprechen scheint. Besucher, die auf der artifiziellen Geschichtsbühne selbst in ihren sozial-politischen Rollen zu Akteuren avancieren, bewegen sich auf den vorgeschriebenen Routen durch eine historistische Scheinwelt frei von Elend, besiedelt mit nationalen Helden. Ihre Gestalter haben sich die künstlerischen Strategien der barocken Bühne und der politischen Performance angeeignet, die sie auf Straßen und Märkte übertragen. Durch die Versammlung und Performanz kollektiver nationaler Identität im Raum werden solche Nicht-Orte, nach Marc Augé Durchgangsorte ohne Identität und Tradition,[66] in heimische Gedächtnisorte umgewandelt, an denen sich die monofon eingestimmte Gemeinschaft beim kollektiven Genießen im touristischen Ressort selbst erleben und anschließend in Selfies betrachten kann.

Wie in politischen Nostalgien die idealisierte Vergangenheit der Nation als Entwurf für eine utopische Zukunft dient, werden solche *environments* für den nationalen bzw. nationalistischen Tourismus mit der Begründung aufgebaut, dass sie Investitionen für die junge Generation sind, Freizeiträume für bessere Lebensqualität bieten und das Kapital anlocken. Sie werden als kollektives Eigentum der Nation gepriesen, obwohl sich durch ihren Bau oder das Geschäft um sie herum nur die regierenden Parteien und ihre „Amigos" bereichern.

Obwohl die räumlichen Eingriffe von der vor Ort lebenden Bevölkerung abgelehnt oder wenigstens kontrovers diskutiert werden, wird der Zufluss und die Mobilisierung der Touristen aus anderen Regionen für

---

[66] MARC AUGÉ, Nicht-Orte, aus dem Französischen von MICHAEL BISCHOFF, München 2011 (Original: Non-lieux. Introduction à une anthropologie de la surmodernité, Paris 1992), S. 42, 81–114.

politische Propaganda genutzt, um die nationale bzw. nationalistische Politik zu stärken und außenpolitische Botschaften zu senden, vermittelt auf populistische Weise über Medien und Internetplattformen und nicht über politische Repräsentanten.

Abbildungsnachweis

Abb. 1: JankoSam, CC BY-SA 4.0, via Wikimedia Commons, https://commons.wikimedia.org/w/index.php?curid=51007524 (Zugriff: 01.06.2022).

Abb. 2: Vanilica, CC BY-SA 4.0, via Wikimedia Commons, https://commons.wikimedia.org/w/index.php?curid=61178407 (Zugriff 01.06.2022).

Abb. 3: Branevgd, CC BY-SA 4.0, via Wikimedia Commons, https://commons.wikimedia.org/wiki/File:Andri%C4%87grad_ulica_Mlade_Bosne.JPG (Zugriff: 01.06.2022).

Abb. 4: Vanilica, CC BY-SA 4.0, via Wikimedia Commons, https://commons.wikimedia.org/wiki/File:Andri%C4%87grad,_Vi%C5%A1egrad_020.jpg (Zugriff: 01.06.2022).

ULRICH SCHMID

ZWISCHENRESÜMEE: POSTSOZIALISTISCHE REVOLUTIONEN, EUROPÄISCHE AMBIVALENZEN, IMPERIALE PHANTOMSCHMERZEN UND GESCHICHTSKRIEGE

Mitten im Umbruch des Jahres 1990 stellte Timothy Garton Ash eine eingängige mathematische Formel auf. In Polen habe die Auflösung der sozialistischen Herrschaft zehn Jahre gedauert, in Ungarn zehn Monate, in der DDR zehn Wochen und in der Tschechoslowakei zehn Tage.[1] In der Tat wiesen die Volksrepubliken in Osteuropa unterschiedliche Zerfallsgeschwindigkeiten auf. Die Entstehung dieser Machtsysteme war hingegen relativ einheitlich und erfolgte in einem kurzen Zeitfenster nach dem Ende des Zweiten Weltkriegs: In den meisten Ländern bildete sich eine von Moskau unterstützte kommunistische Regierung, die durch die Zwangsvereinigung aller sozialdemokratischen Kräfte in eine alleinherrschende Einheitspartei verwandelt wurde.

Allerdings sollte man nicht – wie Anne Applebaum das getan hat – nur mit dem Finger auf den machiavellistisch agierenden Kreml zeigen.[2] Natürlich hatte Stalin ein Interesse daran, den Einflussbereich der Sowjetunion nach 1945 massiv auszuweiten. Allerdings zeigten sich viele Intellektuelle nach dem Zweiten Weltkrieg in den Satellitenstaaten mit der Dimitrov-These einverstanden: Wenn eine bürgerliche Demokratie keine sozialistische Revolution erlebe, sinke sie in den Faschismus ab. In fast allen osteuropäischen Gesellschaften begeisterten sich Kulturschaffende zumindest zeitweise für das stalinistische demiurgische Projekt. Kurz vor

[1] TIMOTHY GARTON ASH, Ein Jahrhundert wird abgewählt. Aus den Zentren Mitteleuropas 1980–1990, München 1990, S. 401.

[2] ANNE APPLEBAUM, Der Eiserne Vorhang. Die Unterdrückung Osteuropas 1944–1956, Göttingen 2013.

dem Einsetzen des Großen Terrors schrieb Boris Pasternak die erste Stalin-Ode. Auf dem Höhepunkt der Repressionen gegen ukrainische Kulturschaffende verherrlichte Pavlo Tyčyna die kommunistische Partei. In der Tschechoslowakei besang Vítězslav Nezval den Diktator in einem „lyrisch-epischen Poem". In Ungarn verteidigte Georg Lukács Stalin als Schöpfer einer gerechten Gesellschaftsordnung. In Jugoslawien hielt Ivo Andrić Lobreden auf den sowjetischen Führer. In Polen verfasste die junge Wisława Szymborska ein Trauergedicht auf den Tod Stalins. In der DDR veröffentlichte Bertolt Brecht einen pathetischen Nachruf. Diese Liste ließe sich ohne Schwierigkeiten verlängern.

Allerdings änderte sich das stille oder explizite Einverständnis der Bevölkerung und oft auch der Eliten mit der sozialistischen Herrschaftsordnung bald. Ost-Berlin 1953, Budapest 1956, Prag 1968 und Stettin 1970 heißen die wichtigsten Stationen der fortschreitenden Delegitimierung der Moskauer Satellitenregime. In allen Fällen kam es zu Protesten, die in der marxistischen Ideologie gar nicht vorgesehen waren. Weil die sozialistischen Länder sich ja ihrem Anspruch nach als Arbeiter- und Bauernstaaten verstanden, stellten unzufriedene oder sogar aufbegehrende Proletarier eine politische Erscheinung dar, die entweder sofort unterdrückt oder überhaupt geleugnet werden musste. Allerdings ging es bei diesen Protesten nicht um die Einführung eines kapitalistischen Systems.

Vor allem in Budapest 1956 und in Prag 1968 waren die Anführer der Protestbewegung selbst überzeugte Kommunisten, die das depravierte System wieder auf den richtigen marxistischen Weg bringen wollten. Eine Besonderheit besteht darin, dass es in der Sowjetunion selbst kaum zu Protestbewegungen kam. Zwar gab es vereinzelte Zwischenfälle wie in Krasnodar 1961, Novočerkassk 1962 und Krivyj Rih 1963, allerdings ging es dabei um Versorgungsschwierigkeiten oder Übergriffe der Miliz – diese Ereignisse wurden von der Bevölkerung als Einzelprobleme und nicht als Systemdefekte wahrgenommen. Die unterschiedliche Geschwindigkeit des mehr oder weniger langsamen Abschieds vom sozialistischen Herrschaftssystem hat in Osteuropa vor allem kulturelle Gründe. Die hohe Resilienz der Polen gegen das kommunistische Regime ist in erster Linie auf die Widerstandskraft des Katholizismus zurückzuführen. Bereits 1944 hatte Stalin sich herablassend über die Macht des Katholizismus geäußert und Churchill in Jalta gefragt, wie viele Divisionen der Papst denn habe.[3]

[3] HIROAKI KUROMIYA, Stalin. Profiles in Power, Abingdon / New York 2013, S. 160. Ein erstes Mal fiel dieses Bonmot in einem Gespräch Stalins mit dem französischen Außenminister Pierre Laval im Jahr 1935.

Die Frage allein zeigt, wie stark Stalin sein Machtverständnis auf die Anwendung von Gewalt und Repression gründete und wie wenig Verständnis er für geistigen Widerstand aufbrachte. Der Erfolg der *Solidarność* in den 1980er Jahren beruhte allerdings sehr wohl auf der Legitimierung dieser Bewegung durch die katholische Kirche und vor allem durch Papst Johannes Paul II. Der kommunistische Herrschaftsapparat verlor seine Autorität restlos, als Geheimdienstbeamte 1984 den oppositionellen Priester Jerzy Popiełuszko ermordeten. Seine Beisetzung wurde zu einer Massendemonstration gegen die Regierung.

Eine ähnliche Funktion wie der Katholizismus in Polen erfüllte die metaphysisch überhöhte Demokratie Masarykscher Prägung in der Tschechoslowakei. Während Lech Wałęsa sich auf seine Rolle als unabhängiger Gewerkschaftsführer und seinen offen praktizierten katholischen Glauben stützte, verfügte Václav Havel über einen hohen moralischen Kredit als Bürgerrechtler und Mitbegründer der Charta 77. In Ungarn profilierte sich der junge Viktor Orbán als politischer Akteur, als er im Juni 1989 anlässlich der Neubestattung von Imre Nagy freie Wahlen und den Abzug der sowjetischen Truppen forderte.

In den meisten osteuropäischen Staaten vollzog sich die Wende ohne Gewalt. Eine prekäre Ausnahme bildet dabei Rumänien. Die blutigen Ereignisse vom Dezember 1989 forderten über 1.000 Todesopfer. Bis heute ist unklar, ob es sich bei der Erhebung gegen Ceauşescu um einen spontanen Volksaufstand oder um eine sorgfältig inszenierte Verschwörung handelte. Mit Sicherheit lässt sich aber sagen, dass die Liveübertragung der dramatischen Ereignisse den Erfolg dieser „Telerevolution" entscheidend beeinflusst hat.[4]

Die kommunistische Vergangenheit war für die osteuropäischen Staaten traumatisch. Die 1990er Jahre bildeten zunächst ein ideologisches Vakuum, das aufgefüllt werden musste. In den meisten Fällen versuchte man, an die Tradition der Eigenstaatlichkeit aus der Zwischenkriegszeit anzuknüpfen. Die Gründung der Dritten Republik in Polen leitete sich direkt aus der Zweiten Republik ab, die aus staatsrechtlicher Sicht auch während der sozialistischen Herrschaft nicht aufgehört hatte zu existieren. Der tschechoslowakische Staat griff nach der samtenen Revolution auf denselben Staatsnamen wie unter Masaryk zurück. Die Ausrufung der Republik Ungarn am 23. Oktober 1989 bezog sich explizit auf die re-

---

[4] ULRICH SCHMID, Der dramaturgische Kern der rumänischen „Telerevolution" von 1989, in: Zerfall und Neuordnung. Die „Wende" in Osteuropa von 1989/91, hg. v. PETER COLLMER u. a., Köln 2019, S. 213–227.

publikanischen Projekte von 1848 (Lajos Kossuth), 1918 (Mihály Károlyi) und 1945 (Zoltán Tildy).

Die kommunistische Nachkriegszeit wurde in diesen Ländern als eine von außen oktroyierte Fremdherrschaft begriffen, die den autochthonen Traditionen der Staatlichkeit widersprach. Während also in den postsozialistischen Staaten die Rückbesinnung auf die eigenen nationalen Projekte in den Vordergrund rückte, erfolgte 1992 mit der Unterzeichnung des Vertrags von Maastricht ein entscheidender Schritt in der supranationalen Einigung, als sich die Europäischen Gemeinschaften in die Europäische Union transformierten. Dabei wurde auch eine gemeinsame Unionsstaatsbürgerschaft begründet, deren Verhältnis zur nationalen Staatsbürgerschaft allerdings weitgehend ungeklärt ist.[5]

Diese Gleichzeitigkeit eröffnete ein Spannungsfeld, das bis heute das Verhältnis vieler osteuropäischer Staaten zur europäischen Integration bestimmt. Die zwei Extrempositionen des Spektrums können mit den Schlagworten „Vereinigte Staaten von Europa" und „Europa der Vaterländer" umrissen werden. Prominent wurden diese Positionen von Winston Churchill bzw. Charles de Gaulle vertreten – wobei hervorzuheben ist, dass Churchill Großbritannien gerade nicht in den Vereinigten Staaten von Europa aufgehoben sehen wollte.

Der Beitritt der osteuropäischen Länder zur EU vollzog sich in den Jahren 2004 und 2007 relativ schnell. Seit einiger Zeit werden allerdings in Brüssel kritische Stimmen laut, die den verfrühten Beitritt von Bulgarien und Rumänien kritisieren und daraus weitgehende Schlüsse für weitere Erweiterungsrunden ziehen. In den postsozialistischen Staaten selbst konkurrieren bis heute verschiedene Europakonzepte. Der fehlende Konsens in der Europafrage manifestiert sich vor allem in Polen, Tschechien, Ungarn und Rumänien in der weit hinausgezögerten Einführung des Euro als europäischer Einheitswährung.

Auch der Beitritt der postsozialistischen Länder zur NATO vollzog sich nicht ohne Nebengeräusche. Beispielhaft für die Haltung vieler osteuropäischer Staatschefs kann die Entwicklung der Positionen von Václav Havel gelten. 1990 hatte er eine neue Militärdoktrin und einen neuen Namen für die NATO gefordert. Aber schon im März 1991 hielt er im Brüsseler Hauptquartier eine Brandrede für die westliche Verteidigungsallianz:

---

[5] JOSEPH H. H. WEILER, To be a European Citizen. Eros and Civilization, in: Journal of European Public Policy 4 (1997), S. 495–519.

> „Seit meiner Jugend hörte ich in meinem Land von allen Medien über die NATO immer nur das Eine: Dass sie ein Bollwerk des Imperialismus sei, der Teufel in Person, der den Frieden gefährde und uns vernichten wolle. Ich freue mich über die Gelegenheit, hier und heute die Wahrheit sagen zu können: Das Nordatlantische Bündnis ist und bleibt nach dem Willen der demokratisch gewählten Regierungen seiner Mitgliedstaaten eine durch und durch demokratische Verteidigungsgemeinschaft, die wesentlich dazu beigetragen hat, dass dieser Kontinent seit fast einem halben Jahrhundert von Krieg verschont geblieben ist und ein großer Teil Europas vor dem Totalitarismus bewahrt wurde."[6]

Der Beitritt der osteuropäischen Länder zur NATO wurde von den politischen Eliten mit mäßigem Rückhalt in den jeweiligen Bevölkerungen betrieben. In den meisten Ländern bewegte sich die Zustimmung zu einer NATO-Mitgliedschaft in einem schmalen Bereich von 27 bis 32 Prozent. Oft wurde die Neutralität als valable Alternative ins Spiel gebracht. Die beiden Ausnahmen waren Polen und Rumänien, die als historische Opfer russischer und sowjetischer Aggressionen stärker auf die Einbindung in das westliche Sicherheitssystem drängten.[7] Die NATO bezog sich auf solche Prädispositionen, als sie für ihre europäischen Raketenabwehrsysteme Standorte im polnischen Redzikowo und im rumänischen Deveselu auswählte. Im Fall Polens ist auch auf die traditionell enge Verbindung zu den USA hinzuweisen, die sich auch darin äußerte, dass Polen neben Großbritannien der einzige Verbündete war, der im Irakkrieg das Kommando über eine der vier Besatzungszonen erhielt.[8]

Der tiefere Grund für die osteuropäische Skepsis gegenüber den Integrationsprojekten der EU und der NATO liegt darin, dass viele der neuen Mitgliedsstaaten über eine eigene imperiale Tradition verfügen. Die polnisch-litauische Adelsrepublik war im 17. Jahrhundert die wichtigste Regionalmacht. Ungarn trauert bis heute um den Verlust eines großen Teils der Länder der Heiligen Stephanskrone nach dem Ersten Weltkrieg. 2013 gründete Viktor Orbán per Dekret das Forschungsinstitut „Veritas", das die neuere ungarische Geschichte „wahrheitsgetreu" und „im Interesse der Nation" beschreiben soll. Bereits während seiner ersten Amtszeit als

---

[6] FRANK SCHIMMELFENNIG, The EU, NATO and the Integration of Europe. Rules and Rhetoric, Cambridge 2003, S. 232.

[7] GEORGE CUNNINGHAM, EU and NATO Enlargement. How Public Opinion is Shaping up in Some Candidate Countries, in: NATO Review 45 (1997), S. 16–18.

[8] STEFAN BEDNAREK / MICHAŁ MATLAK, Mehr als eine platonische Liebe. Das polnische Amerikabild, in: Osteuropa 61 (2011), H. 1, S. 139–150.

Ministerpräsident hatte Ungarn aufwendig die Tausendjahrfeier der eigenen Staatlichkeit begangen und aus diesem Anlass auch die Stephanskrone ins Parlamentsgebäude überführt. In Rumänien ist die Erinnerung an Großrumänien in der Zwischenkriegszeit immer noch wach. Bulgarien beherrschte im frühen Mittelalter große Territorien auf dem Balkan.

Außerhalb der EU ist natürlich Russland das prominenteste Beispiel eines Landes mit postimperialem Phantomschmerz. In seiner magistralen Rede vom 18. März 2014 anlässlich der Annexion der Krim bezeichnete Putin Russland als „eine der größten, wenn nicht die größte geteilte Nation der Welt". Im Blick hatte er dabei natürlich die beträchtlichen russischen Minderheiten im postsowjetischen Raum. Allerdings verschwieg er dabei die Tatsache, dass sich der Irredentismus der ethnischen Russen im „nahen Ausland", zumal derjenigen mit einem EU-Pass, in überschaubaren Grenzen hält.[9] Als Konstante lässt sich jedoch festhalten, dass jedes supranationale Integrationsprojekt mit den imperialen Geschichtsmythen der einzelnen Mitgliedsländer kollidieren kann.

Die 1990er Jahre waren in Osteuropa vom Bewusstsein geprägt, dass die Weltgeschichte hier und jetzt passiert. Die Vergangenheit ging vollständig in der Gegenwart auf, die Zukunft schrumpfte auf einen Horizont von wenigen Wochen oder Monaten zusammen. Besonders dramatisch zeigte sich die Sublimierung der Geschichte in der Gegenwart in den Jugoslawienkriegen. Mit seinem Film „Underground" (1995) gelang Emir Kusturica eine gültige Parabel auf die Gewaltbereitschaft der verschiedenen ethnischen Gruppen im Bosnienkrieg: Die Protagonisten des Films glauben, der Partisanenkampf aus dem Zweiten Weltkrieg dauere immer noch an. Allerdings ist Kusturica weit davon entfernt, diese Geschichtsversessenheit aus einer aufklärerischen Perspektive zu kritisieren. Im Gegenteil: Er hat sich zusehends auf serbisch-nationalistische Positionen zurückgezogen. 2005 ließ sich der gebürtige Bosnjak serbisch-orthodox taufen. 2008 ließ er das serbische Bauerndorf Drvengrad errichten, 2011 folgte der Stadtteil Andrićgrad im bosnischen Višegrad.

Beide Bauprojekte konstruieren ein nationalistisches Disneyland, das sich vor allem gegen den westlichen, näherhin österreichischen Einfluss in der serbischen Kulturgeschichte wendet. Von solchen Idiosynkrasien profitiert vor allem Russland, das seine *soft power* immer deutlicher in Serbien geltend macht. Am prominentesten geschah dies bei der Herstellung des Kuppelmosaiks des Doms des Heiligen Sava in Belgrad, das

---

[9] YVES PARTSCHEFELD, Ein Land – zwei Geschichten. Die Erinnerungen von Esten und Russen in Estland im Vergleich, St. Gallen 2013.

mit russischen Geldern finanziert wurde. Die kirchenslavisch stilisierte Inschrift über dem Haupteingang des Gotteshauses ist als religionsgeschichtliche Mimikry in reinem Russisch verfasst.

Zu Beginn des 21. Jahrhunderts wurde die nationale Geschichte in allen osteuropäischen Ländern als Machtressource eingesetzt. Dabei lassen sich im Wesentlichen zwei Spielarten unterscheiden: der Heldendiskurs und der Opferdiskurs. Besonders ausgeprägt ist der Heldendiskurs in Russland. Seit 2005, dem 60. Jahrestag des Endes des „Großen Vaterländischen Krieges", steht der Sieg über Hitlerdeutschland im Zentrum der russischen Geschichtspolitik. Die Allianz mit den Westmächten wird dabei kaum erwähnt. Eine deutliche Entwicklung lässt sich auch in der offiziellen Bewertung des Ribbentrop-Molotov-Paktes [d. h. des deutsch-sowjetischen Nichtangriffsvertrags vom 23. August 1939, B. P.-E.] und der Figur Stalins beobachten.

Lange Zeit hielt sich der Kreml zurück in diesen Fragen. In jüngster Zeit verstärkt sich jedoch eine apologetische Tendenz, in der das sowjetische Bündnis mit den Nationalsozialisten als taktisches Manöver gedeutet wird. Bei der Deutung Stalins scheint sich eine „chinesische" Sichtweise durchzusetzen, nach der der Tyrann wie Mao zu 70 Prozent als „gut" und zu 30 Prozent als „schlecht" betrachtet wird. Neuen Nährstoff erhielt diese Debatte im September 2019, als das Europäische Parlament eine Resolution zur „Bedeutung der Erinnerung an die europäische Vergangenheit für die Zukunft Europas" verabschiedete.[10] In diesem Text ist explizit von zwei „totalitären Regimen" in Europa die Rede. Den besonderen Zorn des Kreml erregte das Dokument, weil es Stalin und Hitler auf eine Stufe stellte. Als Reaktion unterzeichnete Präsident Putin 2021 ein Gesetz, das die Gleichstellung von Nazi- und Stalindiktatur verbietet und die Leugnung der „humanitären Mission der Sowjetunion" bei der „Befreiung" Osteuropas nach dem Zweiten Weltkrieg unter Strafe stellt.

In der Ukraine tauchten nach dem Zusammenbruch des kommunistischen Systems neue Helden auf. Plötzlich trafen gegensätzliche Geschichtsinterpretationen aufeinander: Waren die Kämpfer der UPA faschistische Verräter oder heldenhafte Vorkämpfer eines ukrainischen Staates? Verschärft wurde die Debatte noch durch die Geschichtspolitik von Präsident Juščenko. 2007 hatte er den UPA-Kommandeur Roman Šuche-

---

[10] Entschließung des Europäischen Parlaments vom 19. September 2019 zur Bedeutung des europäischen Geschichtsbewusstseins für die Zukunft Europas P9_TA(2019)0021, 19.09.2019, https://www.europarl.europa.eu/doceo/document/TA-9-2019-0021_DE.pdf (Zugriff: 05.10.2020).

vyč zum „Helden der Ukraine“ erklärt, 2010 folgte Stepan Bandera.[11] Allerdings annullierte der Sieger der Präsidentschaftswahlen 2010, Viktor Janukovyč, die Auszeichnung Banderas als „Held der Ukraine“ im Januar 2011 gleich wieder. Auch Šuchevyč wurde der Titel im August 2011 aberkannt. 2016 benannte der Stadtrat von Kiev den „Moskauer Prospekt“ in „Bandera-Prospekt“ um.[12]

Der Erinnerungskrieg, der um die Gestalt von Stepan Bandera tobt, lässt sich auch gut an der Denkmalkultur in der Ukraine ablesen. Seit 1990 sind vor allem in Galizien, aber neuerdings auch in Wolhynien 46 Bandera-Denkmäler errichtet worden. In dieser Gegend, die auch als Bandera-Land bezeichnet wird, sind außerdem über hundert Straßen nach dem Nationalistenführer benannt worden. In der Westukraine haben zahlreiche Bandera-Denkmäler die obsolet gewordenen sowjetischen Monumente für Lenin, für den Tscheka-Gründer Feliks Dzierżyński oder für Rotarmisten ersetzt. Pikanterweise wiederholen aber die neuen Bandera-Statuen die Ästhetik der Lenindenkmäler – beide werden als Führer von Volksbewegungen verehrt, und dafür gibt es in den Sehgewohnheiten der Bevölkerung nur einen bestimmten visuellen Stil.[13]

Viel prominenter als der Heldendiskurs ist allerdings der Opferdiskurs. Auch in Russland gibt es ein Komplement zur heroischen Siegeserzählung des Zweiten Weltkriegs. Im Januar 2020 gelang es Putin, in Jerusalem am Rande einer Auschwitz-Gedenkveranstaltung ein Denkmal für die Opfer der Leningrader Blockade einzuweihen. Damit schloss er den Opferdiskurs des Leidens der sowjetischen Zivilbevölkerung an die international etablierte Erinnerung an den Holocaust an.

Polen verfügt in Europa über die längste Tradition einer martyriologischen Geschichtsdeutung. Die romantische Literatur mit ihrem Messianismus legte eine Reihe von mittlerweile kanonischen Texten über die traumatische Erfahrung der Aufstände des 19. Jahrhunderts vor. Fortgesetzt wurde diese Tradition in der Erinnerungsarbeit zum Ghetto-Aufstand 1943 und dem Warschauer Aufstand 1944. Spätestens seit Andrzej Wajdas Film „Katyń“ (2007) steht aber die Hinrichtung von mehreren

---

[11] FRANK GOLCZEWSKI, Die umstrittene Tradition. OUN/UPA und nation-building, in: Die Ukraine. Prozesse der Nationsbildung, hg. v. ANDREAS KAPPELER, Köln u. a. 2011, S. 319–334, hier S. 319.

[12] ULRICH SCHMID, Ukraine. Contested Nationhood in a European Context, London / New York 2019, S. 62 f.

[13] ANDRE LIEBICH / OKSANA MYSHLOVSKA, Bandera: memorialization and commemoration, in: Nationalities Papers 42 (2014), H. 5, S. 750–770, http://dx.doi.org/10.1080/00905992.2014.916666 (Zugriff: 14.06.2021).

Tausend polnischen Offizieren durch den sowjetischen NKVD im Jahr 1940 im Zentrum des polnischen Opferdiskurses. In jüngster Zeit kommt ein weiteres Thema hinzu: Im Sommer 1943 ermordeten ukrainische Nationalisten in Wolhynien, das vor 1939 eine Wojewodschaft der Zweiten Republik gewesen war, mehrere Zehntausend Polinnen und Polen. Im Juni 2016 verabschiedete der Sejm eine Resolution, in der das Massaker von Wolhynien als Genozid am polnischen Volk eingestuft wurde. Bereits drei Jahre zuvor hatte das polnische Parlament „von einer ethnischen Säuberung mit Anzeichen eines Genozids" gesprochen.

Auch in Kroatien, wo das Scheitern des jugoslawischen Staatsprojekts wesentlich weniger bedauert wird als in Serbien, bildet der Opferdiskurs einen wichtigen gesellschaftlichen Konsens. Besonders prominent ist der alljährliche Aufmarsch von kroatischen Patrioten und Rechtsextremen im kärntnerischen Bleiburg. Tausende gedenken jeweils im Mai der zahlreichen *Ustaša*-Kämpfer, die 1945 von den Briten den serbischen Partisanen übergeben und später massakriert wurden.

In Kroatien selbst hat der Opferdiskurs zu verschiedenen architektonischen Ausprägungen geführt. In den 1990er Jahren ließ Franjo Tuđman in Medvedgrad, einer zerfallenen Burgruine über Zagreb, einen „Altar des Vaterlands" errichten, der an alle kroatischen Märtyrer erinnern sollte. In den 2000er Jahren wurden in Čavoglave und in Udbina je eine „Kirche der kroatischen Märtyrer" errichtet. In dieser institutionalisierten Erinnerung wurden verschiedene historische Ereignisse überblendet: Die Schlacht auf dem Krbava-Feld 1493 gegen die Osmanen, der Kampf der *Ustaša* im Zweiten Weltkrieg und der Kroatienkrieg in den 1990er Jahren.[14] Die zyklische Wiederholung des Opfertods für das Vaterland wurde so in einer zeitlosen Gedenkarchitektur und -praxis aufgehoben.

Die Außenpolitik der osteuropäischen Staaten setzt oft Geschichtsmythen ein, die vor allem nach dem Jahr 2000 wieder aktiviert wurden. Die wichtigste treibende Kraft ist dabei die Inkongruenz von historischen Territorien und aktuellem Nationalstaat. Postimperialer Phantomschmerz und patriotisches Märtyrertum sind die wesentlichen Elemente der staatlichen Geschichtspolitik in Osteuropa. Nicht in jedem Fall ist die rhetorische Begründung immer auch der wahre Antrieb einer bestimmten außenpolitischen Stoßrichtung. Oft stehen handfeste finanzielle oder machtpolitische Interessen auf dem Spiel. Innenpolitisch lassen sich aber be-

---

[14] VJERAN PAVLAKOVIĆ, Fulfilling the Thousand-Year-Old Dream. Strategies of Symbolic Nation-Building in Croatia, in: Strategies of Symbolic Nation-Building in South Eastern Europe, hg. v. PAL KOLSTØ, Farnham / Burlington 2014, S. 19–50.

stimmte außenpolitische Verhaltensweisen über historisierende Narrative publikumswirksamer vermitteln. So begründete Putin seine aggressive Ukraine-Politik mit der Behauptung, Russen und Ukrainer seien „ein Volk", das über eine tausendjährige Geschichte verfüge.[15] Eingebettet ist diese letztlich auf die Zarenzeit zurückgehende Konzeption in den größeren Kontext der *Russkij Mir*-Strategie, die einen durch die russische Sprache und Kultur definierten „einzigartigen" zivilisatorischen Raum eröffnet. Umgekehrt forciert die Ukraine auf der internationalen Bühne die Deutung des Hungers von 1932/33 als Genozid mit unterschiedlichem Erfolg: Die nationalen Parlamente in Australien, Kanada, Mexiko, den USA, Georgien, Estland, Lettland, Polen und Ungarn haben sich dieser Einschätzung angeschlossen, während das Europäische Parlament sich damit begnügte, den Holodomor als „Verbrechen gegen die Menschlichkeit" zu bezeichnen.[16]

Die Regierung der polnischen Partei Recht und Gerechtigkeit (*Prawo i Sprawiedliwość*, PiS) vergleicht die Nordstream-Pipeline mit einem neuen Hitler-Stalin-Pakt. Viktor Orbán definierte Ungarn im neuen Grundgesetz von 2012 nicht mehr in erster Linie als Nationalstaat, sondern als Nation. Mittlerweile haben 2,5 Millionen ethnische Ungarn in den nach Trianon verlorenen Gebieten ungarische Pässe erhalten. Der langjährige rumänische Präsident Traian Băsescu setzte sich für eine „Wiedervereinigung" von Rumänien und Moldawien ein und rekurrierte mit diesem Projekt auf die Zwischenkriegszeit.

Diese Beispiele bezeugen die verbreitete Anwendung geschichtsbasierter Außenpolitik in Osteuropa. Die prominente Positionierung der eigenen Nation in internationalen Kontexten, die Sicherung von Einflusssphären im nahen Ausland und die Einschwörung der nationalen Gemeinschaft auf ein gemeinsames Narrativ gehen dabei Hand in Hand.[17]

---

[15] 20 Questions with Vladimir Putin. Putin on Ukraine [20.2.2020], youtube.com/watch?v=NG6dxqwxGE4 (Zugriff: 05.10.2020).

[16] ANDRII PORTNOV, Der Holodomor als Genozid. Historiographische und juristische Diskussionen, in: Osteuropa 70 (2020), H. 1–2, S. 31–49, hier S. 33.

[17] ULRICH SCHMID, Bewegte Geschichtsbilder. Filmische Modellierung von Historizität in Russland, der Ukraine und Polen, Köln 2019.

Ulrike von Hirschhausen

Endresümee: Aussenpolitik und Nationsbildung im östlichen Europa im 20. Jahrhundert

Es war das weiße Pferd, das den Zuschauern am 16. November 1919 die Botschaft des Reiters vermittelte: Ungarn war wieder eine Monarchie. Miklós Horthy, der Befehlshaber der ungarischen Armee, hatte ganz bewusst auf die Symbolik des ungarischen Königtums gesetzt, als er am 16. November auf einem weißen Hengst in Budapest einritt, um seinen Anspruch auf die Wiederherstellung der inneren Ordnung nach einem kommunistischen Umsturz und inmitten europäischer Isolation zu vermitteln. Bereits Árpád, mittelalterlicher Warlord und Staatsgründer, habe die Landnahme Ungarns auf einem Schimmel erkämpft, so der Gründungsmythos des Landes, den der langjährige König, Franz Joseph I. auf seiner Krönung im Juni 1867 eindrucksvoll neu inszeniert hatte. Franz Joseph war auf einem weißen Hengst auf den Budapester Krönungshügel galoppiert, hatte das Stephansschwert in alle vier Himmelsrichtungen geschwungen, um seine Herrschaft über das gesamte Land zu markieren, und war von den Massen mit einem *éjen*-Schrei gleichsam inthronisiert worden.[1]

Als der ungarische Admiral Horthy am 16. November 1919 nach Budapest einritt, gab es dieses Territorium nicht mehr und der König war im Exil. Gleichzeitig waren die USA, Großbritannien und Frankreich auf der Pariser Friedenskonferenz dabei, den Umfang Ungarns dramatisch zu verringern und einen „cordon sanitaire“ um das Land zu ziehen, das wenige Wochen zuvor noch eine sozialistische Räterepublik gewesen war. Angesichts dieser außenpolitischen Lage legten Horthy und seine „weißen“ Truppen alle Kraft in die monarchische Symbolik. Ein weißes Pferd,

[1] Vgl. Alice Freifeld, Nationalism and the Crowd in Liberal Hungary, 1848–1914, Washington 2000.

das auch Franz Joseph 1867 geritten hatte, unterstrich das Bild einer „Monarchie ohne formellen Monarchen", die nur deshalb außenpolitisch isoliert sei, weil ungarische Kommunisten eine bolschewistische Diktatur errichtet hatten.[2] Kaum in Budapest angekommen und vom Pferd gestiegen, warf Miklós Horthy in seiner ersten Rede der städtischen Gesellschaft inneren Verrat vor:

> „Diese Stadt hat ihre tausendjährige Tradition verleugnet, sie hat die Heilige Krone und die Nationalfarben in den Dreck gezogen, sie hat sich in rote Lumpen gekleidet. Die Besten der Nation hat sie in Verliese verbannt oder ins Exil getrieben."[3]

Zu diesem Zeitpunkt stand Ungarn auf dem Höhepunkt internationaler Isolation. Wilson und die amerikanische Delegation hatten Paris bereits verlassen, die ungarischen Delegierten kaum Gehör gefunden, und die wesentlichen Entscheidungen über die neuen Grenzen Ostmitteleuropas waren gefällt. Die ungarischen Militärs und Politiker aktualisierten genau dann monarchische Symbolbestände, formulierten innenpolitische Feindbilder und griffen zu ethnischen Nationskonzepten, als ihre äußere Lage desaströs schien. Horthys Einzug in Budapest am 16. November 1919 ist ein Beispiel dafür, wie sehr die äußeren Entwicklungen im östlichen Europa innere Nationsbildungsprozesse prägten und wie diese wiederum auf die internationale Politik zurückwirkten.

Dieser Band stellt ein breites Spektrum unterschiedlicher Fälle zusammen, die dieses Spannungsverhältnis beleuchten. Die Beiträge sind in drei Zeitphasen gegliedert, welche die Brüche und Kontinuitäten staatlicher Ordnung in Osteuropa widerspiegeln. Bereits in dieser Chronologie wird die enge Wechselwirkung von Außenpolitik und Nationsbildung deutlich, die sich durch das ganze 20. Jahrhundert zieht. Die Zwischenkriegszeit von 1918 bis 1945, das Thema des ersten Abschnitts, war von erheblichen territorialen und gesellschaftlichen Brüchen nach innen geprägt, auf die viele Regierungen mit revisionistischen Konzepten nach außen reagierten, wie Andreas Kappeler in seinem Beitrag untersteicht. Die Beiträge des zweiten Abschnitts spannen die Jahrzehnte der sowjetischen Vorherrschaft 1945 bis 1989 auf, in denen das Deutungsmuster der Nation keineswegs tot war. Vielmehr machten kommunistische Politiker

---

[2] JÖRN LEONHARD, Der überforderte Frieden. Versailles und die Welt 1918–1923, München 2018, S. 1074, dort auch das folgende Zitat Horthys.

[3] Vgl. THOMAS SAKMYSTER, Hungary's Admiral on Horseback. Miklos Horthy 1918–1944, Boulder 1990.

immer wieder Anleihen bei ethnonationalistischen Traditionen und die Nation blieb ein Referenzpunkt der jeweiligen außenpolitischen Positionierung im Halbschatten des sowjetischen Orbits. Besonders deutlich vermitteln schließlich die Beiträge des dritten Abschnitts, der die Transformationsphase von 1989 bis heute beleuchtet, die Wechselwirkung von Außenpolitik und Nationsbildung. In allen 1989/91 neu oder wiedergegründeten Ländern des östlichen Europas spielten nationale Identitätsentwürfe eine zentrale Rolle für die Staatsbildung und wirkten dadurch direkt und oft konfliktiv auf die neue Außenpolitik ein, die ihrerseits meist das Ziel einer Integration in den Westen verfolgte.

Die Relevanz der Leitfrage nach dem Spannungsverhältnis von *nation-building*, konfligierenden Konstruktionen nationaler Identität und Außenpolitik ist offensichtlich. Klassische Ansätze der Politikwissenschaft und der internationalen Beziehungen gehen häufig von Staaten als überwiegend „rationalen Akteuren" aus und reduzieren „nationale Interessen" auf das Aushandeln von Machtpositionen im Feld geopolitischer „Realitäten". Dabei spielen „Identitäten" eine marginale Rolle und gehören gemeinhin nicht zum Erklärungsmuster der äußeren Politik oder der internationalen Beziehungen.[4] Daher können solche theoretischen Annahmen auch kaum erklären, warum kulturelle Faktoren wie Ethnizität, Geschichtspolitik oder Sprache im östlichen Europa eine so enorme Wirkung auf Staatsbildung und Außenpolitik ausüben. Die Beiträge dieses Bandes zeigen, dass herkömmliche Vorstellungen, was „rationales Handeln" ist, an der Verflechtung und Wechselwirkung außenpolitischer Positionierung und innerer Nationsbildung im östlichen Europa oft vorbeigehen. Mithin unterstreichen sie die Diskrepanz zwischen theoretischen, häufig an westlichen Politikmustern orientierten Modellen und den empirischen Entwicklungen im Osten Europas. Die Notwendigkeit, kulturelle Dimensionen von *nation-building* stärker in das Spektrum jener Faktoren zu integrieren, die zur äußeren Positionierung beitrugen, liegt daher auf der Hand.

Die erhebliche Bandbreite der Beiträge, auch in ihrer methodischen Varianz, lässt abschließend eine Herausstellung zentraler Faktoren sinnvoll erscheinen, die das Spannungsverhältnis zwischen *nation-building* und Außenpolitik präzise bestimmen und erklären können. Diesem Schlussplädoyer geht es darum, übergreifende, historische Kategorien zu entfalten, die geeignet sind, ein variables Instrumentarium zu entwickeln, mit dem sich die Frage nach der Wechselwirkung von nationalen Selbstbil-

---

[4] FRANK SCHIMMELFENNIG, Internationale Politik, Paderborn [5]2017.

dern und Praktiken und äußerer Politik differenzierter beantworten lässt. Welche historischen Kategorien, die sich durch das Gros der Beiträge ziehen, entfalten angesichts der vielen Brüche im östlichen Europa des 20. Jahrhunderts besondere Erklärungskraft? Wie verändern sich diese Kategorien unter wechselnden Bedingungen staatlicher Herrschaft im 20. Jahrhundert? Und welche neuen, bislang wenig angesprochenen Konzepte müssen wir in dieses Instrumentarium integrieren, die eine auf den Kalten Krieg und den Ost-West-Gegensatz fokussierte Osteuropawissenschaft vielleicht bislang außer Acht gelassen hat?

* * *

Für alle Staaten und Gesellschaften des östlichen Europas spielen, erstens, die *imperial legacies* eine zentrale Rolle. Die sichtbarsten Folgen der Auflösung der kontinentalen Empires zwischen 1917 und 1923 waren die territoriale Sezession und politische Teilung großer multiethnischer Konglomerate in eine Vielzahl kleiner Einheiten. Für sie war das europäische Modell des vermeintlich homogenen Nationalstaates immer wieder maßgeblich, wenn auch in unterschiedlicher Weise, wie der Sonderfall der Sowjetunion unterstreicht. Zunächst betonten die Protagonisten der Nachfolgestaaten den Bruch mit der imperialen Vergangenheit, um den neuen Staaten und ihren eigenen Interessen Legitimität zu verleihen.

Die kurzfristige Umwandlung Ungarns in eine Sowjetrepublik 1919, auf die Admiral Horthy im November 1919 mit der Restitution monarchischer Symbole reagierte, war ein radikaler Kulminationspunkt dieser Tendenz. Vor allem in der Sowjetunion stellte die Enteignung des Landes, der Austausch der Eliten und ein völlig neues politisches System mit partieller Berücksichtigung der ethnischen Großgruppen eine tiefgreifende Zäsur dar, die zunächst kaum Kontinuität erkennen ließ. Diese zeitgenössische Haltung schlug sich auch in den nationalen Historiografien der Nachfolgegesellschaften nieder und hat sich zum Teil bis in die Gegenwart erhalten.[5]

Doch mit dem Zerfall der drei kontinentalen Empires im östlichen und südöstlichen Europa war die Wirkmächtigkeit imperialer Erfahrungs-

[5] Vgl. Die Habsburgermonarchie 1848–1918, Band XII: Bewältigte Vergangenheit? Die nationale und internationale Historiographie zum Untergang der Habsburgermonarchie als ideelle Grundlage für die Neuordnung Europas, Österreichische Akademie der Wissenschaften, Wien 2018.

bestände keinesfalls beendet. Vielmehr standen in den rund 20 Nachfolgestaaten, die aus dem Zarenreich, der Habsburgermonarchie und dem Osmanischen Reich hervorgingen, eine Vielfalt von politischen Modellen, Sozialverfassungen und soziokulturellen Leitbildern zur Verfügung, auf die in unterschiedlichster Weise zurückgegriffen wurde. Gerade für die Neupositionierung im System der internationalen Beziehungen spielte der Traditionsbestand „Empire“ eine entscheidende Rolle. Trotz der innenpolitischen Brüche mit der imperialen Vergangenheit machte die Entente neben Deutschland auch Österreich und Ungarn nach 1918 außenpolitisch für den Beginn des Weltkriegs verantwortlich, während die anderen Nachfolgestaaten einen privilegierten Status als „Opfer“ genossen. Auch griff das ungarische Horthy-Regime außenpolitisch auf bestimmte Elemente der imperialen Vergangenheit zurück, als es galt, die internationale Isolation zu überwinden – ein Muster, das sich in den 1920er Jahren auch in der Sowjetunion und in der Türkei beobachten ließ. Welche Bestandteile der imperialen Außenpolitik boten sich als Anknüpfungspunkte an? Welche Bedeutung hat das imperiale Erbe bei der Definition geopolitischer Einflusssphären? Und wie wirkten die multiethnischen Traditionen der Imperien auf die Realisierung des angestrebten homogenen Nationalstaats nach innen zurück?[6]

Für Polen macht Bianka Pietrow-Ennker in ihrem Beitrag die treibende Rolle der vormodernen Raumkonzepte Polen-Litauens deutlich, welche die polnische Delegation in Versailles 1919 zur Grundlage ihrer Vorstellungen über die neuen Grenzziehungen machte. Das Ziel, die Grenze des neuen Staates weit nach Westen und Osten vorzuschieben und sich damit der historischen Größe des ehemaligen polnisch-litauischen Reichs anzunähern, ließ sich außenpolitisch nicht durchsetzen, provozierte Auseinandersetzungen mit den Nachbarstaaten und förderte die Exklusion sowie die Assimilierung der ansässigen Minderheiten, besonders der sozialen Großgruppen der Deutschen und der Ukrainer. Genau diese Vermischung von Außen- und Innenpolitik, die Jan Kusber in seinem

---

[6] Vgl. JOHN SWANSON, The Remnants of the Habsburg Monarchy. The Shaping of Modern Austria and Hungary 1918–1922, Boulder 2001; Ottoman Past and Today's Turkey, hg. v. KEMAL KARPAT, Leiden 2000; MICHAEL MEEKER, A Nation of Empire. The Ottoman Legacy of Turkish Modernity, Berkeley 2002; After Empire. Multiethnic Societies and Nation-Building. The Soviet Union and the Russian, Ottoman, and Habsburg Empires, hg. v. KAREN BARKEY / MARK VON HAGEN, Colorado 1997; ERIC LOHR, Nationalizing the Russian Empire. The Campaign Against Enemy Aliens During World War I, Cambridge 2003; The Oxford Handbook of the End of Empire, hg. v. MARTIN THOMAS / ANDREW THOMPSON, Oxford 2018.

Zwischenfazit anspricht, geht in vielen Fällen auf historische Traditionsbezüge und das imperiale Erbe zurück. Besonders offensichtlich zeigt dies erneut der ungarische Fall. Außenpolitisch war Ungarn erst als Mitverantwortlicher für den Weltkrieg gebrandmarkt, 1919 als Katalysator einer „roten Republik" weitgehend isoliert und musste schließlich dramatische Verluste seines Territoriums hinnehmen. Das Land verlor durch die neuen Grenzen 70 Prozent seines früheren Umfangs und 60 Prozent seiner Bevölkerung, wovon 30 Prozent Magyaren waren.[7] Der ständige außenpolitische Rekurs auf die organische Einheit der ehemaligen Stephanskrone wirkte massiv auf die Innenpolitik des neuen Rumpfstaats zurück. Je isolierter der Nachfolgestaat außenpolitisch war, desto mehr knüpfte das Regime an die homogenisierende Nationalitätenpolitik der magyarischen Aristokratie seit den 1880er Jahren an.

Auch die Sowjetunion reproduzierte in den 1920er und vor allem in den 1930er Jahren imperiale Muster in neuer Form. Das galt lange für die außenpolitische Positionierung gegenüber Mittel- und Südosteuropa, aber auch für die Verstärkung der Macht des Moskauer Zentrums gegenüber den einzelnen Sowjetrepubliken. Auch nach 1945 wirkten *imperial legacies* aus dem Zarenreich auf die Nationalitätenpolitik der Sowjetunion ein, wie Jan C. Behrends Beitrag deutlich macht. Eine sowjetische Nationalitätenpolitik, die kulturellem *nation-building* Raum gab, gleichzeitig aber ethnische und religiöse Minderheiten massiv diskriminierte, steht durchaus in der Tradition des späten Zarenreichs. Hier weiterzudenken und die imperiale Grundierung des postimperialen östlichen Europa stärker herauszupräparieren, erscheint notwendig, um die gegenseitige Bedingtheit von Außenpolitik und innerer Nationalitätenpolitik klarer bestimmen zu können.

Eine wesentliche Rolle für dieses Verhältnis spielt, zweitens, *Ethnizität.* Ethnizität verstehen wir heute als Resultat eines Prozesses, mit dem Differenz hergestellt wird. Was diese Differenz markieren kann, ist vielfältig, zumeist sind es Rekurse auf Kultur, Sprache, Territorium, Vergangenheit oder Religion. Welche Kriterien zur Kennzeichnung von Unterschiedlichkeit herangezogen wurden, ist immer situativ, wandelbar und der Aushandlung mit anderen Akteuren unterworfen. Ob Ethnizität als situativer Handlungsmodus überhaupt wirksam werden kann, entscheidet sich oft daran, ob sie von den Mitgliedern der Gruppe, die sie markieren, als ebenso erkennbare und definierbare Zugehörigkeit anerkannt wird wie

---

[7] SWANSON, The Remnants of the Habsburg Monarchy, S. 189.

von jenen, die nicht dazu gehören.[8] Ethnizität erweist sich in den Beiträgen dieses Bandes durchgehend als so zentral, weil die faktische Multiethnizität, die fast alle Nachfolgestaaten aus dem imperialen Fundus 1918 übernahmen, quer zum Konzept eines homogenen Nationalstaats stand, den sie rhetorisch beanspruchten. Zugleich nutzten alle politischen Akteure Ethnizität gleichsam als Modul zur Herstellung nationaler Identität, das viele Bausteine situativ zu verbinden vermochte. Die Bedeutung, welche die Eliten der Nachfolgestaaten diesem Faktor zumessen, blieb das ganze 20. Jahrhundert hindurch zentral und erlebte nach dem Zerfall der Sowjetunion eine Renaissance. Unterschiedliche Konstellationen bewirkten unterschiedliche Ausformungen von Ethnizität, die sich radikalisieren und dann in Massengewalt, Zwangsmigration oder Bürgerkriegen niederschlagen,[9] die aber auch mit nationaler Indifferenz einhergehen konnten, was außenpolitische Entwicklungen ebenso präjudizierte.

Wie sehr die außenpolitische Navigationsfähigkeit unter einer Radikalisierung ethnischer Nationsvorstellungen leiden konnte, zeigte sich im Litauen der Zwischenkriegszeit besonders deutlich. Der Verlust von Vilnius, welches die Litauer als neue Hauptstadt beanspruchten, an Polen 1920 provozierte einen formalen „Kriegszustand" zwischen Litauen und Polen, der dazu führte, dass die Grenze zwischen beiden Ländern nahezu während der gesamten Zwischenkriegszeit geschlossen blieb. Die weitgehende außenpolitische Isolierung des neu gegründeten Staates stachelte revanchistische Bewegungen innerhalb der Gesellschaft an, gab völkischen Konzeptionen neue Legitimität und führte zu gesellschaftlichen und teils rechtlichen Ausgrenzungen vor allem polnischer Bevölkerungsgruppen. Die außenpolitische Konstellation, wie Malte Rolf überzeugend erklärt, trug zu einer Radikalisierung innenpolitischer Nationsvorstellungen bei, die in der Vereinigung der „Eisernen Wölfe" einen Höhepunkt fand.

Auch das neugegründete Königreich Jugoslawien war zwischen 1918 und 1941 mit der Wucht der serbischen und kroatischen Nationalismen konfrontiert, deren ethnische Grundierung die multinationale Staatsform des neuen Königreichs zunehmend bedrohte. Mit dem Verweis auf die „dreinamige" Nation hatte der jugoslawische König Aleksandar I. Serben, Kroaten und Slowenen ein Integrationsangebot im Namen der Nation

---

[8] Vgl. dazu HANS PETER HAHN, Ethnologie. Eine Einführung, Berlin 2013, S. 40–60; THOMAS HYLLAND ERIKSEN, Ethnicity and Nationalism. Anthropological Perspectives, London [3]2010; ROGERS BRUBAKER, Grounds for Difference, Cambridge 2015.

[9] ROBERT GERWARTH, Die Besiegten. Das blutige Ende des Ersten Weltkriegs, München 2017.

machen wollen, das durchaus in der imperialen Tradition des österreichischen Vielvölkerstaates stand. Doch Teile der kroatischen Bevölkerung weigerten sich, ihre Nation auf einer gemeinsamen Sprache, dem Serbokroatischen, aufzubauen und definierten ihr Selbstbild ethnisch, indem sie Abstammungsmythen, mittelalterliche Geschichtsbilder und religiöse Bezüge mischten. Im Zweiten Weltkrieg ließ sich ein solches Nationskonzept besonders leicht radikalisieren und führte zu einer kurzlebigen Zusammenarbeit kroatischer Ultranationalisten mit den nationalsozialistischen deutschen Besatzern.

Ebenso können auch Grenzen ethnischer Mobilisierung außenpolitische Konstellationen mit erklären. Diese Entwicklung zeigt Christoph Mick für die Ukraine auf. Hier war eine ethnisch grundierte, nationalistische Innenpolitik, die konservative Gruppen zwischen 1918 und 1922 betrieben, für die Mehrheit der Ukrainer wenig attraktiv, da sie vor allem Landzuteilung und Kontrolle über ihre agrarischen Produkte verlangte. Gegen die *Bol'ševiki*, die genau das versprachen, ließen sich die ukrainischen Bauern daher nicht mobilisieren. Nationale Indifferenz oder situative Nationsbildung stellte hier einen von mehreren Erklärungsfaktoren dar, weshalb es in der Ukraine nach 1918 nicht zur Gründung eines eigenen Staats, sondern zur Inkorporation in die UdSSR kam.

Die durchgängige Relevanz ethnischer Faktoren für die Wechselwirkung zwischen *nation-building* und Außenpolitik tritt eindrucksvoll auch in Florian Peters Beschreibung des staatssozialistischen Polens im 20. Jahrhundert zutage. Seine Analyse der Spannung zwischen polnischer Nation und sozialistischem Staat lässt sich geradezu als Aufruf lesen, die engen Bezüge zwischen Ethnizität und Kommunismus neu zu beleuchten. Durch ethnische Gewaltexzesse, Vertreibung und Zwangsumsiedlung war das Nachkriegspolen dem Modell westeuropäischer Nationalstaaten näher gerückt. Gerade diese ethnische Homogenisierung betrachteten die polnischen Kommunisten als Verwirklichung einer Vision, von der Generationen geträumt hätten, so General Wojciech Jaruzelski noch im Jahr 1985. Ein ethnisch definierter Nationalismus, den Roman Dmowski bereits seit den 1880er Jahren propagiert hatte, passte auch den moskautreuen Kommunisten nach 1945 am besten in ihr geostrategisches Konzept. Es war historisch primär gegen die Bundesrepublik Deutschland gerichtet und konnte die Abhängigkeit Polens von der Sowjetunion durch den Verweis auf den „westdeutschen Militarismus“ ideal legitimieren. Ethnische Homogenisierung nach innen und außenpolitisches Konfliktverhältnis mit Deutschland wurden zwei Seiten derselben Medaille.

Diese Beispiele verweisen auf die Notwendigkeit, Ethnizität nicht als statische Größe zu sehen, sondern als einen situativen Handlungsmodus, der sehr unterschiedlich ausgeprägt sein konnte und wie ein Modul die Zusammenfügung jeweils passender Bausteine erlaubte. In Litauen oder im Jugoslawien der Zwischenkriegszeit wie auch im Nachkriegspolen ließen sich mit ethnischen Markierungen und Nationskonzepten Massen mobilisieren, in der Ukraine hingegen waren nationale Ziele für große Teile der Bevölkerung deutlich weniger attraktiv als das Versprechen sozialer und agrarischer Verbesserung. Nationale Indifferenz hat Pieter Judson bereits für die Habsburgermonarchie als wirkmächtigen Faktor in die Diskussion gebracht, um das *catch-all*-Schlagwort von der Nationalisierung des Reichs zu überprüfen und zu modifizieren.[10] Die Gesellschaften des östlichen Europas auf die Grenzen und auf die Situativität nationaler Selbstbilder hin zu untersuchen, markiert einen weiterer Schritt zur Differenzierung von Ethnizität als wesentlicher Erklärungsfaktor für die Verortung von Außenpolitik im östlichen Europa.

Drittens müssen *Diasporagruppen* als potentieller Hebel politischer Intervention mehr ins Blickfeld der Forschung rücken. Ethnische Minderheiten, die jenseits des Staats leben, zu dem sie sich ethnisch bekennen oder von dem sie beansprucht werden, sind ein wichtiger Faktor für das Verhältnis von *nation-building* und Außenpolitik, der mehr Aufmerksamkeit benötigt. Bianka Pietrow-Ennker hat an anderer Stelle präzise erörtert, wie der vermeintliche „Schutz religiöser Minderheiten" dem russischen Zarenreich dazu diente, Intervention von außen, beispielsweise für die orthodoxen Gruppen im Osmanischen Reich, zu legitimieren: ein imperiales Politikmuster, das von allen Imperien, ebenso vom Britischen Empire, immer wieder für weitere Expansionen genutzt wurde.[11]

In der Folge machte die Sowjetunion die Annexion ehemaliger imperialer Randgebiete, wie beispielsweise Georgien, mit dem Verweis auf die dort lebenden orthodoxen Christen 1921 erneut zum Hauptanliegen kommunistischer Politik im russischen Bürgerkrieg. Das „Schüren, Ausnützen und Einfrieren ethnischer Konflikte"[12] haben wir 2014 bei der

---

[10] PIETER JUDSON, Do Multiple Languages Mean a Multicultural Society? Nationalist „Frontiers" in Rural Austria, 1880–1918, in: Understanding Multiculturalism. The Habsburg Central European Experience, hg. von JOHANNES FEICHTINGER / GARY COHEN, London 2014, S. 61-82.

[11] BIANKA PIETROW-ENNKER, Ein Reich mit Mission, in: Frankfurter Allgemeine Zeitung, 12.05.2014, dort auch das folgende Zitat.

[12] Ebd.

Annexion der Krim und der konstanten Eskalation in der Ostukraine zugunsten der dort lebenden Russen beobachten müssen. Die vermeintliche Schutz-bedürftigkeit von Auslandsrussen hat Vladimir Putin 2013, ein Jahr vor der Annexion, offiziell zum Gegenstand auswärtiger Kulturpolitik gemacht und damit innenpolitisch den Zenit seiner Zustimmung erreicht, wie die russischen Umfragewerte im Beitrag Benno Ennkers zeigen. Mithin bündeln sich in der Thematik der Diasporagruppen die Kriterien von *imperial legacies*, Ethnizität und dem internationalen Kontext in besonderer Dichte.[13]

Dass Diasporagruppen das östliche Europa nicht nur mit seinen Nachbarn, sondern durch den Eisernen Vorhang hindurch auch mit der übrigen Welt verbanden, und dadurch zum Verbindungsglied zwischen innerem *nation-building* und äußerer Politik wurden, deutet dieser Band nur an. Kateryna Kobchenko führt in ihrem Beitrag über ukrainische Diasporagruppen überzeugend vor, warum es in Zukunft mehr darum gehen muss, Außenpolitik nicht nur als staatliche Angelegenheit, sondern auch als gesellschaftliches Politikmuster aufzufassen und entsprechend zu konzeptualisieren. Die ukrainische Exilgemeinde umfasste 1960 etwa zwei Millionen Menschen, während die Bevölkerung der sozialistischen Sowjetrepublik Ukraine bei etwa 50 Millionen lag. Exilukrainer lebten primär in Nordamerika, Australien und Europa und waren in politischen und kulturellen Vereinen weltweit bestens organisiert und vernetzt. Parallel zu der von Moskau gelenkten Außenpolitik vermittelte diese transnationale ukrainische Exilgemeinde ihre Konzepte einer langfristigen Umwandlung der Sowjetrepublik in einen souveränen ukrainischen Nationalstaat medial durch den Eisernen Vorhang hindurch bis in die Ukraine hinein. Sendungen von Radio Liberty oder Voice of America konnten dort empfangen werden.

Eine aktive Außenpolitik unternahmen die Diaspora-Akteure auch, indem sie Bündnispartner im Westen suchten und fanden, worauf die UdSSR in ihrer Außen- und Innenpolitik reagieren musste. Die Herstellung und Ausstrahlung einer transnationalen Gegen-Außenpolitik seit den 1950er Jahren spielte für das *nation-building* während des Kalten Krieges eine Rolle, die erst jetzt zunehmend erkannt wird. Kobchenkos Analyse zeigt die Wirkmächtigkeit dieser Diaspora-Akteure und regt dazu

---

[13] Zu Polen: Polish Americans and their History. Community, Culture, and Politics, hg. v. JOHN BUKOWCZYK, Pittsburgh 1996; Population Displacements in Lithuniania in the 20th Century. Experiences, Identities, Legacies, hg. v. TOMAS BALKELIS / VIOLETA DAVOLIUTE, Leiden 2016.

an, sich mit dem Potential externer Akteure als wesentlichen Treibern innerer Nationsbildung – gerade jenseits des bekannten polnischen Falls – in Zukunft auseinanderzusetzen.

Neben Faktoren wie *imperial legacies*, Ethnizität und Diasporagruppen tritt, viertens, die Bedeutung des *internationalen Kontextes* als entscheidende Kategorie, um das Spannungsverhältnis zwischen *nation-building* und Außenpolitik bestimmen zu können. Welche Folgen spezifische internationale Umschlagpunkte für die Neuausrichtung der Innenpolitik haben können, hat Erez Manela für Asien und Afrika am Beispiel des „Wilsonian moment" 1919 gezeigt. Die Rhetorik des amerikanischen Präsidenten Woodrow Wilson von der „Selbstbestimmung aller Völker" wirkte auf die Vorstellungswelt vieler Menschen auch in Asien und Afrika wie ein Fanal. Sie katalysierte die Entwicklung eines antikolonialen Nationalismus, den Manela in China, Korea, Indien und Ägypten nachzeichnet, wo nationale Feiertage bis heute an diesen Moment erinnern. Darüber hinaus führte die chronologische Gleichzeitigkeit dieser Bewegungen über große räumliche Distanz hinweg dazu, dass sich der Anspruch auf Selbstbestimmung zu einer globalen Strömung verdichtete.[14]

Solche Dynamiken lassen sich auch in Europa beobachten. So werden beispielsweise die Gründe für den Zerfall der Habsburgermonarchie vielschichtiger, berücksichtigt man den internationalen Kontext stärker. Die deutschsprachige Forschung hat die Auflösung des multiethnischen Reichs seit jeher primär als Folge ethnischer Konflikte innerhalb des Empires beschrieben. Marina Cataruzza hat hingegen jüngst argumentiert, dass sich mit dem Kriegseintritt die Handlungsräume des politisch Machbaren situativ erweiterten. Daher konnten nichtstaatliche Netzwerke von Intellektuellen und Journalisten in Großbritannien, Frankreich, Italien und der Schweiz den Prozess der Desintegration seit 1915 von außen gleichsam intellektuell mit vorbereiten, was ein neues Licht auf die Auflösung der Doppelmonarchie wirft.[15]

Solche Perspektiven hat auch die Osteuropäische Geschichte auf die Zäsur von 1917 angewandt.[16] Doch während die Russische Oktoberrevo-

---

[14] Erez Manela, The Wilsonian Moment. Self-Determination and the International Origins of Anticolonial Nationalism, Oxford 2007.

[15] Marina Cattaruzza, Das Ende Österreich-Ungarns im Ersten Weltkrieg. Akteure, Öffentlichkeit, Kontingenzen, in: Historische Zeitschrift 308 (2019), H. 1, S. 81–106.

[16] Warten Rodney, The Russian Revolution. A View from the Third World, London 2018; Circles of the Russian Revolution. Internal and International Consequences of the Year 1917 in Russia, hg. v. Łukasz Adamski / Bartłomiej Gajos, New York 2019.

lution oft als Katalysator folgender Revolutionen in Europa betrachtet wird, ist die Februarrevolution von 1917 in ihrem Schatten geblieben. Mit dem Fall der Romanov-Dynastie, der Demokratisierung politischer Herrschaft und dem Versuch, nationale Gleichberechtigung umzusetzen, schufen die Februarrevolutionäre indes ein Modell, das breite Ausstrahlungskraft im Osten Europas und darüber hinaus auch in den USA, in Indien und in Nordafrika hatte.[17]

Diese Beispiele zeigen bereits, wie häufig solche internationalen Umschlagmomente mit Kriegen und deren Ende zusammenfallen. Dieter Langewiesche hat uns neu dafür sensibilisiert, wie Homogenisierung nach innen sich im Krieg mit internationaler Politik gleichsam verklammerte. Die Beiträge dieses Bandes unterfüttern Langewiesches einleitende Hinweise durchgehend. Gerade in Ungarn wirkten sich die Ergebnisse der Pariser Friedensverhandlungen 1919–1921 maßgeblich auf die Gestaltung der Innenpolitik aus und leisteten revisionistischen Plänen Vorschub, die eine Rückkehr zum territorialen Umfang vor dem Krieg das Wort redeten. Als der Völkerbund sich mit Ungarns Grenzproblemen nicht beschäftigen wollte, rief Ministerpräsident Bethlen einen „neuen Kurs" aus, knüpfte Kontakte zum faschistischen Italien und ging eine Allianz mit dem nationalsozialistischen Deutschland ein, dessen Angriffskrieg den Umfang des ungarischen Territoriums zwischen 1939 und 1941 verdoppelte.

Auch der sehr viel weniger bekannte Fall Rumäniens, den zwei Beiträge beleuchten, zeigt den internationalen Kontext als einen Faktor innenpolitischer Handlungsmuster auf. Die Mitgliedschaft im Völkerbund war für die Stabilisierung der neuen Grenzen Rumäniens eine wesentliche Grundlage. Auch die Unterzeichnung weiterer internationaler Verträge wie des Briand-Kellogg-Pakts 1928, der den Krieg als Mittel zwischenstaatlicher Konfliktlösung ächtete, sowie des Londoner Abkommens von 1933, das Aggression genau definierte, dienten der Stabilisierung der Grenzen Rumäniens. Doch eine einfache Gleichsetzung von außenpolitischer Integration in den Westen und innenpolitischer Stabilisierung geht in der Zwischenkriegszeit nicht auf, das zeigt der rumänische Fall ganz deutlich. Denn hier verhinderte die außenpolitische Integration keineswegs die gesellschaftliche und zunehmend auch rechtliche Ausgrenzung ethnischer Minderheiten, die rund 30 Prozent der Bevölkerung Rumäniens ausmachten.

---

[17] Eine Ausnahme: DAVID STEVENSON, 1917, War, Peace, and Revolution, Oxford 2017.

Diese instrumentelle Beziehung zum Westen, die Mariana Hausleitner herausarbeitet, setzte sich nach 1945 weiter fort. Auch im Kalten Krieg diente die außenpolitische Neupositionierung Rumäniens vor allem innenpolitischen Wirtschaftspräferenzen. Eine vorsichtige Öffnung in Richtung Westen erbrachte die dringend benötigte Kredite für industrielle Großprojekte: Renault finanzierte den rumänischen Dacia und britische und deutsche Kreditinstitute investierten in rumänische Stahlwerke. Rumänien wurde 1971 Mitglied des Allgemeinen Zoll- und Handelsabkommen (GATT) und des Internationalen Währungsfonds und verstärkte während dieser Phase der wirtschaftlichen Erholung und Autonomie die politische Abgrenzung zur Sowjetunion.

Die Situativität, die bereits im Falle von Ethnizität deutlich wurde, wird bei der Kategorie *außenpolitischer Kontext* erneut offensichtlich: Einfache Gleichungen von außenpolitischer Öffnung gegenüber dem Westen und innenpolitischer Rücksicht auf Minderheiten oder demokratische Vorstöße gehen nicht auf, weder in der Zwischenkriegszeit noch nach 1945. Der Annahme eines eindeutigen realpolitischen Verhaltens, das sich am allgemein erstrebenswerten Machtgewinn orientiert, widersprechen die hier vorgestellten Beispiele überwiegend. Außenpolitische Öffnung konnte wie in Rumänien aus wirtschaftlicher Utilität resultieren und wurde gleichzeitig von einer Politik ethnischer Homogenisierung durch die forcierte Auswanderung von Juden und Minderheiten begleitet. Das sind die ambivalenten „Realitäten“, die eine außenpolitische Positionierung mitbegründen.

Schließlich gilt es, fünftens, *Globalisierungsprozesse* als Kategorie einzuführen, mit der sich das Verhältnis von Außenpolitik und *nation-building* trennschärfer bestimmen und begründen lässt. Die Thematik globaler Verflechtung haben die einleitenden Texte ausgeklammert, weshalb auch die Beiträge – mit Ausnahme Pavel Kolářs – darauf nicht eingehen. Umso wichtiger erscheint es mir, die zentrale Bedeutung der Globalisierung, die sich nicht in einer kapitalistischen Verflechtung des Westens erschöpft, für die Leitfrage des Bandes herauszustellen. Was bedeuten Globalisierungsprozesse im Kontext des östlichen Europas und wo können globale Verbindungen das Verhältnis von Innen- und Außenpolitik besser erklären als Analysen, welche die räumlichen Grenzen Osteuropas nicht verlassen?

Die Forschung zu Globalisierungsprozessen priorisiert häufig den Westen und operiert im Modus der Diffusion. Damit liegt die Gefahr nahe, Globalisierung als „cosmopolitan narrative on our terms“ (Drayton / Motadel) zu erzählen und genau die Geografie zu reproduzieren, die die

Globalgeschichte infrage stellen will.[18] Die sozialistischen Staaten und Gesellschaften des 20. Jahrhunderts betrieben aber alternative Formen von Globalisierung und De-Globalisierung, die auf ihre Nationsbildungsprozesse im Inneren massiv zurückwirkten. Die sozialistische Welt machte auf dem Höhepunkt ihrer Ausdehnung um 1980 etwa ein Drittel der Weltbevölkerung aus. Ihre Formen globaler Außenpolitik gilt es daher mindestens ebenso zu verfolgen wie die europäischen Verflechtungen, um ihre jeweilige Wirkungen nach innen angemessen einschätzen zu können.

Pavel Kolář hat dazu einen ersten Aufschlag geliefert. Er thematisiert die Zuwendung der Tschechoslowakei zur „Dritten Welt", so die Sprache der 1960er Jahre, die durch eine allgemeine Euphorie des Weltkommunismus vorangetrieben wurde. Verbindungen suchten tschechische Diplomaten mit revolutionären Regimen wie Äthiopien, Guinea oder Ghana aufzubauen. Im Nahen Osten, in Indonesien und Vietnam wurden neue Vertretungen gegründet, im Prager Außenministerium 1966 eine neue Sektion für sozialistische Staaten in Asien eröffnet. Eine ideologisch geleitete Außenpolitik, die Allianzen mit sozialistischen Staaten weltweit anstrebte, kombinierten die tschechischen Politiker mit ökonomischen Pragmatismus nach innen, für den die Waffenexporte nach Afrika beispielhaft sind. Auch für Jugoslawien waren die Beziehungen zu afrikanischen und asiatischen Ländern ein tragender Teil der Außenpolitik, welche nach innen Legitimation und Prestige versprach. Aus der Zwangslage, ein sozialistisches Land zu entwickeln, aber kein Satellit der Sowjetunion sein zu wollen, suchte Tito sich durch eine globale Allianz mit blockfreien Staaten des globalen Südens zu befreien.

Was Kolářs Beitrag nur andeuten kann, dem gilt es in Zukunft genauer nachzugehen. Die Wahrnehmung von Ähnlichkeiten, welche viele Staaten des „Ostblocks" und der dekolonisierten „Dritten Welt" teilten, förderte in den 1960er Jahren eine engere Kommunikation und Zusammenarbeit. Dies lässt sich sehr deutlich auch in der Sowjetunion verfolgen, wie ein neuer Band zu „Alternative Globalizations" eindrucksvoll zeigt.[19] Rapide ökonomische Entwicklung in Zentralasien und dem Kaukasus hatte die Sowjetunion zunächst als „showcases of Moscows committment to equitable and meaningful developmental programs"[20] präsentiert. Spezialisten

---

[18] Richard Drayton / David Motadel, Discussion. The Futures of Global History, in: Journal of Global History 13 (2018), S. 1–21.

[19] Alternative Globalizations. Eastern Europe and the Postcolonial World, hg. v. Artemy Kalinowsky u. a., Bloomington 2020.

[20] Ebd., S. 10.

der Region bewarben die neuen Werkzeuge sozialer Mobilität und industrieller Erschließung gleichzeitig auch als geeignete Instrumente für die Modernisierung Südasiens oder Afrikas. Beispiele wie diese deuten nur an, wie sowjetische Versuche aussahen, innere Peripherien zu integrieren und gleichzeitig zum Hebel einer Außenpolitik zu machen, welche die globale Zusammenarbeit mit postkolonialen Gesellschaften befördern wollte. Solche alternativen Globalisierungen, die mit der westlichen verflochten waren, aber distinkt davon verliefen, gilt es auch deshalb zu rekonstruieren, weil die Akteure selber darin ein außenpolitisches Gegengewicht zur Globalisierung des Westens sahen, das auch nach innen wirken sollte.

Solchen Verbindungen nachzugehen, kann den Untersuchungsraum und die Erklärungsreichweite, welche die Leitfrage dieses Bandes aufspannt, über die Grenzen Osteuropas hinaus erweitern. Zugleich können solche Analysen auch der Globalgeschichte neue Anregungen für die dort geführte Diskussion liefern, Globalisierung nicht mehr mit Verwestlichung gleichzusetzen, sondern alternative Geografien des Globalen dort zu erkennen, wo sie stattfanden.

* * *

Imperial legacies, Ethnizität, internationaler Kontext, Diasporagruppen und schließlich Globalisierung: Fünf Begriffe, die ein Instrumentarium umschreiben, mit dem Historikerinnen und Historiker sich der Frage nach dem Verhältnis von Außenpolitik und *nation-building* annähern könnten. Keines dieser Kriterien ist spezifisch „osteuropäisch" geprägt. Darin liegt auch ihr Vorteil, da sie dadurch internationale und globale Vergleiche erleichtern, wie *nation-building* und Außenpolitik aufeinander wirken. Weitere werden hinzutreten, einige mit intensiver Forschung vielleicht an Gewicht verlieren, aber diese fünf Kategorien umschreiben aus meiner Sicht derzeit Problemstellungen, die sich in unterschiedlichen Zusammensetzungen überall ergeben, oft auch überlagern und politische Konstellationen dann besonders erschweren, wie beispielsweise im Krim-Konflikt. Hier bündeln sich der russische Versuch einer *restitutio imperii* mit Ethnizität, externen Minderheiten, deren Schutz propagiert wird, und dem internationalen Kontext einer ausstrahlungsstarken Europäischen Union, die auch für die Ukraine immer attraktiver wird.

Die jüngste Entwicklung in der Ukraine wirft ein überdeutliches Schlaglicht auf die Relevanz der Frage, die dieser Band stellt. Auch für offene Fragen, die der Band aufwirft – beispielsweise das Verhältnis von

Ethnizität und Kommunismus im 20. Jahrhundert, die Manifestation von äußerer Politik auch als gesellschaftliche Praxis und schließlich die Rolle von Globalisierungsprozessen auf die äußere Positionierung – bieten diese fünf Kategorien eine handhabbare Grundlage künftiger Analysen. Alternative Globalisierungen zu der des Westens sind derzeit die Realität der Stunde. Eine international und global orientierte Osteuropawissenschaft kann dazu beitragen, sie besser zu verstehen.

VERZEICHNIS DER AUTORINNEN UND AUTOREN

BORIS BARTH, Prof. Dr., Professur für Neuere und Neueste Geschichte am Institut für Internationale Studien der Karls-Universität Prag. Forschungsschwerpunkte: Geschichte des Finanzimperialismus, der europäischen Expansion seit dem späten 18. Jahrhundert, Geschichte der Demokratie, Globalisierung im 19. Jahrhundert, Genozid und Rassismus.

JAN CLAAS BEHRENDS, Dr., Leiter des internationalen Forschungsverbundes „Legacies of Communism" am Leibniz-Zentrum für Zeithistorische Forschung (ZZF) in Potsdam und Lehrbeauftragter an der Humboldt Universität zu Berlin. Forschungsgebiete: Moderne Geschichte Osteuropas, Stadtforschung, Gewalt- und Kriegsgeschichte.

DIETRICH BEYRAU, Prof. em. Dr. Dr. hc, Professur für Osteuropäische Geschichte und ehemaliger Direktor des Institutes für osteuropäische Geschichte und Landeskunde der Universität Tübingen. Forschungsfelder: Geschichte Russlands und der Sowjetunion, vergleichende Aspekte der Geschichte Osteuropas, Kriegserfahrungen im 20. Jahrhundert in Russland bzw. der Sowjetunion.

DIETER BINGEN, Dr., Politikwissenschaftler und Zeithistoriker, ehemaliger Direktor des Deutschen Polen-Institutes, Darmstadt, Honorarprofessor an der Hochschule Zittau / Görlitz. Forschungen zur polnischen Zeitgeschichte und Politik, Außen- und Sicherheitspolitik, zu den deutsch-polnischen Beziehungen und zur Systemtransformation in Ostmittel- und Südosteuropa. Großes Verdienstkreuz des Verdienstordens der Bundesrepublik Deutschland, Offizierskreuz des Verdienstordens der Republik Polen.

NADA BOŠKOVSKA, Prof. Dr., Ordinaria für Osteuropäische Geschichte am Historischen Seminar der Universität Zürich. Forschungen zur Geschichte Russlands und des Balkans, besonders Jugoslawiens, mit den Schwerpunkten Sozial- und Frauengeschichte, Nationalitätenfragen, transkulturelle Beziehungen, Erinnerungskultur und Geschichtspolitik.

BENNO ENNKER, Dr., Osteuropahistoriker unter besonderer Berücksichtigung Politischer Kulturforschung, ehemaliger wissenschaftlicher Mitarbeiter am Institut für osteuropäische Geschichte und Landeskunde der Universität Tübingen und Lehrbeauftragter für Russische Kultur- und Sozialgeschichte, Universität St. Gallen. Forschungen über Führerkulte in der Sowjetunion, die sowjetische Verfassungsgeschichte und das politische System Russlands.

REGINA FRITZ, Dr., Historikerin, Assistentin am Lehrstuhl für Neueste Allgemeine und Osteuropäische Geschichte der Universität Bern, externe Lektorin am Institut für Zeitgeschichte der Universität Wien. Forschungen zur ungarischen und österreichischen Zeitgeschichte, jüdischen Geschichte, Geschichte des Nationalsozialismus und zu Erinnerungskulturen; Theodor-Körner-Preis.

ISKANDER GILYAZOV, Prof. Dr., Geschichtsprofessur an der Kazaner Föderalen Universität, Mitglied der Akademie der Wissenschaften der Republik Tatarstan, dort Direktor des Institutes für tatarische Enzyklopädie und Regionalkunde. Forschungsschwerpunkte: Sozial- und Wirtschaftsgeschichte der Tataren der mittleren Wolga (18.–19. Jahrhundert), Geschichte der tatarischen Diaspora und Emigration im 20. Jahrhundert, Einzelaspekte sowjetischer Turkvölker im Ersten und Zweiten Weltkrieg.

MARIANA HAUSLEITNER, Dr., Privatdozentin, u. a. ehemalige wissenschaftliche Mitarbeiterin am Institut für deutsche Kultur und Geschichte Südosteuropas der Ludwig-Maximilian-Universität München. Forschungsschwerpunkte: Zeitgeschichte Osteuropas und Südosteuropas unter besonderer Berücksichtigung Rumäniens, ethnischer Minderheiten, der jüdischen Geschichte und des Antisemitismus.

ULRIKE VON HIRSCHHAUSEN, Prof. Dr., Lehrstuhl für Neuere und Europäische Geschichte an der Universität Rostock. Vorsitzende des Arbeitskreises für Moderne Sozialgeschichte. Forschungsschwerpunkte: Empires, Kolonialismusforschung, Globalgeschichte des 19. und 20. Jahrhunderts.

ANDREAS KAPPELER, Prof. em. Dr., zunächst Professor für Osteuropäische Geschichte an der Universität Köln, dann am Institut für Osteuropäische Geschichte der Universität Wien. Mitglied der Akademien der Wissenschaft der Ukraine, Tschuwaschiens und Österreichs. Zahlreiche

Publikationen zur Geschichte Russlands und der Ukraine unter besonderer Berücksichtigung der Nationalitäten und Nationsbildungen.

KATERYNA KOBCHENKO, Dr., Historikerin, Taras Ševčenko Nationale Universität Kiev, Ukraine. Ehemalige Stipendiatin der Alexander von Humboldt-Stiftung an der Universität Konstanz. Forschungen zur Geschichte der Ukraine unter besonderer Berücksichtigung der ukrainischen Emigration in der Nachkriegszeit.

PAVEL KOLÁŘ, Prof. Dr., ehemaliger Professor für Vergleichende und Transnationale Europäische Geschichte an der Europäischen Hochschule Florenz, Professur für Osteuropäische Geschichte an der Universität Konstanz. Arbeitsschwerpunkte: Geschichte der kommunistischen Diktaturen, Historiografiegeschichte, Nationalismus, historische Gewaltforschung.

OTA KONRÁD, Dr., Fakultät für Sozialwissenschaften der Karls-Universität Prag, 2012–2019 Leitung des Lehrstuhls für deutsche und österreichische Studien. Forschungsschwerpunkte: Vergleichende Geschichte Mitteleuropas im 20. Jahrhundert, Geschichte des Ersten Weltkriegs, Kulturgeschichte der Gewalt, Geschichte der internationalen Beziehungen und Geschichte der Geisteswissenschaften.

MIROSLAV KUNŠTÁT, Dr., wissenschaftlicher Mitarbeiter am Institut für Internationale Studien der Karls-Universität Prag, bis 2020 auch am Masaryk-Institut der Tschechischen Akademie der Wissenschaften. Forschungsschwerpunkte: Deutsch-tschechische und deutsch-österreichische Beziehungen, kirchliche Zeitgeschichte Böhmens und Mährens, Bildungs-, Universitäts- und Wissenschaftsgeschichte im 20. Jahrhundert, Geschichte der tschechoslowakischen bzw. tschechischen Außenpolitik nach 1945.

JAN KUSBER, Prof. Dr., Professor für Osteuropäische Geschichte am Historischen Seminar der Johannes Gutenberg-Universität Mainz. Zu seinen Forschungsschwerpunkten gehören die Geschichte des Russischen Imperiums vom Mittelalter bis zur Revolution, Nordosteuropa in der Zwischenkriegszeit sowie Erinnerung und Geschichtspolitik im östlichen Europa.

DIETER LANGEWIESCHE, Prof. em. Dr. Dr. hc, Universität Tübingen. Wilhelm Leibniz-Preisträger der Deutschen Forschungsgemeinschaft.

Unter anderem Mitglied der Heidelberger Akademie und Leopoldina, Nationale Akademie der Wissenschaften, Bundesverdienstkreuz am Bande. Forschungsgebiete: Neuere deutsche und europäische Geschichte, Liberalismus, Nationsbildungen.

SILVIA MARTON, Prof. Dr., Außerordentliche Professorin an der Fakultät für Politikwissenschaft der Universität Bukarest und assoziierte Forscherin am Centre Norbert Elias (Frankreich). Forschungsfelder: Nations- und Staatsbildung in Osteuropa, Geschichte und Soziologie der politischen Korruption. Wissenschaftspreis *Chevalier dans l'Ordre des Palmes Academiques de la République Française*.

CHRISTOPH MICK, Prof. Dr., Promotion und Habilitation an der Universität Tübingen, Professur für moderne europäische Geschichte mit den Schwerpunkten Ostmittel- und Osteuropa an der Universität Warwick (England). Forschungsfelder: Nationsbildung und Nationalismen, Kriegs- und Erinnerungskultur, Wissenschaftsgeschichte, Internationale Geschichte.

NATAŠA MIŠKOVIĆ, Dr. phil., Südosteuropahistorikerin an der Universität Basel, ehemalige SNF-Förderungsprofessorin dort. Lehrbeauftragte an der Universität Zürich. Forschungsgebiete: Balkan-Studien, jugoslawische, europäische und vergleichende Geschichte vom 19. bis 21. Jahrhundert, internationale und transnationale Geschichte unter bessonderer Berücksichtigung von Kultur-, visuellen und lebensweltlichen Studien.

JERONIM PEROVIĆ, Titularprofessor für Osteuropäische Geschichte an der Universität Zürich, Leiter des Center for Eastern European Studies (CEES). Lehre und Forschung zur russischen, osteuropäischen und der Geschichte des Balkans vom 19. Jahrhundert bis in die Gegenwart, mit Schwerpunkten auf dem Nordkaukasus und der sowjetischen transnationalen Energiepolitik.

FLORIAN PETERS, Dr., seit April 2021 wissenschaftlicher Mitarbeiter im Sonderforschungsbereich „Strukturwandel des Eigentums" an der Friedrich-Schiller-Universität Jena, zuvor Stationen am Institut für Zeitgeschichte München–Berlin und an der Europa-Universität Viadrina Frankfurt (Oder). Forschungsschwerpunkte: Polnische Geschichtskultur, Gesellschaftsgeschichte des Spätsozialismus und der postsozialistischen Transformationszeit in Polen.

BIANKA PIETROW-ENNKER, Prof. em. Dr., emeritierte Professorin für osteuropäische Geschichte an der Universität Konstanz. Dort u. a. ehemaliges Mitglied des Exzellenzclusters „Kulturelle Grundlagen von Integration". Forschung und Lehre im Bereich der internationalen Geschichte mit den Schwerpunkten Russisches Reich / Sowjetunion sowie Polen, Modernisierung und Entstehung der bürgerlichen Gesellschaft, Frauen- und Geschlechtergeschichte, Geschichte des Zweiten Weltkriegs, Kulturgeschichte.

JULIA RICHERS, Prof. Dr., Professorin für Neueste Allgemeine und Osteuropäische Geschichte an der Universität Bern. Schwerpunkte in Forschung und Lehre: Geschichte Russlands, der Sowjetunion und des Kalten Krieges, Geschichte Ungarns und des Karpatenraumes, Untersuchungen zu revolutionären Bewegungen und der jüdischen Geschichte Osteuropas.

MALTE ROLF, Prof. Dr., Professor für Geschichte Europas der Neuzeit mit Schwerpunkt Osteuropa an der Carl von Ossietzky Universität Oldenburg. Forschungsgebiete: Geschichte der osteuropäischen Vielvölkerreiche im 19. Jahrhundert, Nationalstaaten Ostmitteleuropas in der Zwischenkriegszeit, Kultur- und politische Geschichte des Stalinismus, Diktaturenvergleich im 20. Jahrhundert und Verflechtungsgeschichte des Kalten Krieges.

ULRICH SCHMID, Prof. Dr., Professor für Kultur und Gesellschaft Russlands an der Universität St. Gallen. 2010–2014 Dekan der Kulturwissenschaftlichen Abteilung, seit 2019 Prorektor. Ehemalige akademische Positionen in Basel, Bern und Bochum, seit 1994 ständiger freier Mitarbeiter im Feuilleton der „Neuen Zürcher Zeitung". Forschungsschwerpunkte zu Literatur, Medientheorie, Philosophie, Politik und Kultur in Osteuropa und Polen.

CLAUDIU-LUCIAN TOPOR, Dr. habil., Neuzeithistoriker, seit 2014 Dozent an der Fakultät für Geschichte der Alexandru-Ioan-Cuza-Universität Iaşi, Zentrum für die Geschichte der internationalen Beziehungen. Forschungsschwerpunkte zur Militärgeschichte und internationalen Geschichte mit dem Schwerpunkt der rumänischen Diplomatie im Ersten Weltkrieg sowie der rumänisch-deutschen Beziehungen.

KLAUS ZIEMER, Prof. em. Dr., Professor für Politikwissenschaft an der Universität Trier, 1998–2018 Professor für Politikwissenschaft an der

Kardinal Wyszyński-Universität Warschau, 1998–2008 Direktor des Deutschen Historischen Instituts Warschau. Forschung und Lehre zu den Bereichen polnische Zeitgeschichte, Politik, Religion und Kultur, Internationale Beziehungen unter besonderer Berücksichtigung des deutsch-polnischen Verhältnisses, Ost-West-Konflikt, Systemwandel in Osteuropa.

TANJA ZIMMERMANN, Prof. Dr. Dr., Kunsthistorikerin und Literaturwissenschaftlerin / Slawistin, Professorin für Kunstgeschichte mit einem Schwerpunkt in der Kunst Osteuropas an der Universität Leipzig. Forschungsschwerpunkte: Erinnerungskulturen, Medien- und Kunstpolitik, Ost-West-Transfer, russische Avantgarde, Comics und Graphic Novels.

ELENA ZUBKOVA, Prof. Dr., Leiterin des Zentrums für Sozialgeschichte Russlands am Institut für Russische Geschichte der Russischen Akademie der Wissenschaften (Moskau), Professorin an der Moskauer Hochschule für Wirtschaftswissenschaften. Forschungsschwerpunkte im Bereich der sowjetischen Nachkriegsgesellschaft, der Randgruppen in der Sowjetunion, der nationalen Beziehungen (mit Schwerpunkt Baltikum), sowjetischer Wirtschaftskonzepte und russischer Erinnerungskultur.

PERSONENREGISTER

In der gleichen Reihe:

ISBN 978-3-944870-65-6 · 357 S., Abb.
Einzelveröffentlichungen des DHI Warschau 38

Die Studie untersucht die mehrdimensionalen, sich gegenseitig ergänzenden Handlungsräume von Akademikerinnen und ihre Kämpfe um Anerkennung und Gleichstellung in der Weimarer Republik und in der Zweiten Polnischen Republik. Dazu gehörten nationale Vereine wie der Deutsche Akademikerinnenbund und der Polnische Verband von Frauen mit höherem Abschluss, aber auch transnationale Netzwerke.

Aufbauend auf den jeweiligen nationalen Strukturen analysiert die Arbeit die (trans)nationalen Aktivitäten und zeigt, wie dynamisch grenzüberschreitende personelle und professionelle Interaktionen verliefen. Ein besonderer Fokus liegt auf den ersten deutschen und polnischen Juristinnen, die im Deutschen Juristinnenverein bzw. im Verein von Frauen mit juristischer Ausbildung organisiert waren. Die Akademikerinnen der Zwischenkriegszeit vertraten pointiert ihre Interessen, betrieben Bildungsdiplomatie wie geschlechterspezifische Wissenschaftspolitik und wollten nicht zuletzt die Verständigung unter den Nationen fördern.

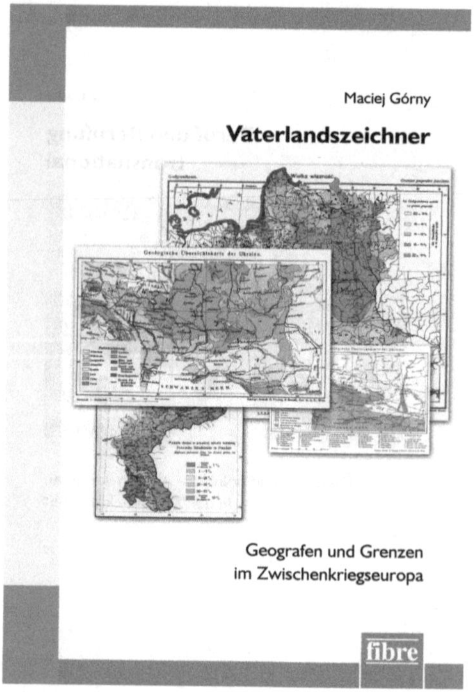

ISBN 978-3-944870-68-7 · 304 S., Abb.
Einzelveröffentlichungen des DHI Warschau 39

Anfang des 20. Jahrhunderts durchlief die Geografie als Wissenschaft einen Erneuerungsprozess, gewann aber auch in der öffentlichen Wahrnehmung wie bei den territorialen Veränderungen in Mittel- und Südosteuropa nach dem Ersten Weltkrieg immer mehr an Bedeutung. Damit wurden die Protagonisten dieses Buches, die Geografen, zu Spezialisten für Grenzziehungen, Nationalitätenstatistiken und Geopolitik.

Bei den Pariser Friedensverhandlungen 1919 inspirierte die Idee, dass es „nationale Territorien“ gäbe, die mit den staatlichen Grenzen in Einklang gebracht werden müssten, viele Delegationen zu einer ethnischen Argumentation. Sie beriefen sich auf Zensusdaten, die in Form ethnografischer Karten anschaulich dargestellt wurden. Die Geografie entwickelte sich von einer Wissenschaft für Nationalitäten über Konzepte einer „natürlichen“, „biologischen“ Grenze bis zur Unterwerfung ganzer Bevölkerungsgruppen unter die demografische und geografische Utopie eines ethnisch möglichst homogenen Staates.

ISBN 978-3-944870-71-7 · 362 S., Abb.
Einzelveröffentlichungen des DHI Warschau 40

'Official history' is generally understood as state-sponsored and ideologically inclined construction of the past which serves certain political aims of mostly non-democratic regimes. The optimistic believes that it will end up with the collapse of the Soviet Union proved to be rather naive. Over the last thirty years we have experienced a "*general politicization* of history" (Pierre Nora) – the process of transforming what historians produce into an ideology.

The interdisciplinary contributions to the volume by scholars from Austria, France, Germany, Great Britain, Lithuania, Poland, Switzerland and Ukraine analyze and discuss institutions and personalities constructing Official History, literature as a history's playground, (re-)inventing of memorial spaces, and trans-border dimensions of the Euromaidan and the Donbas war.

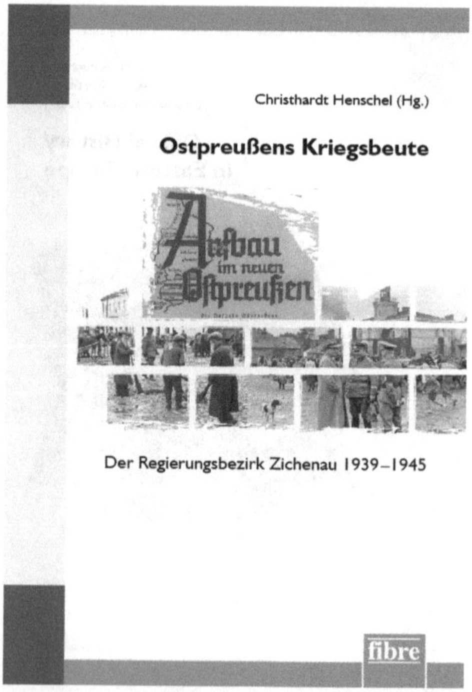

ISBN 978-3-944870-75-5 · 416 S., Abb.
Einzelveröffentlichungen des DHI Warschau 42

Auf Kosten Polens annektierte das Deutsche Reich 1939 den nördlichen Teil Masowiens um die Kleinstadt Ciechanów und gliederte ihn als „Regierungsbezirk Zichenau“ in die Provinz Ostpreußen ein, die dadurch eine große territoriale Ausdehnung erfuhr. Zichenau wurde nunmehr zum Experimentierfeld der Königsberger Gauleitung unter Erich Koch mit seinen kolonialen Ambitionen im östlichen Europa. Er plante – von der ländlichen Siedlung bis zum Stadtumbau – den kompletten „Neuaufbau“ des annektierten Gebiets im nationalsozialistischen Sinne.

Die 13 Beiträge des Sammelbandes beleuchten Einzelaspekte der deutschen Besatzung in Nordmasowien, zu denen bislang kaum Forschungen vorliegen. Dabei fragen sie nicht nur nach Ideologie, Struktur und Charakter der Besatzungsherrschaft und der an ihr beteiligten Institutionen und Repressionsorgane, sondern auch nach dem Alltagsleben sowie Überlebensstrategien der besetzten Bevölkerung.

[illegible]SBN 978-3-944870-[illegible]
[illegible] Veröffentlichungen des DHI Warschau [illegible]

[illegible]

www.[illegible]verlag.de